中国证券投资基金年鉴

ALMANAC OF CHINA`S SECURITIES INVESTMENT FUNDS

基金公司地区分布图

Geographical Distribution of Fund Management Companies

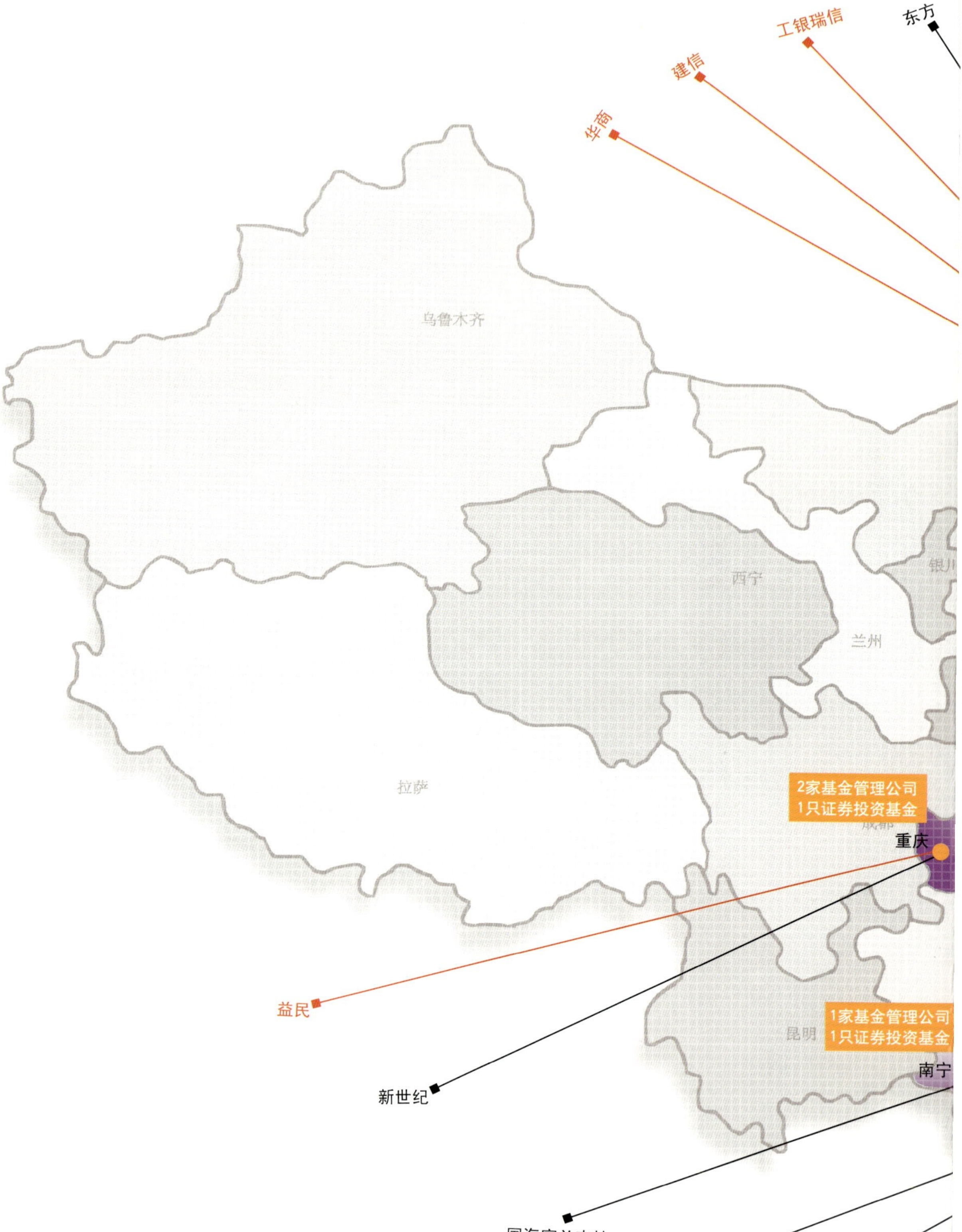

2005年我国53家基金管理公司主要分布在深圳、上海、北京三地，其中
深圳15家(3家合资)，共管理93只基金，管理基金资产1932.52亿元；
上海26家(14家合资)，共管理90只基金，管理基金资产1781.83亿元；
北京5家(2家合资)，共管理15只基金，管理基金资产506.65亿元；
珠海3家，共管理17只基金，管理基金资产457.87亿元；
重庆2家，管理1只基金；天津和南宁各有1家，分别管理基金各1只。

（注：地区分布按公司注册地进行统计，红色标注为2005年度新设立的公司；数据截至2005年12月31日）

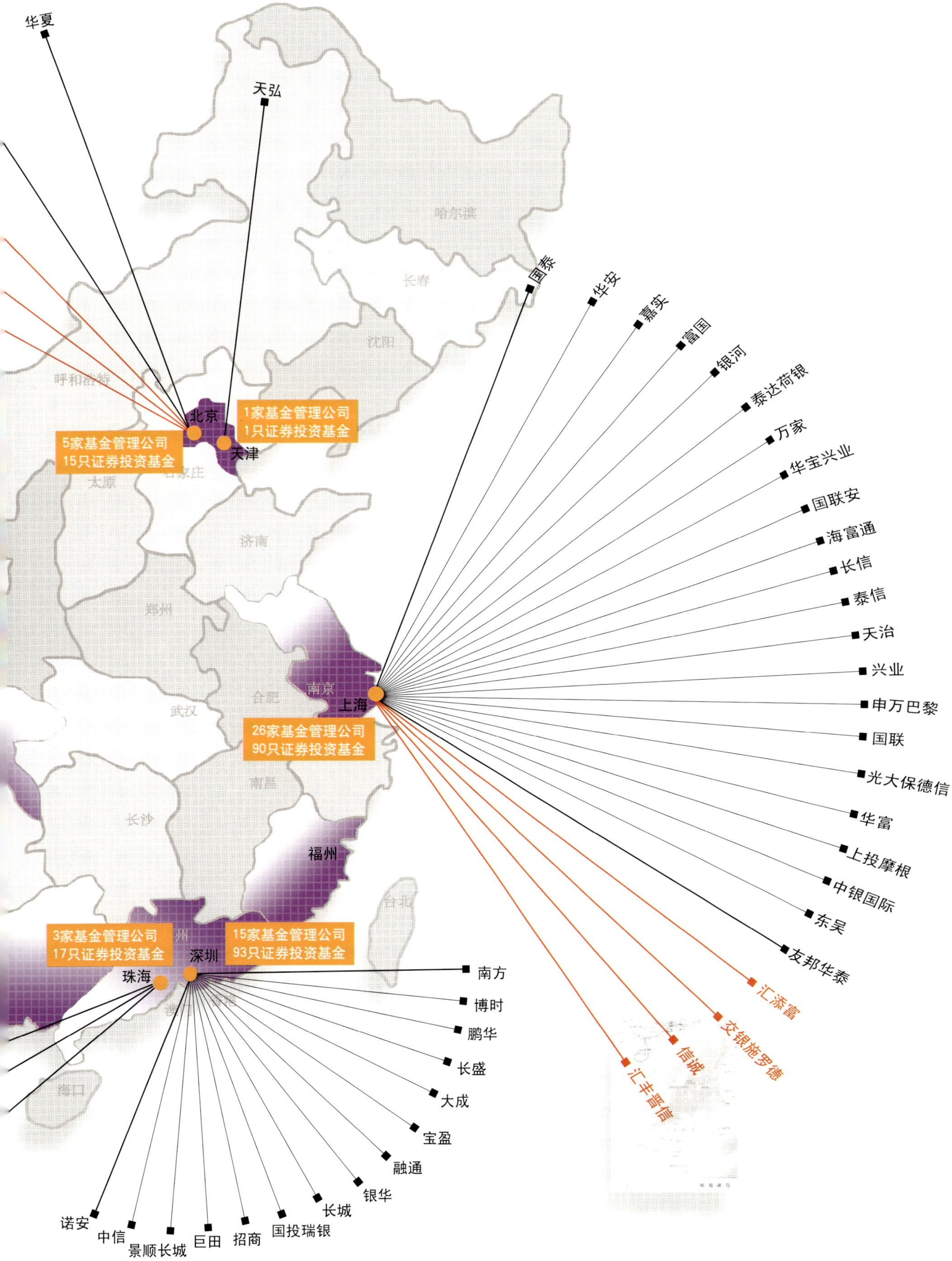
华夏
天弘
北京
5家基金管理公司
15只证券投资基金
天津
1家基金管理公司
1只证券投资基金
哈尔滨
长春
沈阳
呼和浩特
太原
济南
郑州
合肥
南京
武汉
南昌
长沙
福州
台北
海口
上海
26家基金管理公司
90只证券投资基金
国泰
华安
嘉实
富国
银河
泰达荷银
万家
华宝兴业
国联安
海富通
长信
泰信
天治
兴业
申万巴黎
国联
光大保德信
华富
上投摩根
中银国际
东吴
友邦华泰
汇添富
交银施罗德
信诚
汇丰晋信
3家基金管理公司
17只证券投资基金
珠海
15家基金管理公司
93只证券投资基金
深圳
南方
博时
鹏华
长盛
大成
宝盈
融通
银华
长城
国投瑞银
招商
巨田
景顺长城
中信
诺安

我国前10大基金管理公司与12家托管银行市场占有率地区分布

基金市场地区分布图

Geographical Distribution of Fund Market

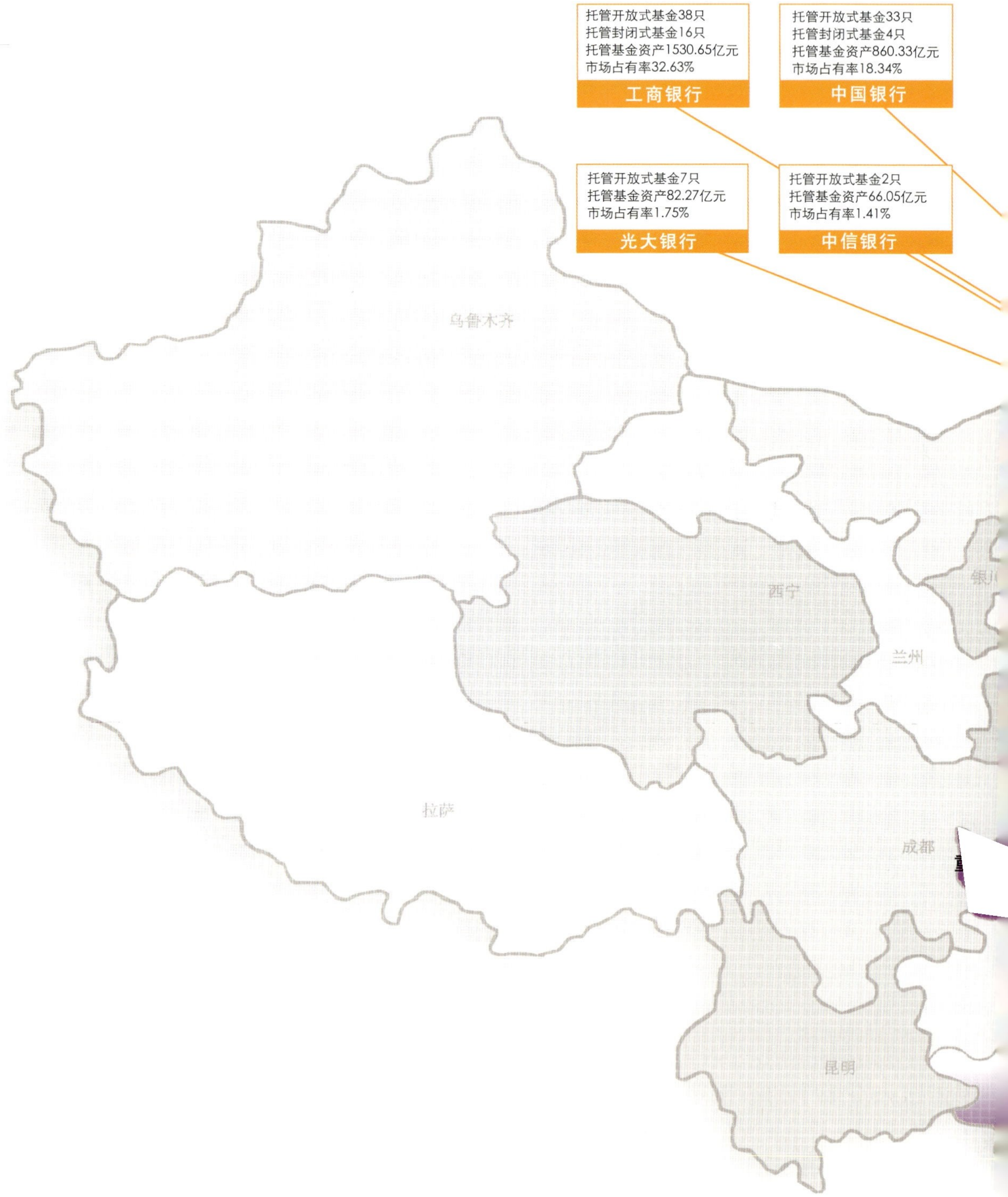

2005年，我国前10大基金管理公司主要分布深圳、上海、北京和珠海。其中深圳占有4家(1家为合资)，共管理37只基金，管理基金资产1199.2亿元，占基金市场的25.56%；上海占有4家(3家为合资)，共管理28只基金，管理基金资产964.7亿元；占基金市场的20.56%；北京占有1家，共管理12只基金、管理基金资产401.66亿元，占基金市场的8.56%；珠海占有1家，共管理10只基金，管理基金资产361.98亿元，占基金市场的7.72%。

2005年，我国12家托管银行主要分布北京、上海、深圳和福建。其中北京占有8家，共托管172只基金，托管基金资产3917.61亿元，占基金市场的83.51%；上海占有2家，共托管36只基金，托管基金资产484.68亿元，占基金市场的10.33%；深圳占有1家，共托管8只基金，托管基金资产262.35亿元，占基金市场的5.59%；福建1家，共托管2只基金，托管基金资产26.52亿元。

（注：地区分布按公司注册地进行统计；数据截至2005年12月31日）

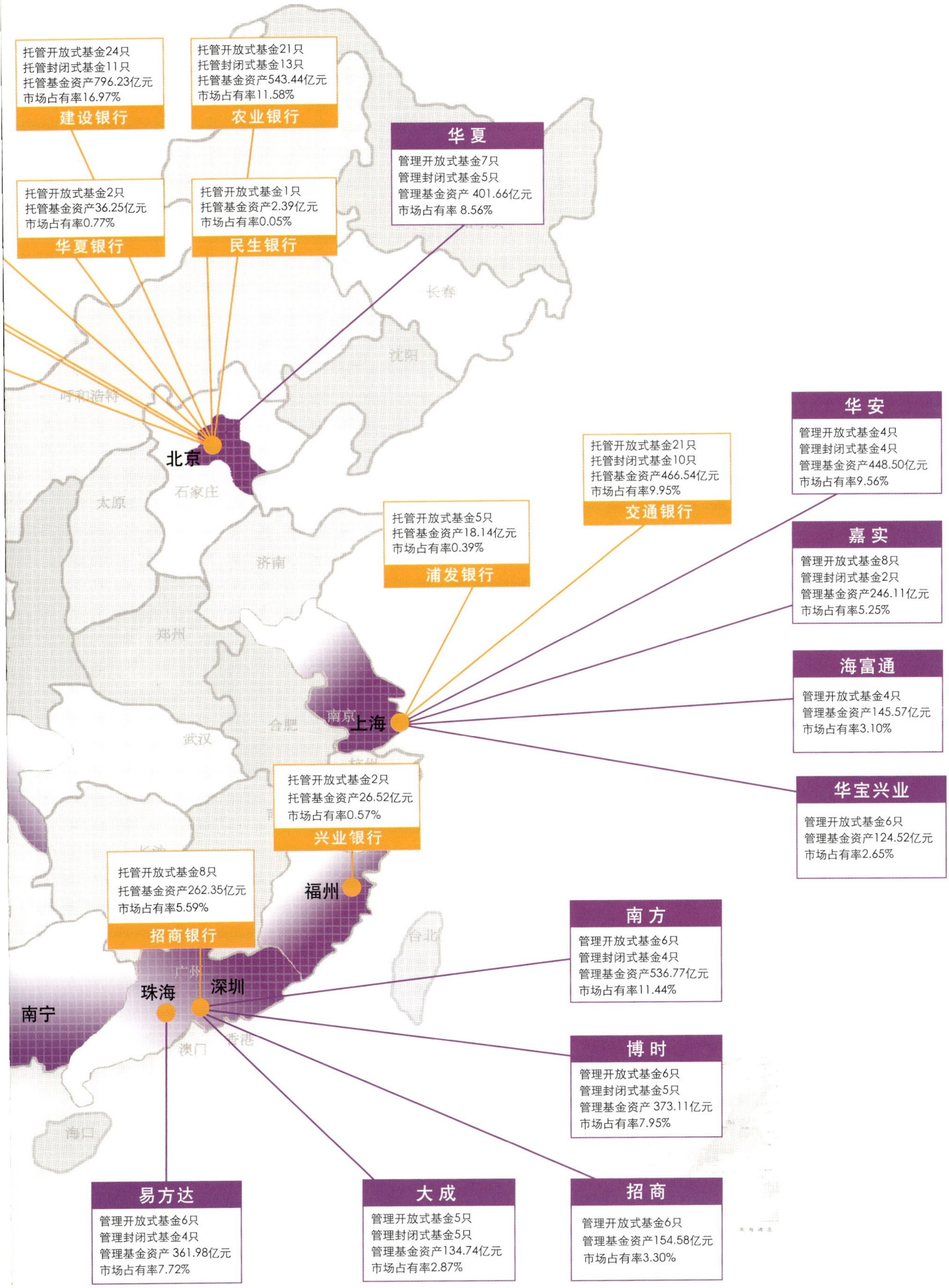
托管开放式基金24只
托管封闭式基金11只
托管基金资产796.23亿元
市场占有率16.97%
建设银行
托管开放式基金21只
托管封闭式基金13只
托管基金资产543.44亿元
市场占有率11.58%
农业银行
华夏
管理开放式基金7只
管理封闭式基金5只
管理基金资产 401.66亿元
市场占有率 8.56%
托管开放式基金2只
托管基金资产36.25亿元
市场占有率0.77%
华夏银行
托管开放式基金1只
托管基金资产2.39亿元
市场占有率0.05%
民生银行
长春
沈阳
呼和浩特
北京
石家庄
太原
济南
郑州
南京
上海
合肥
武汉
福州
台北
广州
深圳
珠海
南宁
香港
澳门
海口
华安
管理开放式基金4只
管理封闭式基金4只
管理基金资产448.50亿元
市场占有率9.56%
托管开放式基金21只
托管封闭式基金10只
托管基金资产466.54亿元
市场占有率9.95%
交通银行
托管开放式基金5只
托管基金资产18.14亿元
市场占有率0.39%
浦发银行
嘉实
管理开放式基金8只
管理封闭式基金2只
管理基金资产246.11亿元
市场占有率5.25%
海富通
管理开放式基金4只
管理基金资产145.57亿元
市场占有率3.10%
华宝兴业
管理开放式基金6只
管理基金资产124.52亿元
市场占有率2.65%
托管开放式基金2只
托管基金资产26.52亿元
市场占有率0.57%
兴业银行
托管开放式基金8只
托管基金资产262.35亿元
市场占有率5.59%
招商银行
南方
管理开放式基金6只
管理封闭式基金4只
管理基金资产536.77亿元
市场占有率11.44%
博时
管理开放式基金6只
管理封闭式基金5只
管理基金资产 373.11亿元
市场占有率7.95%
易方达
管理开放式基金6只
管理封闭式基金4只
管理基金资产 361.98亿元
市场占有率7.72%
大成
管理开放式基金5只
管理封闭式基金5只
管理基金资产134.74亿元
市场占有率2.87%
招商
管理开放式基金6只
管理基金资产154.58亿元
市场占有率3.30%

基金年度数字 Fund Figures

218只
4691.16亿元
164只
3869.05亿元

截至2005年12月31日，共有218只证券投资基金正式运作，基金资产总计4691.16亿元。其中164只开放式基金资产净值为3869.05亿元，占基金总资产的82.48%；54只封闭式基金资产净值为822.11亿元，占基金总资产的17.52%。

8家
53家
20家
1209.64亿元

2005年新设立了8家基金管理公司，其中5家为合资基金公司。截至2005年12月31日，我国基金管理公司数量达到53家，管理基金总资产4691.16亿元。其中中外合资基金管理公司20家，管理基金资产1209.64亿元，占基金总资产的25.79%。

49家
536.77亿元
11.44%

截至2005年12月31日，共有49家基金管理公司正式管理运作基金，管理基金总资产4691.16亿元。其中南方基金管理有限公司管理基金资产536.77亿元，名列49家基金管理公司管理规模第一，占基金总资产的11.44%。

12家
1530.65亿元
32.63%

截至2005年12月31日，共有12家托管银行托管基金，托管基金总资产4691.16亿元。其中中国工商银行托管基金资产1530.65亿元，名列12家托管银行托管规模第一，占基金总资产的32.63%。

57只
1002.79亿份
1012.21亿元

2005年新设立了57只证券投资基金，全部为开放式基金，其中35只为股票型基金。2005年57只新基金共募集基金份额1002.79亿份，比上年的募集份额减少了44.94%。截至2005年12月31日，57只新基金资产净值达到1012.21亿元。

441.94万户
41.54万户
10.37%
47.22%

2005年我国开放式基金持有人总数达到441.94万户，比上年增加了41.54万户，增长幅度为10.37%。其中机构投资者持有开放式基金资产的比例从上年的38.81%上升到了47.22%。

202.04万户
117.56万户
102.42万户
19.92万户

截至2005年12月31日，开放式基金持有人总数为441.94万户，其中股票型基金持有人户数最多，为202.04万户；混合型基金持有人户数次之，为117.56万户；货币市场基金持有人户数首次突破100万户，达到了102.42万户；债券型基金持有人户数最少，仅为19.92万户。

54只
822.11亿元
340.74亿元

截至2005年12月31日，54只封闭式基金资产规模达到822.11亿元，比上年下降了32%。全年54只封闭式基金成交总金额为340.74亿元，比上年下降了29%。

2005年我国证券投资基金市场概貌

	2005年	2004年	变动量	变动比例
基金管理公司数量(家)	53	45	8	17.78%
基金托管银行数量(家)	12	10	2	20.00%
基金数量(只)	218	161	57	35.40%
基金资产净值(亿元)	4691.16	3246.40	1444.76	44.50%
基金募集规模(亿份)	1002.79	1821.40	−818.61	−44.94%
基金成交金额(亿元)	773.13	480.54	292.59	60.89%
基金分红金额(亿元)	76.2	77.8	−1.6	−2.06%
基金管理费收入(亿元)	41.63	35.41	6.22	17.57%
基金托管费收入(亿元)	8.01	6.19	1.82	29.40%
开放式基金持有人户数(万户)	441.94	400.40	41.54	10.37%

基金管理公司历年数量发展

（单位：家）

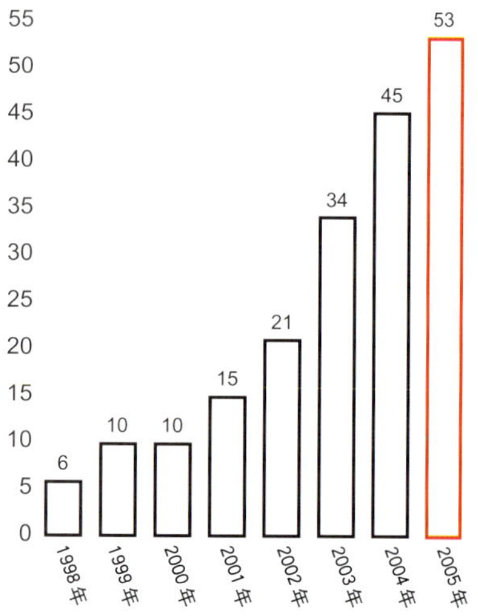

基金托管银行历年数量发展

（单位：家）

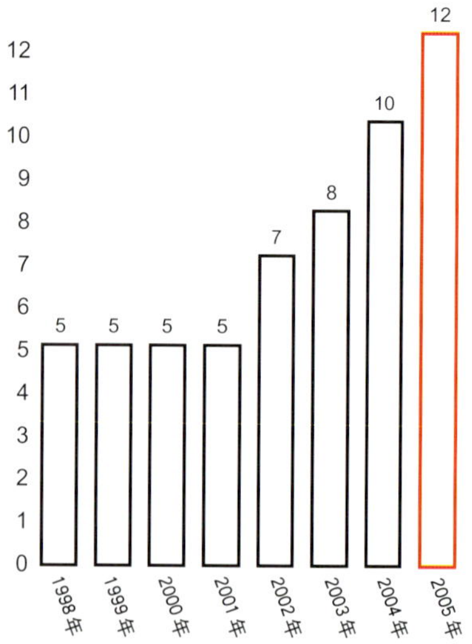

证券投资基金历年数量发展

（单位：只）

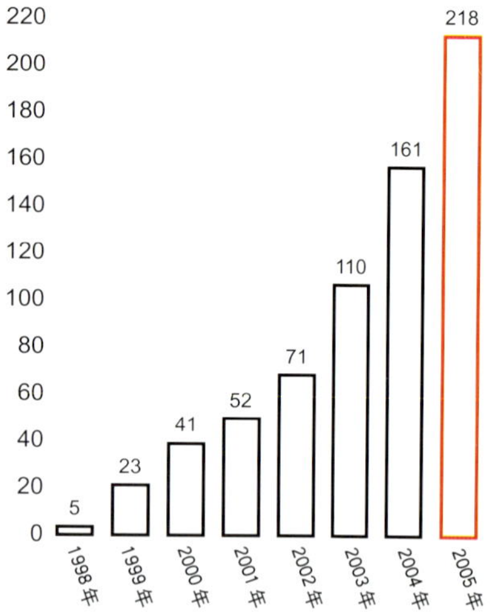

证券投资基金历年资产净值

（单位：亿元）

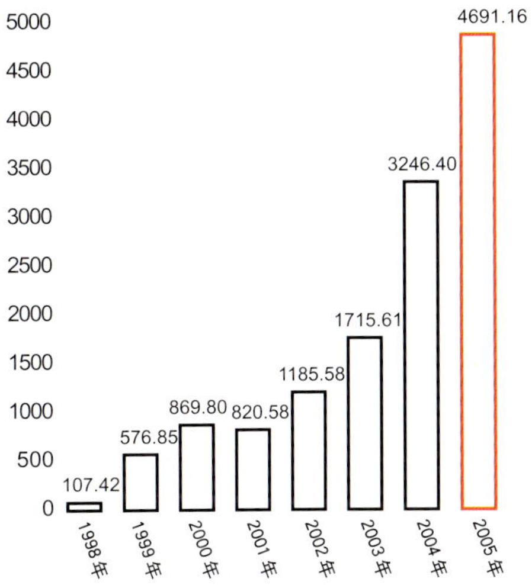

开放式基金历年资产净值

（单位：亿元）

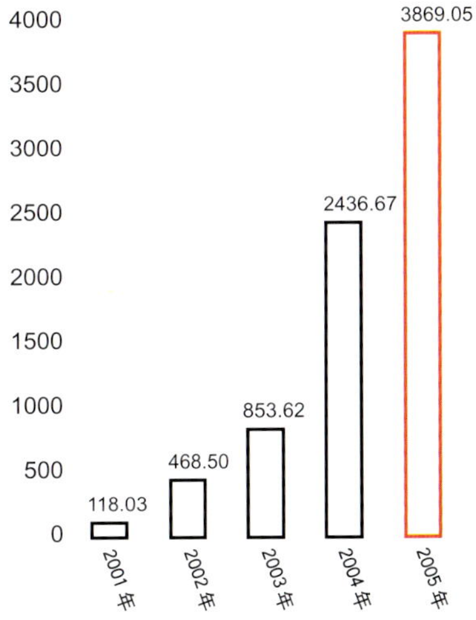

开放式基金历年募集规模

（单位：亿份）

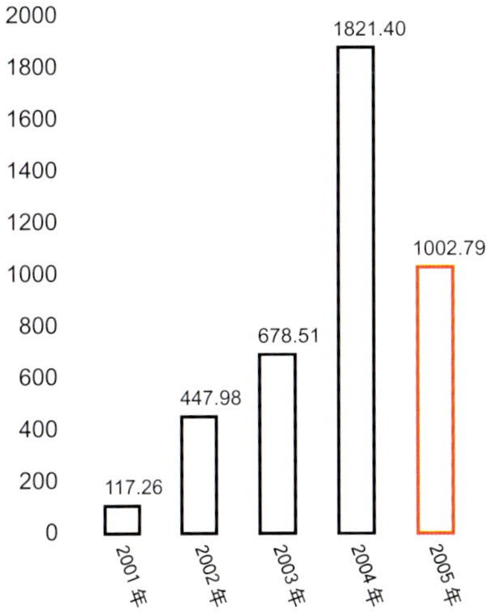

2005年1–12月份新设立基金数量

（单位：只）

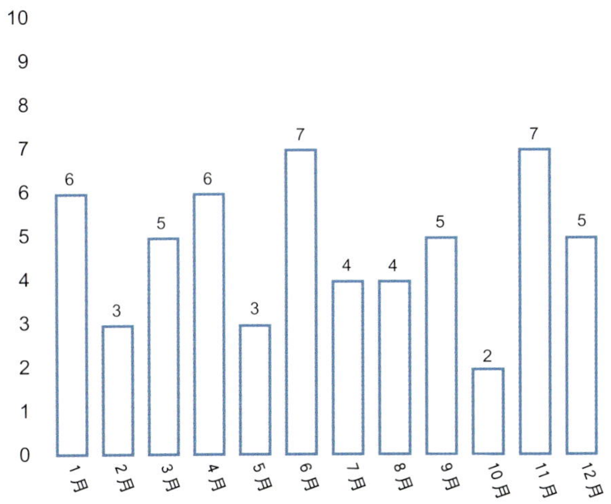

2005年1–12月份基金募集规模

（单位：亿份）

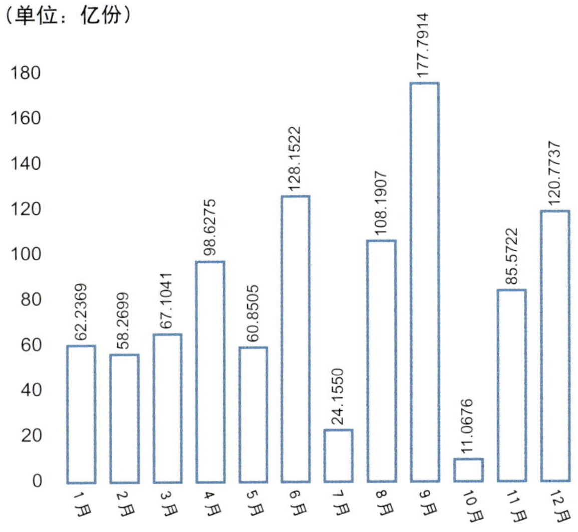

2005 年开放式基金类型与数量

（单位：只）

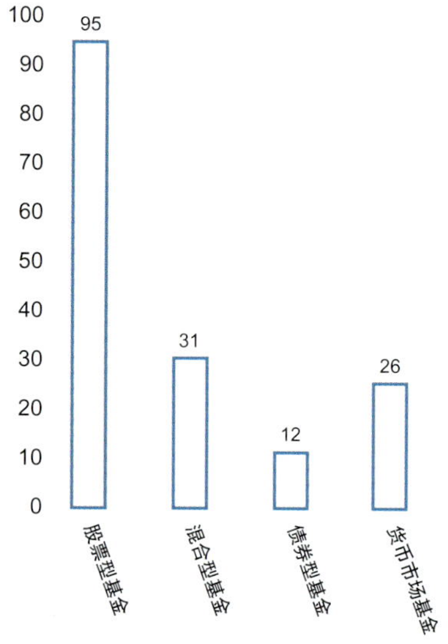

2005 年开放式基金年末资产净值

（单位：亿元）

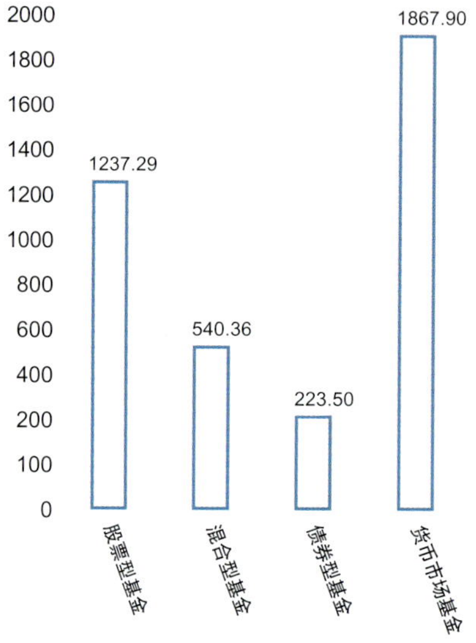

2005 年新设立基金类型与数量

（单位：只）

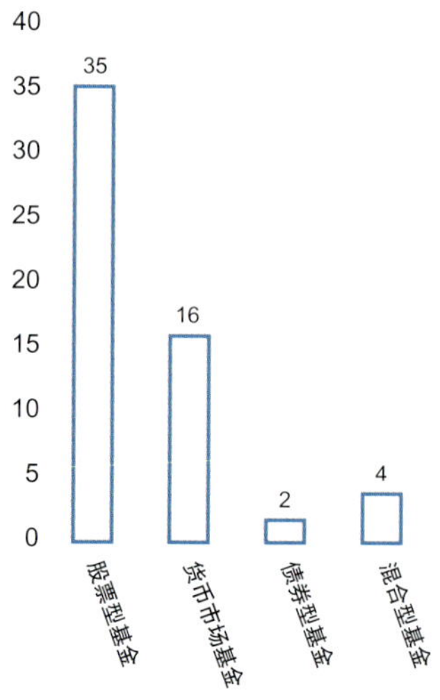

2005 年新设立基金募集规模

（单位：亿份）

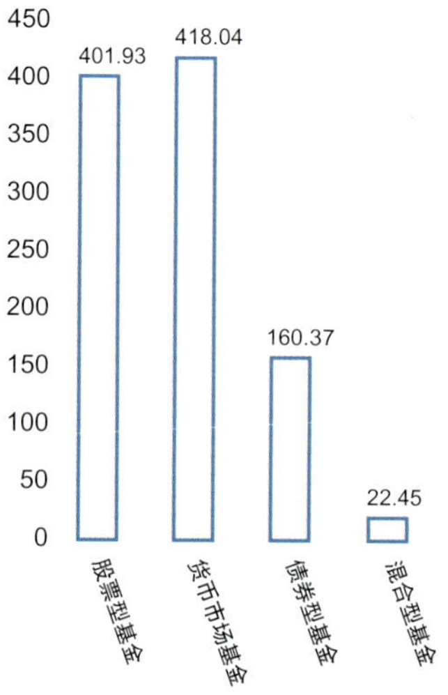

2005 年新设立基金年末资产净值

（单位：亿元）

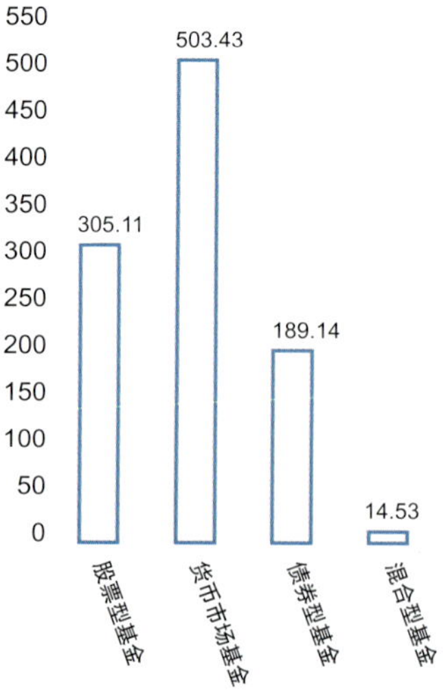

2005 年基金管理公司构成

2005年我国共有53家基金管理公司，其中中资基金公司33家，占基金公司总数的62.26%；合资基金公司20家，占基金公司总数的37.74%。

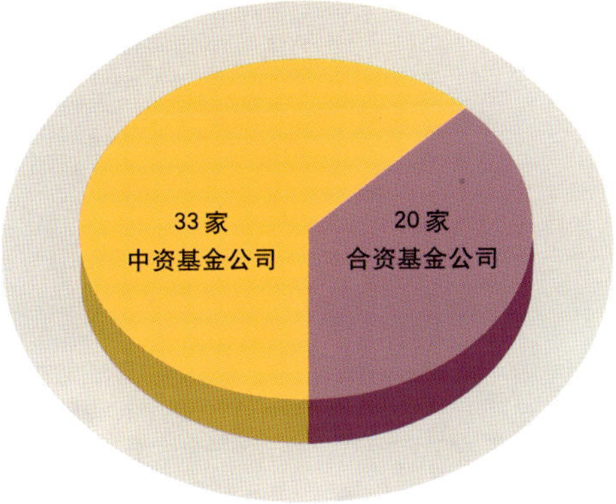

2005 年新成立基金管理公司构成

2005年我国新成立8家基金管理公司，其中中资基金公司3家，占新公司总数的37.50%；合资基金公司5家，占新公司总数的62.50%。

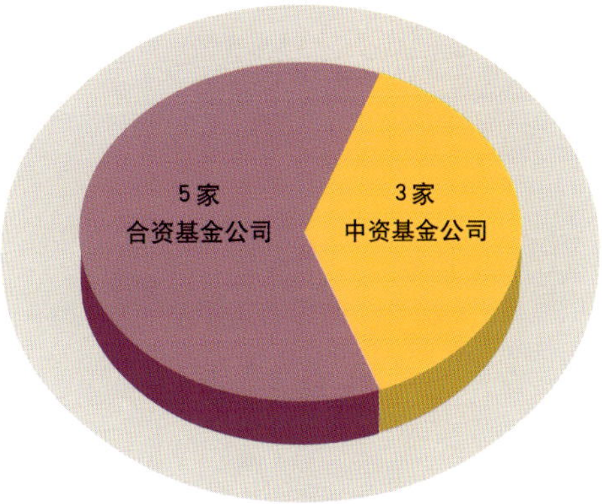

2005 年基金管理公司管理规模

截至2005年12月31日，我国基金公司管理基金资产达到4691.16亿元，其中中资基金公司管理基金资产3481.52亿元，占基金总资产的74.21%；合资基金公司管理基金资产1209.64亿元，占基金总资产的25.79%。

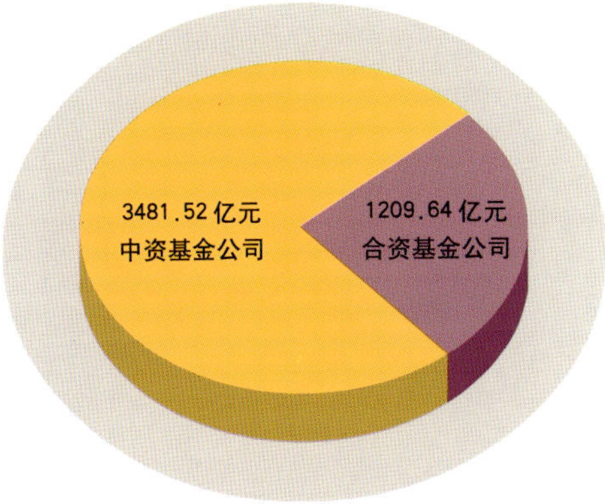

2005 年证券投资基金年末资产净值

截至2005年12月31日，我国证券投资基金资产净值达到4691.16亿元，其中开放式基金资产净值为3869.05亿元，占基金总资产的82.48%；封闭式基金资产净值为822.11亿元，占基金总资产的17.52%。

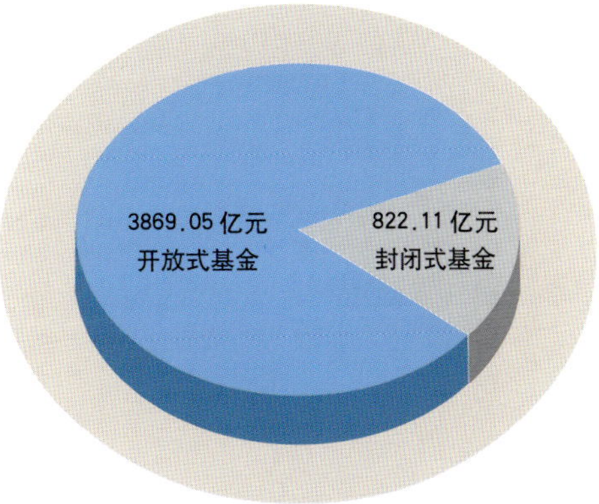

2005年证券投资基金资产配置图

（单位：亿元）

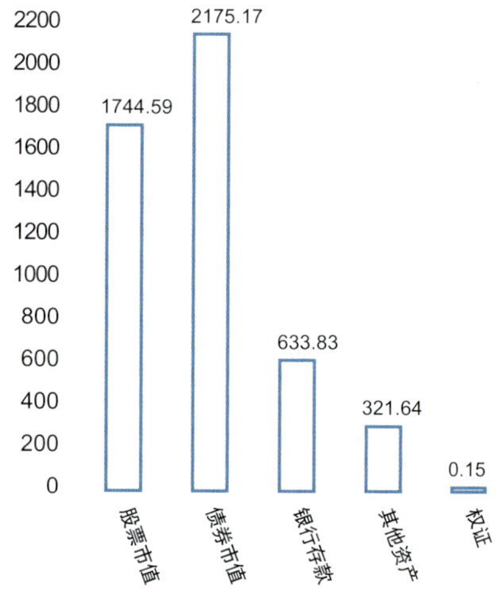

2005年证券投资基金费用收入图

（单位：亿元）

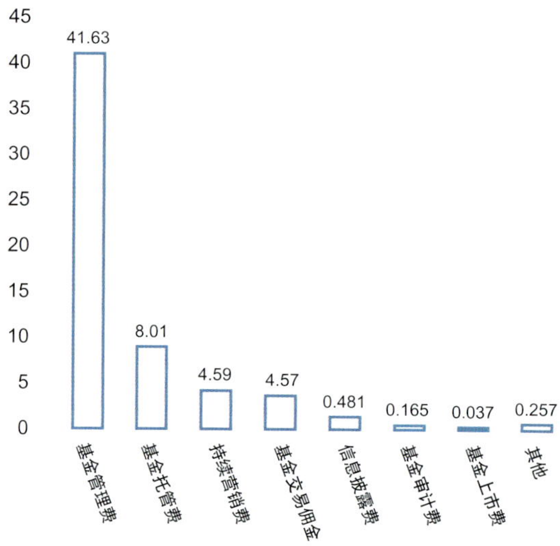

2005年1—12月证券投资基金成交总额

（单位：亿元）

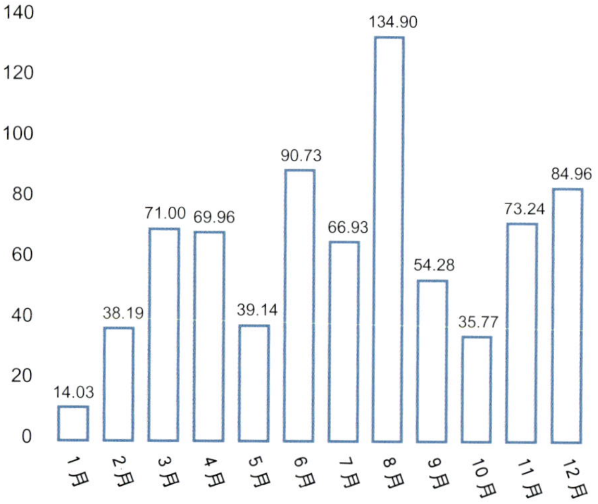

2005年1—12月证券投资基金日均成交额

（单位：亿元）

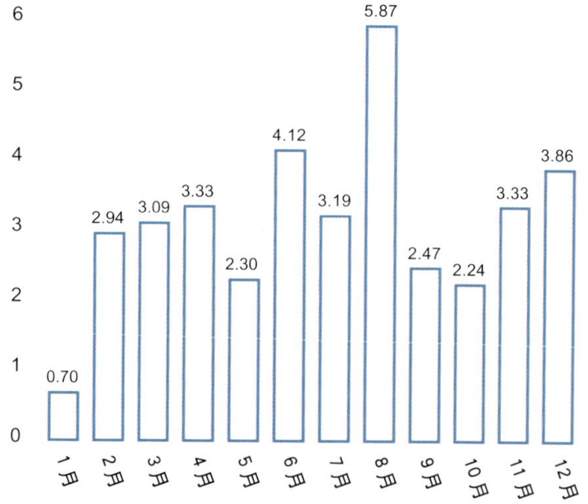

2005 年开放式基金持有人结构

截至2005年12月31日，我国开放式基金持有人总数为441.94万户。个人投资者持有开放式基金资产的比例为52.78%，机构投资者持有开放式基金资产的比例为47.22%。

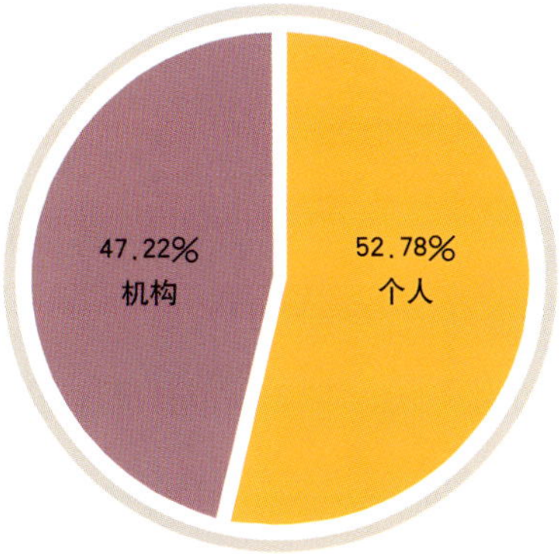

2005 年不同类型开放式基金持有人户数

截至2005年12月31日，我国开放式基金持有人总数为441.94万户，其中股票型基金持有人为202.04万户，占持有人总户数的45.72%；混合型基金持有人为117.56万户，占持有人总户数的26.60%；货币市场基金持有人为102.42万户，占持有人总户数的23.18%；债券型基金持有人为19.92万户，占持有人总户数的4.50%。

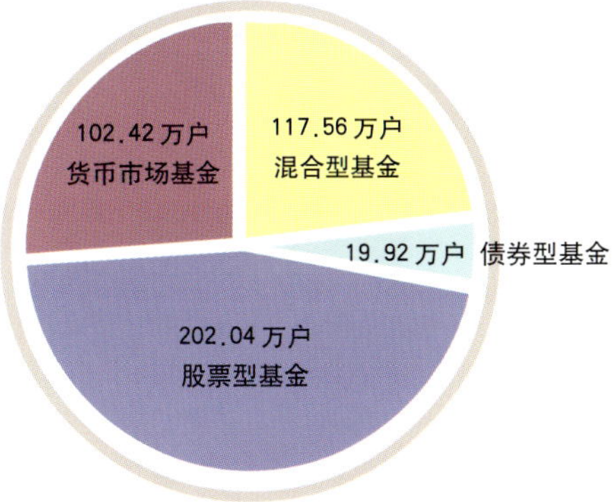

2005 年不同类型开放式基金持有人结构

截至2005年12月31日，在股票型基金中，个人投资者持有资产比例为48.83%，机构投资者持有资产比例为51.17%；货币型基金中，个人投资者持有资产比例为49.32%，机构投资者持有资产比例为50.68%；混合型基金中，个人投资者持有资产比例为69.98%，机构投资者持有资产比例为30.02%；债券型基金中，个人投资者持有资产比例为66.11%，机构投资者持有资产比例为33.89%。

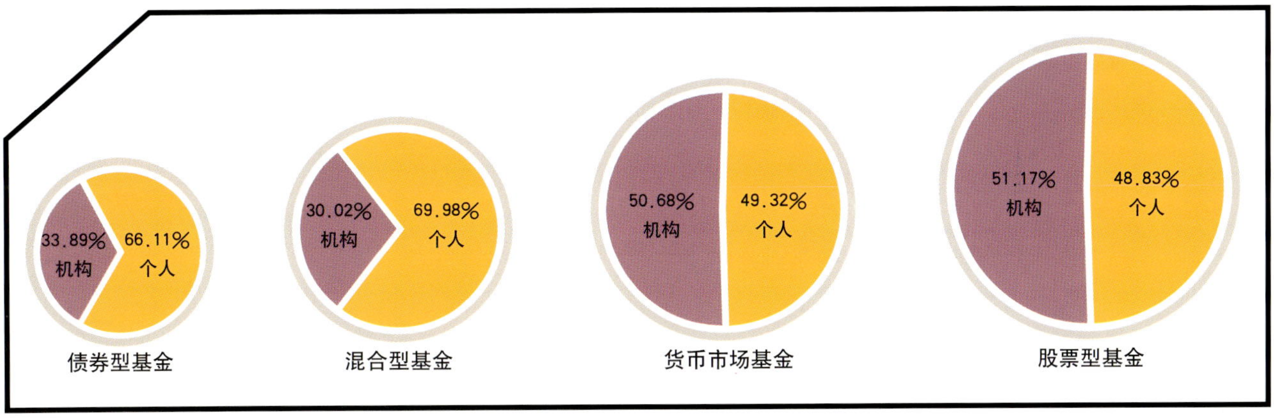

基金日历
Fund Calendar

一月 January

1
2
3
4 中银中国基金合同正式生效；海富通货币基金合同正式生效
5
6 博时主题行业基金合同正式生效
7
8
9
10 上海银行获得开放式基金代销业务资格
11
12 汇添富基金管理有限公司获准设立；天治品质优选基金合同正式生效；广发华福证券获得开放式基金代销业务资格
13
14
15
16
17 长信银利精选基金合同正式生效
18
19 富国天益基金分红每份0.020元
20
21
22
23
24 上海众和基金销售有限公司获准设立并取得开放式基金代销业务资格
25
26
27
28
29
30
31 银华货币市场基金合同正式生效

二月 February

1 东吴嘉禾基金合同正式生效
2 广发小盘基金合同正式生效；易基货币市场基金合同正式生效
3 万家保本增值基金分红每份0.013元
4
5 世纪证券获得开放式基金代销业务资格
6
7
8
9
10
11
12
13
14
15
16
17
18
19
20 颁布商业银行设立基金管理公司试点管理办法
21
22 德邦证券获得开放式基金代销业务资格
23 华夏银行获得证券投资基金托管资格
24
25
26
27
28 诺安平衡基金分红每份0.015元

三月 March

1

2 华富竞争力优选基金合同正式生效
广发聚富基金分红每份0.020元

3

4 泰达荷银周期基金分红每份0.040元
泰达荷银成长基金分红每份0.020元
泰达荷银稳定基金分红每份0.020元

5

6

7

8 宝盈泛沿海基金合同正式生效

9

10

11

12

13

14

15 广发稳健基金分红每份0.020元

16 景顺长城鼎益基金合同正式生效
第一创业证券获得开放式基金代销业务资格
大成债券基金分红每份0.020元

17 富国天益基金分红每份0.020元

18 嘉实货币市场基金合同正式生效
内需增长基金分红每份0.040元

19

20

21

22 广发稳健基金分红每份0.020元

23

24 信泰证券获得开放式基金代销业务资格

25 发布关于货币市场基金投资等相关问题的通知
发布货币市场基金信息披露特别规定的通知

26

27

28

29 广发聚富基金分红每份0.020元

30 富国天益基金分红每份0.020元

31 华宝兴业现金宝基金合同正式生效

四月 April

1

2

3

4 易基策略基金分红每份0.020元

5 富国天瑞精选基金合同正式生效
泰达荷银风险预算基金合同正式生效

6

7

8

9

10

11

12 鹏华货币市场基金合同正式生效
恒丰债券基金分红每份0.020元

13 上投货币基金合同正式生效
江南证券获得开放式基金代销业务资格

14 万家保本增值基金分红每份0.013元

15 盛利配置基金分红每份0.010元

16

17

18 金元证券获得开放式基金代销业务资格
诺安平衡基金分红每份0.020元

19 华安宝利基金分红每份0.020元

20 中信现金优势基金合同正式生效
广发聚富基金分红每份0.020元
华夏债券基金分红每份0.020元
招商债券基金分红每份0.015元

21

22 西部证券获得开放式基金代销业务资格

23

24

25 易基平稳基金分红每份0.020元
易基策略基金分红每份0.020元

26 兴业银行获得证券投资基金托管资格

27 友邦盛世基金合同正式生效

28

29

30

基金管理公司设立
基金法规文件
获准基金业务资格
基金合同生效
开放式基金分红

基金日历

Fund Calendar

五月 May

1

2

3

4

5

6

7

8

9 ■ 东方龙基金分红每份0.020元

10

11 ■ 广发稳健基金分红每份0.020元

12 ■ 融通巨潮100指数证券投资基金合同正式生效
■ 大成债券基金分红每份0.015元

13

14

15

16

17 ■ 宝康消费品基金分红每份0.050元

18

19

20 ■ 广发货币市场基金合同正式生效

21

22

23

24

25

26 ■ 优选股票基金分红每份0.040元

27

28

29

30 ■ 长城货币市场基金合同正式生效

31

六月 June

1 ■ 富兰克林国海中国收益基金合同正式生效

2

3 ■ 大成货币市场基金合同正式生效

4 ■ 工银瑞信基金管理有限公司获准设立

5

6 ■ 长盛债券基金分红每份0.022元

7 ■ 中银国际货币市场基金合同正式生效

8 ■ 发布关于基金管理公司运用固有资金进行基金投资有关事项的通知

9 ■ 光大保德信货币市场基金合同正式生效

10

11

12

13

14

15

16 ■ 发布关于进一步完善证券投资基金募集申请审核程序有关问题的通知
■ 国联分红增利基金合同正式生效

17

18

19

20 ■ 海富通精选基金分红每份0.020元

21 ■ 国泰货币市场基金合同正式生效

22

23

24

25

26

27 ■ 易基平稳基金分红每份0.030元

28

29

30 ■ 华夏红利基金合同正式生效

七月 July

1 ■ 广东发展银行获得开放式基金代销业务资格

2

3

4

5

6

7

8 ■ 银华保本增值基金分红每份0.005元

9

10

11

12

13 ■ 南方高增长基金合同正式生效
■ 德盛安心成长基金合同正式生效

14

15 ■ 万家公用事业基金合同正式生效

16

17

18

19

20

21

22

23

24

25 ■ 交银施罗德基金管理有限公司获准设立

26

27

28

29 ■ 海富通股票基金合同正式生效

30

31

八月 August

1

2

3 ■ 泰达荷银预算基金分红每份0.020元

4 ■ 兴业转债基金分红每份0.013元

5 ■ 富国天利增长基金分红每份0.010元

6

7

8 ■ 国联分红基金分红每份0.010元

9 ■ 招商安泰债券基金分红每份0.030元
■ 大成债券基金分红每份0.020元

10 ■ 银华保本增值基金分红每份0.005元

11 ■ 富国天益基金分红每份0.040元

12 ■ 融通巨潮基金分红每份0.020元

13

14

15 ■ 发布关于股权分置改革中证券投资基金投资权证有关问题的通知
■ 动力平衡基金分红每份0.020元

16

17 ■ 中国收益基金分红每份0.010元

18 ■ 博时主题基金分红每份0.021元

19 ■ 信诚基金管理有限公司获准设立

20

21

22 ■ 南方宝元基金分红每份0.050元
■ 南方避险基金分红每份0.030元

23 ■ 易基积极基金分红每份0.020元
■ 友邦盛世基金分红每份0.030元

24 ■ 博时稳定价值债券投资基金合同正式生效
■ 宝盈泛沿海基金分红每份0.030元

25 ■ 汇添富优势基金合同正式生效
■ 融通巨潮基金分红每份0.030元
■ 兴业转债基金分红每份0.010元

26

27

28

29 ■ 嘉实沪深300指数基金合同正式生效

30 ■ 国泰金龙债券基金分红每份0.012元

31 ■ 工银瑞信核心价值股票基金合同正式生效

■ 基金管理公司设立
■ 基金法规文件
■ 获准基金业务资格
■ 基金合同生效
■ 开放式基金分红

基金日历
Fund Calendar

九月 September

1

2

3

4

5

6 富国天利增长基金分红每份0.010元

7 诺安平衡基金分红每份0.020元

8

9 建信基金管理有限责任公司获准设立

10

11

12

13

14 广发稳健基金分红每份0.020元

15

16 新世纪优选分红基金合同正式生效

17

18

19 华商基金管理有限公司获准设立
易方达月月收益基金合同正式生效
两只开放式基金分红
（大成债券基金分红每份0.020元
长盛债券基金分红每份0.032元）

20 博时精选基金分红每份0.010元

21 富国天瑞强势基金分红每份0.020元

22 发布关于货币市场基金投资短期融资券有关问题的通知

23

24

25

26 四只开放式基金分红
（博时债券基金分红每份0.0013元
易基策略基金分红每份0.020元
万家保本增值基金分红每份0.013元
富国天利增长基金分红每份0.020元）

27 银华核心价值优选基金合同正式生效
巨田资源优选基金合同正式生效
华夏债券基金分红每份0.020元

28 四只开放式基金分红
（泰达荷银预算基金分红每份0.030元
泰达荷银精选基金分红每份0.020元
泰达荷银成长基金分红每份0.020元
泰达荷银稳定基金分红每份0.020元）

29 交银施罗德精选股票基金合同正式生效

30 华安宝利基金分红每份0.030元

十月 October

1

2

3

4

5

6

7

8 天弘精选基金合同正式生效

9

10 嘉实债券基金分红每份0.030元

11 上投阿尔法基金合同正式生效

12

13 银河收益基金分红每份0.050元

14

15

16

17

18 汇丰晋信基金管理有限公司获准设立
富国天利增长基金分红每份0.010元

19

20

21

22

23

24

25 四只开放式基金分红
（易方达月月收益A基金分红每份0.0018元
易方达月月收益B基金分红每份0.002元
优选股票基金分红每份0.020元
博时债券基金分红每份0.002元）
发布证券投资基金管理公司监察稽核报告内容与格式指引(试行)的通知

26

27 宝康债券基金分红每份0.030元

28

29

30

31 易基平稳基金分红每份0.020元

十一月 November

1 ■ 上投摩根中国优势基金分红每份0.020元

2

3 ■ 兴业趋势投资基金合同正式生效

4

5

6

7

8

9

10 ■ 申万巴黎新动力股票型基金合同正式生效
■ 泰达荷银货币市场基金合同正式生效

11

12

13

14

15

16 ■ 富国天惠精选成长混合型基金合同正式生效

17 ■ 华宝兴业动力组合股票型基金合同正式生效
■ 招商优质成长基金合同正式生效
■ 中信红利精选基金合同正式生效

18

19

20

21 ■ 发布关于货币市场基金投资银行存款有关问题的通知

22

23

24 ■ 博时债券基金分红每份0.0016元

25 ■ 易方达月月收益A基金分红每份0.0018元
■ 易方达月月收益B基金分红每份0.002元

26

27

28

29

30

十二月 December

1 ■ 益民基金管理有限公司获准设立
■ 建信恒久价值基金合同正式生效

2

3

4

5

6

7

8

9 ■ 海富通精选基金分红每份0.015元

10

11

12 ■ 长盛货币市场基金合同正式生效

13

14 ■ 宝康灵活配置基金分红每份0.020元

15

16

17

18

19 ■ 诺安股票基金合同正式生效
■ 宝康消费品基金分红每份0.010元

20 ■ 南方宝元基金分红每份0.058元
■ 南方避险基金分红每份0.063元

21 ■ 发布证券投资基金信息披露内容与格式准则第7号《托管协议的内容与格式》的通知

22

23 ■ 广发聚丰基金合同正式生效
■ 嘉实浦安保本基金分红每份0.020元

24

25

26 ■ 四只开放式基金分红（博时债券基金分红每份0.002元；华夏债券基金分红每份0.020元；银华保本增值基金分红每份0.005元；富国天利增长基金分红每份0.010元）

27 ■ 中信建投证券获得开放式基金代销业务资格
■ 三只开放式基金分红（易方达月月收益A基金分红每份0.0018元；易方达月月收益B基金分红每份0.002元；国泰金象保本基金分红每份0.025元）

28 ■ 德盛精选股票合同正式生效
■ 泰达荷银成长基金分红每份0.020元
■ 融通债券基金分红每份0.030元

29 ■ 二只开放式基金分红（内需增长基金分红每份0.020元；兴业转债基金分红每份0.012元）

30

31

■ 基金管理公司设立
■ 基金法规文件
■ 获准基金业务资格
■ 基金合同生效
■ 开放式基金分红

基金图片 Fund Picture

2005年12月2日，第四届中国证券投资基金国际论坛在深圳举行。中国证监会主席尚福林出席并发表题为“优化制度环境，促进基金市场健康发展”的讲话。
（图片提供：全景网）

2005年6月5日，中国证券业协会举行的第29次基金业联席会议在北京召开，中国证监会主席尚福林在会上表示，中国将制定相应措施，加快改革进程。基金管理公司要充分认识股改对基金行业长远稳定发展产生的积极影响。
（图片提供：郑协）

2005年7月12日，中国证券业协会在北京召开“第二届证券投资基金业委员会第一次会议”，顺利完成了证券投资基金业委员会的换届工作。

（图片提供：郑协）

2005年11月23日，中国证券业协会在北京召开“基金业自律管理工作汇报会”，进一步加强对基金业的自律管理和行业服务。

（图片提供：郑协）

2006年1月14日，由《中国证券投资基金年鉴》主办的“首届中国证券投资基金业年会”在北京召开。本届年会主题为“市场变革下的中国基金业”，来自多家基金公司、托管银行、代销机构的负责人、业内领导、专家及多家媒体代表出席了年会。

2005年7月5日，我国首家由商业银行发起设立的基金管理公司——工银瑞信基金管理有限公司在北京举行开业典礼暨揭牌仪式。

2005年8月12日，我国第二家由商业银行发起设立的基金管理公司——交银施罗德基金管理有限公司在上海举行开业庆典。

2005年9月28日，建信基金管理有限责任公司在北京举行开业典礼。至此，我国首批获准试点的三家银行系基金管理公司全部开业。

2005年6月8日，我国首家外资持股达到49%上限的中外合资基金管理公司——国投瑞银基金管理有限公司在上海举行新闻发布会。

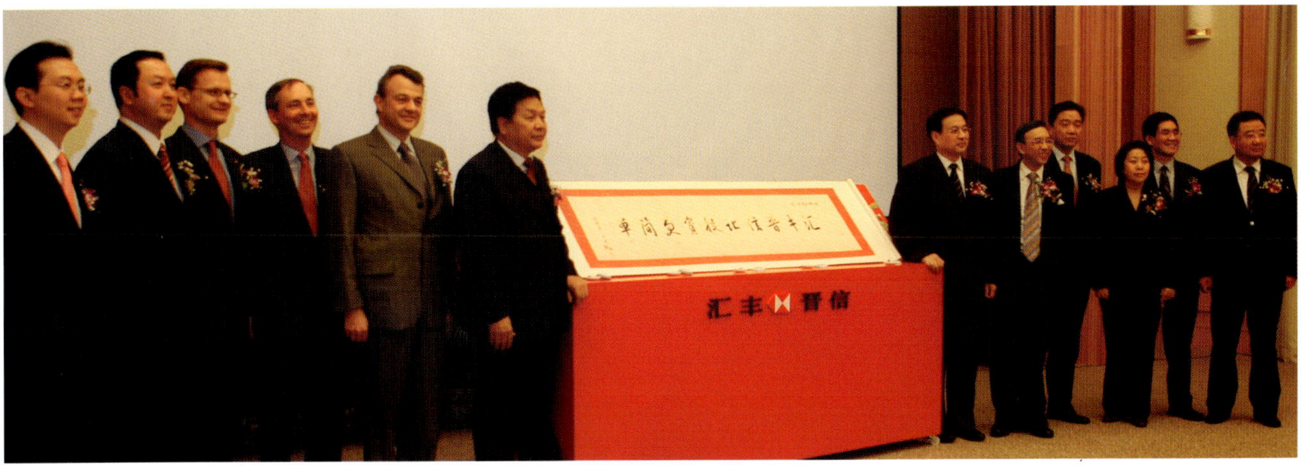

2006年2月20日，由汇丰投资管理和山西信托合资成立的汇丰晋信基金管理有限公司在上海举行开业典礼。

2005年9月23日，由沪深证券交易所共同发起设立的中证指数有限公司在上海举行成立仪式。上海证券交易所理事长耿亮和深圳证券交易所理事长陈东征共同为中证指数有限公司揭牌。

2005年2月23日，上海证券交易所理事长耿亮与华夏基金管理公司总经理范勇宏共同敲响中国内地首只ＥＴＦ——上证50ETF上市锣声。

2005年7月28日，银华基金管理公司与上海证券交易所、中国证券登记结算公司在北京联合举行新闻发布会，宣布我国首只同时通过上交所“上证基金通”网络和银行网络募集的开放式基金——银华核心价值优选基金正式发售。

2005年11月4日，我国基金业首个基金投资理事会——南方高增长基金第一届投资理事会在深圳召开。

2006年4月25日，中国工商银行与工银瑞信、华安、富国、广发、中银国际、申万巴黎、博时、南方等16家基金公司在北京签署“网上基金合作推广协议及活动启动仪式”。

2005年4月23日，中国农业银行2005年基金代销工作会议在无锡召开。总行党委委员副行长杨琨同志出席会议，并发表了重要讲话。

2005年1月18日，申万巴黎基金管理有限公司在上海国际会议中心举办“申万巴黎2005年第二届投资策略报告会”。

2005年8月20日，长盛基金管理有限公司联合《经济观察报》在重庆举办首届“中国长江基金论坛”。图为公司总经理陈礼华在做主题策略报告。

2005年11月24日，中国银行上海分行理财中心联合中银国际基金管理公司在中银大厦理财中心为中行的VIP客户举办了2006年中国投资展望沙龙活动。

2006年3月21日，“博时基金大学——伯顿·麦基尔教授‘从漫步华尔街到漫步长城’”活动在北京举办。

2005年12月5日，由南方基金管理公司与中信银行联手打造的国内首张基金信用卡——中信南方基金联名卡首发仪式在北京举行。

2005年8月4日，东吴基金管理有限公司在上海举办“走进东吴——下半年投资策略报告会”。
图为公司总经理徐建平在发表讲话。

2006年1月14日，新浪财经在北京颁发“2005最受信赖基金公司”奖，图为获奖基金公司代表。

2006年2月16日，由中国证券报主办的第三届中国基金业金牛奖评选揭晓。图为颁奖现场。

2006年4月11日，晨星公司颁发晨星(中国)2005年度基金经理奖。图为晨星公司代表与获奖基金经理。

2005—2006

ALMANAC OF CHINA`S SECURITIES INVESTMENT FUNDS

中国证券投资基金年鉴

总第四期 | 中国证券投资基金年鉴编辑委员会 编

中国科学技术出版社

图书在版编目(CIP)数据

中国证券投资基金年鉴.2005-2006/《中国证券投资基金年鉴》编委会编.—北京：中国科学技术出版社，2006.7

ISBN 7-5046-4460-9

Ⅰ.中... Ⅱ.中... Ⅲ.证券投资—基金—中国—2005-2006—年鉴 Ⅳ.F832.51-54

中国版本图书馆 CIP 数据核字(2006)第 087146 号

责任编辑：许 慧 周晓慧

装帧设计：北京金萍广告有限公司

广告代理：北京金萍广告有限公司

出版发行：中国科学技术出版社

（北京市海淀区中关村南大街 16 号 100081）

印 刷：北京佳信达艺术印刷有限公司

开 本：889 × 1194 1/16

印 张：44.5

字 数：750 千字

版 次：2006 年 7 月第 1 版 第 1 次印刷

定 价：380.00 元

编辑说明 Editor's Note

《中国证券投资基金年鉴》(简称《年鉴》)创刊于2003年，是中国首部系统、全面记录中国证券投资基金行业创新和发展进程，逐年编撰、连续出版的大型史料性工具书。

一、本期是《年鉴》总第四期，为进一步体现2005—2006年上半年中国基金行业发展的特点，本期整合了原有的篇章，对部分篇目进行了调整与充实，全书整体分为五个部分及附录，包括：第一部分(特载)、第二部分(市场发展综述)、第三部分(基金市场体系)、第四部分(数据统计)、第五部分(法律法规)和附录。

二、为适应中国基金业快速发展的需要，本期在数据统计篇对基金数据进行大规模扩充与改进，新增加约1/3的数据内容；在综合数据统计部分，增加了“前十大基金管理公司市场集中度”、“中外合资基金管理公司历年市场份额”、“基金证券交易量与佣金分配”、“基金历年债券回购交易量”、“基金历年资产配置”、“基金历年支付券商交易佣金”、“基金历年信息披露费、审计费、上市费、持续营销费”、“保险资金投资基金情况”等数据；在开放式基金数据部分，为便于国际比较，将开放式基金分为股票型基金、混合型基金、债券型基金、货币型基金四大类，并按照新的分类方式对历史数据进行了更新。另外，随着开放式基金地位与影响的日益扩大，从本期开始将开放式基金数据适当提前，编入第二部分，相应地封闭式基金数据适当后调，编入第三部分。

三、本期在彩图部分新增加“基金市场地区分布图”，调整了“基金公司地区分布图”的内容。“基金大事记”调整到了附录部分，并在附录部分新增加了“2005年基金行政许可文件摘要、投资者教育和机构联系名录”，包括基金公司、托管银行及基金销售机构等内容，以更好地方便读者检索与使用。

四、《年鉴》中的“基金”特指证券投资基金；为增加检索途径，目录编排按各章节顺序进行；篇章中，“基金市场体系、基金大事记”均以时间为序进行编辑、“彩图部分与数据统计篇中的数据”截止时间为2005年12月31日；“基金专论、基金人物、基金市场体系和法律法规”部分内容截止时间为2006年6月30日。数据统计篇中由于四舍五入，总计与分项相加略有误差；本期对机构的排序按惯例进行，排序不分先后。

五、《年鉴》相关数据依据我国证券投资基金公开披露的信息加以整理，包括2005年基金年报、中报、四个季度的基金投资组合报告及基金业各主体单位公开的网站等，并经各编委单位相关领导审核。部分内容主要参考了以下单位及媒体对外公开的信息，包括中国证券监督管理委员会、中国证券业协会、上海证券交易所、深圳证券交易所、《中国证券报》、《上海证券报》和《证券时报》等。

本期《年鉴》编纂工作，得到了各编委单位的鼎力支持，编委会各位委员也对《年鉴》相关内容提出了宝贵意见，对提高《年鉴》的编辑质量起到了重要作用。此外，本期《年鉴》还得到了中国证券业协会、Morningstar晨星(中国)研究中心、全景网的支持，在此，我们谨向有关方面的同志和单位表示最衷心的感谢。

中国证券投资基金年鉴编辑部

中国证券投资基金年鉴编辑委员会

Editorial Board of Almanac of China s Securities Investment Funds

马庆泉	广发基金管理有限公司	董事长
林传辉	广发基金管理有限公司	总经理
韩方河	华安基金管理有限公司	总经理
徐建平	东吴基金管理有限公司	总裁
陈　儒	中银国际基金管理有限公司	执行总裁
王鸿嫔	上投摩根基金管理有限公司	总经理
田仁灿	海富通基金管理有限公司	总经理
成保良	招商基金管理有限公司	总经理
吕秋梅	融通基金管理有限公司	总经理
先　江	国联安基金管理有限公司	总经理
许　明	巨田基金管理有限公司	总经理
孙枝来	新世纪基金管理有限公司	总经理
赵学军	嘉实基金管理有限公司	总经理
姜永凯	诺安基金管理有限公司	总经理
高清海	泰信基金管理有限公司	总经理
梁华栋	景顺长城基金管理有限公司	总经理
雷建辉	国联基金管理有限公司	总经理
杨　鶤	招商证券股份有限公司	总裁
史洁民	中信万通证券有限责任公司	董事长
张广慧	山西证券有限责任公司	总裁
黄伟民	国浩律师集团(北京)事务所	管理合伙人
朱小辉	北京市天元律师事务所	合伙人
韩　炯	通力律师事务所	管理合伙人
唐　球	深圳市赢时胜信息技术有限公司	总经理

主　　编：王连洲　　**执行主编：**杜书明

编辑人员：赵　君　雷　涛　黄志祥　周明伟　肖　颖

工作人员：黄　霞　黄芙蓉　张　莉　刘春燕　程大伟　刘　刚

创意设计：王　艳　王建芬　胡汉明

技术支持：晨星资讯(深圳)有限公司

目 录 CONTENTS

第二部分　市场发展综述 Market Development Overview

第三部分　基金市场体系 Fund Market System

第一章　基金管理人及旗下产品 Fund Managers and Their Products

目 录 CONTENTS

目 录 CONTENTS

中国工商银行

INDUSTRIAL AND COMMERCIAL BANK OF CHINA

中国工商银行托管业务率先通过SAS70 国际认证。我们的目标是为客户提供满足个性化需求的专业托管服务。

客户的需要是我们发展的动力

中国工商银行具备十大类，14项托管业务资格，建立了完善的托管产品体系，具有丰富的托管业务实践经验，我们愿意倾听每一位客户的声音，为客户不断创新服务，推动我们持续前进。

优秀的托管业务服务团队

中国工商银行是国内最早的托管银行，凭借在托管行业中多年的实践经验，锻炼了一批专业员工队伍，可以为客户提供一揽子托管解决方案，实现我们和客户携手发展。

诚信、严谨

中国工商银行托管业

严谨 创新 进取" 的精神，

内部控制体系、规范的业

务系统、强大的市场营

先进的托管业

中国工商银行具有强

处理水平和服务功能不

分析和客户服务系统相

做中国最好的托管银行

创新、进取

安展八年多来，以"诚信
衣靠严密科学的风险管理和
管理模式、健全的托管业
能力，取得了优异成绩。

务技术系统

的技术支持系统，自动化
是高。托管风险监控、绩效
设产，STP处理稳步提高。

中国最佳托管银行

中国工商银行2004年先后被《亚洲货币》和《全球托管人》杂志评选为"中国最佳托管银行"，表现了客户对我们工作的充分认可，我们将以优质的服务加倍奉还。

中国工商银行资产托管部 欢迎加入我们，

随即访问 WWW.ICBC.COM.CN

或致电010-66106912

精雕细琢—

中国建设银行股份有限公司地址：中国北京市西城区闹市口大街1号院1号楼（100032-33） 邮编：100032

2005年，中国建设银行秉承“精品策略”原则，紧紧抓住市场机遇，积极推动基金托管和代理销售业务健康发展。

托管业务： 中国建设银行积极营销托管客户，不断强化风险管理，使托管服务水平进一步提升，托管规模和托管收益大幅增长。到2005年底，中国建设银行已托管35只基金，托管基金资产总净值796亿元，比2004年增长59%。同时，委托资产托管业务稳步发展，各类资产托管余额达到239亿元，资产托管系列产品种类齐全。2005年，又有多家境外投资者托管客户正式选择中国建设银行作为境外投资者托管银行，境外投资者托管客户数量和托管规模在中资银行位居前列。2006年，中国建设银行将积极拓展各类资产托管客户，坚持业务创新，完善内控建设和风险管理，防范和化解各类风险，严格履行托管人职责，确保托管资产清算、核算质量，提高托管业务监督水平，努力将中国建设银行发展成为中国最佳托管银行。

代销业务： 目前，中国建设银行代销基金类型、业务种类丰富，网点遍布全国、交易渠道便捷，服务逐步深化，业务不断创新。2005年，中国建设银行共代销开放式基金13只，销售额为100.3亿元，多只基金销售创出了同期市场最好水平。在市场份额不断扩大的同时，建设银行在产品及服务模式创新等方面不断努力，首家推出短期债券基金和上证基金通产品，为客户提供多样化、深层次的理财选择。到2005年底，建设银行先后和13家基金管理公司合作，共代销35只开放式基金和1只封闭式基金，累计首发代销基金规模超过400亿元。2006年，中国建设银行将继续坚持“精品策略”原则，努力选择与优良或具有良好发展潜力的基金管理公司合作，代销符合客户需求的基金产品，坚持业务创新，为向客户提供更好的产品和服务而不懈努力。

安心托付

投资价值的发现者

博时介绍

博时基金管理有限公司是目前中国资产管理规模最大的基金公司之一，也是第一批获得全国社会保障基金和企业年金基金投资管理人资格的基金管理公司之一，成立于1998年7月13日。通过和国内外相关金融机构通力合作，博时基金管理有限公司致力于为投资者提供专业的资产管理服务。目前，博时基金公司共管理11只基金产品及部分社保基金，管理的资产规模约500亿人民币，累计分红达53亿人民币。

博时基金管理有限公司结合国际成功的价值投资实践，深入洞察中国资本市场，时刻把握高速成长的中国经济蕴含的巨大投资机会，严格遵循投资规律，强调全面的基础研究和谨慎的风险管理，竭尽全力帮助投资者实现投资目标。欲了解更多信息，请登陆 www.boshi.com.cn

博时荣誉

2006年2月22日，博时在香港荣获由亚洲权威的资产管理专业杂志《亚洲资产管理》颁发的“2005年度最佳进步基金公司奖”；同时，博时还获得年度“最佳产品创新奖”、“中国最佳零售渠道策略奖”。（2006年2月24日《上海证券报》）

2006年1月14日，深圳市“金融创新奖”评选活动揭晓，博时稳定价值基金（博时6号）获评深圳市金融创新奖二等奖。（2006年2月24日《上海证券报》）

2005年12月12日，2005“深圳知名品牌”评选活动揭晓，博时基金和招商银行、平安保险等品牌榜上有名。（2005年12月13日《深圳特区报》）

2005年11月，由世界金融实验室发起主办，《华尔街电讯》、《世界经理人周刊》联合主办的“世界金融实验室年度大奖”评选活动揭晓，博时稳定价值基金（博时6号）荣获“2005年中国10佳最具投资价值基金产品”年度大奖。（2005年11月14日《上海证券报》）

2005年11月17日，由《财富》中文版与华信惠悦咨询公司联合举办的“2005年卓越雇主——中国最适宜工作的公司”调查结果在北京揭晓，博时成为国内十家最佳雇主之一。（2005年11月18日《京华时报》）

华夏基金管理有限公司简介

华夏基金管理有限公司成立于1998年4月9日，是经中国证监会批准成立的首批全国性基金管理公司之一，注册资本13800万。公司总部设在北京，在北京、上海和深圳设有分公司。

截至2006年5月底，公司管理资产规模超过450亿元人民币，旗下共有5只封闭式基金和8只开放式基金，1只亚洲债券独立组合以及2只全国社保基金投资组合。是国内管理基金数目最多的基金管理公司，也是管理资产规模最大的基金管理公司之一。截至2006年6月14日，华夏基金累计为投资人现金分红超过60亿元，是分红最多的基金公司之一。

华夏基金历年来所获主要荣誉和奖项

2003年度最受老百姓欣赏的基金管理公司[1]；

2004年度十大金牛基金管理公司[2]；

2005年度中国大陆最佳基金管理公司奖[3]；

2005年度亚洲地区最佳客户服务奖[4]；

2005年度最受投资者信赖基金公司奖[5]；

……

注：1、招商银行金葵花理财调查结果

2、由《中国证券报》等机构联合评选

3、由亚洲权威杂志《亚洲投资者》(Asian Investor)评选

4、由《亚洲资产管理》(Asia Asset Management)评选

5、由新浪网评选。

国投瑞银
您的长期伙伴

深圳发展银行
SHENZHEN DEVELOPMENT BANK CO.,LTD.
聚财宝
会赚钱的宝贝
投资灵活多变 更多惊喜连连
1 ■ 天天收益 期期分红
产品月月发行，预期收益率高，每期末返还本金与分红收益
2 ■ 活期便利 更高收益
可随时增加购买金额，自由办理赎回，收益免税，免手续费
3 ■ 弹性投资 省时省心
投资方式灵活，可动态调整投资资金
4 ■ 闲置资金 自动升值
可自由更改投资方式，理财更轻松
5 ■ 资金安全 更有保障
银行代理资金清算，稳健投资，同时申请开通“金卫士”短信免费通知服务即可轻松掌握账户的一切变动情况。
立即行动！闲置资金"HOT"起来！惊喜陆续来！
您只需携带本人有效身份证件及发展借记卡到我行各营业网点即可办理本业务。
服务热线：95501
www.sdb.com.cn

2005-2006

中国证券投资基金年鉴

ALMANAC OF CHINA`S
SECURITIES INVESTMENT FUNDS

基金的持续健康发展，决定于诚信和规范治理

王连洲

在上年出版的《年鉴》序言中，曾寄语新一年的《中国证券投资基金年鉴》编纂有新的看点。呈在面前的《2005—2006中国证券投资基金年鉴》书稿，应该说得到了较好的体现：一是补充和丰富了大量涉及正确评估各只基金价值的必要数据；二是将原来统一统计的开放式基金，细化为股票型基金、混合型基金、债券型基金、货币型基金等四类基金分别反映，以便对各类基金运作绩效的判断；三是增加了国外发达国家基金发展情况的介绍，以提高基金运作数据的比较性；四是增加了市场特别关注的一些数据，诸如“前十大基金管理公司市场集中度”、“中外合资基金管理公司历年市场份额”、“基金证券交易量与佣金分配”、“基金历年债券回购交易量”、“基金历年资产配置”、“基金历年支付券商交易佣金”、“基金历年信息披露费、审计费、上市费、持续营销费”、“保险资金投资基金情况”等等，使中国基金市场需要公开的全部重要信息和数据得到了进一步的完善，从而更突出了本期《年鉴》内容的完整性、资料性、工具性及其专业人士对研究基金市场、把握基金市场走向的使用性和指导性。

《中国证券投资基金年鉴》是基金业发展轨迹的全面记录。本期《年鉴》章节、内容的增删和修改变化，比较客观地反映和记录了该期中国基金市场亢奋与低沉、发展与停滞，冰火相间，与股市行情共振起舞的发展历程。

2005—2006年上半年，中国基金业在博弈竞争中成长，在开拓创新中壮大：基金管理公司的业务格局走向多元化，基金资产规模有上千亿元的增长；ETF与LOF两大创新产品上市交易；基金公司固有资金用于购买基金获准，一些禁止性的市场规定逐步解禁；银行系基金公司破壳而出，基金业格局发生变迁，加剧基金市场的竞争；部分基金公司参与社保基金、企业年金管理“选秀”中标，新业务得以拓展；保险资金获准直接入市，现存基金公司凸现资金赎回压力；行业分化开始显现，基金公司股权变动频繁，一些券商、信托“老股东”谋求资金变现，无奈撤出股权；基金管理公司强者更强，弱者更弱。

多数基金业绩成负值，愧对专家理财。进入新的一年，伴随股市行情上涨的带动，基金有了不凡的经营业绩，交出了一份令投资者比较满意的答卷，其中少数出类拔萃者，受到了市场高度的追捧和青睐。令人关注的一个问题，就是处于股改时期的QFII，或许由于技高一筹，或许由于说不清的原因，不管怎样，据说都闹了个盆满钵满。当然，国内基金也有不服气的。

市场是无情的。尽管目前与股市行情伴舞的基金市场里，还没有出现哪家基金公司被淘汰出局的事实，但随着外资机构投资者、合资基金公司以及内资各类基金公司数量的迅速增加，基金寻找和创造盈利空间的竞争正在加剧，分化、兼并和重组将在所难免。各家基金管理公司在同样的社会环境和规制条件下，优胜劣汰，最终都需要在以下几个重要问题上，引起高度重视并做出进一步的努力：

一、树立诚实守信、勤勉尽责的职业理念

基金管理人一定要以维护基金持有人的利益作为首要的职业理念、准则和职责，正确把握自己受托管理资产的社会定位，尽职尽责的全力承担起证券投资信托受托人的应尽责任。这既是基金立法的宗旨，更是基金制度设计、平衡基金利益的要求。因为在基金组织结构中，基金管理人与基金持有人的地位不同，前者拥有着基金财产的控制权，自由处置权以及可以影响到基金投资者利益多少的主观作为权，处于优势主动的地位，而后者处于明显弱势被动的地位。同时两者所知市场信息不对称，基金持有人无法对基金管理人的投资决策和职业道德

行为进行有效监控，以维护自身利益。在这种情况下，对基金管理人提出职业道义上的要求，应当说是天经地义的。

二、基金产品设计、业务模式以及营销方式需要进行创新和拓展研究

创新是基金市场发展的源泉和动力，是激发基金市场活力的内在要求。《证券投资基金法》的实施，《证券法》和《公司法》的修订，为基金市场的业务创新、机制创新、产品创新、技术创新、监管创新发展等提供了新的空间。但基金的各项创新，都应该坚持一个基本的原则和前提，即能为基金持有人带来切实的利益，而不是仅仅作为防止基金赎回、扩大基金规模、增加管理费收入的一种基金推销手段。目前市场上运行的二百多只基金，尽管名称五花八门，但同质化的问题依然严重。为了基金公司的生存、发展，应当依法进行业务扩展的研究和试点，以扩大服务利润的增长空间。

三、应进一步完善基金管理公司的自身治理问题

1.要建立、健全科学的约束激励机制。应当认真研究，在一定时期内，比如半年、一年或者两年，只要基金的净值经营业绩超过了规定的幅度，除管理费照收外，应当考虑让基金管理人再按规定的超收比例提成；反之，管理费也要按规定比例减收。

2.基金管理公司的管理，应当制度化、规范化、程序化、流程化、提高管理的透明度。经营团队要合理分工，科学管理，增加团队凝聚力，调动职工积极性，培育和发展现代化的公司管理文化。

3.健全和完善公司董事会制度，发挥董事会核心作用。健全董事会制度，有助于基金各有关方面及时沟通情况、协调关系、解决需要董事会决定的问题；有助于规范内部人行权行为，也有助于防范大股东对基金运作的不当干预。董事会的专业机构应按规定尽职尽责，在基金运作风险防范中发挥应有的监督作用。

4.基金管理公司的股东应当稳定并具有规定的资质。基金公司不是一般的工商加工贸易企业，而是依靠智力资本集合的金融服务机构。按现在的规定，基金公司的注册资本金不过亿元，而受托管理他人的资产却多达数亿元、数十亿元、上百亿元甚至数百亿元。基金管理公司的垄断性、特许性、特殊性，决定了对其股东稳定性、高素质的要求。基金管理公司股东的频繁变动将影响到经营团队的稳定，进而影响到基金投资运作，损害基金持有人利益。

5.要善于培养和凝聚基金专业人才。“人才的竞争将是最激烈的，而人才是基金管理公司最宝贵的财产”。目前人才的流动比较频繁，有些基金公司对此感到有些棘手。市场行为，人往高处走，不放行一般很难做到；放行吧，不仅培育的成本付出前功尽弃，而且还存在谁来承继工作的问题。为此，应当研究适当的激励、约束制度。有人建议，对于基金公司的核心投资管理人才，是否可以借鉴西方足球运动员转会制度。人才需求方应付给人才输送方一定的机会和培育成本费用。基金管理公司需要形成一个从选人、育人到用人、留人系统化的人力资源管理模式。

四、应当推动基金利益分配的公平、公正和合理问题的研究，调动各基金当事人参与管理和运作基金的积极性

特许的行业有特许的行业垄断利润。特殊的行业垄断利润应该有特许的合理利益分配制度。基金管理人与投资人的利益分配、基金公司股东与经营团队之间的利益分配、基金公司高管与普通员工之间的利益分配，需要进行科学的分配。目前，在我们的社会现实中，城乡之间、地区之间、行业之间、同样的人之间、管理层与被管理层之间的分配差距，增长的过快、过大，失去了科学性、合理性、公正性、公开性。大家反映，目前基金公司报酬分配的合理性和科学性，值得研究。差距过大或过小，都不宜调动各方面的积极性。

中国基金业还没有摆脱与股市伴舞、冰火相间的局面，说明基金业还有独立凸现功能优势的空间，当然重要的是诚信和规范。

第一部分 特　载

Special Articles

优化制度环境　促进基金市场健康发展

中国证监会主席尚福林在“第四届中国证券投资基金国际论坛”上的讲话

（2005年12月2日）

女士们、先生们，尊敬的各位来宾，早上好。

很高兴，能够参加中国基金业的发展论坛。创办这个论坛，很有意义，它为中国基金业的交流搭建了一个适当的平台，大家交流经验、表达观点、增进了解，相信对基金业的发展会有重要的推动作用。同时，这也是监管机构听取大家对行业发展意见难得的机会，在此，我代表中国证监会，向论坛的主办方及深圳市政府表示感谢！

今年以来，我国金融体制改革步伐明显加快，证券市场股权分置改革全面展开，提高上市公司质量政策措施正在加紧落实，证券公司综合治理工作进展顺利，《证券法》、《公司法》做了重大修改并予以公布。同时，人民币汇率机制改革，国有商业银行股份制改革，国有保险公司重组改制等各项金融改革取得重要进展。金融业的对外开放进一步深化，开放领域不断扩展。我国金融业以改革应对挑战，以创新谋求发展，形成了新的发展态势。

作为中国金融机构重要组成部分，大力发展机构投资者是党中央十六届三中全会提出的明确要求，对于实现中国金融体制改革和经济发展远景目标具有重要意义。下面，我就机构投资者发展问题谈几点意见。

一、发展机构投资者是建立现代金融体系的客观要求

1.发展机构投资者有利于改善储蓄转化为投资的机制与效果，促进直接金融市场的发展。直接融资和间接融资的协调发展是一国经济健康运行的客观要求，也是各种类型企业多渠道、低成本筹集资金的市场基础，是形成债权约束和股权约束，形成有效企业治理结构的必要条件。目前我国间接的融资比例仍然过高，直接融资的比例发展相对滞后，造成大量储蓄资金流向商业银行体系。近一些年来我国商业银行特别是国有商业银行贷款占存款比重逐年下降，出现这种情况固然与商业银行加强内控、调整资产结构有关系，但从另一方面说明我国金融体系运行效率不高，不能充分发挥金融资源的效率，这为机构投资者提供了巨大的市场空间。今年我国几大国有商业银行存贷比例不到50%，贷款的比例占存款的比例近几年不断下降，存在金融资源闲置。发展机构投资者可以为分流储蓄开辟多样化渠道，通过开发满足市场需求的金融产品，机构投资者可以有效动员与集合储蓄资金投向股票市场、债券市场、货币市场，是直接金融市场发展的主要推动力，从而扩大直接融资比重。相比一般的投资者，机构投资者能够有效改善储蓄向直接融资工具转化的机制和效果，从事前的定价机制和事后的监督机制两个方面发挥优势，促进直接金融市场经济功能的完善。(1) 机构投资者更有优势收集和分析证券市场信息，通过机构投资者的充分竞争，实现市场化证券发行约束机制，产生最优的价格信号，引导资源的有效配置。(2) 有助于解决中小投资者对公司监督的激励问题，实施对管理层的有效监督，提高投资项目的经济效益，促进公司治理的完善。

2.发展机构投资者有利于促进不同金融市场之间的有机结合与协调发展，健全金融市场运行机制。机构投资者可以在不同金融市场进行资产配置，平衡各金融市场之间的资金流动和分配，促进不同金融市场之间的有机结合与协调发展。

3.发展机构投资者有利于分散金融风险，促进金融体系的稳定运行。目前我国的企业融资过多依赖于信贷市场，使金融风险向商业银行集中，不利于我国金融体系的安全与稳定，发展形式多样、分工协作、互为补充的机构投资者，可以丰富承担金融风险的市场主体，弱化因为过度银行化倾向形成的系统性风险。而且机构投资者基于实体经济风险特征，开发各种金融产品替代各种金融资产，使风险分散在各种金融工具之中，促进金融体系的稳定运行。

4.发展机构投资者有利于实现社会保障体系与宏观经济的良性互动发展。对欠收欠付公共养老制度进行改革，建立以包括企业年金为主的企业普通养老金和个人

自愿储蓄性为主的养老金在内的多支柱养老保障体系，是我国社会保障体系改革的方向。许多国家的成功经验证明，基金积累式的养老金制度，在明确养老的社会责任，提供工作激励机制的同时，成为带动经济增长的引擎，养老金制度的功能也从社会保障为中心转变为促进社会保障与宏观经济的平衡发展。

在基金积累制的养老金制度下，机构投资者的作用不可或缺。在许多发达国家，养老金是机构投资者中最重要的组成部分，通过发展专业的机构投资者，把国家、企业和个人积累的养老金，投资于各种金融产品，实现社会资金的平均边际收益水平，一方面保证养老金的补偿能力和养老的替代水平，另一方面引导巨额的长期资金投入企业发展和国家基础建设，实现国民经济和居民福利的协调发展。因此，发展机构投资者对完善我国金融体系和实现经济发展远景目标具有重要的市场功能，是金融服务业的重要组成部分，也是建立现代金融体系以及社会主义市场经济体制的客观要求。

二、我国机构投资者发展迅速，初步形成多元化发展格局

今年以来，我国机构投资者发展迅速，证券投资基金规模稳步增长，市场主体行为规范不断加强，整个基金业处于健康发展态势。同时，QFII、保险、社保基金、企业年金等各类机构投资者日益壮大，初步形成了多元化的机构投资者格局，为促进证券市场健康、规范、稳定发展起了重要作用。

1.基金投资持续发展，投资范围得到拓展。基金投资权证、短期融资券和银行存款等问题已经有了明确的规定，基金销售渠道进一步拓宽，实现了运用沪、深证券交易所的交易网络系统开展基金的申购、赎回业务。

2.商业银行设立基金管理公司的试点工作已见成效。经国务院批准，中国工商银行、中国建设银行以及交通银行参股设立基金管理公司的试点工作已经展开，目前三家基金管理公司均已获批成立，三家公司的首只基金募集规模总计达到150亿元。

3.QFII试点工作稳步推进。今年新设QFII机构5家，新增外汇投资额度14.95亿美元。为进一步吸引QFII投资于国内资本市场，证监会已与外管局就QFII的审批体制、降低境外长期资金投资境内市场的锁定期等事项达成了一致意见。

4.其它机构投资者逐步发展。促进保险基金、企业年金以及其它养老金入市，逐步改变了我国资本市场中各类机构投资者发展不平衡的问题。一年来，证监会同保监会、劳动和社会保障部等相关部门积极促进保险资金稳定入市，加快企业年金入市的进程，并推动基本养老金个人账户的落实工作和投资体制的健全工作。

5.机构投资者发展的外部环境不断改善。由证监会牵头的鼓励合规资金入市小组加强了与国务院税收专题工作小组的沟通和协调，提出了加快制定促进机构投资者发展税收政策的建议。截至2005年11月28日，基金管理公司的数量达到了52家，其中中外合资基金管理公司20家，证券投资基金资产总规模达到5008.2亿元人民币；批准QFII机构32家，批准外汇投资额度54.95亿美元。截至2005年10月底，QFII共持有证券资产285亿元人民币，占总资产的90%，其中持有股票169亿元，占总资产的30%，持有基金44亿元，占资产的14%。全国社会保障基金持有股票资产市值205.2亿元，入市规模较去年底增长了60%，保险资金已经间接入市1060亿元，比去年底增长了57%，直接入市金额已经达到135.7亿元，企业年金入市工作已经进入实质性的操作阶段。

三、机构投资者发展面临新的历史机遇

当前，股权分置改革已经进入关键时期。各有关部门和上市公司正抓紧落实国务院股权分置改革工作座谈会的工作部署，股权分置改革工作的进度有所加快，已经完成或正在进入股权分置改革程序的公司已经达到300多家，市场预期、政策预期、价格预期进一步稳定，市场运行总体平稳。随着股权分置改革向纵深推进，证监会正在抓紧落实五部委《关于上市公司股权分置改革的指导意见》中提出的各项配套政策措施，通过各项政策措施的逐步落实，我国资本市场的内在运行机制将更趋合理，市场功能将更加健全，将为机构投资者的进一步发展提供更加活跃的市场基础和更广阔的市场空间。从金融市场发展趋势看，随着商业银行改革不断深化，银行资产结构不断调整，信贷性资产的比重逐年下降，银行有大量资金要寻找出路；同时，在利率水平较低的情况下，企业和居民的闲置资金也要寻找高收益的金融产品。这些都为机构投资者的发展提供了广阔空间。

四、加快机构投资者的发展与创新

面对新的市场环境和机制的变化，机构投资者要以十六届五中全会提出的“十一五规划”为指导，紧紧抓

住经济结构战略转型的机遇，积极应对金融业对外开放的新局面，夯实制度基础，提高创新水平和核心竞争力，不断满足国民经济发展的新要求。

提高创新能力，是发展机构投资者的根本途径。在下一步机构投资者的发展创新过程中，应注意把握好三个方面问题：

1.要积极跟踪市场变化，提高产品创新、组织创新和制度创新的水平。随着经济体制改革和金融改革的不断深化，居民储蓄转化投资的需要、财务风险管理的需要、资产流动性管理的需求等各方面理财需求将不断得到深入和强化，投资理财的市场潜力将不断释放，机构投资者的发展空间将更加广阔。过去证券公司在代客理财的业务上走过弯路，目前正在努力地进行调整。不过从另一方面看，也说明投资理财的潜力巨大。修改后的《证券法》鼓励合规资金进入市场，证监会鼓励机构投资者开发适合不同投资人需要的理财产品以吸引更多的资金进入资本市场。机构投资者要加强市场研究，全面、正确认识宏观经济与资本市场的发展形式，树立科学、理性的投资理念，不断提高金融产品的自主研发能力，不断提高机构的投资管理能力，不断提高市场营销的服务能力。证监会将继续调整产品审核体制，增加弹性，提高效率，为创新产品的开发提供制度保障。同时要研究形成机构投资者内部有效的激励机制。

2.要坚持循序渐进，合理掌握转轨市场的创新步骤，不失时机的推进机构投资者的发展进程。我们要充分发挥新兴市场经济的后发优势，积极借鉴国际金融市场的成功经验，努力探索机构投资者发展的新思路、新机制和新做法。但也要清醒的认识到我国经济体制的转轨特点，综合考虑我国经济改革的实际进程，立足市场的真实需求，统筹安排、精心设计，不失时机推进机构投资者的发展创新。

当前，应进一步贯彻落实国务院关于资本市场发展的九条意见，加大推进机构投资者发展的工作力度，推动养老金税收政策体系的完善，为企业年金、基本养老金个人账户等定时定额的长期资金转化为直接投资创造有利的外部环境，增加机构投资者的资金总量。要不断提高上市公司的质量，提高主板市场的价值含量；要加快推动企业债券市场的发展，尽快出台具体的管理办法，建立市场化的发行与监管体制，建立统一互连的企业债券市场；要不断拓宽基金管理公司的业务模式，加强基金管理公司与商业银行、保险公司的战略合作，以满足不同类型客户的投资需求。必须采取有利措施理顺基金的营销机制，真正建立多层次、多渠道的销售体系。目前基金的销售渠道主要是通过银行来进行，银行对象主要是大客户，基金销售渠道单一，面临赎回风险。银行机构网点优势是在长期计划经济体制下由国家培育出来的。今后的金融机构不可能有这样的优势。今后在基金销售中，要通过合作、互利共赢这种方式来销售。目前银行正积极推进代客理财，但银行代客理财主要是产品优势；那么基金的优势不在产品，这样通过银行和基金，互利合作形成优势互补，能够比较快扩大市场，促进基金销售。

3.要健全监管体制，强化风险管理，正确把握市场创新与金融监管的关系。创新是机构投资者发展的根本动力，但也会产生新的市场风险，带来新的监管问题。当前，我们一方面要学习好、执行好新的《证券法》和《公司法》的各项规定，依据《证券投资基金法》积极探索新的途径。要根据总体法律框架，在加强内部控制的基础上，鼓励各种有利于促进储蓄转化为投资的创新，鼓励各类有利于增加直接融资的产品创新。另一方面，必须高度关注市场创新可能产生的金融风险，通过完善监管法规，加强治理结构和内部控制，防范风险失控和扩散，影响金融体系的稳定。防范金融风险，不仅要防范产品本身可能产生的风险，而且要考虑和防范市场可能发生变化产生的潜在风险和流动性问题。要根据中国实际情况来设计产品，考虑如何来防范产品风险。比如说我国利率风险较大，成熟国家市场利率变化往往比较小，所以风险比较小。中国目前货币传导机制不健全，在设计产品时要考虑中国市场的变化。要进一步完善监管体制，整合监管资源，提高监管效率，加强对机构投资者的信托责任和诚信义务的监管，始终坚持保护投资者利益这个基本原则，要加强对基金销售行为的监管，重点防范虚假承诺等各类误导投资者的不正当竞争行为，加强对机构投资者投资行为的监管，保证公平对待所有投资人的利益。

女士们，先生们，中国是一个充满生机与活力的发展中大国，中国资产管理行业有着巨大的发展潜力，我相信，通过各位与会专家的倡导与呼吁，通过政府、企业、各方投资者的通力合作，中国机构投资者的发展一定会取得更大的成就。

谢谢大家。

中国基金业的瓶颈与出路

中国证监会前主席、资本市场研究会主席刘鸿儒在"第四届中国证券投资基金国际论坛"上的讲话

（2005年12月2日）

女士们、先生们：早上好！

今天，我想就中国基金业发展中需要研究的几个问题，讲讲业界的一些反映和个人的看法，供大家参考。

一、过去七年中国基金业取得了飞速的发展

我国基金业在短短的七年中，得到了突飞猛进的发展。我在去年基金论坛上讲了三个历史性转变，即：从封闭式到开放式；从资本市场到货币市场；从内资到合资。今年的发展还要加上一个转变，即：从最早以券商为主导设立基金公司，发展到现在国有大型商业银行积极参与设立基金公司。这预示着金融业的混合经营和基金业的发展与竞争进入了新的阶段，既会促进基金业快速发展，也会带来一系列复杂问题要下功夫去解决。

现在，中国的证券投资基金已经成为资本市场的中流砥柱，1999年底，中国基金业的资产规模只有577亿人民币，而到今年10月底，获准开业的基金管理公司已经达到48家(其中中外合资基金管理公司17家)，共管理207只基金，基金管理的资产总规模已超过4760亿元。基金业的发展壮大，有效改善了市场中的投资者结构，使得理性投资、价值投资成为市场的主流，上市公司的内在价值受到市场重视，一些优秀的上市公司逐渐脱颖而出，受到市场的欢迎；而一些业绩下滑、或是不讲诚信的公司受到市场的抛弃，资源的优化配置效果得到体现。

基金的专业理财优势逐步突现，由于基金所具有的信息披露公开透明、开放式基金申购赎回方便快捷、第三方托管等特点，加上基金品种不断推陈出新，新的适合投资者需求的基金产品不断涌现，基金已经成为机构和个人理财的重要选择，其中，适应市场需要的货币基金、短债基金的推出，可以说推动了利率市场化的改革进程。这都显示出，我国基金业已经能够围绕市场需求做出相应创新，并获得成功，我国基金公司正在走向成熟。

二、发展中面临的问题

基金业在高速发展的同时必然遇到了各种新问题。

1.部分基金公司的生存困境问题已经显现。随着基金公司数目的迅速扩张，行业内竞争的加剧使得部分基金公司面临困境。今年以来，部分规模相对较小基金的亏损问题显得比较突出，特别是一些成立时间不久、或是还未建立强大品牌的基金公司，陷入了成立即亏损的境地。基金公司之间的分化非常明显，大的基金公司管理规模已超过500亿、小的不到10亿。特别是在银行系基金、外资背景的基金相继进来后，更是压缩了一些缺乏背景的基金公司的生存空间。

2.股票基金缺乏赚钱效应。为持有人创造增量价值是基金存在和发展的根本，在基金成立之初，通过新股配售等途径不少基金还是获得了可观的收益，但这样的收益是非市场化的、难以持续的，也检验不了基金公司真实的投资水平；而在新股发行制度改革后，从2001年到现在，只有2003年基金平均收益为正，其余均为负，今年前3个季度，在绝对收益上多数基金并未获得正收益。由于基金不赚钱，客观上影响了新基金的发行，对吸引机构资金通过基金渠道进入市场也是不利的。

3.基金产品的雷同化、同质化特征明显，可投资的金融产品过少。以股票基金为例，表面上不同基金公司的股票基金分为成长型、价值型、行业型、分红型等等，但实际的投资对象和仓位设计却大体相同，这里面有几个原因，一是我国法规对融资融券、期货期权交易的限制，基金只能投资于股票及债券；二是我国上市公司数量虽然有了快速增长，但真正具有国际竞争力、能够吸引基金投资的好公司仍然有限，基金只能在有限的投资对象中选择，自然导致了投资的雷同和持股的高度集中。

4.基金的发行困难和销售瓶颈问题日益突出。去年，我国基金发行还有超过百亿的股票基金，今年除了几只银行系基金外，股票基金发行的规模大多在10亿以下，甚至不少基金在发行时还担心能否达到2亿元的成立底线。

基金发行困难的原因是多方面的，但最根本的原因还是因为基金现在缺乏赚钱效应，还没有得到市场的认可。此外，由于基金销售非常倚重银行，而国内能做基金销售的银行普遍存在挡期不足的问题，这样导致基金为了争取发行，对银行让利，在发行的过程中既受制于人，也难以获得共赢的结果。

三、创新中解决问题

基金业是目前金融业中运作相对透明、规范的部门，基金业内的市场化程度也很高。基金业当前所面临的问题实际上也是整个资本市场发展中所面临的瓶颈问题，即市场化进程与计划色彩仍然浓厚的管理体制之间的矛盾。股权分置改革为资本市场迎来一个全新的发展格局创造了条件，因此，应当抓住机会，加快利率与资本的市场化改革，实现审批机制向监管机制的转变。

下面谈几点个人看法，供有关部门参考。

1.放宽投融资管制，增加投资品种。我国上市公司数量虽然有了快速增长，但能够吸引基金投资的公司仍然不多，基金投资选择有限，持股高度集中，导致基金产品同质化程度严重，投资回报率低下，基金理财未能做到低成本、差异化。据有关方面估算，目前PE在20倍以下的流通股票市值仅为4000亿左右，而基金股票资产已近2000亿。低回报率也是造成基金销售困难等其他问题的根源所在。

2.合理规划理财市场发展。随着金融业综合经营试点的推进，以银行系基金为代表的新竞争者的进入令基金业竞争进一步加剧，银行、证券、保险和基金之间的资金壁垒正在打破。但是，基金业究竟应该发展银行主导模式还是市场主导模式，则既要考虑到现实生活中商业银行的资源优势，以及打破壁垒对银行体系改革的促进作用，同时也应该注意到，德国与日本的经验表明银行主导型发展模式不利于基金业长期的规模扩展，降低了资本市场的发展速度与质量，因而对基金业发展模式的选择需要有个长远的规划。

3.推进利率市场化改革，发展债券市场，同时大胆尝试衍生产品，引进做空机制。我国目前的利率市场化水平很低，债券市场发展严重滞后，一个缺乏固定收益证券的资本市场是不完整的市场，企业的融资需求和大众个人的理财需求远远得不到满足，资金利用效率低下。

发展衍生产品是当前的重要任务。虽然它是双刃剑，但又是资本市场发展不可缺少的动力和支柱；它既是高风险的产品，又是分散风险、规避风险的重要工具。如果缺少它们，风险更大，令市场缺乏效率，而且基金的资产管理工具单一，不利于提高投资回报率与产品多元化。

4.研究、完善基金公司的治理结构与激励机制。基金公司经营层的全部工作是管理投资者的资金而非股东的资金，这是基金公司治理问题与一般公司治理问题的根本不同，也是基金公司法人治理结构的关键点。如何针对这个特点，提高经营层的责任心，完善激励机制，研究个人持股与期权制度，是需要业界与有关部门认真对待的问题。同时，面对合资基金公司的兴起，本土基金应该在一个更加平等的水平、以一种更加进取的姿态迎接挑战。

5.监管部门应该不断增强市场理念，该管的要管到位，该让市场去解决的一定放开。在规则的制定与监管执行上注意市场化与可操作性，多听业者心声，征求业者意见。鼓励优胜劣汰、规范运作，避免重蹈券商覆辙，支持基金业以自身的扩张动力推动相关制度的革新与理财市场的繁荣。

6.研究基金公司成为全面资产管理载体的问题。由于现有投资品种的限制，基金公司已经在产品细分(尤其是股票基金产品)上尽了很大的努力，但结果却不尽人意。这除了提高上市公司质量、增加股票和其他投资品种以及投资工具外，基金公司的发展空间问题也需要进一步研究，如是否应将基金公司发展成为全面资产管理的平台，有人建议研究基金如何进入期货市场，允许私募发行和多元化投资，当然，这样做需要创造条件。

总之，一定要在创新中求发展，在发展中解决各种不断出现的新问题，这是客观发展规律。

加大保险资金入市力度　积极支持资本市场改革

中国保监会副主席吴小平在“第四届中国证券投资基金国际论坛”上的讲话

（2005年12月2日）

女士们、先生们：上午好！

非常高兴参加这次国际论坛。基金市场是金融市场的重要组成部分，大力发展基金市场，对于促进直接融资发展，提高资金运作效率，健全金融服务体系，有着至关重要的作用。借此机会，我就推动保险资金入市，加快基金市场发展，促进资本市场改革，谈几点想法。

改革开放以来，中国保险市场保持快速健康发展的良好势头。截至2005年10月，保险总资产已达1.47万亿元，比年初增长24.22%；保险资金运用余额已有1.34万亿元，比年初增长29.16%。随着保险业务快速增长，资金规模不断扩大，保险资金投资资本市场取得了重要进展。

近年来，保险业通过证券投资基金间接入市的规模迅速增大，到10月末，全行业投资证券投资基金的余额已达1059.85亿元，比年初增长57.44%，占保险资金运用余额的7.9%，较年初提高了1.61个百分点，其中股票型基金为694.27亿元，较年初增长4.52%。与去年相比，保险资金投资基金和股票型基金的总额都有较大幅度的提高，保险业投资基金已占基金市场总额的22.79%。保险机构已经成为证券投资基金市场最重要的机构投资者，对发展基金事业，稳定资本市场，维护市场信心给予了大力支持，发挥了重要作用。

经国务院批准，去年10月保监会会同证监会发布《保险机构投资者股票投资管理暂行办法》，今年2月两会联合发布具体实施细则后，保险业开始直接投资股票市场。9个月来，有关保险机构树立长期投资和价值投资的理念，在市场频繁波动的情况下，持续增仓，加大投入，有效地控制了投资风险。

回顾保险资金投资资本市场的实践，我们有以下几点体会。

一是纵观全局，支持改革。中国保监会认真贯彻执行党中央、国务院的改革决定，从保险市场长远发展的需要出发，大力推动保险资金入市，促进保险市场与资本市场的共同繁荣。

二是完善制度，防范风险。坚持“先订规则，再行运作”的原则，会同有关部门制定一系列管理办法和具体规定，实行独立交易席位制度，创造性地解决入市的账户管理、交易清算、资产托管等管理体制、运行机制、操作流程等问题。

三是选择时机，扩大影响。贯彻“既积极又稳妥”的方针，抓住股市政策调整的机会，选择股市和基金市场的合理区间和恰当时机，加快入市，持续增量，体现保险业的大局意识，表明保险业支持资本市场改革的决心和信心，进一步扩大保险业在资本市场的影响。

四是充分准备，灵活操作。按照保监会统一要求，有关保险公司和资产管理公司在制度规定、管理人才、投资策略等方面做了充分准备，规范操作、精选个股、控制风险，不断提高政策执行力、资金运作力和风险控制力，初步实现预定的目标任务。

五是加强合作，增强互动。中国证监会、银监会等部门大力支持，积极配合，想方设法解决有关问题，为保险机构投资资本市场创造了良好的政策环境，进一步加强有关监管机构之间、监管机构和保险机构之间的合作，形成了良好的互动关系，树立了较好的市场形象。

国际经验表明，资本市场是保险资金投资的重要场所。美英等欧美国家保险公司投资股票较多，以美国为例，1994年美国产险公司投资股票的比例，占投资总额的18%，2004年这一比例达到30%，股票已成为仅次于债券的第二大投资品种。随着我国保险市场的稳定持续健康快速发展，保险市场与资本市场相互促进的关系将会进一步提升，保险资金投资资本市场有着很大的发展空间。

当前，我国资本市场改革已经取得重大进展，体制改革不断深化，运行机制正在理顺，法律环境逐步得到改善。新的《证券法》《公司法》颁布以后，有关部门将在深化市场改革，提高公司质量，健全市场机制，加强权益保护，完善政策制度，规范市场行为等方面采取更加有力的措施，逐步解决资本市场及证券投资基金市场的一些深层次问题。中国资本市场有着广阔的发展前景，中国保险业愿与社会各界密切合作，一如继往地支持资本市场改革，继续加大资金入市力度，积极推动保险市场与资本市场的良性互动，实现全面协调可持续的发展。

祝本次论坛圆满成功！

谢谢大家！

积极培育企业年金市场　推动建立多层次养老保险体系

劳动和社会保障部副部长刘永富在"企业年金基金管理机构负责人会议"上的讲话

（2005年8月26日）

今天，劳动保障部和银监会、证监会、保监会一起，召开企业年金基金管理机构负责人会议，通报资格认定情况，提出下一步工作意见。借此机会，请允许我向获得第一批企业年金基金管理资格的机构表示祝贺！对关心和支持企业年金工作的各界朋友表示感谢！企业年金基金管理机构的确定，标志着企业年金基金市场化运营管理工作将正式启动。下面，我讲三点意见。

一、充分认识发展企业年金的重要意义

党和国家十分重视企业年金工作。党的十六届三中全会指出，鼓励有条件的企业建立补充保险。国务院关于企业养老保险制度的规定中，企业年金是一项重要内容。

企业年金是多层次养老保险制度的重要组成部分，必须有新的更大发展。当前，我国养老保险制度改革已进入完善阶段，随着社会保障体系的健全，政府要更好地保障退休人员的基本生活，在继续确保基本养老金按时足额发放的基础上，有条件的企业应当建立企业年金，有条件的个人还可以参加商业保险，通过政府、企业和个人的共同努力，进一步提高退休人员的生活水平，在下一步做实个人账户和完善养老保险制度的工作中，要加大企业年金的推进力度，进一步完善政策，规范管理，争取有新的更大发展，促进多层次制度体系的建立和完善。

建立现代企业制度，需要发展企业年金。现代化社会人才竞争越来越激烈，企业要增强凝聚力和自主创新能力，不仅要靠在职期间的丰厚报酬吸引人，还要通过建立长效机制留住人。企业年金的特点是国家政策支持、企业自主建立、市场运营管理、政府行政监督，既可以体现不同企业之间经济效益的差异，又可以体现不同劳动者之间贡献的大小，更好的发挥激励作用，调动职工为企业发展多做贡献的积极性，是一项长期有效的制度安排。

随着企业年金的发展，退休人员生活水平将得到进一步提高。目前，参加养老保险的离退休人员已达4200万人，今后每年还将以300多万人的速度增加，他们的养老金近年来不断增加，但总体水平还不高。发展企业年金，使有条件的企业尽快开展这项工作，退休人员的生活水平就会得到提高，有利于更好地满足他们老年保障的需求，促进社会和谐发展。

发展企业年金，还可以积累资金支持国家经济建设。职工建立企业年金，要几十年以后才能领取待遇，资金将形成长期积累。随着企业年金的增加，基金规模会越来越大，可以促进资本市场发展，为国家经济建设服务。

二、稳步推进企业年金基金市场化运营管理

国务院确定了企业年金基金市场化运营管理的原则和基本模式。劳动保障部先后颁布了《企业年金试行办法》、《企业年金基金管理机构资格认定暂行办法》，并与银监会、证监会、保监会共同制定颁布了《企业年金基金管理试行办法》，企业年金市场化运营管理有了基本的制度框架和运行规则。现在，企业年金基金管理机构已经产生，大家要齐心协力，共同努力，稳步推进市场化运营管理。

1.发挥企业和职工的积极性，促进企业年金市场发展。

企业年金基金市场化运营管理首先要有市场，市场的发展首先要有企业和职工的参与，把企业年金建立起来。各级劳动保障和金融监管部门、管理企业年金基金机构，都要加强企业年金制度和市场化运营管理的宣传，帮助企业和职工提高认识，了解政策，明确管理运行的程序，懂得如何维护自己的权益，充分调动和发挥他们的积极性。

2.探索行之有效的市场监管办法，搞好运营管理。

这次认定的企业年金基金管理机构，涉及银行、信托、基金、证券、保险等各个金融行业。一方面，各行业有不同的特长和优势，可以各显其能，共同推动企业年金市场发展。另一方面，各行业的运行规则、经营理念、市场风格等也有所不同，需要取长补短，相互借鉴。要正确认识企业年金基金混业经营、资金长期积累的特点，制定行为规范和管理标准，不同金融行业做到有机衔接，相互配合。

3.建立协同监管的风险防范机制，保证企业年金市场健康有序运行。

加强企业年金市场监管，是劳动保障部门和各金融监管部门的共同责任，也是一个全新的课题。劳动保障部门过去主要从事行政监督，对金融市场了解还不够，要虚心向金融监管部门和金融机构学习，借鉴金融监管的经验，积极探索适合企业年金基金监管的具体办法。同时，加强部门之间的沟通与合作，及时进行信息交流和磋商，建立协同监管机构，使金融监管部门的专业优势得到充分发挥。要加强调查研究，对工作中出现的新情况、新问题，有关部门共同研究解决办法，努力维护市场秩序。

三、加强企业年金基金管理和监督

企业年金基金管理涉及广大职工的切身利益，保证基金安全，实现保值增值，是大家共同的责任。有关部门和企业年金基金管理机构一定要认真履行职责，兢兢业业地做好工作。

第一，政策必须加强管理。

企业年金原来由社会保险经办机构管理，现在改为市场化运营管理，这是一种机制创新。实行市场化运营管理，政府的责任不是减轻了，而是更重了。企业年金是基本养老保险的必要补充，同样是老百姓的养命钱，政府部门要认真履行职责，对国家负责，对企业和职工负责，不断完善相关政策，加强管理和服务。一方面，要指导企业按国家规定建立企业年金，处理好国家、单位和个人三者的关系，防止国有资产流失。另一方面，要指导管理机构规范市场运作行为，加强监督检查，使企业年金市场健康发展。

第二，始终把企业年金基金安全放在第一位。

企业年金事关职工的晚年生活和社会稳定，必须始终把基金安全放在第一位。金融机构取得企业年金基金管理资格，也就同时承担了相应的责任。在运营管理中，要认真贯彻执行国家关于企业年金的政策规定，做到令行禁止，切忌随意性、搞变通。在市场营销、资产管理、投资运营、收益分配、管理费用、信息披露等方面，要依规办事，严禁搞暗箱操作。要通过大家卓有成效的工作，使企业和职工有认同感和安全感，愿意把钱交给你管。要加强企业年金市场研发，探索适合其特点的投资策略，选择稳定性强、风险较低的投资品种，实现长期稳健运行，做到安全与收益并举。只有基金安全，能够实现保值增值，市场才能发展，事业才能兴旺。

第三，要广泛接受社会监督。

及时准确的披露信息，是保证公众行使知情权的必要措施，也是接受社会监督的有效途径。因此，要建立健全信息披露制度，按照规定的内容和时间要求披露信息，使企业和职工了解真实情况，能够及时提出意见和建议并参与监督，以便管理机构更好地改进工作，防止发生问题。我们将研究制定信息披露的内容和办法，并适当选择一些全国性专业报纸作为指定信息披露报纸，为实现社会监督创造有利条件。随着工作的推进，要逐步建立管理机构的诚信记录和诚信评价机制，奖优罚劣，对市场表现好、公众评价高的机构，要给予肯定和扶持；对严重违规的机构，实行退出制度。

第四，实现市场化运营管理的平稳过渡。

企业年金基金管理机构的产生，确立了企业年金基金运营管理的市场主体。随着工作的开展，社会保险经办机构要逐步退出企业年金经办，新的业务不再接收，原有的业务逐步过渡，具备条件时移交给取得资格的管理机构。其他方面原来开展的企业年金基金管理业务，也要按照这个原则进行规范。

同志们，我国企业年金事业具有很好的市场前景，但这是一个渐进发展的过程，大家要坚定信心，扎实工作，在开拓中前进，在前进中发展。让我们共同努力，为完善社会保障体系，做出自己的贡献！

实现养老金与基金行业的共同发展

中国证监会基金监管部主任孙杰在“第四届中国证券投资基金国际论坛”上的讲话

（2005年12月2日）

一、养老金将是社会金融资产的重要组成部分，与资本市场相互依存共同发展

从国际经验看，养老基金在金融体系和资本市场中占有重要地位，养老保险体制的变革和创新是资本市场发展完善的基本推动力之一，而一个健全高效的资本市场又是养老基金实现保值增值的重要载体和主要途径。二者相互依存，相互促进。

一方面，养老金投资于资本市场，有利于资本市场的发展。

首先，养老基金可以为资本市场提供长期稳定的资金来源。根据OECD的统计，2001年，在美国、澳大利亚、加拿大、荷兰、瑞士等国家，养老基金已经成为最大的机构投资者，其资产规模超过保险公司、投资公司和其他机构投资者。根据美国国际集团(AIG)提供的数据，近年来，美国养老基金占各类金融机构金融资产的比例在20%左右，在2001年这一比例曾经达到25%。2001年，美国股票市场的20.53%、公司债券的12.16%由养老基金直接持有。同时，养老基金还通过共同基金等机构投资者间接投资资本市场。2004年底，在美国12.9万亿美元的养老金资产中，有3.1万亿的资产投资于共同基金，约占养老金总量的24%，而这3.1万亿的资产占共同基金总量的38%。其中，IRAs和各种雇主养老计划（如401(k)，403(b)等）投资于共同基金的比例更高，IRAs投资于共同基金的比例由1990年的22%提高到2004年的43%，401(k)投资于共同基金的比例由1990年的9%提高到2004年的51%。

其次，养老基金具有资产长期性和投资专业化的特点，养老基金投资资本市场有利于改善投资者结构，有助于理性投资理念的形成，促进资本市场稳定发展。养老基金作为专业化的机构投资者，通过其积极股东行为，可以改善上市公司法人治理结构，提升其管理水平。养老基金投资资本市场，还有助于培育高质量的金融服务机构，促进市场创新。

另一方面，资本市场是养老金保值增值的主要途径。

资本市场的存在和发展，使得养老金进行资本化积累和证券组合投资成为可能，长期债券等固定收益产品可以使养老金在一个较长的时期内进行现金流分配，股票等股权投资工具可以使养老金抵御通货膨胀的侵蚀，并获得较高回报。数据显示，在从1925年到2004年的80年间，美国股票年平均收益率超过10%，政府债券年平均收益率也达到了5.4%，均超过了3%的年平均通货膨胀率。

养老金规模增长与股票和其他资本市场工具收益率有很大关系。我们可以看看美国的情况，美国是世界上资本市场最发达的国家，同时拥有世界上规模最大的养老基金。美国养老基金增长很大程度上要归功于证券价格的上涨，特别是股票市场价格的上涨。从1990年到1999年，美国股票的累计收益率达166.22%，同时美国养老金规模从1996年的7.9万亿美元，增加到1999年底的12.7万亿美元。由此可以看出资本市场对于养老基金增长的促进作用。

二、实现养老金与资本市场的良性互动，对于优化我国的金融市场结构和养老金保值增值具有特殊意义

一方面，养老金不断发展并投资于资本市场，有利于促进我国的金融结构调整和资本市场结构优化。

养老金，尤其是第二支柱和第三支柱养老金的规模扩大，可以分流一部分居民储蓄存款成为养老基金，优化全社会的金融资产构成。养老金投资于资本市场，可以提高直接融资比重，改变目前我国过度依赖间接融资的局面，分散银行体系内积聚的风险，促进金融体系的稳健运行。

在证券投资基金已经成为我国股票市场最大机构投资者的情况下，养老金投资于证券投资基金，可以改善证券投资基金的持有人结构，从而使证券投资基金的投资行为更加稳健、理性，促进资本市场的发展。

另一方面，我国资本市场发展前景广阔，为养老基金的保值增值提供了有利条件。

我国资本市场虽然只有短短十几年历史，却已取得了令人瞩目的成绩，债券市场存量超过6万亿元人民币，股票市值超过3万亿元人民币。目前，养老基金在规范入市方面已经取得了初步经验，全国社保基金已经通过10家投资管理人进行股票市场投资，运作效果良好。

但是与发达国家相比，我国养老基金在资本市场投资的力度方面还有待提高。在我国的养老基金中，目前实际进入股票市场投资的主要是全国社保基金，虽然《全国社会保障基金投资管理暂行办法》规定社保基金投资于证券投资基金和股票的投资比例还有空间；企业年金进入股票市场还处于前期准备阶段；基本养老保险中的个人账户资金投资股票市场仍然存在一些政策障碍。这里可能主要有两个原因，一是养老金的规模还不够大，运作经验还不够丰富；另外，养老金管理有关各方，对于股票市场还缺乏足够的认识，还没有恰当看待股票市场的风险。

实际上，国外长期的研究和经验证明，股票市场虽然在短期内波动较大，但从长期来看，股票市场可以为投资者提供稳定的高回报。目前我国股票市场表现比较低迷，但考虑到我国是一个新兴加转轨的市场，连续20多年保持了9%左右的经济增长速度，随着中国股票市场市场化改革的逐步深入，股票市场结构性问题的逐步消除，以及市场基础性制度得到不断的夯实，国内外投资者将会科学的评估股票市场，中国股票市场的价值将会最终得以体现。养老金投资于股票市场，最终将会分享到中国经济高速增长的丰硕成果。

三、完善基金的制度和监管，实现养老金和基金行业的共同发展

国外经验表明，由于私营资产管理机构的高效率和竞争性，通过私营资产管理机构(尤其是共同基金)进行养老金投资管理，可以有效实现养老金的保值增值。

在今年8月份劳保部公布的获得企业年金投资管理人资格的15家机构中，也有9家是基金管理公司。

第一批企业年金管理资格的批准，标志着企业年金的市场化运作正式启动，各基金管理公司也投入了大量的人力物力，但是根据最新数据，基金管理公司在开拓企业年金管理业务方面进展并不大。这一方面是因为企业年金总体规模还不够大，客户也比较分散，有一定的市场开发难度。另一方面是由于很多企业还没有完全理解企业年金市场化运作的意义，对于基金管理公司参与年金管理的制度安排认识不足。

今后，为了更好的发挥基金业的专业优势，为养老基金提供更好的服务，促进养老基金和基金业的共同发展，基金管理公司应该从以下一些方面下功夫：

第一，要规范运作，提高并保持基金业的公信力。诚信是资产管理行业的生存之本，只有具备极高的公信力，基金业才能为养老体系的发展作出贡献。

第二，要完善公司治理结构，建立有效的内部制衡制度。

第三，要发挥制度的作用，防范风险，确保养老金的安全。

第四，要体现专业理财的作用，为养老金保值增值服务。

第五，要以创新求发展，满足养老基金多样化的投资需求。

目前，证监会已初步制定了围绕《基金法》的法规体系，逐步建立起由证监会、派出机构、交易所、协会和托管银行组成的监管体系。此外，社会新闻媒体、基金评级机构和基金持有人共同构成了社会监督环境。我们将进一步加强对基金公司的监管，进一步提高基金公司的诚信水平，让养老体系的受益人放心。

目前我国的金融体制改革正处于关键阶段。我们将以高度的使命感和责任感，扎实细致地作好各项工作，实现养老基金与资本市场、基金行业的良性互动，促进经济的可持续发展和社会的长治久安。

三部委就商业银行设立基金管理公司答记者问

2005年2月20日，中国人民银行、中国银行业监督管理委员会和中国证券监督管理委员会共同制定了《商业银行设立基金管理公司试点管理办法》(以下简称《试点办法》)，有关负责人就此回答了记者的提问。

问：请介绍一下商业银行设立基金管理公司的意义

答：开展商业银行设立基金管理公司试点，是贯彻落实国务院《关于推进资本市场改革开放和稳定发展的意见》的重要举措，有利于促进资本市场长期稳定健康发展；有利于提高直接融资比重，促进直接融资与间接融资协调发展；有利于稳步推进商业银行改革，保持金融整体稳定，优化资源配置。

我国的金融改革正处在间接融资向直接融资、单一银行体系向多元市场体系过渡的过程中。要想在逐步降低间接融资比重、发展直接融资的基础上，同时兼顾银行改革并切实提高商业银行竞争力，允许商业银行发展基金业务和设立基金管理公司是比较现实可行的选择。当前，企业融资过度依赖银行贷款，一方面使全社会的融资风险过度集中到银行体系；另一方面，一部分企业因自有资本过低难以获取信贷的有力支持，也影响了企业的发展。而在资金配置上，如果主要依靠银行来判断市场风险和配置资金，也不利于资源的优化配置和金融的整体稳定。支持商业银行吸收境外战略投资者等合格机构采取股权多元化方式设立基金管理公司，不仅顺应了金融业发展的潮流，而且有利于商业银行业务创新和多元化经营，分散间接融资风险，提高国际竞争力。

从发展前景看，我国资本市场与货币市场的发展将呈良性互动的趋势。我国资本市场发展空间广阔，市场规模将不断扩大，交易品种也将更加丰富。资本市场的发展为商业银行发展基金业务和设立基金管理公司创造了良好的市场条件和发展空间。同时，商业银行设立基金管理公司可以有效分流储蓄，为资本市场发展提供资金支持，进一步增强资本市场机构投资者力量，有力地促进资本市场长期稳定发展。

人民银行、银监会和证监会在充分考虑到基金业发展状况、商业银行改革进程以及监管协调和金融宏观调控等问题的基础上，对商业银行设立基金管理公司工作采取了先试点后推广的发展思路，通过制定试点办法，选择试点银行，积极稳妥地推进商业银行设立基金管理公司试点工作。《试点办法》的出台，标志着商业银行设立基金管理公司试点工作进入了实质性操作阶段。

问：《试点办法》的主要内容是什么？

答：《试点办法》主要针对商业银行作为基金管理公司的股东有可能带来的一系列关联交易、跨市场风险等问题进行规范，特别是对银行业务与基金业务之间的隔离机制以及三个部门的监管分工做出了具体规定。按照公平竞争的原则，基金管理公司的股东条件、经营管理以及实际运作等，完全按照现有的基金管理公司运作，适用《证券投资基金管理公司管理办法》，《试点办法》不再规定。

《试点办法》包括“总则”、“申请审批程序”、“风险控制”、“监督管理”以及“附则”，共计五章二十九条。一是规定了商业银行设立基金管理公司的审批程序；二是规定了银行业务与基金业务之间的风险隔离；三是规定了基金管理公司实际运行时监管部门之间的分工与协调。《试点办法》的适用范围，仅限于所选定的试点银行设立基金管理公司行为，在实施过程中，可以由主管部门根据经济金融形势的发展变化以及试点工作的实际需要，适时进行调整。

问：如何看待商业银行设立基金管理公司可能带来的跨市场风险？

答：允许商业银行设立基金管理公司，实际上出现了商业银行通过子公司在一定程度上跨业经营的现象，但这种经营风险是能够控制的。目前，世界上的综合经营主要有两种模式。第一种是法人综合模式，同一法人同时经营银行、证券、保险中的两种或两种以上业务。这类模式的典型代表是德国和瑞士。这种模式需要金融机构具有较强的法律观念、良好的信用文化传统和自律意识，考虑到中国现阶段的实际情况，要推行这种模式条件还不成熟。

第二种是以资本为纽带的集团综合模式。这种模式又分为两种类型。一是金融控股公司模式，金融控股公司不直接从事金融业务，但同时控股商业银行、证券公司或保险公司，如中信控股。由于金融控股公司所需要的市场条件、法律基础和监管框架在我国都有待进一步探索和完善，短时间内也很难普遍采用这种模式。二是以某个金融机构作为投资主体投资设立独立的其他类型的金融机构，如商业银行设立基金管理公司。由于在这种综合经营模式下，商业银行并非直接从事证券业务，因而有利于控制风险。特别需要指出的是，允许商业银行设立基金子公司要比允许商业银行设立证券经纪子公司或投资银行子公司的风险小得多，因为证券经纪公司或者投资银行可能涉及股民账户资金、承销以及融资、融券等交易行为，而基金子公司从事的只是客户自愿选择的理财业务，现有的证券投资基金也大多数都委托商业银行代为推销基金产品，这种业务基本上不涉及账户交叉和融资风险。

为防止商业银行与其设立的基金管理公司之间产生不正当关联交易，《试点办法》专门针对两者之间的经营、人员、投资、信息共享以及大额赎回时的融资便利、交叉托管等问题做出了一系列规定，并明确银监会和证监会将依据《试点办法》制定详细的关联交易实施细则，切实防范跨市场风险。

问：在试点阶段，商业银行可以通过何种模式投资设立基金管理公司？

答：鉴于我国金融业改革发展实际，商业银行设立基金管理公司可以进行两种模式的探索。一种是间接投资，即由目前已与商业银行有股权关系的机构投资设立基金管理公司；另一种模式是由商业银行直接投资设立基金管理公司。两种模式应同时进行探索。考虑到商业银行采取间接出资形式设立基金管理公司完全可以按照现有的法律规定执行，《试点办法》主要规范直接出资形式。

商业银行可通过新设方式来设立基金管理公司，也可通过购并方式来设立基金管理公司。新设方式关键是建立良好的治理结构和选择合格的股东，购并方式则应充分识别拟购并机构已有的或潜在的风险，通过购并促进公司治理结构的改善。《试点办法》主要针对商业银行新设基金管理公司做出具体规定，购并基金管理公司可以参照《试点办法》以及证监会的其他有关规定执行。

问：监管部门在商业银行设立基金管理公司试点工作上的监管分工是如何进行的？

答：《试点办法》规定，在申请审批程序上，申请投资基金管理公司的商业银行，应按照银监会的有关规定报送材料，在试点期间应同时抄报中国人民银行。银监会从商业银行总体风险监管的角度，审查商业银行投资基金管理公司的资格，并依法出具监管意见。经银监会出具同意投资基金管理公司监管意见的商业银行，应按照《证券投资基金管理公司管理办法》等有关法律法规，向证监会报送申请设立基金管理公司的有关材料，证监会依法进行审批。商业银行申请设立基金管理公司的有关材料在试点期间应同时抄报中国人民银行。

在实际运行时，可以按照国际上通行的做法，通过几个部门的监管协调，对商业银行设立基金管理公司进行分工监管。按照《中华人民共和国行政许可法》、《中华人民共和国银行业监督管理法》、《中华人民共和国证券投资基金法》的有关规定，由银监会负责试点银行的并表监管，由证监会负责基金管理公司的监管，所募集和管理的基金在银行间市场运作，由人民银行依法进行监管。同时，根据国务院的指示精神，人民银行、银监会和证监会将共同做好试点工作的监测和组织协调工作。

问：请介绍一下商业银行设立基金管理公司试点工作的下一步安排

答：目前，已有多家商业银行申请设立基金管理公司。人民银行、银监会和证监会将综合考虑各商业银行业务经营状况以及作为试点行的代表性等因素，选择试点银行，采取多种模式设立基金管理公司。具体审批工作将很快进入程序。

为尽快推动商业银行设立基金管理公司试点工作顺利进行，我们将根据《试点办法》规定，进一步完善商业银行与其设立的基金管理公司之间的关联交易及信息披露的具体实施细则以及制定相关风险监管指标，并根据《试点办法》以及有关法律法规，对商业银行设立基金管理公司的试点方案进行研究论证，尽快启动试点工作。与此同时，继续做好综合协调工作，加强监管，切实防范风险。及时总结经验，待条件成熟时，再适当扩大范围。

中国基金业发展进入一个关键时期

申万巴黎基金管理有限公司董事长 姜国芳

中国证券投资基金业自1998年发展至今已逾八载，成绩斐然。如今中国的基金业已经是关乎中国资本市场健康发展，关乎广大百姓福祇的大事。去年启动的股权分置改革为证券市场的发展扫除障碍。今年以来，市场面临根本性转折的重大历史时期。而恰恰在此时，国内基金管理公司却反向遭受到可能是其有史以来最严峻的考验。中国基金业发展进入了一个迈怎样的步伐，向何处去的关键时期。对此我们不能不深察慎思，以负责任的态度探讨未来发展的方向，深刻反省自身，谋求与中国证券市场共繁荣的良好局面。

不可替代的市场力量：倡导理性文化、建设有效市场

我国证券投资基金1998年诞生以来，证券市场发生了历史性的巨变，这其中指数点位变化是表，市场文化嬗变是里，而市场文化嬗变的核心就是基金公司所大力倡导的“价值投资”，其重要体现就是绩优蓝筹股成为基金的核心重仓股。2004年基金重仓股平均每股收益为0.442元，较全部上市公司平均水平高70%。2005年中报基金重仓股平均每股收益为0.39元，仍高于上市公司平均水平70%。在该理念的洗礼下，那种垃圾股炒上天的时代已经离我们越来越远，高高虚悬的庄股股价也一只只轰然坠地，大量的大盘蓝筹股从“埋金于沙”变成“耀眼王者”。应该说，中国资本市场的有效性和资源配置效率均得到了大幅的提高，这其中基金功不可没。

时至今日，我国证券投资基金的A股市场份额已达到了15%，而包括券商、保险、信托、全国社保、企业年金和QFII在内的其他六大类机构投资人的市场总份额也仅为5%左右，可见基金业对于中国证券市场发展之重。根据2005年底中国证监会基金监管部主持的“机构投资者发展与市场有效性及稳定性研究”结果表明：机构投资者持有比例比较高的股票的波动性也相对比较小，对降低市场整体波动性有帮助作用，机构投资人行为有助于提高市场有效性。同时，机构投资者在理解、贯彻证监会政策方面也发挥了重要作用，有利于政府对证券市场的有效引导和积极推动。

客观审视当前处境：基础市场薄弱、混业竞争挤压

中国的基金业和基金管理公司在其短短的八年发展历史中，成绩有目共睹，但当前也确实遭遇到了有史以来最严重的挑战。证监会最新公开的数据显示，2006年一月份基金遭遇大幅度赎回，有6只基金的规模不足1亿元，已接近了5000万份的保牌底线。有专家估计今年前两个月的总赎回量在400亿左右，这么大规模的赎回在中国基金史上前所未有，而且是发生在中国基金投资业绩发生明显好转的时段，这迫使主观上看多中国股票市场的基金管理公司客观上被动成为该时段做空的主要力量之一。同时，基金发行市场也是持续低迷，2005年平均每只基金的发行规模仅为2004年的一半。

据中国证券业协会的统计，2004年45家基金管理公司中只有17家盈利，28家公司亏损，亏损面近2/3，更有基金公司注册资本金被侵蚀近半。而根据2006年1月底的数据，在已经发行基金的49家基金管理公司中，有11家公司的基金管理规模在10亿份以下，占22%，有25家公司在40亿份以下，占51%，几乎可以肯定的是这些公司大部分都是亏损的。

究竟什么原因导致新生不久的中国证券投资基金面临如此巨大的生存压力?原因既来自系统内部，也来自系统外部。

系统内部的原因主要在于资本市场自身。中国的基金业，尤其是开放式基金，是在股市熊市的大环境下获得的超常规发展。中国股市2001年6月指数见历史最高点2245点，而后持续4年回落，并在2005年6月回到8年前的低点，上证综指最低见998点，剔除新股上市因素，该指数仅为800点左右。而恰恰是在这样的环境下，2001年9月中国的第一只开放式证券投资基金发行，一路超常规发展到目前基金总规模近5000亿份，复合年化增长率近300%，基金业的大发展与股市的大低迷形成了明显的悖论。解释该悖论的因素主要有两方面，一是监管机关近年来一直提倡的超常规发展机构投资者的思路，二是中国的国民收入分配结构自改革开放以来不断向居民倾斜，居民储蓄快速膨胀，理财需求日益强烈，而中国金融市场整体缺乏适当的理财工具，证券投资基金的出现在一定程度上迎合了这方面的强烈需求。

中国老百姓虽有强烈的理财需求，但不少人实际上却缺乏必要的理财观念，包括对证券投资基金这种理财工具的科学认识，直到目前尚有众多基金投资人认为基金应该是保本产品，或是可以短炒获利的投机工具，这导致中国基金市场一方面是热热闹闹的发行，另一方面是凄凄惨惨的赎回。中国的基金管理公司从一开始就受到净赎回的困扰，偏股型基金自有史以来的13个季度中，8个季度出现净赎

回；偏债型基金所有的季度都是净赎回。而近期的大面积赎回则是历史矛盾——市场熊市而基金牛市的集中爆发。

基础市场的问题不仅体现在系统性风险方面，而且还体现在结构性矛盾方面，一是蓝筹股的稀缺，二是对冲工具的缺位。前者导致基金持股的高度集中，从2003年“二八现象”演变到2004年“一九现象”，基金公司虽自身秉持价值投资理念，但基础市场的状况也确实令其有一种“巧妇难为无米之炊”的困惑；后者则导致根据基金合同规定必须持有一定股票仓位的基金经理面对市场的下跌只能“仰天长叹”。

“内忧”中的中国基金业目前再遇“外患”，即在金融混业揭幕的大背景下，商业银行和保险公司不断向原基金管理公司的领地进行侵蚀，商业银行的基金管理公司已经开张，保险公司的基金管理公司也正在积极地进行理论和舆论准备，而商业银行是目前占整个基金销售60%以上的最大渠道，保险公司则是占整个基金份额30%左右的最大持有人，它们的战略调整对现有基金管理公司的影响之大可想而知。此外，券商集合理财的开闸，信托投资公司集合资金信托的发展也在一定程度上影响着基金管理公司的生存环境。

未来发展之路：行业政策调整、企业内外兼修

如果中国基金业不能改变现状，那么其功能与作用就更多的是理论上的假设，就像我们在今年一季度所看到的那样，基金公司被迫成为了一定意义上的市场不稳定因素。可以说，中国基金业如今走到了一个发展的关键时期，需要政策的引导和全面的创新来达到一个更高层次的升华。

首先是政策的支持。例如给予基金管理公司一定税收上的优惠；给基金长期投资人(例如持有一年以上)的投资亏损一定程度的个人所得税抵扣；以战略配售的方式给予基金新股优先认购权；针对我国基金业过度依赖银行代销的局面，允许建立独立理财顾问公司；建立基金分级承销商管理体制，规定不同级别承销商(银行)不同的承销义务等等。政策上明确的导向性，能够为基金业的发展壮大提供最充足的动力。

其次，政府应重点抓好基础市场的建设与发展，包括更多优质蓝筹股的境内上市、尽快发展更多的金融避险工具以及让基金具有适度海外投资空间等。让基金公司的专业能力在更大范围中显现，从而吸引更多的投资者加入到理性投资、专业投资的队伍中来。

就基金管理公司自身而言，一是眼睛向内看，苦炼内功。“苦炼内功”就是要完善公司内部制度建设，提高经营效率，这是发展的基石，即所谓“欲求其流之长，必固其本”。当前基金管理公司很重要的一项工作就是转变经营模式，即从过去那种高成本的粗放式经营转向低成本的集约式经营，培育、发展自身的核心竞争能力，形成投资业绩与风险控制、管理规模与经营效益的有机平衡，这是基金管理公司为迎接未来挑战所必须尽早完成的功课，谁完成得早，谁就在未来的激烈竞争中占据主动。

二是眼睛向外看，开拓创新。“开拓创新”是跳出目前发展困境的有效手段，虽然基金市场是依存于资本市场的衍生市场，但是我们如果将眼界放得更宽、更远，那么生存与发展的空间将被豁然打开，即所谓“问渠哪得清如许，为有源头活水来”。

未来可预期的开拓创新主要体现在以下六方面：

一、业务形式。全国社保基金、企业年金以及其他形式的委托理财业务将成为未来基金管理公司业务发展的另一重要支柱。根据海外的经验，退休保障基金的管理是80年代以来证券投资基金发展的最重要的资金来源。我国也有专家预测，十年后全国社保基金与企业年金都有可能达到1万亿的市场规模，这方面无论如何都将是基金管理公司未来竞争的最重要战场。

二、投资标的。与成熟国家相比，从基金投资标的看我国目前最主要的产品缺失是外汇基金、期货基金和房地产基金，在寻求相关的法律突破后，这三大类基金产品将大步发展。

三、投资领域。由于资本项目管制的制约，我国目前基金投资领域还仅限于国内，但未来必将走向海外，早期的突破形式将是QDII。投资领域国际化将使国内基金管理公司摆脱单一市场主导的束缚。

四、组织形式。中国基金市场经过短短几年的发展，目前几乎所有的基金大类都已现身，包括1993年才在美国面世的ETF。但从基金组织形式上看，目前我们最大的产品缺失就是公司型基金。不论从完善我国基金产品类型上看，还是从进一步改善我国基金治理结构上看，真正的公司型基金都值得探索和发展。

五、销售渠道。未来的基金销售渠道一定是多元化的，包括邮政储蓄系统、专业基金销售公司、保险公司、投资顾问公司、基金超市等都将成为未来除商业银行和证券公司外的重要基金销售渠道。

六、运营模式。我国基金管理公司由于历史原因，实行的是前、中、后台包办的“大而全”的运营模式，而国外目前基金业发展的趋势是基金公司将主要精力和资源集中于所谓核心主业(投资与研究)的发展，而将其他非核心业务外包，这是市场竞争和社会分工发展的必然结果。在条件具备的前提下，我国基金管理公司的未来运营模式也将出现新的格局。

中国基金业面临的挑战与对策

富国基金管理有限公司总经理 李建国

回顾中国基金业的发展，从1997年11月14日国务院证券委颁布《证券投资基金管理暂行条例》以来，从1998年开始，成立了首批试点的10家管理公司，富国基金是其中一家。在过去的8年发展阶段，中国基金业经历了试点阶段、老基金规范治理阶段和目前的市场化阶段。截至2005年年底，经证监会批准的基金公司有53家，其中内资基金公司33家，中外合资基金公司20家，基金总数量达到219只，基金份额达到4874亿份，基金净资产总额4850亿，截至2005年底基金持股市值达到1600多亿元，占到整个A股市场流通市值的15%以上，基金净资产占GDP总量达2.49%，与2000年底相比分别增长了4.19倍和2.62倍。

但是，中国基金业仍处在发展的初级阶段。目前，基金净资产总额还不到GDP的3%，与欧美成熟的发达资本相比，我们未来还存在巨大发展空间。特别是2005年10月27日通过投资基金法修改和证券法修改，进一步拓展了基金的资金渠道、投资范围和交易方式，推动了基金产品的创新，为基金业的未来提供了巨大的发展空间。经过8年的发展，中国基金业仍面临十大挑战。

挑战一：漫漫熊途使基金业优秀的管理能力难以转化为赚钱效应

共同基金产品是一个多头产品，它和市场走势、市场的成长性是非常相关的。从2001年7月1日证券法正式实施以来，中国证券市场经历了长达五年的熊市。这五年是中国基金业逆市发展的五年，同时也是基金管理公司和基金产品的数量大发展的五年。然而，尽管绝大多数基金公司的管理业绩跑赢指数，跑赢大盘，但是没有带来财富效应。在熊市当中，基金不能将优秀的管理能力转化为赚钱效应。美国和国外基金行业发展情况也是这样。同样国外基金业发展也是在GDP稳定发展和资本市场发展的基础上发展起来。

挑战二：实力雄厚的金融机构发起设立基金管理公司对现有基金公司形成较大压力

目前保险公司和商业银行获得政策允许纷纷设立资产管理公司和基金管理公司，而且商业银行发起设立的基金管理公司已开始营运，对现有基金管理公司形成直接压力。首先，绝大部分基金公司的股东都为证券公司和信托公司，目前证券公司的困难已经达到极致，实力显然无法与商业银行相提并论，而且基金的销售渠道又很大程度掌握在银行手中，所以随着商业银行发起设立的基金管理公司逐渐增加，缺乏背景的基金公司将面临生存困境。保险公司方面，基金不仅受保险公司新设立资产管理公司的冲击，而且保险公司内部最近又有一则规定(禁止保险资金投资于规模小于50亿的基金公司的基金)限制保险资金对基金的投资，对新成立的基金管理公司而言更是雪上加霜。

目前，无论是股票基金还是货币基金，银行系基金都以绝对的规模优势压倒非银行系基金公司发行和管理资产的规模，其中银行系股票基金的首发是非银行系基金首发规模的6倍以上。

挑战三：基金业务空间有限，比较优势难以发挥

基金管理公司的业务主要是管理共同基金，法律上并不能开展类似于证券公司的单独委托理财业务。虽然截至2005年10月底，全国社保基金总资产已达1921亿，但只有部分基金管理公司可以以单独账户的方式管理社保基金和企业年金，而且目前从规模上来讲，入市的这两类资金还比较有限。

相比之下，美国投资共同基金资产的诸多机构投资者中，退休计划是最大的单一类型基金持有人，占共同基金总资产的近36%，且近年来对证券投资基金的投资呈稳步增长态势。

在中国目前基金监管的政策和法规下，单独委托理财业务迟迟不能全面向基金管理公司开放，一定程度上限制了基金管理公司投资管理方面的比较优势的发挥。目前监管层正在加紧制订基金公司开展特定客户证券投资管理业务的相关条例，希望能够尽早出台。

挑战四：基金产品同质化比较严重，产品细分有待于进一步向深度和广度发展

现有的开放式基金虽然在契约中有平衡型、成长型和价值型的区分，但在实际运作中由于受证券市场大环境的限制，各类基金的资产配置、品种选择的空间都不大，具体运作策略也不存在很大的差别，越来越多的基金涌入同样的股票。

同样，债券基金、货币市场基金也存在明显的同质化现象，而行业基金、伞形基金、量化基金、保本基金、货币市场基金、LOF基金和ETF基金等基金创新产品则处于刚刚起步阶段，基金产品的细分有待于进一步向深度和广度发展。

挑战五：基金销售渠道的瓶颈形势严峻，新成立公司的介入成本越来越高

由于基金公司的直销人员数量有限，难以发挥较好的作

用。而银行和证券公司方面由于其主营业务与基金销售在某种程度上存在冲突，基金管理公司在委托其代销的时候竞相提高销售成本，1.5%的管理费中基金实际能够拿到的可能只有0.6%–0.7%。因此许多基金在当年乃至发行后的1–2年实际上都难以依靠管理费的提取来覆盖其发行成本，这对于新进入的基金公司更是一个很大的进入壁垒。

另一方面，有限的销售渠道使得基金的持续销售十分困难。目前混业经营已经成为发展趋势，没有混业背景的基金公司将更难进一步扩大规模。

挑战六：专业化的基金投资管理人才紧缺，并且流动频繁

2002年以来，基金经理平均离任比例为35%，其中2003年的离任比例接近40%。截至2005年底，离任的基金经理达265人，而基金的个数为264只。就任职年限而言，截至2005年底我国基金经理平均任职年限仅为1.25年，远低于美国基金行业平均水平，其基金经理平均任职年限均高于5年，是中国基金的4倍多；而且从基金经理最长任职年限来看，中国基金行业仅为5.2年，也远远低于美国基金行业。

挑战七：基金细分市场不到位，持有人以机构投资者为主，造成基金份额的不稳定

从国外共同基金的发展经验来看，基金主要是迎合中小投资者需要专家代客理财的需求，同时基金担负着分散小额投资所不能分散的非系统性风险的作用，因此基金是中小投资者重要的投资对象。以美国为例，75%以上的共同基金被居民持有。而在我国大陆，目前基金持有人仍以机构投资者为主：在可统计的基金2005年半年报中(共68只)，机构持有人的平均比重达54.03%，个人持有人的平均比重45.96%，而且机构投资者占70%以上的基金达到40%。

除了基金的定位存在一定的偏差外，国内基金的目标市场细分工作也不到位。按照市场营销理论，应该是什么产品适合什么样的人群，所以基金公司应该从投资者的投资需求出发，针对不同的投资者类型推出有针对性的基金产品。但开放式基金更注重的是规模的增加，尽量动用一切客户资源，能卖多少是多少，几乎没有细分客户群，分析其客观需求，从而为其提供不同的基金产品。虽然已有一部分开放式基金在产品设计上力求差异化，但基金的营销过程中不注重了解和分析投资者的需求，只要能让投资者掏钱就行，也不管自己的基金产品是否满足投资者的投资需求。

挑战八：治理结构不完善存在利益输送隐忧

国内基金成立之初，就设立了三方当事人—持有人、管理人、托管人，组成“投资基金三角”，通过基金契约来建立各自的权利义务关系，避免挪用资金风险。

然而，实际上我们在基金业发展思路上存在局限，长期以来我们并不积极鼓励基金投资人做主，依法表达自身的意志，而倾向于依靠行政管制和基金管理公司自律来协调基金投资人和基金管理人的矛盾。

监管部门的力量是有限的，希望基金管理公司从道德上一碗水端平恐怕不太现实，基金管理人存在内在的双重价值目标即基金利益和股东利益，这两种价值目标取向有时会有较大背离。

基金管理公司对基金资产实际控制权和治理结构的不完善导致其存在利益输送的隐忧，最为明显的就是基金管理公司存在“重开放轻封闭”倾向。更为严重的后果是，在缺乏严密“防火墙”限制下，基金管理公司受托资产管理业务可能导致“损公肥私”或公募基金受到不公正待遇。

挑战九：投资者对基金公司的信任有待提升，对投资群体的培育需要进一步提高

由于国内的经济信用还在营造之中，信任需要逐步建立。相对银行、保险公司，基金管理公司成立时间较短，品牌建设刚刚起步，投资人对基金管理公司的信任度不高。加上中国证券市场多年的熊市，投资人对风险比较恐惧，对整个资本市场缺乏信心。

另一方面目前国内基金投资人还不够成熟，尤其是中小投资者之贪婪和恐惧的弱点表现得较为充分。我们做了两个案例，分别是市场环境较好情况下基金发行的案例和较差的情况下基金发行的案例。在第一种情况下，基金平均发行规模远远高于后者，但收益率却远低于后者。

挑战十：非市场化监管模式遭遇行业发展和监管者自身能力双重挑战

基金治理结构不完善，但同时又需要保证基金管理公司严格履行义务，保护基金持有人的利益，监管者为此不得不对基金管理公司的业务活动实施严格管制。具体表现为：

提高市场准入条件，限制业务范围，履行严格的审批程序。例如，设立基金管理公司和基金必须有大量资本投入，发起者必须在限定的范围之内；

基金管理公司不能为单个投资者管理资产；

基金的重大决策必须得到监管者的批准、统一规定收取管理费用的比例来杜绝舞弊行为等等。

但是这样僵化和非市场化的父爱主义监管体系使市场缺乏创新能力，投资者没有得到更好的服务。此外，对监管者来说，随着基金业的发展，这种严格的、直接的、单一的审批方式，将会使监管当局不可避免地陷入大量的日常审批事务中，工作量成为一种负担。更为严重的情况是可能存在权力集中带来的官僚主义和监管无效率，甚至有“寻租行为”的产生。

因此，需要理清基金监管的主体(谁监管)、目标(为什么监管)、物件(监管什么)和方式(怎么监管)，进一步以法律的形式确立监管者的地位、监管行为、监管物件等，以市场化监管体系提高监管有效性。

以基金发行的监管制度为例分析，基金发行可以考虑由审批制向注册制过渡，并且，基金监管方及时动态地跟踪市场，把握好时机大力发展和推动某一基金品种，如伞形基金在股票市场较好时推出对各方都较有利，首先有利于基金公司后续操作，如果母基金下设3–5只子基金，对规模上百亿的基金来讲操作就会比较容易，也容易产生良好的盈利业绩；股票基金和指数基金在市场转入牛市时发行有利；平衡基金在股市不确定性较大时发行有利；债券基金在股票市场转入熊市时大力发展有利；货币市场基金在加息周期中可以替代银行存款等等。监管的有效性将推动基金产品创新空间及壮大基金资产规模。

面对挑战，我们可以采取一系列方法来应对。

对策一：加大国际化、专业化人才培养

基金业的竞争实际上是人才的竞争，人力资源是基金公司第一资源。宏观而言，人才只有流动才能体现他的价值。但是作为一个年轻的行业，过度的人力资源竞争势必会对公司原有的人力资源结构和业务发展带来冲击。

并且这种以更高薪资为目标，而不考虑如何更好提高业绩的频繁流动，不利于形成人才培养所必须的长期稳定职业背景积累。

另外行业的迅速发展，国内市场和国际市场的结合程度也将越来越高，现有人才的知识结构和专业背景可能就会与行业的发展需要出现脱节，这是行业的发展对现有人力资源的挑战。

CFA资格认证培训是一种相对有效的人才培养计划。在中国基金业推广CFA培训计划有助于以长期稳定人力资源培养计划，改变目前急功近利的人才竞争模式。

对策二：品牌建设是基金公司的生命线

好的品牌可以带来额外的收益。对于普通商品，知名品牌的定价往往可以顺理成章地比普通品牌高出15%–40%。比溢价销售更为重要的是品牌的无形资产。企业要想持续实现平均以上的利润，就必须打造强势品牌。

品牌的价值包含两个方面：理性的或实际的利益；感性的或形象的利益。好的品牌不仅仅提供理性的利益，它更是提供情感价值。满足消费者正在寻找的“归属”、“自我尊重”、“自我实现”这样的精神需求。

共同基金所属资产管理行业性质决定了品牌价值重要性尤胜于一般的商品生产企业。受人之托，替人理财，共同基金的商业模式是将投资管理的业绩卖给客户。基金管理公司提供无形的产品，它没有物理的形态，而且公司管理人员有限，投资者很难实际接触到公司，投资人对公司的认知基本上体现在品牌上。

中国社会调查所2004年曾对基金发展状况在北京、上海、广州、深圳等地对1500位社会公众进行了随机问卷调查。调查显示，当被问及“您今后选择基金时，会看中哪些因素”时，68%的被访者表示是品牌。其中49%的人认为，品牌对于投资者投资趋向的影响很大，如果一个公司的品牌效应好，投资者即使对这个公司不了解，都有可能会去选择这个公司的产品。如果没有品牌效应，再好的公司投资者都可能不会去理会。

对策三：养老金计划就是资本市场

在2004年底，养老金计划占到整个机构投资者基金份额36%，是基金市场发展最大机构持有人，因此在发达国家甚至有“养老金计划就是资本市场”的说法。尽管这个说法比较绝对，但他却体现着企业年金发展与资本市场(包括基金业)发展休戚相关。

企业年金进入资本市场能够产生双赢的效果：

一方面，能够实现企业年金保值增值；另一方面，作为机构投资者，企业年金对资本市场的资金来源、市场结构、管理水平、运作效率以及金融创新等方面都产生积极影响，对于改善资本市场的投资者结构和促进资本市场向深度和广度发展具有十分重要的意义。

针对现状，同时考虑对企业年金对中国基金业发展的重要性，我们认为基金管理公司应该积极开展企业年金管理业务，在这一过程中基金管理公司应该注意如下措施：

一、基金管理公司应该充分发挥在投资研究、资金运作上的专业化优势，整合公司内部现有的研究、投资、风险控制以及客户服务等资源；联合企业年金各参与主体，协调各方服务资源，凭借安全、出色的投资回报、严格的风险控制和优质的服务共同开发企业年金市场。

二、综合考虑企业年金业务与共同基金业务的差异性，以及投资管理环节上的相似性，建立相对独立的企业年金业务管理、投资管理和风险控制体系。

三、针对企业年金服务的多主体要求，联合受托人、账户管理人、托管人，签订企业年金业务合作协议，建立一站式服务平台，为客户提供从计划发起设立、账户管理、资金托管以及投资管理、业务咨询等方面的综合服务。

四、借助基金公司内部现有的客户服务平台和CRM体系，建立专业的企业年金服务团队，在投资管理方面为客户提供个性化服务；不断提高共同基金业务的产品研发、投资管理水平，完善基金产品线，丰富企业年金投资管理工具。

对策四：多方共赢的海外市场投资

近年来，我国外汇储备以每年平均35%以上的速度快速攀升。大量的外汇储备增加使人民币升值的预期不断增大，给中国资本输出带来很大压力，有必要开辟一种积极的投资渠道来引导这部分外汇资金，QDII制度在这些方面有一定的积极意义。实行QDII后，就可以拓宽投资渠道，以分散投资风险，同时缓解人民币升值压力，平衡国际收支，通过较优的投资组合，获得较高的投资收益。

QDII是我国基金走向国际金融市场的契机，有利于推动基金公司的国际化接轨，增强他们在投资策略、风险管理等方面的专业知识和能力；QDII制度为基金公司提供更加丰富的投资对象和渠道，由此基金公司可以利用产品设计优势，根据客户需求提供特定风险收益结构的产品，深化产品线，扩大目标客户。

最近几年以来，不管是在基金数量还是基金规模上投资海外的基金能够获得了快速发展，得到投资者的认同，主要原因在于能够给投资者提供多样化的基金产品，而且很多基金均获得较高的收益。在表现最好的几类基金中，均能够看到投资国外金融市场的基金的影子；特别是从3年累计收益率看，表现最好的基金均是那些投资海外的基金。

对策五：以制度建立质量体系，变投资管理业绩的事后检验为事前控制，依靠团队力量而非明星基金经理保持业绩稳定

基金公司以人才为基础，以制度为保障。人才流动是不可避免的，对基金公司而言，重要的是形成科学而规范的投资管理制度，这样才能在人才流动时依然能够保持公司的整体实力。

过度依赖个人能力，如采取明星基金经理制度存在如下几个缺陷：

● 投资管理业绩好坏完全取决于个人水平高低，人员的流动会造成投资风格变化和投资业绩的不稳定，公司处于较为被动的位置。

● 对个人思维判断的依赖不仅会使投资业绩容易受到认识错误的影响而造成损失，而且会使整个投资团队产生主观化习惯，损害投资的规范化。

● 主观化习惯会由于投资团队中每一个人所依赖的主观标准各不相同而造成研究员和基金经理之间的沟通难以实现。

对策六：产品创新是基金业发展壮大的动力源泉

基金业从诞生到现在130多年的发展过程中，伴随着世界经济的兴衰和国际金融市场的变幻，表现出了强大的生命力。近二十年来，它在发达国家已是空前繁荣，而在包括中国在内的许多发展中国家里则是方兴未艾。投资基金能在全世界领域不断发展壮大，以至成为左右国际资本市场的一支重要力量，究其原因最主要的是在于投资产品和基金自身的创新。

从国际经验来看，20世纪80年代至今是美国基金业快速壮大并走向成熟的阶段。这一时期美国基金业发展的主要特点就是基金品种不断创新，基金业发展趋于多样化。

目前国内投资产品的不断推陈出新，如期货衍生产品、权证、资产证券化产品、外汇产品等新产品在中国市场上的涌现，为未来中国基金业的发展注入了活力，提供了更多的投资渠道，增加了基金品种的投资风格，以及基金业风险管理渠道。但由于中国投资者对衍生产品的认识，以及风险控制能力有限，目前证监会对上述产品的投资存在一定的限制。为此，在未来的一段时间里，中国的基金从业人员要不断的提高自身对衍生品的认识，充分的研究新产品特征及投资策略，迎接新产品挑战的同时，抓住新产品投资所带来的获利机会。

另外，投资基金自身新品种也正在或者即将推出，如股票基金和债券基金、货币基金、近年来迅速发展起来的期货基金；以某一特定行业为投资对象的产业基金；便于投资者在基金内部进行投资转换的伞形基金和"基金中的基金"；借用国际贸易和期货交易技巧，目的在于降低风险、稳获回报的套利基金和近年来迅速膨胀的套期基金；八十年代出现的主要为高新技术和中度发展企业融资并提供多种服务的创业基金；为适应期望高风险高收益的进取型投资者的需要而设计的、以金融衍生工具为投资标的物的衍生型共同基金；适应经济、金融市场国际化要求的环球基金、区域基金和国家基金等等。而目前在我国发行上市的基金类型只包括股票基金、债券基金、产业基金、伞形基金等，缺乏专门从事衍生产品、套期和国际市场投资的基金品种。在未来我国的基金业要加强对衍生产品的研究，不断推出更多的基金品种，满足投资者的需求。同时，通过QDII，把投资的领域扩展到国际市场，在分散投资风险的同时，分享世界经济增长所带来的收益。

对策七：以营销创新加强持续营销

在中国基金业快速发展的背后，我们却发现，自从2004年二季度以来，股票型与混合型开放式基金的单只平均规模却在呈现下降趋势：从2004年二季度的平均每只25.21亿的规模一直降为2005年底的14.19亿。在不到两年的时间里，平均份额缩水率高达43.7%。

绩差基金由于不能给投资者带来良好的投资回报而导致规模不断缩水，这种"劣汰"完全合乎情理；但大多数绩优基金的资产规模也在不断地下降，甚至缩水率更高（有的基

金缩水程度已经达到了70%–80%），这一“优而不能胜”的现象更引起了我们的深思。

目前(截至2006年2月24日)累计净值最高的10只开放式基金(股票型与混合型)，并列示了其首发募集份额与2005年底资产规模的关系。在这10只基金中，累计净值最高的是易方达平稳增长(累计净值1.428元)，最低的是湘财合丰成长(累计净值1.336元)。这些基金均给其基金份额持有人带来了丰厚的投资回报，但遗憾的是其中只有三只基金实现了规模的增长，其余七只目前的规模均低于首发规模。

对策八：阳光是最佳的防腐剂，进一步完善基金治理结构

在十大挑战中我们已经指出目前基金治理存在的问题，主要体现为持有人大会缺失。股东大会虽然存在许多不足之处，但毕竟股票投资人有了一个基本的表达自身意志的机制。基金投资人作为基金财产的主人，目前缺乏一个表达自身意志的机制，持有人大会很难开起来。基金投资人对“管家”(基金管理公司)即便不满意也无可奈何，只有用“脚”投票，而不能用“手”投票。

如果我们每只公募基金可以像上市公司和每年的“两会”那样，召开一次年度持有人大会，审议基金管理公司的管理工作，目前担心的公募基金利益受损问题，将可以得到大大缓解，甚至解决。

对策九：积极探索基金业产权制度改革

前面已经谈到，最早证监会规定，只有证券公司和信托公司才能设立基金公司，后来对企业开放，包括国有企业和外资企业，但是没有对个人开放。

今后中国基金业产权应该多元化，大家知道，中国银行业现在能够上市，在新老划段后，将有一批证券公司上市，是不是基金公司应该也能够上市。在这种发展背景下，基金公司产权应该多元化。基金管理公司是以人才作为公司第一资源性质的公司，需要采取员工持股计划和高管持股计划，这些只有通过上市来解决。在这种情况，中国基金业产权制度进行较大改革比较好。当然，现在规定国内公司采取1+1模式(即控股一家，参股一家)，对于外资企业只能参与一家基金管理公司。但是从机会均等和国民待遇上来讲，是不是也应该放开，都应该是一参一控。这些都是未来中国基金业应该积极探讨和逐步解决的问题。

对策十：建立适合我国国情的基金市场监管模式——基金的监管模式概括

1．美国监管模式为什么不适合中国基金业

目前我国处于经济转轨时期，市场经济体制模式尚未完全建立起来，广大投资者对市场经济的认识和适应能力有限，缺乏对市场风险的认识和防范，并且与中国基金业发展相关法律法规尚未健全，有待根据中国的国情进一步完善，决定了我国走美国模式将会困难重重。

2．英国监管模式为什么不适合中国基金业

虽然英国能充分发挥基金行业的自律功能，自觉地踏上规范化发展轨道，但行业协会的构建与完善及行业自律功能的发挥均需要一个较长的过程，对于我国这样一个投资基金刚刚起步且发育程度还很低的国家来讲，组建相关协会本身就有较大的困难，即使尽快组建，这些行业组织也需要一个发展完善过程。在这种发育程度低的状态下，很难达到真正意义上的自律，这对现代市场经济条件下我国投资基金的快速发展不仅不利，反而有可能阻碍其正常发展。

3．日本监管模式为什么不适合中国基金业

日本模式能充分利用政府的强大功能培养和推进投资基金快速起步和成长壮大。但这也同我国社会经济的发展不相适应。一方面，现在我国处于体制转轨的关键时期，如果再以政府严格管制的方式来推动投资基金市场的发展，而削弱市场功能，势必会对我国的改革和市场经济进程带来不利影响。另一方面，政府严格管制很容易引发制度上的障碍，从而不利于市场竞争机制的发挥，最终导致投资基金市场发展因缺乏有效的制衡机制而走入误区。

结合中国国情，我们认为中国基金业监管应该采取一种动态化综合监管的模式。所谓动态化综合监管，其含义是指管理中既要注重各种监管主体的有机结合，又要根据监管对象所处的环境和条件，选择相应的管理手段和方式。这种监管机制是监管主体综合化与监管手段动态化的有机统一。

它的总体发展思路可以概括为：以法制建设为基础和保障，建立全国统一的，权威性的投资基金市场主管机构，对基金市场的发展进程进行宏观引导和协调管理，同时建立和完善基金行业组织及其相应约束自律机构，以此来保证投资基金市场的持续、稳定和有序发展。

以上是我谈到了目前中国基金业的挑战和对策，但是我们不能不看到中国的基金业的道路是曲折的，前景是光明的，站在新的起点，我们相信，只要充分认识到行业目前所面临的严峻挑战，积极寻求科学的应对之策，中国基金业将得到长期健康而稳定地发展！

两法实施将给基金业带来四大深刻变化

南方基金管理有限公司

● 本次两法的修订取消了原来阻碍市场发展和创新的限制性条款，这将使整个证券市场的市场结构、市场层次、投资标的结构、交易结构等基本市场结构发生根本性变化，为基金业的发展和创新留下了空间。

● 新《证券法》为混业经营预留了法律空间，从而将对基金业的竞争格局产生根本影响：基金公司将通过业务交叉和客户共享等方式切入其他金融领域。其他竞争者进入基金市场的速度和深度也将加强。差异化经营将成为基金业竞争策略的"新思维"。

修订后的《证券法》和《公司法》首次将基金纳入到其调整范围，对基金的上市交易以及基金公司的监管等进行了直接规范，使规范基金的法律体系进一步完善。作为规范资本市场运行的基本法律，两法的实施将深刻影响基金业生存和发展的市场环境、竞争格局以及基金持有人权益，进而给基金业的发展带来深远影响。

两法修改基金法律体系

目前规范基金的基本法律是《基金法》。《基金法》明确规定，对于《基金法》无规定的，适用《证券法》、《信托法》等法律法规。但1998年出台的《证券法》中却没有提及证券投资基金，使规范基金的两大重要法律之间缺乏衔接，从而造成规范基金的基本法律依据缺失。新《证券法》明确规定基金份额的上市交易部分适用新《证券法》，其发行和非上市交易等部分适用《基金法》等法律法规。当《证券法》和《基金法》对同一个情况作出了不同的规定，按照特别法优于普通法的法律适用的原则，优先适用《基金法》。

《证券法》关于调整范围的修改，使《基金法》和《证券法》得到对接，并且明确了各自对基金的调整范围，解决了规范基金的基本法律依据缺失的问题，使规范基金的法律体系进一步完善。

取消限制性条款拓展基金业发展空间

本次两法的修订，多处取消了原来阻碍市场发展和创新的限制性条款。包括取消对证券交易以现货进行交易的限制，规定证券交易以现货和国务院规定的其他方式进行交易；取消了对证券在证券交易所交易采用单一集中竞价交易方式的限制，规定应当采用公开的集中交易方式或者国务院证券监督管理机构批准的其他方式；删除了原证券法禁止"T＋0"交易的规定；原则上允许信用交易，规定融资融券应当按照国务院的规定并经国务院证券监督管理机构批准；放松了对国有企业炒股的限制，规定国有企业和国有资产控股的企业买卖上市交易的股票，必须遵守国家有关规定；放松了对银行资金进入股市的限制，规定依法拓宽资金入市渠道，禁止资金违规流入股市；放松了证券交易只能在证券交易所交易的限制，规定可以在依法设立的证券交易所上市交易或者在国务院批准的其他证券交易场所转让。放宽了上市和再融资条件，取消了间隔期不能少于一年和最近三年连续盈利的强制性规定，只规定具有持续盈利能力且财务状况良好。上述限制性条款的取消，将使整个证券市场的市场结构、市场层次、投资标的结构、交易结构等基本市场结构发生根本性变化，为基金业的发展和创新留下了空间。

其一，市场结构优化，基金将获得更充裕的资金来源和更广泛的客户群体。新《证券法》不仅允许合规资金流入股市，同时也放松了对国有企业炒股、信用交易和混业经营的限制，无疑从法律上打通了货币市场和资本市场之间的连通渠道。基金作为机构投资者，是连通货币市场和资本市场的主要媒介之一，随着两个市场的贯通，基金业将获得更充裕的资金来源。同时，商业银行同基金的资金联系将更为紧密，场外的国有企业以及年金、社保基金等机构投资者也将迅速壮大，基金业的客户群体不断扩大，这无疑为基金业的持续快速增长提供新的机遇。

其二，市场层次丰富，基金将面临更广阔的运作空间。新《证券法》适应了我国建立多层次市场体系的要求，允许"国务院批准的其他证券交易场所"的存在，为我国加快柜台交易市场等其他市场建设奠定了法律基础，基金业的运作空间也将极大扩展。

其三，制度限制取消，基金的产品创新步伐将加快。在旧的《证券法》体制下，由于众多制度限制，基金的产品创新空间受到很大的限制。新《证券法》取消的众多限制性规定，为基金产品提供了创新的基础。金融衍生工具的不断开发，可以使基金产品在设计中，通过将金融衍生工具纳入基金的投资策略，从而设计出不同风险和收益的基金产品。同时，随着社保、保险、企业年金等机构投资者的入市规模的逐渐增加，也要求依据不同机构投资者的需求而开发出各种适合的产品。

其四，投资标的结构优化，基金的投资范围将大为丰富。目前我国资本市场还存在可投资标的结构比较单一的问题。修订后的《证券法》和《公司法》对上市和再融资条件放宽，取消了间隔期不能少于一年和最近三年连续盈利的强制性规定，更有利于高成长企业尤其是中小企业在资本市场直接融资，使得我国证券市场新增一批成长性良好的上市公司群体，上市公司的层次结构将日趋丰富，基金的投资品种结构大为优化。同时，新法将金融衍生产品纳入调整范围，基金在投资范围丰富的同时，投资策略和风险管理策略也将大为丰富。

其五，交易方式多样化，基金的投资运作模式受到直接影响。我国证券市场目前只有现货和集中竞价交易方式，同时禁止"T＋0"和信用交易。新法放宽或取消了上述限制，这将改变基金目前只能单边做多的被动局面，使基金能够主动综合运用多种金融工具实现资产的保值增值。这有利于基金运用更多的风险管理手段分散风险，但同时也使得其投资运作环境更为复杂化，从而对基金的投资运作模式以及风险防范机制都提出更高的要求。

分业经营格局演变将加剧基金业竞争

《证券法》修订后在保留分业监管的基础上为混业经营预留了法律空间。可以预见，在未来几年内我国对分业经营的管制将逐步放松，混业经营的局面将会出现，从而对基金业的竞争格局产生根本影响：

其一，基金公司将通过业务交叉和客户共享等方式切入其他金融领域。混业经营的逐步放开将使基金业的股东背景进一步多元化，目前已形成合资基金公司、中资基金公司以及银行系基金公司三足鼎立的格局。在可以预见的未来，基金公司的股权转让将更加市场化，外资介入的程度和速度将进一步加速，同时，股东还将进一步扩展到保险公司等其他机构。股东背景的多元化，将为基金公司通过业务交叉和客户共享等方式切入其他金融领域建立基础。

其二，其他竞争者进入基金市场的速度和深度也将加强。随着我国金融市场混业经营趋势的加强和对外开放程度的逐步提升，其他机构投资者进入市场的步伐正在加快。基金业除面临银行系基金进入市场带来的行业资源的重新分配外，还将面临银行券商理财产品、保险资金入市、QFII额度增加等机构投资者的挑战。一方面，随着银行系基金全面进入市场，由于其在资本、业务或渠道有比较优势，将推动行业内部整合，加速行业内资源的重新配置。另一方面，银行和券商理财产品，也会对基金形成一定程度上的竞争。目前银行的理财产品主要是接近存款利率的理财产品，对低风险的债券型、货币型基金形成一定冲击。券商的理财产品则在中高风险的股票理财产品方面与基金形成了激烈的竞争。保险资金入市也可能会对部分基金产生赎回的压力，随着保险投资股市经验的逐步积累，保险将与基金形成相互博弈的局面。另外，随着QFII投资额度的增加及经验的积累，也将对基金投资形成挑战。

其三，差异化经营将成为基金业竞争策略的"新思维"。伴随着资产规模的分化和其他竞争者的进入，基金业的分化将进一步加剧，未来的基金业将进入差异化竞争的时代。基金公司将依据自身优势制定出不同的竞争策略。目前，差异化竞争的思路已经开始显现。此外，随着竞争的加剧，各家基金公司开始通过探索新业务、寻找新的盈利模式来取得竞争优势，社保基金、企业年金投资管理人成为了基金公司争夺的焦点。从国际经验来看，中小型基金公司将特定的客户投资资产管理业务作为主要的利润来源，成为其发挥自身特点、形成与大型基金公司的比较优势。

基金持有人权益保护有了可操作措施

加强对股东特别是中小股东权益的保护力度，成为本次两法修订中的"重中之重"。本次两法修订，通过提高上市公司质量、完善上市公司治理和投资者权益保障机制、明确损害赔偿的民事责任等制度安排，强化对股东权益的保护。基金作为上市公司股东，股东权益保护的加强最终必然使基金持有人受益。同时，通过与《基金法》的有效衔接，为基金管理人代表基金积极参与改善上市公司治理，维护基金持有人权益提供了可操作的措施。

两法修订中，强化股东权益保护的内容主要体现在以下方面：

提高上市公司质量。新《证券法》将推动上市公司质量的提高作为一个重点，具体做了如下规定：一是在法律上确认证券发行上市保荐制度和管理，并规定了其诚实守信、勤勉尽责的职责。二是增加上市公司控股股东或实际控制人、上市公司董事、监事、高级管理人员诚信义务的规定和法律责任。三是增加了证券公开发行前，公告公开发行募集文件的预披露制度，加强了社会公众监督防范虚假手段骗取上市资格，拓宽社会监督渠道。

完善公司治理结构，强化股东权益保障机制。新《公司法》《证券法》通过完善股东大会和董事会的程序和规则、增加股东代表诉讼制度、股权激励机制、公司法人人格否认制度及证券投资者保护基金制度等一系列的制度完善和创新，完善公司治理结构，切实保护股东的权益。

明确损害赔偿的民事责任。新《证券法》加强了民事责任的规定，具体做了以下规定：规定对内幕交易、操纵市场、欺诈客户给他人造成损失的，应承担损害赔偿的民事责任；规定证券发行因虚假陈述给投资者造成损失的，应承担损害赔偿的民事责任；利用收购损害上市公司及其他股东利益的，应承担损害赔偿的民事责任。

上述制度的完善和创新，股东权益的保护形成系统化和可操作的机制，并通过与《基金法》的有效衔接，最终有助于更好的维护基金持有人的权益。

首先，上市公司是基金最主要的投资对象，上市公司质量的好坏，直接关系到基金持有人的切身利益。

其次，公司治理结构的完善，对于完善基金公司的治理，加强内部风险控制和外部监控机制，优化基金的决策机制，防范大股东一股独大和防止内部人控制，都有着积极意义。其中增加的股权激励机制和股东代表诉讼制度对于完善基金公司的治理结构、保护基金持有人的利益尤为重要。一方面，《公司法》通过允许公司收购本公司股份为公司实现股权激励机制提供了法律基础，从而为基金公司管理层持股打开了空间，这对完善基金公司的治理结构有着重要意义。从国外基金业的发展现状看，管理层持股符合基金业这种人力资源特征明显的行业的发展规律。在基金业发达的国家，基金公司可以通过这类长期激励和约束手段，使管理层与基金公司建立起产权关系，让管理层从产权利益上关心企业，从而使两者之间真正建立起合伙关系。通过建立管理层持股机制，可以激发管理层的劳动积极性和创造性，这对于改善目前基金公司面临的公司治理结构不健全、经营层预期不明确从而导致的过分注重短期利益的现状具有重要的意义。同时，上市公司股权激励机制的建立，还能使基金更能促使上市公司股东利益与公司管理层利益达到统一，降低代理人风险，使公司更加实际地为股东创造价值，从而提升上市公司的价值，提高基金投资后的风险控制效率和投资效果，切实维护基金持有人的权益。另一方面，股东代表诉讼制度的规定，为基金管理人代表基金参与改善上市公司治理，维护基金持有人权益提供了保障机制。此前，当基金的权益受到损害时，基金持有人没有必要的法律机制维护自身权益。尽管《基金法》规定基金管理人应当以自己的名义，代表基金份额持有人利益行使诉讼权利或者实施其他法律行为，但由于缺乏股东代表诉讼的机制，导致在上市公司损害基金利益时，基金管理人无法直接提起诉讼。股东代表诉讼制度彻底解决了这一难题，有利于更好地保障基金持有人的利益。

第三，证券投资者保护基金和民事赔偿责任的规定，为基金持有人的权益都能得到切实的经济补偿提供了制度保障。旧《证券法》的法律责任条款主要是行政责任和刑事责任，对于民事责任的规定较少，实践中在发生投资者权益受到侵害的情况时，更多的是追究侵害者的行政责任和刑事责任，投资者很难得到经济上的补偿，无法实现保护股东权益的立法宗旨。新《证券法》加强了民事责任的规定，从而根本改变了我国原有证券法制中以行政责任和刑事责任替代民事责任的做法，而证券投资者保护基金的建立，也使对投资者的经济赔偿能落到实处。

此外，新《证券法》加强了对基金等金融中介机构的监管，对基金业的诚信经营理念、规范发展意识、公司治理与管理水平、业务拓展与金融创新能力、内控和风险管理机制建设都提出了更高的要求，有助于更好地维护基金持有人的权益。

商业银行基金管理公司发展直面三大问题

中国社会科学院博士流动站研究人员 葛兆强

● 商业银行设立基金管理公司作为一项由政府选择和发起的强制性金融制度变革，其政策寓意绝不会停留在微观层面，仅仅是为了解决资本市场的资金供给、机构投资者的培育和商业银行的竞争能力提升等微观问题，而是更多地着眼于宏观金融制度变迁，即通过这一制度安排的变革推进分业经营制度向综合经营制度的演进。

● 在现有的制度环境下，制度基础的塑造重于制度安排的设计，我们必须着力塑造法律、监管和市场约束三大制度基础。

● 鉴于我国商业银行目前在治理结构、内控机制、风险管理能力等方面都存在相当的不足，所以，银行基金管理公司在发展的初期，首先必须通过健全治理机制，提升风险管理水平，以增强经营的安全性为主，在此基础上，再追求盈利的最大化。

2005年2月20日，中国人民银行、中国银监会、中国证监会联合发布并实施《商业银行设立基金管理公司试点管理办法》以来，决策界、理论界、金融界和投资者对这一新的制度安排好评如潮，不仅对其宏观层面的制度效应给予了充分肯定，而且对其微观层面的积极影响也进行了全面评估。尽管各种研判不乏理性，但其中源于“热情”的非理性高估也客观存在。中外改革的经验与教训表明，任何一项新的制度安排，对原有制度非均衡都会产生两种制度效应：矫正并实现制度均衡；劣化并加剧非均衡。在中国金融制度变迁的宏观背景下，为了保证这项新的制度安排能够发挥更好的制度绩效，不断提高金融制度变迁的效率与质量，笔者认为有必要从三个方面进一步研讨商业银行设立基金管理公司问题。

问题之一——宏观效应与微观绩效：孰重孰轻?

关于商业银行设立基金管理公司的意义或影响，主要观点有三：一是有利于将储蓄资金有效地转化为投资性基金，打通商业银行与资本市场之间的连接渠道，为资本市场提供长期稳定的资金来源，并为资本市场培育更多的合格机构投资者，从而促进资本市场长期稳定健康发展，促进直接融资与间接融资协调发展; 二是有利于促进商业银行开展业务创新和多元化经营，分散间接融资风险，提高国际竞争力，保持金融整体稳定，优化资源配置；三是推动基金业的重组，在优胜劣汰的竞争法则下，确保管理规范、有业绩、讲信誉的基金管理公司稳健发展，提高基金行业发展的整体质量和整体竞争力。应当承认，以上观点是正确的。但是，这些观点只是注意到了微观层面的制度绩效，没有从宏观层次把握住问题的实质。

笔者认为，商业银行设立基金管理公司作为一项由政府选择和发起的强制性金融制度变革，其政策寓意绝不会停留在微观层面，仅仅是为了解决资本市场的资金供给、机构投资者的培育和商业银行的竞争能力提升等微观问题，而是更多地着眼于宏观金融制度变迁，即推进我国金融制度由“分业经营”体制向“综合经营”体制变革，决策层的真正目的是通过这一金融制度安排加速综合化经营金融制度的实现。首先，随着加入WTO过渡期的届满，中国金融业将完全置身于全球化金融竞争，这种竞争虽然在形式上表现为金融机构之间的竞争，但实质上是金融制度的竞争。综合经营→分业经营→综合经营的金融演进历史逻辑表明，综合经营制度是一种比分业经营制度效率更高的制度模式。自1999年美国废除《格拉斯—斯蒂格尔法案》后，目前世界上几乎只有我国还奉行分业经营的金融制度。尽管这一制度的产生符合当时的金融发展水平和监管能力，但是，随着我国金融体系的不断完善、金融机构风险管理能力的提升、金融监管当局监管水平的提高和金融开放程度的进一步扩大，分业经营制度的非均衡性日渐突出，我国金融机构的竞争能力和发展能力由此而致的负面影响也越来越明显。其次，我国商业银行设立基金管理公司是一项强制性制度变迁，作为制度供给者的政府，选择和推出该项制度必须服从政府的偏好，有利于政府效应最大化目标的实现。在现有约束条件下，政府的目标函数首先是金融系统运行的整体安全问题。目前，影响我国金融安全的金融变量主要集中在直接融资与间接融资比例失衡、银行系统的不良资产过高和股票市场持续低迷。显然，这个问题的求解必须致力于直接融资和资本市场的发展。然而，任何改革举措都必须以商业银行的利益不能受损为前提。因为，在银行资产质量如此严峻的情况下，如果改革使其利益受到侵蚀，那么，必然会抑制商业银行的再生能力。基于这一逻辑，政府让商业银行设立基金管理公司也就容易理解了，这种制度安排实质上是政府对银行提供的利益补偿。

基于以上分析，我认为，政府允许商业银行设立基金管理公司的宏观制度效应远远大于一般理解的微观绩效，政府的目的在于通过这一制度安排的变革推进分业经营制度向综合经营制度的演进。联系到近期政府和监管部门对金融机构在股权、组织和业务等不同层次上进行交叉合作与融合的直接或间接的支持或默许，目前我国的金融业就好像英国1960年代金融大爆炸前夕，“分业经营、分业监管”模式开始向“混业经营、分业监管”模式过渡。

问题之二——制度基础与制度设计：何为重心？

在目前关于商业银行设立基金管理公司的诸多讨论中，比较集中的是基金公司设立的模式、经营范围界定、内控机制安排等制度设计问题。这些技术性问题的规范对于商业银行基金管理公司的稳健经营和持续发展是非常必要的。但是，作为一项新的制度安排，如果不能与相应的制度基础相适应，那么，设计得再完美的制度安排都难以产生积极的制度绩效。所以，在现有的制度环境下，制度基础的塑造重于制度安排的设计，我们必须着力塑造法律、监管和市场约束三大制度基础。

首先，完善的法律框架是银行基金管理公司设立和运作的基本前提。俗语说，“名正言顺”，如果银行系基金管理公司在法律上得不到明确的“名份”，那么，在以后的经营运作当中必然会遇到种种“不顺”的问题。目前，大多数人认为，商业银行设立基金管理公司不存在法律障碍。其依据是修改后的《商业银行法》将原来的“商业银行在中华人民共和国境内不得从事信托投资和股票业务，不得投资于非自用不动产”修改为“商业银行在中华人民共和国境内不得从事信托投资和证券经营业务，不得向非自用不动产投资或者向非银行金融机构和企业投资，但国家另有规定的除外”。这条想象空间比较宽泛的法律条文通常被解读为商业银行设立基金管理公司的法律依据。《证券投资基金管理暂行办法》和《商业银行设立基金管理公司试点管理办法》出台后，银行基金管理公司的设立才有了正式的法律依据。然而，这只是解决了设立层面的法律依据问题，有关银行基金管理公司和设立基金管理公司后的商业银行的资本充足率要求、内部治理结构状况、主要股东和管理层的资格和责任承担、财务制度、信息隔离制度(“中国墙”)、“防火墙”制度等安排都还没有一个清晰的法律框架和法律依据。经验和教训告诉我们，任何改革举措的推进都必须法律先行。否则，改革的成本巨大，甚至大到我们无力承受。基于此，为了降低商业银行基金管理公司经营运行的低风险，使之能够稳健规范运行，必须首先完善法律基础。在这个方面，美国的经验是值得借鉴的。第一次世界大战后，由于证券公司与商业银行、公用事业公司与投资银行的共谋，最终引发了美国的股灾，并导致了经济大萧条。1930年代有关基金业的立法工作重新使得美国经济走上了良性发展的道路。该时期美国政府先后出台了《证券法》(1933年)、《证券交易法》(1934年)、《公共事业控股公司法》(1935年)、《信托契约法》(1939年)、《投资公司法》(1940年)和《投资顾问法》(1940年)六部法律，从而基本上形成了美国证券业和基金业的法律制度框架。这一制度保障使美国在当代成为世界上基金业最发达的国家。

其次，健全、和谐的监管体系是银行系基金管理公司稳健运行的关键。经营规范、内控科学、风险可控是商业银行基金管理公司持续发展的必要条件。国内商业银行几年来通过开办基金托管和代销业务，在人员培训、风险管理、内部控制和技术支持等方面积累了不少经验，为基金管理公司的持续发展奠定了一定的基础。但是，银行系基金管理公司要真正实现持续发展，严格、有序、和谐的金融监管这一充分条件不可或缺。按照现有的监管框架和法律规定，人民银行、银监会和证监会都对银行系基金管理公司负有监管责任。根据《商业银行设立基金管理公司试点管理办法》，在基金管理公司设立环节，拟设立基金管理公司的商业银行，首先应向银监会提出申请，由银监会进行基本条件和资格的审查；然后再依据证券投资基金法，报请证监会审批市场准入资格；在试点期间应同时抄报中国人民银行。在日常的监管中，银监会对设立基金管理公司的商业银行制定相关风险监管指标计算标准，实施并表监管，并对银行基金管理公司及其募集和管理的基金实施监督管理，保证基金财产的合法运用和基金份额持有人的合法权益不受侵犯；基金管理公司所募集的基金种类，由中国证监会核准；中国人民银行对银行基金管理公司进入全国银行间债券市场依法进行备案和监管。中国人民银行、中国银监会和中国证监会对银行基金管理公司在依法实施监管过程中，要及时相互通报有关信息，建立监管信息共享制度。

表面上看，三大监管机构对银行基金管理公司的监管职责、监管边界和监管协调机制是明确的。事实上，由于金融产业本身边界的模糊性、部门利益冲突的存在，加之监管机构之间进行协调必然产生的摩擦成本，要实现三个平级监管部门有效合作与协调监管并非易事。《银行业监督管理法》虽然明文规定要进行金融监管机构之间的信息共享机制、银行业突发事件处置制度等制度建设，但到目前为止，三家监管机构和人民银行之间及时有效的信息交流与政策协调还没有可行的框架。理论上，竞争产生效率，三家监管机构的存在对于提升监管效率的理论意义是毋庸置疑的，但是，基于传统文化的影响，现有的“四驾马车”的监管制度安排，可能导致“三个和尚没水吃”，出现监管真空，也可能导致三个和尚争水吃，出现重复监管。此外，根据《中国银行业监督管理委员会、中国证券业监督管理委员会、中国保险业监督管理委员会在金融监管方面分工合作的备忘录》关于对金融控股公司实行“主监管制”的说法，银监会应该是银行基金管理公司的“主监管”者。但是，由于三个金融监管机构级别相同，相互间很难服从，因此，“主监管”制度在没有风险的正常情况下，似乎是可行的，三家监管机构可以按部就班，相安无事。但是，一旦发生风险，发生涉及到两个或两个以上部门的金融监管案件时，最终需要人民银行出面协调，统一处理。所以，人民银行仍然是事实上的主监管者。由此可见，现有的监管体制和监管体系在银行基金管理公司的监管问题上还存在许多不确定性，如何构建健全、和谐的监管体系正在考验政府和监管部门的智慧。在我看来，出路不外乎两条：激进的选择是从分业监管走向统一监管；渐进的选择是强化监管的法制建设，通过完善监管的立法和执法，进一步明确和细化四家监管机构的监管边界和监管范围。

第三，规范、有序的市场约束是银行基金管理公司稳健运行的保障。基金管理公司稳健运作、持续发展除了需要公司拥有健全的治理结构、内控机制和健全完善的监管体系外，还必须强化市场约束的作用。国际经验表明，市场约束具有迫使金融机构强化行为自律，有效控制风险的作用，可以使金融机构选择正确经营理念和经营行为。同时富有成效的市场约束也是配合监管当局强化监管工作的有效工具。由于市场发育和监管理念等方面的原因，我国金融机构信息披露的质量和数量都远远不能适应市场的要求。在金融市场不发达、金融资产持有人有限的情况下，市场也缺乏足够的动力和资料深入分析金融机构的风险状况。因此，基金管理公司必须按照法律法规和监管当局的要求，通过法定的媒体渠道定期披露年度报告、中期报告以及对经营管理可能产生较大影响事件等经营管理和财务信息，切实维护市场秩序，保证投资者的利益，另一方面，要规范和加强诸如会计师事务所、律师事务所等市场中介机构建设，充分发挥它们对基金管理公司的监督作用；同时，要积极引导和发挥社会公众、新闻媒体对基金管理公司的监督作用。

问题之三——安全性与效益性：以谁为先？

目前，国内各家商业银行对设立基金管理公司表现出普遍而又浓厚的兴趣，这既反映了商业银行对综合化经营的强烈诉求，也是它们对前一段时间基金业表现出的高盈利能力的一种本能追求。值得注意的是，现实中一些人对基金业的风险性认识不足，错误地认为基金管理公司可以稳赚不赔。事实上，基金业是一种高风险的行业，利率风险和流动性风险是基金管理公司面临的突出风险。

首先，按照《试点办法》的规定，银行基金管理公司可以募集和管理多种基金，但在目前的市场情况下，发行货币市场基金和债券型基金是最现实的。从风险角度考察，不论投资于货币市场基金还是投资于债券型基金，其中的风险都不容忽视。(1)利率风险。就货币市场基金来看，利率风险是最大的风险。因为，货币市场基金收益水平与利息率风向保持一致，当利率上升或预期利率上升时，货币市场基金才可以获利。反之，如果利率下降或平稳，这一基金就难以获利。而且，利率风险往往因其不确定并难以对冲而无法回避。此外，证券市场和货币市场的相对走势将导致资金的流动，对于货币市场基金来说，这是一种系统性的风险，难以有效规避。从债券型基金方面看，债券型基金并不是绝对的低风险高收益的投资品种，在利率波动的不同周期中，收益率也会发生较大的变化。我国债市从2003年以来的表现充分印证了这一点。⑵流动性风险。这包括两个方面：一是银行的流动性风险。在目前银行的自有资本相对不足的情况下，只有存款增长率高于贷款率，才能使银行的流动性不会受到影响。根据国际经验，货币市场基金对银行储蓄的分流作用相当明显。目前，美国家庭短期资产中的22%用于购买货币市场基金，22720亿美元规模的货币市场基金比储蓄金额还大。当然，由于我国的货币市场规模目前还比较有限，对储蓄的分流作用目前不会很明显。但是，随着货币市场基金规模的扩大，货币市场基金对存款的分流的压力会逐步加大。二是基金管理公司的流动性风险。无论推出债券型基金还是货币市场基金，投资者可以随时赎回自己的份额，基金管理公司就必然会面临巨额赎回风险。如果市场遭遇系统性风险，投资者大量赎回所购基金，可能会造成基金净额下降或是基金的终止清算。因此，如何应对由此而来的流动性风险，是银行必须面对的现实问题。

从盈利性方面看，2003年前我国基金业"日进斗金"，只要拿到牌照就赚钱，这正是商业银行对设立基金管理公司抱有高涨热情的重要原因之一。但是，从2004年以来，我国基金业整体的盈利能力急转直下，从一个高垄断高利润行业走向利润平均化，甚至出现亏损的公司，稳赚不赔的神话开始回归现实。从理论上说，基金业的盈利能力不可能长期高于银行业的平均利润率。从现实看，银行基金管理公司的盈利能力也值得研究。就货币市场基金而言，规模小、交易工具单一是我国货币市场的突出特点。货币工具的缺乏使得货币市场基金很难有良好的投资组合，风险也难以分散，客观上将影响货币市场基金的经营业绩，削弱其吸引力。据晨星基金数据中心的统计，2004年4月至10月，我国7只货币市场基金的平均收益率为1.19%。10月份仅为0.204%，这说明货币市场的获利空间几乎微乎其微。债券型基金的市场表现同样也不乐观。数据表明，货币市场基金和债券型基金现阶段的表现都使得银行投资于两种基金的盈利前景变得不容乐观。事实上，从美国的经验来看，1995年银行通过基金管理公司取得的相关手续费收入占总收入的0.44%，1998年为0.82%，即基金管理公司为银行贡献的收入不到1%。这就是说，银行基金管理公司的盈利能力并不是很高，对银行的贡献并非如人们想象的那么高。

既然基金管理公司经营运行面临着程度不浅的利率风险、流动性风险，而盈利前景又可能只是蝇头微利，那么，商业银行对自己是否应该设立基金公司；如何设立基金公司；如何加强风险管理等问题必须进行全面的考量。特别是那些规模较小的银行，有无必要设立基金管理公司是值得进一步研究的。即使是那些规模较大的银行，也必须科学地平衡基金管理公司的安全性与盈利性。鉴于我国商业银行目前在治理结构、内控机制、风险管理能力等方面都存在相当的不足，所以，银行基金管理公司在发展的初期，首先必须通过健全治理机制，提升风险管理水平，以增强经营的安全性为主，在此基础上，再追求盈利的最大化。

加快企业年金建设 推进中国版401K

天一证券研究所　闻岳春

2005年6月27日，中国证监会主席尚福林在国务院新闻办举行的中国资本市场改革和发展新闻发布会上回答记者提问时认为："从整体上看，在促进资本市场发展方面，政策调整还有很大的空间，有一些支持市场发展的政策也还要不断完善，我们还要学习成熟市场上的一些做法，进行研究、推进。比如说美国市场上有'401K条款'，香港市场上有'Margin(孖展)'，这些政策在我们市场上都没有，我们还需要认真研究。现在鼓励投资资本市场的政策在力度上还要进一步加大。"这是尚福林主席首次在公开场合提到401K条款，引起了市场人士的关注。美国的401K曾被视为全球最成功的年金计划，甚至成为世界各国年金计划的代名词，以至于在一些文章中出现了日本40lK、香港401K之说。

自从1875年第一个正式的企业年金计划由美国运通公司为其雇员建立以来，企业年金在国外发展已经有了100多年的历史。资料表明，在多数发达国家，企业年金体系汇集着巨额的民间资金流量。这些资金通过科学的制度安排，被合理地引向养老保障、资本市场等轨道，对于减轻各国政府的财政收支压力、完善社会保障体系、培育金融市场、发展资本市场产生了重大的影响。

中国和美国等国家的养老制度不同。目前中国的养老金仍旧以国家统筹的强制性养老体制为主，而不是以个人补充养老为主。因此，中国要形成美国市场上401K条款和美国资本市场特别是股市、基金业的互相促进、良性发展的循环，恐怕还需要比较长的时间。

中国正在大力推行的企业年金制度是作为基本养老保险的补充制度，旨在通过企业和职工共同缴费建立企业职工退休计划。而且，企业年金不仅是一种补充养老保险，还是现代企业人才战略和薪酬机制的组成部分。更重要的是，企业年金必须投资，而且是长期投资，这就对投资市场、投资品种和投资工具的选择提出了很高要求。怎样实施这个被称作中国401K的补充养老保险制度？怎样既对资本市场发展起到建设性作用，又把各种风险降低到最小限度？这些已经成为中国版401K必须面对的问题。

我国的企业年金制度，目前还存在着很多初级问题：发展规模偏小、不规范，但这一状况已在逐渐改观。同其他国家相对比，同样处于人口老化过程中的中国，企业年金的发展非常迟缓，私人年金制度建设严重滞后于其他方面，同国际潮流形成了明显反差。截至2001年8月，国内参加企业年金的职工仅560万人，积累的资金仅为192亿元。2004年5月1日，《企业年金试行办法》和《企业年金基金管理试行办法》正式施行，为我国企业年金市场的发展构建了一个大体的框架。2005年2月，与之配套施行的《企业年金基金管理机构资格认定暂行办法》、《企业年金基金管理运作流程》等4个文件出台，标志着企业年金市场运行的法规体系形成，企业年金入市已经得到了政策法规的合理规范。可以说，企业年金基金涉水证券市场已无任何障碍。其实企业年金在国内股市运作早已显露出迹象。比如目前火箭股份的最大流通股股东就是企业年金；另外，酒钢宏兴和韶能股份等个股也都曾出现过企业年金的持股信息。目前我国企业年金规模近500亿元人民币，再加上以年金名义销售的保险产品有430亿元，企业年金存量规模近1000亿元。

正在建立中的企业年金大体的覆盖面大约能占国有、股份制、中外合资企业中劳动者总数的20%，若提取额为3%－4%，配套后有6%到8%。初步测算每年有800－1000亿元以上的增量，并保持年10%－30%的增长。预计这些资金在今年底可能会逐步转为投资，如果其中的10%－50%进入股市，那就是一支稳定的巨大的资本市场投资力量。

根据有关资料，2005年上半年，全国企业年金机构资格首次申请共有99家机构角逐机构资格。劳动和社会保障部于2005年8月2日公布了29家获得企业年金基金管理机构名单。入选的29家机构将获得37个年金基金管理资格，包括5家企业年金基金法人受托机构、15家投资管理人、11家企业年金基金账户管理人、6家企业年金基金托管人。此前计划评选不超过40个资格，但由于专家评审中获得所需票数的机构没有达到数量，实际评选结果比计划数量少了3个。劳动和社会保障部认为，目前，相关政策还不完善，企业和职工对企业年金的认识需要逐步提高，加上我国资本市场尚不健全，企业年金将有一个逐步发展的过程；金融机构要防止急功近利，确保企业年金市场健康发展。劳动和社会保障部将根据审慎、渐进的原则，逐步完善相关法规，加强对机构运营绩效考评；何时启动第二批资格审批工作，要根据企业年金市场发展的情况而定。

截至目前，共有10家左右中央企业提出建立企业年金的计划；地方企业的年金计划则由地方劳动保障机构负责审批。据介绍，与社保基金管理模式不同，企业年金市场需要金融机构自己去开拓。即便是获得了资格也可能面临“无米下锅”的尴尬。15家投资管理人将面临激烈竞争，一些实力较强的基金管理公司、券商以及保险公司已经完成了年金产品设计，有的甚至已经和潜在客户达成协议，一旦拿到资格就开展相关服务。

回顾美国401K计划的发展，有以下几个方面值得我们借鉴：

一、政府要扮演重要角色

要使年金市场成熟起来，政府要扮演关键角色。政府在选择年金服务供应商时，要严把关。从风险控制的角度，使企业年金基金的受托人、投资人、账户管理人、投资管理人成为各自独立的服务供应商，以分散老百姓的养命钱的风险。在年金市场发育期，同一个机构承担多个角色不利于市场发展，尤其是受托人和投资管理人的资格不能重叠；年金市场的竞争必须有序、专业，要避免恶性竞争。

二、国家应制定一定优惠政策，如税收优惠政策，鼓励企业建立企业年金

建立企业年金，是社会保险体系的重要组成部分，有利于基本养老保险制度改革的顺利进行，有利于国家财政负担的减轻，有利于职工基本生活保障水平的提高，因此，政府应当制定带有优惠措施的政策法规，鼓励企业和职工个人共同交费建立企业年金。当前基本养老保险替代率较高，应逐步降低替代率，将降低部分归并进企业年金，借鉴美国401K计划中的税收优惠，发挥税收政策杠杆作用，支持企业建立年金制度。美国对按照401K条款设立的退休基金，允许有相当于雇员工资25%的供款的税前列支。因此建议，我国保险、证券监管部门应和劳动社会保障部、财政部、国家税务总局合作，尽快推出具体的税收调节措施，促进商业保险对社会保险补充作用的发挥。从美国401K计划发展的历程看，税收优惠政策起到了决定性的作用。在我国目前的企业年金制度中，只有各地方对企业的税收优惠政策，既没有国家统一的税收政策，也没有针对个人、企业所得税的优惠政策，对企业职工个人投入没有任何激励作用。建立个人、企业的税收优惠政策需要财政部、劳动保障部、监管机构等部门协调运作。税收优惠政策从表面看，可能会使当年税收减少，但实际上资金从政府的财政行为转换为个人、企业和资本市场的投资行为，进入了直接投资、直接融资的渠道。

我国现行政策规定，年金可以在税前列支，但只限于企业缴费在工资总额4%以内的部分，个人缴费和在工资总额4%之外的企业缴费，无法享受税收优惠。首先，这种税收优惠幅度偏低，难以给企业和个人积极参加年金足够的吸引力；其次，在一些地区即使这种优惠幅度偏低的政策还不能真正实施。为了促进企业年金制度的发展，中国可以借鉴美国401K延缓纳税的措施，加大税收优惠力度。

三、简化限制，增加覆盖面，适度减低费用

目前，我国的养老金计划刚刚起步，建立企业年金的企业主要是效益好的大型国有企业，覆盖人数有限。目前，已有10家左右央企公开提出年金计划。为了将尽可能多的人纳入退休计划是制定退休政策的主要目标，可以借鉴美国401K计划的相关政策，逐步覆盖各类企业以及个人；同时应简化企业年金计划设立、运作、监管的程序，适度降低有关企业缴纳的企业年金账户等费用。《企业年金基金管理试行办法》第54条规定，账户管理人的管理费按每户每月不超过5元人民币的限额，由设立企业年金计划的企业另行缴纳。比较高的账户管理人的管理费会影响到企业开展和发展年金业务的积极性，我们建议适度降低此类费用。

四、由企业统一运作到个人自主决定的投资管理模式

目前中国企业年金的投资运作模式基本是由受托人指定投资管理人，进行统一的投资运作，个人不能根据自身的情况选择并及时调整投资对象。在我国企业年金计划发展初期考虑到证券投资知识的不普及以及市场刚刚开始培育，可以采用统一投资管理的方式。但在实践中了解到，因为受托人承担了投资风险的责任，使得各个企业负责人不愿意进行证券投资。同时由于职工不能自主投资决策，也不能对参与者进行投资的知识培训。

从美国401K计划进行投资运作中，我们看到即使人们可以自主选择，在初期主要还是投资于银行等金融机构的储蓄理财项目；当各方面条件比较完善了，人们才开始证券投资。所以，赋予职工自主投资的权利并不等于直接增加了投资的风险。从长期看，个人自由选择投资方式也是国际发展的趋势。

五、拓展资金投资渠道，防范和控制风险，实现保值增值

借鉴美国401K计划的经验，在构建企业年金时必须实现投资渠多样化，允许职工自主选择定期保证利率购买国债、公司股票、共同基金等方式。职工自主投资要自担风险，国家不负责运营风险，但要制定政策规定引导职工投资行为，避免大的损失，给社会造成震荡。允许企业年金投资多样化，可以向资本市场提出对投资工具种类的需求，促进资本市场进行金融创新，提供金融创新产品，满足年金保值、增值需求，资本市场的发展又会为包括基本养老保险在内的养老保险资金运用提供广阔空间，实现养老保险投资多样化。政府应通过建立健全养老基金监管机构，对养老金管理公司和投资经理实施内部和外部监督。要切实贯彻执行政府部门制定的企业年金基金投资政策(如限制性要求)，使年金基金资产投资做到安全性和效益性并举，以保证投资人(缴费人和受益人)的利益。主要包括：(1) 严格执行《企业年金试行办法》和《企业年金基金管理试行办法》等法规的有关企业年金基金财产的投资规定，谨慎选择投资工具。《企业年金基金管理试行办法》目前规定，企业年金基金财产的投资，按市场价计算应当符合下列规定：投资银行活期存款、中央银行票据、短期债券回购等流动性产品及货币市场基金的比例，不低于基金净资产的20%；投资银行定期存款、协议存款、国债、金融债、企业债等固定收益类产品及可转换债、债券基金的比例，不高于基金净资产的50%。其中，投资国债的比例不低于基金净资产的20%；投资股票等权益类产品及投资性保险产品、股票基金的比例，不高于基金净资产的30%。其中，投资股票的比例不高于基金净资产的20%。单个投资管理人管理的企业年金基金财产，投资于一家企业所发行的证券或单只证券投资基金，按市场价计算，不得超过该企业所发行证券或该基金份额的5%；也不得超过其管理的企业年金基金财产总值的10%。投资管理人管理的企业年金基金财产投资于自己管理的金融产品须经受托人同意。企业年金基金不得用于信用交易，不得用于向他人贷款和提供担保。投资管理人不得从事使企业年金基金财产承担无限责任的投资。根据情况将适时对企业年金基金投资管理机构、投资产品和比例进行调整。(2) 合理进行资产配置，做到资产与负债相匹配。很多政府对企业年金的各项投资比例和投资一家公司的资产加以限制，尤其是对海外投资的限制。

吸取美国401K计划的教训，不应只看到401K计划在美国资本市场的飞黄腾达。中国企业年金要吸取欧美国家养老金过度投资于风险高的股票和股票基金中损失惨重的教训，通过适当控制投资股票的比例，当前应该重点投资于固定收益证券的投资组合。根据企业年金的投资特点和我国资本市场的现状，当前我国要加快债券市场的发展。因为目前我国资本市场还不成熟，特别是股票市场波动较大，而且缺乏有效的避险工具来对冲风险，因此目前股票投资并非养老金包括企业年金的投资首选。从国际经验来看，养老金投资于固定收益的债券市场比较安全。

理性看待基金咨询服务

收益和信誉是基金公司生存的两块基石，开展咨询服务并不必然引发基金公司滋生违规行为

华商基金管理有限公司 黄付生

证监会一份关于基金管理公司向特定对象提供投资咨询服务有关问题的通知，一度引起了关于滋生利益输送的争议。其实，随着QFII业务的日益深入，市场上关于基金开展咨询服务的呼声早已有之，对于这项业务创新，市场也应该理性地看待。

咨询服务是个大市场

目前中国已批准了35家海外机构的QFII资格，QFII在市场上的规模将会越来越大。其相关的投资咨询服务业务也蕴含着极大的市场空间，对于业务受困的国内机构来说，都不会漠视这一块诱人的蛋糕。

QFII把中国市场作为其全球资产配置的重要组成部分，其客观上希望在国内寻找一些合作伙伴，为其提供投资咨询服务。初期进入我国市场的时候，政策限制使QFII选择代理商只能在研究和服务有比较优势的中金、申万、国泰君安三家券商中选择。从现在的情况看，国内一些基金公司的外资股东都是QFII，它们之间有着天然联系，所以对于合资基金公司来说，这都是不容错过的。为QFII提供投资咨询已成为基金公司的收入来源之一。

基金公司咨询服务业务市场潜力较大，主要的服务对象是QFII，而为了争取保险公司等市场上较大的机构基金持有者，其为保险公司等其他机构投资者提供的投资咨询服务往往是免费的。但是，随着这项业务的开展，无论是QFII，还是国内的机构投资者，都有着巨大的潜在咨询服务需求，基金公司也将会为不同的需求提供创新业务，有偿服务只是时间问题。

正视我国的市场特殊性

我国目前的基金治理结构和运作模式是以美国为模板，但又是有别于美国公司型基金的契约性基金，现实的情况不允许我们完全复制世界资本市场通行准则。在美国，基金公司不从事投资咨询业务，该项业务一般由经纪人或是顾问来担当。美国是经历了上百年资本洗礼的成熟资本市场，金融业高度发达，其本土的金融分工、市场细分十分明确，而在处于起步阶段的中国，股票经纪人或理财顾问无法担当咨询服务的职责。

一方面是市场的潜在巨大需求，另一方面是没有合适的服务提供者，基金公司作为我国市场上最规范，最透明的专业投资机构，必然走进人们的视野，基金有能力，也有实力担此重任。

中国金融管制非常严，这样每次金融管制的放松都会给基金业创新带来很大的推动。创新不仅仅是产品设计，同时也应该包含服务的创新，基金公司咨询服务，也应该包含在业务创新之列。

新基金法中对于基金管理公司的业务描述是——基金公司可以募集管理证券投资基金以及中国证监会批准的其他业务。经过国务院证券监督管理机构和有关主管部门批准，基金公司完全可以合法地从事咨询服务。

防范咨询服务的业务风险

正因为新业务存在利益输送可能，在《通知》中，监管部门对基金公司操作该业务提出了相当严格的要求，其中包括要求基金公司配备专门的专业人员，建立健全业务隔离等内控制度，将投资咨询业务与基金投资管理等业务相分离。针对未来新业务开展过程中，基金公司出现违法违规情况，通知也明确提出了责令相关基金公司整改、暂停办理相关业务；对直接负责人采取出具警示函、暂停职务等处罚性条款。

针对业界质疑的监管措施可操作性问题，可采取一些措施建立防火墙，对问题进行有效的规避，阻断业界担忧的“利益输送”问题。如，要求基金公司以法人名义开立唯一的专门用于收取服务费用的银行账户，并将咨询服务收入全部存入该账户；同时，要求会员制机构按咨询服务收入的一定比例提取风险准备金，存入专门用于存放风险准备金的银行账户；明确基金咨询业务的监管主体，相关监管部门相互协调，明确分工。

市场是最好的监管者

从2004年9月，恒生投资签约南方基金，成为第一家取经本土基金的QFII后，相继有海富通基金公司和富通银行、融通基金公司与日兴银行、博时基金公司与日兴银行之间进行业务合作。以上合作均是以国内基金公司承担QFII投资顾问的形式存在，即在合作中，基金公司提供投资咨询，不直接参与投资管理。至于对“国内境内保险公司及其他依法设立运作的机构”进行投资咨询更是司空见惯，为了吸引和留住保险公司等大的机构客户，基金公司以“客户服务”等其他适当的名义对其提供咨询已成了固有模式。

南方基金、博时基金、海富通基金等已开展咨询业务的公司，作为国内基金行业的佼佼者，为广大投资者带来了可观收益，近年来也没有出现过利益输送或损坏中小投资者的传闻。基金公司作为通过公募资金进行运作的专业投资机构，收益和信誉是其在市场中生存的两块基石。如果基金公司违规操作，谋求私利，使持有人无法受益，甚至利益受损，基金公司也就丧失了生存的基础，必将被市场所淘汰。市场是最公平的监管者，持有人的投资回报是最精确的天平。

中国基金持有人行为调查

如果中国未来出现长期的大牛市，那么基金持有人的持有周期将有望长期化

申万巴黎基金管理有限公司 付 强

● 中国偏股型基金持有人总体采取了类似股票投资上“高抛低吸”的手法，具有明显的短期色彩及年末放大效应。

● 每年30%左右的赎回水平将是业界常态，基金行业的特定规律就是基金投资人更为频繁地用脚投票，而2006年1季度33%的偏离常态的超高赎回率则是熊牛转换过程中的特例。

● 客户对基金投资的长期理财性质的认识也会越来越深刻。而开通专户理财业务将吸引一批机构客户，开放式基金客户日益个人化将成为大趋势。

大量实证研究显示，中国偏股型基金持有人总体上采取了类似股票投资上“高抛低吸”的手法，具有明显的短期色彩，这种行为显然与基金长期投资的观念相违背，并对基金的长期投资产生干扰，成为中国基金业发展的一个问题。

为此，我们重点考察中国开放式偏股型基金(含股票型和混合型)持有人2002年－2005年四年时间里对股票市场行情变化的反应，并对未来发展趋势进行了预测。

不过，中国基金业在熊市中发展起来，基金持有人采取短期操作也与大的市场环境有关，未来随着投资人结构的变化和市场环境的改善，基金持有行为将长期化。

存量份额与市场同步反向变化

过往四年的经验显示，中国偏股型基金持有人面对季度性市场波动，通常会在同期采取反向动作。即在市场上涨时赎回，在市场下跌时持有(尤其是在投资亏损被套时)，季度净赎回率与市场波动率的相关系数为－0.42。

典型案例是2006年1季度，该季上证综指上涨了12%，但偏股型基金的净赎回率创下33%的中国基金业历史记录，净赎回金额达到惊人的550亿份，照此速度，存量规模3个季度后将就灰飞烟灭。这期间赎回的客户大部分是2004年、2005年被套的客户，他们在被套1-2年重获“解放”后选择了“胜利大逃亡”。

从2004年4月股市见顶以来，每季的净赎回率基本稳定在3%-7%之间，这并不是因为持有人具有长期投资理念并具有充分的风险意识，而仅仅是因为“被套”。

同时，我们还看到，四年中连续三年(2002年－2004年)第四季度净赎回率达到年内峰值，2005年末季也是净赎回。可见，净赎回具有明显的年末放大效应。

增量规模与市场错季同向变化

可以用当季新发基金规模与上季末基金存量的比例来反映增量的情况。统计结果显示，同季看新发比例与市场指数变化的相关系数并不高，只有－0.23。

如果将滞后一季的新发比例与上季的市场指数变化重组统计，二者的相关系数则惊人地上升到0.53，说明基金投资人对市场行情具有明显的滞后反应，他们往往根据上季市场的涨跌情况来决定现时的认购行为。当然，这也与基金公司产品准备和行政审批周期导致的时滞有关。

典型案例是2004年1、2季度。2003年4季度和1季度上证综指分别大涨9.5%和16%，但2003年4季度基金新设规模仅85亿，新设比例为14%。而滞后一个季度这一数字就大不一样，2004年1、2季度新设偏股型基金的规模达到了历史性的381和614亿份，新设比例高达66%和65%，首次诞生了两只百亿规模级的基金。另外，2006年1季度市场指数大涨12%，当季基金发行并未明显转强，整季所有偏股型基金发行规模仅为118亿，而在2季度则出现了——基金8天销售184亿的奇迹。

基金持有人行为短期化

美国基金投资人对短期市场波动的抗干扰能力较强。

美国上世纪90年代虽然整体是持续性的大牛市，期间也发生了若干次不小的短期市场波动，但每次市场波动都没有引发大规模基金赎回。例如1994年墨西哥比索危机引发美国道琼斯工业指数3月23日到4月4日间下跌了7.1%，而股票型基金的净赎回仅为0.4%。即使在1997年东南亚金融危机中，美国基金持有人面对更为激烈的市场波动表现得依然镇定。1997年10月27日，道琼斯工业指数一天下跌了 554点，而持有人的净赎回率仅为0.1%。

相对而言，美国基金持有人对市场长期变化的趋势更为敏感。在1944年－1990年长达47年的历史中，只有在70年代的长期低迷市场环境下，美国股票型基金才出现了明显的净现金流出。

与美国相比，中国基金投资人对市场短期波动更为敏感，从季度数据分析中可清晰地看到该特征，从年度数据中也可略窥一斑。将开放式基金每季的净赎回率(剔除净申购数据)相加得出年度净赎回率，2002年的净赎回率为16%，2003年为52%，2004年为13%，2005年为20%。2003年和2006年1季度是中国自有开放式基金以来股票

型基金绝对和相对业绩最好的时期，而就是在这两个时期偏股型基金的净赎回率达到了两个最高点。

高赎回率是业界常态

在与成熟国家的比较中，可以发现另一个引人注目且颇似“悖论”的现象，即中国基金持有人的年赎回率并不算高，甚至比美国还低些。近20年美国股票型基金的平均赎回水平是34%，1987年股灾年达到最高水平，超过了60%。20世纪90年代牛市时期，基金平均赎回率最低，基本维持在30%上下。而中国开放式偏股型基金的净赎回率年均为25%。

如何解释这种现象？首先，这是统计口径导致的偏差，体现在两方面：1.国内用的是净赎回率，也就是赎回减申购后的净额，而美国用的是赎回率，仅统计赎回部分，因而国内基金的实际赎回率一定比净赎回率高；2.由于法定信息披露的要求，我们用的是季度数据，而美国用的是月度数据，对于那些一季内赎回又申购的客户，在季度赎回数据中是无法统计在内的，如果用月度数据，这部分客户则无处遁形，因而赎回水平自然会有所上升。其次，过往几年的连续熊市压制了对成本线异常看重的中国基金客户的赎回，如果在统计口径上与美国保持一致，并考虑市场行情方面的原因，那么国内的赎回水平可能与美国相当，甚至更高。

上述分析说明，过往倍受媒体关注的所谓“高赎回率”问题其实可能并不是问题，每年30%左右的赎回水平将是业界常态，美国目前还是这样，基金行业自身的特定规律就是基金投资人更为频繁地用脚投票。当然，2006年1季度33%的偏离常态的超高赎回率，则应该是熊牛转换过程中的特例。

由上述结论衍生出的一条重要启示是：基金管理公司必须要学会在这样的环境下生存与发展。而在存量规模不断受到威胁的情况下，一方面应该通过持续营销拓展存量，另一方面通过不断发行新基金争取增量，单纯固守存量规模是不现实的。美国上世纪90年代每年要发行1000只左右的新基金，平均每家基金公司两只，本世纪以来每年也要发行500只左右的新基金。中国基金公司在高速成长的市场环境下，每家每年发行1-2只新基金并不为多。当然，需要改变的是过去高成本、长周期的发行模式，而应该更有效率。

客户结构与市场特征

我们从基金持有人内部结构和外部股票市场特征，寻求上述统计结论背后的解释。

首先，客户结构是决定持有人行为的内在原因。中国目前股票型基金中机构个人各一半，机构化比例是各类基金中最高的。机构客户中大多数是保险公司和财务公司等金融和准金融机构，它们往往对市场有自己的判断，尤其是在选时方面。此外，它们基本上是年度绝对收益考核，因而易于采取短期操作，且具有年终结帐的倾向。而个人持有者则大多数是初涉基金市场的储蓄客户，他们缺乏一定的证券市场和金融投资经验，面对市场的涨跌易于采取“高抛低吸”的操作策略，同时他们中大多数人也没有将基金作为实现自身长期财务目标(例如养老)的重要工具来认识和使用。

与处在发展初级阶段的中国基金市场相比，美国基金持有人目前90%是个人，而其中又有92%的个人选择养老为投资动机。此外，70%的个人至少已有10年“基龄”，自然年龄中位数是48岁，家庭金融资产中位数是12.5万美元，84%的投资人愿意承担中等或较高的风险以获得可比的收益。这一切都说明美国基金持有人在投资意识、能力、经验甚至年龄上的成熟。而美国的长期基金(包括股票型、混合型和债券型基金)的机构投资者中，金融机构仅占27.5%，工商企业是最大的机构持有人，占32.3%。与金融企业不同，工商企业对专业投资机构具有更强的长期依赖性。

其次，市场特征是决定持有人行为的外在原因。中国开放式基金是在熊市四年中成长起来的，市场屡现反弹再深度下跌的循环，基金持有人在这样恶劣的环境中采取短线的操作手法并非完全不理性。

未来发展趋势：持有长期化

正如上面所分析的那样，决定基金持有人整体行为的基本因素是客户结构和市场特征。从这两个因素的变化趋势看，未来中国基金持有人持有周期将长期化，主要有以下几个方面的原因：

一是客户自身在不断成熟，他们对基金投资的长期理财性质的认识也会越来越深刻。而行将开通的专户理财业务将促使机构客户转向该业务形式，使开放式基金客户日益个人化，有利于基金份额的稳定。

第二，未来机构客户中包括企业年金在内的养老金将成为重要的增量资金来源，并将在存量规模中占据日益显著的比重，该类客户的进场将大大促进基金持有长期化。

第三，过往中国基金持有人的短期化投资行为，与熊市环境紧密相联，如果中国未来出现长期的大牛市，那么基金持有人的持有周期将有望长期化，虽然市场本身难免会出现不可预期的短期波动，但只要长期向好，市场自身将教育投资人长期持有基金。

建立基金销售和交易的统一市场

中国银行托管及投资者服务部 丁秀斌

最近，上海证券交易所发布了《上海证券交易所开放式基金认购、申购、赎回业务办理规则(试行)》(俗称“基金通”)，即可以通过上海证券交易所系统实现开放式基金的认购、申购、赎回和转托管业务，第一个试水“基金通”的银华核心价值优选基金8月1日公开发售；深交所的LOF系统也增加了功能，不仅可以进行竞价交易和转托管，而且也可以实现开放式基金的认购、申购、赎回。这一重大变革使开放式基金交易模式更加接近证券登记结算的国际标准，能够起到切断基金管理公司前后台的违规关联交易，避免基金管理公司前台与后台混合，投资运作与申购赎回混合，既管理资金运作，又管理资金的进出流动，防范其中管理风险与道德风险的作用；能够扩大销售渠道，在统一的交易平台上实现不同投资者的公平交易，总体降低投资者交易费用。但我们也应冷静地看到：这一交易模式的创新对增加开放式基金销售渠道和实现开放式基金可交易的能力并不能覆盖整个市场，还难以扭转开放式基金目前的销售困境，更难以实现封闭式基金的可赎回；这一创新仅仅是向中国证券登记结算模式的整合靠拢，离真正的国际标准还有很长的距离；最重要的是这一创新仍然不能建立一个统一的基金销售和交易市场。构建基金销售和交易市场的过程中，还需要我们对基金市场的一些重要问题进行深刻的思考。

要认真思考证券投资基金市场的一些重要问题

一、开放式基金销售的困难主要是证券市场的低迷。这已经是人所共知的事实。尽管基金业绩低迷有这样一个非常客观的原因，但基金管理人也并没有其他让人可以谅解的东西，譬如费用的收取、营销宣传、持有人服务和持有人大会的召开等都让投资者多少感到一些冷酷，更不用说跑输市场和踩上地雷的那些管理人。号称专家理财的基金，让投资者尝到了和投资股票一样套牢的滋味。在以银行为主代销渠道的客户结构中，这些客户一般是风险偏好较低的客户。他们放弃定期存款和国债的固定收益，投资了基金，却要承受一年近10%的亏损，这可能彻底摧毁他们对这个品种的信心。在我们大力发展以基金为代表的机构投资者的时候，一旦净值浮出水面则可能使开放式基金会面临一次剧烈的阵痛。低位进入的投资者获利了结，而更多的投资者会解套出局，远离这个市场和这个投资品种。这在投资者中间形成的影响将会是深远的。基金投资如果没有一个长期稳定的成长周期来重塑社会心理，则很难再赢得投资者的青睐。

证券公司短期内销售量超过代销银行是可能的，但我们需要认真分析。一是证券公司和代销银行对基金销售的态度不同时期是不同的，市道不好的时候，证券公司更需要找到新的盈利模式，银行则有更多的产品和业务可以替代基金。二是证券公司客户的风险偏好高，银行客户的风险则偏低，股票市场好的时候，证券公司的客户则转战到高风险的股票战场，银行客户则更多投资到基金市场；股票市场低迷的时候，证券公司的客户则从高风险的股票战场转移到风险相对较低的基金市场，银行客户则从风险相对较高的基金市场转战到风险更低的存款、债券等市场。三是证券市场好的时候，银行网络的优势将得到体现，总的销售量及银行销售的比重将提高，只有在市场低迷，销售规模很低的情况下证券公司的作用才比较突出。所以，在近期某些基金销售中券商好于银行的现象，还不能得出基金代销渠道发生根本变化的结论。

二、基金的发展要与基础证券市场的发展相协调。基金带有一定的衍生产品特征，它的发展有赖于基础证券市场的发展，国外投资基金发展的历程已经证明了这一点。我们鼓励持有人投资基金的道理是希望他们能够降低自己投资学习的成本，避免自己选择形成难以承受的高风险，通过投资基金的专家理财，分享经济发展的成果。基金与股票的风险收益特征相同，两者的发展规律和周期具有高度的契合关系，不存在跷跷板的关系或效应，因此我们在股市下跌和没有足够的优质基础证券的情况下，不能过多地不切实际地寄希望于投资者通过投资基金推动股市的上升。其实，在国内的市场上，一半以上的股票和基金是没有关系的，从基金涉及到的股票来看，基金在这些股票的流通市值中占有的比例已经很高，这才有“二八”或“一九”等基金抱团取暖的现象。股票市场暂停融资，全力解决股权分置问题，无非是要解决股市多年来积累下来的顽疾，从根本上稳定投资者的预期，重树投资者对市场的信心。在这种情况下，不妨让基金市场也能有一个休养生息的机会，并和股票市场共同迎接后股权分置时代的长期稳定发展。

三、我们要熟悉、尊重和接受市场竞争中的商业规律。在纯粹的商业营销中早已经有渠道为王的说法。天下没有免费的午餐，对银行来说，基金代销自然是要收费的，所谓的银行“吃基金”是不了解商业规律的情绪化想法，封闭式基金时代银行争取托管业务的努力和今天基金公司销售基金的付出都是需要我们尊重和接受的商业规律。不能因为银行收取了托管费就不能收取代销费，这是两个问题，两种不同服务性质对应的费用，况且代销基金并不比保险等其他代理销售的收入高。基金契约中，托管银行和包括直销在内的其他销售渠道在申购赎回费用上都是一样的。不同投资者承担的费用不同是因为他们的谈判能力不同，对供应商的贡献度不同，这也是一种商业规律。在农贸市场还有批发和零售的区别，券商对大客户不是也有佣金优惠吗?散户也从来享受不到大户室的种种优待。销售机构在不损害基金整体利益和其他投资者利益的情况下，愿意牺牲自己应该收取的销售费用而让利给重要的投资者，为他们提供基金契约规定之外更多的一些售后服务，这都是无可厚非的，并无违反公平交易的问题。

四、基金销售市场的分割总体上不利于基金业的发展。基金管理人做自己的TA系统，然后和托管银行结成对子，加上其他的代销机构，就构成了某个基金管理人或某个基金的销售体系。一般情况下，银行不愿意代销其他银行托管的基金，尽管各主要券商都会参与基金的代销，但也并不是所有有代销资格的券商都会代销某个基金。这就形成了互相分割的销售市场。特别是主要托管银行和老牌、绩优基金管理公司结成了比较固定的、带有寡头色彩的合作关系，券商等销售渠道只能跟着走。他们的产品占据了主要的和绝大部分的档期，使得新生基金管理公司的生存和发展更加艰难。这种渠道的瓜分延伸到市场主体、产品体系、投资者群体、数据和信息等的分割，以基金为基础的定投计划等产品升级受到很大的制约。管理人各自做TA，一套系统初始投资就是上千万元，几十套这样的系统各自运转，是个多么不经济的市场。同时在这种模式下，容易产生前中后台混合，使托管银行的监督和制约作用削弱，关联交易难以避免。好在现在通过“基金通”和LOF来解决这些问题也还不算太晚。

五、基金销售费用的收取和分配使用需要改革。我们说销售机构在不损害基金整体利益和其他投资者利益的情况下，愿意将归属于销售机构的申购赎回费用免除是可以的，但我们感到现在基金的申购赎回费用中应该归基金的部分太少了，不利于基金应对巨额申购赎回所形成的冲击成本，最终还是可能损害投资者的利益。近期发行的基金，赎回费大约有25%归属基金，但申购费几乎全部归属代销机构。实际上，不仅赎回可能给基金带来冲击，而且申购也可能会带来冲击。譬如，巨额申购带来的资金可能使基金管理人短期内无法进行恰当的运用，影响基金净值的增加。因此，在申购费中分割一部分归基金所有也是理所当然的。另外，申购和赎回费用中归属基金的部分直接计入基金的其他收入，形成净值的一部分，并不能形成应对冲击成本的有效机制，特别是在连续大额申购或赎回的情况下。应当考虑将两费中归属基金的部分归集起来形成“基金公积”，构建起稳定基金和应对冲击成本的良好机制。

建立基金销售和交易的统一市场

不管是“基金通”还是LOF，仅仅是解决了各基金管理公司自建TA系统的问题，增加了一些销售渠道，局部地解决了投资者买卖不同基金需要在不同渠道转移的问题，还不能从根本上解决市场分割的问题。“基金通”和LOF仅仅适用于取得基金代销资格的交易所会员，很多没有取得基金代销资格的证券公司是无法参与的。已经取得基金代销资格的主要券商，基本上是见基金就代销，不像托管银行那样需要考虑是否存在托管合作关系。全部券商的营业网点才3000家，还有相当一部分没有代销资格，而四大银行可以代销基金的网点都在万家以上。因此，从目前来看，“基金通”和LOF对增加销售渠道的作用非常有限，基金销售不可能脱离银行这个主战场。目前银行代销的困难是市场发展的波动导致的，这种自然销售更能反映市场的真实状况，还没有其他的渠道在持续销售和客户结构的稳定性上能够取代银行。“基金通”和LOF的各自为政和互不相容本身就造成了市场的分割，最主要的是它排斥了银行代销和管理公司的直销。打通两者只能靠“转托管”这个费时费力的办法。现在场内竞价交易的费用是投资者之间交易的费用，这与投资者与基金之间的申购、赎回交易是不同的，如果考虑申购和赎回费用中弥补冲击成本而归属基金的部分，那么“基金通”和LOF在场内认购、申购、赎回时的费用也不会很低。现在一些研究者得出的场外申购、赎回费用是场内5倍的结论，就是混同了两种性质不同的交易，也根本没有考虑中国结算公司即将收取的费用。如果建立一个统一的市场，通过所有渠道都能够在场内同时实现这两种交易，那么扣除冲击成本后的申购、赎回费用将会有所降低。由于场内申购、赎回与竞价交易的性质不同、定价基础和过程不同，价格不可能完全相同，除非基金净值之外的外在因素基本相同。

那么基金销售和交易的统一市场应该是什么样子呢?交易所和登记公司建立统一的技术平台，所有基金份额在登记公司集中进行注册、登记、托管，各销售渠道(证券公司、银行、基金管理公司等)都是交易所的会员和登记公司的结算参与人，投资者可以通过这些渠道进行认购、申购、赎回或者竞价交易。

从这个理想模式来看，建立统一市场的技术平台已经具备，只是“基金通”还需要增加可竞价交易的功能。虽然上海和深圳两个市场的技术和流程存在不少差异，但交易基本可以实现互通。交易所的交易系统要把基金交易分成两类，一类是连续竞价交易，一类是认购、申购、赎回交易；在揭示连续竞价的同时，也可以供投资者查阅基金的净值。目前的主要问题是交易所要尽快接纳银行为会员，匹配相应的专用席位，打通银行代销市场和交易所交易系统。实际上，现在基金代销银行都已经在登记公司开通了基金销售的专用结算备付金账户，只差与交易所连通这一个环节。让基金管理公司放弃直销，专注于认认真真做好基金的管理工作，这只是一个比较理想化的建议，目前来看还不太现实。因此，也应考虑为基金管理公司匹配专用席位，接纳为交易所会员，为直销客户的交易服务。技术上，使用LOF或“基金通”的管理人都已经或将要在登记公司开通结算备付金账户，基金管理人直接参与统一市场也不存在很大的障碍。这样，基金销售和交易的市场就基本上趋于统一和完整。

只有将银行、基金管理公司、证券公司等所有销售渠道都纳入到统一的系统中，才能真正实现方便投资者，扩大销售渠道，在统一的交易平台上实现不同投资者的公平交易，总体降低投资者交易费用等功能；真正切断基金管理公司前台与后台混合中可能存在的违规关联交易，防范基金管理公司投资运作与申购赎回混合，既管理资金运作，又管理资金的进出流动存在的管理风险与道德风险。统一的交易系统和统一的注册、登记、托管、结算体制，使投资者的证券更加安全，资金使用更加高效，克服了不同销售渠道交易结算流程不同给投资者带来的困惑，使整个市场的证券登记结算更加接近国际标准。其中竞价交易完全适用现在股票交易结算的流程，申购和赎回需要进行确认，延迟一天交收，成为统一的模式。统一市场更大的好处是，除了品牌差异外，所有基金管理公司处于基本相同的竞争地位，大家的市场半径基本相同，有助于打破或消除所谓“强强联合”形成的寡头市场格局。这一点对新的、规模小的基金管理公司尤其重要，产品设计、档期安排、托管银行的选择等都更加灵活和更有保障。刚加入托管银行阵营的小银行也能够更容易争取到一定的市场份额。托管银行和基金管理公司的合作因素更加丰富和充满竞争性。

统一市场一旦形成，势必要加强管理和监督检查。各类机构都要把保护投资者利益放在首位，拿出自己的专业精神，为投资者提供满意的服务和更好的回报。交易系统、登记结算、销售渠道要严格分清竞价交易和申购赎回两类不同交易，防止出现混淆，引起不必要的麻烦和给投资者造成损失。市场统一后，监管机构和交易所要合理安排基金销售的档期，一个基金的档期不能太长，也不能随意延期，或者同时安排多个基金销售。像银华核心价值优选基金的发行期持续一个多月，这在未来是不可能的。面对统一后更大的市场，基金管理公司要更加注重提高管理水平，创造优异业绩来吸引投资者，业绩差的管理人将被市场无情淘汰。各销售渠道要做好投资者培育和客观营销，杜绝误导和欺骗投资者或为投资者提供保证收益。销售渠道要正当竞争，维持市场的正常发展趋势，防止恶性竞争，破坏市场秩序。对银行和证券公司，要做好内部的业务隔离，防止业务混同危及整个的市场。

三年业绩显现基金专业理财优势

中国银河证券基金研究中心 王群航

从较为长期的时间统计区间来看，作为专业理财的基金，其对于广大投资者，尤其是习惯了买卖股票的投资者来说意义到底如何呢？以下我们就分别从一年期、二年期、三年期这三个时间段上来看看基金们的投资管理业绩，所有的数据统计截止日期为2005年12月31日。

近一年基金表现

一、以股票市场为主要投资方向的基金

此类基金主要可以分为股票型基金、偏股型基金、股债平衡型基金、指数型基金等。2005年，股票市场各主要指数呈现出全面下跌的状态，沪市综指收于1161.05点，下跌105.44个点，跌幅为8.33%；深市综指收于278.74点，下跌37.07个点，跌幅为11.74%。对于涉及到股票投资的基金来说，2005年最后一个月的上涨行情为基金们创造收益、并在此基础上取得决定性的胜利提供了较好的时间和空间基础。

股票型基金共有7只，年度平均净值增长率为3.5%，总体绩效情况较好，5只基金的净值增长，2只基金的净值缩水。偏股型基金共有43只，年度平均净值增长率为3.02%，总体绩效情况较好，27只基金的净值增长，16只基金的净值缩水。15只股债平衡型基金年度平均净值增长率为4.8%，总体绩效情况良好，14只基金的净值增长，仅有1只基金的净值缩水。7只指数型基金，年度平均净值损失幅度为0.69%，仅1只基金的净值增长，6只基金的净值缩水。

二、以债券市场为主要投资方向的基金

此类基金主要可以分为偏债型基金、保本基金、债券型基金这三大类。2005年，债券市场则为全面上涨状态，沪市国债指数收于109.05点，上涨13.44个点，涨幅为14.06%；沪市企债指数收于118.92点，下跌23.08个点，涨幅为24.08%。对于以固定收益类品种为主要投资对象的基金来说，横贯全年的稳健上涨行情为它们获取良好的绩效提供了扎实的基础保证。

5只偏债型基金的年度平均净值增长率为9.47%，总体绩效情况在各个类型的开放式基金当中最好，全体基金的净值都有较大幅度的增长。5只保本基金的年度平均净值增长率为7.47%，总体绩效情况良好，全体基金的净值也都有不同幅度的增长。得益于债券市场的大牛市行情，10只债券型基金的年度平均净值增长率为8.89%，总体绩效情况良好，全体基金的净值都有不同幅度的增长。

三、货币市场基金

符合统计条件的本类型基金共有7只，年度平均净值增长率为2.4313%，高于它们共同的业绩比较基准0.6313个百分点，超出的幅度为35.07%，总体绩效情况良好，不愧为良好的现金管理工具。对于货币市场基金的投资策略，我们最主要的是看其当期的绝对收益情况，并把它和流动性结合在一起考察，只要不比银行定期一年存款的税后收益逊色，就依然具有值得投资的价值。

近两年基金表现

一、以股票市场为主要投资方向的基金

2004年和2005年，基础市场的行情走势不够理想，沪市综指下跌了335.99个点，跌幅为22.44%；深市综指下跌了99.88个点，跌幅为26.38%。但由于股票市场在2005年底的走势很好，仍然有较多的基金取得了较好的收益。各类基金的绩效情况如下。

（1）股票型基金运作满两年的只有招商安泰股票基金这一个独宝，该基金属于当年"群发"的伞型基金中的一只，运作两年仅取得了1.44%的收益，相对收益率很好。（2）基础市场的行情走势不好，指数基金当然要遭殃。4只指数基金的净值增长率全部为负值，平均净值损失幅度12.15%。之所以与基础市场有所差别，在于部分基金属于增强型指数基金。（3）由于历史的原因，偏股型基金里的基金数量最多，23只基金的平均净值增长率为4.09%，17只基金的净值增长，6只基金的净值折损。（4）满2年的股债平衡型基金有6只，平均净值增长率为5.3%，4只基金的净值增长，2只基金的净值折损，总体绩效情况良好。

二、以债券市场为主要投资方向的基金

2004年和2005年，沪市国债指数上涨了9.66个点，涨幅为9.72%。总体来看，由于股票市场在2005年底的走势很好，仍然有部分涉及有少量股票投资的基金取得了较好的收益。各类基金的绩效情况如下。

（1）3只偏债型基金的平均净值增长率为9.36%，各只基金的净值增长率均为正值，远远高于同期银行存款的收益。（2）从资产配置情况来看，保本基金与偏债基金有较多的相似之处；从风险程度来看，保本基金属于低风险范畴里的基金。具有保本性质的基金南方避险2年里取得了13.15%的收益，为惧怕风险的投资者取得了良好的收益。保本基金之所以能够取得比偏债型基金较好的投资策略，关键原因在于它对于风险的主动控制、对于投资策略的严格遵守。（3）虽然7只运作满2年的债券型基金平均净值增长率为6.89%，总体收益情况一般。

近三年基金表现

2003年至2005年，沪市综指总体下跌了196.6个点，跌幅为14.48%；深市综指总体下跌了110.01个点，跌幅为28.3%。但由于期间市场有较大幅度的震荡行情，满3年运作记录的基金收益情况明显超过了2年。

有3年运作历史的偏股型基金有7只，平均净值增长率为22.61%，全体基金的收益为正值，排名前3位的基金是南方稳健、长盛成长、国泰金鹰，净值增长率分别为33.33%、26.86%和25.55%。这样的收益率不论是作为自身的收益率，还是与基础市场行情比较的相对收益率，都是很高的。

运作满3年的平衡型基金仅有两只，平均净值增长率为26.43%，易方达平稳增长以38.26%的收益率列全体有3年运作业绩的基金之首，充分显现出了优秀基金所蕴含的可投资价值。南方宝元是唯一的一只投资运作业绩有3年的偏债型基金，总净值增长率为19.61%，收益率同样十分可观。

中小投资者选择基金有技巧

通过上述统计，我们可以很清楚地看到，以股票市场为主要方向的基金总体收益情况好于基础市场行情，基金的专业理财优势由此可以得到显现和印证。有投资者认为自己的股票投资能力比较高，但市场上的实际情况是：大多数普通投资者是无法战胜市场的。因此，普通个人投资者以股票市场为主要方向的基金作为自己的可投资品种之一，不失为一种值得认真考虑的做法。

基金集合投资的特点，有利于发挥资金的规模优势，降低投资成本。基金管理人拥有大量的专业研究人员、专业投资人员、专业交易人员，他们不但掌握了广博的投资分析和组合管理理论知识，而且在投资领域积累了丰富的实战经验。基金投资依靠的是团队的力量，基金的投资管理活动是一种专业化的投资行为。专业化投资行为的最大优点就在于其通过分布于各个投资运作岗位上的专业投资管理行为，提高投资行为的有效性，获取比非专业的个人投资者群体更多的收益。

基金投资绩效的特点在于对基础市场行情有一定程度的依赖性，不过，由于基金的投资风格有被动型和主动型之分，具有不同风格特征的基金的绩效对于基础市场行情的依赖程度也有较大的差别。被动型基金的绩效特征与基础市场在走势相关性很高；主动型基金的绩效特征通常会好于基础市场的行情走势，这一来是因为基金的投资运作属于一种专业化的投资行为，二来上述数据已经证明了这种绩效情况。

但是我们同样也应该注意到，多数基金长期绩效的良好表象的背后其实是掩盖了其业绩—净值—波动轨迹。本期(2005年末)各个时间长度的基金绩效表现就有这种情况。如果股票市场行情在1100点下方的启动不是在2005年11月底，而是推迟一个月，推迟到2006年，各类基金的绩效表现将十分难看，因为在2005年11月底的时候，很多基金的绩效情况的确十分糟糕。

就目前的数据来看，也还是有少数基金的业绩并没有体现出专业理财行为长期化投资之后的优势，既在3年期的总体绩效里收益为正值，但在2年期、1年期的绩效统计里收益为负值。这种情况表明，有些基金初期具有良好的投资运作业绩，但后来却一直在走下坡路。

因此说，基于上述基金的绩效情况，广大投资者对于基金应该具有如下的基本投资策略：

一、作为一种具有专业理财背景的投资工具，多数基金具有一定的投资价值

至于是否需要长期持有，则由每个投资者根据自己的具体情况、根据各个类型基金的风险与收益特点灵活掌握。

二、简单化地长期持有策略

所谓简单化地长期持有，就是认(申)购某只基金之后不再赎回，一直持有下去。根据上述基金的中长期绩效表现，多数基金可以给投资者提供满意的投资回报，如长期持有易方达平稳增长。

在准备长期持有的过程中，投资者也应该密切关注基金的绩效情况，并通过各种不同时间长度的基金绩效排名了解相关基金在同类基金里的业绩排名情况，如果该基金的确是在一个相对较长的行情段、时间里排名落后，通常则表明相关基金公司或基金经理的投资管理能力有限，投资者应该果断地赎回。有些基金公司“教育”投资者不要看业绩排名，是心虚的一种表现，是一种不正常的行为，“管家”怎么能够不让“主人”评价自己呢？好基金从来不反对业绩排名。

还有一个问题要说明，即投资者不要认为“价格”低的基金便宜、“价格”高的基金太贵。基金不是股票，基金的“价格”背后是基金的净值。基金净值的高低反映了基金经理投资管理水平的高低，投资净值相对较高、绩效相对较好的基金，其实是选择了一个投资管理能力较高的基金经理替您专业理财，未来的净值增长空间相对较大。

三、技术性地长期持有策略

市场上的基金产品主要有两大类：高风险高收益预期类产品和低风险低收益预期类产品，这两类产品位于各个基金公司产品线的两端，其他类型的产品则是以这两类产品为基础，或降低风险级别、或提高风险级别的产物，以及将这两类产品的风险收益预期进行平均之后的产物。

技术性地长期持有的基本投资策略，就是要在高风险高收益预期类产品和低风险低收益预期类产品之间做好转换投资。对于基金可以进行长期投资，但这种长期投资绝对不是基金公司所宣传的那种从一而终的、简单化的、僵硬的长期投资，而是一种灵活多变的、以不同风险收益预期类产品为标的进行的、对于多种基金产品由多个中短期投资叠加之后形成的长期投资。

这样，投资者通过自己对于风险与收益的分析与判断，主动控制蕴含在高风险产品中的风险，以低风险产品作为避风港，进而达到规避风险的要求，并在此基础上获得更高的收益，毕竟很多基金公司无法绝对控制住高风险产品中的风险，否则就不是高风险产品了。根据前期市场上透露的有关数据，高风险高收益预期类基金产品在第一季度有较大幅度的赎回、低风险低收益预期类基金产品在2004年下半年以来一直在高速扩展，就是投资者的这种有效选择的结果。完全可以这么说，技术性地长期投资于基金，正在逐渐成为当前对于基金进行投资之策略的主流。

基金管理费的法律解析

田 泽

近期,由于市场的疲弱,几只基金根据基金合同的规定,相继停收了管理费,基金的管理费收取模式再次引起业界的广泛关注。本文将根据信托法的基本原理,从受托人的忠实义务及有限责任角度分析了我国基金管理公司应如何履行受托义务,针对基金管理费有关问题提出一点粗浅的观点。

受托人的忠实义务及有限责任

众所周知,在信托法律关系中,基于受托人的忠实义务,受托人在信托法律关系中承担有限责任。根据信托制度所有权与受益权相分离原则,信托一经设立并办理财产权转移后,受托人则取得了信托财产的所有权,可依约对信托财产进行管理、运用或处分,但因此所产生的利益却归于受益人,受托人只能收取信托报酬。由此可见,信托利益是信托财产运用过程中产生的利益,属于投资人所有,受托人不得以任何名义享有信托利益;信托报酬是委托人必须支付的费用,属于受托人所有,不论信托财产是否盈利增值,只要受托人切实履行了受托义务,受托人均可按约定收取。受托人只对因违背信托目的而造成的信托财产损失负赔偿责任,这就是受托人的有限责任。

基金管理公司的忠实义务

对于基金管理公司而言,作为基金管理受托人,其忠实义务的核心内容就是禁止利益冲突。这就要求基金管理公司在经营时,严格遵守约定,如果自身利益与基金利益发生冲突,必须以基金持有人的最佳利益为重,从而改善、禁止或消除基金管理人和基金持有人之间现实的或潜在的利益冲突。相关规定主要体现在以下三个方面:1.不得参与基金投资收益分配。2.不得从事不正当的关联交易。3.不得承诺收益或赔偿损失。

基金管理的三种收费模式

基金管理费是基金管理公司按照合同约定而应取得的法定报酬。综观世界其他国家和地区,规制基金管理费的方式主要有三种:1.市场手段,即对基金管理费采取自由放任主义,费率标准完全由市场确定,这种模式以英国的高度自律管理为代表;2.行政手段,即基金管理费标准由监管部门决定;3.法律手段,即基金管理费由双方自由协商,基金持有人对于不合理的基金管理费可申请司法救济,这种模式以美国为代表。从市场化角度而言,基金管理费率的高低与多种因素相关,如基金规模、基金类别、所处国家或地区等等。一般而言,基金规模越大,单位经营管理成本就会降低,相应管理费率也较低;基金风险程度越高,管理的难度越高,管理费费率也越高;在基金业发达的国家和地区,竞争较为激烈,基金的费率较低,而在一些发展中国家,基金业竞争程度较低,管理费率就要高些。

对于我国目前实行的固定基金管理费模式,一直存在着不少疑问和反对,特别是在近两年整体证券市场不利的环境下,认为固定费率制下,无论基金业绩好坏,基金管理公司都可以收取1.5%的管理费,这使得基金管理公司无论好坏一样赚钱,从而在一定程度上妨碍了基金管理公司提升服务质量和管理水平;对于基金持有人而言,也无法指望通过管理费的浮动来约束或激励基金管理人的行为,从而使基金管理人在实际上凌驾于基金持有人之上,不利于维护基金持有人利益。此外,固定费率制也间接导致了行业规模的盲目扩张。因此,应当采取浮动费率制,将管理费与基金业绩,特别是基金的绝对收益相挂钩,使基金管理公司的利益与基金持有人的利益相一致。

但事实上,固定费率制与基金业绩不佳之间并没有必然联系。从国际范围看,绝大部分公募基金的基金管理费率均采取固定费率制,一般只有对冲基金、专户管理的资产才会将管理报酬与业绩挂钩,实行浮动费率制,但其投资风险也较公募基金大大增加。另一方面,基金管理公司收取固定报酬既是基金管理公司的权利,更是保证其切实履行职责并实现义务的重要方面。我国基金业如果实行浮动费率制,按照基金业绩好坏提取管理费,很容易促使一些违规或违反义务行为的发生,而固定管理费能够在客观上抑制基金管理人的过度投机行为,使之完全符合信托法的精神。作为一种可行的收费模式,这种做法也是对基金份额持有人利益的最合理保护,并有助于我国仍处于发展初期的基金行业的进一步发展。

当然,随着我国基金业的逐渐发展壮大,以及基金市场机制的逐步完善,对于基金管理费的拟定及其修订采取更为灵活的确定方式是今后的发展趋势,例如可以根据基金管理的难易程度(目前已有所改变,如货币市场基金管理费约为股票型基金管理费的1/4)、基金规模所确定的基金管理成本,适当调整基金管理费率,也更有利于基金业内部不同基金之间以及基金业外部基金与其他资产管理机构之间的竞争和发展,但无论如何,我们都应当坚持的一点是,市场化的申购赎回是基金特定的约束机制,绝不能将基金管理费作为衡量基金管理公司投资业绩和激励或约束基金管理公司投资行为的标准和手段。

为信任奉献回报

——访华夏基金管理有限公司总经理 范勇宏

进入2006年来，华夏基金屡获国内外大奖。其中包括上海证券报评选的“最佳创新基金公司”奖，美国Exchangetradedfunds.com和英国国际基金投资杂志(International Fund Investment)共同评选的“2005年度亚太地区最佳创新ETF奖”，《亚洲资产管理》(Asia Asset Management)杂志评选的“2005年度亚洲地区最佳客户服务奖”和“2006中国国际呼叫中心与客户关系管理”大会上评出的“2006中国最佳呼叫中心”奖等多个奖项。四大奖项，一类是表彰华夏基金在产品创新方面取得的突破性进展，另一类则显示了华夏基金在客户服务领域所获得的认可。

在接受记者采访时，华夏基金总经理范勇宏表示，创新是华夏基金一直以来奉行和追求的理念。作为国内ETF的开创者，华夏基金已有上证50ETF和中小板ETF两只ETF产品，今后还将推出亚债中国ETF等其它创新品种，以满足投资人多元化的投资需求。

成立八年多来，华夏基金坚持“诚信、责任、创新、共享”的企业经营理念，取得了良好的业绩。截至2006年6月，公司管理资产规模突破了450亿元人民币，成为国内管理资产规模最大的基金管理公司之一，同时也是管理基金数目最多的基金公司。目前公司旗下共有16只组合，包括基金兴华、兴和、兴科、兴安、兴业5只封闭式基金和华夏成长、华夏债券、华夏回报、华夏现金增利、华夏大盘精选、华夏红利、上证50ETF、中小板ETF8只开放式基金以及全国社保基金2只投资组合和央行委托的1只亚债中国基金组合。从低风险的货币市场基金到高收益的偏股型基金，华夏基金已经构建了完善的产品线，可以满足各类风险偏好投资者的需求。在业内，华夏基金更享有“分红专家”的美誉，截至2006年6月29日，旗下基金累计分红超过60亿。基金兴华自1998年成立以来，累计净值增长率达到283.52%，为持有人创造了高额的回报；华夏回报基金自成立以来，分红16次，累计净值增长率达到93.04%。

范勇宏表示，华夏基金从不满足于已取得的成功，本着创新的理念不断推出适合我国金融市场的新产品，把“研究创造价值”的抽象理念落到了实处。1999年7月，公司推出了兴和基金，标志着内地最早的优化指数型基金的诞生；2002年9月，推出了首只纯债券型基金华夏债券基金，首发规模51.33亿元人民币，成为内地第一只首发规模超过50亿元人民币的证券投资基金；2004年11月，公司和上海证券交易所合作，推出内地首只交易型开放式指数基金(ETF)，首发规模54.35亿人民币，开创了我国交易所交易基金的先河。2006年5月，公司和深圳交易所联合推出了中小板股票基金ETF。

范勇宏告诉记者，华夏基金始终把维护投资者利益作为企业发展的根本原则。公司建立了严格的内控体系，有效地控制了基金投资风险和企业经营风险，保证了投资者资产的安全性。公司通过直销团队、代销网络、投资者交流活动以及客户服务中心，为投资人提供了便捷的销售网络和有价值的投资资讯，全力打造高质量的华夏客户服务品牌。为了更好地为客户提供全方位服务，公司在业内率先开办了网上投资者论坛、嘉宾聊天室、短信服务平台，并开通了400-818-6666全国免费服务热线，在公司与投资人之间搭建起方便快捷的沟通渠道。随着业务的迅速发展，华夏基金将会在客户服务和电子商务方面加大投入，为客户提供更加贴心的服务。

范勇宏表示，“为信任奉献回报”是华夏基金不变的宗旨，它承载着公司对基金行业的体会，对社会和市场的责任，对投资人的承诺和对自身诚信立业的要求，已经成为华夏基金生存和发展的精神基石。

采访回放：

华夏基金是我国首批成立的全国性基金管理公司之一，也是中国证券业协会基金公会首任理事长单位。作为这样一家在行业内享有盛名的基金公司的老总，您是否会感到有压力？

范勇宏：谈到压力，我想面对高速发展、高度竞争的资产管理行业，无论新公司还是老公司，是小公司还是大公司，大家都会面临不同的压力。华夏基金的企业宗旨就是“为信任奉献回报”。8年多来华夏基金所取得的成绩正是来源于各方的信任与支持。这里面既有股东、合作伙伴对我们的帮助和支持，更有华夏基金广大持有人的一份执着与信任，为投资人的信任奉献持续稳定的回报是我们不变的宗旨。

很多基金公司都曾经对媒体公开表示要做一家百年老店。但事实上，基金在国内的发展历史还很短，大家普遍对怎样打造一家百年老店还缺乏经验。作为中国基金行业的一名老兵，您认为基金公司主要应该从哪些方面打好基础，才可能真正成为一家百年老店？

范勇宏：资产管理行业是竞争最激烈的行业，同时也是创新最快的行业。我想在这个行业里没有绝对的“第一”，要想成为百年老店，只有不断创新才能使企业立于不败之地。资产管理行业的创新无处不在，涵盖了制度、产品、投研、营销、管理、后台服务、IT技术和人力资源等方方面面。越是卓越的公司，就越有良好的创新能力。创新成为衡量资产管理公司竞争力的重要指标。

中国基金业八年来的发展经验也证明，创新是基金业实现规模扩张的重要手段，每一次产品创新都带来了资产管理规模的巨大增长。华夏基金在过去八年里以创新为企业发展理念，在公司内部倡导创新的文化，建设创新的机制。几年来，在各方的帮助和支持下，华夏基金在产品创新方面取得了突破性进展，成功引入ETF这一国际化标准投资工具。在过去短短的一年里，ETF从不为投资人所知发展到今天的初见成效，今年更被媒体称为ETF年。

随着国内基金行业这几年的蓬勃发展，基金公司之间的竞争已经不仅仅是基金投资管理水平的竞争，同时，还是营销服务的竞争。请问，在提升营销服务水平方面，华夏基金有哪些好的措施？

范勇宏：未雨绸缪，华夏基金是国内基金行业中最早铺设直销网点的公司，目前我们已在全国重点城市开设了10家理财中心，今年还将有更多的理财中心开张建设。理财中心除了方便更多投资人购买我们的基金产品，还能为投资人提供更专业的投资服务。在营销方面，为方便广大投资人，我们还在今年进一步完善了网上交易服务，并且大胆地进行了电话营销的尝试。几个月来，我们的电话累计销售量已经达到1.5个亿。

虽然在市场经济环境下，人才的流动是正常的现象。但对于国内基金行业来说，由于成熟的基金投资管理人才并不多，而新的基金公司和新的基金产品不断涌现，这在一定程度上形成了基金人才缺口。也因此，各家基金公司对人才的争夺也相当激烈。请问，华夏基金在吸引优秀人才，稳定基金投资管理团队方面是怎样做的？

范勇宏：我们会为优秀的人才提供良好的事业平台，促进人才的发展。我们希望在华夏基金有多大的能力就成就多大的事业。我们还创造团队合作的工作机制。华夏基金的整个公司运作，无论是投研体系、市场营销体系，还是后台支持体系都采用团队合作制，并且非常尊重个人作为团队成员为公司所做的贡献。此外我们还提供业界具有竞争力的薪酬福利。根据我们市场化薪酬战略，公司整体薪酬水平的高低与公司在行业中的地位相匹配。除了提供良好的薪酬外，公司还非常注重为员工解决后顾之忧，提高福利水平。

从1998年到现在，中国基金业走过了8年历程。期间虽历经风雨，但成绩也是有目共睹的。您认为，未来基金业的发展还会遇到哪些问题和挑战？

范勇宏：8年多来我们的体会是，基金业的健康发展首先需要一个良好的金融环境。法律法规的配套、基金市场规则、投资者偏好、上市公司质量、基金从业人员素质等因素都直接影响基金行业的发展。其次，基金业的健康发展，除了基金业本身要规范外，还取决于证券市场的规范化程度。证券市场规范化程度日益提高，这是基金业规范运作与稳定发展的基础。第三，我国基金业的规范化运作必然是一个曲折的过程。尽管基金业健康发展的条件还不成熟，但是，现实情况又不允许我们等待条件具备了才去发展基金业。因此，我们只能在实践中摸索中国基金业发展的道路，这也是中国20年经济体制改革和开放历程的总结。第四，从长远看，一个国家的基金市场发育程度取决于该国国民经济发展状况与证券市场的繁荣程度；反之，基金业的快速发展又会直接影响证券市场的结构与自我调节机制，影响社会资源优化配置的方向和力度，从而又会促进国民经济的健康发展。

“有所为，有所不为”

——访中国银行托管及投资者服务部总经理 秦立儒

2005年，是中国银行托管业务取得丰收的一年。在这一年，中国银行托管基金产品达到了38只，比上年增加了12只，托管基金总资产突破860亿元，在国内12家托管银行中排名第二。在保险、年金、社保、QFII、信托、资产证券化等委托资产托管业务方面，中国银行同样也取得了优异的成绩：托管各类委托资产逾800亿元，连续三年居国内同业之首。

中国银行托管业务取得如此快速的发展，主要经验有哪些？托管业务是比较典型的有规模才有效益的业务，但目前许多中等规模的商业银行也加入到托管银行的行列中来，基金和机构有了更多的选择。面对日益激烈的竞争环境，中行采取了什么措施？为此，《中国证券投资基金年鉴》采访了中国银行托管及投资者服务部总经理秦立儒。

秦立儒表示，目前托管银行竞争的确日趋激烈，不仅仅中等规模的商业银行获得了有关托管业务资格，外资托管银行也已经开始在QFII、保险等领域同中资银行开展竞争。对此，中行采取了一系列应变措施。首先，制订了明确的托管业务发展战略，梳理出拟重点拓展的市场、客户和产品，坚持有所为，有所不为，并及时根据市场的重大变化进行调整。其次，不断提高托管服务质量，从机构、人员、系统、流程等各个方面进行持续改进。三是依靠中国银行的整体优势来拓展托管业务，这不仅仅体现在总行部门以及总分行间的联动营销，更重要的是深化中国银行集团与客户间的全面业务合作，为客户提供包括托管在内的更多、更好的银行服务。

秦立儒介绍说，面对国际银行业业务结构调整和转型的发展趋势，中国银行高级管理层早已从战略高度认识到发展托管等中间业务的重要性，托管业务被中国银行纳入重点发展的中间业务产品之一。2005年初，中国银行基金托管部正式更名为“托管及投资者服务部”，并进一步以客户为中心，以业务为驱动对托管部门组织架构、业务流程和管理流程进行了再造。借鉴事业部制思想，按主要业务线设立专门的市场营销、托管运营和客户服务部门，从而大大提升了对客户需求的反应速度、响应质量和服务质量；设立了专门的技术总监和独立的技术部门，加强托管系统开发及完善的速度和质量，不断提高托管业务直通式处理水平；设立了独立的高级合规官及风险与合规管理部门，直接向部门总经理报告，并聘请多家国际知名会计师事务所对托管业务内部控制和系统可靠性定期进行专项评审，不断提高风险管理水平，确保客户托管资产的安全性。

秦立儒认为，在各托管业务品种中，基金托管在当前及未来都将是最重要的产品之一。为此，中行非常重视与优质基金管理公司之间的合作关系和对基金投资者的客户服务工作。目前，中国银行可能是唯一的一家银行继续坚持由托管部门统筹与基金管理公司在基金代销和托管等业务方面的合作，从而极大地便利了基金管理公司客户，减少了客户与商业银行内部不同部门进行沟通协调的成本，提高了业务处理的效率和效果。秦立儒说“切实保护基金投资者的利益是我们基金代销和托管工作的重心，为此，在拟合作的基金管理公司客户和产品选择上，我们坚持走精品战略，宁缺毋滥；同时加强市场预测和筹划工作，适时推出符合市场实际和客户需要的基金产品；并且采取了一系列措施不断提高对基金投资客户的服务质量。”

托管产品和服务的持续创新是托管业务得以不断巩固和扩大的源泉。对此，秦立儒表示，在将基金托管业务作为战略重点的同时，中国银行一贯重视托管新业务研发工作，为此设立了专门的研发部门，配备了足够的高素质的研发人员，充分保证了中国银行在证券投资基金、社保基金、企业年金、保险资金、QFII境内投资资金托管、券商理财计划、资产证券化资金、QDII境外投资等托管领域，都是国内首家或首批托管银行；并率先开发、提供具有同业领先水平的绩效评估与风险分析服务，致力于为客户提供更加多样、更加灵活便利的附加增值服务。

不熟悉托管业务的人可能会认为托管比较简单，就是一些操作性工作。秦立儒不这么看，他说："托管其实是个知识密集型、技术密集型行业，要做好托管工作，必须坚持以人为本，科技致胜。托管业务与资本市场密切相连，从事托管业务的人员要熟悉资本市场运作，要懂清算、定价、会计、风险、法律，要熟悉各类投资工具；不但要懂国内一个市场，在目前QDII逐步全面放开的趋势下，还要熟悉国际资本市场和货币市场，还要懂外汇、国际会计和衍生金融工具。而要处理如此复杂的多币种、跨市场的托管活动，没有强大的系统作为支持是难以想象的。"因此，中国银行托管部门从成立之始，就一直视人员和系统为最大的资源和财富，不断加强人力资源配备和开发，加大系统投入，持续提高托管从业人员的专业素养和系统水平。秦立儒表示，这也是近年来中行托管业务得以持续、快速发展的重要因素之一。

采访回放：

与基金销售相比，基金托管业务是在幕后，所做的工作一般不太被大家所了解，但却是基金行业健康运行不可缺少的重要环节。您如何看待这种幕后工作？

秦立儒：是的。虽然基金托管人的日常工作鲜为业外人士所知，但托管银行制度却是有效基金治理机制的重要内容。正是由于基金托管人的引进和诚实信用、勤勉尽责的工作，才充分保证了基金业的透明度和安全性。我个人认为，也正因为如此，基金业的系统性风险总体上比其他金融行业要小，这也是近年来托管银行制度相继被监管机构引进到社保、保险、QFII、年金、证券、信托、资产证券化等其他金融领域的重要原因。

实际上，基金托管人提供的日常服务是非常广泛和复杂的，基金法也赋予基金托管人很大的受托责任，包括安全保管基金财产，根据基金管理人的投资指令，及时办理清算，交割事宜，复核、审查基金管理人计算的基金资产净值和基金份额申购、赎回价格，对基金财务会计报告、中期和年度基金报告出具意见，按照规定监督基金管理人的投资运作，按照规定召集基金份额持有人大会，以及办理与基金托管业务活动有关的信息披露事项等等。所有这些工作都要求托管从业人员要以基金投资者利益保护为根本出发点，要具有高度的责任心和责任感，并且要具有相应的专业知识和技能，不允许有一丝差错和疏忽。

基金净值必须天天公布，托管业务不允许有任何错误。但基金领域的制度创新、产品创新发展比较快；相应地，各种核算办法，各个环节的衔接等等都有可能发生变化。中行托管部门采取了哪些好的做法来保障自己的系统与工作人员都能迅速适应市场的调整？

秦立儒：基金业在我国仍然是一个新兴行业，新产品、新规则层出不穷，这对基金托管人提出了严峻挑战。为使托管从业人员和托管系统及时适应多变的市场，保证业务的持续性，我们主要采取了以下做法。一是加强市场研究和预测工作，部门内部设立了专门的研发部门，负责跟踪、研究、预测国际国内托管市场的发展趋势，及时提出业务和管理对策，做到未雨绸缪；二是保持与监管机构和同业的密切沟通和交流，积极参与监管机构组织的课题研究、研讨和培训等活动，尽可能早地知道未来产品创新的方向和规则变化的内容，提前做好应变工作；三是我们对各项业务都制订有详细的操作规程和应急方案，每当有新产品出现和新规则发布时，我们会抽调各相关领域的专家在第一时间成立跨部门的项目小组，系统梳理其对目前适用的业务操作规程的影响，并在最短的时间内修订完毕并展开相应的变更培训工作；四是我们非常重视对托管从业人员的日常培训工作，与众多国际知名托管银行和国内外基金从业机构保持着密切的业务交流或合作，保证知识的及时更新，着力将托管部门打造成一个学习型组织；五是创新离不开科技的支持，为此部门内部设立了专门的技术部门，充分保证了系统调整的效率和效果。

在证券投资基金、保险、社保、年金、QFII、信托、资产证券化等托管业务品种中，您最看好哪一类托管品种的发展潜力？为什么？

秦立儒：我国目前现有的各托管业务品种，包括基金托管在内，发展历史都比较短，规模也非常小，托管行业总规模低于1万亿人民币。因此，若以国外数十万亿美元资产的发展规模来简单衡量，实际上各类托管品种都应具有相当的发展潜力。基金、保险、养老金是国际资本市场上的三大机构投资者，在我国也应该不例外。而伴随中国经济的持续向好，“中国”概念的巨大吸引力，潜在的QFII资金规模实际上是很大的，在外汇、资本市场管理日趋成熟、取消QFII投资额度限制的情况下，QFII托管市场相信也会迎来一个爆炸式发展时期。而随着信托公司管理的日益规范以及200份信托合同和异地推介等限制的取消，在打造第四金融支柱的宏伟蓝图下，信托业的发展也将步入快车道。资产证券化在我国尚处于试点阶段，规模才几百亿人民币，按照美国资产支持证券规模超越国债的发展势头，资产证券化托管业务的发展潜力也应该是巨大的。

当然，如果从单纯的托管收益而不是托管规模的角度来考察各类托管业务品种的发展潜力，我认为基金托管业务的发展潜力在一个相对较长的时期内应该是最大的。在前面我也提到，当前由于恶性价格竞争等的影响，短期内其他托管业务品种的收入效应并不很突出。

在国内托管业务的发展历史毕竟还比较短暂，存在不足也在所难免。您认为，与国外成熟的托管机制相比，我们还有哪些方面需要提高？

秦立儒：客观上讲，与国外已经经历了上百年洗礼的托管机制相比，我国仅仅发展了8年的托管行业还存在着许多不足，有待大家共同努力提高。一是关于托管银行的职责定位问题。目前我国的托管业务品种很多，未来可能还会出现新的业务品种。对于每项托管业务品种，我国基本上都有关于托管银行职责的法规或政策规定。由此带来的问题是，由于托管业务操作的较大同质性，因此是否有必要对托管银行的职责进行统一规定？更进一步，托管银行究竟应该扮演何种角色，承担哪些职责？另外，由于受单一投资市场和欠丰富投资产品等因素的限制，总体上看，目前我国托管银行提供的托管服务种类要较国外托管银行少和简单，相应托管系统也欠发达，自动化水平相对较低，系统功能和灵活性也要弱于国外托管银行。但随着中资银行QDII全球托管业务的逐步开展，我相信这些差距会逐渐缩小，中资托管银行的服务能力和服务水平会越来越好。

"短期看服务和投资，长期比风控"

——访国投瑞银基金管理有限公司副总经理 董日成

2005年3月，瑞士银行受让公司股东国家开发投资公司、国投电力公司的出资，使国投瑞银成为我国首家外资持股达到49%的合资基金管理公司。

作为首家外资持股达到上限的基金管理公司，国投瑞银的市场表现自然格外吸引眼球。在接受《基金年鉴》采访时，国投瑞银副总经理董日成并不掩饰自己的想法，他说："我们希望国投瑞银能成为国内领先的基金管理公司。公司目前短期的目标是完善产品线，为不同需求的投资人提供多元化的投资品种。"

目前，国投瑞银旗下管理着国投瑞银融华、国投瑞银景气，国投瑞银核心三只开放式基金和基金融鑫一只封闭式基金。根据银河证券6月9日的最新统计数据，国投瑞银景气基金过去一年的净值增长率达到65.53%，在31只偏股型基金中排名第二，被评为五星级。国投瑞银融华债券基金过去一年的净值增长率达到34.23%，在8只偏债型基金中排名第三。基金融鑫过去一年的净值增长率达到64.2%，在54只封闭式基金中排名第五，被评为五星级。这几只基金都已经逐步形成了稳中求胜的投资风格，给投资者带来了稳定的回报。

国投瑞银核心基金是合资公司成立以来募集发行的第一只基金，2006年4月19日成立。董日成告诉记者："作为合资公司的第一只基金，我们取得了首发规模超过26亿的好成绩。基金开放日常申购业务以来，投资者的申购也非常踊跃，成立两个月来规模已超过31亿，说明国投瑞银的品牌和投资业绩逐渐得到了广大投资者的认可。"

对于完善基金产品线，董日成已经有了比较成熟的想法，他说："在国投瑞银的发展战略中，发行核心企业股票基金只是刚刚迈出的第一步，我们将进一步完善产品线，在低风险一端推出货币基金，在中高风险端推出更多有特色的产品。随着中国市场的进一步开放，在法规允许的范围内，合资公司将开展更多的投资管理业务，包括管理养老金和社保基金的业务，以及拓展其他海外业务机会。"

在谈到怎样才能成为一流的基金公司时，董日成认为，一流基金公司最重要的衡量指标是客户的认同度。无论是投资业绩，还是客户服务等。基金公司应该追求的内在是客户认同的深度与广度，这才是基金公司能否持续发展的关键。因此，国投瑞银最关心的是维护客户的资金安全，带给客户良好稳定的投资回报，从而提高客户的稳定性、优化客户结构。

对于国投瑞银的发展前景，董日成非常乐观。他说，国投瑞银强势的股东背景为公司的发展奠定了良好的基础，双方股东都以开放、包容、互相尊重的态度来进行合作，非常顺利。中方股东国投在国内是一家政府全资拥有的投资公司，管理着非常庞大的资产规模，在投资领域和对国内市场的认识方面非常有经验，对合资公司的管理理念和发展方向能够给予非常好的指导；而外方股东瑞银环球资产管理则在资产管理方面有非常丰富的经验和资源，在过去一年，瑞银环球资产管理的资深专家作为工作顾问深入到合资公司的各个职能部门，为国投瑞银的员工提供了大量的培训，在短时间内大幅度提高了公司的总体运作水平。所以，我们相信，无论是完善基金产品线的短期目标，还是发展成为行业内领先的基金公司的中长期目标，国投瑞银都完全能够实现。

采访回放：

作为国内首家外资持股比例达到49%上限的基金管理公司，国投瑞银的市场表现自然格外吸引眼球。能否请您介绍一下国投瑞银旗下现有基金产品的特点及其市场表现？国投瑞银在完善基金产品线方面有什么考虑？

董日成：国投瑞银基金管理有限公司于2005年6月8日正式成立，是国内第一家外资持股比例达到49%上限的合资基金公司。国投瑞银目前旗下管理着三只开放式基金：国投瑞银融华、国投瑞银景气、国投瑞银核心基金和一只封闭式基金——基金融鑫。这几只基金都已经逐步形成了稳中求胜的投资风格，给投资者带来了稳定的回报。

国投瑞银景气基金是偏股型基金，基金资产的20%–75%投向股票，主要投资于即将或已经处于景气上升周期的行业和个股。国投瑞银融华基金是偏债型基金，基金资产的40%–95%投向债券，投资于股票的比例不高40%，适合比较回避风险，而又希望构建多样化组合的投资者。国投瑞银核心基金是合资公司成立以来募集的第一只基金，2006年4月份刚刚成立。该基金最大的特点就是借鉴了瑞银的GEVS估值方法和GERS风险管理系统，通过定量分析和定性判断，选取具有核心竞争优势、良好的公司治理结构、可持续的盈利与现金流增长前景的公司的股票进行投资。该基金取得了首发规模超过26亿的好成绩。开放日常申购业务以来，投资者的申购也非常踊跃，成立两个月来规模已超过31亿。基金融鑫是我们管理的一只封闭式基金，主要投资于A股市场的成长型股票。

根据银河证券6月9日的最新统计数据，国投瑞银景气基金过去一年的净值增长率达到65.53%，在31只偏股型基金中排名第二，被评为五星级。国投瑞银融华债券基金过去一年的净值增长率达到34.23%，在8只偏债型基金中排名第三。基金融鑫过去一年的净值增长率达到64.2%，在54只封闭式基金中排名第五，被评为五星级。

在国投瑞银的发展战略中，募集核心企业股票基金只是刚刚迈出的第一步，我们将进一步完善产品线，在低风险一端推出货币基金，在中高风险端推出更多有特色的产品。随着中国市场的进一步开放，在法规允许的范围内，合资公司将开展更多的投资管理业务，包括管理养老金和社保基金的业务，以及拓展其他海外业务机会。

国投瑞银的外方股东曾经多次对媒体表示，希望合资基金能成为国内领先的基金管理公司。您认为应该怎样评价基金公司是否先进或领先？公司准备从哪些方面努力，使自己成为国内一流的基金管理公司？外方股东可以在哪些方面提供支持？

董日成：对基金公司的考察，一般可以从五个方面进行：稳定的法人治理结构；基金公司诚信度；稳定的业绩；投资研究团队以及服务水平。优秀的基金公司应该在以上五个方面都有出色的表现，而不只是看短期内的业绩回报。

稳定的法人治理结构包括建立组织机构健全、职责划分清晰、制衡监督有效、激励约束合理的治理结构以及适当的监控程序和架构。国投瑞银在接受独立的审计机构的监督之外，还会定期邀请股东的专业团队对公司进行严格的审计，在财务、业务、内控方面提出改进意见。基金公司的诚信度集中体现在把客户的利益放在首位，增加公司的透明度。稳定的业绩要从业绩和风险两方面进行考量，要求获取的收益与承担的风险相匹配。优秀的投资研究团队是基金公司的核心，主要体现投研团队的配合以及人员的稳定。服务水平的衡量包括能否建立完善的客户服务体系，面向不同客户群的需求设计出有针对性的产品，是否建立有效的沟通程序，从而在销售渠道和客户中建立信任和信誉等。国投瑞银在这五个方面都在不断努力提高，我们的目标是做一流的基金公司。

国投瑞银强势的股东背景为公司的发展奠定了良好的基础。国投在国内是一家政府全资拥有的投资公司，管理着非常庞大的资产规模，在投资领域和对国内市场的认识方面非常有经验，对合资公司的管理理念和发展方向能够给予非常好的指导。而瑞银环球资产管理则在资产管理方面有非常丰富的经验和资源，瑞银环球资产管理是为数不多的真正拥有全球研究平台的资产管理公司之一；瑞银环球资产管理不仅在业绩上表现优秀，在风险控制上也有独到的一面；国投瑞银不仅能够分享瑞银环球资产管理的全球投资研究平台的成果，更全面借鉴了瑞银集团在全球成功使用二十多年的投资流程和投资管理系统，包括GERS风险管理系统和GEVS估值系统。在过去一年，来自瑞银环球资产管理的资深专家作为工作顾问深入到合资公司的各个职能部门，同时为国投瑞银的员工提供了大量的培训，在短时间内大幅度提高了公司的总体运作水平。

业内专家普遍认为，依据国际成熟市场的经验，最终拉开基金公司之间差距的最重要因素，可能是基金公司风险控制能力的高低。因为，只有建立起完善的风险管理和内部控制机制，基金公司才能持续稳定发展。请问，在风险管理方面，国投瑞银有哪些好的做法？

董日成：根据海外的经验，基金公司短期比的是服务，中期看投资，而能否长治久安则取决于风险管理和风险控制的水平，在这方面国投瑞银有自己非常鲜明的特色。国投瑞银秉承瑞银注重风险管理的传统，从风险管理和风险控制两方面去把控风险。在投资业务层面上，我们的投资队伍严格进行投资前线的风险管理，包括投资前的研究分析，以及事后的效果跟踪，并不断地对决策进行修正，对投资组合进行压力测试。在公司运作的角度上，通过合规与风险控制委员会、风险评估小组及第三方审计机构等从公司及基金运作的角度对风险进行严格的控制，以切实保障投资者利益及公司能够稳健、长久地运营。这样，从风险管理和风险控制两方面对公司从核心业务到公司运作进行全面管理，就是国投瑞银在风险管理方面最突出的特点和优势。

您本人在香港和台湾地区国际知名的投资管理机构工作多年，可谓具有丰富的从业经验。由于中国大陆的投资环境与成熟市场有一定的差别，成熟市场的有些做法也可能不是直接拿来就有效，可能会存在一定程度的“水土不服”。您认为，合资基金应该如何面对这种情况？在内部磨合方面，国投瑞银有哪些经验可以分享？

董日成：由于国内的基金业发展时间还比较短，在引入一些国际成熟经验，尤其是需要较长时间才能看到效果的业务和投资策略、内控制度时，国内的人员不一定能够马上理解，尤其是国内基金行业对基金公司的评估普遍比较侧重短期业绩表现和首发规模，所以不一定会接受和执行那些需要比较长期才能看到效果的策略和制度。而外方人员来到中国，对国内的情况也需要较长的时间才能有全面的了解，如果简单地把海外的经验全盘照搬到国内来，肯定会出现“水土不服”的现象。

国投瑞银在将海外经验与本土实际情况相结合方面做了很多工作。瑞银在中国的业务已经开展了很长时间，积累了很多在中国市场运作的实际经验，并没有把海外的所有经验硬搬到中国来。国投在协助海外经验本土化方面提出了很多好的建议。双方股东都以开放、包容、互相尊重的态度来进行合作，因此非常顺利。在合资公司里，我们的员工也都抱着包容、开放的态度来看待海外的和本土的文化、经验，在这方面国投瑞银做得非常好。

在基金营销方面，有的基金公司更重视首发规模，而有的基金公司则更重视持续营销。对此，您有什么看法？在基金的持续营销方面，国投瑞银有没有一些好的思路？

董日成：一般来讲，国内的基金公司更重视首发，海外的基金公司偏向持续营销。我们认为应该是首发规模和持续营销并重，所以我们首发时与合作伙伴谈合作条件的时候，都会兼顾到持续营销方面的安排。

在持续营销方面，我们会通过优质的服务提高客户的忠诚度，与客户建立长期的伙伴关系。优质的服务一方面包括给投资者提供的直接服务，比如说提供及时的市场咨询、基金信息等。另一方面，代销渠道作为我们的业务伙伴，我们定期为他们提供业务、产品和销售方面的培训，同时就如何帮助客户选择基金投资进行深入的交流，希望帮助他们提高自身的服务水平和质量。此外，我们非常重视保护客户的利益，比如说在合同条款中明确规定阻止套利行为等。

良好的业绩表现是我们进行持续营销的核心。国投瑞银经过过去一年的努力，旗下的基金表现都非常优秀，给投资者带来了稳健的回报，也赢得了客户对我们的信任。

作为一家成立时间不长的基金公司，我们也非常重视通过各种方式和途径让投资者了解我们，例如通过各种媒体渠道进行宣传，在广大投资者中树立值得信赖的企业形象。

多方面发掘核心竞争力

——访南方基金管理有限公司副总经理 许小松

“2006年的中国股市发生了实质性的变化，而今年南方基金的工作重点之一也将转到股票基金上来”。在接受基金年鉴采访时，负责南方基金投研工作的副总经理、首席经济学家许小松博士这样告诉记者。

但无论是在产品设计，还是在市场营销方面，各家基金公司似乎都表现出了很多相似的地方。在这种情况下，基金公司应该如何发掘自己的核心竞争力？

许小松博士表示，国内基金业短短几年内获得了巨大的发展，在快速发展过程中，行业内出现了一些雷同或者说模仿现象，是完全合理的，这在许多其他快速发展的行业中也是经常可以看到的。随着基金市场竞争的加剧与龙头公司的推动，创新、模仿、再创新将是一个持续的过程。

许小松说，作为最早最大的基金管理公司，南方基金始终坚持以高度专业化的投资管理创造持续稳健的回报，以投资需求为导向进行产品创新，创造一流环境吸引和保留一流人才，这是我们在激烈的市场竞争环境中不断提升核心竞争力的关键所在。

作为专业机构投资者，我们一直坚持以研究为本，注重价值投资和长期投资。强大的投资研究团队与严格高效的投研系统为公司高度专业化的投资理财提供了有力保证。正因为如此，南方基金为投资者创造了持续稳健的回报，被喻为“长跑冠军”。

在产品创新方面，经过八年多的努力，南方旗下开放式基金已经建成的股票基金线，从南方稳健成长、南方积极配置到南方高增长；债券基金线，从南方宝元债券、南方避险增值到南方多利中短债以及货币市场基金线——南方现金增利，产品线比较完整。

“但更重要的是，我们坚持从满足投资者需求的角度，而不是从迎合市场热点的角度来进行产品创新。”许小松认为，国内外基金业发展的经验和教训都表明，只有在现实市场条件下能够满足投资者需求的产品创新，才具有生命力。以美国为例，在50年代，仅有10%的基金在年代末消失，到了90年代，有50%的基金在年代末消失，而2000年到2002年间，有超过900个基金消失。相比之下，传统的基金品种却能稳步增长。某些基金产品为了迎合市场热点，为销售而创新，部分基金出现大额赎回，规模剧减就是一个需要业内警惕的例证。

出于对投资者需求与利益保护的重视，南方基金一向以市场研判、投资者需求为主导来推动产品创新，以投资者回报为第一位，而不是着眼于简单的规模扩张。许小松告诉记者，正因为始终坚持这一原则，到目前为止，公司旗下各基金都取得了可观的累计收益，没有一只出现亏损。

基金行业是人才密集型的行业，拥有一批高度专业化的人才是基金公司持续保持竞争力的基础。在人才方面，南方基金主要通过公开、公平的招聘来吸纳人才，市场上已经有一定知名度的品牌研究员是南方基金追逐的“猎物”，而应届生方面则主要倾向于财经类、理工类研究生或者MBA。除了与各知名高校建立日常联系，南方基金还在华尔街日报登广告，全球范围内招纳贤才。许小松告诉记者，南方基金对人才的尊重是南方留住人才的关键。对于那些业绩优良，为投资者创造财富的基金经理，南方的奖励也是不遗余力，出色的基金经理收入常常会超过公司高管。

作为国内最早规范的基金管理公司之一，南方基金公司发展到今天管理资产规模近680亿，为投资者分红超过60多亿，为投资者创造了持续良好的回报。许小松说，之所以能取得这样的成绩，其根本原因就是南方基金注重从多个方面挖掘核心竞争力。

采访回放：

由于股权分置改革将在年内基本完成，困扰中国股市多年的这一制度性的问题将得到圆满的解决。2006年中国股市也因此发生了实质性的变化，并走出了持续上扬的牛市行情。请问，南方基金对股改之后的股票市场的走势有什么看法？这将对公司的工作重点产生什么影响？

许小松：股改是推动国内A股市场全年以来大幅上涨的重要契机之一。更全面地来看，GDP增长的国际对比、巨大的内部市场(更高的GDP增速、降低的人口增速)、升值预期、股改后投资基础的加强，构成了国内A股投资价值的稳定基础。而中国持续顺差、升值压力下的大量基础货币投放、企业实体经济投资冲动落后于货币与信贷增长造成的国内过剩流动性进一步推动了国内A股整体市场的价值重估。

在经历了大幅上涨后，A股市场已逐步走出了2005年中期的低谷，整体估值水平已回复到了一个相对合理的水平，前期基于对阶段性市场扭曲造成的低估值的投资阶段已基本结束。虽然国内过多流动性推动市场价值重估的趋势仍然没有逆转，但在下一步阶段，受政策紧缩、新股发行、国际新兴市场动荡等因素影响，其力度将大大下降。从国际比较来看，国内A股仍然有望出现独立于其它新兴市场的更好表现，但依靠估值水平与静态存量的整体盈利增长进一步推动市场向上的压力不断加大。我们认为，下一步阶段的更多投资机会或者说投资研究重点在于：一、景气或复苏行业的持续并超出预期的增长；二、大集团背景下的资产整合或注入带来的资产质量改善与盈利增长；三、政策扶持推动的受益公司。

而从相对长期的角度来看，随着国内A股投资价值的提高与长期投资基础的稳定，投资者能够以更低的风险，以一个更长周期、更国际化的视角来审视国内A股市场。我们认为A股市场的长期向上空间与趋势仍然是广阔的。作为国内规模最大的基金公司，南方基金将积极开拓新产品，提供更多的股票基金投资工具，为持有人带来更大的收益。

据悉，南方最近已经获得批准发行中国首只复制基金。复制基金这个概念在国内还是一个新事物，能否请您具体阐述一下什么是复制基金？复制基金对投资人的吸引力在哪里？对基金公司的价值在哪里？

许小松：复制基金在国外非常普遍，主要分为两种形式，一种是通过衍生产品来复制目标基金的市场表现，另一种是投资策略复制。前者主要使用在由于监管等种种原因，不能直接投资目标基金的情况下，如加拿大的投资者的退休金有投资海外基金的投资限制，加拿大的投资者如想更多地拥有标普500指数基金，那么他可以通过投资标普500指数的复制基金而绕开限制；后者主要使用在对本公司成功基金产品身上，当一只基金相当成功—规模大、净值高时，为了更好地保护投资者利益，便于基金管理人投资管理运作，国外基金管理公司往往对该基金进行复制。这一类的复制基金一般是由同一基金管理人管理的，具有相同的投资方向、投资目标、投资政策、投资策略、风险偏好、运作方式等以及具有相似的业绩表现等。

复制基金的意义在于通过金融创新，创造性地解决了投资者的困难，满足了其投资需求。在第一种形式下，复制基金的意义是相当明显的。在第二种形式下，复制基金的意义在于给投资者一个明确的预期——一个完全一样的已有成功运作经验的新发基金。

国外经过数十年的基金运作后，基金业者甚至基金投资者都熟知的一个现象，叫做Survivor Bias，中文译为幸存者偏差，是指在统计基金历史业绩时，业绩差的基金实际上因为优胜劣汰的原因已经出局，剩下来的都是业绩好的基金，因此统计现存的基金，实际上高估了基金整体的历史业绩。

根据著名的《漫步华尔街》一书作者、普林斯顿大学教授Burton Malkiel的研究发现，在1988年到1992年期间新发的686只基金中，有100只在此期间消失，新基金每年死亡率高达15%。而复制基金因为有着长期、成功运作的历史经验，情况则相反，因此，成熟的投资者更愿意投资复制基金，可以有着相对明确的预期，减少选择的难度。

而将复制基金的概念引进国内，与国内常为人垢病的基金“同质化”，是有本质不同的。基金“同质化”是指形式上不同的基金、实际内容相近，即尽管所宣称的投资策略千差万别，但公布的投资组合却相近，这误导了投资者；而复制基金则截然相反，非但形式上相同、实际内容也相同，即非但所宣称的投资策略相同，而公布的投资组合更相似，这给投资者明确的预期，将会受到投资者的认同和参与的。

您是负责南方基金投资和研究工作的，能否请您介绍南方基金的投研体系是如何运作的？对投研团队的绩效评估和激励机制是怎样的，风险控制是怎样的？

许小松：南方基金实行的是“投研一体化”，将基础研究与实际投资及时有效地结合在一起。研究与投资的相互作用，贯穿于整个资产配置、行业选择、个股选择过程中。投资人员和研究人员除了通过公司要求的研究报告交流之外，还定期和不定期的举行研究成果报告会，盘后会等形式交流研究信息，形成了良好的支持和互动反馈关系。

对于研究团队的考核，针对国内基金管理公司普遍存在的研究员定位偏差问题，南方基金开发建立了内部的数量化考核系统，根据投资建议构建模拟组合，考核其相对收益、绝对贡献与失误遗漏，有效树立了研究员正确的买方职责定位。数量化考核收益贡献(包括相对收益、绝对收益、失误遗漏检查)，加上研究质量的审定，确定了研究人员的年度考核结果。对于公司实际业绩或风险规避作出重大贡献的股票研究员，公司将根据具体情况给予重大贡献奖励。

此外，南方基金还特别重视投研团队建设的稳定性与连续性，改变了国内基金管理公司普遍存在的单一的“研究员－基金经理助理－基金经理”的发展模式，将富有经验的研究人员保留在研究团队中，并将研究人员的收入水平提高到与投资人员相对等，使研究团队的稳定性与连续性得到保障。

对各家基金公司来说，注重成长性，以及价值投资作为基金的投资道念已经成为共识，但具体到投资策略上，是采取集中投资的策略，还是分散投资的策略，一直都存在分歧。请问，您对此有什么看法？

许小松：2003年以来，注重成长性以及价值投资，在国内基金行业已经成为共识。但对于投资理念的真正理解水平仍然参差不齐，许多投资人员挂在嘴边的“价值投资”，更多只是相对前期技术分析而言的对企业基本面重视的基本面分析，或者说对每股盈利的简单数量化比较。

从发展中国家(新兴市场)股票市场发展经验来看，受经济发展、国际产业转移、进口产品替代等因素影响，许多发展中国家的上市公司一定阶段内都能实现高速扩张，但其中相当部分以简单的规模增长来弥补经营效率的低下、维持每股盈利的高增长，在财务上表现为扩张的新建项目的ROE水平低下，在经济增长率发生下滑或经济增长模式发生变化时，对上市公司负面影响巨大。以高投入、高经营杠杆的公司为例，在经济周期上升时，经营杠杆拉动企业盈利的增长，企业进行急速的、简单复制的规模扩张，进一步维持盈利增长，但这并不是规模经济，而只是高经营杠杆的放大作用。在经济周期逆转或增长模式变化时，高经营杠杆对负面影响的放大作用是同样的。

因此，在亚洲金融危机之后，亚洲的上市公司研究与证券分析已不再执着于简单的高成长、高毛利率、每股盈利，更多关心的是上市公司净资产收益率、股息率、现金流、财务结构等。这是国内投资研究需要学习总结的。

至于集中投资与分散投资、至上而下与至下而上的比较，其实是没有太多可争论的。作为公募基金，受基金契约、行业配置比例、投资容量等限制，公司层面的投资总体决策一定是分散投资、至上而下的，除非市场出现重大的系统性变化，如股权分置改革。一些优质公司的重点投资，对于公募基金也是不可能逾越相关契约及至上而下配置的根本原则的。下游一些行业由于行业特殊性，存在大量细分并完全不同的小行业，但这并不能改变整体决策至上而下的思路。通过至上而下，根据宏观经济运行、上下游行业运行态势与利益分配的观察来确定优势行业及优质公司，必然能够找到、并且以最低的组合风险找到最优质的个股，而这正是公募基金投资相对个人投资者的规模优势、关键价值与优势所在。部分投资者对投资拉动类股票的投资失败，不是至上而下的方法错误，而是在运用方法时对宏观经济运行的判断发生了偏差。而对于稳定增长类股票的投资成功，正是基于对优质公司依托的行业的深入理解与分析。宏观经济的运行、行业层面的动态、公司个体的经营、个股价值的挖掘，是连贯一致的逻辑思路。

第二部分 市场发展综述

Market Development Overview

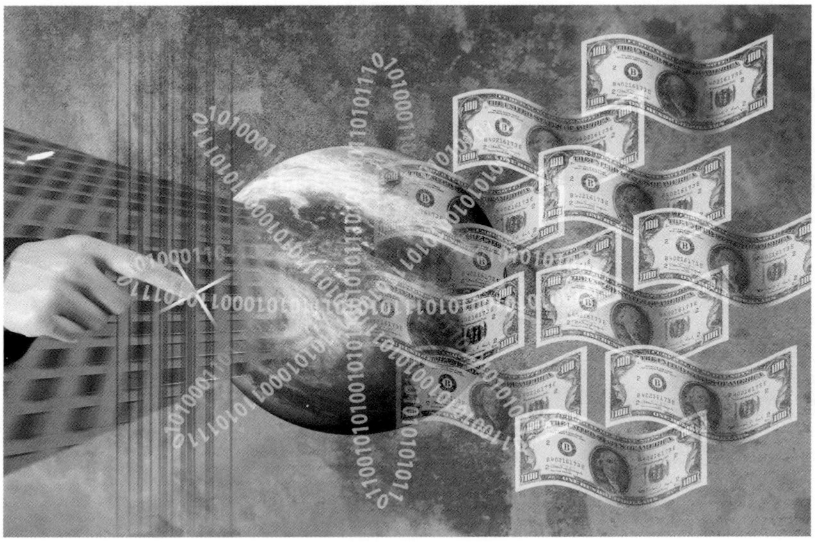

2005年中国证券投资基金市场发展综述

Overview of the Development of China's Securities Fund Market in 2005

执笔：杜书明

内容提要：2005年中国基金市场继续保持快速增长的势头，规模增长率达到44.5%；证券投资基金数量达到218只，与上年相比增加了57只，成为历年来数量增加最多的一年；货币市场基金爆发式增长，资产规模极度膨胀，取代股票基金而成为第一大基金类型。机构投资者持有基金资产的比例继续上升，成为基金发展的重要支柱。合资基金管理公司继续保持快速增长，占基金管理公司数量的比例从上年的28.9%上升到了37.7%。而商业银行背景基金管理公司的成立、基金场内销售渠道的建立、短债基金的发行、基金份额制度的引入、货币基金支付功能的实现等则标志着中国基金业在创新上又获得了长足的进步。

第一部分 2005年中国基金市场发展环境分析

本部分要点

- 2005年，中国宏观经济的走势要好于预期。GDP继续保持了平稳较快增长，增长率达到了9.9%，全年居民消费价格总水平涨幅只有1.8%，保持在了较低的水平。
- 尽管中国宏观经济在2005年的实际运行情况良好，股票市场依旧走出了与宏观经济走势相背离的走势，上证A股指数全年下跌幅度达到了8.21%，年中更创下8年新低。
- 2005年整个中国宏观金融环境呈现了“宽货币、紧信贷”的局面，市场资金非常宽裕，致使货币市场利率持续下降，债券市场异常火爆。
- 股权分置改革的全面铺开、权证的发行、《证券法》与《公司法》的修改、对证券公司进行的大规模整治与救助等，标志着中国股票市场的改革在2005年取得了一系列重要突破。
- 短期融资券的发行、债券远期交易的推出、资产证券化试点的推行等，标志着中国债券市场2005年在创新上又向前迈出了一大步。
- 与股票市场的下跌形成鲜明对比的是，2005年，中国债券市场出现了大幅上涨的行情，上演了资本市场上真正的“神话”，上证国债指数累计上涨13.8%。

最近五年国内生产总值与实际增长率

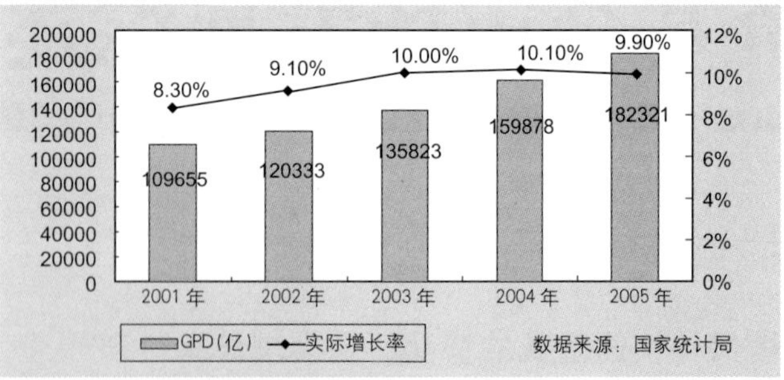

最近五年居民储蓄存款余额(单位:万亿)

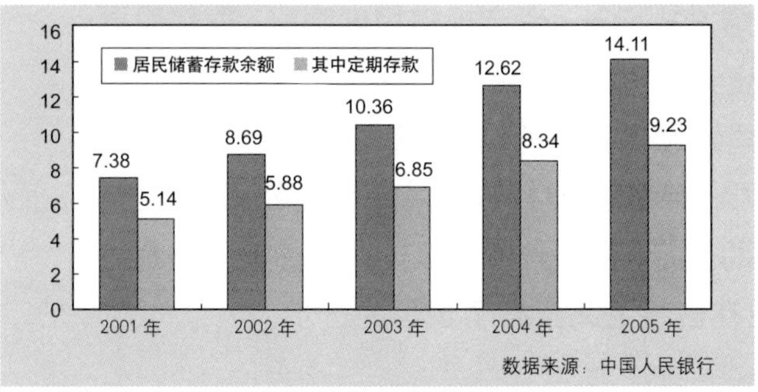

最近五年城乡居民人均可支配收入

	2001	2002	2003	2004	2005
城镇居民					
人均可支配收入(元)	6859.6	7702.8	8472.2	9421.6	10493
实际增长(%)	8.5	13.4	9	7.7	9.6
农村居民					
人均可支配收入(元)	2366.4	2475.6	2622.2	2936.4	3255
实际增长(%)	4.2	4.8	4.3	6.8	6.2

资料来源：国家统计局

一、2005年中国宏观经济与金融市场发展概况

2005年，中国宏观经济在调控压力下并未出现人们年初所普遍担心的悲观走势，而是在克服禽流感肆虐、国际原油价格居高不下、部分行业产能过剩问题突出、煤电油运持续紧张、房地产价格飞涨等不利因素的影响下，继续保持了平稳较快增长。全年国内生产总值达到18.23万亿元，增长9.9%，增长率连续三年超过与接近10%。全年居民消费价格总水平并未出现年初人们所普遍担心的通货膨胀，涨幅只有1.8%，比上年回落2.1个百分点，保持在了较低的水平。与此同时，城镇居民人均可支配收入和农村居民人均纯收入分别实际增长9.6%和6.2%，成为近五年来居民实际收入增长最快的一年[1]。

拉动中国国民经济快速增长的主要动力仍是投资需求、消费需求与对外贸易的强劲增长。2005年固定投资增势未减，全年中国全社会固定资产投资达到8.86万亿元，比上年增长25.7%，增幅仅比上年同期回落0.9个百分点；国内需求旺盛，社会消费品零售总额达到6.7万亿，增长12%，2005年消费对GDP增长的贡献率达33.3%。2005年中国的对外贸易继续快速增长，贸易顺差大幅上升，对经济的拉动作用明显增强。全年进出口总额1.42万亿美元，比上年增长23.2%。其中，出口7620亿美元，增长28.4%；进口6601亿美元，增长17.6%。进出口相抵，顺差达1019亿美元，比上年增加699亿美元。年末国家外汇储备8189亿美元，比年初增加2089亿美元[2]。

尽管中国宏观经济在2005年的实际运行情况良好，但由于市场普遍预期中国经济增速将见顶回落，中国宏观经济的不确定性将会进一步加剧，上市公司未来业绩增幅将下降甚至负增长的大背景下，股票市场依旧走出了与宏观经济走势相背离的走势，上证A股指数全年下跌幅度达到了8.21%。

2005年中国金融体系改革全面提速。整个宏观金融环境呈现了"宽货币、紧信贷"的局面。2005年末，广义货币供应量M2余额29.9万亿元，同比增长17.6%。狭义货币供应量M1余额10.7万亿元，同比增长11.8%。流通中现金M0余额2.4万亿元，同比增长11.9%。2005年末，全部金融机构(含外资金融机构)本外币各项存款余额30.0万亿元，同比增长18.2%，比年初增加4.4万亿元，同比多增1.0万亿元。其中，人民币各项存款余额28.7万亿元，同比增长19.0%，比年初增加4.4万亿元，同比多增1.1万亿元[3]。

2005年末，人民币企业存款余额9.6万亿元，同比增长13.6%，比年初增加1.14万亿元。人民币居民储蓄存款余额14.1万亿元，同比增长18.0%，比年初增加2.1万亿元，同比多增5567亿元，其中，定期储蓄存款比年初增加1.4万亿元，同比多增4487亿元[4]。

2005年末金融机构存款达到9.2万亿元，商业银行借贷现象严重。

形成"宽货币、紧信贷"局面的主要原因，一是3月中旬央行下调了存款超额准备金利率，将金融机构在中国人民银行的超额存款准备金利率下调到0.99%，直接驱使大量资金流入货币市场。二是经国务院批准，中国人民银行宣布自2005年7月21日开始实行以市场供求为基础，参考一篮子货币进行调节、有管理的浮动汇率制度。有管理浮动汇率制度的建立、外汇储备与顺差的大幅度增加进一步强化了市场对人民币升值的预期，并导致人民币放款的增加。三是国有商业银行股份制改革迈出重要步伐。四大国有商业银行之一的中国建设银行于2005年10月19日完成公开招股后，27日正式登陆香港联交所挂牌交易，从而成为第一家成功上市的国有四大银行。与此同时，中国银行已完成上市前的准备工作，而最大的国有商业银行中国工商银行也进行了股份制改造。国有商业银行股份制改革和不断强化的资本充足率的管理，使在这种情况下，市场资金非常宽裕，致使货币市场利率持续下降，债券市场异常火爆。

二、2005年证券市场行情走势与市场环境变化

（一）股票市场行情走势与市场环境新变化

1.股票市场容量

2005年末，投资者开户数7336.07万户，上市公司(A、B股)数量共有1381家，市价总值3.34万亿元，其中流通市值1.07万亿元，全年累计成交额3.17万亿元[5]。

2005年，我国企业在境内外股票市场上累计筹资1884亿元，比上年增加381亿元，增长25.3%。其中A股筹资(包括发行、增发和配股)339亿元，同比下降45.3%；H股发行筹资189亿美元，折合人民币1545亿元，增长1.4倍，占筹资总额的82%，同比提高38.9个百分点[6]。

2.股票市场行情走势

2005年中国股票市场走势继续萎靡不振，年中更创8年新低，上证A股指数全年下跌8.21%，连续第三年收阴。2005年，股票市场累计成交31664.8亿元，比2004年少成交10669.0亿元，同比下降25.2%。

2005年第一季度股票指数稳中有降。导致市场在短暂反弹后持续下跌的主要原因是在宏观经济不确定增加的背景下，占据市场权重较大的周期性股票遭到抛弃，从而对市场形成强大的下行压力。进入第二季度，虽然市场普遍认为管理层推出股权分置改革的试点在长期内有利于市场的稳定健康发展，但是在短期内，市场仍对股改后的扩容压力深感担忧。同时，股改的展开使市场的估值体系受到前所未有的挑战，在这样的双重压力之下，市场陷入恐慌性下跌，6月初上证指数跌破千点，创下八年来历史新低。在此情况下，基金也开始不计后果地抛售重仓股，净值下跌幅度普遍大于大盘的下跌幅度。面对股市的颓势，三季度管理层推出多项利好政策，同时随着股改的顺利推进，市场对股改以及经济不明朗担心开始减弱，市场出现了恢复性的上涨行情。四季度市场预期进一步趋于平稳，指数先抑后扬，整体表现平稳。

3.股票市场发展环境新变化

2005年，在股票市场经历了连续四年的下跌后，国家终于下决心着手解决困扰股票市场发展的股权分置问题。股权分置改革的全面铺开、权证的发行、《证券法》与《公司法》的修改、对证券公司进行的大规模整治与救助等标志着中国股票市场的改革在2005年取得了一系列重要突破。

(1)股权分置改革工作全面铺开，资本市场功能得到全面修复

流通股和非流通股的并存是中国股市的一个特殊现象，是中国股市设立之初为保护国有资产所采取的措施。但随着证券市场的发展，其逐渐成为影响我国股票市场健康发展的最大问题。在市场连续下跌的重压下，经国务院批准，2005年4月29日，中国证监会正式宣布启动上市公司股权分置改革试点工作。5月8日，首批4家试点公司亮相，拉开了股权分置改革的序幕。截至2005年末，421家公司已完成股权分置改革或者

进入股权分置改革程序，占上市公司总数的31%，占沪深交易所总市值的35%。股权分置改革工作取得重大进展。

股权分置改革对中国资本市场的改革与发展具有革命性的意义。它将有利于恢复资本市场的固有功能，即价格发现功能和对上市公司行为的市场约束功能。有利于稳定市场预期，有利于资本市场创新和国际化进程。股权分置改革扩大了股票市场的流通量，也有利于证券投资基金的发展。

（2）权证重新回归市场，证券市场可投资品种增多

2005年令市场兴奋的一个主要金融创新品种是阔别市场九年的权证重返股市。从1992年6月第一只权证发行到1996年6月权证交易被叫停，我国权证市场停止发行和交易已逾九年。但于2005年8月22日在上海证券交易所上市流通的3.88亿宝钢认购权证则标志着权证这一投资品种又重新回到了市场，随后市场上掀起一轮权证投资热，权证产品单日成交额甚至一度超过深沪两市所有股票的总和。

（3）《证券法》与《公司法》的修订为中国资本市场全方位的创新与发展奠定重要基础

十届全国人大常委会第十八次会议2005年10月27日通过了修改后的《证券法》、《公司法》，这两部法律将于2006年1月1日起施行。《证券法》与《公司法》是直接规范资本市场运行的两部基本法律，其修订必将对我国证券市场未来发展产生广泛与深远的影响。

《证券法》的变动幅度很大，修订了近40%的条款。修订后的证券法，突破了严格的分业经营、分业管理规定，为混业经营留下了发展的余地；突破了现货交易的严格规定，不再绝对禁止其他形式的交易，从而为已实施的权证及拟实施的股指期货、期权等创新产品的交易清除了法律障碍；解除了证券公司对客户提供融资和融券的禁止性规定，从而为证券公司扩大业务经营范围提供了法律支持；解除了国企买卖股票和银行资金进入股票市场的禁令，从而将鼓励更多合法渠道的资金进入证券市场。

修订后的"公司法"，完善了公司设立和公司资本制度方面的规定，完善了公司法人治理结构方面的规定；充实了公司职工民主管理和保护职工权益的规定；健全了对股东尤其是中小股东利益的保护机制，将为我国社会主义市场经济的发展提供更加有力的制度支持。

（4）国家资金参与券商重组，证券公司获得重生

经历了几年的苦苦支撑后，2005年一批危机四伏的证券公司终于陷入倒闭风潮，全年被取消证券业务许可并责令关闭的券商有13家之多。在重拳整治违规券商的同时，经国务院批准，中央银行开始出手救助银河、华夏、国泰君安、申银万国等13家社会影响较大的证券公司，中国证券业初步完成新一轮整合。

国家资金参与券商重组有利于化解市场风险，加快证券公司重组的步伐和证券市场的稳定发展。

（5）国务院批转证监会《关于提高上市公司质量意见》的通知

2005年10月19日国务院批转了证监会《关于提高上市公司质量意见》的通知。《意见》将提高上市公司质量的必要性和重要性提升到一个新的高度，强调要标本兼治，着力解决侵占上市公司资金、违规对外担保、编报虚假财务信息等影响上市公司质量的突出问题，同时通过提高上市公司再融资效率、建立多层次市场体系等举措，支持上市公司做优做强。《意见》将有利于提高上市公司的质量，净化股票市场投资环境。

（二）2005年债券市场行情走势与市场环境变化

1.债券市场发展概况

2005年末，在中央国债登记结算公司全部托管的债券总数达508只，托管总量7.22万亿元（其中可流通的总量为7.01万亿元），总市值7.78万亿元[7]。

2005年债券市场（不含央行票据）累计发行各类债券16298亿元，增长32%。其中，国债发行7042亿元，增长1.7%，增速同比下降8.6个百分点；政策金融债发行5852亿元，同比多增1704亿元；企业债发行（含企业短期融资券1393亿元）2047亿元，是上年的6.3倍；金融机构次级债发行966亿元，一般性金融债券270亿元，资产支持证券71亿元，证券公司发行短期融资券29亿元，国际金融机构（国际金融公司和亚洲开发银行）在境内发行熊猫债券21.3亿元[8]。

2.债券市场行情走势

与股票市场形成鲜明对比的是，2005年，中国债券市场出现了大幅上涨的行情，上演了资本市场上真正的"神话"。上证国债指数累计上涨13.8%，债券交割量突破20万亿元。

点燃2005年债券市场火爆的直接因素是，2005年3月16日，央行将商业银行的超额储备利率水平由原来的1.62%下调到0.99%，一轮牛气冲天的债市行情由此展开。随后在CPI低于市场预期，银行系统在金融改革和资本约束的背景下借贷现象加剧以及人民币升值预期的推波助澜下，导致债券市场资金量极度宽裕，推动着债券市场和货币市场利率一路下行，债券市场收益率曲线整体下滑150BP，货币市场利率下行，1年期央行票据一度达到1.33%的低位，国债市场一

上证A股指数2005年走势图

来源：Wind资讯

2005年上证国债指数全年走势图

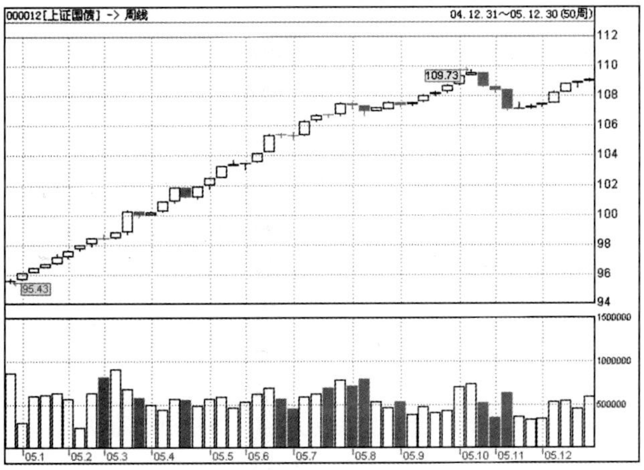

来源：Wind资讯

路高歌猛进，全年几乎没有经历过像样的调整，只是在2005年10月，央行连续发出利率风险警示之后，债市经历了1个月的回调，但很快就重拾升势。

受惠于债券市场的大幅飙升，混合基金、债券基金、保本基金等基金品种在2005年均为投资者赢得了较好的回报。

3.2005年债券市场发展环境新变化

2005年，对我国债券市场发展具有重要影响的环境与政策因素主要包括以下几个方面：

(1)下调存款超额准备金利率，直接驱使大量资金流入货币市场与债券市场。

2005年3月17日，央行将金融机构在中国人民银行的超额存款准备金利率从1.62%下调到0.99%，极大地提高了商业银行的流动性，直接驱使大量资金流入货币市场与债券市场。

(2)CPI低位运行，增速大大低于市场预期

CPI一直以来都是牵动债券市场神经的一个重要因素。2005年CPI并没有象人们年初预料的那样掉头向上，全年CPI较上年同期增长1.8%，增速大大低于人们普遍预期的3.5%的目标。逐渐回落的CPI数据极大地鼓舞了多头的信心。

(3)短期融资券面世，打通货币市场与资本市场联系

2005年5月24日，央行发布《短期融资券管理办法》，允许符合条件的企业在银行间债券市场向合格机构投资者发行短期融资券。短期融资券的发行不但解决了上市公司、证券公司融资难的问题，有利于非金融企业节约财务费用、拓宽融资渠道，打通了货币市场与资本市场的联系，同时也为市场提供了良好的短期投资品种，因此其一经推出就受到包括证券投资基金在内的机构投资者的欢迎，短短半年时间累计发行量就达到了1393亿元。

(4)债券远期交易登陆银行间债市

央行继去年在全国银行间债券市场推出了买断式回购业务，迈出债券市场交易方式创新的重要一步后，又于2005年5月16日发布了《全国银行间债券市场债券远期交易管理规定》，宣布将在银行间债券市场推出债券远期交易。该规定自6月15日开始实施。债券远期交易的推出，揭开了我国发展金融衍生产品工具的序幕，将有利于丰富债券市场上的交易手段，有效规避风险，完善市场价格，提高债券市场的流动性。

(5)资产证券化试点产品再燃年末债市热点

信贷资产证券化(ABS)和个人住房抵押贷款支持证券(MBS)于2005年12月15日的同时面世，不但标志着中国在债券品种创新上又向前迈出了一大步，市场上有了更为复杂的投资定价品种，同时它们的诞生也有望催生出一个新的巨大市场。

第二部分 2005年中国基金市场发展回顾

本部分要点

- 2005年中国基金继续保持了快速增长的发展势头，年末中国证券投资基金的资产规模达到了4691.16亿元，同比增长44.5%；证券投资基金数量达到了218只，与上年相比增加了57只，是历年来数量增加最多的一年。
- 新基金对基金规模扩展的贡献最大。2005年基金资产规模增量中的71%可归因于新基金的贡献，27.3%可归因于资金的净流入，其余2.7%则来自基金表现的贡献。
- 在开放式基金快速增长的情况下，封闭式基金的市场份额继续趋于缩小，其数量占基金总数的比例从上年的33.54%下降到了24.77%。资产规模占基金行业的比例从上年的24.94%下降到了17.52%。
- 开放式基金中，股票基金仍是基金公司最为热衷发展的产品，其数量从2004年末的60只增加到2005年末的95只，比上一年增加35只，成为数量增长最多的一类基金。货币市场基金资产规模的增幅最大，取代股票型基金而成为市场中第一大类基金。
- 债券市值占基金资产的比重从2004年末的41.70%上升到了44.62%，成为配置最大的资产类别，基金股票投资市值占A股流通市值的从2004年的14.57%提高到16.41%。
- 2005年中国开放式基金的持有人户数达到了441.94万户，比上年末的400.4万户增加了41.54万户，增长幅度为10.37%。机构投资者持有开放式基金资产的比例从2004年末的38.81%上升到了2005年末的47.22%。
- 2005年我国又成立了8家新的基金管理公司，使基金管理公司的数量达到了53家。合资基金管理公司数量占基金管理公司数量的比例从上年的28.9%上升到了37.7%。
- 2005年，受股票市场下跌的影响，从绝对回报看，与股票市场表现关联度较大的指数型基金、偏股型基金、股票型基金表现不佳，平均回报率界于−0.69%至3.5%之间。
- 2005年债券市场的火爆，使得以债市为主战场的债券型基金、偏债型基金、保本基金均给投资者带来了较为满意的回报，绝对回报率平均达到了5.96%至9.47%。
- 从与基准指数的比较看，以股票市场为主战场的基金整体而言均较大幅度地战胜了基准指数，而以债券市场为主战场的基金则未能战胜基准，表现整体而言差强人意，市场再次演绎了“强市不强，弱市不弱”的一幕。
- 2005年，除货币市场基金表现为较大的资金净流入外，股票基金、混合基金以及债券基金均表现为净流出。
- 2005年封闭式基金二级市场整体表现仍旧差强人意，加权折价率仍维持在−37.19%的高位，封闭式基金交易连续第三年大幅下降。

中国证券投资基金历年规模增长率(单位:%)

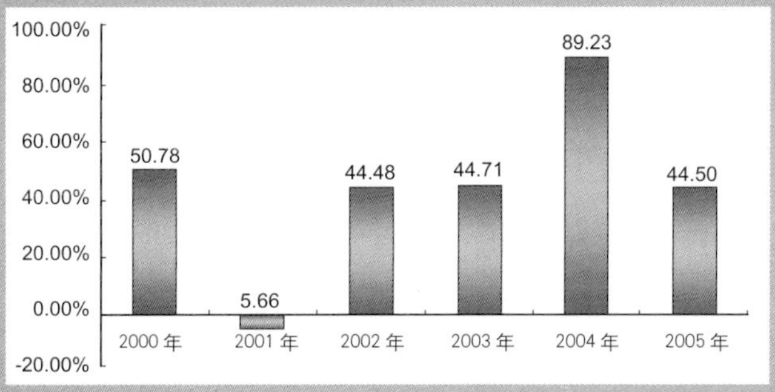

中国证券投资基金历年规模发展概况(单位:亿)

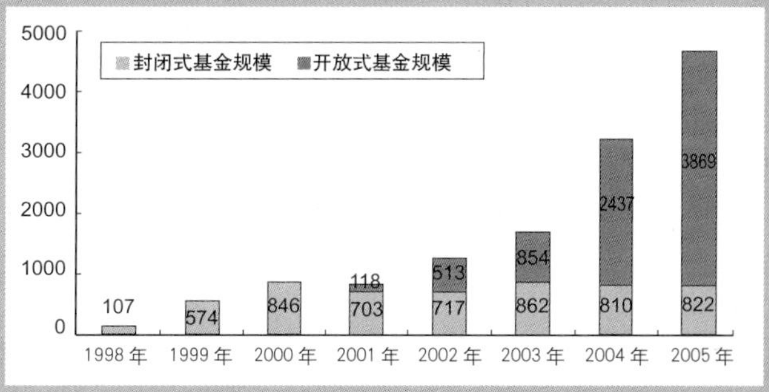

中国证券投资基金历年新增数量概况(单位:只)

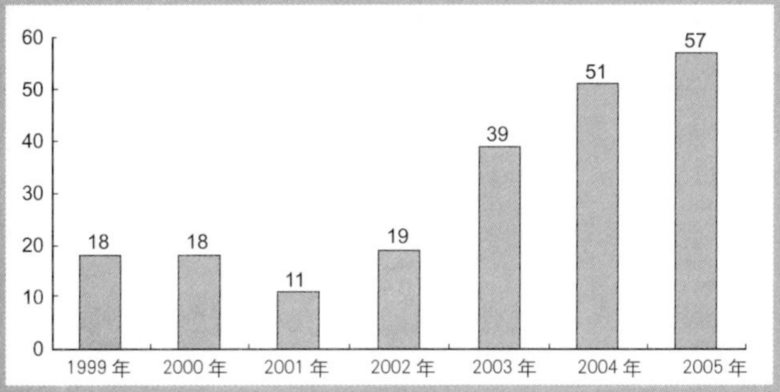

2002年–2005年基金股票投资占A股流通市值的比例(单位:%)

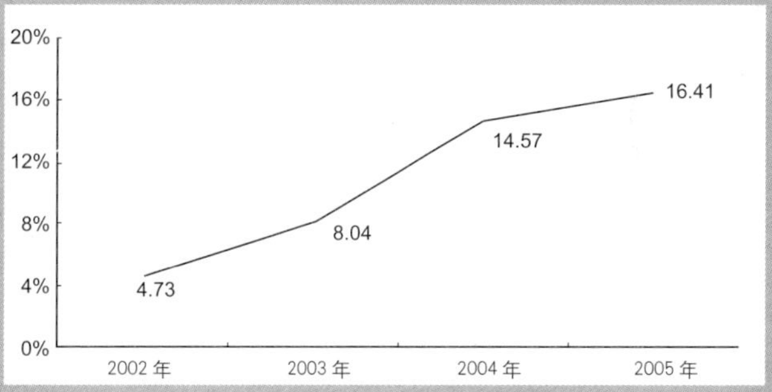

一、基金数量与基金资产规模发展概况

2005年中国基金业继续保持了快速增长的发展势头。截止到2005年末，中国证券投资基金的资产规模达到了4691.16亿元，与上年相比，资产规模增长了1444.76亿元，增长率为44.5%。证券投资基金数量达到了218只，与上年相比增加了57只(全部为开放式基金)，是历年来数量增加最多的一年，基金数量的增加连续两年超过了50只，增长率为35.4%。

90%以上的新增资产来自新的增量资金的流入，不考虑基金分红因素，2005年基金资产规模增量中的71%可归因于新基金的贡献，27.3%可归因于资金的净流入，其余2.7%则来自基金表现的贡献。考虑分红因素的影响，基金表现的贡献率则提高到7%，新基金的贡献为67%，资金净流入的贡献率则为26%。

随着基金资产的增长，基金在金融市场中的地位进一步提高。2005年，基金资产占GDP的比例从上年的2.00%提高到2.67%；基金资产占城乡居民储蓄存款余额的比例从上年的2.72%提高到3.33%；基金股票投资市值占A股流通市值的则从2004年的14.57%提高到16.41%。

2005年，证券投资基金的股票交易量达到了5722.48亿元，占深沪两市股票市场总交易量的18.1%。

二、各类基金的发展与资产分布状况

2005年末，中国开放式基金的数量达到了164只，与上年相比增加了57只，增幅为53.3%，资产规模达到了3869.05亿元，净增1432.38亿元，增长幅度为58.8%。与开放式基金的快速发展形成鲜明对比的是，封闭式基金的发展连续三年处于停滞状态，基金数量继续维持在54只，资产规模略有上升，为822.11亿元，与上年相比增长了1.5%。在开放式基金快速增长的情况下，封闭式基金的市场份额继续趋于缩小，其数量占基金总数的比例从上年的33.54%下降到了24.77%。资产规模占基金行业的比例从上年的24.94%下降到了17.52%。

开放式基金中，股票基金仍是基金公司最为热衷发展的产品，其数量从2004年末的60只增加到2005年末的95只，比上一年增加35只，成为数量增长最多的一类基金，增长幅度接近60%，其占开放式基金的比例也从56%上升到58%。增幅次之的是深受市场欢迎的货币市场基金，其数量从2004年末的9只猛增到2005年末的26只，比上一年增加17只，其占开放式基金的比例也由8.41%上升到15.85%。相比而言，混合型基金

开放式基金历年数量结构(单位:只)

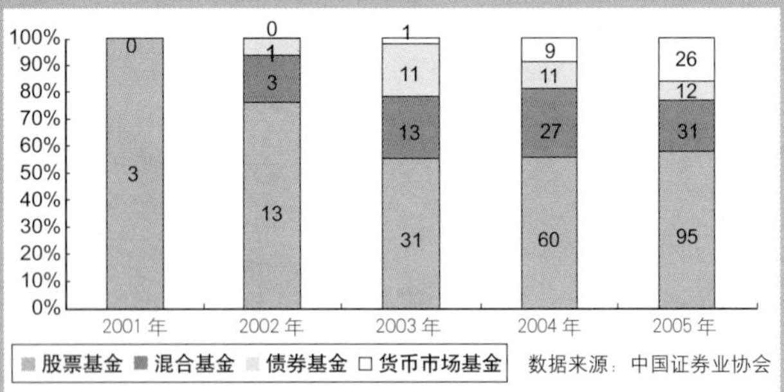

开放式基金历年资产结构变化(单位:亿元)

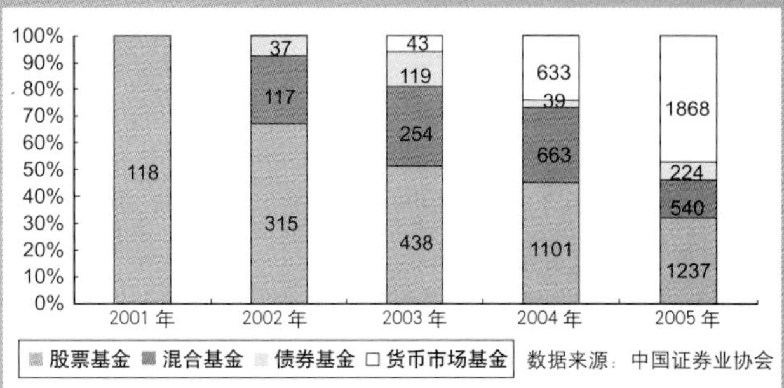

2005 年不同类型开放式基金规模的市场份额

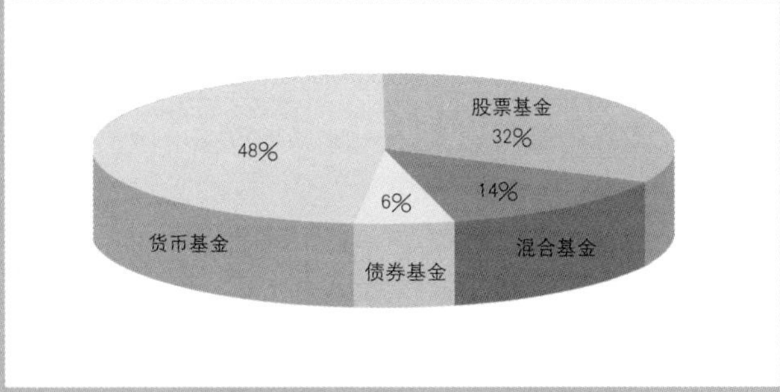

中国证券投资基金历年数量发展概况

年度	封闭式基金		开放式基金		总数量(只)
	数量(只)	比例(%)	数量(只)	比例(%)	
1998	5	100.00	0	0.00	5
1999	23	100.00	0	0.00	23
2000	41	100.00	0	0.00	41
2001	49	94.23	3	5.77	52
2002	54	76.06	17	23.94	71
2003	54	49.09	56	50.91	110
2004	54	33.54	107	66.46	161
2005	54	24.77	164	75.23	218

注：(1)基金数量统计以基金成立时间为准；(2)系列基金子基金被视为独立基金进行统计

资料来源：中国证券投资基金年鉴

的发展受到冷落，全年仅有4只新基金发行，在此情况下，其占开放式基金的比例也由25.23%下降到了18.90%。值得注意的是，2005年债券市场行情的火爆并未惠及债券基金的发展，相反其中一只债券基金在规模持续萎缩的情况下被迫转型为货币市场基金。不过受货币市场基金快速发展的刺激，两只短债基金异军突起，成为货币市场的有力竞争者，在发行上大获成功，从而有望为债券基金的发展找到新的发展方向。

从各类基金资产的增长与分布情况看，货币市场基金资产规模的增幅最大，规模由2004年末的633.27亿元增长至2005年末的1867.90亿元，增加了1234.63亿元，增长幅度高达195%，与此同时其市场份额也由25.99%上升到了48.28%，取代股票型基金而成为市场中第一大类基金。股票基金的资产规模尽管从1100.85亿元上升到1237.29亿元，增加了136.44亿元，但其市场份额却从原来的45.18%下降到了31.98%。在两只短债基金的成功发行下，债券基金的规模由39.38亿元上升到223.50亿元，市场份额从1.62%上升到了5.78%。混合型基金是唯一一类资产规模萎缩的基金。其规模由663.16亿元下降到了540.36亿元，与此同时，其市场份额也由原来的27.22%下降到了13.97%。

三、基金资产配置结构情况

从基金的资产配置结构看，2005年，债券市值占基金资产的比重从2004年末的41.70%上升到了44.62%，成为配置最大的资产类别，与此同时，股票市值占基金资产的比重则从2004年末的47.28%下降到了35.78%，成为历年来资产配置最低的一年。银行存款占基金资产的比重从2004年末的5.24%上升到13.00%，权证作为新的资产项，投资总额只有1500万元，在基金资产中的配置比例可以忽略不计。

证券投资基金历年资产配置图

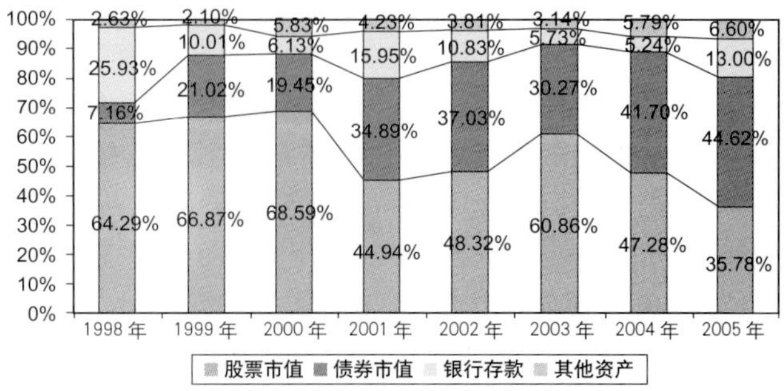

四、各类基金表现

2005年，上证A股指数全年下跌幅度达到了8.21%。受此影响，从绝对回报看，与股票市场表现关联度较大的指数型基金、偏股型基金、股票型基金表现不佳，平均回报率界于-0.69%至3.5%之间。与股票市场的持续低迷形成鲜明对比的是，2005年债券市场牛气冲天，出人意料地走出了一波连续上扬行情，中信国债指数全年上涨14.03%。受此影响，以债市为主战场的债券型基金、偏债型基金、保本基金均给投资者带来了较为满意的回报，绝对回报率平均达到了5.96%至9.47%。

但从与基准指数的比较看，以股票市场为主战场的基金整体而言均较大幅度地战胜了基准指数，而以债券市场为主战场的基金则未能战胜基准，整体而言表现差强人意，市场再次演绎了“强市不强，弱市不弱”的一幕。

2005年，7只具有全年业绩表现的开放式股票基金的平均净值增长率为3.5%，而基准指数上证A股指数的全年下跌幅度达到了8.21%，所有股票基金均跑赢了大盘，只有两只基金业绩为负增长。45只偏股型基金的平均净值增长率为2.81%，基准指数（上证A股指数×70%+中信国债指数×30%）全年下跌了1.54%，73%的基金表现好于基准指数的表现。以股票为主要投资方向的股票基金、偏股型基金从整体上看较好地回避了股票市场大幅下跌的风险。

从偏债基金的业绩表现情况看，用作偏债型基金比较基准的复合指数的表现（15%×上证A股指数涨幅+85%×中信

中国证券投资基金2005年分类表现

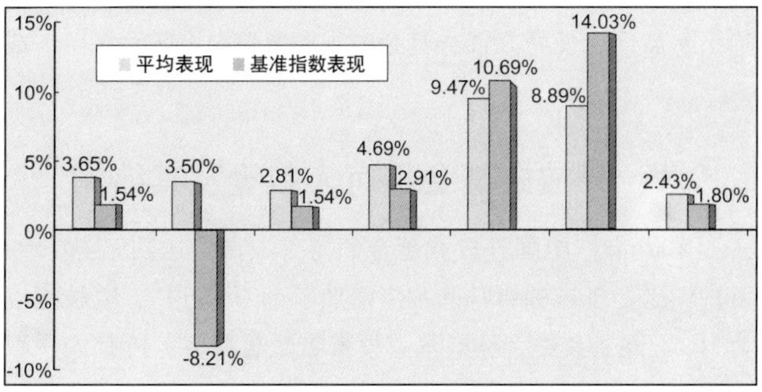

国债指数涨幅）为10.69%，而5只偏债型基金的平均表现为9.47%，整体表现劣于基准指数的表现。2005年10只债券基金平均净值增长率为8.89%，在表现上大幅落后于基准指数的表现。在股票市场下跌之时，债券市场的火爆使保本基金的平均回报率达到了5.96%，大大疏解了其生存压力。

2005年混合基金的业绩表现不温不火。用作混合基金比较基准的基准指数（50%×上证A股指数涨幅+50%×中信国债指数涨幅）的收益率为2.91%，而混合基金的平均净值增长率为4.69%，除1只基金的回报率为负数外，其余基金全部取得了正值回报。

为市场寄予厚望的货币市场基金尽管平均收益率达到了2.43%，但这样的收益水平并没有给投资者带来太多的惊喜。

2005年，中国证券投资基金累计分红76.2亿元，与上年度的77.8亿元相比，略有下降。

五、开放式基金资金流进、流出情况

2005年，共有57只设立的开放式基金首发规模合计达到1002.79亿元，与2004年相比下降818.54亿元，下降幅度达到45%。107只设立于2005年之前的基金在2004年的总申购金额为6568.90亿元，总赎回金额为6175.01亿元，净流入金额393.89亿元。与上年度相比总申购金额、总赎回金额以及净流入金额均大幅度上升，其中货币市场基金的极端活跃是其中的主要原因。总申购金额与总赎回金额合计超过了一万两千亿，说明基金对资金的吞吐能力大大提高。

从不同类型基金的申购赎回情况看，2005年，除货币市场基金表现为较大的资金净流入外，股票基金、混合基金以及债券基金均表现为净流出。

股票基金2005年总申购金额为458.44亿元，总赎回金额为639.39亿元，净流出金额为180.94亿元，不但成为2005年资金流出最多的一类基金，而且也是其历年来资金失血最严重的一年，这与股票市场整体表现不佳密切相关。混合基金总申购金额为114.22亿元，总赎回金额为264.47亿元，资金净流出150.25亿元，失血也较为严重。在此情况下，混合基金的市场份额也随之急剧下降。与股票基金、混合基金相比，债券基金的申购、赎回规模则要小得多，总申购金额与总赎回金额分别只有16.88亿元与22.18亿元，资金净流出5.30元。

2005年，货币市场基金极度活跃，总申购金额与总赎回金额均突破了五千亿元，分别达到了创纪录的5979.35亿元和5248.97亿元，净流入资金730.38亿元。货币市场基金资金量的大进大出，一方面在一定程度上反映了货币市场现金管理的特性，但更多地体现出了一种投机色彩。

资金的大规模涌入，使货币市场基金的资产迅速膨胀，货币市场基金的平均规模也水涨船高，平均规模达到了71.8亿元，同时更造就了一批超大规模的基金。有五只货币市场基金的规模超过了100亿元，其中南方现金增利基金与华安

现金富利基金的规模更是达到了385亿元与335亿元，成为规模最大的两只证券投资基金。但与此同时，债券基金规模的不断萎缩也使两只债券基金的规模萎缩至1亿元之下，成为规模最小的两只基金。值得注意的是，成立于2004年末的唯一一只ETF基金，上证50ETF并未受到股票市场下跌的影响，份额不缩反升，增长了近一半，达到了49.24%。

六、开放式基金持有人数量及其结构

2005年，中国开放式基金的持有人户数达到了441.94万户，比上年末的400.4万户增加了41.54万户，增长幅度为10.37%。其中，股票基金投资者数量最多，持有人户数为202.04万户，混合基金投资者数量次之，持有人户数为117.56万户。作为基金市场后起之秀的货币市场基金的持有人户数也突破了一百万，达到102.42万户。债券基金持有人数量最少，只有19.92万户。

2005年开放式基金持有人数量结构

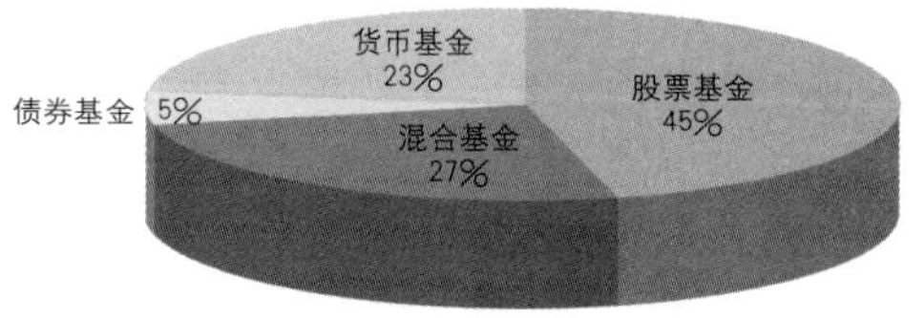

证券投资基金不但受到个人投资者的青睐，而且对机构投资者也充满了吸引力。机构投资者持有开放式基金资产的比例从2004年末的38.81%上升到了2005年末的47.22%，现已成为我国证券投资基金发展的一个重要支柱。

从个人投资者和机构投资者对不同类型基金的偏好看，个人投资者较为偏好于对混合基金、债券基金等风险相对较低的投资品种的投资。2005年末，个人投资者持有混合基金、债券基金的比例分别达到了69.98%与66.11%，相应地，机构投资者对这两类基金的投资比例只有30.02%与33.89%。相对而言，机构投资者较为偏好于投资风险较大的股票基金和流动性较高的货币市场基金，其占这两类基金的投资比例分别达到了51.17%与50.68%。

值得注意的是在上证50ETF基金中，机构投资者的持有比例高达71.76%，个人投资者的比例只有28.24%，说明ETF基金主要受到机构投资者的青睐。

七、封闭式基金二级市场表现及交易情况

2005年，封闭式基金二级市场整体表现仍旧差强人意，上证基金指数全年下跌幅度3.65%，加权折价率仍维持在-37.19%的高位，大型基金的折价率更是高达42%。封闭式基金全年成交额340.74亿元，比上年下降29%，封闭式基金交易连续第三年大幅下降。

八、基金管理公司发展概况

2005年，我国又成立了8家新的基金管理公司，其中5家为合资基金公司，3家为中资基金公司。合资基金公司的发展速度近年来明显快于内资基金管理公司的发展速度。

中国基金管理公司历年发展概况（单位：家）

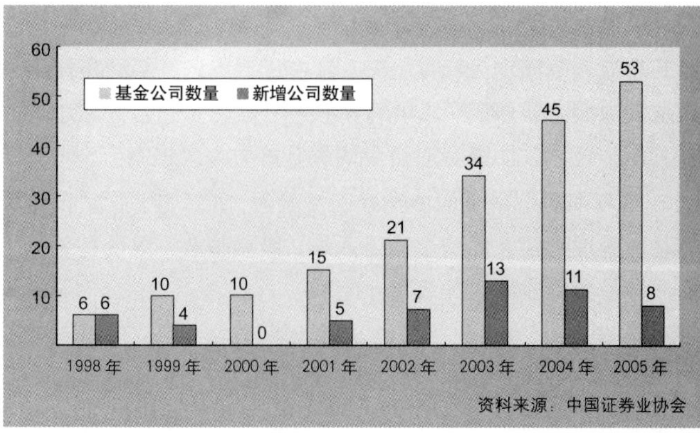

资料来源：中国证券业协会

2005年末，我国基金管理公司的数量达到了53家。其中，20家为合资基金管理公司，33家为内资基金管理公司，合资基金管理公司数量占基金管理公司数量的比例从上年的28.9%上升到了37.7%。合资基金管理公司的资产管理规模为从上年的670.55亿元上升到了1209.64亿元，增长了80.4%；内资基金管理公司的资产管理规模从2575.85亿元增长到3481.52亿元，增长了35.16%。与此同时，合资基金管理公司资产管理规模占市场份额的比例从20.7%上升到了25.8%，继续呈现上升趋势。

前十大基金管理公司历年市场份额

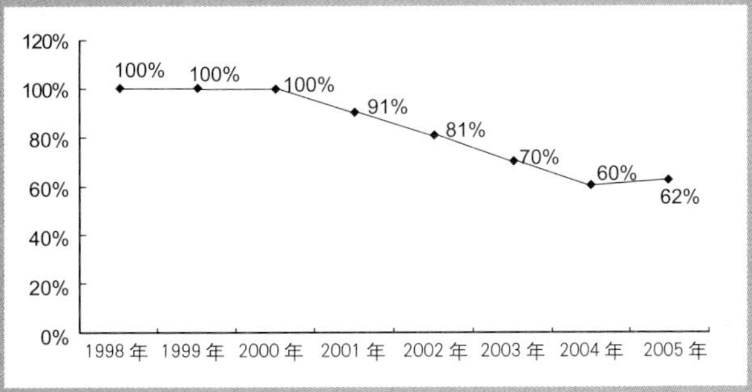

2005年前十大基金管理公司管理资产规模概况(单位:亿元)

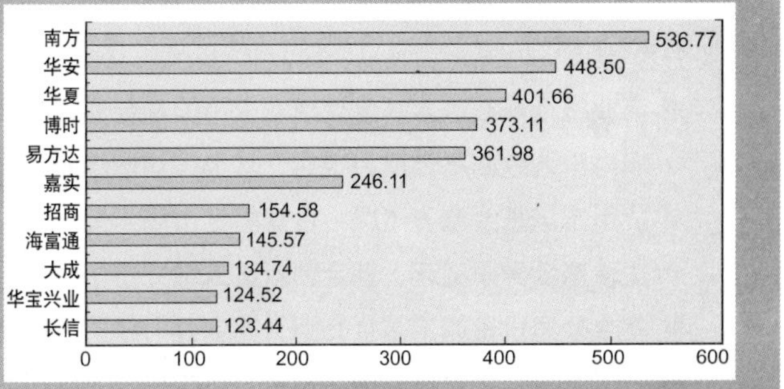

2005年前10大基金管理公司的市场份额为62%，与上年相比，提高了两个百分点，基金市场集中程度有所上升，这是市场集中度在连续4年下滑后的首度提高，说明前十大公司的地位有所巩固。共有15家基金管理公司的基金资产超过100亿元。其中，南方基金管理公司年末基金资产管理规模达到了536.77亿元人民币，成为唯一一家基金管理规模最大超过五百亿元的基金管理公司。

2005年基金管理公司管理费收入合计达到41.63亿元，比2004年增加了6.22亿元，增长幅度为17.57%。

九、基金托管机构发展概况

2005年，又有两家商业银行获得基金托管资格，从而使我国基金托管银行数量从2004年的10家增加到2005年末的12家。基金托管费收入从2004年6.19亿元上升到8.01亿元，增长幅度为29.4%。

中国工商银行的基金托管业务量最大，年末托管基金资产1530.65亿元。但随着托管银行数量的增多，其市场份额从上年的34.8%下降到了2005年的32.6%，中国银行超越中国建设银行成为第二大基金托管银行，其市场份额达到了18.3%。前5大托管银行——中国工商银行、中国银行、中国建设银行、中国农业银行、交通银行的市场份额合计达到89.5%。

十、证券投资基金创造价值情况

证券投资基金具有很强的辐射力，它的发展直接与间接地为相关金融服务业带来收益。

2005年，由基金资产支付的各种费用合计达到了59.74亿元。其中，基金管理费41.63亿元；基金托管费8.01亿元；基金交易佣金4.57亿元；持续营销费4.59亿元；信息披露费0.481亿元；审计费0.165亿元；上市费0.037亿元以及其他杂费0.257亿元。这些由基金资产支付的费用直接成为相关服务行业的收益。

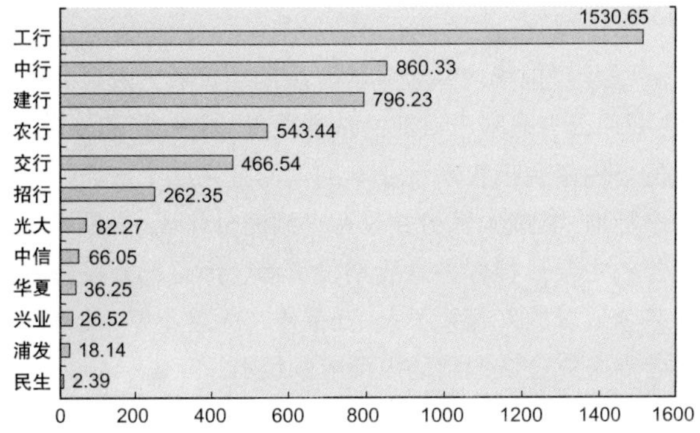

2005年我国托管银行托管基金资产规模概况(单位：亿元)

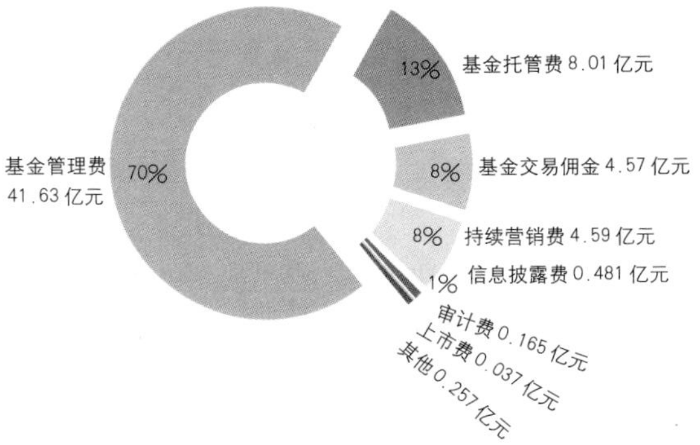

2005年证券投资基金创造的直接价值量

第三部分　2005 年基金市场发展趋势与发展特点

本部分要点

- 商业银行获准进入基金管理业，中国基金业未来竞争格局有可能出现重大变化。
- 场内申购赎回基金成为现实，基金销售增添新渠道。
- 货币市场基金魅力不减，占据基金市场半壁江山。
- 短债基金异军突起，基金创新进入细分市场。
- 基金公司投资旗下基金开闸，基金公司经营风险上升。
- 分级设置基金份额，提高基金对机构投资者吸引力。
- 基金市场首次出现基金转型，拉开基金转型、并购序幕。
- 货币市场基金首获支付功能，彰显货币市场基金货币属性。

2005 年是中国证券投资基金业发展的第八个年头，中国基金业不但在整体上继续保持了快速增长的势头，同时在产品创新以及市场发展上又表现出了一些新的趋势和特点。

一、商业银行获准进入基金管理业，中国基金业未来竞争格局有可能出现重大变化

2005 年 2 月 20 日，中国人民银行、中国银行业监督管理委员会和中国证券监督管理委员会共同发布了《商业银行设立基金管理公司试点管理办法》，为商业银行设立基金管理公司扫清了道路。随后三家银行系基金管理公司陆续设立，并发行了 3 只股票型基金。从募集情况看，商业银行基金管理公司动员资金的能力要远远强于其他基金管理公司。

商业银行进入基金管理业意味着我国金融业在混业经营上又向前迈出了一大步。一方面，商业银行的进入有利于发挥其资源优势，提高基金业的渗透率，大大加快基金业规模扩张的速度。但另一方面，也要看到，由于我国金融资源的 90% 掌握在商业银行系统，因此银行系基金的进入必将给其他基金管理公司带来很大的竞争压力，从而使我国未来的基金业格局发生重大变化。

二、场内申购赎回基金成为现实，基金销售增添新渠道

2005 年 6 月，上海证券交易所与深圳证券交易所相继开通了通过交易所交易系统办理开放式基金的认购、申购、赎回业务。这一业务的开通使投资者可以利用股票账户通过交易所交易系统直接进行开放式基金的认购、申购、赎回业务，从而使开放式基金的销售从传统上的场外延伸到了场内，为基金增添了新的销售渠道。目前已有 11 只基金开通了上交所“基金通”业务，15 只基金采用了深交所的LOF 方式。

通过场内交易系统申购赎回基金具有三大明显的优势：一是可以使投资者高效、便捷地通过电话、网上、柜台操作等进行挂牌基金的认购、申赎申报，二是可以利用交易所的信息平台及时了解挂牌开放式基金的有关信息。三是可以方便地进行挂牌基金的有效操作与管理，使投资者不再需要在购买不同基金公司的不同基金产品时，开立多个账户，进行跨行、跨券商交易。

不过从目前场内基金销售开展的情况看，效果并不理想。主要原因一是限于目前的法规要求，具有准“基金超市”特色的场内基金销售系统在申购赎回上采取了与场外一致的费率标准，其成本优势并没有得到充分体现；二是场内基金销售的主要目标客户是股票投资者，而这部分投资者目前对基金投资的兴趣并不大；三是推广力度不够，使得场外投资者尚未充分认识到场内渠道的优势。

三、货币市场基金魅力不减，占据基金市场半壁江山

2005 年，货币市场基金承接去年的良好发展势头，继续呈现出爆发性的增长。从新基金的募集规模看，货币市场基金 2005 的募集规模达到了 418 亿元，占全部新基金募集资金的 42%。而从资金的净流入看，货币市场基金也成为净流入最大的基金类型。货币市场基金的市场份额已占到开放式基金总规模的一半左右。

货币市场基金的成功主要得益于其与银行存款相比的高收益上，这使其对投资者充满了吸引力，从而也使得其成

为自发销售最成功的一类基金。值得注意的是，货币市场基金在推出之初实际上并不被人们所普遍看好。货币市场基金的成功充分说明只要能够给投资者带来切实回报，我国基金业的发展前景将不可限量。

但货币市场基金的快速发展究竟是好是坏？目前货币市场基金的发展已从某种程度上对其他基金的募集产生了负面的影响。与货币市场基金"风景这边独好"形成鲜明对照的是，股票型基金、混合型基金、债券型基金的萎缩，这从长期看将有悖基金发展的初衷。

四、短债基金异军突起，基金创新进入细分市场

进入下半年，随着货币市场利率的下降，货币市场基金的收益率大幅降低，其对投资者的吸引力开始有所减弱，在这种情况下，一些基金管理公司另辟蹊径，在最大限度保留与货币市场相似的设计框架下（免税购赎回费，采用"摊余成本法"估值等）突破货币市场基金苛严的投资组合的平均剩余期限在每个交易日均不得超过180天的限制，而适时推出了组合久期控制在3年以内"短债基金"。

被市场作为货币市场基金替代品的短债基金一经问世，立即受到市场的追捧，成为2005年基金销售的最大亮点，两只短债基金的募集规模分别达到了46亿元与114亿元人民币。可以预期，在目前市场环境下，短债基金仍会有一定的成长空间。

五、基金公司投资旗下基金开闸，基金公司经营风险上升

2005年，证监会发布《关于基金管理公司运用固有资金进行基金投资有关事项的通知》，允许净资产在5000万元以上的基金管理公司以不超过公司净资产的60%的资金购买基金。

允许基金管理公司使用固有资金投资旗下基金固然会在一定程度上解决基金管理公司固有资金投资渠道狭窄的问题，但另一方面将会有可能导致基金管理公司经营风险的上升。

2005年共有12家基金公司合计动用3.5亿元自有资金投资于旗下基金，从投资品种上看，绝大部分投资到了开放式基金，但也有投资于封闭式基金的。在开放式基金的投资中既包括低风险的货币市场基金，也包括风险较高的股票型基金。在基金募集困难的情况下，基金管理公司动用固有资金购买自己新发行的基金可能会成为许多基金公司的选择。

六、分级设置基金份额，提高基金对机构投资者吸引力

今年我国一些基金管理公司在货币市场基金中首次引入了在美国比较流行的基金份额分级制度，对不同的投资者根据不同的投资额度设置不同的基金等级——A级基金份额和B级基金份额，实行销售服务差别费率。

目前已有6只基金（货币市场基金5只，短债基金1只）对基金份额进行了分级设置。分级设置基金份额说明基金管理公司开始重视对不同投资者的差异性服务。

七、货币市场基金首获支付功能，彰显货币市场基金货币属性

2005年12月5日，由南方基金与中信银行联合推出国内首张基金联名信用卡。这张名为"中信南方基金联名卡"，允许持卡人以其拥有的南方现金增利货币基金份额作为资信证明，通过自动赎回份额归还信用卡透资的资金，从而使该基金拥有了重要的支付功能。

目前国内货币市场基金从赎回到现金到帐一般需要3天时间，只有招商货币市场基金可以实现两天到帐。这次基金联名卡的推出，不仅使信用卡用户可以最长享受到银行56天的免息期，还可以使其获得在这56天内投资货币市场基金的投资收益。基金联名信用卡的推出一方面反映了基金业与银行业合作的深化，另一方面也反映了中国基金业开始重视技术上的进步。

八、基金市场首次出现基金转型，拉开基金转型、并购序幕

在基金规模持续萎缩的情况下，景顺长城恒丰债券基金于2005年7月15日转型为景顺长城恒丰货币市场基金，由此成为中国基金市场上首现基金转型现象。基金转型是一种市场行为，成熟市场经常会发生一些规模小、业绩不佳、市场形象差的基金被清盘、并购的情况，因此可以预期随着市场竞争的日趋激烈，我国基金市场未来将会出现更多的基金转型、并购事件。

注：1数据来源：中国国家统计局；2数据来源：中国国家统计局；3数据来源：中国人民银行《2005年第四季度货币政策执行报告》；
4数据来源：中国人民银行《2005年第四季度货币政策执行报告》；5数据来源：中国证监会网站；6数据来源：中国人民银行《2005年第四季度货币政策执行报告》；
7数据来源：中国债券信息网；8数据来源：中国人民银行《2005年第四季度货币政策执行报告》。

2005 年美国基金市场发展综述

Overview of the Development of USA's Securities Fund Market in 2005

执笔：Morningstar 晨星（中国）研究中心

与 2004 年相似，美国基金 2005 年纷纷从股市中获益，除了以卖空策略为主的"熊市基金"(bear market fund)外，每一只国内股票型基金都得以获益。中盘股基金组别和国际基金组别尤其热门，成长型基金更显得生机勃勃。虽然债券表现疲弱，但仍然能够勉强取得正回报。除了全球债券基金以外，所有固定收益组别都艰难前行。新兴市场债券基金延续其多年的涨势继续盈利，国际股票组别表现不俗。

2005 年美国基金市场总回顾

● 股票基金

从行业上看，自然资源、公用事业和房地产等行业基金继续保持领先，无论从 2005 年全年还是从最后一个季度来看，这几类基金的回报率均排名靠前。

在自然资源行业的基金中，原油行业无疑是 2005 年最耀眼的明星。据统计，2005 年前九个月该行业基金的新流入资金高达 147 亿美元。但在 10 月份的油价不再坚挺之后，投资者的收益随着石油价格及相关股票价格的回落而遭受损失。晨星基金分析师认为，像PIMCO Commodity Real Return Fund 这类分散投资于多种商品价格的基金应是新年度内对该行业有兴趣的投资者的首选。但将于2006年6月份实施的关于商品掉期交易的税收法规将使得这类基金失去税收优惠，从而可能影响投资者的收益。故在对此类基金的投资策略上，建议投资者最好在等其尘埃落定之后再做出相应调整。

在经历 2001 和 2002 两年的大跌之后，公用事业基金近三年的表现较好，仅次于自然资源基金。这除了得益于行业环境变化外，也得益于之前的低利率政策使该行业的高分红具有较大吸引力。但 2005 年的不断升息使得这一影响因素减弱，该行业基金的收益率明显低于前两年。

对房地产基金，目前市场供过于求的信号相对较弱，而且个人需求对房价形成有力的支撑，相信其业绩仍会保持增长，但增长空间有限。因为目前来看，许多指标已经达到历史最高水平，如价格现金流比、与十年国债收益率比、与标准普尔 500 指数收益率比等。

此外，生物技术的升温推动医疗保健行业表现突出，2005 年该类基金涨幅近 10%。晨星基金分析师长期看好该行业，但建议投资者可通过购买大盘成长基金来达到配置于该行业的目的。因为该类基金也大多有相当的比重投资于医疗保健行业。而且从另一个角度来看股票基金，我们可以发现大盘成长型基金在四季度的表现仅次于中盘成长型基金，上升趋势明显，有迹象表明过去几年里，小盘基金、价值型基金占优的时代已渐逝去。因此投资者可以从风格配置中获得更高的收益。

● 债券基金

美联储基准利率的不断提升给债券基金的收益带来较大压力，2005 年雷曼兄弟债券总指数上涨 2.4%，中期债券类别基金平均收益率仅为 1.75%。但是，由于收益率曲线日趋平缓（短期收益率与长期收益率差别不大），使得投资者对债券基金的兴趣不减。

新兴市场债券基金（Emerging-markets Category）在债券基金中表现最好，2005 年上涨 11.8%。受益于发展中国家经济健康发展，加上其可投资的债券品种不断上升，该类型基金已经连续 5 年表现突出。但随着美国市场利率的上升，2006 年各发展中国家利率随之上升的可能性正在加大，相信会影响其业绩表现。

以投资于美国政府债券和其他发达国家国债为主的世界债券基金（World-Bond Category）2005 年下跌 3.2%。这类债券的信用等级较高，但收益率较低，因此对利率的变动较为敏感。美国利率的上升及美元的走强给持有这类债券较多的基金带来较大的负面影响。

而稳定攀升的市场利率使得投资于浮动利率债券为主的银行贷款资产基金（Bank-loan Funds）受益，2005 年收益率达 4.7%。但我们看到，虽然这类基金保持了十年以来平均收益率 5% 的良好记录，但是其收益率与银行同业拆借利率的差别正在缩小。加上利率进一步上升的空间缩小，投资者想在该类基金上获得超过 5% 的收益有较大难度。

● 国际基金

2005年投资于拉美及日本市场的基金表现出色，尤其是拉美市场基金，回报令人瞩目。受基础资源价格上涨拉动，这几年墨西哥、巴西等发展中国家的宏观经济发展较快，使得投资于拉美市场的基金这三年平均回报高达 54%，比排名第二的自然资源基金高出 20%。但投资者应该了解的是此类基金的高增长率具有较大的不确定性，在过去十年内波动率排名第三，只有投资于科技股和贵金属的基金波动超过它。因此该类基金虽然收益率较高，但并不适合大多数的投资者。

● ETF 市场

2005 年美国 ETF 市场发展势头强劲，年末 ETF 管理的资产规模比 2004 年增加了近 30%，且资金流入稳步上升。2005 年新上市 ETF 的只数创出历史新高，ETF 的作用也逐渐得到广大投资者的关注和认可，并对原来的基金行业带来较大的影响。

大多数跟踪大市场指数的股票型 ETF 于 2005 年获得了正回报，比如 Vanguard Total Stock Market VIPERs 和 StreetTracks Total Market ETF 都超过 6%。而一些跟踪国际和能源行业指数的 ETF 获得了更高的收益。比如，IShares MSCI Brazil 和 iShares MSCI South Korea 收益率甚至超过 50%；而受益于石油价格上涨的 Energy Select Sector SPDR 和 Vanguard Energy VIPERs 等也都获得了 40% 左右的收益。同期通讯、技术和大盘成长 ETF 表现相对较差，其中通讯行业 ETF 平均收益率为负。

2005 年共发行 51 只 ETF，其中规模最大的三只均为先锋 2005 年 3 月份发行的 Vanguard European Stock VIPERs、Vanguard Pacific Stock VIPERs 和 Vanguard Emerging Markets Stock VIPERs，至 2006 年一月底，其净资产分别为 164 亿美元、91 亿美元和 86 亿美元。而至 2005 年一月底，2004 年发行的 ETF 中规模最大的二只也是先锋发行的，全部 ETF 中规模最大的还是先锋。其吸引资金注意力主要原因之一就是其在同类基金中较低的费用率。先锋与巴克莱公司为ETF市场中管理规模最大的资产管理公司，仅这两家就在ETF市场中占据了近40%的管理资产。此外，这两年发行的ETF中持续规模较大的都是与新兴市场和贵金属相关的基金。也就是说投资者普遍认可的还是市场中的领先者以及行业预期较好的ETF。

我们也可以看到，PowerShares公司2005年就发行了32只ETF，占了总数的近60%，成为ETF市场的新星。但该公司这种迅速扩张也留下了不少隐患。因为其中不少ETF跟踪的指数并不出名或是一些成份股范围狭小的指数，这使得投资者对其存在疑虑，到底这是为了给投资者更好的投资工具还是仅仅从公司自身的利益出发。

2005年ETF市场中出现许多重大的变化，其中最引人注目的是巴克莱公司宣布今后两年内将其81只在美国证券交易所上市的ETF全部迁移到纽约证券交易所。投资者可能对此举不甚理解，因为前后并没感到有什么差别。但巴克莱公司表示，虽然美国证券交易所是ETF的发源地，但纽约证券交易所不断的技术升级使之有利于推动巴克莱进一步发展其ETF系列(iShares)。

美国证监会只花了不到一年的时间就审核通过了第一只基于货币汇率的ETF的发行。该ETF跟踪的是欧元与美元的汇率变动。就该品种的可投资性我们这里不做评述，毕竟影响汇率的因素很多，且外汇市场的参与者太多，不确定性大。但对比第一只与黄金价格挂钩的ETF耗时两年的审核时间来看，我们似乎可以得到这样一个推断，美国证监会对此"另类"ETF的审核开始加快，这也就意味着ETF市场已经得到行业及监管方的重视。正是因为对该市场提前做了相关研究及准备工作，审核才会明显加快。

许多ETF跟踪的指数都是标普公司开发的指数。2005年标普公司决定放弃其原有的按市净率划分股票风格的方法(Barra公司提供)，而改用花旗提供的方法。因为Barra的靠单一指标划分价值、成长股的准确性本来就不时遭到质疑，而且经常发生风格漂移的股票会给ETF的运作产生额外的交易。而花旗的划分方法是引进多因素模型，而且允许一个股票同时拥有价值和成长的特性，从而同时进入两个不同风格指数的计算，这有利于ETF减小不必要的换手。巴克莱公司旗下的ETF于2005年12月开始采用这一新的跟踪指数。

ETF的低成本优势给其它基金带来了竞争压力，富达投资、先锋集团等都降低旗下传统指数基金的费率。其中富达投资先是将旗下的传统股票指数基金的费用率降至0.10%，后来又进一步对10万美元以上的投资者给予0.07%的优惠费率。这使得其最低费率与ETF的最低费率持平。而这又给ETF带来一定压力，因为与普通的指数基金相比，ETF的投资者还要支付佣金，因此目前情况下个别普通指数基金的成本反而更低了。

ETF的这种扩张趋势很可能在2006年得以延续。投资者将可以看到：更多不同跟踪标的的ETF(美国证监会已经审核通过了多种商品指数ETF，包括多种商品的加权平均指数)；积极型ETF的酝酿及诞生；债券ETF的发展壮大(目前还只有6只)；与现有ETF有所差异化的ETF基金(如前面提到的跟踪花旗指数的大盘成长ETF等)。而面对这一轮ETF扩军，投资者应该始终保持清醒的头脑，坚持按自己的投资目标及风险承受能力来选择适合自己的ETF。

前十大基金公司业绩表现

	2005回报*	类别内排%	三年回报*	类别内排%	五年回报*	类别内排%
Dodge & Cox	8.51%	22	17.18%	11	10.18%	3
PIMCO Funds	3.84%	37	5.60%	39	6.20%	27
Columbia	8.35%	37	16.03%	36	5.79%	38
Fidelity	8.87%	38	15.10%	42	3.13%	38
OppenheimerFunds	8.75%	38	15.09%	32	4.59%	34
Vanguard	6.54%	39	13.40%	30	3.81%	30
T. Rowe Price	8.55%	40	16.68%	38	5.31%	27
American Funds	8.92%	42	16.05%	40	5.69%	23
Putnam	6.67%	49	12.98%	58	0.65%	64
Franklin Templeton	6.71%	50	13.40%	36	6.53%	25

* 资产加权平均

前十大基金公司业绩表现

评价一家基金公司的最好指标，是评估其以资产为权重的加权平均收益。基金公司经常以简单平均收益作为对外宣传指标，对其大型基金和小型基金使用同样的权重。相对的，资产加权平均收益通过对大型基金采取高权重的方法，可以更好的反映大多数基金股东的实际收益情况。晨星美国对当前资产规模最大的前十家基金公司2005 年的加权收益指标予以了揭晓。

比较总资产规模最大的前十家基金公司，Dodge & Cox 公司表现最好，2005 年其加权收益在所有同类基金中排名第22位，最近5年加权收益排名第三。该基金公司有着非常优秀的投资分析团队，低成本，并且与其他公司不同的是，其愿意在必要的时候关闭旗下基金。

而令人惊讶的是 Columbia 公司在 2005 年度紧随PIMCO排名第二。PIMCO借助其最好的债券投资经理名列前茅并不出奇，但是Columbia公司优势又在于何处呢？Columbia基金公司由Galaxy、Nations、Liberty、Stein Roe 和 Colonial 兼并而成。Columbia以及其新近兼并的Nations基金都曾陷于择时交易的违规丑闻。虽然Columbia已经理清了其业务流程，转向了较好的经营质量，但是其优秀的业绩仍然有一定水分，特别是三只获益最高的基金其实并非真正属于位处波士顿的Columbia管理团队。要真正成为被广泛认可的优质基金公司，Columbia 仍需努力。

另外，富达基金公司(Fidelity)并没有受旗下国内股票基金组问题的影响，2005年整体表现依然良好稳居第四。美国基金(American funds)排名第八。富兰克林·邓普顿(Franklin Templeton)排名最后。

晨星全球投资年会三大热门主题

第 17 届晨星全球投资年会 2005 年 6 月在芝加哥隆重举行。本次会议邀请了 Dodge & Cox 公司的 Harry Hagey，AllianceBernstein 的 Lew Sanders，以及 PIMCO 公司的“债券王”Bill Gross 作主题演讲。Hagey 关注独立投资机构的价值，Sanders 主讲有关行为金融的成长领域，而 Gross 则主要介绍PIMCO公司与业界有所分歧的宏观经济展望。在本届投资研讨会中，三大热门主题继续延伸2004年大家所关注的焦点。

● 成长型是否成为新的投资价值

从2004年，成长型股票与价值型股票的分界线已经开始模糊，有如沃尔玛和微软等曾经一度被认为是成长先锋的股票，如今已经出现在价值型投资组合里。这种模糊性，源于过去几年里价值型股票的快速上涨，以及同时成长型股票的价格下跌或持平。即使股价反映冷淡，但沃尔玛公司仍然继续其业务扩展，这足以吸引了更多投资者的眼球。因此，即使资金持续追逐价值型基金，但下一步焦点是否会有所转移，以及何种行业和基金将处于领先地位，已经成为大家思考的焦点。

● 加息对投资方向的影响

过去几年来，利率的走势一直难以捉摸。许多头脑清醒的固定收益基金经理也都只是简单地预测利率呈上升趋势。当时市场上不少言论都认为利率已经触及高位稳定水平。随着越来越多投资者开始进入退休年龄，投资追踪的目标开始转向资本的保护以及稳定的收益。

● 国际投资成为焦点话题

外国股票持续攀升，尤其是对日本的投资热情重新升温，这一趋势是否能得以持续成为业界的讨论热点。欧元的紧缩后退，也使得市场开始关注其潜在意味。实际上，这些答案并不仅仅只对投资于外国资金的投资者显得重要。如今，外国股票的收益，尤其是来自欧洲上市公司的收益，已经在国内投资组合中占据了相当大的比重，这对于大盘股票基金来说表现尤为明显。

五大惊讶事件

近年来，美国共同基金业内发生了许多不同寻常的事件——从出现专注于水资源建设的基金，到一个州检察官给整个行业带来的震撼——或许大家认为不会再有什么令人惊讶的事情了。但是每年总是有出人意料的事，2005 年也不例外。

一些重量级基金经理的离职占居2005年惊讶事件排行榜的前列——从这些基金经理长时间的任职历史来看，他们的离任在人们看来几乎是不可能的。事实上，自从两年前国际股票类基金女奇才Helen Young Hayes从Janus被辞退并宣布从此告别资产管理这一行以后，基金经理的变动日益司空见惯，以至于这类新闻好像已经不能称作什么惊讶了。但是2005年几个重要人物的离开却仍然毫无疑问地让人们感到震惊。

● Clipper船长下船

Clipper公司三位核心老将James H. Gipson，Michael C.Sandler和 Bruce G.Veaco在2005年最后一天离开了Clipper公司，从此告别Clipper Fund CFIMX这只由他们创建并一直管理了21年的基金。Gipson的团队是很有耐心的价值投资者，他们相信集中持有少数重点股票的原则，并只有在股价低于内在价值至少30%的时候才会买入，而在没有发现很好的股票或者合适的价格之前他们宁可大量持有现金（泡沫时期现金比例达到45%）。21年来在相当稳定的团队管理下，Clipper Fund成为倍受投资者尊敬的一只老基金，在2005年底获得12.62%的十年平均总回报率，跑赢S&P 500指数3.55个百分点。在这三位老将离任消息公布之前，那些认为2006年Clipper Fund将由新的基金经理接管的传闻在人们看来都是荒谬的，因为这几位传奇的基金经理尤其是63岁的Gipson几乎是与Clipper公司齐名，甚至人们一提到Clipper公司的时候就会想起他们的名字。老船长的离开给Clipper带来的损失可想而知。

● Mohamed El-Erian离开PIMCO

与Gipson离开Clipper公司令人目瞪口呆相似，Mohamed El-Erian离开PIMCO公司的消息同样称得上轰动一时。47岁的El-Erian是PIMCO公司的常务董事，曾管理资产超过280亿美元的新兴市场债券基金，是新兴市场债券领域里面最有影响力的人物之一。与大多数卓越的基金经理不一样的是，El-Erian之前从来没有从事过商业活动，他曾在国际货币组织任职15年，参与债券和国家事务问题，同时广泛发表过许多国际经济方面的言论作品。也许过去这些经历足以暗示着El-Erian有回到“现实世界”的愿望。但是他被认为是债券王（Bond King）Bill Gross（PIMCO的创办人之一）的最佳接任人，按理说他恐怕会是最后一个想要离职的人。于是当El-Erian宣布将在2006年年初离开PIMCO公司去接管哈佛大学捐赠基金并任教于哈佛商学院的时候，投资者确实感到很突然。

● TIAA-CREF的转变

养老金巨头TIAA-CREF在1997年推出他们第一只基金以来，已经有将近10年管理教育者和其他非赢利机构工作者资金的历史。他们标榜着“低费率”的一系列基金一直被认为是维护股东权益的典范而深受投资者爱戴，并与同样以低费率著称的基金巨人Vanguard旗鼓相当。2005年7月，TIAA-CREF执行官向股东会提出要大幅度提高管理费用，并以清算做威胁的时候，大家觉得很惊讶。在新的费用方案下，公司收取的管理费用将一下子上升为45到50个基本点（basis points），这是个非常大的爆涨，因为在TIAA-CREF公司管理的63只基金里面有53只此前的管理费仅不到10个基本点。

TIAA-CREF表示，增加的管理费用将用于研究队伍的壮大、网站的建设和不断上升的常规费用。更让投资者失望的是，他们还要决定征收以前一向不收取的12b-1费用来加强销售力量以扩大资产规模。尽管TIAA-CRE本身是个非赢利机构，但是TIAA-CRE基金管理公司可不是，新的费用规定就反映了其试图通过扩大基金资产规模来增加自身收入的想法。告别一直以来吸引投资者的低费用的最大优势，对于原本业绩黯淡的TIAA-CREF公司来说，这次转变有人认为是一次错误的方向性决定。

● Fidelity的反思

2005年Fidelity公司的高官来了个大换岗，其中最值得一提的是Stephan Jonas接替Abigail Johnson成为Fidelity管理和研究公司(FMRCo)主管之后，给研究队伍和研究模式带来的一场革新。

Fidelity公司一直提倡内部晋升制度，公司每年都会招纳一批优秀的毕业生作为研究员，并以成为未来基金经理为培养方向，每隔一到两年研究员就会被重新安排研究方向，以此扩大他们研究的广度来培养未来管理投资组合的能力。研究员被鼓励去竞争基金经理的职位而不是停留在原来的位置。这种方式很自然地导致了比较高的人员流动——优秀的研究员晋升为基金经理，落选的就离开公司。同时，频繁更换研究方向也使公司难以培养在特定行业资深的分析师，从而大大影响公司的研究水平。

Fidelity一改过去的作风，开始从外面招纳部分有丰富经验的分析师，并引进高级研究员职业规划等等。这种新的管理模式其实是很多竞争者一直采用的方式，但是对于一向只专注培养明星基金经理的Fidelity来说就是一个很大的转变。

● David Winters离开Mutual Series

Mutual Series公司从来都是故事不断。Mutual Series系列基金在传奇投资人Michael Price和他的导师Max Heine独特的投资风格领导下，被赋予“最敏锐的价值型基金”的美誉。除了买入价值被低估的股票以外，同样的理念还被用于投资已破产或陷入困境公司的证券；他们还参与“并购套利”——通过股票在收购消息宣布后的市场价格和最后的收购价格之间的差价牟利；以及“股东激进主义”——大量持有他们认为管理失当的公司的股权，并联合其他大股东一起对公司施压要求重组和更换管理层，以实现公司的价值成长。1996年Mutual Series被卖给了Franklin Templeton，之后几年里，Michael Price和其他一些资深的基金经理陆续离开了Mutual Series，而David Winters继续留任，管理该系列7只基金中的4只，资产总计300亿美元。自1986年加入Mutual Series公司后就一直与Michael Price并肩作战的Winters把上述大胆冒险的投资风格发挥得淋漓尽致。基金Mutual Discovery在Winters管理的五年里平均年回报为10%，远远高出同类基金-1%的平均水平，而且其波动性还是同类基金中最小的。Winters同时还担任首席投资顾问、总裁和CEO的职位。就像所有芝加哥人都认为的，芝加哥的冬天永远都不会走的。但是这次，Winters决定离开了，去创建自己的基金公司Wintergreen Advisers。继Winters之后，Mutual Series系列基金是否有能力保持一向的投资风格成为投资者所关心的问题。

五只最可怕的基金

2005年的美国股市摆脱了熊市的阴影，道琼斯指数在10000点和11000点之间振荡。随着市场的好转，基金市场开始涌现新基金。2005年以来，美国新成立的基金已达200多只。股市走出熊市后的“负面效应”则是许多形形色色的基金开始涌现在市场中，企图吸引经验较少的投资者上钩。而在2005年万圣节来临之际，美国晨星公司基金研究总监罗素·金奈尔选出了当年最让人觉得“可怕”的五只基金。分别为：

● 小鸡成长基金(Chicken Little Growth Fund)

这只基金的投资平均分为两大部分——"阿尔法"("Alpha")部分和"市场"("Market")部分。"阿尔法"部分投资在基金管理者认为能获得超出市场平均水平回报的股票，股票最多不超过5只。而"市场"部分则包括其他各种类型的股票，只数不超过22只，而每只股票的比例不超过3%。罗素说，"阿尔法"部分加上"市场"部分为什么就成为"小鸡成长基金"，让人摸不着头脑，而使人更奇怪的是不知道哪个脑子正常的人会买这只费率高达3%的基金。

● 强势纳米组合(Power Shares Lux Nanotech Portfolio)

ETF也疯狂这是强势(PowerShare)基金公司发行一只以纳米科技相关股票为主要投资方向的ETF。罗素认为，这只基金证明了ETF也能像普通开放式一样喜欢赶潮流，也可以同样不明智。这只基金存在的问题是，市场中并没有足够多的与纳米科技相关的股票，因此投资组合中一定会有许多这类投资范围之外的股票，而基金管理者会找种种理由使其合理。这只基金所投资的纳米科技相关公司有：通用电器(General Electric)，3M，惠普(Hewlett—Packard)和通用汽车(GM)等。

● 奥伯威思中国机会(Oberweis China Opportunities)

在中国热浪潮中，位于伊利诺斯州来尔(Lisle, Illinois)小镇的奥伯威思(Oberweis)基金公司也想来分一杯羹了。其在香港雇佣了一批分析师，研究中国股票。但罗素认为，投资者在投资亚洲股票时，可能更信任的是像马修(Matthews)或是富兰克林·邓普顿(Franklin Templeton)这样具有丰富亚洲股票经验、在亚洲进行投资已有十多年历史的基金公司。而像奥伯威思基金公司这样的小公司只是在潮流中凑凑热闹。

● 河橡探索(River Oak Discovery)和石橡核心成长(Rock Oak Core Growth)

这是橡树基金公司(Oak Associates)的最新出品的另外两只"橡树"基金。而其旗下基金已经有白橡(White Oak)、黑橡(Black Oak)、红橡(Red Oak)、活橡(Live Oak)和针橡(Pin Oak)等基金。英语中有一句俚语"Money doesn't grow on trees"，即树上是掉不下金钱来的。罗素说，橡树基金公司过去几年亏损的回报历史则是这一句俚语最好的证明。

● 强势全球水组合(Power Shares Global Water Portfolio)

英国诗人萨缪尔·柯勒律治(Samuel Taylor Coleridge)在其作品《古舟子咏》(The Rime of the Ancient Mariner)中有一句大意是："水，水，到处都是水，但没有一滴水可以喝。"(water, water, every where, nor any drop to drink)。相映成趣的是，对于强势基金公司旗下的全球水组合基金这只行业来说，其定位为投资水相关行业的股票，但是其面临的困境则是"水，水，到处都是水，但是没有与水相关的股票可买"。而之前已有类似的水相关行业的基金，如Pictet水基金(Pictet Water Fund)，但并未获得成功。

这五只基金中，哪只是可怕之最呢？美国晨星网站的群众投票结果为，"小鸡成长基金"以36.8%的票数远远抛离其他四只基金，成为2005年最"可怕"的基金。

谁是2005年最可怕基金	投票结果
Chicken Little Growth Fund CHKNX	36.80%
Oberweis China Opportunities OBCHX	16.60%
PowerShares Global Water Portfolio	14.70%
PowerShares Lux Nanotech Portfolio PXN	21.60%
River Oak Discovery RIVSX	5.69%
Rock Oak Core Growth RCKSX	4.57%

五只最优的新基金

虽然新基金没有任何历史业绩可以参考，但是美国晨星基金研究总监罗素·金奈尔表示，他并不一定将新基金排除在选择范围之外。但如果新基金是由经验较少的基金管理团队来管理，其通常不会考虑。这也是为什么新基金往往会标榜其管理团队经验丰富的原因。.

晨星主要是从以下三个方面评选最佳新基金：基金管理、投资策略和费用水平。最先被排除的新基金就是费率超过1.5%的基金，因为在美国超过这个水平就是费率奇高了。在剩余的基金中，五只最佳的基金分别为：

● 先锋Primecap核心基金(Vanguard Primecap Core)

这只基金拥有强大和稳定的管理团队，以及低水平的费率，显然很具有吸引力。这只基金的管理团队也是先锋Primecap(Vanguard Primecap)和先锋资本机会(Vanguard Capital Opportunity)的管理者，之前这两只基金取得了优良的业绩。该新基金与先锋Primecap的不同之处在于，其风格侧重于周期性价值行业而先锋Primecap侧重于长期成长型股票。此外，其费率只有0.75%，大大低于其他基金的费率水平。

● 香普兰小型企业基金(Champlain Small Company)

此基金将由Scott Brayman管理，其之前管理的相似的Sentinel小盘企业十分成功。Brayman离开Sentinel之后，加入香普兰资产管理公司(Champlain Investment Partners)，成为九人投资研究团队中的一员。在Sentinel时，其管理的基金从1996年至2004年业绩连续保持在前十分之一，而其选股时看中那些资本回报率高的而且具有良好管理的公司，其投资策略也使其在过去的熊市中表现稳定。另外，当其转投香普兰时，也将一些研究员带到了新公司。这只基金还有一点值得关注的是，其只有1500万美元的资产规模。而Brayman在Sentinel的时候管理的基金资产规模为10亿美元，因此其管理新基金将会游刃有余，具有更多的灵活性。但是，这只基金的缺点是其费率达1.4%，存在随着资产规模而费率下降的可能。

● 要塞基金(Presidio Fund)

与上一只基金一样，这只基金的基金经理Kevin O'Boyle具有良好的过往业绩，其之前管理的Meridian Value在1995年至2003年取得良好的成绩。基金经理偏向于业绩低于预期但投资资本收益率保持很高的公司。虽然，其费率为1.5%也属于较高水平，但是也存在下降的可能。

● 富达策略实际收益基金(Fidelity Strategic Real Return)

随着经济增长美国通胀也呈现增长趋势，而业界出现了许多抗通胀的金融工具，因此许多基金公司也纷纷推出一些抗通胀的基金产品。富达的这只基金主要是通过投资房地产基金(REITS)、商品挂钩证券(Commodity-linked Securities)、通胀挂钩债券(Treasury Inflation-Protected Securities)和浮息券等证券来实现抵制通胀。基金的费率水平为0.85%，较纯商品基金(Commodity Funds)的费率低，但高于其他许多通胀挂钩债券(TIPs)基金。富达旗下的固定收益管理团队实力强大，因此这只基金较吸引投资者。

● PIMCO指数基础加总回报基金(PIMCO Fundamental IndexPLUS Total Return)

这只以跟踪的指数为主要投资的基金具有一定的吸引力。基金跟踪的指数为Research Affiliate

Fundamental 1000指数，该指数不是以市值加权的，而是以上市公司的基本面因素(Fundamental Factors)加权，而其中基本面因素包括收入、现金流、资产账面价值(book value)以及分红等，因此指数更偏向价值型。除了跟踪指数外，基金另一投资策略是投资短久期的债券。此基金的劣势就是其费率。其A级和D级基金的费率高达1.15%，而许多指数基金的费率只有0.09%和0.1%，但是罗素相信基金经理Bill Gross的投资对此会有所解释。

这五只基金中，哪只最受投资者欢迎呢？美国晨星网站的群众投票结果为，Vanguard Primecap Core以61%的票数远远抛离其他四只基金，获得2005年最优的新基金之荣。

谁是您最倾向于购买的新基金	投票结果
Vanguard Primecap Core	61.00%
Champlain Small Company	6.00%
Presidio Fund	4.00%
Fidelity Strategic Real Return	21.00%
PIMCO Fundamental IndexPLUS Total Return	8.00%

美国晨星2005年度基金经理奖揭晓

2005年的美国市场为经典的分散投资理论提供了一个很好的实例。飞涨的能源价格和贵金属价格带来的通胀，严重挫伤了债券市场。债券型基金因此遭遇了寒冷的冬天，最幸运的债券型基金也勉强只能获得2%的年度回报。然而，高昂的能源和贵金属价格却为国外股票基金创造了回报飙升的契机，加上一些主要市场的改革性措施，使国外股票基金的平均回报高达17%。国内股票基金则表现平淡，平均回报在7%左右。

2005年度晨星选出的各类型基金经理奖得主，不仅需要具有较好的年度回报，更重要的是其长期业绩也同样优秀。长期的优秀业绩才是保障投资者长期利益的最好依据。除此之外，晨星对基金的受托责任的履行程度的考察也是挑选优胜者的重要条件之一。2005年满足上述条件的基金为数众多。但是三个类型的基金经理奖得主各仅有一个，经过百难选择，获奖者终于尘埃落定，而这些基金经理也是长期以来晨星“分析师精选”基金名单中的一员。

● 国内股票基金经理奖得主

Chris Davis和Ken Feinberg——Selected American and Davis NY

2005年，是Chris Davis和Ken Feinberg大显身手的一年。虽然2004年金融行业股票优异的表现，为这些持有较多金融行业股票的基金提供了良好的回报背景，但是其以10.91%的年度回报大大超越标普500的4.91%的水平却让人不得不佩服，而且其回报也超越了大多数同类基金。基金经理挑选了高质量的金融类股票以及一些能源股票，这些股票为基金业绩提供很大的贡献。

这两只基金的换手率较低，因此过往几年基金经理每次成功的选股，则成为主要的业绩贡献来源，从而推动基金公司旗下基金过往几年的业绩持续良好。

两位基金经理所在的Davis基金管理公司，虽然现在规模不大，但是像重视股票投资一样，十分重视人力资源投资。Davis和Feinberg对研究员进行精挑细选，层层筛选，选拔最优的研究人才。例如研究员Kent Whitaker在加入Davis Selected Advisers之前于Amoco工作，在挑选能源股方面扮演重要的角色。

令人印象深刻的是，Davis和Feinberg非常注重基金投资者的利益。最近许多基金公司想发行直销的收费级别，即投资者可以绕过基金超市而直接从基金公司购买基金，从而享受更低的收费水平，但是遭到基金超市的反对和阻止。然而，Davis公司仍认为不管销售渠道如何收费，管理基金的费用仍是一样的，因此最终仍坚持发行了直销收费级别，为投资者提供了更低的费率。

此外，当Clipper基金公司决定以Davis基金管理公司替换原来的Pacific Financial Research的基金经理时，Davis基金管理公司还将Clipper Fund的管理费率缩减一半。不仅如此，Davis团队还投资了5千万美元在Clipper基金中。Clipper基金和Davis、Feinberg的合作为美国基金行业提供了良好的榜样。美国许多基金聘请母公司作为基金管理公司业绩并不如人意，或者基金经理收取过高的费用或是缺乏对管理基金的投资以加强与投资者利益的一致性。而Clipper和Davis、Feinberg的合作则展现了一个有高度责任感的基金管理公司应有的形象。

● 固定收益基金经理奖得主

Tad Rivelle, David Lippman, Laird Landmann, and Stephen Kane——Metropolitan West Total Return Bond

MetWest的固定收益投资手法灵活，并取得了优异的业绩。基金管理公司通过调整基金的久期，在不同债券类别之间投资比例的转变，以及在个券投资机会闪现时增加个券投资比例等多种灵活的手段，以增加基金的回报收益。

该基金2004年的超越同类平均的年度回报主要来源于企业债券，而其2005年在高息债券、银行贷款以及债市其他投资品种中灵活操作并获得不错的回报，使其年度回报比同类平均回报高出将近一倍，而其3.11%的年度回报位居同类的前5%。

然而，基金经理比较激进的操作手法在2002年曾遭遇挫折。当年WorldCom的坠落，使这只重仓持有WorldCom债券的基金回报下挫。但之后，当在市场从对信用风险过度调整中恢复时，基金经理又收复了失地并获得收益。该基金经理同时注重风险的控制，对个券的比例都有一定的限制。

虽然其2002年的回报为－1%，但是其从1997年成立以来的年化回报高达7.22%，超越了中期债券基金平均回报5.84%，而这个差距在高质量债券市场中已算是很大的差距了。

晨星对MetWest的信托责任评级为A，因为公司有投资其管理的基金，并维持了低水平的费率。

● 国际股票基金经理奖得主

Rob Lyon, Matt Pickering, and Jerry Senser——ICAP International

高信托责任评级的基金也可以获得高的回报——该基金体现了这个有趣的现象。这只基金在晨星信托责任评级中获得了4个优秀和一个良好，并获得A的综合评级。虽然基金规模较小，其对零售投资者一律收取0.8%的管理费，与其公司旗下国内基金的收费一样。而现今，美国许多基金公司对国外股票基金收取管理费率往往较国内股票基金高。此外，基金董事会的报酬以基金份额形式发放。同样重要的是，ICAP公司良好的企业文化使其调研团队成员流动性较低。

业绩方面，该基金从1997年12月31日设立以来的回报超越了欧洲基金和国外大盘价值型基金。2005年5月，该基金从欧洲基金转变成投资范围更广的国际股票型基金，主要原因是基金经理发现日本市场中有许多吸引人的股票。而此举堪称幸运，2005年日本股市大幅上涨推动了基金回报的迅速上升，而Mitsubishi、Mizuho Financial Group和Mitsui Fudosan等日本股票为基金提供了很大的业绩贡献，造就了基金2005年19.15%的高回报。而设立以来的回报也高达11.32%。

主基金经理Lyon以及同事采用自上而下的选股策略，运用严格的估值体系，精选有潜力的优质股票。其组合中只有35只股票，其中大部分为大盘股票，投资集中度较高。然而，其对这个集中度较高的组合的操作也比较独特，基金经理对股票的交易比较频繁，随着估值的变化相应调整仓位。虽然投资组合中股票不会发生太大的变化，但是个股比例的多少是随市场情况而变的。

2005年，虽然各类基金表现不一，但对美国基金总体而言算是丰收的一年，投资者也从中有所获益。接下来，我们便是期待2006年的进一步表现。

附表：2005 年末美国各类型基金回报

2005 年基金类别回报

Domestic Stock Funds (Posted 12/30/2005)

Approx # of Funds	Total Assets ($Bil)	Category	4th Qtr Return	1Yr(%)	YTD(%)	3Yr(%)	5Yr(%)	10Yr(%)
15291	4065.97	Domestic Stock	1.51	8.17	8.17	16.81	4.00	8.92
90	4.77	Bear Market	-1.78	-4.30	-4.30	-17.69	-4.50	-7.17
703	114.22	Conservative Allocation	0.92	3.05	3.05	6.90	3.65	6.26
99	15.01	Convertibles	0.87	3.25	3.25	12.52	4.24	8.70
2319	942.35	Large Blend	2.23	5.77	5.77	14.00	0.50	8.12
1872	697.67	Large Growth	3.33	6.46	6.46	13.88	-3.36	6.95
1461	716.78	Large Value	1.64	5.88	5.88	15.57	3.96	8.85
506	160.66	Mid-Cap Blend	2.32	9.21	9.21	20.10	8.14	11.74
1039	209.30	Mid-Cap Growth	3.19	9.70	9.70	19.13	0.01	8.48
421	116.96	Mid-Cap Value	1.64	8.41	8.41	20.46	9.36	11.39
1406	536.04	Moderate Allocation	1.58	5.29	5.29	11.20	2.93	7.35
627	138.94	Small Blend	1.24	6.62	6.62	21.72	9.89	11.15
848	122.07	Small Growth	1.73	5.74	5.74	19.76	2.17	8.16
408	71.99	Small Value	0.66	6.13	6.13	22.30	13.50	12.79
46	3.18	Specialty-Communications	1.13	7.52	7.52	23.53	-4.52	7.00
153	11.87	Specialty-Financial	7.07	6.58	6.58	17.17	7.27	12.91
225	50.88	Specialty-Health	1.83	9.34	9.34	16.26	0.24	10.63
160	45.89	Specialty-Natural Res	-1.64	38.11	38.11	33.00	16.05	14.72
310	49.11	Specialty-Real Estate	2.58	11.59	11.59	26.47	18.58	14.95
347	34.44	Specialty-Technology	3.99	5.52	5.52	19.73	-9.22	6.36
123	15.13	Specialty-Utilities	-4.37	13.54	13.54	20.22	1.03	8.97
--	--	Standard & Poor's Midcap400	3.34	12.55	12.55	21.13	8.59	14.35
--	--	Standard & Poor's 500	2.08	4.91	4.91	14.38	0.54	9.07

International Stock Funds (Posted 12/30/2005)

Approx # of Funds	Total Assets ($Bil)	Category	4th Qtr Return	1Yr(%)	YTD(%)	3Yr(%)	5Yr(%)	10Yr(%)
2953	977.57	International Stock	6.63	22.66	22.66	27.55	10.72	8.52
234	71.61	Diversified Emerging Mkts	6.87	31.64	31.64	36.05	18.59	7.88
25	2.76	Diversified Pacific/Asia	10.76	26.99	26.99	28.20	8.34	5.10
125	27.22	Europe Stock	2.60	14.61	14.61	25.23	8.44	10.93
674	228.20	Foreign Large Blend	4.45	14.55	14.55	21.30	2.93	6.47
248	90.85	Foreign Large Growth	5.38	15.27	15.27	21.66	2.15	5.69
207	125.85	Foreign Large Value	3.61	13.21	13.21	24.30	7.73	9.52
113	24.35	Foreign Small/Mid Growth	7.10	24.79	24.79	33.14	8.46	15.21
69	35.37	Foreign Small/Mid Value	4.36	17.99	17.99	29.67	12.91	11.63
50	13.48	Japan Stock	17.09	32.59	32.59	27.15	4.31	2.27
19	3.93	Latin America Stock	5.68	53.82	53.82	51.01	21.50	14.79
102	9.86	Pacific/Asia ex-Japan Stk	4.95	21.26	21.26	28.41	13.75	5.68
65	10.48	Specialty-Precious Metals	14.20	30.75	30.75	23.77	29.97	6.11
100	103.41	World Allocation	2.07	8.03	8.03	15.39	8.07	9.68
492	221.17	World Stock	3.68	11.74	11.74	20.39	2.96	8.25
--	--	MSCI World ex US ND	3.94	14.47	14.47	24.32	4.92	6.22
--	--	MSCI EAFE ND	4.08	13.54	13.54	23.68	4.56	5.84
--	--	MSCI EMF ID	6.83	30.31	30.31	34.23	16.23	4.43

Taxable Bonds (Posted 12/30/2005)									
Approx # of Funds	Total Assets ($Bil)	Category	4th Qtr Return	1Yr(%)	YTD(%)	3Yr(%)	5Yr(%)	10Yr(%)
4245	911.34	Taxable Bond	0.48	2.66	2.66	6.17	6.34	6.04
92	32.64	Bank Loan	1.06	4.57	4.57	6.77	4.83	5.03
66	11.87	Emerging Markets Bond	1.52	11.65	11.65	17.61	15.87	13.60
572	124.05	High Yield Bond	0.88	2.53	2.53	12.03	7.29	5.43
443	112.71	Intermediate Government	0.44	1.90	1.90	2.45	4.62	5.12
1130	370.63	Intermediate-Term Bond	0.40	1.79	1.79	3.64	5.32	5.38
117	26.40	Long Government	0.22	3.29	3.29	4.95	6.50	5.95
101	15.10	Long-Term Bond	0.27	2.21	2.21	6.15	7.13	6.36
185	43.51	Multisector Bond	0.38	2.07	2.07	9.16	7.67	6.42
196	24.91	Short Government	0.41	1.23	1.23	1.33	3.60	4.43
455	84.42	Short-Term Bond	0.47	1.43	1.43	1.96	3.82	4.63
150	32.98	Ultrashort Bond	0.70	2.49	2.49	1.75	2.70	4.28
180	32.06	World Bond	-0.99	-3.21	-3.21	6.24	6.67	5.81
--	--	Lehman Brothers Mortgage-Backed Bond	0.60	2.61	2.61	3.46	5.44	6.17
--	--	Lehman Brothers Government Bond	0.67	2.65	2.65	2.83	5.39	5.94
--	--	Lehman Brothers Aggregate Bond	0.59	2.43	2.43	3.62	5.87	6.16
--	--	3mo T-BILL	1.00	3.34	3.34	1.94	2.23	3.78
--	--	10-year Treasury	1.10	4.29	4.29	4.19	4.44	5.19
--	--	ML High Yield Master II	0.64	2.72	2.72	13.43	8.39	6.56

Municipal Bonds (Posted 12/30/2005)								
Approx # of Funds	Total Assets ($Bil)	Category	4th Qtr Return	1Yr(%)	YTD(%)	3Yr(%)	5Yr(%)	10Yr(%)
3129	340.05	Municipal Bond	0.58	2.69	2.69	3.47	4.53	4.62
119	38.59	High Yield Muni	1.20	6.34	6.34	6.65	6.28	5.15
96	9.01	Muni California Interm/Sh	0.44	1.86	1.86	2.46	3.84	4.29
173	35.43	Muni California Long	0.73	3.87	3.87	4.15	4.84	5.07
102	7.57	Muni Florida	0.66	2.88	2.88	3.52	4.55	4.64
84	6.01	Muni Massachusetts	0.57	2.56	2.56	3.53	4.72	4.78
75	3.46	Muni Minnesota	0.65	3.04	3.04	3.98	4.87	4.64
260	54.17	Muni National Interm	0.49	1.78	1.78	2.93	4.42	4.60
331	71.44	Muni National Long	0.65	3.10	3.10	3.94	4.81	4.79
141	26.93	Muni National Short	0.40	1.22	1.22	1.59	2.97	3.51
84	6.73	Muni New Jersey	0.61	3.14	3.14	3.76	4.78	4.80
80	10.07	Muni New York Interm/Shor	0.38	1.85	1.85	2.88	4.43	4.64
124	23.05	Muni New York Long	0.57	3.24	3.24	3.95	4.88	4.96
76	4.58	Muni Ohio	0.48	2.12	2.12	3.26	4.37	4.57
99	9.47	Muni Pennsylvania	0.58	2.90	2.90	3.69	4.78	4.74
357	17.09	Muni Single State Interm	0.52	2.07	2.07	3.09	4.42	4.61
329	15.29	Muni Single State Long	0.59	2.88	2.88	3.79	4.77	4.81
37	1.17	Muni Single State Short	0.40	0.88	0.88	1.90	3.32	3.86
--	--	Lehman Brothers Municipal Bond	0.73	3.51	3.51	4.43	5.59	5.71

资料来源：美国晨星公司(Morningstar, Inc.)

2005年中国香港基金市场回顾

Overview of the Development of HK's Securities Fund Market in 2005

执笔：Morningstar 晨星（中国）研究中心

香港作为一个内外混合型的离岸金融中心，本地基金与离岸基金共存竞相辉映。资本流动的高度自由化，使得这些基金的投资基础遍布全球，香港基金业因此与全球经济发展的联系也更为紧密。2005年香港基金市场继续随全球经济回暖而走好，基于不同基础市场的各基金组别表现不一，其中新兴市场基金发展尤为迅速，股票型基金表现明显优于债券型基金。

2005年韩国基金的上升魅力强劲，韩国股市在经济反弹及本土参与率上升支持下表现强劲。月供股票储蓄计划的日益普及，把韩国人民于银行的存款渐渐转投至股票市场。居民消费欲望上升，本土消费重新成为经济支柱。许多大财团企业成功改革重整，科技股也再次受到青睐，加上海外资金的涌入，2005年在港销售的韩国基金组别的年度回报近60%。

日本股票也重登十大榜，经济改革政策大大增强市场信心，证明的经济数据显示日本已经走出长达15年的通缩困境。在本土消费的带动下，主力从事本土生意的小型公司盈利得到改善，日本中小型企业股票亦表现良好，2005年年度回报达37.14%。全球对科技产品及服务的需求，以及房地产投资的可观回报，进一步带动日本股票上扬。

科技行业回暖，台湾和印度股票市场也由此受益，2005年度在港销售的台湾股票组别上升32.83%。乐观的长远经济前景继续吸引海外资金流入印度市场，2005年印度大陆股票组别上升37.01%。

燃油价格带动的通胀危机对各大央行构成加息压力，全球债券市场表现普遍受拖累。日本债券组别表现最为明显，经济情况好转和风险得到更佳回报诱使投资者放弃日本债市，转移到风险较高的资产。2005年度业绩最差的十大组别全部为债券基金。

香港销售基金组别—2005年度前十大涨幅

组别名称	年度回报(%)
韩国股票	58.98
拉丁美洲股票	51.68
新兴欧洲股票	44.97
天然资源股票	37.32
日本中小型股票	37.14
印度大陆股票	37.01
黄金及贵金属股票	36.33
台湾股票	32.83
新兴市场股票	32.36
日本股票	28.48

香港销售基金组别—2005年度前十大跌幅

组别名称	年度回报(%)
日本债券	−13.49
货币基金－非港元／美元	−11.10
欧洲债券	−9.96
英国债券	−5.07
环球债券	−3.71
可换股债券	−3.67
香港债券	−1.35
高收益债券	−1.01
美国高收益债券	−0.83
美国债券	0.10

香港销售基金—2005年度涨幅前十名

基金名称	年度回报(%)
德胜韩国基金－A－Dist	85.02
JF南韩基金	72.83
宝源环球基金系列－韩国基金－A－ACC	69.35
东方汇理CA系列－新兴欧洲基金－C－ACC	68.51
JF日本小型企业基金	67.68
天达环球策略基金－环球能源－A	62.33
霸菱韩国基金	60.85
霸菱韩国联接基金	58.60
Permal Long Funds－Japan－A－USD	57.74
霸菱拉丁美洲基金－USD	56.73

香港销售基金—2005年度跌幅前十名

基金名称	年度回报(%)
汇丰腾达保本基金	−24.77
Standard Life－泛欧洲企业债券基金－A	−23.17
美国运通基金－可换股债券基金－Epic Cl A	−15.84
恒生90香港地产－12/04－3.75年	−14.80
比联红木保本基金	−13.96
瑞士银行灵活护本基金－(瑞士法郎)100%	−13.70
富达基金II－瑞士法郎货币基金	−13.64
百利达日元债券－Classic Cap	−13.57
瑞士银行卢森堡注册债券基金－日元－A	−13.45
Adequity信托基金：多宝保证基金	−13.43

专业创造价值
稳健保证回报
开放式基金
南方稳健成长基金
南方宝元债券型基金
南方避险增值基金
南方现金增利基金
南方积极配置基金
南方高增长基金
南方中短期债券基金
封闭式基金
基金开元 基金天元 基金金元 基金隆元
南方基金管理有限公司
CHINA SOUTHERN FUND MANAGEMENT CO.,LTD
地址：深圳市福田中心区深南大道4009号投资大厦7楼
邮编：518026
http://www.southernfund.com
客服热线：400-889-8899 客服传真：0755-8291 2140
北京分公司
地址：北京市西城区金融大街19号富凯大厦B1702室
邮编：100032
电话：010-6657 3399
传真：010-6657 3868
上海分公司
地址：上海市浦东南路528号证券大厦南塔19层1901室
邮编：200120
电话：021-6881 7000
传真：021-6881 7654
南部理财中心
地址：深圳市福田中心区深南大道4009号投资大厦2楼
邮编：518026
电话：0755-8291 2917
传真：0755-8291 3232

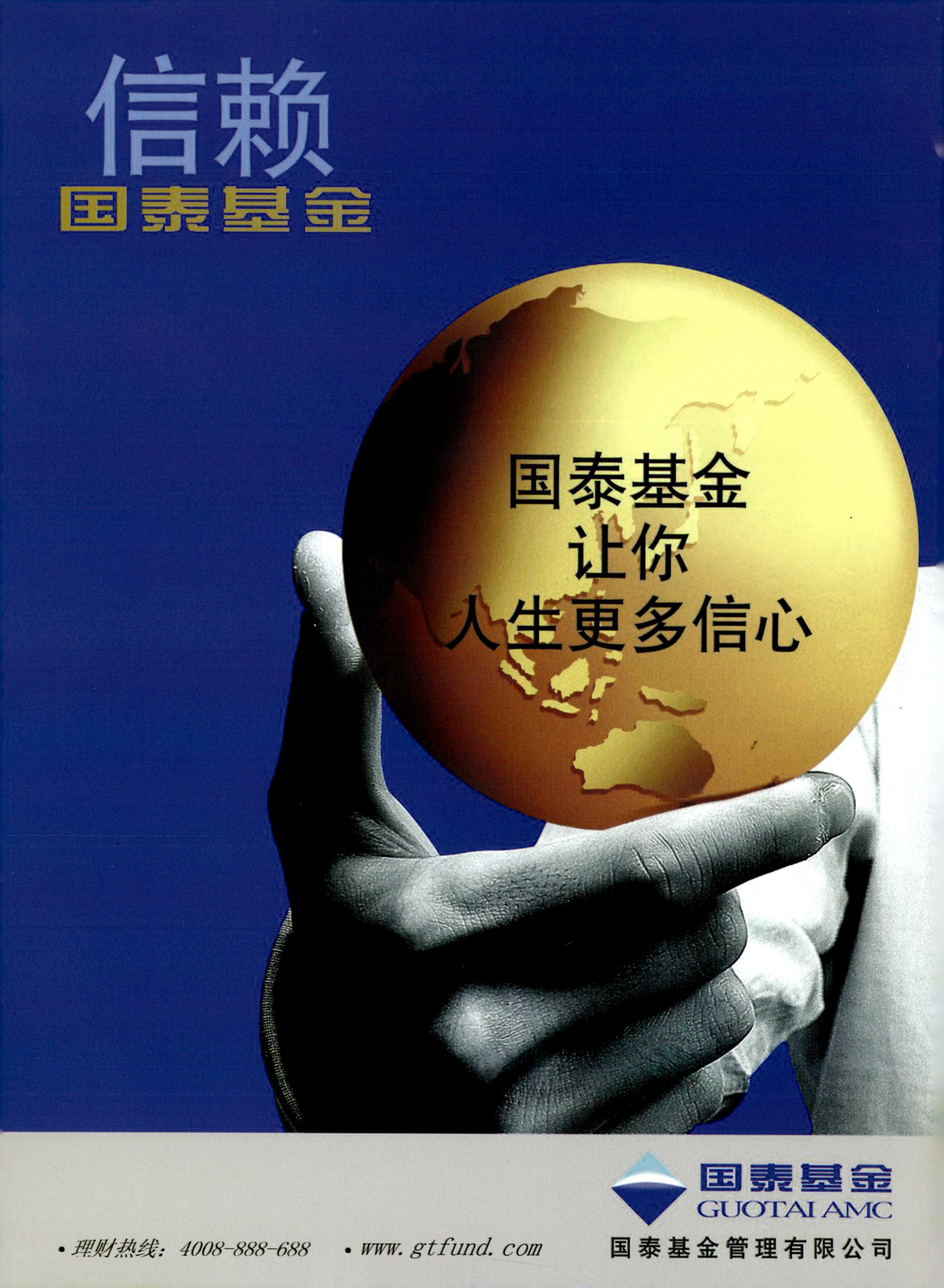
信赖
国泰基金
国泰基金
让你
人生更多信心
国泰基金
GUOTAI AMC
• 理财热线：4008-888-688
• www.gtfund.com
国泰基金管理有限公司

激情创业
稳步进取

广发基金管理有限公司
GF FUND MANAGEMENT CO.,LTD.
广发基金管理有限公司
GF FUND MANAGEMENT CO.,LTD
广发基金助您财富增值不停步

董事长：谢红兵先生

总经理：雷贤达先生

思更广·行更远
敦行致远

中法金融合作经典之作
申万巴黎基金管理
SYWG BNP PARIBAS ASSET MANAGEMENT
专业创造价值
兼容并蓄，多种思想碰撞升华专业眼光
申万巴黎基金管理有限公司是中法两国金融合作的经典之作，由申银万国证券股份有限公司和法国巴黎资产管理有限公司共同发起设立，公司注册地在中国上海，注册资本金为1亿元人民币。公司具有广阔的全球视野和丰富的本土经验，由海内外精英组成的投资研究团队能够为投资者提供多产品、多市场、多渠道的理财服务；公司具有成熟的风险管理技术，由多种应用模型组成的风险监控网络，能够及时调控投资风险，保证投资决策的稳健、规范；公司具有完善、高效的客户服务体系，无微不至的细节关怀能带给投资者比价值增值更多的收获；公司具有四海一家、兼容并蓄的企业文化，多种思想碰撞升华专业眼光，集中展示了专业创造价值的经营理念。
凭借良好的市场品牌和辛勤的市场耕耘，申万巴黎基金管理有限公司在短期内实现了飞跃性发展，创造了国内基金公司经营管理的奇迹。
2004年4月
申万巴黎盛利精选
2004年4月
2005年11月
申万巴黎新动力
2006年
申万巴黎收益宝
★目前管理开放式基金资产超过60亿，管理资产规模跻身国内基金管理公司前列。
★拥有客户16.5万，其中99%是个人投资者。
★在股权分置改革过程中，提出一整套上市公司股权分置改革方案的评价标准，得到市场认同，体现了公司投资和研究的专业水准。
★公司运作规范，投资研究能力强、市场评价良好、基金产品设计能力优秀，第三只产品“申万巴黎新动力证券投资基金”成为国内第一只适用基金分类监管的基金。
★2004年公司荣获21世纪（2004）年度“赢基金”评选的“2004年中国基金管理公司新锐奖”。
★2005年公司荣获《大众证券》、新浪财经、中国银河证券基金研究中心联合颁发的“最重保护持有人权益金奖”。
★2005年公司进入美国权威金融杂志《机构投资者》发布的“中国20大基金管理公司排行榜”。
公司地址：
上海市淮海中路300号
(香港新世界大厦)40层
邮编：200021
电话：021-63353535
传真：021-63353858
www.swbnpp.com
申万巴黎基金管理 SYWG BNP PARIBAS ASSET MANAGEMENT 申万巴黎基金管理有限公司

银行、投资基金、保险、证券、信托、
自主研发，安全、稳定、高效

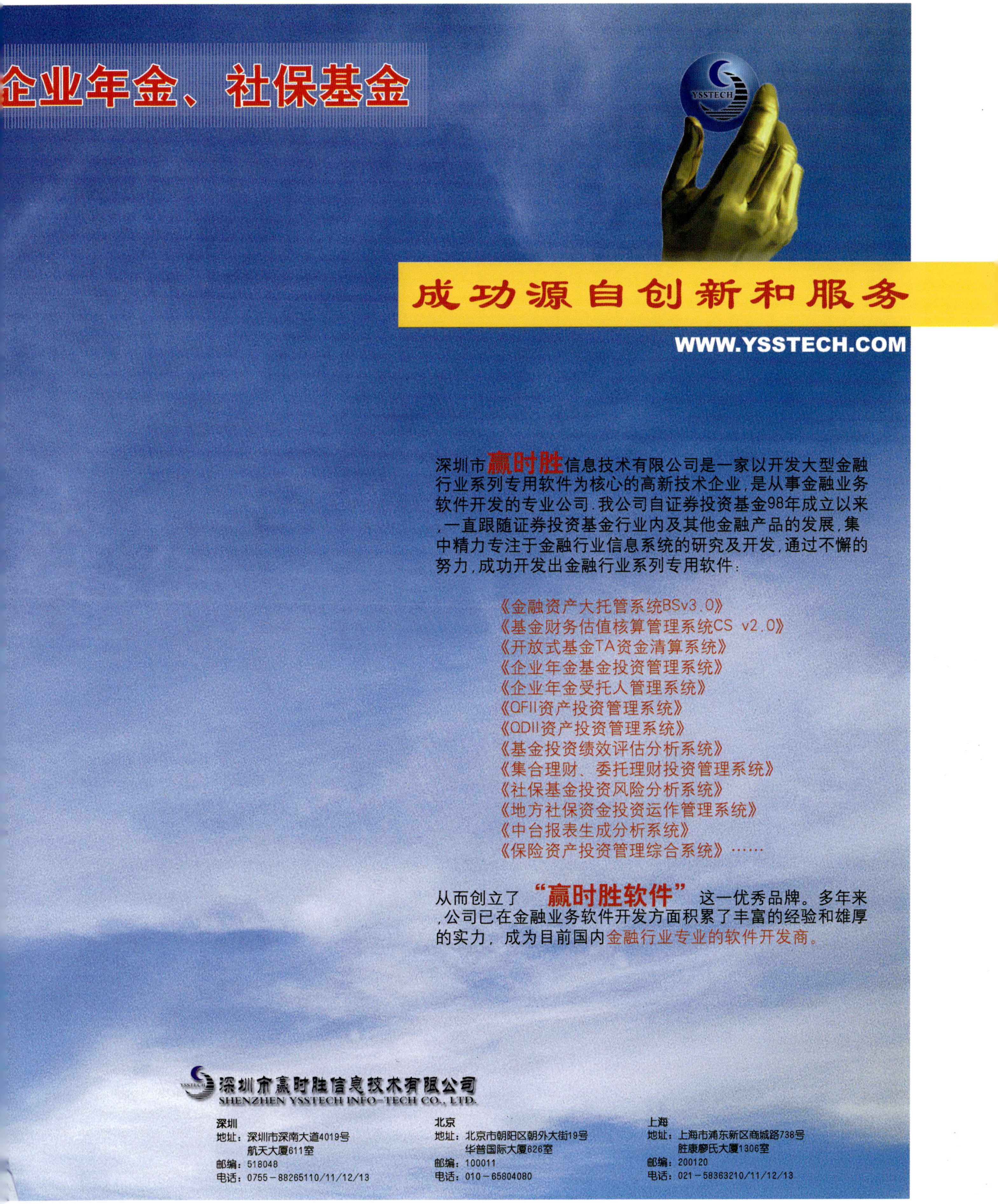

企业年金、社保基金
YSSTECH
成功源自创新和服务
WWW.YSSTECH.COM
深圳市赢时胜信息技术有限公司是一家以开发大型金融行业系列专用软件为核心的高新技术企业，是从事金融业务软件开发的专业公司.我公司自证券投资基金98年成立以来，一直跟随证券投资基金行业内及其他金融产品的发展，集中精力专注于金融行业信息系统的研究及开发，通过不懈的努力，成功开发出金融行业系列专用软件：
《金融资产大托管系统BSv3.0》
《基金财务估值核算管理系统CS v2.0》
《开放式基金TA资金清算系统》
《企业年金基金投资管理系统》
《企业年金受托人管理系统》
《QFII资产投资管理系统》
《QDII资产投资管理系统》
《基金投资绩效评估分析系统》
《集合理财、委托理财投资管理系统》
《社保基金投资风险分析系统》
《地方社保资金投资运作管理系统》
《中台报表生成分析系统》
《保险资产投资管理综合系统》……
从而创立了“赢时胜软件”这一优秀品牌。多年来，公司已在金融业务软件开发方面积累了丰富的经验和雄厚的实力，成为目前国内金融行业专业的软件开发商。
深圳市赢时胜信息技术有限公司
SHENZHEN YSSTECH INFO-TECH CO., LTD.
深圳
地址：深圳市深南大道4019号
航天大厦611室
邮编：518048
电话：0755-88265110/11/12/13
北京
地址：北京市朝阳区朝外大街19号
华普国际大厦626室
邮编：100011
电话：010-65804080
上海
地址：上海市浦东新区商城路738号
胜康廖氏大厦1306室
邮编：200120
电话：021-58363210/11/12/13

独立、客观、公正的第三方机构，
以引导投资者的正确投资为己任。
MORNINGSTAR®
晨星资讯（深圳）有限公司
Http://cn.morningstar.com/

第三部分 基金市场体系

Fund Market System

2005年大事记

3月—公司市场体系划分为营销策划、基金销售及客户服务三个部门，进一步理顺了公司市场业务的内部管理关系，明确了各自的功能和职责。

5月—公司搬迁新址，新的办公地址为延安东路700号港泰商务广场23楼。

5月—在托管银行—中国农业银行的大力协助下，公司成功发行了货币基金，货币基金的首发规模超过44亿，6月21日正式成立。

8月—网上交易正式上线，该服务手段的推出不但方便了投资人对公司旗下基金的买卖，也是加强公司直销能力的重要倚靠渠道，对公司销售能力的提升具有深远的影响。

9月—金融工程部(筹)开始试运作，其工作的主要职能是对公司各项主要业务，包括客户服务、新产品核心盈利模式设计、投资策略、交易策略、绩效评估、风险评价提供数量化的“计算金融”支持。

9月—公司完成档案升级工作，成为基金行业首家获得档案二级先进资质的公司。

10月—公司为中高层管理人员举行了以“与时俱进，争创一流，建设高绩效的国泰基金管理团队”为主题的体验式培训活动，取得了良好的效果。

10月—公司初步完成信息系统3年发展规划草案。该草案本着“安全、可靠、稳定、可扩展、高性能、低成本”的原则，对内部管理、投研交技术支持及客户服务技术支持等三方面系统提出柔性设计，强化前台业务的导向性作用。

11月—公司荣获“世界金融实验室2005年中国10大最受尊敬的基金公司”的称号，基金金鼎荣获“世界金融实验室2005年中国10佳最具投资价值基金产品”的年度大奖，基金金鼎基金经理被评为“2005年中国25位最具影响力的基金经理”。

12月—公司荣获“21世纪经济报道”颁发的2005年度“最佳风险控制奖”。

12月—公司第一届职代会胜利召开，会议号召公司全体员工要认清形势，振奋精神，积极主动地做好本职工作，发挥主人翁作用，努力为公司的发展做出积极的贡献。

国泰基金
GUOTAI AMC
国泰基金管理有限公司

国泰基金管理有限公司

法定名称	国泰基金管理有限公司	英文名称	GuoTai Asset Management Co.,Ltd.
成立日期	1998年3月5日	注册资本	1.1亿元人民币
法人代表	陈勇胜	总 经 理	李春平
联系电话	021-23060288	客服电话	4008-888-688 / 021-33134688
传真号码	021-23060266	公司网址	www.gtfund.com
注册地址	上海浦东新区世纪大道1600号浦项商务广场31楼	办公地址	上海市黄浦区延安东路700号港泰广场22-23楼

● 发展概况

国泰基金管理有限公司是我国首批规范成立的基金管理公司之一。公司成立于1998年3月5日，注册资本6000亿元，注册地在上海，目前在北京设有分公司。2000年8月，公司完成增资扩股，注册资本增至1.1亿元人民币。2004年，国泰获得社保基金委托资产管理人资格。2006年1月，万联证券有限责任公司受让公司股东浙江省国际信托所持公司20%股权而成为国泰基金管理公司的新股东。

在组织结构上，公司下设基金管理部、固定收益部、研究部、理财部、营销策划部、客户服务部、销售部、信息技术部、运营管理部、战略管理部、人力资源部、稽核监察部12个部门和北京分公司；在人员构成上，截至2005年底，国泰拥有员工95人，其中57人具有硕士以上学历，近50%人员从业年限超过5年，12人具有海外学习和工作经历。

● 经营业绩

2005年，国泰顺利完成了国泰货币市场基金的募集设立。截至2005年12月31日，国泰基金管理有限公司共管理10只证券投资基金，包括4只封闭式基金和6只开放式基金。此外，还受托管理社保基金投资组合。

2005年初，按照公司提出的"全面整固投资业绩、全面加强风险控制、全面提高客户服务水平"的工作目标，国泰基金各项工作扎实有效地推进。

近三年公司管理基金资产规模与基金数量

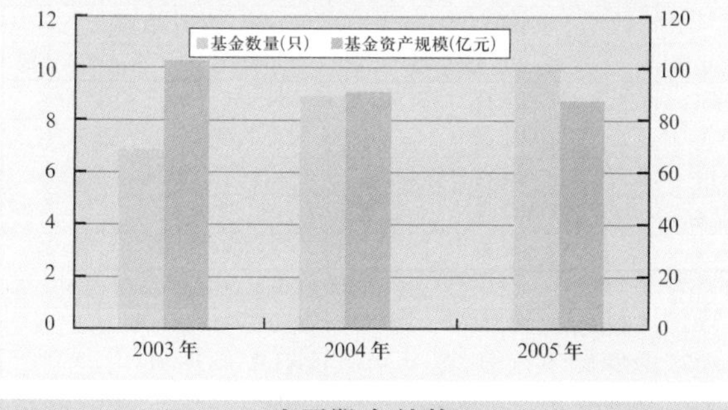

公司股东结构

股东名称	出资金额(万元)	出资比例(%)
上海国有资产经营有限公司	2640.00	24.00
国泰君安证券股份有限公司	2640.00	24.00
万联证券有限责任公司	2200.00	20.00
上海爱建信托投资有限责任公司	2200.00	20.00
中国电力财务有限公司	1100.00	10.00
上海仪电控股(集团)股份有限公司	220.00	2.00

在产品发行方面，国泰基金管理公司积极加强与托管银行、代销渠道合作。2005年6月，国泰联手中国农业银行等代销机构，成功推出了公司首只货币市场基金——国泰货币市场基金；该基金成立于2005年6月21日，首募规模44.45亿份，成为2005年度首发规模最大的基金产品之一，国泰货币市场基金作为低风险的基金产品，进一步扩大并完善了国泰基金管理公司旗下产品线的构成。

在投资业绩方面，2005年国泰旗下三只偏股类开放式基金和基金金泰、金鑫、金盛、金鼎四只封闭基金均取得了大幅超越上证A股指数的优异表现，公司旗下股票类基金年平均收益回报为1.73%，三只股票类开放式基金年平均收益回报达2.50%。其中，国泰金龙债券基金本年取得了5.70%的收益回报，并于2005年8月实现分红每10份派现0.120元；国泰金象保本基金本年取得了3.19%的收益回报，实现分红每10份派现0.250元；国泰金鹰增长本年实现收益回报2.07%，全年分红每10份派现0.330元。本年度新成立的国泰货币市场基金自2005年6月运作以来，业绩稳步提升，在同类基金中表现良好。

在客户服务方面，国泰基金管理公司加强为投资人提供专业、有效的服务。2005年4月，公司整合资源成立了客户服务部，专司客户服务职能并对客户服务综合管理系统进行了全面升级，为投资者开通了网上交易平台、免费短信服务平台，增加了E-mail资讯服务等，使各项服务功能全面提升，获得了广大投资人好评。

在精心为持有人管理资产的同时，国泰基金管理公司更注重规范运作，强化风险控制。2005年，公司继续保持着自成立以来"零违规、零处罚"的记录。由此，国泰基金管理公司两度荣获"最佳风险控制基金公司奖"(第二届《上海证券报》评选的唯一"最佳风险控制奖"基金公司和《21世纪经济报道》评选的"赢基金——最佳风险控制奖")。

公司高管介绍

陈勇胜先生：董事长。硕士，14年证券从业经历。1982年起在中国建设银行总行、中国投资银行总行工作。历任综合计划处、资金处副处长、国际结算部副总经理(主持工作)。1992年起任国泰证券公司国际业务部总经理，公司总经理助理兼北京分公司总经理，1998年3月起任国泰基金管理公司总经理，1999年10月起任董事长。

李春平先生：董事、总经理。硕士、EMBA，13年证券从业经历。1993年起历任国泰证券公司行政管理部经理、延平路证券营业部总经理，1999年任国泰君安证券股份有限公司总裁助理，1999年10月起任国泰基金管理公司总经理。

金泰证券投资基金

基本资料

基金简称	基金金泰	交易代码	500001		
投资目标	该基金是平衡型基金，并以价值型和成长型股票为投资重点；投资目标是在尽可能分散和规避投资风险的前提下，谋求长期稳定的投资收益。				
业绩比较基准	无	风险收益特征	承担中等风险、获取中等的超额收益。		
合同生效日	1998年3月27日	上市日期	1998年4月7日	上市地点	上海证券交易所
基金总份额	20亿份	存续期	至2013年3月26日止		
基金管理人	国泰基金管理有限公司	基金托管人	中国工商银行股份有限公司		
审计机构	普华永道中天会计师事务所	法律顾问	上海锦天城律师事务所	注册登记人	中国证券登记结算有限责任公司上海分公司

财务指标 单位：人民币(元)

项目 \ 年度	2005年度	2004年度	2003年度
基金份额本期净收益	−0.0824	0.1291	−0.1067
期末可分配基金份额收益	−0.0756	0.0362	−0.0873
期末基金份额净值	0.9788	1.0362	1.0423
基金加权平均净值收益率	−8.37%	11.92%	−11.50%
本期基金份额净值增长率	−2.27%	−0.59%	21.89%
基金份额累计净值增长率	63.13%	66.93%	67.91%
基金收益分配	本年度未实现收益分配；成立以来每10份累计派现7.150元。		

基金净值增长率与业绩基准收益率对比图（单位：%）

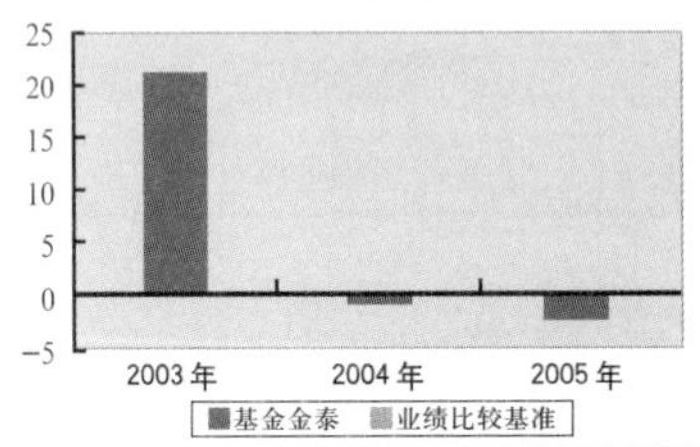

期末基金份额持有人户数	基金份额持有人户数为124,559户，平均每户持有16,056.65份。
期末基金份额持有人结构	机构投资者持有844,081,535份，占总份额42.20%；个人投资者持有1,155,918,465份，占总份额57.80%。

【基金业绩表现】

截至2005年12月31日，金泰基金份额净值为0.9788元，全年基金净值增长率为−2.27%。

【基金管理团队】

黄焱先生：基金经理。金融学硕士，11年证券从业经历。曾就职于平安集团投资管理中心、深圳和利投资发展公司、中期国际期货公司深圳公司，2003年1月加盟国泰基金管理有限公司，先后任金泰基金基金经理助理、金泰基金基金经理。

【基金运作分析】

2005年市场处于反复探底、逐步震荡回升的态势。两个因素一直影响着市场：一是对经济增长态势不明朗的担心；二是股改的进程和方式。由此2005年主要有两个较大的阶段性投资机会。首先是上半年防御性板块的市场表现较为突出；其次是下半年由于股改而展开行情，系统性风险逐步释放，具有投资机会的行业和板块扩大，期间所谓的军工、新能源等成为活跃板块，同时市场开始呈现板块逐步轮动，发展态势良好的行业再次得到表现，例如银行、地产行业等。

2005年，金泰基金在操作上基本把握了影响市场的两个因素：经济增长和股改的影响。上半年该基金在布局上基本是以防御为主，追求业绩持续增长的行业或企业。主要选择了食品饮料、交通、商业、电力和具有外向型经济特征的行业(例如港口机械)。回顾总结发现，电力是其中表现最差的，其他基本均有较好表现。不过由于年初在电力设备和造纸上投资的失误较大，对基金以后的业绩一直有一定拖累。

随着5月份股改的展开，市场对股改的认识经历了一个从恐惧到激进、再到逐步适应的过程。该基金保留了对食品饮料和商业，减持了交通、电力，并开始增持具有增长预期的行业，例如加大了在机械、电子、化工行业的投资，行业开始处于相对分散状态；到第四季度，随着对经济不明朗的担心减弱，市场预期逐步改善。金泰基金也开始逐步布局行业基本面发展健康的大类行业，例如银行和地产等行业。

【季度投资组合一览】

项目 \ 季度	第一季度		第二季度		第三季度		第四季度	
基金资产净值	2,027,687,055.95元		1,902,722,366.03元		1,967,917,397.88元		1,957,501,754.14元	
基金份额净值	1.0138元		0.9514元		0.9840元		0.9788元	
基金资产组合	市值(元)	占总资产比例	市值(元)	占总资产比例	市值(元)	占总资产比例	市值(元)	占总资产比例
股票投资	1,376,629,487.80	67.68%	1,319,132,378.98	69.14%	1,457,204,227.48	73.74%	1,504,411,349.55	71.90%
债券投资	496,312,830.89	24.40%	450,948,559.12	23.64%	476,766,560.06	24.13%	535,769,765.03	25.60%
银行存款和清算备付金	67,553,984.89	3.32%	117,076,630.31	6.14%	28,809,105.88	1.46%	45,809,189.94	2.19%
应收证券清算款	10,204,239.20	0.50%	13,558,216.38	0.71%	6,291,508.49	0.32%	——	——
其他资产	83,354,654.92	4.10%	7,151,075.43	0.37%	6,959,504.48	0.35%	6,509,750.24	0.31%

投资前五名股票明细	股票名称	市值(元)	占净值比例	股票名称	市值(元)	占净值比例	股票名称	市值(元)	占净值比例	股票名称	市值(元)	占净值比例
	上海机场	91,942,542.08	4.53%	上海机场	107,254,276.60	5.64%	上海机场	76,295,565.40	3.88%	双汇发展	72,612,532.03	3.71%
	中集集团	66,365,380.47	3.27%	中国联通	84,436,162.80	4.44%	鞍钢新轧	70,246,583.55	3.57%	中国石化	63,314,601.35	3.23%
	双汇发展	64,683,694.40	3.19%	双汇发展	73,561,243.04	3.87%	双汇发展	64,612,951.20	3.28%	招商银行	57,865,817.24	2.96%
	中国石化	61,467,809.58	3.03%	宝钢股份	72,375,912.90	3.80%	中国石化	58,105,767.09	2.95%	恒瑞医药	55,762,500.00	2.85%
	晨鸣纸业	61,249,413.55	3.02%	招商银行	70,262,140.72	3.69%	新世界	56,998,599.92	2.90%	新世界	55,275,885.42	2.82%

投资前五名债券明细	债券名称	市值(元)	占净值比例	债券名称	市值(元)	占净值比例	债券名称	市值(元)	占净值比例	债券名称	市值(元)	占净值比例
	21国债(1)	114,832,029.00	5.66%	21国债(3)	111,788,448.00	5.88%	21国债(3)	118,231,737.00	6.01%	21国债(3)	120,727,953.20	6.17%
	银行间00国债07	72,975,000.00	3.60%	银行间00国债07	72,975,000.00	3.84%	银行间00国债07	72,975,000.00	3.71%	02国债(14)	76,392,247.80	3.90%
	02国债(14)	53,433,270.00	2.64%	02国债(14)	54,194,289.30	2.85%	02国债(14)	61,567,092.60	3.13%	银行间00国债07	72,975,000.00	3.73%
	04国农02	29,991,000.00	1.48%	04国债(5)	34,042,352.50	1.79%	04国债(5)	33,995,910.00	1.73%	05哈药CP01	68,162,718.90	3.48%
	04国债(5)	24,443,895.00	1.21%	银行间01国债04	23,496,000.00	1.23%	银行间01国债04	23,496,000.00	1.19%	05农发06	60,435,665.76	3.09%

金鑫证券投资基金

基本资料					
基金简称	基金金鑫		交易代码	500011	
投资目标	该基金是以具有良好成长性的国企股为投资重点的成长型基金；所追求的投资目标是在尽可能分散和规避投资风险的前提下，谋求基金资产长期稳定增值。				
业绩比较基准	无	风险收益特征	承担中等风险、获取中等的超额收益。		
合同生效日	1999年10月21日	上市日期	1999年11月26日	上市地点	上海证券交易所
基金总份额	30亿份	存 续 期	至2014年10月20日止		
基金管理人	国泰基金管理有限公司	基金托管人	中国建设银行股份有限公司		
审计机构	普华永道中天会计师事务所	法律顾问	上海锦天城律师事务所	注册登记人	中国证券登记结算有限责任公司上海分公司

财务指标　　单位：人民币(元)

项目 \ 年度	2005年度	2004年度	2003年度
基金份额本期净收益	−0.1155	0.0700	−0.0450
期末可分配基金份额收益	−0.0870	−0.0155	−0.0116
期末基金份额净值	0.9512	0.9845	1.0550
基金加权平均净值收益率	−12.23%	6.44%	−4.64%
本期基金份额净值增长率	−3.38%	−3.84%	16.96%
基金份额累计净值增长率	20.88%	25.11%	30.11%
基金收益分配	本年度未实现收益分配；成立以来每10份累计派现3.020元。		

基金净值增长率与业绩基准收益率对比图（单位：%）

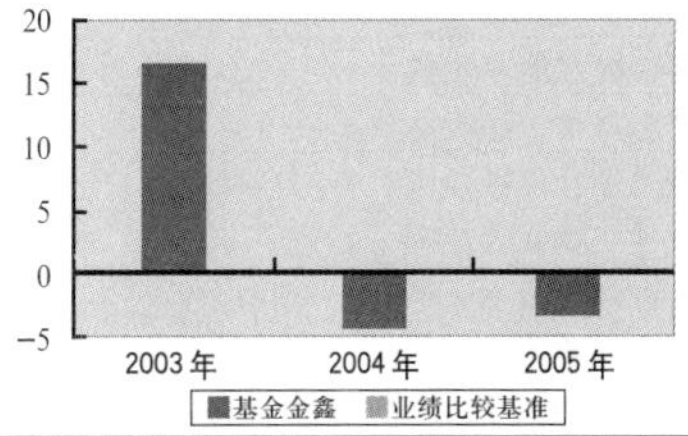

期末基金份额持有人户数	基金份额持有人户数为137,079户，平均每户持有21,885.19份。
期末基金份额持有人结构	机构投资者持有1,507,709,362份，占总份额50.26%；个人投资者持有1,492,290,638份，占总份额49.74%。

【基金业绩表现】

截至2005年12月31日，金鑫基金份额净值为0.9512元，全年基金净值增长率为−3.38%。

【基金管理团队】

陈列敏先生：基金经理。工学硕士，9年证券从业经历，曾任国泰证券有限公司项目经理，国泰基金管理公司研究开发部副经理，大成基金管理公司研究发展部副经理，景阳基金基金经理助理，金信证券有限公司资产管理部副总经理。

【基金运作分析】

2005年，在证券市场方面，股权分置试点，开始了解决股市顽症的破冰之旅。管理层推动股权分置试点改革的步伐之快超乎大多数投资者的预期，显示了管理层解决历史遗留问题的信心和决心，打消了市场的疑虑，对市场未来的上升奠定了信心基础。股权分置改革最重要的意义之一是使非流通股股东和流通股股东的地位平等，使上市公司将更为真实的一面展现在投资者面前，很多公司的长期投资机会显现；下半年，“十一五”规划出台，它将为未来五年中国的经济发展指明方向。股权分置改革全方位推开直到完成将为未来市场长期向好打下坚实的基础。另外，中石油现金回购三家旗下上市公司将是新一轮收购兼并浪潮的开始。

2005年，金鑫基金全年对投资组合进行调整的主要思路为：对业绩持续稳定增长，有资源垄断性和品牌的消费服务类公司有重点地进行增持；对受利率、汇率、油价影响的公司进行减持。投资主题紧紧围绕“十一五”规划，重点布局新能源（节能）、建设新农村、自主创新、环保、建设和谐社会等相关方向。从行业角度来说，金鑫基金增加了对有线网络、商业零售、医药、电子元器件、食品饮料、有色金属、石化等行业的投资，减少了对钢铁、港口、火电、高速公路等行业的投资。从投资效果分析，起到了一定效果。

【季度投资组合一览】

项目 \ 季度	第一季度		第二季度		第三季度		第四季度	
基金资产净值	2,769,477,773.20元		2,767,326,527.91元		2,888,019,777.91元		2,853,730,061.55元	
基金份额净值	0.9232元		0.9224元		0.9627元		0.9512元	
基金资产组合	市值(元)	占总资产比例	市值(元)	占总资产比例	市值(元)	占总资产比例	市值(元)	占总资产比例
股票投资	2,013,402,127.36	70.46%	2,022,252,704.49	72.78%	2,148,423,742.28	74.03%	2,195,693,046.46	72.91%
债券投资	728,000,637.51	25.48%	687,029,136.74	24.73%	692,869,773.01	23.87%	764,331,131.45	25.38%
银行存款和清算备付金	99,631,546.26	3.49%	57,440,003.96	2.07%	39,031,506.57	1.34%	35,091,405.00	1.17%
应收证券清算款	3,805,991.33	0.13%	——	——	13,469,013.63	0.46%	7,212,824.15	0.24%
其他资产	12,749,994.87	0.45%	11,624,663.45	0.42%	8,370,336.47	0.29%	9,106,762.94	0.30%

投资前五名股票明细	股票名称	市值(元)	占净值比例	股票名称	市值(元)	占净值比例	股票名称	市值(元)	占净值比例	股票名称	市值(元)	占净值比例
	双汇发展	263,260,544.80	9.51%	双汇发展	254,748,525.05	9.21%	双汇发展	224,308,998.45	7.77%	双汇发展	216,043,002.04	7.57%
	中国联通	128,056,363.40	4.62%	宝钢股份	175,851,000.00	6.35%	中国联通	142,890,430.65	4.95%	G 明 珠	111,605,161.50	3.91%
	华海药业	99,725,969.10	3.60%	中国联通	164,533,131.84	5.95%	G 华 海	133,833,445.62	4.63%	G 华 海	98,810,240.00	3.46%
	上海机场	91,952,000.00	3.32%	华海药业	96,236,012.25	3.48%	G 明 珠	105,778,386.00	3.66%	新 世 界	94,963,381.68	3.33%
	中化国际	78,763,532.64	2.84%	上海机场	92,448,056.00	3.34%	新 世 界	91,736,123.50	3.18%	G 综 艺	77,286,328.78	2.71%

投资前五名债券明细	债券名称	市值(元)	占净值比例	债券名称	市值(元)	占净值比例	债券名称	市值(元)	占净值比例	债券名称	市值(元)	占净值比例
	银行间01国债09	135,640,000.00	4.90%	银行间01国债09	135,640,000.00	4.90%	银行间01国债09	135,640,000.00	4.70%	银行间01国债09	135,640,000.00	4.75%
	21国债(3)	109,515,092.60	3.95%	21国债(3)	77,156,467.20	2.79%	02国债(14)	89,704,208.80	3.11%	02国债(14)	89,278,986.40	3.13%
	02国债(14)	66,447,810.00	2.40%	02国债(14)	62,373,687.90	2.25%	21国债(3)	78,051,166.80	2.70%	21国债(3)	77,505,248.40	2.72%
	99国债(5)	55,717,804.80	2.01%	20国债(4)	55,553,249.40	2.01%	20国债(4)	56,422,575.00	1.95%	21国债(15)	54,943,163.60	1.93%
	20国债(4)	53,809,025.60	1.94%	银行间99国债02	53,400,000.00	1.93%	21国债(15)	55,169,644.40	1.91%	99国债(5)	51,486,840.13	1.80%

金盛证券投资基金

基本资料

基金简称	基金金盛	交易代码	184703		
投资目标	该基金是以涉及新兴产业的上市公司为投资重点的成长型基金；所追求的投资目标是在尽可能分散和规避投资风险的前提下，谋求基金资产增值和收益的最大化。				
业绩比较基准	无	风险收益特征	承担较高风险，获取较高的超额收益。		
合同生效日	2000年4月26日	上市日期	2000年6月30日	上市地点	深圳证券交易所
基金总份额	5亿份	存 续 期	至2009年11月30日止		
基金管理人	国泰基金管理有限公司	基金托管人	中国建设银行股份有限公司		
审计机构	普华永道中天会计师事务所	法律顾问	上海锦天城律师事务所	注册登记人	中国证券登记结算有限责任公司深圳分公司

财务指标 单位：人民币(元)

项目 \ 年度	2005年度	2004年度	2003年度
基金份额本期净收益	−0.0403	0.1638	0.0236
期末可分配基金份额收益	−0.0402	0.0019	−0.0619
期末基金份额净值	1.0505	1.0197	1.0917
基金加权平均净值收益率	−4.00%	14.27%	2.47%
本期基金份额净值增长率	3.20%	2.60%	31.12%
基金份额累计净值增长率	15.08%	11.51%	8.69%
基金收益分配	本年度未实现收益分配；成立以来每10份累计派现1.758元。		
期末基金份额持有人户数	基金份额持有人户数为12,356户，平均每户持有40,466.17份。		
期末基金份额持有人结构	机构投资者持有285,375,408份，占总份额57.08%；个人投资者持有214,624,592份，占总份额42.92%。		

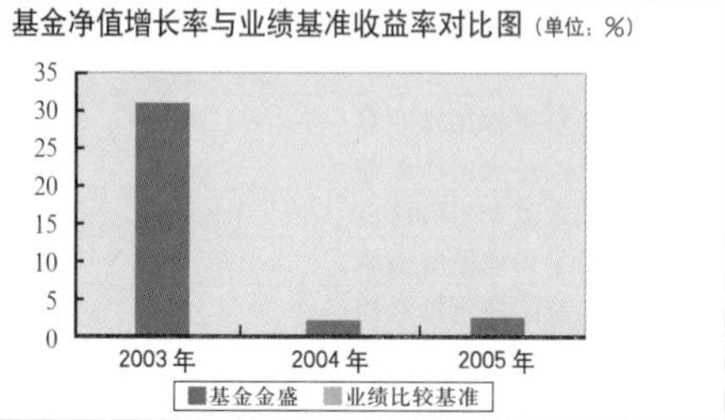

【基金业绩表现】

截至2005年12月31日，金盛基金份额净值为1.0505元，全年基金净值增长率为3.20%。

【基金管理团队】

王雄辉先生：基金经理。经济学硕士，9年证券从业经历。曾任南开大学教师，国泰基金管理有限公司研究开发部行业研究员，金泰基金基金经理助理，金泰基金基金经理，投资决策委员会秘书，理财部投资经理。

【基金运作分析】

2005年A股市场最主要的特征是股权分置改革的进程带动市场行情的发展。除了一季度在少数业绩优良的二线蓝筹股带动下走出一波年报行情外，2005年对于经济基本面的判断似乎退居影响市场走势的次要因素。二季度宏观经济减速一度成为市场共识，但随着时间推移和境外相关市场的表现，这方面不再成为困扰，具有持续竞争力的优势企业仍然是市场主要的关注点。而在人民币汇率制度改革、国有大型银行加快改制上市的背景下，房地产、金融等行业的显眼表现成为2005年重要的行业特征。

2005年，金盛基金坚持既定的价值判断原则，组合总体布局几乎没有大的变化，侧重于消费、服务行业，在商业零售、金融等行业上获取了比较大的收益，一些策略性的决策如G股阶段性减持、组合增加进攻性成分等也取得了正面的效果。2005年的不足主要体现在，一是少数重点品种一季度投资损失较大，一定程度上影响了全年的业绩和表现；二是基本放弃了对看法存在分歧的房地产行业的深入研究，错过了最为抢眼的行业机会；第三点也是最主要的一点，是由于坚持对竞争力强的企业的价值判断，而忽略了在市场低迷阶段普遍存在的价值低估现象，也就是说很多竞争力平平的企业的价值被大大低估，程度甚至甚于被普遍关注的优势企业，而在市场上涨时这类企业可能机会更大，这也是价值投资的新课程。

【季度投资组合一览】

项目 \ 季度	第一季度		第二季度		第三季度		第四季度	
基金资产净值	502,670,875.73元		486,513,750.05元		519,453,424.92元		525,232,171.63元	
基金份额净值	1.0053元		0.9730元		1.0389元		1.0505元	
基金资产组合	市值(元)	占总资产比例	市值(元)	占总资产比例	市值(元)	占总资产比例	市值(元)	占总资产比例
股票投资	362,944,807.11	71.92%	352,092,240.08	72.09%	393,033,681.35	74.11%	383,859,550.52	72.25%
债券投资	122,187,345.33	24.21%	108,027,506.33	22.12%	111,399,668.33	21.00%	114,274,264.33	21.51%
银行存款和清算备付金	14,412,590.61	2.86%	26,540,452.74	5.43%	23,214,359.61	4.38%	29,275,993.32	5.51%
应收证券清算款	3,330,133.46	0.66%	——	——	——	——	2,477,363.56	0.47%
其他资产	1,797,969.76	0.36%	1,774,428.12	0.36%	2,711,403.80	0.51%	1,411,610.91	0.27%

投资前五名股票明细	股票名称	市值(元)	占净值比例	股票名称	市值(元)	占净值比例	股票名称	市值(元)	占净值比例	股票名称	市值(元)	占净值比例
	双汇发展	26,757,075.20	5.32%	双汇发展	25,261,500.00	5.19%	双汇发展	21,532,500.00	4.15%	双汇发展	25,420,810.90	4.84%
	中集集团	22,232,618.07	4.42%	长江电力	22,447,962.81	4.61%	上海机场	20,759,333.75	4.00%	G中兴	23,009,250.00	4.38%
	同仁堂	21,080,921.62	4.19%	贵州茅台	21,599,139.80	4.44%	中国联通	20,400,000.00	3.93%	招商银行	21,890,006.50	4.17%
	中兴通讯	21,070,350.28	4.19%	苏宁电器	20,331,481.84	4.18%	中兴通讯	19,850,638.06	3.82%	歌华有线	20,287,181.19	3.86%
	上港集箱	20,208,429.64	4.02%	同仁堂	18,895,500.00	3.88%	贵州茅台	19,676,000.00	3.79%	G长电	20,184,000.00	3.84%

投资前五名债券明细	债券名称	市值(元)	占净值比例	债券名称	市值(元)	占净值比例	债券名称	市值(元)	占净值比例	债券名称	市值(元)	占净值比例
	银行间00国债07	50,000,000.00	9.95%	银行间00国债12	41,453,333.33	8.52%	银行间00国债12	41,453,333.33	7.98%	银行间00国债12	41,453,333.33	7.89%
	银行间00国债12	41,453,333.33	8.25%	05农发04	30,444,000.00	6.26%	02国债(14)	27,441,460.00	5.28%	02国债(14)	25,295,780.00	4.82%
	02国债(14)	13,959,000.00	2.78%	02国债(14)	14,157,810.00	2.91%	05农发04	20,296,000.00	3.91%	05农发04	20,296,000.00	3.86%
	20国债(4)	7,985,512.00	1.59%	20国债(4)	8,244,363.00	1.69%	20国债(4)	8,373,375.00	1.61%	21国债(3)	9,199,800.00	1.75%
	21国债(15)	4,889,500.00	0.97%	04国债(5)	6,670,300.00	1.37%	04国债(5)	6,661,200.00	1.28%	02国债(10)	6,946,100.00	1.32%

金鼎证券投资基金

基本资料					
基金简称	基金金鼎		交易代码	500021	
投资目标	该基金是以属于朝阳产业的上市公司为投资重点的成长型基金，所追求的投资目标是在尽可能分散和规避投资风险的前提下，谋求基金资产增值和收益的最大化。				
业绩比较基准	无	风险收益特征	承担较高风险，获取较高的超额收益。		
合同生效日	2000 年 5 月 16 日	上市日期	2000 年 8 月 4 日	上市地点	上海证券交易所
基金总份额	5 亿份	存续期	至 2007 年 5 月 31 日止		
基金管理人	国泰基金管理有限公司	基金托管人	中国建设银行股份有限公司		
审计机构	普华永道中天会计师事务所	法律顾问	上海锦天城律师事务所	注册登记人	中国证券登记结算有限责任公司上海分公司

财务指标　单位：人民币(元)

项目＼年度	2005 年度	2004 年度	2003 年度
基金份额本期净收益	−0.0181	0.0936	−0.0294
期末可分配基金份额收益	−0.0351	−0.0576	−0.1106
期末基金份额净值	1.0081	0.9424	0.9741
基金加权平均净值收益率	−1.88%	9.24%	−3.40%
本期基金份额净值增长率	6.97%	−3.25%	25.64%
基金份额累计净值增长率	5.27%	−1.59%	1.71%
基金收益分配	本年度未实现收益分配；成立以来每 10 份累计派现 0.340 元。		

基金净值增长率与业绩基准收益率对比图（单位：%）

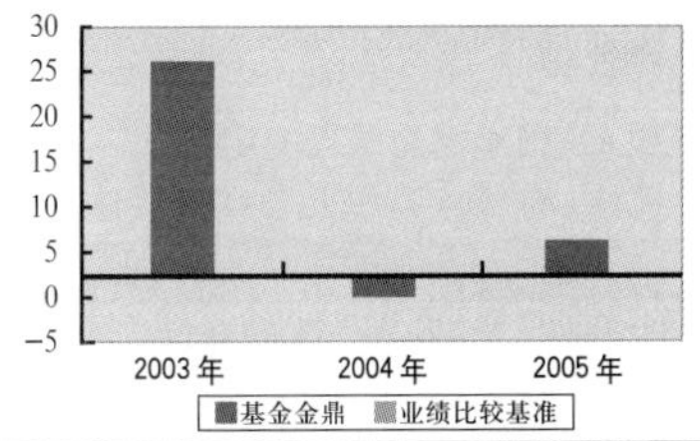

期末基金份额持有人户数	基金份额持有人户数为 30,873 户，平均每户持有 16,195.38 份。
期末基金份额持有人结构	机构投资者持有 260,620,362 份，占总份额 52.12%；个人投资者持有 239,379,638 份，占总份额 47.88%。

【基金业绩表现】

截至 2005 年 12 月 31 日，金鼎基金份额净值为 1.0081 元，全年基金净值增长率为 6.97%。

【基金管理团队】

徐学标先生：基金经理。管理工程硕士，8 年证券从业经历。曾任上海卫星工程研究所科技委主管设计师，上海浦东联合信托公司投资银行项目经理，华夏证券研究所行业分析师。2000 年加盟国泰基金管理公司，先后任研究开发部副经理、国泰金鹰增长基金基金经理。

【基金运作分析】

2005 年，基于对市场环境的判断，金鼎基金采取了较为平衡的操作方法，以估值为核心，结合行业因素趋势变化，建立相对估值模型，追求基金净值的稳定增长。

展望 2006 年，该基金管理人认为以科学发展观为指导，转变经济增长方式，加快经济结构战略性调整，将是 2006 年整个宏观经济调整的主题。预期政府将通过法律手段，以及利率、物价、税收、汇率等经济手段，促进经济结构调整，从而对相关行业产生实质性影响，并成为指导该基金管理人进行投资选择的主要依据。

金鼎基金认为股改的影响将继续成为主导 2006 年上半年行情的关键因素，随着股改接近尾声，下半年宏观经济和企业基本面将重新成为市场关注的焦点。行业方面，细分行业依然是该基金重点投资的方向，特别是国家重点扶持、具备较高创新潜力的高附加值行业将是金鼎基金寻求重点投资品种的区域所在。此外行业整合已经成为大趋势，对行业整合可行性的分析也是该基金在行业配置时关注的焦点。

从较长的时间看，就投资策略而言，该管理小组将继续以持续稳定健康成长的公司为主要投资标的，适当结合制度变革和市场趋势等实行策略性的投资，同时对新股发行、兼并收购、创新机制所带来的投资机会将保持密切关注和动态把握。

【季度投资组合一览】

项目＼季度	第一季度		第二季度		第三季度		第四季度	
基金资产净值	468,233,609.28 元		470,013,141.82 元		502,086,748.72 元		504,062,270.41 元	
基金份额净值	0.9365 元		0.9400 元		1.0042 元		1.0081 元	
基金资产组合	市值(元)	占总资产比例	市值(元)	占总资产比例	市值(元)	占总资产比例	市值(元)	占总资产比例
股票投资	349,583,672.32	73.78%	348,864,517.49	73.71%	372,578,031.34	73.94%	365,165,190.96	72.22%
债券投资	108,177,118.00	22.83%	102,352,346.00	21.62%	109,389,345.10	21.71%	108,685,274.60	21.50%
银行存款和清算备付金	11,245,534.36	2.37%	17,441,215.75	3.69%	20,455,188.19	4.06%	28,748,072.56	5.68%
应收证券清算款	2,470,614.43	0.52%	2,878,971.06	0.61%	——	——	1,246,465.92	0.25%
其他资产	2,379,419.87	0.50%	1,739,214.42	0.37%	1,458,852.24	0.29%	1,766,848.65	0.35%

	股票名称	市值(元)	占净值比例	股票名称	市值(元)	占净值比例	股票名称	市值(元)	占净值比例	股票名称	市值(元)	占净值比例
投资前五名股票明细	双汇发展	22,797,340.00	4.87%	上海机场	27,889,012.60	5.93%	双汇发展	21,701,823.75	4.32%	双汇发展	28,702,285.75	5.69%
	第一食品	19,314,581.44	4.12%	上港集箱	26,729,676.00	5.69%	第一食品	21,298,910.32	4.24%	G 食 品	22,828,402.10	4.53%
	晨鸣纸业	18,642,628.95	3.98%	赣粤高速	23,555,378.56	5.01%	民生银行	15,483,767.74	3.08%	首创股份	17,700,811.57	3.51%
	振华港机	15,576,315.85	3.33%	第一食品	20,312,426.28	4.32%	大商股份	14,897,741.22	2.97%	合加资源	15,723,771.14	3.12%
	中集集团	15,105,845.03	3.23%	双汇发展	19,336,147.25	4.11%	赣粤高速	14,225,338.00	2.83%	外运发展	15,662,807.44	3.11%

	债券名称	市值(元)	占净值比例	债券名称	市值(元)	占净值比例	债券名称	市值(元)	占净值比例	债券名称	市值(元)	占净值比例
投资前五名债券明细	银行间 00 国债 07	41,648,000.00	8.89%	银行间 00 国债 07	41,648,000.00	8.86%	银行间 00 国债 07	41,648,000.00	8.29%	银行间 00 国债 07	41,648,000.00	8.26%
	21 国债(3)	35,457,907.00	7.57%	21 国债(3)	36,089,184.00	7.68%	21 国债(3)	38,863,967.60	7.74%	21 国债(3)	36,547,738.80	7.25%
	20 国债(4)	11,104,400.00	2.37%	20 国债(4)	11,464,350.00	2.44%	20 国债(4)	11,511,112.50	2.29%	02 国债(14)	7,558,500.00	1.50%
	99 国债(5)	5,058,096.00	1.08%	99 国债(5)	5,116,212.00	1.09%	02 国债(14)	7,594,500.00	1.51%	20 国债(4)	5,415,173.40	1.07%
	丰原转债	4,898,365.00	1.05%	21 国债(15)	4,520,250.00	0.96%	99 国债(5)	5,167,815.00	1.03%	99 国债(5)	5,109,699.00	1.01%

国泰金鹰增长证券投资基金

基本资料					
基金简称	国泰金鹰增长		交易代码	020001	
投资目标	在保证基金资产安全前提下，主要通过投资增长型上市公司，分享中国经济增长成果，实现基金资产的中长期增值，同时确保基金资产必要的流动性，将投资风险控制在较低的水平。				
业绩比较基准	上证 A 股指数				
风险收益特征	该基金追求中性偏低的风险收益，通过组合投资于增长型股票，力争实现基金单位资产净值在大盘上涨时增幅不低于比较基准上涨幅度的65%，大盘下跌时基金单位资产净值跌幅不高于比较基准跌幅的60%；年度内基金单位资产净值的标准差小于比较基准的标准差。				
合同生效日	2002 年 5 月 8 日	上市日期	——	上市地点	——
募集概况	首募规模	认购户数	募集日期		
	22.26 亿份	23567 户	2002 年 4 月 16 日至 2002 年 4 月 29 日		
基金费率	认购费率	申购费率	赎回费率	管理费率	托管费率
	1.00%	不高于 1.50%	不高于 0.50%	1.50%	0.25%
基金管理人	国泰基金管理有限公司		基金托管人	交通银行股份有限公司	
审计机构	普华永道中天会计师事务所	法律顾问	北京市金杜律师事务所	注册登记人	国泰基金管理有限公司

财务指标　单位：人民币(元)

项 目 ＼ 年 度	2005 年度	2004 年度	2003 年度
基金份额本期净收益	−0.0093	0.1544	−0.0516
期末可分配基金份额收益	0.0365	0.0163	−0.0233
期末基金份额净值	1.037	1.016	1.062
基金加权平均净值收益率	−0.92%	14.67%	−5.46%
本期基金份额净值增长率	2.07%	1.69%	20.96%
基金份额累计净值增长率	10.23%	8.00%	6.20%
基金收益分配	本年度每 10 份派现 0.330 元；成立以来每 10 份累计派现 1.030 元。		

基金净值增长率与业绩基准收益率对比图（单位：%）

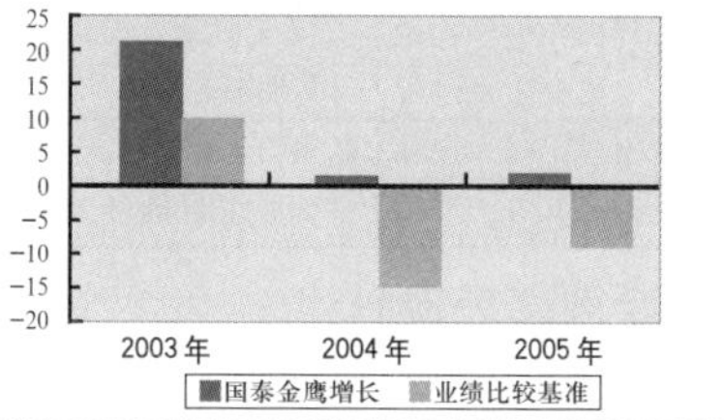

期末基金份额持有人户数	基金份额持有人户数为 10,858 户，平均每户持有 64,539.55 份。
期末基金份额持有人结构	机构投资者持有 464,031,484.54 份，占总份额 66.22%；个人投资者持有 236,738,896.83 份，占总份额 33.78%。

【基金业绩表现】

2005 年国泰金鹰增长基金份额净值增长率为 2.07%，同期业绩基准收益率为−8.21%，该基金表现超越业绩基准收益 10.28%。

【基金管理团队】

冯天戈先生：基金经理。经济学硕士，11 年证券从业经历。曾就职于海南富岛资产管理公司，长城基金管理公司基金经理助理，2003年加盟国泰基金管理公司，曾任国泰金鹰增长基金基金经理助理。

【基金运作分析】

2005 年，针对市场环境的变化，国泰金鹰增长基金的操作思路由上半年的积极防守转向下半年的积极进攻。

2005 年上半年，国泰金鹰增长基金采取组合保险策略配置大类资产，重点投资的行业为交通运输和食品饮料业；下半年，该基金采取恒定比率策略配置大类资产，重点投资的行业为食品饮料、石化和机械设备仪表业。

在选股思路方面，国泰金鹰增长基金由上半年的发掘价值低估品种转向下半年的关注价值重估品种。

【季度投资组合一览】

项 目 ＼ 季 度	第一季度		第二季度		第三季度		第四季度	
基金资产净值	935,431,302.15 元		863,516,001.72 元		850,175,383.78 元		726,361,453.93 元	
基金份额	907,969,467.70 份		869,548,619.00 份		823,465,833.29 份		700,770,381.37 份	
基金份额净值	1.030 元		0.993 元		1.032 元		1.037 元	
基金资产组合	市值(元)	占总资产比例	市值(元)	占总资产比例	市值(元)	占总资产比例	市值(元)	占总资产比例
股票投资	634,277,917.02	67.32%	589,393,320.42	68.02%	627,599,026.00	72.60%	617,622,672.72	76.99%
债券投资	220,519,097.14	23.41%	201,201,699.82	23.22%	193,040,470.22	22.33%	81,872,318.10	10.21%
银行存款和清算备付金	80,192,721.67	8.51%	70,971,066.67	8.19%	40,228,820.17	4.65%	43,601,763.10	5.43%
应收证券清算款	2,749,629.82	0.29%	——	——	——	——	55,883,916.64	6.97%
其他资产	4,467,435.32	0.47%	4,899,182.82	0.57%	3,593,186.00	0.42%	3,276,894.94	0.41%

	第一季度			第二季度			第三季度			第四季度		
投资前五名股票明细	股票名称	市值(元)	占净值比例	股票名称	市值(元)	占净值比例	股票名称	市值(元)	占净值比例	股票名称	市值(元)	占净值比例
	上海机场	64,741,578.00	6.92%	上海机场	68,077,408.10	7.88%	贵州茅台	50,850,518.44	5.98%	星新材料	31,706,343.09	4.37%
	贵州茅台	51,469,521.30	5.50%	贵州茅台	63,024,479.10	7.30%	上海机场	33,191,816.00	3.90%	贵州茅台	29,306,105.52	4.03%
	长江电力	46,685,624.30	4.99%	长江电力	43,808,038.37	5.07%	赣粤高速	25,579,640.24	3.01%	中国石化	23,604,642.84	3.25%
	中集集团	41,180,865.00	4.40%	招商银行	37,177,069.80	4.31%	双汇发展	25,532,516.12	3.00%	航天信息	22,692,081.44	3.12%
	中兴通讯	39,844,852.96	4.26%	双汇发展	30,034,743.66	3.48%	大商股份	25,277,810.85	2.97%	海油工程	22,611,043.56	3.11%
投资前五名债券明细	债券名称	市值(元)	占净值比例	债券名称	市值(元)	占净值比例	债券名称	市值(元)	占净值比例	债券名称	市值(元)	占净值比例
	20 国债(4)	31,797,314.60	3.40%	03 国开 22	41,420,000.00	4.80%	01 国开 09	41,420,000.00	4.87%	04 国债(5)	38,228,614.00	5.26%
	05 国债 02	29,364,930.00	3.14%	20 国债(4)	32,822,184.00	3.80%	20 国债(4)	33,362,629.60	3.92%	01 国开 09	20,710,000.00	2.85%
	04 国开 10	25,055,000.00	2.68%	04 国开 10	25,055,000.00	2.90%	04 国债(5)	25,358,046.50	2.98%	99 国债(5)	12,801,704.10	1.76%
	21 国债(3)	20,384,000.00	2.18%	21 国债(3)	20,730,528.00	2.40%	21 国债(3)	20,973,097.60	2.47%	04 国债(11)	10,132,000.00	1.39%
	04 国债(11)	20,176,000.00	2.16%	99 国债(5)	15,873,487.00	1.84%	99 国债(5)	16,041,394.60	1.89%	——	——	——

国泰金龙系列证券投资基金

国泰金龙债券证券投资基金

基本资料

基金简称	国泰金龙债券		交易代码	020002	
投资目标	在保证投资组合低风险和高流动性的前提下，追求较高的当期收入和总回报，力求基金资产的稳定增值。				
业绩比较基准	中信全债指数收益率	风险收益特征	该基金属于收益稳定、风险较低的基金品种。		
合同生效日	2003年12月5日	上市日期	——	上市地点	——
募集概况	首募规模	认购户数	募集日期		
	18.87亿份	6623户	2003年10月24日至2003年12月2日		
基金费率	认购费率	申购费率	赎回费率	管理费率	托管费率
	不高于0.60%	不高于1.00%	不高于0.20%	0.60%	0.20%
基金管理人	国泰基金管理有限公司		基金托管人	上海浦东发展银行股份有限公司	
审计机构	普华永道中天会计师事务所	法律顾问	北京市金杜律师事务所	注册登记人	国泰基金管理有限公司

财务指标　单位：人民币(元)

项目＼年度	2005年度	2004年度	2003年12月5日至2003年12月31日
基金份额本期净收益	0.0393	0.0554	0.0018
期末可分配基金份额收益	0.0094	−0.0336	0.0023
期末基金份额净值	1.009	0.966	1.005
基金加权平均净值收益率	3.96%	5.53%	0.18%
本期基金份额净值增长率	5.70%	−1.07%	0.50%
基金份额累计净值增长率	5.09%	−0.58%	0.50%
基金收益分配	本年度每10份派现0.120元；成立以来每10份累计派现0.420元。		

基金净值增长率与业绩基准收益率对比图（单位：%）

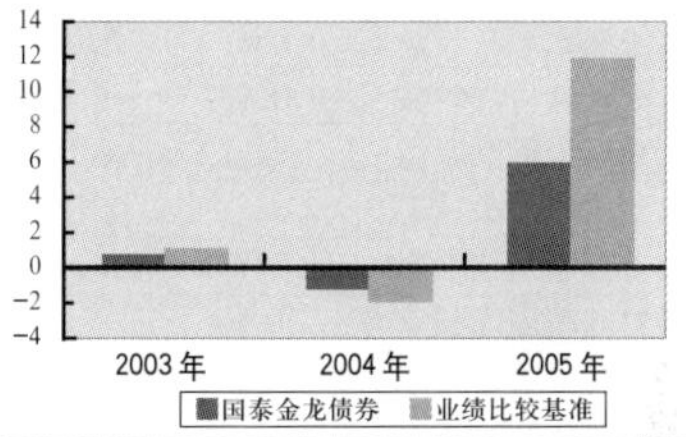

期末基金份额持有人户数	基金份额持有人户数为978户，平均每户持有68,536.75份。
期末基金份额持有人结构	机构投资者持有30,073,310.00份，占总份额44.87%；个人投资者持有36,955,631.16份，占总份额55.13%。

【基金业绩表现】

截至2005年12月31日，金龙债券基金份额净值为1.009元，全年基金份额净值增长5.70%。

【基金管理团队】

何旻先生：基金经理。FRM，英国伦敦政治经济学院(LSE)金融经济学硕士(MSc in Finance and Economics)。9年证券从业经历。1998年加入国泰基金管理公司，先后担任研究开发部行业研究员、综合研究小组(包括债券研究)负责人，基金管理部、固定收益部基金经理助理，现任国泰金龙债券基金基金经理、国泰金象保本增值混合基金基金经理。

【基金运作分析】

2005年对国债市场来说，是具有划时代意义的一年。整个2005年中，除第四季度市场曾经出现一个月调整外，在其他时间都是涨多跌少。出现如此波澜壮阔行情，是市场资金极度宽裕的结果。商业银行的股份制改革对资本充足率的要求，加上人民币汇率制度变化，使得大量资金涌入债券市场。同时，第一季度央行降低准备金利率的政策，颠覆了债市原有的收益率水平，像一根导火索完全点燃了一年的债券牛市行情。在2005年242个交易日里，交易所债券收益率曲线下降了近200个基点。中期债券的下降幅度最大，其次是长期债券，整个曲线的凸度降低。

2005年，金龙债券基金采取了积极的投资策略。在国债、金融债组合方面重点投资于中长期品种。在转债投资策略上，全年都较为保守。第一季度由于在国债组合上采取了短久期策略，国债组合的收益率略落后于市场指数。之后的两个季度对这一情况及时修正，延长了国债组合久期。但是由于股市的持续低迷，转债组合的个别品种拖累了整体业绩。通过对一年投资经验的总结，该基金在今后的投资中将加大对市场整体走势的研判和加强对转债个别品种的风险控制。

展望2006年，国债和转债市场充满了机会。金龙债券基金的投资策略将是：国债、金融债方面，重点投资中期债券；企业债方面，重点投资企业短期融资券；适当提高转债在整体组合中的比例，并且注意转债的个体风险。

【季度投资组合一览】

项目＼季度	第一季度			第二季度			第三季度			第四季度		
基金资产净值	71,272,948.93元			59,869,581.74元			53,461,998.89元			67,659,660.56元		
基金份额	73,297,838.34份			59,516,274.43份			53,459,255.84份			67,028,941.16份		
基金份额净值	0.972元			1.006元			1.000元			1.009元		
基金资产组合	市值(元)		占总资产比例	市值(元)		占总资产比例	市值(元)		占总资产比例	市值(元)		占总资产比例
债券投资	68,029,202.08		92.66%	56,719,003.47		92.88%	51,829,604.84		92.77%	59,466,048.03		86.29%
银行存款和清算备付金	4,189,721.46		5.71%	3,356,283.16		5.49%	3,169,570.68		5.67%	1,578,020.27		2.29%
其他资产	1,201,320.91		1.64%	994,383.86		1.63%	869,565.16		1.56%	7,872,551.85		11.42%
投资前五名债券明细	债券名称	市值(元)	占净值比例	债券名称	市值(元)	占净值比例	债券名称	市值(元)	占净值比例	债券名称	市值(元)	占净值比例
	04进出02	10,000,000.00	14.03%	20国债(4)	7,413,228.00	12.38%	05国开17	9,961,000.00	18.63%	05国开17	10,037,000.00	14.83%
	05央行票据05	9,718,468.49	13.64%	99国债(8)	6,673,730.70	11.15%	99国债(8)	4,846,886.00	9.07%	03国债(3)	5,184,583.00	7.66%
	万科转2	4,875,138.97	6.84%	20国债(10)	6,035,439.60	10.08%	03国债(3)	3,646,107.00	6.82%	包钢转债	4,389,665.00	6.49%
	20国债(4)	4,734,764.30	6.64%	03国债(7)	5,895,000.00	9.85%	03国债(7)	3,248,320.00	6.08%	99国债(8)	4,026,267.00	5.95%
	20国债(10)	3,969,600.00	5.57%	万科转2	4,619,457.57	7.72%	包钢转债	3,231,756.50	6.04%	招行转债	3,201,900.00	4.73%

国泰金龙行业精选证券投资基金

基本资料							
基金简称	国泰金龙行业			交易代码	020003		
投资目标	有效把握我国行业的发展趋势，精心选择具有良好行业背景的成长性企业，谋求基金资产的长期稳定增值。						
业绩比较基准	75%×(上证A股指数和深圳A股指数的总市值加权平均)+25%×上证国债指数						
风险收益特征	承担中等风险，获取相对超额回报。						
合同生效日	2003年12月5日	上市日期	——		上市地点	——	
募集概况	首募规模	认购户数	募集日期				
	6.84亿份	3311户	2003年10月24日至2003年12月2日				
基金费率	认购费率	申购费率	赎回费率		管理费率	托管费率	
	不高于1.00%	不高于1.20%	不高于0.20%		1.50%	0.25%	
基金管理人	国泰基金管理有限公司		基金托管人		上海浦东发展银行股份有限公司		
审计机构	普华永道中天会计师事务所	法律顾问	北京市金杜律师事务所		注册登记人	国泰基金管理有限公司	

财务指标　单位：人民币(元)

项目＼年度	2005年度	2004年度	2003年12月5日至2003年12月31日
基金份额本期净收益	0.0565	0.0107	0.0011
期末可分配基金份额收益	0.0295	−0.0264	0.0012
期末基金份额净值	1.030	0.974	1.008
基金加权平均净值收益率	5.66%	1.09%	0.11%
本期基金份额净值增长率	5.75%	−0.47%	0.80%
基金份额累计净值增长率	6.10%	0.33%	0.80%
基金收益分配	本年度末实现收益分配；成立以来每10份累计派现0.320元。		

基金净值增长率与业绩基准收益率对比图（单位：%）

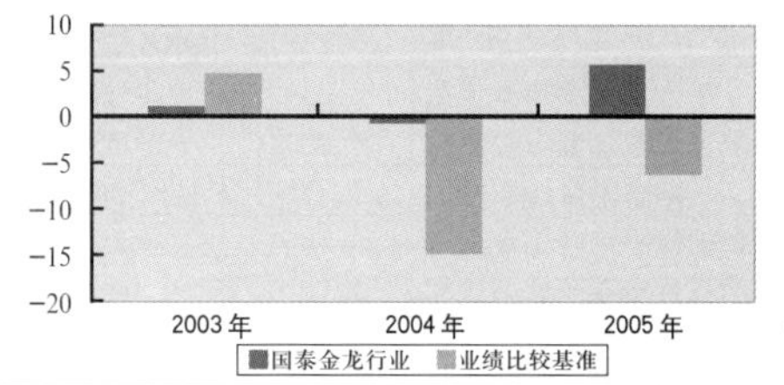

期末基金份额持有人户数	基金份额持有人户数为1,277户，平均每户持有170,341.54份。
期末基金份额持有人结构	机构投资者持有188,337,259.42份，占总份额86.58%；个人投资者持有29,188,890.56份，占总份额13.42%。

【基金业绩表现】

截至2005年12月31日，国泰金龙行业基金份额净值为1.030元，全年基金净值增长5.75%，同期业绩基准收益下跌6.84%，该基金表现超越同期业绩基准收益12.59%。

【基金管理团队】

崔海峰先生：基金经理。经济学硕士，8年证券从业经历。1999年加盟国泰基金管理公司，先后任研究开发部副经理、金鑫基金经理助理、金盛基金基金经理，现任国泰基金管理公司首席基金经理，国泰金龙行业精选证券投资基金基金经理。

【基金运作分析】

2005年，市场呈现先抑后扬的走势。在这一年，国泰金龙行业基金本着积极防御、精选行业的投资策略，取得了不错的投资业绩，并在保持组合低风险的同时，取得了一定的超额收益。

国泰金龙行业基金2005年的成功主要来源于上半年对宏观经济调控背景下行业选择的把握，该基金重点配置了具有持续增长能力的消费类行业，并得到了市场的认同。下半年市场特征有所改变，随着指数底部的逐步确立，市场信心渐渐恢复。股权分置改革的推进带来了新的投资机会。下半年，该基金在G股投资方面也做了积极的尝试，但总体力度不是很大，因此业绩相对上半年略有逊色。

【季度投资组合一览】

项目＼季度	第一季度		第二季度		第三季度		第四季度	
基金资产净值	451,015,416.20元		280,919,052.77元		282,794,446.91元		223,949,393.78元	
基金份额	448,426,321.81份		286,370,993.94份		275,522,861.33份		217,526,149.98份	
基金份额净值	1.006元		0.981元		1.026元		1.030元	
基金资产组合	市值(元)	占总资产比例	市值(元)	占总资产比例	市值(元)	占总资产比例	市值(元)	占总资产比例
股票投资	320,436,065.31	70.68%	202,174,491.12	71.54%	211,461,489.08	73.68%	166,368,498.39	70.32%
债券投资	105,537,340.49	23.28%	67,303,069.40	23.82%	61,157,633.00	21.31%	54,728,733.00	23.13%
银行存款和清算备付金	25,172,691.49	5.55%	9,619,385.43	3.40%	11,244,174.80	3.92%	12,684,792.51	5.36%
应收证券清算款	820,999.23	0.18%	1,457,095.09	0.52%	784,320.74	0.27%	——	——
其他资产	1,376,700.26	0.30%	2,042,565.45	0.72%	2,357,432.98	0.82%	2,822,363.59	1.19%

投资前五名股票明细	股票名称	市值(元)	占净值比例	股票名称	市值(元)	占净值比例	股票名称	市值(元)	占净值比例	股票名称	市值(元)	占净值比例
	上海机场	25,271,994.00	5.60%	上海机场	16,900,000.00	6.02%	大商股份	11,832,000.00	4.18%	双汇发展	8,569,300.00	3.83%
	贵州茅台	19,327,470.85	4.29%	贵州茅台	16,377,145.35	5.83%	上海机场	11,571,840.00	4.09%	华夏银行	7,678,800.00	3.43%
	长江电力	18,186,140.60	4.03%	赣粤高速	11,263,200.19	4.01%	中兴通讯	10,439,870.91	3.69%	G中兴	6,945,000.00	3.10%
	中集集团	17,048,900.00	3.78%	双汇发展	10,303,768.89	3.67%	双汇发展	9,806,501.20	3.47%	招商银行	6,873,856.22	3.07%
	中兴通讯	15,785,821.92	3.50%	招商银行	10,005,187.26	3.56%	贵州茅台	9,249,415.68	3.27%	G益佰	6,421,998.38	2.87%

投资前五名债券明细	债券名称	市值(元)	占净值比例	债券名称	市值(元)	占净值比例	债券名称	市值(元)	占净值比例	债券名称	市值(元)	占净值比例
	04国开17	29,991,000.00	6.65%	03国开22	20,616,000.00	7.34%	01国开09	20,710,000.00	7.32%	01国开09	20,050,000.00	8.95%
	05国债02	19,573,222.19	4.34%	04国债(5)	13,349,000.00	4.75%	04国债(5)	12,372,100.00	4.37%	04国债(5)	9,811,176.00	4.38%
	02国债(14)	12,870,000.00	2.85%	20国债(4)	9,960,000.00	3.55%	20国债(4)	10,124,000.00	3.58%	02国债(14)	6,554,600.00	2.93%
	21国债(15)	10,737,342.00	2.38%	21国债(15)	6,005,714.00	2.14%	02国债(14)	6,581,900.00	2.33%	21国债(15)	6,082,856.00	2.72%
	02国债(10)	10,340,000.00	2.29%	晨鸣转债	5,286,000.00	1.88%	21国债(15)	6,117,540.00	2.16%	05国债(2)	4,900,000.00	2.19%

国泰金马稳健回报证券投资基金

基本资料

基金简称	国泰金马稳健		交易代码	020005	
投资目标	通过股票、债券资产和现金类资产的合理配置，高度适应中国宏观经济的发展变化。紧盯不同时期对中国GDP增长具有重大贡献或因GDP的高速增长而获得较大受益的行业和上市公司，最大程度地分享中国宏观经济的成长成果，为基金持有人谋求稳健增长的长期回报。				
业绩比较基准	60%×(上证A股指数和深圳A股指数的总市值加权平均)+40%×上证国债指数				
风险收益特征	该基金属于中低风险的平衡型基金产品，基金的预期收益高于债券型基金，风险程度低于激进的股票型基金。				
合同生效日	2004年6月18日	上市日期	——	上市地点	——
募集概况	首募规模	认购户数	募集日期		
	12.31亿份	24355户	2004年5月13日至2004年6月14日		
基金费率	认购费率	申购费率	赎回费率	管理费率	托管费率
	不高于1.20%	不高于1.50%	不高于0.50%	1.50%	0.25%
基金管理人	国泰基金管理有限公司		基金托管人	中国建设银行股份有限公司	
审计机构	普华永道中天会计师事务所	法律顾问	北京市金杜律师事务所	注册登记人	国泰基金管理有限公司

财务指标　单位：人民币(元)

项目 \ 年度	2005年度	2004年6月18日至2004年12月31日
基金份额本期净收益	−0.0748	−0.0083
期末可分配基金份额收益	−0.0764	−0.0346
期末基金份额净值	0.962	0.965
基金加权平均净值收益率	−7.87%	−0.84%
本期基金份额净值增长率	−0.31%	−3.50%
基金份额累计净值增长率	−3.80%	−3.50%
基金收益分配	自基金合同生效以来未实现收益分配。	

基金净值增长率与业绩基准收益率对比图（单位：%）

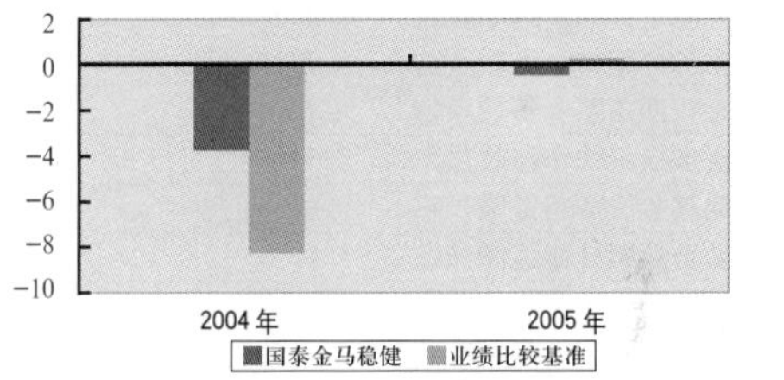

期末基金份额持有人户数	基金份额持有人户数为16,560户，平均每户持有39,161.65份。
期末基金份额持有人结构	机构投资者持有280,616,784.02份，占总份额43.27%；个人投资者持有367,900,163.42份，占总份额56.73%。

【基金业绩表现】

截至2005年12月31日，国泰金马稳健基金份额净值为0.962元，全年净值增长−0.31%。

【基金管理团队】

何江旭先生：基金经理。经济学硕士，13年证券期货从业经历。曾就职于浙江金达期货经纪有限公司、君安证券公司、国信证券公司。2000年加盟国泰基金管理公司，历任研究开发部总监助理、投资决策委员会秘书，基金管理部副总监，金鼎基金基金经理，金鑫基金基金经理。

【基金运作分析】

2005年，国泰金马稳健基金基于对宏观经济和股市发展趋势的理解，比较前瞻性地提出并实施了重点配置消费服务行业上市公司的投资策略。在资产配置方面，2005年上半年，该基金较好地把握了市场波动并在股票仓位上做了积极调整，下半年开始加重股票投资比例，大部分时间保持在投资上限附近；在行业选择上，国泰金马稳健基金在二季度初大幅减持了周期性行业，进一步加大消费服务类行业配置，四季度开始提高了金融、地产以及新能源、新材料等“十一五”规划受益行业的投资比重；在个股投资方面，着眼于成长性并在深度调研的基础上，提高了投资集中度，加大对重点公司的投资比例。

【季度投资组合一览】

项目 \ 季度	第一季度		第二季度		第三季度		第四季度	
基金资产净值	862,474,096.70元		788,870,694.94元		737,967,386.87元		623,875,664.74元	
基金份额	918,970,827.77份		849,186,576.35份		759,674,097.14份		648,516,947.44份	
基金份额净值	0.939元		0.929元		0.971元		0.962元	
基金资产组合	市值(元)	占总资产比例	市值(元)	占总资产比例	市值(元)	占总资产比例	市值(元)	占总资产比例
股票投资	623,703,278.14	71.89%	566,685,622.96	71.56%	551,500,025.36	74.45%	552,292,265.54	82.68%
债券投资	195,982,057.82	22.59%	176,331,230.04	22.27%	171,769,431.04	23.19%	94,137,279.60	14.09%
银行存款和清算备付金	18,136,628.26	2.09%	33,938,118.17	4.29%	12,567,833.01	1.70%	13,672,085.48	2.05%
应收证券清算款	1,125,521.87	0.13%	9,277,566.01	1.17%	1,503,851.38	0.20%	5,205,283.87	0.78%
其他资产	28,626,312.02	3.30%	5,612,718.58	0.71%	3,372,775.53	0.46%	2,712,902.19	0.40%

项目	股票名称	市值(元)	占净值比例	股票名称	市值(元)	占净值比例	股票名称	市值(元)	占净值比例	股票名称	市值(元)	占净值比例
投资前五名股票明细	长江电力	49,910,500.00	5.79%	上港集箱	45,387,305.04	5.75%	新世界	53,166,105.60	7.20%	新世界	42,060,266.24	6.74%
	上海机场	46,406,563.50	5.38%	招商银行	39,772,337.52	5.04%	双汇发展	32,431,994.08	4.39%	G益佰	39,209,766.46	6.28%
	中海发展	37,806,813.45	4.38%	新世界	39,315,839.24	4.98%	益佰制药	31,938,471.50	4.33%	双汇发展	31,882,042.28	5.11%
	上港集箱	35,554,006.55	4.12%	上海机场	34,011,571.10	4.31%	G明珠	25,871,895.94	3.51%	航天机电	25,315,182.72	4.06%
	西山煤电	28,668,333.16	3.32%	长江电力	28,239,605.00	3.58%	上海机场	22,666,506.24	3.07%	G明珠	22,980,806.68	3.68%
	债券名称	市值(元)	占净值比例	债券名称	市值(元)	占净值比例	债券名称	市值(元)	占净值比例	债券名称	市值(元)	占净值比例
投资前五名债券明细	02国债(14)	33,150,150.00	3.84%	03国开22	51,775,000.00	6.56%	01国开09	51,775,000.00	7.02%	01国开09	51,775,000.00	8.30%
	04国开10	30,084,000.00	3.49%	04国开10	30,084,000.00	3.81%	04国债(5)	28,551,000.00	3.87%	04国债(5)	30,503,494.40	4.89%
	05国债02	29,358,903.29	3.40%	04国债(5)	28,605,000.00	3.63%	02国债(14)	26,312,411.00	3.57%	05国债(6)	5,818,191.60	0.93%
	04国开17	19,994,000.00	2.32%	20国债(4)	15,151,152.00	1.92%	20国债(4)	15,400,628.80	2.09%	02国债(14)	4,894,773.60	0.78%
	21国债(3)	14,834,000.00	1.72%	晨鸣转债	11,336,038.44	1.44%	21国债(15)	10,230,000.00	1.39%	97国债(4)	1,145,820.00	0.18%

国泰金象保本增值混合证券投资基金

基本资料

基金简称	国泰金象保本		基金代码	020006	
投资目标	在保证本金安全的前提下，力争在该基金保本期结束时，实现基金资产的增值。				
业绩比较基准	与保本期同期限的3年期银行定期存款税后收益率。				
风险收益特征	该基金属于证券投资基金中的低风险投资品种。				
合同生效日	2004年11月10日	上市日期	——	上市地点	——
募集概况	首募规模	认购户数	募集日期		
	8.03亿份	18593户	2004年9月22日至2004年11月5日		
基金费率	认购费率	申购费率	赎回费率	管理费率	托管费率
	不高于1.00%	不高于1.50%	不高于1.80%	1.20%	0.20%
基金管理人	国泰基金管理有限公司		基金托管人	中国银行股份有限公司	
基金担保人	上海国有资产经营有限公司		保本周期	三年	
审计机构	普华永道中天会计师事务所	法律顾问	北京市金杜律师事务所	注册登记人	国泰基金管理有限公司

财务指标 单位：人民币(元)

项目 \ 年度	2005年度	2004年11月10日至2004年12月31日
基金份额本期净收益	0.0268	0.0019
期末可分配基金份额收益	0.0037	0.0020
期末基金份额净值	1.010	1.003
基金加权平均净值收益率	2.63%	0.19%
本期基金份额净值增长率	3.19%	0.30%
基金份额累计净值增长率	3.50%	0.30%
基金收益分配	本年度每10份派现0.250元；成立以来每10份派现0.250元。	

基金净值增长率与业绩基准收益率对比图（单位：%）

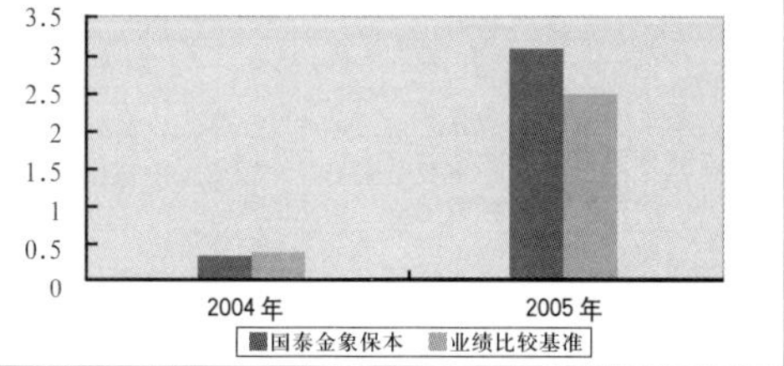

期末基金份额持有人户数	基金份额持有人户数为13,483户，平均每户持有33,206.68份。
期末基金份额持有人结构	机构投资者持有16,085,257.36份，占总份额3.59%；个人投资者持有431,640,426.62份，占总份额96.41%。

【基金业绩表现】

截至2005年12月31日，国泰金象保本基金份额净值为1.010元，全年净值增长3.19%，同期业绩基准增长2.59%，基金表现超越同期业绩基准收益0.60%。

【基金管理团队】

何旻先生：基金经理。FRM，英国伦敦政治经济学院(LSE)金融经济学硕士(MSc in Finance and Economics)，9年证券从业经历。1998年加盟国泰基金管理公司，先后担任研究开发部行业研究员、综合研究小组(包括债券研究)负责人，基金管理部、固定收益部基金经理助理，现任国泰金龙债券基金基金经理、国泰金象保本增值基金基金经理。

【基金运作分析】

2005年对国债市场来说，是具有划时代意义的一年。整个2005年中，除第四季度市场曾经出现一个月调整外，在其他时间都是涨多跌少。

2005年，国泰金象保本基金在投资过程中遵守了CPPI策略和OBPI策略的基本原则。在股票投资方面，出于年初对股票市场并不乐观的判断，一直保持较低的股票投资比例，重点放在精选个股上。债券投资方面，采取了久期匹配和积极投资相结合的策略，对组合中70%的债券进行剩余期限和保本期限的匹配，用10%左右的资金，基于对市场利率和宏观经济的分析判断，对债券进行积极投资。在全年四个季度中，转债投资保持在8%左右的比例，基本选取了股债平衡型的品种。

【季度投资组合一览】

项目 \ 季度	第一季度		第二季度		第三季度		第四季度	
基金资产净值	578,269,556.54元		549,485,139.89元		515,599,558.72元		452,189,688.05元	
基金份额	574,344,152.65份		537,568,788.90份		498,830,936.85份		447,725,683.98份	
基金份额净值	1.007元		1.022元		1.034元		1.010元	
基金资产组合	市值(元)	占总资产比例	市值(元)	占总资产比例	市值(元)	占总资产比例	市值(元)	占总资产比例
股票投资	15,936,977.08	2.72%	25,832,464.94	4.68%	22,742,335.34	4.39%	43,876,803.20	9.49%
债券投资	486,490,062.75	83.16%	467,213,858.08	84.73%	475,757,757.33	91.92%	402,624,066.08	87.12%
银行存款和清算备付金	74,477,904.84	12.73%	50,126,825.85	9.09%	9,426,244.28	1.82%	9,475,016.11	2.04%
应收证券清算款	2,634,415.49	0.45%	——	——	——	——	1,535,622.39	0.33%
其他资产	5,446,231.23	0.93%	8,242,940.08	1.49%	9,669,333.78	1.87%	4,629,666.95	1.00%

	股票名称	市值(元)	占净值比例	股票名称	市值(元)	占净值比例	股票名称	市值(元)	占净值比例	股票名称	市值(元)	占净值比例
投资前五名股票明细	东阿阿胶	3,744,400.00	0.65%	中国联通	6,865,005.22	1.25%	G宝钢	3,723,600.00	0.72%	吉林化工	19,425,062.52	4.30%
	首旅股份	3,538,799.10	0.61%	华能国际	6,642,000.00	1.21%	鞍钢新轧	2,821,000.00	0.55%	扬子石化	8,805,000.00	1.95%
	黄山旅游	2,872,943.80	0.50%	五粮液	5,347,472.00	0.97%	中兴商业	2,666,000.00	0.52%	中兴商业	2,777,800.00	0.61%
	上海机场	2,804,010.00	0.48%	东阿阿胶	4,192,164.40	0.76%	双汇发展	2,187,746.16	0.42%	华鲁恒升	2,165,364.64	0.48%
	南京中商	2,433,671.20	0.42%	宝钢股份	1,992,000.00	0.36%	赣粤高速	1,853,544.00	0.36%	上海机场	2,163,000.00	0.48%

	债券名称	市值(元)	占净值比例	债券名称	市值(元)	占净值比例	债券名称	市值(元)	占净值比例	债券名称	市值(元)	占净值比例
投资前五名债券明细	04国开20	79,926,000.00	13.82%	20国债(10)	60,273,039.60	10.97%	02国债(14)	103,948,453.00	20.16%	02国债(14)	70,578,924.40	15.61%
	20国债(10)	65,105,409.60	11.26%	02国债(14)	50,176,003.50	9.13%	20国债(10)	100,391,468.10	19.47%	20国债(10)	58,682,177.60	12.98%
	04国债(11)	54,475,200.00	9.42%	05央行票据26	49,119,657.53	8.94%	04国开15	52,413,000.00	10.17%	04国开15	52,413,000.00	11.59%
	02国债(14)	49,500,990.00	8.56%	05央行票据05	48,410,000.00	8.81%	04央行票据94	52,190,000.00	10.12%	04央行票据94	52,190,000.00	11.54%
	05央行票据05	48,410,000.00	8.37%	04国债(5)	47,838,048.50	8.71%	丝绸转2	27,597,747.38	5.35%	丝绸转2	27,378,871.56	6.05%

国泰货币市场证券投资基金

基本资料

基金简称	国泰货币市场			交易代码	020007	
投资目标	在保证本金安全和资产流动性最大化的前提下，追求超过业绩比较基准的收益。					
业绩比较基准	一年期银行定期储蓄存款的税后利率：（1－利息税率）×一年期银行定期储蓄存款利率					
风险收益特征	该基金属于高流动性、低风险的基金品种，其预期风险和预期收益率低于股票基金、债券基金和混合型基金。					
合同生效日	2005年6月21日		上市日期	——	上市地点	——
募集概况	首募规模	认购户数	募集日期			
	44.45亿份	34678户	2005年5月23日至2005年6月16日			
基金费率	认购费率	申购费率	赎回费率	管理费率	托管费率	销售服务费率
	0	0	0	0.33%	0.10%	0.25%
基金管理人	国泰基金管理有限公司		基金托管人	中国农业银行		
审计机构	普华永道中天会计师事务所	法律顾问	北京市金杜律师事务所	注册登记人	国泰基金管理有限公司	

财务指标 单位：人民币(元)

项目 \ 年度	2005年6月21日至2005年12月31日
基金本期净收益	10,944,948.68
期末基金资产净值	789,124,101.14
期末基金份额净值	1.000
本期净值收益率	0.9621%
累计净值收益率	0.9621%
基金收益分配	从2005年6月21日至2005年12月31日，该基金收益分配10,944,948.68元。
备注	该基金合同生效于2005年6月21日，截至2005年12月31日基金运作不满一年。

基金收益率与同期业绩基准收益率对比图（单位：%）

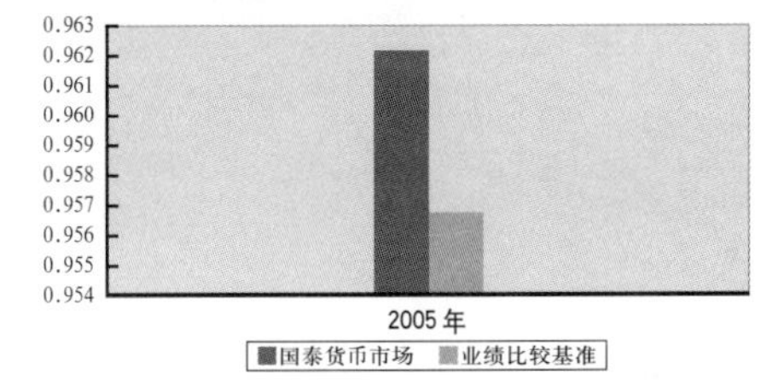

期末基金份额持有人户数	基金份额持有人户数为13,769户，平均每户持有57,311.65份。
期末基金份额持有人结构	机构投资者持有289,834,443.44份，占总份额36.73%；个人投资者持有499,289,657.70份，占总份额63.27%。

【基金业绩表现】

国泰货币市场基金合同生效于2005年6月21日，截至2005年12月31日，该基金累积每万份收益为95.8287元，基金净值收益率为0.9621%，同期业绩比较基准为0.9567%，基金净值收益率优于同期业绩比较基准。

【基金管理团队】

林勇先生：基金经理。MBA，9年证券投资从业经历。曾任职招商银行总行资金交易中心人民币投资主管、首席交易员，嘉实基金管理公司基金经理。2005年5月加盟国泰基金管理公司。

【基金运作分析】

国泰货币市场基金合同生效于2005年6月21日。该基金成立以来，科学计划，精心操作，重点关注了收益相对较高、风险相对较小的金融债券和短期融资券，合理控制组合剩余期限，充分保证资产的流动性，同时密切跟踪市场交易价格信号，积极寻求交易机会，实现基金的增值。

在投资操作上，国泰货币市场基金采用了期限结构套利、滚动操作、跨市场套利等技术。截至2005年末，国泰货币市场基金完成基金合同中对投资人的承诺，为基金投资人带来了良好的收益，实现了便利现金管理工具的功能。

【季度投资组合一览】

项目 \ 季度	第三季度			第四季度		
基金资产净值	755,291,383.96元			789,124,101.14元		
基金份额	755,291,383.96份			789,124,101.14份		
基金份额净值	1.000元			1.000元		
基金资产组合	市值(元)		占总资产比例	市值(元)		占总资产比例
债券投资	430,377,959.66		56.85%	681,352,537.81		86.05%
买入返售证券	271,200,000.00		35.82%	——		——
银行存款和清算备付金	54,818,925.31		7.24%	94,239,132.63		11.90%
其他资产	700,724.25		0.09%	16,180,704.02		2.05%
债券明细投资前五名	债券名称	摊余成本(元)	占资产净值比例	债券名称	摊余成本(元)	占资产净值比例
	05央行票据68	69,201,629.67	9.16%	05农发07	255,376,771.16	32.36%
	05国债02	59,372,726.92	7.86%	05央行票据68	69,472,663.32	8.80%
	05中化CP01	48,614,235.63	6.44%	05农发06	60,181,621.87	7.63%
	05农发07	40,027,702.35	5.30%	05中化CP01	49,254,579.51	6.24%
	05淮北矿CP01	39,081,525.26	5.17%	05北大荒CP01	29,642,319.14	3.76%
投资组合剩余期限	平均剩余期限		占资产净值比例	平均剩余期限		占资产净值比例
	30天以内		43.16%	30天以内		11.94%
	30天(含)—60天		4.01%	30天(含)—60天		——
	60天(含)—90天		7.30%	60天(含)—90天		10.19%
	90天(含)—180天		7.86%	90天(含)—180天		11.31%
	180天(含)—397天(含)		37.81%	180天(含)—397天(含)		64.84%

2005年大事记

1月06日—南方基金管理有限公司旗下开放式基金推出定投业务；

5月20日—南方高增长证券投资基金正式开始发行；

7月04日—南方基金第二次兑现投资人俱乐部会员积分奖励；

7月14日—南方高增长证券投资基金正式成立，首发规模为12.77亿元；

8月02日—南方基金管理有限公司获得首批企业年金基金投资管理人资格；

8月22日—南方积极配置证券投资基金(LOF)开放场内申购、赎回；

8月24日—南方宝元第三次分红，每10份基金份额分红0.50元，南方避险第三次分红，每10份基金份额分红0.30元；

11月05日—南方高增长第一届投资理事会成功召开；

11月08日—南方基金管理公司正式启用全国统一客服电话；

9月21日—南方高增长基金开始在深圳交易所上市交易；

12月05日—中信南方基金联名信用卡首发新闻发布会；

12月20日—南方宝元第四次分红，每10份基金份额分红0.58元；南方避险第四次分红，每10份基金份额分红0.63元；

12月27日—南方基金管理有限公司开通南方现金增利基金转托管业务；

12月27日—首个ETF产品订制指数公布方案，本方案由南方基金委托订制。

南方基金管理有限公司

法定名称	南方基金管理有限公司	英文名称	China Southern Fund Management Co.,Ltd.
成立日期	1998年3月6日	注册资本	1.5亿元人民币
法人代表	吴万善	总 经 理	高良玉
联系电话	0755-82912000	客服电话	400-889-8899
传真号码	0755-82912948	公司网址	www.southernfund.com
注册地址	深圳市福田区深南大道4009号投资大厦七楼	办公地址	深圳市福田区深南大道4009号投资大厦七楼

● 发展概况

1998年3月，南方基金管理有限公司作为中国首批基金管理公司在深圳正式成立，成为中国新基金业的起始标志。公司注册资本1亿元。2002年12月，南方首批入选全国社会保障基金投资管理人，2003年6月开始正式管理社保基金；2005年8月，南方获得首批企业年金基金投资管理人资格，成为企业年金首批基金管理人。2005年，深圳机场(集团)有限公司受让深圳市机场股份有限公司对公司的全部出资，成为公司新股东；同时公司注册资本增至1.5亿元人民币，成为资产管理规模最大的中资基金公司之一。

在组织结构上，南方设立了投资决策委员会和风险控制委员会两个专门机构，下设市场拓展部、北京分公司、上海分公司、南部理财中心、渠道管理部、养老金及机构理财部、投资部、固定收益部、全国社保及国际业务部、投资策略与风险控制部、交易管理部、运作保障部、信息技术部、稽核部、综合管理部和党群工作部十多个部门。

在人员构成上，南方基金管理有限公司目前拥有员工159人，其中硕士以上学历占60%，近70%的员工有5年以上的证券从业经验，20%的员工有在海外学习和工作的经验，为公司的发展和规范运作带来了先进的经验和观念。

● 经营业绩

截至2005年12月31日，南方基金管理有限公司共管理着基金开元、基金天元、基金金元、基金隆元4只封闭式基金和南方稳健成长、南方宝元债券型、南方避险增值、南方现金增利、南方积极配置、南方高增长6只开放式基金以及全国社会保障基金的投资组合，公司管理资产规模达680亿元左右，继续在国内基金管理公司中保持领先位置。

2005年，南方基金管理公司完成了旗下第6只开放式基金——南方高增长基金的募集设立。南方高增长基金自5月20开始公开募集，7月13日基金合同正式生效，共募集基金份额12.77亿份；9月21日，南方高增长基金在深交所上市交易，本年度该基金运作良好，顺利完成了建仓。

在投资业绩上，2005年南方旗下基金规范运作，取得了优异业绩。封闭式基金中，基金金元表现突出，全年净值增长6.82%，优于同期上证指数15.14%；基金天元、基金隆元和基金开元全年净值增长率分别为4.56%、3.56%和3.37%，大幅优于同期上证指数表现。开放式基金中，南方避险基金和南方宝元债券型基金表现突出，其中，南方避险基金全年净值增长12.48%，居保本基金首位，实现两次分红每10份累计0.930元；南方宝元债券型基金全年净值增长10.47%，在偏债型基金中排名第二，全年实现两次分红每10份累计1.080元；南方现金增利基金全年净值增长2.49%，在货币市场基金中排名第一；新成立的南方高增长本年净值增长率为6.94%，在同期成立基金中排名第一。

创新是南方的最大特色。在这一年，南方基金管理公司继续创新求变。2005年11月，南方高增长基金特设的投资理事会首次将国外公司型基金的制度安排引入我国基金业，很大程度上解决了目前契约型基金存在的持有人缺位的问题；2005年12月，南方推出的全国首张基金联名卡——"中信南方基金联名信用卡"，创新性地将货币基金与信用卡联结在一起，使货币基金首次具有了支付功能，被VISA国际组织评为最具创新的金融产品。

在客户服务方面，为了增强对客户的增值服务，加强与持有人的沟通，南方相继成立了南方投资人俱乐部和南方高增长投资理事会，2005年11月，南方基金启用全国统一免费客户服务电话，更大化，更方便的为持有人继续提供优质服务。

近三年公司管理基金资产规模与基金数量

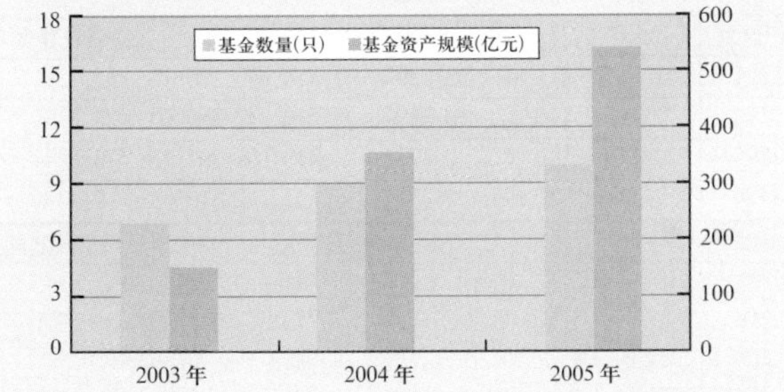

公司股东结构

股东名称	出资金额(万元)	出资比例(%)
华泰证券有限责任公司	6750.00	45.00
深圳市机场(集团)有限公司	4500.00	30.00
厦门国际信托投资有限公司	2250.00	15.00
兴业证券股份有限公司	1500.00	10.00

公司高管介绍

吴万善先生：董事长。中共党员，工商管理硕士，高级经济师。历任中国人民银行江苏省分行金融管理处科员、中国人民银行南京市分行江宁支行科员、华泰证券有限责任公司发行部副经理、总经理助理、副总经理、总裁，现任华泰证券有限责任公司董事长兼党委副书记、南方基金管理有限公司董事长。

高良玉先生：董事、总经理。经济学硕士，经济师。历任中国证监会发行部副处长、南方基金管理有限公司副总经理，现任南方基金管理有限公司总经理。

开元证券投资基金

基本资料					
基金简称	基金开元	交易代码	184688		
投资目标	为投资者减少和分散投资风险，确保基金资产的安全并谋求基金长期稳定的投资收益。				
业绩比较基准	无	风险收益特征	无		
合同生效日	1998年3月27日	上市日期	1998年4月7日	上市地点	深圳证券交易所
基金总份额	20亿份	存 续 期	1998年3月27日至2013年3月27日		
基金管理人	南方基金管理有限公司	基金托管人	中国工商银行股份有限公司		
审计机构	德勤华永会计师事务所	法律顾问	信达律师事务所	注册登记人	南方基金管理有限公司

财务指标　单位：人民币(元)

项目 / 年度	2005年度	2004年度	2003年度
基金份额本期净收益	0.0460	0.0433	−0.0151
期末可分配基金份额收益	0.0333	−0.0126	0.0040
期末基金份额净值	1.0673	1.0325	1.1122
基金加权平均净值收益率	4.45%	3.90%	−1.50%
本期基金份额净值增长率	3.37%	−1.67%	19.59%
基金份额累计净值增长率	95.45%	89.09%	85.73%
基金收益分配	本年度每10份派现0.300元；成立以来每10份累计派现9.390元。		

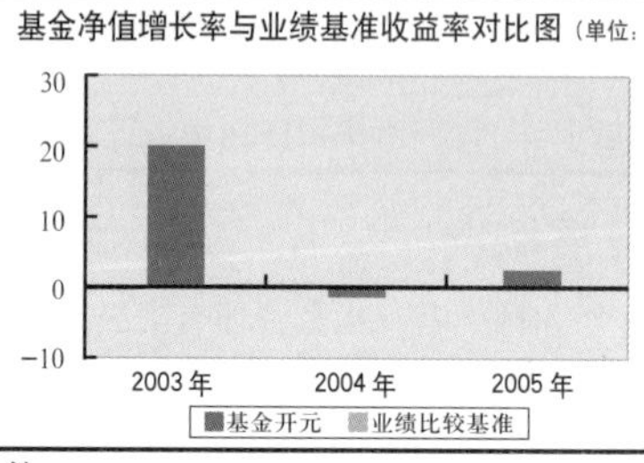

期末基金份额持有人户数	基金份额持有人户数为101,563户，平均每户持有19,692.21份。
期末基金份额持有人结构	机构投资者持有851,807,661份，占总份额42.59%；个人投资者持有1,148,192,339份，占总份额57.41%。

【基金业绩表现】

2005年，基金开元净值增长率为3.37%，同期上证指数下跌8.32%，深圳成指下跌6.65%。

【基金管理团队】

王黎敏先生：CFA，基金经理。1975年出生，经济学硕士，六年基金从业经验，具有基金从业资格。1997年毕业于南京大学，获理学学士学位。2000年毕业于中国人民银行研究生部，获经济学硕士学位。2000年进入南方基金管理有限公司工作，曾任研究部研究员、开元基金经理助理、南方稳健成长基金经理助理。

潘海宁先生：基金经理助理。1977年出生，会计学学士，4年证券从业经历，具有基金从业资格。曾在富国基金管理有限公司基金清算部、财务管理部任职，2003年进入南方基金管理有限公司，先后从事市场拓展、基金投资等工作，曾任南方基金上海分公司总经理助理。

此外，开元基金管理小组还配备了若干名证券投资分析人员，协助上述人员从事基金的投资管理工作。

【基金运作分析】

2005年上半年，由于基金开元持有的与出口高度相关的资产和与宏观经济增长相关的瓶颈性资产比例较高，当时相当部分投资者预期这部分资产将会在减速的经济环境中遭受较大负面影响而抛售，基金资产在4−5月份遭到重大损失。5月份基金经理发生了更迭，在进行认真分析后，基金在6月份的反弹中及时清理了相关资产，稳住了业绩。

5月份开始的A股市场股改主导了2005年下半年的主要市场运行。改革试点初期，市场陷入了暂时的迷失阶段，在这种情况下该基金迅速采取了积极防御的策略，提高了持股集中度，大量增持了石化、长电、宝钢、上港等优质龙头公司，结果获得了很好的收益。当市场陷入了防御资产"破灭"的三季度，基金业绩增长又进入低潮，伴随着各方的参与积极性提高，改革进入了一个批量解决的时期。进入四季度后，创新性的方案和工具得到了市场的追捧，财富效应重新显现。部分重点公司的方案为市场注入了新的活力。大股东和流通小股东进入新的时期，共赢的思路开始有所露头。这一阶段基金积极参与了股改，获得了较好的收益。

【季度投资组合一览】

项目 / 季度	第一季度		第二季度		第三季度		第四季度	
基金资产净值	2,093,291,441.98元		1,987,417,124.11元		2,075,362,591.35元		2,134,557,865.21元	
基金份额净值	1.0466元		0.9937元		1.0377元		1.0673元	
基金资产组合	市值(元)	占总资产比例	市值(元)	占总资产比例	市值(元)	占总资产比例	市值(元)	占总资产比例
股票投资	1,486,775,398.71	65.30%	1,414,623,440.61	64.92%	1,511,228,511.47	69.15%	1,238,503,280.32	57.02%
债券投资	674,468,362.32	29.63%	675,749,520.90	31.01%	653,309,444.20	29.89%	516,347,954.40	23.77%
银行存款和清算备付金	28,606,877.90	1.26%	81,143,929.68	3.73%	10,287,364.74	0.47%	410,159,007.18	18.89%
其他资产	86,828,021.61	3.81%	7,397,483.28	0.34%	10,769,077.67	0.49%	7,012,318.73	0.32%

投资前五名股票明细	股票名称	市值(元)	占净值比例	股票名称	市值(元)	占净值比例	股票名称	市值(元)	占净值比例	股票名称	市值(元)	占净值比例
	中国石化	115,920,000.00	5.54%	长江电力	160,785,097.20	8.09%	长江电力	185,007,000.00	8.91%	中兴通讯	167,383,062.16	7.84%
	中集集团	100,159,000.00	4.78%	中兴通讯	113,991,001.38	5.74%	宝钢股份	155,242,413.76	7.48%	万 科 A	165,038,839.31	7.73%
	长江电力	92,489,205.42	4.42%	华能国际	95,611,152.00	4.81%	中兴通讯	144,716,000.00	6.97%	中国联通	144,263,042.41	6.76%
	上海机场	90,310,000.00	4.31%	宝钢股份	90,079,800.00	4.53%	中国石化	103,250,000.00	4.98%	长江电力	132,240,000.00	6.20%
	上港集箱	82,352,766.66	3.93%	上港集箱	81,000,000.00	4.08%	白云机场	98,907,600.00	4.77%	穗 机 场	101,700,000.00	4.76%

投资前五名债券明细	债券名称	市值(元)	占净值比例	债券名称	市值(元)	占净值比例	债券名称	市值(元)	占净值比例	债券名称	市值(元)	占净值比例
	02国债(14)	193,050,000.00	9.22%	02国债(14)	184,773,477.90	9.30%	02国债(14)	197,476,239.40	9.52%	02国债(14)	216,696,148.20	10.15%
	04国开(09)	180,013,000.00	8.60%	04国开(09)	180,013,000.00	9.06%	04国开(09)	180,013,000.00	8.67%	04国开(09)	180,013,000.00	8.43%
	万科转债2	77,511,867.46	3.70%	招行转债	102,940,200.00	5.18%	招行转债	103,573,800.00	4.99%	招行转债	53,315,000.00	2.50%
	招行转债	55,952,520.80	2.67%	万科转债2	73,593,870.00	3.70%	万科转债2	75,670,000.00	3.65%	2003年记账式(五期)国债	49,320,000.00	2.31%
	海化转债	55,618,422.90	2.66%	海化转债	50,472,000.00	2.54%	2003年记账式(五期)国债	49,320,000.00	2.38%	海化转债	17,003,806.20	0.80%

天元证券投资基金

基本资料

基金简称	基金天元		交易代码	184698	
投资目标	在减少和分散投资风险的前提下，以稳健的投资原则，确保基金资产安全并谋求基金长期稳定的投资收益。				
业绩比较基准	无	风险收益特征	无		
合同生效日	1998年8月25日	上市日期	1999年9月20日	上市地点	深圳证券交易所
基金总份额	30亿份	存续期	1999年8月25日至2014年8月25日		
基金管理人	南方基金管理有限公司	基金托管人	中国工商银行股份有限公司		
审计机构	德勤华永会计师事务所	法律顾问	信达律师事务所	注册登记人	南方基金管理有限公司

财务指标　　单位：人民币(元)

项目　年度	2005年度	2004年度	2003年度
基金份额本期净收益	0.0550	0.0375	−0.0211
期末可分配基金份额收益	0.0420	0.0270	−0.0104
期末基金份额净值	1.0988	1.0509	1.1535
基金加权平均净值收益率	5.22%	3.29%	−2.08%
本期基金份额净值增长率	4.56%	−5.42%	26.41%
基金份额累计净值增长率	44.28%	37.99%	45.90%
基金收益分配	本年度每10份派现0.400元；成立以来每10份累计派现4.050元。		
期末基金份额持有人户数	基金份额持有人户数为102,053户，平均每户持有29,396.49份。		
期末基金份额持有人结构	机构投资者持有1,410,384,133份，占总份额47.01%；个人投资者持有1,589,615,867份，占总份额52.99%。		

基金净值增长率与业绩基准收益率对比图（单位：%）

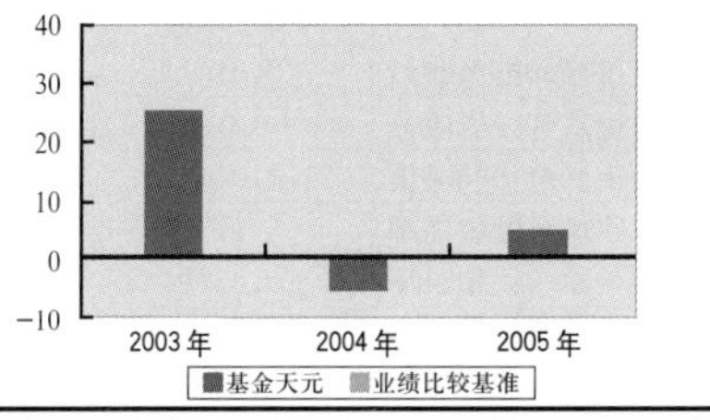

【基金业绩表现】

2005年，基金天元净值增长率为4.56%，同期上证指数下跌8.32%，深圳成指下跌6.65%。

【基金管理团队】

姜文涛先生：基金经理。7年证券从业经历。毕业于中国人民银行研究生部，获硕士学位。曾任职于国泰证券有限公司、国泰君安证券股份有限公司、博时基金管理有限公司和长盛基金管理有限公司。2004年5月加入南方基金管理有限公司，曾任基金天元助理，现任天元基金经理。

张志梅女士：基金经理助理。10年证券从业经历。毕业于中国人民银行研究生部，获硕士学位。曾任职于南方证券有限公司。2000年11月加入南方基金管理有限公司，先后任职于市场拓展部、研究部和投资部，现任天元基金经理助理。

此外，天元基金管理小组还配备了若干名证券投资分析人员，协助上述人员从事基金天元的投资管理工作。

【基金运作分析】

2005年初，基金管理人对A股市场投资环境的预期概括为：(1) 能源、原材料、资金、劳动力成本的上升以及终端产品价格的低迷将导致企业毛利率下滑；(2) 大量前期投资形成的新增产能将导致供给过剩的形势进一步加剧；(3) 市场估值水平向全流通和国际化看齐是大势所趋。因此倾向于投资具有资源优势、自然或政策性垄断地位的行业及公司，回避行业竞争激烈、产品或服务同质化严重的公司。总体看来，这些判断和展望是大体正确的。但由于2005年以美国、日本为代表世界经济形势大大好于预期，国际需求的增长以及由此导致的中国出口导向型企业的高速增长也出乎意料。

2005年，基金天元延续了2004年的部分投资策略，对“煤电油运”等国民经济增长的瓶颈行业仍将维持较高的配置，减少了因业内竞争激烈而无法传递成本压力的行业的配置，维持具备价格转移能力的行业的配置，增加受益于成本上升趋势的行业的配置。在个股选择方面，坚持了从核心竞争力和公司治理结构的角度去筛选大型公司，从全流通和国际化的角度出发去为公司估值。在资产配置方面，维持相对稳定的股票持仓比例。

【季度投资组合一览】

项目　季度	第一季度		第二季度		第三季度		第四季度	
基金资产净值	3,224,682,309.14元		3,012,319,096.27元		3,170,906,379.95元		3,296,251,813.14元	
基金份额净值	1.0749元		1.0041元		1.0570元		1.0988元	
基金资产组合	市值(元)	占总资产比例	市值(元)	占总资产比例	市值(元)	占总资产比例	市值(元)	占总资产比例
股票投资	2,336,287,452.40	72.08%	2,105,620,452.47	69.67%	2,249,855,333.05	70.71%	2,053,938,260.71	61.93%
债券投资	793,259,769.44	24.47%	787,148,761.50	26.04%	853,927,096.90	26.84%	871,994,570.96	26.29%
银行存款和清算备付金	21,879,735.50	0.68%	117,415,068.24	3.88%	64,202,159.84	2.02%	366,939,587.41	11.06%
其他资产	89,791,641.47	2.77%	12,135,903.59	0.40%	13,764,992.26	0.43%	24,001,884.97	0.72%

投资前五名股票明细	股票名称	市值(元)	占净值比例	股票名称	市值(元)	占净值比例	股票名称	市值(元)	占净值比例	股票名称	市值(元)	占净值比例
	长江电力	235,675,000.00	7.31%	长江电力	221,130,000.00	7.34%	宝钢股份	219,403,915.16	6.92%	G万科A	228,800,462.80	6.94%
	中兴通讯	204,167,275.62	6.33%	宝钢股份	190,380,000.00	6.32%	中兴通讯	192,027,000.00	6.06%	G中兴	219,633,750.00	6.66%
	万科A	144,017,973.18	4.47%	中兴通讯	182,702,492.10	6.07%	万科A	151,602,828.00	4.78%	中国联通	182,424,654.86	5.53%
	中集集团	136,126,502.95	4.22%	万科A	137,895,000.00	4.58%	长江电力	138,941,000.00	4.38%	中国石化	178,220,000.00	5.41%
	上海机场	131,360,000.00	4.07%	上港集箱	113,400,000.00	3.76%	招商银行	125,524,812.50	3.96%	招商银行	144,453,287.50	4.38%

投资前五名债券明细	债券名称	市值(元)	占净值比例	债券名称	市值(元)	占净值比例	债券名称	市值(元)	占净值比例	债券名称	市值(元)	占净值比例
	20国债(4)	241,400,000.00	7.49%	20国债(4)	249,225,000.00	8.27%	20国债(4)	253,125,000.00	7.98%	20国债(4)	252,150,000.00	7.65%
	03国开05	78,128,000.00	2.42%	招行转债	92,951,881.20	3.09%	招行转债	154,560,357.00	4.87%	招行转债	157,529,830.50	4.78%
	招行转债	75,186,828.20	2.33%	03国开05	78,128,000.00	2.59%	03国开05	78,128,000.00	2.46%	03国开05	78,128,000.00	2.37%
	2003年记账式(五期)国债	69,048,000.00	2.14%	2003年记账式(5)期国债	69,048,000.00	2.29%	2003年记账式(5)期国债	69,048,000.00	2.18%	2003(5)期	69,048,000.00	2.09%
	02国开16	55,200,442.68	1.71%	02国开16	55,200,442.68	1.83%	02国开16	55,200,442.68	1.74%	21国债(15)	63,970,617.60	1.94%

金元证券投资基金

基本资料

基金简称	基金金元	交易代码	500010		
投资目标	通过积极的投资策略，在分散和减少投资风险的前提下，谋求基金资产收益的最大化。				
业绩比较基准	无	风险收益特征	无		
合同生效日	1992年5月28日	清理规范成立日	2000年3月28日	上市日期	2000年7月11日
基金总份额	5亿份	存续期	1992年5月28日至2007年5月27日	上市地点	上海证券交易所
基金管理人	南方基金管理有限公司	基金托管人	中国工商银行股份有限公司		
审计机构	德勤华永会计师事务所	法律顾问	信达律师事务所	注册登记人	南方基金管理有限公司

财务指标 单位：人民币(元)

项目＼年度	2005年度	2004年度	2003年度
基金份额本期净收益	0.0603	0.0482	0.0174
期末可分配基金份额收益	−0.0125	−0.0727	−0.1210
期末基金份额净值	1.0191	0.9540	0.9493
基金加权平均净值收益率	6.17%	4.81%	2.05%
本期基金份额净值增长率	6.82%	0.50%	25.87%
基金份额累计净值增长率	4.69%	−1.99%	−0.71%
基金收益分配	本年度未实现收益分配；成立以来每10份累计派现0.310元。		

基金净值增长率与业绩基准收益率对比图（单位：%）

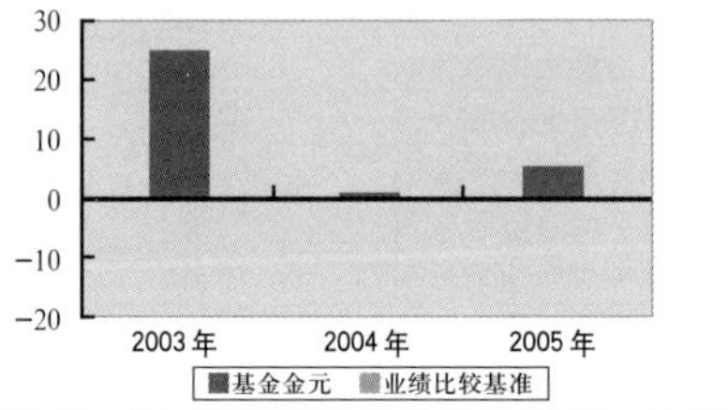

期末基金份额持有人户数	基金份额持有人户数为32,973户，平均每户持有15,163.92份。
期末基金份额持有人结构	机构投资者持有239,747,906份，占总份额47.95%；个人投资者持有260,252,094份，占总份额52.05%。

【基金业绩表现】

2005年，基金金元净值增长率为6.82%，同期上证指数下跌8.32%，深圳成指下跌6.65%。

【基金管理团队】

汪澂女士：CFA，基金经理，硕士学历，7年证券从业经历。1999年进入南方基金管理有限公司工作，先后从事基金新品种开发、市场分析研究、基金投资等工作。

此外，基金金元管理小组还配备了若干名证券投资分析人员，协助基金经理从事基金金元的投资管理工作。

【基金运作分析】

2005年中国经济形势向好，年初在强劲的出口带动下经济增速偏高，煤电油运出现紧张，原材料价格上涨过快，在国务院进一步进行宏观调控来遏制经济过热态势后，工业增长保持在可持续的较高速度，同时通过拉动内需，消费也能维持平稳增长。下半年，煤电油运紧张程度有所缓和，但伴随着出口的迅猛增长，国际贸易磨擦不断出现，国际结汇也创新高，人民银行采取了有管理的浮动汇率体系，人民币保持持续缓慢升值态势；国际油价冲高后在历史高位盘整，基础原材料的价格(如铜)也创出新高，对今后世界经济增长将有一定的抑制作用。在国务院进行宏观调控后，部分房地产价格涨幅过快的地区房价上涨受到遏制，其他地区保持平稳。预计在2006年，拉动内需将成为中央未来的工作重点。

2005年对于中国股市是转折的一年。为解决长期困扰股市的股权分置问题，证监会果断启动上市公司股权分置改革试点，并在第四季度全面推广开来。从央企到地方国资到民企都积极参与，中国股市即将在2006年进入全流通时代。今后一段时期内，中国股市还将围绕着股权分置改革和迎来全流通时代的新纪元这一中心而发展，并且上市公司的治理结构也将在全流通后逐步健全，这将使投资者对未来上市公司的发展前景充满良好预期。

在2005年上半年金元基金积极投资了成长性的上市公司，其后主要转投交通运输和其他公用事业性的上市公司，并在下半年积极参与了股改。2005年金元基金全年净值增长6.82%。

【季度投资组合一览】

项目＼季度	第一季度		第二季度		第三季度		第四季度	
基金资产净值	490,533,981.92元		471,615,952.27元		493,062,350.66元		509,567,184.17元	
基金份额净值	0.9811元		0.9432元		0.9861元		1.0191元	
基金资产组合	市值(元)	占总资产比例	市值(元)	占总资产比例	市值(元)	占总资产比例	市值(元)	占总资产比例
股票投资	343,566,439.35	69.59%	285,684,169.59	60.15%	381,027,736.53	76.81%	358,293,745.75	67.29%
债券投资	131,015,872.50	26.54%	101,878,014.40	21.45%	106,797,758.40	21.53%	103,701,085.70	19.48%
银行存款和清算备付金	16,687,026.20	3.38%	80,313,637.44	16.91%	5,248,811.27	1.06%	67,560,237.49	12.69%
其他资产	2,413,030.28	0.49%	7,061,943.01	1.49%	2,971,249.86	0.60%	2,858,877.19	0.54%

投资前五名股票明细	股票名称	市值(元)	占净值比例	股票名称	市值(元)	占净值比例	股票名称	市值(元)	占净值比例	股票名称	市值(元)	占净值比例
	中兴通讯	28,537,117.00	5.82%	中兴通讯	26,748,097.38	5.67%	中兴通讯	40,343,286.39	8.18%	中国联通	46,387,415.37	9.10%
	贵州茅台	21,174,489.39	4.32%	中国联通	18,501,059.28	3.92%	宝钢股份	39,788,416.52	8.07%	万科A	43,426,355.27	8.52%
	中集集团	20,612,965.83	4.20%	上海汽车	15,720,987.60	3.33%	长江电力	36,723,547.72	7.45%	中兴通讯	38,599,760.00	7.58%
	大商股份	20,399,209.90	4.16%	中集集团	15,427,835.78	3.27%	上海汽车	20,149,971.60	4.09%	华菱管线	37,296,186.48	7.32%
	中原高速	18,548,714.80	3.78%	云天化	14,501,315.73	3.08%	中国联通	19,145,341.35	3.88%	烟台万华	28,157,618.16	5.53%

投资前五名债券明细	债券名称	市值(元)	占净值比例	债券名称	市值(元)	占净值比例	债券名称	市值(元)	占净值比例	债券名称	市值(元)	占净值比例
	02国债(14)	40,772,160.00	8.31%	2003年记账式(十期)国债	37,000,000.00	7.85%	02国债(14)	38,563,858.40	7.82%	02国债(14)	38,381,055.20	7.53%
	2003年记账式(十期)国债	37,000,000.00	7.54%	02国债(14)	36,332,354.40	7.70%	2003年记账式(十期)国债	37,000,000.00	7.50%	04国债(5)	24,152,030.50	4.74%
	02国债(04)	26,843,680.00	5.47%	20国债(04)	27,713,820.00	5.88%	20国债(04)	28,147,500.00	5.71%	01(国开)09	20,620,000.00	4.05%
	复星转债	12,719,759.00	2.59%	招行转债	831,840.00	0.18%	华菱转债	3,086,400.00	0.63%	03(国开)28	20,548,000.00	4.03%
	钢联转债	6,339,097.50	1.29%	—	—	—	—	—	—	—	—	—

隆元证券投资基金

基本资料					
基金简称	基金隆元	交易代码	184710		
投资目标	该基金重点投资于价值被市场低估、通过管理创新和制度创新具有较大增值潜力和所处行业发展前景广阔，技术创新能力强，具有快速成长能力的上市公司。				
业绩比较基准	无	风险收益特征	无		
合同生效日	1992 年 12 月 29 日	清理规范成立日	2000 年 7 月 24 日	上市日期	2000 年 10 月 18 日
基金总份额	5 亿份	存 续 期	1992 年 12 月 29 日至 2007 年 12 月 29 日	上市地点	深圳证券交易所
基金管理人	南方基金管理有限公司	基金托管人	中国工商银行股份有限公司		
审计机构	德勤华永会计师事务所	法律顾问	信达律师事务所	注册登记人	南方基金管理有限公司

财务指标　单位：人民币(元)

项 目 / 年 度	2005 年度	2004 年度	2003 年度
基金份额本期净收益	0.0297	−0.0294	0.0632
期末可分配基金份额收益	−0.1358	−0.1655	−0.1360
期末基金份额净值	0.8994	0.8685	0.9107
基金加权平均净值收益率	3.38%	−3.14%	7.50%
本期基金份额净值增长率	3.56%	−4.63%	23.37%
基金份额累计净值增长率	−9.52%	−12.63%	−8.39%
基金收益分配	自基金合同生效以来未实现收益分配。		
期末基金份额持有人户数	基金份额持有人户数为 11,563 户，平均每户持有 43,241.37 份。		
期末基金份额持有人结构	机构投资者持有 297,558,501 份，占总份额 59.51%；个人投资者持有 202,441,499 份，占总份额 40.49%。		

基金净值增长率与业绩基准收益率对比图（单位：%）

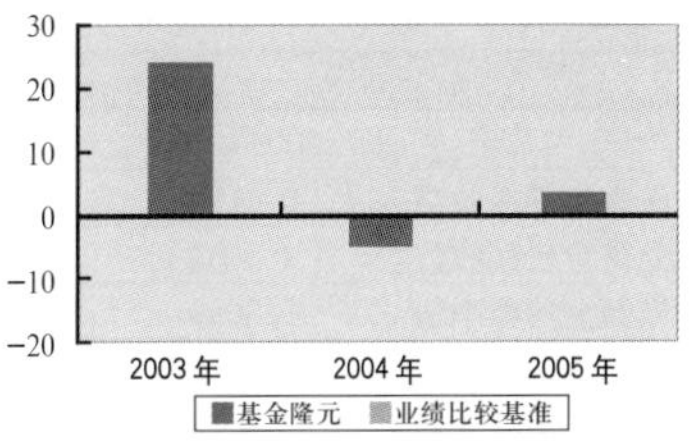

【基金业绩表现】

2005 年，基金隆元净值增长率为 3.56%，同期上证指数下跌 8.32%，深圳成指下跌 6.65%。

【基金管理团队】

汪澂女士：基金经理，CFA，硕士学历，7 年证券从业经历。1999 年进入南方基金管理有限公司工作，先后从事基金新品种开发、市场分析研究、基金投资等工作。

此外，基金隆元管理小组还配备了若干名证券投资分析人员，协助基金经理从事基金隆元的投资管理工作。

【基金运作分析】

2005 年年初由于出口的拉动，中国经济出现了超高速的增长，在中央政府的调控下，高增长态势才趋缓。持续强劲增长的进出口贸易也导致了与有关贸易国不断出现国际贸易磨擦。在这种背景下，中央政府将经济增长方式的转型作为未来工作的重点，其核心就是拉动内需，以使经济增长进入更健康科学和可持续发展的阶段。在未来的一年，中国经济将伴随着宏观调控和国际贸易磨擦的经常化，在复杂的众多不确定因素的国际环境下继续稳定增长，并将面临诸多挑战和问题。

2005 年对于中国股市是转折的一年。随着中国股市的股权分置问题解决全面推行开来，投资者将迎来全流通的元年。10 月，十届全国人大常委会第十八次全体会议表决通过了《证券法(修订草案)》和《公司法(修订草案)》，以及股改通过后上市公司可能出台的管理层持股计划，使投资者对未来上市公司的发展前景充满良好预期。QFII 不断扩充，社保资金、保险资金投资力度加大，以及送股后市场估值的下降，中国股市的底部基本探明，未来将出现震荡向上的格局。

2005 年初，基金隆元大量投资了与拉动中国经济快速增长相关的进出口产业链上的企业，以及其他增长型的上市公司，但在年中没有及时调整结构，使得相关的收益没有得以保持。下半年该基金逐步调整结构，积极参与了股权分置改革，特别是大型国企的股改，使得收益有所回升。基金隆元全年净值增长 3.56%。

【季度投资组合一览】

项 目 / 季 度	第一季度		第二季度		第三季度		第四季度	
基金资产净值	461,013,259.08 元		414,953,253.09 元		427,693,329.50 元		449,692,811.31 元	
基金份额净值	0.9220 元		0.8299 元		0.8554 元		0.8994 元	
基金资产组合	市值(元)	占总资产比例	市值(元)	占总资产比例	市值(元)	占总资产比例	市值(元)	占总资产比例
股票投资	321,988,331.49	69.12%	282,961,259.74	67.64%	327,713,452.72	76.24%	282,190,283.38	62.44%
债券投资	98,483,890.00	21.14%	90,919,965.10	21.73%	97,830,266.60	22.76%	93,023,609.80	20.58%
银行存款和清算备付金	43,020,401.52	9.24%	40,401,610.91	9.66%	2,287,619.47	0.53%	48,969,675.69	10.84%
其他资产	2,337,638.11	0.50%	4,042,591.27	0.97%	2,032,121.46	0.47%	27,769,434.58	6.14%

项 目	股票名称	市值(元)	占净值比例	股票名称	市值(元)	占净值比例	股票名称	市值(元)	占净值比例	股票名称	市值(元)	占净值比例
投资前五名股票明细	中集集团	45,780,459.16	9.93%	中集集团	34,620,648.02	8.34%	宝钢股份	36,140,131.68	8.45%	中国联通	42,160,062.61	9.38%
	中兴通讯	28,670,165.16	6.22%	中国联通	33,141,981.84	7.99%	中集集团	35,523,167.52	8.31%	万 科 A	38,261,068.30	8.51%
	张 裕 A	26,675,430.40	5.79%	中兴通讯	23,329,864.44	5.62%	长江电力	32,175,919.63	7.52%	华菱管线	34,088,713.23	7.58%
	烟台万华	25,026,293.00	5.43%	张 裕 A	17,987,652.00	4.34%	中国联通	32,012,141.55	7.48%	士 兰 微	26,645,605.74	5.93%
	长江电力	24,044,446.21	5.22%	上港集箱	17,723,205.00	4.27%	中兴通讯	28,402,017.82	6.64%	烟台万华	24,323,309.64	5.41%
投资前五名债券明细	债券名称	市值(元)	占净值比例	债券名称	市值(元)	占净值比例	债券名称	市值(元)	占净值比例	债券名称	市值(元)	占净值比例
	02 国债(12)	40,008,000.00	8.68%	02 国债(12)	40,008,000.00	9.64%	04 国开 15	41,952,000.00	9.81%	04 国开 15	41,952,000.00	9.33%
	2003 年记账式(五期)国债	24,655,000.00	5.35%	2003 年记账式(五期)国债	24,655,000.00	5.94%	2003 年记账式(五期)国债	24,655,000.00	5.76%	2003 年记账式(五期)国债	24,655,000.00	5.48%
	02 国债(14)	18,820,890.00	4.08%	2003 年记账式(十期)国债	15,000,000.00	3.62%	2003 年记账式(十期)国债	15,000,000.00	3.51%	02 国债(14)	15,208,709.80	3.38%
	2003 年记账式(十期)国债	15,000,000.00	3.25%	02 国债(14)	11,256,965.10	2.71%	02 国债(14)	14,268,546.60	3.34%	21 国债(15)	11,207,900.00	2.49%
	—	—	—	—	—	—	华菱转债	1,954,720.00	0.46%	—	—	—

南方稳健成长证券投资基金

基本资料

基金简称	南方稳健成长		交易代码	202001	
投资目标	该基金为稳健成长型基金，在控制风险并保持基金投资组合良好流动性的前提下，力求为投资者提供长期稳定的资本利得。				
业绩比较基准	无		风险收益特征	无	
合同生效日	2001年9月28日	上市日期	——	上市地点	——
募集概况	首募规模	认购户数	募集日期		
	34.89亿份	35588户	2001 年9月19日至2001年9月26日		
基金费率	认购费率	申购费率	赎回费率	管理费率	托管费率
	1.00%	不高于1.60%	0.50%	1.50%	0.25%
基金管理人	南方基金管理有限公司		基金托管人	中国工商银行股份有限公司	
审计机构	普华永道中天会计师事务所	法律顾问	信达律师事务所	注册登记人	南方基金管理有限公司

财务指标 单位：人民币(元)

项目 \ 年度	2005年度	2004年度	2003年度
基金份额本期净收益	0.0191	0.0662	0.0634
期末可分配基金份额收益	0.0152	−0.0101	0.0246
期末基金份额净值	1.0658	1.0265	1.1015
基金加权平均净值收益率	1.85%	5.94%	6.30%
本期基金份额净值增长率	3.83%	2.61%	25.15%
基金份额累计净值增长率	24.85%	20.24%	17.18%
基金收益分配	本年度未实现收益分配；成立以来每10份累计派现1.750元。		

基金净值增长率与业绩基准收益率对比图（单位：%）

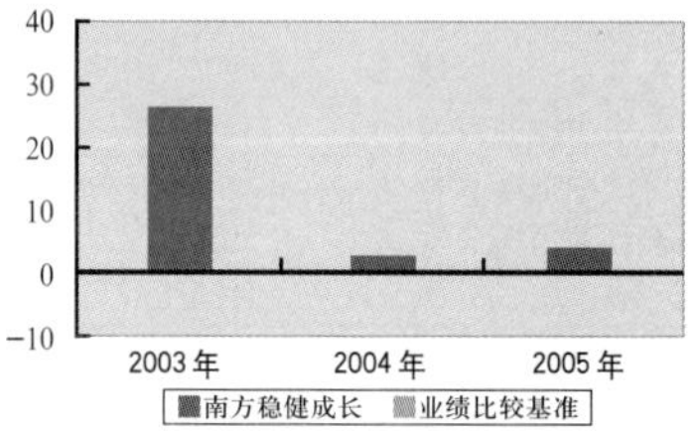

期末基金份额持有人户数	基金份额持有人户数为32,568户，平均每户持有96,559.60份。
期末基金份额持有人结构	机构投资者持有2,136,726,098.58份，占总份额67.95%；个人投资者持有1,008,027,091.90份，占总份额32.05%。

【基金业绩表现】

2005年，南方稳健成长基金净值增长率为3.83%，同期上证指数收益率为-8.32%，上证国债指数收益率为14.05%。

【基金管理团队】

王宏远先生：基金经理，中共党员，西安交通大学经济学硕士、美国哥伦比亚大学国际关系学院公共管理硕士，曾任职深圳经济特区证券有限公司，1998年4月进入公司，历任公司研究员、投资部副总监(主持工作)、天元基金经理、开元基金经理，2002年公派留学，2005年7月回公司，现任公司投资总监。

冯皓先生：CFA，工商管理硕士。1993年至1997就读于对外经济贸易大学，1997年至2001年在中安成长基金工作，任投资经理，2001年至2003在美国哥伦比亚大学商学院学习，获工商管理硕士学位，2003年至今，在南方基金管理公司工作，从事电力行业和可转债研究。现任该基金经理助理。

此外，南方稳健成长基金管理小组还配备了若干名证券投资分析人员，协助从事基金的投资管理工作。

【基金运作分析】

2005年中国宏观经济形势总体良好，GDP继续保持高速成长，人民币币值稳中有升，外汇储备大量增加。与此同时，A股市场继续进行着结构调整，全年呈现下滑趋势。从年中开始的股权分置改革，在短期内加剧了结构调整的速率和进程，但也为调整的最终结束奠定了坚实的制度基础。随着股权分置改革的进一步推进，A股上市公司的估值水平进一步趋向合理化。

2005年，南方稳健成长基金继续坚持价值投资理念，并积极参与股权分置改革，在投资风格上注重相对排名和绝对收益的合理结合，重仓参与了有制度创新的个股的股权分置改革，取得了可控风险基础上的合理回报。

【季度投资组合一览】

项目 \ 季度	第一季度		第二季度		第三季度		第四季度	
基金资产净值	3,451,969,519.78元		3,067,099,554.38元		2,763,340,214.28元		3,351,662,679.58元	
基金份额	3,233,219,041.96份		3,080,822,587.16份		2,652,863,977.47份		3,144,753,190.48份	
基金份额净值	1.0677元		0.9955元		1.0416元		1.0658元	
基金资产组合	市值(元)	占总资产比例	市值(元)	占总资产比例	市值(元)	占总资产比例	市值(元)	占总资产比例
股票投资	2,546,400,744.98	73.25%	2,199,455,480.50	71.41%	1,910,940,317.22	68.93%	2,033,207,836.15	58.18%
债券投资	817,349,690.53	23.51%	775,239,047.20	25.17%	765,284,006.74	27.61%	874,981,894.66	25.04%
银行存款和清算备付金	15,965,785.32	0.46%	35,263,930.13	1.14%	79,629,459.56	2.87%	51,947,768.59	1.49%
其他资产	96,763,064.35	2.78%	70,112,734.39	2.28%	16,324,448.37	0.59%	534,847,886.26	15.29%

投资前五名股票明细	股票名称	市值(元)	占净值比例	股票名称	市值(元)	占净值比例	股票名称	市值(元)	占净值比例	股票名称	市值(元)	占净值比例
	中兴通讯	252,189,247.20	7.31%	长江电力	204,400,769.18	6.66%	中兴通讯	248,784,212.67	9.00%	华菱管线	259,157,821.68	7.73%
	中集集团	248,064,932.50	7.19%	中兴通讯	189,497,041.92	6.18%	长江电力	240,203,792.64	8.69%	G 中 兴	250,020,000.00	7.46%
	长江电力	173,000,000.00	5.01%	宝钢股份	114,540,000.00	3.73%	盐田港A	191,470,668.75	6.93%	G万科A	237,050,000.00	7.07%
	宝钢股份	154,250,197.44	4.47%	上港集箱	113,338,095.00	3.70%	宝钢股份	188,889,133.00	6.84%	中国联通	230,160,000.00	6.87%
	中国石化	151,316,000.00	4.38%	上海机场	109,850,000.00	3.58%	贵州茅台	120,867,578.24	4.37%	华能国际	120,540,000.00	3.60%

投资前五名债券明细	债券名称	市值(元)	占净值比例	债券名称	市值(元)	占净值比例	债券名称	市值(元)	占净值比例	债券名称	市值(元)	占净值比例
	04国开12	200,000,000.00	5.79%	04国开12	200,000,000.00	6.52%	04国开12	200,000,000.00	7.24%	04国开12	200,000,000.00	5.97%
	02国债(14)	158,400,000.00	4.59%	招行转债	104,339,991.60	3.40%	02国债14	110,697,432.00	4.01%	21国债(15)	142,550,408.00	4.25%
	04国开19	89,998,500.00	2.61%	02国债(14)	100,350,000.00	3.27%	招行转债	99,917,884.20	3.62%	02国债(14)	110,238,288.00	3.29%
	01国债05	78,784,000.00	2.28%	04国开19	89,998,500.00	2.93%	04国开19	89,998,500.00	3.26%	华菱转债	107,150,623.32	3.20%
	20国债(4)	67,811,242.20	1.96%	01国债05	78,784,000.00	2.57%	01国债05	78,784,000.00	2.85%	01国债05	78,784,000.00	2.35%

南方宝元债券型基金

基本资料

基金简称	南方宝元		交易代码	202101		
投资目标	该基金为开放式债券型基金，以债券投资为主，股票投资为辅，在保持投资组合低风险和充分流动性的前提下，确保基金安全及追求资产长期稳定增值。					
业绩比较基准	75%交易所国债指数+25%(上证A股指数+深证A股指数)					
风险收益特征	该基金属于低风险的基金品种，其风险收益配比关系为低风险、适度收益。					
合同生效日	2002年9月20日	上市日期	——	上市地点	——	
募集概况	首募规模	认购户数	募集日期			
	49.03亿份	98114户	2002年8月18日至2002年9月19日			
基金费率	认购费率	申购费率	赎回费率	管理费率	托管费率	
	不高于0.80%	不高于0.80%	0.30%	0.75%	1.75%	
基金管理人	南方基金管理有限公司		基金托管人	中国工商银行股份有限公司		
审计机构	普华永道中天会计师事务所	法律顾问	北京天驰律师事务所	注册登记人	南方基金管理有限公司	

财务指标　单位：人民币(元)

项目 \ 年度	2005年度	2004年度	2003年度
基金份额本期净收益	0.0507	0.0994	0.0371
期末可分配基金份额收益	0.0077	0.0263	0.0071
期末基金份额净值	1.0227	1.0263	1.0434
基金加权平均净值收益率	4.87%	9.47%	3.66%
本期基金份额净值增长率	10.47%	1.09%	7.10%
基金份额累计净值增长率	20.21%	8.81%	7.64%
基金收益分配	本年度每10份派现1.080元；成立以来每10份累计派现1.700元。		
期末基金份额持有人户数	基金份额持有人户数为31,095户，平均每户持有29,390.89份。		
期末基金份额持有人结构	机构投资者持有78,120,089.89份，占总份额8.55%；个人投资者持有835,789,668.56份，占总份额91.45%。		

基金净值增长率与业绩基准收益率对比图（单位：%）

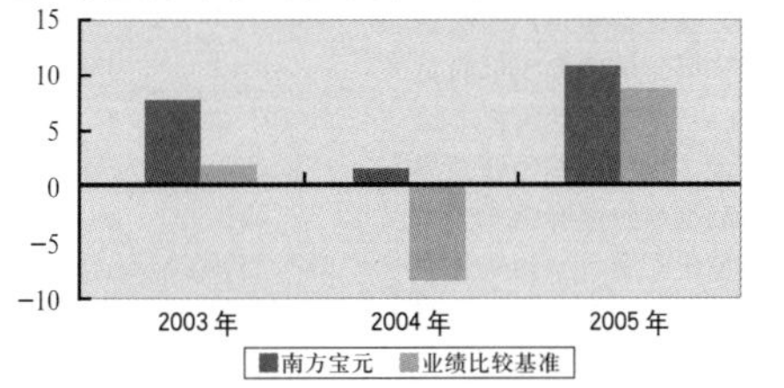

【基金业绩表现】

2005年，南方宝元债券型基金净值增长率为10.47%，同期上证指数收益率为−8.32%，上证国债指数收益率为14.05%。

【基金管理团队】

苏彦祝先生：基金经理。1998年获得清华大学工学学士学位，2000年获清华大学工学硕士学位。5年证券从业经历，2000年9月进入南方基金管理公司，任研究部研究员；2001年8月任金融工程部研究员；2003年6月任南方避险增值基金经理助理，12月任南方避险增值基金经理；2005年6月底任南方宝元债券型基金经理(兼)。

高峰先生：基金经理助理。1998年获得复旦大学理学博士学位。3年证券从业经历，2002年2月进入南方基金管理公司，先后在信息技术部金融工程小组、固定收益部工作。

此外，南方宝元债券型基金配备了若干名证券投资分析人员，协助从事南方宝元债券型基金的投资管理工作。

【基金运作分析】

南方宝元债券型基金在2005年继续采取自上而下和自下而上相结合的投资策略，认真分析宏观经济形势的基本面情况，做好对策研究。

债券投资方面，该基金在一季度内主要投资中短期债券，并适当利用杠杆操作争取超额收益；考虑到经济减速、通货膨胀预期大幅下降等因素，债券投资风险很低；在二季度该基金主要增持了长期债券，增加了组合的久期以提高收益。年底考虑到所面临的固定资产投资反弹风险等，逐步减持长期债。

【季度投资组合一览】

项目 \ 季度	第一季度		第二季度		第三季度		第四季度	
基金资产净值	1,065,577,853.23元		1,007,869,391.40元		908,678,275.24元		934,642,673.75元	
基金份额	1,021,753,269.64份		959,179,679.86份		879,360,646.43份		913,909,758.45份	
基金份额净值	1.0429元		1.0508元		1.0333元		1.0227元	
基金资产组合	市值(元)	占总资产比例	市值(元)	占总资产比例	市值(元)	占总资产比例	市值(元)	占总资产比例
股票投资	239,431,307.32	17.04%	217,181,956.48	16.75%	222,088,056.45	17.26%	267,313,616.91	22.98%
债券投资	1,044,065,966.10	74.28%	1,044,706,779.00	80.58%	1,033,473,655.59	80.32%	732,797,739.71	63.00%
银行存款和清算备付金	26,675,173.09	1.90%	12,409,956.96	0.96%	12,309,339.52	0.96%	79,379,366.84	6.82%
其他资产	95,349,375.77	6.78%	22,222,699.19	1.71%	18,811,623.38	1.46%	83,688,905.98	7.20%

投资前五名股票明细	股票名称	市值(元)	占净值比例	股票名称	市值(元)	占净值比例	股票名称	市值(元)	占净值比例	股票名称	市值(元)	占净值比例
	长江电力	52,206,867.40	4.90%	宝钢股份	50,460,238.44	5.01%	宝钢股份	70,028,268.60	7.71%	G万科A	81,363,839.51	8.71%
	宝钢股份	19,499,600.13	1.83%	长江电力	45,224,838.92	4.49%	长江电力	48,068,046.96	5.29%	G长电	35,171,592.00	3.76%
	上港集箱	17,514,622.64	1.64%	江淮汽车	33,556,707.67	3.33%	万科A	19,568,249.94	2.15%	G宝钢	29,918,389.40	3.20%
	中集集团	15,930,750.00	1.50%	上港集箱	13,957,981.84	1.38%	中兴通讯	15,233,636.46	1.68%	G中兴	18,939,792.84	2.03%
	上海机场	14,407,651.50	1.35%	万科A	10,702,504.74	1.06%	国阳新能	9,689,566.90	1.07%	伊利股份	14,362,788.66	1.54%

投资前五名债券明细	债券名称	市值(元)	占净值比例	债券名称	市值(元)	占净值比例	债券名称	市值(元)	占净值比例	债券名称	市值(元)	占净值比例
	03国开18	258,132,900.00	24.22%	05国债(4)	188,208,000.00	18.67%	05国债(4)	193,590,000.00	21.30%	05国债(4)	107,771,823.00	11.53%
	21国债(3)	105,683,000.00	9.92%	21国债(3)	104,428,611.00	10.36%	21国债(3)	105,650,538.70	11.63%	03国开03	90,000,000.00	9.63%
	03国开03	90,000,000.00	8.45%	03国开03	90,000,000.00	8.93%	03国开03	90,000,000.00	9.90%	21国债(3)	71,257,835.80	7.62%
	01国债05	78,784,000.00	7.39%	05国债04	79,848,000.00	7.92%	05国债04	79,848,000.00	8.79%	招行转债	50,500,366.80	5.40%
	03进出口01	50,000,000.00	4.69%	01国债05	78,784,000.00	7.82%	01国债05	78,784,000.00	8.67%	03进出口01	50,000,000.00	5.35%

南方避险增值基金

基本资料

基金简称	南方避险		交易代码	202201	
投资目标	该基金控制本金损失的风险，并在三年避险周期到期时力争基金资产的稳定增值。				
业绩比较基准	中信全债指数×80%＋中信综指×20%		风险收益特征	该基金为投资者控制本金损失的风险	
合同生效日	2003年6月27日	上市日期	——	上市地点	——
募集概况	首募规模	认购户数	募集日期		
	51.93亿份	148023户	2003年5月23日至2003年6月24日		
基金费率	认购费率	申购费率	赎回费率	管理费率	托管费率
	不高于1.00%	不高于1.00%	不高于3.00%	1.20%	0.20%
基金管理人	南方基金管理有限公司		基金托管人	中国工商银行股份有限公司	
基金担保人	中投信用担保有限公司		避险周期	三年	
审计机构	德勤华永会计师事务所	法律顾问	信达律师事务所	注册登记人	南方基金管理有限公司

财务指标 单位：人民币(元)

项目＼年度	2005年度	2004年度	2003年度
基金份额本期净收益	0.0792	0.0556	0.0034
期末可分配基金份额收益	0.0149	0.0057	0.0043
期末基金份额净值	1.0355	1.0057	1.0386
基金加权平均净值收益率	7.68%	5.47%	0.34%
本期基金份额净值增长率	12.48%	0.60%	3.86%
基金份额累计净值增长率	17.53%	4.48%	3.86%
基金收益分配	本年度每10份派现0.930元；成立以来每10份累计派现1.330元。		
期末基金份额持有人户数	基金份额持有人户数为89,123户，平均每户持有29,338.46份。		
期末基金份额持有人结构	机构投资者持有225,816,846.93份，占总份额8.64%；个人投资者持有2,388,915,058.70份，占总份额91.36%。		

基金净值增长率与业绩基准收益率对比图（单位：%）

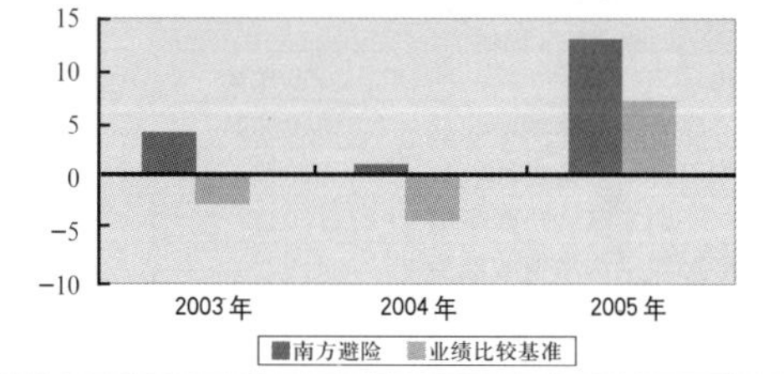

【基金业绩表现】

2005年，南方避险增值基金净值增长率为12.48%，同期上证指数收益率为－8.32%，上证国债指数收益率为14.05%。

【基金管理团队】

苏彦祝先生：基金经理。1998年获得清华大学工学学士学位，2000年获清华大学工学硕士学位。5年证券从业经历，2000年9月进入南方基金管理公司，任研究部研究员；2001年8月任金融工程部研究员；2003年6月任南方避险增值基金经理助理，12月任南方避险增值基金经理。

此外，南方避险增值基金配备了若干名证券投资分析人员，协助从事南方避险增值基金的投资管理工作。

【基金运作分析】

2005年经济增长减速预期较强，同时CPI同比连续下降，通货膨胀预期大大降温，在外汇占款大量投放、银行信贷紧缩的情况下货币流动性充足，债券市场出现了连续的上扬行情。

2005年上半年南方避险增值基金积极投资长期债05国债04，适时放大了组合的久期，以分享债券牛市的收益。4季度债券市场高位振荡，季度末再度上扬，考虑到固定资产投资反弹以及公共服务价格上调等风险，该基金逐步减持长期债券。

2005年股票市场波动很大。一季度结构分化剧烈，少部分具有竞争力的二线蓝筹股、小盘成长股连创新高，大盘价值股则表现平平；二季度在股改试点以及宏观经济减速预期的双重影响下，市场大幅下挫，上证指数达到近几年的最低；在三季度经历了各种概念股的炒作和蓝筹股的持续调整，四季度指数先抑后扬，但整体相对平稳。

【季度投资组合一览】

项目＼季度	第一季度			第二季度			第三季度			第四季度		
基金资产净值	3,212,692,181.94元			3,000,158,415.58元			2,806,817,838.68元			2,707,601,693.00元		
基金份额	3,142,549,513.03份			2,921,420,402.02份			2,709,852,025.84份			2,614,731,905.63份		
基金份额净值	1.0223元			1.0270元			1.0358元			1.0355元		
基金资产组合	市值(元)	占总资产比例		市值(元)	占总资产比例		市值(元)	占总资产比例		市值(元)	占总资产比例	
股票投资	839,824,739.12	19.68%		537,897,895.98	12.88%		623,565,285.67	16.18%		881,425,136.61	25.51%	
债券投资	3,269,919,722.86	76.62%		3,520,757,934.54	84.33%		3,022,223,688.56	78.41%		2,405,571,342.39	69.63%	
银行存款和清算备付金	38,631,914.94	0.90%		49,205,105.81	1.18%		169,947,364.55	4.41%		134,289,269.38	3.89%	
其他资产	119,569,196.09	2.80%		67,062,648.59	1.61%		38,652,073.64	1.00%		33,334,954.49	0.97%	
投资前五名股票明细	股票名称	市值(元)	占净值比例	股票名称	市值(元)	占净值比例	股票名称	市值(元)	占净值比例	股票名称	市值(元)	占净值比例
	长江电力	130,134,968.25	4.05%	宝钢股份	141,758,384.22	4.73%	宝钢股份	206,415,660.24	7.35%	G 万 科	262,217,568.33	9.68%
	宝钢股份	113,540,691.69	3.53%	长江电力	128,312,341.85	4.28%	长江电力	128,939,106.00	4.59%	G 宝 钢	83,747,025.76	3.09%
	万 科 A	84,892,411.20	2.64%	万 科 A	69,373,872.60	2.31%	万 科 A	79,315,988.10	2.83%	烟台万华	55,452,244.95	2.05%
	上港集箱	55,202,550.62	1.72%	华泰股份	29,763,514.32	0.99%	中兴通讯	31,302,715.08	1.12%	大冶特钢	47,973,149.76	1.77%
	伊利股份	51,049,316.92	1.59%	盐田港A	20,821,386.96	0.69%	华泰股份	31,001,145.24	1.10%	中兴通讯	46,818,356.28	1.73%
投资前五名债券明细	债券名称	市值(元)	占净值比例	债券名称	市值(元)	占净值比例	债券名称	市值(元)	占净值比例	债券名称	市值(元)	占净值比例
	03国开18	968,500,000.00	30.15%	05国债(4)	564,145,115.20	18.80%	05国债(4)	463,627,615.50	16.52%	04国开11	305,827,500.00	11.30%
	02国债(14)	409,198,680.00	12.74%	05农发04	422,980,390.40	14.10%	05农发04	422,980,390.40	15.07%	21国债(3)	303,818,550.40	11.22%
	04国开11	300,000,000.00	9.34%	02国债(14)	356,575,662.00	11.89%	04国开11	305,827,500.00	10.90%	招行转债	166,718,663.80	6.16%
	21国债(3)	297,104,000.00	9.25%	05国债04	352,013,738.63	11.73%	21国债(3)	305,690,305.60	10.89%	05中行01(固)	161,250,000.00	5.96%
	03进出口3期	159,488,000.00	4.96%	04国开11	305,827,500.00	10.19%	05国债04	290,876,816.31	10.36%	04国开09	151,680,000.00	5.60%

南方现金增利证券投资基金

基本资料

基金简称	南方现金增利			交易代码	202301	
投资目标	该基金为具有高流动性、低风险和稳定收益的短期金融市场基金，在控制风险的前提下，力争为投资者提供稳定的收益。					
业绩比较基准	1年期银行定期存款收益率(税后)					
风险收益特征	力求在保持资产高度流动性和低风险的基础上为投资者创造稳定收益。					
合同生效日	2004年3月5日	上市日期	——	上市地点	——	
募集概况	首募规模	认购户数	募集日期			
	80.50亿份	143742户	2004年1月29日至2004年3月3日			
基金费率	认购费率	申购费率	赎回费率	管理费率	托管费率	销售服务费率
	0	0	0	0.33%	0.10%	0.25%
基金管理人	南方基金管理有限公司	基金托管人	中国工商银行股份有限公司			
审计机构	普华永道中天会计师事务所	法律顾问	广东华瀚律师事务所	注册登记人	南方基金管理有限公司	

财务指标　　单位：人民币(元)

项目＼年度	2005年度	2004年3月5日至2004年12月31日
本期基金净收益	916,315,786.28	228,122,870.81
期末基金资产净值	38,473,378,496.08	19,202,418,287.84
期末基金份额净值	1.0000	1.0000
本期净值收益率	2.49%	2.26%
累计净值收益率	4.68%	2.26%
基金收益分配	本年度累计分配收益916,315,786.28元； 自基金合同生效以来累计分配收益1,144,438,657.09元。	

基金收益率与同期业绩基准收益率对比图（单位：%）

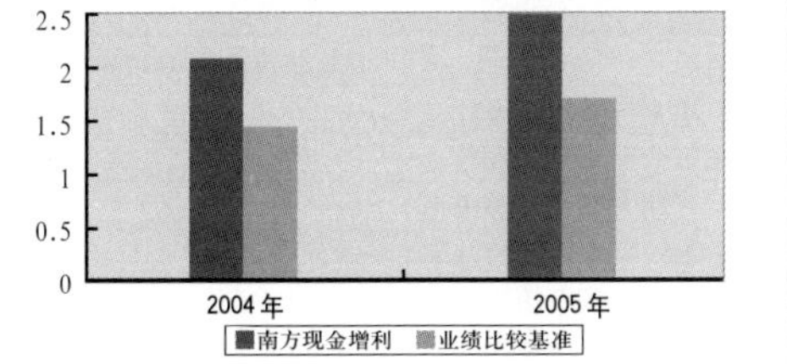

期末基金份额持有人户数	基金份额持有人户数为227,671户，平均每户持有168,986.73份。
期末基金份额持有人结构	机构投资者持有16,768,974,217.25份，占总份额43.59%；个人投资者持有21,704,404,278.83份，占总份额56.41%。

【基金业绩表现】

2005年，南方现金增利基金净值增长率为2.49%，同期业绩基准增长率为1.800%。

【基金管理团队】

刘情剑先生：基金经理。中共党员，南开大学经济学硕士，注册会计师，1981年参加工作，曾任职海南汇通国际信托投资公司、国泰君安证券股份有限公司。2003年5月起任职南方基金管理有限公司，现任公司总经理助理兼固定收益部总监兼南方现金增利基金基金经理。

此外，现金增利基金管理小组还配备了若干名证券投资分析人员，协助基金经理从事基金的投资管理工作。

【基金运作分析】

在2005年，产能过剩开始显现、人民币开始升值、大量的贸易顺差等一切都意味着，债券市场的上涨必然开始了。但是，对于货币市场基金而言，投资的难度反而加大了。

为了防范可能出现的利率风险，南方现金增利基金的投资组合浮动盈利一直维持在0.5%左右波动，既使在第三季度南方现金增利基金净值收益率排名靠后的情况下，该基金的浮动盈利也维持在这一水平。由于在第三季度南方现金增利基金净值收益率排名靠后，基金总体规模在第三季度末到第四季度11月基金份额下降的影响，致使原有收益率较高的库存证券的收益被稀释的状况得以缓解和改变，使浮动盈利比例开始上升，为了维护现有持有人的利益，该基金在第4季度实现了一些盈利。因此，南方现金增利基金的全年收益率仍然不错。

【季度投资组合一览】

项目＼季度	第一季度		第二季度		第三季度		第四季度	
基金资产净值	31,825,892,084.66元		38,153,145,772.31元		35,048,385,897.90元		38,473,378,496.08元	
基金份额	31,825,892,084.66份		38,153,145,772.31份		35,048,385,897.90份		38,473,378,496.08份	
基金份额净值	1.0000元		1.0000元		1.0000元		1.0000元	
基金资产组合	市值(元)	占总资产比例	市值(元)	占总资产比例	市值(元)	占总资产比例	市值(元)	占总资产比例
债券投资	28,946,625,479.49	79.47%	28,917,237,102.26	63.21%	21,839,368,027.70	52.44%	29,201,801,515.66	73.23%
买入返售证券	——	——	16,111,355,000.00	35.21%	12,570,000,000.00	30.18%	4,960,900,000.00	12.44%
银行存款和清算备付金	2,242,587.64	0.01%	137,930,176.73	0.30%	4,357,493,987.55	10.46%	4,837,132,871.99	12.13%
其他资产	7,475,714,503.76	20.52%	584,906,896.07	1.28%	2,877,114,494.16	6.91%	876,490,898.35	2.20%

投资前五名债券明细	债券名称	摊余成本(元)	占资产净值比例	债券名称	摊余成本(元)	占资产净值比例	债券名称	摊余成本(元)	占资产净值比例	债券名称	摊余成本(元)	占资产净值比例
	04国开17	2,582,586,336.28	8.11%	04国开17	2,582,343,199.29	6.77%	05央票57	3,899,777,181.55	11.13%	05央票57	3,919,355,568.15	10.19%
	04央票77	1,997,043,994.57	6.27%	05央票57	2,407,114,842.22	6.31%	05央票45	3,429,624,345.76	9.79%	05央票45	3,448,104,744.56	8.96%
	05央票01	1,736,847,555.07	5.46%	05农发06	2,367,767,057.73	6.21%	05央票54	2,756,087,301.57	7.86%	05央票54	2,769,563,905.23	7.20%
	05央票02	1,457,674,520.59	4.58%	04央票77	2,015,866,769.88	5.28%	05央票48	1,979,701,124.74	5.65%	04国开17	2,593,149,855.85	6.74%
	04国开20	1,457,249,563.56	4.58%	05央票45	1,840,577,983.69	4.82%	04国开20	1,689,855,188.80	4.82%	05央票64	2,273,235,447.37	5.91%

投资组合剩余期限	平均剩余期限	占资产净值比例	平均剩余期限	占资产净值比例	平均剩余期限	占资产净值比例	平均剩余期限	占资产净值比例
	30天(不含)以内	8.67%	30天内	19.75%	30天内	35.75%	30天内	13.33%
	30天(含)–60天	15.50%	30天(含)–60天	7.11%	30天(含)–60天	3.34%	30天(含)–60天	13.23%
	60天(含)–90天	28.55%	60天(含)–90天	14.45%	60天(含)–90天	12.82%	60天(含)–90天	7.41%
	90天(含)–180天	23.22%	90天(含)–180天	20.32%	90天(含)–180天	11.47%	90天(含)–180天	47.21%
	180天(含)以上	36.95%	180天(含)–397天(含)	35.99%	180天(含)–397天(含)	51.88%	180天(含)–397天(含)	20.19%

南方积极配置证券投资基金

基本资料

基金简称	南方积配	交易代码	160105		
投资目标	该基金为股票配置型基金，通过积极操作进行资产配置和行业配置，在时机选择的同时精选个股，力争在适度控制风险并保持良好流动性的前提下，为投资者寻求较高的投资收益。				
业绩比较基准	上证综指×85%＋上证国债指数×15%				
风险收益特征	该基金属于较高预期风险和较高预期收益的基金品种。				
合同生效日	2004年10月14日	上市日期	2004年12月20日	上市地点	深圳证券交易所
募集概况	首募规模	认购户数	募集日期		
	35.35亿份	28171户	2004年8月24日至2004年9月29日		
基金费率	认购费率	申购费率	赎回费率	管理费率	托管费率
	不高于1.30%	不高于1.50%	0.50%	1.50%	0.25%
基金管理人	南方基金管理有限公司	基金托管人	中国工商银行股份有限公司		
审计机构	德勤华永会计师事务所	法律顾问	广东华瀚律师事务所	注册登记人	中国证券登记结算有限责任公司

财务指标 单位：人民币(元)

项目 \ 年度	2005年度	2004年10月14日至2004年12月31日
基金份额本期净收益	−0.0663	−0.0001
期末可分配基金份额收益	−0.0735	−0.0162
期末基金份额净值	0.9514	0.9838
基金加权平均净值收益率	−6.61%	−0.01%
本期基金份额净值增长率	−3.29%	−1.62%
基金份额累计净值增长率	−4.86%	−1.62%
基金收益分配	自基金合同生效以来未实现收益分配	
期末基金份额持有人户数	基金份额持有人户数为16,946户，平均每户持有79,382.54份。	
期末基金份额持有人结构	机构投资者持有801,878,940.86份，占总份额59.61%；个人投资者持有543,337,638.73份，占总份额40.39%。	

基金净值增长率与业绩基准收益率对比图（单位：%）

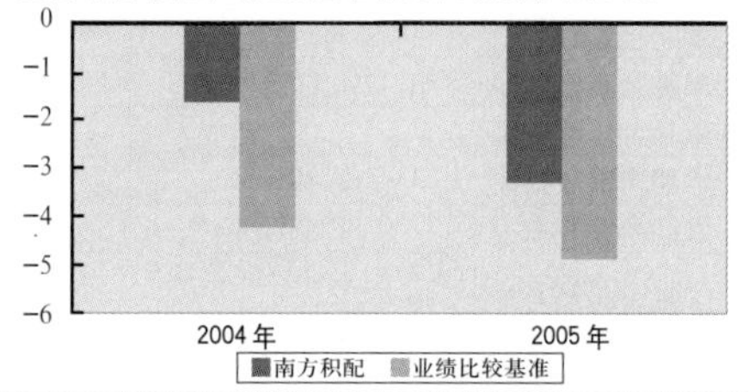

【基金业绩表现】

2005年，南方积极配置基金净值增长率为−3.29%，同期业绩基准收益率为−4.98%。

【基金管理团队】

陈键先生：基金经理。中共党员，中国人民银行研究生部毕业，经济学硕士。2001年参加工作，历任南方基金管理有限公司研究员、天元基金经理助理、北京分公司总经理助理等职。具有基金从业资格。

此外，南方积极配置基金配备了若干名证券投资分析人员，协助从事南方积极配置基金的投资管理工作。

【基金运作分析】

2005年，债券投资的收益率好于股票投资，南方积极配置基金全年维持了60%−70%的股票投资仓位，将相当比例的基金资产投资于债券。在股票投资方面，该基金对能源、原材料和投资品工业三个国民经济上游行业全年进行了重点配置，对贸易、医药、交通运输、房地产、金融和通讯等下游行业和第三产业进行了阶段性的配置和波段操作。交通运输行业是南方积极配置基金重点配置的防御性行业，但是在大部分交通运输企业达到能力饱和，业绩增长速度下降，以及进入新一轮资本支出高峰期的背景下，交通运输行业的估值水平有所降低，给基金的投资带来了损失。对此，该基金管理小组深刻地体会到，公司估值和行业趋势，都是不可或缺的考虑因素，在今后的投资中，必须在寻找低估的企业的同时，充分考虑行业因素的风险，并争取在行业配置方面创造超额收益。

【季度投资组合一览】

项目 \ 季度	第一季度		第二季度		第三季度		第四季度	
基金资产净值	2,162,470,178.64元		1,568,104,288.22元		1,381,573,678.72元		1,279,864,757.26元	
基金份额	2,185,932,879.60份		1,733,102,830.17份		1,447,382,818.63份		1,345,216,579.59份	
基金份额净值	0.9893元		0.9048元		0.9545元		0.9514元	
基金资产组合	市值(元)	占总资产比例	市值(元)	占总资产比例	市值(元)	占总资产比例	市值(元)	占总资产比例
股票投资	1,406,471,564.18	58.36%	1,044,670,518.40	53.27%	907,910,734.40	55.72%	871,102,337.82	67.79%
债券投资	835,403,948.62	34.66%	800,682,526.02	40.82%	322,405,636.07	19.79%	321,243,287.71	25.00%
银行存款和清算备付金	75,060,014.65	3.12%	86,113,175.06	4.39%	390,874,330.78	23.99%	86,424,783.11	6.73%
其他资产	93,055,949.72	3.86%	29,828,528.65	1.52%	8,192,807.36	0.50%	6,153,150.21	0.48%

投资前五名股票明细	股票名称	市值(元)	占净值比例	股票名称	市值(元)	占净值比例	股票名称	市值(元)	占净值比例	股票名称	市值(元)	占净值比例
	长江电力	123,365,902.10	5.704%	长江电力	98,546,164.18	6.28%	长江电力	98,545,218.00	7.13%	中国联通	104,202,221.20	8.14%
	中集集团	105,585,727.50	4.88%	五矿发展	63,597,799.44	4.06%	宝钢股份	83,493,084.40	6.04%	G 万 科	73,240,312.72	5.72%
	五矿发展	84,587,339.26	3.91%	上港集箱	63,141,000.00	4.03%	中兴通讯	57,206,980.11	4.14%	中国石化	65,034,899.42	5.08%
	宝钢股份	74,570,342.35	3.45%	宝钢股份	55,138,111.80	3.52%	五矿发展	36,950,629.50	2.67%	华菱管线	64,718,145.20	5.06%
	上港集箱	74,518,524.37	3.45%	中集集团	47,811,426.52	3.05%	万 科 A	35,189,312.83	2.55%	中兴通讯	48,212,745.60	3.77%

投资前五名债券明细	债券名称	市值(元)	占净值比例	债券名称	市值(元)	占净值比例	债券名称	市值(元)	占净值比例	债券名称	市值(元)	占净值比例
	04央行票据77	483,186,642.12	22.34%	04央行票据77	483,186,642.12	30.81%	04国开19	200,000,000.00	14.48%	03国开02	101,750,000.00	7.95%
	04国开19	200,000,000.00	9.25%	04国开19	200,000,000.00	12.75%	招行转债	56,853,342.60	4.12%	05进出口04	99,075,000.00	7.74%
	04国开10	60,094,750.00	2.78%	招行转债	55,802,897.10	3.56%	04央行票据77	20,293,838.97	1.47%	招行转债	57,494,383.70	4.49%
	招行转债	54,219,148.50	2.51%	02国债(14)	22,702,180.50	1.45%	包钢转债	16,019,454.50	1.16%	21国债(15)	22,518,773.60	1.76%
	钢联转债	20,583,008.00	0.95%	包钢转债	15,215,906.30	0.97%	南山转债	12,280,800.00	0.89%	包钢转债	16,586,059.00	1.30%

南方高增长证券投资基金

基本资料					
基金简称	南方高增		交易代码	160106	
投资目标	该基金为股票基金，在适度控制风险并保持良好流动性的前提下，以具有高成长性的公司为主要投资对象，力争为投资者寻求最高的超额回报。				
业绩比较基准	上证综指×90%＋上证国债指数×10%				
风险收益特征	该基金属于较高预期风险和较高预期收益的基金品种。				
合同生效日	2005年7月13日	上市日期	2005年9月21日	上市地点	深圳证券交易所
募集概况	首募规模	认购户数	募集日期		
	12.77亿份	6043户	2005年5月20日至2005年7月5日		
基金费率	认购费率	申购费率	赎回费率	管理费率	托管费率
	不高于1.20%	不高于1.50%	不高于0.50%	1.50%	0.25%
基金管理人	南方基金管理有限公司		基金托管人	中国银行股份有限公司	
审计机构	德勤华永会计师事务所	法律顾问	广东华瀚律师事务所	注册登记人	中国证券登记结算有限责任公司

财务指标 单位：人民币(元)

项目 \ 年度	2005年7月13日至2005年12月31日
基金份额本期净收益	0.0096
期末可分配基金份额收益	0.0271
期末基金份额净值	1.0693
基金加权平均净值收益率	0.96%
本期基金份额净值增长率	6.93%
基金份额累计净值增长率	6.93%
基金收益分配	自基金合同生效以来未实现收益分配。
备注	该基金合同生效于2005年7月13日，截至2005年12月31日运作不满一年。
期末基金份额持有人户数	基金份额持有人户数为4,049户，平均每户持有124,636.28份。
期末基金份额持有人结构	机构投资者持有330,816,161.73份，占总份额65.55%；个人投资者持有173,836,118.51份，占总份额34.45%。

基金净值增长率与业绩基准收益率对比图（单位：%）

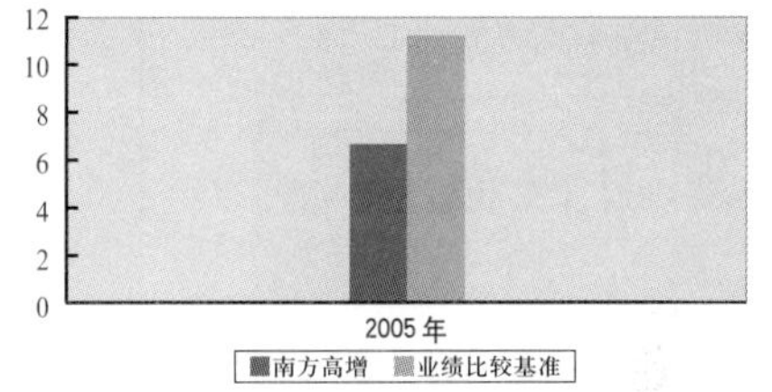

【基金业绩表现】

南方高增长基金合同生效于2005年7月13日，截至2005年12月31日，基金份额净值为1.0693元，本年净值增长率为6.93%，同期业绩基准增长率为10.99%。

【基金管理团队】

吕一凡先生：基金经理。经济学硕士，7年证券从业经历。曾任深圳证券交易所综合研究所高级研究员。2000年进入南方基金管理有限公司工作，先后从事研究、产品设计、基金投资等工作、南方稳健成长基金经理助理和基金开元经理。

孙鲁闽先生：基金经理助理。商学硕士，3年证券从业经历。2003年进入南方基金公司，先后从事研究、基金投资等工作。

该基金同时配有若干研究员协助基金经理进行行业分析和个股研究。

【基金运作分析】

2005年度是南方高增长基金的建仓期，根据对股票市场氛围的分析，该基金在选股上一是紧紧围绕股改，尤其是具有金融创新工具的股改公司；二是寻找由于股改而导致的公司基本面发生变化而业绩增长曲线出现向上拐点的公司。在行业配置上，重点关注三个方面的主线：一是人民币升值受益行业，包括金融、地产、商业、消费品等内需行业；二是资源重估价值明显的煤炭、有色等行业；三是具有自主创新能力的企业，如部分电信设备行业、军工行业等。

【季度投资组合一览】

项目 \ 季度	第三季度		第四季度	
基金资产净值	1,015,183,115.61元		539,628,299.54元	
基金份额	1,019,240,528.56份		504,652,280.24份	
基金份额净值	0.9960元		1.0693元	
基金资产组合	市值(元)	占总资产比例	市值(元)	占总资产比例
股票投资	549,744,545.15	51.05%	434,744,896.05	71.40%
债券投资	——	——	34,153,600.00	5.61%
银行存款和清算备付金	520,203,261.35	48.31%	106,400,363.19	17.47%
其他资产	6,891,644.48	0.64%	33,594,443.61	5.52%

投资前五名股票明细	序号	股票名称	市值(元)	占净值比例	序号	股票名称	市值(元)	占净值比例
	1	鞍钢新轧	56,420,000.00	5.56%	1	中国联通	36,400,000.00	6.75%
	2	中兴通讯	39,102,000.00	3.85%	2	G万科	34,480,000.00	6.39%
	3	农产品	37,212,000.00	3.67%	3	国阳新能	31,920,000.00	5.92%
	4	民生银行	36,140,000.00	3.56%	4	华能国际	31,343,677.54	5.81%
	5	浦发银行	33,200,000.00	3.27%	5	G农产品	30,100,000.00	5.58%

投资前五名债券明细	序号	债券名称	市值(元)	占净值比例	序号	债券名称	市值(元)	占净值比例
	1	——	——	——	1	招行转债	34,153,600.00	6.33%
	2	——	——	——	2	——	——	——
	3	——	——	——	3	——	——	——
	4	——	——	——	4	——	——	——
	5	——	——	——	5	——	——	——

华夏基金管理有限公司
CHINA ASSET MANAGEMENT CO.,LTD.

为信任奉献回报®
The Healthy Return On Your Trust

2005年大事记

2005年2月23日，上海证券交易所理事长耿亮与公司总经理范勇宏共同敲响中国内地首只ETF—上证50ETF上市锣声

2005年3月1日，上证50ETF荣获“2004年度中国最佳产品创新奖”

2005年5月1日，公司迁入金融大街通泰大厦B座

2005.03.01　上证50ETF荣获《亚洲资产管理》“2004年度中国最佳产品创新奖”。

2005.04.04　上证50ETF获得美国exchangetradedfunds.com和英国International Fund Investment评选的“亚太地区最佳产品创新奖”。

2005.04.11　公司获《中国证券报》等机构评选的“2004年度十大金牛基金管理公司”大奖。

2005.04.22　中国证监会正式批复同意华夏基金设立北京分公司。

2005.04.26　公司获《上海证券报》评选的“最佳创新基金公司”奖。

2005.05.01　公司迁入在金融大街通泰大厦购置的新办公室。

2005.05.20　公司获《亚洲投资者》评选的“中国大陆2005年度最佳基金管理公司奖”。

2005.06.30　华夏红利基金成立。

2005.08　公司获得首批企业年金基金投资管理人资格。

华夏基金管理有限公司

法定名称	华夏基金管理有限公司	英文名称	China Asset Management Co.,Ltd.
成立日期	1998年4月9日	注册资本	1.38亿元人民币
法人代表	凌新源	总 经 理	范勇宏
联系电话	010-88066688	客服电话	400-818-6666
传真号码	010-88066566	公司网址	www.ChinaAMC.com
注册地址	北京市顺义区天竺空港工业区A区	办公地址	北京市西城区金融大街33号通泰大厦B座8层

● 发展概况

经中国证监会批准，华夏基金管理有限公司于1998年4月正式成立。公司总部设在北京，目前在北京、上海和深圳设有分公司。2000年1月，华夏基金完成增资扩股，注册资本增至13800万元，同年4月，华夏基金管理公司设立了我国基金业首家博士后工作站；2002年12月，华夏基金首批获得全国社保投资管理人资格；2004年12月，华夏基金独家获得亚洲债券基金中国子基金管理人资格；2005年8月，华夏基金首批获得企业年金基金投资管理人资格，成为拥有全国社保基金投资管理人和企业年金基金投资管理人双重资格的基金管理人。

在组织结构上，华夏基金管理有限公司设立了投资决策委员会和风险控制委员会等专业委员会，下设20个部(室)。

在人员构成上，截至2005年底，华夏基金管理有限公司拥有员工173人，其中100人具有硕士以上学历，21人具有海外学习和工作经历。

● 经营业绩

截至2005年12月31日，华夏基金管理公司管理着5只封闭式基金和7只开放式基金以及1只亚洲债券基金二期中国子基金和多只全国社保基金投资组合，管理资产规模445.5亿元人民币，成为国内管理基金数目最多的、管理资产规模最大的基金公司之一。

近三年公司管理基金资产规模与基金数量

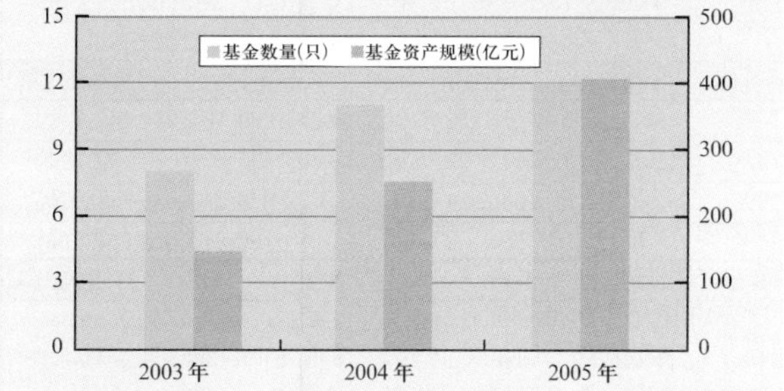

公司股东结构

股东名称	出资金额(万元)	出资比例(%)
西南证券有限责任公司	4930.05	35.725
北京市国有资产经营有限责任公司	4930.05	35.725
北京证券有限责任公司	3450.00	25.00
中国科技证券有限责任公司	489.90	3.55

在基金产品方面，2005年，华夏基金管理公司顺利完成了旗下第7只开放式基金——华夏红利基金的募集设立。华夏红利基金是一只混合型基金，自2005年5月9日开始公开募集，2005年6月30日基金合同正式生效，共募集基金份额7.70亿份，有效认购总户数为11432户。

在投资业绩方面，2005年，华夏基金在固定收益类产品中加大了研发和管理的力度，引进国外先进的管理经验和优秀人才，有效提高公司整体运作能力。华夏现金增利实现年收益回报2.4887%，超越同期业绩基准0.6887%；基金规模从年初的47.72亿元增至年底的203.00亿元，增长幅度超过325%，本年分红每10份累计派现0.246元；华夏债券基金年收益回报9.07%，并实施三次分红每10份累计派现0.600元；华夏回报基金实现年收益回报5.43%，超越同期业绩基准3.18%；上证50ETF成立于2004年12月30日，2005年2月4日该基金完成了建仓。2005年2月23日在上海证券交易所上市交易；2005年7月27日，上证50ETF规模突破百亿大关。作为国内首只交易型开放式指数基金，上证50ETF开创了我国交易所交易基金的先河，先后荣获亚洲资产管理杂志“最佳产品创新奖”和2005年全球ETF大奖“亚太地区最佳产品创新奖”；新成立的华夏红利基金自6月30日运作以来表现良好，截至2005年12月底，基金净值增长0.50%，实现了年度正收益的目标。

华夏基金管理公司成立八年来，坚持把维护投资者利益作为企业发展的根本原则，建立了严格的内控体系，有效地控制基金投资风险和企业经营风险，保证了投资者资产的安全性，并通过直销团队、代销网络、投资者交流活动以及客户服务中心，为投资人提供了便捷的销售网络和有价值的投资资讯，全力打造高质量的华夏客户服务品牌。

公司高管介绍

凌新源先生：董事长。硕士。现兼任北京证券有限责任公司董事长。曾任华夏证券有限公司副总裁、中国钢铁工贸集团公司总裁助理、中国冶金进出口总公司总裁助理、北京国际信托投资公司业务部副经理。

范勇宏先生：副董事长、总经理。博士。曾任华夏证券有限公司总裁助理、华北业务总监、华夏证券有限公司北京东四营业部总经理、中国建设银行总行干部。

兴华证券投资基金

基本资料					
基金简称	基金兴华	交易代码	500008		
投资目标	为投资者减少和分散投资风险，确保基金资产的安全并谋求基金长期稳定的投资收益。				
业绩比较基准	无	风险收益特征	无		
合同生效日	1998年4月28日	上市日期	1998年5月8日	上市地点	上海证券交易所
基金总份额	20亿份	存 续 期	15年		
基金管理人	华夏基金管理有限公司	基金托管人	中国建设银行股份有限公司		
审计机构	普华永道中天会计师事务所	法律顾问	北京市金诚律师事务所	注册登记人	中国证券登记结算有限责任公司上海分公司

财务指标　单位：人民币(元)

项 目 ＼ 年 度	2005年度	2004年度	2003年度
基金份额本期净收益	−0.0834	0.1884	0.1340
期末可分配基金份额收益	−0.0225	0.1564	0.1434
期末基金份额净值	1.0206	1.1564	1.2912
基金加权平均净值收益率	−8.17%	15.02%	11.73%
本期基金份额净值增长率	0.63%	−1.62%	31.34%
基金份额累计净值增长率	138.97%	137.46%	141.38%
基金收益分配	本年度未实现收益分配；成立以来每10份累计派现11.750元。		

基金净值增长率与业绩基准收益率对比图（单位：%）

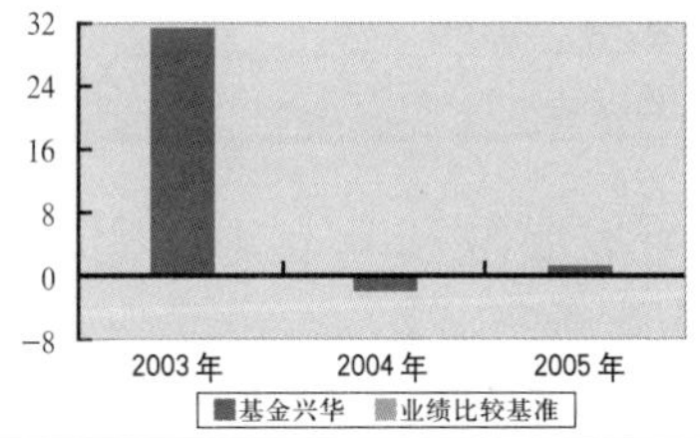

期末基金份额持有人户数	基金份额持有人户数为138,529户，平均每户持有14,437份。
期末基金份额持有人结构	机构投资者持有752,591,933份，占总份额37.63%；个人投资者持有1,247,408,067份，占总份额62.37%。

【基金业绩表现】

截至2005年12月31日，兴华基金份额净值为1.0206元，全年基金份额净值增长0.63%，同期上证综指下跌8.33%，深圳成指下跌6.65%。

【基金管理团队】

罗泽萍女士：基金经理。经济学硕士。曾任大成基金管理公司研究部研究员。2004年加入华夏基金管理公司，历任研究员、基金经理助理。现任兴华证券投资基金基金经理。

【基金运作分析】

2005年是中国股市发展的一个里程碑，上证指数跌破1000点大关和股权分置改革在2005年顺利推行都让人震撼。2005年虽然股指大幅波动，但是投资机会多于往年，全年有三次重大的投资机会：年初的二线蓝筹股行情；下半年银行和地产等蓝筹价值发现和军工、新能源及输变电设备等新板块崛起；以武钢和万科等大市值股票股改引发的权证投机机会。

兴华基金在2005年实现了年度正收益。年初该基金派发了2004年高额红利，派红现金超过2.8亿元。在投资操作上，2005年初基金兴华主要以持有大盘蓝筹为主，在谋求收益的同时侧重于控制风险；2005年下半年，该基金在银行和地产两个板块配置较好，获得丰厚投资回报。

展望2006年，在投资策略上，该基金更倾向于好公司的下跌带来的更好的买入机会。在个股选择上更注重行业的代表性，尽量选择行业中最优秀的公司和龙头企业；在行业配置上，继续看好地产、食品饮料、商业等内需型公司，同时也看好国家重点支持的装备服务业、通信设备制造业中的优秀公司，由国家投资驱动的电力设备行业、航天军工行业在未来几年处于黄金发展阶段，也值得重点投资。在整体上，该基金倾向在现阶段比较均衡的配置行业，适量买入一些周期敏感性行业中的主要公司并进行重点跟踪，在认为时机比较成熟时开始重点买入。

【季度投资组合一览】

项 目 ＼ 季 度	第一季度		第二季度		第三季度		第四季度	
基金资产净值	2,256,959,297.16元		1,914,373,819.36元		1,980,730,699.62元		2,041,295,643.12元	
基金份额净值	1.1285元		0.9572元		0.9904元		1.0206元	
基金资产组合	市值(元)	占总资产比例	市值(元)	占总资产比例	市值(元)	占总资产比例	市值(元)	占总资产比例
股票投资	1,386,254,747.08	61.16%	1,327,901,316.69	68.74%	1,341,628,814.05	66.32%	1,353,089,404.93	65.70%
债券投资	643,111,901.89	28.37%	516,284,397.74	26.73%	587,211,726.87	29.03%	623,536,693.27	30.28%
银行存款和清算备付金	150,978,911.72	6.66%	82,919,725.25	4.29%	85,044,090.64	4.20%	72,088,244.93	3.50%
其他资产	86,172,193.95	3.80%	4,671,917.72	0.24%	8,975,007.06	0.44%	10,798,823.00	0.52%

投资前五名股票明细	股票名称	市值(元)	占净值比例	股票名称	市值(元)	占净值比例	股票名称	市值(元)	占净值比例	股票名称	市值(元)	占净值比例
	招商银行	164,224,200.00	7.28%	上海机场	145,621,840.00	7.61%	G长电	137,728,750.92	6.95%	上海机场	140,480,057.20	6.88%
	中国石化	163,530,000.00	7.25%	万科A	123,914,925.94	6.47%	上海机场	137,288,060.00	6.93%	G长电	129,016,434.24	6.32%
	万科A	154,514,079.09	6.85%	华能国际	105,215,822.40	5.50%	深能源A	83,958,073.76	4.24%	伊利股份	63,319,860.56	3.10%
	华能国际	137,951,175.50	6.11%	深能源A	88,504,207.68	4.62%	伊利股份	71,207,347.20	3.60%	思源电气	57,378,697.86	2.81%
	上海机场	130,646,452.48	5.79%	伊利股份	85,174,686.72	4.45%	G上港	54,556,483.45	2.75%	中国石化	52,820,191.69	2.59%

投资前五名债券明细	债券名称	市值(元)	占净值比例	债券名称	市值(元)	占净值比例	债券名称	市值(元)	占净值比例	债券名称	市值(元)	占净值比例
	20国债(4)	209,229,104.80	9.27%	20国债(4)	216,011,282.70	11.28%	20国债(4)	199,141,537.50	10.05%	20国债(4)	196,357,273.80	9.62%
	04国开10	190,000,000.00	8.42%	05国债02	97,883,100.00	5.11%	05国债02	97,883,100.00	4.94%	05国债02	97,883,100.00	4.80%
	05国债(2)	97,990,000.00	4.34%	招行转债	41,753,169.00	2.18%	招行转债	69,120,341.60	3.49%	05国开29	50,000,000.00	2.45%
	招行转债	82,082,866.80	3.64%	20国债(10)	38,163,400.00	1.99%	万科转2	58,861,422.90	2.97%	05国债15	49,831,000.00	2.44%
	20国债(10)	39,720,000.00	1.76%	国电转债	33,845,960.90	1.77%	04国债(5)	56,144,400.00	2.83%	万科转2	46,862,311.17	2.30%

兴和证券投资基金

基本资料					
基金简称	基金兴和	交易代码	500018		
投资目标	通过指数化投资和积极投资的有机结合，力求基金收益率超越我国证券市场的指数增长率（以沪市综合指数为参考），谋求基金资产长期增值。				
业绩比较基准	无	风险收益特征	无		
合同生效日	1999 年 7 月 14 日	上市日期	1999 年 7 月 30 日	上市地点	上海证券交易所
基金总份额	30 亿份	存 续 期	15 年		
基金管理人	华夏基金管理有限公司	基金托管人	中国建设银行股份有限公司		
审计机构	普华永道中天会计师事务所	法律顾问	北京市金诚律师事务所	注册登记人	中国证券登记结算有限责任公司上海分公司

财务指标　单位：人民币(元)

项 目＼年 度	2005 年度	2004 年度	2003 年度
基金份额本期净收益	−0.0470	0.0495	0.0696
期末可分配基金份额收益	−0.0564	−0.0278	0.1065
期末基金份额净值	0.9436	0.9722	1.1336
基金加权平均净值收益率	−5.07%	4.53%	6.70%
本期基金份额净值增长率	−2.94%	−7.39%	22.47%
基金份额累计净值增长率	31.66%	35.65%	46.47%
基金收益分配	本年度未实现收益分配；成立以来每 10 份累计派现 4.230 元。		
期末基金份额持有人户数	基金份额持有人户数为 148,609 户，平均每户持有 20,187 份。		
期末基金份额持有人结构	机构投资者持有 1,456,781,589 份，占总份额 48.56%；个人投资者持有 1,543,218,411 份，占总份额 51.44%。		

基金净值增长率与业绩基准收益率对比图（单位：%）

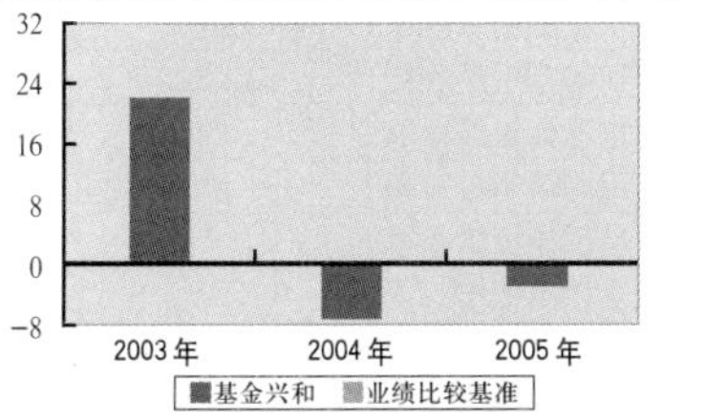

【基金业绩表现】

截至 2005 年 12 月 31 日，兴和基金份额净值为 0.9436 元，全年基金份额净值增长率为 −2.94%，同期上证综指下跌 8.33%，深圳成指下跌 6.65%。

【基金管理团队】

郭树强先生：基金经理。经济学硕士。1998 年进入华夏基金管理有限公司，历任交易员、兴和证券投资基金基金经理助理、交易主管和基金评估小组组长、兴华证券投资基金基金经理。现任兴和证券投资基金基金经理。

【基金运作分析】

2005 年，基金兴和总体保持了较高仓位，其中指数化投资部分保持在30%以上。全年在行业方面有了较多调整，在复杂的经济形势下，对于上半年持仓较多的钢铁、石化、航空、能源、房地产等周期性较强的股票作了大量减持。整个组合增加了对盈利更加稳定的企业的投资，如上海机场、伊利股份等。后期增加了对银行、石化、科技、制药、商业等行业的投资。这些投资都带来了可靠的收益。兴和基金全年对中小企业进行了较多的关注，选择了部分成长快速，具有核心竞争优势的股票进行了投资，取得了较高的收益率。

【季度投资组合一览】

项 目＼季 度	第一季度		第二季度		第三季度		第四季度	
基金资产净值	2,787,598,519.67 元		2,699,140,128.23 元		2,840,018,730.11 元		2,830,865,805.00 元	
基金份额净值	0.9292 元		0.8997 元		0.9467 元		0.9436 元	
基金资产组合	市值(元)	占总资产比例	市值(元)	占总资产比例	市值(元)	占总资产比例	市值(元)	占总资产比例
股票投资	1,980,688,530.49	69.15%	2,024,380,031.68	73.95%	2,027,097,731.15	70.97%	2,059,975,415.34	72.57%
债券投资	715,377,329.10	24.98%	564,129,886.50	20.61%	728,842,223.82	25.52%	695,589,463.74	24.50%
银行存款和清算备付金	35,350,047.69	1.23%	136,979,071.24	5.00%	86,754,343.92	3.04%	24,832,196.57·	0.87%
其他资产	132,957,160.15	4.64%	11,925,912.81	0.44%	13,707,579.88	0.48%	58,258,549.56	2.05%

积极投资前五名股票明细	股票名称	市值(元)	占净值比例	股票名称	市值(元)	占净值比例	股票名称	市值(元)	占净值比例	股票名称	市值(元)	占净值比例
	华能国际	176,195,190.70	6.32%	宝钢股份	134,283,510.96	4.98%	深能源A	102,694,292.48	3.62%	上海机场	195,355,994.98	6.90%
	中国石化	161,211,600.00	5.78%	华能国际	131,258,337.60	4.86%	G 宝 钢	97,754,245.56	3.44%	深能源A	100,989,000.00	3.57%
	万 科 A	140,580,470.07	5.04%	深能源A	82,844,831.16	3.07%	江淮汽车	66,239,705.60	2.33%	G 长 电	96,459,802.32	3.41%
	招商银行	119,475,940.78	4.29%	上海机场	66,423,904.00	2.46%	G 长 电	62,109,249.79	2.19%	G 江 汽	66,338,705.16	2.34%
	南方航空	109,984,774.69	3.95%	伊利股份	54,057,275.28	2.00%	上海机场	57,813,588.35	2.04%	深 高 速	62,261,435.04	2.20%

投资前五名债券明细	债券名称	市值(元)	占净值比例	债券名称	市值(元)	占净值比例	债券名称	市值(元)	占净值比例	债券名称	市值(元)	占净值比例
	20 国债(4)	290,058,515.20	10.41%	20 国债(4)	289,491,784.80	10.73%	20 国债(4)	283,896,900.00	10.00%	20 国债(4)	232,372,362.60	8.21%
	招行转债	139,775,735.00	5.01%	00 国开 01	100,400,000.00	3.72%	04 国债(5)	143,786,760.00	5.06%	04 国债(5)	136,998,860.70	4.84%
	00 国开 01	100,400,000.00	3.60%	20 国债(10)	75,322,500.00	2.79%	20 国债(10)	90,963,000.00	3.20%	20 国债(10)	70,413,000.00	2.49%
	20 国债(10)	79,440,000.00	2.85%	04 国开 15	30,000,000.00	1.11%	首钢转债	37,550,729.37	1.32%	05 国开 29	50,000,000.00	1.77%
	04 国开 15	30,000,000.00	1.08%	00 国债 02	20,032,000.00	0.74%	04 国开 15	30,000,000.00	1.06%	首钢转债	36,521,158.14	1.29%

兴科证券投资基金

基本资料

基金简称	基金兴科		交易代码	184708	
投资目标	以新的理念去发掘投资机会，通过积极的投资策略，获取长期的资本增值。				
业绩比较基准	无	风险收益特征	无		
合同生效日	2000年4月8日	上市日期	2000年7月18日	上市地点	深圳证券交易所
基金总份额	5亿份	存 续 期	15年		
基金管理人	华夏基金管理有限公司	基金托管人	交通银行股份有限公司		
审计机构	普华永道中天会计师事务所	法律顾问	北京市金诚律师事务所	注册登记人	中国证券登记结算有限责任公司深圳分公司

财务指标 单位：人民币(元)

项目＼年度	2005年度	2004年度	2003年度
基金份额本期净收益	−0.0397	0.0506	0.0984
期末可分配基金份额收益	−0.0208	0.0336	0.0213
期末基金份额净值	1.0509	1.0336	1.1448
基金加权平均净值收益率	−3.87%	4.56%	9.80%
本期基金份额净值增长率	4.89%	−8.26%	31.50%
基金份额累计净值增长率	19.97%	14.38%	24.69%
基金收益分配	本年度未实现收益分配；成立以来每10份累计派现1.010元。		

基金净值增长率与业绩基准收益率对比图（单位：%）

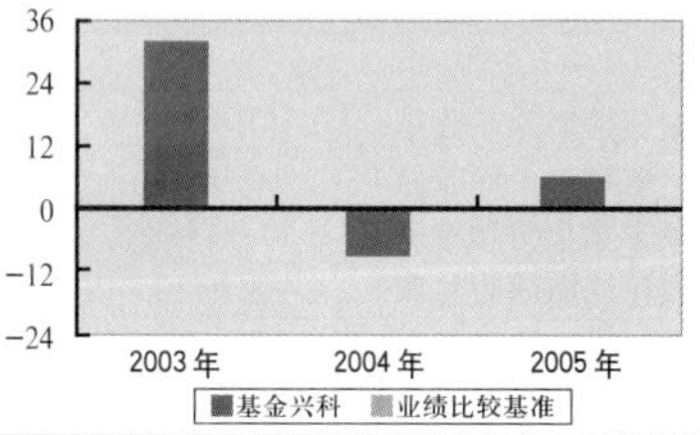

期末基金份额持有人户数	基金份额持有人户数为25,359户，平均每户持有19,717份。
期末基金份额持有人结构	机构投资者持有316,361,712份，占总份额63.27%；个人投资者持有183,638,288份，占总份额36.73%。

【基金业绩表现】

截至2005年12月31日，兴科基金份额净值为1.0509元，全年基金份额净值增长4.89%，同期上证综指下跌8.33%，深圳成指下跌6.65%。

【基金管理团队】

张益驰先生：基金经理。理学硕士。曾任宁波医药集团办公室副主任、平安证券有限公司研究所研究员。2002年加入华夏基金管理公司，历任研究员、兴科证券投资基金基金经理、兴安证券投资基金基金经理。现任兴华证券投资基金基金经理。

【基金运作分析】

2005年是中国证券市场重要的转折之年，期间实现了制度建设上的重大转折。上证指数全年走势是先探底，再筑底，最后逐步走出底部。大多数股改公司演绎了股价的财富效应；整个亚太地区股市的上涨也不同程度地推动了国内同类公司股价的重估；伴随业绩的增长，国内不少具备核心竞争力的蓝筹公司的价值进一步得到挖掘；人民币汇率改革、“十一五规划”也带动了相关公司的投资热情；除此之外，市场还出现了新的投资热点，诸如新能源、国防军工、铁路设备、稀缺性资源等，部分周期性行业也出现了由一定程度景气回升带来的股价恢复性上涨行情。

2005年，在资产配置方面，兴科基金维持了2004年下半年以来的资产配置策略，全年一直保持着较高的股票持仓比例，基本在70%以上。即使在上半年市场的下跌过程中也没有采取选时策略，一直坚持以选股策略应对系统风险；上半年行业配置以食品饮料、交通运输和医药三类防御型资产为主；第3季度该基金采取了更为分散的持股策略，增加了零售类个股的配置；第4季度对石化、通讯、地产、火电股票等资产实施了较为均衡的配置，其中除火电资产造成一定损失外其他配置都带来了一定的收益。

【季度投资组合一览】

项目＼季度	第一季度		第二季度		第三季度		第四季度	
基金资产净值	523,283,696.65元		501,415,831.86元		526,739,793.31元		525,427,996.60元	
基金份额净值	1.0466元		1.0028元		1.0535元		1.0509元	
基金资产组合	市值(元)	占总资产比例	市值(元)	占总资产比例	市值(元)	占总资产比例	市值(元)	占总资产比例
股票投资	387,453,248.21	65.00%	362,658,252.84	71.75%	401,252,368.35	74.98%	393,928,982.78	74.25%
债券投资	113,074,565.20	18.97%	109,811,587.70	21.73%	118,876,851.20	22.21%	125,953,551.40	23.74%
银行存款和清算备付金	16,276,212.71	2.73%	29,442,519.42	5.83%	11,749,248.67	2.20%	7,090,147.57	1.34%
其他资产	79,323,317.19	13.31%	3,533,732.63	0.70%	3,249,717.74	0.61%	3,604,586.08	0.68%

投资前五名股票明细	股票名称	市值(元)	占净值比例	股票名称	市值(元)	占净值比例	股票名称	市值(元)	占净值比例	股票名称	市值(元)	占净值比例
	上海机场	35,598,560.00	6.80%	上海机场	32,858,040.00	6.55%	上海机场	27,925,860.00	5.30%	G中兴	26,384,916.15	5.02%
	贵州茅台	24,035,845.50	4.59%	贵州茅台	25,508,624.40	5.09%	金融街	23,898,396.65	4.54%	中国石化	21,214,591.23	4.04%
	金融街	20,961,473.47	4.01%	金融街	23,966,561.30	4.78%	G长电	21,575,033.39	4.10%	金融街	20,425,396.70	3.89%
	海正药业	19,193,202.00	3.67%	海油工程	14,927,724.00	2.98%	贵州茅台	19,133,237.54	3.63%	上海机场	16,104,288.00	3.06%
	中科三环	18,962,654.40	3.62%	伊利股份	14,155,164.00	2.82%	三爱富	15,912,907.23	3.02%	G长电	15,338,260.08	2.92%

投资前五名债券明细	债券名称	市值(元)	占净值比例	债券名称	市值(元)	占净值比例	债券名称	市值(元)	占净值比例	债券名称	市值(元)	占净值比例
	20国债(4)	45,182,355.20	8.63%	20国债(4)	47,643,844.80	9.50%	20国债(4)	46,060,650.00	8.74%	20国债(4)	45,883,231.20	8.73%
	04国债(5)	37,532,900.00	7.17%	04国债(5)	33,789,834.00	6.74%	04国债(5)	33,743,736.00	6.41%	04国债(5)	33,418,736.00	6.36%
	02国债(14)	29,134,710.00	5.57%	02国债(14)	24,529,158.90	4.89%	02国债(14)	24,736,805.40	4.70%	02国债(14)	24,619,546.20	4.69%
	金牛转债	1,224,600.00	0.23%	晨鸣转债	2,844,450.00	0.57%	国电转债	5,450,000.00	1.03%	招行转债	17,070,396.70	3.25%
	——	——	——	20国债(10)	1,004,300.00	0.20%	招行转债	4,842,859.80	0.92%	20国债(10)	4,023,600.00	0.77%

兴安证券投资基金

基本资料

基金简称	基金兴安	交易代码	184718		
投资目标	重点投资于具有核心竞争能力，主营业务具有持续成长性，符合国民经济产业升级和结构调整方向的上市公司。该基金将通过积极进取的投资策略，在尽可能分散和规避投资风险的前提下，谋求基金资产长期稳定的增值。				
业绩比较基准	无	风险收益特征	无		
合同生效日	2000年7月20日	上市日期	2000年9月20日	上市地点	深圳证券交易所
基金总份额	5亿份	存 续 期	15年		
基金管理人	华夏基金管理有限公司	基金托管人	中国银行股份有限公司		
审计机构	普华永道中天会计师事务所	法律顾问	北京市金诚律师事务所	注册登记人	中国证券登记结算有限责任公司深圳分公司

财务指标　单位：人民币(元)

项目＼年度	2005年度	2004年度	2003年度
基金份额本期净收益	−0.0357	0.1024	−0.0471
期末可分配基金份额收益	−0.0418	−0.0061	−0.1084
期末基金份额净值	1.0255	0.9940	1.0353
基金加权平均净值收益率	−3.55%	9.89%	−5.21%
本期基金份额净值增长率	3.17%	−3.99%	26.23%
基金份额累计净值增长率	5.66%	2.42%	6.63%
基金收益分配	本年度未实现收益分配；成立以来每10份累计派现0.060元。		

基金净值增长率与业绩基准收益率对比图（单位：%）

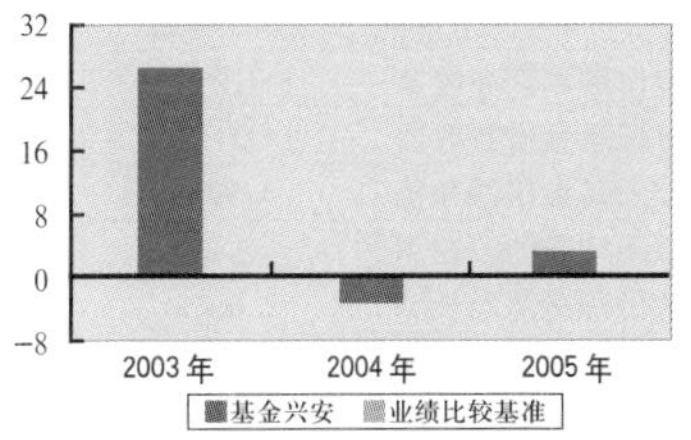

期末基金份额持有人户数	基金份额持有人户数为13,378户，平均每户持有37,375份。
期末基金份额持有人结构	机构投资者持有315,224,897份，占总份额63.05%；个人投资者持有179,758,026份，占总份额35.95%；未明确投资者持有5,017,077份，占总份额1.00%。

【基金业绩表现】

截至2005年12月31日，兴安基金份额净值为1.0255元，全年基金份额净值增长3.17%，同期上证综指下跌8.33%，深圳成指下跌6.65%。

【基金管理团队】

蒋征先生：MBA。曾任职于中国保险信托投资公司，嘉实基金管理有限公司丰和证券投资基金基金经理助理、泰和证券投资基金基金经理。2003年加入华夏基金管理有限公司。现任兴安基金基金经理、华夏大盘精选基金基金经理。

张益驰先生：理学硕士。曾任宁波医药集团办公室副主任、平安证券有限公司研究所研究员。2002年加入华夏基金管理有限公司，历任研究员、兴科基金基金经理、兴安基金基金经理，现任兴华基金基金经理。

【基金运作分析】

2005年上半年，基金兴安表现较好，主要是该基金在2004年的基础上小幅增持具有抗周期特点的食品饮料(乳业、高档白酒)、医药、商业地产、能源装备等行业个股，买入银行、电信运营行业个股，对港口机械、海运、通讯设备等行业个股进行了波段操作，卖出受成本推动型通胀冲击较大的火电、炼油、航空、小家电等行业个股以及产品价格下跌、行业周期见顶的钢铁、化工等行业个股。这些判断基本符合了市场的运行趋势获得了比较好的效果。

2005年下半年，基金兴安重仓持有的交通运输、电力、食品等行业的个股前期涨幅过大，在增长率放缓的预期下出现了滞胀。

【季度投资组合一览】

项目＼季度	第一季度			第二季度			第三季度			第四季度		
基金资产净值	509,507,095.68元			492,643,697.76元			513,546,945.79元			512,766,286.32元		
基金份额净值	1.0190元			0.9853元			1.0271元			1.0255元		
基金资产组合	市值(元)	占总资产比例		市值(元)	占总资产比例		市值(元)	占总资产比例		市值(元)	占总资产比例	
股票投资	395,508,933.75	66.90%		366,473,524.24	72.94%		374,913,285.23	72.25%		347,723,761.96	67.06%	
债券投资	112,416,894.00	19.02%		101,773,262.40	20.26%		118,191,383.10	22.78%		135,016,735.30	26.04%	
银行存款和清算备付金	7,803,926.53	1.32%		31,406,483.47	6.25%		21,662,863.19	4.17%		33,412,703.64	6.44%	
其他资产	75,427,969.32	12.76%		2,752,342.54	0.55%		4,119,591.05	0.79%		2,375,412.91	0.46%	
投资前五名股票明细	股票名称	市值(元)	占净值比例	股票名称	市值(元)	占净值比例	股票名称	市值(元)	占净值比例	股票名称	市值(元)	占净值比例
	上海机场	46,551,471.74	9.14%	上海机场	42,081,780.20	8.54%	上海机场	30,674,735.55	5.97%	金融街	22,586,576.10	4.40%
	鞍钢新轧	20,218,380.00	3.97%	金融街	23,935,775.82	4.86%	G长电	22,967,846.33	4.47%	大商股份	18,356,252.80	3.58%
	小商品城	17,970,000.00	3.53%	贵州茅台	22,963,131.20	4.66%	金融街	22,871,410.31	4.45%	上海机场	17,884,494.66	3.49%
	万科A	17,568,000.00	3.45%	海油工程	16,539,936.84	3.36%	贵州茅台	20,275,576.91	3.95%	G长电	16,712,567.76	3.26%
	贵州茅台	16,881,343.44	3.31%	伊利股份	16,334,316.00	3.32%	现代投资	16,126,620.16	3.14%	中国石化	16,545,166.26	3.23%
投资前五名债券明细	债券名称	市值(元)	占净值比例	债券名称	市值(元)	占净值比例	债券名称	市值(元)	占净值比例	债券名称	市值(元)	占净值比例
	04国开10	30,000,000.00	5.89%	04国开10	30,000,000.00	6.09%	20国债(10)	30,635,327.70	5.97%	21国债(3)	30,128,322.80	5.88%
	99国开13	20,234,000.00	3.97%	99国债(8)	20,214,000.00	4.10%	04国债(5)	22,648,080.00	4.41%	99国债(8)	20,474,000.00	3.99%
	03国开18	20,004,000.00	3.93%	03国开18	20,004,000.00	4.06%	99国债(8)	20,602,000.00	4.01%	20国债(4)	18,667,168.80	3.64%
	99国债(8)	19,522,000.00	3.83%	04国债(5)	19,820,320.00	4.02%	21国债(10)	9,996,000.00	1.95%	招行转债	17,074,661.90	3.33%
	21国债(3)	9,472,105.20	1.86%	21国债(3)	6,587,942.40	1.34%	03国债(3)	9,764,000.00	1.90%	21国债(10)	10,013,000.00	1.95%

兴业证券投资基金

基本资料					
基金简称	基金兴业	交易代码	500028		
投资目标	该基金将投资于企业基本面良好、业务具有成长性、符合国民经济产业升级和结构调整方向的上市公司，将通过积极进取的投资策略，为持有人谋求长期稳定的投资收益。				
业绩比较基准	无	风险收益特征	无		
合同生效日	2000年8月18日	上市日期	2001年7月27日	上市地点	上海证券交易所
基金总份额	5亿份	存续期	15年		
基金管理人	华夏基金管理有限公司	基金托管人	中国农业银行		
审计机构	普华永道中天会计师事务所	法律顾问	北京市金诚律师事务所	注册登记人	中国证券登记结算有限责任公司上海分公司

财务指标　单位：人民币（元）

项目 \ 年度	2005年度	2004年度	2003年度
基金份额本期净收益	−0.0325	0.0529	−0.0509
期末可分配基金份额收益	−0.1750	−0.1496	−0.1954
期末基金份额净值	0.8733	0.8504	0.9055
基金加权平均净值收益率	−3.86%	5.87%	−6.08%
本期基金份额净值增长率	2.69%	−6.09%	16.61%
基金份额累计净值增长率	−12.65%	−14.94%	−9.43%
基金收益分配	自基金合同生效以来未实现收益分配。		

基金净值增长率与业绩基准收益率对比图（单位：%）

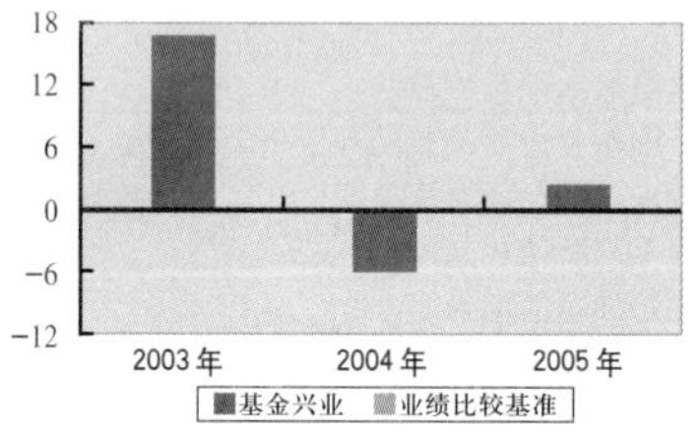

期末基金份额持有人户数	基金份额持有人户数为22,644户，平均每户持有22,081份。
期末基金份额持有人结构	机构投资者持有275,409,792份，占总份额55.08%；个人投资者持有214,765,858份，占总份额42.95%；未明确投资者持有9,824,350份，占总份额1.96%。

【基金业绩表现】

截至2005年12月31日，兴业基金份额净值为0.8733元，全年基金份额净值增长2.69%，同期上证综指下跌8.33%，深圳成指下跌6.65%。

【基金管理团队】

张龙先生：英国南安普顿大学经济学硕士。曾任职于长江证券公司研究所、长盛基金管理公司研究部。2001年加入华夏基金管理有限公司，历任研究员、数量分析研究员。现任兴业证券投资基金基金经理。

【基金运作分析】

2005年上半年，证券市场开盘即呈现快速回落的走势，在两次探底1190点以下后，大多数机构减持看淡的大部分股票，资金转向追进中集集团、中海油、中兴通讯、盐湖钾肥、振华港机、深赤湾A、贵州茅台、大洋航运等少数股票，市场呈现出严重的分化走势，“一九”格局进一步演化为“一九九”格局。

2005年，兴业基金的股票仓位基本保持在较高水平。在持仓行业调整中，重点增持成长性较好的食品饮料、精细化工、受经济减速影响较小的商业公司，减持了人民币升值带来业绩增长压力和业绩增长预期相对不明朗公司。在大盘深幅调整和“十一五”规划出台后，还增持了符合未来产业政策导向的新能源、军工等行业龙头公司、被市场过度抛弃的造纸、工程机械、化肥等周期类公司和隐蔽资产类型公司，获得了较为理想的收益。

展望2006年，基于对市场环境的分析，兴业基金仍将重点投资房地产、金融、旅游服务、食品饮料等行业，同时关注并购、私有化、税制改革、会计准则变更、创新产品等带来的投资新机会，与此同时，兴业基金将注重组合的流动性，保持相对均衡投资。

【季度投资组合一览】

项目 \ 季度	第一季度		第二季度		第三季度		第四季度	
基金资产净值	426,201,519.69元		410,016,149.59元		426,131,817.70元		436,633,240.25元	
基金份额净值	0.8524元		0.8200元		0.8523元		0.8733元	
基金资产组合	市值(元)	占总资产比例	市值(元)	占总资产比例	市值(元)	占总资产比例	市值(元)	占总资产比例
股票投资	318,010,725.40	63.61%	288,577,470.28	69.23%	315,100,217.72	73.39%	322,498,617.65	72.51%
债券投资	95,208,979.20	19.05%	91,064,830.40	21.85%	93,035,237.60	21.67%	90,509,722.40	20.35%
银行存款和清算备付金	11,758,008.96	2.35%	35,054,402.87	8.41%	18,311,890.14	4.27%	29,014,568.92	6.52%
其他资产	74,933,761.92	14.99%	2,126,661.97	0.51%	2,884,882.25	0.67%	2,741,495.30	0.62%

投资前五名股票明细	股票名称	市值(元)	占净值比例	股票名称	市值(元)	占净值比例	股票名称	市值(元)	占净值比例	股票名称	市值(元)	占净值比例
	上海机场	41,424,211.80	9.72%	上海机场	34,860,000.00	8.50%	上海机场	30,464,290.00	7.15%	G中兴	24,403,750.00	5.59%
	贵州茅台	23,718,300.78	5.57%	伊利股份	21,748,975.92	5.30%	泸州老窖	19,920,000.00	4.67%	中国石化	21,574,000.00	4.94%
	招商银行	20,325,200.00	4.77%	中材国际	12,117,920.97	2.96%	伊利股份	17,917,864.80	4.20%	上海机场	20,206,876.06	4.63%
	中科三环	19,155,676.68	4.49%	中国石化	11,328,000.00	2.76%	三爱富	14,458,964.34	3.39%	G长电	17,432,844.24	3.99%
	鞍钢新轧	14,812,000.00	3.48%	金融街	11,319,988.68	2.76%	中储股份	12,969,586.56	3.04%	G丰原	14,390,736.12	3.30%

投资前五名债券明细	债券名称	市值(元)	占净值比例	债券名称	市值(元)	占净值比例	债券名称	市值(元)	占净值比例	债券名称	市值(元)	占净值比例
	99国开13	30,369,000.00	7.13%	03国开18	30,009,000.00	7.32%	04国债(5)	28,548,000.00	6.70%	04国债(5)	28,353,000.00	6.49%
	03国开18	30,009,000.00	7.04%	04国债(5)	28,587,000.00	6.97%	20国债(10)	20,214,000.00	4.74%	20国债(10)	20,118,000.00	4.61%
	21国债(3)	18,100,379.20	4.25%	21国债(3)	18,422;630.40	4.49%	21国债(3)	18,636,257.60	4.37%	21国债(3)	18,505,908.80	4.24%
	21国债(15)	7,823,200.00	1.84%	21国债(15)	8,036,000.00	1.96%	03国债(8)	9,288,180.00	2.18%	03国债(8)	9,333,213.60	2.14%
	02国债(14)	3,960,000.00	0.93%	02国债(14)	4,016,400.00	0.98%	21国债(15)	8,184,800.00	1.92%	21国债(15)	8,151,200.00	1.87%

华夏成长证券投资基金

基本资料

基金简称	华夏成长		交易代码	000001(前端收费)　000002(后端收费)	
投资目标	该基金属于成长型基金，主要通过投资于具有良好成长性的上市公司的股票，在保持基金资产安全性和流动性的前提下，实现基金的长期资本增值。				
业绩比较基准	无				
风险收益特征	该基金属于中高风险的基金品种，其长期平均的预期收益和风险高于债券基金和混合基金。				
合同生效日	2001 年 12 月 18 日	上市日期	——	上市地点	——
募集概况	首募规模	认购户数	募集日期		
	32.37 亿份	55212 户	2001 年 11 月 28 日至 2001 年 12 月 12 日		
基金费率	认购费率	申购费率	赎回费率	管理费率	托管费率
	1.00%	不高于 1.80%	0.50%	1.50%	0.25%
基金管理人	华夏基金管理有限公司		基金托管人	中国建设银行股份有限公司	
审计机构	普华永道中天会计师事务所	法律顾问	北京市金诚同达律师事务所	注册登记人	华夏基金管理有限公司

财务指标　单位：人民币(元)

项目＼年度	2005 年度	2004 年度	2003 年度
基金份额本期净收益	−0.1368	0.1059	−0.0051
期末可分配基金份额收益	−0.1156	0.0128	−0.0246
期末基金份额净值	0.959	1.013	1.034
基金加权平均净值收益率	−14.28%	9.77%	−0.51%
本期基金份额净值增长率	−5.33%	3.91%	13.09%
基金份额累计净值增长率	7.80%	13.87%	9.60%
基金收益分配	本年度未实现收益分配；成立以来每 10 份累计派现 1.200 元。		

基金净值增长率与业绩基准收益率对比图(单位：%)

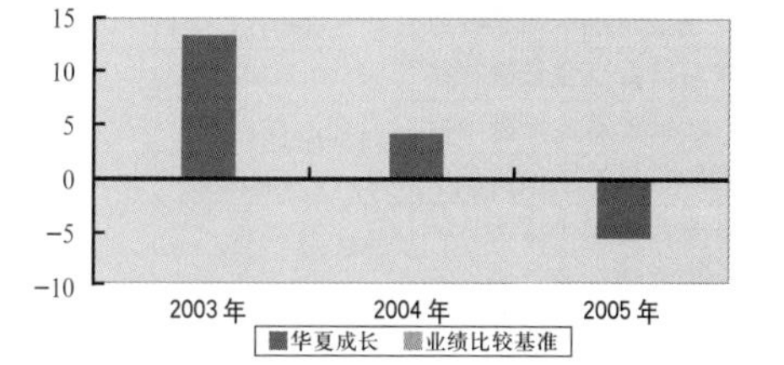

期末基金份额持有人户数	基金份额持有人户数为 38,335 户，平均每户持有 55,257.87 份。
期末基金份额持有人结构	机构投资者持有 931,441,374.30 份，占总份额 43.97%；个人投资者持有 1,186,868,948.38 份，占总份额 56.03%。

【基金业绩表现】

截至 2005 年 12 月 31 日，华夏成长基金份额净值为 0.959 元，全年基金份额净值增长率为−5.33%，同期上证综指下跌 8.33%，深圳成指下跌 6.65%。

【基金管理团队】

巩怀志先生：基金经理。清华大学 MBA。曾任鹏华基金管理有限公司基金经理助理、社保股票组合基金经理。2005 年加入华夏基金管理公司。现任华夏成长基金基金经理。

【基金运作分析】

2005 年中国宏观经济保持了较高水平的增长，而股票市场主要体现为大幅下跌后的筑底行情。从全年行业表现来看，仅有金融、酒店旅游、食品、商业、石化取得了正的收益，而化纤、计算机硬件行业跌幅超过 30%，煤炭、造纸包装、综合、家电、贸易、纺织服装、钢铁、农业、软件等行业跌幅也超过了 20%。

2005 年是华夏成长基金的调整年。该管理人对基金的投资理念和组合风险管理状况进行了重新的审视，并通过 8 月初、9 月中旬及 11 月底的增减仓机会进行了组合的重新构建，最终完成了以银行、房地产、商业、交运为核心的相对均衡配置的投资组合，并增加了可转债的投资比例，对组合的风险收益特征进行了改善。

展望 2006 年，华夏成长基金将继续坚守价值投资理念，适度提高仓位中枢水平，采用自上而下与自下而上的投资组合构建方法，加强对投资组合风险暴露的管理，重点投资于“估值合理、有效增长”的上市公司，争取获得稳健回报。

【季度投资组合一览】

项目＼季度	第一季度		第二季度		第三季度		第四季度	
基金资产净值	2,503,805,794.25 元		2,056,648,354.35 元		2,099,514,870.38 元		2,030,420,200.72 元	
基金份额	2,540,895,158.52 份		2,229,050,666.10 份		2,195,767,354.69 份		2,118,310,322.68 份	
基金份额净值	0.985 元		0.923 元		0.956 元		0.959 元	
基金资产组合	市值(元)	占总资产比例	市值(元)	占总资产比例	市值(元)	占总资产比例	市值(元)	占总资产比例
股票投资	1,807,934,437.83	68.31%	1,387,105,955.35	66.91%	1,445,431,909.72	68.30%	1,469,690,088.66	71.66%
债券投资	617,211,666.95	23.32%	451,777,714.47	21.79%	586,340,958.15	27.71%	543,033,618.00	26.48%
银行存款和清算备付金	134,328,700.47	5.08%	224,740,403.75	10.84%	73,662,056.61	3.48%	11,585,129.96	0.56%
其他资产	87,313,779.93	3.30%	9,369,152.54	0.45%	10,818,939.46	0.51%	26,569,429.08	1.30%

	股票名称	市值(元)	占净值比例	股票名称	市值(元)	占净值比例	股票名称	市值(元)	占净值比例	股票名称	市值(元)	占净值比例
投资前五名股票明细	上海机场	247,995,000.00	9.90%	上海机场	169,000,000.00	8.22%	上海机场	156,800,000.00	7.47%	上海机场	144,200,000.00	7.10%
	万 科 A	204,850,788.00	8.18%	南方航空	120,358,047.15	5.85%	G 长 电	103,335,834.00	4.92%	G 长 电	96,113,437.00	4.73%
	南方航空	172,082,699.10	6.87%	苏宁电器	103,281,226.88	5.02%	中兴通讯	60,612,345.36	2.89%	G 中 兴	85,776,028.20	4.22%
	招商银行	134,439,329.35	5.37%	金 融 街	95,120,000.00	4.63%	G 华 海	53,062,500.00	2.53%	华侨城A	70,848,037.12	3.49%
	鞍钢新轧	111,499,200.00	4.45%	伊利股份	88,932,135.00	4.32%	沪东重机	45,662,691.60	2.17%	中国联通	59,639,935.60	2.94%

	债券名称	市值(元)	占净值比例	债券名称	市值(元)	占净值比例	债券名称	市值(元)	占净值比例	债券名称	市值(元)	占净值比例
投资前五名债券明细	05 国债 02	215,600,000.00	8.61%	05 国债 03	149,752,000.00	7.28%	05 国债 03	149,752,000.00	7.13%	05 国债 03	149,752,000.00	7.38%
	04 国开 10	119,996,318.18	4.79%	20 国债(4)	116,551,920.00	5.67%	20 国债(4)	118,471,048.00	5.64%	20 国债(4)	117,956,160.00	5.81%
	华菱转债	81,120,428.83	3.24%	04 国开 10	69,997,852.27	3.40%	05 国债 02	68,518,170.00	3.26%	05 国债 02	68,518,170.00	3.37%
	20 国债(4)	74,297,300.00	2.97%	05 国债 02	68,518,170.00	3.33%	04 国债(5)	53,137,217.80	2.53%	招行转债	65,082,886.70	3.21%
	——	——	——	20 国债(10)	25,110,000.00	1.22%	招行转债	32,521,095.60	1.55%	04 国债(5)	43,479,200.00	2.14%

华夏债券投资基金

基本资料

基金简称	华夏债券		交易代码	001001(前端收费) 001002(后端收费)	
投资目标	在强调本金安全的前提下，追求较高的当期收入和总回报。				
业绩比较基准	53%中信银行间债券指数+46%中信国债指数+1%中信企业债指数				
风险收益特征	属于相对低风险的基金品种，其长期平均的风险和预期收益率低于股票基金和平衡型基金，高于货币市场基金。				
合同生效日	2002年10月23日	上市日期	——	上市地点	——
募集概况	首募规模	认购户数	募集日期		
	51.33亿份	71229户	2002年9月16日 2002年10月18日		
基金费率	认购费率	申购费率	赎回费率	管理费率	托管费率
	不高于1.00%	不高于1.20%	0	0.60%	0.20%
基金管理人	华夏基金管理有限公司		基金托管人	交通银行股份有限公司	
审计机构	普华永道中天会计师事务所	法律顾问	北京市天元律师事务所	注册登记人	华夏基金管理有限公司

财务指标 单位：人民币(元)

项目 \ 年度	2005年度	2004年度	2003年度
基金份额本期净收益	0.0468	0.0168	0.0302
期末可分配基金份额收益	0.0049	−0.0118	0.0199
期末基金份额净值	1.016	0.988	1.021
基金加权平均净值收益率	4.62%	1.66%	2.96%
本期基金份额净值增长率	9.07%	−1.55%	2.71%
基金份额累计净值增长率	10.95%	1.72%	3.33%
基金收益分配	本年度每10份派现0.600元；成立以来每10份累计派现0.900元。		

基金净值增长率与业绩基准收益率对比图（单位：%）

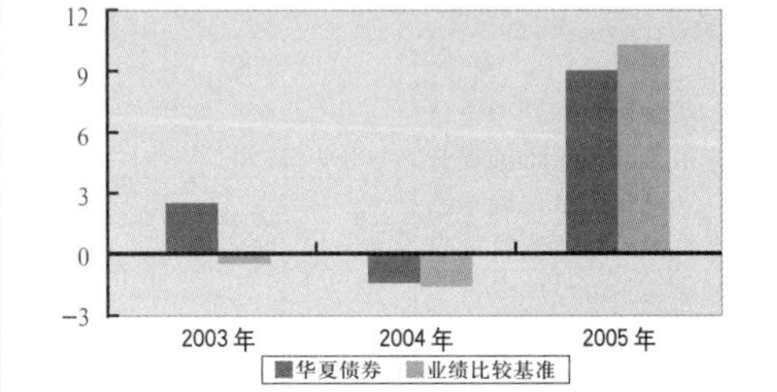

期末基金份额持有人户数	基金份额持有人户数为26,632户，平均每户持有53,644.20份。
期末基金份额持有人结构	机构投资者持有540,772,863.05份，占总份额37.85%；个人投资者持有887,879,386.92份，占总份额62.15%。

【基金业绩表现】

截至2005年12月31日，华夏债券基金份额净值为1.016元，全年基金净值增长率为9.07%，取得了较好的投资收益。

【基金管理团队】

韩会永先生：基金经理。经济学硕士。曾任职于招商银行北京分行。2000年进入华夏基金管理有限公司，历任研究发展部副总经理、基金经理助理，现任华夏债券基金基金经理。

【基金运作分析】

2005年我国经济继续保持了较高的增速，但较2004年增速略有回落，物价涨幅出现了比较明显的下降趋势，同时由于进出口顺差的增加及人民币升值预期的存在，外汇占款规模持续快速增加，央行为抑制热钱的流入，于2005年初下调了超额准备金利率，全年货币市场保持了较低的利率，导致债市基本呈现出单边上涨的牛市行情。到四季度，受公开市场操作力度加强、货币市场利率有所上升影响，债市才出现了一个小幅的调整，全年中信国债指数涨幅达14%。与债市相反，全年上证A股指数下跌8.2%，转债表现好于股市，天相转债指数上涨5.8%。

出于对我国经济和物价形势的判断，华夏债券基金2005年提高了组合久期，下半年重点增持了中长期企业债，取得了较好的收益。基金全年表现落后于业绩基准主要是由于转债总体表现弱于国债。

展望2006年，预计在经济减速、物价低位运行、资金面宽松的背景下，2006年债券市场仍存在投资机会，但由于债券收益率已下降到相对较低的水平，债券市场的波动性将趋于上升。央行货币政策及债券供求将成为债券市场主要的影响因素。此外，国债余额管理、回购制度改革、交易所与银行间市场的连通、新投资工具的推出等都可能对债券市场的短期走势产生一定影响。可转债市场由于股市趋于活跃将存在一定投资机会。2006年，华夏债券基金将继续坚持低风险、低波动性的思路，规范运作，审慎投资，在安全的前提下为持有人谋求长期、稳定的回报。

【季度投资组合一览】

项目 \ 季度	第一季度		第二季度		第三季度		第四季度	
基金资产净值	1,008,248,064.26元		929,019,714.23元		1,044,384,077.61元		1,452,183,859.05元	
基金份额	1,003,518,748.02份		918,219,379.18份		1,024,332,786.07份		1,428,652,249.97份	
基金份额净值	1.005元		1.012元		1.020元		1.016元	
基金资产组合	市值(元)	占总资产比例	市值(元)	占总资产比例	市值(元)	占总资产比例	市值(元)	占总资产比例
债券投资	1,119,799,651.40	97.93%	905,702,343.06	86.20%	1,257,233,113.57	94.26%	1,412,738,580.23	88.03%
买入返售证券	——	——	——	——	——	——	——	——
银行存款和清算备付金	7,956,324.95	0.70%	67,605,956.59	6.43%	61,041,352.27	4.58%	150,465,632.03	9.38%
其他资产	15,769,232.00	1.38%	77,354,772.60	7.36%	15,455,380.32	1.16%	41,575,734.27	2.59%

投资前五名债券明细	债券名称	市值(元)	占净值比例	债券名称	市值(元)	占净值比例	债券名称	市值(元)	占净值比例	债券名称	市值(元)	占净值比例
	万科转2	68,775,478.64	6.82%	20国债(4)	69,720,000.00	7.50%	05华能债	93,322,348.16	8.94%	05华能债	93,322,348.16	6.43%
	丝绸转2	65,507,892.56	6.50%	招行转债	52,334,703.90	5.63%	03国开02	63,825,300.00	6.11%	04国债(5)	70,890,000.00	4.88%
	03国开02	61,488,000.00	6.10%	00国开13	50,700,000.00	5.46%	05华润债	60,862,046.58	5.83%	02国债(14)	70,588,000.00	4.86%
	桂冠转债	60,882,000.00	6.04%	05国债05	50,325,000.00	5.42%	04国债(5)	52,343,500.00	5.01%	桂冠转债	62,926,486.00	4.33%
	国电转债	60,760,450.80	6.03%	01国开07	49,690,000.00	5.35%	05中核债(10)	52,329,901.37	5.01%	20国债(10)	60,384,000.00	4.16%

华夏回报证券投资基金

基本资料					
基金简称	华夏回报	交易代码	002001(前端收费) 002002(后端收费)		
投资目标	尽量避免基金资产损失，追求每年较高的绝对回报				
业绩比较基准	同期一年期定期存款利率				
风险收益特征	该基金属于中等风险的基金品种，其长期平均的预期收益和风险高于债券基金，低于股票基金。				
合同生效日	2003年9月5日	上市日期	——	上市地点	——
募集概况	首募规模	认购户数	募集日期		
	37.97亿份	49829户	2003年7月22日至2003年9月2日		
基金费率	认购费率	申购费率	赎回费率	管理费率	托管费率
	不高于1.20%	不高于1.80%	不高于0.50%	1.50%	0.25%
基金管理人	华夏基金管理有限公司		基金托管人	中国银行股份有限公司	
审计机构	普华永道中天会计师事务所	法律顾问	北京天元律师事务所	注册登记人	华夏基金管理有限公司

财务指标 单位：人民币(元)

项目 \ 年度	2005年度	2004年度	2003年度
基金份额本期净收益	0.0097	0.0642	0.0190
期末可分配基金份额收益	−0.0144	−0.0288	0.0002
期末基金份额净值	1.029	0.976	1.062
基金加权平均净值收益率	0.97%	6.35%	1.88%
本期基金份额净值增长率	5.43%	0.52%	8.24%
基金份额累计净值增长率	14.70%	8.80%	8.24%
基金收益分配	本年度未实现收益分配；成立以来每10份累计派现1.188元。		

基金净值增长率与业绩基准收益率对比图（单位：%）

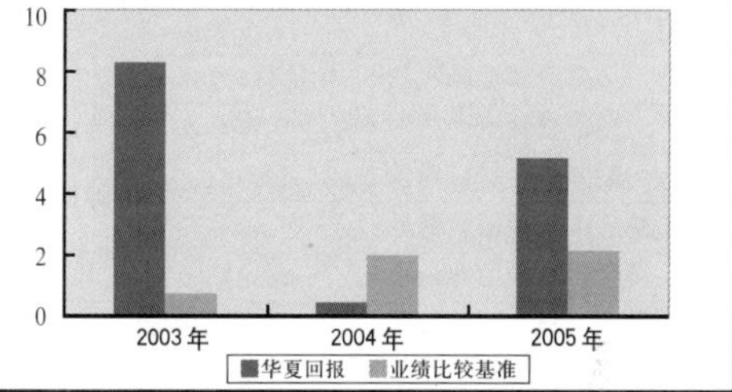

期末基金份额持有人户数	基金份额持有人户数为30,408户，平均每户持有70,201.24份。
期末基金份额持有人结构	机构投资者持有1,234,078,617.68份，占总份额57.81%；个人投资者持有900,600,656.36份，占总份额42.19%。

【基金业绩表现】

截至2005年12月31日，华夏回报基金份额净值为1.029元，全年净值增长5.43%，超越同期业绩基准收益3.18%。

【基金管理团队】

石波先生：法学硕士。曾任君安证券有限公司投资银行部上海总部副总经理、上海申华实业股份有限公司常务副总经理。1999年加入华夏基金管理有限公司，历任兴科证券投资基金基金经理、兴华证券投资基金基金经理。现任华夏基金管理有限公司投资副总监、股票投资部执行副总经理、华夏回报证券投资基金基金经理。

【基金运作分析】

2005年，由于宏观调控的影响，华夏回报采取了防御性操作策略，尽量避免基金资产损失并实现了正回报的目标。

在仓位策略上，华夏回报继续保持了较大的股票持仓比例，该基金选择的股票资产领先指数13个百分点，完成了正回报的目标；在行业配置上，华夏回报继续保持较好的行业配置纪录。2005年唯一的三大(商业、食品、银行)正回报行业中，回报基金选对了两个(食品和商业)。

【季度投资组合一览】

项目 \ 季度	第一季度			第二季度			第三季度			第四季度		
基金资产净值	2,700,927,350.02元			2,365,451,643.92元			2,276,291,768.14元			2,195,789,129.06元		
基金份额	2,705,259,989.63份			2,417,923,158.19份			2,215,042,461.71份			2,134,679,274.04份		
基金份额净值	0.998元			0.978元			1.028元			1.029元		
基金资产组合	市值(元)	占总资产比例		市值(元)	占总资产比例		市值(元)	占总资产比例		市值(元)	占总资产比例	
股票投资	1,964,534,337.82	70.87%		1,573,205,171.37	66.23%		1,704,189,352.47	72.77%		1,653,197,380.40	73.66%	
债券投资	661,293,521.06	23.85%		623,431,347.77	26.25%		556,276,861.26	23.75%		515,089,001.27	22.95%	
银行存款和清算备付金	41,316,978.08	1.49%		172,309,718.22	7.25%		74,007,430.00	3.16%		60,133,186.83	2.68%	
其他资产	105,070,153.26	3.79%		6,445,893.26	0.27%		7,342,208.77	0.31%		16,057,928.91	0.72%	
投资前五名股票明细	股票名称	市值(元)	占净值比例	股票名称	市值(元)	占净值比例	股票名称	市值(元)	占净值比例	股票名称	市值(元)	占净值比例
	上海机场	252,444,043.50	9.35%	上海机场	211,074,899.10	8.92%	贵州茅台	111,402,170.74	4.89%	大商股份	97,007,393.96	4.42%
	万科A	158,671,721.04	5.87%	贵州茅台	145,548,426.25	6.15%	上海机场	102,028,050.88	4.48%	贵州茅台	87,011,026.00	3.96%
	南方航空	148,403,299.20	5.49%	金融街	120,641,745.60	5.10%	G长电	81,684,756.96	3.59%	G中兴	84,260,879.22	3.84%
	金融街	127,374,365.70	4.72%	伊利股份	94,051,785.05	3.98%	中兴通讯	79,057,457.01	3.47%	云南白药	79,030,757.70	3.60%
	贵州茅台	110,885,611.85	4.11%	云南白药	93,661,846.07	3.96%	大商股份	75,513,805.86	3.32%	张裕A	75,883,112.44	3.46%
投资前五名债券明细	债券名称	市值(元)	占净值比例	债券名称	市值(元)	占净值比例	债券名称	市值(元)	占净值比例	债券名称	市值(元)	占净值比例
	20国债(4)	292,065,581.00	10.81%	20国债(4)	301,479,240.00	12.75%	20国债(4)	199,463,048.00	8.76%	20国债(4)	197,588,160.00	9.00%
	05国债(2)	135,879,940.00	5.03%	05国债02	137,195,566.43	5.80%	21国债(15)	68,541,000.00	3.01%	04国债(5)	53,386,786.40	2.43%
	21国债(15)	65,519,300.00	2.43%	21国债(15)	67,288,100.00	2.84%	05国债08	49,975,000.00	2.20%	01国开11	52,950,000.00	2.41%
	招行转债	63,677,229.00	2.36%	21国债(3)	39,019,239.00	1.65%	21国债(3)	39,475,806.30	1.73%	05国债08	49,975,000.00	2.28%
	21国债(3)	38,367,000.00	1.42%	02国债(10)	36,996,800.00	1.56%	05国债02	39,198,733.27	1.72%	21国债(3)	39,234,094.20	1.79%

华夏现金增利证券投资基金

基本资料						
基金简称	华夏现金增利基金			交易代码	003003	
投资目标	在确保本金安全和高流动性的前提下，追求超过基准的较高收益。					
业绩比较基准	一年定期存款利率(税后)					
风险收益特征	该基金属于低风险的基金品种，其长期平均的风险和预期收益率低于股票基金、混合基金和债券基金。					
合同生效日	2004 年 4 月 7 日	上市日期	——	上市地点	——	
募集概况	首募规模	认购户数	募集日期			
	64.26 亿份	89983 户	2004 年 3 月 8 日至 2004 年 4 月 2 日			
基金费率	认购费率	申购费率	赎回费率	管理费率	托管费率	销售服务费率
	0	0	0	0.33%	0.10%	0.25%
基金管理人	华夏基金管理有限公司	基金托管人	中国建设银行股份有限公司			
审计机构	普华永道中天会计师事务所	法律顾问	北京天元律师事务所	注册登记人	华夏基金管理有限公司	

财务指标　　单位：人民币(元)

项目 \ 年度	2005 年度	2004 年 4 月 7 日至 2004 年 12 月 31 日
基金本期净收益	302,414,738.44	86,618,322.60
期末基金资产净值	20,299,686,570.35	4,771,634,642.17
期末基金份额净值	1.000	1.000
基金本期净值收益率	2.4887%	1.7896%
基金累计净值收益率	4.3228%	1.7896%
基金收益分配	本年度每 10 份派现 0.246 元；成立以来每 10 份累计派现 0.423 元。	

基金收益率与同期业绩基准收益率对比图（单位：%）

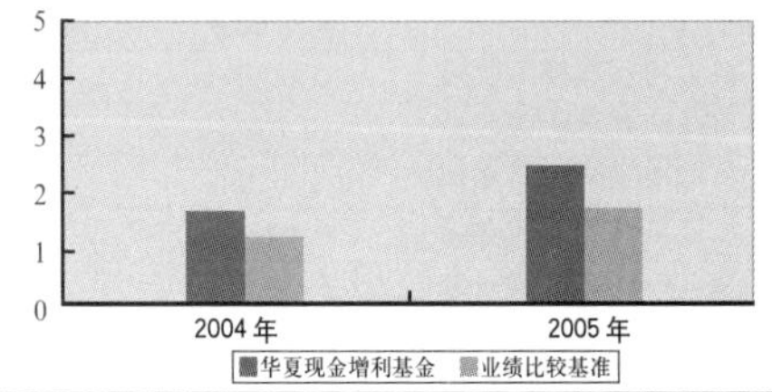

期末基金份额持有人户数	基金份额持有人户数为 105,976 户，平均每户持有 191,549.84 份。
期末基金份额持有人结构	机构投资者持有 10,749,178,153.09 份，占总份额 52.95%；个人投资者持有 9,550,508,417.26 份，占总份额 47.05%。

【基金业绩表现】

截至 2005 年年末，华夏现金增利基金七日年化收益率达到 2.583%，年度总回报率为 2.4887%，折年收益率超越同期业绩比较基准收益率约 0.69 个百分点。

【基金管理团队】

韩会永先生：经济学硕士。曾任职于招商银行北京分行。2000 年加入华夏基金管理有限公司。历任研究发展部副总经理、基金经理助理。现任华夏债券基金经理。

乔巍先生：工学学士。曾任泰康人寿保险股份有限公司投资部高级交易员、国债交易主管、分红账户经理；上海明诚投资咨询有限公司投资部经理。2001年加入华夏基金管理有限公司，历任研究员、基金经理助理。

【基金运作分析】

2005 年我国债券市场走出了一轮波澜壮阔的上升行情。上证国债指数告别长达两年的熊市，从年初的 95.61 点起步，到年底的 109.05 点收盘，全年上涨 14.52%。华夏现金增利基金也从债市上涨中得益匪浅，全年投资回报达到 2.4887%，超过比较基准 0.6887%；基金规模从年初的 47.72 亿元，上升到年底的 203.00 亿元，交出了一份比较圆满的答卷。

在操作策略上，华夏现金增利根据投资期内的市场情况变化不断进行调整。由年初的资产按月均衡分布的梯形策略，改变为年底的哑铃形投资策略。同时随着信用产品在基金投资组合中的比重增加，华夏现金增利着手制定了自己的信用评级体系，用来规范信用产品类的投资。根据华夏现金增利收益率走势与规模变化来看，2005 年该基金的投资策略是合理有效的。

【季度投资组合一览】

项目 \ 季度	第一季度		第二季度		第三季度		第四季度	
基金资产净值	8,390,174,859.57 元		13,688,884,716.05 元		17,552,062,462.13 元		20,299,686,570.35 元	
基金份额	8,390,174,859.57 份		13,688,884,716.05 份		17,552,062,462.13 份		20,299,686,570.35 份	
基金份额净值	1.000 元		1.000 元		1.000 元		1.000 元	
基金资产组合	市值(元)	占总资产比例	市值(元)	占总资产比例	市值(元)	占总资产比例	市值(元)	占总资产比例
债券投资	6,315,791,183.54	69.74%	8,797,052,554.24	55.04%	10,540,790,285.85	54.85%	12,081,854,234.22	59.47%
买入返售证券	2,322,000,000.00	25.64%	5,651,000,000.00	35.35%	5,237,500,000.00	27.26%	2,161,800,000.00	10.64%
银行存款和清算备付金	87,266,016.91	0.96%	1,286,087,730.90	8.05%	3,226,528,884.87	16.79%	5,692,651,296.53	28.02%
其他资产	331,152,952.73	3.66%	250,090,159.97	1.56%	211,676,648.96	1.10%	377,868,402.62	1.86%

投资前五名债券明细	债券名称	摊余成本(元)	占资产净值比例	债券名称	摊余成本(元)	占资产净值比例	债券名称	摊余成本(元)	占资产净值比例	债券名称	摊余成本(元)	占资产净值比例
	04 国开 10	1,010,369,974.00	12.04%	05 中行 02 浮	1,128,266,831.32	8.24%	05 中行 02 浮	1,128,161,003.50	6.43%	05 中行 02 浮	1,140,754,953.07	5.62%
	04 央行票据 30	839,658,246.62	10.01%	04 国开 10	1,010,019,269.47	7.38%	05 国开 11	992,274,452.35	5.65%	05 中信债 1	876,607,551.77	4.32%
	05 中行 02 浮	788,709,929.41	9.40%	05 央行票据 29	790,630,191.48	5.78%	05 央行票据 29	794,207,804.17	4.52%	05 中石化 CP01	811,263,204.38	4.00%
	04 国开 17	582,001,206.96	6.94%	05 央行票据	601,337,788.70	4.39%	05 央行票据 02	744,639,305.07	4.24%	05 央行票据 29	796,990,374.49	3.93%
	04 央行票据 73	295,308,881.35	3.52%	05 农发 06	599,404,602.78	4.38%	05 央行票据 22	614,545,935.58	3.50%	05 央行票据 02	747,904,314.60	3.68%

投资组合剩余期限	平均剩余期限	占资产净值比例	平均剩余期限	占资产净值比例	平均剩余期限	占资产净值比例	平均剩余期限	占资产净值比例
	30 天以内	10.43%	30 天以内	37.45%	30 天以内	25.85%	30 天以内	21.49%
	30 天 -60 天	13.16%	30 天(含)-60 天	8.83%	30 天(含)-60 天	5.71%	30 天(含)-60 天	17.59%
	60 天 -90 天	11.40%	60 天(含)-90 天	21.71%	60 天(含)-90 天	12.35%	60 天(含)-90 天	18.16%
	90 天 -180 天	34.74%	90 天(含)-180 天	17.87%	90 天(含)-180 天	42.27%	90 天(含)-180 天	18.61%
	180 天以上	30.27%	180 天(含)-397 天(含)	29.09%	180 天(含)-397 天(含)	22.09%	180 天(含)-397 天(含)	22.36%

华夏大盘精选证券投资基金

基本资料						
基金简称	华夏大盘精选			基金代码	000011(前端收费)　000012(后端收费)	
投资目标	追求基金资产的长期增值。					
业绩比较基准	新华富时中国A200指数×80%+新华富时中国国债指数×20%					
风险收益特征	该基金属于中等风险的基金品种，其长期平均的预期收益和风险高于债券基金和混合基金，低于成长型股票基金。					
合同生效日	2004年8月11日	上市日期	——	上市地点	——	
募集概况	首募规模	认购户数	募集日期			
	19.28亿份	21340户	2004年7月6日至2004年8月5日			
基金费率	认购费率	申购费率	赎回费率	管理费率	托管费率	
	不高于1.20%	不高于1.80%	0.50%	1.50%	0.25%	
基金管理人	华夏基金管理有限公司		基金托管人	中国银行股份有限公司		
审计机构	普华永道中天会计师事务所	法律顾问	北京天元律师事务所	注册登记人	华夏基金管理有限公司	

财务指标　　单位：人民币(元)

项目＼年度	2005年度	2004年8月11日至2004年12月31日
基金份额本期净收益	−0.0062	0.0078
期末可分配基金份额收益	0.0011	0.0032
期末基金份额净值	1.001	1.003
基金加权平均净值收益率	−0.62%	0.77%
本期基金份额净值增长率	−0.20%	0.30%
基金份额累计净值增长率	0.10%	0.30%
基金收益分配	自基金合同生效以来未实现收益分配。	

基金净值增长率与业绩基准收益率对比图 (单位：%)

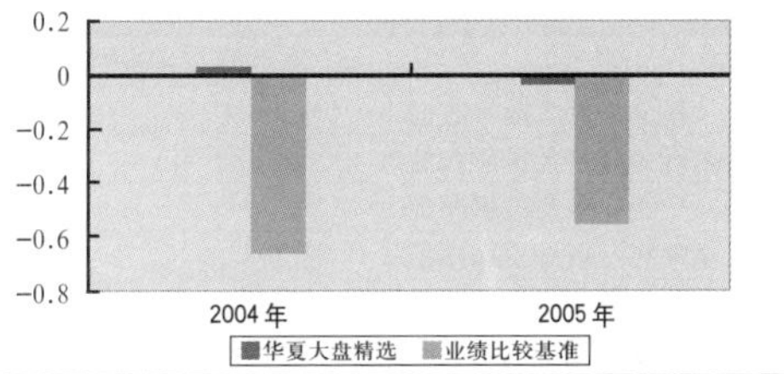

期末基金份额持有人户数	基金份额持有人户数为12,405户，平均每户持有56,718.50份。
期末基金份额持有人结构	机构投资者持有267,576,425.30份，占总份额38.03%；个人投资者持有436,016,573.19份，占总份额61.97%。

【基金业绩表现】

截至2005年12月31日，华夏大盘精选基金份额净值为1.001元，全年基金净值增长率为−0.20%，超越同期业绩比较基准收益5.13%。

【基金管理团队】

王亚伟先生：经济学硕士。曾任中信国际合作公司业务经理，华夏证券有限公司研究经理。1998年加入华夏基金管理有限公司，历任兴华基金基金经理助理、基金经理，华夏成长基金基金经理。现任华夏基金管理有限公司总经理助理、华夏大盘精选基金基金经理。

蒋征先生：MBA。曾任职于中国保险信托投资公司，嘉实基金管理有限公司丰和基金基金经理助理、泰和基金基金经理。2003年加入华夏基金管理有限公司。现任华夏大盘精选基金基金经理、兴安基金基金经理。

【基金运作分析】

在2005年初，该基金管理小组坚持配置较高的股票类资产，但为了规避市场宽幅波动可能带来的风险，在股票类资产中，可转换债券占有比较大的比例。这一相对稳健的组合配置，在上半年市场的下跌过程中，起到了一定的作用。在2005年中期，基于对市场的分析，华夏大盘精选基金在资产配置策略上，开始提高股票类资产的配置比例；在股票组合构建方面，在短期防御性和中长期进攻性均衡点的调整上逐步提高组合的进攻性。尤其在第四季度末，华夏大盘基金在市场风险充分释放后，大幅度提高了股票资产的配置比例。

【季度投资组合一览】

项目＼季度	第一季度			第二季度			第三季度			第四季度		
基金资产净值	1,057,654,453.91元			957,332,852.93元			726,981,367.81元			704,392,071.48元		
基金份额	1,069,169,098.98份			997,424,222.67份			723,210,240.59份			703,592,998.49份		
基金份额净值	0.989元			0.960元			1.005元			1.001元		
基金资产组合	市值(元)	占总资产比例		市值(元)	占总资产比例		市值(元)	占总资产比例		市值(元)	占总资产比例	
股票投资	644,968,261.92	59.33%		718,183,683.82	73.62%		402,210,835.79	54.86%		647,949,326.87	89.92%	
债券投资	365,951,455.00	33.66%		217,632,007.05	22.31%		171,062,787.05	23.33%		43,530,788.45	6.04%	
银行存款和清算备付金	42,643,885.47	3.92%		37,689,288.47	3.86%		157,531,170.68	21.49%		25,770,935.53	3.58%	
其他资产	33,520,251.74	3.08%		1,973,970.28	0.20%		2,338,113.29	0.32%		3,302,928.10	0.46%	
投资前五名股票明细	股票名称	市值(元)	占净值比例	股票名称	市值(元)	占净值比例	股票名称	市值(元)	占净值比例	股票名称	市值(元)	占净值比例
	上海机场	98,446,507.50	9.31%	上海机场	80,397,744.70	8.40%	上海机场	55,743,262.40	7.67%	中国石化	54,791,152.28	7.78%
	中科三环	50,097,088.00	4.74%	海正药业	36,281,918.86	3.79%	G华海	31,746,006.10	4.37%	上海机场	45,495,893.10	6.46%
	华能国际	49,906,430.07	4.72%	华海药业	33,859,642.08	3.54%	G农产品	26,648,235.29	3.67%	中国联通	34,560,352.40	4.91%
	南方航空	41,928,194.10	3.96%	中色建设	31,565,557.65	3.30%	G长电	26,375,893.68	3.63%	中材国际	24,767,922.60	3.52%
	华海药业	36,418,899.65	3.44%	华能国际	29,335,500.00	3.06%	中色股份	25,989,957.07	3.58%	雅戈尔	20,459,703.33	2.90%
投资前五名债券明细	债券名称	市值(元)	占净值比例	债券名称	市值(元)	占净值比例	债券名称	市值(元)	占净值比例	债券名称	市值(元)	占净值比例
	钢联转债	148,800,000.00	14.07%	钢联转债	153,017,200.00	15.98%	05浦发01	96,854,500.00	13.32%	05国债02	39,262,807.05	5.57%
	华菱转债	80,024,000.00	7.57%	05国债02	39,262,807.05	4.10%	05国债02	39,262,807.05	5.40%	雅戈转债	4,267,981.40	0.61%
	江淮转债	43,711,763.00	4.13%	江淮转债	25,352,000.00	2.65%	04国债(5)	19,034,000.00	2.62%	——	——	——
	金牛转债	39,490,692.00	3.73%	——	——	——	歌华转债	15,911,480.00	2.19%	——	——	——
	04国债(5)	21,850,000.00	2.07%	——	——	——	——	——	——	——	——	——

上证50交易型开放式指数证券投资基金

基本资料					
基金简称	50ETF		交易代码	510050	
投资目标	紧密跟踪标的指数，追求跟踪偏离度和跟踪误差最小化。				
业绩比较基准	上证50指数				
风险收益特征	该基金属于股票基金，风险与收益高于混合基金、债券基金与货币市场基金。该基金为指数型基金，采用完全复制策略，跟踪上证50指数，是股票基金中风险较低、收益中等的产品。				
合同生效日	2004年12月30日	上市日期	2005年2月23日	上市地点	上海证券交易所
募集概况	首募规模	认购户数	募集日期		
	54.35亿份	37267户	2004年11月29日至2004年12月24日		
基金费率	认购费率	申购费率	赎回费率	管理费率	托管费率
	不高于1.00%	不高于0.50%	不高于0.50%	0.50%	0.10%
基金管理人	华夏基金管理有限公司		基金托管人	中国工商银行股份有限公司	
审计机构	德勤华永会计师事务所	法律顾问	北京市德恒律师事务所	注册登记人	中国证券登记结算有限责任公司

财务指标 单位：人民币(元)

项目 \ 年度	2005年度	2004年12月30日至2004年12月31日
基金份额本期净收益	−0.0025	0.0001
期末可分配基金份额收益	−0.0309	−0.0037
期末基金份额净值	0.814	0.996
期末基金累计份额净值	0.964	0.996
基金加权平均净值收益率	−0.31%	0.01%
本期基金份额净值增长率	−3.29%	−0.10%
基金份额累计净值增长率	−3.39%	−0.10%
基金收益分配	自基金合同生效以来未实现收益分配。	

基金净值增长率与业绩基准收益率对比图（单位：%）

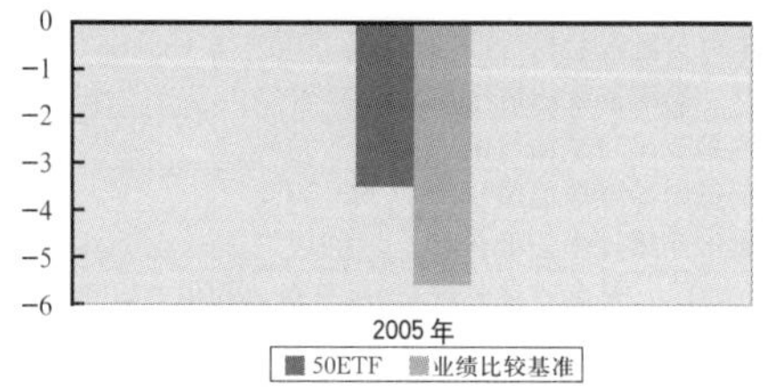

期末基金份额持有人户数	基金份额持有人户数为36,855户，平均每户持有220,094份。
期末基金份额持有人结构	机构投资者持有5,820,602,927份，占总份额71.76%；个人投资者持有2,290,963,830份，占总份额28.24%。

【基金业绩表现】

截至2005年12月31日，50ETF基金份额净值为0.814元，全年净值增长率为−3.29%，同期上证50指数增长率为−5.50%。该基金自份额折算日(2005年2月4日)起累计跟踪偏离度为1.99%，日均跟踪误差为0.09%。

【基金管理团队】

方军先生：硕士。1999年加入华夏基金管理公司，历任研究员，华夏成长证券投资基金基金经理助理、兴华证券投资基金基金经理助理和华夏回报证券投资基金基金经理助理。现任上证50交易型开放式指数证券投资基金基金经理。

【基金运作分析】

上证50ETF基金合同于2004年12月30日生效，2005年2月4日基本完成建仓工作并进行基金份额折算，2005年2月23日开放申购赎回并在上海证券交易所上市交易。

在成立后25个交易日，上证50ETF基本完成建仓操作。作为采取完全复制投资策略的被动式指数基金，建仓期间该基金严格按照有关建仓计划，根据充分拟合指数的前提下尽量降低成本、减少市场冲击的原则逐步提升股票持仓至目标仓位。建仓期间较好地把握住了市场节奏，迅速完成了股票认购部分的结构调整和现金的投资工作。从2005年初至基金份额折算日，不仅完全弥补了建仓操作的成本费用，基金净值还获得了3.71%的增长。

上证50ETF完成建仓进入稳定运行后的操作主要集中在跟踪指数而进行地相应组合调整方面。期间进行了宝钢股份增发、股权分置改革试点、指数成份股调整等导致的组合结构调整及日常组合微调的工作。在操作中，该基金严格按照有关投资策略，在不造成净值大幅波动的情况下，基本覆盖了组合调整导致的成本费用，及时成功地完成了相应的组合调整工作。期间还参与了华电国际、黔源电力、南京港、三花股份、晶源电子、宁波华翔、成霖股份、轴研科技、广州国光、江苏三友、包头铝业、兔宝宝、飞亚股份、登海种业、中材国际等新股的市值配售。

【季度投资组合一览】

项目 \ 季度	第一季度			第二季度			第三季度			第四季度		
基金资产净值	5,167,794,050.26元			6,962,919,803.36元			5,596,636,431.10元			6,601,139,810.16元		
基金份额	6,493,566,757.00份			9,012,566,757.00份			6,914,566,757.00份			8,111,566,757.00份		
基金份额净值	0.796元			0.773元			0.809元			0.814元		
基金资产组合	市值(元)	占总资产比例		市值(元)	占总资产比例		市值(元)	占总资产比例		市值(元)	占总资产比例	
股票投资	5,185,557,555.21	99.52%		6,898,965,537.89	98.25%		5,535,850,085.52	98.72%		6,523,646,993.41	98.34%	
债券投资	——	——		——	——		——	——		——	——	
银行存款和清算备付金	23,395,075.14	0.45%		68,538,041.53	0.98%		69,506,942.28	1.24%		30,908,073.91	0.47%	
其他资产	1,792,158.40	0.03%		54,003,815.94	0.77%		2,152,548.25	0.04%		78,908,664.11	1.19%	
投资前五名股票明细	股票名称	市值(元)	占净值比例	股票名称	市值(元)	占净值比例	股票名称	市值(元)	占净值比例	股票名称	市值(元)	占净值比例
	中国联通	461,223,137.16	8.92%	宝钢股份	703,681,918.20	10.11%	G长电	505,058,217.36	9.02%	中国联通	566,401,438.40	8.58%
	长江电力	415,546,060.55	8.04%	中国联通	583,924,241.76	8.39%	G宝钢	466,736,448.16	8.34%	G长电	542,059,993.48	8.21%
	招商银行	361,895,144.85	7.00%	长江电力	515,660,873.62	7.41%	中国联通	447,595,961.40	8.00%	G宝钢	518,104,304.64	7.85%
	宝钢股份	318,258,984.11	6.16%	招商银行	491,228,769.18	7.05%	招商银行	400,096,540.37	7.15%	招商银行	504,694,244.74	7.65%
	上海机场	259,438,492.50	5.02%	上海机场	345,692,626.50	4.96%	民生银行	286,530,735.80	5.12%	G民生	352,017,525.44	5.33%

华夏红利混合型证券投资基金

基本资料					
基金简称	华夏红利		交易代码	002011(前端收费)　002012(后端收费)	
投资目标	追求基金资产的长期增值				
业绩比较基准	新华富时150红利指数收益率×60%＋新华富时中国国债指数收益率×40%				
风险收益特征	该基金是混合型基金，风险高于债券基金和货币市场基金，低于股票基金。该基金主要投资于红利股，属于中等风险的证券投资基金品种。				
合同生效日	2005年6月30日	上市日期	——	上市地点	——
募集概况	首募规模	认购户数	募集日期		
	7.70亿份	11432户	2005年5月9日至2005年6月24日		
基金费率	认购费率	申购费率	赎回费率	管理费率	托管费率
	不高于1.20%	不高于1.80%	0.50%	1.50%	0.25%
基金管理人	华夏基金管理有限公司		基金托管人	中国建设银行股份有限公司	
审计机构	德勤华永会计师事务所	法律顾问	北京市德恒律师事务所	注册登记人	华夏基金管理有限公司

财务指标　单位：人民币(元)

项目＼年度	2005年6月30日至2005年12月31日
基金份额本期净收益	0.0041
期末可分配基金份额收益	0.0039
期末基金份额净值	1.005
基金加权平均净值收益率	0.41%
本期基金份额净值增长率	0.50%
基金份额累计净值增长率	0.50%
基金收益分配	自基金合同生效以来未实现收益分配。
备注	华夏红利基金合同生效于2005年6月30日，截至2005年12月31日不到一年。

基金净值增长率与业绩基准收益率对比图（单位：%）

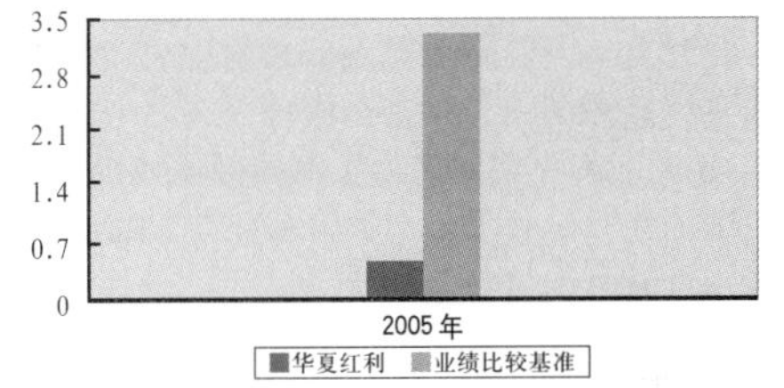

期末基金份额持有人户数	基金份额持有人户数为7,475户，平均每户持有71,272.71份。
期末基金份额持有人结构	机构投资者持有253,853,258.45份，占总份额47.65%；个人投资者持有278,910,213.42份，占总份额52.35%。

【基金业绩表现】

华夏红利基金合同生效于2005年6月30日，截至2005年12月31日，基金份额净值为1.005元，净值增长0.50%。

【基金管理团队】

孙建冬先生：经济学博士。曾任职于中国银河证券资产管理总部、华鑫证券公司、嘉实基金管理公司、华夏证券股份有限公司，从事证券研究和投资工作。2004年加入华夏基金管理公司，现任华夏红利混合型证券投资基金基金经理。

【基金运作分析】

华夏红利基金在合同生效后集中精力，着重挖掘了一批基本面向好的新品种进行了较集中的投资。在三季度大盘上涨期间，华夏红利的股票仓位基本在30%以下，建仓成本在1080点之上，股票组合的整体弹性和表现还是超过了市场的平均水平。三季度末四季度初，华夏红利对大盘的判断相对谨慎，股票仓位保持在较低的水平。此后，又针对前期投资反映出的净值波动较大的问题，华夏红利从均衡配置的角度调整了持股结构，加大了对未完成股改的大盘指标股、具有涨价潜力的资源品股票的投资比例，新增投资取得了较好的收益，实现了年度正收益的目标。

【季度投资组合一览】

项目＼季度	第三季度				第四季度			
基金资产净值	555,291,096.89元				535,578,245.60元			
基金份额	542,701,095.91份				532,763,471.87份			
基金份额净值	1.023元				1.005元			
基金资产组合	市值(元)		占总资产比例		市值(元)		占总资产比例	
股票投资	181,432,668.23		31.88%		262,682,633.24		46.19%	
债券投资	190,618,616.50		33.49%		208,752,736.18		36.70%	
银行存款和清算备付金	193,646,807.28		34.02%		82,325,423.86		14.48%	
其他资产	3,480,395.31		0.61%		14,972,119.61		2.63%	
投资前五名股票明细	序号	股票名称	市值(元)	占净值比例	序号	股票名称	市值(元)	占净值比例
	1	G华海	46,116,052.75	8.30%	1	G华海	23,501,660.32	4.39%
	2	上海机场	25,088,360.64	4.52%	2	中国石化	19,710,075.80	3.68%
	3	江钻股份	13,990,769.01	2.52%	3	上海机场	18,025,000.00	3.37%
	4	申通地铁	12,037,050.00	2.17%	4	G农产品	15,050,000.00	2.81%
	5	金陵药业	11,203,498.80	2.02%	5	G长电	13,840,000.00	2.58%
投资前五名债券明细	序号	债券名称	市值(元)	占净值比例	序号	债券名称	市值(元)	占净值比例
	1	歌华转债	27,115,097.10	4.88%	1	21国债(3)	25,981,198.20	4.85%
	2	21国债(3)	26,141,262.30	4.71%	2	03电网(1)	20,241,106.30	3.78%
	3	首钢转债	25,486,447.50	4.59%	3	05亚行债	20,000,000.00	3.73%
	4	03电网(1)	20,241,106.30	3.65%	4	04国债(5)	18,904,000.00	3.53%
	5	04国债(5)	19,034,000.00	3.43%	5	歌华转债	17,694,633.60	3.30%

华安基金管理有限公司

法定名称	华安基金管理有限公司	英文名称	Hua An Fund Management Co.,Ltd.
成立日期	1998年6月4日	注册资本	1.5亿元人民币
法人代表	王成明	总 经 理	韩方河
联系电话	021-58881111	客服电话	4008850099 / 021-68604666
传真号码	021-58406138	公司网址	www.huaan.com.cn
注册地址	上海市浦东南路360号新上海国际大厦38楼	办公地址	上海市浦东南路360号新上海国际大厦38楼

● 发展概况

1998年6月，华安基金管理有限公司经中国证监会批准成立，成为国内首批基金管理公司之一。公司由上海国际信托投资公司(现更名为上海国际信托投资有限公司)、申银万国证券股份有限公司和山东证券有限责任公司(现更名为天同证券有限责任公司)共同发起，总部设在上海陆家嘴金融贸易区。2000年7月，公司完成增资扩股，注册资本增至1.5亿元。目前公司股东为上海电气(集团)总公司、上海国际信托投资有限公司、上海工业投资(集团)有限公司、上海广电(集团)有限公司和上海沸点投资发展有限公司。

在组织结构上，公司设有两个专门委员会：投资决策委员会及风险控制委员会；内设研究发展部、基金投资部、固定收益部、集中交易部、专户理财部、渠道业务部、上海机构业务部、北京机构业务部、基金注册部、战略策划部、综合管理部、监察稽核部、信息技术部、电子商务部、财务核算部、客户服务部16个部门和北京分公司。

在人员构成上，公司现有员工165人，45%以上具有硕士以上学历。主要来自国内外证券公司等金融机构，其中80%以上具有三年证券业或五年金融业从业经历，具有丰富的实际操作经验。公司业务由投资与研究、营销、后台支持等三个业务板块组成，其中投资与研究、后台支持二个板块由曾在国际著名金融企业从业十年以上、经验丰富的海归专业人士领军。

近三年公司管理基金资产规模与基金数量

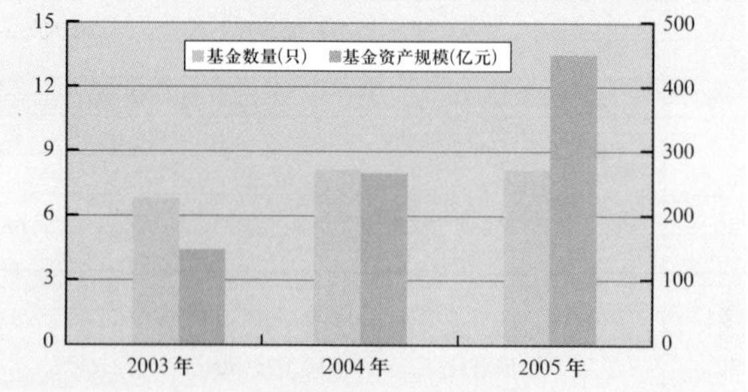

公司股东结构

股东名称	出资金额(万元)	出资比例(%)
上海电气(集团)总公司	3000.00	20.00
上海国际信托投资有限公司	3000.00	20.00
上海工业投资(集团)有限公司	3000.00	20.00
上海广电(集团)有限公司	3000.00	20.00
上海沸点投资发展有限公司	3000.00	20.00

● 经营业绩

截至2005年12月31日，华安基金管理公司共管理了8只证券投资基金：包括基金安信、基金安顺、基金安久、基金安瑞4只封闭式基金和华安创新、华安中国A股(原华安180)、华安富利、华安宝利4只开放式基金，公司管理资产规模达448.50亿元，比2004年末的271亿元增长了65.50%。公司的投资客户数量从2004年末的35.3万户增加到60万户，增长幅度达到69%。

2005年，华安旗下基金规范运作，取得了较好的投资回报。旗下股票型和配置型基金平均回报率高达6.51%，规模加权回报8.25%(不含华安中国A股基金和华安现金富利基金)，超越了国内基金业的整体水平。其中封闭式基金中基金安顺表现突出：2005年基金安顺实现收益回报12.64%；基金安信全年实现收益回报5.17%；基金安瑞全年实现收益回报2.36%；旗下开放式基金中华安宝利和华安创新表现突出：华安宝利全年实现收益回报12.75%，超越同期业绩基准收益9.61%，全年实现两次分红每10份累计0.500元；华安创新全年实现收益回报6.52%，超越同期业绩基准收益9.63%；华安现金富利日均规模415.83亿，本年实现收益回报2.4646%，超越同期业绩基准收益1.7446%，全年累计收益分配983,192,997.93元。

在创造良好业绩的同时，华安基金更注重为基金持有人带来实实在在的回报，2005年公司旗下8只基金共实现净收益11.02亿元，较2004年度增长了33.25%。

在客户服务方面，华安基金充分发挥公司电子商务平台的优势，公司与和讯网共同举办了“2005和讯——华安《聪明懒人巧理财》征文活动；此外，华安基金还推出了全新的服务平台——“理财加油站”，力争为持有人提供更方便、更满意的投资服务。

公司高管介绍

王成明先生：董事长。大学学历，高级经济师。历任上海市仪表电子工业供销公司副总经理、总经理、党委副书记，上海市仪电商社总经理兼党委书记，上海仪电控股(集团)公司副总裁、上海广电股份有限公司总经理、董事长，上海广电(集团)有限公司副总裁、总裁、党委副书记，上海电气(集团)总公司党委书记、董事长。

韩方河先生：董事、总经理。研究生学历，高级经济师。历任上海市物价局政策研究处处长，上海市物价研究所所长，上海国际信托投资公司证券投资信托部总经理，现任华安基金管理有限公司董事、总经理。

安信证券投资基金

基本资料					
基金简称	基金安信	交易代码	500003		
投资目标	为投资者分散和减少投资风险，确保基金资产的安全，并谋求基金长期稳定的投资收益。				
业绩比较基准	无	风险收益特征	无		
合同生效日	1998年6月22日	上市日期	1998年6月26日	上市地点	上海证券交易所
基金总份额	20亿份	存 续 期	15年		
基金管理人	华安基金管理有限公司	基金托管人	中国工商银行股份有限公司		
审计机构	上海立信长江会计师事务所有限公司	法律顾问	——	注册登记人	中国证券登记结算有限责任公司上海分公司

财务指标			单位：人民币(元)
项 目 / 年 度	2005年度	2004年度	2003年度
基金份额本期净收益	0.0285	0.0564	−0.0137
期末可分配基金份额收益	0.0294	0.0069	0.0105
期末基金份额净值	1.0643	1.0176	1.0707
基金加权平均净值收益率	2.74%	5.26%	−1.37%
本期基金份额净值增长率	5.17%	0.70%	16.48%
基金份额累计净值增长率	140.36%	128.54%	126.96%
基金收益分配	本年度每10份派现0.290元；成立以来每10份累计派现12.620元。		

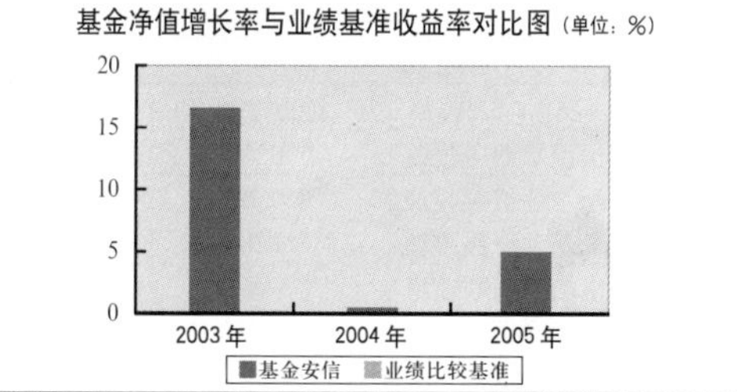

期末基金份额持有人户数	基金份额持有人户数为142,314户，平均每户持有14,053.43份。
期末基金份额持有人结构	机构投资者持有489,183,562份，占总份额24.46%；个人投资者持有1,510,816,438份，占总份额75.54%。

【基金业绩表现】

截至2005年12月31日，安信基金份额净值为1.0643元，全年基金净值增长5.17%，优于同期沪深两市综合指数表现。

【基金管理团队】

林彤彤先生：基金经理。工商管理硕士，12年银行、证券从业经历。曾就职于中国银行漳州分行信贷管理处，进入华安基金管理有限公司后先后担任研究发展部高级研究员、基金安信、基金安顺、基金安瑞、基金安久的基金经理。现任基金安信的基金经理。

【基金运作分析】

2005年的市场大致可分为三个阶段：前四个月市场处于对宏观经济的恐惧和对市场制度的怀疑之中；五月开始的股权分置改革试点由于投资者过分担忧由此造成的定价体系的混乱而出现大幅度抛售；但随着股改进程的不断推进，投资者重新调整预期促使市场在七月底开始出现了具有反转含义的波段上升。2005年证券市场运行环境的变化标志着中国资本市场已经进入了一个新的阶段。

2005年，基金安信净值增长率为5.17%，好于同期沪深两市综合指数表现，但在封闭式基金中的排名较去年出现小幅下滑，总结全年投资情况，主要存在的问题：第一、新品种开发没有取得明显效果，这既是长期投资所需要付出的短期成本，但同时也反映出基金经理对经济运行的结构性趋势以及投资者对这些变化的认知没有给予充分重视；第二、缺少适当的波段操作。尽管中长期投资是基金安信坚持的投资风格，但是2005年的市场环境决定了市场波动性增大。在这一波动的市场中，买入持有的操作策略在收益上低于恒定仓位的策略。

展望2006年，基金安信持乐观态度。中国经济将在维持较快增长速度的前提下实现经济结构的调整，自主创新、节能环保、消费增长、航天国防等将成为中国经济增长的结构性特征。市场的多元化特征将继续延续，决定这一趋势的是市场参与者结构的多元化，QFII、保险、券商和民间资金的力量逐步增强，使投资者在企业盈利变化以外寻找到更多的投资角度。

【季度投资组合一览】

项 目 / 季 度	第一季度			第二季度			第三季度			第四季度		
基金资产净值	2,101,812,899.31元			2,040,278,589.40元			2,106,005,114.58元			2,128,528,128.79元		
基金份额净值	1.0509元			1.0201元			1.0530元			1.0643元		
基金资产组合	市值(元)		占总资产比例	市值(元)		占总资产比例	市值(元)		占总资产比例	市值(元)		占总资产比例
股票投资	1,520,054,322.35		72.09%	1,474,299,054.40		71.20%	1,597,959,264.97		75.66%	1,576,118,675.73		72.29%
债券投资	452,473,825.80		21.46%	417,559,768.10		20.17%	435,138,468.80		20.60%	441,134,845.80		20.23%
银行存款和清算备付金	48,602,721.20		2.30%	170,404,218.29		8.23%	59,930,719.04		2.84%	155,332,830.57		7.12%
其他资产	87,403,476.68		4.15%	8,338,327.97		0.40%	19,133,869.46		0.91%	7,604,920.98		0.35%
投资前五名股票明细	股票名称	市值(元)	占净值比例	股票名称	市值(元)	占净值比例	股票名称	市值(元)	占净值比例	股票名称	市值(元)	占净值比例
	烟台万华	195,237,734.75	9.29%	烟台万华	160,945,765.68	7.89%	烟台万华	155,318,965.00	7.38%	烟台万华	192,812,758.32	9.06%
	盐湖钾肥	155,771,929.82	7.41%	招商银行	134,423,602.56	6.59%	盐湖钾肥	143,375,988.40	6.81%	盐湖钾肥	159,437,018.84	7.49%
	海欣股份	120,600,270.00	5.74%	盐湖钾肥	127,324,593.24	6.24%	海欣股份	107,171,820.00	5.09%	中国联通	111,497,709.00	5.24%
	招商银行	73,159,378.88	3.48%	海欣股份	104,102,460.00	5.10%	招商银行	100,640,000.00	4.78%	复星医药	103,139,494.38	4.85%
	海油工程	69,812,349.66	3.32%	宝钢股份	90,180,000.00	4.42%	G 宝 钢	75,328,000.00	3.58%	招商银行	103,116,000.00	4.84%
投资前五名债券明细	债券名称	市值(元)	占净值比例	债券名称	市值(元)	占净值比例	债券名称	市值(元)	占净值比例	债券名称	市值(元)	占净值比例
	20国债(4)	80,542,627.20	3.83%	20国债(4)	88,260,541.50	4.33%	20国债(4)	89,641,687.50	4.26%	20国债(4)	119,369,827.20	5.61%
	04国开06	77,840,000.00	3.70%	04国开06	77,840,000.00	3.82%	03国债(1)	63,385,647.50	3.01%	21国债(10)	73,435,342.00	3.45%
	04国开03	68,075,000.00	3.24%	20国债(10)	54,022,301.30	2.65%	02国债(14)	51,591,970.00	2.45%	03国债(1)	63,203,919.00	2.97%
	04进出02	45,165,500.00	2.15%	04进出02	45,165,500.00	2.21%	20国债(10)	49,919,483.70	2.37%	03国债(8)	47,302,740.00	2.22%
	20国债(10)	40,728,888.00	1.94%	03国债(1)	41,498,793.00	2.03%	04进出02	45,165,500.00	2.14%	04国开06	29,190,000.00	1.37%

安顺证券投资基金

基本资料					
基金简称	基金安顺	交易代码	500009		
投资目标	为投资者减少和分散投资风险，确保基金资产的安全并谋求基金长期稳定的投资收益。该基金主要投资于成长型上市公司，并兼顾对收益型上市公司及债券的投资，从而使投资者在承受一定风险的情况下，有可能享受到较高的 资本利得和稳定的收益。				
业绩比较基准	无	风险收益特征	无		
合同生效日	1999年6月15日	上市日期	1999年6月22日	上市地点	上海证券交易所
基金总份额	30亿份	存 续 期	15年		
基金管理人	华安基金管理有限公司	基金托管人	交通银行股份有限公司		
审计机构	上海立信长江会计师事务所有限公司	法律顾问	——	注册登记人	中国证券登记结算有限责任公司上海分公司

财务指标　单位：人民币(元)

项 目 ＼ 年 度	2005年度	2004年度	2003年度
基金份额本期净收益	0.0554	0.0853	−0.0026
期末可分配基金份额收益	0.0565	0.0110	0.0228
期末基金份额净值	1.1284	1.0110	1.0802
基金加权平均净值收益率	5.27%	7.75%	−0.25%
本期基金份额净值增长率	12.64%	2.24%	12.08%
基金份额累计净值增长率	75.65%	55.93%	52.54%
基金收益分配	本年度每10份派现0.560元；成立以来每10份累计派现6.280元。		

基金净值增长率与业绩基准收益率对比图（单位：%）

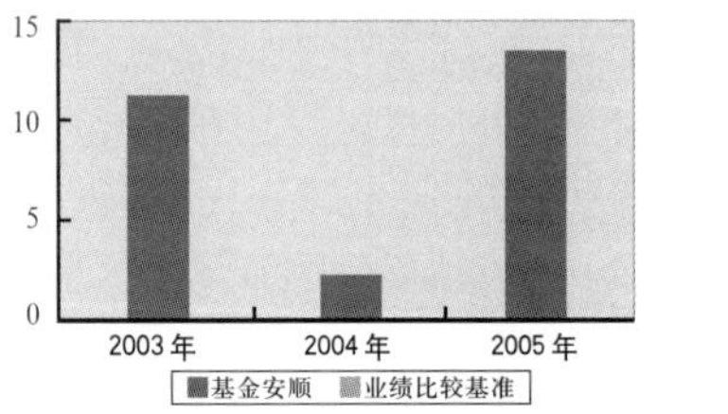

期末基金份额持有人户数	基金份额持有人户数为94,440户，平均每户持有31,766.20份。
期末基金份额持有人结构	机构投资者持有1,345,868,733份，占总份额44.86%；个人投资者持有1,654,131,267份，占总份额55.14%。

【基金业绩表现】

截至2005年12月31日，安顺基金份额净值为1.1284元，全年基金净值增长12.64%，优于同期沪深两市综合指数表现。

【基金管理团队】

尚志民先生：基金经理。工商管理硕士，10年证券、基金从业经验，曾在上海证券报研究所、上海证大投资管理有限公司工作，进入华安基金管理有限公司后曾先后担任公司研究发展部高级研究员、基金安顺、基金安瑞、华安创新基金经理。现任基金投资部副总监、基金安顺基金经理。

【基金运作分析】

2005年上证综合指数收低于1161.06点，深证综合指数收低于278.75点，全年跌幅分别为8.33%和11.73%，但勿需置疑这是中国经济和证券市场发展过程中具有重要历史意义的一年。

2005年，安顺基金采取积极防御策略，在较为成功地研判部分产业政策的基础上，较早把握了相关主题的投资机会；同时也从估值角度出发，利用市场短期失效的机会，在部分周期类股的阶段性投资中获得了较好收益。当然，对于部分价值类和周期性公司的投资中仍有很多方面值得反思和提高。

展望2006年，基金管理人认为尽管仍面临着宏观经济和上市公司业绩增速放缓的压力，但必须认识到中国将由单纯的经济增长逐步过渡到依靠科学和技术，更注重质量的内涵式经济发展轨道上。同时，随着股权分置改革的推进，管理层陆续出台的系列政策和措施，均将有助于全面提高上市公司质量，创造更好的市场环境。而投资者的多元化和国际化，将带来投资理念和估值上的冲击，也有利于产生新的投资机会。

2006年，中国股市有机会成为由熊转牛的过渡之年，一系列的制度性变革将带来较多的结构性投资机会。因此，对于相关政策的理解和把握将成为下一阶段投资的重要基础之一。2006年安顺基金将继续积极关注"十一五"规划的重要信息及相关行业，寻找其中存在一定壁垒的行业或具备自主创新核心竞争力的优势公司，以及受益于产业政策出现业绩拐点的潜力公司。在公司选择中将适当考虑企业的资产重置价值和并购机会。此外，也将积极关注证券市场本身的制度创新和产品创新所带来的投资机会。

【季度投资组合一览】

项 目 ＼ 季 度	第一季度		第二季度		第三季度		第四季度	
基金资产净值	3,118,886,852.93元		3,061,808,479.24元		3,284,111,059.98元		3,385,133,867.66元	
基金份额净值	1.0396元		1.0206元		1.0947元		1.1284元	
基金资产组合	市值(元)	占总资产比例	市值(元)	占总资产比例	市值(元)	占总资产比例	市值(元)	占总资产比例
股票投资	2,341,935,447.32	73.40%	2,188,243,753.99	69.96%	2,356,941,772.39	71.40%	2,577,245,798.37	74.63%
债券投资	708,018,370.26	22.19%	791,632,040.93	25.31%	846,951,616.44	25.66%	731,953,945.60	21.20%
银行存款和清算备付金	88,256,801.43	2.77%	136,462,073.89	4.36%	81,594,801.33	2.47%	131,044,632.86	3.79%
其他资产	52,208,793.26	1.64%	11,474,799.05	0.37%	15,668,132.38	0.47%	13,065,505.68	0.38%

投资前五名股票明细	股票名称	市值(元)	占净值比例	股票名称	市值(元)	占净值比例	股票名称	市值(元)	占净值比例	股票名称	市值(元)	占净值比例
	宝钢股份	236,439,040.00	7.58%	宝钢股份	271,441,800.00	8.87%	金 融 街	262,543,130.00	7.99%	金 融 街	310,390,300.00	9.17%
	烟台万华	213,532,500.00	6.85%	金 融 街	261,285,860.00	8.53%	G 宝 钢	179,760,000.00	5.47%	烟台万华	251,327,842.92	7.42%
	金 融 街	207,348,400.00	6.65%	海欣股份	163,545,770.52	5.34%	海欣股份	168,367,758.84	5.13%	中国联通	218,549,317.98	6.46%
	海欣股份	189,463,957.74	6.07%	烟台万华	140,995,064.00	4.60%	烟台万华	159,604,976.70	4.86%	首创股份	159,194,800.00	4.70%
	扬子石化	156,333,324.00	5.01%	扬子石化	105,318,400.00	3.44%	武钢股份	140,352,000.00	4.27%	海欣股份	133,199,996.67	3.93%

投资前五名债券明细	债券名称	市值(元)	占净值比例	债券名称	市值(元)	占净值比例	债券名称	市值(元)	占净值比例	债券名称	市值(元)	占净值比例
	04国开06	230,598,000.00	7.39%	04国开06	200,520,000.00	6.55%	05国航01	170,884,000.00	5.20%	21国债(3)	111,770,414.60	3.30%
	21国债(3)	144,331,128.00	4.63%	21国债(3)	129,256,569.60	4.22%	21国债(3)	150,404,604.60	4.58%	02国债11	91,510,000.00	2.70%
	02国债11	91,510,000.00	2.93%	02国债11	91,510,000.00	2.99%	02国债11	91,510,000.00	2.79%	04国开16	71,309,000.00	2.11%
	04国开22	49,295,000.00	1.58%	04国开16	71,309,000.00	2.33%	04国开16	71,309,000.00	2.17%	04国开06	70,182,000.00	2.07%
	04国开16	40,196,000.00	1.29%	04中信国安债	67,829,712.33	2.22%	04国开06	70,182,000.00	2.14%	21国债(10)	60,885,047.80	1.80%

安久证券投资基金

基本资料					
基金简称	基金安久	交易代码	184709		
投资目标	该基金为积极成长型基金，投资于积极应用新技术的上市公司。				
业绩比较基准	无	风险收益特征	无		
合同生效日	1992年8月31日(原四川国信投资基金成立日期)；2000年7月4日(华安基金公司开始管理基金安久)				
上市日期	2001年8月31日	上市地点	深圳证券交易所		
基金总份额	5亿份	存续期	15年(自1992年8月31日至2007年8月30日)		
基金管理人	华安基金管理有限公司	基金托管人	交通银行股份有限公司		
审计机构	上海立信长江会计师事务所有限公司	法律顾问	——	注册登记人	中国证券登记结算有限责任公司深圳分公司

财务指标　　单位：人民币(元)

项目＼年度	2005年度	2004年度	2003年度
基金份额本期净收益	−0.0925	0.0504	−0.0281
期末可分配基金份额收益	−0.1863	−0.1296	−0.1441
期末基金份额净值	0.8666	0.8704	0.9278
基金加权平均净值收益率	−10.99%	5.39%	−3.37%
本期基金份额净值增长率	−0.44%	−6.19%	19.52%
基金份额累计净值增长率	−19.43%	−19.07%	−13.73%
基金收益分配	自基金合同生效以来未实现收益分配。		
期末基金份额持有人户数	基金份额持有人户数为9,181户，平均每户持有54,460份。		
期末基金份额持有人结构	机构投资者持有350,630,844份，占总份额70.13%；个人投资者持有149,369,156份，占总份额29.87%。		

基金净值增长率与业绩基准收益率对比图（单位：%）

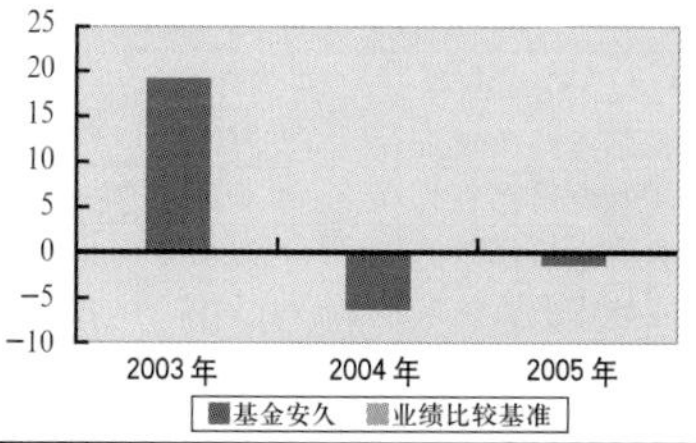

【基金业绩表现】

截至2005年12月31日，安久基金份额净值为0.8666元，全年基金净值增长−0.44%，优于同期综合指数表现。

【基金管理团队】

鲍泓先生：基金经理。经济学学士，11年证券、基金从业经历。1994年加入天同证券公司，先后担任投资银行总部项目经理、资产管理总部研究员、经理助理等工作。2000年加入华安基金管理有限公司，曾任研究发展部高级研究员，从事行业与策略研究等工作。

【基金运作分析】

2005年，基金安久净值增长为−0.44%，好于综合指数表现，但在全部封闭式基金中处于相对落后位置。

从具体从操作上看，2005年上半年针对宏观经济减速趋势，该基金增加了食品饮料、医药、金融、商业地产、交通运输等行业的投资比重，降低了金属、机械、造纸等周期类资产比重，但周期类资产减持时机偏晚，导致组合在4月底至6月中旬市场剧烈下跌过程中出现较大损失，进而拖累了基金全年的净值表现；2005年下半年基金安久重点增加了军工、农业、机械、地产、零售、水务等行业及中小企业的配置比例，提升了组合的进攻性，分季度业绩表现也有所回升。

基金安久在全年操作中主要存在的问题：1.投资风格不够灵活多变，导致在防御与进攻、成长与价值、周期与非周期等板块轮动过程中，投资节奏把握能力不强。2.组合集中度有所偏低，不易得到个股的深入研究支持，组合表现也更易波动，降低了投资成功率。

展望2006年，基金安久对市场持相对乐观态度，将继续跟踪经济增长、消费升级、本币升值以及经济增长方式转变背景下消费类、非贸易品(如服务业)以及资源类企业等领域的投资机会；关注价值类企业阶段性低估产生的机会；继续加大对有核心竞争力、长期发展潜力大的公司的投资比重；同时，也将关注新老划断、上市公司业绩下滑、发达国家资产价格波动的传导等因素导致的市场的风险与机遇。

【季度投资组合一览】

项目＼季度	第一季度			第二季度			第三季度			第四季度		
基金资产净值	425,059,410.40元			403,454,983.14元			425,973,297.28元			433,321,374.26元		
基金份额净值	0.8501元			0.8069元			0.8519元			0.8666元		
基金资产组合	市值(元)	占总资产比例		市值(元)	占总资产比例		市值(元)	占总资产比例		市值(元)	占总资产比例	
股票投资	329,133,005.51	66.86%		286,239,183.74	70.65%		312,890,967.55	70.10%		331,053,622.25	76.08%	
债券投资	94,681,208.00	19.23%		92,957,664.10	22.94%		88,780,600.90	19.89%		90,653,244.00	20.83%	
银行存款和清算备付金	8,221,442.02	1.67%		22,577,760.80	5.57%		41,778,280.33	9.36%		6,701,961.13	1.54%	
其他资产	60,265,480.06	12.24%		3,401,444.74	0.84%		2,884,234.93	0.65%		6,749,899.20	1.55%	
投资前五名股票明细	股票名称	市值(元)	占净值比例	股票名称	市值(元)	占净值比例	股票名称	市值(元)	占净值比例	股票名称	市值(元)	占净值比例
	兰花科创	29,185,625.59	6.87%	烟台万华	32,878,467.44	8.15%	贵州茅台	24,160,406.35	5.67%	烟台万华	32,316,396.84	7.46%
	太钢不锈	20,999,884.50	4.94%	贵州茅台	23,951,652.40	5.94%	盐湖钾肥	21,277,369.60	5.00%	航天电器	25,453,060.96	5.87%
	晨鸣纸业	20,271,321.25	4.77%	宝钢股份	19,198,320.00	4.76%	登海种业	20,049,080.68	4.71%	G浙阳光	20,009,267.73	4.62%
	中金岭南	17,408,975.84	4.10%	上海机场	15,272,000.00	3.79%	航天电器	16,707,999.15	3.92%	盐湖钾肥	19,473,701.52	4.49%
	华泰股份	17,011,902.00	4.00%	国电电力	14,432,545.01	3.58%	银座股份	15,343,500.00	3.60%	海油工程	18,980,865.54	4.38%
投资前五名债券明细	债券名称	市值(元)	占净值比例	债券名称	市值(元)	占净值比例	债券名称	市值(元)	占净值比例	债券名称	市值(元)	占净值比例
	21国债(15)	28,359,100.00	6.67%	21国债(15)	29,130,500.00	7.22%	21国债(15)	29,669,900.00	6.97%	21国债(15)	29,548,100.00	6.82%
	20国债(10)	23,481,471.00	5.52%	04农发02	19,992,000.00	4.96%	04农发02	19,992,000.00	4.69%	05农发15	19,990,000.00	4.61%
	04农发02	19,992,000.00	4.70%	20国债(10)	19,731,482.10	4.89%	20国债(10)	16,825,122.90	3.95%	20国债(4)	19,546,668.00	4.51%
	02国债(14)	10,890,000.00	2.56%	02国债(14)	11,045,100.00	2.74%	02国债(14)	11,138,600.00	2.61%	04国开17	10,120,000.00	2.34%
	04国开17	10,120,000.00	2.38%	04国开17	10,120,000.00	2.51%	04国开17	10,120,000.00	2.38%	21国债(10)	5,587,254.00	1.29%

安瑞证券投资基金

基本资料					
基金简称	基金安瑞	交易代码	500013		
投资目标	该基金投资于小型上市公司，即公司市值低于市场平均市值的上市公司；其投资目标是发掘小型上市公司中的投资机会，通过积极的投资策略，获取长期的资本增值。				
业绩比较基准	无	风险收益特征	无		
合同生效日	该基金由金龙基金、沈阳万利基金、沈阳富民基金清理规范后合并而成。2000年7月18日华安基金公司开始管理基金安瑞。				
上市日期	2001年8月30日	上市地点	上海证券交易所		
基金总份额	5亿份	存 续 期	15年(1992年4月29日至2007年4月28日)		
基金管理人	华安基金管理有限公司	基金托管人	中国工商银行股份有限公司		
审计机构	上海立信长江会计师事务所有限公司	法律顾问	——	注册登记人	中国证券登记结算有限责任公司上海分公司

财务指标　　单位：人民币(元)

项目 \ 年度	2005年度	2004年度	2003年度
基金份额本期净收益	−0.0210	−0.0123	−0.1033
期末可分配基金份额收益	−0.1086	−0.0944	−0.0753
期末基金份额净值	0.9270	0.9056	0.9268
基金加权平均净值收益率	−2.39%	−1.26%	−10.98%
本期基金份额净值增长率	2.36%	−2.29%	−0.64%
基金份额累计净值增长率	8.02%	5.53%	8.00%
基金收益分配	本年度未实现收益分配；成立以来每10份累计派现0.700元。		

基金净值增长率与业绩基准收益率对比图（单位：%）

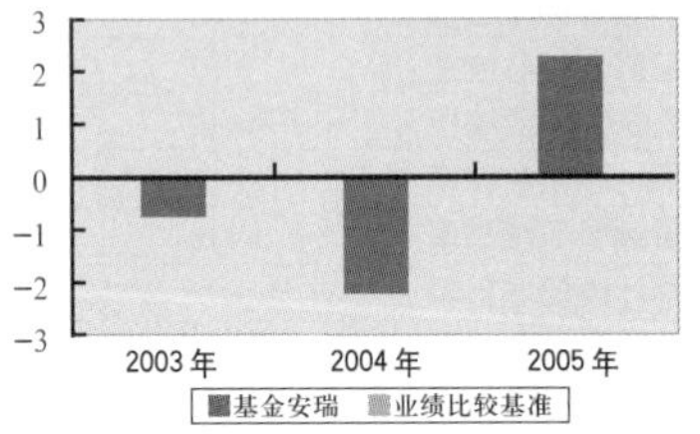

期末基金份额持有人户数	基金份额持有人户数为26,733户，平均每户持有18,703份。
期末基金份额持有人结构	机构投资者持有304,211,254份，占总份额60.84%；个人投资者持有195,788,746份，占总份额39.16%。

【基金业绩表现】

截至2005年12月31日，基金安瑞份额净值为0.9270元，全年基金净值增长2.36%，优于同期市场指数表现。

【基金管理团队】

林义将先生：基金经理。工学硕士，7年证券、基金从业经历。曾在大鹏证券上海管理总部从事行业与上市公司研究工作。1999年加入华安基金管理有限公司，曾任研究发展部高级研究员。

【基金运作分析】

2005年，基金安瑞净值增长2.36%，分别超越同期上证指数和中信小盘指数10.69个百分点和16.91个百分点。

2005年基金安瑞投资中小企业板取得了良好效果。该基金的股票组合对中小企业板始终保持了较高的配置比例，航天电器、思源电器等中小板股票在2005年为安瑞基金的净值作出了重要的贡献。其次，基金安瑞较好地把握了电气设备行业的投资机会；2005年，钢材价格随着钢铁新增产能的释放而下跌，电气设备类公司的盈利状况得到了明显的改善。华光股份、东方电机等电气设备类股票在2005年为安瑞基金的净值作出了较大的贡献。在此同时，基金安瑞在运作过程中未能及时规避周期性行业股票的下跌风险。交通运输、化工、钢铁、煤炭等行业的一些公司的股价在2005年一季度达到阶段性高点后开始持久下跌。鉴于当时相对便宜的估值水平，未能适时卖出此类股票，致使一些品种给基金的净值带来了较大的负面影响。

2006年，基金安瑞在继续积极寻求股改带来的投资机会的同时，将特别关注我国经济增长方式转变带来的投资机会，跟踪产业利润在产业链上的再分配。重点关注食品饮料、商业零售、旅游、传媒、金融等消费和服务行业的同时，同样关注存在价格改革预期的石油、煤炭、地产、有色等能源和资源行业，基础建设滞后于经济发展的电网、铁路等瓶颈行业，以及新能源、3G等新兴行业。

【季度投资组合一览】

项目 \ 季度	第一季度		第二季度		第三季度		第四季度	
基金资产净值	437,571,821.92元		421,584,130.61元		452,231,459.97元		463,476,899.59元	
基金份额净值	0.8751元		0.8432元		0.9045元		0.9270元	
基金资产组合	市值(元)	占总资产比例	市值(元)	占总资产比例	市值(元)	占总资产比例	市值(元)	占总资产比例
股票投资	305,901,793.15	60.04%	300,474,504.37	70.96%	319,102,011.61	69.85%	342,756,076.47	73.21%
债券投资	106,204,756.80	20.85%	92,646,630.00	21.88%	95,221,023.00	20.84%	96,311,946.20	20.57%
银行存款和清算备付金	21,310,192.21	4.18%	19,071,042.62	4.50%	39,507,274.16	8.65%	24,372,536.22	5.21%
其他资产	76,076,854.26	14.93%	11,260,025.03	2.66%	3,004,126.77	0.66%	4,740,402.45	1.01%

投资前五名股票明细	股票名称	市值(元)	占净值比例	股票名称	市值(元)	占净值比例	股票名称	市值(元)	占净值比例	股票名称	市值(元)	占净值比例
	铜都铜业	26,190,000.00	5.99%	华鲁恒升	17,212,550.25	4.08%	华光股份	27,167,420.80	6.01%	中捷股份	33,074,493.00	7.14%
	宇通客车	26,035,200.00	5.95%	通威股份	16,466,974.65	3.91%	中联重科	25,439,820.80	5.63%	中联重科	28,393,652.67	6.13%
	齐鲁石化	22,730,861.56	5.19%	神火股份	16,422,821.76	3.90%	G 中 捷	19,349,579.36	4.28%	登海种业	22,029,089.45	4.75%
	东方电机	20,908,104.00	4.78%	中捷股份	15,929,302.77	3.78%	久联发展	16,655,118.92	3.68%	海特高新	19,552,133.92	4.22%
	宝钢股份	18,903,936.00	4.32%	中联重科	14,234,017.02	3.38%	浙江医药	15,098,938.47	3.34%	航天电器	19,476,537.22	4.20%

投资前五名债券明细	债券名称	市值(元)	占净值比例	债券名称	市值(元)	占净值比例	债券名称	市值(元)	占净值比例	债券名称	市值(元)	占净值比例
	21国债(3)	31,388,721.00	7.17%	21国债(3)	31,947,552.00	7.58%	21国债(3)	32,318,013.00	7.15%	20国债(4)	29,884,818.00	6.45%
	04农发04	25,000,000.00	5.71%	20国债(4)	25,042,128.00	5.94%	05农发04	24,990,000.00	5.53%	21国债(3)	26,864,438.20	5.80%
	20国债(4)	24,255,872.00	5.54%	05农发04	24,990,000.00	5.93%	20国债(4)	22,599,000.00	5.00%	05农发04	24,990,000.00	5.39%
	钢联转债	11,070,963.80	2.53%	04国开17	10,120,000.00	2.40%	04国开17	10,120,000.00	2.24%	04国开17	10,120,000.00	2.18%
	04国开17	10,120,000.00	2.31%	复星转债	546,950.00	0.13%	02国债(14)	2,632,760.00	0.58%	03国债(7)	2,014,600.00	0.43%

华安创新证券投资基金

基本资料

基金简称	华安创新		交易代码	040001	
投资目标	基金管理人将以分散投资风险，提高基金资产的安全性，并积极追求投资收益的稳定增长为目标，以诚信原则及专业经营方式，将该基金投资于具有良好流动性的金融工具，主要包括国内依法公开发行、上市的股票、债券以及经中国证监会批准的允许基金投资的其他金融工具。				
业绩比较基准	75%×中信标普300指数收益率＋25%×中信国债指数收益率			风险收益特征	无
合同生效日	2001年9月21日	上市日期	——	上市地点	——
募集概况	首募规模	认购户数	募集日期		
	50亿份	45618户	2001年9月11日至2001年9月20日		
基金管理人	华安基金管理有限公司		基金托管人	交通银行股份有限公司	
审计机构	普华永道中天会计师事务所	法律顾问	通力律师事务所	注册登记人	华安基金管理有限公司

基金费率	认购费率	申购费率	赎回费率	管理费率	托管费率	电子交易费率
	不高于1.50%	不高于1.50%	不高于0.50%	1.50%	0.25%	0.60%

财务指标　单位：人民币(元)

项目＼年度	2005年度	2004年度	2003年度
基金份额本期净收益	−0.0362	0.0633	0.0026
期末可分配基金份额收益	−0.0720	−0.0488	−0.0133
期末基金份额净值	1.013	0.951	1.060
基金加权平均净值收益率	−3.76%	6.26%	0.27%
本期基金份额净值增长率	6.52%	−2.29%	17.84%
基金份额累计净值增长率	14.79%	7.76%	10.29%
基金收益分配	本年度未实现收益分配；成立以来每10份累计派现1.300元。		

基金净值增长率与业绩基准收益率对比图（单位：%）

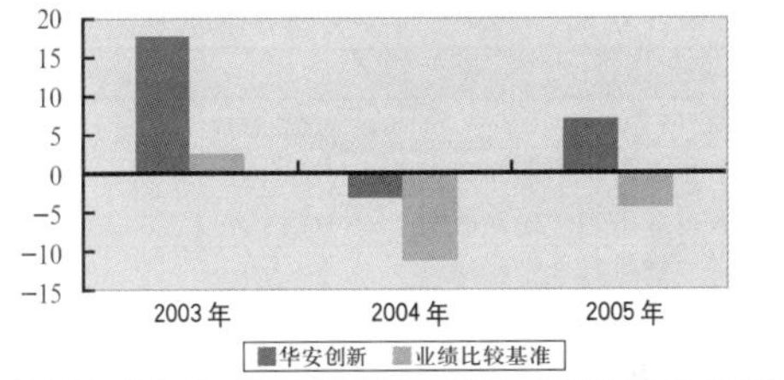

期末基金份额持有人户数	基金份额持有人户数为28,101户，平均每户持有83,123.38份。
期末基金份额持有人结构	机构投资者持有1,077,908,899.23份，占总份额46.15%；个人投资者持有1,257,941,196.76份，占总份额53.85%。

【基金业绩表现】

截至2005年12月31日，华安创新基金全年份额净值增长率为6.52%，同期业绩基准收益率为−3.11%，该基金表现超越业绩基准收益9.63个百分点。

【基金管理团队】

刘新勇先生：基金经理。硕士，9年证券从业经历，曾在淄博基金管理有限公司从事研究、投资工作。1999年5月加入华安基金管理有限公司后，曾任研究发展部高级研究员、华安180基金的基金经理。

【基金运作分析】

2005年，华安创新基金净值增长率为6.52%，远好于同期沪深两市股指及比较基准的表现。

回顾全年的操作，有以下几点经验和教训与投资者分享：首先，投资方向把握比较准确。基于经济减速预期及股改全流通的影响，该基金全年采取了积极防御的投资策略，将投资重点放在稳定增长及政府重点投资的行业，如食品饮料、医药、银行、房地产、军工等行业，基本把握了投资方向；其次，股票选择注重成长性和可持续性。华安创新在选择股票时注重公司在市场、管理、壁垒、透明度等方面的特质，重点投资稳健、创新、持续增长的优质公司，如烟台万华、贵州茅台、云南白药、金融街、华侨城、招商银行、航天电器等。重点投资品种2005年取得了良好的投资效果；最后是投资客观性有了进一步的提高。对于基本面出现变化的行业和股票采取坚决的调整策略，如航空、电力、钢铁等行业的投资。扩大盈利，制止亏损也是2005年度取得较好业绩的重要保证。投资过程中存在不足：如周期性行业投资不理想，波段操作技巧不高，过于追求完美及公司研究深入性不够等。

【季度投资组合一览】

项目＼季度	第一季度		第二季度		第三季度		第四季度	
基金资产净值	2,431,557,518.90元		2,325,186,315.61元		2,267,929,884.94元		2,366,196,286.38元	
基金份额	2,495,433,459.02份		2,477,517,284.02份		2,312,315,804.84份		2,335,850,095.99份	
基金份额净值	0.974元		0.939元		0.981元		1.013元	
基金资产组合	市值(元)	占总资产比例	市值(元)	占总资产比例	市值(元)	占总资产比例	市值(元)	占总资产比例
股票投资	1,727,802,979.84	70.21%	1,635,504,287.40	69.68%	1,745,695,014.95	76.62%	1,695,218,533.79	69.73%
债券投资	535,979,572.23	21.78%	533,118,851.19	22.71%	485,999,976.48	21.33%	522,455,859.55	21.49%
银行存款和清算备付金	112,250,556.66	4.56%	166,740,117.77	7.11%	40,123,575.02	1.76%	151,688,423.23	6.24%
其他资产	84,732,976.59	3.44%	11,732,988.33	0.50%	6,670,528.93	0.29%	61,729,605.14	2.54%

投资前五名股票明细	股票名称	市值(元)	占净值比例	股票名称	市值(元)	占净值比例	股票名称	市值(元)	占净值比例	股票名称	市值(元)	占净值比例
	烟台万华	231,112,681.74	9.50%	烟台万华	197,417,330.85	8.49%	烟台万华	179,427,970.80	7.91%	烟台万华	220,069,055.90	9.30%
	上海机场	206,250,000.00	8.48%	上海机场	174,232,071.00	7.49%	贵州茅台	153,393,018.30	6.76%	贵州茅台	163,062,713.78	6.89%
	西山煤电	151,608,974.72	6.24%	贵州茅台	142,570,743.95	6.13%	金 融 街	119,753,426.50	5.28%	金 融 街	163,028,925.92	6.89%
	贵州茅台	96,991,828.73	3.99%	宝钢股份	124,500,000.00	5.35%	招商银行	119,510,000.00	5.27%	云南白药	153,745,938.00	6.50%
	中国石化	96,140,000.00	3.95%	招商银行	100,048,660.80	4.30%	云南白药	118,188,236.07	5.21%	招商银行	105,280,000.00	4.45%

投资前五名债券明细	债券名称	市值(元)	占净值比例	债券名称	市值(元)	占净值比例	债券名称	市值(元)	占净值比例	债券名称	市值(元)	占净值比例
	04国开12	79,953,333.33	3.29%	05农发04	124,950,000.00	5.37%	05农发04	114,954,000.00	5.07%	05农发04	117,173,500.00	4.95%
	04农发04	74,945,000.00	3.08%	04国开16	50,817,500.00	2.19%	04国开16	50,817,500.00	2.24%	21国债(10)	68,788,093.80	2.91%
	04农发01	70,153,000.00	2.89%	05国债(5)	50,370,000.00	2.17%	04国开12	49,970,833.33	2.20%	04国债(5)	53,797,948.40	2.27%
	20国债(4)	60,016,780.00	2.47%	04国开12	49,970,833.33	2.15%	03国债(7)	42,000,777.60	1.85%	04国开16	53,195,000.00	2.25%
	04国开16	50,817,500.00	2.09%	20国债(4)	38,445,600.00	1.65%	03国开18	30,285,000.00	1.34%	03国债(7)	41,690,457.60	1.76%

华安上证 180 指数增强型证券投资基金（现更名为华安 MSCI 中国 A 股指数增强型证券投资基金）

基本资料

基金简称	华安 180			交易代码	040002	
投资目标	运用增强性指数化投资方法，通过控制股票投资组合相对上证 180 指数有限度的偏离，力求基金收益率适度超越该基金比较基准，并在谋求基金资产长期增值的基础上，择机实现一定的收益和分配。					
业绩比较基准	2005 年 1 月 1 日至 2005 年 6 月 7 日，该基金比较基准为：75%×上证 180 指数收益率 +25%×中信国债指数收益率；2005 年 6 月 8 日开始，该基金比较基准为：95%×上证 180 指数收益率 +5%×金融同业存款利率。					
风险收益特征	该基金为增强型指数基金，通过承担证券市场的系统性风险，来获取市场的平均回报，属于中等风险、中等收益的投资产品。					
合同生效日	2002 年 11 月 8 日		上市日期	——	上市地点	——
募集概况	首募规模	认购户数	募集日期			
	30.94 亿份	79843 户	2002 年 10 月 15 日至 2002 年 11 月 6 日			
基金费率	认购费率	申购费率	赎回费率	管理费率	托管费率	电子交易费率
	不高于 1.20%	不高于 1.50%	不高于 0.50%	1.00%	0.20%	0.60%
基金管理人	华安基金管理有限公司		基金托管人	中国工商银行股份有限公司		
审计机构	普华永道中天会计师事务所	法律顾问	通力律师事务所	注册登记人	华安基金管理有限公司	

财务指标

单位：人民币(元)

项目 \ 年度	2005 年度	2004 年度	2003 年度
基金份额本期净收益	0.0111	0.0239	0.0725
期末可分配基金份额收益	−0.1142	−0.1092	0.0087
期末基金份额净值	0.886	0.891	1.025
基金加权平均净值收益率	1.28%	2.46%	7.16%
本期基金份额净值增长率	−0.56%	−8.90%	11.46%
基金份额累计净值增长率	−0.75%	−0.19%	9.56%
基金收益分配	本年度未实现收益分配；成立以来每 10 份累计派现 1.200 元。		

基金净值增长率与业绩基准收益率对比图（单位：%）

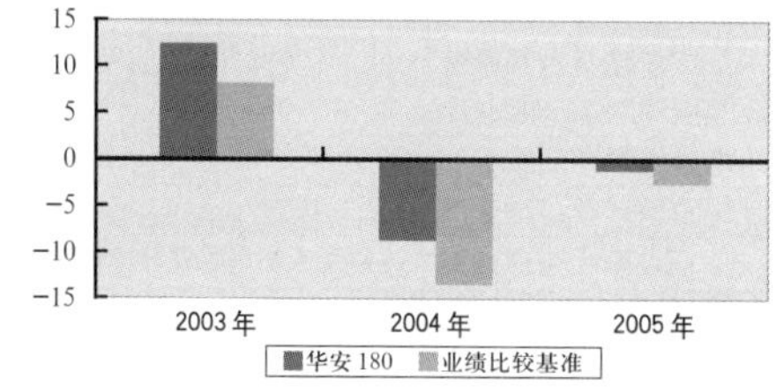

期末基金份额持有人户数	基金份额持有人户数为 33,741 户，平均每户持有 51,250.54 份。
期末基金份额持有人结构	机构投资者持有 942,079,903.16 份，占总份额 54.48%；个人投资者持有 787,164,552.26 份，占总份额 45.52%。

【基金业绩表现】

截至 2005 年 12 月 31 日，华安 180 基金全年净值增长率为 −0.56%，同期业绩基准收益率为 −1.80%，该基金表现超越业绩基准收益 1.24 个百分点。

【基金管理团队】

刘光华先生：基金经理。MBA，8 年银行、基金从业经历。曾在中国农业银行上海市分行国际业务部、路透集团上海代表处、中银国际上海代表处工作。2001 年加入华安基金管理有限公司，曾任研究发展部高级研究员、基金投资部基金经理助理。现任华安 180 基金经理。

【基金运作分析】

2005 年，在管理华安 180 基金的过程中，除了日常跟踪指数外，还进行了两项重要的工作。其一是在 6 月上旬，根据监管部门对基金投资运作新的指引，适时取消了国债投资的限制。具体而言，从年初至 6 月 7 日，基金比较基准为：75%×上证 180 指数收益率 +25%×中信国债指数收益率；而自 6 月 8 日开始，变更为：95%×上证 180 指数收益率 +5%×金融同业存款利率。调整以后，华安 180 基金对标的指数的拟合程度大为提高。而且，本次股票目标仓位从 75% 增加到 95%，正好处在市场的底部区域，低成本建仓的效果显著。其二是在 10 月中旬，公告拟召开通讯方式的基金持有人大会，审议将该基金的标的指数由上证 180 指数变更为 MSCI 中国 A 股指数。

【季度投资组合一览】

项目 \ 季度	第一季度		第二季度		第三季度		第四季度	
基金资产净值	1,563,087,051.85 元		2,152,193,581.35 元		1,683,342,628.43 元		1,531,760,051.11 元	
基金份额	1,801,605,587.51 份		2,566,909,702.44 份		1,913,174,022.97 份		1,729,244,455.42 份	
基金份额净值	0.868 元		0.838 元		0.880 元		0.886 元	
基金资产组合	市值(元)	占总资产比例	市值(元)	占总资产比例	市值(元)	占总资产比例	市值(元)	占总资产比例
股票投资	1,234,091,568.26	76.16%	1,871,211,546.03	84.82%	1,553,390,197.53	91.45%	1,437,589,520.84	93.30%
债券投资	367,376,745.20	22.67%	77,788,794.20	3.53%	27,239,334.00	1.60%	——	——
银行存款和清算备付金	10,681,124.09	0.66%	240,718,821.52	10.91%	94,786,418.69	5.58%	101,245,497.43	6.57%
其他资产	8,245,575.98	0.51%	16,346,318.90	0.74%	23,277,858.38	1.37%	1,964,270.49	0.13%

指数投资前五名股票明细	股票名称	市值(元)	占净值比例	股票名称	市值(元)	占净值比例	股票名称	市值(元)	占净值比例	股票名称	市值(元)	占净值比例
	中国联通	62,815,488.00	4.02%	宝钢股份	125,825,725.80	5.85%	G 宝 钢	105,335,794.76	6.26%	中国联通	98,027,244.00	6.40%
	长江电力	56,257,048.25	3.60%	中国联通	102,201,992.28	4.75%	G 长 电	100,839,022.08	5.99%	G 长 电	86,548,848.28	5.65%
	宝钢股份	50,499,475.60	3.23%	招商银行	92,433,985.98	4.29%	中国联通	95,280,393.00	5.66%	G 宝 钢	76,478,562.96	4.99%
	招商银行	48,975,694.50	3.13%	长江电力	80,905,059.00	3.76%	招商银行	70,517,542.24	4.19%	招商银行	74,309,525.78	4.85%
	上海机场	39,765,000.00	2.54%	上海机场	65,936,871.00	3.06%	中国石化	57,407,000.00	3.41%	G 民 生	46,159,666.56	3.01%

投资前五名债券明细	债券名称	市值(元)	占净值比例	债券名称	市值(元)	占净值比例	债券名称	市值(元)	占净值比例	债券名称	市值(元)	占净值比例
	04 国开 12	120,000,000.00	7.68%	04 国开 17	49,980,000.00	2.32%	招行转债	15,804,000.00	0.94%	——	——	——
	04 国开 17	49,980,000.00	3.20%	招行转债	16,167,694.20	0.75%	晨鸣转债	11,435,334.00	0.68%	——	——	——
	05 国债(2)	39,200,000.00	2.51%	晨鸣转债	9,934,332.00	0.46%	——	——	——	——	——	——
	04 国开 16	30,147,000.00	1.93%	国电转债	1,706,768.00	0.08%	——	——	——	——	——	——
	招行转债	27,690,943.80	1.77%	——	——	——	——	——	——	——	——	——

华安现金富利投资基金

基本资料						
基金简称	华安现金富利			交易代码	040003	
投资目标	在资本保全的情况下，确保基金资产的高流动性，追求稳健的当期收益，并为投资者提供暂时的流动性储备。					
业绩比较基准	当期银行个人活期储蓄利率(税前)					
风险收益特征	面临与其他开放式基金相同的风险，但由于该基金是以短期金融工具投资为主的低风险开放式基金，上述风险在该基金中存在一定的特殊性。其主要面临的风险为：利率风险，信用风险，流动性风险等。					
合同生效日	2003年12月30日		上市日期	——	上市地点	——
募集概况	首募规模	认购户数	募集日期			
	42.53亿份	118183户	2003年12月14日至2003年12月28日			
基金费率	认购费率	申购费率	赎回费率	管理费率	托管费率	销售服务费率
	0	0	0	0.33%	0.10%	0.25%
基金管理人	华安基金管理有限公司		基金托管人	中国工商银行股份有限公司		
审计机构	普华永道中天会计师事务所		法律顾问	通力律师事务所	注册登记人	华安基金管理有限公司

财务指标　　单位：人民币(元)

项目＼年度	2005年度	2004年度	2003年12月30日至2003年12月31日
基金本期净收益	983,192,997.93	245,445,717.98	698,471.64
期末基金资产净值	33,477,950,271.18	16,613,072,926.39	4,253,745,531.90
期末基金份额净值	1.000	1.000	1.000
本期净值收益率	2.4646%	2.5125%	0.0164%
累计净值收益率	5.0561%	2.5293%	0.0164%
基金收益分配	2005年该基金累计分配收益983,192,997.93元。从2003年12月30日基金成立至2005年12月31日止，该基金累计分配收益1,229,337,187.55元。		

基金收益率与同期业绩基准收益率对比图（单位：%）

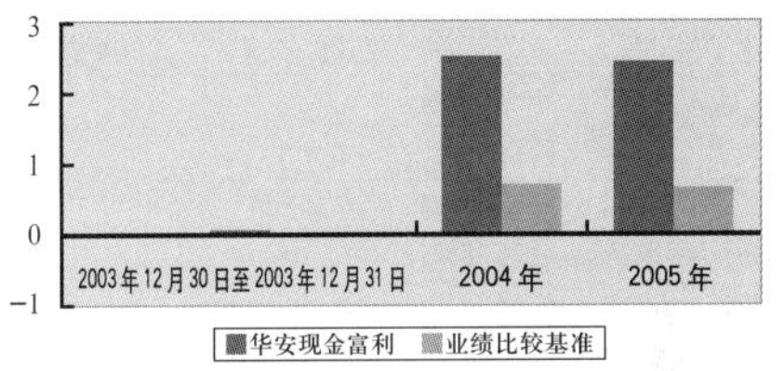

期末基金份额持有人户数	基金份额持有人户数为205,676户，平均每户持有162,770.33份。
期末基金份额持有人结构	机构投资者持有14,510,345,271.17份，占总份额43.34%；个人投资者持有18,967,605,000.01份，占总份额56.66%。

【基金业绩表现】

2005年，华安现金富利基金日均规模415.83亿，全年基金净值收益率为2.4646%，同期业绩基准收益增长0.72%；全年实现分配收益累计983,192,997.93元。

【基金管理团队】

项廷锋先生：基金经理。管理学博士。7年证券从业经历。1999年6月进入华安基金管理公司研究发展部从事行业研究，当年10月调入基金投资部负责华安旗下基金的债券部分资产的投资与研究工作；自2003年12月起担任华安现金富利投资基金基金经理。

【基金运作分析】

2005年，华安现金富利基金面对严峻的市场投资压力，审时度势，将投资目标定为“注重投资细节，把握波动操作”。具体表现为以宏观经济和债券市场预期为研究支撑，积极捕捉市场细微变化，充分挖掘信用溢价、期限溢价等带来的投资机会，优化组合的风险收益。同时为了切实有效地保护投资者利益，于5月中旬对该基金实施了有条件申购，为确保规模和收益的平稳运行奠定了良好基础。

在风险控制方面，该基金管理人一方面依据外部信用评级机构报告，在公司内部的信用评价体系中进行再评估，对内部评级打分未达到货币基金可投资标准的债券，严禁持有。另一方面，加大信用等级高的优质企业短期融资券的投资力度，提高基金的投资组合收益。

【季度投资组合一览】

项目＼季度	第一季度		第二季度		第三季度		第四季度	
基金资产净值	33,257,497,233.76元		37,959,637,196.84元		41,590,504,001.95元		33,477,950,271.18元	
基金份额	33,257,497,233.76份		37,959,637,196.84份		41,590,504,001.95份		33,477,950,271.18份	
基金份额净值	1.000元		1.000元		1.000元		1.000元	
基金资产组合	市值(元)	占总资产比例	市值(元)	占总资产比例	市值(元)	占总资产比例	市值(元)	占总资产比例
债券投资	28,457,380,324.54	70.58%	30,345,428,030.44	67.12%	26,343,546,518.53	54.51%	24,890,598,930.58	56.95%
买入返售证券	8,512,620,000.00	21.11%	13,040,400,000.00	28.84%	11,809,900,000.00	24.44%	7,502,650,000.00	17.17%
银行存款和清算备付金	3,075,702,132.54	7.63%	1,595,448,636.58	3.53%	9,801,723,347.51	20.28%	11,058,763,139.47	25.30%
其他资产	276,432,283.90	0.69%	229,372,854.56	0.51%	371,733,032.61	0.77%	255,667,925.21	0.58%

投资前五名债券明细	债券名称	摊余成本(元)	占资产净值比例	债券名称	摊余成本(元)	占资产净值比例	债券名称	摊余成本(元)	占资产净值比例	债券名称	摊余成本(元)	占资产净值比例
	05国债(2)	2,229,856,222.67	6.70%	04国开20	2,316,209,881.97	6.10%	04国开23	2,797,668,794.70	6.73%	05央票124	2,944,208,241.76	8.79%
	04国开23	2,165,901,659.08	6.51%	05国债02	1,910,795,699.94	5.03%	04国开17	2,164,153,509.67	5.20%	05中行02(浮)	2,187,577,491.28	6.53%
	04国开22	1,738,589,208.45	5.23%	04国开23	1,785,879,795.03	4.70%	04国开20	2,075,474,198.69	4.99%	05国开25	1,150,293,604.49	3.44%
	05中行02浮	1,458,192,373.96	4.38%	04国开17	1,754,982,889.48	4.62%	05中行02(浮)	1,975,618,408.99	4.75%	05国债02	999,118,940.32	2.98%
	04农发03	1,400,000,000.00	4.21%	04央票79	1,574,510,412.45	4.15%	04央票79	1,587,348,629.14	3.82%	04建行03(浮)	960,505,004.96	2.87%

投资组合剩余期限	平均剩余期限	占资产净值比例	平均剩余期限	占资产净值比例	平均剩余期限	占资产净值比例	平均剩余期限	占资产净值比例
	30天以内	3.28%	30天以内	36.32%	30天以内	43.68%	30天以内	23.50%
	30天(含)—60天	16.89%	30天(含)—60天	7.46%	30天(含)—60天	8.08%	30天(含)—60天	16.36%
	60天(含)—90天	17.59%	60天(含)—90天	19.54%	60天(含)—90天	20.70%	60天(含)—90天	25.48%
	90天(含)—180天	31.98%	90天(含)—180天	28.87%	90天(含)—180天	24.65%	90天(含)—180天	24.00%
	180天以上(含)	36.24%	180天(含)—397天(含)	26.31%	180天(含)—397天(含)	18.19%	180天(含)—397天(含)	40.45%

华安宝利配置证券投资基金

基本资料					
基金简称	华安宝利		交易代码	040004	
投资目标	通过挖掘存在于各相关证券子市场以及不同金融工具之间的投资机会，灵活配置资产，并充分提高基金资产的使用效率，在实现基金资产保值的基础上获取更高的投资收益。				
业绩比较基准	35%×天相转债指数收益率＋30%×天相280指数收益率＋30%×天相国债全价指数收益率＋5%×金融同业存款利率				
风险收益特征	该基金主要面临的风险为：利率风险，政策风险，经济周期风险，信用风险，再投资风险，上市公司经营风险，新产品创新带来的风险，购买力风险，流动性风险，现金管理风险，技术风险，管理风险，巨额赎回风险等。				
合同生效日	2004年8月24日	上市日期	——	上市地点	——
募集概况	首募规模	认购户数	募集日期		
	11.30亿份	4613户	2004年7月16日至2004年8月17日		
基金费率	认购费率	申购费率	赎回费率	管理费率	托管费率
	不高于1.00%	不高于1.20%	不高于0.50%	1.20%	0.25%
基金管理人	华安基金管理有限公司		基金托管人	交通银行股份有限公司	
审计机构	普华永道中天会计师事务所	法律顾问	通力律师事务所	注册登记人	华安基金管理有限公司

财务指标　　单位：人民币(元)

项目＼年度	2005年度	2004年8月24日至2004年12月31日
基金份额本期净收益	0.0262	0.0104
期末可分配基金份额收益	−0.0093	0.0024
期末基金份额净值	1.078	1.002
基金加权平均净值收益率	2.53%	1.03%
本期基金份额净值增长率	12.75%	0.20%
基金份额累计净值增长率	12.98%	0.20%
基金收益分配	本年度每10份派现0.500元；成立以来每10份累计派现0.500元。	

基金净值增长率与业绩基准收益率对比图（单位：%）

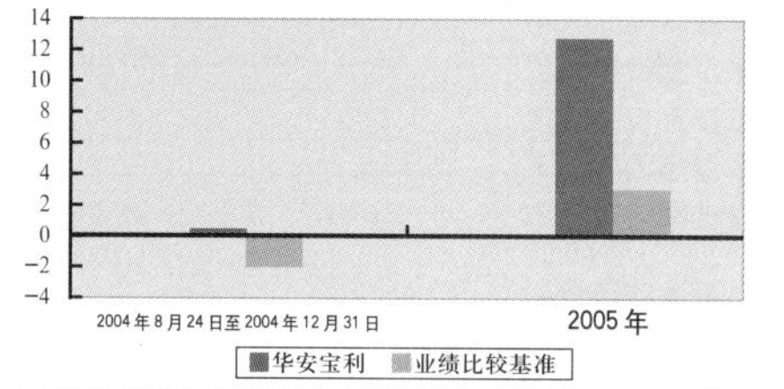

期末基金份额持有人户数	基金份额持有人户数为2,438户，平均每户持有404,803.15份。
期末基金份额持有人结构	机构投资者持有935,539,495.86份，占总份额94.79%；个人投资者持有51,370,595.42份，占总份额5.21%。

【基金业绩表现】

2005年，华安宝利全年净值增长12.75%，同期业绩基准上涨3.14%；期间完成两次分红，每10份累计分红0.50元。

【基金管理团队】

袁蓓女士：经济学学士，6年证券从业经历。曾在中国平安保险(集团)股份有限公司投资管理中心工作。2003年1月加入华安基金管理公司。现任华安宝利配置基金基金经理。

汤礼辉先生：经济学硕士，8年证券、基金从业经历。曾在大鹏证券上海总部、申银万国证券研究所工作。2000年加入华安基金管理有限公司，现任研究发展部副总监。

【基金运作分析】

资产配置：2005年度中期，华安宝利基金完成了资产配置由偏债配置向偏股配置的转换，全年整体运作效果较为良好。债券市场的投资(转债市场除外)：采取了逐步降低久期和逐步降低仓位操作，积极参与企业债券的投资，并利用套利操作有效地分享了上半年债市高额投资回报，但在下半年债券投资上显得过于谨慎和保守，没有很好地把握第三季度和第四季度初的投资机会；可转债市场的投资：主要从相对估值、转债条款和公司基本面出发挑选优势品种，逐步提高基本仓位。但出于不同市场之间整体的风险收益比较和流动性的综合考虑，配置比例仍低于基准；股票市场的投资：构建积极的股票组合，逐步提高股票仓位，整体效果理想。但由于仓位提速较快，没能有效回避年度内的两次市场整体调整。

【季度投资组合一览】

项目＼季度	第一季度			第二季度			第三季度			第四季度		
基金资产净值	519,571,791.68元			635,853,239.22元			849,429,944.18元			1,064,076,460.83元		
基金份额	498,746,694.85份			625,906,908.63份			813,087,179.30份			986,910,091.28份		
基金份额净值	1.042元			1.016元			1.045元			1.078元		
基金资产组合	市值(元)	占总资产比例		市值(元)	占总资产比例		市值(元)	占总资产比例		市值(元)	占总资产比例	
股票投资	279,586,738.11	47.60%		340,254,854.42	53.31%		518,434,289.56	59.16%		644,179,790.22	59.32%	
债券投资	210,839,032.86	35.89%		259,177,761.13	40.61%		277,766,122.04	31.69%		401,104,589.84	36.93%	
银行存款和清算备付金	17,919,099.13	3.05%		34,609,162.00	5.42%		41,923,437.66	4.78%		16,494,389.62	1.52%	
其他资产	79,058,215.34	13.46%		4,161,840.27	0.65%		38,261,740.44	4.37%		24,217,822.71	2.23%	
投资前五名股票明细	股票名称	市值(元)	占净值比例	股票名称	市值(元)	占净值比例	股票名称	市值(元)	占净值比例	股票名称	市值(元)	占净值比例
	烟台万华	32,238,000.00	6.20%	烟台万华	33,658,932.39	5.29%	烟台万华	34,396,830.00	4.05%	烟台万华	50,035,183.15	4.70%
	复星医药	20,365,553.16	3.92%	宝钢股份	32,370,000.00	5.09%	赣粤高速	27,621,489.84	3.25%	贵州茅台	36,598,736.24	3.44%
	盐湖钾肥	13,326,817.24	2.56%	华侨城A	22,133,144.68	3.48%	金 融 街	27,504,326.62	3.24%	华侨城A	35,903,914.48	3.37%
	赣粤高速	12,691,455.12	2.44%	复星医药	21,861,031.40	3.44%	海油工程	26,783,211.00	3.15%	金 融 街	32,346,360.34	3.04%
	宝钢股份	12,340,000.00	2.38%	赣粤高速	21,274,212.74	3.35%	华侨城A	23,278,803.05	2.74%	赣粤高速	30,159,117.00	2.83%
投资前五名债券明细	债券名称	市值(元)	占净值比例	债券名称	市值(元)	占净值比例	债券名称	市值(元)	占净值比例	债券名称	市值(元)	占净值比例
	04国开17	50,544,050.00	9.73%	04国开17	60,780,000.00	9.56%	04国开17	70,695,500.00	8.32%	04国开17	101,039,652.96	9.50%
	04央票41	48,445,000.00	9.32%	04国开12	40,696,000.00	6.40%	04国开12	40,576,000.00	4.78%	04国开12	40,376,000.00	3.79%
	04国开12	40,500,000.00	7.79%	创业转债	30,860,926.20	4.85%	创业转债	38,871,628.80	4.58%	05国债(15)	39,892,000.00	3.75%
	侨城转债	18,359,151.06	3.53%	华电转债	23,792,494.60	3.74%	招行转债	28,263,873.60	3.33%	招行转债	39,672,608.30	3.73%
	20国债(4)	9,195,497.00	1.77%	05国开投CP01	19,902,230.77	3.13%	华电转债	17,225,531.60	2.03%	创业转债	38,819,365.60	3.65%

投资价值的发现者

WWW.BOSHI.COM.CN

2005年大事记

3月18日—博时荣获“十大品牌基金公司”奖

2005年3月18日，博时基金公司在国内著名财经网站–和讯网举办的“2004中国财经风云榜”评选活动中，入选“十大品牌基金公司”奖。

4月26日—博时荣获“最佳投资者关系奖”

博时基金公司获得广大普通投资者与机构投资者的好评，在2005年4月26日揭晓的“第二届上证报最佳基金公司奖评选”活动中，荣获“最佳投资者关系奖”。

7月18日—博时六号基金发行

2005年7月18日，我国首只手续费全免的中短债基金博时稳定价值债券投资基金(博时6号)开始首次募集，首次募集期至8月19日结束，首次募集资金45.8亿元。

博时对话技术派投资大师戴若·顾比

8月2日—博时获得首批企业年金基金投资管理人资格

2005年8月2日，劳动和社会保障部发布通告，认定首批37家企业年金基金管理机构，其中企业年金基金投资管理人15家，博时获此资格。

8月6日—博时入选“中国500最具价值品牌”

2005年8月6日，世界品牌实验室和世界经理人周刊联合发布了2005年“中国500最具价值品牌”排行榜，博时基金品牌价值22.53亿，位居第275位。在2004年第一届“中国500最具价值品牌”排行榜中博时品牌价值19.68亿，名列第281位。

9月8日—博时入选“2005中国品牌建设年度十大案例”

2005年9月8日，“2005中国品牌建设年度十大案例”评选活动在北京揭晓，招商银行、百度、平安保险、北大方正、博时基金等十家企业获奖。

9月11日—博时对话技术派投资大师戴若·顾比

2005年9月11日，国际著名技术派分析大师戴若·顾比应博时基金公司的邀请，到博时公司深圳总部，与博时基金的员工展开对话。这是继2004年博时邀请投资大师罗杰斯之后第二次与世界级投资大师对话交流。

博时荣获“中国卓越雇主”称号

11月9日—博时开通全国统一客服电话

2005年11月9日，博时基金正式开通全国统一客服电话号码95105568（免长途话费），这既是博时“打造精品服务”精神的体现，也是博时通过客户满意度调查倾听客户心声的结果，意味着投资者与博时之间的沟通将更加便利，投资者咨询成本将大大降低。

11月10日—博时入选“2005年中国商业科技100强”

2005年11月10日，由全球商业科技知名媒体《信息周刊》主办的“2005中国商业科技100强”评选活动揭晓，博时榜上有名。

11月17日—博时荣获“中国卓越雇主”称号

2005年11月17日，由《财富》(Fortune)中文版与华信惠悦联合举办的“2005年度卓越雇主—中国最适宜工作的公司”评选结果在北京揭晓，博时公司荣获中国卓越雇主称号。

12月12日—博时荣获“深圳知名品牌”称号

2005年12月12日，深圳知名品牌评价委员会揭晓2005年深圳知名品牌评价结果，博时基金等40家企业品牌成功入选，其他获奖的金融企业还有招商银行、平安保险。

博时基金管理有限公司
BOSHI FUND MANAGEMENT CO., LTD.

博时基金管理有限公司

法定名称	博时基金管理有限公司	英文名称	Boshi Fund Management Co.,Ltd.
成立日期	1998 年 7 月 13 日	注册资本	1 亿元人民币
法人代表	吴雄伟	总 经 理	肖　风
联系电话	0755-83169999	客服电话	95105568 / 010-65171155
传真号码	0755-83195140	公司网址	www.boshi.com.cn
注册地址	深圳福田深南大道 7088 号招商银行大厦 29 层	办公地址	深圳福田深南大道 7088 号招商银行大厦 29 层

● 发展概况

博时基金管理有限公司是中国首批成立的基金管理公司之一。1998 年 7 月，经中国证监会证监基金字[1998]26 号文批准设立。公司股东为金信信托投资股份公司、中国长城资产管理公司、招商证券股份公司、广厦建设集团责任公司，注册资本 1 亿元人民币。2002 年 12 月，公司成为全国社保基金首批投资管理人之一；2005 年 8 月，公司首批获得企业年金基金投资管理人资格。

在组织结构上，公司下设研究部、股票投资部、固定收益部、数量化投资部、基金交易部、市场部、养老金业务部、基金运作部、人力资源部、信息技术部、财务部、监察法律部、总裁办公室 13 个部门和 1 个企业年金顾问团，另设北京分公司、上海分公司和南方大区，分别负责北方、华东、华中地区和华南地区的基金销售和服务支持工作。

在人员构成上，公司目前拥有员工 175 名，其中有博士、硕士和学士学位的员工分别占总人数的 7%、57% 和 29%，从事产品设计和投资研究的人员中，有 3 名博士后。投资部门约 80% 的员工拥有硕士以上学位。公司员工中共有 34 名为海外归国人员，其中毕业于沃顿商学院、芝加哥大学、纽约大学、牛津大学等海外名校的员工多人。

● 经营业绩

截至 2005 年 12 月 31 日，博时基金管理有限公司共管理 11 只证券投资基金产品，包括 5 只封闭式基金和 6 只开放式基金以及全国社保基金若干组合帐户，公司管理资产规模超过 500 亿元人民币，较 2004 年增长 60% 多，成为我国目前资产管理规模最大的基金公司之一。

近三年公司管理基金资产规模与基金数量

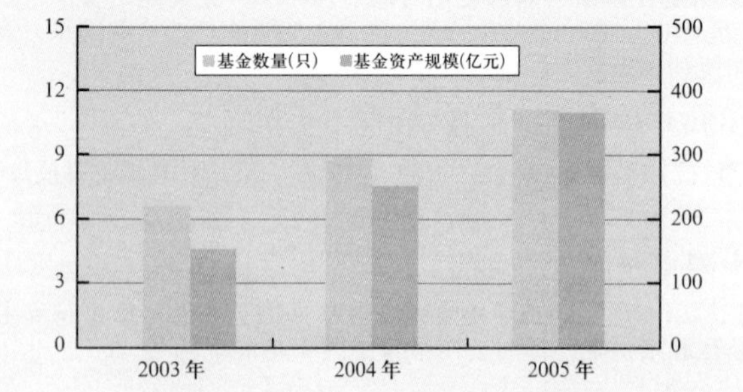

2005 年，博时成功完成了两只新基金的募集设立，在产品创新方面表现突出。博时主题行业股票基金是公司首只 LOF 基金，跨年度募集，基金合同生效于 2005 年 1 月 6 日，共募集基金份额 12.09 亿份，有效认购户数 25154 户；2005 年 2 月 22 日在深交所上市交易。该基金自运作以来，表现良好，截至 2005 年末，基金净值增长 3.09%，超越同期业绩基准 11.02%，并实现分红每份 0.021 元；2005 年 7 月，博时成功推出了我国首只手续费全免的中短债基金——博时稳定价值债券投资基金。该产品设计新颖，备受到投资者的关注与追捧，2005 年 8 月 24 日博时稳定价值基金成立，共募集基金份额 45.80 亿份，有效认购户数 30850 户。自运作以来，该基金产品优势得以明显体现：截至 2005 年末，净值规模达到 99.14 亿份，实现分红每份 0.0069 元。

在创造良好业绩的同时，博时更注重为持有人带来实实在在的收益回报，截至 2005 年末，旗下基金累计分红超过 53 亿元，成为为投资者带来回报最多的基金公司之一。

在投资过程中，博时一直积极倡导并实践"价值投资"理念，得到了广大投资人的认同，逐步形成了公司的品牌战略。凭借良好的基金管理能力，2005 年 1 月 25 日，博时与日本日兴资产管理有限公司正式签署《研究协议》，为日本首只以 QFII 形式进入中国市场的 A 股开放式基金——黄河 A 股基金提供研究支持服务。

在客户服务方面，2005 年 11 月，博时正式开通全国统一客服电话，再次提升公司服务客户的能力。同时在服务中公司注重使用新兴的网络和通信技术手段，通过综合利用电子化手段，提高客户服务的及时性和覆盖率，很大程度提高了客户服务满意度。此外还建立了行业领先的 CRM 系统，为全方面、快捷服务客户提供良好的支持平台。

公司股东结构

股东名称	出资金额(万元)	出资比例(%)
金信信托投资股份有限公司	4800.00	48.00
中国长城资产管理公司	2500.00	25.00
招商证券股份有限公司	2500.00	25.00
广厦建设集团有限责任公司	200.00	2.00

公司高管介绍

吴雄伟先生：董事长。理学博士。历任金信信托投资股份有限公司(原金华信托)总经理办公室主任、研究发展中心主任、总经理助理、基金管理总部总经理、公司副总经理，现任博时基金管理有限公司董事长。

肖风先生：总经理。经济学博士。历任深圳康佳电子集团股份有限公司董事会秘书兼股证委员会主任，中国人民银行深圳经济特区分行证券管理处科长、副处长，深圳市证券管理办公室副处长、处长，证管办副主任，现任博时基金管理有限公司副董事长、总经理。

裕阳证券投资基金

基本资料					
基金简称	基金裕阳		交易代码	500006	
投资目标	为投资者减少和分散投资风险，确保基金资产的安全并谋求基金长期稳定的投资收益。				
业绩比较基准	无	风险收益特征	无		
合同生效日	1998 年 7 月 25 日	上市日期	1998 年 7 月 30 日	上市地点	上海证券交易所
基金总份额	20 亿份	存 续 期	15 年		
基金管理人	博时基金管理有限公司	基金托管人	中国农业银行		
审计机构	普华永道中天会计师事务所	法律顾问	国浩律师集团(北京)事务所	注册登记人	中国证券登记结算有限责任公司上海分公司

财务指标			单位：人民币(元)
项 目 ＼ 年 度	2005 年度	2004 年度	2003 年度
基金份额本期净收益	−0.0400	0.1045	0.0306
期末可分配基金份额收益	0.0165	0.0499	0.0410
期末基金份额净值	1.0547	1.0499	1.0900
基金加权平均净值收益率	−4.02%	9.30%	3.07%
本期基金份额净值增长率	5.43%	−0.50%	23.37%
基金份额累计净值增长率	102.38%	91.92%	92.90%
基金收益分配	本年度每10份派现0.150元；成立以来每10份累计派现10.070元。		

基金净值增长率与业绩基准收益率对比图（单位：%）

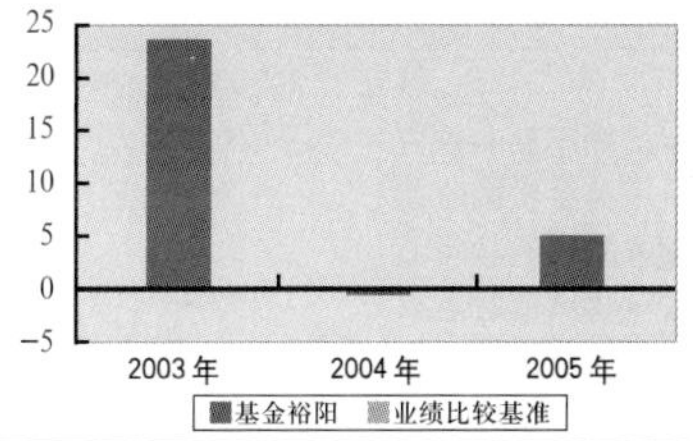

期末基金份额持有人户数	基金份额持有人户数为 118,844 户，平均每户持有 16,828.78 份。
期末基金份额持有人结构	机构投资者持有 781,889,400 份，占总份额 39.09%；个人投资者持有 1,218,110,600 份，占总份额 60.91%。

【基金业绩表现】

截至 2005 年 12 月 31 日，基金裕阳份额净值为 1.0547 元，全年净值增长 5.43%，同期上证指数下跌 8.33%。

【基金管理团队】

周枫先生：硕士学历。2002 年 1 月起任基金裕阳基金经理。2005 年 2 月 4 日，经公司董事会批准，聘请周力先生担任基金裕阳基金经理，周枫先生不再担任该基金经理。

周力先生：金融学硕士。1986 年 9 月至 1991 年 7 月在清华大学水利工程系流体机械及流体工程专业学习，获学士学位。1992 年 10 月至 1996 年 3 月在深圳市金源实业股份有限公司工作，任投资部副经理。1996 年 6 月至 1999 年 10 月在深圳赛格集团财务公司投资部工作。1998 年 9 月至 2001 年 3 月在复旦大学国际金融专业学习，获硕士学位。1999年11 月至2003 年 1 月在招商证券研发中心工作，任高级分析师，负责行业及公司分析。2003 年 1 月加入博时基金管理有限公司，任研究部研究员。自 2005 年 2 月 4 日起，担任基金裕阳基金经理。

【基金运作分析】

2005年基金裕阳的业绩表现良好：全年净值增长5.43%，同期上证指数下跌 8.33%。

在 2005 年的操作中，基金裕阳基本上贯彻了寻找“盈利能力及竞争力都强”的公司的原则，短期的投资主题集中在“人民币升值”这一主题；集中配置了万科、华侨城、招商地产、招商银行、伊利股份等；考虑到成品油的巨大增长空间，继续配置了带有垄断性质的中国石化；但重仓持有的长江电力、宝钢、外运发展的配置效果负面；消费品及零售业的配置比例偏低。

展望 2006 年，基金管理人认为：资金将继续宽松。外部需求较旺，民营化带来的劳动生产率不断提高背景下的产能扩张，以及较高的储蓄率，导致人民币升值压力依然很大；升值主题投资组合将继续保持。收入将继续增加，需求可能会超出预期，所以认为消费特别是周期性消费品，如汽车，需要加大研究力度及投资力度。该基金管理人仍将重视价值股而不是成长股的投资，继续“努力以合理价格持有即使在尚未饱和的情况下也可以轻易涨价的公司”。

【季度投资组合一览】

项 目 ＼ 季 度	第一季度		第二季度		第三季度		第四季度	
基金资产净值	2,037,537,528.02 元		1,873,097,718.55 元		2,004,970,987.78 元		2,109,440,445.29 元	
基金份额净值	1.0188 元		0.9365 元		1.0025 元		1.0547 元	
基金资产组合	市值(元)	占总资产比例	市值(元)	占总资产比例	市值(元)	占总资产比例	市值(元)	占总资产比例
股票投资	1,282,753,912.38	62.36%	1,255,289,656.40	66.78%	1,468,309,781.14	73.01%	1,658,011,969.05	78.25%
债券投资	609,168,238.24	29.61%	572,254,713.74	30.44%	528,865,986.22	26.30%	434,382,458.10	20.50%
银行存款和清算备付金	155,307,145.58	7.55%	44,908,007.61	2.39%	8,301,281.00	0.41%	20,223,439.50	0.95%
其他资产	9,804,279.49	0.48%	7,344,148.23	0.39%	5,525,607.84	0.27%	6,323,930.38	0.30%

	股票名称	市值(元)	占净值比例	股票名称	市值(元)	占净值比例	股票名称	市值(元)	占净值比例	股票名称	市值(元)	占净值比例
投资前五名股票明细	中兴通讯	118,161,211.14	5.80%	宝钢股份	118,896,989.34	6.35%	G 长 电	163,566,917.70	8.16%	G 中 兴	161,979,848.79	7.68%
	万 科 A	77,046,934.50	3.78%	中兴通讯	112,285,919.70	5.99%	中兴通讯	137,624,776.85	6.86%	G 长 电	156,294,073.20	7.41%
	威孚高科	74,024,661.48	3.63%	万 科 A	91,975,727.25	4.91%	中国石化	115,460,415.21	5.76%	G万科A	153,544,433.49	7.28%
	中国石化	65,412,000.00	3.21%	中国石化	85,423,800.18	4.56%	G 宝 钢	110,222,668.80	5.50%	中国石化	131,115,609.80	6.22%
	长江电力	61,557,572.98	3.02%	长江电力	67,018,065.66	3.58%	万 科 A	106,315,785.75	5.30%	G 宝 钢	93,059,606.40	4.41%
投资前五名债券明细	债券名称	市值(元)	占净值比例	债券名称	市值(元)	占净值比例	债券名称	市值(元)	占净值比例	债券名称	市值(元)	占净值比例
	20 国债(4)	232,086,788.00	11.39%	20 国债(4)	219,671,899.50	11.73%	20 国债(4)	184,634,437.50	9.21%	20 国债 4	187,957,653.00	8.91%
	03 国开 18	150,099,000.00	7.37%	03 国开 18	150,099,000.00	8.01%	03 国开 18	150,099,000.00	7.49%	03 国开 18	150,099,000.00	7.12%
	97 国债(4)	61,900,246.60	3.04%	招行转债	72,358,642.20	3.86%	招行转债	75,314,891.80	3.76%	97 国债 04	32,129,248.40	1.52%
	万科转 2	44,218,637.37	2.17%	97 国债 04	41,115,600.00	2.20%	万科转 2	35,097,151.30	1.75%	21 国债 15	30,060,606.70	1.43%
	招行转债	28,604,635.40	1.40%	万科转 2	35,142,765.00	1.88%	97 国债 04	32,868,777.52	1.64%	21 国债 12	15,084,000.00	0.72%

裕隆证券投资基金

基本资料					
基金简称	基金裕隆	交易代码	184692		
投资目标	为投资者减少和分散投资风险，确保基金资产的安全并主要通过投资于业绩能够保持长期可持续增长、从长远来看市场价值被低估的成长型上市公司来实现基金的投资收益。				
业绩比较基准	无	风险收益特征	无		
合同生效日	1999年6月15日	上市日期	1999年6月24日	上市地点	深圳证券交易所
基金总份额	30亿份	存 续 期	15年		
基金管理人	博时基金管理有限公司	基金托管人	中国农业银行		
审计机构	普华永道中天会计师事务所	法律顾问	国浩律师集团(北京)事务所	注册登记人	中国证券登记结算有限责任公司深圳分公司

财务指标　单位：人民币(元)

项 目 ＼ 年 度	2005年度	2004年度	2003年度
基金份额本期净收益	−0.0733	0.0393	−0.0054
期末可分配基金份额收益	−0.0688	−0.0343	−0.0348
期末基金份额净值	0.9646	0.9657	1.0792
基金加权平均净值收益率	−7.76%	3.67%	−0.54%
本期基金份额净值增长率	−0.11%	−10.52%	23.88%
基金份额累计净值增长率	28.99%	29.14%	44.32%
基金收益分配	本年度未实现收益分配；成立以来每10份累计派现3.890元。		
期末基金份额持有人户数	基金份额持有人户数为69,419户，平均每户持有43,215.83份。		
期末基金份额持有人结构	机构投资者持有1,540,659,805份，占总份额51.36%；个人投资者持有1,459,340,195份，占总份额48.64%。		

基金净值增长率与业绩基准收益率对比图（单位：%）

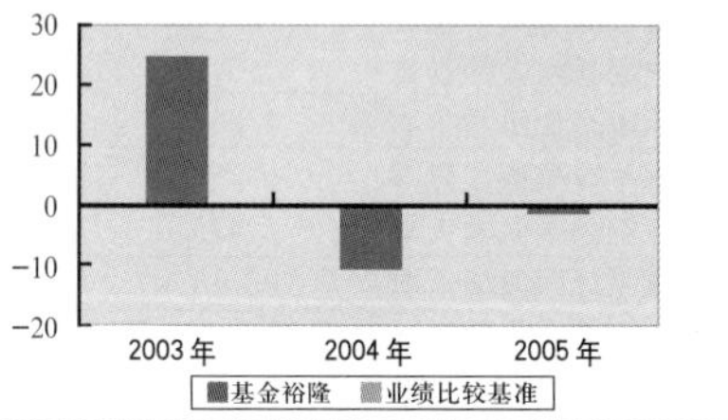

【基金业绩表现】

截至2005年12月31日，基金裕隆份额净值为0.9646元，全年净值增长−0.11%，同期上证指数下跌8.33%。

【基金管理团队】

包周荣先生：双学士学历。1991年毕业于清华大学机械制造和应用数学专业，获工学和理学学士学位。1991年至1999年先后在陕西省证券公司上海业务部、上海证大投资管理公司工作。1999至2000年在嘉实基金管理公司任基金经理；2000至2001年在华夏基金管理公司任基金经理助理。2001年3月起任上海证大投资管理公司投资管理部经理。2002年12月23日入博时基金管理有限公司，自2003年1月起任基金裕隆基金经理；2005年8月起不再担任基金裕隆基金经理。

高阳先生：1998年毕业于对外经济贸易大学，获经济学硕士学位。1998年7月至2000年2月在中国国际金融公司销售交易部从事国债投资工作，任经理。2000年3月加入博时基金管理公司，历任债券组合投资经理、价值增长基金经理、固定收益部总经理。2004年7月起任裕泽基金经理。2005年8月起任基金裕隆基金经理。高阳先生曾在英国BAILLIE GIFFORD基金公司接受近一年的投资工作培训，2003年成为美国注册金融分析师协会会员。

【基金运作分析】

2005年上半年，我国经济发展有所放缓，但仍超出9%的增长率，股票市场开始股权分置试点，市场充满了不确定性；所以在考虑投资策略时采取确定性的投资方向，对近期公司经营状况影响比较小的上市公司作为主要的候选品种，但是在操作中，对原有投资品种的舍弃力度不够坚决，给基金净值带来了较大损失，煤气化、上海石化、湖北宜化、九芝堂和一汽轿车成为本年度负收益贡献最多的5只股票。

下半年，裕隆基金开始对投资方向进行适度的行业集中，表现在对电力、信息技术、银行和房地产行业的投资比重加大，这种集中策略使该基金在行业和个股方面有所收获，中兴通讯、赣粤高速、招商地产、浦发银行和中国石化成为年度收益贡献前5名。但是由于对电力行业特别是长江电力上的集中投资产生了负收益。

【季度投资组合一览】

项 目 ＼ 季 度	第一季度			第二季度			第三季度			第四季度		
基金资产净值	2,835,842,113.48元			2,758,653,779.08元			2,858,420,834.75元			2,893,775,262.00元		
基金份额净值	0.9453元			0.9196元			0.9528元			0.9646元		
基金资产组合	市值(元)	占总资产比例		市值(元)	占总资产比例		市值(元)	占总资产比例		市值(元)	占总资产比例	
股票投资	1,878,015,018.97	66.00%		1,927,107,225.15	69.50%		1,936,484,089.67	67.55%		2,179,323,989.52	74.76%	
债券投资	667,005,768.90	23.44%		721,272,016.11	26.01%		793,817,338.78	27.69%		615,928,043.30	21.13%	
银行存款和清算备付金	288,013,233.07	10.12%		113,880,970.31	4.11%		113,053,167.56	3.94%		110,170,662.29	3.78%	
其他资产	12,579,903.84	0.44%		10,411,040.14	0.38%		23,557,982.73	0.82%		9,548,787.80	0.33%	
投资前五名股票明细	股票名称	市值(元)	占净值比例	股票名称	市值(元)	占净值比例	股票名称	市值(元)	占净值比例	股票名称	市值(元)	占净值比例
	上海机场	114,940,000.00	4.05%	深圳机场	103,625,137.71	3.76%	G长电	236,133,892.49	8.26%	G长电	221,196,755.28	7.64%
	中原高速	86,782,055.60	3.06%	上海机场	95,115,510.00	3.45%	中国石化	104,997,287.36	3.67%	G中兴	181,110,241.26	6.26%
	上海汽车	75,075,000.00	2.65%	中原高速	92,442,013.59	3.35%	上海机场	86,952,182.50	3.04%	中国石化	141,940,439.34	4.91%
	深圳机场	71,859,487.68	2.53%	上海汽车	74,290,000.00	2.69%	浦发银行	83,724,209.25	2.93%	中国联通	113,204,278.20	3.91%
	兰花科创	68,290,948.00	2.41%	赣粤高速	62,614,325.68	2.27%	兰花科创	70,528,255.00	2.47%	浦发银行	88,380,000.00	3.05%
投资前五名债券明细	债券名称	市值(元)	占净值比例	债券名称	市值(元)	占净值比例	债券名称	市值(元)	占净值比例	债券名称	市值(元)	占净值比例
	20国债(4)	144,958,768.80	5.11%	20国债(4)	149,657,618.70	5.43%	20国债(4)	141,126,300.00	4.94%	20国债(4)	140,582,702.40	4.86%
	00国开03	99,860,000.00	3.52%	00国开03	99,860,000.00	3.62%	21国债(12)	86,297,599.50	3.02%	21国债(10)	78,538,968.10	2.71%
	20国债(10)	69,499,077.00	2.45%	20国债(10)	70,289,952.70	2.55%	21国债(10)	78,405,625.20	2.74%	02国债(10)	71,750,236.10	2.48%
	03国开13	59,832,000.00	2.11%	02国债(14)	60,384,565.80	2.19%	02国债(3)	77,384,000.00	2.71%	02国债(3)	68,040,000.00	2.35%
	02国债(14)	59,536,620.00	2.10%	03国开13	59,832,000.00	2.17%	招行转债	61,904,700.20	2.17%	21国债(12)	66,280,101.60	2.29%

裕元证券投资基金

基本资料					
基金简称	基金裕元	交易代码	500016		
投资目标	通过投资于重组类上市公司实现资本增值。				
业绩比较基准	无	风险收益特征	无		
合同生效日	1999年9月19日	上市日期	1999年10月28日	上市地点	上海证券交易所
基金总份额	15亿份	存续期	15年		
基金管理人	博时基金管理有限公司	基金托管人	中国工商银行股份有限公司		
审计机构	普华永道中天会计师事务所	法律顾问	国浩律师集团(北京)事务所	注册登记人	中国证券登记结算有限责任公司上海分公司

财务指标　单位：人民币(元)

项目 \ 年度	2005年度	2004年度	2003年度
基金份额本期净收益	0.0187	0.0836	0.0287
期末可分配基金份额收益	0.0225	0.0838	0.0482
期末基金份额净值	1.0860	1.1037	1.1757
基金加权平均净值收益率	1.77%	7.02%	2.74%
本期基金份额净值增长率	5.92%	−2.61%	27.63%
基金份额累计净值增长率	48.61%	40.31%	44.07%
基金收益分配	本年度每10份派现0.210元；成立以来每10份累计派现5.490元。		

基金净值增长率与业绩基准收益率对比图（单位：%）

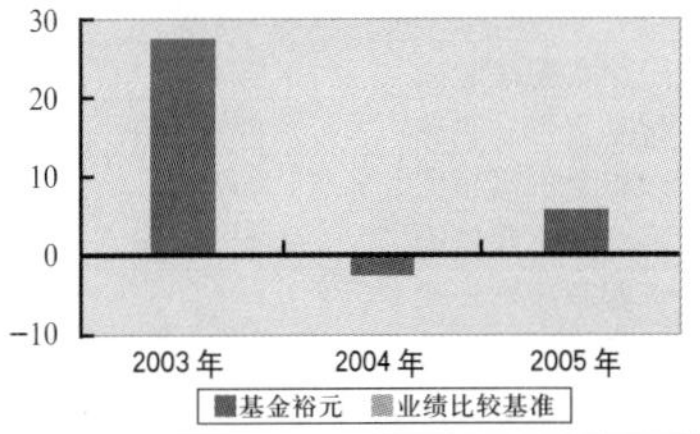

期末基金份额持有人户数	基金份额持有人户数为23,285户，平均每户持有64,419份。
期末基金份额持有人结构	机构投资者持有1,166,143,037份，占总份额77.74%；个人投资者持有333,856,963份，占总份额22.26%。

【基金业绩表现】

截至2005年12月31日，基金裕元份额净值为1.086元，全年净值增长率为5.92%，同期上证指数下跌8.33%。

【基金管理团队】

邹志新先生：基金经理。博士生，中国注册会计师协会非执业注册会计师。1992年毕业于北京理工大学，获理学学士学位，1997年在江西财经大学获经济学硕士学位，2002年起攻读南开大学(深圳班)博士。1997年至1999年在君安证券研究所从事研究工作，任核心研究员。1999年入博时基金管理有限公司，曾任研究员、交易员、基金裕隆基金经理助理。2002年1月起任基金裕泽基金经理，2003年7月起任基金裕元基金经理。

【基金运作分析】

2005年中国经济形势较预期为好，全年GDP增长9.9%，全社会固定资产投资增长25.7%，增幅比2004年回落0.9个百分点，CPI则维持在1.8%的较低水平。但中国经济在2005年体现出结构上的不均衡，主要表现在投资相对于消费的比例较高、外贸依存度较高以及工业企业的利润主要集中于采掘业等上游产业等三个方面。基金经理继续学习总结并逐步形成价值投资的投资理念和投资方法。以国民经济增长的结构分析为出发点进行投资，以国民经济产业发展为导向，按照各行业成长性和效益状况按行业配比资产，每个行业内进行投资的公司选择则从公司内部股票池选择，并依据公司研究部和外部的证券分析师的研究报告对组合进行动态管理。

2005年基金裕元坚持投资原则，资产配置目标明确，继续超权重配置于以下两类行业及其上市公司：依存GDP增长稳定又不失快速的行业，极具长期增长潜力但处于整合或者启动时期的消费及服务业等产业。代表性例子分别是机场(如上海机场SH600009)、电力(如长江电力SH600009)、公路和房地产(如万科SZ000002)；银行(如招商银行600036)、食品饮料(如燕京啤酒SZ000729)和客车(宇通客车SH600066)等，该基金一直持有并赋予这些行业超过基准的权重。它们在中长期都有良好的市场表现，使得基金资产能够长期稳定增长。

【季度投资组合一览】

项目 \ 季度	第一季度			第二季度			第三季度			第四季度		
基金资产净值	1,656,291,073.99元			1,515,761,245.06元			1,598,580,640.13元			1,628,962,016.32元		
基金份额净值	1.1042元			1.0105元			1.0657元			1.0860元		
基金资产组合		市值(元)	占总资产比例		市值(元)	占总资产比例		市值(元)	占总资产比例		市值(元)	占总资产比例
股票投资		1,191,128,085.20	71.74%		1,088,243,722.43	71.41%		1,144,263,692.71	70.33%		1,227,860,430.41	74.30%
债券投资		348,950,593.80	21.02%		323,433,496.84	21.23%		334,748,060.52	20.57%		332,980,984.70	20.15%
银行存款和清算备付金		114,473,000.67	6.89%		104,099,953.49	6.83%		132,870,633.25	8.17%		86,631,561.31	5.24%
其他资产		5,902,821.07	0.35%		8,149,896.11	0.53%		15,199,664.96	0.93%		4,998,748.52	0.30%
投资前五名股票明细	股票名称	市值(元)	占净值比例	股票名称	市值(元)	占净值比例	股票名称	市值(元)	占净值比例	股票名称	市值(元)	占净值比例
	燕京啤酒	89,250,000.00	5.39%	燕京啤酒	82,017,488.73	5.41%	中国石化	86,766,562.89	5.43%	中国石化	89,110,000.00	5.47%
	长江电力	87,424,155.45	5.28%	长江电力	81,900,000.00	5.40%	G长电	86,719,616.50	5.42%	G长电	87,010,788.00	5.34%
	上海机场	86,842,096.00	5.24%	上海机场	81,154,080.00	5.35%	上海机场	76,509,720.00	4.79%	G宝钢	86,708,617.59	5.32%
	盐田港A	82,336,000.00	4.97%	万科A	63,400,000.00	4.18%	G宝钢	74,900,646.28	4.69%	燕京啤酒	85,789,153.14	5.27%
	万科A	76,860,000.00	4.64%	上海汽车	61,180,000.00	4.04%	燕京啤酒	74,870,736.60	4.68%	招商银行	79,348,515.54	4.87%
投资前五名债券明细	债券名称	市值(元)	占净值比例	债券名称	市值(元)	占净值比例	债券名称	市值(元)	占净值比例	债券名称	市值(元)	占净值比例
	05国债(2)	176,382,000.00	10.65%	20国债(4)	125,769,900.90	8.30%	20国债(4)	117,613,012.50	7.36%	20国债(4)	117,159,984.60	7.19%
	20国债(4)	110,669,347.20	6.68%	04国开13	102,440,000.00	6.76%	04国开(13)	102,440,000.00	6.41%	04国开13	102,440,000.00	6.29%
	97国债04	61,899,246.60	3.74%	97国债04	60,680,095.94	4.01%	97国债(04)	59,447,548.02	3.72%	97国债04	58,215,000.10	3.57%
	——	——	——	02国债(10)	19,476,000.00	1.28%	02国债(10)	19,908,000.00	1.25%	02国债(10)	19,846,000.00	1.22%
	——	——	——	21国债(15)	15,067,500.00	0.99%	21国债(15)	15,346,500.00	0.96%	21国债(15)	15,283,500.00	0.94%

裕华证券投资基金

基本资料					
基金简称	基金裕华	交易代码	184696		
投资目标	通过对技术创新类上市公司的投资而实现长期资本增值。同时通过投资组合等措施减少和分散投资风险而确保基金资产的安全。				
业绩比较基准	无	风险收益特征	无		
合同生效日	1999年11月10日	上市日期	2000年4月24日	上市地点	深圳证券交易所
基金总份额	5亿份	存续期	15年		
基金管理人	博时基金管理有限公司	基金托管人	交通银行股份有限公司		
审计机构	普华永道中天会计师事务所	法律顾问	国浩律师集团(北京)事务所	注册登记人	中国证券登记结算有限责任公司深圳分公司

财务指标　单位：人民币(元)

项目 \ 年度	2005年度	2004年度	2003年度
基金份额本期净收益	0.0045	0.0464	0.0135
期末可分配基金份额收益	0.0054	0.0469	0.0105
期末基金份额净值	1.0436	1.0583	1.1265
基金加权平均净值收益率	0.44%	4.10%	1.33%
本期基金份额净值增长率	2.89%	-5.32%	23.61%
基金份额累计净值增长率	44.39%	40.33%	48.21%
基金收益分配	本年度每10份派现0.050元；成立以来每10份累计派现1.503元。		

基金净值增长率与业绩基准收益率对比图（单位：%）

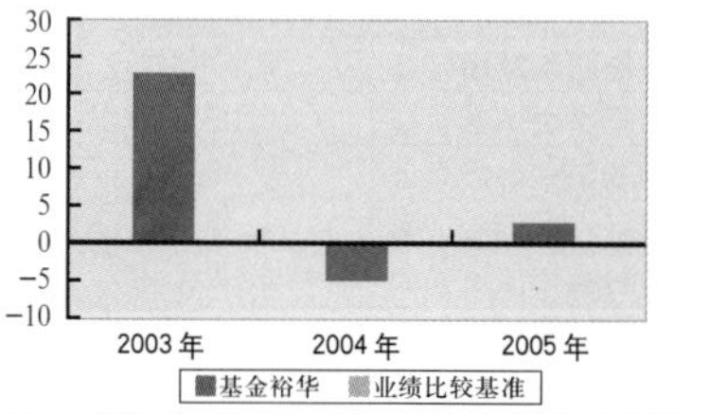

期末基金份额持有人户数	基金份额持有人户数为16,683户，平均每户持有29,971份。
期末基金份额持有人结构	机构投资者持有310,934,924份，占总份额62.19%；个人投资者持有189,065,076份，占总份额37.81%。

【基金业绩表现】

截至2005年12月31日，基金裕华份额净值为1.0436元，全年净值增长率为2.89%，同期上证指数下跌8.33%。

【基金管理团队】

施斌先生：硕士学历。1984年9月至1988年7月就读于复旦大学世界经济系，获学士学位。1988年7月至1989年12月，于交通银行总行国外部从事外汇清算和交易工作。1990年至1994年就读于美国杜兰大学金融和会计专业，获硕士学位。1997年获得特许金融分析师资格。1994年1月至1999年7月于美国U.S.Global Investors Inc.任基金经理，负责共同基金管理。1999年7月至2002年4月于USAA Investment Management Inc.任股票分析师，负责共同基金管理。2002年8月加入博时基金管理有限公司，任研究部高级分析师，2003年6月起任基金裕华基金经理。2005年2月，因内部工作调动，不再担任裕华基金基金经理。

何肖颉先生：经济学硕士。1991年9月至1995年7月，于北京印刷学院包装工程系学习，获学士学位。1996年9月至1998年7月，于财政部财政科研所研究生部学习投资经济学专业，获硕士学位。1995年8至1996年8月，于北京民族印刷厂任助理工程师。1998年11月至2000年10月，于华夏证券研究所任行业与上市公司分析师。2000年11月入博时基金管理有限公司任研究部研究员，2002年11月任基金裕阳基金经理助理，2004年5月任基金管理部专户管理小组基金经理助理，2005年2月起任基金裕华基金经理。

【基金运作分析】

2005年初以来，基金裕华面对经济和汇率的诸多不确定性，以风险防御为首要目标，并通过构建稳健的投资组合以获取尽可能高的投资收益，看重在整体经济中具有中流砥柱地位的行业和公司，在细分行业中仍具有成长性的公司，关注垄断行业的内需性增长，注重企业的经营质量如现金流，提高风险防御能力。组合特点偏重于防御性，并在把握企业长期价值的基础上，挖掘细分行业内需长期增长的潜力，关注上游行业的结构性供求矛盾，关注流通领域和服务行业的快速发展，关注经济增长方式的渐变，关注新兴行业的崛起，关注全流通背景下大型企业的重组并购价值等。

【季度投资组合一览】

项目 \ 季度	第一季度			第二季度			第三季度			第四季度		
基金资产净值	544,339,007.02元			506,871,163.90元			522,155,931.93元			521,788,894.25元		
基金份额净值	1.0887元			1.0137元			1.0443元			1.0436元		
基金资产组合	市值(元)	占总资产比例		市值(元)	占总资产比例		市值(元)	占总资产比例		市值(元)	占总资产比例	
股票投资	303,529,768.68	55.34%		330,095,084.16	64.88%		371,531,942.81	70.83%		385,421,532.54	73.54%	
债券投资	136,925,844.70	24.96%		138,322,843.20	27.19%		119,215,800.50	22.72%		114,698,554.80	21.89%	
银行存款和清算备付金	7,381,854.15	1.35%		37,443,474.99	7.36%		32,018,011.96	6.10%		12,596,793.42	2.40%	
其他资产	100,637,273.12	18.35%		2,930,882.99	0.58%		1,788,546.09	0.34%		11,359,369.58	2.17%	
投资前五名股票明细	股票名称	市值(元)	占净值比例	股票名称	市值(元)	占净值比例	股票名称	市值(元)	占净值比例	股票名称	市值(元)	占净值比例
	伊利股份	33,347,847.90	6.13%	宝钢股份	35,070,000.00	6.92%	G长电	33,820,654.15	6.48%	G长电	42,121,029.12	8.07%
	上海机场	32,019,000.00	5.88%	伊利股份	28,233,205.20	5.57%	中国石化	29,735,657.21	5.69%	中国联通	33,720,000.00	6.46%
	长江电力	24,853,000.00	4.57%	长江电力	23,751,000.00	4.69%	伊利股份	27,978,852.00	5.36%	华能国际	22,403,462.56	4.29%
	宝钢股份	23,104,000.00	4.24%	粤高速A	18,857,325.00	3.72%	中国联通	25,500,000.00	4.88%	燕京啤酒	19,555,031.60	3.75%
	粤高速A	19,835,408.45	3.64%	上海机场	16,436,141.40	3.24%	粤高速A	19,423,044.75	3.72%	上海石化	19,488,000.00	3.73%
投资前五名债券明细	债券名称	市值(元)	占净值比例	债券名称	市值(元)	占净值比例	债券名称	市值(元)	占净值比例	债券名称	市值(元)	占净值比例
	99国开02	40,076,000.00	7.36%	99国开02	40,076,000.00	7.91%	99国开02	40,076,000.00	7.68%	99国开02	40,076,000.00	7.68%
	21国债(3)	29,994,000.00	5.51%	21国债(3)	30,528,000.00	6.02%	21国债(3)	30,882,000.00	5.91%	21国债(3)	30,666,000.00	5.88%
	20国债(10)	14,895,000.00	2.74%	20国债(10)	15,064,500.00	2.97%	21国债(15)	10,320,009.70	1.98%	21国债(15)	10,277,644.30	1.97%
	01国开10	9,947,000.00	1.83%	21国债(15)	10,132,391.50	2.00%	01国开10	9,947,000.00	1.91%	01国开10	9,947,000.00	1.91%
	21国债(15)	9,864,077.30	1.81%	01国开10	9,947,000.00	1.96%	20国债(4)	6,328,125.00	1.21%	20国债(4)	6,303,750.00	1.21%

裕泽证券投资基金

基本资料					
基金简称	基金裕泽		交易代码	184705	
投资目标	该基金属于科技基金，主要投资于具有较高科技含量的上市公司。所追求的投资目标是在尽可能分散和规避投资风险的前提下，谋求基金资本增值和投资收益的最大化。				
业绩比较基准	无	风险收益特征	无		
合同生效日	2000年3月27日	上市日期	2000年5月17日	上市地点	深圳证券交易所
基金总份额	5亿份	存 续 期	15年		
基金管理人	博时基金管理有限公司	基金托管人	中国工商银行股份有限公司		
审计机构	普华永道中天会计师事务所	法律顾问	国浩律师集团(北京)事务所	注册登记人	中国证券登记结算有限责任公司深圳分公司

财务指标　　单位：人民币(元)

项目＼年度	2005年度	2004年度	2003年度
基金份额本期净收益	0.1140	0.1451	0.0520
期末可分配基金份额收益	0.1193	0.1253	-0.0197
期末基金份额净值	1.1417	1.1978	1.0969
基金加权平均净值收益率	9.99%	12.38%	5.42%
本期基金份额净值增长率	5.25%	9.20%	30.69%
基金份额累计净值增长率	23.74%	17.57%	7.67%
基金收益分配	本年度每10份派现1.100元；成立以来每10份累计派现3.400元。		

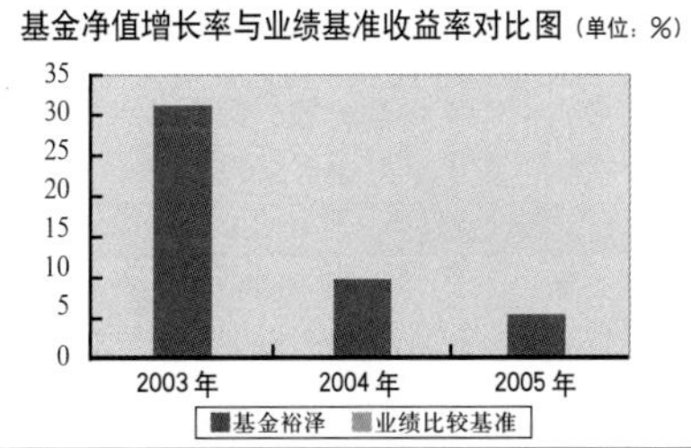

期末基金份额持有人户数	基金份额持有人户数为12,707户，平均每户持有39,348份。
期末基金份额持有人结构	机构投资者持有291,172,611份，占总份额58.23%；个人投资者持有208,827,389份，占总份额41.77%。

【基金业绩表现】

截至2005年12月31日，基金裕泽份额净值为1.1417元，全年净值增长率为5.25%，同期上证指数下跌8.33%。

【基金管理团队】

高阳先生：1998年毕业于对外经济贸易大学，获经济学硕士学位。1998年7月至2000年2月在中国国际金融有限公司销售交易部从事国债投资工作，任经理。2000年3月入博时基金管理有限公司，历任债券组合投资经理、价值增长基金经理、固定收益部总经理。2004年7月起任裕泽基金经理。高阳先生曾在英国BAILLIE GIFFORD基金公司接受了近一年的投资工作培训，2003年成为美国注册金融分析师协会会员。2006年1月起不再任裕泽基金基金经理。

邹志新先生：博士生，中国注册会计师协会非执业注册会计师。1992年毕业于北京理工大学，获理学学士学位，1997年在江西财经大学获经济学硕士学位，2002年起攻读南开大学(深圳班)博士。1997年至1999年在君安证券研究所从事研究工作，任核心研究员。1999年入博时基金管理有限公司，曾任研究员、交易员、基金裕隆基金经理助理。2002年1月起任基金裕泽基金经理，2003年7月起任基金裕元基金经理。2006年1月起任基金裕泽基金经理。

【基金运作分析】

基金裕泽2005年度在苏宁电器等当时的小市值公司配置上获得较高的超额收益，同时对中国石化等具有重要战略意义的大市值公司也进行了超权重配置。

2006年，基金裕泽将重点关注的行业和公司是：(1)即对新进入市场的大公司特别是目前证券化率比较低的行业的公司予以高度关注，对重大制度变革和资本市场创新案例高度关注；(2)从行业角度，重点是消费品和服务业，还包括电子和信息技术行业中复苏的子行业。消费包括食品饮料、商业零售、医疗保健和房地产、汽车等，服务业包括银行和机场、港口、公路等；(3)购并带来的机会。随着全流通时代的来临和收购兼并相关配套法规的完善，覆盖大多数行业的收购兼并将如火如荼，对证券市场的影响史无前例，购并将孕育很多投资机会。

【季度投资组合一览】

项目＼季度	第一季度		第二季度		第三季度		第四季度	
基金资产净值	622,453,894.26元		539,544,151.42元		566,013,961.34元		570,854,651.77元	
基金份额净值	1.2449元		1.0791元		1.1320元		1.1417元	
基金资产组合	市值(元)	占总资产比例	市值(元)	占总资产比例	市值(元)	占总资产比例	市值(元)	占总资产比例
股票投资	332,910,956.03	50.08%	380,498,611.34	70.14%	386,983,076.54	68.09%	431,932,337.49	75.36%
债券投资	171,069,316.63	25.73%	142,286,150.00	26.23%	166,813,923.40	29.35%	117,296,257.80	20.47%
银行存款和清算备付金	23,670,458.16	3.56%	17,077,103.34	3.15%	12,174,821.79	2.14%	10,648,827.40	1.86%
其他资产	137,086,816.00	20.63%	2,617,256.50	0.48%	2,378,543.38	0.42%	13,278,002.49	2.31%

投资前五名股票明细	股票名称	市值(元)	占净值比例	股票名称	市值(元)	占净值比例	股票名称	市值(元)	占净值比例	股票名称	市值(元)	占净值比例
	苏宁电器	45,494,040.00	7.31%	长江电力	44,634,762.90	8.27%	G 长 电	47,261,412.70	8.35%	G 长 电	44,271,794.40	7.76%
	现代投资	30,471,897.90	4.90%	现代投资	32,528,962.62	6.03%	伊利股份	32,931,452.40	5.82%	中国石化	35,425,516.35	6.21%
	皖通高速	29,541,871.15	4.75%	伊利股份	30,300,429.24	5.62%	浦发银行	31,705,261.50	5.60%	新 和 成	28,791,646.49	5.04%
	武钢股份	24,420,000.00	3.92%	兰花科创	26,801,599.86	4.97%	兰花科创	30,961,147.70	5.47%	现代投资	25,803,332.36	4.52%
	鞍钢新轧	23,990,435.66	3.85%	皖通高速	24,690,751.75	4.58%	现代投资	23,035,979.89	4.07%	中国联通	25,452,583.79	4.46%

投资前五名债券明细	债券名称	市值(元)	占净值比例	债券名称	市值(元)	占净值比例	债券名称	市值(元)	占净值比例	债券名称	市值(元)	占净值比例
	04国开12	50,300,000.00	8.08%	99国开02	40,076,000.00	7.43%	21国债(10)	68,094,751.20	12.03%	21国债(10)	58,197,558.60	10.19%
	99国开02	40,076,000.00	6.44%	21国债(10)	39,118,950.00	7.25%	99国开02	40,076,000.00	7.08%	99国开02	40,076,000.00	7.02%
	04国开10	30,087,000.00	4.83%	21国债(12)	24,359,860.00	4.51%	21国债(12)	33,004,856.50	5.83%	99国开11	10,193,000.00	1.79%
	04国债(5)	19,004,000.00	3.05%	万科转2	16,211,685.00	3.00%	万科转2	14,528,315.70	2.57%	21国债(12)	7,900,999.20	1.38%
	万科转2	17,074,764.23	2.74%	99国开11	10,193,000.00	1.89%	99国开11	10,193,000.00	1.80%	02国债(13)	928,700.00	0.16%

博时价值增长证券投资基金

基本资料

基金简称	博时增长	交易代码	050001(前端收费) 051001(后端收费)		
投资目标	分享中国经济和资本市场的高速成长，谋求基金资产的长期稳定增长。				
业绩比较基准	价值增长线				
风险收益特征	该基金属于低风险的基金品种，以在风险约束下期望收益最大化为核心，在收益结构上追求下跌风险有下界、上涨收益无上界的目标，其长期投资的单位风险下收益(夏普率)大于股票、小于国债。				
合同生效日	2002年10月9日	上市日期	——	上市地点	——
募集概况	首募规模	认购户数	募集日期		
	30.47亿份	60318户	2002年9月2日至2002年9月29日		
基金费率	认购费率	申购费率	赎回费率	管理费率	托管费率
	不高于1.20%	不高于1.80%	不高于0.80%	1.50%	0.25%
基金管理人	博时基金管理有限公司	基金托管人	中国建设银行股份有限公司		
审计机构	普华永道中天会计师事务所	法律顾问	国浩律师集团(北京)事务所	注册登记人	博时基金管理有限公司

财务指标 单位：人民币(元)

项目 \ 年度	2005年度	2004年度	2003年度
基金份额本期净收益	0.0351	0.0435	0.1206
期末可分配基金份额收益	0.0587	0.0245	0.0097
期末基金份额净值	1.114	1.075	1.195
基金加权平均净值收益率	3.37%	3.64%	10.76%
本期基金份额净值增长率	3.63%	−7.77%	34.35%
基金份额累计净值增长率	26.22%	21.80%	32.06%
基金收益分配	本年度未实现收益分配；成立以来每10份累计派现1.480元。		

基金净值增长率与业绩基准收益率对比图（单位：%）

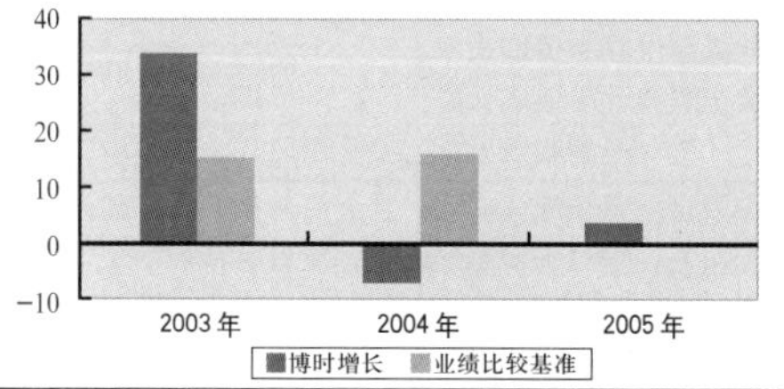

期末基金份额持有人户数	基金份额持有人户数为42,028户，平均每户持有54,808.04份。
期末基金份额持有人结构	机构投资者持有1,171,806,943.75份，占总份额50.87%；个人投资者持有1,131,665,340.05份，占总份额49.13%。

【基金业绩表现】

截至2005年12月31日，博时增长基金份额净值为1.114元，全年净值增长3.63%，同期上证A股指数下跌8.33%，超越指数11.96个百分点。

【基金管理团队】

肖华先生：硕士学历。1993年获工学硕士学位。1993至1994年在宝安集团从事项目管理。1994年至1999年历任君安资产管理有限公司项目经理、投资部经理、基金部经理、上海申华实业股份有限公司任总经理助理、副总经理(主管投资)。2000年5月至2002年5月任基金同盛基金经理。2002年5月加入博时基金管理有限公司，任基金管理部部门经理。2002年10月起担任博时价值增长基金基金经理。

【基金运作分析】

2005年的市场充满了波折。在剧烈的变化面前，博时增长基金坚持价值投资理念，保持了一贯的买入并持有的投资策略。截至2005年12月31日，博时增长基金份额净值为1.114元，累计份额净值为1.262元，全年净值增长3.63%，超越同期上证指数11.96%；基金成立来累计净值增长26.22%，超越同期上证A股指数51.94%，为长期持有人带来了显著回报。

在个股选择方面，经历过2005年的煎熬后，博时增长基金在石化行业的投资为持有人取得了令人满意的回报。中石化私有化本身已反映了被收购企业的价值。2005年，汽车行业逐步走出低谷，销量与利润稳步回升，汽车业的长期发展前景值得期待。

【季度投资组合一览】

项目 \ 季度	第一季度		第二季度		第三季度		第四季度	
基金资产净值	2,491,095,851.71元		2,183,167,699.05元		2,153,518,262.30元		2,565,856,030.43元	
基金份额	2,411,355,555.70份		2,225,455,085.07份		2,059,453,628.04份		2,303,472,283.80份	
基金份额净值	1.033元		0.981元		1.046元		1.114元	
基金资产组合	市值(元)	占总资产比例	市值(元)	占总资产比例	市值(元)	占总资产比例	市值(元)	占总资产比例
股票投资	1,914,553,231.09	75.49%	1,654,118,206.55	75.35%	1,675,910,822.60	77.66%	1,885,473,877.46	72.41%
债券投资	532,798,731.70	21.01%	464,444,035.00	21.16%	446,126,597.00	20.67%	538,325,070.70	20.67%
银行存款和清算备付金	80,537,715.37	3.17%	66,708,854.22	3.04%	31,027,287.70	1.44%	171,652,228.84	6.59%
其他资产	8,362,490.92	0.33%	9,928,662.42	0.45%	5,023,769.45	0.23%	8,529,617.40	0.33%

	第一季度			第二季度			第三季度			第四季度		
投资前五名股票明细	股票名称	市值(元)	占净值比例	股票名称	市值(元)	占净值比例	股票名称	市值(元)	占净值比例	股票名称	市值(元)	占净值比例
	中远航运	186,164,648.89	7.47%	伊利股份	169,601,178.20	7.77%	上海汽车	179,512,901.52	8.34%	伊利股份	189,903,939.72	7.40%
	万科A	172,224,000.00	6.91%	上海汽车	149,594,084.60	6.85%	伊利股份	170,503,998.16	7.92%	G上汽	154,304,557.21	6.01%
	伊利股份	165,345,026.96	6.64%	万科A	146,952,000.00	6.73%	万科A	158,189,408.18	7.35%	齐鲁石化	154,121,099.68	6.01%
	上海汽车	150,289,871.04	6.03%	外运发展	128,294,727.90	5.88%	外运发展	153,910,926.75	7.15%	G万科A	153,953,200.00	6.00%
	上海航空	140,229,881.06	5.63%	中远航运	119,619,076.28	5.48%	齐鲁石化	118,726,812.40	5.51%	外运发展	145,920,000.00	5.69%
投资前五名债券明细	债券名称	市值(元)	占净值比例	债券名称	市值(元)	占净值比例	债券名称	市值(元)	占净值比例	债券名称	市值(元)	占净值比例
	03国开18	240,113,000.00	9.64%	03国开18	240,113,000.00	11.00%	03国开18	240,113,000.00	11.15%	03国开18	240,113,000.00	9.36%
	05国债(2)	98,000,000.00	3.93%	04农发01	50,220,000.00	2.30%	04国债(5)	49,878,597.00	2.32%	03国开13	49,860,000.00	1.94%
	04农发01	50,220,000.00	2.02%	03国开13	49,860,000.00	2.28%	03国开13	49,860,000.00	2.32%	04国债(5)	49,537,932.00	1.93%
	03国开13	49,860,000.00	2.00%	01国开10	39,788,000.00	1.82%	01国开10	39,788,000.00	1.85%	20国债(4)	40,320,000.00	1.57%
	01国开10	39,788,000.00	1.60%	20国债(4)	24,900,000.00	1.14%	02国债(3)	19,352,000.00	0.90%	21国债(10)	29,907,000.00	1.17%

博时裕富证券投资基金

基本资料						
基金简称	基金裕富			基金代码	050002	
投资目标	分享中国资本市场的长期增长。该基金将以对标的指数的长期投资为基本原则，通过严格的投资纪律约束和数量化风险管理手段，力争保持基金净值增长率与标的指数增长率间的正相关度在95%以上，并保持年跟踪误差在4%以下。					
业绩比较基准	95%×新华富时中国A200指数＋5%×银行同业存款利率					
风险收益特征	该基金为被动式股票基金，属于风险收益水平中等偏高的基金品种。					
合同生效日	2003年8月26日	上市日期	——	上市地点	——	
募集概况	首募规模	认购户数	募集日期			
	51.23亿份	110760户	2003年7月10日至2003年8月22日			
基金费率	认购费率	申购费率	赎回费率	管理费率	托管费率	
	1.00%	不高于1.50%	0.50%	0.98%	0.20%	
基金管理人	博时基金管理有限公司		基金托管人	中国建设银行股份有限公司		
审计机构	普华永道中天会计师事务所	法律顾问	国浩律师集团(北京)事务所	注册登记人	博时基金管理有限公司	

财务指标 单位：人民币(元)

项目 \ 年度	2005年度	2004年度	2003年8月26日至2003年12月31日
基金份额本期净收益	−0.0228	0.0582	0.0059
期末可分配基金份额收益	−0.1320	−0.0950	0.0067
期末基金份额净值	0.868	0.905	1.066
基金加权平均净值收益率	−2.67%	5.67%	0.59%
本期基金份额净值增长率	−4.09%	−10.90%	6.60%
基金份额累计净值增长率	−8.90%	−5.02%	6.60%
基金收益分配	本年度未实现收益分配；成立以来每10份累计派现0.500元。		
期末基金份额持有人户数	基金份额持有人户数为76,828户，平均每户持有43,105.37份。		
期末基金份额持有人结构	机构投资者持有1,100,544,310.97份，占总份额33.23%；个人投资者持有2,211,155,276.08份，占总份额66.77%。		

基金净值增长率与业绩基准收益率对比图（单位：%）

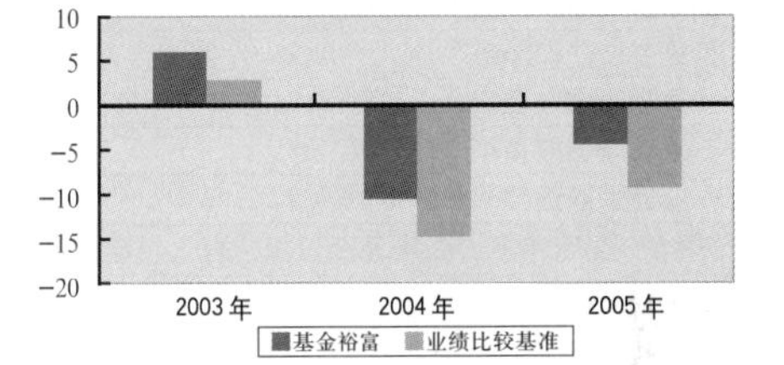

【基金业绩表现】

2005年，基金裕富全年净值增长率为−4.09%，同期业绩基准涨幅为−9.32%；获得5.23%的超额收益，跟踪误差也一直控制在4%以内。

【基金管理团队】

陈亮先生：基金经理。经济学硕士。1999年毕业于中国人民大学国民经济学系，获得经济学硕士学位；1999年至2000年，中信证券金融产品开发小组，任项目经理；2000年至2001年，北京玖方量子金融技术有限公司，任高级经理；2001年至2002年，博时基金管理有限公司金融工程小组，任金融工程师；2002年9月任博时价值增长基金基金助理；2003年8月起任博时裕富基金基金经理。

【基金运作分析】

2005年是改革年，无论是经济、社会还是资本市场。

2005年继续延续了2004年宏观调控的思路，对在上一轮经济周期中产能扩张过快的产业进行调控，房地产市场的调控进一步加强。煤电油运的瓶颈制约也明显缓解。投资放缓和消费趋旺是中国经济健康状况的积极信号。2005年经济比上年增长9.9%。

2005年5月，资本市场股权分置改革全面展开。风险极度厌恶的投资者选择了出场观望，A股市场整体迅速下滑，上证综合指数跌破1000点。但是在政策支持下，市场经过两个月的运行很快转暖，形成一个跨年度行情。中国股票市场的制度变革奠定一个良性循环的基础。

博时裕富是遵循指数投资理念的指数型基金。指数投资注重承担市场风险，获取市场收益，跟踪误差和相关度是重要的衡量指标。因此，在整个管理过程中，基金经理借助系统软件的支持严密控制跟踪误差，在最小化成本的前提下做出适当的调整，减少或者避免过多交易。

指数投资是舶来品，对于中国证券市场来说是个新理念，实践中也遇到了中国市场一些特殊问题，例如问题股的处理。博时裕富对此类指数样本股做了适当的调整，使得基金资产规避掉了此类资产的风险，同时份额净值增长率基本同指数一致，具体来说就是跟踪误差控制在4%以内。

【季度投资组合一览】

项目 \ 季度	第一季度		第二季度		第三季度		第四季度	
基金资产净值	3,130,400,447.52元		3,156,556,101.23元		3,061,889,135.28元		2,874,439,534.07元	
基金份额	3,618,235,564.40份		3,870,454,565.97份		3,581,574,896.90份		3,311,699,587.05份	
基金份额净值	0.8650元		0.816元		0.855元		0.868元	
基金资产组合	市值(元)	占总资产比例	市值(元)	占总资产比例	市值(元)	占总资产比例	市值(元)	占总资产比例
股票投资	2,941,797,008.32	93.81%	2,911,976,834.19	92.11%	2,858,116,354.83	92.68%	2,716,014,077.06	94.18%
债券投资	——	——	——	——	——	——	——	——
银行存款和清算备付金	189,900,680.20	6.06%	246,449,286.54	7.80%	174,381,928.78	5.66%	159,741,003.46	5.54%
其他资产	4,016,023.80	0.13%	3,030,090.74	0.10%	51,326,844.90	1.66%	8,157,690.14	0.28%

投资前五名股票明细	股票名称	市值(元)	占净值比例	股票名称	市值(元)	占净值比例	股票名称	市值(元)	占净值比例	股票名称	市值(元)	占净值比例
	招商银行	115,341,435.50	3.68%	宝钢股份	172,367,137.50	5.46%	G长电	149,202,377.52	4.87%	G长电	138,687,173.08	4.82%
	中国联通	103,230,639.87	3.30%	招商银行	125,602,983.90	3.98%	G宝钢	143,843,622.44	4.70%	招商银行	132,658,518.02	4.62%
	中国石化	94,002,389.80	3.00%	中国联通	93,012,955.36	2.95%	招商银行	122,283,066.01	3.99%	G宝钢	131,466,208.88	4.57%
	长江电力	88,153,784.85	2.82%	上海机场	86,232,571.10	2.73%	中国石化	92,951,316.36	3.04%	中国石化	101,390,714.24	3.53%
	上海机场	85,881,840.00	2.74%	中国石化	84,242,214.50	2.67%	中国联通	81,188,554.95	2.65%	中国联通	80,409,288.40	2.80%

博时现金收益证券投资基金

基本资料						
基金简称	现金收益		交易代码	050003		
投资目标	在保证低风险和高流动性的前提下获得高于投资基准的回报。					
业绩比较基准	一年期定期存款利率(税后)		风险收益特征	该基金属于低风险低收益产品		
合同生效日	2004年1月16日		上市日期	——	上市地点	——
募集概况	首募规模	认购户数	募集日期			
	62.86亿份	72988户	2003年12月16日至2004年1月14日			
基金费率	认购费率	申购费率	赎回费率	管理费率	托管费率	销售服务费率
	0	0	0	0.33%	0.10%	0.25%
基金管理人	博时基金管理有限公司		基金托管人	交通银行股份有限公司		
审计机构	普华永道中天会计师事务所	法律顾问	国浩律师集团(北京)事务所	注册登记人	博时基金管理有限公司	

财务指标　　单位：人民币(元)

项目＼年度	2005年度	2004年1月16日至2004年12月31日
基金份额本期净收益	252,187,747.04	90,244,803.60
期末基金资产净值	8,431,264,840.90	4,569,554,451.73
期末基金份额净值	1.000	1.000
本期净值收益率	2.41%	2.21%
累计净值收益率	4.70%	2.21%
基金收益分配	本年度分配收益252,187,747.04元；成立以来累计分配收益342,432,550.64元。	

基金收益率与同期业绩基准收益率对比图（单位：%）

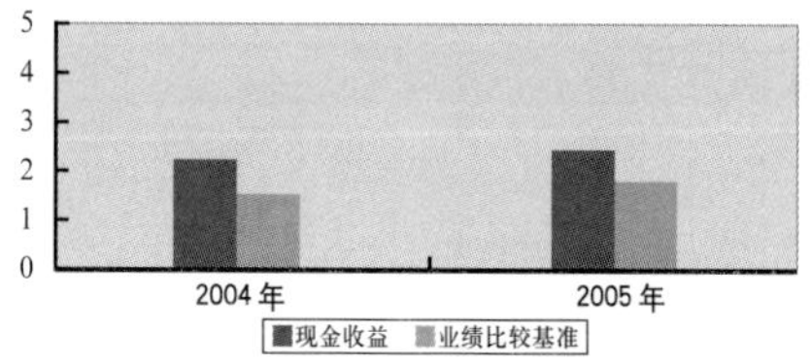

期末基金份额持有人户数	基金份额持有人户数为47,398户，平均每户持有177,882.29份。
期末基金份额持有人结构	机构投资者持有5,663,186,907.43份，占总份额67.17%；个人投资者持有2,768,077,933.47份，占总份额32.83%。

【基金业绩表现】

2005年，博时现金收益基金全年净值收益率为2.41%，高于同期货币市场利率收益。

【基金管理团队】

芮颖女士：双硕士学历，1992年毕业于中国人民大学，获货币银行学学士学位。1995年毕业于中国人民银行研究生部，获国际金融硕士学位。1998年至2000年就读于英国牛津大学，获经济学哲学硕士学位。1994年至1998年先后在中国人民银行外资金融机构管理司、中国人民银行常州分行和中国人民银行货币政策司利率处工作。2001年至2002年任职于香港瑞银华宝公司投资银行部。是中银香港重组上市核心组成员。在港工作期间获香港证券业协会投资顾问合格考试证书。2003年1月加入博时基金管理有限公司，现在固定收益部任博时现金收益基金基金经理。

【基金运作分析】

博时现金收益基金在2005年的操作，分为三个阶段：收益延续期，收益过渡期以及收益回归期。

收益延续期(1-4月)：基金加大以市场利率为基准的浮动债的投资，由于该品种在当时属创新产品，市场对其价值有所低估，基金管理人大举买入，为组合未来的稳定收益奠定了基础。在此期间，基金平均收益为3.12%，1年票据利率为2.07%；收益过渡期(5-6月)：市场几乎到了“无债可买”的地步，出现另一个创新品种—企业短期融资券，该产品收益较高，但发行量极少，相对市场巨量的资金，显得杯水车薪。基金组合的收益也较前期有所下降，收益为2.45%，而同期1年央行票据利率1.63%；收益回归期(整个下半年)：在此期间，基金前期持有的部分高收益债券陆续到期，组合收益面临急速下跌的风险，因此基金管理人加大对银行次级债的投资，加大定期存款的投资，并且利用银行间与交易所回购利率相差较大的现象，进行一定的套利投资等，利用各种可能的方法，稳定组合的收益，此期间基金收益为1.97%，同期1年票据1.3%-1.9%。

【季度投资组合一览】

项目＼季度	第一季度			第二季度			第三季度			第四季度		
基金资产净值	8,601,734,380.60元			9,547,543,784.27元			11,779,829,208.16元			8,431,264,840.90元		
基金份额	8,601,734,380.60份			9,547,543,784.27份			11,779,829,208.16份			8,431,264,840.90份		
基金份额净值	1.0000元			1.0000元			1.0000元			1.0000元		
基金资产组合	市值(元)	占总资产比例		市值(元)	占总资产比例		市值(元)	占总资产比例		市值(元)	占总资产比例	
债券投资	7,864,934,175.72	91.37%		7,388,065,992.46	69.75%		9,282,446,358.43	63.85%		6,106,097,169.95	58.24%	
买入返售证券	50,000,000.00	0.58%		2,560,700,000.00	24.17%		1,668,700,000.00	11.48%		213,000,000.00	2.03%	
银行存款和清算备付金	652,414,064.97	7.58%		587,595,463.46	5.55%		3,541,267,244.42	24.36%		4,118,622,164.80	39.28%	
其他资产	40,650,105.01	0.47%		56,335,876.41	0.53%		44,991,645.67	0.31%		46,454,108.02	0.44%	
投资前五名债券明细	债券名称	摊余成本(元)	占资产净值比例	债券名称	摊余成本(元)	占资产净值比例	债券名称	摊余成本(元)	占资产净值比例	债券名称	摊余成本(元)	占资产净值比例
	05中行02	1,267,983,587.88	14.74%	中行0502	972,931,583.19	10.19%	05中行02	1,382,390,857.08	11.74%	05国开22	599,389,545.16	7.11%
	05央行票据26	487,537,866.66	5.67%	建行0403	439,039,570.36	4.60%	04央行票据81	529,219,348.18	4.49%	05进出03	499,776,027.34	5.93%
	04建行03	439,014,339.70	5.10%	04央行票据81	397,294,327.45	4.16%	05央行票据05	527,317,315.81	4.48%	05央票26	498,242,448.97	5.91%
	05央行票据05	419,589,571.45	4.88%	04央行票据96	395,984,636.14	4.15%	05央行票据26	495,829,094.98	4.21%	04建行03	451,486,130.88	5.35%
	04央行票据96	392,129,869.51	4.56%	04央行票据68	328,676,408.36	3.44%	04央行票据93	449,020,800.00	3.81%	05中行02	303,022,118.76	3.59%
投资组合剩余期限	平均剩余期限	占资产净值比例		平均剩余期限	占资产净值比例		平均剩余期限	占资产净值比例		平均剩余期限	占资产净值比例	
	0-30天(不含)	7.58%		30天以内	38.09%		30天以内	32.40%		30天以内	12.08%	
	30天(含)-60天	9.51%		30天(含)-60天	10.79%		30天(含)-60天	11.54%		30天(含)-60天	9.48%	
	60天(含)-90天	12.16%		60天(含)-90天	16.98%		60天(含)-90天	18.10%		60天(含)-90天	20.16%	
	90天(含)-180天	29.65%		90天(含)-180天	26.88%		90天(含)-180天	33.92%		90天(含)-180天	15.39%	
	180天(含)-以上	40.69%		180天(含)-397天(含)	17.62%		180天(含)-397天(含)	24.21%		180天(含)-397天(含)	66.69%	

博时精选股票证券投资基金

基本资料						
基金简称	博时精选			交易代码	050004	
投资目标	该基金始终坚持并不断深化价值投资的基本理念，充分发挥专业研究与管理能力，自下而上精选个股，适度主动配置资产，系统有效控制风险，与产业资本共成长，分享中国经济与资本市场的高速成长，谋求实现基金资产的长期稳定增长。					
业绩比较基准	75%×新华富时中国A600指数＋20%×新华富时中国国债指数＋5%×现金收益率					
风险收益特征	该基金是一只主动型的股票基金，其风险与预期收益都要高于平衡型基金，属于中高风险的基金品种。					
合同生效日	2004年6月22日	上市日期	——	上市地点	——	
募集概况	首募规模	认购户数	募集日期			
	61.03亿份	135015户	2004年5月18日至2004年6月18日			
基金费率	认购费率	申购费率	赎回费率	管理费率	托管费率	
	不高于1.20%	不高于1.50%	不高于0.50%	1.50%	0.25%	
基金管理人	博时基金管理有限公司		基金托管人	中国工商银行股份有限公司		
审计机构	普华永道中天会计师事务所	法律顾问	国浩律师集团(北京)事务所	注册登记人	博时基金管理有限公司	

财务指标　　单位：人民币(元)

项目 \ 年度	2005年度	2004年6月22日至2004年12月31日
基金份额本期净收益	0.0013	−0.0001
期末可分配基金份额收益	−0.0201	−0.0001
期末基金份额净值	0.9799	1.0024
基金加权平均净值收益率	0.13%	−0.01%
本期基金份额净值增长率	−1.27%	0.24%
基金份额累计净值增长率	−1.03%	0.24%
基金收益分配	本年度每10份派现0.100元；成立以来每10份累计派现0.100元。	
期末基金份额持有人户数	基金份额持有人户数为100,265户，平均每户持有47,610.19份。	
期末基金份额持有人结构	机构投资者持有1,114,850,953.64份，占总份额23.35%；个人投资者持有3,658,784,837.69份，占总份额76.65%。	

基金净值增长率与业绩基准收益率对比图（单位：%）

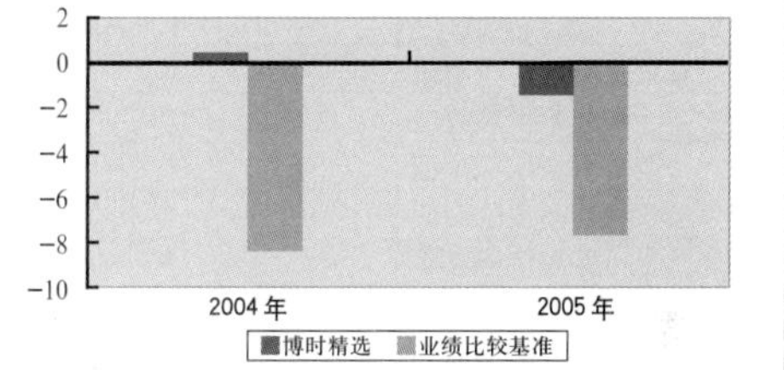

【基金业绩表现】

截至2005年12月31日，博时精选基金份额净值为0.9799元，全年净值增长−1.27%，同期上证指数下跌8.33%。

【基金管理团队】

陈丰先生：基金经理。硕士学历。1996年至1998年就读于上海财经大学证券期货学院，获经济学硕士学位。1998年至2000年在申银万国证券公司研究所工作。2000年加入博时基金管理有限公司，任研究员。2002年1月起任基金裕元基金经理助理，2003年7月起任基金裕泽基金经理。2004年6月起任博时精选基金基金经理。

【基金运作分析】

2005年，上证指数下跌8.33%，博时精选净值增长−1.27%，跌幅小于指数。在投资上值得反思的是：在大市值股票如长江电力、中石化、宝钢和交通运输行业，特别是高速公路板块投资了较多的比例，第三季度后这些股票表现较弱，拖累了基金的净值表现。但基金经理认为更主要的原因，并不是在于具体行业投资价值上的判断正确与否，而是博时精选在2005年的投资操作上主动性有所不足，表现在虽然看到了其他行业的投资机会，也增加了投资，但增加的比例不足，没有大幅度地改变行业配置比例，从中收益的幅度也相对有限，或者虽然看到其他行业出现了新的投资机会，但同时认为所投资行业的股票也具有相当的投资价值，采取的是较为保守的投资策略，并没有积极换仓，使组合整体的防御性较强而进攻性不足。

【季度投资组合一览】

项目 \ 季度	第一季度		第二季度		第三季度		第四季度	
基金资产净值	5,305,052,046.15元		4,931,687,439.19元		4,755,551,406.90元		4,677,478,155.69元	
基金份额	5,345,969,341.27份		5,200,314,446.37份		4,884,198,940.17份		4,773,635,791.33份	
基金份额净值	0.9923元		0.9483元		0.9737元		0.9799元	
基金资产组合	市值(元)	占总资产比例	市值(元)	占总资产比例	市值(元)	占总资产比例	市值(元)	占总资产比例
股票投资	3,350,219,414.85	62.71%	3,174,533,112.90	64.22%	3,314,775,427.51	69.54%	3,470,845,297.90	73.84%
债券投资	1,382,077,071.68	25.87%	1,407,032,708.47	28.46%	758,109,931.23	15.90%	971,893,356.73	20.68%
银行存款和清算备付金	508,835,102.31	9.52%	327,884,819.57	6.63%	682,808,328.10	14.32%	211,144,540.57	4.49%
其他资产	101,539,229.87	1.90%	33,934,283.81	0.69%	11,247,410.17	0.24%	46,582,251.31	0.99%

投资前五名股票明细	股票名称	市值(元)	占净值比例	股票名称	市值(元)	占净值比例	股票名称	市值(元)	占净值比例	股票名称	市值(元)	占净值比例
	西山煤电	165,286,175.12	3.12%	宝钢股份	263,954,641.20	5.35%	G长电	269,392,698.24	5.66%	G长电	292,084,176.32	6.24%
	宝钢股份	151,781,814.90	2.86%	现代投资	177,890,023.08	3.61%	G宝钢	191,160,152.36	4.02%	中国石化	214,036,209.22	4.58%
	福建高速	148,575,585.90	2.80%	福建高速	151,321,425.64	3.07%	现代投资	170,125,004.40	3.58%	G宝钢	184,013,978.44	3.93%
	鞍钢新轧	144,144,985.62	2.72%	中国联通	131,111,043.46	2.66%	福建高速	141,812,301.42	2.98%	现代投资	144,873,721.20	3.10%
	现代投资	143,259,458.44	2.70%	长江电力	114,620,067.28	2.32%	中国石化	133,397,827.08	2.81%	G万科A	142,022,796.75	3.04%

投资前五名债券明细	债券名称	市值(元)	占净值比例	债券名称	市值(元)	占净值比例	债券名称	市值(元)	占净值比例	债券名称	市值(元)	占净值比例
	04央行票据79	483,600,000.00	9.12%	04央行票据79	483,600,000.00	9.81%	农发0511	199,700,000.00	4.20%	05农发11	199,700,000.00	4.27%
	04央行票据77	290,220,000.00	5.47%	04央行票据77	290,220,000.00	5.88%	20国债(10)	70,897,449.70	1.49%	21国债(10)	79,752,000.00	1.71%
	20国债(4)	230,283,034.00	4.34%	20国债(4)	237,705,360.00	4.82%	晨鸣转债	68,580,394.96	1.44%	晨鸣转债	66,406,150.20	1.42%
	20国债(10)	168,839,989.20	3.18%	20国债(10)	170,881,585.20	3.46%	04国债(5)	66,619,000.00	1.40%	04国债(5)	66,164,000.00	1.41%
	晨鸣转债	70,197,980.67	1.32%	晨鸣转债	69,235,287.96	1.40%	招行转债	59,997,379.20	1.26%	招行转债	60,673,870.40	1.30%

博时主题行业股票证券投资基金

基本资料

基金简称	博时主题		交易代码	160505	
投资目标	分享中国城市化、工业化及消费升级进程中经济与资本市场的高速成长，谋求基金资产的长期稳定增长。				
业绩比较基准	80%×新华富时中国 A600 指数＋20%×新华富时中国国债指数				
风险收益特征	该基金是一只主动型的股票基金，基金的风险与预期收益都要高于平衡型基金，属于证券投资基金中的中高风险品种。力争在严格控制风险的前提下，谋求实现基金资产的长期稳定增长。				
合同生效日	2005 年 1 月 6 日	上市日期	2005 年 2 月 22 日	上市地点	深圳证券交易所
募集概况	首募规模	认购户数	募集日期		
	12.09 亿份	25154 户	2004 年 11 月 22 日至 2004 年 12 月 29 日		
基金费率	认购费率	申购费率	赎回费率	管理费率	托管费率
	不高于 1.00%	不高于 1.50%	不高于 0.50%	1.50%	0.25%
基金管理人	博时基金管理有限公司		基金托管人	中国建设银行股份有限公司	
审计机构	普华永道中天会计师事务所	法律顾问	国浩律师集团(北京)事务所	注册登记人	中国证券登记结算有限责任公司

财务指标 单位：人民币(元)

项目 \ 年度	2005 年 1 月 6 日至 2005 年 12 月 31 日
基金份额本期净收益	0.0336
期末可分配基金份额收益	0.0104
期末基金份额净值	1.0104
基金加权平均净值收益率	3.37%
本期基金份额净值增长率	3.09%
基金份额累计净值增长率	3.09%
基金收益分配	自基金合同生效以来每 10 份累计派现 0.210 元。
期末基金份额持有人户数	基金份额持有人户数为 14,790 户，平均每户持有 74,418.67 份。
期末基金份额持有人结构	机构投资者持有 630,029,959.72 份，占总份额 57.24%；个人投资者持有 470,622,155.57 份，占总份额 42.76%。

基金净值增长率与业绩基准收益率对比图（单位：%）

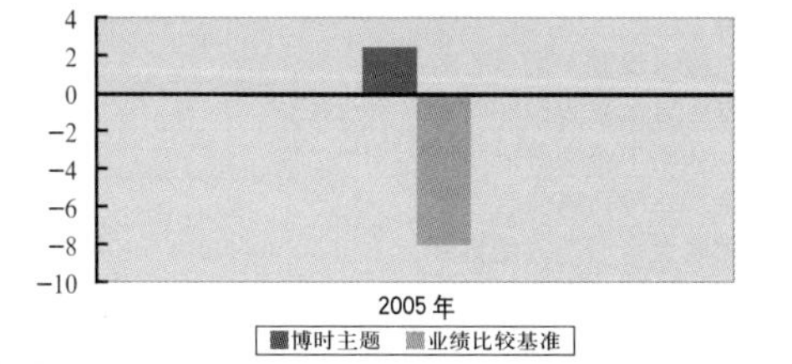

【基金业绩表现】

博时主题基金自 2005 年 1 月 6 日成立，截至 2005 年 12 月 31 日，基金净值增长 3.09%，超越同期业绩基准 11.02%。

【基金管理团队】

詹凌蔚先生：硕士。1998 年 9 月至 1999 年 8 月在中科信厦门证券营业部任投资咨询人员；1999 年 8 月至 2001 年 2 月，在上海中野投资管理公司工作；2001 年 2 月至 2004 年 5 月在融通基金管理有限公司，曾任研究员、部门副总监，基金管理部基金经理助理、新蓝筹基金经理、融通基金管理有限公司总经理助理。2004 年 6 月 21 日入职博时基金管理有限公司基金管理部，现任博时主题基金基金经理。

【基金运作分析】

2005 年是博时主题行业基金设立运作的第一个年份，按照基金合同要求该基金完成了基本的建仓任务，在交通运输基础设施、食品饮料、公用事业以及资源等四大行业超比例配置基金资产，同时还坚持自下而上与企业基础价值评估标准，选择值得长期持有的公司作为构建组合的基础。

从 2005 年下半年开始，基金管理人一直对 A 股市场的长、中、短期表现都给予相当乐观的期待，其主要依据包括：（1）公司估值已经到达相当合理水平；（2）货币供给相当充沛、市场长期风险溢价水平持续向下；（3）宏观经济持续向好，可能给上市公司的基本面带来大家意想不到的经营业绩好转；（4）制度创新与变革带来的估值溢价可能性的出现。

【季度投资组合一览】

项目 \ 季度	第一季度		第二季度		第三季度		第四季度	
基金资产净值	1,132,856,814.28 元		1,019,809,719.08 元		946,916,563.67 元		1,112,060,927.45 元	
基金份额	1,121,877,027.51 份		1,056,440,728.41 份		945,062,617.38 份		1,100,652,115.29 份	
基金份额净值	1.0098 元		0.9653 元		1.0020 元		1.0104 元	
基金资产组合	市值(元)	占总资产比例	市值(元)	占总资产比例	市值(元)	占总资产比例	市值(元)	占总资产比例
股票投资	594,814,914.84	52.24%	694,108,018.25	67.81%	676,450,202.31	70.65%	926,716,827.97	75.80%
债券投资	296,939,092.75	26.08%	183,366,476.05	17.91%	57,987,037.30	6.06%	34,205,909.40	2.80%
银行存款和清算备付金	243,894,978.96	21.42%	137,520,777.37	13.43%	221,529,601.68	23.14%	260,899,048.72	21.34%
其他资产	2,997,192.61	0.26%	8,608,197.96	0.84%	1,542,950.66	0.16%	757,544.45	0.06%

投资前五名股票明细	股票名称	市值(元)	占净值比例	股票名称	市值(元)	占净值比例	股票名称	市值(元)	占净值比例	股票名称	市值(元)	占净值比例
	皖通高速	32,089,604.39	2.83%	长江电力	42,153,229.38	4.13%	G 长 电	47,842,600.08	5.05%	皖通高速	69,993,888.00	6.29%
	粤高速A	31,422,920.28	2.77%	粤高速A	32,501,952.48	3.19%	粤高速A	38,827,915.98	4.10%	G 长 电	58,338,762.44	5.25%
	中国石化	31,159,810.00	2.75%	青岛啤酒	30,564,184.32	3.00%	青岛啤酒	34,517,458.56	3.65%	青岛啤酒	49,063,173.12	4.41%
	鞍钢新轧	26,735,083.80	2.36%	皖通高速	28,826,039.97	2.83%	招商地产	30,425,471.70	3.21%	招商地产	43,523,978.24	3.91%
	华电国际	26,070,492.50	2.30%	万 科 A	24,020,764.50	2.36%	中国石化	28,909,793.50	3.05%	粤高速A	39,076,032.45	3.51%

投资前五名债券明细	债券名称	市值(元)	占净值比例	债券名称	市值(元)	占净值比例	债券名称	市值(元)	占净值比例	债券名称	市值(元)	占净值比例
	05央行票据06	98,590,000.00	8.70%	05央行票据05	96,820,000.00	9.49%	招行转债	27,440,400.00	2.90%	晨鸣转债	19,329,882.00	1.74%
	05央行票据05	96,820,000.00	8.55%	招行转债	48,647,935.80	4.77%	晨鸣转债	19,985,812.00	2.11%	招行转债	14,876,027.40	1.34%
	招行转债	36,229,974.00	3.20%	晨鸣转债	20,176,662.00	1.98%	歌华转债	9,675,900.00	1.02%	——	——	——
	万科转2	21,430,683.15	1.89%	歌华转债	14,707,211.60	1.44%	万科转2	884,925.30	0.09%	——	——	——
	晨鸣转债	20,457,211.50	1.81%	营港转债	2,162,200.00	0.21%	——	——	——	——	——	——

博时稳定价值债券投资基金

基本资料						
基金简称	博时稳定			交易代码	050006	
投资目标	该基金属于高信用等级债券基金，投资目标是在追求价值稳定的基础上通过主动式管理及量化分析获得高于投资基准的回报。					
业绩比较基准	两年期定期存款利率(税后)					
风险收益特征	该基金为高信用等级的债券基金，组合久期严格控制在3年以内，属于低风险基金品种，预期收益高于货币市场基金，风险低于中期债券。					
合同生效日	2005年8月24日		上市日期	——	上市地点	——
募集概况	首募规模	认购户数	募集日期			
	45.80亿份	30850户	2005年7月18日至2005年8月19日			
基金费率	认购费率	申购费率	赎回费率	管理费率	托管费率	销售服务费率
	0	0	0	0.45%	0.15%	0.28%
基金管理人	博时基金管理有限公司		基金托管人	中国建设银行股份有限公司		
审计机构	普华永道会计师事务所	法律顾问	国浩律师集团(北京)事务所	注册登记人	博时基金管理有限公司	

财务指标　单位：人民币(元)

项目 \ 年度	2005年8月24日至2005年12月31日
基金份额本期净收益	0.0080
期末可分配基金份额收益	0.0077
期末基金份额净值	1.0011
基金加权平均净值收益率	0.80%
本期基金份额净值增长率	0.80%
基金份额累计净值增长率	0.80%
基金收益分配	自基金合同生效以来每10份累计派现0.069元。

基金净值增长率与业绩基准收益率对比图（单位：%）

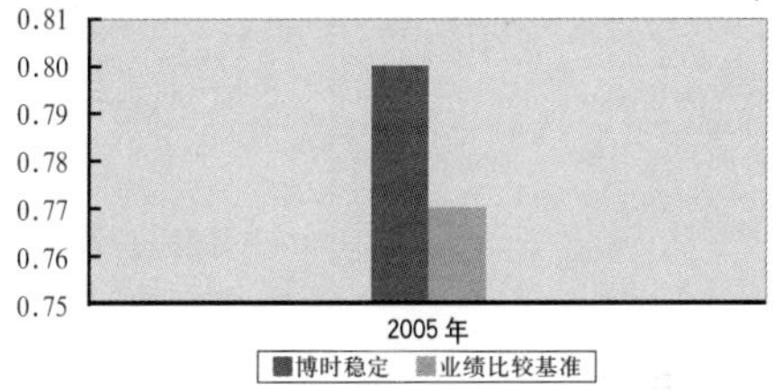

期末基金份额持有人户数	基金份额持有人户数为50,025户，平均每户持有198,188.75份。
期末基金份额持有人结构	机构投资者持有4,206,669,630.68份，占总份额42.43%；个人投资者持有5,707,722,796.05份，占总份额57.57%。

【基金业绩表现】

博时稳定基金合同生效于2005年8月24日，截至2005年12月31日，基金份额净值增长率为0.80%，90天年化收益率2.274%，跑赢基准两年期税后定期存款利率11个基点。

【基金管理团队】

过钧先生：MBA。1991至1995年在上海对外贸易学院经济系国际贸易专业学习，获经济学学士学位；1995至1996年在上海工艺品进出口公司工作，任外销员；1996至1997年在德累斯顿银行上海市分行工作，任信贷员；1997至1999年在美国Wake Forest大学商学院学习，获MBA学位；1999至2000年在美国GE资产公司工作，任风险分析员；2000至2001年在美国Babcock社区学院学习数学与计算机知识。2001至2005年在华夏基金管理有限公司固定收益部工作，任债券经理；2002年获得CFA资格；2005年3月14日入职博时基金管理有限公司，任固定收益部基金经理。

【基金运作分析】

博时稳定基金成立4个多月来，时间虽然较短，但经历了债市在9月到12月的大起—大落—再起的波折，对于组合安全保障和收益要求都提出了非常严峻的挑战，对基金的投资也提出了更高的要求。在这种情况下，该基金管理人在初始建仓期坚持了既有的思路，以市场利率为基准的浮息债和3年至6年为主的金融债的哑铃型策略为基本组合，在维持较低的组合波动率的同时获得与集中于3年期债券的子弹型策略类似的收益水平。而在随后的规模快速扩张期而市场利率处于低位时，采取了保存组合质量和维持较高的现金比例的策略，使组合在接下来的大跌中有效的维护了组合的安全性，并利用下跌中恐慌情绪带来的有利时机利用手里的现金大量买入现券，获得了宝贵的廉价债券，在随后的回暖中使组合获得了较高的静态收益率。另外，在这期间，由于手中持有较多的现金，导致博时稳定基金在一小段时间内净值增长较慢，使30天年化净值增长率处于较低水平，但管理人认为，牺牲目前一小段时间的收益换取未来的高收益品种，是值得的。

【季度投资组合一览】

项目 \ 季度	第四季度			
基金资产净值	9,925,406,007.77元			
基金份额	9,914,392,426.73份			
基金份额净值	1.0011元			
基金资产组合	市值(元)		占总资产比例	
债券投资	9,606,372,722.69		82.84%	
买入返售证券	1,306,400,000.00		11.27%	
银行存款和清算备付金	512,338,314.54		4.42%	
其他资产	170,876,588.54		1.47%	
投资前五名债券明细	序号	债券名称	市值(元)	占净值比例
	1	05工行01	1,297,325,592.82	13.07%
	2	05工行03	898,138,257.37	9.05%
	3	05国开22	499,514,794.38	5.03%
	4	05兴业01	499,291,780.73	5.03%
	5	05招行02	499,277,534.32	5.03%

2005年大事记

2月24日—公司发起设立的鹏华货币市场证券投资基金获中国证监会批准募集，通过中国农业银行和其他代销机构公开发售，基金托管人为中国农业银行。

3月23日—鹏华基金正式开通互联网购买开放式基金业务。

4月12日—鹏华货币市场证券投资基金正式成立。本次发行自2005年3月17日至4月5日全国范围展开，共募集基金资产净值超过33.54亿元人民币。

6 月 初 —全国社保理事会对鹏华基金进行考核，鹏华社保股票投资组合投资业绩蝉联第一，并获得了第二阶段的管理资格，追加资金4.5亿元。

6月28日—鹏华基金内刊《鹏华》杂志获“中国百佳优秀企业内刊”奖。

6月01日—自该日起至8月31日，鹏华基金开展“鹏华货币市场基金夏季热销活动”。

7月21日—鹏华基金开通旗下鹏华货币市场基金、鹏华中国50基金、普天债券基金、普天收益基金四只开放式基金的转换业务。上述四只基金的注册登记机构均为中国证券登记结算有限责任公司。

11月1日—在第二届“世界金融实验室年度大奖”(Annual Awards of World Finance Lab)评选活动中，鹏华基金再获殊荣，蝉联“2005年度中国十大最受尊敬的基金公司”，并接受了诺贝尔经济学奖得主罗伯特·蒙代尔教授的亲自颁奖。同时，鹏华行业成长基金以稳定增长的业绩荣获“2005年度中国十佳最具投资价值基金产品”称号，该基金基金经理杨建勋也被评为“2005年度中国25位最具影响力基金经理”。

11月10日—鹏华基金在成都举办“2005年机构投资者报告会”。公司高层、基金经理、资深研究员、市场营销人员与到会的部分机构投资者及媒体代表展开了全方位的交流。

11月18日—自该日起，鹏华基金开通鹏华货币市场基金、鹏华中国50基金及普天债券基金、普天收益基金四只开放式基金的定期定额投资业务。投资者可通过交通银行、国泰君安证券、招商证券、广发证券等指定基金代销机构提交申请，约定扣款时间和扣款金额，由该指定的代销机构于约定的扣款日在投资人指定资金账户内自动完成扣款和基金申购申请。这是继鹏华开通基金转换业务后推出的又一方便投资者的服务举措。

12月17日—鹏华基金七周年司庆在青青世界举行。司庆活动包括由趣味运动会、拖拉机大赛、晚会等项目组成。各总部员工济济一堂，节目精彩纷呈，体现了公司员工良好的精神面貌和凝聚力。

鹏华基金管理有限公司
PENGHUA PENGHUA FUND MANAGEMENT CO.,LTD

鹏华基金管理有限公司

法定名称	鹏华基金管理有限公司	英文名称	PENGHUA FUND MANAGEMENT CO.,LTD.
成立日期	1998年12月22日	注册资本	1.5亿元人民币
法人代表	孙 枫	总 经 理	孙煜扬
联系电话	0755-82021222	客服电话	400-6788-999 / 0755-82353668
传真号码	0755-82021112	公司网址	www.phfund.com.cn
注册地址	深圳市福田区福华三路与益田路交汇处深圳国际商会中心43层	办公地址	深圳市福田区福华三路与益田路交汇处深圳国际商会中心43层

● 发展概况

鹏华基金管理有限公司是中国内地首批成立的十家基金管理公司之一，公司成立于1998年12月22日，股东由国信证券有限公司、深圳市北融信投资发展有限公司、方正证券有限责任公司、安徽国元信托投资有限公司组成，公司注册资本现为15000万元。2002年12月，公司首批获得社保基金理事会批准，成为全国社会保障基金首批投资管理人之一。

在组织结构上，公司下设13个部门和两个分公司，分别是：基金管理部、机构理财部、资产管理部、研究部、交易室、市场营销部、投资者关系管理部、金融工程部、电子商务部、登记结算部、信息技术部、监察稽核部、总裁办公室以及北京分公司、上海分公司、西南销售中心、华中销售中心。在人员构成上，鹏华基金管理公司目前共有员工132人，其中55%具有硕士以上学历，近40%有5年以上的证券从业经验，近10%有在海外学习和工作的经验。

● 经营业绩

截至2005年12月31日，鹏华基金管理有限公司共管理基金普惠、基金普丰、基金普华、基金普润4只封闭式和鹏华行业成长、鹏华普天债券和普天收益、鹏华中国50、鹏华货币市场基金共5只开放式基金及3只社保基金投资组合，公司管理资产规模近300亿份，客户超过了30多万户。2005年6月，在全国社保理事会对首批6家社保投资管理人的考核中，鹏华社保股票投资组合投资业绩蝉联第一，并获得了第二阶段的管理资格。

近三年公司管理基金资产规模与基金数量

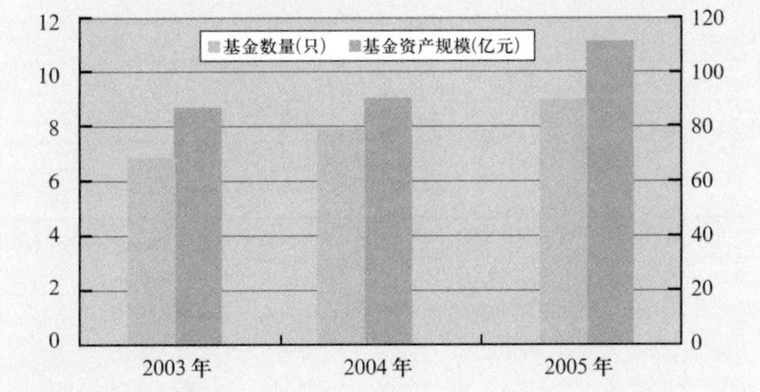

公司股东结构

股东名称	出资金额(万元)	出资比例(%)
国信证券有限责任公司	7500.00	50.00
深圳市北融信投资发展有限公司	2502.00	16.68
方正证券有限责任公司	2499.00	16.66
安徽国元信托投资有限责任公司	2499.00	16.66

2005年4月，鹏华基金管理有限公司顺利完成了旗下首只货币市场基金——鹏华货币市场基金的募集设立，鹏华货币市场基金合同生效于2005年4月12日，共募集基金份额33.54亿份，鹏华货币市场基金的设立进一步完善了公司旗下产品线的布局。

在投资业绩上，2005年鹏华旗下基金整体业绩大幅度提升。在上证指数全年下跌8.21%的市场环境下，旗下4只封闭式基金平均净值增长5.27%，其中基金普丰全年净值增长6.86%，在54只封闭式基金排第11名；旗下3只开放式股票基金平均净值增长5.52%。其中，鹏华行业成长、鹏华普天债券基金均达到了8.5%以上的年净值增长率。在晨星(Morningstar)公布的2005年净值增长率数据中，公司旗下开放式基金鹏华行业成长基金、鹏华中国50基金、普天收益基金和旗下封闭式基金基金普丰、基金普润、基金普华均排在同类基金50%以上行列。其中，普天债券基金净值增长率在债券型基金中排名第四，鹏华中国50基金在同期成立的18只股票型基金中净值增长率排名第三，鹏华行业成长基金和基金普丰在全年大部分时间里一直稳居第一梯队。

在客户服务方面，鹏华基金坚持不断创新，为提高公司对客户的服务质量和服务水平，2005年初鹏华在业内首推“客户服务质量监督员制度”，建立了多项客户服务监督举措，主动接受基金份额持有人以及相关人士监督，此项创新制度标志着国内基金客服质量监督第一次正式运作，由此鹏华以“客户服务质量监督员制度创新”荣获深圳市证券业协会主办的2005年度金融创新奖。

公司高管介绍

孙枫先生：董事长。国际金融专业硕士，高级会计师，中国注册会计师。历任武汉市经济研究所室负责人、副所长，武汉市一轻工业局副局长，武汉友谊复印机制造公司副经理，武汉市一轻工业局副局长，深圳市财政局企财处处长、办公室主任，平安保险公司第二、三届董事会董事，深圳市财政局副局长、党组成员，深圳商业银行董事长、党委书记，深圳发展银行董事长、党委书记。现任鹏华基金管理有限公司董事长、党委书记。

孙煜扬先生：董事、总裁。经济学博士，法学硕士。历任贵州省政府经济体制改革委员会主任科员、深圳市委政策研究室副处长、深圳证券结算公司常务副总经理、深圳证券交易所首任行政总监、香港深业(集团)有限公司助理总经理、香港深业控股有限公司(上市公司)副总经理、中国高新技术产业投资管理有限公司董事长兼行政总裁，现任鹏华基金管理有限公司总裁。

普惠证券投资基金

基本资料

基金简称	基金普惠		交易代码	184689	
投资目标	为投资者减少和分散投资风险，确保基金资产的安全并谋求基金长期稳定的投资收益。				
业绩比较基准	无	风险收益特征	无		
合同生效日	1999年1月6日	上市日期	1999年1月27日	上市地点	深圳证券交易所
基金总份额	20亿份	存续期	15年		
基金管理人	鹏华基金管理有限公司	基金托管人	交通银行股份有限公司		
审计机构	安永华明会计师事务所	法律顾问	信达律师事务所	注册登记人	——

财务指标 单位：人民币(元)

项目 \ 年度	2005年度	2004年度	2003年度
基金份额本期净收益	−0.0873	0.0152	−0.0035
期末可分配基金份额收益	−0.0966	−0.0586	−0.0245
期末基金份额净值	0.9728	0.9414	1.0471
基金加权平均净值收益率	−9.30%	1.43%	−0.36%
本期基金份额净值增长率	3.34%	−10.09%	18.32%
基金份额累计净值增长率	50.87%	46.02%	62.41%
基金收益分配	本年度未实现收益分配；成立以来每10份累计派现6.620元。		

基金净值增长率与业绩基准收益率对比图（单位：%）

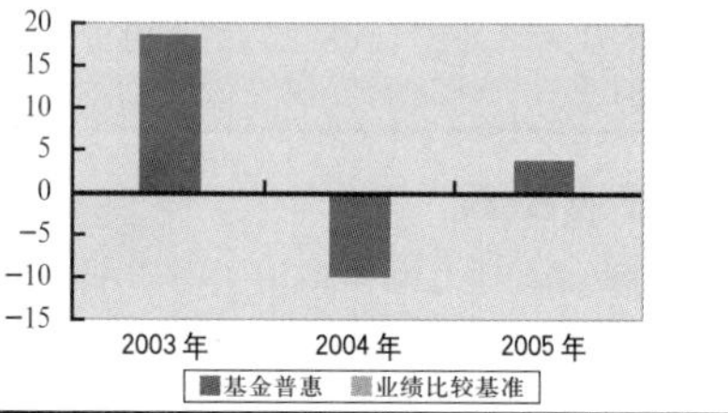

期末基金份额持有人户数	基金份额持有人户数为72,316户，平均每户持有27,656.40份。
期末基金份额持有人结构	机构投资者持有1,046,510,731份，占总份额52.33%；个人投资者持有953,489,269份，占总份额47.67%。

【基金业绩表现】

截至2005年12月31日，基金普惠份额净值为0.9728，全年净值增长3.34%，同期上证指数下跌8.33%。

【基金管理团队】

黄中先生：基金经理。中欧EMBA。13年证券从业经验，曾在华夏证券有限责任公司和国信证券有限责任公司从事投资银行及投资管理工作。1999年加盟鹏华基金管理有限公司，曾从事研究工作和基金普惠基金经理助理工作，2001年9月接任基金普惠基金经理。

【基金运作分析】

2005年证券市场的关键词无疑应该是股改、券商整顿、市场的制度建设等。从5月份开始的股权分置改革，以及由此带来的估值变革贯穿了2005年的投资主线。

在2005年的投资中，基金普惠始终坚持行业均衡配置，同时根据对各行业景气度的判断以及对个股的判断，适当调整行业配置权重。在第一季度对交通运输、酒店旅游行业进行了超配，个股方面主要投资了华侨城和铁龙物流。第二季度大盘在下跌中渡过，市场处于股权分置带来的估值迷茫之中。这期间，关于中国宏观经济走势的争论也使证券市场失去了方向，伴随着对问题券商的整顿，市场在第二季度创下了998点的历史新低。在第三和第四季度，市场在股改全面铺开中，走出了一波对价行情，伴随着对股改预期的大小，国资委对股改态度的变化，行情也是一波三折，投机之风甚嚣尘上。期间基金重仓持有的蓝筹股并没有超额表现。该基金在此期间，组合没有大的变化，在“自主创新”类公司中有选择性地配置了部分资产，如新大陆、火箭股份、中兴通讯等。

基金普惠在2005年的投资中，坚持行业均衡配置和个股挖掘相结合，同时注意控制行业配置权重和个股的配置权重，有效控制了风险，取得了较稳定的投资业绩。不足之处是在九月份的权证创新中没有抓到投资机会，收益不大。

【季度投资组合一览】

项目 \ 季度	第一季度			第二季度			第三季度			第四季度		
基金资产净值	1,873,362,405.77元			1,811,550,670.11元			1,935,258,720.33元			1,945,556,085.24元		
基金份额净值	0.9367元			0.9058元			0.9676元			0.9728元		
基金资产组合	市值(元)		占总资产比例	市值(元)		占总资产比例	市值(元)		占总资产比例	市值(元)		占总资产比例
股票投资	1,207,823,748.06		64.29%	1,133,727,741.23		62.41%	1,434,214,502.54		73.86%	1,356,005,906.76		69.34%
债券投资	533,216,558.82		28.38%	472,292,606.11		26.00%	438,993,340.55		22.61%	414,073,271.90		21.17%
银行存款和清算备付金	54,712,886.41		2.91%	191,127,227.03		10.52%	56,840,144.94		2.93%	163,540,377.84		8.37%
其他资产	83,008,808.49		4.42%	19,425,630.05		1.07%	10,594,811.45		0.55%	21,872,775.20		1.12%
投资前五名股票明细	股票名称	市值(元)	占净值比例	股票名称	市值(元)	占净值比例	股票名称	市值(元)	占净值比例	股票名称	市值(元)	占净值比例
	铁龙物流	93,619,049.04	5.00%	华侨城A	97,046,294.84	5.36%	铁龙物流	102,822,446.11	5.31%	华侨城A	137,726,140.60	7.08%
	华侨城A	84,897,126.00	4.53%	铁龙物流	73,862,496.85	4.08%	华侨城A	100,789,298.64	5.21%	铁龙物流	92,615,175.87	4.76%
	盐田港A	76,536,557.60	4.09%	上海机场	72,227,164.40	3.99%	盐田港A	76,398,040.95	3.95%	盐田港A	83,294,554.00	4.28%
	中兴通讯	72,710,435.42	3.88%	国投电力	66,032,928.30	3.65%	上海机场	75,335,531.80	3.89%	G民生	76,545,606.24	3.93%
	国投电力	55,042,569.78	2.94%	盐田港A	60,966,635.30	3.37%	G长电	72,604,466.57	3.75%	G中兴	73,587,737.11	3.78%
投资前五名债券明细	债券名称	市值(元)	占净值比例	债券名称	市值(元)	占净值比例	债券名称	市值(元)	占净值比例	债券名称	市值(元)	占净值比例
	00国债12	175,508,000.00	9.37%	00国债12	175,508,000.00	9.69%	00国债12	175,508,000.00	9.07%	00国债12	175,508,000.00	9.02%
	20国债(4)	73,450,295.20	3.92%	20国债(4)	75,831,192.30	4.19%	20国债(4)	77,017,837.50	3.98%	20国债(4)	76,721,176.20	3.94%
	21国债(3)	57,078,582.00	3.05%	21国债(3)	58,094,784.00	3.21%	21国债(3)	58,768,446.00	3.04%	21国债(3)	58,357,398.00	3.00%
	04国债(11)	50,450,000.00	2.69%	04国债(11)	50,855,000.00	2.81%	04国债(11)	51,000,000.00	2.64%	04国债(11)	50,680,000.00	2.60%
	04国债(5)	47,510,000.00	2.54%	04进出02	41,608,000.00	2.30%	04进出02	41,608,000.00	2.15%	04进出02	41,608,000.00	2.14%

普丰证券投资基金

基本资料					
基金简称	基金普丰	交易代码	184693		
投资目标	导入指数化投资概念，增加投资广度，分散投资风险，同时贯彻绩优、成长的选股原则。通过指数化投资和优化组合投资两种模式的积极结合，实现风险与收益的有效平衡，力争使基金取得超过市场平均收益率以上的投资收益，实现基金资产的长期稳定增值。				
业绩比较基准	无	风险收益特征	无		
合同生效日	1999年7月14日	上市日期	1999年7月30日	上市地点	深圳证券交易所
基金总份额	30亿份	存 续 期	15年		
基金管理人	鹏华基金管理有限公司	基金托管人	中国工商银行股份有限公司		
审计机构	普华永道中天会计师事务所	法律顾问	信达律师事务所	注册登记人	——

财务指标　　单位：人民币(元)

项目＼年度	2005年度	2004年度	2003年度
基金份额本期净收益	−0.0555	−0.0363	−0.0086
期末可分配基金份额收益	−0.1116	−0.1135	−0.0199
期末基金份额净值	0.9473	0.8865	0.9895
基金加权平均净值收益率	−6.18%	−3.73%	−0.93%
本期基金份额净值增长率	6.86%	−10.41%	14.09%
基金份额累计净值增长率	16.57%	9.09%	22.69%
基金收益分配	本年度未实现收益分配；成立以来每10份累计派现2.810元。		

基金净值增长率与业绩基准收益率对比图（单位：%）

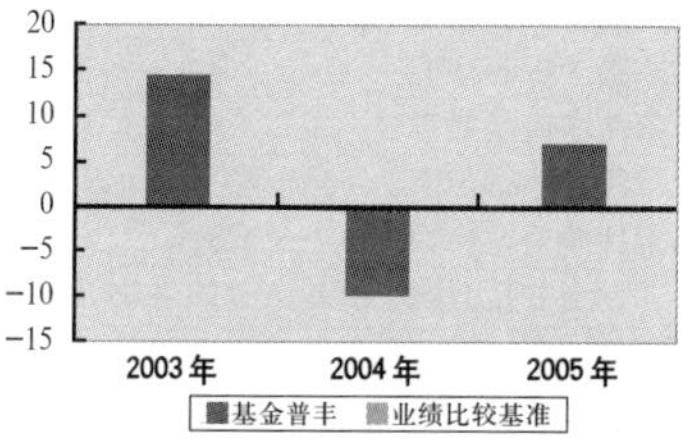

期末基金份额持有人户数	基金份额持有人户数为104,135户，平均每户持有28,808.76份。
期末基金份额持有人结构	机构投资者持有1,272,136,804份，占总份额42.40%；个人投资者持有1,727,863,196份，占总份额57.60%。

【基金业绩表现】

截至2005年12月31日，普丰基金年净值增长率为6.86%，同期深圳综指下跌11.73%。

【基金管理团队】

易贵海先生：基金经理。经济学硕士。历任大鹏证券资产管理中心部门经理，兆富投资有限公司投资部经理，长盛基金管理有限公司同盛基金经理助理、基金经理。2004年2月加入鹏华基金管理有限公司。

【基金运作分析】

2005年，宏观经济增长回落和股权分置改革的大背景下，深沪A股市场出现了一些微妙的变化。归纳起来有如下几个方面：1.随着股权分置改革的进行，公司治理结构的逐步向好，市场预期趋于明晰，市场信心逐渐恢复；2.整体估值水平进一步下降，市场机会显现，特别是具有核心竞争力的上市公司投资机会凸现；3.机构投资者多元化，市场内资金流向逐步由负转正。

基于上述分析，该基金管理人在加强研究和对上市公司调研的基础上，在稳健和分散的行业配置策略下，做了适度的集中；重点配置了年初看好的银行和地产，重仓持有了招商银行、华侨城、海油工程、民生银行等基金重仓股，还挖掘了天威保变、海螺水泥、长电科技等非基金重仓品种。在中长期配置的基础上，管理人基于对行业和公司基本面因素的分析判断，还加大了股票的波段操作力度，比较成功的例子有：深中集、盐田港、中国联通、武钢股份等等。

展望2006年，总体而言，全流通的不确定性和市场估值具有吸引力这一对矛盾将主导着市场的演变和发展；经历2005年的洗礼，2006年应该是希望多于挑战的一年。

【季度投资组合一览】

项目＼季度	第一季度		第二季度		第三季度		第四季度	
基金资产净值	2,652,236,275.86元		2,607,807,647.25元		2,774,491,827.69元		2,841,990,504.60元	
基金份额净值	0.8841元		0.8693元		0.9248元		0.9473元	
基金资产组合	市值(元)	占总资产比例	市值(元)	占总资产比例	市值(元)	占总资产比例	市值(元)	占总资产比例
股票投资	1,817,083,809.30	65.93%	1,803,838,086.01	68.97%	1,937,831,984.22	69.64%	2,040,919,561.36	71.26%
债券投资	708,799,375.80	25.72%	661,146,918.57	25.28%	612,334,452.64	22.01%	581,991,400.04	20.32%
银行存款和清算备付金	128,435,952.36	4.66%	120,086,876.16	4.59%	217,847,742.64	7.83%	234,921,881.31	8.20%
其他资产	101,629,003.46	3.69%	30,472,226.86	1.16%	14,480,139.42	0.52%	6,236,702.71	0.22%

	股票名称	市值(元)	占净值比例	股票名称	市值(元)	占净值比例	股票名称	市值(元)	占净值比例	股票名称	市值(元)	占净值比例
积极投资前五名股票明细	招商银行	189,588,000.00	7.15%	招商银行	200,133,000.00	7.67%	G长电	199,779,028.80	7.20%	招商银行	191,557,800.00	6.74%
	海油工程	122,660,039.12	4.62%	长江电力	154,654,890.39	5.93%	招商银行	187,945,200.00	6.77%	海油工程	120,579,606.00	4.24%
	长江电力	105,127,161.60	3.96%	海油工程	129,107,866.23	4.95%	海油工程	135,012,139.56	4.87%	G长电	92,568,000.00	3.26%
	大商股份	57,005,397.80	2.15%	天津港	69,473,528.40	2.66%	民生银行	91,140,969.64	3.28%	G民生	90,669,113.76	3.19%
	中国石化	54,836,846.10	2.07%	中国石化	63,269,057.10	2.43%	中国石化	86,271,008.32	3.11%	伊利股份	82,045,330.92	2.89%
投资前五名债券明细	债券名称	市值(元)	占净值比例	债券名称	市值(元)	占净值比例	债券名称	市值(元)	占净值比例	债券名称	市值(元)	占净值比例
	00国债12	134,212,000.00	5.06%	00国债12	134,212,000.00	5.15%	05国债10	167,965,100.00	6.05%	00国债12	134,212,000.00	4.72%
	04国债(5)	114,024,000.00	4.30%	04国债(5)	110,133,673.67	4.22%	00国债12	134,212,000.00	4.84%	05国债10	128,443,900.00	4.52%
	20国债(4)	91,707,860.00	3.46%	招行转债	106,290,435.60	4.08%	05国债02	78,346,480.00	2.82%	05国债02	58,759,860.00	2.07%
	招行转债	90,709,198.80	3.42%	05国债02	78,346,480.00	3.00%	04国债(11)	56,100,000.00	2.02%	04国债(11)	55,748,000.00	1.96%
	05国债02	78,346,480.00	2.95%	04国债(11)	55,940,500.00	2.15%	21国债(3)	48,466,210.80	1.75%	02国债(14)	50,100,761.40	1.76%

普润证券投资基金

基本资料					
基金简称	基金普润	交易代码	500019		
投资目标	在规避风险的前提下采取积极进取的投资策略，谋求基金资产增值和收益的最大化。				
业绩比较基准	无	风险收益特征	无		
合同生效日	2000年7月31日	上市日期	2001年9月4日	上市地点	上海证券交易所
基金总份额	5亿份	存 续 期	15年		
基金管理人	鹏华基金管理有限公司	基金托管人	中国工商银行股份有限公司		
审计机构	安永华明会计师事务所	法律顾问	信达律师事务所	注册登记人	——

财务指标　　单位：人民币(元)

项目 \ 年度	2005年度	2004年度	2003年度
基金份额本期净收益	−0.0481	0.0295	−0.0495
期末可分配基金份额收益	−0.1363	−0.1044	−0.1177
期末基金份额净值	0.9553	0.8956	0.9461
基金加权平均净值收益率	−5.28%	3.05%	−5.55%
本期基金份额净值增长率	6.67%	−5.34%	11.78%
基金份额累计净值增长率	−4.28%	−10.26%	−5.21%
基金收益分配	自基金合同生效以来未实现收益分配。		
期末基金份额持有人户数	基金份额持有人户数为16,920户，平均每户持有29,550.83份。		
期末基金份额持有人结构	机构投资者持有333,884,547份，占总份额66.78%；个人投资者持有166,115,453份，占总份额33.22%。		

基金净值增长率与业绩基准收益率对比图（单位：%）

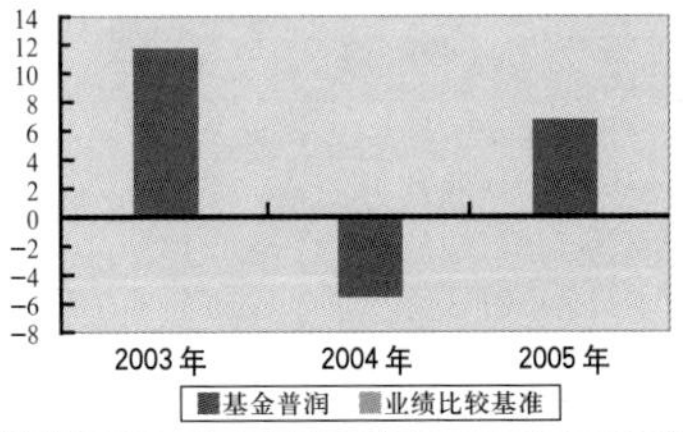

【基金业绩表现】

截至2005年12月31日，普润基金净值为0.9553元，全年净值增长6.67%，而同期上证综指和深圳综指分别下跌了8.33%和11.74%。

【基金管理团队】

杨建勋先生：基金经理。2000年毕业于北京大学经济学院，获经济学硕士学位，CFA。具有4年证券从业经验。2000年7月加入鹏华基金管理有限公司，先后任研究员、普丰基金基金经理助理、鹏华中国50基金基金经理助理。

黄敬东先生：工学硕士，6年证券行业从业经验。2000年任南方证券研究所行业研究员。2005年2月加入鹏华基金管理有限公司任行业研究员，现任普润基金及鹏华行业成长基金经理助理。

【基金运作分析】

2005年，普润基金总体表现比较稳定，基本没有出现大起大落的情形，主要得益于仓位的稳定和组合配置的相对均衡，由于没有对行业和个股过分集中投资的情形，因此即使某些板块如高速公路的投资不太理想，也没有对基金的整体业绩造成太大的影响。

展望2006年，基金管理人总体认为：市场将面临重大变革，宏观经济减速、新老划断、全流通发行等因素都将对市场产生深刻影响，市场投资主题将趋于多元化，行业和个股轮动加快，投资机会增加的同时，操作难度也将会加大。普润基金在新的一年将继续遵循均衡配置的策略，在下游侧重自上而下选股，在上游侧重自下而上选股，并重点关注那些估值接轨、具有持续成长潜力、拥有创新产品、技术特别是创新制度的上市公司。

面对机遇与风险并存的2006年，该基金管理人将继续勤奋工作，通过自己的努力，不断为持有人带来更好的回报。

【季度投资组合一览】

项目 \ 季度	第一季度		第二季度		第三季度		第四季度	
基金资产净值	450,940,268.69元		441,998,896.39元		472,940,808.77元		477,642,433.13元	
基金份额净值	0.9019元		0.8840元		0.9459元		0.9553元	
基金资产组合	市值(元)	占总资产比例	市值(元)	占总资产比例	市值(元)	占总资产比例	市值(元)	占总资产比例
股票投资	340,725,456.12	64.77%	309,028,411.96	69.60%	368,324,566.40	77.29%	366,066,643.13	75.79%
债券投资	106,768,226.66	20.30%	106,591,014.40	24.01%	97,041,946.79	20.36%	103,266,745.29	21.38%
银行存款和清算备付金	1,318,903.81	0.25%	26,397,490.52	5.94%	8,954,218.83	1.88%	11,534,232.01	2.39%
其他资产	77,228,017.66	14.68%	1,984,737.74	0.45%	2,241,473.61	0.47%	2,153,081.79	0.44%

	股票名称	市值(元)	占净值比例	股票名称	市值(元)	占净值比例	股票名称	市值(元)	占净值比例	股票名称	市值(元)	占净值比例
投资前五名股票明细	上港集箱	18,751,898.38	4.16%	上海机场	19,862,663.60	4.49%	海油工程	27,332,534.88	5.78%	海油工程	22,822,199.82	4.78%
	上海机场	18,005,285.32	3.99%	海油工程	19,155,785.04	4.33%	上海机场	20,134,444.90	4.26%	G民生	17,041,001.28	3.57%
	长江电力	17,304,021.23	3.84%	长江电力	15,308,248.41	3.46%	G长电	19,244,286.97	4.07%	G中兴	15,138,496.77	3.17%
	武钢股份	17,295,058.00	3.84%	赣粤高速	14,715,325.04	3.33%	G宝钢	16,023,108.76	3.39%	G长电	14,546,949.84	3.05%
	中兴通讯	15,716,048.04	3.49%	招商银行	13,826,852.41	3.13%	民生银行	15,373,400.00	3.25%	赣粤高速	14,141,079.42	2.96%
	债券名称	市值(元)	占净值比例	债券名称	市值(元)	占净值比例	债券名称	市值(元)	占净值比例	债券名称	市值(元)	占净值比例
投资前五名债券明细	21国债(3)	24,925,014.00	5.53%	21国债(3)	25,368,768.00	5.74%	21国债(3)	25,662,942.00	5.43%	21国债(15)	32,483,550.90	6.80%
	20国债(4)	22,223,284.00	4.93%	20国债(4)	22,943,653.50	5.19%	20国债(4)	23,302,687.50	4.93%	20国债(4)	23,212,929.00	4.86%
	21国债(15)	16,233,140.00	3.60%	21国债(15)	14,826,420.00	3.35%	21国债(15)	15,224,751.10	3.22%	21国债(3)	16,923,543.20	3.54%
	99国债(5)	12,710,864.00	2.82%	99国债(5)	12,856,908.00	2.91%	99国债(5)	12,986,585.00	2.75%	99国债(5)	12,840,541.00	2.69%
	铜都转债	11,556,844.20	2.56%	铜都转债	10,806,783.71	2.45%	04国债05	10,751,581.19	2.27%	04国债05	10,751,581.19	2.25%

普华证券投资基金

基本资料					
基金简称	基金普华	交易代码	184711		
投资目标	在规避风险的前提下采取积极进取的投资策略，谋求基金资产增值和收益的最大化。				
业绩比较基准	无	风险收益特征	无		
合同生效日	2000年7月31日	上市日期	2001年8月28日	上市地点	深圳证券交易所
基金总份额	5亿份	存 续 期	15年		
基金管理人	鹏华基金管理有限公司	基金托管人	中国工商银行股份有限公司		
审计机构	深圳大华天诚会计师事务所	法律顾问	信达律师事务所	注册登记人	——

财务指标　　单位：人民币(元)

项目 \ 年度	2005年度	2004年度	2003年度
基金份额本期净收益	−0.0355	−0.0782	−0.1151
期末可分配基金份额收益	−0.2765	−0.2638	−0.1628
期末基金份额净值	0.7673	0.7362	0.8599
基金加权平均净值收益率	−4.84%	−9.39%	−13.56%
本期基金份额净值增长率	4.22%	−14.39%	6.44%
基金份额累计净值增长率	−25.85%	−28.85%	−16.90%
基金收益分配	自基金合同生效以来未实现收益分配。		
期末基金份额持有人户数	基金份额持有人户数为15,769户，平均每户持有31,707.78份。		
期末基金份额持有人结构	机构投资者持有294,420,312份，占总份额58.88%；个人投资者持有205,579,688份，占总份额41.12%。		

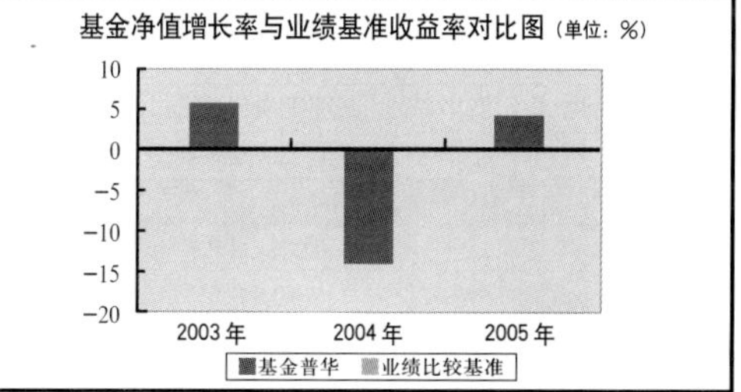

【基金业绩表现】

截至2005年12月31日，基金普华净值为0.7673元，全年净值增长4.22%，而同期上证综指和深圳综指分别下跌了8.33%和11.74%。

【基金管理团队】

程世杰先生：基金经理。经济学硕士，8年金融证券从业经历。2001年5月加盟鹏华基金管理有限公司，历任行业研究员、鹏华中国50基金经理助理。

【基金运作分析】

2005年A股市场延续下跌走势，并创出新低，上证指数一度跌破千点大关，年跌8.33%，深证综指下跌11.74%，普华基金年末份额净值为0.7673元，较年初上涨4.22%。

周期性行业见顶回落、宏观调控、人民币升值和股权分置改革等成为影响2005年股市发展的主要因素，随着QFII的正式引入，国内证券市场国际化步伐加快，市场结构分化进一步加剧。操作上，普华基金采取均衡配置、适度分散的投资策略，控制行业和重仓个股的集中度，以防御为主。本年内，基金普华对华侨城、苏宁电器等个股的投资较为成功，但重仓持有的交通运输等行业下半年严重落后大盘，另外，该基金在市场表现较好的商业、银行等行业配置不足，一定程度上影响了基金的净值表现。

展望2006年，该基金管理人认为尽管还存在宏观经济减速、新老划断、再融资和IPO开闸等问题，但考虑到股改对价和全流通后公司治理结构改善等因素，许多优质蓝筹股票已具有非常明显的投资价值，股票市场的吸引力在不断增强，存在较大的投资机会。股权分置改革是我国证券市场的一项重大制度性变革，必将对我国资本市场发展产生广泛而深远的影响，市场并未对此作出充分的认识和反应，同时认为市场对于本轮经济调整过于担忧，反应过度。因此，普华基金将继续保持相对较高的股票仓位，并不断进行投资组合的调整和优化，力争为基金持有人取得良好的投资回报。

【季度投资组合一览】

项目 \ 季度	第一季度		第二季度		第三季度		第四季度	
基金资产净值	367,970,706.83元		353,970,809.04元		376,335,213.67元		383,631,893.76元	
基金份额净值	0.7359元		0.7079元		0.7527元		0.7673元	
基金资产组合	市值(元)	占总资产比例	市值(元)	占总资产比例	市值(元)	占总资产比例	市值(元)	占总资产比例
股票投资	270,460,973.77	60.83%	247,951,415.81	69.87%	284,984,715.99	75.50%	280,765,323.48	72.95%
债券投资	92,064,114.40	20.71%	82,235,692.84	23.17%	88,239,747.74	23.38%	83,544,725.84	21.71%
银行存款和清算备付金	6,864,718.67	1.54%	22,454, 370.99	6.33%	1,883,500.14	0.50%	18,796,200.25	4.88%
其他资产	75,251,321.48	16.92%	2,241,121.26	0.63%	2,341,704.95	0.62%	1,787,970.83	0.46%

	第一季度			第二季度			第三季度			第四季度		
投资前五名股票明细	股票名称	市值(元)	占净值比例	股票名称	市值(元)	占净值比例	股票名称	市值(元)	占净值比例	股票名称	市值(元)	占净值比例
	武钢股份	18,867,632.74	5.13%	上海机场	16,370,256.00	4.62%	上海机场	17,059,439.00	4.53%	G 民 生	16,849,012.80	4.39%
	华侨城A	14,473,040.00	3.93%	长江电力	14,840,214.48	4.19%	G 长 电	16,147,121.19	4.29%	G 长 电	14,686,588.32	3.83%
	中兴通讯	13,294,683.78	3.61%	华侨城A	14,408,039.26	4.07%	武钢股份	14,571,090.08	3.87%	G 中 兴	13,220,111.01	3.45%
	上港集箱	11,813,787.32	3.21%	赣粤高速	10,796,800.00	3.05%	海油工程	11,768,330.88	3.13%	中国联通	11,240,000.00	2.93%
	华泰股份	11,552,359.75	3.14%	上港集箱	10,092,567.60	2.85%	赣粤高速	11,692,258.00	3.11%	赣粤高速	11,039,953.08	2.88%
投资前五名债券明细	债券名称	市值(元)	占净值比例	债券名称	市值(元)	占净值比例	债券名称	市值(元)	占净值比例	债券名称	市值(元)	占净值比例
	21国债(15)	34,715,450.00	9.43%	21国债(15)	35,659,750.00	10.07%	21国债(15)	36,320,050.00	9.65%	21国债(15)	38,208,750.00	9.96%
	99国债(8)	24,890,550.00	6.76%	99国债(8)	16,676,550.00	4.71%	99国债(8)	16,996,650.00	4.52%	99国债(8)	16,891,050.00	4.40%
	99国债(5)	13,629,600.00	3.70%	99国债5	13,637,205.54	3.85%	99国债5	13,637,205.54	3.62%	99国债5	13,637,205.54	3.55%
	02国债(10)	9,398,000.00	2.55%	02国债(10)	9,738,000.00	2.75%	02国债(10)	9,954,000.00	2.64%	02国债(10)	9,923,000.00	2.59%
	华菱转债	2,941,470.00	0.80%	晨鸣转债	2,691,692.50	0.76%	招行转债	6,885,042.20	1.83%	招行转债	4,884,720.30	1.27%

鹏华行业成长证券投资基金

基本资料

基金简称	鹏华行业成长		交易代码	206001	
投资目标	在控制风险的前提下谋求基金资产的长期稳定增值。				
业绩比较基准	中信综合指数涨跌幅×80%+中信国债指数涨跌幅×20%				
风险收益特征	该基金属于中高风险的基金品种，其长期平均的风险和预期收益低于积极成长型基金，高于指数型基金、货币市场基金、纯债券基金和国债。				
合同生效日	2002年5月24日	上市日期	——	上市地点	——
募集概况	首募规模	认购户数	募集日期		
	39.77亿份	105045户	2002年4月22日至2002年5月18日		
基金费率	认购费率	申购费率	赎回费率	管理费率	托管费率
	不高于1.20%	不高于1.60%	0.50%	1.50%	0.25%
基金管理人	鹏华基金管理有限公司		基金托管人	中国工商银行股份有限公司	
审计机构	普华永道中天会计师事务所	法律顾问	北京市德恒律师事务所	注册登记人	鹏华基金管理有限公司

财务指标 单位：人民币(元)

项目 \ 年度	2005年度	2004年度	2003年度
基金份额本期净收益	-0.0485	0.0643	0.0026
期末可分配基金份额收益	-0.1008	-0.1534	-0.0405
期末基金份额净值	0.9162	0.8466	0.9971
基金加权平均净值收益率	-5.56%	6.81%	0.28%
本期基金份额净值增长率	8.22%	-10.10%	16.85%
基金份额累计净值增长率	-3.01%	-10.38%	-0.32%
基金收益分配	本年度未实现收益分配；成立以来每10份累计派现0.600元。		
期末基金份额持有人户数	基金份额持有人户数为27,880户，平均每户持有41,164.00份。		
期末基金份额持有人结构	机构投资者持有629,022,004.79份，占总份额54.81%；个人投资者持有518,630,379.84份，占总份额45.19%。		

基金净值增长率与业绩基准收益率对比图（单位：%）

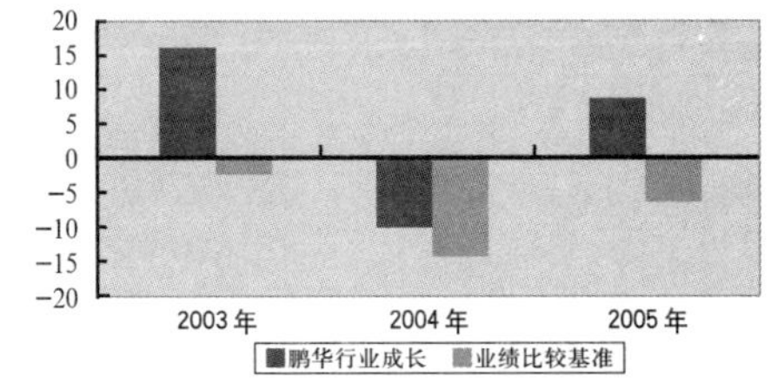

【基金业绩表现】

截至2005年12月31日，鹏华行业成长基金净值为0.9162元，全年上涨0.0696元，涨幅8.22%，而同期上证综指和深圳综指分别下跌了8.33%和11.74%，该基金不仅超越了基准指数，而且在同类基金中表现良好。

【基金管理团队】

杨建勋先生：基金经理。2000年毕业于北京大学经济学院，获经济学硕士学位，CFA。具有4年证券从业经验。2000年7月加入鹏华基金管理有限公司，先后任研究员、普丰基金基金经理助理、鹏华中国50基金基金经理助理。

黄敬东先生：工学硕士，6年证券行业从业经验。2000年任南方证券研究所行业研究员。2005年2月加入鹏华基金管理有限公司任行业研究员，现任普润基金及鹏华行业成长基金经理助理。

【基金运作分析】

2005年上半年，针对市场的弱势，该基金管理人较好地将仓位控制在了较低水平，从而回避了大盘持续下跌所带来的风险，同时，在行业和个股的选择上，更多地将重点放在了银行、商业零售、食品饮料等下游防守型个股方面，鹏华行业成长基金获得了不错收益。

2005年下半年，随着市场的逐步转强，该基金管理人在及时增加仓位的同时，行业和个股配置上，也从防守逐步转向进攻，在保持对银行、商业等行业较高配置的同时，增加了IT、化工等类个股，效果良好。在2005年该基金在高速公路等行业的投资上不够理想。

【季度投资组合一览】

项目 \ 季度	第一季度		第二季度		第三季度		第四季度	
基金资产净值	1,236,705,808.16元		1,081,825,260.86元		1,068,815,037.23元		1,051,438,875.59元	
基金份额	1,420,890,378.77份		1,269,403,294.76份		1,175,781,043.05份		1,147,652,384.63份	
基金份额净值	0.8704元		0.8522元		0.9090元		0.9162元	
基金资产组合	市值(元)	占总资产比例	市值(元)	占总资产比例	市值(元)	占总资产比例	市值(元)	占总资产比例
股票投资	867,955,300.16	65.95%	732,283,986.47	67.41%	837,236,267.89	77.87%	757,604,929.75	71.04%
债券投资	359,790,759.55	27.34%	323,559,159.10	29.79%	225,319,058.50	20.95%	212,900,279.60	19.96%
银行存款和清算备付金	8,495,263.35	0.65%	25,502,756.23	2.35%	6,814,683.35	0.63%	20,767,648.39	1.95%
其他资产	79,751,198.84	6.06%	4,922,365.49	0.45%	5,935,206.55	0.55%	75,214,971.16	7.05%

投资前五名股票明细	股票名称	市值(元)	占净值比例	股票名称	市值(元)	占净值比例	股票名称	市值(元)	占净值比例	股票名称	市值(元)	占净值比例
	海油工程	64,461,301.96	5.21%	海油工程	66,835,802.09	6.18%	民生银行	88,768,124.40	8.31%	G民生	75,756,587.48	7.21%
	苏宁电器	62,622,381.48	5.06%	苏宁电器	60,996,403.52	5.64%	海油工程	72,667,885.50	6.80%	海油工程	53,044,567.92	5.04%
	招商银行	61,226,075.35	4.95%	招商银行	60,704,462.28	5.61%	招商银行	55,460,427.02	5.19%	苏宁电器	38,073,560.00	3.62%
	上海机场	47,279,100.00	3.82%	上海机场	51,805,260.00	4.79%	G长电	50,409,362.88	4.72%	G长电	34,430,127.84	3.27%
	中兴通讯	43,381,367.04	3.51%	长江电力	41,708,667.00	3.86%	上海机场	49,994,112.00	4.68%	招商银行	33,413,950.64	3.18%

投资前五名债券明细	债券名称	市值(元)	占净值比例	债券名称	市值(元)	占净值比例	债券名称	市值(元)	占净值比例	债券名称	市值(元)	占净值比例
	21国债(3)	113,676,000.00	9.19%	民生转债	97,109,565.00	8.98%	21国债(3)	76,226,056.50	7.13%	21国债(3)	64,510,721.00	6.14%
	民生转债	103,029,524.40	8.33%	21国债(3)	75,344,445.00	6.96%	05国债02	68,553,170.00	6.41%	05国债02	34,276,585.00	3.26%
	05国债02	68,553,170.00	5.54%	05国债02	68,553,170.00	6.34%	04国债(5)	38,305,925.00	3.58%	04国债(5)	32,438,318.80	3.09%
	04国债(5)	32,300,000.00	2.61%	04国债(5)	38,378,375.00	3.55%	01国债01	20,280,000.00	1.90%	01国债01	20,280,000.00	1.93%
	01国债01	20,280,000.00	1.64%	01国债01	20,280,000.00	1.87%	02国债(14)	18,226,800.00	1.71%	21国债(10)	19,938,000.00	1.90%

鹏华普天系列开放式证券投资基金

鹏华普天债券投资基金

基本资料					
基金简称	普天债券基金		交易代码	160602	
投资目标	以分享中国经济成长和资本长期稳定增值为宗旨，主要投资于债券及新股配售和增发，在充分控制风险的前提下实现基金资产的长期稳定增值。				
业绩比较基准	中信国债指数涨跌幅×90%＋金融同业存款利率×10%				
风险收益特征	该基金属于低风险的基金品种，其长期平均的风险和预期收益低于股票型基金，高于货币市场基金。				
合同生效日	2003年7月12日	上市日期	——	上市地点	——
募集概况	首募规模	认购户数	募集日期		
	7.98亿份	5495户	2003年5月24日至2003年7月8日		
基金费率	认购费率	申购费率	赎回费率	管理费率	托管费率
	不高于0.80%	不高于0.80%	不高于0.50%	0.75%	0.20%
基金管理人	鹏华基金管理有限公司		基金托管人	交通银行股份有限公司	
审计机构	普华永道中天会计师事务所	法律顾问	北京市德恒律师事务所	注册登记人	中国证券登记结算有限责任公司

财务指标　　单位：人民币(元)

项目＼年度	2005年度	2004年度	2003年7月12日至2003年12月31日
基金份额本期净收益	0.0050	0.0656	0.0105
期末可分配基金份额收益	−0.0085	−0.0933	0.0025
期末基金份额净值	0.991	0.907	1.024
基金加权平均净值收益率	0.52%	6.61%	1.05%
本期基金份额净值增长率	9.26%	−8.44%	4.39%
基金份额累计净值增长率	4.44%	−4.42%	4.39%
基金收益分配	本年度未实现收益分配；成立以来每10份累计派现0.550元。		

基金净值增长率与业绩基准收益率对比图（单位：%）

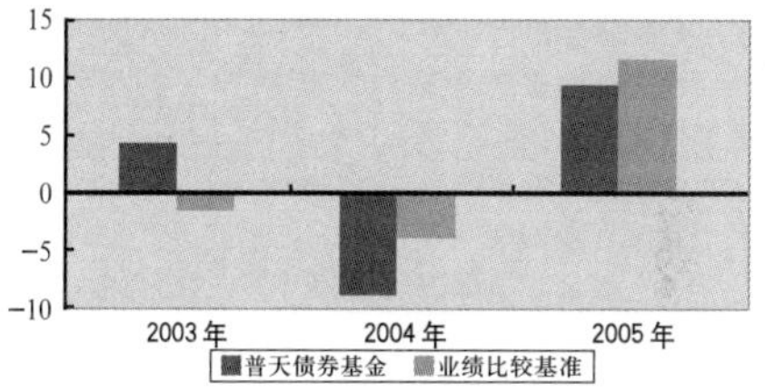

期末基金份额持有人户数	基金份额持有人户数为1,723户，平均每户持有40,896.35份。
期末基金份额持有人结构	机构投资者持有54,582,913.67份，占总份额77.46%；个人投资者持有15,881,502.52份，占总份额22.54%。

【基金业绩表现】

截至2005年12月31日，普天债券基金份额净值为0.991元，全年份额净值增长9.26%，而同期上证国债指数上涨14.06%。

【基金管理团队】

江明波先生：基金经理。复旦大学理学硕士，5年金融证券从业经历。2000年7月至2001年12月，在长城证券有限公司研究发展中心任债券研究员，2001年12月加盟鹏华基金管理有限公司，历任债券研究员、债券基金经理助理。现任普天债券基金基金经理。

【基金运作分析】

2005年债券市场继续上涨，涨幅为14.06%。国债收益率曲线整体下移180BP。基本面、资金面和政策面的相互配合是年度债券市场持续走强的原因，三大因素的共同作用使得债券市场持续上涨。

2005年上半年，出于谨慎的投资心态，该基金管理人将组合久期维持在低于基准久期的水平，因此错过了上半年的牛市。下半年及时调整了投资策略，加大了久期，部分分享了下半年的涨幅。另外，普天债券在转债上配置了较好的品种，为基金带来了较好的收益。

【季度投资组合一览】

项目＼季度	第一季度		第二季度		第三季度		第四季度	
基金资产净值	100,351,806.24元		81,424,093.87元		70,081,632.93元		69,864,546.53元	
基金份额	107,271,059.48份		85,488,576.14份		71,675,648.27份		70,464,416.19份	
基金份额净值	0.935元		0.952元		0.978元		0.991元	
基金资产组合	市值(元)	占总资产比例	市值(元)	占总资产比例	市值(元)	占总资产比例	市值(元)	占总资产比例
股票投资	4,394,616.49	2.95%	8,572,058.14	10.32%	8,138,838.05	11.50%	5,886,803.46	8.36%
债券投资	91,291,865.10	61.30%	71,089,841.31	85.60%	56,554,978.03	79.94%	57,369,969.36	81.50%
银行存款和清算备付金	1,799,618.60	1.21%	2,447,249.86	2.95%	5,187,343.59	7.33%	6,381,111.91	9.07%
其他资产	51,448,340.43	34.54%	941,158.83	1.13%	871,210.54	1.23%	754,112.47	1.07%

投资前五名债券明细	债券名称	市值(元)	占净值比例	债券名称	市值(元)	占净值比例	债券名称	市值(元)	占净值比例	债券名称	市值(元)	占净值比例
	04国开10	20,078,000.00	20.01%	20国债(10)	10,044,000.00	12.34%	02国债(13)	10,083,700.00	14.39%	02国债(13)	9,277,000.00	13.28%
	民生转债	10,221,195.60	10.19%	03国债(3)	9,269,811.20	11.38%	03国债(3)	9,496,473.60	13.55%	02国债(10)	7,874,694.10	11.27%
	04农发02	10,102,000.00	10.07%	民生转债	8,451,230.40	10.38%	02国债(10)	5,908,117.20	8.43%	招行转债	6,083,610.00	8.71%
	05央票16	9,945,571.43	9.91%	21国债(3)	7,119,000.00	8.74%	03国债(8)	4,949,500.00	7.06%	03国债(8)	4,969,000.00	7.11%
	04国债(5)	8,473,050.00	8.44%	04国债(5)	4,767,500.00	5.86%	21国债(10)	4,218,000.00	6.02%	21国债(10)	4,417,263.90	6.32%

投资前五名股票明细	股票名称	市值(元)	占净值比例	股票名称	市值(元)	占净值比例	股票名称	市值(元)	占净值比例	股票名称	市值(元)	占净值比例
	铜都铜业	2,172,562.07	2.16%	华侨城A	2,905,600.00	3.57%	华侨城A	2,674,000.00	3.82%	G民生	2,899,794.10	4.15%
	华侨城A	1,447,148.90	1.44%	金牛能源	1,987,966.51	2.44%	民生银行	2,643,173.96	3.77%	G铜都	2,343,009.36	3.35%
	南京港	493,780.50	0.49%	晶源电子	814,021.56	1.00%	铜都铜业	2,370,576.24	3.38%	华侨城A	644,000.00	0.92%
	中材国际	281,125.02	0.28%	中材国际	601,824.08	0.74%	轴研科技	451,087.85	0.64%	——	——	——
	——	——	——	登海种业	428,124.05	0.53%	——	——	——	——	——	——

鹏华普天收益证券投资基金

基本资料

基金简称	普天收益基金		交易代码	160603	
投资目标	以分享中国经济成长和资本长期稳健增值为宗旨，主要投资于连续现金分红股票及债券，通过组合投资，在充分控制风险的前提下实现基金资产的长期稳定增值。				
业绩比较基准	中信综指涨跌幅×70%+中信国债指数涨跌幅×25%+金融同业存款利率×5%				
风险收益特征	该基金属于中等风险的基金品种，其长期平均的风险和预期收益低于成长型基金，高于指数型基金、纯债券基金和国债。				
合同生效日	2003年7月12日	上市日期	——	上市地点	——
募集概况	首募规模	认购户数	募集日期		
	3.43亿份	2132户	2003年5月24日至2003年7月8日		
基金费率	认购费率	申购费率	赎回费率	管理费率	托管费率
	不高于1.00%	不高于1.40%	不高于0.50%	1.50%	0.20%
基金管理人	鹏华基金管理有限公司		基金托管人	交通银行股份有限公司	
审计机构	普华永道中天会计师事务所	法律顾问	北京市德恒律师事务所	注册登记人	中国证券登记结算有限责任公司

财务指标 单位：人民币(元)

项目 \ 年度	2005年度	2004年度	2003年7月12日至2003年12月31日
基金份额本期净收益	−0.0458	0.0453	0.0360
期末可分配基金份额收益	−0.0577	−0.0209	0.0208
期末基金份额净值	1.031	0.999	1.079
基金加权平均净值收益率	−4.54%	4.22%	3.56%
本期基金份额净值增长率	3.20%	0.24%	10.53%
基金份额累计净值增长率	14.35%	10.80%	10.53%
基金收益分配	本年度未实现收益分配；成立以来每10份累计派现1.150元。		

基金净值增长率与业绩基准收益率对比图（单位：%）

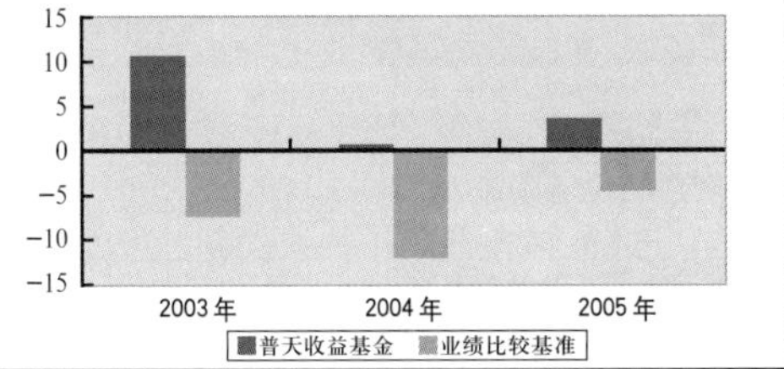

期末基金份额持有人户数	基金份额持有人户数为1,090户，平均每户持有199,923.78份。
期末基金份额持有人结构	机构投资者持有195,832,063.28份，占总份额89.87%；个人投资者持有22,084,854.32份，占总份额10.13%。

【基金业绩表现】

截至2005年12月31日，普天收益基金份额净值为1.031元，全年份额净值增长3.20%，而同期业绩基准收益下跌了4.74%。

【基金管理团队】

管文浩先生：基金经理。武汉大学经济学硕士，7年证券从业经验。先后任中国社会科学院世界经济与政治研究所助理研究员、国泰君安证券研究所研究员、国信证券投资研究中心研究员、泰信基金管理公司业务发展总监、研究总监、投资总监兼泰信先行策略基金基金经理，现任普天收益基金基金经理。

【基金运作分析】

普天收益基金2005投资策略的主调是均衡配置、积极防御。在2005年大部分时间内该基金基本保持较高的股票投资比重，根据基金合同的要求，一般情况该比重始终处于70%左右的水平。只是在5月份市场急剧下跌的过程中，该基金一度主动降低股票投资比重，但在上证综指跌破1000点之后，很快又提高比重到正常水平。在市场整体估值水平较低的情况下，保持较高的股票投资比重保证了基金净值的较快增长。在行业配置上该基金采取均衡配置、适度集中的策略，上半年重点配置交通运输、医药、食品饮料等稳定类资产，大市值股票居多；下半年则重点配置具备业绩高增长潜力的化工、有色金属、煤炭、电力设备、IT等成长类资产，小市值股票居多。普天收益基金对银行、地产、零售等稳定类资产配置不足是本年的一大遗憾。在个股选择上，普天收益基金成功挖掘了厦门钨业、金发科技、新和成等具备高增长潜力的优质股。

【季度投资组合一览】

项目 \ 季度	第一季度			第二季度			第三季度			第四季度		
基金资产净值	308,169,368.92元			216,291,435.55元			232,723,977.04元			224,566,777.37元		
基金份额	301,045,989.28份			220,188,633.63份			227,392,898.38份			217,916,917.60份		
基金份额净值	1.024元			0.982元			1.023元			1.031元		
基金资产组合	市值(元)	占总资产比例		市值(元)	占总资产比例		市值(元)	占总资产比例		市值(元)	占总资产比例	
股票投资	227,805,683.76	60.50%		157,341,711.49	72.10%		180,789,238.56	77.18%		170,323,214.96	74.88%	
债券投资	73,157,081.75	19.43%		53,182,612.75	24.37%		48,321,663.20	20.63%		48,213,085.80	21.20%	
银行存款和清算备付金	8,800,287.15	2.34%		6,833,876.63	3.13%		3,103,110.30	1.32%		7,277,920.20	3.20%	
其他资产	66,783,037.72	17.73%		881,892.99	0.40%		2,035,666.04	0.87%		1,628,861.09	0.72%	
投资前五名股票明细	股票名称	市值(元)	占净值比例	股票名称	市值(元)	占净值比例	股票名称	市值(元)	占净值比例	股票名称	市值(元)	占净值比例
	中兴通讯	13,522,882.56	4.39%	福建高速	10,032,000.00	4.64%	G长电	17,112,000.00	7.35%	新和成	11,122,515.00	4.95%
	华侨城A	12,646,917.80	4.10%	长江电力	8,987,000.00	4.16%	深能源A	10,052,475.12	4.32%	G中兴	11,112,000.00	4.95%
	长江电力	12,185,177.15	3.95%	深能源A	8,882,927.00	4.11%	上海机场	9,721,600.00	4.18%	厦门钨业	10,871,550.00	4.84%
	武钢股份	11,637,259.60	3.78%	上海机场	8,512,614.50	3.94%	中兴通讯	8,937,600.00	3.84%	G金发	10,361,750.00	4.61%
	上港集箱	9,746,777.28	3.16%	宝钢股份	7,967,751.00	3.68%	贵州茅台	8,902,800.00	3.83%	G国阳	8,208,000.00	3.66%
投资前五名债券明细	债券名称	市值(元)	占净值比例	债券名称	市值(元)	占净值比例	债券名称	市值(元)	占净值比例	债券名称	市值(元)	占净值比例
	05国债(2)	29,379,930.00	9.53%	05国债(2)	24,483,275.00	11.32%	05国债(2)	24,483,275.00	10.52%	05国债(2)	24,483,275.00	10.90%
	02国债(14)	22,311,630.00	7.24%	02国债(14)	18,521,599.50	8.56%	02国债(14)	18,689,558.20	8.03%	02国债(14)	18,612,038.80	8.29%
	21国债(3)	15,000,000.00	4.87%	铜都转债	6,109,738.25	2.82%	21国债(3)	4,115,600.00	1.77%	21国债(3)	4,090,400.00	1.82%
	铜都转债	6,465,521.75	2.10%	21国债(3)	4,068,000.00	1.88%	21国债(15)	1,033,230.00	0.44%	21国债(15)	1,027,372.00	0.46%
	——	——	——	——	——	——	——	——	——	——	——	——

鹏华中国50开放式证券投资基金

基本资料					
基金简称	鹏华中国50基金		交易代码	160605	
投资目标	该基金以价值投资为本，通过集中投资于基本面和流动性良好同时收益价值或成长价值相对被低估的股票，长期持有结合适度波段操作，以求在充分控制风险的前提下分享中国经济成长和实现基金资产的长期稳定增值。				
业绩比较基准	上证180指数涨跌幅×65%＋深证100指数涨跌幅×30%＋金融同业存款利率×5%				
风险收益特征	该基金属于中等风险的基金品种，其长期平均的风险和预期收益低于成长型基金，高于价值型基金、指数型基金、纯债券基金和国债。				
合同生效日	2004年5月12日	上市日期	——	上市地点	——
募集概况	首募规模	认购户数	募集日期		
	24.45亿份	28072户	2004年3月29日至2004年4月30日		
基金费率	认购费率	申购费率	赎回费率	管理费率	托管费率
	不高于1.00%	不高于1.50%	不高于0.50%	1.50%	0.25%
基金管理人	鹏华基金管理有限公司		基金托管人	交通银行股份有限公司	
审计机构	普华永道中天会计师事务所	法律顾问	北京市德恒律师事务所	注册登记人	中国证券登记结算有限责任公司

财务指标　单位：人民币(元)

项目＼年度	2005年度	2004年5月12日至2004年12月31日
基金份额本期净收益	−0.0278	−0.0244
期末可分配基金份额收益	−0.0440	−0.0477
期末基金份额净值	1.001	0.952
基金加权平均净值收益率	−2.91%	−2.47%
本期基金份额净值增长率	5.15%	−4.90%
基金份额累计净值增长率	0.00%	−4.90%
基金收益分配	自基金合同生效以来未实现收益分配。	
期末基金份额持有人户数	基金份额持有人户数为19,746户，平均每户持有63,579.81份。	
期末基金份额持有人结构	机构投资者持有571,884,906.03份，占总份额45.55%；个人投资者持有683,562,067.50份，占总份额54.45%。	

基金净值增长率与业绩基准收益率对比图（单位：%）

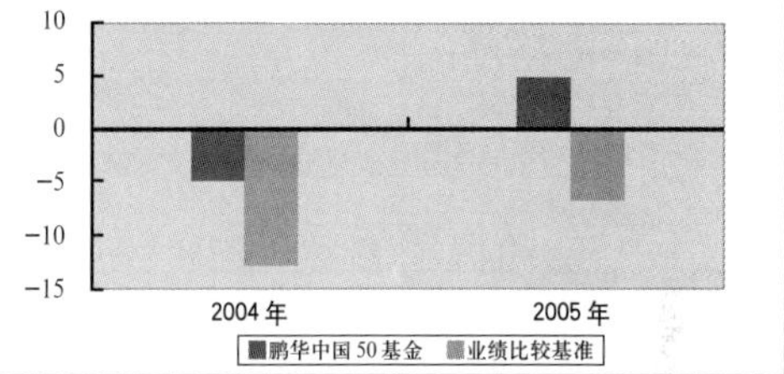

【基金业绩表现】

截至2005年12月31日，鹏华中国50基金份额净值为1.001元，全年净值增长5.15%，同期上证综指和深圳综指分别下跌8.33%和11.74%。该基金净值表现超越同期市场表现，在同类基金中处于中上游水平。

【基金管理团队】

黄钦来先生：基金经理。7年证券从业经历。1998年毕业于厦门大学经济系，获经济学硕士学位。1998年7月至2000年6月在国泰君安证券研究所工作，2000年7月加入鹏华基金管理有限公司，先后任研究员、普惠基金经理助理、普天收益基金基金经理。

杨靖先生：基金经理助理。毕业于南京大学、中山大学等院校，分别获得高分子化学硕士学位、工商管理硕士学位。6年从业经验，曾就职于长城证券有限责任公司，2001年6月加入鹏华基金管理有限公司。

【基金运作分析】

2005年，针对低迷的市场走势，鹏华中国50基金在仓位上保持了稳定而偏低的水平，同时在资产配置上，加强了对攻守兼备的可转债品种的投资，取得了较好的效果，但也因此减少了纯债的投资比例，错失了上半年的债券牛市。

在行业和个股投资方面，鹏华中国50基金在坚持价值成长的投资理念基础上，采取了稳健均衡的投资策略，在行业和个股上都适度地分散，取得了较好的效果。比较成功的包括：商业、地产、金融和IT等。

【季度投资组合一览】

项目＼季度	第一季度		第二季度		第三季度		第四季度	
基金资产净值	1,733,568,787.50元		1,562,723,627.06元		1,421,612,815.31元		1,256,738,447.63元	
基金份额	1,812,322,509.13份		1,692,143,100.72份		1,455,829,961.59份		1,255,446,973.53份	
基金份额净值	0.957元		0.924元		0.976元		1.001元	
基金资产组合	市值(元)	占总资产比例	市值(元)	占总资产比例	市值(元)	占总资产比例	市值(元)	占总资产比例
股票投资	1,307,952,696.49	71.53%	1,012,129,188.09	64.45%	1,007,308,905.03	69.90%	887,574,844.23	69.74%
债券投资	398,214,285.69	21.78%	408,710,770.16	26.03%	330,898,351.15	22.97%	268,104,789.40	21.07%
银行存款和清算备付金	47,024,165.94	2.57%	146,194,247.08	9.31%	100,795,055.93	6.99%	94,933,876.76	7.46%
其他资产	75,399,083.76	4.12%	3,378,364.80	0.21%	1,982,439.98	0.14%	21,998,292.55	1.73%

	第一季度			第二季度			第三季度			第四季度		
投资前五名股票明细	股票名称	市值(元)	占净值比例	股票名称	市值(元)	占净值比例	股票名称	市值(元)	占净值比例	股票名称	市值(元)	占净值比例
	长江电力	69,420,462.55	4.00%	长江电力	77,822,419.96	4.98%	G长电	70,309,584.72	4.95%	G中兴	48,249,776.34	3.84%
	上港集箱	68,369,419.86	3.94%	上海机场	61,101,933.10	3.91%	上海机场	67,041,784.32	4.72%	G长电	48,095,370.16	3.83%
	中兴通讯	67,479,922.40	3.89%	中国石化	58,726,661.44	3.76%	中兴通讯	56,632,599.66	3.98%	苏宁电器	41,045,660.00	3.27%
	武钢股份	67,368,038.90	3.89%	赣粤高速	55,301,405.21	3.54%	G苏宁	54,564,798.40	3.84%	烟台万华	39,790,232.25	3.17%
	华侨城A	65,527,077.70	3.78%	招商银行	49,980,292.38	3.20%	赣粤高速	41,115,575.76	2.89%	华侨城A	36,762,559.68	2.93%
投资前五名债券明细	债券名称	市值(元)	占净值比例	债券名称	市值(元)	占净值比例	债券名称	市值(元)	占净值比例	债券名称	市值(元)	占净值比例
	招行转债	126,779,746.50	7.31%	招行转债	131,000,949.90	8.38%	华菱转债	84,753,265.33	5.96%	招行转债	94,237,253.50	7.50%
	华菱转债	95,009,994.45	5.48%	华菱转债	123,651,561.88	7.91%	招行转债	84,688,462.20	5.96%	05国债(10)	59,281,800.00	4.72%
	05国债(2)	88,208,122.47	5.09%	05国债(2)	88,208,122.47	5.64%	05国债(10)	59,281,800.00	4.17%	邯钢转债	55,174,537.90	4.39%
	钢联转债	59,520,000.00	3.43%	万科转2	38,218,380.06	2.45%	邯钢转债	38,659,023.90	2.72%	华电转债	29,776,521.60	2.37%
	万科转2	18,076,599.04	1.04%	钢联转债	15,508,500.00	0.99%	万科转2	34,234,588.92	2.41%	燕京转债	29,634,676.40	2.36%

鹏华货币市场证券投资基金

基本资料						
基金简称	鹏华货币市场基金			交易代码	160606	
投资目标	在保证资产安全与资产充分流动性的前提下，为投资者追求稳定的现金收益。					
业绩比较基准	银行一年期定期存款税后收益率。					
风险收益特征	该基金属于低风险的基金品种，其长期平均的风险和预期收益低于成长型基金、价值型基金、指数型基金、纯债券基金。					
合同生效日	2005年4月12日	上市日期	——	上市地点	——	
募集概况	首募规模	认购户数	募集日期			
	33.54亿份	40618户	2005年3月17日至2005年4月5日			
基金费率	认购费率	申购费率	赎回费率	管理费率	托管费率	销售服务费率
	0	0	0	0.33%	0.10%	0.25%
基金管理人	鹏华基金管理有限公司		基金托管人	中国农业银行		
审计机构	普华永道中天会计师事务所	法律顾问	北京市德恒律师事务所	注册登记人	中国证券登记结算有限责任公司	

财务指标 单位：人民币(元)

项目 \ 年度	2005年4月12日至2005年12月31日
基金本期净收益	36,501,743.19
期末基金资产净值	3,102,328,524.99
期末基金份额净值	1.000
本期净值收益率	1.47%
累计净值收益率	1.47%
基金收益分配	自基金合同生效以来累计实现收益分配36,501,743.19元。

基金收益率与同期业绩基准收益率对比图 (单位：%)

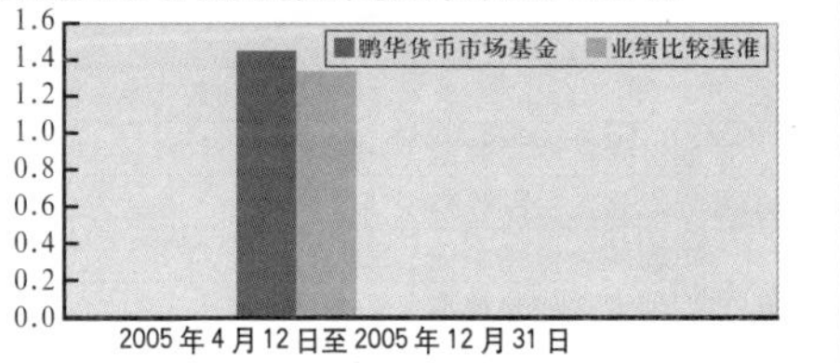

期末基金份额持有人户数	基金份额持有人户数为17,272户，平均每户持有179,616.06份。
期末基金份额持有人结构	机构投资者持有1,704,568,150.41份，占总份额54.94%；个人投资者持有1,397,760,374.58份，占总份额45.06%。

【基金业绩表现】

鹏华货币市场基金合同于2005年4月12日生效，截至2005年12月31日，基金收益率表现较为平稳。累计实现收益147.14元／万份基金份额，折合年化收益率为2.0421%，超越同期的业绩基准1.80%。

【基金管理团队】

初冬：基金经理。南开大学经济学硕士，10年证券从业经验。曾在上海国旅董事会办公室、平安证券研究所、平安保险投资管理中心等公司从事研究与投资工作。2000年8月至今，就职于鹏华基金管理有限公司，曾在研究部、基金管理部、机构理财部社保团队工作，历任研究员、基金经理助理等职，主要从事债券投资工作。现任鹏华货币市场基金基金经理。

【基金运作分析】

鹏华货币市场基金合同生效于2005年4月12日。基金合同生效之初，恰逢央行调低超储利率之时，尽管市场收益率已降至2.0%左右的水平，但基金管理人经过分析认为，收益率仍有一定的下降空间。因此，进行了及时建仓。在5月份后收益率下降到1.3%至1.4%的水平时大量减持了前期买入的债券，获得了较好的投资收益。

从5月初至10月底，市场收益率水平一路下降，针对央票和回购等投资渠道收益率逐渐下降的情况，基金管理人加大了对收益率水平较高的短期融资券及定期存款的投资，使得基金资产的收益率得以提高。10月底至年底，该基金较好地把握了市场利率水平的反弹机会，增加了对期限较长债券的投资，使得组合获得了一定的超额回报。

【季度投资组合一览】

项目 \ 季度	第二季度			第三季度			第四季度		
基金资产净值	1,596,291,647.30元			3,104,193,133.81元			3,102,328,524.99元		
基金份额	1,596,291,647.30份			3,104,193,133.81份			3,102,328,524.99份		
基金份额净值	1.000元			1.000元			1.000元		
基金资产组合	市值(元)		占总资产比例	市值(元)		占总资产比例	市值(元)		占总资产比例
债券投资	1,106,278,066.47		68.03%	2,276,088,969.92		68.01%	1,818,672,705.74		58.39%
买入返售证券	391,700,000.00		24.09%	287,300,000.00		8.58%	——		——
银行存款和清算备付金	112,273,537.96		6.90%	673,130,884.48		20.11%	891,462,506.23		28.62%
其他资产	15,931,960.19		0.98%	110,250,705.73		3.29%	404,812,792.55		13.00%
投资前五名债券明细	债券名称	摊余成本(元)	占资产净值比例	债券名称	摊余成本(元)	占资产净值比例	债券名称	摊余成本(元)	占资产净值比例
	04央票100	248,101,699.25	15.54%	04国开09	303,000,668.58	9.76%	04国开09	201,616,118.50	6.50%
	04国开17	242,851,280.29	15.21%	04国开17	221,435,424.93	7.13%	05中行02浮	190,673,632.35	6.15%
	04央票102	79,493,015.30	4.98%	05联通CP01	196,489,100.00	6.33%	04国开17	171,636,961.77	5.53%
	05中铝CP01	78,069,691.22	4.89%	05中行02浮	190,478,070.50	6.14%	05神华CP01	167,428,890.26	5.40%
	05中行02浮	70,186,175.19	4.40%	05神华CP01	166,823,533.94	5.37%	05联通CP01	157,802,583.07	5.09%
投资组合剩余期限	平均剩余期限		占资产净值比例	平均剩余期限		占资产净值比例	平均剩余期限		占资产净值比例
	30天以内		31.59%	30天以内		21.52%	30天以内		21.72%
	30天(含)—60天		15.21%	30天(含)—60天		10.82%	30天(含)—60天		8.76%
	60天(含)—90天		7.53%	60天(含)—90天		5.79%	60天(含)—90天		10.35%
	90天(含)—180天		21.17%	90天(含)—180天		13.92%	90天(含)—180天		9.10%
	180天(含)—397天(含)		25.39%	180天(含)—397天(含)		42.56%	180天(含)—397天(含)		37.44%

携手长盛

享受美好生活

2005 年 8 月，长盛基金公司在重庆举办了首届“中国长江基金论坛”。图为陈礼华总经理在做题为“历史的转折，崭新的起点”的主题策略报告

2005 年 12 月，长盛基金公司管理的第四只开放式基金—长盛货币市场基金正式成立。该基金发行期共募集基金份额 36 亿份，远远超出当年新发货币基金平均约 26 亿的首募规模

2005 年大事记

2005-1-10	在由21世纪经济报道报社主办的21世纪(2004)年度“赢基金”奖评奖中，公司荣获“2004年中国基金管理公司综合表现奖”；公司旗下基金同智荣获“2004年中国封闭式基金最佳表现奖”。
2005-4-12	在中国证券报、中国银河证券、中信证券及天相投资顾问公司共同举办的第二届中国基金业“金牛奖”评选活动中，公司旗下基金同智获“封闭式金牛基金奖”。
2005-4-18	公司旗下基金同智和基金同德同时公告分红，每10份基金份额分别派发现金红利0.450元和0.610元。
2005--6-3	公司旗下长盛债券基金公告自成立以来的第三次分红，每10份基金份额派发现金红利0.220元。
2005-7-20	公司成功夺得又一只社保投资基金组合的管理权，资产管理和风险控制能力再次得到肯定。至此公司管理的社保投资基金组合达到4只。
2005-8-20	公司联合经济观察报，在重庆举办了首届“中国长江基金论坛”。来自银行、证券公司、机构投资者和专业媒体的近200名嘉宾，以及国内外知名专家、学者，围绕“证券市场的历史机遇和投资策略”的主题进行了广泛、深入的交流和探讨。
2005-9-15	公司旗下长盛债券基金三个月内第二次分红，每10份基金份额派发现金红利0.320元。至此该基金自成立以来累计分红总额已达到每10份基金份额1.000元。
2005-9-30	公司发布迁址公告，自10月8日起公司办公地址迁至北京市海淀区北太平庄路18号城建大厦A座20-22层。
2005-10-8	长盛基金持有人手机短信服务正式开通。持有人可以通过手机短信方式自动查询基金净值、账户资产、积分情况等信息。
2005-12-12	长盛货币市场基金正式成立。该基金发行期共募集基金份额36亿份，远远超出当年新发货币基金平均约26亿份的首募规模。

长盛基金管理有限公司

法定名称	长盛基金管理有限公司	英文名称	Changsheng Fund Management Co.,Ltd.
成立日期	1999年3月26日	注册资本	1亿元人民币
法人代表	凤良志	总 经 理	陈礼华
联系电话	010−82255818	客服电话	010−62350088
传真号码	010−82255988	公司网址	www.csfunds.com.cn
注册地址	深圳市福田区华富路航都大厦13C	办公地址	北京市海淀区北太平庄路18号北京城建大厦A座20−22层

● 发展概况

长盛基金管理有限公司是中国内地首批成立的十家基金管理公司之一。1999年3月，经中国证监会批准，长盛基金管理有限公司由中信证券股份有限公司、天津北方国际信托投资股份有限公司、国元证券有限责任公司、长江证券有限责任公司共同发起成立，注册资本8000万元。2002年7月公司完成增资扩股，注册资本增至1亿元人民币。2002年12月，长盛首批取得了全国社保基金管理人资格。2004年，公司原股东长江证券、中信证券、天津北方国际信托将其所持公司75%的出资转让给国元证券、安徽省创新投资、安徽省投资集团。2005年10月，长盛顺利完成迁址工作。2006年初，公司第三届董事会第九次会议决议，聘任陈礼华先生担任公司总经理职务。

在组织结构上，公司设立了投资决策委员会和风险控制委员会，下设投资管理部、研究发展部、机构理财部、金融工程部、专户理财部、交易部、人力资源部、市场发展部、监察稽核部、业务运营部、信息技术部、财务会计部和总经理办公室13个一级部门。在人员构成上，公司现有员工91名，其中拥有硕士以上学历的员工共49人，占员工总数的54%，拥有本科学历的员工共38人，占员工总数的42%。

● 经营业绩

截至2005年12月31日，长盛基金管理有限公司共管理4只封闭式基金和4只开放式基金以及4只社保基金投资组合，公司管理资产总规模超过200亿元。

近三年公司管理基金资产规模与基金数量

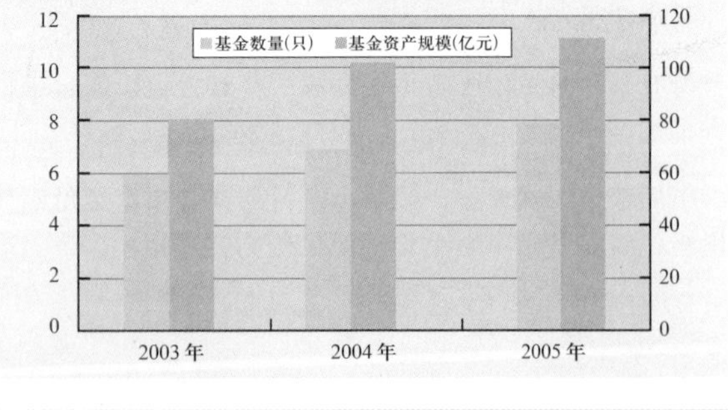

公司股东结构

股东名称	出资比例(%)
国元证券有限责任公司	49.00
安徽省创新投资有限公司	26.00
安徽省投资集团有限责任公司	25.00

2005年，在上证指数全年下跌8.21%的市场环境下，长盛旗下的股票基金业绩表现优异，全部获得正收益(平均净值增长率为6.16%)，为全体持有人带来了较好的收益回报，按份额加权收益计算在18家管理超过50亿元股票资产的基金公司中排名第二。旗下封闭式基金中，基金同益、基金同智和基金同德表现突出，在可比的51只基金中排名前十位。其中，基金同智2005年实现收益回报10.16%，在54只封闭式基金中排名第五；基金同德2005年实现收益回报10.03%，在54只封闭式基金中排名第七；旗下开放式基金中，长盛债券基金和长盛成长价值基金分别取得了10.59%和8.05%年度收益回报，其中，长盛债券基金2005年实施了两次分红，每10份累计派现0.540元。由于出色的业绩表现，公司在2005年各类机构组织基金业绩评比中屡获殊荣，特别是在业界最重要的“金牛基金奖”评选中一举获得了“2005年最快进步奖”等四项大奖。

2005年，长盛完成了旗下首只货币市场基金——长盛货币市场基金的募集设立，2005年12月12日基金合同正式生效。立足于挖掘货币基金现金管理的本质特点，长盛货币市场基金在产品业务功能上具有独到优势：T+1快速到账、与旗下股票基金的优惠转换等，以更好地满足投资者需求。长盛货币市场基金取得了36.02亿份的首募规模，高于2005年货币市场基金的平均首募规模。

在2005年，长盛在业务发展和公司建设等方面取得许多里程碑式的成就。在顺利通过全国社保基金理事会定期考核的基础上，公司又获得了新的社保投资组合的管理权，目前管理了4只社保投资组合；在客户服务上，长盛推出了开放式基金投资现值查询、多元资料索取、服务定制推送等个性化服务；建立了“智者长盛”投资者俱乐部。

公司高管介绍

凤良志先生：董事长。博士，高级经济师。曾任安徽省政府办公厅第二办公室副主任、安徽省国际信托投资公司副总经理、安徽省证券管理办公室主任、安徽省政府驻香港窗口公司(黄山有限公司)董事长、安徽省国际信托投资公司副总经理(主持工作)、安徽国元控股(集团)有限责任公司暨国元信托有限责任公司董事长，现任国元证券有限责任公司董事长。

陈礼华先生：董事，总经理。硕士，高级经济师。曾任国务院财务税收物价大检查办公室、财政部国债司和国债金融司主任科员，华泰财产保险股份有限公司投资部研发处负责人、经理，南方基金管理有限公司总经理助理兼投资总监、投资交易总监，长盛基金管理有限公司副总经理等职。现任长盛基金管理有限公司总经理。

同益证券投资基金

基本资料

基金简称	基金同益	交易代码	184690		
投资目标	为投资者减少和分散投资风险，确保基金资产的安全并谋求基金长期稳定的投资收益。				
业绩比较基准	无	风险收益特征	无		
合同生效日	1999年4月8日	上市日期	1999年4月21日	上市地点	深圳证券交易所
基金总份额	20亿份	存 续 期	1999年4月8日至2014年4月7日		
基金管理人	长盛基金管理有限公司	基金托管人	中国工商银行股份有限公司		
审计机构	安永华明会计师事务所	法律顾问	信利律师事务所	注册登记人	中国证券登记结算有限责任公司深圳分公司

财务指标　　单位：人民币(元)

项 目 ＼ 年 度	2005年度	2004年度	2003年度
基金份额本期净收益	−0.0418	0.0340	0.0470
期末可分配基金份额收益	−0.0066	−0.0413	0.0211
期末基金份额净值	1.0550	0.9587	1.1128
基金加权平均净值收益率	−4.23%	3.29%	4.75%
本期基金份额净值增长率	10.04%	−12.35%	24.63%
基金份额累计净值增长率	87.06%	69.99%	93.93%
基金收益分配	本年度未实现收益分配；成立以来每10份累计派现8.340元。		

基金净值增长率与业绩基准收益率对比图（单位：%）

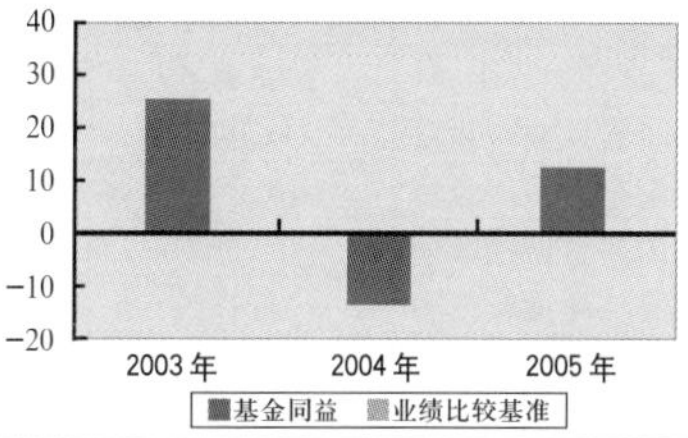

期末基金份额持有人户数	基金份额持有人户数为44,881户，平均每户持有44,562.29份。
期末基金份额持有人结构	机构投资者持有1,097,404,059份，占总份额54.87%；个人投资者持有902,595,941份，占总份额45.13%。

【基金业绩表现】

2005年，基金同益全年份额净值增长10.04%，同期上证A股指数下跌8.33%，该基金净值表现超越A股指数18.37%

【基金管理团队】

许彤先生：基金经理。1969年出生，理学硕士学位。1997年1月至1998年3月就职于君安证券有限责任公司投资银行部，任项目经理。1998年4月至2004年2月就职于中信证券股份公司资产管理部，任投资业务主管。2004年3月加入长盛基金管理公司，先后担任基金同益基金经理助理、基金经理。

【基金运作分析】

2005年初，基金同益认为，宏观经济调控政策对行业的发展仍将产生很大的影响，一些行业增长将逐步放缓或回落，因此，该基金制定了整体防御与精选个股的投资策略。在资产配置上，倾向于超比例配置那些不受宏观调控、能够稳定增长的非周期性行业，回避受宏观调控影响明显的周期性行业，提高重仓股的集中度，规避了大量边缘化股票下跌的风险。基金同益在强调对防御行业配置的基础上，通过深入细致的比较研究，对消费类、垄断类行业个股进行优中选优，重仓持有了苏宁、大商、伊利等个股。在股改启动的最初阶段，该基金认为"寻宝游戏"可能会打乱A股的估值体系，不适合大资金参与，并未作为重点的投资对象，事实证明此举回避了诸多市场风险，提高了资金的安全度。随着股改不断推进，A股市场估值水平显著下降，特别是下半年人民币的升值，使诸多企业投资价值增大，从而激发了投资者的热情。基金同益通过对行业运行的分析和对企业内在价值的重新估值，继续重点配置商业零售、食品饮料等龙头企业，同时增持了与经济运行密切相关的地产、银行类公司，并增仓了具有能源与回购题材的中国石化和3G概念的中兴通讯。在判断股指已经处于低位的时候，利用部分投资者对有色金属板块的恐慌抛售进行了及时增持，同时减持部分防御性个股，并在行情启动初期建立了较高的仓位，获得较好收益。2005年，基金同益实现份额净值增长10.04%，同期上证A股指数下跌了8.33%，该基金净值增幅远远超越了A股指数。

展望2006年，预计中国A股市场将开始步入上升趋势，市场运行区间将比上年有相当幅度的提高，市场出现系统性投资机会的可能性大大增加。众多蓝筹股的投资价值进一步显现，其安全性与潜在上行空间同步扩大，有利于加强风险控制，提高基金的绝对收益。

【季度投资组合一览】

项 目 ＼ 季 度	第一季度			第二季度			第三季度			第四季度		
基金资产净值	1,943,415,360.70元			1,923,163,594.58元			2,058,102,451.94元			2,109,986,004.63元		
基金份额净值	0.9717元			0.9616元			1.0291元			1.0550元		
基金资产组合	市值(元)	占总资产比例		市值(元)	占总资产比例		市值(元)	占总资产比例		市值(元)	占总资产比例	
股票投资	1,367,828,041.66	70.09%		1,402,366,656.61	71.98%		1,451,314,278.49	70.22%		1,589,452,107.76	74.56%	
债券投资	422,141,677.46	21.63%		434,252,477.80	22.29%		460,137,366.40	22.26%		461,964,176.10	21.67%	
银行存款和清算备付金	80,306,275.14	4.11%		104,601,024.23	5.37%		147,918,469.11	7.16%		59,298,128.62	2.78%	
其他资产	81,394,825.86	4.17%		7,106,872.67	0.36%		7,399,079.03	0.36%		21,126,311.04	0.99%	
投资前五名股票明细	股票名称	市值(元)	占净值比例	股票名称	市值(元)	占净值比例	股票名称	市值(元)	占净值比例	股票名称	市值(元)	占净值比例
	大商股份	90,436,471.40	4.65%	大商股份	108,276,292.95	5.63%	G苏宁	122,902,104.54	5.97%	金融街	142,569,125.60	6.76%
	金融街	80,611,634.32	4.15%	金融街	97,739,690.62	5.08%	金融街	109,628,303.76	5.33%	苏宁电器	127,551,843.60	6.05%
	双汇发展	76,092,000.00	3.92%	宝钢股份	95,216,392.68	4.95%	大商股份	102,723,206.40	4.99%	双汇发展	106,480,703.93	5.05%
	中国石化	75,331,286.82	3.88%	长江电力	86,272,518.15	4.49%	G宝钢	91,419,605.88	4.44%	G中兴	75,643,146.44	3.59%
	同仁堂	73,532,206.04	3.78%	上海机场	82,951,777.00	4.31%	双汇发展	84,586,015.35	4.11%	上海机场	73,857,064.10	3.50%
投资前五名债券明细	债券名称	市值(元)	占净值比例	债券名称	市值(元)	占净值比例	债券名称	市值(元)	占净值比例	债券名称	市值(元)	占净值比例
	20国债04	93,107,980.00	4.79%	20国债04	96,126,082.50	5.00%	20国债04	97,630,312.50	4.74%	20国债04	97,254,255.00	4.61%
	04国开18	60,000,000.00	3.09%	04国开18	60,000,000.00	3.12%	02国债14	60,615,248.60	2.95%	02国债14	91,591,887.40	4.34%
	03国开24	51,400,000.00	2.64%	03国开24	51,400,000.00	2.67%	04国开18	60,000,000.00	2.92%	04国开18	60,000,000.00	2.84%
	04国开12	50,009,000.00	2.57%	04国开12	50,009,000.00	2.60%	03国开24	51,400,000.00	2.50%	03国开24	51,400,000.00	2.44%
	02国债14	36,630,000.00	1.88%	02国债14	37,151,700.00	1.93%	04国开12	50,009,000.00	2.43%	04国开12	50,009,000.00	2.37%

同盛证券投资基金

基本资料					
基金简称	基金同盛	交易代码	184699		
投资目标	该基金属于成长价值复合型基金，主要投资于业绩能够持续高速增长的成长型上市公司和市场价值被低估的价值型上市公司，利用成长型和价值型两种投资方法的复合效果更好的分散和控制风险，实现基金资产的稳定增长。				
业绩比较基准	无	风险收益特征	无		
合同生效日	1999年11月5日	上市日期	1999年11月26日	上市地点	深圳证券交易所
基金总份额	30亿份	存 续 期	1999年11月5日至2014年11月4日		
基金管理人	长盛基金管理有限公司	基金托管人	中国银行股份有限公司		
审计机构	安永华明会计师事务所	法律顾问	信利律师事务所	注册登记人	中国证券登记结算有限责任公司深圳分公司

财务指标　　单位：人民币(元)

项目 \ 年度	2005年度	2004年度	2003年度
基金份额本期净收益	−0.0400	0.0039	−0.0505
期末可分配基金份额收益	−0.0724	−0.0942	−0.0363
期末基金份额净值	0.9367	0.9058	1.0200
基金加权平均净值收益率	−4.43%	0.39%	−5.23%
本期基金份额净值增长率	3.41%	−11.20%	16.11%
基金份额累计净值增长率	17.66%	13.78%	28.13%
基金收益分配	本年度未实现收益分配；成立以来每10份累计派现2.925元。		

基金净值增长率与业绩基准收益率对比图（单位：%）

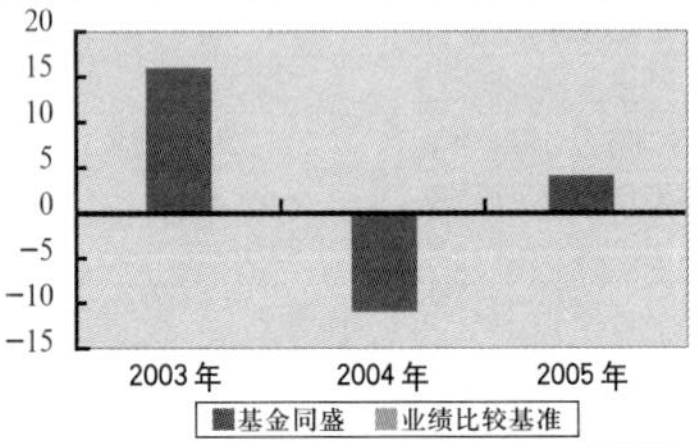

期末基金份额持有人户数	基金份额持有人户数为122,282户，平均每户持有24,533.46份。
期末基金份额持有人结构	机构投资者持有1,634,294,947份，占总份额54.48%；个人投资者持有1,365,705,053份，占总份额45.52%。

【基金业绩表现】

2005年，基金同盛全年净值上涨3.41%；同期上证指数下跌8.32%，基金净值表现显著高于上证指数。

【基金管理团队】

林继东先生：基金经理。1995毕业于比利时LIMBURG大学，MBA。曾多年从事国内外实业投资和跨国公司战略研究的工作。1997年后从事证券业务，历任南方证券研究所研究员、中信证券交易部投资经理等职，2003年加入长盛基金管理有限公司，先后担任基金同德基金经理、基金同盛基金经理。

严志勇先生：基金经理助理。毕业于中国科学技术大学，获管理科学与工程专业博士学位。2004年2月加入长盛基金管理公司，历任研究发展部研究员、投资管理部基金经理助理。

【基金运作分析】

2005年，整个市场经历了一个U型反转。上半年，A股指数继续延续了2001年以来的一路“熊”途，在6月6日击破1000点大关。下半年，制度层面上由股改带来的消除市场制度性缺陷与管理层激活股市的政策，以及宏观经济层面上人民币汇率制度改革成为最重要的市场驱动力量。投资者信心增强，股指开始出现明显反弹，年底上证指数收于1161点，较年初下跌8.32%。

在2005年市场的震荡过程中，基金同盛通过精细运作，保持基金净值的稳定增长。截至2005年12月31日，基金份额净值0.9367元，较2004年底上涨3.41%；同期上证指数下跌8.32%，基金同盛总体净值表现显著高于上证指数，在同类型封闭式基金排名中位于中上位置。

在运作上，基金同盛继续秉承以往一贯的稳健投资风格，一级资产配置中股票仓位跟随市场作适当调整。基于对市场和行业个股表现可能更加多变的前提下，该基金特别重视投资组合的流动性，持续进行持仓结构调整，并在期初过程中不断逢低增加了港口、商业、有色、煤炭等消费类和资源类资产的配置，在下半年卖出部分涨幅过大的商业、有色以及部分周期性公司股票的同时，继续增持了部分非周期类特别是IT传媒业、金融业、商业地产、医药类股票，逢低买入在股价结构二元化调整过程中价值低估，未来有良好成长性的中小盘股票。基金的股票类资产持仓上升至70%左右。

【季度投资组合一览】

项目 \ 季度	第一季度			第二季度			第三季度			第四季度		
基金资产净值	2,698,576,039.29元			2,623,688,560.05元			2,749,153,379.88元			2,810,056,756.03元		
基金份额净值	0.8995元			0.8746元			0.9164元			0.9367元		
基金资产组合	市值(元)	占总资产比例		市值(元)	占总资产比例		市值(元)	占总资产比例		市值(元)	占总资产比例	
股票投资	1,752,496,158.67	64.19%		1,852,610,465.13	70.16%		1,970,843,537.26	71.29%		1,960,319,172.28	68.68%	
债券投资	690,151,745.09	25.28%		683,814,506.09	25.90%		636,608,713.39	23.03%		589,470,504.19	20.65%	
银行存款和清算备付金	201,205,000.00	7.37%		93,640,473.60	3.55%		145,597,283.74	5.27%		294,118,410.01	10.30%	
其他资产	86,215,425.29	3.16%		10,469,773.00	0.39%		11,318,894.69	0.41%		10,524,157.83	0.37%	
投资前五名股票明细	股票名称	市值(元)	占净值比例	股票名称	市值(元)	占净值比例	股票名称	市值(元)	占净值比例	股票名称	市值(元)	占净值比例
	招商银行	147,000,523.04	5.45%	招商银行	155,176,781.64	5.91%	招商银行	125,800,000.00	4.58%	招商银行	118,980,000.00	4.23%
	中国石化	122,427,293.40	4.54%	上港集箱	109,975,725.00	4.19%	江淮汽车	90,642,816.00	3.30%	G江汽	90,778,287.60	3.23%
	鞍钢新轧	108,882,789.82	4.03%	江淮汽车	91,762,685.30	3.50%	G上港	88,713,582.15	3.23%	中国石化	86,180,396.19	3.07%
	上港集箱	85,294,587.58	3.16%	鞍钢新轧	81,873,817.61	3.12%	鞍钢新轧	84,586,757.97	3.08%	G长电	85,361,100.96	3.04%
	江淮汽车	63,121,707.20	2.34%	宝钢股份	78,833,642.58	3.00%	G宝钢	82,163,224.20	2.99%	G上港	83,560,096.05	2.97%
投资前五名债券明细	债券名称	市值(元)	占净值比例	债券名称	市值(元)	占净值比例	债券名称	市值(元)	占净值比例	债券名称	市值(元)	占净值比例
	21国债03	155,442,905.20	5.76%	21国债03	158,210,342.40	6.03%	21国债03	160,044,935.60	5.82%	21国债03	158,925,522.80	5.66%
	20国债04	144,840,000.00	5.37%	20国债04	149,535,000.00	5.70%	20国债04	151,875,000.00	5.52%	20国债04	151,290,000.00	5.38%
	20国债10	104,265,000.00	3.86%	20国债10	105,451,500.00	4.02%	20国债10	106,123,500.00	3.86%	20国债10	105,619,500.00	3.76%
	招行转债	55,773,559.60	2.07%	03国开22	49,885,000.00	1.90%	03国开22	49,885,000.00	1.81%	00国债01	40,521,714.29	1.44%
	03国开22	49,885,000.00	1.85%	招行转债	41,592,000.00	1.59%	00国债01	40,521,714.29	1.47%	21国债15	30,567,000.00	1.09%

同智证券投资基金

基本资料					
基金简称	基金同智		交易代码	184702	
投资目标	该基金为成长型基金，主要投资对象为深、沪证券交易所成长性较高、发展前景良好的上市公司。				
业绩比较基准	无	风险收益特征	无		
合同生效日	1992年3月13日	清理规范成立日	2000年3月8日		
上市日期	2000年5月15日	上市地点	深圳证券交易所		
基金总份额	5亿份	存 续 期	1992年3月13日至2007年3月12日		
基金管理人	长盛基金管理有限公司	基金托管人	中国银行股份有限公司		
审计机构	安永华明会计师事务所	法律顾问	信利律师事务所	注册登记人	中国证券登记结算有限责任公司深圳分公司

财务指标　单位：人民币(元)

项目 \ 年度	2005年度	2004年度	2003年度
基金份额本期净收益	0.0445	0.0804	−0.0413
期末可分配基金份额收益	0.0495	0.0500	−0.0304
期末基金份额净值	1.1522	1.0885	1.0107
基金加权平均净值收益率	4.08%	7.45%	−4.26%
本期基金份额净值增长率	10.16%	7.70%	13.72%
基金份额累计净值增长率	34.39%	21.99%	13.27%
基金收益分配	本年度每10份派现0.446元；成立以来每10份累计派现1.925元。		

基金净值增长率与业绩基准收益率对比图（单位：%）

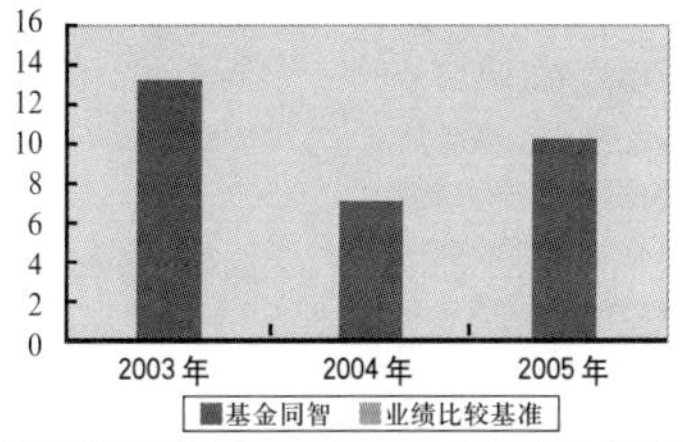

期末基金份额持有人户数	基金份额持有人户数为29,465户，平均每户持有16,969.29份。
期末基金份额持有人结构	机构投资者持有299,544,893份，占总份额59.91%；个人投资者持有200,455,107份，占总份额40.09%。

【基金业绩表现】

2005年，基金同智全年净值增长10.16%；同期上证指数下跌8.32%，该基金净值表现显著高于上证指数。

【基金管理团队】

田荣华先生：基金经理。1967年出生。毕业于武汉大学管理学院，获经济学硕士学位。曾任北京证券深圳业务部总经理、国信证券深圳红荔路营业部总经理。2004年4月加入长盛基金管理有限公司。

【基金运作分析】

2005年以来，在市场的震荡过程中，基金同智通过精细运作，保持了基金净值的稳定增长。截至12月31日，该基金份额净值为1.1522元，较2004年底上涨10.16%；同期上证指数下跌8.32%，基金同智总体净值表现显著高于上证指数，在同类型封闭式基金排名中位于第五名。

2005年，基金同智在运作上继续秉承以往一贯的稳健投资风格，一级资产配置中股票仓位基本保持稳定。基于对市场年初下跌的判断，在坚持大的防御前提下，该基金投资组合重点集中于质地优良的二线蓝筹股，在下半年市场趋于活跃以后，基金又逢高减持了部分涨幅过大的基金二线蓝筹股票，逢低买入了价值被低估的石化、地产、有色和新能源、新材料行业股票资产，同时买入了在股价结构二元化调整过程中价值低估，未来有良好成长性的中小盘股票。事实证明基金的策略转换运用是比较成功的。

展望2006年，A股市场的市场基础和市场环境已经向好，市场的投资机会已经越来越多。基金同智总体投资思路是：在组合构建上，保持前十大持仓集中度相对比较均衡的水平，但突出组合中行业配置的集中度；在风格类资产上，适当降低公用事业类股票比重，增加预期成长性较好的中小盘个股的投资权重，在市场偏乐观的前提下，以此保证组合的进攻性。立足于此，基金同智将保持原有的相对进取的投资策略，基金认为市场在上涨后热点将分化，投资机会仍将趋于多元化。

【季度投资组合一览】

项目 \ 季度	第一季度			第二季度			第三季度			第四季度		
基金资产净值	550,452,514.50元			523,181,990.02元			560,857,151.04元			576,124,019.75元		
基金份额净值	1.1009元			1.0464元			1.1217元			1.1522元		
基金资产组合	市值(元)	占总资产比例		市值(元)	占总资产比例		市值(元)	占总资产比例		市值(元)	占总资产比例	
股票投资	350,881,161.63	59.87%		377,446,907.14	71.29%		393,502,595.79	69.76%		415,882,968.29	71.93%	
债券投资	141,276,207.88	24.11%		124,741,609.48	23.56%		121,981,639.38	21.62%		121,660,011.88	21.04%	
银行存款和清算备付金	18,638,321.96	3.18%		16,967,597.42	3.20%		45,699,685.57	8.10%		29,816,135.02	5.16%	
其他资产	75,257,093.44	12.84%		10,299,078.04	1.95%		2,895,819.46	0.52%		10,808,589.65	1.87%	
投资前五名股票明细	股票名称	市值(元)	占净值比例	股票名称	市值(元)	占净值比例	股票名称	市值(元)	占净值比例	股票名称	市值(元)	占净值比例
	招商银行	36,722,000.00	6.67%	招商银行	35,789,550.00	6.84%	招商银行	31,450,000.00	5.61%	招商银行	31,728,000.00	5.51%
	中集集团	21,656,000.00	3.93%	海油工程	25,648,785.54	4.90%	G长电	26,030,165.41	4.64%	G长电	27,863,573.52	4.84%
	海油工程	21,104,933.20	3.83%	长江电力	24,583,488.93	4.70%	G苏宁	25,435,929.69	4.54%	G中兴	26,146,875.00	4.54%
	长江电力	17,139,571.50	3.11%	上港集箱	21,907,260.00	4.19%	海油工程	25,320,000.00	4.51%	双汇发展	20,763,802.70	3.60%
	鞍钢新轧	16,927,476.29	3.08%	大商股份	19,126,623.75	3.66%	大商股份	22,723,000.00	4.05%	海油工程	19,969,173.00	3.47%
投资前五名债券明细	债券名称	市值(元)	占净值比例	债券名称	市值(元)	占净值比例	债券名称	市值(元)	占净值比例	债券名称	市值(元)	占净值比例
	99国债10	40,840,000.00	7.42%	99国债10	40,840,000.00	7.81%	99国债10	40,840,000.00	7.28%	99国债10	40,840,000.00	7.09%
	02国债14	38,073,420.00	6.92%	02国债14	30,123,000.00	5.76%	20国债10	30,321,000.00	5.41%	20国债10	30,177,000.00	5.23%
	21国债15	35,199,510.50	6.39%	21国债15	27,121,500.00	5.18%	21国债15	27,623,700.00	4.93%	21国债15	27,510,300.00	4.78%
	99国债05	10,343,520.98	1.88%	99国债05	10,343,520.98	1.98%	99国债05	10,343,520.98	1.84%	99国债05	10,343,520.98	1.80%
	04国债11	10,090,000.00	1.83%	04国债11	7,119,700.00	1.36%	04国债11	7,140,000.00	1.27%	04国债11	7,095,200.00	1.23%

同德证券投资基金

基本资料					
基金简称	基金同德	交易代码	500039		
投资目标	为投资者减少和分散投资风险，确保基金资产的安全并谋求基金长期稳定的投资收益。				
业绩比较基准	无	风险收益特征	无		
合同生效日	1992年12月1日	清理规范成立日	2000年10月20日		
上市日期	2001年8月1日	上市地点	上海证券交易所		
基金总份额	5亿份	存续期	1992年12月1日至2007年11月30日		
基金管理人	长盛基金管理有限公司	基金托管人	中国农业银行		
审计机构	普华永道中天会计师事务所	法律顾问	信利律师事务所	注册登记人	中国证券登记结算有限责任公司上海分公司

财务指标　　单位：人民币(元)

项目 \ 年度	2005年度	2004年度	2003年度
基金份额本期净收益	0.0441	0.0758	0.0075
期末可分配基金份额收益	0.0508	0.0677	−0.0081
期末基金份额净值	1.1317	1.0858	1.0185
基金加权平均净值收益率	4.09%	7.01%	0.79%
本期基金份额净值增长率	10.03%	6.61%	16.15%
基金份额累计净值增长率	29.72%	17.89%	10.58%
基金收益分配	本年度每10份派现0.460元；成立以来每10份累计派现1.070元。		
期末基金份额持有人户数	基金份额持有人户数为8,631户，平均每户持有57,930.71份。		
期末基金份额持有人结构	机构投资者持有371,582,252份，占总份额74.32%；个人投资者持有128,417,748份，占总份额25.68%。		

基金净值增长率与业绩基准收益率对比图（单位：%）

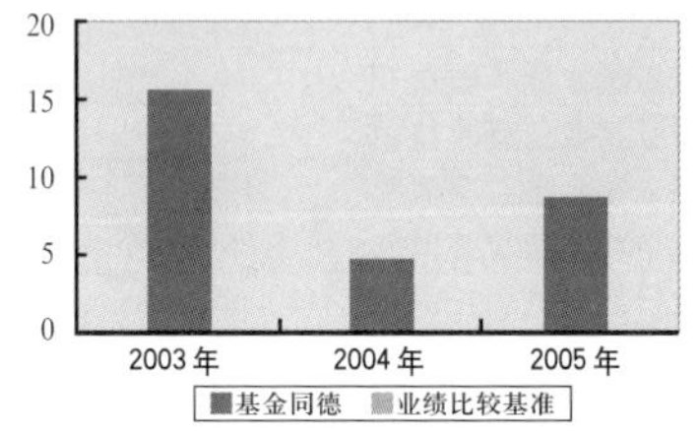

【基金业绩表现】

2005年，基金同德全年净值增长10.03%；同期上证指数下跌8.32%，该基金净值表现显著高于上证指数，在同类型封闭式基金排名中位于第7名。

【基金管理团队】

田荣华先生：基金经理。1967年出生。毕业于武汉大学管理学院，获经济学硕士学位。曾任北京证券深圳业务部总经理、国信证券深圳红荔路营业部总经理。2004年4月加入长盛基金管理公司。

【基金运作分析】

2005年，整个市场经历了一个U型反转。上半年，A股指数继续延续了2001年以来的一路熊途，在6月6日击破1000点大关。下半年，制度层面上由股改带来的消除市场制度性缺陷与管理层激活股市的政策，以及宏观经济层面上人民币汇率制度改革成为最重要的市场驱动力量。投资者信心增强，股指开始出现明显反弹，年底上证指数收于1161点，较年初下跌8.32%。

2005以来，在市场的震荡过程中，基金同德通过精细运作，保持了基金净值的稳定增长。截止到2005年12月31日，该基金份额净值为1.1317元，较上年底上涨10.03%；同期上证指数下跌8.32%，基金同德总体净值表现显著高于上证指数，在同类型封闭式基金排名中位于第7名。

在运作上，基金同德继续秉承以往一贯的相对进取投资风格，对基金持仓结构进行了一系列的动态调整。基于对市场偏弱的判断，该基金年初不断减持有色、钢铁、煤炭等资源类和周期类资产的配置，择机增持了部分基金二线蓝筹品种和稳定增长类行业如医药、商业零售和食品饮料等资产。在下半年市场趋于活跃以后，基金同德又逢高减持了部分涨幅过大的基金二线蓝筹股票，逢低买入了价值被低估的石化、地产、有色和新能源、新材料行业股票资产，同时买入了在股价结构二元化调整过程中价值低估，未来有良好成长性的中小盘股票。事实证明该基金的策略转换运用是比较成功的。

【季度投资组合一览】

项目 \ 季度	第一季度			第二季度			第三季度			第四季度		
基金资产净值	554,695,965.90元			514,100,969.55元			544,897,511.10元			565,871,618.98元		
基金份额净值	1.1094元			1.0282元			1.0898元			1.1317元		
基金资产组合	市值(元)	占总资产比例		市值(元)	占总资产比例		市值(元)	占总资产比例		市值(元)	占总资产比例	
股票投资	350,696,379.71	62.67%		370,460,612.76	71.79%		389,171,290.64	71.18%		406,092,876.22	71.57%	
债券投资	153,210,836.98	27.38%		109,637,026.78	21.25%		114,391,177.68	20.92%		119,165,601.18	21.00%	
银行存款和清算备付金	19,428,887.69	3.47%		23,895,891.37	4.63%		41,122,102.99	7.52%		23,849,604.64	4.20%	
其他资产	36,288,750.22	6.48%		12,012,067.07	2.33%		2,047,857.14	0.38%		18,309,578.43	3.23%	
投资前五名股票明细	股票名称	市值(元)	占净值比例	股票名称	市值(元)	占净值比例	股票名称	市值(元)	占净值比例	股票名称	市值(元)	占净值比例
	宏达股份	47,728,571.80	8.60%	招商银行	27,071,594.25	5.27%	招商银行	28,332,833.25	5.20%	G中兴	28,681,378.75	5.07%
	深赤湾A	33,149,660.94	5.98%	宝钢股份	26,588,044.95	5.17%	G长电	21,679,907.84	3.98%	招商银行	27,791,249.25	4.91%
	兖州煤业	17,790,000.00	3.21%	长江电力	26,208,000.00	5.10%	海油工程	21,522,000.00	3.95%	G长电	23,788,500.48	4.20%
	中集集团	12,993,600.00	2.34%	天津港	20,610,341.50	4.01%	双汇发展	21,158,774.10	3.88%	双汇发展	21,029,065.14	3.72%
	鞍钢新轧	10,580,000.00	1.91%	深赤湾A	18,570,254.13	3.61%	中兴通讯	20,875,283.00	3.83%	金融街	20,660,699.30	3.65%
投资前五名债券明细	债券名称	市值(元)	占净值比例	债券名称	市值(元)	占净值比例	债券名称	市值(元)	占净值比例	债券名称	市值(元)	占净值比例
	99国债05	45,605,287.58	8.22%	99国债05	46,047,467.18	8.95%	99国债05	45,605,287.58	8.37%	99国债05	45,605,287.58	8.06%
	20国债04	35,694,369.60	6.43%	20国债04	36,851,405.40	7.17%	20国债04	37,428,075.00	6.87%	20国债04	37,283,907.60	6.59%
	05农发01	20,000,000.00	3.61%	20国债10	12,055,617.20	2.35%	20国债10	12,132,442.80	2.23%	02国债14	15,620,900.00	2.76%
	04国开03	19,740,000.00	3.56%	02国债14	10,543,050.00	2.05%	02国债14	10,632,300.00	1.95%	20国债10	12,074,823.60	2.13%
	20国债10	11,919,972.00	2.15%	99国债08	3,032,100.00	0.59%	05国债06	3,941,929.80	0.72%	05国债06	3,932,356.20	0.69%

长盛成长价值证券投资基金

基本资料

基金简称	长盛成长价值基金		交易代码	080001	
投资目标	该基金为平衡型基金，通过管理人的积极管理，在控制风险的前提下挖掘价值、分享成长，谋求基金资产的长期稳定增值。				
业绩比较基准	中信综合指数收益率× 80%+ 中信国债指数收益率× 20%				
风险收益特征	该基金属平衡型基金，在承担适度风险的前提下，获得长期稳定的收益。				
合同生效日	2002 年 9 月 18 日	上市日期	——	上市地点	——
募集概况	首募规模	认购户数	募集日期		
	31.67 亿份	6325 户	2002 年 8 月 26 日至 2002 年 9 月 13 日		
基金费率	认购费率	申购费率	赎回费率	管理费率	托管费率
	不高于 1.00%	不高于 1.50%	不高于 0.50%	1.50%	0.25%
基金管理人	长盛基金管理有限公司		基金托管人	中国农业银行	
审计机构	普华永道中天会计师事务所	法律顾问	信利律师事务所	注册登记人	长盛基金管理有限公司

财务指标 单位：人民币(元)

项目 \ 年度	2005 年度	2004 年度	2003 年度
基金份额本期净收益	−0.0085	0.0386	0.1019
期末可分配基金份额收益	−0.0080	−0.0187	−0.0056
期末基金份额净值	1.060	0.981	1.029
基金加权平均净值收益率	−0.85%	3.83%	9.94%
本期基金份额净值增长率	8.05%	−0.05%	17.47%
基金份额累计净值增长率	24.33%	15.06%	15.12%
基金收益分配	本年度未实现收益分配；成立以来每 10 份累计派现 1.660 元。		

基金净值增长率与业绩基准收益率对比图 (单位：%)

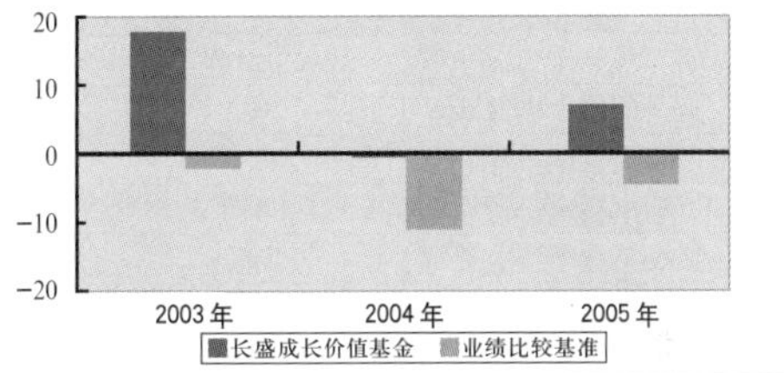

期末基金份额持有人户数	基金份额持有人户数为 17,580 户，平均每户持有 60,370.48 份。
期末基金份额持有人结构	机构投资者持有 714,700,924.18 份，占总份额 67.34%；个人投资者持有 346,612,124.55 份，占总份额 32.66%。

【基金业绩表现】

2005 年，长盛成长价值基金净值上涨 8.05%；同期业绩基准下跌 6.70%，基金净值表现超越业绩基准 14.75%。

【基金管理团队】

闵昱先生：基金经理。经济学硕士。1999 年加入长盛基金管理有限公司，先后担任基金同智基金经理助理、基金同德基金经理助理、基金同益基金经理、基金同智基金经理。

吴刚先生：基金经理。南开大学理学硕士。曾先后在君安资产管理公司、太平洋保险公司深圳分公司、国信证券有限公司工作；2002 年 4 月至 2003 年 1 月在中融基金管理公司任基金经理；2003 年 2 月加入长盛基金管理公司。2006 年起不再担任长盛成长价值基金经理。

罗敏先生：基金经理助理。武汉大学经济学硕士。2000 年 12 月至 2002 年 4 月就职于西南证券研究所。2002 年 5 月加入长盛基金管理公司研究发展部；2004 年 3 月调入公司投资管理部。

【基金运作分析】

2005 年，长盛成长价值基金继续秉承稳健投资风格，一级资产配置中股票仓位保持基本稳定。增持的股票主要包括中国石化、中国联通、大商股份、中兴通讯等发展前景较好、估值较低的大盘价值型蓝筹股以及楚天高速等成长性较好的中小盘个股。而减持的个股主要集中在航空、交通运输等行业。在风格类资产上，该基金采取适当降低大盘类股票比重，增加成长性较好的中小盘个股的投资权重。从个股收益分解来看，本年正收益贡献最大的个股主要有海油工程、伊利股份、大商股份、宏达股份、招商银行等；负收益贡献最大的个股主要有南方航空、华联超市、山东药玻、中海发展、上海航空等。

【季度投资组合一览】

项目 \ 季度	第一季度			第二季度			第三季度			第四季度		
基金资产净值	1,227,370,753.98 元			1,129,919,114.11 元			1,054,773,510.82 元			1,124,933,594.47 元		
基金份额	1,229,662,574.46 份			1,143,216,751.45 份			1,018,518,855.89 份			1,061,313,048.73 份		
基金份额净值	0.998 元			0.988 元			1.036 元			1.060 元		
基金资产组合	市值(元)	占总资产比例		市值(元)	占总资产比例		市值(元)	占总资产比例		市值(元)	占总资产比例	
股票投资	823,178,228.34	63.75%		769,748,608.76	67.94%		750,637,228.39	70.94%		785,671,228.62	66.76%	
债券投资	296,260,546.01	22.95%		276,141,970.93	24.37%		224,141,328.13	21.18%		277,029,197.83	23.54%	
银行存款和清算备付金	88,622,224.52	6.86%		80,954,329.54	7.14%		78,890,653.01	7.46%		110,860,979.67	9.42%	
其他资产	83,178,082.15	6.44%		6,218,493.04	0.55%		4,432,769.56	0.42%		3,258,499.85	0.28%	
投资前五名股票明细	股票名称	市值(元)	占净值比例	股票名称	市值(元)	占净值比例	股票名称	市值(元)	占净值比例	股票名称	市值(元)	占净值比例
	海油工程	83,072,000.00	6.77%	上海机场	81,120,000.00	7.18%	上海机场	58,016,000.00	5.50%	海油工程	49,084,973.92	4.36%
	上海机场	82,500,000.00	6.72%	海油工程	79,186,000.00	7.01%	海油工程	52,910,511.00	5.02%	伊利股份	40,535,000.00	3.60%
	伊利股份	60,254,000.00	4.91%	伊利股份	59,175,000.00	5.24%	招商银行	44,030,000.00	4.17%	G 中 兴	37,937,062.50	3.37%
	中集集团	52,043,365.00	4.24%	招商银行	52,116,000.00	4.61%	伊利股份	42,304,000.00	4.01%	中国石化	37,280,428.72	3.31%
	招商银行	51,900,000.00	4.23%	双汇发展	45,270,000.00	4.01%	双汇发展	39,570,000.00	3.75%	G 宝 钢	37,080,000.00	3.30%
投资前五名债券明细	债券名称	市值(元)	占净值比例	债券名称	市值(元)	占净值比例	债券名称	市值(元)	占净值比例	债券名称	市值(元)	占净值比例
	00 国债 12	50,580,000.00	4.12%	00 国债 12	50,580,000.00	4.48%	00 国债 12	50,580,000.00	4.80%	02 国债 14	141,523,898.00	12.58%
	03 国债 10	50,000,000.00	4.07%	03 国债 10	50,000,000.00	4.43%	99 国开 13	49,870,000.00	4.73%	招行转债	33,502,547.00	2.98%
	99 国开 13	49,870,000.00	4.06%	99 国开 13	49,870,000.00	4.41%	02 国开 08	49,055,000.00	4.65%	99 国债 08	30,308,758.20	2.69%
	02 国开 08	49,055,000.00	4.00%	02 国开 08	49,055,000.00	4.34%	20 国债 04	25,310,000.00	2.40%	20 国债 04	22,811,040.00	2.03%
	20 国债 04	33,710,711.30	2.75%	20 国债 04	34,797,252.00	3.08%	99 国债 05	20,560,341.93	1.95%	99 国债 05	20,560,341.93	1.83%

长盛中信全债指数增强型债券投资基金

基本资料

基金简称	长盛债券基金		交易代码	510080(前端收费) 511080(后端收费)	
投资目标	该基金为开放式债券型基金，将运用增强的指数化投资策略，在力求本金安全的基础上，追求当期收益和基金资产超过比较基准的长期稳定增值。				
业绩比较基准	中信全债指数收益率×92%＋中信综合指数收益率×8%				
风险收益特征	该基金属于低风险的基金品种，其长期平均风险和预期收益均低于股票型基金。				
合同生效日	2003年10月25日	上市日期	——	上市地点	——
募集概况	首募规模	认购户数	募集日期		
	9.25亿份	31379户	2003年8月18日至2003年10月20日		
基金费率	认购费率	申购费率	赎回费率	管理费率	托管费率
	不高于1.00%	不高于1.50%	不高于0.30%	0.75%	0.20%
基金管理人	长盛基金管理有限公司		基金托管人	中国农业银行	
审计机构	普华永道中天会计师事务所	法律顾问	信利律师事务所	注册登记人	中国证券登记结算有限责任公司

财务指标 单位：人民币(元)

项目 \ 年度	2005年度	2004年度	2003年度
基金份额本期净收益	0.0933	0.0539	0.0223
期末可分配基金份额收益	0.0468	−0.0022	0.0061
期末基金份额净值	1.0468	0.9978	1.0249
基金加权平均净值收益率	9.16%	5.26%	2.21%
本期基金份额净值增长率	10.59%	0.18%	4.12%
基金份额累计净值增长率	15.35%	4.31%	4.12%
基金收益分配	本年度每10份派现0.540元；成立以来每10份累计派现1.000元。		

基金净值增长率与业绩基准收益率对比图（单位：%）

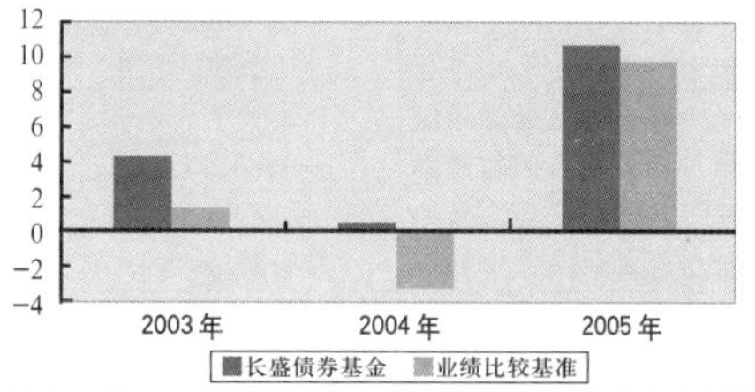

期末基金份额持有人户数	基金份额持有人户数为8,838户，平均每户持有14,812.52份。
期末基金份额持有人结构	机构投资者持有22,266,665.36份，占总份额17.01%；个人投资者持有108,646,359.46份，占总份额82.99%。

【基金业绩表现】

2005年，长盛债券型基金全年份额净值增长10.59%，超越同期业绩比较基准29个基点。

【基金管理团队】

王茜女士：基金经理。武汉大学工商管理硕士，9年金融从业经验，具有丰富的全国银行间市场投资经验和跨市场操作经验。1997年起历任武汉市商业银行信贷管理部交易员、副经理、总经理助理，2002年任职于中信证券固定收益部。2002年9月至今，就职于长盛基金管理公司投资管理部，先后负责封闭式基金债券组合管理，开放式基金债券组合管理，历任全国社保基金债券资产委托基金经理助理，长盛债券基金经理。

【基金运作分析】

2005年的债券市场演绎出一轮气势如虹的牛市行情，截至12月末，上证国债指数上涨14.07%。股票市场在经历了一系列制度性变革后逐步启稳，初步呈现出U型反转的态势，但全年仍下跌8.33%；转债市场仅上涨5.79%。

在2005年投资管理中，该基金管理人准确把握了宏观经济形势及债券市场趋势，合理运用投资杠杆，充分分享了债券市场的大幅上扬；同时该基金通过动态调整投资组合中债券资产和权益类资产的配置比例，提高了资产配置效率，取得超越比较基准的投资业绩。截至12月末，长盛债券型基金累计份额净值1.1468元，全年份额净值增长率10.59%，超越业绩比较基准29个基点。

【季度投资组合一览】

项目 \ 季度	第一季度		第二季度		第三季度		第四季度	
基金资产净值	307,159,211.15元		191,735,159.10元		144,675,367.85元		137,040,064.33元	
基金份额	304,374,095.91份		186,510,056.84份		140,708,532.67份		130,913,024.82份	
基金份额净值	1.0092元		1.0280元		1.0282元		1.0468元	
基金资产组合	市值(元)	占总资产比例	市值(元)	占总资产比例	市值(元)	占总资产比例	市值(元)	占总资产比例
股票投资	39,558,354.43	10.03%	15,793,844.38	8.18%	18,277,242.46	11.31%	20,949,899.54	14.27%
债券投资	257,006,165.67	65.15%	165,692,123.20	85.82%	127,408,102.10	78.86%	117,033,065.20	79.71%
银行存款和清算备付金	17,605,602.82	4.46%	8,732,041.89	4.52%	12,865,848.13	7.96%	6,778,693.37	4.62%
其他资产	80,330,127.61	20.36%	2,849,370.27	1.48%	3,014,316.52	1.87%	2,063,117.80	1.40%

投资前五名债券明细	债券名称	市值(元)	占净值比例	债券名称	市值(元)	占净值比例	债券名称	市值(元)	占净值比例	债券名称	市值(元)	占净值比例
	03国开28	49,730,000.00	16.19%	21国债15	36,240,165.50	18.90%	01国开18	50,000,000.00	34.56%	01国开18	30,660,000.00	22.37%
	01国开18	49,235,000.00	16.03%	20国债04	22,908,000.00	11.95%	21国债15	20,460,000.00	14.14%	99国开13	20,256,000.00	14.78%
	晨鸣转债	20,365,992.81	6.63%	04中行01	20,800,000.00	10.85%	20国债04	12,148,800.00	8.40%	21国债15	10,172,000.00	7.42%
	04建行02	20,304,000.00	6.61%	99国开13	20,112,000.00	10.49%	招行转债	8,962,456.80	6.20%	05泰达债	10,000,000.00	7.30%
	04中行01	20,232,000.00	6.59%	招行转债	13,052,340.00	6.81%	99国债08	8,236,000.00	5.69%	招行转债	9,605,700.00	7.01%
投资前五名股票明细	股票名称	市值(元)	占净值比例	股票名称	市值(元)	占净值比例	股票名称	市值(元)	占净值比例	股票名称	市值(元)	占净值比例
	招商银行	6,920,000.00	2.25%	招商银行	6,060,000.00	3.16%	G长电	5,271,708.72	3.64%	G长电	4,152,000.00	3.03%
	华电国际	5,535,481.25	1.80%	长江电力	4,085,000.00	2.13%	G上港	3,902,013.74	2.70%	G上港	3,166,800.00	2.31%
	金融街	4,164,000.00	1.36%	宝钢股份	1,249,970.04	0.65%	福耀玻璃	2,185,200.00	1.51%	双汇发展	2,238,250.00	1.63%
	上海机场	3,960,000.00	1.29%	中材国际	1,106,122.16	0.58%	双汇发展	1,793,840.00	1.24%	招商银行	1,710,800.00	1.25%
	长江电力	3,086,181.60	1.00%	成霖股份	864,431.73	0.45%	招商银行	1,635,400.00	1.13%	金陵药业	1,507,871.80	1.10%

长盛动态精选证券投资基金

基本资料

基金简称	长盛动态精选基金		交易代码	510081(前端收费)　511081(后端收费)	
投资目标	将通过积极投资于能够充分分享中国经济长期增长的、在各自行业中已经或将要取得领袖地位的50家上市公司股票，在承担适度风险的前提下，追求当期收益和基金资产超过业绩比较基准的长期稳定回报。				
业绩比较基准	中信综合指数收益率×95%＋金融同业存款利率×5%				
风险收益特征	该基金属于适度风险的基金品种，在承担适度风险的前提下，获取长期稳定的收益。				
合同生效日	2004年5月21日	上市日期	——	上市地点	——
募集概况	首募规模	认购户数	募集日期		
	41.08亿份	128876户	2004年4月12日至2004年5月18日		
基金费率	认购费率	申购费率	赎回费率	管理费率	托管费率
	不高于1.00%	不高于1.50%	不高于0.50%	1.50%	0.20%
基金管理人	长盛基金管理有限公司		基金托管人	中国农业银行	
审计机构	普华永道中天会计师事务所	法律顾问	北京市信利律师事务所	注册登记人	中国证券登记结算有限责任公司

财务指标　　单位：人民币(元)

项目＼年度	2005年度	2004年5月21日至2004年12月31日
基金份额本期净收益	−0.0629	0.0005
期末可分配基金份额收益	−0.0602	−0.0371
期末基金份额净值	0.9955	0.9629
基金加权平均净值收益率	−6.60%	0.05%
本期基金份额净值增长率	3.39%	−3.71%
基金份额累计净值增长率	−0.45%	−3.71%
基金收益分配	自基金合同生效以来未实现收益分配。	

基金净值增长率与业绩基准收益率对比图（单位：%）

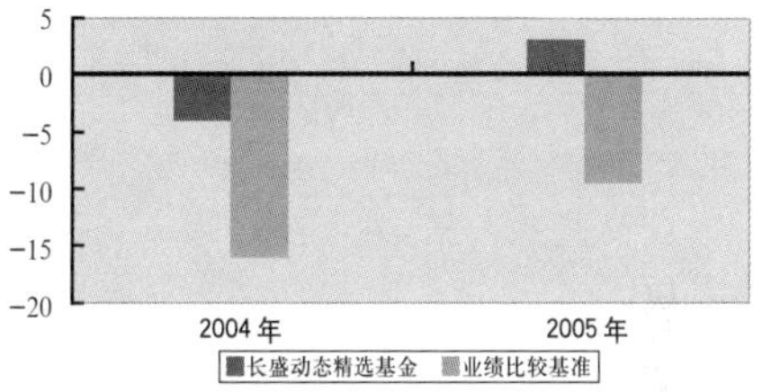

期末基金份额持有人户数	基金份额持有人户数为76,204户，平均每户持有30,858.95份。
期末基金份额持有人结构	机构投资者持有364,297,856.14份，占总份额15.49%；个人投资者持有1,987,277,539.81份，占总份额84.51%。

【基金业绩表现】

2005年，长盛动态精选基金全年净值增长3.39%，同期基金比较基准下跌9%，基金表现超越业绩基准12.39%。

【基金管理团队】

肖强先生：基金经理。法学学士。1993年2月至1996年5月在北京中帝证券投资咨询公司工作，任投资顾问、投资企划部经理。1996年6月至2002年5月在中信证券股份有限公司工作，历任营业部总经理助理；公司研究咨询部副总经理、高级分析师；公司交易部高级交易员。2002年6月加入长盛基金管理有限公司，先后担任基金同盛基金经理助理、基金同益基金经理。2004年5月担任该基金基金经理。2005年4月起不再担任该基金经理。

吴刚先生：基金经理。南开大学理学硕士。1994年7月至1995年7月在君安资产管理公司工作；1995年7月至1996年10月就职于太平洋保险公司深圳分公司；1996年10月至2002年4月在国信证券有限公司任投资经理；2002年4月至2003年1月在中融基金管理公司任基金经理；2003年2月加入长盛基金管理有限公司。2005年10月起不再担任该基金经理。

闵昱先生：基金经理。经济学硕士。1999年加入长盛基金管理有限公司，先后担任基金同智基金经理助理、基金同德基金经理助理、基金同益基金经理、基金同智基金经理。

（转下页）

【季度投资组合一览】

项目＼季度	第一季度			第二季度			第三季度			第四季度		
基金资产净值	2,782,230,902.82元			2,471,899,968.86元			2,436,307,503.85元			2,340,967,870.05元		
基金份额	2,902,951,403.28份			2,694,587,849.57份			2,505,979,403.42份			2,351,575,395.95份		
基金份额净值	0.9584元			0.9174元			0.9722元			0.9955元		
基金资产组合	市值(元)		占总资产比例	市值(元)		占总资产比例	市值(元)		占总资产比例	市值(元)		占总资产比例
股票投资	1,745,793,024.59		62.56%	1,729,277,187.32		69.65%	1,752,757,824.40		71.72%	1,800,373,401.84		75.85%
债券投资	638,371,119.03		22.88%	489,251,119.03		19.71%	350,795,817.62		14.35%	278,771,032.59		11.74%
银行存款和清算备付金	304,007,362.55		10.90%	248,519,686.24		10.01%	333,411,958.96		13.64%	273,669,228.56		11.53%
其他资产	102,240,643.90		3.66%	15,666,314.52		0.63%	7,024,077.87		0.29%	20,795,374.01		0.88%
投资前五名股票明细	股票名称	市值(元)	占净值比例	股票名称	市值(元)	占净值比例	股票名称	市值(元)	占净值比例	股票名称	市值(元)	占净值比例
	长江电力	131,716,110.40	4.73%	长江电力	147,100,057.51	5.95%	G长电	156,347,976.72	6.42%	G长电	145,420,429.96	6.21%
	中集集团	93,731,165.00	3.37%	招商银行	81,862,273.56	3.31%	G宝钢	99,210,400.00	4.07%	G宝钢	95,501,600.00	4.08%
	兖州煤业	89,619,506.90	3.22%	宝钢股份	79,680,000.00	3.22%	振华港机	98,332,590.00	4.04%	招商银行	88,886,759.08	3.80%
	振华港机	87,989,955.24	3.16%	振华港机	75,355,807.54	3.05%	招商银行	84,969,257.54	3.49%	振华港机	81,057,538.56	3.46%
	万科A	84,252,234.72	3.03%	五粮液	75,115,422.56	3.04%	五粮液	67,835,521.60	2.78%	G万科A	77,580,000.00	3.31%
投资前五名债券明细	债券名称	市值(元)	占净值比例	债券名称	市值(元)	占净值比例	债券名称	市值(元)	占净值比例	债券名称	市值(元)	占净值比例
	04国开10	155,068,500.00	5.57%	04国开10	155,068,500.00	6.27%	04国开09	129,820,000.00	5.33%	04国债05	75,616,000.00	3.23%
	02国债11	149,400,000.00	5.37%	04国开09	129,820,000.00	5.25%	04国债05	76,136,000.00	3.13%	02国债14	40,983,392.80	1.75%
	04国开09	129,820,000.00	4.67%	04国债05	76,280,000.00	3.09%	04国开12	61,170,000.00	2.51%	05中电信CP01	39,622,802.17	1.69%
	04国债05	76,000,000.00	2.73%	04国开12	61,170,000.00	2.47%	05中化CP01	29,149,132.61	1.20%	99国债08	25,608,895.20	1.09%
	04国开12	61,170,000.00	2.20%	02国开09	27,811,290.18	1.13%	05国航债	20,566,356.16	0.84%	03国开18	19,972,000.00	0.85%

王宁先生：基金经理。EMBA。历任华夏基金管理有限公司基金经理助理，兴业基金经理等职务。2005年8月加盟长盛基金管理有限公司，在投资管理部担任基金经理助理一职。

罗敏先生：基金经理助理。武汉大学经济学硕士。2000年12月至2002年4月就职于西南证券研究所任行业研究员。2002年5月加入长盛基金管理有限公司研究发展部，从事行业研究工作；2004年3月调入公司投资管理部。

【基金运作分析】

2005，在市场的震荡过程中，长盛动态精选基金通过精细运作，保持了基金净值的稳定增长。

2005年基于对市场长期走势的看好，该基金抓住市场调整的有利时机，较大幅度地增加了股票配置比例，股票仓位由上年底的62.9%增加到本年底的76.9%。基金年内增持的股票主要包括招商银行、中兴通讯、海油工程、伊利股份等发展前景较好、估值较低的大盘蓝筹股。减持的个股主要集中在煤炭、石化、海运装备等行业。总体思路是：在行业配置上，适当降低周期性行业比重，适当增加消费类资产和部分成长性较好的细分行业龙头公司。从个股收益分解来看，本年正收益贡献最大的个股主要有大商股份、振华港机、万科、烟台万华、张裕等；负收益贡献最大的个股主要有兖州煤业、许继电气、上海航空、特变电工、上海石化等。

2006年，长盛动态精选基金在投资策略上，短期内重点关注优质公司的股改进程和积极寻找价值低估的公司，并积极关注即将推出的新老划断带来的机遇和风险。中长期内主要关注全流通后新的市场环境下的上市公司“价值重估”。

长盛货币市场基金

<table>
<tr><th colspan="7">基本资料</th></tr>
<tr><td>基金简称</td><td colspan="3">长盛货币</td><td>交易代码</td><td colspan="2">080011</td></tr>
<tr><td>投资目标</td><td colspan="6">在力争本金安全、保证资产高流动性的基础上，追求高于业绩比较基准的收益。</td></tr>
<tr><td>业绩比较基准</td><td colspan="6">银行一年期定期存款利率(税后)</td></tr>
<tr><td>风险收益特征</td><td colspan="6">属于高流动性、低风险的基金品种，其预期风险和预期收益率都低于股票、债券和混合型基金。</td></tr>
<tr><td>合同生效日</td><td colspan="2">2005年12月12日</td><td>上市日期</td><td>——</td><td>上市地点</td><td>——</td></tr>
<tr><td rowspan="2">募集概况</td><td>首募规模</td><td>认购户数</td><td colspan="4">募集日期</td></tr>
<tr><td>36.02亿份</td><td>12676户</td><td colspan="4">2005年11月16日至2005年12月6日</td></tr>
<tr><td rowspan="2">基金费率</td><td>认购费率</td><td>申购费率</td><td>赎回费率</td><td>管理费率</td><td>托管费率</td><td>销售服务费率</td></tr>
<tr><td>0</td><td>0</td><td>0</td><td>0.33%</td><td>0.10%</td><td>0.25%</td></tr>
<tr><td>基金管理人</td><td colspan="2">长盛基金管理有限公司</td><td>基金托管人</td><td colspan="3">兴业银行股份有限公司</td></tr>
<tr><td>审计机构</td><td>普华永道中天会计师事务所</td><td>法律顾问</td><td>北京市广盛律师事务所</td><td>注册登记人</td><td colspan="2">长盛基金管理有限公司</td></tr>
<tr><td>备注</td><td colspan="6">长盛货币市场基金合同生效于2005年12月12日，2005年12月19日起开始办理申购、赎回业务。</td></tr>
</table>

【基金经理简介】

王茜女士：基金经理，工商管理硕士，9年金融从业经验。历任武汉市商业银行信贷资金管理部交易员、副经理、总经理助理；2002年加入长盛基金管理公司，负责债券组合管理，曾担任全国社保基金债券委托组合经理助理，现任长盛中信全债指数增强型债券基金基金经理，具有8年债券投资经验。

嘉实基金管理有限公司

法定名称	嘉实基金管理有限公司	英文名称	Harvest Fund Management Co.,Ltd.
成立日期	1999年3月25日	注册资本	1亿元人民币
法人代表	王忠民	总 经 理	赵学军
联系电话	010−65188866	客服电话	95105866 / 010−65185566
传真号码	010−65185678	公司网址	www.jsfund.cn
注册地址	上海浦东新区富城路999号震旦国际大厦1702室	办公地址	北京市建国门北大街8号华润大厦8层

● 发展概况

嘉实基金管理有限公司成立于1999年3月，是经中国证监会批准设立的首批基金管理公司之一。公司注册资本1亿元，注册地上海，总部设在北京，目前在深圳、成都设有分公司。2002年12月，嘉实首批获得我国社保基金委托投资管理人资格；2005年8月，嘉实首批获得企业年金投资管理人资格，成为拥有全国社保基金投资管理人和企业年金基金投资管理人双重资格的基金管理人。2005年6月，嘉实基金管理公司引入新股东德意志资产管理(亚洲)有限公司，成为中外合资基金管理公司。

在组织结构上，公司设立了投资决策委员会和风险控制委员会等专业委员会，下设基金投资部、固定收益部、研究部、交易部、监察稽核部、法律部、产品管理部、养老金及金融机构服务部、机构客户部、渠道发展部、营销策划部、客户服务部、运营部、财务部、人力资源部、业务发展部、国际业务部共17个部门。

在人员构成上，嘉实基金管理公司现有员工175名，其中拥有硕士以上学历的占56.2%，且大部分毕业于清华、北大等著名院校。此外还有留学归国的专业人士加盟。

● 经营业绩

截至2005年12月31日，嘉实基金管理有限公司共管理10只证券投资基金，包括基金泰和、基金丰和两只封闭式基金和嘉实成长收益、嘉实增长、嘉实稳健、嘉实债券、嘉实服务增值、嘉实浦安保本、嘉实货币、嘉实沪深300指数8只开放式基金，同时管理4个全国社保基金投资组合。

近三年公司管理基金资产规模与基金数量

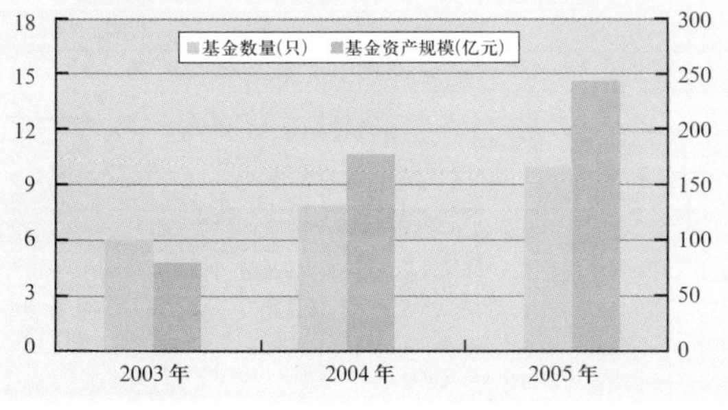

2005年，嘉实基金管理有限公司顺利完成了嘉实货币市场基金和嘉实沪深300指数基金两只新基金产品的募集设立。嘉实货币市场基金于3月7日开始募集，基金合同生效于3月18日，共募集基金份额29.47亿份，有效认购户数14219户；嘉实沪深300指数基金于7月5日开始募集，8月29日基金合同生效，共募集基金份额8.67亿份，有效认购户数7163户。

2005年，嘉实旗下基金业绩保持稳定增长，两只封闭式基金中基金泰和、丰和分别以6%和4.46%的净值增长率在54只封闭式基金排名第16和第24，平均业绩中等偏上；旗下开放式基金中，嘉实债券基金表现突出，本年以13.14%的总回报率，在同类型基金中排名首位，全年实现分红每10份0.300元；嘉实增长、嘉实成长收益、嘉实稳健自成立来回报率在169只开放式基金排名第2、第13、第33位；嘉实浦安保本本年净值增长4.20%，超额业绩基准收益1.61%，全年实现分红每10份0.200元；嘉实货币自本年3月18日成立以来截至2005年12月31日，基金累计每万份基金净收益168.3014元，净值收益达1.6957%，超越同期业绩基准收益27.31个基点。

嘉实基金管理公司成立7年来，不仅通过稳健运作很好的回报了投资者，同时也确立了公司的市场地位，得到了投资者的广泛认同。目前公司拥有完善的投资产品线，产品覆盖股票型、配置型、货币型、债券型、保本型、指数型等主要基金产品类型，为投资者资产配置提供了全面的选择，也为公司持续健康发展奠定了坚实基础。

公司股东结构

股东名称	出资金额(万元)	出资比例(%)
中诚信托投资有限责任公司	4800.00	48.00
四川立信投资有限责任公司	3250.00	32.50
德意志资产管理(亚洲)有限公司	1950.00	19.50

公司高管介绍

王忠民先生：董事长。大学专科。曾任北京矿务局财务处会计，煤炭部财务司会计、副处长，中国统配煤矿总公司财务局处长，煤炭部财务公司筹备组负责人，中煤信托投资有限责任公司董事长兼总经理，2002年3月至今任中诚信托投资有限责任公司党委书记、董事长。

赵学军先生：董事、总经理。中共党员，经济学博士。先后在天津通信广播公司电视设计所任助理工程师、外经贸部中国仪器进出口总公司任经济师、北京商品交易所任信息处长、天津纺织原材料交易所任总裁及法定代表人、商鼎期货经纪有限公司任副总经理兼上海营业部总经理、北京证券有限公司任基金部经理助理、阜成路营业部总经理助理。1998年9月至2000年10月任大成基金管理有限公司助理总经理、副总经理。2000年10月至今任嘉实基金管理有限公司总经理。

泰和证券投资基金

基本资料

基金简称	基金泰和		基金代码	500002	
投资目标	为投资者减少和分散投资风险，确保基金资产的安全并谋求基金长期稳定的投资收益。				
业绩比较基准	无	风险收益特征	无		
合同生效日	1999年4月8日	上市日期	1999年4月20日	上市地点	上海证券交易所
基金总份额	20亿份	存续期	15年		
基金管理人	嘉实基金管理有限公司	基金托管人	中国建设银行股份有限公司		
审计机构	普华永道中天会计师事务所有限公司	法律顾问	北京德恒律师事务所	注册登记人	中国证券登记结算有限责任公司上海分公司

财务指标 单位：人民币(元)

项目 \ 年度	2005年度	2004年度	2003年度
基金份额本期净收益	−0.0345	0.0554	0.0050
期末可分配基金份额收益	0.0007	−0.0063	−0.0201
期末基金份额净值	1.0533	0.9937	1.0723
基金加权平均净值收益率	−3.50%	5.17%	0.52%
本期基金份额净值增长率	6.00%	−7.33%	22.17%
基金份额累计净值增长率	57.59%	48.67%	60.43%
基金收益分配	本年度未实现收益分配；成立以来每10份累计派现5.25元。		

基金净值增长率与业绩基准收益率对比图（单位：%）

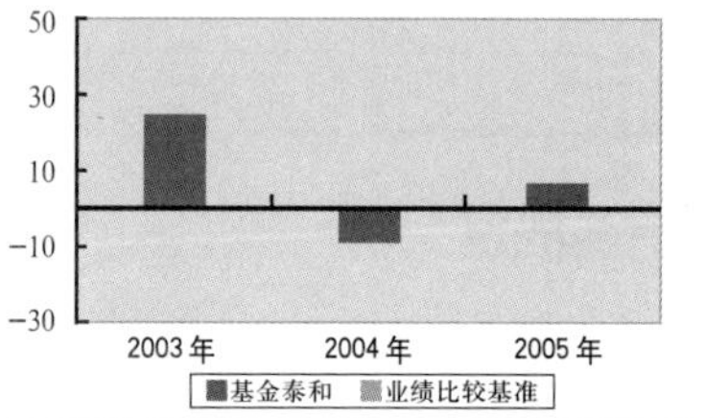

期末基金份额持有人户数	基金份额持有人户数为95,226户，平均每户持有21,003份。
期末基金份额持有人结构	机构投资者持有1,003,599,248份，占总份额50.18%；个人投资者持有996,400,752份，占总份额49.82%。

【基金业绩表现】

截至2005年12月31日，泰和基金份额净值为1.0533元，全年基金份额净值增长6.00%。

【基金管理团队】

魏上云先生：基金经理。美国纽约理工大学组织行为学硕士，双硕士学位。自1999年起，历任大成基金管理有限公司研究员、基金经理助理、基金景福基金经理，天相投资顾问公司研究总监等职。2004年2月加入嘉实基金管理有限公司。

田晶女士：基金经理。美国纽约市立大学布鲁克商学院工商管理学硕士(MBA)，8年证券从业经历。曾任职于美国花旗集团资产管理公司，美国信安资产管理公司，任基金经理，从事日本及亚太地区的股票市场投资。2002年12月加入嘉实基金管理有限公司，担任研究部副总监。

【基金运作分析】

2005年，国民经济在政府宏观调控背景下保持了平稳发展的态势，证券市场股权分置改革迎来破冰之旅，投资者经过年中极度悲观的波折之后，投资信心渐渐恢复，市场在岁末开始了逐步回升。作为泰和基金的投资操作，在市场极度低迷的时候，基金管理人坚持对企业合理经济价值的信心，坚持对国民经济健康发展的信心，坚持对市场机制变革的信心，坚持对政府扶持资本市场发展的信心，在投资策略上保持了高仓位投入，品种上重点投向受益于机制转变、具备绝对估值优势、受益于消费拉动、技术进步、经济转型、具备品牌优势或资源优势的龙头企业，最终都获得了较好的投资效果。

2006年，泰和基金在投资策略上则将保持较高的股票投资仓位，在资产配置上将延续2005年以来的投资思路，重点关注以下几类投资机会：1.机制转变提升企业价值的机会。继续看好股改导致企业机制转变所带来的投资机会；2.价值重估的机会。由于产业资本(企业增持、兼并收购)和国际资本(QFII)的进入，A股公司从产业投资和国际比较的角度将获得重新的评价，市场上大批被简单市盈率定价和基本面趋势投资所忽视的企业将获得经济价值合理重估的机会；3.经济转型的机会。在我国从投资拉动转向消费拉动、从规模经济转向和谐经济、节约经济的过程中，看好与我国庞大人口消费相关的消费及服务行业、低能耗高附加值的高科技产业以及在过剩产能背景下突显品牌定价优势和垄断资源优势的部分龙头企业。

【季度投资组合一览】

项目 \ 季度	第一季度			第二季度			第三季度			第四季度		
基金资产净值	1,930,969,829.64元			1,894,464,527.52元			2,055,762,790.33元			2,106,650,405.24元		
基金份额净值	0.9655元			0.9472元			1.0279元			1.0533元		
基金资产组合	市值(元)	占总资产比例		市值(元)	占总资产比例		市值(元)	占总资产比例		市值(元)	占总资产比例	
股票投资	1,501,462,565.15	74.64%		1,491,144,592.57	78.02%		1,466,825,439.00	67.42%		1,522,032,201.96	71.63%	
债券投资	408,910,333.70	20.33%		398,035,781.40	20.82%		416,588,587.50	19.15%		444,453,170.10	20.92%	
银行存款和清算备付金	16,913,364.54	0.84%		4,355,210.78	0.23%		170,957,223.58	7.85%		143,336,735.26	6.75%	
其他资产	84,318,564.91	4.19%		17,694,924.77	0.93%		121,222,614.89	5.58%		14,895,093.68	0.70%	
投资前五名股票明细	股票名称	市值(元)	占净值比例	股票名称	市值(元)	占净值比例	股票名称	市值(元)	占净值比例	股票名称	市值(元)	占净值比例
	武钢股份	178,937,456.39	9.27%	国电电力	165,514,400.00	8.74%	大商股份	145,964,151.82	7.10%	大商股份	169,614,841.60	8.05%
	国电电力	135,435,947.57	7.01%	宝钢股份	138,777,000.00	7.33%	国电电力	129,270,282.24	6.29%	国电电力	133,528,973.49	6.34%
	中国石化	99,360,000.00	5.15%	武钢股份	137,200,000.00	7.24%	中兴通讯	89,281,200.36	4.34%	G 铜 都	97,766,841.92	4.64%
	大商股份	94,071,821.00	4.87%	大商股份	109,861,364.70	5.80%	铜都铜业	85,973,754.90	4.18%	G 中 兴	97,615,000.00	4.63%
	宝钢股份	91,246,469.44	4.73%	晨鸣纸业	72,283,344.00	3.82%	G 宝 钢	73,544,498.32	3.58%	盐田港A	82,915,654.50	3.94%
投资前五名债券明细	债券名称	市值(元)	占净值比例	债券名称	市值(元)	占净值比例	债券名称	市值(元)	占净值比例	债券名称	市值(元)	占净值比例
	04国债05	133,028,000.00	6.89%	04国债(5)	202,435,028.90	10.69%	04国债(5)	196,238,952.00	9.55%	04国债(5)	185,447,522.00	8.80%
	银行间00国债12期	50,675,000.00	2.62%	银行间00国债12期	50,675,000.00	2.67%	银行间00国债12期	50,675,000.00	2.47%	银行间00国债12期	50,675,000.00	2.41%
	银行间2001年5期	50,530,000.00	2.62%	银行间2000国债(1)	50,000,000.00	2.64%	银行间2000国债(1)	50,000,000.00	2.43%	银行间2000国债(1)	40,000,000.00	1.90%
	银行间2000国债(1)	50,000,000.00	2.59%	99国开13	30,360,000.00	1.60%	99国开13	30,360,000.00	1.48%	02国债(14)	35,504,794.00	1.69%
	99国开13	30,360,000.00	1.57%	银行间02国债02	29,784,000.00	1.57%	银行间02国债02	29,784,000.00	1.45%	99国开13	30,360,000.00	1.44%

丰和价值证券投资基金

基本资料					
基金简称	基金丰和	基金代码	184721		
投资目标	该基金为价值型基金，主要投资于依照有关区分股票价值、成长特征的指标所界定的价值型股票，通过对投资组合的动态调整来分散和控制风险，在注重基金资产安全的前提下，追求基金资产的长期稳定增值。				
业绩比较基准	无	风险收益特征	无		
合同生效日	2002年3月22日	上市日期	2002年4月4日	上市地点	深圳证券交易所
基金总份额	30亿份	存 续 期	15年		
基金管理人	嘉实基金管理有限公司	基金托管人	中国农业银行		
审计机构	普华永道中天会计师事务所有限公司	法律顾问	北京德恒律师事务所	注册登记人	中国证券登记结算有限责任公司深圳分公司

财务指标 单位：人民币(元)

项 目 \ 年 度	2005年度	2004年度	2003年度
基金份额本期净收益	−0.0037	0.0426	−0.0007
期末可分配基金份额收益	0.0195	0.0216	0.0006
期末基金份额净值	1.0469	1.0216	1.0486
基金加权平均净值收益率	−0.36%	3.98%	−0.07%
本期基金份额净值增长率	4.46%	−2.57%	17.52%
基金份额累计净值增长率	8.18%	3.58%	6.31%
基金收益分配	本年度每10份派现0.180元；成立以来每10份累计派现0.530元。		

基金净值增长率与业绩基准收益率对比图（单位：%）

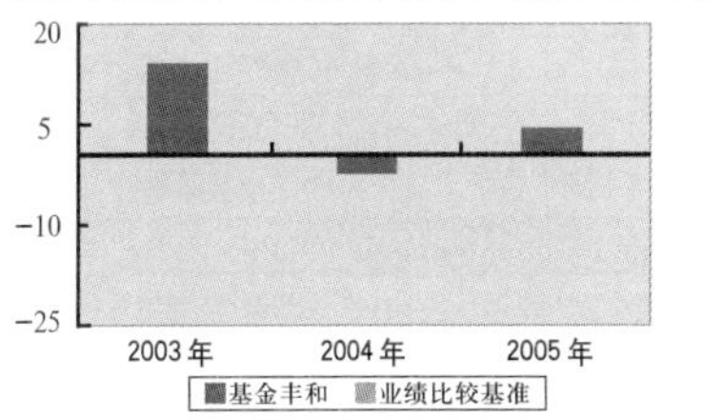

期末基金份额持有人户数	基金份额持有人户数为22,455户，平均每户持有133,601份。
期末基金份额持有人结构	机构投资者持有2,117,553,156份，占总份额70.59%；个人投资者持有882,446,844份，占总份额29.41%。

【基金业绩表现】

截至2005年12月31日，基金丰和份额净值为1.0469元，全年净值增长4.46%，同期上证A股指数下跌8.21%，超越指数收益12.67%。

【基金管理团队】

赵军先生：基金经理。毕业于南开大学金融系，获硕士学位。6年证券从业经验。先后在中信证券资产管理部和金融产品开发部从事研究工作，2000年进入嘉实基金管理有限公司任研究部总监。现任公司总经理助理兼研究部总监。

刘欣先生：基金经理。经济学硕士，12年证券从业经历。曾任南方证券投资银行部北京总部副总经理。1999年3月进入嘉实基金管理有限公司至今，先后在研究部和投资部从事行业与上市公司研究、投资策略研究和基金管理工作，曾任嘉实成长收益基金经理助理和嘉实理财通系列基金基金经理。

【基金运作分析】

2005年，基金丰和总体上保持“较高股票投资比例、行业有限度偏离以及个股精选”的投资风格，在食品饮料、商业、中药、银行等行业中选择龙头公司均衡配置。从结果看，这种投资策略使得该基金规避了很大的市场风险，获得了稳定的业绩增长，但同时没有把握住市场中波段操作、行业轮动以及地产、科技等部分行业整体性上涨机会。

展望2006年，基金管理人认为A股市场会存在较大投资机会，预计2006年A股市场投资氛围将明显转暖。为此，丰和基金将采取更加积极的投资风格，适度提高组合贝塔值，适度提高行业配置偏离度。当前，该基金选择两大类公司进行重点配置：一是从分享中国经济内生性成长角度，选择那些管理优良、具备长期竞争优势的行业龙头企业，二是从绝对投资价值角度，选择现金流状况良好、业绩稳定增长并有较高股息收益的公司。基金管理人认为以上两类公司将获得估值提升和业绩增长的双重推动。

【季度投资组合一览】

项 目 \ 季 度	第一季度		第二季度		第三季度		第四季度	
基金资产净值	3,108,690,888.85元		2,978,018,736.76元		3,110,451,231.92元		3,140,835,538.20元	
基金份额净值	1.0362元		0.9927元		1.0368元		1.0469元	
基金资产组合	市值(元)	占总资产比例	市值(元)	占总资产比例	市值(元)	占总资产比例	市值(元)	占总资产比例
股票投资	2,345,419,214.64	74.65%	2,329,380,395.53	77.79%	2,394,345,472.36	76.14%	2,356,923,183.75	74.73%
债券投资	700,360,509.10	22.29%	624,637,901.90	20.87%	663,553,774.18	21.10%	645,804,791.79	20.47%
银行存款和清算备付金	83,342,307.31	2.65%	11,921,717.45	0.40%	54,318,142.07	1.73%	137,080,527.35	4.35%
其他资产	12,974,796.20	0.41%	28,395,347.10	0.94%	32,276,223.45	1.03%	14,234,422.15	0.45%

投资前五名股票明细	股票名称	市值(元)	占净值比例	股票名称	市值(元)	占净值比例	股票名称	市值(元)	占净值比例	股票名称	市值(元)	占净值比例
	宝钢股份	247,451,689.28	7.96%	同 仁 堂	279,664,492.77	9.39%	同 仁 堂	249,470,000.00	8.02%	G同仁堂	228,231,647.93	7.27%
	同 仁 堂	238,863,458.76	7.68%	宝钢股份	256,937,359.02	8.63%	上海机场	244,225,198.60	7.85%	上海机场	208,220,551.32	6.63%
	上海机场	217,602,782.42	7.00%	上海机场	245,386,329.40	8.24%	铜都铜业	159,382,206.30	5.12%	大商股份	168,735,474.40	5.37%
	华侨城A	154,876,064.32	4.98%	五 粮 液	216,478,120.32	7.27%	大商股份	154,088,958.38	4.95%	五 粮 液	164,512,920.00	5.24%
	大商股份	125,566,449.40	4.04%	华侨城A	145,437,271.28	4.88%	华侨城A	149,564,990.88	4.81%	G 铜 都	155,588,775.92	4.95%

投资前五名债券明细	债券名称	市值(元)	占净值比例	债券名称	市值(元)	占净值比例	债券名称	市值(元)	占净值比例	债券名称	市值(元)	占净值比例
	农发0402	199,947,000.00	6.43%	农发0402	199,947,000.00	6.71%	03国开29	203,940,000.00	6.56%	03国开29	203,940,000.00	6.49%
	04国债05	105,080,717.60	3.38%	20国债(4)	67,342,588.80	2.26%	20国债(4)	68,396,400.00	2.20%	20国债(4)	68,132,947.20	2.17%
	20国债(4)	65,228,211.20	2.10%	银行间02年国债11期	50,000,000.00	1.68%	银行间02年国债11期	50,000,000.00	1.61%	银行间02年国债11期	50,000,000.00	1.59%
	02年国债11期	50,000,000.00	1.61%	银行间02年国债2期	50,000,000.00	1.68%	银行间02年国债2期	50,000,000.00	1.61%	银行间02年国债2期	50,000,000.00	1.59%
	02年国债2期	50,000,000.00	1.61%	银行间02国债(15)	40,540,000.00	1.36%	银行间02国债(15)	40,540,000.00	1.30%	银行间02国债(15)	40,540,000.00	1.29%

嘉实成长收益证券投资基金

基本资料					
基金简称	嘉实成长收益基金		基金代码	070001	
投资目标	该基金定位于成长收益复合型基金，在获取稳定的现金收益的基础上，积极谋求资本增值机会。				
业绩比较基准	上证A股指数				
风险收益特征	该基金属于中等风险证券投资基金，长期系统性风险控制目标为：基金份额净值相对于基金业绩比较基准的β值不超过0.75。在此前提下，通过合理配置基金在成长型资产类、收益型资产类和现金等大类资产之间的比例，努力实现股票市场上涨期间基金资产净值涨幅不低于上证A股指数涨幅的65%，股票市场下跌期间基金资产净值下跌幅度不超过上证A股指数跌幅的55%。				
合同生效日	2002年11月5日	上市日期	——	上市地点	——
募集概况	首募规模	认购户数	募集日期		
	20.02亿份	14780户	2002年9月30日至2002年10月31日		
基金费率	认购费率	申购费率	赎回费率	管理费率	托管费率
	不高于1.00%	不高于1.50%	不高于0.50%	1.50%	0.25%
基金管理人	嘉实基金管理有限公司		基金托管人	中国银行股份有限公司	
审计机构	普华永道中天会计师事务所有限公司	法律顾问	北京德恒律师事务所	注册登记人	嘉实基金管理有限公司

财务指标　单位：人民币(元)

项目 / 年度	2005年度	2004年度	2003年度
基金份额本期净收益	0.0198	0.0255	0.1109
期末可分配基金份额收益	0.0200	−0.0014	0.0074
期末基金份额净值	1.0646	1.0408	1.0632
基金加权平均净值收益率	1.85%	2.37%	10.90%
本期基金份额净值增长率	2.29%	1.94%	21.43%
基金份额累计净值增长率	22.35%	19.61%	17.34%
基金收益分配	本年度未实现收益分配；成立以来每10份累计派现1.500元。		

基金净值增长率与业绩基准收益率对比图（单位：%）

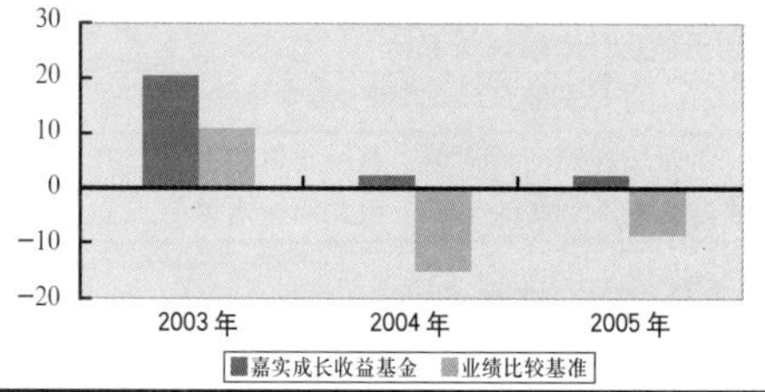

期末基金份额持有人户数	基金份额持有人户数为9,145户，平均每户持有201,855.28份。
期末基金份额持有人结构	机构投资者持有1,580,576,420.96份，占总份额85.62%；个人投资者持有265,390,077.84份，占总份额14.38%

【基金业绩表现】

截至2005年12月31日，嘉实成长收益基金份额净值为1.0646元，全年净值增长2.29%，同期业绩基准增长率为−8.21%，基金表现超越业绩基准收益10.50%。

【基金管理团队】

孙林先生：基金经理。经济学硕士，7年证券从业经历。曾受聘于国泰君安证券公司从事证券投资工作。2000年10月进入嘉实基金管理有限公司工作，曾任基金泰和基金经理助理，现任嘉实成长收益基金基金经理职务。

【基金运作分析】

2005年，在嘉实成长收益基金投资管理中，管理人主动回避产能过剩的行业，积极增持了稳定类资产，获取了部分公司业绩稳定增长和股改带来的双重收益。随着第四季度宏观经济预期向好，该基金增持了金融地产，增加了组合的进攻性。

2006年，嘉实成长收益将继续坚持以绝对投资价值为主线，不盲目追逐市场热点，仍将重点关注金融地产、食品饮料、社会服务、交通运输等具有长期价值的稳定类资产带来的投资机会。在新的市场环境下，嘉实成长收益基金积极拓展研究视野和估值方法，从多个角度判断公司的投资价值，寻找出最具估值优势和成长空间的公司，力争以优良的业绩回报基金持有人的信任。

【季度投资组合一览】

项目 / 季度	第一季度		第二季度		第三季度		第四季度	
基金资产净值	1,816,876,313.42元		1,826,888,342.71元		2,061,405,409.29元		1,965,206,560.62元	
基金份额	1,673,490,720.17份		1,717,831,738.96份		1,871,762,480.06份		1,845,966,498.80份	
基金份额净值	1.0857元		1.0635元		1.1013元		1.0646元	
基金资产组合	市值(元)	占总资产比例	市值(元)	占总资产比例	市值(元)	占总资产比例	市值(元)	占总资产比例
股票投资	1,364,609,199.08	71.21%	1,371,237,860.53	70.50%	1,519,213,593.16	72.99%	1,454,927,820.04	73.23%
债券投资	437,807,943.36	22.84%	429,696,749.60	22.09%	495,176,938.50	23.79%	491,132,825.20	24.72%
银行存款和清算备付金	25,399,643.79	1.33%	113,337,373.33	5.83%	53,999,717.45	2.60%	12,367,893.27	0.62%
其他资产	88,478,317.82	4.62%	30,737,19.16	1.58%	12,933,052.88	0.62%	28,283,920.51	1.43%

投资前五名股票明细	股票名称	市值(元)	占净值比例	股票名称	市值(元)	占净值比例	股票名称	市值(元)	占净值比例	股票名称	市值(元)	占净值比例
	华侨城A	171,707,228.30	9.45%	华侨城A	176,077,362.40	9.64%	华侨城A	192,958,514.00	9.36%	华侨城A	183,552,442.08	9.34%
	上海机场	170,748,913.50	9.40%	上海机场	171,022,135.70	9.36%	上海机场	186,562,082.56	9.05%	盐田港A	132,649,957.44	6.75%
	长江电力	134,233,571.80	7.39%	华海药业	132,177,006.00	7.24%	G华海	157,366,352.55	7.63%	上海机场	125,828,920.00	6.40%
	华海药业	127,805,418.65	7.03%	海正药业	121,364,842.50	6.64%	盐田港A	109,038,925.71	5.29%	G天津港	94,473,840.37	4.81%
	宝钢股份	92,646,998.57	5.10%	中原高速	94,716,213.24	5.18%	海正药业	105,843,700.00	5.13%	G同仁堂	77,999,629.50	3.97%

投资前五名债券明细	债券名称	市值(元)	占净值比例	债券名称	市值(元)	占净值比例	债券名称	市值(元)	占净值比例	债券名称	市值(元)	占净值比例
	04国债(5)	144,261,300.00	7.94%	04国债(5)	151,277,542.50	8.28%	04国债(5)	150,991,963.50	7.32%	04国债(5)	147,758,390.00	7.52%
	04国开10	99,990,000.00	5.50%	02国开10	70,784,000.00	3.87%	招行转债	75,277,460.40	3.65%	招行转债	91,629,839.60	4.66%
	金牛转债	48,537,115.20	2.67%	招行转债	63,297,633.60	3.46%	02国开10	70,784,000.00	3.43%	02国开10	70,784,000.00	3.60%
	00国开13	39,788,000.00	2.19%	00国开13	39,788,000.00	2.18%	02国债(14)	45,785,721.60	2.22%	02国债(14)	45,595,814.40	2.32%
	03国开05	29,673,000.00	1.63%	03国开05	29,673,000.00	1.62%	00国开13	39,788,000.00	1.93%	00国开13	39,788,000.00	2.02%

嘉实理财通系列证券投资基金

(该系列基金由具有不同市场定位的三只基金构成，包括相互独立的嘉实增长基金、嘉实稳健基金和嘉实债券基金。)

嘉实增长证券投资基金

基本资料						
基金简称	嘉实增长			基金代码	070002	
投资目标	投资于具有高速成长潜力的中小企业上市公司以获取未来资本增值的机会，并谋求基金资产的中长期稳定增值，同时通过分散投资提高基金资产的流动性。					
业绩比较基准	巨潮500(小盘)指数		风险收益特征	该基金属于中高风险的基金品种		
合同生效日	2003年7月9日		上市日期	——	上市地点	——
募集概况	首募规模	认购户数	募集日期			
	9.45亿份	22504户	2003年6月2日至2003年7月4日			
基金费率	认购费率	申购费率	赎回费率	管理费率	托管费率	
	不高于1.00%	不高于1.50%	不高于0.50%	1.50%	0.25%	
基金管理人	嘉实基金管理有限公司		基金托管人	中国银行股份有限公司		
审计机构	安永华明会计师事务所	法律顾问	国浩律师集团(北京)事务所	注册登记人	嘉实基金管理有限公司	

财务指标　　单位：人民币(元)

项目 \ 年度	2005年度	2004年度	2003年7月9日至2003年12月31日
基金份额本期净收益	0.0004	0.0987	0.0146
期末可分配基金份额收益	−0.0003	0.0011	0.0050
期末基金份额净值	1.193	1.096	1.054
基金加权平均净值收益率	0.03%	8.63%	1.45%
本期基金份额净值增长率	8.85%	15.56%	6.49%
基金份额累计净值增长率	33.95%	23.06%	6.49%
基金收益分配	本年度未实现收益分配；成立以来每10份累计派现1.310元。		
期末基金份额持有人户数	基金份额持有人户数为14,039户，平均每户持有109,473.71份。		
期末基金份额持有人结构	机构投资者持有1,105,767,385.61份，占总份额71.95%；个人投资者持有431,133,982.67份，占总份额28.05%。		

基金净值增长率与业绩基准收益率对比图（单位：%）

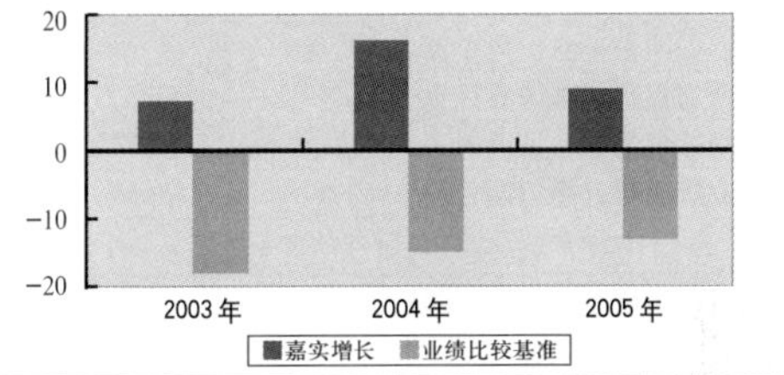

【基金业绩表现】

截至2005年12月31日，嘉实增长基金份额净值为1.193元，全年基金净值增长8.85%，同期基金业绩比较基准收益率为−13.29%，超额业绩基准收益22.14%。

【基金管理团队】

邵健先生：基金经理。经济学硕士。8年证券从业经历。1998年至2003年任职于国泰君安证券研究所，历任研究员、行业投资策略组组长、行业公司部副经理，从事行业研究、行业比较研究及资产配置等工作。2003年7月加入嘉实基金负责嘉实增长基金的管理工作。

【基金运作分析】

2005年中国经济虽然面临宏观调控及外延式经济增长带来的资源与能源短缺的困扰，但在出口与投资的拉动下，依然取得了较快的经济增长。消费、服务及短缺的行业依然保持了较快的发展，给国内证券市场的投资提供了良好的条件。

2005年启动的股权分置改革大幅地降低了中国A股市场的估值，并促进了非流通股东与流通股东的利益一致化，未来将进一步促进管理层与企业、股东利益的一致化，极大地提升了A股市场、尤其是其中优秀企业的投资吸引力。在这种情况下，嘉实增长基金坚持价值成长的投资策略，淡化择时，精选个股，以中国具有较大成长空间的细分行业的龙头企业为主要投资对象，取得了良好的投资效果。

【季度投资组合一览】

项目 \ 季度	第一季度			第二季度			第三季度			第四季度		
基金资产净值	1,344,152,729.63元			1,578,612,540.53元			1,725,135,703.20元			1,833,216,246.30元		
基金份额	1,179,157,933.88份			1,399,527,394.96份			1,427,169,269.39份			1,536,901,368.28份		
基金份额净值	1.140元			1.128元			1.209元			1.193元		
基金资产组合	市值(元)		占总资产比例	市值(元)		占总资产比例	市值(元)		占总资产比例	市值(元)		占总资产比例
股票投资	869,810,849.59		62.44%	1,062,927,046.26		66.83%	1,246,368,541.97		72.06%	1,332,223,136.45		70.40%
债券投资	400,943,156.47		28.78%	416,894,994.36		26.21%	423,328,638.28		24.48%	426,868,264.90		22.56%
银行存款和清算备付金	13,777,690.48		0.99%	102,915,634.65		6.47%	42,133,904.35		2.43%	85,058,514.99		4.49%
其他资产	108,550,677.18		7.79%	7,861,281.91		0.49%	17,773,288.63		1.03%	48,334,275.34		2.55%
投资前五名股票明细	股票名称	市值(元)	占净值比例	股票名称	市值(元)	占净值比例	股票名称	市值(元)	占净值比例	股票名称	市值(元)	占净值比例
	云南白药	97,947,658.02	7.29%	云南白药	123,603,857.78	7.83%	云南白药	129,357,211.14	7.50%	云南白药	145,881,863.10	7.96%
	铁龙股份	66,748,888.08	4.97%	铁龙物流	75,695,495.00	4.80%	铁龙物流	107,351,222.16	6.22%	铁龙物流	106,443,579.84	5.81%
	上海机场	64,770,238.50	4.82%	上海机场	73,589,596.60	4.66%	G华海	83,926,550.75	4.86%	海油工程	77,171,856.92	4.21%
	华海药业	59,434,268.25	4.42%	华海药业	71,840,538.24	4.55%	上海机场	68,277,211.52	3.96%	华侨城A	73,895,998.96	4.03%
	深赤湾A	49,574,271.96	3.69%	深赤湾A	65,319,789.92	4.14%	G苏宁	60,122,039.92	3.49%	片仔癀	63,379,728.42	3.46%
投资前五名债券明细	债券名称	市值(元)	占净值比例	债券名称	市值(元)	占净值比例	债券名称	市值(元)	占净值比例	债券名称	市值(元)	占净值比例
	04国开10	70,009,000.00	5.21%	04国债(5)	59,364,910.00	3.76%	04国债(5)	51,639,242.00	2.99%	02国债(14)	83,008,462.80	4.53%
	21国债(15)	48,875,442.00	3.64%	04国开19	50,385,000.00	3.19%	04国开19	50,385,000.00	2.92%	04国债(5)	55,821,621.60	3.05%
	侨城转债	30,558,674.34	2.27%	21国债(15)	47,182,014.00	2.99%	21国债(15)	48,060,540.00	2.79%	21国债(15)	54,046,887.60	2.95%
	01国开19	30,003,000.00	2.23%	01国开19	30,003,000.00	1.90%	国开0119	30,003,000.00	1.74%	国开0119	30,003,000.00	1.64%
	04国债(5)	29,583,950.00	2.20%	01国开10	29,466,000.00	1.87%	01国开10	29,466,000.00	1.71%	01国开10	29,466,000.00	1.61%

嘉实稳健证券投资基金

基本资料

基金简称	嘉实稳健		基金代码	070003	
投资目标	在控制风险、确保基金资产良好流动性的前提下，以获取资本增值收益和现金红利分配的方式来谋求基金资产的中长期稳定增值。				
业绩比较基准	巨潮200(大盘)指数	风险收益特征	该基金属于中低风险的品种		
合同生效日	2003年7月9日	上市日期	——	上市地点	——
募集概况	首募规模	认购户数	募集日期		
	10.30亿份	16345户	2003年6月2日至2003 年7月4日		
基金费率	认购费率	申购费率	赎回费率	管理费率	托管费率
	不高于1.00%	不高于1.50%	不高于0.50%	1.50%	0.25%
基金管理人	嘉实基金管理有限公司		基金托管人	中国银行股份有限公司	
审计机构	安永华明会计师事务所	法律顾问	国浩律师集团(北京)事务所	注册登记人	嘉实基金管理有限公司

财务指标 单位：人民币(元)

项目 \ 年度	2005年度	2004年度	2003年7月9日至2003年12月31日
基金份额本期净收益	−0.0241	0.0510	0.0131
期末可分配基金份额收益	−0.0289	−0.0042	0.0041
期末基金份额净值	1.044	1.014	1.053
基金加权平均净值收益率	−2.38%	4.76%	1.32%
本期基金份额净值增长率	2.96%	2.23%	6.29%
基金份额累计净值增长率	11.88%	8.66%	6.29%
基金收益分配	本年度未实现收益分配；成立以来每10份累计派现0.750元。		

基金净值增长率与业绩基准收益率对比图（单位：%）

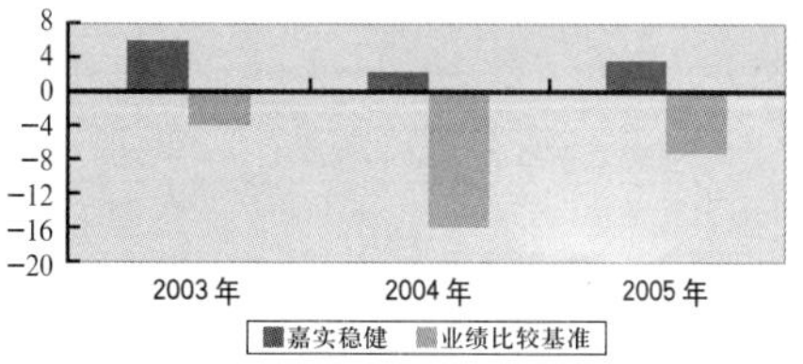

期末基金份额持有人户数	基金份额持有人户数为6,116户，平均每户持有131,635.23份。
期末基金份额持有人结构	机构投资者持有674,935,733.76份，占总份额83.83%；个人投资者持有130,145,340.97份，占总份额16.17%。

【基金业绩表现】

截至2005年12月31日，嘉实稳健基金份额净值为1.044元，全年基金份额净值增长2.96%，同期业绩比较基准增长率为−7.37%，超额业绩基准收益10.33%。

【基金管理团队】

田晶女士：基金经理。美国纽约市立大学布鲁克商学院工商管理学硕士。8年证券从业经历。曾任职于美国花旗集团资产管理公司，美国信安资产管理公司，任基金经理，从事日本及亚太地区的股票市场投资。2002年12月加入嘉实基金管理有限公司，任研究部副总监。

【基金运作分析】

2005年上半年，嘉实稳健基金在市场低迷的情况下保持了相对的高仓位，继续将风险资产重点配置在既能充分分享中国经济高速增长又能有效规避宏观调控负面影响的垄断性行业(例如机场、港口)，具有品牌优势的消费品行业(中药、白酒)，以及防御性和成长性兼并的医药和高速公路行业。对周期性行业，则采取“自下而上”的选股策略，力求寻找出价值被低估、抗周期性强的个股，而不拘泥于比较基准的行业配置。

2005年下半年，该基金判断随着经济增长方式的转变，出口和固定资产投资在GDP中的比例将逐渐降低，消费的比重相应增加，因此加大了对这一领域的投资力度，加重了商业零售、食品饮料、医药、金融服务、机场、旅游地产等行业的配置。2005年第四季度，A股市场在经历了为期近两个月的筑底走势后，终于迎来了反弹，为跨年度行情打下了基础。在2005年四季度嘉实稳健基金继续保持高仓位，并加大了对有较佳股改预期和行业增长潜力的股票投资，在继续保持相对分散的投资风格基础上，重新调整了各行业及个股的配置，更好地分享了股改和行业增长带来的价值提升。

【季度投资组合一览】

项目 \ 季度	第一季度			第二季度			第三季度			第四季度		
基金资产净值	963,888,418.39元			834,909,627.67元			946,519,946.59元			840,295,344.68元		
基金份额	936,674,186.90份			835,462,211.82份			919,572,532.04份			805,081,074.73份		
基金份额净值	1.029元			0.999元			1.029元			1.044元		
基金资产组合	市值(元)	占总资产比例		市值(元)	占总资产比例		市值(元)	占总资产比例		市值(元)	占总资产比例	
股票投资	612,190,764.63	62.04%		583,819,876.11	69.74%		656,897,079.36	69.09%		594,913,111.35	69.68%	
债券投资	274,288,139.41	27.80%		215,096,175.71	25.70%		263,351,630.38	27.70%		207,641,674.70	24.32%	
银行存款和清算备付金	20,769,486.27	2.10%		25,598,176.80	3.06%		25,817,206.74	2.71%		43,494,597.17	5.09%	
其他资产	79,581,550.50	8.06%		12,566,048.85	1.50%		4,708,193.15	0.50%		4,084,544.94	0.48%	
投资前五名股票明细	股票名称	市值(元)	占净值比例	股票名称	市值(元)	占净值比例	股票名称	市值(元)	占净值比例	股票名称	市值(元)	占净值比例
	上海机场	63,158,865.00	6.55%	上海机场	62,121,189.00	7.44%	上海机场	57,636,700.80	6.09%	G中兴	46,470,495.12	5.53%
	华侨城A	35,005,880.50	3.63%	同仁堂	42,296,945.20	5.07%	同仁堂	43,245,311.00	4.57%	大商股份	41,479,802.04	4.94%
	中兴通讯	31,006,155.84	3.22%	华侨城A	31,173,864.60	3.73%	贵州茅台	42,587,978.14	4.50%	华侨城A	37,136,195.60	4.42%
	同仁堂	30,932,286.33	3.21%	贵州茅台	29,555,892.30	3.54%	大商股份	39,149,440.59	4.14%	G万科A	32,242,786.75	3.84%
	深赤湾	29,796,024.96	3.09%	宝钢股份	27,138,410.40	3.25%	中兴通讯	35,701,326.99	3.77%	招商银行	32,166,198.40	3.83%
投资前五名债券明细	债券名称	市值(元)	占净值比例	债券名称	市值(元)	占净值比例	债券名称	市值(元)	占净值比例	债券名称	市值(元)	占净值比例
	04国开10	49,995,000.00	5.19%	04国开21	50,960,000.00	6.10%	04国开21	50,960,000.00	5.38%	02国债(14)	36,806,600.00	4.38%
	04国债(5)	40,850,000.00	4.24%	04农发02	35,325,500.00	4.23%	04农发02	35,325,500.00	3.73%	04国债(5)	36,732,362.40	4.37%
	01年06期国债	30,453,000.00	3.16%	03年7期国债	29,970,000.00	3.59%	03年7期国债	29,970,000.00	3.17%	03年7期国债	29,970,000.00	3.57%
	03年7期国债	29,970,000.00	3.11%	04进出02	20,294,000.00	2.43%	02国债(14)	24,302,400.00	2.57%	招行转债	23,112,381.50	2.75%
	04进出02	20,294,000.00	2.11%	02国开09	18,578,918.72	2.23%	04进出02	20,294,000.00	2.14%	04国开21	20,384,000.00	2.43%

嘉实债券投资基金

基本资料

基金简称	嘉实债券			基金代码	070005
投资目标	以本金安全为前提，追求较高的组合回报。				
业绩比较基准	中央国债登记结算公司的中国债券指数				
风险收益特征	该基金属于低风险的基金品种，其长期平均的风险和预期收益率低于股票基金，高于货币市场基金。				
合同生效日	2003年7月9日	上市日期	——	上市地点	——
募集概况	首募规模	认购户数	募集日期		
	5.87亿份	11477户	2003年6月2日至2003年7月4日		
基金费率	认购费率	申购费率	赎回费率	管理费率	托管费率
	不高于0.60%	不高于1.50%	不高于0.50%	0.60%	0.20%
基金管理人	嘉实基金管理有限公司		基金托管人	中国银行股份有限公司	
审计机构	安永华明会计师事务所	法律顾问	国浩律师集团(北京)事务所	注册登记人	嘉实基金管理有限公司

财务指标　单位：人民币(元)

项目＼年度	2005年度	2004年度	2003年7月9日至2003年12月31日
基金份额本期净收益	0.1027	-0.0455	-0.0051
期末可分配基金份额收益	0.0236	-0.0680	-0.0053
期末基金份额净值	1.024	0.932	1.007
基金加权平均净值收益率	10.47%	-4.66%	-0.52%
本期基金份额净值增长率	13.14%	-7.45%	0.70%
基金份额累计净值增长率	5.44%	-6.80%	0.70%
基金收益分配	本年度每10份派现0.300元；成立以来每10份累计派现0.300元。		
期末基金份额持有人户数	基金份额持有人户数为3,526户，平均每户持有33,731.10份。		
期末基金份额持有人结构	机构投资者持有47,850,980.21份，占总份额40.23%；个人投资者持有71,084,872.17份，占总份额59.77%。		

基金净值增长率与业绩基准收益率对比图（单位：%）

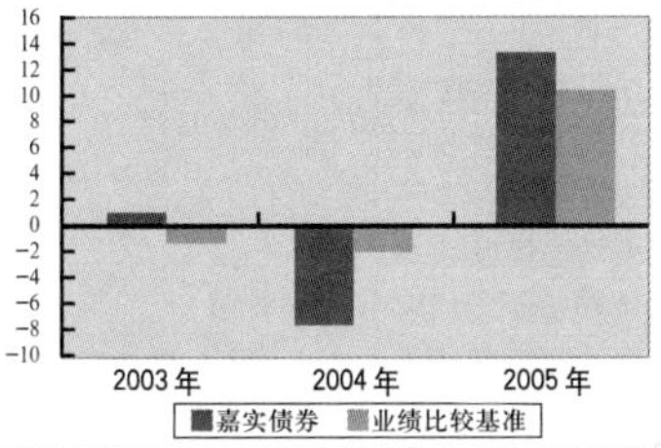

【基金业绩表现】

截至2005年12月31日，嘉实债券基金份额净值为1.024元，全年基金份额净值增长13.14%，同期业绩比较基准增长率为10.55%，超额业绩基准收益2.59%。

【基金管理团队】

刘夫先生：基金经理。硕士研究生，11年证券投资经验。曾就职于深圳人民银行外汇经纪中心，平安保险投资管理中心，宝盈基金管理有限公司。2005年4月加入嘉实基金管理有限公司从事债券投资管理工作。

【基金运作分析】

2005年，国内债券市场在宏观经济、货币政策和市场资金等多重因素的推动下涨势如虹，债券基金为投资者带来了较高的稳定投资收益，但同时也面临着低利率的市场投资环境。

嘉实债券基金在2005年较好地把握了债券市场的机会，上半年该基金及时增加了组合的久期，从而享受了债券市场价格上涨带来的收益。在10月份市场利率较低，利率风险较大的阶段，迅速降低了组合久期，一定程度上避免了市场调整带来的损失。嘉实债券基金还根据对股票市场的趋势判断，在下半年较大幅度地降低了可转债的配置比例，有效规避了股票市场调整带来的风险，与此同时，嘉实债券基金较好地把握了因公司盈利提升、股权分置改革等因素给单只可转债带来的机会，在精选个券的基础上也获得了不俗的回报，从而较好地实施了“规避整体风险、把握个券机会”的可转债投资策略。

【季度投资组合一览】

项目＼季度	第一季度		第二季度		第三季度		第四季度	
基金资产净值	170,686,828.56元		134,660,253.51元		223,368,989.03元		121,740,676.58元	
基金份额	180,850,102.97份		137,664,553.82份		215,676,865.11份		118,935,852.38份	
基金份额净值	0.944元		0.978元		1.036元		1.024元	
基金资产组合	市值(元)	占总资产比例	市值(元)	占总资产比例	市值(元)	占总资产比例	市值(元)	占总资产比例
股票投资	——	——	3,221,064.74	2.38%	——	——	——	——
债券投资	138,208,526.21	80.60%	125,096,012.02	92.24%	182,105,659.56	61.89%	106,302,730.05	86.63%
银行存款和清算备付金	690,157.78	0.40%	5,370,189.97	3.96%	3,892,343.91	1.32%	14,901,393.85	12.14%
其他资产	32,581,421.22	19.00%	1,928,910.13	1.42%	108,261,875.94	36.79%	1,513,632.70	1.23%

投资前五名债券明细	债券名称	市值(元)	占净值比例	债券名称	市值(元)	占净值比例	债券名称	市值(元)	占净值比例	债券名称	市值(元)	占净值比例
	21国债(03)	12,209,000.00	7.15%	包钢转债	21,187,712.70	15.73%	99国债(8)	19,938,326.50	8.93%	05国债(2)	15,214,500.00	12.50%
	21国债(15)	12,166,053.90	7.13%	21国债(12)	18,840,500.00	13.99%	21国债(3)	19,549,100.00	8.75%	02国债(14)	15,126,000.00	12.42%
	03国开18	9,990,000.00	5.85%	02国债(10)	16,551,200.00	12.29%	21国债(15)	17,780,763.00	7.96%	21国债(15)	14,628,353.20	12.02%
	03进出02	9,990,000.00	5.85%	21国债(10)	13,160,550.00	9.77%	02国债(3)	17,416,800.00	7.80%	21国债(3)	11,248,600.00	9.24%
	21国债(10)	9,241,541.60	5.41%	02国债(3)	8,514,000.00	6.32%	21国债(12)	14,063,000.00	6.30%	05国网债(1)	9,994,542.47	8.21%

嘉实服务增值行业证券投资基金

基本资料

基金简称	嘉实服务增值行业基金		交易代码	070006	
投资目标	在力争资本本金安全和流动性前提下超过业绩比较基准，在追求长期稳定增长的同时不放弃短期收益。				
业绩比较基准	中信综合指数×80%+中信国债指数×20%				
风险收益特征	该基金属于中等风险的基金品种				
合同生效日	2004年4月1日	上市日期	——	上市地点	——
募集概况	首募规模	认购户数	募集日期		
	90.30亿份	181725户	2004年2月23日至2004年3月29日		
基金费率	认购费率	申购费率	赎回费率	管理费率	托管费率
	不高于1.00%	不高于1.50%	不高于0.50%	1.50%	0.25%
基金管理人	嘉实基金管理有限公司		基金托管人	中国银行股份有限公司	
审计机构	普华永道中天会计师事务所	法律顾问	国浩律师集团(北京)事务所	注册登记人	嘉实基金管理有限公司

财务指标 单位：人民币(元)

项目 \ 年度	2005年度	2004年4月1日至2004年12月31日
基金份额本期净收益	-0.0619	-0.0108
期末可分配基金份额收益	-0.0829	-0.0665
期末基金份额净值	0.917	0.934
基金加权平均净值收益率	-6.73%	-1.13%
本期基金份额净值增长率	-1.82%	-6.60%
基金份额累计净值增长率	-8.30%	-6.60%
基金收益分配	自基金合同生效以来未实现收益分配。	
期末基金份额持有人户数	基金份额持有人户数为126,025户，平均每户持有53,928.33份。	
期末基金份额持有人结构	机构投资者持有2,121,398,639.66份，占总份额31.21%；个人投资者持有4,674,919,256.70份，占总份额68.79%。	

基金净值增长率与业绩基准收益率对比图（单位：%）

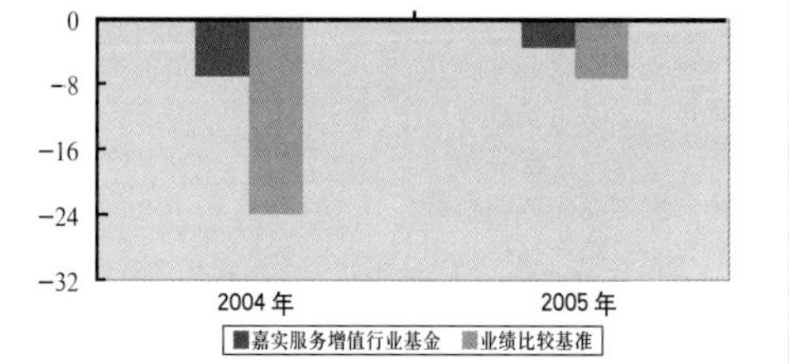

【基金业绩表现】

2005年，嘉实服务增值行业基金全年净值增长-1.82%，同期业绩基准增长率为-6.56%，超额业绩基准4.74%。

【基金管理团队】

徐铁先生：基金经理。货币银行学硕士。1993年开始从事证券市场研究，投资银行，投资管理，12年从业经验，投资管理经验丰富。曾任国信证券投资总监、大成基金管理有限公司助理总经理、中融基金首席策略分析师。2003年9月加盟嘉实基金管理有限公司，任首席策略分析师。

孙林先生：基金经理。经济学硕士，7年证券从业经历。曾受聘于国泰君安证券公司从事证券投资工作。2000年10月进入嘉实基金管理有限公司工作，曾任泰和基金经理助理。

【基金运作分析】

2005年年初，基金管理人在较早阶段就对原有组合进行了调整，及时减持了航空股、部分地产股以及非服务行业内的石化、钢铁等周期性行业，增持了机场港口等交通运输行业以及电力行业；二季度市场恐慌性下跌时，大幅提高了股票仓位，并加大对交通运输、金融行业的投资力度。三季度初，该基金重点加大了服务行业内银行类、高速公路类的投资力度，取得了一定的效果，一度有一定优势。在8月份该基金降低了增持的股票投资比重，但由于持续赎回导致股票仓位降低的效果并不明显。四季度，基金主要持有的交通运输板块及火电板块大幅下跌，净值表现不佳。在随后的结构调整上，择机降低了交通运输、火电的比例，大幅增持金融行业的比例，同时还重点加大了地产、社会服务业等行业的比重，在非服务行业范围内，降低了钢铁、医药的配置，这些调整取得了一定的效果。

【季度投资组合一览】

项目 \ 季度	第一季度			第二季度			第三季度			第四季度		
基金资产净值	7,369,217,193.59元			6,748,873,988.02元			6,596,135,472.81元			6,233,078,501.08元		
基金份额	8,002,532,186.18份			7,453,758,122.38份			7,058,647,906.02份			6,796,317,896.36份		
基金份额净值	0.921元			0.905元			0.934元			0.917元		
基金资产组合	市值(元)	占总资产比例		市值(元)	占总资产比例		市值(元)	占总资产比例		市值(元)	占总资产比例	
股票投资	5,067,093,681.39	68.38%		5,322,580,172.93	75.62%		5,123,169,356.71	76.62%		5,170,930,675.26	82.38%	
债券投资	1,985,095,784.70	26.79%		721,517,397.80	10.25%		832,752,050.35	12.46%		831,166,787.27	13.24%	
银行存款和清算备付金	233,193,360.13	3.15%		676,702,304.82	9.61%		451,365,659.24	6.75%		259,311,649.94	4.13%	
其他资产	124,803,106.58	1.68%		318,004,561.98	4.52%		278,911,636.40	4.17%		15,471,326.20	0.25%	
投资前五名股票明细	股票名称	市值(元)	占净值比例	股票名称	市值(元)	占净值比例	股票名称	市值(元)	占净值比例	股票名称	市值(元)	占净值比例
	长江电力	413,542,175.60	5.61%	上海机场	415,945,960.30	6.16%	上海机场	458,840,343.36	6.96%	上海机场	419,073,362.26	6.72%
	盐田港A	337,423,166.52	4.58%	长江电力	344,038,700.00	5.10%	盐田港A	347,579,053.83	5.27%	G长电	364,333,405.12	5.85%
	上海机场	323,407,095.00	4.39%	盐田港A	315,508,692.24	4.67%	招商银行	312,424,174.20	4.74%	招商银行	361,241,868.40	5.80%
	招商银行	287,248,127.40	3.90%	招商银行	297,970,078.80	4.42%	G长江	297,587,433.84	4.51%	华侨城A	355,698,858.48	5.71%
	上港集箱	274,515,477.59	3.73%	上港集箱	288,452,065.39	4.27%	天津港	295,401,882.60	4.48%	盐田港A	318,910,586.61	5.12%
投资前五名债券明细	债券名称	市值(元)	占净值比例	债券名称	市值(元)	占净值比例	债券名称	市值(元)	占净值比例	债券名称	市值(元)	占净值比例
	04农发01	710,000,000.00	9.63%	04国债(5)	311,100,352.00	4.61%	04国债(5)	296,237,562.40	4.49%	招行转债	367,986,895.90	5.90%
	04国开10	420,204,000.00	5.70%	招行转债	132,152,870.70	1.96%	招行转债	219,148,533.00	3.32%	04国债(5)	230,052,228.00	3.69%
	04国债(5)	234,934,050.00	3.19%	包钢转债	103,235,948.90	1.53%	05工行债(浮)	160,645,800.00	2.44%	05泰达债	80,000,000.00	1.28%
	02国开09	203,750,759.81	2.76%	桂冠转债	46,561,500.00	0.69%	桂冠转债	47,146,500.00	0.71%	桂冠转债	47,187,000.00	0.76%
	招行转债	98,323,978.50	1.33%	创业转债	28,244,197.80	0.42%	晨鸣转债	25,211,654.16	0.38%	05国航债	31,361,547.95	0.50%

嘉实浦安保本混合型开放式证券投资基金

基本资料

基金简称	嘉实浦安保本		基金代码	070007	
投资目标	运用投资组合保险技术，力争在保本到期日，保证投资本金安全的同时，谋求基金资产的稳定增值。				
业绩比较基准	保本周期同期限的3年期银行定期存款税后收益率				
风险收益特征	在保本期内，该基金为低风险的基金品种。				
合同生效日	2004年12月1日	上市日期	——	上市地点	——
募集概况	首募规模	认购户数	募集日期		
	12.96亿份	11607户	2004年10月18日至2004年11月26日		
基金费率	认购费率	申购费率	赎回费率	管理费率	托管费率
	不高于1.00%	不高于1.20%	不高于2.00%	1.00%	0.20%
基金管理人	嘉实基金管理有限公司		基金托管人	上海浦东发展银行股份有限公司	
担保机构	上海浦东发展银行股份有限公司		保本期限	三年	
审计机构	安永华明会计师事务所	法律顾问	国浩律师集团(北京)事务所	注册登记人	嘉实基金管理有限公司

财务指标　　单位：人民币(元)

项目＼年度	2005年	2004年12月1日至2004年12月31日
基金份额本期净收益	0.0407	0.0009
期末可分配基金份额收益	0.0226	0.0009
期末基金份额净值	1.023	1.001
基金加权平均净值收益率	3.97%	0.09%
本期基金份额净值增长率	4.20%	0.10%
基金份额累计净值增长率	4.31%	0.10%
基金收益分配	本年度每10份派现0.200元；成立以来每10份累计派现0.200元。	

基金净值增长率与业绩基准收益率对比图（单位：%）

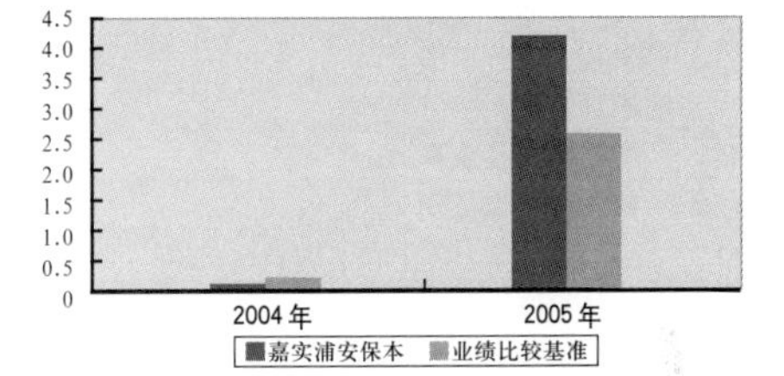

期末基金份额持有人户数	基金份额持有人户数为8,168户，平均每户持有69,261.26份。
期末基金份额持有人结构	机构投资者持有195,206,487.91份，占总份额34.51%；个人投资者持有370,519,504.29份，占总份额65.49%。

【基金业绩表现】

截至2005年12月31日，嘉实浦安保本基金份额净值为1.023元，全年基金份额净值增长4.20%，同期业绩基准增长率为2.59%，超额业绩基准收益1.61%。

【基金管理团队】

田晶女士：基金经理。美国纽约市立大学布鲁克商学院工商管理学硕士。8年证券从业经历。曾任职于美国花旗集团资产管理公司，美国信安资产管理公司，任基金经理，从事日本及亚太地区的股票市场投资。2002年12月加入嘉实基金管理有限公司，担任研究部副总监。

【基金运作分析】

2005年上半年，在债券投资组合上，该管理人按照基金合同的约定，配置了较高比例的与保本周期相匹配的收益率相对较高的3年期国债、金融债，并遵循持有到期的投资策略，以确保保本周期到期时能够保证本金安全。

2005年下半年，在股票投资管理上，该管理人加大投资具有较佳股改预期和行业增长潜力的股票，在继续保持相对分散的投资风格基础上，重新调整了各行业及各股的配置，更好地分享了股改和行业增长带来的价值提升；在债券投资组合上，继续遵循持有到期的投资策略，持有一些流动性和收益率较高的债券品种，在债市的持续上涨中收获资本的不断升值。

【季度投资组合一览】

项目＼季度	第一季度		第二季度		第三季度		第四季度	
基金资产净值	1,135,634,400.02元		834,735,811.83元		680,124,792.75元		578,788,401.97元	
基金份额	1,112,781,953.86份		802,641,907.81份		650,383,336.33份		565,725,992.20份	
基金份额净值	1.021元		1.040元		1.046元		1.023元	
基金资产组合	市值(元)	占总资产比例	市值(元)	占总资产比例	市值(元)	占总资产比例	市值(元)	占总资产比例
股票投资	15,674,114.50	1.36%	45,682,438.45	5.23%	69,160,846.35	10.14%	58,651,723.21	10.06%
债券投资	1,070,586,260.00	92.72%	778,624,016.50	89.08%	602,539,806.40	88.38%	507,351,885.60	87.01%
银行存款和清算备付金	9,825,999.37	0.85%	25,442,458.40	2.91%	2,989,339.37	0.44%	9,786,792.81	1.68%
其他资产	58,564,350.60	5.07%	24,271,389.66	2.78%	7,092,109.89	1.04%	7,281,041.29	1.25%

投资前五名股票明细	股票名称	市值(元)	占净值比例	股票名称	市值(元)	占净值比例	股票名称	市值(元)	占净值比例	股票名称	市值(元)	占净值比例
	上海机场	5,485,095.00	0.48%	云南白药	4,274,400.00	0.51%	中兴通讯	4,187,963.85	0.62%	G中兴	3,472,500.00	0.60%
	华能国际	4,242,000.00	0.37%	宝钢股份	3,984,000.00	0.48%	G宝钢	4,177,280.00	0.61%	大商股份	3,447,396.60	0.60%
	晨鸣纸业	3,664,000.00	0.32%	同仁堂	3,345,000.00	0.40%	云南白药	4,014,000.00	0.59%	国电电力	3,121,230.00	0.54%
	佛山照明	2,283,019.50	0.20%	福建高速	3,344,000.00	0.40%	招商银行	3,783,435.00	0.56%	云南白药	3,105,000.00	0.54%
	——	——	——	华侨城A	3,178,000.00	0.38%	铁龙物流	3,551,002.32	0.52%	招商银行	2,970,870.00	0.51%

投资前五名债券明细	债券名称	市值(元)	占净值比例	债券名称	市值(元)	占净值比例	债券名称	市值(元)	占净值比例	债券名称	市值(元)	占净值比例
	04国开15	296,873,000.00	26.14%	04进出02	218,127,000.00	26.13%	04国开15	157,380,000.00	23.14%	04国开15	143,024,000.00	24.71%
	02国债(14)	293,147,910.00	25.81%	02国债(14)	211,847,881.50	25.38%	02国债(14)	153,012,973.40	22.50%	02国债(14)	141,675,158.00	24.48%
	04进出02	234,186,000.00	20.62%	04国开15	209,360,000.00	25.08%	04进出02	152,475,000.00	22.42%	04进出02	128,025,000.00	22.12%
	05央行票据05	195,440,000.00	17.21%	05央行票据05	87,795,000.00	10.52%	05央行票据05	87,633,000.00	12.88%	05央行票据05	67,802,000.00	11.71%
	99国债(5)	50,939,350.00	4.49%	99国债(5)	51,494,135.00	6.17%	99国债(5)	52,038,833.00	7.65%	99国债(5)	26,825,727.60	4.63%

嘉实货币市场基金

基本资料

基金简称	嘉实货币			交易代码	070008	
投资目标	力求资产的安全性和流动性，追求超过业绩比较基准的稳定收益。					
业绩比较基准	税后一年期银行定期存款利率					
风险收益特征	该基金具有较低风险、流动性强的特征。					
合同生效日	2005 年 3 月 18 日	上市日期	——	上市地点	——	
募集概况	首募规模	认购户数	募集日期			
	29.47 亿份	14219 户	2005 年 3 月 7 日至 2005 年 3 月 14 日			
基金费率	认购费率	申购费率	赎回费率	管理费率	托管费率	销售服务费率
	0	0	0	0.33%	0.10%	0.25%
基金管理人	嘉实基金管理有限公司	基金托管人	中国银行股份有限公司			
审计机构	普华永道中天会计师事务所	法律顾问	国浩律师集团(北京)事务所	注册登记人	嘉实基金管理有限公司	

财务指标 单位：人民币(元)

项目 \ 年度	2005 年 3 月 18 日至 2005 年 12 月 31 日
本期净收益	68,302,481.29
期末基金资产净值	6,845,933,500.83
期末基金份额净值	1.000
本期净值收益率	1.6957%
累计净值收益率	1.6957%
基金收益分配	自基金合同生效以来每 10 份累计派现 0.158 元。

基金收益率与同期业绩基准收益率对比图（单位：%）

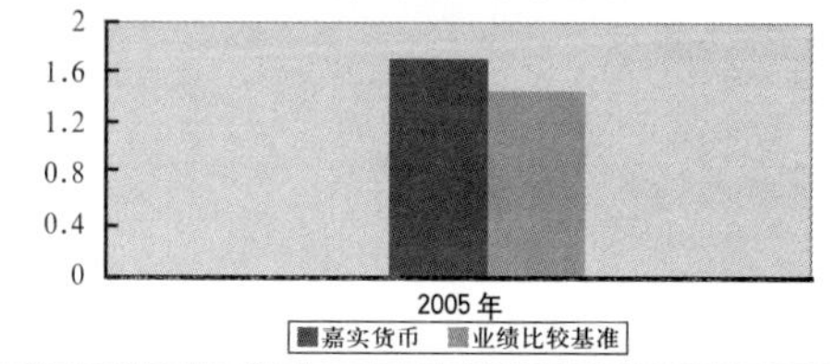

期末基金份额持有人户数	基金份额持有人户数为 15,639 户，平均每户持有 437,747.52 份。
期末基金份额持有人结构	机构投资者持有 4,312,326,524.05 份，占总份额 62.99%；个人投资者持有 2,533,606,976.78 份，占总份额 37.01%。

【基金业绩表现】

嘉实货币基金合同于2005年3月18日生效，截至2005年12月31日，基金累计每万份基金净收益为168.3014元，本年基金份额净值收益1.6957%，同期业绩基准收益1.4226%，基金业绩表现超越基准27.31个基点。

【基金管理团队】

刘夫先生：基金经理。硕士研究生，11年证券投资经验。曾就职于深圳人民银行外汇经纪中心，平安保险投资管理中心，宝盈基金管理有限公司。2005年4月加入嘉实基金管理有限公司。

吴洪坚先生：基金经理助理。清华大学工学硕士，3年固定收益证券投资经历。曾任职于中国银行交易中心（上海），从事人民币固定收益投资及交易等工作。2005年加入嘉实基金管理有限公司养老金投资部工作。

【基金运作分析】

2005年，该基金管理人及时跟踪分析货币政策导向，把握货币市场的变化趋势，在保持组合久期基本稳定的基础上，对该基金组合资产进行了不断深入的优化调整。在第三、第四季度市场利率较低、利率风险偏大的阶段，嘉实货币基金主动降低了投资力度，而后在年底市场利率较高、市场投资价值较大的阶段，又主动加大了投资力度，较为成功地规避了利率风险，明显提高了基金资产的质量和收益水平。此外，基金管理人还通过积极的二级市场交易以及细化的日常操作有效地提高了基金的组合收益水平和资金使用效率。

【季度投资组合一览】

项目 \ 季度	第二季度			第三季度			第四季度		
基金资产净值	3,735,958,875.36 元			3,234,471,092.21 元			6,845,933,500.83 元		
基金份额	3,735,958,875.36 份			3,234,471,092.21 份			6,845,933,500.83 份		
基金份额净值	1.000 元			1.000 元			1.000 元		
基金资产组合	市值(元)		占总资产比例	市值(元)		占总资产比例	市值(元)		占总资产比例
债券投资	2,727,144,121.47		65.64%	1,547,082,367.92		42.52%	4,978,761,510.55		67.66%
买入返售证券	1,067,900,000.00		25.71%	794,600,000.00		21.84%	902,400,000.00		12.26%
银行存款和清算备付金	258,842,162.68		6.23%	1,286,950,310.96		35.37%	1,306,096,549.55		17.75%
其他资产	100,439,804.76		2.42%	9,699,454.81		0.27%	171,075,506.39		2.33%
投资前五名债券明细	债券名称	摊余成本(元)	占资产净值比例	债券名称	摊余成本(元)	占资产净值比例	债券名称	摊余成本(元)	占资产净值比例
	05 央行票据 66	344,606,356.14	9.22%	05 央行票据 66	316,008,962.82	9.77%	05 中信债 1	469,821,444.30	6.86%
	05 央行票据 57	344,107,819.24	9.21%	05 联通 CP01	156,197,828.78	4.83%	03 进出 02	395,464,114.02	5.78%
	05 央行票据 54	265,298,449.43	7.10%	05 首都机场债	149,981,404.55	4.64%	05 国开 22	349,970,765.08	5.11%
	05 国开 07	249,754,109.51	6.69%	04 建行 03	143,373,422.60	4.43%	05 央行票据 66	316,459,595.86	4.62%
	05 农发 06	200,000,000.00	5.35%	04 国开 17	131,470,233.44	4.06%	05 央行票据 124	294,420,824.18	4.30%
投资组合剩余期限	平均剩余期限		占资产净值比例	平均剩余期限		占资产净值比例	平均剩余期限		占资产净值比例
	30 天以内		30.30%	30 天内		12.16%	30 天内		22.24%
	30 天(含)—60 天		4.32%	30 天(含)—60 天		18.68%	30 天(含)—60 天		17.29%
	60 天(含)—90 天		13.00%	60 天(含)—90 天		9.40%	60 天(含)—90 天		0.89%
	90 天(含)—180 天		8.23%	90 天(含)—180 天		45.85%	90 天(含)—180 天		20.04%
	180 天(含)—397 天(含)		53.34%	180 天(含)—397 天(含)		26.10%	180 天(含)—397 天(含)		44.54%

嘉实沪深300指数证券投资基金（LOF）

基本资料

基金简称	嘉实300		交易代码	160706	
投资目标	该基金进行被动式指数化投资，通过严格的投资纪律约束和数量化的风险管理手段，力争控制本基金的净值增长率与业绩衡量基准之间的日平均跟踪误差小于0.3%，以实现对沪深300指数的有效跟踪，谋求通过中国证券市场来分享中国经济持续、稳定、快速发展的成果。				
业绩比较基准	沪深300指数增长率×95%＋银行同业存款收益率×5%				
风险收益特征	该基金运用指数复制法进行被动式指数化投资，力争控制该基金净值增长率与业绩衡量基准之间的日平均跟踪误差小于0.3%。				
合同生效日	2005年8月29日	上市日期	2005年10月17日	上市地点	深圳证券交易所上市
募集概况	首募规模	认购户数	募集日期		
	8.67亿份	7163户	2005年7月5日至2005年8月19日		
基金费率	认购费率	申购费率	赎回费率	管理费率	托管费率
	不高于1.00%	不高于1.50%	不高于0.50%	0.50%	0.10%
基金管理人	嘉实基金管理有限公司		基金托管人	中国银行股份有限公司	
审计机构	普华永道中天会计师事务所	法律顾问	国浩律师集团(北京)事务所	注册登记人	中国证券登记结算有限责任公司

财务指标 单位：人民币(元)

项目 \ 年度	2005年8月29日至2005年12月31日
基金份额本期净收益	−0.0026
期末可分配基金份额收益	−0.0192
期末基金份额净值	0.981
基金加权平均净值收益率	−0.2758%
本期基金份额净值增长率	−1.9000%
基金份额累计净值增长率	−1.9000%
基金收益分配	自基金合同生效以来未实现收益分配。
期末基金份额持有人户数	基金份额持有人户数为6237户，平均每户持有154,566.80份。
期末基金份额持有人结构	机构投资者持有646,076,021.33份，占总份额67.02%；个人投资者持有317,957,111.50份，占总份额32.98%。

基金净值增长率与业绩基准收益率对比图（单位：%）

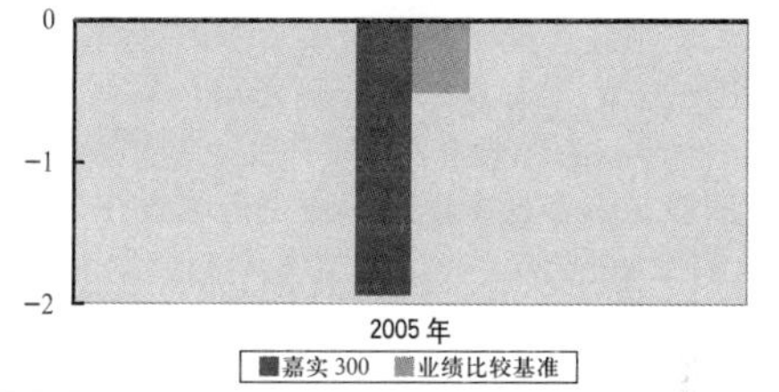

【基金业绩表现】

嘉实300指数基金合同于2005年8月29日生效，实际建仓期为2005年8月29日至2005年9月15日，自2005年9月15日起正式跟踪沪深300指数。截至2005年12月31日，基金份额净值为0.981元，份额净值增长率为−1.90%，同期业绩比较基准增长率为−0.48%。

【基金管理团队】

杨宇先生：基金经理。南开大学经济学硕士，8年证券从业经验。曾先后担任平安保险投资管理中心基金交易室主任及天同基金管理有限公司投资部总经理兼基金经理。长期从事指数化投资管理工作，对指数基金的投资管理、风险控制、指数化交易等方面具备丰富的投资管理经验。2004年7月加入嘉实基金管理有限公司。

【基金运作分析】

2005年中国经济总体运行良好，继续保持快速增长，实现了高增长低通胀，预计全年GDP增速为9.8%，CPI为1.8%。2005年全球经济增长继续保持4%左右的较快增长速度。自中国2001年加入WTO以后，中国经济的增长趋势首次与全球经济增长同步，中国经济与世界经济联系日益紧密。这种状况在2005年表现的尤为显著，我国对外贸易依存度近60%，外贸顺差达到历史新高，出口的强劲增长有力地拉动了中国经济增长，对GDP的贡献度达到历史最高，成为2005年经济增长的重要特点。

嘉实300指数基金自2005年9月15日正式跟踪沪深300指数起，日均跟踪误差为0.07%，年度化拟合偏离度为1.12%，符合基金合同约定的年度化跟踪误差不超过3%的限制。基金管理人通过合理的指数交易策略和严格的现金流管理，将基金份额申购、赎回这一影响跟踪误差的主要常规因素控制到较低水平。基于股权分置改革的特殊背景，G股因素成为报告期内基金跟踪误差的主要来源。由于G股复牌首日表现不计入沪深300指数，而该基金投资组合持有这些股票，G股复牌后首日的大幅波动给基金带来了较大的跟踪误差。指数下跌G股贴权时表现为较大的负偏差，指数上涨G股填权时表现为较大的正偏差。

作为指数基金，2006年将继续秉承指数化被动投资策略，积极应对G股、基金申购赎回等因素对指数跟踪效果带来的冲击，进一步降低基金的跟踪误差。

【季度投资组合一览】

项目 \ 季度	第四季度			
基金资产净值	945,519,524.98元			
基金份额	964,033,132.83份			
基金份额净值	0.981元			
基金资产组合	市值(元)		占总资产比例	
股票投资	897,113,347.02		89.60%	
银行存款和清算备付金	53,190,492.09		5.31%	
应收证证清算款	49,979,078.46		4.99%	
其他资产	904,304.36		0.10%	
投资前五名股票明细	序号	股票名称	市值(元)	占净值比例
	1	中国联通	31,848,600.00	3.37%
	2	G长电	30,400,604.92	3.22%
	3	G宝钢	29,037,760.00	3.07%
	4	招商银行	27,367,930.80	2.89%
	5	G民生	19,767,770.54	2.09%

大成基金管理有限公司

法定名称	大成基金管理有限公司	英文名称	Da Cheng Fund Management Co.,Ltd.
成立日期	1999年4月12日	注册资本	1亿元人民币
法人代表	胡学光	总 经 理	于　华
联系电话	0755-83183388	客服电话	400-888-5558 / 021-53599588
传真号码	0755-83199588	公司网址	www.dcfund.com.cn
注册地址	深圳深南大道7088号招商银行大厦32层	办公地址	深圳深南大道7088号招商银行大厦32层

● 发展概况

大成基金管理有限公司成立于1999年4月，是中国首批获准成立的老十家基金管理公司之一。公司注册资本1亿元人民币，总部设在深圳，在北京、上海设有分公司。公司目前股东分别为中泰信托投资有限责任公司、中国银河证券有限责任公司、光大证券股份有限公司和广东证券股份有限公司。

在组织结构上，公司下设投资部、规划发展部、交易部、监察稽核部、信息技术部、市场部、机构理财部、基金运营部、客户服务中心和综合管理部10个部门。此外，还设立了投资决策委员会和风险控制委员会。

在人员构成上，大成基金管理有限公司目前有员工101名，57%以上具有硕士以上学历，其中博士学历占6%。68%的公司员工具有三年以上证券从业经历或五年以上金融业从业经历。

● 经营业绩

截至2005年12月31日，大成基金管理有限公司共管理了10只证券投资基金，包括基金景宏、基金景阳、基金景博、基金景福、基金景业5只封闭式基金和大成价值增长、大成债券、大成蓝筹稳健、大成精选增值、大成货币5只开放式基金，公司管理资产规模近140亿份。

2005年，大成完成了旗下第5只开放式基金——大成货币市场基金的募集设立，该基金于2005年5月16日开始募集，2005年6月3日基金合同正式生效。共募集基金份额36.37亿份。大成货币市场基金的设立，帮助公司构成了货币市场基金、债券型基金、指数基金、价值增长型基金、成长型基金更完善的基金产品线。同时在这一年，大成还积极探索持续营销基金的新路，公司相继与广东发展银行、中国光大银行合作，把旗下基金与银行理财产品共同结合推向市场，较好的实现基金持续营销的规模增长。

在投资业绩方面，凭借稳健的经营风格，大成旗下基金2005年取得了良好的业绩：封闭式基金中，基金景阳和基金景宏业绩提升较快：基金景阳全年净值增长率为10.93%，在54只封闭式基金中排名第三；基金景宏全年净值增长率为7.25%，在54只封闭式基金中排名第八；旗下开放式基金中，大成债券和大成价值增长基金表现突出：大成债券基金全年净值增长率为11.33%，其业绩表现好于同期业绩比较基准，全年向基金份额持有人进行了4次分红，每10份累计派现0.750元；大成价值增长基金全年净值增长率为5.04%，其业绩表现好于同期业绩比较基准。

在客户服务方面，秉承"客户至上"的服务理念，大成基金管理有限公司构建了满意理财热线、大成绿色通道、基金E点通、财富俱乐部和投资理财中心5个标准化服务平台，并不断推出各种定制化和个性化服务措施，为客户提供全方位服务。此外，公司还建立了客户关系管理系统(CRM)，负责归集客户的信息和数据、进行数据整理和数据分析，开展销售和服务过程管理，衡量销售和服务绩效。

近三年公司管理基金资产规模与基金数量

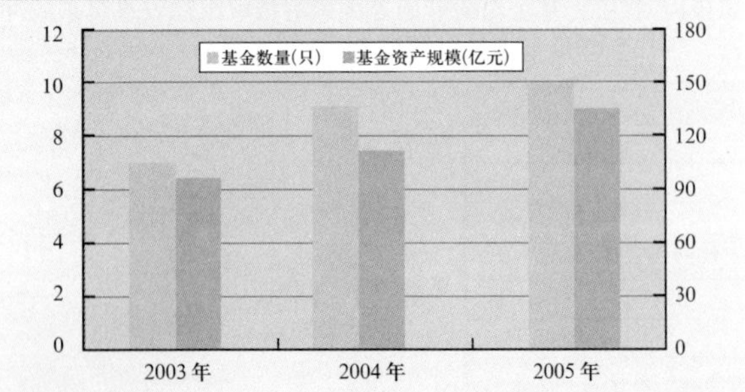

公司股东结构

股东名称	出资金额(万元)	出资比例(%)
中泰信托投资有限责任公司	4800.00	48.00
中国银河证券有限责任公司	2500.00	25.00
光大证券股份有限公司	2500.00	25.00
广东证券股份有限公司	200.00	2.00

公司高管介绍

胡学光先生：董事长。硕士，高级经济师，广东省高级经济师评审委员会委员。曾在湖北金融高等专科学校任教，广州金融高等专科学校任金融系副主任；1992年至2003年4月，在广东证券股份有限公司先后任"广证基金"、"广证受益"经理、部门总经理、总裁助理、副总裁，兼任中山大学岭南学院兼职教授、中天证券研究院副院长，广东证券博士后科研工作站指导导师；2003年5月起任大成基金管理有限公司董事长。

于华先生：董事，总经理。工商管理硕士，金融博士，美国注册金融分析师(CFA)。1989年至1991年，任英国里丁大学经济系金融财务讲师；1991年至1997年，加拿大魁北克大学管理学院金融终身教授；1997年至2000年，任深圳证券交易所综合研究所所长；2000年至2004年1月，任加拿大鲍尔集团亚太分公司基金与保险业务副总裁，加拿大伦敦人寿保险公司北京代表处首席代表；现任中国证券业协会基金业委员会委员；2004年1月起任大成基金管理有限公司总经理。

景宏证券投资基金

基本资料

基金简称	基金景宏	交易代码	184691		
投资目标	为投资者减少和分散投资风险，确保基金资产的安全并谋求基金长期稳定的投资收益。				
业绩比较基准	无	风险收益特征	无		
合同生效日	1999年5月4日	上市日期	1999年5月18日	上市地点	深圳证券交易所
基金总份额	20亿份	存 续 期	15年		
基金管理人	大成基金管理有限公司	基金托管人	中国银行股份有限公司		
审计机构	普华永道中天会计师事务所	法律顾问	众天律师事务所	注册登记人	中国证券登记结算有限责任公司深圳分公司

财务指标　　单位：人民币(元)

项 目 ＼ 年 度	2005年度	2004年度	2003年度
基金份额本期净收益	0.0093	0.0333	−0.0980
期末可分配基金份额收益	−0.1879	−0.1972	−0.2306
期末基金份额净值	0.9245	0.8620	0.8873
基金加权平均净值收益率	1.05%	3.64%	−12.05%
本期基金份额净值增长率	7.25%	−2.85%	22.27%
基金份额累计净值增长率	32.45%	23.49%	26.33%
基金收益分配	本年度未实现收益分配；成立以来每10份累计派现4.700元。		

基金净值增长率与业绩基准收益率对比图（单位：%）

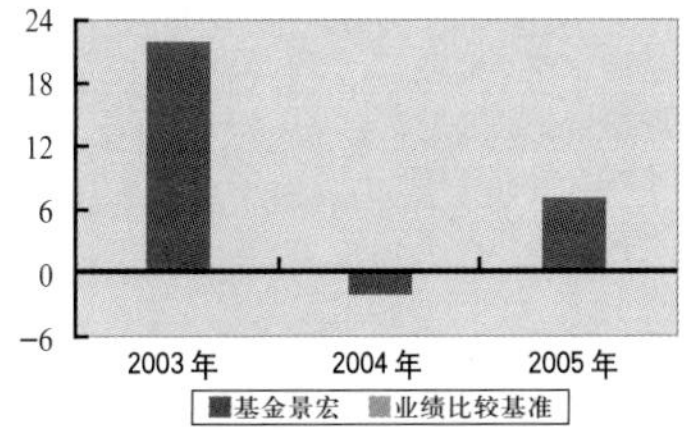

期末基金份额持有人户数	基金份额持有人户数为74,657户，平均每户持有26,789.18份。
期末基金份额持有人结构	机构投资者持有888,991,673份，占总份额44.45%；个人投资者持有1,111,008,327份，占总份额55.55%。

【基金业绩表现】

截至2005年12月31日，景宏基金份额净值为0.9245元，全年净值增长7.25%，业绩表现优于同期上证指数。

【基金管理团队】

刘明先生：基金经理。硕士，13年金融证券从业经历，曾任厦门证券公司鹭江营业部总经理、厦门产权交易中心副总经理及香港时富金融服务集团投资经理，2004年3月加盟大成基金管理有限公司，现任大成基金管理有限公司投资部副总监。

袁青先生：基金经理助理。硕士，6年证券从业经历。曾就职于平安证券综合研究所研究员，大成基金管理公司研究部研究员。

【基金运作分析】

2005年上半年景宏基金采取了防御性投资策略，重点配置在大盘蓝筹股上，比如长江电力、宝钢股份这样等有着中长期稳定增长预期的个股，在品牌酒类、品牌中药、机场港口等防御性行业板块上配置较高，在偏弱的市场上这样较为稳健的资产配置获得了良好收益，基金净值比较稳定，市场排名相对靠前；进入第三季度，在市场超跌反转的初期阶段投机气氛浓厚，小盘成长股活跃，大盘蓝筹股走势偏弱，该基金小组在估值比较研究的基础上，坚持了原先的价值取向，未对组合结构作大的调整，在国际原油价格高企、国内面临能源短缺的背景下，增持了调整充分的能源类个股，组合结构进一步向大盘蓝筹股集中。由于本期市场热点多在中小盘股和概念类股票，该基金重仓的长电、宝钢等大盘蓝筹股在股改复牌后表现偏弱，净值增长率相对不佳；第四季度该基金组合结构调整加快，出于对能源重要性的认识，一直在增持石化、煤炭等能源板块的绩优股；银行是宏观经济增长的直接受益者，该基金一直坚定持有招商银行这样的银行优势股；前期地产股配置偏少，后期增持了地产、建材类绩优股；宝钢、长电的配置大幅度减少。经过积极的组合调整，净值增长率由低走向高，第四季度净值增长0.74%，使全年净值增长更上层楼。

该基金对2006年证券市场持谨慎乐观态度，在行业方面，仍然看好金融、地产、资源类股票，将坚定持有优势行业中的龙头股，同时关注市场存在严重偏见的周期类股票，对其中效益稳步回升的如汽车、造纸等行业股将择优买入。

【季度投资组合一览】

项 目 ＼ 季 度	第一季度			第二季度			第三季度			第四季度		
基金资产净值	1,750,057,951.66元			1,766,059,527.27元			1,835,473,938.30元			1,849,085,507.59元		
基金份额净值	0.8750元			0.8830元			0.9177元			0.9245元		
基金资产组合	市值(元)		占总资产比例	市值(元)		占总资产比例	市值(元)		占总资产比例	市值(元)		占总资产比例
股票投资	1,260,744,959.42		68.71%	1,268,417,474.40		71.62%	1,292,014,513.11		70.04%	1,284,878,738.98		68.68%
债券投资	464,705,186.59		25.33%	437,332,019.86		24.69%	526,203,336.90		28.52%	533,956,660.50		28.54%
银行存款和清算备付金	18,711,028.79		1.02%	40,871,036.36		2.31%	15,553,449.34		0.85%	42,362,817.66		2.26%
其他资产	90,703,229.62		4.94%	24,453,996.40		1.38%	10,940,100.58		0.59%	9,567,857.66		0.52%
投资前五名股票明细	股票名称	市值(元)	占净值比例	股票名称	市值(元)	占净值比例	股票名称	市值(元)	占净值比例	股票名称	市值(元)	占净值比例
	贵州茅台	170,316,000.00	9.73%	长江电力	171,990,000.00	9.74%	贵州茅台	180,365,956.80	9.83%	贵州茅台	161,116,264.00	8.71%
	长江电力	168,048,701.50	9.60%	贵州茅台	167,856,000.00	9.50%	G 长 电	173,439,233.00	9.45%	G 国 阳	158,947,996.38	8.60%
	上海机场	151,769,583.82	8.67%	上海机场	166,001,178.60	9.40%	G 宝 钢	162,211,092.64	8.84%	上海机场	150,757,049.38	8.15%
	上港集箱	124,952,600.92	7.14%	宝钢股份	155,637,654.00	8.81%	上海机场	156,501,111.15	8.53%	海油工程	130,014,581.76	7.03%
	招商银行	102,481,904.42	5.86%	招商银行	154,136,673.01	8.73%	招商银行	129,964,980.11	7.08%	G 中 兴	112,635,884.64	6.09%
投资前五名债券明细	债券名称	市值(元)	占净值比例	债券名称	市值(元)	占净值比例	债券名称	市值(元)	占净值比例	债券名称	市值(元)	占净值比例
	97国债(4)	205,066,161.69	11.72%	97国债(4)	200,448,667.90	11.35%	招行转债	150,952,013.20	8.22%	招行转债	158,398,865.00	8.57%
	02国债(14)	43,482,780.00	2.48%	01国开12	51,140,000.00	2.90%	04国债(5)	123,708,000.00	6.74%	04国债(5)	115,117,905.50	6.23%
	05国债01	40,288,000.00	2.30%	—	—	—	20国债(4)	57,712,500.00	3.14%	02国债(14)	77,600,600.00	4.20%
	燕京转债	23,479,319.40	1.34%	—	—	—	01国开12	51,140,000.00	2.79%	20国债(4)	57,490,200.00	3.11%
	招行转债	16,274,409.80	0.93%	—	—	—	05进出01	31,101,000.00	1.69%	02国债(10)	47,630,400.00	2.58%

景阳证券投资基金

基本资料					
基金简称	基金景阳	交易代码	500007		
投资目标	在尽可能地分散和规避投资风险的前提下，谋求基金资产增值和收益的最大化。				
业绩比较基准	无	风险收益特征	无	合同生效日	1999年11月12日（规范后扩募）
上市日期	1999年11月15日（规范后扩募）			上市地点	上海证券交易所
基金总份额	10亿份	存 续 期	15年		
基金管理人	大成基金管理有限公司	基金托管人	中国农业银行		
审计机构	普华永道中天会计师事务所	法律顾问	北京市凯源律师事务所	注册登记人	中国证券登记结算有限责任公司上海分公司

财务指标			单位：人民币(元)
项 目 \ 年 度	2005年度	2004年度	2003年度
基金份额本期净收益	0.0413	0.0109	−0.0339
期末可分配基金份额收益	0.0339	−0.0241	−0.0182
期末基金份额净值	1.0826	0.9759	1.0620
基金加权平均净值收益率	4.06%	1.03%	−3.38%
本期基金份额净值增长率	10.93%	−8.11%	16.21%
基金份额累计净值增长率	16.13%	4.69%	13.93%
基金收益分配	本年度每10份派现0.310元；成立以来每10份累计派现3.240元。		

基金净值增长率与业绩基准收益率对比图（单位：%）

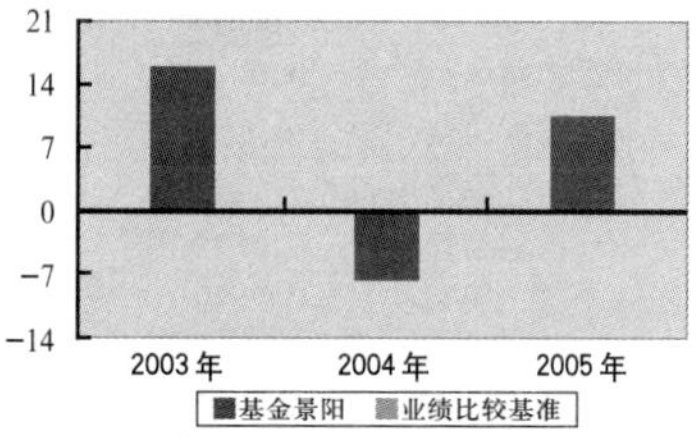

期末基金份额持有人户数	基金份额持有人户数为12,799户，平均每户持有78,131.10份。
期末基金份额持有人结构	机构投资者持有766,481,068份，占总份额76.65%；个人投资者持有233,518,932份，占总份额23.35%。

【基金业绩表现】

截至2005年12月31日，景阳基金份额净值为1.0826元，全年净值增长10.93%，取得了15%以上的超额收益。

【基金管理团队】

杨建华先生：基金经理，工商管理硕士，经济学博士研究生，先后毕业于北京航空航天大学和西南财经大学。8年证券从业经历，曾任光大证券研究所研究员、四川启明星投资公司总经理助理、2004年4月进入大成基金管理有限公司，现同时兼任大成价值增长证券投资基金基金经理。

【基金运作分析】

2005年，景阳基金在投资上，操作风格较为灵活。2005年初，该基金主要通过持有传统中药、食品饮料等一批二线蓝筹取得了较好的净值增长。二季度则积极调整了仓位，在三季度表现最好的军工、新能源板块提前布局。四季度景阳基金则又增持银行、地产、资源类股票。但在操作中，该基金也出现了一些的失误。如第二季度在操作上出现了较大的失误，表现在5月初对股权分置试点可能对市场的影响过于乐观，该基金的持股结构并未进行大的调整，在市场的持续下跌中非常被动。另外，二季度在行业配置上也出现了较大的失误，表现在某些行业如化工子行业配置比例偏高，以及没有在最佳时间采取措施进行及时的调整。

总观全年，上海综合指数下降8.33%，深圳成分指数下跌6.65%，景阳基金份额净值增长率为10.93%，取得了15%以上的超额收益。

展望2006年，景阳基金比较乐观看好未来市场，宏观经济的走势是影响市场的一个方面，而金融市场的相关政策、证券市场的资金供给、再融资的启动、投资者的心理也是需要观察的。2006、2007将是景阳基金存续的最后两年。根据和主要投资者沟通的结果，该基金将在未来两年的投资中强化绝对收益的意识。

【季度投资组合一览】

项 目 \ 季 度	第一季度			第二季度			第三季度			第四季度		
基金资产净值	1,016,594,952.39元			989,567,903.27元			1,059,739,435.31元			1,082,561,221.92元		
基金份额净值	1.0166元			0.9896元			1.0597元			1.0826元		
基金资产组合	市值(元)		占总资产比例	市值(元)		占总资产比例	市值(元)		占总资产比例	市值(元)		占总资产比例
股票投资	709,942,295.91		66.29%	757,899,553.41		76.02%	796,038,849.85		74.74%	804,111,397.65		72.27%
债券投资	215,790,668.40		20.15%	212,586,014.53		21.32%	242,683,803.60		22.78%	228,007,677.80		20.49%
银行存款和清算备付金	66,363,113.24		6.20%	23,066,261.15		2.32%	22,333,163.35		2.10%	55,798,939.39		5.02%
其他资产	78,816,400.62		7.36%	3,379,029.50		0.34%	4,059,594.28		0.38%	24,708,578.03		2.22%
投资前五名股票明细	股票名称	市值(元)	占净值比例	股票名称	市值(元)	占净值比例	股票名称	市值(元)	占净值比例	股票名称	市值(元)	占净值比例
	云南白药	70,230,137.47	6.91%	云南白药	59,341,152.00	6.00%	云南白药	50,342,252.00	4.75%	云南白药	55,806,790.20	5.16%
	皖通高速	48,896,854.60	4.81%	双汇发展	42,987,264.90	4.34%	中兴通讯	41,836,922.49	3.95%	G 中 兴	52,408,907.81	4.84%
	盐湖钾肥	46,322,444.74	4.56%	赣粤高速	42,366,267.24	4.28%	泸 天 化	39,446,296.79	3.72%	苏宁电器	47,768,040.48	4.41%
	烟台万华	45,426,652.00	4.47%	长江电力	40,950,000.00	4.14%	赣粤高速	38,000,000.00	3.59%	盐湖钾肥	43,583,388.16	4.03%
	桂冠电力	41,848,298.10	4.12%	贵州茅台	40,350,000.00	4.08%	现代投资	34,749,155.00	3.28%	G 国 阳	35,190,757.70	3.25%
投资前五名债券明细	债券名称	市值(元)	占净值比例	债券名称	市值(元)	占净值比例	债券名称	市值(元)	占净值比例	债券名称	市值(元)	占净值比例
	02国债(14)	65,340,000.00	6.43%	00国债(12)	51,620,000.00	5.22%	00国债(12)	51,620,000.00	4.87%	02国债(14)	65,507,000.00	6.05%
	00国债(12)	51,620,000.00	5.08%	02国债(14)	42,172,200.00	4.26%	02国债(14)	25,315,000.00	2.39%	00国债(12)	51,620,000.00	4.77%
	02国债(02)	39,624,000.00	3.90%	02国债02	39,624,000.00	4.00%	03国债(1)	25,287,500.00	2.39%	2国债(12)	30,168,000.00	2.79%
	20国债(4)	14,484,000.00	1.42%	01国开12	20,456,000.00	2.07%	03国债(8)	24,750,000.00	2.34%	01国开12	20,456,000.00	1.89%
	04国债(4)	8,342,400.00	0.82%	99国债(8)	10,107,000.00	1.02%	01国开12	20,456,000.00	1.93%	21国债(10)	15,926,677.80	1.47%

景博证券投资基金

基本资料

基金简称	基金景博	交易代码	184695		
投资目标	在尽可能地分散和规避投资风险的前提下，谋求基金资产增值和收益的最大化。				
业绩比较基准	无	风险收益特征	无	合同生效日	1999年11月12日（规范后扩募）
上市日期	1999年11月15日（规范后扩募）			上市地点	深圳证券交易所
基金总份额	10亿份	存 续 期	15年		
基金管理人	大成基金管理有限公司	基金托管人	中国农业银行		
审计机构	普华永道中天会计师事务所	法律顾问	北京市凯源律师事务所	注册登记人	中国证券登记结算有限责任公司深圳分公司

财务指标　　单位：人民币(元)

项目＼年度	2005年度	2004年度	2003年度
基金份额本期净收益	0.0056	−0.0103	−0.1166
期末可分配基金份额收益	−0.1004	−0.1059	−0.0956
期末基金份额净值	0.9247	0.9072	0.9985
基金加权平均净值收益率	0.62%	−1.07%	−12.70%
本期基金份额净值增长率	1.93%	−9.14%	14.32%
基金份额累计净值增长率	3.16%	1.21%	11.39%
基金收益分配	本年度未实现收益分配；成立以来每10份累计派现2.580元。		

基金净值增长率与业绩基准收益率对比图（单位：%）

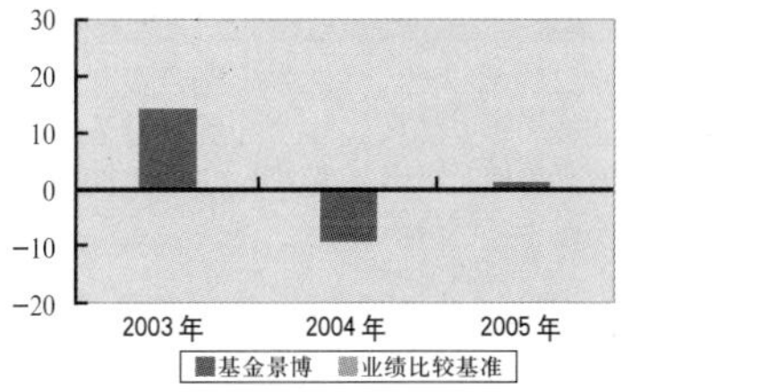

期末基金份额持有人户数	基金份额持有人户数为18,750户，平均每户持有53,333.33份。
期末基金份额持有人结构	机构投资者持有625,397,507份，占总份额62.54%；个人投资者持有374,602,493份，占总份额37.46%。

【基金业绩表现】

截至2005年12月31日，景博基金份额净值为0.9247元，全年净值增长1.93%，业绩表现优于同期指数表现。

【基金管理团队】

牛春晖先生：硕士学位，基金经理。9年证券从业经历，曾任国泰君安研究所研究员、大成基金管理有限公司研究部副经理、基金经理部基金景宏基金经理助理。

【基金运作分析】

2005年，景博基金的投资开局因采掘业资产的大幅下跌受到一定负面影响；虽然在一季度末有所起色但二季度未能避免市场整体下跌的风险；三季度增持的成长性资产为基金净值的增长作出了较大贡献；四季度未能充分重视优质股股改过程中巨大的套利机会，该基金净值仅仅平稳增长。全年该基金净值略微增长，虽然优于同期指数表现，但较优秀基金的表现还有一定差距。

2006年，景博基金在投资方面主要关注以下问题：1.经济增长的持续性获得了重新评价之后，对周期性资产的定价是否需要重新考量：在全球增长最快的庞大经济体中运营的周期性资产是否有必要按照成熟市场的标准来估值甚至是折价；2.股改完成之后，全流通背景下的估值是否需要重新定位：一方面大股东减持对股价形成必然的压力，另一方面全新的制度框架为收购兼并创造了机会；3.政策有保有压：一方面，自主创新、建设新农村等新政策能够在哪些领域以及在多大程度上为经济实体以及资本市场提供新的增长动力，另一方面，对产能过剩以及投资过热行业的控制是否会抑止相应行业中企业的增长潜力；4.股改带来的制度创新层出不穷，许多企业尤其是国有企业同时推出了股权激励措施，这一方面在体制上给国企增添了活力，为投资者增加了些许期盼，另一方面又给某些公司的管理层提供了牟取利益的良好机会，甚至以牺牲国企或者流通股东利益为代价，而这两方面对估值水平都有重大的影响。

【季度投资组合一览】

项目＼季度	第一季度		第二季度		第三季度		第四季度	
基金资产净值	895,262,363.88元		864,286,616.62元		913,422,941.56元		924,703,170.83元	
基金份额净值	0.8953元		0.8643元		0.9134元		0.9247元	
基金资产组合	市值(元)	占总资产比例	市值(元)	占总资产比例	市值(元)	占总资产比例	市值(元)	占总资产比例
股票投资	608,630,422.27	62.22%	559,188,349.64	64.49%	580,598,032.98	63.38%	658,097,828.30	70.13%
债券投资	187,242,405.90	19.14%	215,680,453.90	24.87%	250,212,817.60	27.31%	226,427,471.40	24.13%
银行存款和清算备付金	100,895,658.92	10.32%	79,175,356.56	9.13%	81,147,772.93	8.86%	48,076,878.15	5.12%
其他资产	81,366,220.76	8.32%	13,095,796.66	1.51%	4,116,224.10	0.45%	5,861,358.28	0.62%

	第一季度			第二季度			第三季度			第四季度		
投资前五名股票明细	股票名称	市值(元)	占净值比例	股票名称	市值(元)	占净值比例	股票名称	市值(元)	占净值比例	股票名称	市值(元)	占净值比例
	巨轮股份	48,476,282.50	5.41%	宝钢股份	82,157,186.40	9.51%	G 宝 钢	80,405,539.48	8.80%	G 宝 钢	77,654,134.69	8.40%
	山东黄金	46,727,874.00	5.22%	美的电器	59,353,800.00	6.87%	美的电器	54,485,246.79	5.97%	美的电器	58,436,498.13	6.32%
	贵州茅台	43,157,837.85	4.82%	巨轮股份	48,872,334.11	5.65%	G 海 特	54,039,053.16	5.92%	金 融 街	52,671,000.00	5.70%
	新安股份	42,673,835.65	4.77%	海特高新	40,373,698.10	4.67%	金 融 街	44,350,000.00	4.86%	山东铝业	48,390,367.50	5.23%
	深赤湾A	39,321,612.00	4.39%	五 粮 液	37,793,936.88	4.37%	G 长 电	36,421,978.88	3.99%	G深机场	32,501,498.15	3.51%
投资前五名债券明细	债券名称	市值(元)	占净值比例	债券名称	市值(元)	占净值比例	债券名称	市值(元)	占净值比例	债券名称	市值(元)	占净值比例
	02国债(14)	63,375,840.00	7.08%	02国债(14)	60,270,098.40	6.97%	00国债(12)	51,620,000.00	5.65%	00国债(12)	51,620,000.00	5.58%
	00国债(12)	51,620,000.00	5.77%	00国债(12)	51,620,000.00	5.97%	招行转债	43,940,400.00	4.81%	05国开17	51,612,000.00	5.58%
	03国债(3)	14,310,990.00	1.60%	05国债04	20,798,500.00	2.41%	03国债(3)	29,292,000.00	3.21%	02国债(14)	42,803,281.60	4.63%
	03国债(7)	9,566,580.00	1.07%	05进出01	20,734,000.00	2.40%	21国债(10)	21,253,495.20	2.33%	21国债(10)	22,745,530.80	2.46%
	05国债(1)	7,605,750.00	0.85%	99国债(8)	11,789,815.50	1.36%	20国债(4)	20,250,000.00	2.22%	21国债(12)	17,208,832.80	1.86%

景福证券投资基金

基本资料

基金简称	基金景福	交易代码	184701		
投资目标	通过指数化投资和积极投资的有机结合，实现投资风险和收益的优化平衡，力求使基金取得超过市场的投资收益，实现基金资产长期稳定增值。				
业绩比较基准	无	风险收益特征	无		
合同生效日	1999年12月30日	上市日期	2000年1月10日	上市地点	深圳证券交易所
基金总份额	30亿份	存续期	15年		
基金管理人	大成基金管理有限公司	基金托管人	中国农业银行		
审计机构	普华永道中天会计师事务所	法律顾问	众天律师事务所	注册登记人	中国证券登记结算有限责任公司深圳分公司

财务指标 单位：人民币(元)

项目 \ 年度	2005年度	2004年度	2003年度
基金份额本期净收益	−0.0498	0.0386	−0.0983
期末可分配基金份额收益	−0.1273	−0.0847	−0.1161
期末基金份额净值	0.9190	0.9153	0.9811
基金加权平均净值收益率	−5.68%	3.91%	−10.87%
本期基金份额净值增长率	0.40%	−6.71%	17.81%
基金份额累计净值增长率	4.16%	3.75%	11.21%
基金收益分配	本年度未实现收益分配；成立以来每10份累计派现 1.640元。		

基金净值增长率与业绩基准收益率对比图（单位：%）

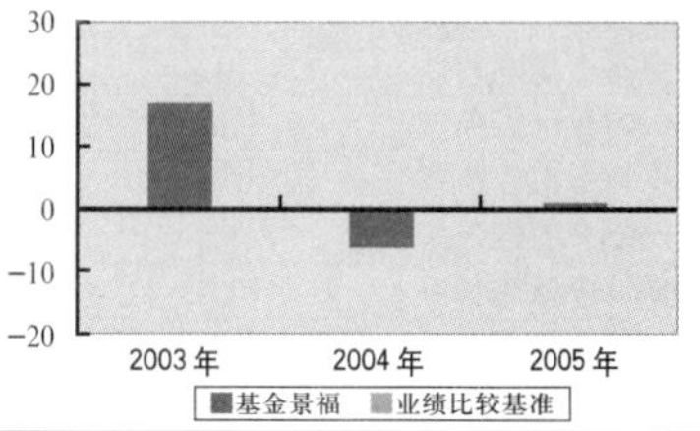

期末基金份额持有人户数	基金份额持有人户数为65,895户，平均每户持有45,526.97份。
期末基金份额持有人结构	机构投资者持有1,363,082,948份，占总份额45.44%；个人投资者持有1,636,917,052份，占总份额54.56%。

【基金业绩表现】

截至2005年12月31日，景福基金份额净值为0.9190元，全年净值增长0.40%，超越上证指数8.73%。

【基金管理团队】

徐彬先生：基金经理，硕士。10年证券从业经历，曾就职于君安证券研究所，历任大成基金管理公司研究部副经理、基金景博基金经理。现同时兼任基金景业基金经理。

周建春先生：基金经理助理，硕士。10年证券从业经验，先后任职于湖南省国际信托投资公司基金管理部、证券管理总部，大成基金管理有限公司研究发展部和基金经理部。

【基金运作分析】

2005年一季度，景福基金的资产布局偏重于周期类资产和信息技术制造类资产，在随后的下跌行情中损失较大。从二季度开始，该基金开始了结构调整。从重仓个股入手，首先大幅减持了盈利可能下滑的信息技术制造类个股，增持具有国际竞争力盈利稳定增长的公司。对于周期性公司，则根据所处的景气周期和行业地位，进行了个别的调整。同时，根据市场所处的风险收益状况，适当进行了时机选择，通过股票仓位的变动规避风险。

2005年下半年，A股市场迎来了积极的变化。景福基金感受到股权分置改革和人民币汇率升值给市场带来的新机会，改变防守型投资策略，转向积极地参与市场新机会。在资产配置上增加了股票权重，降低了国债和现金比例。在资产结构上大幅增持了银行、石化等受益于汇率升值的股票资产权重，这一段时间的调整是积极而有效的。在随后的调整行情中，该基金坚持积极的投资策略和人民币升值背景下的资产选择思路，加大对地产、银行资产的配置权重，同时对水泥、通讯服务、航空、黄金等资产进行增持，相应减持了水电、机场、食品饮料的配置权重。除航空股外，增持的股票资产大部分获得较好的收益，远好于减持的水电、机场等资产，为下半年的净值增长取得贡献。下半年该基金净值增长8.65%，弥补了上半年的投资损失，全年基金净值增长0.4%，超越上证指数8.73%。

【季度投资组合一览】

项目 \ 季度	第一季度			第二季度			第三季度			第四季度		
基金资产净值	2,671,948,585.22元			2,537,376,417.37元			2,643,408,145.92元			2,756,912,545.00元		
基金份额净值	0.8906元			0.8458元			0.8811元			0.9190元		
基金资产组合	市值(元)	占总资产比例		市值(元)	占总资产比例		市值(元)	占总资产比例		市值(元)	占总资产比例	
股票投资	1,668,974,493.70	62.25%		1,819,166,756.85	71.44%		1,851,207,518.32	69.86%		2,007,907,565.74	72.63%	
债券投资	718,579,225.30	26.80%		610,445,851.36	23.97%		588,713,681.60	22.22%		612,777,710.90	22.17%	
银行存款和清算备付金	208,092,082.44	7.76%		104,904,938.82	4.12%		197,492,362.39	7.45%		49,696,667.77	1.80%	
其他资产	85,526,250.53	3.19%		11,897,869.85	0.47%		12,425,953.01	0.47%		93,928,903.56	3.40%	
积极投资前五名股票明细	股票名称	市值(元)	占净值比例	股票名称	市值(元)	占净值比例	股票名称	市值(元)	占净值比例	股票名称	市值(元)	占净值比例
	中国石化	62,218,652.40	2.33%	宝钢股份	72,834,718.68	2.87%	G宝钢	75,910,931.72	2.87%	南方航空	66,821,000.80	2.42%
	海油工程	60,871,655.88	2.28%	东方电机	62,691,049.98	2.47%	东方电机	70,577,527.57	2.67%	G宝钢	64,642,707.67	2.34%
	中兴通讯	52,090,392.90	1.95%	中国石化	49,307,456.40	1.94%	中国石化	69,915,365.80	2.64%	华侨城A	63,499,834.90	2.30%
	东方电机	45,441,275.04	1.70%	中兴通讯	43,739,981.10	1.72%	中兴通讯	59,372,104.55	2.25%	中国石化	63,449,415.40	2.30%
	青岛啤酒	37,542,105.51	1.41%	长江电力	38,492,631.45	1.52%	G长电	40,757,829.68	1.54%	招商地产	56,041,048.59	2.03%
投资前五名债券明细	债券名称	市值(元)	占净值比例	债券名称	市值(元)	占净值比例	债券名称	市值(元)	占净值比例	债券名称	市值(元)	占净值比例
	02国债(14)	173,250,000.00	6.48%	02国债(14)	74,303,400.00	2.93%	21国债(3)	61,764,000.00	2.34%	02国债(14)	115,897,000.00	4.20%
	21国债(3)	85,481,900.20	3.20%	21国债(3)	71,232,000.00	2.81%	21国债(10)	54,676,120.80	2.07%	05国开29	100,000,000.00	3.63%
	20国债(10)	83,412,000.00	3.12%	05进出01	51,835,000.00	2.04%	02国债(13)	53,319,882.00	2.02%	04国债(5)	99,220,378.40	3.60%
	05国债(01)	50,360,000.00	1.88%	20国债(10)	51,219,300.00	2.02%	20国债(4)	51,342,862.50	1.94%	02国债(10)	70,738,090.10	2.57%
	燕京转债	34,009,352.90	1.27%	01国开12	51,140,000.00	2.02%	01国开12	51,140,000.00	1.93%	21国债(3)	56,221,000.00	2.04%

景业证券投资基金

基本资料

基金简称	基金景业		交易代码	500017	
投资目标	在优化组合投资基础上，尽可能规避投资风险，谋求基金资产增值和收益的最大化。				
业绩比较基准	无	风险收益特征	无		
合同生效日	2000年8月15日(规范后扩募)	上市日期	2001年12月19日	上市地点	上海证券交易所
基金总份额	5亿份	存续期	15年		
基金管理人	大成基金管理有限公司	基金托管人	中国农业银行		
审计机构	普华永道中天会计师事务所	法律顾问	北京市华联律师事务所	注册登记人	中国证券登记结算有限责任公司上海分公司

财务指标　　单位：人民币(元)

项目 \ 年度	2005年度	2004年度	2003年度
基金份额本期净收益	0.0034	0.0179	0.0366
期末可分配基金份额收益	−0.1693	−0.1726	−0.1905
期末基金份额净值	0.9062	0.8547	0.8685
基金加权平均净值收益率	0.39%	2.04%	4.63%
本期基金份额净值增长率	6.03%	−1.59%	20.07%
基金份额累计净值增长率	−17.05%	−21.76%	−20.50%
基金收益分配	自基金合同生效以来未实现收益分配。		

基金净值增长率与业绩基准收益率对比图（单位：%）

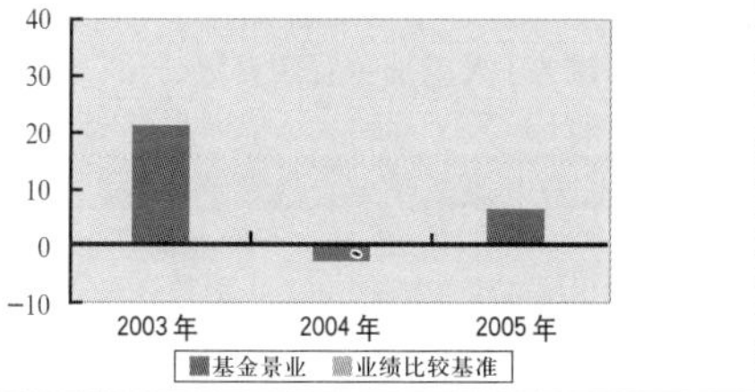

期末基金份额持有人户数	基金份额持有人户数为32,644户，平均每户持有15,316.75份。
期末基金份额持有人结构	机构投资者持有249,813,734份，占总份额49.96%；个人投资者持有250,186,266份，占总份额50.04%。

【基金业绩表现】

截至2005年12月31日，景业基金份额净值为0.9062元，全年净值增长6.03%，业绩表现优于同期上证综指的表现。

【基金管理团队】

徐彬先生：基金经理，硕士。10年证券从业经历，曾就职于君安证券研究所，历任大成基金管理公司研究部副经理、基金景博基金经理，现同时兼任基金景福基金经理。

【基金运作分析】

2005年，中国证券市场指数波动较大。基金管理人认为市场下跌更主要的原因是市场对之前估值水平过高的一种修复，是价值回归的必然过程。股权分置改革试点的推出使得市场上原有的游戏规则发生了改变。而在经历股权分置改革过程中的估值体系混乱之后，市场仍将按照价值投资策略来进行股票投资，具备持续成长和具有核心竞争能力的公司仍然是关注的重点。

按照年初的"先防守，再伺机转为反击"的投资策略，2005年，景业基金根据这一策略适度调整了持仓结构，并在行业和个股上采用均衡配置适度分散，这些调整使得该基金保持了较好的流动性和稳定性。

2006年，景业基金在投资思路上将从以下方面考虑：首先，衡量重置成本和并购价值的定性因素，关注交通基础设施、自然资源、商业零售、银行、地产及物流行业；其次，随着中国加入WTO，中国融入全球经济的步伐正在加快，企业必然面临跨国并购的机遇，其资产定价和公司价值评估应该放在一个开放的视野下进行重新定位。中国资产的价值重估将把一些公司的潜在价值提升到一个新的高度；最后，关注企业获得估值溢价的潜力。

在未来行业配置方面，景业基金调整的原则主要是：首先选择受宏观调控较小的非周期类的公司；其次对周期类公司中认为周期能延续的估值合理的公司；最后是受益于人民币升值的一些行业中的龙头公司。坚持寻找估值合理的公司的同时更加注意选择公司治理结构较为透明的公司。强调自下而上的个股选择的同时，通过资产配置降低风险，获取收益。

【季度投资组合一览】

项目 \ 季度	第一季度			第二季度			第三季度			第四季度		
基金资产净值	432,648,526.04元			408,023,853.07元			427,717,006.41元			453,096,864.41元		
基金份额净值	0.8653元			0.8160元			0.8554元			0.9062元		
基金资产组合	市值(元)	占总资产比例		市值(元)	占总资产比例		市值(元)	占总资产比例		市值(元)	占总资产比例	
股票投资	241,762,387.42	54.80%		303,691,180.53	72.93%		325,979,632.91	73.85%		350,849,784.69	76.48%	
债券投资	119,261,108.60	27.03%		84,511,522.60	20.29%		91,843,424.10	20.81%		100,281,129.00	21.86%	
银行存款和清算备付金	6,460,737.47	1.47%		22,726,881.49	5.46%		6,413,717.54	1.45%		2,861,853.77	0.62%	
其他资产	73,660,261.61	16.70%		5,512,847.31	1.32%		17,170,931.60	3.89%		4,748,785.11	1.04%	
投资前五名股票明细	股票名称	市值(元)	占净值比例	股票名称	市值(元)	占净值比例	股票名称	市值(元)	占净值比例	股票名称	市值(元)	占净值比例
	上海机场	21,344,620.72	4.93%	招商银行	38,948,273.78	9.55%	中国石化	40,739,228.60	9.52%	G 万 科	42,105,112.20	9.29%
	振华港机	18,559,598.70	4.29%	深能源A	20,334,233.64	4.98%	中兴通讯	39,093,023.64	9.14%	中国石化	35,651,114.73	7.87%
	深赤湾A	17,146,414.80	3.96%	浦发银行	19,954,933.65	4.89%	银座股份	37,985,791.65	8.88%	银座股份	35,534,242.10	7.84%
	云南白药	15,356,887.16	3.55%	伊利股份	18,163,724.76	4.45%	浦发银行	32,109,363.00	7.51%	南方航空	34,771,670.25	7.67%
	东方电机	13,522,847.52	3.13%	格力电器	17,837,572.74	4.37%	招商银行	29,563,000.00	6.92%	广州友谊	22,702,902.28	5.01%
投资前五名债券明细	债券名称	市值(元)	占净值比例	债券名称	市值(元)	占净值比例	债券名称	市值(元)	占净值比例	债券名称	市值(元)	占净值比例
	02国债(14)	25,740,000.00	5.95%	02国债(14)	26,106,600.00	6.40%	02国债(11)	19,926,000.00	4.66%	02国债(14)	22,227,029.00	4.91%
	侨城转债	21,131,328.60	4.88%	02国债11	19,926,000.00	4.88%	03国债(8)	19,800,000.00	4.63%	02国债(11)	19,926,000.00	4.40%
	02国债(11)	19,926,000.00	4.61%	99国债(8)	12,128,400.00	2.97%	99国债(8)	12,361,200.00	2.89%	03国债(8)	14,922,000.00	3.29%
	04国债(11)	18,162,000.00	4.20%	04国债(5)	10,481,900.00	2.57%	21国债(12)	10,045,000.00	2.35%	21国债(3)	10,222,000.00	2.26%
	04国债(5)	18,053,800.00	4.17%	04国债(11)	4,068,400.00	1.00%	21国债(10)	9,996,000.00	2.34%	21国债(12)	10,056,000.00	2.22%

大成价值增长证券投资基金

基本资料						
基金简称	大成价值增长		交易代码	090001		
投资目标	以价值增长类股票为主构造投资组合，在有效分散投资风险的基础上，通过资产配置和投资组合的动态调整，达到超过市场的风险收益比之目标，实现基金资产的长期稳定增值。					
业绩比较基准	中信价值指数×80%＋中信国债指数×20%			风险收益特征	无	
合同生效日	2002年11月11日	上市日期	——	上市地点	——	
募集概况	首募规模	认购户数	募集日期			
	26.04亿份	57481户	2002年10月10日至2002年10月31日			
基金费率	认购费率	申购费率	赎回费率	管理费率	托管费率	
	不高于1.00%	不高于1.50%	不高于0.25%	1.50%	0.25%	
基金管理人	大成基金管理有限公司		基金托管人	中国农业银行		
审计机构	普华永道中天会计师事务所	法律顾问	通力律师事务所	注册登记人	大成基金管理有限公司	

财务指标　单位：人民币(元)

项目 \ 年度	2005年度	2004年度	2003年度
基金份额本期净收益	0.0113	0.1036	0.0960
期末可分配基金份额收益	0.0274	−0.0219	0.0224
期末基金份额净值	1.0274	0.9781	1.0836
基金加权平均净值收益率	1.15%	9.97%	9.44%
本期基金份额净值增长率	5.04%	0.15%	18.29%
基金份额累计净值增长率	24.01%	18.05%	17.88%
基金收益分配	本年度未实现收益分配；成立以来每10份累计派现2.100元。		
期末基金份额持有人户数	基金份额持有人户数为21,584户，平均每户持有41,496.41份。		
期末基金份额持有人结构	机构投资者持有669,392,394.77份，占总份额74.74%；个人投资者持有226,266,159.59份，占总份额25.26%。		

基金净值增长率与业绩基准收益率对比图（单位：%）

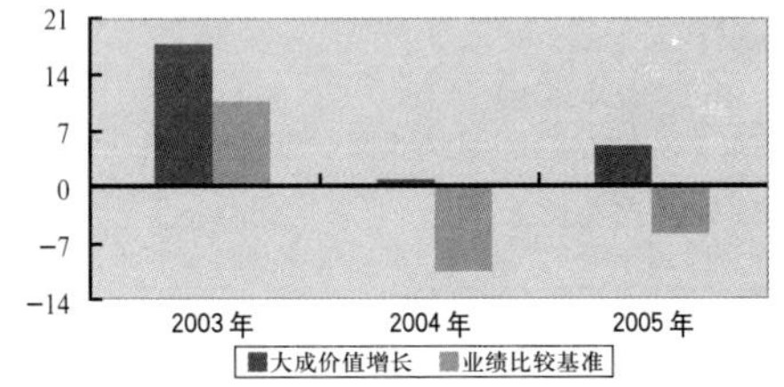

【基金业绩表现】

截至2005年12月31日，大成价值增长基金份额净值为1.0274元，全年净值增长5.04%，超越同期业绩基准收益10.70%。

【基金管理团队】

杨建华：基金经理，工商管理硕士，经济学博士研究生，先后毕业于北京航空航天大学和西南财经大学。8年证券从业经历，曾任光大证券研究所研究员、四川启明星投资公司总经理助理。2004年4月进入大成公司，现同时兼任景阳基金经理。

何光明先生：基金经理助理，工业管理工程硕士，高级经济师，12年证券从业经历。曾任职于湖南省国际信托投资公司基金管理部和证券管理总部，1999年加入大成基金管理有限公司，历任研究员、基金经理助理、策略分析师、大成精选增值混合型基金基金经理。

【基金运作分析】

2005年，大成价值增长在仓位控制做的较好，重仓股表现一般。年初该基金股票仓位保持在65%−75%，重点投资交通运输、食品饮料、医药、水电和银行等行业，并积极参与一些个股的增发。从三月初开始两个市场重新开始下跌，该基金将股票仓位下调到了60%−70%，特别是大幅度减持了受固定资产投资和外贸出口减速影响较大的周期类个股，增持了银行、水电、交通运输等稳定类资产。在央行宣布启动人民币汇率制度改革的第一时间内，大成价值增长基金将股票仓位提升到75%左右，特别是大幅增加了房地产和银行等行业的配置比重，以及3G、数字电视和资源类个股，该基金净值得以快速回升。

【季度投资组合一览】

	第一季度		第二季度		第三季度		第四季度	
基金资产净值	1,133,227,579.16元		976,899,478.27元		914,795,019.79元		920,175,454.23元	
基金份额	1,161,409,751.13份		1,009,019,851.96份		907,018,530.57份		895,658,554.36份	
基金份额净值	0.9757元		0.9682元		1.0086元		1.0274元	
基金资产组合	市值(元)	占总资产比例	市值(元)	占总资产比例	市值(元)	占总资产比例	市值(元)	占总资产比例
股票投资	757,590,762.65	65.83%	708,962,152.58	72.29%	644,152,019.71	68.91%	670,698,575.97	70.96%
债券投资	288,363,916.40	25.06%	221,012,335.50	22.54%	202,989,815.20	21.72%	196,489,800.00	20.79%
银行存款和清算备付金	100,409,990.27	8.73%	45,854,979.05	4.68%	83,704,459.30	8.95%	39,377,648.59	4.16%
其他资产	4,380,675.38	0.38%	4,840,720.06	0.49%	3,941,212.75	0.42%	38,654,058.45	4.09%

	第一季度			第二季度			第三季度			第四季度		
投资前五名股票明细	股票名称	市值(元)	占净值比例	股票名称	市值(元)	占净值比例	股票名称	市值(元)	占净值比例	股票名称	市值(元)	占净值比例
	长江电力	98,749,368.80	8.71%	上海机场	73,629,058.10	7.54%	G长电	63,145,065.60	6.90%	上海机场	43,275,862.00	4.70%
	上海机场	98,065,704.00	8.65%	长江电力	65,360,000.00	6.69%	G宝钢	59,951,051.40	6.55%	G中兴	41,099,259.90	4.47%
	贵州茅台	49,355,712.23	4.36%	贵州茅台	52,834,520.00	5.41%	上海机场	51,744,000.00	5.66%	中国石化	37,280,000.00	4.05%
	南方航空	39,351,608.40	3.47%	招商银行	38,886,886.68	3.98%	贵州茅台	49,675,101.54	5.43%	中国联通	36,400,000.00	3.96%
	浦发银行	34,286,890.76	3.03%	天津港	32,926,762.00	3.37%	招商银行	39,033,595.11	4.27%	G国阳	35,467,680.00	3.85%
投资前五名债券明细	债券名称	市值(元)	占净值比例	债券名称	市值(元)	占净值比例	债券名称	市值(元)	占净值比例	债券名称	市值(元)	占净值比例
	02国债(14)	108,900,000.00	9.61%	02国债(14)	62,291,259.00	6.38%	03国债(10)	39,988,000.00	4.37%	04国债(5)	86,013,200.00	9.35%
	03国债(10)	39,988,000.00	3.53%	21国债(15)	40,445,169.60	4.14%	21国债(15)	35,805,000.00	3.91%	21国债(15)	35,602,000.00	3.87%
	02进出02	34,762,000.00	3.07%	03国债10	39,988,000.00	4.09%	99国债(8)	33,973,500.00	3.71%	02国债(14)	26,218,400.00	2.85%
	04国债(5)	30,400,000.00	2.68%	02国债(10)	22,005,307.20	2.25%	02国债(14)	20,252,000.00	2.21%	99国债(8)	25,515,000.00	2.77%
	21国债(15)	22,757,688.80	2.01%	04国债(5)	16,190,430.00	1.66%	04国债(5)	19,261,456.30	2.11%	20国债(4)	10,080,000.00	1.10%

大成债券投资基金

基本资料					
基金简称	大成债券		基金代码	090002	
投资目标	在力保本金安全和保持资产流动性的基础上追求资产的长期稳定增值。				
业绩比较基准	中国债券总指数		风险收益特征	无	
合同生效日	2003 年 6 月 12 日	上市日期	——	上市地点	——
募集概况	首募规模	认购户数	募集日期		
	21.53 亿份	47100 户	2003 年 4 月 15 日至 2003 年 6 月 10 日		
基金费率	认购费率	申购费率	赎回费率	管理费率	托管费率
	1.00%	不高于 2.00%	0.25%	0.70%	0.20%
基金管理人	大成基金管理有限公司		基金托管人	中国农业银行	
审计机构	普华永道中天会计师事务所	法律顾问	通力律师事务所	注册登记人	大成基金管理有限公司

财务指标　单位：人民币(元)

项目 \ 年度	2005 年度	2004 年度	2003 年度
基金份额本期净收益	0.0806	0.1364	−0.0071
期末可分配基金份额收益	0.0181	−0.0157	−0.0056
期末基金份额净值	1.0181	0.9843	1.0295
基金加权平均净值收益率	8.04%	13.15%	−0.71%
本期基金份额净值增长率	11.33%	1.81%	2.90%
基金份额累计净值增长率	16.63%	4.76%	2.90%
基金收益分配	本年度每10份派现0.750元；成立以来每10份累计派现1.400元。		

基金净值增长率与业绩基准收益率对比图（单位：%）

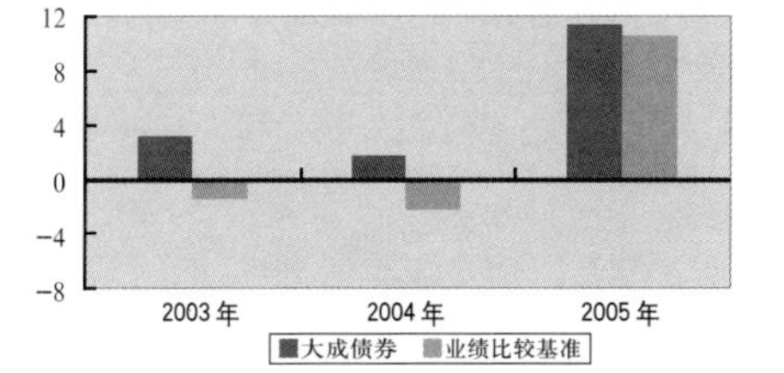

期末基金份额持有人户数	基金份额持有人户数为 12,417 户，平均每户持有 17,127.92 份。
期末基金份额持有人结构	机构投资者持有 10,836,821.55 份，占总份额 5.10%；个人投资者持有 201,840,528.85 份，占总份额 94.90%。

【基金业绩表现】

截至2005年12月31日，大成债券基金份额净值为1.0181元，全年净值增长11.33%，同期业绩基准收益增长10.55%。

【基金管理团队】

陈尚前先生：基金经理，南京大学经济学硕士，中国注册会计师协会非执业会员，9年债券从业经历。曾任中国平安保险公司投资管理中心债券投资室主任和招商证券公司研究发展中心策略部经理。2002年加盟大成基金管理有限公司，现任公司投资部副总监，负责公司所有基金的债券投资业务。

【基金运作分析】

应对2005年债券市场行情，大成债券基金经理小组继续执行该基金成立以来一直执行的投资策略，即在严格控制风险的基础上，采取基金的组合策略和严格的资产选择原则进行投资运作。基于对2005年债券资产和可转债资产风险收益特性的认识和判断，大成债券基金债券投资在保持组合整体流动性的基础上，通过积极管理提高组合收益率。在操作中同时注重国债、企业债和可转债的投资，增加国债、金融债、企业债的投资比例，适当参与国债市场波动带来的交易机会。基于股权分置改革对可转债期权价值的影响，大成债券基金根据可转债投资特点以及降低债券基金组合波动性的要求，在可转债品种DELTA值逐渐提高的同时坚决卖出高DELTA值品种以实现收益，同时结合债券基金投资组合未来很低波动率的要求，到年底大幅减持基金组合中可转债的投资比例。

上述策略使大成债券基金在2005年度取得了较高的收益。对国债和可转债的重视和主动积极的操作使该基金把握住了两个大类资产的主要投资机会，这也使得2005年度该基金的净值涨幅达到11.33%，高于业绩比较基准。

【季度投资组合一览】

项目 \ 季度	第一季度			第二季度			第三季度			第四季度		
基金资产净值	246,828,676.83 元			235,108,925.58 元			213,831,897.94 元			216,524,953.51 元		
基金份额	245,516,898.43 份			234,153,875.27 份			215,943,617.93 份			212,677,350.40 份		
基金份额净值	1.0053 元			1.0041 元			0.9902 元			1.0181 元		
基金资产组合	市值(元)		占总资产比例	市值(元)		占总资产比例	市值(元)		占总资产比例	市值(元)		占总资产比例
股票投资	——		——	16,344,000.00		6.65%	10,260,520.00		4.05%	13,781,600.00		6.33%
债券投资	242,669,400.92		96.75%	220,168,865.54		89.63%	226,477,357.85		89.29%	188,814,666.77		86.68%
银行存款和清算备付金	5,252,051.61		2.09%	4,429,603.24		1.80%	10,903,850.87		4.30%	9,114,233.94		4.18%
其他资产	2,911,529.66		1.16%	4,694,257.84		1.92%	5,995,985.87		2.36%	6,117,731.97		2.81%
投资前五名债券明细	债券名称	市值(元)	占净值比例	债券名称	市值(元)	占净值比例	债券名称	市值(元)	占净值比例	债券名称	市值(元)	占净值比例
	02 国债(14)	23,760,000.00	9.63%	邯钢转债	23,195,250.00	9.87%	05 中铁债	21,488,520.55	10.05%	05 进出 01	31,750,500.00	14.66%
	21 国债(15)	23,469,600.00	9.51%	燕京转债	22,319,994.60	9.49%	05苏园建债	20,327,972.60	9.51%	05 农发 13	30,180,000.00	13.94%
	燕京转债	22,920,019.20	9.29%	05苏园建债	20,326,794.52	8.65%	04 国债(5)	18,082,300.00	8.46%	05苏园建债	21,968,501.37	10.15%
	04 国债(3)	21,690,900.00	8.79%	21 国债(15)	18,573,524.20	7.90%	招行转债	17,414,100.00	8.14%	02 国债(14)	18,151,200.00	8.38%
	04 国债(5)	21,375,000.00	8.66%	复星转债	17,132,206.00	7.29%	21 国债(12)	17,076,500.00	7.99%	04 国债(5)	17,958,800.00	8.29%
投资前五名股票明细	股票名称	市值(元)	占净值比例	股票名称	市值(元)	占净值比例	股票名称	市值(元)	占净值比例	股票名称	市值(元)	占净值比例
	——	——	——	华侨城 A	16,344,000.00	6.95%	华侨城 A	10,260,520.00	4.80%	华侨城 A	13,781,600.00	6.36%
	——	——	——	——	——	——	——	——	——	——	——	——
	——	——	——	——	——	——	——	——	——	——	——	——
	——	——	——	——	——	——	——	——	——	——	——	——
	——	——	——	——	——	——	——	——	——	——	——	——

大成蓝筹稳健证券投资基金

基本资料					
基金简称	大成蓝筹稳健基金		交易代码	090003	
投资目标	通过精选符合该基金投资理念、流动性良好的证券，在控制非系统风险的前提下获取投资收益，同时辅助运用一系列数量分析方法，有效控制系统性风险，实现基金资产的中长期稳定增值。				
业绩比较基准	70%×天相280指数+30%×中信国债指数				
风险收益特征	该基金属于较低风险的基金品种，适于承受一定风险，追求当期收益和长期资本增值的基金投资人。				
合同生效日	2004年6月3日	上市日期	——	上市地点	——
募集概况	首募规模	认购户数	募集日期		
	22.34亿份	27458户	2004年4月27日至2004年5月31日		
基金费率	认购费率	申购费率	赎回费率	管理费率	托管费率
	1.00%	不高于2.00%	不高于0.50%	1.50%	0.25%
基金管理人	大成基金管理有限公司		基金托管人	中国银行股份有限公司	
审计机构	普华永道中天会计师事务所	法律顾问	通力律师事务所	注册登记人	大成基金管理有限公司

财务指标　单位：人民币(元)

项目 \ 年度	2005年度	2004年6月3日至2004年12月31日
基金份额本期净收益	-0.0852	0.0123
期末可分配基金份额收益	-0.0739	-0.0262
期末基金份额净值	0.9510	0.9738
基金加权平均净值收益率	-9.03%	1.23%
本期基金份额净值增长率	-2.34%	-1.65%
基金份额累计净值增长率	-3.95%	-1.65%
基金收益分配	本年度未实现收益分配；成立以来每10份累计派现0.100元。	

基金净值增长率与业绩基准收益率对比图（单位：%）

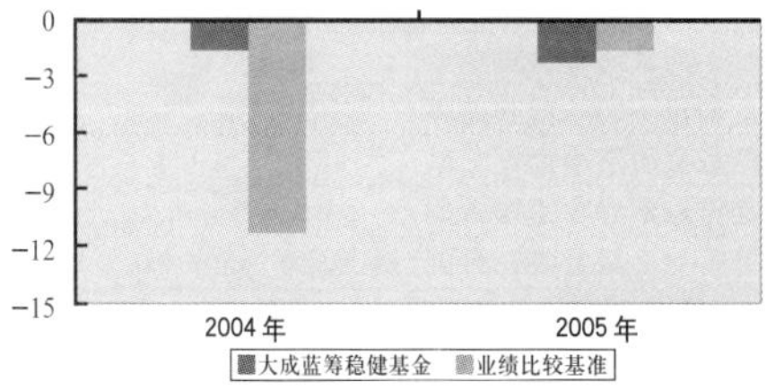

期末基金份额持有人户数	基金份额持有人户数为18,967户，平均每户持有44,468.75份。
期末基金份额持有人结构	机构投资者持有317,632,152.17份，占总份额37.66%；个人投资者持有525,806,536.83份，占总份额62.34%。

【基金业绩表现】

截至2005年12月31日，大成蓝筹稳健基金份额净值为0.9510元，全年基金净值增长率为-2.34%，同期业绩基准增长率为-1.68%。

【基金管理团队】

施永辉先生：基金经理，理学硕士，10年证券从业经验。曾在中科院资源环境信息中心担任助理研究员，甘肃证券资产管理部研究员，招商证券研发中心高级分析师、总经理助理。2003年加盟大成基金管理有限公司，历任公司研究部高级研究员、投资部副总监、大成精选增值混合型证券投资基金经理助理。

【基金运作分析】

2005年是中国证券市场的"转折之年"，投资人不但迎来了股市成立以来的重大制度变革，同时投资时所处的政策经济环境也正酝酿着"经济增长模式"的重大变革。

2005年，在投资管理过程中，结合基金合同要求，大成蓝筹稳健基金强化资产配置和流动性管理，大部分时间里投资组合结构相对分散和均衡，遵循防御思路而选择经济"瓶颈"类行业重点配置。由于周期类股票比例比较高，这种组合在系统性风险较大和股价表现高度分化的市场环境下，组合整体的防御性有所欠缺，基金净值在一季度受到很大的压力。二季度以后，该基金及时进行了调整，基金相对业绩有所回升。从2005年全年看来，由于基金管理人对人民币汇率升值这一因素的考虑不够充分，导致该基金业绩表现比较平淡。

【季度投资组合一览】

项目 \ 季度	第一季度			第二季度			第三季度			第四季度		
基金资产净值	1,073,378,489.14元			888,397,250.69元			874,066,612.87元			802,098,775.52元		
基金份额	1,128,343,210.27份			962,873,735.92份			919,001,004.54份			843,438,689.00份		
基金份额净值	0.9513元			0.9227元			0.9511元			0.9510元		
基金资产组合	市值(元)		占总资产比例	市值(元)		占总资产比例	市值(元)		占总资产比例	市值(元)		占总资产比例
股票投资	755,580,250.47		65.69%	634,867,778.73		71.07%	665,839,904.08		75.08%	605,450,119.67		75.19%
债券投资	238,255,857.60		20.71%	202,556,377.20		22.67%	119,056,260.80		13.43%	136,747,376.00		16.98%
银行存款和清算备付金	75,151,680.24		6.53%	50,620,717.80		5.67%	95,710,212.96		10.79%	50,821,519.14		6.31%
其他资产	81,268,834.24		7.07%	5,295,264.83		0.59%	6,176,168.94		0.70%	12,222,955.30		1.52%
投资前五名股票明细	股票名称	市值(元)	占净值比例	股票名称	市值(元)	占净值比例	股票名称	市值(元)	占净值比例	股票名称	市值(元)	占净值比例
	中兴通讯	51,004,773.60	4.75%	上海机场	50,708,585.20	5.71%	G长电	59,520,000.00	6.81%	贵州茅台	31,934,000.00	3.98%
	上海机场	45,736,449.00	4.26%	贵州茅台	45,602,500.00	5.13%	贵州茅台	50,449,200.00	5.77%	中国石化	30,290,000.00	3.78%
	长江电力	43,250,000.00	4.03%	长江电力	40,850,000.00	4.60%	上海机场	47,047,965.44	5.38%	上海机场	28,840,000.00	3.60%
	贵州茅台	41,079,541.37	3.83%	宝钢股份	35,037,786.00	3.94%	G宝钢	43,157,611.12	4.94%	G长电	27,715,755.64	3.46%
	同仁堂	39,083,000.00	3.64%	同仁堂	33,450,000.00	3.77%	中兴通讯	32,119,500.00	3.67%	G国阳	25,401,835.68	3.17%
投资前五名债券明细	债券名称	市值(元)	占净值比例	债券名称	市值(元)	占净值比例	债券名称	市值(元)	占净值比例	债券名称	市值(元)	占净值比例
	02国债(14)	107,629,830.00	10.03%	02国债(14)	62,217,000.00	7.00%	04国债(5)	51,106,290.00	5.85%	04国债(5)	42,534,000.00	5.30%
	05国债(2)	58,800,000.00	5.48%	99国债(8)	33,333,300.00	3.75%	招行转债	31,662,000.00	3.62%	04国开12	40,536,000.00	5.05%
	20国债(10)	33,566,937.60	3.13%	04国债(5)	18,783,950.00	2.11%	20国债(4)	13,082,232.80	1.50%	21国债(12)	20,010,000.00	2.49%
	03国债(7)	10,318,000.00	0.96%	20国债(10)	13,057,200.00	1.47%	21国债(10)	8,136,000.00	0.93%	20国债(4)	13,025,376.00	1.62%
	21国债(3)	10,000,000.00	0.93%	02国债(10)	12,656,800.00	1.42%	21国债(7)	5,071,334.00	0.58%	招行转债	10,673,000.00	1.33%

大成精选增值混合型证券投资基金

基本资料					
基金简称	大成精选增值		基金代码	090004	
投资目标	投资于具有竞争力比较优势和长期增值潜力的行业和企业，为投资者寻求持续稳定的投资收益。				
业绩比较基准	新华富时中国 A600 指数×75%+新华富时中国国债指数×25%				
风险收益特征	该基金属于证券投资基金中风险程度中等偏高的基金产品，其长期平均的风险和预期收益低于成长型基金，高于价值型基金、指数型基金、纯债券基金和国债。				
合同生效日	2004年12月15日	上市日期	——	上市地点	——
募集概况	首募规模	认购户数	募集日期		
	13.36亿份	45395户	2004年11月10日至2004年12月9日		
基金费率	认购费率	申购费率	赎回费率	管理费率	托管费率
	不高于1.00%	不高于1.50%	不高于0.50%	1.50%	0.25%
基金管理人	大成基金管理有限公司		基金托管人	中国农业银行	
审计机构	普华永道中天会计师事务所	法律顾问	通力律师事务所	注册登记人	大成基金管理有限公司

财务指标　　单位：人民币(元)

项目 \ 年度	2005年	2004年12月15日至2004年12月31日
基金份额本期净收益	0.0159	−0.0001
期末可分配基金份额收益	−0.0020	−0.0001
期末基金份额净值	0.9980	1.0008
基金加权平均净值收益率	1.59%	−0.01%
本期基金份额净值增长率	−0.28%	0.08%
基金份额累计净值增长率	−0.20%	0.08%
基金收益分配	自基金合同生效以来未实现收益分配。	

基金净值增长率与业绩基准收益率对比图（单位：%）

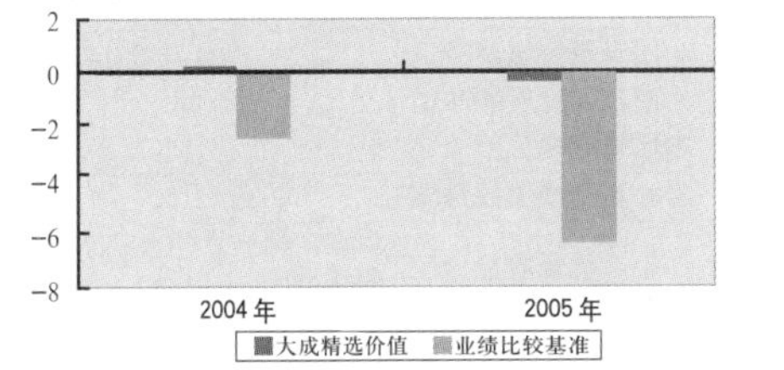

期末基金份额持有人户数	基金份额持有人户数为15,407户，平均每户持有32,935.76份。
期末基金份额持有人结构	机构投资者持有159,709,076.65份，占总份额31.47%；个人投资者持有347,732,169.81份，占总份额68.53%。

【基金业绩表现】

截至2005年12月31日，大成精选基金份额净值为0.9980元，全年基金净值增长率为−0.28%，同期业绩基准收益下跌6.39%。

【基金管理团队】

曹雄飞先生：基金经理，金融学硕士，7年证券从业经历。先后任职于招商证券北京地区总部研究部行业研究员、鹏华基金管理公司研究部宏观经济及投资策略分析师、景顺长城基金管理公司市场部高级经理。2004年3月以来历任大成基金管理公司研究部高级研究员、投资部总监助理、大成蓝筹稳健基金基金经理助理。

【基金运作分析】

2005年，大成精选在投资运作中感触较为深刻是对基金的流动性管理和投资收益之间的平衡。一季度和四季度持有人持续、大规模的赎回行为给基金的投资运作带来了明显影响但同时也使得基金管理人的流动性管理能力得以提高。在资产配置方面，5月份前，该基金主要配置于交运、食品饮料等防御性较强的行业，同时自下而上精选了少量周期性行业个股。这一策略取得了较好的投资业绩。但随着股改启动后，市场走势、市场结构和市场热点发生剧烈变化，该基金未能及时而充分地调整既有的投资策略和资产配置，导致业绩显著下滑。最后两月，该基金对投资组合进行了大幅度调整，显著增持了地产、银行、有色、信息技术等行业股票，适度提高了组合的进攻性并适度提高资产地周转率，基金业绩有较为明显的提升。

【季度投资组合一览】

项目 \ 季度	第一季度		第二季度		第三季度		第四季度	
基金资产净值	797,943,466.09元		594,695,945.72元		466,101,749.48元		506,441,547.63元	
基金份额	792,567,936.79份		612,790,859.71份		464,867,530.99份		507,441,246.46份	
基金份额净值	1.0068元		0.9705元		1.0027元		0.9980元	
基金资产组合	市值(元)	占总资产比例	市值(元)	占总资产比例	市值(元)	占总资产比例	市值(元)	占总资产比例
股票投资	513,930,100.41	62.64%	418,970,092.84	70.18%	344,191,145.51	73.52%	357,956,011.76	70.35%
债券投资	48,623,743.41	5.93%	——	——	41,476,359.86	8.86%	41,363,896.40	8.13%
银行存款和清算备付金	173,357,708.44	21.13%	177,709,403.04	29.77%	81,359,424.57	17.38%	95,790,294.13	18.82%
其他资产	84,555,012.49	10.30%	275,906.89	0.05%	1,114,995.67	0.24%	13,747,329.87	2.70%

	股票名称	市值(元)	占净值比例	股票名称	市值(元)	占净值比例	股票名称	市值(元)	占净值比例	股票名称	市值(元)	占净值比例
投资前五名股票明细	长江电力	47,276,575.00	5.92%	上海机场	38,870,000.00	6.54%	G长电	37,304,286.48	8.00%	上海机场	21,630,000.00	4.27%
	上海机场	41,250,000.00	5.17%	贵州茅台	26,365,970.60	4.43%	上海机场	33,975,424.00	7.29%	G中兴	20,835,000.00	4.11%
	中兴通讯	32,912,000.00	4.12%	天津港	25,042,404.00	4.21%	贵州茅台	29,168,194.18	6.26%	G天津港	14,910,000.00	2.90%
	贵州茅台	23,643,370.84	2.96%	中兴通讯	18,432,000.00	3.10%	天津港	23,019,480.00	4.94%	G长电	13,840,000.00	2.73%
	天津港	23,188,000.00	2.91%	福建高速	16,720,000.00	2.81%	中兴通讯	22,344,000.00	4.79%	G国阳	13,750,379.04	2.72%
	债券名称	市值(元)	占净值比例	债券名称	市值(元)	占净值比例	债券名称	市值(元)	占净值比例	债券名称	市值(元)	占净值比例
投资前五名债券明细	04国债5	28,500,000.00	3.57%	——	——	——	招行转债	16,602,497.40	3.56%	04国开12	40,536,000.00	8.01%
	晨鸣转债	20,123,743.41	2.52%	——	——	——	国电转债	15,109,780.20	3.24%	02国债14	827,896.40	0.16%
	——	——	——	——	——	——	万科转债2	5,852,037.66	1.26%	——	——	——
	——	——	——	——	——	——	21国债7	2,164,000.00	0.46%	——	——	——
	——	——	——	——	——	——	02国债13	916,700.00	0.20%	——	——	——

大成货币市场证券投资基金

基本资料

基金简称	大成货币市场基金 A / 大成货币市场基金 B	交易代码	A 级基金份额：090005 / B 级基金份额：091005		
投资目标	在保持本金安全和资产流动性基础上追求较高的当期收益。				
业绩比较基准	税后一年期银行定期存款利率	风险收益特征	属于低风险的基金品种，其预期收益和风险低于债券基金、混合基金、股票基金。		
合同生效日	2005 年 6 月 3 日	上市日期	——	上市地点	——
募集概况	首募规模	认购户数	募集日期		
	36.37 亿份	7850 户	2005 年 5 月 16 日至 2005 年 6 月 1 日		

基金费率	认购费率	申购费率	赎回费率	管理费率	托管费率	销售服务费率
	0	0	0	0.33%	0.10%	A：0.25% / B：0.01%

基金管理人	大成基金管理有限公司	基金托管人	中国光大银行股份有限公司		
审计机构	安永华明会计师事务所	法律顾问	通力律师事务所	注册登记人	大成基金管理有限公司

财务指标　单位：人民币(元)

项目 \ 年度	2005 年 6 月 3 日至 2005 年 12 月 31 日	
	大成货币市场基金 A	大成货币市场基金 B
基金份额本期净收益	14,394,526.56	43,171,614.73
期末基金资产净值	1,290,764,016.14	2,672,107,820.49
期末基金份额净值	1.000	1.000
本期基金净值收益率	1.1421%	1.2832%
累计基金净值收益率	1.1421%	1.2832%
基金收益分配	本年累计分配收益人民币 57,566,141.29 元，其中以红利再投资形式结转入实收基金 57,246,312.29 元，未结转为基金份额而计入应付收益 319,829.00 元。	
备注	该基金合同生效于 2005 年 6 月 3 日，至 2005 年 12 月 31 日未满一年。	

基金收益率与同期业绩基准收益率对比图（单位：%）

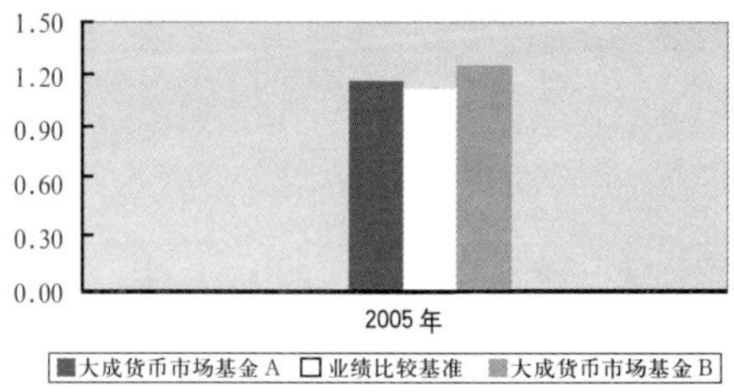

期末基金份额持有人户数	大成货币市场基金 A：基金份额持有人户数为 11,765 户，平均每户持有 109,712.19 份。 大成货币市场基金 B：基金份额持有人户数为 46 户，平均每户持有 58,089,300.19 份。
期末基金份额持有人结构	大成货币市场基金 A：机构投资者持有 79,149,619.95 份，占总份额 2.00%；个人投资者持有 1,211,614,269.05 份，占总份额 30.57%。 大成货币市场基金 B：机构投资者持有 2,391,007,023.59 份，占总份额 60.34%；个人投资者持有 281,100,785.17 份，占总份额 7.09%。

【基金业绩表现】

2005 年，大成货币 A 类净值收益 1.1421%，大成货币 B 类净值收益 1.2832%。净值表现好于同期业绩比较基准。

【基金管理团队】

钱辉先生：基金经理。美国耶鲁大学工商管理硕士，美国特许金融分析师。曾在美国雷曼兄弟公司、美国再保险公司从事金融衍生产品设计与风险管理；在美国Barra投资咨询公司工作期间，为高盛、美林及花期银行等旗下的资产管理公司提供债券投资咨询。2004 年 9 月起任大成公司金融工程部总监。

王立女士：基金经理助理，东南大学经济管理学院经济学学士，5 年证券从业经历。曾任职于申银万国证券公司、南京市商业银行资金营运中心。2005 年 4 月加盟大成基金公司，曾任交易部银行间市场债券交易员。

【基金运作分析】

大成货币基金成立后以较短时间完成基本建仓。建仓后市场收益率的下降既为基金组合带来超额收益，也为后续申购资金的再投资制造了难题。在资产配置层面，除投资于一年以内的短期央票金融债以外，还配置了部分以7天回购利率为浮动基准的的浮动债、定期存款等高收益的品种；同时在投资组合里加大对短期融资券的投资力度，主要投资于高信用评级的品种。在交易策略层面，充分利用银行间与交易所市场存在的利差、回购利率与短期债券品种的利差等进行了套利操作。

【季度投资组合一览】

项目 \ 季度	第三季度			第四季度		
基金资产净值	4,366,312,013.45 元			3,962,871,836.63 元		
基金份额	4,366,312,013.45 份			3,962,871,836.63 份		
基金份额净值	1.0000 元			1.0000 元		
基金资产组合	市值(元)		占总资产比例	市值(元)		占总资产比例
债券投资	2,353,970,542.56		46.75%	1,959,014,179.70		45.91%
银行存款和清算备付金	2,642,191,479.83		52.47%	2,104,900,036.02		49.33%
其他资产	39,438,023.23		0.78%	202,842,572.65		4.75%
投资前五名债券明细	债券名称	摊余成本(元)	占资产净值比例	债券名称	摊余成本(元)	占资产净值比例
	05 中行 02 浮	402,364,206.01	9.22%	05 央票 45	297,963,319.08	7.52%
	05 央行票据 45	296,244,285.28	6.78%	03 国开 05	225,213,938.07	5.68%
	03 国开 05	225,077,435.82	5.15%	05 工行 03 浮	213,985,401.12	5.40%
	05 国开 07	200,646,592.52	4.60%	05 中行 02 浮	201,747,732.81	5.09%
	05 中粮 CP01	196,321,142.27	4.50%	05 联通 CP01	197,144,045.30	4.97%
投资组合剩余期限	平均剩余期限		占资产净值比例	平均剩余期限		占资产净值比例
	30 天以内		36.67%	30 天以内		28.64%
	30 天(含)—60 天		5.48%	30 天(含)—60 天		3.77%
	60 天(含)—90 天		4.60%	60 天(含)—90 天		10.49%
	90 天(含)—180 天		11.33%	90 天(含)—180 天		17.96%
	180 天(含)—397 天(含)		56.34%	180 天(含)—397 天(含)		41.69%

点金，让财富生猛活现

富国基金
Fullgoal Fund Management Co., Ltd

2005 年大事记

2月21日—富国天瑞强势地区精选混合型证券投资基金正式对外发售。

3月15日—公司荣获人民日报社市场信息中心“中国基金管理市场客户十大满意品牌”荣誉。

4 月 5 日—富国天瑞强势地区精选混合型证券投资基金合同正式生效。

4 月 9 日—公司与中国社会保险学会、农业银行在北京联合举办“中国企业年金理论与实践研讨会”。

4月26日—公司在第二届上海证券报最佳基金公司评选中荣获“最快进步奖”。

8 月 1 日—公司取得劳动和社会保障部颁发的首批企业年金投资管理人资格证书。

9月19日—富国天惠精选成长混合型证券投资基金(LOF)正式对外发售并同时在深圳证券交易所上网发售。

11月16日—富国天惠精选成长混合型证券投资基金(LOF)合同正式生效。

最快进步奖

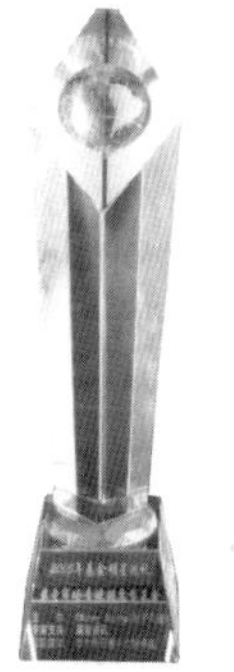

最受市场青睐基金奖

股票型基金2005年度状元

2005年度理柏中国基金奖

2005年度股票型明星基金

2005年中国开放式股票基金
最佳表现奖

年金资格证书

年度股票型基金经理奖提名

十大满意品牌证书

富国基金管理有限公司

法定名称	富国基金管理有限公司	英文名称	Fullgoal Fund Management Co.,Ltd.
成立日期	1999 年 4 月 13 日	注册资本	1.2 亿元人民币
法人代表	陈　敏	总 经 理	李建国
联系电话	021-63410666	客服电话	95105686 / 021-53594678
传真号码	021-63410600	公司网址	www.fullgoal.com.cn
注册地址	上海黄浦广东路 689 号海通证券大厦 13-14 层	办公地址	上海黄浦广东路 689 号海通证券大厦 13-14 层

● 发展概况

富国基金管理有限公司于1999年4月在北京成立，是经中国证监会批准成立的首批 10 家基金管理公司之一，2001 年 3 月迁址上海。2004 年 4 月公司完成增资扩股，注册资本 1.2 亿元人民币，海通证券股份有限公司、申银万国证券股份有限公司和加拿大蒙特利尔银行各持有公司 27.775%的股份，山东省国际信托投资有限公司持有公司 16.675%的股份。

目前，富国基金管理有限公司已建立了良好的治理结构与健全的风险控制机制。在机构设置上，公司下设基金管理部、研究策划部、资产管理部、市场发展部、信息技术部、监察稽核部、计划财务部、基金清算部、人力资源部、行政管理部 10 个部门和北京分公司。

截至 2005 年 12 月 31 日，公司拥有员工约 100 人，其中 57%以上具有硕士以上学历，并均具有 3 年以上证券或 5 年以上金融从业经历。公司投资管理人员的平均证券从业年限 7 年，具有丰富的实践操作经验和管理经验。

● 经营业绩

2005 年，富国基金管理有限公司新成立了 2 只开放式基金——富国天瑞强势地区精选混合型证券投资基金和富国天惠精选成长混合型证券投资基金(LOF)。截至 2005 年 12 月 31 日，富国基金管理有限公司共管理 4 只封闭式证券投资基金和 5 只开放式证券投资基金，分别是基金汉盛、基金汉兴、基金汉鼎、基金汉博和富国动态平衡、富国天利增长、富国天益价值、富国天瑞强势、富国天惠成长(LOF)。

2005 年，面对诸多不利因素，富国基金管理有限公司投研管理团队从理念建设、制度建设、团队建设和系统建设入手，继续严格执行“统一理念、统一团队、统一纪律”的投研管理“三个统一”原则，富国旗下部分基金的表现卓然超群，如天益基金位列股票型基金年度净值增长率首位，天利基金净值增长率全年稳定地在债券型基金中排名第二，2005 年首发的天瑞和天惠基金净值增长率也在同期成立的基金中位居前列。

2005 年 8 月 1 日，富国基金管理有限公司荣获劳动和社会保障部颁发的企业年金投资管理人资格证书，成为全国首批取得企业年金投资管理人资格的 15 家机构之一。

秉承“亲力亲为，奉献社会”的企业宗旨和“诚信、专业、进取”的经营理念，2005 年富国基金管理有限公司稳健操作，为基金持有人创造了丰厚的回报，其中富国天益基金每份基金全年分红 0.10 元，富国天利基金每份基金全年分红 0.06 元，2005 年底成立的富国天瑞基金每份基金也分红 0.02 元。

基于出色的业绩，富国基金管理有限公司 2005 年 3 月荣获人民日报社市场信息中心“中国基金管理市场客户十大满意品牌”，2005 年 4 月份荣获《上海证券报》“最佳基金公司最快进步奖”。公司旗下富国天益基金更是获得一系列奖项，包括:《21 世纪经济报道》颁发的“中国开放式股票型基金最佳表现奖”，《Money Journal 投资有道》杂志授予的“最受市场青睐的股票型基金”奖，《中国证券报》评定的“开放式股票型基金金牛基金”，《大众证券》、新浪财经、中国银河证券基金研究中心联合推选的“股票型基金 2005 年度状元”，还有路透集团附属理柏公司评选的“一年期最佳人民币进取混合型基金”等。这些由主流财经媒体和权威的第三方机构颁发的荣誉，表明了社会对富国基金的认可，是富国基金市场形象和品牌美誉度的体现，它将激励富国基金更加勤勉尽责，更加注重对基金持有人的投资回报，百尺竿头，更进一步。

近三年公司管理基金资产规模与基金数量

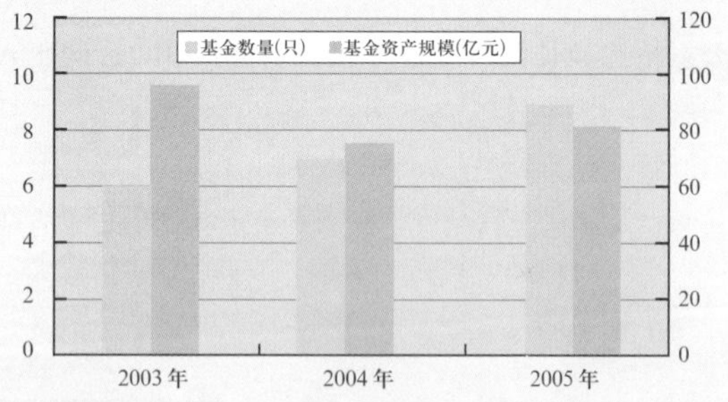

公司股东结构

股东名称	出资金额(万元)	出资比例(%)
海通证券股份有限公司	3333.00	27.775
申银万国证券股份有限公司	3333.00	27.775
加拿大蒙特利尔银行	3333.00	27.775
山东省国际信托投资有限公司	2001.00	16.675

公司高管介绍

陈敏女士：董事长。生于 1954 年，中共党员，工商管理硕士，经济师。历任上海市信托投资公司副处长、处长；上海市外经贸委处长；上海万国证券公司党委书记；申银万国证券股份有限公司副总裁、党委委员。2004 年开始担任富国基金管理有限公司董事长。

李建国先生：副董事长，总经理。生于 1963 年，中共党员，经济学博士，经济师。历任河南省证券公司总经理；海通证券有限公司副总经理。现任富国基金管理有限公司总经理。

汉盛证券投资基金

基本资料					
基金简称	基金汉盛		交易代码	500005	
投资目标	为投资者减少和分散投资风险，确保基金资产的安全并谋求基金长期稳定的投资收益。				
业绩比较基准	无	风险收益特征	无		
合同生效日	1999 年 5 月 10 日	上市日期	1999 年 5 月 18 日	上市地点	上海证券交易所
基金总份额	20 亿份	存 续 期	15 年		
基金管理人	富国基金管理有限公司	基金托管人	中国农业银行		
审计机构	安永大华会计师事务所	法律顾问	北京市金诚律师事务所	注册登记人	中国证券登记结算有限责任公司上海分公司

财务指标　单位：人民币(元)

项 目 ＼ 年 度	2005 年度	2004 年度	2003 年度
基金份额本期净收益	−0.0396	0.1087	−0.0367
期末可分配基金份额收益	−0.0509	−0.0113	−0.1200
期末基金份额净值	0.9994	0.9919	1.0261
基金加权平均净值收益率	−4.02%	10.47%	−3.99%
本期基金份额净值增长率	0.76%	−3.33%	23.81%
基金份额累计净值增长率	41.48%	40.39%	45.24%
基金收益分配	本年度未实现收益分配；成立以来每 10 份累计派现 4.830 元。		
期末基金份额持有人户数	基金份额持有人户数为 55,356 户，平均每户持有 36,129.78 份。		
期末基金份额持有人结构	机构投资者持有 963,821,072 份，占总份额 48.19%；个人投资者持有 1,036,178,928 份，占总份额 51.81%。		

基金净值增长率与业绩基准收益率对比图（单位：%）

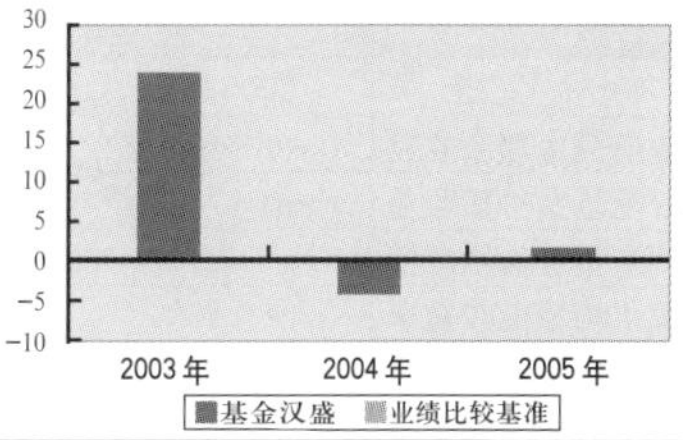

【基金业绩表现】

截至 2005 年 12 月 31 日，汉盛基金份额净值为 0.9994 元，全年基金净值增长率为 0.76%，业绩表现优于同期指数表现。

【基金管理团队】

李文忠先生：基金经理。1972 年出生，经济学硕士，7 年证券从业经历，曾在浙江省交通设计院从事交通工程设计、国信证券有限公司从事企业购并业务和投资分析、曾任鹏华基金管理公司基金经理、中国银河证券有限责任公司高级投资经理。

【基金运作分析】

2005 年，汉盛基金在全年的投资过程中，始终坚持严格的价值投资理念，从公司的基本投资价值尤其是长期投资价值角度选择成长型个股进行投资，坚持适度均衡的资产配置，同时注重利用 Barra 系统等金融工具，将组合的关键风险指标始终控制在适度的范围内，追求以较低的风险，以持续而小幅的超额收益达到长期累积收益率在基金中名列前茅的目标，最终为投资者提供优异的回报。

具体来说，汉盛基金全年的投资过程有如下特点：(1) 全年均坚持适度重仓的策略。在大部分时间里，该基金对后市都持相对乐观的态度，股票投资比例保持在 70% 以上，每一次深幅的下跌过程中都是汉盛基金逐渐加仓的过程，两次大的低点即靠近 1000 点时，该基金的股票投资比例基本都处于满仓状态，而在上涨过程中基本都能做到适度降低持股比例。(2) 行业配置上重点投资了银行、交通运输、食品饮料等持续增长性较好的行业，低配置的主要是汽车、钢铁、有色、地产等增长前景不明朗的行业。在银行股上的投资十分成功，但在地产等行业的投资上存在误判，错失了机会。(3) 在个股投资上，汉盛基金注重公司的基本价值尤其是以坚实的增长所创造的长期内在价值，重点投资的几只个股如浦发银行、招商银行、兰花科创等取得了较好的收益，但福耀玻璃、中原高速等在获得一定收益后出现下跌，影响了基金业绩。在 9 月份前汉盛基金业绩表现一直较好，但 9 月到 11 月期间，市场投机气氛渐起，小盘股、科技股、低价超跌股表现突出，该基金坚持投资的价值型个股，典型的如浦发银行、招商银行、云天化、华泰股份等个股不涨甚至大幅下跌，使其排名跌落到中下，影响了投资回报。(4) 汉盛基金注重利用金融工程控制投资风险，主要风险指标始终控制在同类基金的较低水平。

【季度投资组合一览】

项 目 ＼ 季 度	第一季度		第二季度		第三季度		第四季度	
基金资产净值	1,988,122,558.13 元		1,941,848,244.32 元		1,984,535,590.27 元		1,998,767,111.44 元	
基金份额净值	0.9941 元		0.9709 元		0.9923 元		0.9994 元	
基金资产组合	市值(元)	占总资产比例	市值(元)	占总资产比例	市值(元)	占总资产比例	市值(元)	占总资产比例
股票投资	1,437,273,819.46	69.30%	1,401,286,546.45	71.95%	1,511,148,134.67	75.91%	1,519,521,067.64	75.44%
债券投资	512,073,860.41	24.69%	450,275,542.70	23.12%	451,568,302.40	22.68%	438,900,971.80	21.79%
银行存款和清算备付金	42,537,863.45	2.05%	85,490,347.30	4.39%	19,950,706.24	1.00%	49,903,174.57	2.48%
其他资产	82,095,421.16	3.96%	10,489,342.89	0.54%	8,070,996.23	0.41%	5,766,350.97	0.29%

投资前五名股票明细	股票名称	市值(元)	占净值比例	股票名称	市值(元)	占净值比例	股票名称	市值(元)	占净值比例	股票名称	市值(元)	占净值比例
	福耀玻璃	99,921,981.44	5.03%	招商银行	124,997,488.51	6.44%	招商银行	111,950,998.79	5.64%	浦发银行	148,762,620.26	7.44%
	招商银行	95,413,961.30	4.80%	宝钢股份	106,527,048.84	5.49%	G 宝 钢	111,026,277.32	5.59%	招商银行	120,951,439.11	6.05%
	上海机场	88,191,442.34	4.44%	福耀玻璃	99,341,132.93	5.12%	浦发银行	101,920,046.25	5.14%	兰花科创	88,421,260.92	4.42%
	宝钢股份	68,941,709.76	3.47%	上海机场	89,158,218.20	4.59%	兰花科创	84,377,368.60	4.25%	赣粤高速	56,209,634.91	2.81%
	威孚高科	53,956,792.23	2.71%	国电电力	66,451,883.35	3.42%	上海机场	74,665,790.05	3.76%	双汇发展	56,043,823.95	2.80%

投资前五名债券明细	债券名称	市值(元)	占净值比例	债券名称	市值(元)	占净值比例	债券名称	市值(元)	占净值比例	债券名称	市值(元)	占净值比例
	99 国债(8)	89,801,200.00	4.52%	99 国债(8)	91,038,802.50	4.69%	99 国债 8	92,709,000.00	4.67%	99 国债 8	90,085,600.00	4.51%
	04 国开 09	80,009,000.00	4.02%	21 国债(15)	56,027,996.50	2.89%	21 国债 15	60,362,900.00	3.04%	21 国债 15	60,115,100.00	3.01%
	21 国债(15)	58,674,000.00	2.95%	04 国开 09	45,005,062.50	2.32%	02 国债 14	34,428,400.00	1.73%	05 农发行15	49,975,000.00	2.50%
	04 国开 12	40,440,000.00	2.03%	04 国开 12	40,440,000.00	2.08%	04 国开 12	30,330,000.00	1.53%	04 国债 5	49,145,200.00	2.46%
	03 国开 03	38,932,000.00	1.96%	03 国开 03	38,932,000.00	2.00%	03 国开 29	30,168,000.00	1.52%	02 国债 14	41,667,491.00	2.08%

汉兴证券投资基金

基本资料

基金简称	基金汉兴	交易代码	500015		
投资目标	该基金为平衡型基金，兼顾稳定收益和资本利得。即在投资于绩优型上市公司和债券的同时，兼顾成长型上市公司的投资，充分注重投资组合的流动性，从而为投资者减少和分散投资风险，确保基金资产的安全，谋求基金资产的长期稳定收益。				
业绩比较基准	无	风险收益特征	无		
合同生效日	1999年12月30日	上市日期	2000年1月10日	上市地点	上海证券交易所
基金总份额	30亿份	存 续 期	15年		
基金管理人	富国基金管理有限公司	基金托管人	交通银行股份有限公司		
审计机构	安永大华会计师事务所	法律顾问	北京市金诚律师事务所	注册登记人	中国证券登记结算有限责任公司上海分公司

财务指标 单位：人民币(元)

项 目 \ 年 度	2005年度	2004年度	2003年度
基金份额本期净收益	−0.0442元	0.0500	−0.0181
期末可分配基金份额收益	−0.1746元	−0.1304	−0.1805
期末基金份额净值	0.8562	0.8816	0.9148
基金加权平均净值收益率	−5.20%	5.37%	−2.19%
本期基金份额净值增长率	−2.88%	−3.63%	19.05%
基金份额累计净值增长率	−2.24%	0.66%	4.45%
基金收益分配	本年度未实现收益分配；成立以来每10份累计派现1.700元。		

基金净值增长率与业绩基准收益率对比图（单位：%）

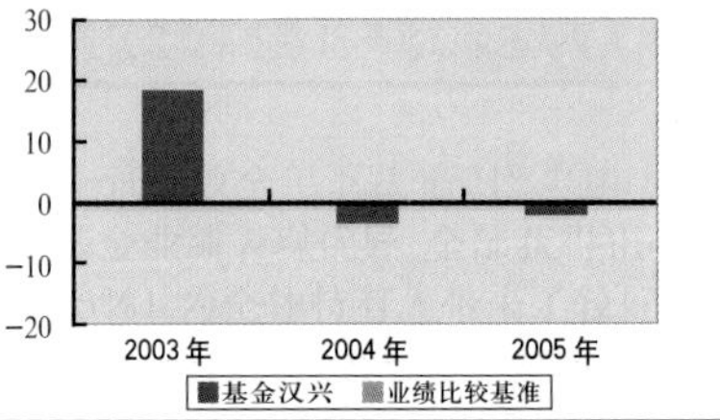

期末基金份额持有人户数	基金份额持有人户数为96,318户，平均每户持有31,146.83份。
期末基金份额持有人结构	机构投资者持有1,017,632,423份，占总份额33.92%；个人投资者持有1,982,367,577份，占总份额66.08%。

【基金业绩表现】

截至2005年12月31日，汉兴基金份额净值为0.8562元，全年基金净值增长−2.88%，业绩表现优于同期指数表现。

【基金管理团队】

丁加波先生：基金经理。生于1974年，经济学硕士，6年证券从业经历，曾任大鹏证券投资银行部项目经理、富国基金管理公司研究部研究员、汉博基金经理助理、动态平衡基金经理助理、汉博基金经理。

【基金运作分析】

2005年，汉兴基金战胜了上证综指，但与同业比还存在一些差距。该基金投资业绩欠佳的原因，主要是由于年初对行情判断偏于乐观，一直保持着稳定偏重的股票仓位，没有进行适度的策略交易，时机选择能力还有待进一步提高。另外在个股投资方面，由于对市场结构性分化特征的认识不足以及波段操作意识不强，没有在重仓股表现较好时获利了结，因而在后期投资运做中给基金净值造成了负面影响。

2005年，汉兴基金管理组成功之处在于采取了正确的行业配置策略，年初判断宏观经济增速能够保持，但上游行业的景气度在下降，政策对部分行业的影响可能比较大，因此降低了周期性行业比重，加大了对稳定收益性行业如交通运输和消费类品行业的投资比重。

2006年，汉兴基金将关注三大行业：未来相当长时期内消费将保持持续、渐进式的增长，非贸易品和服务部门将获得重新价值定位，这些行业值得关注。此外，在人民币升值和低利率的条件下，在良好地理位置拥有物业和土地的部分零售企业具有收购价值，港口、公路、机场同样具有相对垄断性的地理资源，这些行业的增长率在明后两年都将回归平稳态势。科技股周期的上升动量正在积聚，中国将融入全球产业链分享成长。投资品和周期性行业可以关注长周期、资源与加工一体化企业，如电网设备制造业、新材料和专用设备行业；根据海外市场规律，军工业将在经济周期下降中成为较好的防守型行业。

【季度投资组合一览】

项 目 \ 季 度	第一季度			第二季度			第三季度			第四季度		
基金资产净值	2,580,922,854.36元			2,500,210,803.45元			2,546,061,132.37元			2,568,726,577.83元		
基金份额净值	0.8603元			0.8334元			0.8487元			0.8562元		
基金资产组合	市值(元)		占总资产比例	市值(元)		占总资产比例	市值(元)		占总资产比例	市值(元)		占总资产比例
股票投资	1,834,582,140.90		68.82%	1,807,788,478.65		71.87%	1,750,940,826.46		68.57%	1,779,892,559.27		68.83%
债券投资	643,210,674.63		24.13%	614,772,472.65		24.44%	563,825,925.64		22.08%	543,221,344.80		21.01%
银行存款和清算备付金	105,590,734.92		3.96%	71,662,094.47		2.85%	191,830,156.78		7.51%	246,020,635.16		9.51%
其他资产	82,236,023.34		3.09%	21,028,393.43		0.84%	46,981,662.36		1.84%	16,740,291.56		0.65%
投资前五名股票明细	股票名称	市值(元)	占净值比例	股票名称	市值(元)	占净值比例	股票名称	市值(元)	占净值比例	股票名称	市值(元)	占净值比例
	上港集箱	156,431,676.28	6.06%	上港集箱	153,848,160.00	6.15%	上海机场	119,044,855.00	4.68%	中国联通	146,132,900.71	5.69%
	中兴通讯	155,201,092.20	6.01%	上海机场	153,536,720.00	6.14%	G 长 电	118,879,799.39	4.67%	中国石化	106,039,994.83	4.13%
	上海机场	148,040,092.80	5.74%	宝钢股份	123,232,272.60	4.93%	歌华有线	104,774,483.70	4.12%	招商银行	66,100,000.00	2.57%
	长江电力	87,573,402.00	3.39%	长江电力	113,123,130.12	4.52%	招商银行	81,770,000.00	3.21%	新 世 界	65,489,944.92	2.55%
	燕京啤酒	69,865,923.40	2.71%	赣粤高速	99,365,109.76	3.97%	G 宝 钢	77,938,851.36	3.06%	江苏阳光	62,878,450.47	2.45%
投资前五名债券明细	债券名称	市值(元)	占净值比例	债券名称	市值(元)	占净值比例	债券名称	市值(元)	占净值比例	债券名称	市值(元)	占净值比例
	03国开29	120,681,000.00	4.68%	03国开29	120,681,000.00	4.83%	99国债(8)	90,648,800.00	3.56%	05农发15	109,945,000.00	4.28%
	99国债(8)	85,896,800.00	3.33%	99国债(8)	88,941,600.00	3.56%	03国开29	90,510,750.00	3.55%	99国债(8)	91,635,481.80	3.57%
	00国债01	70,296,775.64	2.72%	00国债01	70,296,775.64	2.81%	00国债01	70,296,775.64	2.76%	02国债(14)	60,468,000.00	2.35%
	03国开03	64,237,800.00	2.49%	03国开03	64,237,800.00	2.57%	02国债(14)	56,705,600.00	2.23%	03国开29	50,283,750.00	1.96%
	02国债(14)	57,420,000.00	2.22%	02国债(14)	58,237,800.00	2.33%	04国开01	49,993,000.00	1.96%	04国债(5)	46,905,313.00	1.83%

汉鼎证券投资基金

基本资料

基金简称	基金汉鼎	交易代码	500025		
投资目标	通过注重投资符合国家产业发展方向的信息技术以及运用信息技术对传统产业进行改造，提升经营效率的上市公司，从而实现长期资本增值，充分注重投资组合的成长性并兼顾流动性，同时通过投资组合等措施减少和分散投资风险，确保基金资产的安全。				
业绩比较基准	无	风险收益特征	无		
合同生效日	2000年6月30日	上市日期	2000年8月17日	上市地点	上海证券交易所
基金总份额	5亿份	存 续 期	至2008年12月31日		
基金管理人	富国基金管理有限公司	基金托管人	中国工商银行股份有限公司		
审计机构	安永大华会计师事务所	法律顾问	北京市金诚律师事务所	注册登记人	中国证券登记结算有限责任公司上海分公司

财务指标　单位：人民币(元)

项目＼年度	2005年度	2004年度	2003年度
基金份额本期净收益	0.0245	0.0760	−0.0492
期末可分配基金份额收益	−0.1086	−0.1331	−0.2091
期末基金份额净值	0.9149	0.8928	0.8629
基金加权平均净值收益率	2.77%	7.99%	−6.30%
本期基金份额净值增长率	2.48%	3.47%	18.42%
基金份额累计净值增长率	−8.01%	−10.24%	−13.25%
基金收益分配	本年度未实现收益分配；成立以来每10份累计派现0.060元。		
期末基金份额持有人户数	基金份额持有人户数为22,327户，平均每户持有22,394.41份。		
期末基金份额持有人结构	机构投资者持有216,832,879份，占总份额43.36%；个人投资者持有283,167,121份，占总份额56.64%。		

基金净值增长率与业绩基准收益率对比图（单位：%）

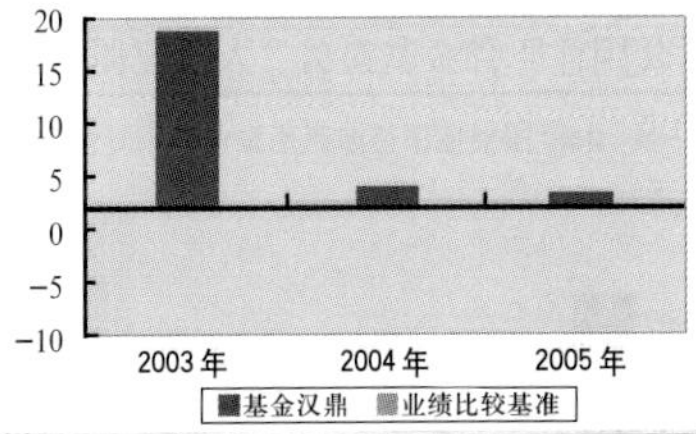

【基金业绩表现】

截至2005年12月31日，汉鼎基金份额净值为0.9149元，全年基金净值增长2.48%，业绩表现优于同期指数表现。

【基金管理团队】

许达先生：基金经理。1968年出生，工商管理硕士，8年金融、证券从业经历。曾任卡斯特期货经纪公司分析员、申银万国证券研究所行业分析师。2001年2月加入富国基金管理有限公司，历任行业分析师，汉兴基金经理助理、汉盛基金经理助理。

【基金运作分析】

2005年年初，汉鼎基金制定了比较保守的投资策略，股票投资比例较小，现金及可转债的比例较大。在行业配置上，除信息产业外，该基金倾向于选择各行业的龙头公司均衡配置。随着股权分置改革的深化，汉鼎基金认为股票估值已极具吸引力，同时，基于股权分置使转债市场的不确定性加大，二季度减少了对可转债的投资，提高了股票的仓位。四季度该基金重新进行布局，减持了防守性的高速公路以及行业景气仍在下降的钢铁及电力等公司，增持了景气处于上升期的电子类公司以及金融服务类公司。在公司选择上，该基金管理小组注重公司的自主创新能力及可持续发展能力。

展望2006年，基金管理人认为在宏观经济减速预期下，股市虽然不会有整体走牛的趋势，但考虑到人民币升值预期、制度变革、估值水平支撑等因素，2006年股市总体应该偏暖。人民币升值进程有利于继续吸引资本流入，从而对A股市场形成利好。同时，股市结构分化特征继续保持。基于行业和公司基本面差异以及“十一五”规划所导致的行业主题投资将进一步加剧这种分化。市场将在金融产品创新、股权分置改革、行业主题投资等方面产生较多的投资机会。

根据汉鼎基金的特点，2006年该基金仍将重点关注具有核心技术竞争优势的高科技公司。基于对2006年股市转暖的预期，汉鼎基金将采取较为激进的投资策略，适当降低价值型股票的比例，增加一些高速增长公司的比例。对于业绩出现拐点的行业龙头及具有创新能力的上市公司该基金将重点关注。

【季度投资组合一览】

项目＼季度	第一季度			第二季度			第三季度			第四季度		
基金资产净值	442,767,534.25元			432,727,913.87元			442,850,801.78元			457,466,977.92元		
基金份额净值	0.8855元			0.8655元			0.8857元			0.9149元		
基金资产组合	市值(元)	占总资产比例		市值(元)	占总资产比例		市值(元)	占总资产比例		市值(元)	占总资产比例	
股票投资	322,834,591.71	62.18%		330,813,098.06	75.86%		325,835,316.42	73.35%		336,950,334.85	72.22%	
债券投资	111,676,317.50	21.51%		94,287,380.00	21.62%		95,570,332.40	21.52%		94,027,660.00	20.15%	
银行存款和清算备付金	9,739,972.72	1.88%		8,836,097.83	2.03%		21,461,394.70	4.83%		34,236,529.49	7.34%	
其他资产	74,906,861.02	14.43%		2,124,118.69	0.49%		1,331,360.47	0.30%		1, 364, 581.41	0.29%	
投资前五名股票明细	股票名称	市值(元)	占净值比例	股票名称	市值(元)	占净值比例	股票名称	市值(元)	占净值比例	股票名称	市值(元)	占净值比例
	中国石化	24,404,016.60	5.51%	中国联通	30,360,000.00	7.02%	中国联通	40,035,000.00	9.04%	中国联通	44,117,000.00	9.64%
	招商银行	22,204,000.00	5.01%	招商银行	23,439,000.00	5.42%	招商银行	18,870,000.00	4.26%	G 中 兴	27,458,402.25	6.00%
	恒瑞医药	19,418,300.00	4.39%	中国石化	20,867,202.60	4.82%	上海机场	17,997,500.00	4.06%	法拉电子	24,715,671.35	5.40%
	宝钢股份	18,891,228.80	4.27%	上海机场	19,090,000.00	4.41%	双汇发展	14,224,252.05	3.21%	浦发银行	21,603,587.56	4.72%
	上海机场	18,883,000.00	4.26%	宝钢股份	18,878,471.58	4.36%	安泰科技	14,130,700.56	3.19%	中国石化	18,760,000.00	4.10%
投资前五名债券明细	债券名称	市值(元)	占净值比例	债券名称	市值(元)	占净值比例	债券名称	市值(元)	占净值比例	债券名称	市值(元)	占净值比例
	00国债07	30,264,000.00	6.84%	00国债07	30,264,000.00	6.99%	00国债07	30,264,000.00	6.83%	00国债07	30,264,000.00	6.62%
	04国开01	29,994,000.00	6.77%	04国开01	29,994,000.00	6.93%	04国开01	19,996,000.00	4.52%	05农发15	19,990,000.00	4.37%
	02国债(14)	22,770,000.00	5.14%	02国债(14)	16,868,880.00	3.90%	02国债(14)	17,214,200.00	3.89%	02国债(14)	17,132,600.00	3.75%
	99国债(8)	14,641,500.00	3.31%	99国债(8)	15,160,500.00	3.50%	99国债(8)	15,451,500.00	3.49%	99国债(8)	15,662,610.00	3.42%
	招行发债	5,027,000.00	1.14%	03三峡债	2,000,000.00	0.46%	03国债(3)	7,607,132.40	1.72%	04国债(5)	8,978,450.00	1.96%

汉博证券投资基金

基本资料

基金简称	基金汉博	交易代码	500035		
投资目标	投资于具有良好成长性，符合产业发展潮流，对未来经济发展有重要推动作用的新兴产业类上市公司，从而实现长期资本增值，同时充分注重投资组合的成长性并兼顾流动性，通过投资组合等措施减少和分散投资风险，确保基金资产的安全。				
业绩比较基准	无	风险收益特征	无		
合同生效日	2000年7月12日	上市日期	2000年10月17日	上市地点	上海证券交易所
基金总份额	5亿份	存 续 期	至2007年5月29日		
基金管理人	富国基金管理有限公司	基金托管人	中国建设银行股份有限公司		
审计机构	安永大华会计师事务所	法律顾问	北京市金诚律师事务所	注册登记人	中国证券登记结算有限责任公司上海分公司

财务指标 单位：人民币(元)

项目＼年度	2005年度	2004年度	2003年度
基金份额本期净收益	−0.0176	0.0852	−0.0315
期末可分配基金份额收益	−0.0902	−0.0843	−0.1577
期末基金份额净值	0.9550	0.9157	0.9216
基金加权平均净值收益率	−1.93%	8.93%	−3.71%
本期基金份额净值增长率	4.29%	−0.64%	15.07%
基金份额累计净值增长率	1.71%	−2.48%	−2.45%
基金收益分配	本年度未实现收益分配；成立以来每10份累计派现0.100元。		
期末基金份额持有人户数	基金份额持有人户数为28,895户，平均每户持有17,304.03份。		
期末基金份额持有人结构	机构投资者持有245,845,803份，占总份额49.17%；个人投资者持有254,154,197份，占总份额50.83%。		

基金净值增长率与业绩基准收益率对比图（单位：%）

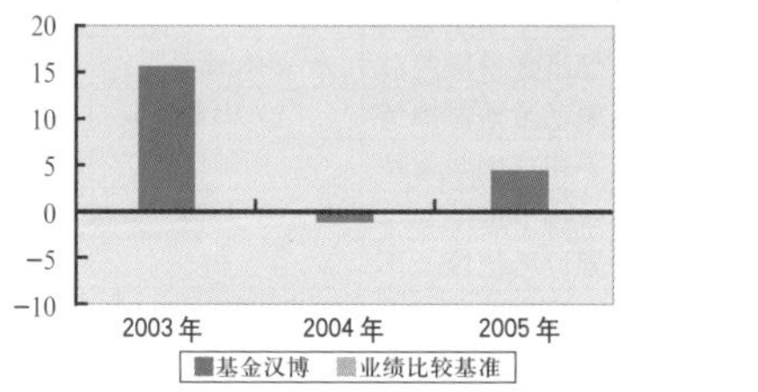

【基金业绩表现】

截至2005年12月31日，基金汉博份额净值为0.9550元，全年基金净值增长4.29%，业绩表现优于同期指数表现。

【基金管理团队】

毕天宇先生：基金经理。生于1971年，工商管理硕士，6年证券从业经历，曾任中国北方工业上海公司内贸处销售员、兴业证券股份有限公司研究发展中心研究员、富国基金管理公司研究策划部研究员。

【基金运作分析】

2005年，基金汉博份额净值增长率为4.29%，实现了净值的稳定增长，在同行业中排名位居中游。

在2005年的投资过程中，基金汉博开局落后，主要是对宏观调控影响估计不足，没有及时卖出地产和钢铁股。二季度不盲目追逐市场热点，及时回避了5月份以中集集团为首热门股的大幅下跌。在仓位策略上采取了在市场下跌中逐步提高股票仓位策略，时机选择上也取得了成功。第三季度，基金汉博重点增持了商业地产、新能源类股，重点减持了周期性大盘股。通过个股和组合的积极调整，基金汉博的业绩排名逐步好转。

该基金管理小组认为，“股权分置改革”无疑是贯穿2005、2006年证券市场的头等大事。股权分置问题的解决，不仅消除了长期困扰资本市场的制度性障碍，而且通过对价的实施降低了市场估值水平，凸现了中国A股市场特别是优质上市公司的投资价值，也增强了投资者的信心。随着市场机制的进一步健全，上市公司治理结构逐步完善，上市公司质量将显著提高，接下来市场将面临的“全流通”、“新股发行”等问题并不值得过于担心。

展望2006年，尽管宏观调控依旧，但经济软着陆是可以预期的。铁路、电力设备、装备制造业、电信行业(3G)等投资拉动明显的行业，汽车、港口机械和工程机械等由于原材料价格大幅下跌带来毛利率上升、周期性行业触底迹象明显的行业以及消费行业都具有较好的投资机会。基金汉博在四季度的组合调整中按照上述思路做了积极调整。

【季度投资组合一览】

项目＼季度	第一季度			第二季度			第三季度			第四季度		
基金资产净值	445,026,454.53元			441,553,804.01元			471,102,915.164元			477,484,607.124元		
基金份额净值	0.8901元			0.8831元			0.9422元			0.9550元		
基金资产组合	市值(元)	占总资产比例		市值(元)	占总资产比例		市值(元)	占总资产比例		市值(元)	占总资产比例	
股票投资	298,403,596.25	58.42%		309,688,768.21	69.88%		349,855,633.52	73.59%		353,940,185.34	72.12%	
债券投资	114,204,300.50	22.36%		91,296,700.00	20.60%		105,369,600.00	22.16%		116,410,885.00	23.72%	
银行存款和清算备付金	28,030,787.03	5.49%		40,541,077.22	9.15%		18,472,075.42	3.89%		19,205,740.77	3.91%	
其他资产	70,180,086.35	13.73%		1,631,428.60	0.37%		1,711,991.31	0.36%		1,241,774.20	0.25%	
投资前五名股票明细	股票名称	市值(元)	占净值比例	股票名称	市值(元)	占净值比例	股票名称	市值(元)	占净值比例	股票名称	市值(元)	占净值比例
	赣粤高速	22,653,351.50	5.09%	赣粤高速	25,642,400.00	5.81%	航天信息	26,872,315.56	5.70%	航天信息	27,854,029.92	5.83%
	上海机场	18,062,492.60	4.06%	上海机场	20,917,361.20	4.74%	用友软件	24,429,290.08	5.19%	中国联通	19,671,922.04	4.12%
	湖北宜化	14,560,364.00	3.27%	华泰股份	20,357,592.30	4.61%	大厦股份	23,693,011.02	5.03%	生益科技	17,847,386.91	3.74%
	国投电力	14,509,200.00	3.26%	上海机电	19,807,069.60	4.49%	南京水运	20,767,029.51	4.41%	金 融 街	16,490,000.00	3.45%
	武钢股份	12,861,200.00	2.89%	中国石化	19,045,200.00	4.31%	索 芙 特	20,181,874.51	4.28%	G 华 泰	15,687,511.32	3.29%
投资前五名债券明细	债券名称	市值(元)	占净值比例	债券名称	市值(元)	占净值比例	债券名称	市值(元)	占净值比例	债券名称	市值(元)	占净值比例
	03国开03	38,932,000.00	8.75%	03国开03	38,932,000.00	8.82%	03国开03	38,932,000.00	8.26%	03国开03	38,932,000.00	8.15%
	02国债(14)	24,750,000.00	5.56%	02国债(14)	25,102,500.00	5.69%	02国债(14)	24,302,400.00	5.16%	02国债(14)	24,187,200.00	5.07%
	04国开10	19,998,000.00	4.49%	21国债(15)	10,045,000.00	2.27%	21国债(15)	10,231,000.00	2.17%	05农发15	19,990,000.00	4.19%
	钢联转债	14,774,355.00	3.32%	02国债(15)	7,984,000.00	1.81%	21国债(3)	8,235,200.00	1.75%	招行转债	14,384,387.00	3.01%
	02国债(15)	7,680,000.00	1.73%	21国债(3)	7,123,200.00	1.61%	华菱转债	7,201,600.00	1.53%	21国债(3)	7,155,400.00	1.50%

富国动态平衡证券投资基金

基本资料						
基金简称	富国动态平衡		交易代码	100016		
投资目标	尽可能减少和分散投资风险，力保基金资产的安全并谋求基金资产长期稳定的增长。					
业绩比较基准	证券市场平均收益率(中信标普300指数收益率×65%＋中信国债指数收益率×30%＋同业存款利率×5%)					
风险收益特征	属于中低风险的基金品种，其长期平均的风险和预期收益低于积极成长型基金，高于国债、指数型基金和价值型基金。					
合同生效日	2002年8月16日	上市日期	——	上市地点	——	
募集概况	首募规模	认购户数	募集日期			
	46.17亿份	62487户	2002年7月25日至2002年8月14日			
基金费率	认购费率	申购费率	赎回费率	管理费率	托管费率	
	不高于1.00%	不高于1.80%	不高于0.50%	1.50%	0.25%	
基金管理人	富国基金管理有限公司		基金托管人	中国农业银行		
审计机构	安永大华会计师事务所	法律顾问	北京竞天公诚律师事务所	注册登记人	富国基金管理有限公司	

财务指标	单位：人民币(元)		
项目 \ 年度	2005年度	2004年度	2003年度
基金份额本期净收益	−0.0581	0.1088	0.0083
期末可分配基金份额收益	−0.0166	0.0094	0.0222
期末基金份额净值	0.9834	1.0094	1.0781
基金加权平均净值收益率	−5.97%	10.08%	0.85%
本期基金份额净值增长率	−2.58%	0.69%	16.83%
基金份额累计净值增长率	5.73%	8.53%	7.79%
基金收益分配	本年度未实现收益分配；成立以来每10份累计派现0.800元。		
期末基金份额持有人户数	基金份额持有人户数为14,850户，平均每户持有57,462.98份。		
期末基金份额持有人结构	机构投资者持有560,331,214.21份，占总份额65.66%；个人投资者持有292,993,991.06份，占总份额34.34%。		

基金净值增长率与业绩基准收益率对比图（单位：%）

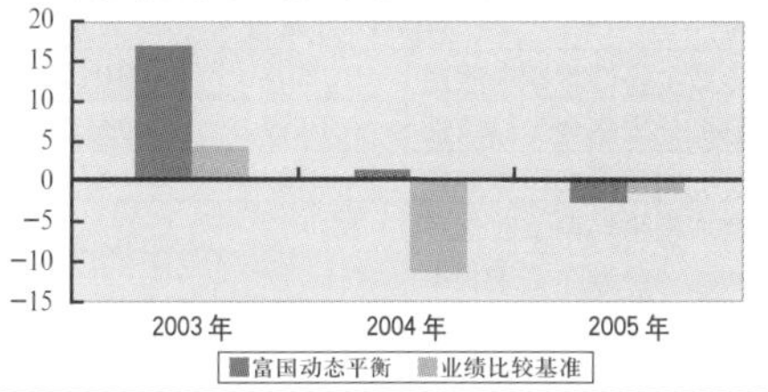

【基金业绩表现】

截至2005年12月31日，富国动态平衡基金份额净值为0.9834元，全年基金净值增长率为−2.58%。

【基金管理团队】

林作平先生：基金经理。1972年出生，经济学硕士，7年金融、证券从业经历。曾就职于中国民生银行上海分行、闽发证券上海管理总部、曾任富国基金管理公司研究策划部研究员、富国动态平衡基金经理助理、汉兴基金经理助理。

【基金运作分析】

2005年度上半年，富国动态平衡基金在运作中总体策略是立足于防守，重点配置具备抵御经济周期性风险的行业和公司，主要是加大交通运输行业的配置比例，同时坚持适度均衡的原则，对于部分周期性行业中的优势企业，该基金管理人从把握其长期投资价值的角度，作战略性地配置；进入下半年后，该基金对组合进行新一轮地调整，适度降低了大盘蓝筹股的配置比例，同时加大了对两类股票的配置比例。同时，对于高油价以及国家宏观发展战略的变化也给予了充分重视，认真研究新能源领域的投资机会，寻找具备真正业绩支撑的新能源类个股进行积极投资，获得了较为丰厚的投资回报。

2005年该基金运作不够理想的原因在于：首先是在年初市场的结构调整中，在策略的制定与执行方面存在偏差；其次在个股选择方面也存在一定的失误；另外，在交易策略的安排方面也有所失当；三季度，该基金通过积极有效地结构调整已取得了良好的效果，相当一部分个股获利丰厚，但在第四季度由于忽视了结构调整的紧迫性，导致基金收益水平在随后的市场调整中缩水。

【季度投资组合一览】

项目 \ 季度	第一季度		第二季度		第三季度		第四季度	
基金资产净值	1,104,830,812.21元		988,479,273.18元		883,364,978.66元		839,188,819.52元	
基金份额	1,124,578,050.07份		1,050,069,357.01份		892,291,458.94份		853,325,205.27份	
基金份额净值	0.9824元		0.9413元		0.9900元		0.9834元	
基金资产组合	市值(元)	占总资产比例	市值(元)	占总资产比例	市值(元)	占总资产比例	市值(元)	占总资产比例
股票投资	719,753,903.61	60.85%	651,751,736.47	65.24%	584,071,332.96	65.86%	559,292,153.74	66.17%
债券投资	376,518,185.00	31.83%	315,571,600.00	31.59%	275,752,400.00	31.10%	256,977,804.40	30.40%
银行存款和清算备付金	6,011,563.65	0.51%	20,853,330.57	2.09%	8,609,150.61	0.97%	20,841,049.64	2.47%
其他资产	80,617,390.25	6.82%	10,832,046.08	1.08%	18,392,229.30	2.07%	8,172,058.75	0.97%

	第一季度			第二季度			第三季度			第四季度		
投资前五名股票明细	股票名称	市值(元)	占净值比例	股票名称	市值(元)	占净值比例	股票名称	市值(元)	占净值比例	股票名称	市值(元)	占净值比例
	赣粤高速	54,144,000.00	4.90%	赣粤高速	49,847,883.00	5.04%	航天信息	43,325,194.68	4.90%	大厦股份	38,705,220.00	4.61%
	丰原生化	45,239,675.00	4.09%	宝钢股份	47,331,115.20	4.79%	岳阳纸业	41,040,000.00	4.65%	中国石化	31,222,000.00	3.72%
	上海机场	39,270,000.00	3.55%	上海机场	42,247,870.60	4.27%	丰原生化	40,795,090.00	4.62%	中国联通	30,800,000.00	3.67%
	招商银行	37,345,683.00	3.38%	中国联通	40,610,000.00	4.11%	索 芙 特	39,702,189.78	4.49%	华微电子	30,247,452.66	3.60%
	长江电力	36,946,399.00	3.34%	岳阳纸业	39,511,470.00	4.00%	大厦股份	38,615,659.50	4.37%	恒顺醋业	24,716,000.00	2.95%
投资前五名债券明细	债券名称	市值(元)	占净值比例	债券名称	市值(元)	占净值比例	债券名称	市值(元)	占净值比例	债券名称	市值(元)	占净值比例
	00国债01	70,595,000.00	6.39%	02国债15	60,306,000.00	6.10%	00国债12	50,380,000.00	5.70%	05进出04	39,643,604.40	4.72%
	02国债15	60,306,000.00	5.46%	00国债12	50,380,000.00	5.10%	02国债15	50,255,000.00	5.69%	01国债01	30,569,400.00	3.64%
	00国债12	50,380,000.00	4.56%	00国债01	40,340,000.00	4.08%	01国债01	30,569,400.00	3.46%	02国债15	30,153,000.00	3.59%
	00国开07	45,400,500.00	4.11%	01国债01	30,569,400.00	3.09%	03国开05	30,123,000.00	3.41%	03国开05	30,123,000.00	3.59%
	01国债01	30,569,400.00	2.77%	03国开05	30,123,000.00	3.05%	99国债8	24,708,000.00	2.80%	04国债5	28,356,000.00	3.38%

富国天利增长债券投资基金

基本资料

基金简称	富国天利增长		交易代码	100018	
投资目标	该基金为主要投资于高信用等级固定收益证券的投资基金，投资目标是在充分重视本金长期安全的前提下，力争为基金持有人创造较高的当期收益。				
业绩比较基准	中国债券总指数				
风险收益特征	该基金为主要投资于高信用等级固定收益证券的投资基金，属于低风险的基金品种。				
合同生效日	2003年12月2日	上市日期	——	上市地点	——
募集概况	首募规模	认购户数	募集日期		
	22.95亿份	47005户	2003年10月20日至2003年11月28日		
基金费率	认购费率	申购费率	赎回费率	管理费率	托管费率
	不高于1.20%	不高于1.40%	不高于0.30%	0.80%	0.20%
基金管理人	富国基金管理有限公司		基金托管人	中国工商银行股份有限公司	
审计机构	安永大华会计师事务所	法律顾问	北京竞天公诚律师事务所	注册登记人	富国基金管理有限公司

财务指标 单位：人民币(元)

项目＼年度	2005年度	2004年度	2003年12月2日至2003年12月31日
基金份额本期净收益	0.0807	0.0198	0.0014
期末可分配基金份额收益	0.0159	−0.0342	0.0016
期末基金份额净值	1.0159	0.9658	1.0015
基金加权平均净值收益率	8.08%	1.98%	0.14%
本期基金份额净值增长率	11.57%	−2.63%	0.14%
基金份额累计净值增长率	8.79%	−2.49%	0.14%
基金收益分配	本年度每10份派现0.600元；成立以来每10份累计派现0.700元。		

基金净值增长率与业绩基准收益率对比图（单位：%）

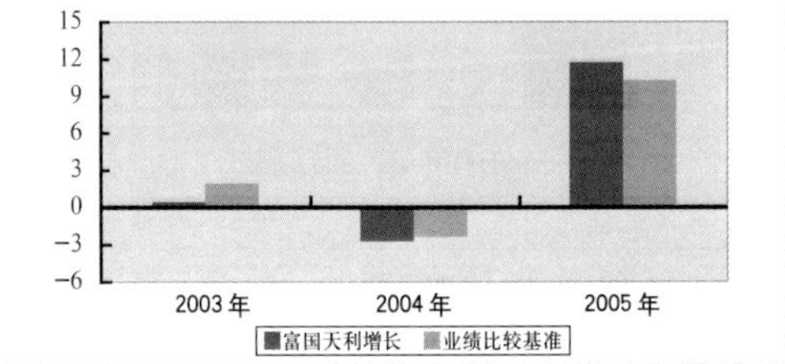

期末基金份额持有人户数	基金份额持有人户数为13,487户，平均每户持有16,707.44份。
期末基金份额持有人结构	机构投资者持有20,932,379.95份，占总份额9.29%；个人投资者持有204,400,893.58份，占总份额90.71%。

【基金业绩表现】

截至2005年12月31日，富国天利增长基金全年净值增长11.57%，超越同期业绩基准收益1.31%；全年实现五次分红，每10份累计派现0.600元。

【基金管理团队】

汪沛先生：基金经理。1976年出生，经济学硕士，5年证券从业经验。曾任中国农业银行总行资金交易中心交易员，富国基金管理公司研究员、研究策划部固定收益组组长。

【基金运作分析】

2005年，国内债券市场大幅上涨。富国天利增长基金从5月增加了长期债的持仓比重，在债券市场上涨过程中取得了良好的投资收益。10月初考虑到宏观经济背景的变化，政策面可能的风险，天利基金在10月上旬集中减持了中长期债券，持有短期品种，避免了债券市场下跌，中长期债价格大幅度下跌的风险，取得了相对更高的投资收益。

在转债资产整体配置上，根据不同转债品种的风险收益特性构建转债投资组合，使整个转债组合既具备良好的抗风险能力，又保持对股价上涨较好的敏感度。在个券选择上，着重挖掘风险与收益的不对称性而可能带来超额收益的转债品种，在2005年中所投资的部分转债品种都在低风险的环境下获取了高额的投资收益。针对下半年股改对转债市场的影响，基金管理人认识到股改对转债是一把双刃剑，一方面股改大大降低了转债内嵌期权的时间价值，另一方面股改又大大提升了股票的短期波动率从而导致转债价值上升。因此，在2005年下半年，减持了部分缺少良好债底保障的高溢价转债品种，同时在年底转债市场低靡时积极介入有较高债底保障的低价转债品种，较好把握了股改为转债带来的投资机会。

【季度投资组合一览】

项目＼季度	第一季度		第二季度		第三季度		第四季度	
基金资产净值	362,506,237.23元		316,937,428.49元		251,629,528.93元		228,908,048.40元	
基金份额	368,104,538.15份		314,681,086.47份		247,335,854.29份		225,333,273.53份	
基金份额净值	0.9848元		1.0072元		1.0174元		1.0159元	
基金资产组合	市值(元)	占总资产比例	市值(元)	占总资产比例	市值(元)	占总资产比例	市值(元)	占总资产比例
股票投资	11,848,627.69	2.86%	7,206,190.59	2.23%	16,968,107.13	6.60%	12,614,555.29	5.45%
债券投资	335,059,319.28	80.83%	301,885,925.53	93.44%	227,362,294.20	88.39%	201,142,138.72	86.97%
银行存款和清算备付金	13,150,220.39	3.17%	10,766,211.16	3.33%	10,153,256.71	3.95%	13,498,416.09	5.84%
其他资产	54,481,016.86	13.14%	3,225,045.47	1.00%	2,740,865.15	1.07%	4,035,407.88	1.74%

投资前五名债券明细	债券名称	市值(元)	占净值比例	债券名称	市值(元)	占净值比例	债券名称	市值(元)	占净值比例	债券名称	市值(元)	占净值比例
	20国债(4)	32,324,150.00	8.92%	20国债(4)	30,210,672.00	9.53%	招行转债	23,280,013.20	9.25%	04国债(5)	45,696,639.20	19.96%
	燕京转债	31,070,275.84	8.57%	燕京转债	26,393,024.88	8.33%	国电转债	23,216,058.50	9.23%	国电转债	20,445,992.60	8.93%
	00国债12	30,027,000.00	8.28%	国电转债	22,253,693.00	7.02%	华菱转债	21,756,668.00	8.65%	邯钢转债	19,644,282.50	8.58%
	国电转债	23,083,174.80	6.37%	丰原转债	17,732,016.95	5.59%	丰原转债	15,977,175.03	6.35%	招行转债	18,647,865.60	8.15%
	丰原转债	22,219,882.50	6.13%	江淮转债	16,038,942.80	5.06%	20国债(4)	15,522,116.80	6.17%	复星转债	17,929,861.50	7.83%

投资前五名股票明细	股票名称	市值(元)	占净值比例	股票名称	市值(元)	占净值比例	股票名称	市值(元)	占净值比例	股票名称	市值(元)	占净值比例
	振华港机	7,127,617.20	1.97%	江淮汽车	2,523,125.39	0.80%	江淮汽车	16,968,107.13	6.74%	江淮汽车	11,558,379.75	5.05%
	黔源电力	2,425,696.80	0.67%	宝钢股份	1,136,336.40	0.36%	——	——	——	招商银行	1,056,175.54	0.46%
	华电国际	1,356,030.00	0.37%	晶源电子	969,082.26	0.31%	——	——	——	——	——	——
	南京港	543,152.98	0.15%	中材国际	848,024.84	0.27%	——	——	——	——	——	——
	中材国际	396,130.71	0.11%	包头铝业	693,953.12	0.22%	——	——	——	——	——	——

富国天益价值证券投资基金

基本资料					
基金简称	富国天益价值		交易代码	100020	
投资目标	该基金属价值型基金，主要投资于内在价值被低估的上市公司的股票，或与同类型上市公司相比具有更高相对价值的上市公司的股票。该基金通过对投资组合的动态调整来分散和控制风险，在注重基金资产安全的前提下，追求基金资产的长期稳定增值。				
业绩比较基准	95%的中信标普300指数+5%的中信国债指数				
风险收益特征	该基金属于中低风险的基金品种。				
合同生效日	2004年6月15日	上市日期	——	上市地点	——
募集概况	首募规模	认购户数	募集日期		
	10.34亿份	7423户	2004年5月10日至2004年6月11日		
基金费率	认购费率	申购费率	赎回费率	管理费率	托管费率
	不高于1.50%	不高于1.80%	不高于0.30%	1.25%	0.25%
基金管理人	富国基金管理有限公司		基金托管人	交通银行股份有限公司	
审计机构	安永大华会计师事务所	法律顾问	北京竞天公诚律师事务所	注册登记人	中国证券登记结算有限责任公司

财务指标　单位：人民币(元)		
项目 \ 年度	2005年度	2004年6月15日至2004年12月31日
基金份额本期净收益	0.1727	0.0269
期末可分配基金份额收益	0.0898	0.0204
期末基金份额净值	1.0898	1.0405
基金加权平均净值收益率	16.69%	2.64%
本期基金份额净值增长率	14.84%	6.03%
基金份额累计净值增长率	21.76%	6.03%
基金收益分配	本年度每10份派现1.200元；成立以来每10份累计派现1.400元。	

基金净值增长率与业绩基准收益率对比图（单位：%）

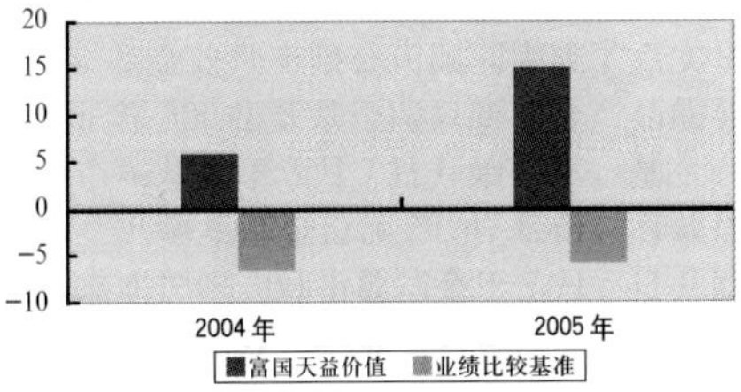

期末基金份额持有人户数	基金份额持有人户数为3,425户，平均每户持有59,651.63份。
期末基金份额持有人结构	机构投资者持有111,405,355.26份，占总份额54.53%；个人投资者持有92,901,469.03份，占总份额45.47%。

【基金业绩表现】

截至2005年12月31日，富国天益价值基金全年净值增长率为14.84%，超越同期业绩基准收益20.92%。全年实现五次分红，每10份累计派现1.200元。

【基金管理团队】

陈戈先生：基金经理。1972年出生，硕士，8年证券从业经历。曾就职于君安证券研究所任研究员。2000年10月加入富国基金管理有限公司，历任研究策划部研究员，现任研究策划部经理。

【基金运作分析】

2005年，基于对A股市场将延续结构性调整趋势的判断，天益基金采取了淡化指数的稳定仓位操作策略。在行业配置方面，通过自上而下的策略制定方法，制定了防御性的投资策略，在个股选择方面，重点持有透明度高、公司法人治理结构优良、主营业务简单清晰并具有垄断特征、在所处行业中具有明显竞争优势的公司。通过对既定策略的严格执行，富国天益价值基金成功规避了市场的系统性风险。从整体上看，该基金在2005年的操作是较为成功的，也取得了较好的业绩回报。

富国研究团队对个股的前瞻性研究和支持是天益基金取得良好业绩的关键因素之一。

【季度投资组合一览】

项目 \ 季度	第一季度		第二季度		第三季度		第四季度	
基金资产净值	267,582,023.33元		179,159,568.53元		214,089,915.484元		222,662,922.774元	
基金份额	250,573,176.30份		165,728,139.83份		198,195,003.86份		204,306,824.29份	
基金份额净值	1.0679元		1.0810元		1.0802元		1.0898元	
基金资产组合	市值(元)	占总资产比例	市值(元)	占总资产比例	市值(元)	占总资产比例	市值(元)	占总资产比例
股票投资	210,939,755.11	71.30%	139,743,955.48	69.80%	158,802,218.77	73.86%	193,994,823.65	86.15%
债券投资	32,184,800.00	10.88%	34,235,478.00	17.10%	21,049,686.00	9.79%	23,416,263.00	10.40%
银行存款和清算备付金	19,601,156.38	6.63%	8,564,515.10	4.28%	33,918,038.10	15.78%	6,180,085.82	2.75%
其他资产	33,103,797.75	11.19%	17,675,665.44	8.83%	1,227,812.13	0.57%	1,585,112.54	0.70%

项目	股票名称	市值(元)	占净值比例	股票名称	市值(元)	占净值比例	股票名称	市值(元)	占净值比例	股票名称	市值(元)	占净值比例
投资前五名股票明细	云南白药	26,109,379.22	9.76%	苏宁电器	18,228,882.88	10.17%	贵州茅台	17,938,004.42	8.38%	云南白药	17,482,930.20	7.85%
	贵州茅台	25,953,661.15	9.70%	贵州茅台	17,713,352.25	9.89%	云南白药	14,743,141.02	6.89%	贵州茅台	17,457,724.74	7.84%
	上海机场	23,760,000.00	8.88%	云南白药	16,391,540.36	9.15%	苏宁电器	13,881,691.20	6.48%	苏宁电器	16,415,040.00	7.37%
	苏宁电器	16,649,008.64	6.22%	上海机场	16,026,540.40	8.95%	上海机场	12,674,394.88	5.92%	上海机场	10,213,916.72	4.59%
	双汇发展	14,966,794.75	5.59%	双汇发展	13,827,495.15	7.72%	双汇发展	9,476,157.65	4.43%	双汇发展	9,188,783.65	4.13%
投资前五名债券明细	债券名称	市值(元)	占净值比例	债券名称	市值(元)	占净值比例	债券名称	市值(元)	占净值比例	债券名称	市值(元)	占净值比例
	04国开10	20,068,000.00	7.50%	21国债(10)	19,500,000.00	10.88%	21国债(10)	13,000,000.00	6.07%	04国债(5)	10,564,500.40	4.74%
	02国债(14)	10,890,000.00	4.07%	04国债(5)	14,302,500.00	7.98%	04国债(5)	7,613,600.00	3.56%	邯钢转债	9,941,942.60	4.47%
	金牛转债	1,226,800.00	0.46%	邯钢转债	432,978.00	0.24%	邯钢转债	436,086.00	0.20%	国电转债	2,175,800.00	0.98%
	——	——	——	——	——	——	——	——	——	桂冠转债	734,020.00	0.335%
	——	——	——	——	——	——	——	——	——	——	——	——

富国天瑞强势地区精选混合型证券投资基金

基本资料						
基金简称	富国天瑞强势地区		交易代码	100022		
投资目标	该基金主要投资于强势地区具有较强竞争力、经营管理稳健、诚信、业绩优良的上市公司的股票。该基金遵循"风险调整后收益最大化"原则，通过"自上而下"的积极投资策略，在合理运用金融工程技术的基础上，动态调整投资组合比例，注重基金资产安全，谋求基金资产的长期稳定增值。					
业绩比较基准	上证A股指数收益率×70%＋上证国债指数收益率×25%＋同业存款利率×5%					
风险收益特征	该基金属于中度风险的基金品种。					
合同生效日	2005年4月5日	上市日期	——	上市地点	——	
募集概况	首募规模	认购户数	募集日期			
	16.39亿份	51297户	2005年2月21日至2005年3月30日			
基金费率	认购费率	申购费率	赎回费率	管理费率	托管费率	
	不高于1.60%	不高于1.80%	不高于0.60%	1.50%	0.25%	
基金管理人	富国基金管理有限公司		基金托管人	中国农业银行		
审计机构	安永大华会计师事务所	法律顾问	上海源泰律师事务所	注册登记人	富国基金管理有限公司	

财务指标　单位：人民币(元)

项目＼年度	2005年4月5日至2005年12月31日
基金份额本期净收益	0.0047
期末可分配基金份额收益	−0.0115
期末基金份额净值	1.0240
基金加权平均净值收益率	0.48%
本期基金份额净值增长率	4.42%
基金份额累计净值增长率	4.42%
基金收益分配	自基金合同生效以来每10份累计派现0.200元。
备注	该基金合同生效于2005年4月5日，至2005年12月31日成立不足一年。
期末基金份额持有人户数	基金份额持有人户数为20,790户，平均每户持有31,518.78份。
期末基金份额持有人结构	机构投资者持有236,250,312.30份，占总份额36.05%；个人投资者持有419,025,118.88份，占总份额63.95%。

基金净值增长率与业绩基准收益率对比图（单位：%）

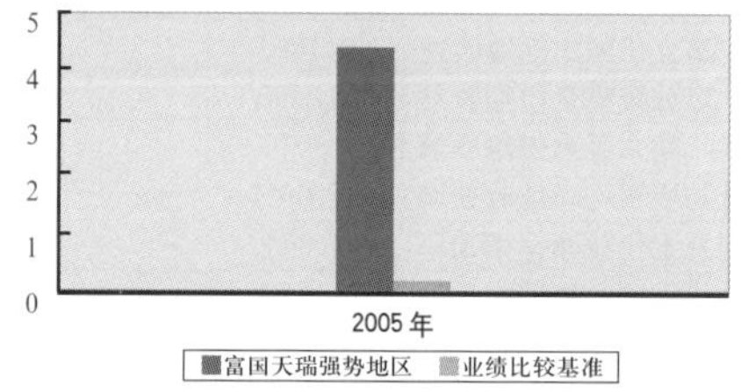

【基金业绩表现】

富国天瑞强势基金合同生效于2005年4月5日，截至2005年12月31日，基金净值增长4.42%，超越同期业绩基准收益4.23%；本期实现分红，每10份派现0.200元。

【基金管理团队】

徐大成先生：基金经理。1968年出生，工学学士，经济学硕士，6年证券从业经历。曾任江苏省昆山市电力建设公司工程师、项目经理，利乐包装(中国)有限公司工程师、项目经理，闽发证券上海管理总部项目经理、富国基金管理公司研究策划部分析师，汉鼎证券投资基金经理。

【基金运作分析】

富国天瑞强势地区精选基金合同生效于2005年4月5日，在2005年新发基金中业绩表现较好，在资产配置上该基金坚持基础仓位恒定，适度浮动的策略；在基金管理中坚持自上而下，行业均衡，适度加强的行业配策略；在证券构造中坚持精选个股，适度集中的策略。基金投资在银行、石化行业取得超额利润。同时，基金经理精选的优质成长类公司走出持续的趋势性上涨，获得了超额收益。

基金经理认为富国天瑞精选基金在2005年的运作是比较成功的，是严格按照事先制定的整体投资策略与计划执行的。基金经理在组合构造阶段对市场判断出现失误，快速建仓的策

(转下页)

【季度投资组合一览】

项目＼季度	第二季度			第三季度			第四季度		
基金资产净值	1,588,205,205.27元			736,065,305.85元			670,973,361.73元		
基金份额	1,648,226,124.74份			737,291,268.11份			655,275,431.18份		
基金份额净值	0.9636元			0.9983元			1.0240元		
基金资产组合	市值(元)		占总资产比例	市值(元)		占总资产比例	市值(元)		占总资产比例
股票投资	999,693,785.92		62.81%	557,525,528.07		72.78%	577,602,348.75		84.65%
债券投资	——		——	28,551,000.00		3.73%	37,808,000.00		5.54%
银行存款和清算备付金	576,323,596.65		36.21%	176,245,853.32		23.01%	64,289,437.15		9.42%
其他资产	15,486,969.09		0.97%	3,660,080.93		0.48%	2,633,559.18		0.39%
投资前五名股票明细	股票名称	市值(元)	占净值比例	股票名称	市值(元)	占净值比例	股票名称	市值(元)	占净值比例
	中国石化	79,685,514.00	5.02%	浦发银行	49,800,000.00	6.77%	浦发银行	58,682,812.50	8.75%
	浦发银行	61,243,719.75	3.86%	用友软件	47,029,495.59	6.39%	厦门钨业	48,600,000.00	7.24%
	招商银行	60,595,600.44	3.82%	厦门钨业	42,256,000.00	5.74%	招商银行	43,450,648.36	6.48%
	上海机电	54,845,707.93	3.45%	一汽夏利	36,270,000.00	4.93%	烟台万华	42,261,261.95	6.30%
	粤电力A	54,735,977.54	3.45%	宇通客车	33,472,764.00	4.55%	中国石化	41,940,000.00	6.25%
投资前五名债券明细	债券名称	市值(元)	占净值比例	债券名称	市值(元)	占净值比例	债券名称	市值(元)	占净值比例
	——	——	——	04国债(5)	28,551,000.00	3.88%	04国债(5)	37,808,000.00	5.63%
	——	——	——	——	——	——	——	——	——
	——	——	——	——	——	——	——	——	——
	——	——	——	——	——	——	——	——	——
	——	——	——	——	——	——	——	——	——

【基金运作分析】

略导致基金净值初期波动较大，如果采取更谨慎的策略可能基金业绩会更好，这也是基金管理人在2005年的投资管理中略有遗憾之处。目前天瑞基金已顺利度过组合构造和优化阶段，基金投资组合进入日常管理阶段。经过前期的运做管理，基金管理人将坚持勤勉尽责的原则，努力实现基金资产的长期稳定增值。

展望2006年，该基金管理人总体对2006年的证券市场保持积极的、乐观的观点。在组合构造中基金经理将重点关注三类公司：1.大盘蓝筹型上市公司，其中以银行为代表的金融服务业将是组合构造的重点方向。2.内需增长的消费类公司，尤其是已经经过市场证明的龙头企业，品牌企业。3.有资源优势、垄断优势、技术创新优势的企业，其中技术创新型公司是重点投资方向。

富国天惠精选成长混合型证券投资基金(LOF)

基本资料					
基金简称	富国天惠		交易代码	161005	
投资目标	该基金主要投资于具有良好成长性且合理定价的股票，在利用金融工程技术控制组合风险的前提下，谋求基金资产的长期最大化增值。				
投资理念	伴随中国GDP的高速增长，以“充分研究、控制风险”为基础，坚持挖掘股票的未来价值，积极投资成长企业，追求超额收益。				
业绩比较基准	中信标普300指数×70%+中信国债指数×25%+同业存款利率×5%				
风险收益特征	该基金是一只主动投资的混合型基金，主要投资于具有良好成长性且合理定价的股票，风险和预期收益匹配，属于风险适中的证券投资基金品种。				
合同生效日	2005年11月16日	上市日期	2006年2月16日	上市地点	深圳证券交易所
募集概况	首募规模	认购户数	募集日期		
	5.84亿份	7328户	2005年9月19日至2005年11月8日		
基金费率	认购费率	认购金额(含认购费) 100万元以下 100万元以上(含) 单笔认购最高费用	前端认购费率 1.2% 1.0% 5万元		
		持有时间 1年以内(含) 1年－3年(含) 3年－5年(含) 5年以上	后端认购费率 1.6% 1.0% 0.4% 0		
	申购费率	申购金额（含申购费） 100万元以下 100万元以上(含) 单笔申购最高费用	前端申购费率 1.5% 1.2% 6万元		
		注：投资者选择红利自动再投资所转成的份额不收取申购费用。			
		持有时间 1年以内(含) 1年－3年(含) 3年－5年(含) 5年以上	后端申购费率 1.8% 1.2% 0.6% 0		
		注：因红利自动再投资而产生的后端收费的基金份额，不再收取后端申购费用。			
	赎回费率	选择交纳前端认(申)购费用时，适用固定赎回费率为0.5%。 选择交纳后端认(申)购费用时，适用变动赎回费率，具体如下：			
		持有时间 2年以内(含) 2年－3年(含) 3年以上	赎回费率 0.6% 0.3% 0		
	管理费率	1.50%			
	托管费率	0.25%			
基金管理人	富国基金管理有限公司		基金托管人	中国工商银行股份有限公司	
审计机构	安永大华会计师事务所	法律顾问	上海源泰律师事务所	注册登记人	中国证券登记结算有限责任公司

【基金管理团队】

朱少醒先生：基金经理。1973年出生，管理学博士，6年证券从业经验。曾任华夏证券股份有限公司证券研究所分析师，富国基金管理公司研究策划部分析师，富国基金管理公司产品开发主管，富国天益价值证券投资基金经理助理。现任富国天惠精选成长混合型基金经理。

易方达基金管理有限公司

法定名称	易方达基金管理有限公司	英文名称	E Fund Management Co., Ltd.
成立日期	2001年4月17日	注册资本	1.2亿元人民币
法人代表	梁 棠	总 经 理	叶俊英
联系电话	020-38797888	客服电话	020-83918088
传真号码	020-38799488	公司网址	www.efunds.com.cn
注册地址	广东省珠海市情侣南路428号九洲港大厦	办公地址	广州市体育西路189号城建大厦27、28楼

● 发展概况

易方达基金管理有限公司成立于2001年4月，是中国第二批首家获准成立的基金管理公司。公司注册资本1.2亿元，总部设在广州市，目前在北京、上海、南京和成都设有分公司。2004年10月，易方达获得全国社会保障基金投资管理人资格；2005年8月，易方达获得首批企业年金基金投资管理人资格，成为拥有全国社保基金投资管理人和企业年金基金投资管理人双重资格的基金管理人。2005年6月，广东美的电器股份有限公司和广州市广永国有资产经营有限公司分别受让原股东广东证券股份有限公司所持有的公司股份，成为易方达基金管理有限公司新股东。

在组织结构上，公司设有基金投资部、研究部、集中交易室、金融商品部、市场部、注册登记部、核算部、信息技术部、监察部、人力资源部、综合管理部、机构理财部、固定收益部等部门。良好的治理结构和健全的内部控制保证了公司的合法规范经营，并逐步形成稳健、务实、规范、创新的经营风格。

在人员构成上，截至2005年末，易方达基金管理有限公司共有员工121名，平均年龄为31.7岁，其中具有硕士以上学历的占员工总数的2/3，具有复合专业背景的约占员工总数的1/4。公司高管人员金融从业时间人均10年以上。

近三年公司管理基金资产规模与基金数量

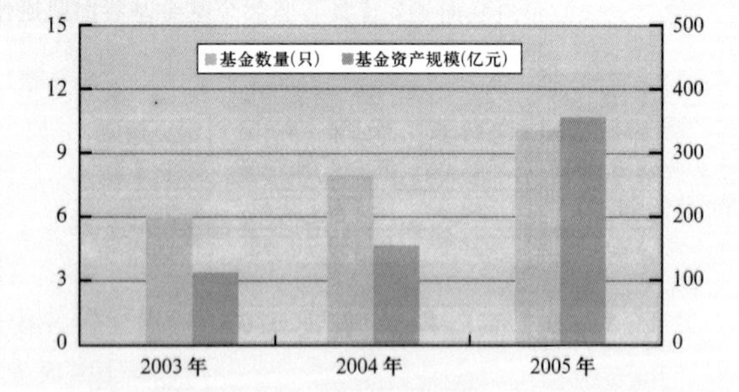

公司股东结构

股东名称	出资金额(万元)	出资比例(%)
广东粤财信托投资有限公司	3000.00	25.00
广发证券股份有限公司	3000.00	25.00
广东美的电器股份有限公司	3000.00	25.00
重庆国际信托投资有限公司	2000.00	16.67
广州市广永国有资产经营有限公司	1000.00	8.33

● 经营业绩

2005年，易方达基金管理有限公司与中国银行合作，顺利完成了易方达货币市场基金与易方达月月收益中短期债券基金两只新基金产品的募集设立。截至2005年12月31日，易方达基金管理有限公司旗下共管理基金科汇、基金科翔、基金科讯、基金科瑞4只封闭式基金和易方达平稳增长、易方达策略成长、易方达50指数、易方达积极成长、易方达货币、易方达月月收益6只开放式基金和两个全国社保基金资产组合。

易方达货币市场基金是公司旗下首只货币市场基金，基金合同生效于2005年2月2日，首募基金规模36.22亿份；自成立以来，经过半年多的持续营销，截至2005年末，基金规模95.89亿份，规模增长幅度高达165%；易方达月月收益中短期债券基金从2005年8月8日开始募集，2005年9月19日基金合同正式生效，共募集基金份额114.57亿份，成为2005年度首发规模最大的开放式基金。

在投资业绩方面，2005年易方达旗下封闭式基金业绩表现在封闭式基金中位居前列。其中，基金科汇全年净值增长13.15%，在54只封闭式基金中排名第一；基金科翔全年净值增长10.16%，在54只封闭式基金中排名第四；基金科瑞全年净值增长6.06%；基金科讯全年净值增长2.68%；开放式基金中，易方达策略成长基金表现突出，全年净值增长13.41%，在股票型开放式基金中排名第二，本年实现分红每份0.06元，易方达平稳增长基金全年净值增长5.57%，在股债平衡型基金中排名第五，累计收益排名第一，本年实现分红每份0.07元；易方达积极成长基金全年净值增长5.31%，本年实现分红每份0.02元。

在客户服务方面，易方达基金管理有限公司坚持专业坦诚的服务理念，不断致力于改进客户服务质量，完善和创新服务方式。目前，公司已与超过40家机构签订了合作协议，推出了开放式基金的网上交易平台，努力为广大客户提供更多的交易便利和优惠。

公司高管介绍

梁棠先生：董事长。学士，1958年生。历任广东省财政学校副校长，广东粤财实业发展公司总经理，广东粤财信托投资有限公司副总经理、总经理，广东粤财投资控股有限公司总经理。

叶俊英先生：董事、总经理。硕士，1963年生。曾任中国南海石油联合服务总公司企业管理部科长、广发证券有限责任公司投资银行部总经理、广发证券有限责任公司董事副总裁。

科汇证券投资基金

基本资料					
基金简称	基金科汇	交易代码	184712		
投资目标	通过创建投资组合等措施减少和分散投资风险，确保基金资产的安全并谋求基金长期资本增值。该基金主要追求资本的长期增值，通过投资于景气状况较好或处于上升期产业中的股票，力争在严格控制风险的同时，能取得较高的资本增长率。				
业绩比较基准	无	风险收益特征	无		
合同生效日	2001年5月25日	上市日期	2001年6月20日	上市地点	深圳证券交易所
基金总份额	8亿份	存 续 期	2001年5月25日至2008年12月13日		
基金管理人	易方达基金管理有限公司	基金托管人	交通银行股份有限公司		
审计机构	安永华明会计师事务所	法律顾问	——	注册登记人	中国证券登记结算有限公司深圳分公司

财务指标　　单位：人民币(元)

项 目 \ 年 度	2005年度	2004年度	2003年度
基金份额本期净收益	0.1337	0.2528	0.0283
期末可分配基金份额收益	0.1589	0.2552	0.0284
期末基金份额净值	1.3585	1.4022	1.2219
基金加权平均净值收益率	9.94%	18.97%	2.70%
本期基金份额净值增长率	13.15%	16.96%	31.81%
基金份额累计净值增长率	63.99%	44.93%	23.91%
基金收益分配	本年度每10份派现1.500元；成立以来每10份累计派现4.075元。		

基金净值增长率与业绩基准收益率对比图（单位：%）

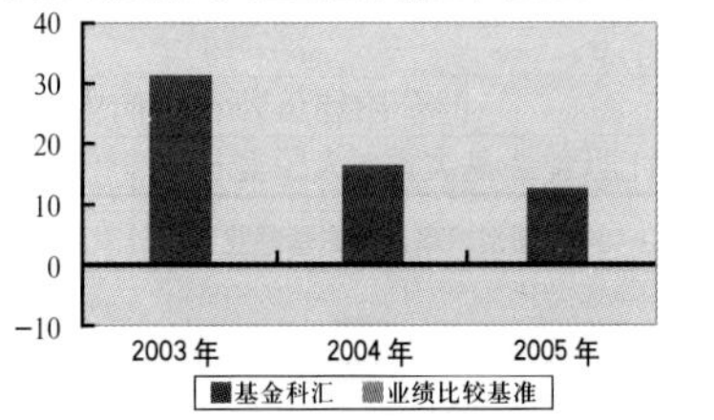

期末基金份额持有人户数	基金份额持有人户数为21,104户，平均每户持有37,907.51份。
期末基金份额持有人结构	机构投资者持有528,565,072份，占总份额66.07%；个人投资者持有271,434,928份，占总份额33.93%。

【基金业绩表现】

截至2005年12月31日，科汇基金份额净值为1.3585元，全年净值增长13.15%，同期业绩比较基准(上证指数)收益率为−8.33%，本年份额分红0.230元。

【基金管理团队】

梁文涛先生：管理学博士。2002年进入易方达基金管理有限公司，曾任投资部研究员、科汇基金和易方达平稳增长基金基金经理助理，现任基金投资部总经理助理、易方达平稳增长基金基金经理和科汇基金基金经理。

刘超安先生：经济学硕士。曾在大成基金管理有限公司研究部从事金融、食品行业研究工作。2002年7月进入易方达基金管理有限公司，曾任集中交易室主管，现任科汇基金基金经理和易方达积极成长基金的基金经理。

【基金运作分析】

2005年的股票市场总体呈现先下跌、然后在低位振荡的走势。上半年延续了2004年以来的下跌趋势，在进一步宏观调控的经济背景下，经营业绩对产品价格敏感的周期类行业股票成为市场下跌的主要动力，公用事业和消费品行业的表现整体强于大市。下半年市场在股权分置改革预期逐渐明朗的背景下，受人民币升值和良好宏观经济数据的影响，地产股、银行股和商业股带动市场逐渐启稳反弹，市场活跃程度有较大提高。

2005年，科汇基金坚持价值投资理念，注重对企业长期投资价值的把握。在资产配置方面，该基金在本年仍然采取了轻指数涨跌、重个股价值判断的投资策略，由于持有的股票多数都保持了良好的长期竞争优势，并且股价处于合理估值水平，所以在2005年基金一直保持了较高的股票资产比重。在行业配置方面该基金进行了一些调整：对可能受宏观调控影响较大的钢铁等周期性行业以及可能受出口增速下降影响的交通运输行业进行了减持，增加了受经济周期波动影响较小的医药、信息技术和传媒行业的投资；同时，随着混业经营趋势的逐渐形成，个别品牌突出、管理完善的股份制银行逐渐表现出竞争优势，科汇基金增加了对这些银行的投资。在2005年股票市场的整体下跌中，该基金组合中的一些持续成长类型的股票表现明显强于市场，而一些有一定周期波动特征的行业中的公司股价在恐慌性的市场环境中也出现较大下跌。

【季度投资组合一览】

项 目 \ 季 度	第一季度		第二季度		第三季度		第四季度	
基金资产净值	1,214,544,917.64元		983,396,757.61元		1,061,208,005.19元		1,086,831,554.76元	
基金份额净值	1.5182元		1.2292元		1.3265元		1.3585元	
基金资产组合	市值(元)	占总资产比例	市值(元)	占总资产比例	市值(元)	占总资产比例	市值(元)	占总资产比例
股票投资	955,153,667.93	78.40%	771,091,665.83	78.15%	842,039,258.32	78.96%	857,601,316.64	78.68%
债券投资	251,081,165.70	20.61%	203,981,304.50	20.68%	214,123,063.10	20.08%	219,717,151.50	20.16%
银行存款和清算备付金	6,158,903.78	0.51%	6,450,019.73	0.65%	6,782,067.86	0.64%	7,200,871.72	0.66%
应收证券清算款	——	——	——	——	——	——	1,517,468.55	0.14%
其他资产	5,897,621.06	0.48%	5,128,071.49	0.52%	3,410,562.91	0.32%	3,985,232.58	0.37%

	股票名称	市值(元)	占净值比例	股票名称	市值(元)	占净值比例	股票名称	市值(元)	占净值比例	股票名称	市值(元)	占净值比例
投资前五名股票明细	贵州茅台	114,490,200.00	9.43%	贵州茅台	96,915,320.00	9.86%	G 苏 宁	105,166,350.00	9.91%	苏宁电器	106,289,136.00	9.78%
	上海机场	111,820,200.00	9.21%	上海机场	94,288,000.00	9.59%	贵州茅台	101,463,229.20	9.56%	贵州茅台	97,874,776.00	9.01%
	中集集团	111,799,100.00	9.21%	中集集团	80,364,200.00	8.17%	华侨城A	85,774,912.74	8.08%	G华侨城	97,378,659.70	8.96%
	西山煤电	103,665,291.80	8.54%	苏宁电器	76,743,182.96	7.80%	中集集团	85,665,072.00	8.07%	中集集团	87,320,259.00	8.03%
	深赤湾A	73,918,386.00	6.09%	西山煤电	68,706,000.00	6.99%	西山煤电	71,949,699.00	6.78%	G 西 煤	72,556,115.52	6.68%
投资前五名债券明细	债券名称	市值(元)	占净值比例	债券名称	市值(元)	占净值比例	债券名称	市值(元)	占净值比例	债券名称	市值(元)	占净值比例
	03国开05	69,020,700.00	5.68%	03国开22	72,485,000.00	7.37%	05国开08	50,380,000.00	4.75%	05国开08	50,380,000.00	4.64%
	04国开12	50,566,000.00	4.16%	05国开08	50,380,000.00	5.12%	01国开09	31,065,000.00	2.93%	01国开09	31,065,000.00	2.86%
	04国债(5)	33,161,980.00	2.73%	04国债(3)	14,304,854.90	1.45%	02国债11	30,420,000.00	2.87%	02国债11	30,420,000.00	2.80%
	04国债(3)	25,271,201.70	2.08%	20国债(4)	12,724,431.60	1.29%	02国债(14)	13,042,288.00	1.23%	02国债(14)	16,507,764.00	1.52%
	03国债10	19,995,000.00	1.65%	04国开13	12,159,600.00	1.24%	20国债(4)	12,923,550.00	1.22%	04国开13	12,159,600.00	1.12%

科翔证券投资基金

基本资料					
基金简称	基金科翔	交易代码	184713		
投资目标	该基金是积极成长型基金，主要投资于所处行业具有良好发展前景的新兴产业类上市公司；将通过组合投资等措施减少和分散投资风险，努力确保基金资产的安全和长期资本增值。				
业绩比较基准	无	风险收益特征	无		
合同生效日	2001年5月25日	上市日期	2001年6月20日	上市地点	深圳证券交易所
基金总份额	8亿份	存续期	2001年5月25日至2008年12月13日		
基金管理人	易方达基金管理有限公司	基金托管人	中国工商银行股份有限公司		
审计机构	安永华明会计师事务所	法律顾问	——	注册登记人	中国证券登记结算有限公司深圳分公司

财务指标　单位：人民币(元)

项目＼年度	2005年度	2004年度	2003年度
基金份额本期净收益	0.0935	0.1388	0.0975
期末可分配基金份额收益	0.0987	0.1452	0.0864
期末基金份额净值	1.2365	1.2506	1.2214
基金加权平均净值收益率	7.63%	11.03%	9.20%
本期基金份额净值增长率	10.16%	8.51%	32.75%
基金份额累计净值增长率	47.32%	33.74%	23.25%
基金收益分配	本年度每10份派现0.900元；成立以来每10份累计派现3.100元。		
期末基金份额持有人户数	基金份额持有人户数为26,777户，平均每户持有29,876.39份。		
期末基金份额持有人结构	机构投资者持有547,954,442份，占总份额68.49%；个人投资者持有252,045,558份，占总份额31.51%。		

基金净值增长率与业绩基准收益率对比图 (单位：%)

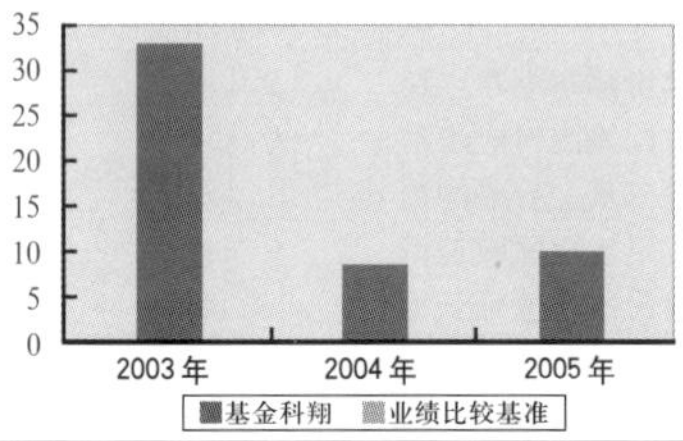

【基金业绩表现】

截至2005年12月31日，科翔基金份额净值为1.2365元，全年净值增长率为10.16%，同期上证指数收益率为-8.33%，本年份额分红0.140元。

【基金管理团队】

冉华先生：经济学硕士。2001年4月加入易方达基金管理有限公司，参与过公司筹建，曾任行业研究员、基金经理助理，现任科翔基金基金经理。

【基金运作分析】

2005年的市场可以分为两部分：上半年乍暖还寒，下半年已经是暖流涌动。总体来看，证券市场似乎处于春暖花开的初期。

结合2005年的市场情况，科翔基金坚持以价值投资为导向，持续进行结构调整，力争组合攻守兼备。2005年上半年，该基金仍坚持适度重仓的策略，有效规避了市场的系统性风险；2005年下半年科翔基金战略性地选择了一些新的品种，扩大持股的覆盖面，使组合的弹性增加，提前布局以迎接市场的进一步发展。

【季度投资组合一览】

项目＼季度	第一季度			第二季度			第三季度			第四季度		
基金资产净值	1,051,482,905.03元			928,309,082.49元			990,057,383.37元			989,230,459.55元		
基金份额净值	1.3144元			1.1604元			1.2376元			1.2365元		
基金资产组合	市值(元)	占总资产比例		市值(元)	占总资产比例		市值(元)	占总资产比例		市值(元)	占总资产比例	
股票投资	784,189,442.26	74.30%		696,262,930.78	74.30%		760,225,838.14	76.24%		729,611,386.54	73.47%	
债券投资	239,528,461.26	22.69%		208,191,070.20	22.22%		203,671,653.10	20.42%		200,791,156.20	20.22%	
银行存款和清算备付金	26,356,499.52	2.50%		26,246,956.19	2.80%		29,449,325.56	2.95%		41,690,448.67	4.20%	
应收证券清算款	——	——		——	——		——	——		16,376,634.15	1.65%	
其他资产	5,419,329.29	0.51%		6,351,128.11	0.68%		3,836,861.48	0.39%		4,292,641.44	0.43%	
投资前五名股票明细	股票名称	市值(元)	占净值比例	股票名称	市值(元)	占净值比例	股票名称	市值(元)	占净值比例	股票名称	市值(元)	占净值比例
	上海机场	102,495,840.28	9.75%	贵州茅台	83,460,908.40	8.99%	G长电	86,898,308.00	8.78%	上海机场	80,584,417.58	8.15%
	西山煤电	90,015,341.60	8.56%	长江电力	82,372,268.16	8.87%	贵州茅台	81,830,614.78	8.27%	贵州茅台	71,531,422.30	7.23%
	贵州茅台	85,144,989.75	8.10%	上海机场	81,067,527.60	8.73%	上海机场	55,976,466.15	5.65%	G苏宁	48,075,645.12	4.86%
	长江电力	82,513,871.11	7.85%	苏宁电器	58,011,874.40	6.25%	G苏宁	46,325,421.54	4.68%	华侨城A	42,249,534.50	4.27%
	苏宁电器	66,981,839.40	6.37%	招商银行	44,121,591.63	4.75%	小商品城	34,821,545.85	3.52%	小商品城	34,005,433.35	3.44%
投资前五名债券明细	债券名称	市值(元)	占净值比例	债券名称	市值(元)	占净值比例	债券名称	市值(元)	占净值比例	债券名称	市值(元)	占净值比例
	03国开05	100,030,000.00	9.51%	03国开22	103,545,000.00	11.15%	03国债01	80,820,000.00	8.16%	03国债01	80,820,000.00	8.17%
	04国开12	40,436,000.00	3.85%	03进出02	30,111,000.00	3.24%	03进出02	30,111,000.00	3.04%	03进出02	30,111,000.00	3.04%
	03进出02	30,111,000.00	2.86%	99国债(8)	13,139,100.00	1.42%	04进出02	20,922,000.00	2.11%	04进出02	20,922,000.00	2.12%
	04国债(5)	24,705,200.00	2.35%	歌华转债	11,349,943.90	1.22%	99国债(8)	15,966,550.00	1.61%	99国债(8)	15,867,350.00	1.60%
	金牛转债	23,247,861.26	2.21%	04国开13	10,135,000.00	1.09%	04国开13	10,135,000.00	1.02%	04国开13	10,135,000.00	1.02%

科讯证券投资基金

基本资料

基金简称	基金科讯	交易代码	500029		
投资目标	主要投资企业基本面良好，业绩维持稳定增长，符合产业发展方向的上市公司。基金将通过创建投资组合等措施减少和分散投资风险，确保基金资产的安全并谋求基金长期资本增值。				
业绩比较基准	无	风险收益特征	无		
合同生效日	2001 年 5 月 25 日	上市日期	2001 年 6 月 20 日	上市地点	上海证券交易所
基金总份额	8 亿份	存 续 期	2001 年 5 月 25 日至 2008 年 1 月 11 日		
基金管理人	易方达基金管理有限公司	基金托管人	交通银行股份有限公司		
审计机构	安永华明会计师事务所	法律顾问	——	注册登记人	中国证券登记结算有限公司上海分公司

财务指标　　单位：人民币(元)

项 目 ＼ 年 度	2005 年度	2004 年度	2003 年度
基金份额本期净收益	0.0739	0.0544	0.0158
期末可分配基金份额收益	0.0765	0.0377	−0.0168
期末基金份额净值	1.1439	1.1465	1.1338
基金加权平均净值收益率	6.48%	4.68%	1.59%
本期基金份额净值增长率	2.68%	1.12%	28.88%
基金份额累计净值增长率	18.77%	15.66%	14.38%
基金收益分配	本年度每 10 份派现 0.700 元；成立以来每 10 份累计派现 1.050 元。		

基金净值增长率与业绩基准收益率对比图（单位：%）

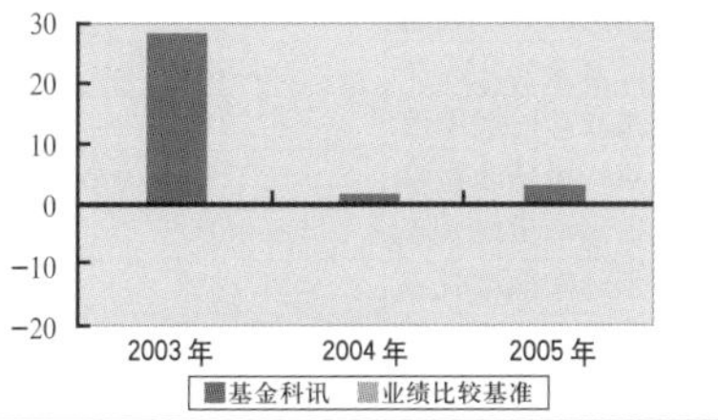

期末基金份额持有人户数	基金份额持有人户数为 30425 户，平均每户持有 26,294.17 份。
期末基金份额持有人结构	机构投资者持有 524,716,190 份，占总份额 65.59%；个人投资者持有 275,283,810 份，占总份额 34.41%。

【基金业绩表现】

截至 2005 年 12 月 31 日，科讯基金份额净值为 1.1439 元，全年净值增长率为 2.68%，同期上证综指下跌 8.33%，本年份额分红 0.035 元。

【基金管理团队】

马骏先生：理学学士。历任深圳众大投资有限公司投资主管，广发证券有限责任公司研究发展中心研究员。2001 年 4 月至今，在易方达基金管理有限公司投资管理部工作，现任科讯基金基金经理，易方达 50 指数基金基金经理。

【基金运作分析】

基金科讯为稳健成长型基金，强调适度集中与分散相结合的投资策略。在行业配置层面，紧缩政策下的投资策略主要是通过调整行业结构来实现对下跌风险的规避。

具体来说，对受价格影响较大和产能过剩的煤炭、港口等板块在 2005 年内进行了较大幅度减持；同时，该基金增加了未来有较好预期的板块如工程机械等的比重，增持的这部分股票表现出良好的抗跌性，从而使整个投资组合表现优于大盘。从资产配置的角度来看，基金科讯全年保持了较高的股票仓位配置，但是，在第三季度股改开始后未能及时调整思路，把握市场节奏的变化，这主要是因为对宏观政策变化趋势及影响理解不够深刻。

【季度投资组合一览】

项 目 ＼ 季 度	第一季度		第二季度		第三季度		第四季度	
基金资产净值	949,378,122.32 元		889,022,114.63 元		910,959,442.12 元		915,119,860.50 元	
基金份额净值	1.1867 元		1.1113 元		1.1387 元		1.1439 元	
基金资产组合	市值(元)	占总资产比例	市值(元)	占总资产比例	市值(元)	占总资产比例	市值(元)	占总资产比例
股票投资	623,773,634.32	65.51%	613,702,340.32	68.59%	680,947,797.61	74.39%	714,096,786.13	77.34%
债券投资	218,416,260.36	22.94%	226,318,974.78	25.29%	214,973,726.40	23.49%	185,248,693.30	20.06%
银行存款和清算备付金	55,503,674.94	5.83%	48,417,562.75	5.41%	9,059,920.61	0.99%	20,886,702.60	2.26%
应收证券清算款	48,380,328.86	5.08%	——	——	6,570,280.38	0.72%	——	——
其他资产	6,050,659.56	0.64%	6,358,170.78	0.71%	3,762,548.92	0.41%	3,107,914.18	0.34%

投资前五名股票明细	股票名称	市值(元)	占净值比例	股票名称	市值(元)	占净值比例	股票名称	市值(元)	占净值比例	股票名称	市值(元)	占净值比例
	上海机场	67,340,915.84	7.09%	上海机场	84,290,965.40	9.48%	上海机场	69,103,654.85	7.59%	贵州茅台	87,621,478.30	9.57%
	中集集团	55,306,283.88	5.83%	长江电力	50,153,119.38	5.64%	贵州茅台	62,000,010.61	6.81%	上海机场	80,455,949.82	8.79%
	西山煤电	50,227,929.36	5.29%	贵州茅台	41,255,884.40	4.64%	G 长 电	53,104,505.87	5.83%	招商银行	46,236,837.63	5.05%
	长江电力	28,802,073.14	3.03%	双汇发展	37,075,675.84	4.17%	招商银行	40,979,243.07	4.50%	双汇发展	38,051,386.00	4.16%
	深赤湾 A	25,440,624.18	2.68%	招商银行	30,170,043.74	3.39%	赣粤高速	37,206,436.50	4.08%	华侨城 A	34,519,870.00	3.77%

投资前五名债券明细	债券名称	市值(元)	占净值比例	债券名称	市值(元)	占净值比例	债券名称	市值(元)	占净值比例	债券名称	市值(元)	占净值比例
	03 国开(5)	51,015,300.00	5.37%	03 国开(22)	51,780,000.00	5.82%	05 农发 11	90,360,000.00	9.92%	05 农发 11	90,360,000.00	9.87%
	04 国开(12)	40,436,000.00	4.26%	04 国开(12)	40,436,000.00	4.55%	04 国债(3)	32,346,000.00	3.55%	02 国债(14)	35,050,276.20	3.83%
	04 国债(3)	30,981,000.00	3.26%	04 国债(3)	31,857,000.00	3.58%	03 国开 28	20,816,000.00	2.29%	03 国开 28	20,816,000.00	2.27%
	04 进出(1)	20,156,000.00	2.12%	04 进出(1)	20,156,000.00	2.27%	04 进出 01	20,156,000.00	2.21%	04 国债(3)	16,780,160.00	1.83%
	02 国债(12)	20,000,000.00	2.11%	02 国债(12)	20,000,000.00	2.25%	04 国债(5)	14,274,000.00	1.57%	03 国债 06	13,365,000.00	1.46%

科瑞证券投资基金

基本资料					
基金简称	基金科瑞		交易代码	500056	
投资目标	在控制股票投资组合的风险的前提下，追求基金资产的长期稳定的增值。				
业绩比较基准	无	风险收益特征	无		
合同生效日	2002年3月12日	上市日期	2002年3月20日	上市地点	上海证券交易所
基金总份额	30亿份	存续期	2002年3月12日至2017年3月11日		
基金管理人	易方达基金管理有限公司	基金托管人	交通银行股份有限公司		
审计机构	安永华明会计师事务所	法律顾问	——	注册登记人	中国证券登记结算有限公司上海分公司

财务指标　单位：人民币(元)

项目 ＼ 年度	2005年度	2004年度	2003年度
基金份额本期净收益	0.0727	0.0934	0.0127
期末可分配基金份额收益	0.0773	0.0046	−0.0088
期末基金份额净值	1.2019	1.1332	1.1423
基金加权平均净值收益率	6.25%	7.77%	1.26%
本期基金份额净值增长率	6.06%	6.34%	24.47%
基金份额累计净值增长率	30.21%	22.77%	15.45%
基金收益分配	本年度每10份派现0.700元；成立以来每10份累计派现1.620元。		

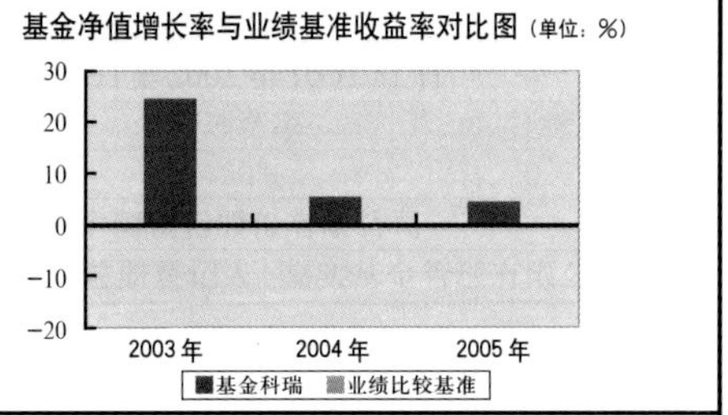

期末基金份额持有人户数	基金份额持有人户数为37,935户，平均每户持有79,082.64份。
期末基金份额持有人结构	机构投资者持有1,674,893,935份，占总份额55.83%；个人投资者持有1,325,106,065份，占总份额44.17%。

【基金业绩表现】

截至2005年12月31日，科瑞基金份额净值为1.2019元，全年净值增长6.06%，同期上证综指下跌8.33%。

【基金管理团队】

吴欣荣先生：基金经理。工学硕士，毕业于清华大学电机工程与应用电子技术专业。2001年4月至今，在易方达基金管理有限公司投资管理部工作，参与过公司筹建，曾任易方达基金管理有限公司研究员。

陈彤先生：基金经理。工商管理硕士、经济学博士研究生，工程师。曾任中国经济开发信托投资公司成都证券营业部研发部副经理、业务中心主任，中国经济开发信托投资公司证券总部研究部行业研究员。2001年11月加入易方达基金管理有限公司，曾任易方达基金管理公司研究员，市场拓展部主管。

【基金运作分析】

2005年宏观经济的关键词是升值、产能过剩、结构转型。证券市场基本也反映了这一宏观环境的改变，与产能过剩、固定资产投资相关的上市公司股票跌幅较大，而与经济转型和人民币升值相关的消费品、房地产、商业服务、及不受经济减速影响而保持持续增长的行业则表现较佳。总体来看，在"股权分置"改革启动之前，市场表现出较强的防御特征。

"股权分置"改革是2005年投资的另一大主题，基本是2005年下半年投资的主线，在宏观面偏防御的背景下，股权分置激活了市场。下半年到年底，市场逐步开始全面活跃，进攻特征逐步明显。

基金科瑞为价值型基金，基于对宏观经济的判断，在年初即制定了防御性投资策略并坚持实施，在上半年市场中表现较佳。但在"股权分置"改革后，市场开始转向活跃，该基金调仓不够及时，组合防御特征明显而进攻性不足，在三季度表现较差，尽管在四季度做了较为有效的结构调整，但整体下半年组合表现的进攻性不足。2005年全年上证指数下跌8.33%，组合净值增长6.06%，尽管战胜了市场，但全年组合收益率不是很理想，仍有很多改进的空间。

【季度投资组合一览】

项目 ＼ 季度	第一季度			第二季度			第三季度			第四季度		
基金资产净值	3,505,685,862.52元			3,443,803,554.86元			3,576,645,060.99元			3,605,684,317.49元		
基金份额净值	1.1686元			1.1479元			1.1922元			1.2019元		
基金资产组合	市值(元)	占总资产比例		市值(元)	占总资产比例		市值(元)	占总资产比例		市值(元)	占总资产比例	
股票投资	2,379,991,178.79	67.73%		2,390,739,554.66	68.59%		2,562,532,511.67	71.46%		2,648,554,472.47	72.42%	
债券投资	899,415,172.38	25.59%		905,569,999.54	25.98%		900,210,879.99	25.11%		834,604,691.40	22.82%	
银行存款和清算备付金	217,159,679.79	6.18%		170,788,526.20	4.90%		109,233,681.76	3.05%		97,677,574.84	2.67%	
应收证券清算款	——	——		——	——		——	——		65,849,247.53	1.80%	
其他资产	17,549,045.02	0.50%		18,690,981.75	0.53%		13,710,156.62	0.38%		10,634,427.21	0.29%	
投资前五名股票明细	股票名称	市值(元)	占净值比例	股票名称	市值(元)	占净值比例	股票名称	市值(元)	占净值比例	股票名称	市值(元)	占净值比例
	上海机场	341,619,725.58	9.74%	上海机场	330,497,019.40	9.60%	上海机场	315,180,968.35	8.81%	上海机场	292,716,422.00	8.12%
	长江电力	304,449,412.83	8.68%	贵州茅台	283,411,190.80	8.23%	G长电	299,354,752.01	8.37%	G长电	225,076,175.76	6.24%
	贵州茅台	238,626,246.66	6.81%	长江电力	247,035,445.02	7.17%	贵州茅台	269,664,892.52	7.54%	贵州茅台	216,736,500.10	6.01%
	西山煤电	144,117,911.94	4.11%	招商银行	127,863,994.07	3.71%	金融街	121,655,660.09	3.40%	华侨城A	123,217,355.80	3.42%
	中国石化	108,633,633.12	3.10%	赣粤高速	119,212,337.00	3.46%	赣粤高速	117,968,929.00	3.30%	赣粤高速	113,360,904.54	3.14%
投资前五名债券明细	债券名称	市值(元)	占净值比例	债券名称	市值(元)	占净值比例	债券名称	市值(元)	占净值比例	债券名称	市值(元)	占净值比例
	04国开(12)	110,778,000.00	3.16%	04国开(12)	110,778,000.00	3.22%	04国开12	110,778,000.00	3.10%	04国开12	110,778,000.00	3.07%
	05国债(2)	103,803,746.70	2.96%	03进出(2)	99,836,000.00	2.90%	03进出02	99,836,000.00	2.79%	05国开29	110,000,000.00	3.05%
	03进出(2)	99,836,000.00	2.85%	04国开(13)	91,007,000.00	2.64%	04国开13	91,007,000.00	2.54%	03进出02	99,836,000.00	2.77%
	04国开(13)	91,007,000.00	2.60%	04进出(1)	90,543,000.00	2.63%	04进出01	90,543,000.00	2.53%	05国债(2)	54,792,490.50	1.52%
	04进出(1)	90,543,000.00	2.58%	05国债(2)	84,470,386.50	2.45%	05国债(2)	69,699,615.00	1.95%	04国开16	53,176,500.00	1.47%

易方达平稳增长证券投资基金

基本资料						
基金简称	易基平稳			交易代码	110001	
投资目标	追求资本在低风险水平下的平稳增长。			业绩比较基准	上证A股指数	
风险收益特征	该基金属于低风险的基金品种。					
合同生效日	2002年8月23日	上市日期	——	上市地点	——	
募集概况	首募规模	认购户数	募集日期			
	46.78亿份	93670户	2002年7月30日至2002年8月20日			
基金费率	认购费率	申购费率	赎回费率	管理费率	托管费率	
	不高于1.00%	不高于1.50%	不高于1.00%	1.50%	0.25%	
基金管理人	易方达基金管理有限公司		基金托管人	中国银行股份有限公司		
审计机构	安永华明会计师事务所	法律顾问	北京市天元律师事务所	注册登记人	易方达基金管理有限公司	

财务指标　单位：人民币(元)			
项目＼年度	2005年度	2004年度	2003年度
基金份额本期净收益	0.0714	0.0919	0.0575
期末可分配基金份额收益	0.0109	0.0075	0.0043
期末基金份额净值	1.107	1.117	1.111
基金加权平均净值收益率	6.45%	7.84%	5.62%
本期基金份额净值增长率	5.57%	8.55%	20.65%
基金份额累计净值增长率	34.81%	27.69%	17.63%
基金收益分配	本年度每10份派现0.700元；成立以来每10份累计派现2.200元。		

基金净值增长率与业绩基准收益率对比图（单位：%）

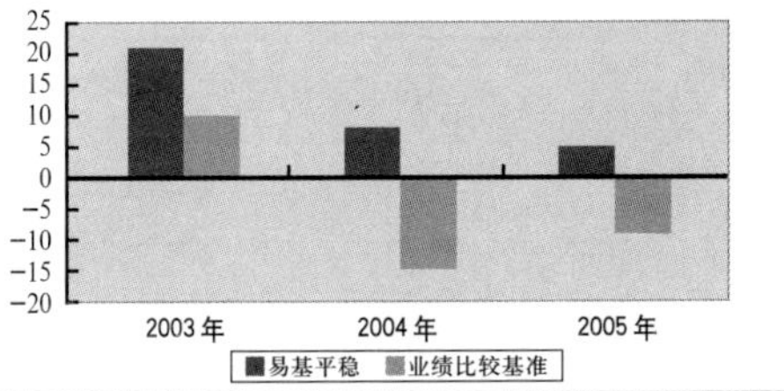

期末基金份额持有人户数	基金份额持有人户数为36,334户，平均每户持有63,524.68份。
期末基金份额持有人结构	机构投资者持有1,401,393,280.70份，占总份额60.72%；个人投资者持有906,712,608.01份，占总份额39.28%。

【基金业绩表现】

2005年，易方达平稳增长基金全年净值增长5.57%，同期业绩基准收益下跌8.21%，本年份额分红0.07元。

【基金管理团队】

江作良先生：上海财经大学经济学硕士。1993年12月至2001年3月，在广发证券有限责任公司曾从事证券发行、研究咨询、自营等工作，历任投资自营部副总经理、研发中心副经理、投资自营部总经理等职。2001年4月至今，在易方达基金管理有限公司工作，曾任投资管理部总经理、科汇基金基金经理，现任易方达基金管理有限公司副总经理兼投资总监、易方达平稳增长基金基金经理。

梁文涛先生：管理学博士。2002年进入易方达基金管理有限公司，曾任投资部研究员、科汇基金和易方达平稳增长基金基金经理助理，现任基金投资部总经理助理、易方达平稳增长基金和科汇基金基金经理。

【基金运作分析】

2005年，在资产配置方面，易方达平稳增长基金坚持均衡稳定的资产配置，股票资产保持在60%左右，债券资产保持不低于30%(可转债保持在10%左右)。在行业配置方面，该基金维持了行业配置的稳定，并根据各阶段特点综合考虑增长预期和估值水平进行了小幅调整，分阶段减持了增长预期不明确或估值不占优势的采掘、电力等周期类行业，择时增持了地产、商业、信息技术等行业。个股选择方面，主要投资于具有持续发展能力的上市公司，以行业内龙头公司为重点，兼顾增长潜力较大的二、三线公司，全年基金净值保持了平稳增长。

【季度投资组合一览】

项目＼季度	第一季度		第二季度		第三季度		第四季度	
基金资产净值	2,707,636,607.48元		2,758,223,890.13元		2,865,956,464.98元		2,555,888,476.33元	
基金份额	2,338,951,161.90份		2,580,244,910.53份		2,572,327,812.08份		2,308,105,888.71份	
基金份额净值	1.158元		1.069元		1.114元		1.107元	
基金资产组合	市值(元)	占总资产比例	市值(元)	占总资产比例	市值(元)	占总资产比例	市值(元)	占总资产比例
股票投资	1,736,271,094.01	63.81%	1,697,327,853.93	61.27%	1,857,447,147.39	64.66%	1,622,048,556.27	60.33%
债券投资	837,932,831.20	30.79%	843,138,551.70	30.43%	870,697,153.08	30.31%	806,386,555.01	29.99%
银行存款和清算备付金	139,918,938.17	5.14%	156,580,883.54	5.65%	128,457,156.48	4.47%	155,429,080.69	5.78%
应收证券清算款	——	——	10,127,180.85	0.37%	1,606,677.28	0.06%	97,297,593.16	3.62%
其他资产	7,089,053.12	0.26%	63,212,047.43	2.28%	14,492,499.73	0.50%	7,530,721.33	0.28%

	第一季度			第二季度			第三季度			第四季度		
投资前五名股票明细	股票名称	市值(元)	占净值比例	股票名称	市值(元)	占净值比例	股票名称	市值(元)	占净值比例	股票名称	市值(元)	占净值比例
	上海机场	263,414,266.50	9.73%	上海机场	252,986,087.90	9.17%	长江电力	235,236,015.36	8.21%	上海机场	212,833,302.22	8.33%
	长江电力	218,566,513.25	8.07%	长江电力	239,578,754.85	8.69%	上海机场	234,723,186.88	8.19%	G长电	138,971,204.48	5.44%
	西山煤电	125,487,294.16	4.63%	双汇发展	105,845,107.95	3.84%	招商银行	121,284,402.71	4.23%	招商银行	126,876,211.42	4.96%
	中集集团	106,287,500.00	3.93%	宝钢股份	101,373,303.30	3.68%	苏宁电器	113,073,659.04	3.95%	苏宁电器	123,054,760.00	4.81%
	双汇发展	99,165,736.85	3.66%	招商银行	99,275,519.94	3.60%	西山煤电	97,368,588.00	3.40%	G士兰微	113,948,984.38	4.46%
投资前五名债券明细	债券名称	市值(元)	占净值比例	债券名称	市值(元)	占净值比例	债券名称	市值(元)	占净值比例	债券名称	市值(元)	占净值比例
	20国债(10)	187,962,544.80	6.94%	20国债(10)	194,208,775.20	7.04%	20国债(10)	198,498,302.20	6.93%	20国债(10)	121,587,209.60	4.76%
	燕京转债	112,371,130.20	4.15%	02国债(01)	101,960,000.00	3.70%	02国债01	101,960,000.00	3.56%	02国债01	101,960,000.00	3.99%
	02国债01	101,960,000.00	3.77%	02国债(14)	94,322,979.00	3.42%	02国债(14)	95,178,324.40	3.32%	02国债(14)	94,783,549.60	3.71%
	05国债02	98,000,000.00	3.62%	燕京转债	86,263,807.00	3.13%	燕京转债	82,661,617.08	2.88%	燕京转债	75,840,898.00	2.97%
	02国债(14)	78,210,000.00	2.89%	招行转债	76,105,176.00	2.76%	招行转债	76,157,664.00	2.66%	招行转债	67,714,848.50	2.65%

易方达策略成长证券投资基金

基本资料					
基金简称	易基策略		交易代码	110002	
投资目标	通过投资兼具较高内在价值和良好成长性的股票，积极把握股票市场波动所带来的获利机会，努力为基金持有人追求较高的中长期资本增值。				
业绩比较基准	上证A指收益率×75%+上证国债指数收益率×25%				
风险收益特征	该基金为中等风险水平的证券投资基金，力争通过主动投资获取较高的资本增值和一定的当期收益。				
合同生效日	2003年12月9日	上市日期	——	上市地点	——
募集概况	首募规模	认购户数	募集日期		
	20.35亿份	28471户	2003年10月30日至2003年12月5日		
基金费率	认购费率	申购费率	赎回费率	管理费率	托管费率
	1.00%	不高于1.50%	不高于0.50%	1.50%	0.25%
基金管理人	易方达基金管理有限公司		基金托管人	中国银行股份有限公司	
审计机构	安永华明会计师事务所	法律顾问	北京市天元律师事务所	注册登记人	易方达基金管理有限公司

财务指标　单位：人民币(元)

项目＼年度	2005年度	2004年度	2003年12月9日至2003年12月31日
基金份额本期净收益	0.0376	0.0717	0.0060
期末可分配基金份额收益	−0.0014	0.0106	0.0059
期末基金份额净值	1.125	1.046	1.042
基金加权平均净值收益率	3.46%	6.77%	0.54%
本期基金份额净值增长率	13.41%	6.12%	4.20%
基金份额累计净值增长率	25.40%	10.57%	4.20%
基金收益分配	本年度每10份派现0.600元；成立以来每10份累计派现1.200元。		

基金净值增长率与业绩基准收益率对比图（单位：%）

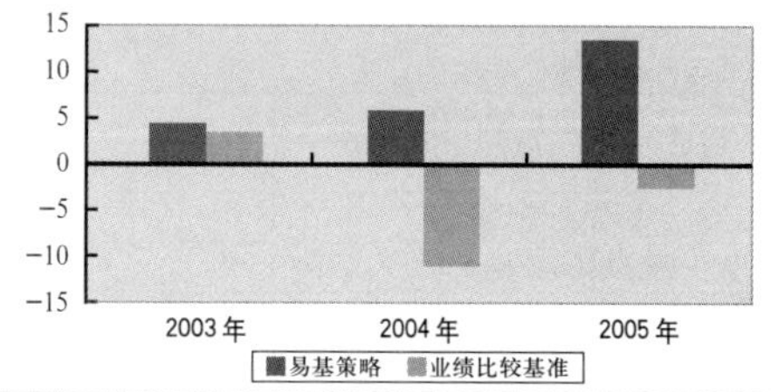

期末基金份额持有人户数	基金份额持有人户数为17,882户，平均每户持有125,514.60份。
期末基金份额持有人结构	机构投资者持有1,660,360,126,41份，占总份额73.98%；个人投资者持有584,091,964,79份，占总份额26.02%。

【基金业绩表现】

2005年，易方达策略成长基金份额全年净值增长13.41%，同期业绩基准收益下跌2.64%，本年份额分红0.06元。

【基金管理团队】

肖坚先生：经济学硕士。曾任香港安财投资有限公司财务部经理，粤信(香港)投资有限公司业务部副经理、广东粤财信托投资公司基金部经理。2001年4月加入易方达基金管理有限公司，曾任投资管理部总经理助理、投资管理部常务副总经理，现任公司总裁助理、基金投资部总经理兼研究部总经理，易方达策略成长基金基金经理。

付浩先生：经济学硕士。曾任职于广东粤财信托投资公司、和君创业研究咨询公司、湖南证券、融通基金管理有限公司。2003年10月加入易方达基金管理有限公司，曾任基金经理助理，现任易方达策略成长基金基金经理。

【基金运作分析】

2005年，易方达策略成长基金在易方达投资研究平台的支持下，不断深入挖掘具有投资价值的个股，通过积极地操作来优化组合。例如，第一个阶段，加大了组合中少量业绩大幅增长的优质个股的集中度，取得了较好的超额收益；第二个阶段，增加了推行股改的大盘股配置；而在第三个阶段，针对市场多元化特点，该基金增加了组合中的股票数量，提高了组合弹性。通过这些市场应对策略上的改变，该基金较好地顺应了市场的变化，在获得较高收益的同时业绩表现也相当稳定，并得到持有人的认同，基金规模实现较大幅度的增长。

【季度投资组合一览】

项目＼季度	第一季度			第二季度			第三季度			第四季度		
基金资产净值	1,399,674,484.03元			1,864,666,341.70元			2,396,893,262.09元			2,524,632,781.54元		
基金份额	1,236,706,650.62份			1,752,282,915.36份			2,172,792,503.57份			2,244,452,091.20份		
基金份额净值	1.132元			1.064元			1.103元			1.125元		
基金资产组合	市值(元)	占总资产比例		市值(元)	占总资产比例		市值(元)	占总资产比例		市值(元)	占总资产比例	
股票投资	1,089,981,724.33	76.63%		1,258,256,394.97	67.01%		1,950,453,486.90	81.12%		2,123,946,767.75	82.41%	
债券投资	56,310,521.50	3.96%		329,307,355.40	17.54%		142,736,664.80	5.94%		160,297,002.50	6.22%	
银行存款和清算备付金	253,751,879.95	17.84%		280,426,511.71	14.93%		284,537,598.50	11.83%		280,184,651.82	10.87%	
应收证券清算款	11,886,043.34	0.84%		382,034.32	0.02%		21,037,967.52	0.87%		1,811,926.74	0.07%	
其他资产	10,376,873.95	0.73%		9,300,589.87	0.50%		5,761,940.60	0.24%		11,045,506.27	0.43%	
投资前五名股票明细	股票名称	市值(元)	占净值比例	股票名称	市值(元)	占净值比例	股票名称	市值(元)	占净值比例	股票名称	市值(元)	占净值比例
	上海机场	128,561,746.50	9.19%	上海机场	177,532,421.30	9.52%	G长电	208,320,000.00	8.69%	上海机场	188,496,596.12	7.47%
	西山煤电	92,907,499.08	6.64%	长江电力	133,630,971.00	7.17%	上海机场	175,995,393.28	7.34%	华侨城A	167,487,668.88	6.63%
	贵州茅台	86,445,250.75	6.18%	贵州茅台	119,730,865.95	6.42%	贵州茅台	139,034,236.24	5.80%	招商银行	122,893,462.44	4.87%
	中集集团	80,151,995.00	5.73%	苏宁电器	77,471,108.00	4.15%	西山煤电	118,460,080.00	4.94%	G苏宁	121,459,940.00	4.81%
	长江电力	69,276,293.00	4.95%	华侨城A	75,366,724.00	4.04%	华侨城A	105,357,662.80	4.40%	贵州茅台	118,507,438.96	4.69%
投资前五名债券明细	债券名称	市值(元)	占净值比例	债券名称	市值(元)	占净值比例	债券名称	市值(元)	占净值比例	债券名称	市值(元)	占净值比例
	招行转债	25,518,801.00	1.82%	04国债(5)	48,526,475.50	2.60%	04国开16	32,070,000.00	1.34%	04国开16	32,070,000.00	1.27%
	歌华转债	13,218,110.30	0.94%	02国债(14)	46,778,152.50	2.51%	02国债(10)	22,387,974.00	0.93%	05国债02	29,400,000.00	1.16%
	燕京转债	11,300,198.40	0.81%	05国债02	45,906,579.20	2.46%	招行转债	17,682,171.60	0.74%	02国债(10)	22,322,709.50	0.88%
	金牛转债	3,925,760.00	0.28%	02国债(10)	40,891,200.00	2.19%	歌华转债	17,673,568.90	0.74%	歌华转债	19,804,063.30	0.78%
	侨城转债	2,347,651.80	0.17%	招行转债	25,228,308.60	1.35%	03国债(1)	13,147,333.00	0.55%	21国债(15)	10,883,022.80	0.43%

易方达50指数证券投资基金

基本资料					
基金简称	易基50			交易代码	110003
投资目标	在严格控制与目标指数偏离风险的前提下，力争获得超越指数的投资收益，追求长期资本增值。				
业绩比较基准	上证50指数				
风险收益特征	该基金为中等风险的证券投资基金，基金控制与基准的偏离风险，同时力争获得超越基准的收益。				
合同生效日	2004年3月22日	上市日期	——	上市地点	——
募集概况	首募规模	认购户数	募集日期		
	50.49亿份	70192户	2004年2月18日至2004年3月18日		
基金费率	认购费率	申购费率	赎回费率	管理费率	托管费率
	不高于1.00%	不高于1.50%	不高于0.50%	1.20%	0.20%
基金管理人	易方达基金管理有限公司		基金托管人	交通银行股份有限公司	
审计机构	安永华明会计师事务所	法律顾问	北京市天元律师事务所	注册登记人	易方达基金管理有限公司

财务指标　　单位：人民币(元)

项目 \ 年度	2005年度	2004年3月22日至2004年12月31日
基金份额本期净收益	−0.0862	−0.0201
期末可分配基金份额收益	−0.1268	−0.1230
期末基金份额净值	0.8732	0.8770
基金加权平均净值收益率	−10.18%	−2.18%
本期基金份额净值增长率	−0.43%	−12.30%
基金份额累计净值增长率	−12.68%	−12.30%
基金收益分配	自基金合同生效以来未实现收益分配。	
期末基金份额持有人户数	基金份额持有人户数为60,971户，平均每户持有87,365.57份。	
期末基金份额持有人结构	机构投资者持有2,591,162,867.79份，占总份额48.64%；个人投资者持有2,735,603,479.69份，占总份额51.36%。	

基金净值增长率与业绩基准收益率对比图（单位：%）

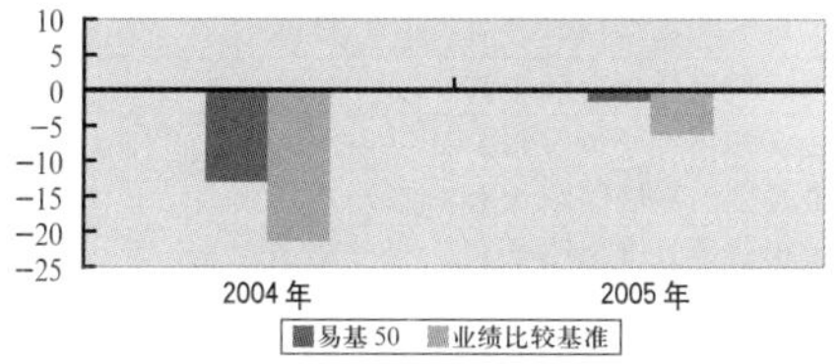

【基金业绩表现】

2005年，易方达50指数基金全年净值增长−0.43%，同期业绩基准增长−5.50%；超越业绩基准5.07%，年化跟踪误差为2.66%，控制在基金合同要求的4%以内。

【基金管理团队】

马骏先生：理学学士。历任深圳众大投资有限公司投资主管，广发证券有限责任公司研究发展中心研究员。2001年4月至今，在易方达基金管理有限公司投资管理部工作，现任科讯基金基金经理，易方达50指数基金基金经理。

王守章先生：理学学士。曾任长盛基金管理有限公司证券分析员。2002年10月进入易方达基金管理有限公司，曾任投资管理部研究员，主要负责投资数量分析支持，现任易方达50指数基金基金经理。

【基金运作分析】

基于公司对宏观政策、行业及个股基本面的分析判断，易方达50指数基金在年初就对组合进行了大幅的优化和增强：对于周期因素及估值偏高的成份股少配或不配，而对居于行业龙头的大盘蓝筹股则加大配置；在股改开始后，优先加大尚未股改个股的配置，而对于已经支付了股改对价的个股则根据其基本面情况降低其配置权重。这一优化策略事后证明是成功的，取得了良好的优化超额业绩。另外，在对非成分股的增强方面，充分利用基金合同赋予的空间，在贵州茅台、中兴通讯、歌华有线、现代制药等非成分股的配置上给基金业绩带来了较好的贡献。

【季度投资组合一览】

项目 \ 季度	第一季度			第二季度			第三季度			第四季度		
基金资产净值	3,965,241,608.72元			4,532,867,871.47元			3,835,806,921.39元			4,651,552,479.76元		
基金份额	4,698,660,698.52份			5,536,795,060.30份			4,483,474,431.00份			5,326,766,347.48份		
基金份额净值	0.8439元			0.8187元			0.8555元			0.8732元		
基金资产组合	市值(元)		占总资产比例	市值(元)		占总资产比例	市值(元)		占总资产比例	市值(元)		占总资产比例
股票投资	3,765,943,580.12		94.72%	4,131,285,267.30		90.26%	3,627,220,199.09		93.93%	4,270,596,743.77		87.41%
债券投资	——		——	——		——	——		——	——		——
银行存款和清算备付金	208,549,521.46		5.25%	351,749,890.76		7.68%	232,791,102.92		6.03%	489,235,301.42		10.01%
其他资产	1,430,266.03		0.03%	94,122,060.37		2.06%	1,382,669.23		0.04%	125,948,495.04		2.58%
指数投资部分前五名股票明细	股票名称	市值(元)	占净值比例	股票名称	市值(元)	占净值比例	股票名称	市值(元)	占净值比例	股票名称	市值(元)	占净值比例
	招商银行	377,349,537.60	9.52%	上海机场	421,672,914.00	9.30%	招商银行	337,515,990.60	8.80%	中国联通	450,140,188.40	9.68%
	上海机场	348,975,000.00	8.80%	中国联通	400,521,860.18	8.84%	上海机场	334,009,401.60	8.71%	上海机场	414,742,560.40	8.92%
	长江电力	304,442,908.80	7.68%	招商银行	392,530,149.12	8.66%	G长电	302,659,214.88	7.89%	招商银行	389,269,654.76	8.37%
	中国联通	302,244,411.18	7.62%	宝钢股份	374,180,775.96	8.25%	民生银行	285,241,143.84	7.44%	中国石化	330,784,042.00	7.11%
	中国石化	302,049,370.70	7.62%	长江电力	341,506,000.00	7.53%	G宝钢	278,200,000.00	7.25%	G宝钢	327,035,856.20	7.03%
积极投资部分前五名股票明细	股票名称	市值(元)	占净值比例	股票名称	市值(元)	占净值比例	股票名称	市值(元)	占净值比例	股票名称	市值(元)	占净值比例
	贵州茅台	90,520,167.75	2.28%	贵州茅台	150,253,906.80	3.31%	中兴通讯	84,441,048.30	2.20%	G中兴	119,221,703.64	2.56%
	西山煤电	48,378,501.04	1.22%	振华港机	51,191,289.66	1.13%	歌华有线	68,803,108.22	1.79%	歌华有线	95,117,835.96	2.04%
	烟台万华	32,261,712.84	0.81%	西山煤电	34,346,586.26	0.76%	西山煤电	27,912,578.80	0.73%	G西煤	91,265,724.24	1.96%
	华联超市	26,656,490.77	0.67%	华联超市	25,464,340.02	0.56%	华联超市	24,434,323.48	0.64%	现代制药	29,933,767.08	0.64%
	小商品城	20,324,470.62	0.51%	广州控股	23,009,965.21	0.51%	同仁堂	21,222,563.00	0.55%	G万科A	29,308,000.00	0.63%

易方达积极成长证券投资基金

基本资料

基金简称	易基积极		交易代码	110005	
投资目标	该基金主要投资超速成长公司，以实现基金资产的长期最大化增值。				
业绩比较基准	上证A股指数	风险收益特征	该基金属于中等偏高风险水平的基金品种。		
合同生效日	2004年9月9日	上市日期	——	上市地点	——
募集概况	首募规模	认购户数	募集日期		
	11.58亿份	15522户	2004年8月6日至2004年9月6日		
基金费率	认购费率	申购费率	赎回费率	管理费率	托管费率
	不高于1.00%	不高于1.50%	不高于0.50%	1.50%	0.25%
基金管理人	易方达基金管理有限公司		基金托管人	中国银行股份有限公司	
审计机构	普华永道中天会计师事务所	法律顾问	北京市德恒律师事务所	注册登记人	易方达基金管理有限公司

财务指标 单位：人民币(元)

项目 \ 年度	2005年度	2004年9月9日至2004年12月31日
基金份额本期净收益	0.0138	-0.0010
期末可分配基金份额收益	-0.0059	-0.0010
期末基金份额净值	1.0332	1.0001
基金加权平均净值收益率	1.35%	-0.10%
本期基金份额净值增长率	5.31%	0.01%
基金份额累计净值增长率	5.32%	0.01%
基金收益分配	本年度每10份派现0.200元；成立以来每10份累计派现0.200元。	

基金净值增长率与业绩基准收益率对比图（单位：%）

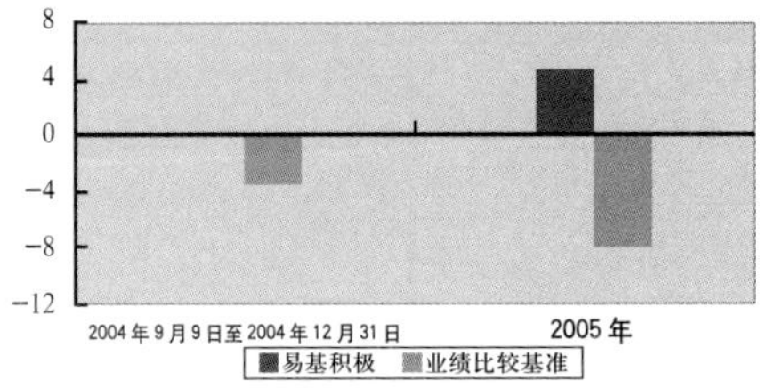

期末基金份额持有人户数	基金份额持有人户数为12,107户，平均每户持有103,203.24份。
期末基金份额持有人结构	机构投资者持有822,224,483.25份，占总份额65.81%；个人投资者持有427,257,109.73份，占总份额34.19%。

【基金业绩表现】

2005年，易方达积极成长基金净值增长5.31%。

【基金管理团队】

陈志民先生：法学硕士、公共管理硕士。曾在南方基金管理公司任天元基金基金经理助理、投资部副经理。2001年4月进入易方达基金管理有限公司，先后任科翔和科瑞基金的基金经理，现任基金投资部副总经理、易方达积极成长基金经理。

梁天喜先生：工学硕士。曾在大鹏证券综合研究所从事行业和上市公司研究，2003年2月进入易方达基金管理有限公司，曾任投资管理部副总经理、科汇基金基金经理，现任易方达积极成长基金基金经理。

刘超安先生：经济学硕士。曾在大成基金管理公司研究部从事金融、食品行业研究工作。2002年7月进入易方达基金管理公司，现任科汇基金经理和易方达积极成长基金经理。

【基金运作分析】

2005年是积极成长基金运作的第一个完整年度。在资产配置方面，上半年，该基金积极防守并在防守中伺机进攻，保持了较高的股票资产配置比重。三季度，基金适度降低了股票资产的比重，增加了低风险的转债品种。四季度，基金投资策略由偏重防御逐步转向稳健进攻，在11月份转向了积极进攻，大幅度提高了股票资产的配置比重；在选股上，该基金在上半年，行业配置相对均衡，对于抗周期或弱周期类的消费品、资源类、公用事业等行业的股票配置比重较大；三季度中期，基金调整了组合的结构，增持了部分预期可能进行股改的公司股票，减持了一些股改动力不足或难度较大的个股。四季度，重点增持了业绩增长预期清晰的高成长性公司。

【季度投资组合一览】

项目 \ 季度	第一季度			第二季度			第三季度			第四季度		
基金资产净值	1,191,544,701.88元			1,274,977,553.92元			1,269,789,430.93元			1,290,935,957.07元		
基金份额	1,142,608,846.96份			1,250,133,841.17份			1,239,314,617.74份			1,249,481,592.98份		
基金份额净值	1.0428元			1.0199元			1.0246元			1.0332元		
基金资产组合	市值(元)		占总资产比例	市值(元)		占总资产比例	市值(元)		占总资产比例	市值(元)		占总资产比例
股票投资	894,941,129.66		74.60%	842,261,712.42		65.56%	953,607,445.25		74.35%	1,053,180,196.05		76.30%
债券投资	100,390,326.42		8.37%	105,729,976.56		8.23%	71,872,726.16		5.60%	74,625,536.30		5.41%
银行存款和清算备付金	196,912,368.86		16.41%	298,439,616.86		23.23%	244,158,916.01		19.04%	214,688,660.74		15.55%
应收证券清算款	4,636,768.39		0.39%	4,888,322.24		0.38%	5,717,790.75		0.44%	36,621,049.82		2.65%
其他资产	2,831,008.92		0.23%	33,460,698.25		2.60%	7,248,290.94		0.57%	1,296,063.31		0.09%
投资前五名股票明细	股票名称	市值(元)	占净值比例	股票名称	市值(元)	占净值比例	股票名称	市值(元)	占净值比例	股票名称	市值(元)	占净值比例
	上海机场	103,000,573.50	8.64%	上海机场	122,863,000.00	9.64%	G长电	113,681,756.64	8.95%	上海机场	107,313,640.00	8.31%
	长江电力	102,928,945.00	8.64%	长江电力	102,125,000.00	8.01%	贵州茅台	106,023,791.42	8.35%	贵州茅台	90,569,386.00	7.02%
	贵州茅台	85,154,700.00	7.15%	贵州茅台	97,278,180.00	7.63%	上海机场	104,799,161.60	8.25%	G万科A	61,204,598.93	4.74%
	西山煤电	74,609,379.08	6.26%	双汇发展	55,155,790.98	4.33%	华侨城A	47,286,825.00	3.72%	华侨城A	60,400,760.00	4.68%
	深赤湾A	51,189,202.80	4.30%	招商银行	46,705,195.68	3.66%	西山煤电	35,621,732.00	2.81%	G中兴	55,571,195.34	4.30%
投资前五名债券明细	债券名称	市值(元)	占净值比例	债券名称	市值(元)	占净值比例	债券名称	市值(元)	占净值比例	债券名称	市值(元)	占净值比例
	招行转债	54,624,768.00	4.58%	招行转债	70,452,594.90	5.53%	招行转债	25,562,843.40	2.01%	歌华转债	29,759,704.10	2.31%
	晨鸣转债	23,314,682.52	1.96%	晨鸣转债	22,994,945.76	1.80%	晨鸣转债	22,777,437.76	1.79%	晨鸣转债	22,055,311.20	1.71%
	万科转2	22,450,875.90	1.88%	万科转2	12,282,435.90	0.96%	万科转2	13,511,563.80	1.06%	国电转债	10,004,328.40	0.78%
	——	——	——	——	——	——	国电转债	10,020,881.20	0.79%	招行转债	7,654,675.60	0.59%
	——	——	——	——	——	——	——	——	——	包钢转债	5,151,517.00	0.40%

易方达货币市场基金

基本资料

基金简称	易基货币		交易代码	110006	
投资目标	在确保本金安全和高流动性的前提下，追求超过基准的回报。				
业绩比较基准	一年期银行定期储蓄存款的税后利率：(1－利息税率)×一年期银行定期储蓄存款利率				
风险收益特征	该基金属于高流动性、低风险的基金品种，其预期风险和预期收益率都低于股票基金、债券基金和混合基金。				
合同生效日	2005年2月2日	上市日期	——	上市地点	——
募集概况	首募规模	认购户数	募集日期		
	36.22亿份	23390户	2005年1月4日至2005年1月25日		

基金费率	认购费率	申购费率	赎回费率	管理费率	托管费率	销售服务费率
	0	0	0	0.33%	0.10%	0.25%

基金管理人	易方达基金管理有限公司	基金托管人	中国银行股份有限公司		
审计机构	安永华明会计师事务所	法律顾问	北京市德恒律师事务所	注册登记人	易方达基金管理有限公司

财务指标　单位：人民币(元)

项目＼年度	2005年2月2日至2005年12月31日
本期净收益	195,453,946.31
期末基金资产净值	9,589,017,562.71
期末基金份额净值	1.0000
本期净值收益率	2.1172%
累计净值收益率	2.1172%
基金收益分配	自基金合同生效以来每10份累计派现0.2097元。该基金收益分配是按月结转份额。
备注	该基金合同生效于2005年2月2日，截至2005年12月31日，基金合同生效未满一年。

基金收益率与同期业绩基准收益率对比图（单位：%）

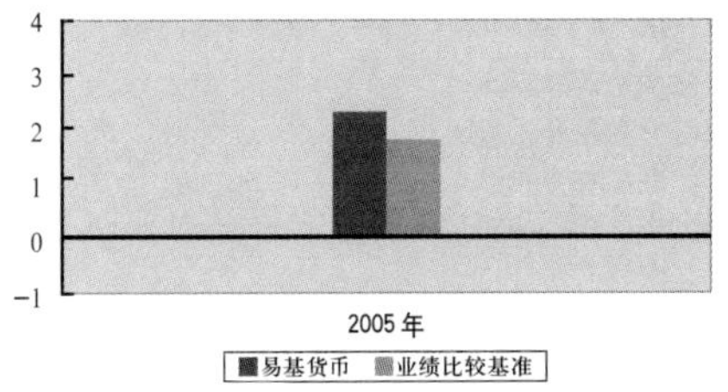

期末基金份额持有人户数	基金份额持有人户数为38,138户，平均每户持有251,429.48份。
期末基金份额持有人结构	机构投资者持有5,476,324,553.14份，占总份额57.11%；个人投资者持有4,112,693,009.57份，占总份额42.89%。

【基金业绩表现】

截至2005年12月31日，易方达货币市场基金成立来总回报2.1172%，折年率2.3207%，同期比较基准收益1.6422%(年收益1.80%)，基金总回报超越比较基准0.4750%。

【基金管理团队】

林海先生：经济学硕士。1993至1997年在万国证券公司湖北武汉营业部从事客户管理和投资研究工作。2001年4月至今，在易方达基金管理有限公司工作，曾任研究员、基金经理助理、固定收益投资经理，现任易方达基金管理有限公司固定收益部副总经理，易方达货币市场基金基金经理，易方达月月收益中短期债券投资基金基金经理。

【基金运作分析】

2005年，货币市场利率的快速下滑导致该基金的投资对象收益率下降，基金收益率也随之逐渐下降。另一方面，市场利率的下滑也导致易方达货币市场基金的原有资产出现较大幅度的浮动盈利。该基金在建仓初期正确预见了货币市场收益率的变化趋势，采取了尽可能提高基金久期的投资策略，为基金积累了较多高收益的投资品种。这些资产在2005年中为基金带来了持续稳定的收益。

第四季度货币市场利率的快速反弹为基金提供了较好的投资机会，尤其是企业短期融资券市场利率的迅速上升。易方达货币市场基金在第四季度把握机会增加了央行票据和企业短期融资券的投资。提高了资产组合的平均期限。

【季度投资组合一览】

项目＼季度	第二季度			第三季度			第四季度		
基金资产净值	8,441,454,553.80元			10,373,625,815.77元			9,589,017,562.71元		
基金份额	8,441,454,553.80份			10,373,625,815.77份			9,589,017,562.71份		
基金份额净值	1.0000元			1.0000元			1.0000元		
基金资产组合	市值(元)		占总资产比例	市值(元)		占总资产比例	市值(元)		占总资产比例
债券投资	9,862,361,572.86		90.38%	10,565,546,914.05		86.58%	9,983,893,220.17		87.86%
买入返售证券	135,000,000.00		1.24%	——		——	——		——
银行存款和清算备付金	309,304,175.15		2.83%	1,597,038,584.62		13.09%	1,347,099,291.11		11.85%
其他资产	605,365,973.50		5.55%	40,191,928.32		0.33%	32,940,782.35		0.29%
投资前五名债券明细	债券名称	摊余成本(元)	占资产净值比例	债券名称	摊余成本(元)	占资产净值比例	债券名称	摊余成本(元)	占资产净值比例
	04建行03浮	958,912,347.42	11.36%	05央行票据22	1,159,820,027.19	11.18%	05央行票据22	1,017,065,223.07	10.61%
	05央行票据18	788,011,191.15	9.34%	05工行03	997,989,408.14	9.62%	05工行03	699,508,866.17	7.29%
	05央行票据22	660,324,757.29	7.82%	04建行03浮	958,295,613.75	9.24%	05联通CP01	666,743,418.03	6.95%
	05央行票据26	639,924,111.86	7.58%	05央行票据42	821,361,982.37	7.92%	05央行票据42	527,545,754.25	5.50%
	04央行票据103	593,071,006.00	7.03%	05农发02	548,623,829.80	5.29%	04央行票据103	498,675,485.38	5.20%
投资组合剩余期限	平均剩余期限		占资产净值比例	平均剩余期限		占资产净值比例	平均剩余期限		占资产净值比例
	30天以内		9.53%	30天以内		18.34%	30天以内		9.17%
	30天(含)–60天		4.03%	30天(含)–60天		4.25%	30天(含)–60天		9.88%
	60天(含)–90天		9.19%	60天(含)–90天		13.52%	60天(含)–90天		25.54%
	90天(含)–180天		30.15%	90天(含)–180天		42.21%	90天(含)–180天		30.18%
	180天(含)–397天(含)		69.20%	180天(含)–397天(含)		38.93%	180天(含)–397天(含)		43.39%

易方达月月收益中短期债券投资基金

基本资料

基金简称	月月收益A级/月月收益B级			交易代码	月月收益A级：110007／月月收益B级：110008		
投资目标	力求在本金稳妥以及降低基金净值波动风险的前提下，取得超过比较基准的稳定回报。						
业绩比较基准	二年期银行定期储蓄存款的税后利率：(1－利息税率)×二年期银行定期储蓄存款利率						
风险收益特征	该基金属于高流动性、低风险的基金品 种，其预期的风险水平和预期收益率低于中长期债券基金、混合基金，高于货币市场基金。						
合同生效日	2005年9月19日		上市日期	——		上市地点	——
募集概况	首募规模		认购户数	募集日期			
	A级:59.18亿份/B级:55.39亿份		50570户	2005年8月8日至2005年9月13日			
基金费率	认购费率	申购费率	赎回费率	管理费率	托管费率	销售服务费率	
	0	0	0	0.50%	0.15%	月月收益A级:0.25%/月月收益B级:0.01%	
基金管理人	易方达基金管理有限公司				基金托管人	中国银行股份有限公司	
审计机构	普华永道中天会计师事务所	法律顾问			注册登记人	易方达基金管理有限公司	

财务指标 单位：人民币(元)

项目 \ 年度	2005年9月19日至2005年12月31日	
	月月收益A级	月月收益B级
基金份额本期净收益	0.0057	0.0063
期末可分配基金份额收益	0.0003	0.0004
期末基金份额净值	1.0003	1.0004
基金加权平均净值收益率	0.5682%	0.6339%
本期基金份额净值增长率	0.5710%	0.6413%
基金份额累计净值增长率	0.5710%	0.6413%
基金收益分配	自基金合同生效以来每10份派现0.054元	自基金合同生效以来每10份派现0.060元
备注	该基金合同生效于2005年9月19日，截至2005年12月31日，基金合同生效未满一年。	

基金净值增长率与业绩基准收益率对比图（单位：%）

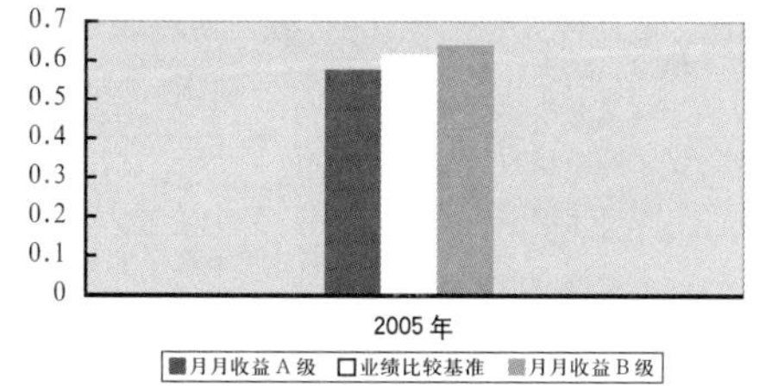

期末基金份额持有人户数	月月收益A级：基金份额持有人户数为52,682户，平均每户持有125,850.54份。 月月收益B级：基金份额持有人户数为78户，平均每户持有30,203,993.92份。
期末基金份额持有人结构	月月收益A级：机构投资者持有210,470,892.19份，占总份额2.34%；个人投资者持有6,419,587,163.68份，占总份额71.44%。 月月收益B级：机构投资者持有1,831,443,781.20份，占总份额20.38%；个人投资者持有524,467,744.70份，占总份额5.84%。

【基金业绩表现】

2005年，易方达月月收益A级份额累计净值为1.0057元，本期基金净值增长0.5710%，累计分红0.0054元；月月收益B级份额累计净值为1.0064元，本期基金净值增长0.6413%，累计分红0.0060元。同期业绩比较基准收益率为0.6150%。

【基金管理团队】

林海先生：经济学硕士。1993至1997年在万国证券公司湖北武汉营业部从事客户管理和投资研究工作。2001年4月至今，在易方达基金管理公司工作，曾任研究员、基金经理助理、固定收益投资经理，现任易方达基金管理有限公司固定收益部副总经理，易方达货币市场基金基金经理、易方达月月收益中短期债券投资基金基金经理。

沈涛先生：经济学博士。曾任海南证券公司上海业务部经纪业务主管、君安证券业务经理、广发证券公司研发中心研究员。2004年8月至今，在易方达基金管理有限公司工作，曾任行业研究员、基金经理助理，现任易方达月月收益中短期债券投资基金基金经理。

【基金运作分析】

2005年债市在四季度呈现出大幅波动的特点。上证国债指数在10月下旬走到全年的最高位109.73后，开始了为期一个月的回落，最大跌幅达2.28%；但接着又出现大幅回升，到12月末几乎回到全年高点。易方达月月收益基金在9月中旬成立后采取了稳步建仓的策略，基金资产没有受到太大的影响。

展望2006年，在投资管理方面，易方达月月收益基金将在注重选择和捕捉较高收益品种投资机会的同时，高度重视信用类品种的风险管理，将安全性放在首位。在操作策略上，该基金将在提高骑乘效率的同时，更重视行情波动带来的机会，采取主动策略以尽可能提高基金的收益。

【季度投资组合一览】

项目 \ 季度	第四季度			
	月月收益A级		月月收益B级	
基金资产净值	6,632,156,300.61元		2,356,852,928.44元	
基金份额	6,630,058,055.87份		2,355,911,525.90份	
基金份额净值	1.0003元		1.0004元	
基金资产组合	市值(元)		占总资产比例	
债券投资	10,008,154,410.79		98.15%	
银行存款和清算备付金	103,058,132.89		1.01%	
其他资产	85,256,004.26		0.84%	
投资前五名债券明细	序号	债券名称	市值(元)	占净值比例
	1	05农发12	1,207,740,957.39	13.44%
	2	05兴业01	998,583,561.46	11.11%
	3	05农发14	996,755,212.80	11.09%
	4	05农发08	781,632,962.68	8.70%
	5	05中电信CP01	703,208,052.09	7.82%

宝盈基金管理有限公司

法定名称	宝盈基金管理有限公司	英文名称	BAOYING FUND MANAGEMENT CO.,LTD
成立日期	2001年5月18日	注册资本	1亿元人民币
法人代表	李建生	总 经 理	陆金海
联系电话	0755-83276688	客服电话	0755-83276688
传真号码	0755-83515599	公司网址	www.byfunds.com
注册地址	深圳市福田区深圳特区报业大厦15层	办公地址	深圳市福田区深圳特区报业大厦15层

● 发展概况

宝盈基金管理有限公司是我国首批按照中国证监会“新的治理结构、新的内控体系”标准成立的基金管理公司之一。公司成立于2001年5月18日，注册资本1亿元人民币，注册地在深圳。目前股东为衡平信托投资有限责任公司、成都工业投资经营有限责任公司和中国对外经济贸易信托投资有限公司。

在组织结构上，宝盈基金管理有限公司设立了投资决策委员会和风险管理委员会，下设基金管理部、机构客户部、研究部、集中交易室、市场开发部、北京办事处、上海办事处、基金运营部、监察稽核部、公司财务部和总经理办公室11个部门。

在人员构成上，截至2005年末，宝盈基金管理有限公司拥有员工57人，其中61.4%具有硕士以上学历，66.7%以上员工具有3年以上证券从业经验或5年以上金融从业经验；部门经理以上人员平均证券从业年限7年。

● 经营业绩

2005年，宝盈基金管理有限公司完成了宝盈泛沿海区域增长股票基金的募集设立，该基金于1月6日起发行，基金合同生效于2005年3月8日。宝盈泛沿海区域增长股票基金是我国首只区域型基金，主要投资于在泛沿海地区的19个省市注册的上市公司。该基金以“基本面因素决定长期投资价值，泛沿海地区经济高速增长蕴藏投资机会”为理念，通过投资于泛沿海区域有增长潜力的上市公司，有效分享中国经济快速增长的成果。在产品设计中，宝盈泛沿海基金运用区域选股、数量化选股和基本面选股相结合的方式选择个股，开创了股票基金投资的新思路，由此，在深圳市证券业协会举办的“2005年度金融创新奖”评选中，宝盈基金管理有限公司荣获了“2005年度金融创新奖”。截至2005年12月31日，宝盈基金管理有限公司共管理基金鸿飞、基金鸿阳两只封闭式基金和宝盈鸿利收益、宝盈泛沿海两只开放式基金，公司管理资产规模31.01亿份。

在投资业绩上，宝盈泛沿海基金自2005年3月成立以来投资稳健、业绩表现良好，截至2005年12月31日，基金净值增长率为3.21%，同期业绩基准增长率为-7.41%，上证综指下跌11.93%，该基金表现优于业绩基准和上证综指，并于2005年8月25日实现了首次分红，每10份基金份额派现0.300元，给投资者带来了较好的收益回报；宝盈鸿利收益基金是宝盈基金管理有限公司旗下首只开放式基金，2005年该基金在仓位和投资结构作了较大幅度的调整，提高了房地产、银行、商业、消费品等稳定增长和稳定收益的上市公司的配置比例，适度增持部分具有良好成长性的资源类上市公司，为基金长期的业绩表现打下了基础，2005年宝盈鸿利收益基金实现收益回报-4.79%，超越同期业绩比较基准收益2.17个百分点。

近三年公司管理基金资产规模与基金数量

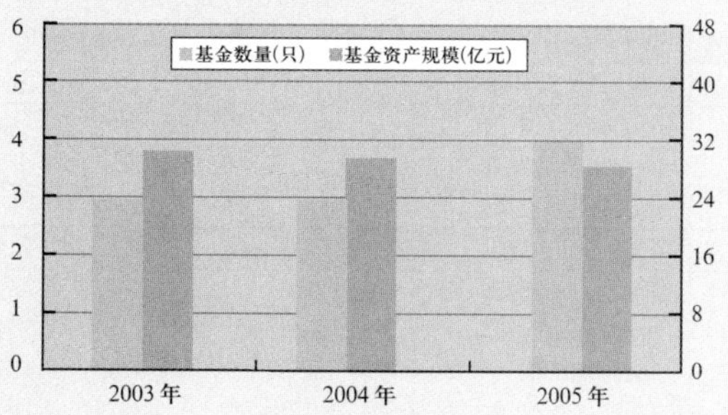

公司股东结构

股东名称	出资金额(万元)	出资比例(%)
衡平信托投资有限责任公司	4900.00	49.00
成都工业投资经营有限责任公司	2600.00	26.00
中国对外经济贸易信托投资有限公司	2500.00	25.00

公司高管介绍

李建生女士：董事长。1954年12月出生，广西省平南人，中共党员，本科毕业，现任宝盈基金管理有限公司董事长、衡平信托投资有限责任公司董事长，中国铁路工程总公司总会计师、总法律顾问。

陆金海先生：总经理。1970年5月出生，安徽凤阳人，中共党员，厦门大学经济学博士。曾任南方基金管理有限公司金融工程部总监、信息技术部总监、投资策略部总监。2006年4月加入宝盈基金管理有限公司，现任宝盈基金管理有限公司总经理。

鸿飞证券投资基金

基本资料

基金简称	基金鸿飞		交易代码	184700	
投资目标	在严格控制投资风险的前提下，实现基金资产的稳定增长，为基金持有人谋求长期最佳收益。				
业绩比较基准	无				
风险收益特征	风险水平和期望收益相对较高				
合同生效日	2001年5月18日	上市日期	2001年11月28日	上市地点	深圳证券交易所
基金总份额	5亿份	存 续 期	至2008年4月14日		
基金管理人	宝盈基金管理有限公司	基金托管人	中国建设银行		
审计机构	普华永道中天会计师事务所	法律顾问	北京天元律师事务所	注册登记人	中国证券登记结算有限责任公司深圳分公司

财务指标 单位：人民币(元)

项目 \ 年度	2005年度	2004年度	2003年度
基金份额本期净收益	−0.1828	0.1146	−0.0878
期末可分配基金份额收益	−0.1729	−0.0104	−0.1047
期末基金份额净值	0.8927	0.9896	1.0493
基金加权平均净值收益率	−20.14%	10.97%	−9.27%
本期基金份额净值增长率	−9.79%	−5.69%	25.29%
基金份额累计净值增长率	−11.49%	−1.88%	4.04%
基金收益分配	自基金合同生效以来未实现收益分配。		

基金净值增长率与业绩基准收益率对比图（单位：%）

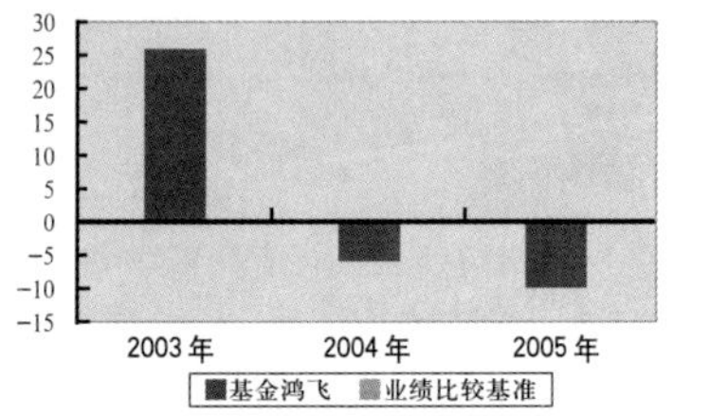

期末基金份额持有人户数	基金份额持有人户数为44,463户，平均每户持有11,245.31份。
期末基金份额持有人结构	机构投资者持有266,887,409份，占总份额53.38%；个人投资者持有233,112,591份，占总份额46.62%。

【基金业绩表现】

截至2005年12月31日，鸿飞基金份额净值为0.8927元，全年净值增长率为−9.79%，同期上证指数下跌8.33%。

【基金管理团队】

陈茂仁先生：基金经理。医学博士，金融学博士生，5年基金从业经验。先后任职于平安证券综合研究所、宝盈基金管理公司，现任鸿飞基金基金经理。

【基金运作分析】

2005年上半年，股市先扬后抑，在年初延续了2004年局部牛市的局面，部分绩优股持续上涨。进入二季度以后，随着宏观调控的效应逐渐显现，上市公司利润增速回落的现象给市场带来较大的压力，对周期性行业产能过剩的忧虑促使部分权重股大幅回调，市场在6月初达到低点。进入下半年，市场逐步走出谷底，投资者对后市重拾信心，股市先抑后扬。

2005年，鸿飞基金在投资中，首先在股票组合的构建上过于偏重"自下而上"，强调了对公司基本素质的认识，忽视了组合资产在行业配置上的均衡，致使在二、三季度市场深幅调整时组合内周期行业上市公司的比重偏高，部分重仓股下跌严重。其次，在二季度市场调整过程中受市场情绪的影响进行了不恰当的择时操作，基金股票仓位在5月末降至最低，错过了6月以后市场上升的收益。基于以上认识，11月以后，鸿飞基金对股票组合进行了较大幅度的调整，降低了周期性行业的比重，增加了以资源为主的价值类股票和以科技为主的成长类股票配置，取得了一定成效，但从全年看，基金净值遭受了较大的损失。

展望2006年，鸿飞基金在投资策略上将由防御逐步向进攻转化，但仍以稳健为主，即谋求优势行业间的均衡配置，仅对少数重点优势行业进行集中超额配置，并不断根据经济、市场状况进行动态调整。在个股选择上，坚持自下而上的重点研究，强调公司的核心竞争优势和持续增长能力。

【季度投资组合一览】

项目 \ 季度	第一季度		第二季度		第三季度		第四季度	
基金资产净值	466,773,455.80元		429,880,785.93元		445,700,064.55元		446,348,171.34元	
基金份额净值	0.9335元		0.8598元		0.8914元		0.8927元	
基金资产组合	市值(元)	占总资产比例	市值(元)	占总资产比例	市值(元)	占总资产比例	市值(元)	占总资产比例
股票投资	346,306,827.31	63.64%	289,922,804.87	63.85%	330,228,930.48	73.74%	322,799,028.50	71.92%
债券投资	108,681,374.80	19.97%	90,538,846.50	19.94%	97,343,374.70	21.73%	93,105,498.10	20.75%
银行存款和清算备付金	6,428,408.59	1.18%	47,742,820.84	10.52%	19,317,780.33	4.31%	28,162,278.59	6.27%
其他资产	82,757,860.66	15.21%	25,843,975.94	5.69%	968,228.13	0.22%	4,753,263.30	1.06%

投资前五名股票明细	股票名称	市值(元)	占净值比例	股票名称	市值(元)	占净值比例	股票名称	市值(元)	占净值比例	股票名称	市值(元)	占净值比例
	盐田港A	28,915,845.44	6.19%	东阿阿胶	20,597,337.60	4.79%	中国重汽	22,149,585.92	4.97%	G中兴	25,445,302.05	5.70%
	东阿阿胶	25,258,508.80	5.41%	中国重汽	20,374,439.68	4.74%	盐田港A	21,257,232.15	4.77%	G长电	24,598,477.44	5.51%
	中国重汽	22,944,427.52	4.92%	招商银行	17,849,700.00	4.15%	中兴通讯	20,312,449.08	4.56%	招商银行	19,829,669.50	4.44%
	中兴通讯	21,560,537.04	4.62%	天津港	17,369,667.20	4.04%	东阿阿胶	20,250,899.20	4.54%	盐田港A	18,680,597.95	4.19%
	招商银行	16,909,200.00	3.62%	中兴通讯	16,684,965.36	3.88%	中国石化	20,007,780.87	4.49%	生益科技	17,996,618.70	4.03%

投资前五名债券明细	债券名称	市值(元)	占净值比例	债券名称	市值(元)	占净值比例	债券名称	市值(元)	占净值比例	债券名称	市值(元)	占净值比例
	20国债(4)	40,458,640.00	8.67%	20国债(4)	41,271,660.00	9.60%	04国开14	32,280,000.00	7.24%	04国开14	32,280,000.00	7.23%
	04国债(5)	39,908,400.00	8.55%	02进出03	20,000,000.00	4.65%	20国债(4)	22,680,000.00	5.09%	02进出03	20,000,000.00	4.48%
	20国债(10)	11,856,420.00	2.54%	20国债(10)	11,991,342.00	2.79%	02进出03	20,000,000.00	4.49%	20国债(4)	17,549,640.00	3.93%
	99国开02	5,997,000.00	1.28%	99国开02	5,997,000.00	1.40%	20国债(10)	9,035,658.00	2.03%	20国债(10)	8,992,746.00	2.01%
	04国开10	5,011,000.00	1.07%	04国开10	5,011,000.00	1.17%	99国开02	5,997,000.00	1.35%	99国开02	5,997,000.00	1.34%

鸿阳证券投资基金

基本资料

基金简称	基金鸿阳	交易代码	184728		
投资目标	该基金主要投资于业绩能够持续高速增长的成长型上市公司和业绩优良而稳定的价值型上市公司，利用成长型和价值型两种投资方法的复合效果更好地分散和控制风险，在保持基金资产良好的流动性的基础上，实现基金资产的稳定增长，为基金持有人谋求长期最佳利益。				
业绩比较基准	无				
风险收益特征	风险水平和期望收益适中				
合同生效日	2001年12月10日	上市日期	2001年12月18日	上市地点	深圳证券交易所
基金总份额	20亿份	存 续 期	15年		
基金管理人	宝盈基金管理有限公司	基金托管人	中国农业银行		
审计机构	普华永道中天会计师事务	法律顾问	北京天元律师事务所	注册登记人	中国证券登记结算有限责任公司深圳分公司

财务指标　　单位：人民币(元)

项目 \ 年度	2005年度	2004年度	2003年度
基金份额本期净收益	−0.0282	0.0081	−0.1137
期末可分配基金份额收益	−0.1423	−0.1141	−0.1222
期末基金份额净值	0.9341	0.9503	0.9744
基金加权平均净值收益率	−3.03%	0.81%	−12.49%
本期基金份额净值增长率	−1.70%	−2.47%	15.95%
基金份额累计净值增长率	−4.70%	−3.06%	−0.60%
基金收益分配	本年度未实现收益分配；成立以来每10份累计派现0.215元。		
期末基金份额持有人户数	基金份额持有人户数为43,119户，平均每户持有46,383份。		
期末基金份额持有人结构	机构投资者持有884,159,957份，占总份额44.21%；个人投资者持有1,115,840,043份，占总份额55.79%。		

基金净值增长率与业绩基准收益率对比图（单位：%）

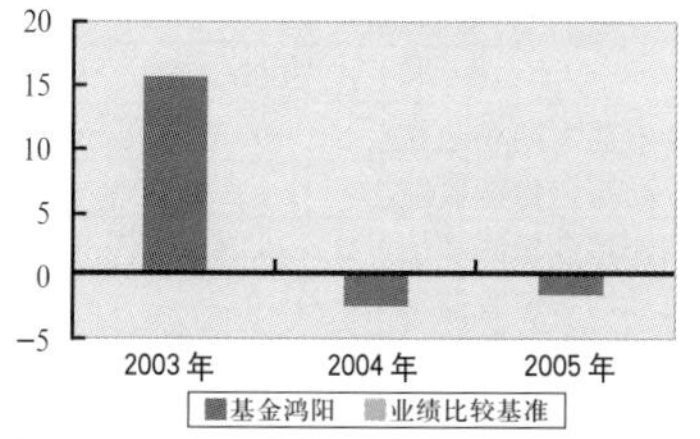

【基金业绩表现】

截至2005年12月31日，鸿阳基金份额净值为0.9341元，全年净值增长−1.70%，同期上证A股指数的增幅为−8.22%，上证50指数的增幅为−5.47%。

【基金管理团队】

蒋峰先生：基金经理。金融学博士，半年证券从业经历，3年基金从业经历。曾在厦门宏达证券事务所和厦门联合信托从事证券研究与投资咨询工作。2001年进入鹏华基金管理有限公司，曾先后担任研究部投资策略分析师、宏观经济分析师、社保基金理财经理助理等工作。2003年8月加盟宝盈基金管理有限公司。同年11月起担任鸿阳基金基金经理。

【基金运作分析】

2005年第1季度，鸿阳基金的股票仓位基本未进行大的调整，在结构配置上进行了如下的操作：(1)在价值评估的基础上，保持了对长线稳定成长股票持仓的基本稳定；(2)对受上游能源价格负面影响甚大的行业进行了减持，如火电、航空；(3)在估值的基础上适当改善行业配置的均衡性。这一操作思路在1季度取得了较好的净值表现。进入第2季度，在此阶段基金轻视了宏观经济趋弱和制度变革对市场信心的冲击，在较长的时间内均保持了较高的股票仓位，导致业绩表现很不理想。第3季度，该基金继续将持股结构重心适当向下游倾斜，基金业绩在3季度得到了一定的改善。第4季度，对投资思路进行了较大的调整，由过去重点持有稳定成长类股票转向估值更有优势的地产、有色资源和电子元器件类股票，组合的进取性更为显著。在保持较高的持仓比例的情况下，该基金对机场、港口、高速公路等行业的股票进行了适度减持，对房地产、通讯设备制造、有色金属和电子元器件类行业的股票进行了大幅度增持。随着股市逐步转好，鸿阳基金的投资业绩得到了一定的改善。

【季度投资组合一览】

项目 \ 季度	第一季度		第二季度		第三季度		第四季度	
基金资产净值	1,923,881,139.04元		1,804,497,098.10元		1,870,275,552.90元		1,868,284,461.12元	
基金份额净值	0.9619元		0.9022元		0.9351元		0.9341元	
基金资产组合	市值(元)	占总资产比例	市值(元)	占总资产比例	市值(元)	占总资产比例	市值(元)	占总资产比例
股票投资	1,470,075,362.10	73.50%	1,270,152,740.44	68.58%	1,454,453,844.44	77.49%	1,416,435,930.47	75.54%
债券投资	420,066,240.41	21.00%	374,273,865.90	20.21%	411,375,679.50	21.92%	385,225,429.87	20.54%
银行存款和清算备付金	28,552,553.30	1.43%	49,009,302.21	2.65%	3,053,196.89	0.16%	40,724,858.78	2.17%
其他资产	81,514,506.02	4.07%	158,542,885.56	8.56%	8,018,969.01	0.43%	32,800,553.37	1.75%

投资前五名股票明细	股票名称	市值(元)	占净值比例	股票名称	市值(元)	占净值比例	股票名称	市值(元)	占净值比例	股票名称	市值(元)	占净值比例
	上海机场	167,824,665.74	8.72%	上海机场	162,680,000.00	9.02%	上海机场	153,370,000.00	8.20%	G 中 兴	123,056,620.57	6.59%
	铜都铜业	123,550,073.70	6.42%	铜都铜业	99,962,761.90	5.54%	铜都铜业	111,148,533.00	5.94%	G 铜 都	110,031,426.84	5.89%
	中集集团	108,280,000.00	5.63%	深赤湾A	75,211,607.59	4.17%	盐田港A	87,519,616.80	4.68%	G万科A	90,503,380.51	4.84%
	盐田港A	103,569,073.28	5.38%	盐田港A	69,577,135.36	3.86%	G 宝 钢	85,600,000.00	4.58%	G 长 电	85,195,703.52	4.56%
	深赤湾A	79,357,620.78	4.12%	上港集箱	67,868,037.00	3.76%	中兴通讯	79,589,681.16	4.26%	盐田港A	81,306,838.90	4.35%

投资前五名债券明细	债券名称	市值(元)	占净值比例	债券名称	市值(元)	占净值比例	债券名称	市值(元)	占净值比例	债券名称	市值(元)	占净值比例
	00国债12	150,855,000.00	7.84%	00国债12	150,855,000.00	8.36%	04国开14	86,080,000.00	4.60%	04国开14	86,080,000.00	4.61%
	20国债(4)	60,027,489.60	3.12%	20国债(4)	61,973,285.40	3.43%	04国开16	63,651,000.00	3.40%	04国开16	63,651,000.00	3.41%
	99国债10	51,005,000.00	2.65%	99国债10	51,005,000.00	2.83%	99国债10	51,005,000.00	2.73%	99国债10	51,005,000.00	2.73%
	04国债(5)	42,152,772.40	2.19%	20国债(10)	32,624,685.50	1.81%	04国开11	42,064,000.00	2.25%	04国开11	42,064,000.00	2.25%
	20国债(10)	32,257,605.00	1.68%	00国债02	30,948,000.00	1.72%	01国开09	31,239,000.00	1.67%	01国开09	31,239,000.00	1.67%

宝盈鸿利收益证券投资基金

<table>
<tr><th colspan="6">基本资料</th></tr>
<tr><td>基金简称</td><td colspan="2">宝盈鸿利收益</td><td>交易代码</td><td colspan="2">213001</td></tr>
<tr><td>投资目标</td><td colspan="5">在严格控制投资风险的前提下，实现基金资产的稳定增长，为基金持有人谋求长期最佳收益。</td></tr>
<tr><td>业绩比较基准</td><td colspan="5">中信综合指数×80%+国债指数×20%(国内A股统一指数推出后则变更为国内A股统一指数×80%+国债指数×20%)</td></tr>
<tr><td>风险收益特征</td><td colspan="5">属于积极成长型基金，风险水平和期望收益水平相对较高。</td></tr>
<tr><td>合同生效日</td><td>2002年10月8日</td><td>上市日期</td><td>——</td><td>上市地点</td><td>——</td></tr>
<tr><td rowspan="2">募集概况</td><td>首募规模</td><td>认购户数</td><td colspan="3">募集日期</td></tr>
<tr><td>14.46亿份</td><td>37892户</td><td colspan="3">2002年9月5日至2002年9月28日</td></tr>
<tr><td rowspan="2">基金费率</td><td>认购费率</td><td>申购费率</td><td>赎回费率</td><td>管理费率</td><td>托管费率</td></tr>
<tr><td>不高于1.00%</td><td>不高于1.50%</td><td>不高于0.25%</td><td>1.50%</td><td>0.25%</td></tr>
<tr><td>基金管理人</td><td colspan="2">宝盈基金管理有限公司</td><td>基金托管人</td><td colspan="2">中国农业银行</td></tr>
<tr><td>审计机构</td><td>普华永道中天会计师事务所</td><td>法律顾问</td><td>北京天元律师事务所</td><td>注册登记人</td><td>宝盈基金管理有限公司</td></tr>
</table>

财务指标　　单位：人民币(元)

项目 \ 年度	2005年度	2004年度	2003年度
基金份额本期净收益	−0.1222	0.0039	0.0363
期末可分配基金份额收益	−0.1932	−0.0967	0.0016
期末基金份额净值	0.8600	0.9033	1.0453
基金加权平均净值收益率	−14.29%	0.40%	3.60%
本期基金份额净值增长率	−4.79%	−6.37%	14.58%
基金份额累计净值增长率	−3.24%	1.63%	8.54%
基金收益分配	本年度未实现收益分配；成立以来每10份累计派现1.300元。		
期末基金份额持有人户数	基金份额持有人户数为10,621户，平均每户持有38,007份。		
期末基金份额持有人结构	机构投资者持有256,811,227.29份，占总份额63.62%；个人投资者持有146,857,930.19份，占总份额36.38%。		

基金净值增长率与业绩基准收益率对比图（单位：%）

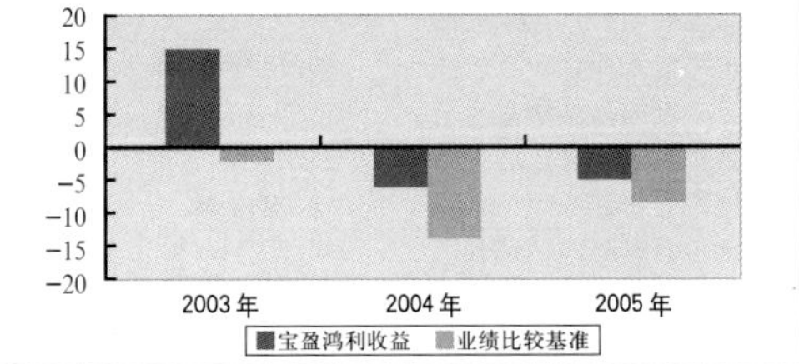

【基金业绩表现】

截至2005年12月31日，宝盈鸿利收益全年净值增长率为−4.79%，同期上证指数的增幅为−8.29%，上证50指数的增幅为−4.52%，基金基准指数增幅为−6.69%。

【基金管理团队】

陈鹏先生：基金经理。金融学硕士，7年证券从业经历。曾任君安证券研究所研究员、投资银行部项目经理、鹏华基金管理公司开放式基金助理，2004年8月加入宝盈基金管理有限公司，任宝盈鸿利收益基金基金经理助理，现任宝盈鸿利收益基金基金经理。

【基金运作分析】

在2005年的投资中，宝盈鸿利收益基金基于以估值为核心的投资理念，一直保持了较高的仓位，上半年在市场表现出强烈防守特征的情况下，由于对市场博弈心态的把握和对市场一些内生的缺陷把握不足，导致了在各个阶段的操作中对风险头寸的比例未能进行有效控制；在出现行政性宏观调控时过于坚信个股选择，忽视了体系性风险，导致该基金投资未能取得较好的业绩。

在三季度的投资中，宝盈鸿利收益基金在均衡配置的基础上保持较为稳定的仓位，合理搭配了组合内品种的攻防结构，基于市场认同的考虑对一些非主流的品种进行了调整，均衡了原有组合中的风险水平，在三季度迅速站稳了脚跟。

在四季度的操作中，主动因应了宏观经济转型的需要，考虑了市场逐步理性的环境下资产类公司的大幅度低估的现状，调整了组合结构。虽然由于对短期股改热点的忽视而承受了一定的投资风险，但是在市场启动的阶段取得了不错的业绩。

【季度投资组合一览】

项目 \ 季度	第一季度			第二季度			第三季度			第四季度		
基金资产净值	506,981,198.36元			426,723,517.27元			429,914,171.67元			347,142,377.04元		
基金份额	578,153,705.34份			522,553,232.23份			502,597,100.93份			403,669,157.48份		
基金份额净值	0.8769元			0.8166元			0.8554元			0.8600元		
基金资产组合	市值(元)	占总资产比例		市值(元)	占总资产比例		市值(元)	占总资产比例		市值(元)	占总资产比例	
股票投资	374,787,070.83	63.42%		305,317,361.60	65.02%		312,439,682.87	71.64%		266,088,144.24	69.01%	
债券投资	129,073,674.60	21.84%		110,042,130.00	23.43%		106,680,989.80	24.46%		89,714,939.20	23.27%	
银行存款和清算备付金	6,756,434.85	1.14%		41,888,488.81	8.92%		863,459.32	0.20%		3,737,836.33	0.97%	
其他资产	80,390,820.65	13.60%		12,349,354.94	2.63%		16,170,052.65	3.70%		26,048,309.25	6.75%	
投资前五名股票明细	股票名称	市值(元)	占净值比例	股票名称	市值(元)	占净值比例	股票名称	市值(元)	占净值比例	股票名称	市值(元)	占净值比例
	武钢股份	31,435,159.20	6.20%	长江电力	18,788,491.81	4.40%	G长电	23,688,602.88	5.51%	G中兴	22,161,883.92	6.38%
	中兴通讯	30,910,082.72	6.10%	贵州茅台	17,552,724.15	4.11%	海油工程	21,203,938.50	4.93%	G万科A	21,118,788.81	6.08%
	威孚高科	25,053,883.52	4.94%	华侨城A	17,255,296.04	4.04%	第一食品	19,101,196.17	4.44%	大商股份	17,149,834.80	4.94%
	湖北宜化	24,436,536.96	4.82%	上海机场	16,905,915.00	3.96%	贵州茅台	18,712,993.16	4.35%	华侨城A	16,303,027.44	4.70%
	铜都铜业	19,993,195.94	3.94%	海油工程	16,830,681.53	3.94%	上海机场	17,044,018.88	3.96%	G宏达	15,604,387.50	4.50%
投资前五名债券明细	债券名称	市值(元)	占净值比例	债券名称	市值(元)	占净值比例	债券名称	市值(元)	占净值比例	债券名称	市值(元)	占净值比例
	20国债(4)	60,015,815.10	11.84%	20国债(4)	41,832,000.00	9.80%	05国债02	29,379,930.00	6.83%	05国债02	29,379,930.00	8.46%
	05国债02	29,379,930.00	5.80%	05国债02	29,379,930.00	6.89%	20国债(4)	24,297,600.00	5.65%	04国开14	21,520,000.00	6.20%
	20国债(10)	19,848,000.00	3.91%	20国债(10)	20,088,000.00	4.71%	04国开14	21,520,000.00	5.01%	20国债(4)	16,246,944.00	4.68%
	云化转债	12,810,000.00	2.53%	招行转债	10,359,000.00	2.43%	20国债(10)	15,163,500.00	3.53%	招行转债	15,860,078.00	4.57%
	招行转债	4,169,929.50	0.82%	万科转2	8,383,200.00	1.96%	招行转债	8,443,200.00	1.96%	20国债(10)	3,646,187.20	1.05%

宝盈泛沿海区域增长股票证券投资基金

基本资料

基金简称	宝盈泛沿海			交易代码	213002	
投资目标	通过投资于泛沿海地区有增长潜力的上市公司，有效分享中国经济快速增长的成果，在严格控制基金投资风险的前提下保持基金财产持续稳健增值。					
业绩比较基准	上证A股指数×80%＋上证国债指数×20%					
风险收益特征	该基金属于区域类增长型股票基金，风险介于价值型股票基金与积极成长型股票基金之间。					
合同生效日	2005年3月8日	上市日期	——	上市地点	——	
募集概况	首募规模	认购户数	募集日期			
	4.02亿份	4062户	2005年1月6日至2005年2月25日			
基金费率	认购费率	申购费率	赎回费率	管理费率	托管费率	
	不高于1.2%	不高于1.50%	不高于0.50%	1.50%	0.25%	
基金管理人	宝盈基金管理有限公司		基金托管人	中国工商银行		
审计机构	普华永道中天会计师事务所	法律顾问	北京天元律师事务所	注册登记人	宝盈基金管理有限公司	

财务指标　　单位：人民币(元)

项目　　年度	2005年3月8日至2005年12月31日
基金份额本期净收益	0.0071
期末可分配基金份额收益	−0.0226
期末基金份额净值	1.0024
基金加权平均净值收益率	0.68%
本期基金份额净值增长率	3.21%
基金份额累计净值增长率	3.21%
基金收益分配	自基金合同生效以来每10份累计派现0.300元。
期末基金份额持有人户数	基金份额持有人户数为2,492户，平均每户持有78,900份。
期末基金份额持有人结构	机构投资者持有101,941,867.05份，占总份额51.87%；个人投资者持有94,583,640,45份，占总份额48.13%。

基金净值增长率与业绩基准收益率对比图（单位：%）

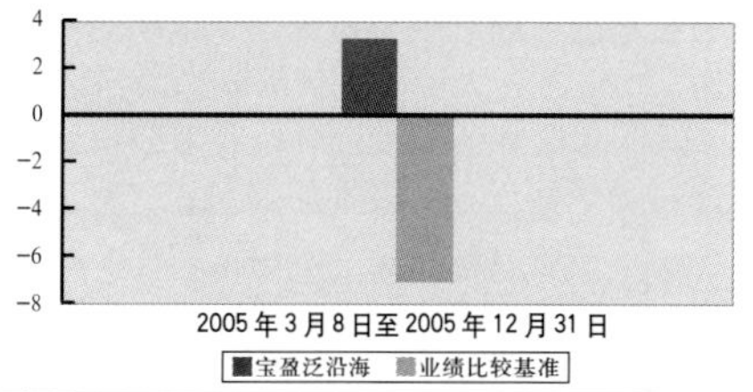

【基金业绩表现】

宝盈泛沿海区域增长基金合同生效于2005年3月8日，截至2005年12月31日，本期基金净值增长率为3.21%，同期业绩基准增长率为−7.41%，上证综指下跌11.93%，该基金净值增长优于业绩基准和上证综指。

【基金管理团队】

祝东升先生：上海财经大学经济学硕士。曾在北京证券、联合证券等证券公司从事证券投资业务，11年证券投资管理经历。2004年3月加盟宝盈基金管理有限公司，任总经理助理、基金管理部总监。现为宝盈泛沿海区域增长股票证券投资基金基金经理。

【基金运作分析】

2005年上半年，在股票投资信心极度脆弱的环境下，A股市场出现了大幅下跌的行情，股价结构产生了持续而深刻的调整；下半年，股票市场探底回升，并在第三季度出现较好的投资机会，虽经历了10月份和11月份的回落调整，12月份仍然出现回升行情。

宝盈泛沿海区域增长基金合同生效于2005年3月8日，成立初期，基于对企业整体盈利预期的担忧，以及后来产生的市场不确定性的顾虑，该基金管理人严格控制股票投资的整体仓位，将主要资产配置在固定收益型品种上，有效规避了二季度市场的系统性下跌的风险；系统性下跌充分释放了投资风险，股票的整体估值水平出现了较大的安全边际。随着股权分置改革从试点成功到逐步全面铺开，投资人信心逐步恢复。从下半年开始泛沿海基金逐步转向积极的资产配置策略。股票投资比例明显上升，并在第三季度反弹行情中取得良好回报，实现了分红。第四季度，该基金在股票组合的配置中从防御走向积极，加大了传统的周期性组合的投资比例，尤其在房地产、金融、有色金属等行业中加强了股票投资力度，取得一定的成效。

【季度投资组合一览】

项目　　季度	第二季度		第三季度		第四季度	
基金资产净值	206,118,098.71元		200,465,473.55元		196,994,831.47元	
基金份额	208,138,992.84份		201,538,576.52份		196,525,507.50份	
基金份额净值	0.9903元		0.9947元		1.0024元	
基金资产组合	市值(元)	占总资产比例	市值(元)	占总资产比例	市值(元)	占总资产比例
股票投资	124,153,764.07	56.82%	133,235,012.90	66.16%	144,777,044.76	72.57%
债券投资	——	——	——	——	——	——
银行存款和清算备付金	36,607,091.19	16.76%	22,742,112.20	11.29%	12,927,889.13	6.48%
其他资产	57,733,500.82	26.42%	45,406,204.19	22.55%	41,799,175.00	20.95%
投资前五名股票明细	股票名称	市值(元)	占净值比例	股票名称	市值(元)	占净值比例	股票名称	市值(元)	占净值比例
	长江电力	10,212,500.00	4.95%	招商银行	9,434,842.75	4.71%	招商银行	9,869,835.50	5.01%
	五粮液	9,797,898.24	4.75%	盐田港A	9,199,938.15	4.59%	G万科A	8,727,319.00	4.43%
	招商银行	9,544,500.00	4.63%	G长电	7,439,873.52	3.71%	锡业股份	8,549,276.10	4.34%
	上港集箱	9,249,670.80	4.49%	上海机场	7,211,921.92	3.60%	盐田港A	8,314,636.05	4.22%
	宝钢股份	8,074,811.04	3.92%	五粮液	7,203,389.60	3.59%	歌华有线	8,266,500.00	4.20%

融通基金管理有限公司

法定名称	融通基金管理有限公司	英文名称	Rong Tong Fund Management Co.,Ltd.
成立日期	2001年5月22日	注册资本	1.25亿元人民币
法人代表	孟立坤	总 经 理	吕秋梅
联系电话	0755-26948666	客服电话	0755-26948088
传真号码	0755-26935005	公司网址	www.rtfund.com
注册地址	深圳市南山区华侨城汉唐大厦13、14层	办公地址	深圳市南山区华侨城汉唐大厦13、14层

● 发展概况

融通基金管理有限公司成立于2001年5月，公司注册资本为12500万元人民币，目前股东为河北证券有限责任公司、陕西省国际信托投资股份有限公司、联合证券有限责任公司和华林证券有限责任公司。

公司下设监察稽核部、市场拓展部、研究策划部、基金管理部、基金交易部、机构理财部、登记清算部、信息技术部、综合管理部、北京分公司和上海分公司，截至2005年底，共有员工83人，其中硕士以上学历占40%。

● 经营业绩

2005年，融通基金管理有限公司顺利完成了融通巨潮100指数基金和融通易支付货币市场基金两只开放式基金的募集设立。截至2005年12月31日，融通基金管理有限公司管理了7只证券投资基金，2只为封闭式基金：基金通乾和基金通宝，5只为开放式基金：融通新蓝筹基金、融通通利系列基金、融通行业景气基金、融通巨潮100指数基金(LOF)和融通易支付货币市场基金，其中融通通利系列基金由融通债券基金、融通深证100指数基金和融通蓝筹成长基金三只子基金构成。

融通巨潮100指数基金是融通基金公司管理的第二只指数基金，也是首只以LOF方式发行和交易的指数基金。该基金合同生效于2005年5月12日，首募规模5.14亿份，认购户数为7340户；2005年6月16日，融通巨潮100指数基金开放申购及赎回业务并在深圳证券交易所上市交易。

融通易支付货币市场基金是融通旗下首只货币市场基金，也是目前唯一获得中国证监会批准的具备“支付”功能的货币基金。2005年12月28日该基金开始跨年度募集，基金合同生效于2006年1月19日，首募规模28.23亿份。

在投资业绩方面，2005年，融通旗下基金规范运作，表现良好，为持有人带来了较好的收益。旗下开放式基金：融通新蓝筹全年净值增长6.70%，超越同期业绩基准收益17.37%；融通蓝筹成长全年净值增长9.10%，超越同期业绩基准收益19.77%；融通债券全年净值增长7.93%，实现分红每份0.300元；融通深证100指数基金全年净值增长-1.47%，超越同期业绩基准收益2.38%；融通行业景气全年净值增长-2.30%，超越同期业绩基准收益1.71%；融通巨潮100指数自2005年5月12日成立以来，截至2005年12月31日，，跟踪误差平均为0.14%左右，严格控制在基金合同规定的0.5%的范围以内，本年实现两次分红累计每份0.050元。旗下封闭式基金中，通宝基金全年净值增长率为-1.13%，通乾基金全年净值增长率为-2.56%，均优于同期上证指数表现。

在对外合作方面，2005年1月，融通基金管理有限公司与日兴资产管理有限公司签署合作协议，为全球首家海外A股基金提供投资研究咨询服务。

近三年公司管理基金资产规模与基金数量

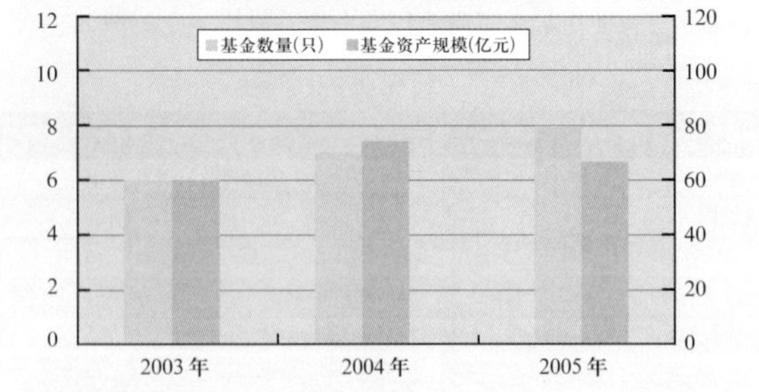

公司股东结构

股东名称	出资金额(万元)	出资比例(%)
河北证券有限责任公司	5000.00	40.00
陕西省国际信托投资股份有限公司	2500.00	20.00
联合证券有限责任公司	2500.00	20.00
华林证券有限责任公司	2500.00	20.00

公司高管介绍

孟立坤先生：董事长。1962年生，工学博士。1995年起曾就职于河北证券有限责任公司，历任北京营业部总经理、公司总裁助理(副总裁级)。

吕秋梅女士：董事、总经理。1963年生，工商管理硕士。曾就职于中国人民银行总行，历任国信证券有限公司总裁助理、鹏华基金管理有限公司副总经理，融通基金管理有限公司常务副总经理。

通宝证券投资基金

基本资料					
基金简称	基金通宝	交易代码	184738		
投资目标	该基金为积极成长型基金，所追求的投资目标是在尽可能地分散和规避投资风险的前提下，谋求基金资产长期增值和收益的高速稳定增长。				
业绩比较基准	无	风险收益特征	无		
合同生效日	2001 年 5 月 16 日	上市日期	2001 年 9 月 6 日	上市地点	深圳证券交易所
基金总份额	5 亿份	存 续 期	1992 年 5 月 31 日至 2007 年 5 月 30 日		
基金管理人	融通基金管理有限公司	基金托管人	中国建设银行股份有限公司		
审计机构	安永华明会计师事务所	法律顾问	北京市君合律师事务所	注册登记人	中国证券登记结算有限责任公司深圳分公司

财务指标 单位：人民币(元)

项 目 / 年 度	2005 年度	2004 年度	2003 年度
基金份额本期净收益	−0.0756	0.0624	−0.1083
期末可分配基金份额收益	−0.1441	−0.0686	−0.1309
期末基金份额净值	0.9237	0.9343	0.9155
基金加权平均净值收益率	−8.52%	6.44%	−12.15%
本期基金份额净值增长率	−1.13%	2.05%	7.78%
基金份额累计净值增长率	−10.86%	−9.83%	−11.59%
基金收益分配	自基金合同生效以来未实现收益分配。		

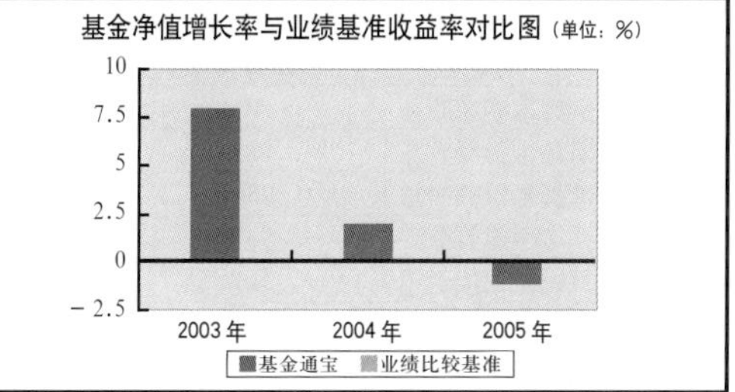

期末基金份额持有人户数	基金份额持有人户数为 16,576 户，平均每户持有 30,164.09 份。
期末基金份额持有人结构	机构投资者持有 319,204,316 份，占总份额 63.84%；个人投资者持有 180,795,684 份，占总份额 36.16%。

【基金业绩表现】

截至 2005 年 12 月 31 日，通宝基金份额净值为 0.9237 元，全年净值增长率为 −1.13%，同期上证指数下跌 8.33%。

【基金管理团队】

刘模林先生：基金经理。华中理工大学机械工程硕士。12 年证券从业经验。曾任武汉市信托投资公司证券总部研究部经理、花桥证券营业部经理；融通基金管理有限公司研究策划部策略和行业研究员、总监、机构理财部总监，现同时担任基金管理部总监，融通新蓝筹基金基金经理。

【基金运作分析】

2005 年，通宝基金经历了很大的挑战和波折。年初开始基金小组按照精选具有核心竞争力的优势成长型公司和资源垄断类为主要配置的思路，在五月份市场泥沙俱下的下跌中没有幸免，净值受到很大冲击。尽管在中报里对于周期类资产的理解不足进行了深入的反思，然而基金小组在三季度运作中没有很好完善精选成长股的投资风格，偏于强调防御并因此部分尝试了风格资产投资，偏离了长项。所增持的电力、机场类资产，没有给组合带来应有的贡献。基于对前三季度的操作反思，四季度基金确立了回归精选优质成长股的轨道调整结构，并基于国家自主创新和信息化武装工业化的战略，重点挖掘具有核心竞争能力的成长型资产，增持了信息技术类资产，优质银行股、电力设备；而减持成长能力不足的资产。从期末组合结构上，基金通宝基本回归到行业均衡、精选成长股的风格。

2006 年，基金小组将重视两条主线，第一是从行业和公司选择的角度，关注创新技术、优质服务两大要素孕育的良好投资机会；第二是制度变革下金融创新带来的机会，如私有化、收购兼并和重组。相信新产业不是对传统产业的否定，如信息化武装工业化，两者相得益彰促进产业升级。

【季度投资组合一览】

项 目 / 季 度	第一季度			第二季度			第三季度			第四季度		
基金资产净值	446,863,186.06 元			425,673,930.23 元			441,646,826.74 元			461,846,659.34 元		
基金份额净值	0.8937 元			0.8513 元			0.8833 元			0.9237 元		
基金资产组合	市值(元)		占总资产比例	市值(元)		占总资产比例	市值(元)		占总资产比例	市值(元)		占总资产比例
股票投资	314,114,974.45		70.11%	304,838,352.26		71.40%	286,951,453.72		64.71%	348,744,724.84		75.20%
债券投资	112,104,739.00		25.02%	91,935,318.70		21.53%	92,339,733.80		20.82%	108,987,019.00		23.50%
银行存款和清算备付金	5,969,699.68		1.33%	28,930,810.45		6.78%	62,436,780.76		14.08%	5,136,382.96		1.11%
其他资产	15,867,097.05		3.54%	1,232,482.40		0.29%	1,731,360.43		0.39%	917,522.60		0.20%
投资前五名股票明细	股票名称	市值(元)	占净值比例	股票名称	市值(元)	占净值比例	股票名称	市值(元)	占净值比例	股票名称	市值(元)	占净值比例
	招商银行	41,698,258.00	9.33%	上港集箱	37,114,264.80	8.72%	华侨城 A	33,934,505.04	7.68%	华侨城 A	41,999,865.20	9.09%
	同 仁 堂	29,229,357.10	6.54%	华 侨 城	32,522,008.24	7.64%	G 上 港	30,739,851.25	6.96%	烟台万华	37,694,916.00	8.16%
	华侨城 A	26,026,521.60	5.82%	同 仁 堂	22,245,805.53	5.23%	中兴通讯	24,631,414.61	5.58%	中兴通讯	30,855,655.26	6.68%
	歌华有线	24,319,704.60	5.44%	中国联通	21,648,000.00	5.09%	上海机场	22,446,482.00	5.08%	G 上 港	27,251,633.75	5.90%
	贵州茅台	21,530,781.00	4.82%	长江电力	21,269,438.19	5.00%	中国石化	19,126,988.16	4.33%	招商银行	24,963,345.83	5.41%
投资前五名债券明细	债券名称	市值(元)	占净值比例	债券名称	市值(元)	占净值比例	债券名称	市值(元)	占净值比例	债券名称	市值(元)	占净值比例
	02 国债(14)	32,831,370.00	7.35%	02 国债 14	31,290,768.30	7.35%	02 国债(14)	31,555,653.80	7.15%	02 国债(14)	38,460,671.40	8.33%
	02 国债(7)	20,000,000.00	4.48%	02 国债 5	20,000,000.00	4.70%	02 国债 05	20,000,000.00	4.53%	02 年五期国债	20,000,000.00	4.33%
	02 国债(5)	20,000,000.00	4.48%	04 国债 11	12,636,450.40	2.97%	04 国债(11)	12,672,480.00	2.87%	04 国债(11)	12,592,966.40	2.73%
	04 国债(11)	12,535,816.00	2.81%	02 国债 6	10,000,000.00	2.35%	02 国债 06	10,000,000.00	2.26%	歌华转债	11,957,081.20	2.59%
	招行转债	10,054,000.00	2.25%	21 国债 3	9,158,400.00	2.15%	21 国债(3)	9,264,600.00	2.10%	02 国债 06	10,000,000.00	2.17%

通乾证券投资基金

基本资料					
基金简称	基金通乾		交易代码	500038	
投资目标	该基金属于价值成长型基金，主要投资于具有一定竞争优势、业绩能够持续增长或具有增长潜力的成长型上市公司股票，同时兼顾价值型公司股票。通过组合投资，在有效分散和控制风险的前提下，谋求基金资产的稳定增长。				
业绩比较基准	无	风险收益特征	无		
合同生效日	2001年8月29日	上市日期	2001年9月21日	上市地点	上海证券交易所
基金总份额	20亿份	存续期	2001年8月29日至2016年8月28日		
基金管理人	融通基金管理有限公司	基金托管人	中国建设银行股份有限公司		
审计机构	安永华明会计师事务所	法律顾问	康达律师事务所	注册登记人	中国证券登记结算有限责任公司上海分公司

财务指标　　单位：人民币(元)

项目 \ 年度	2005年度	2004年度	2003年度
基金份额本期净收益	−0.0857	0.0737	−0.0267
期末可分配基金份额收益	−0.0833	0.0255	−0.0482
期末基金份额净值	0.9791	1.0278	1.0413
基金加权平均净值收益率	−8.94%	6.89%	−2.80%
本期基金份额净值增长率	−2.56%	−1.30%	20.90%
基金份额累计净值增长率	3.17%	5.89%	6.37%
基金收益分配	本年度未实现收益分配；成立以来每10份累计派现0.530元。		

基金净值增长率与业绩基准收益率对比图（单位：%）

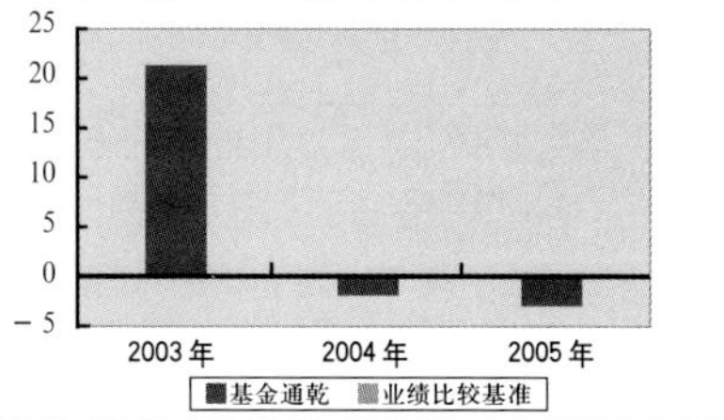

期末基金份额持有人户数	基金份额持有人户数为95,730户，平均每户持有20,892.09份。
期末基金份额持有人结构	机构投资者持有1,130,391,536份，占总份额56.52%；个人投资者持有869,608,464份，占总份额43.48%。

【基金业绩表现】

截至2005年12月31日，通乾基金份额净值为0.9791元，全年净值增长率为−2.56%，同期上证指数下跌8.33%。

【基金管理团队】

张英飚先生：基金经理。本科学历。曾任君安证券有限责任公司证券投资总部投资经理；国泰君安证券股份公司上海资产管理总部一级基金经理；民生证券有限责任公司总裁助理；现同时担任融通基金管理有限公司总经理助理。

【基金运作分析】

2005年中国证券市场体制方面最大的突破和创新，在于4月底启动的股权分置改革。股权分置改革的启动标志着中国证券市场市场化和制度化进程中最大的障碍正逐步得到消除，有利于解决证券市场现存的诸如流通股东和非流通股东利益不一致、国有上市公司所有者缺位等问题，利于证券市场的长期发展。2005年股票市场遇到的是一系列的不确定因素，包括股改带来的对价谈判的不确定性、人民币汇率制度变革、高油价、禽流感等众多的不确定因素，致使沪综指年终收盘下跌8.33%，年中最低达到998点。与此同时，2005年的调整行情的背后也孕育着重大转机，由于股改带来估值水平下降使得G 股估值水平在国际比较中已具备良好投资吸引力。

2005年上半年，由于基金通乾对行业周期性因素变化的程度估计有所不足，导致在5月份市场基金重仓股整体大幅下跌中遭遇了不小的损失，较大程度上影响了基金的业绩表现。下半年基金通乾在投资思路上做出调整，强化投资的前瞻性，在7、8月份明显降低了基金行业共同持有的防御性品种，对于已经完成对价方案的重仓股例如长江电力、上港集箱等也进行了坚决减持，同时选择行业存在复苏机会且未来两年具有高成长性的潜力品种逐步介入，包括一汽夏利、北新建材、冀东水泥等。随着8月底组合布局调整的逐渐完成，下半年该基金表现获得改善。

【季度投资组合一览】

项目 \ 季度	第一季度			第二季度			第三季度			第四季度		
基金资产净值	1,995,037,509.21元			1,812,783,643.19元			1,899,661,744.86元			1,958,101,063.99元		
基金份额净值	0.9975元			0.9064元			0.9498元			0.9791元		
基金资产组合	市值(元)		占总资产比例	市值(元)		占总资产比例	市值(元)		占总资产比例	市值(元)		占总资产比例
股票投资	1,312,803,037.58		65.62%	887,122,460.53		48.39%	1,380,788,978.82		72.17%	1,542,169,804.19		74.81%
债券投资	467,848,517.60		23.39%	642,193,431.50		35.03%	437,817,842.50		22.88%	445,433,107.10		21.61%
银行存款和清算备付金	135,376,715.39		6.77%	288,233,449.21		15.72%	78,742,898.93		4.12%	66,401,586.37		3.22%
其他资产	84,472,931.13		4.22%	15,812,118.93		0.86%	15,782,661.92		0.82%	7,455,408.04		0.36%
投资前五名股票明细	股票名称	市值(元)	占净值比例	股票名称	市值(元)	占净值比例	股票名称	市值(元)	占净值比例	股票名称	市值(元)	占净值比例
	烟台万华	97,542,764.25	4.89%	国阳新能	81,971,898.00	4.52%	一汽夏利	97,126,880.89	5.11%	一汽夏利	191,949,296.08	9.80%
	招商银行	94,847,708.06	4.75%	宝钢股份	72,672,174.24	4.01%	TCL集团	75,088,094.25	3.95%	TCL集团	162,300,896.10	8.29%
	国阳新能	94,718,767.22	4.75%	长江电力	66,393,119.52	3.66%	威孚高科	64,010,875.50	3.37%	北新建材	138,894,869.08	7.09%
	同仁堂	85,413,824.92	4.28%	烟台万华	61,978,074.76	3.42%	北新建材	57,575,791.30	3.03%	冀东水泥	116,767,148.16	5.96%
	海螺水泥	72,438,514.49	3.63%	中兴通讯	59,238,969.66	3.27%	海螺水泥	57,215,612.41	3.01%	海螺水泥	79,556,095.98	4.06%
投资前五名债券明细	债券名称	市值(元)	占净值比例	债券名称	市值(元)	占净值比例	债券名称	市值(元)	占净值比例	债券名称	市值(元)	占净值比例
	02国债(14)	131,373,000.00	6.59%	02国债14	133,244,070.00	7.35%	02国债05	80,000,000.00	4.21%	02年第五期国债	80,000,000.00	4.09%
	02国债(5)	80,000,000.00	4.01%	02国债5	80,000,000.00	4.41%	02国债(14)	60,756,000.00	3.20%	02国债(14)	60,468,000.00	3.09%
	97国债(4)	63,671,954.00	3.19%	04国债7	65,319,080.80	3.60%	97国债(4)	58,575,000.00	3.08%	97国债(4)	56,500,000.00	2.89%
	04国债(7)	62,015,890.80	3.11%	97国债4	64,177,632.20	3.54%	05国债(2)	39,176,482.00	2.06%	05国债(2)	44,941,505.40	2.30%
	20国债(4)	45,781,027.20	2.29%	99国债8	60,642,000.00	3.35%	21国债(3)	32,940,800.00	1.73%	21国债(15)	30,431,486.30	1.56%

融通新蓝筹证券投资基金

基本资料

基金简称	融通新蓝筹基金		交易代码	161601	
投资目标	主要投资于处于成长阶段和成熟阶段早期的“新蓝筹”上市公司。通过组合投资，在充分控制风险的前提下实现基金净值的稳定增长，为基金持有人获取长期稳定的投资收益。				
业绩比较基准	该基金股票投资部分的比较基准是“国泰君安指数”				
风险收益特征	在适度风险下追求较高收益				
合同生效日	2002 年 9 月 13 日	上市日期	——	上市地点	——
募集概况	首募规模	认购户数	募集日期		
	22.19 亿份	46806 户	2002 年 8 月 15 日至 2002 年 9 月 6 日		
基金费率	认购费率	申购费率	赎回费率	管理费率	托管费率
	不高于 1.00%	不高于 1.60%	不高于 0.50%	1.50%	0.25%
基金管理人	融通基金管理有限公司		基金托管人	中国建设银行股份有限公司	
审计机构	安永华明会计师事务所	法律顾问	北京市康达律师事务所	注册登记人	融通基金管理有限公司

财务指标　　单位：人民币(元)

项目＼年度	2005 年度	2004 年度	2003 年度
基金份额本期净收益	−0.0729	0.0893	0.0941
期末可分配基金份额收益	−0.0741	−0.0450	0.0180
期末基金份额净值	1.0190	0.9550	1.0797
基金加权平均净值收益率	−7.79%	8.76%	9.24%
本期基金份额净值增长率	6.70%	−2.37%	19.97%
基金份额累计净值增长率	21.00%	13.40%	16.15%
基金收益分配	本年度未实现收益分配；成立以来每 10 份累计派现 1.850 元。		
期末基金份额持有人户数	基金份额持有人户数为 21,308 户，平均每户持有 49,919.81 份。		
期末基金份额持有人结构	机构投资者持有 706,704,116.35 份，占总份额 66.44%；个人投资者持有 356,987,134.49 份，占总份额 33.56%。		

基金净值增长率与业绩基准收益率对比图（单位：%）

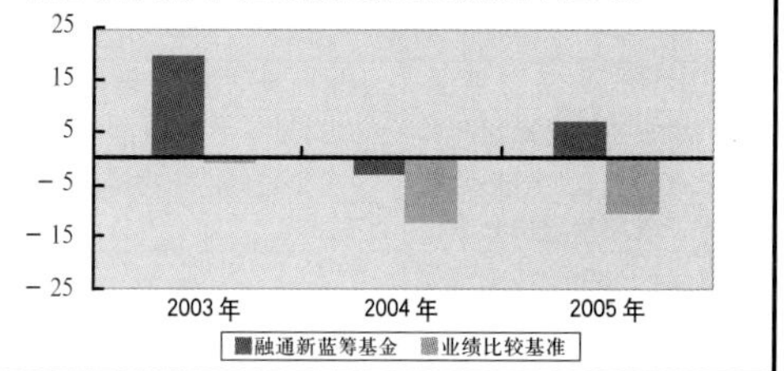

【基金业绩表现】

截至2005年12月31日，融通新蓝筹基金净值为1.0190元，全年净值增长率为6.70%，同期业绩基准收益下跌10.67%。

【基金管理团队】

刘模林先生：基金经理。中理工大学机械工程硕士。具有12年证券从业经验，曾任武汉市信托投资公司证券总部研究部经理、花桥证券营业部经理；融通基金管理有限公司研究策划部策略和行业研究员、总监、机构理财部总监，现同时担任基金管理部总监、通宝基金基金经理。

【基金运作分析】

2005 年新蓝筹基金运作经历了很大挑战。年初该基金按照以产业眼光和国际标准的绝对估值思路，精选具有核心竞争优势和资源垄断资产为主的配置，在5月份市场下跌中基金净值受到很大冲击，庆幸的是在反思中该基金逐步完善发挥精选个股的特色；三季度该基金显著增持优质地产股，对于优质金融股、装备制造业、3G和信息技术类优质公司继续重点持有；四季度重点挖掘依靠技术进步的成长型资产，增持国防、信息技术类资产。需要指出该基金期末持股比例较低主要受份额变化影响，没有改变对市场看法。

【季度投资组合一览】

项目＼季度	第一季度		第二季度		第三季度		第四季度	
基金资产净值	1,077,038,740.39 元		951,291,407.40 元		986,323,698.36 元		1,083,915,930.79 元	
基金份额	1,143,331,275.64 份		1,075,230,433.78 份		1,053,017,414.30 份		1,063,691,250.84 份	
基金份额净值	0.9420 元		0.8847 元		0.9367 元		1.0190 元	
基金资产组合	市值(元)	占总资产比例	市值(元)	占总资产比例	市值(元)	占总资产比例	市值(元)	占总资产比例
股票投资	704,452,293.97	64.51%	656,052,616.73	68.76%	687,863,780.41	69.57%	685,010,429.42	59.52%
债券投资	272,496,629.40	24.96%	196,863,542.50	20.63%	229,538,390.90	23.22%	274,444,989.70	23.85%
银行存款和清算备付金	70,850,051.84	6.49%	97,311,308.76	10.20%	64,356,470.16	6.51%	87,047,375.71	7.56%
其他资产	44,145,046.44	4.04%	3,867,353.83	0.41%	6,983,788.22	0.71%	104,416,705.81	9.07%

	股票名称	市值(元)	占净值比例	股票名称	市值(元)	占净值比例	股票名称	市值(元)	占净值比例	股票名称	市值(元)	占净值比例
投资前五名股票明细	招商银行	98,618,892.20	9.16%	招商银行	76,294,563.72	8.02%	招商银行	87,367,231.98	8.86%	烟台万华	73,910,516.75	6.82%
	同 仁 堂	70,302,224.52	6.53%	上港集箱	74,422,305.33	7.82%	华侨城 A	62,361,576.40	6.32%	中国石化	72,458,405.24	6.68%
	上港集箱	65,942,504.11	6.12%	华 侨 城	65,648,472.64	6.90%	烟台万华	58,392,020.70	5.92%	华侨城 A	69,360,191.04	6.40%
	国阳新能	52,197,916.40	4.85%	同 仁 堂	56,870,441.20	5.98%	中国石化	57,815,927.82	5.86%	招商银行	66,391,291.96	6.13%
	威孚高科	46,567,808.64	4.32%	宝钢股份	46,539,404.76	4.89%	国阳新能	54,740,846.90	5.55%	振华港机	56,178,439.68	5.18%
投资前五名债券明细	债券名称	市值(元)	占净值比例	债券名称	市值(元)	占净值比例	债券名称	市值(元)	占净值比例	债券名称	市值(元)	占净值比例
	02 国债(14)	86,765,580.00	8.06%	02 国债 14	77,913,747.00	8.19%	02 国债(14)	98,872,289.20	10.02%	02 国债(14)	98,462,192.80	9.08%
	02 国债 12	49,935,000.00	4.64%	02 国债 12	49,935,000.00	5.25%	21 国债(3)	47,257,377.00	4.79%	歌华转债	54,658,443.70	5.04%
	99 国债(8)	40,263,904.00	3.74%	21 国债 3	34,506,810.00	3.63%	04 国债(5)	28,827,944.70	2.92%	04 国债(5)	49,425,453.20	4.56%
	侨城转债	38,667,983.40	3.59%	99 国债 8	14,499,985.50	1.52%	招行转债	24,485,280.00	2.48%	21 国债(3)	24,440,140.00	2.25%
	21 国债(3)	33,930,000.00	3.15%	04 国债 11	10,172,000.00	1.07%	05 国债(2)	14,748,000.00	1.50%	招行转债	22,626,760.00	2.09%

融通通利系列证券投资基金

该系列基金由三只子基金构成，分别是融通债券投资基金、融通深证 100 指数证券投资基金、融通蓝筹成长证券投资基金。

融通债券投资基金

基本资料						
基金简称	融通债券基金		交易代码	161603		
投资目标	在强调本金安全的前提下，追求基金资产的长期稳定增值。					
业绩比较基准	全国银行间同业拆借中心编制的银行间债券综合指数					
风险收益特征	属于相对低风险的基金品种					
合同生效日	2003 年 9 月 30 日	上市日期	——	上市地点	——	
募集概况	首募规模	认购户数	募集日期			
	8.73 亿份	40752 户	2003 年 8 月 26 日至 2003 年 9 月 26 日			
基金费率	认购费率	申购费率	赎回费率	管理费率	托管费率	
	不高于 1.20%	不高于 1.50%	不高于 0.30%	0.60%	0.20%	
基金管理人	融通基金管理有限公司		基金托管人	中国工商银行股份有限公司		
审计机构	普华永道中天会计师事务所	法律顾问	北京市康达律师事务所	注册登记人	融通基金管理有限公司	

财务指标　　单位：人民币(元)

项目 \ 年度	2005 年度	2004 年度	2003 年 9 月 30 日至 2003 年 12 月 31 日
基金份额本期净收益	0.0404	0.0657	0.0117
期末可分配基金份额收益	0.0342	−0.0142	0.0117
期末基金份额净值	1.034	0.986	1.024
基金加权平均净值收益率	3.95%	6.41%	1.16%
本期基金份额净值增长率	7.93%	0.17%	2.40%
基金份额累计净值增长率	10.71%	2.57%	2.40%
基金收益分配	本年度每 10 份派现 0.300 元；成立以来每 10 份累计派现 0.71 元。		
期末基金份额持有人户数	基金份额持有人户数为 17,420 户，平均每户持有 17,233.23 份。		
期末基金份额持有人结构	机构投资者持有 53,458,200.13 份，占总份额 17.81%；个人投资者持有 246,744,715.81 份，占总份额 82.19%。		

基金净值增长率与业绩基准收益率对比图（单位：%）

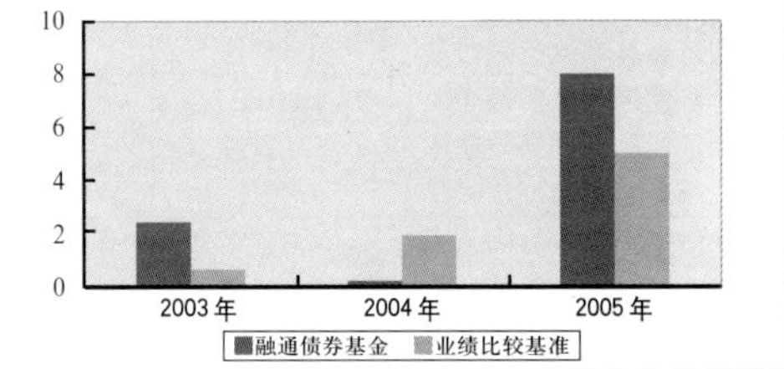

【基金业绩表现】

截至 2005 年 12 月 31 日，融通债券基金份额净值增长率为 7.93%，同期业绩比较基准上涨 5.11%，基金业绩超越比较基准 2.82%。

【基金管理团队】

陶武彬先生：基金经理。硕士学位，8 年证券从业经验。曾先后在中国化工建设深圳公司、深圳市深投投资有限公司、香港京华山一证券公司从事证券研究、投资和投资银行等工作，2001 年 1 月加入融通基金管理有限公司，历任行业研究员、研究部总监助理、融通新蓝筹基金经理助理等职。现同时担任融通易支付货币市场基金基金经理。

【基金运作分析】

2005 年债券市场整体呈现振荡走高的牛市格局。回头看，放大久期、重仓持有长期债券无疑是获取收益的最佳手段，但在当时的市场格局下，基于对各大类资产收益风险的分析和自我认识，基金经理决定选择以优质公司可转债为主要配置方向。尽管错过了中长期债券的大牛市，融通债券依然取得了较好的绝对收益，2005 年累计净值增长率为 7.93%，期间每基金分红 0.030 元。其业绩比较基准全年上涨 5.11%，基金业绩较大幅度地超越了比较基准。而该基金重点配置的优质公司可转债，如上半年的侨城转债、下半年的万科转债、歌华转债等，对净值贡献良多。

2005 年是资本市场(包括债券市场)大发展的一年，创新品种不断推出。由于监管的限制和基金规模约束，该基金未能参与联通收益计划、建行和开发行的 ABS 产品等的投资，但对短期融资券给予了高度重视，并在 2005 年年底抓住短期利率回升机会投资了部分收益率较高的短期融资券和企业债。

展望 2006 年，该基金以本金安全前提下提高收益率为宗旨，继续持有优质公司可转债，并在股改过程中逐步实现盈利，可转债仓位会自然降低；将加大对银行间和交易所市场纯债券的投资比例，并继续高度关注创新品种的推出和投资机会。

【季度投资组合一览】

项目 \ 季度	第一季度		第二季度		第三季度		第四季度	
基金资产净值	332,985,153.21 元		307,864,098.55 元		278,018,907.91 元		310,474,035.03 元	
基金份额	329,230,543.71 份		300,774,016.13 份		266,303,262.93 份		300,202,915.94 份	
基金份额净值	1.011 元		1.024 元		1.044 元		1.034 元	
基金资产组合	市值(元)	占总资产比例	市值(元)	占总资产比例	市值(元)	占总资产比例	市值(元)	占总资产比例
债券投资	310,333,700.49	92.64%	301,764,892.29	97.37%	275,954,534.65	95.14%	329,254,606.65	90.39%
银行存款和清算备付金	20,709,124.59	6.18%	4,897,204.38	1.58%	11,104,241.99	3.83%	32,562,680.26	8.94%
其他资产	3,936,512.68	1.18%	3,257,815.52	1.05%	2,978,120.81	1.03%	2,433,343.23	0.67%

投资前五名债券明细	债券名称	市值(元)	占净值比例	债券名称	市值(元)	占净值比例	债券名称	市值(元)	占净值比例	债券名称	市值(元)	占净值比例
	99 国开 11	60,276,000.00	18.10%	99 国开 11	60,276,000.00	19.58%	招行转债	40,661,395.80	14.63%	招行转债	47,522,599.80	15.31%
	邯钢转债	41,714,354.50	12.53%	99 国开 01	40,288,000.00	13.09%	邯钢转债	35,382,149.10	12.73%	邯钢转债	44,548,315.10	14.35%
	99 国开 01	40,288,000.00	12.10%	邯钢转债	39,230,899.50	12.74%	02 国债(14)	30,378,000.00	10.93%	05 南钢 CP01	29,125,883.84	9.38%
	雅戈转债	21,869,073.00	6.57%	万科转 2	27,047,870.85	8.79%	雅戈转债	22,061,892.00	7.94%	02 国债(14)	24,907,480.00	8.02%
	万科转 2	20,769,354.95	6.24%	雅戈转债	22,088,979.00	7.17%	万科转 2	21,713,684.58	7.81%	万科转 2	22,093,949.11	7.12%

融通深证100指数证券投资基金

基本资料

基金简称	融通深证100指数基金		交易代码	161604	
投资目标	运用指数化投资方式，通过控制股票投资组合与深证100指数的跟踪误差，力求实现对深证100指数的有效跟踪，谋求分享中国经济的持续、稳定增长和中国证券市场的发展，实现基金资产的长期增长，为投资者带来稳定回报。				
业绩比较基准	2005年8月21日之前，业绩比较基准为“75%×深证100指数＋25%×银行间债券综合指数” 2005年8月22日起，业绩比较基准为“深证100指数收益率×95%＋银行同业存款利率×5%”				
风险收益特征	风险和预期收益率接近市场平均水平				
合同生效日	2003年9月30日	上市日期	——	上市地点	——
募集概况	首募规模	认购户数	募集日期		
	4.78亿份	34213户	2003年8月26日至2003年9月26日		
基金费率	认购费率	申购费率	赎回费率	管理费率	托管费率
	不高于1.50%	不高于1.80%	不高于0.30%	1.00%	0.20%
基金管理人	融通基金管理有限公司		基金托管人	中国工商银行股份有限公司	
审计机构	普华永道中天会计师事务所	法律顾问	北京市康达律师事务所	注册登记人	融通基金管理有限公司

财务指标　　单位：人民币(元)

项目＼年度	2005年度	2004年度	2003年9月30日至2003年12月31日
基金份额本期净收益	−0.0864	0.0513	0.0136
期末可分配基金份额收益	−0.1981	−0.1859	0.0036
期末基金份额净值	0.802	0.814	1.032
基金加权平均净值收益率	−11.23%	5.66%	1.36%
本期基金份额净值增长率	−1.47%	−9.56%	4.19%
基金份额累计净值增长率	−7.16	−5.76%	4.19%
基金收益分配	本年度未实现收益分配；成立以来每10份累计派现1.600元。		

基金净值增长率与业绩基准收益率对比图（单位：%）

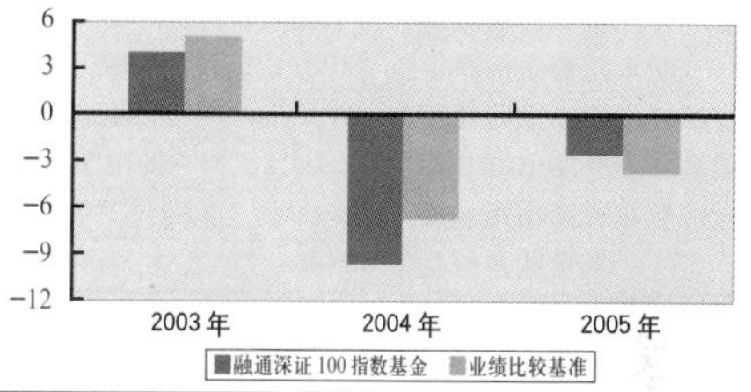

期末基金份额持有人户数	基金份额持有人户数为39,876户，平均每户持有21,085.50份。
期末基金份额持有人结构	机构投资者持有116,207,846.51份，占总份额13.82%；个人投资者持有724,597,684.74份，占总份额86.18%。

【基金业绩表现】

截至2005年12月31日，融通深证100指数基金份额净值增长率为−1.47%，同期业绩比较基准收益下跌3.85%，基金表现超越比较基准2.38%。

【基金管理团队】

张野先生：基金经理。工商管理硕士，11年证券从业经验。历任杭州新希望证券投资顾问有限公司董事长、总经理，融通基金管理有限公司研究员。现同时担任融通巨潮100指数基金基金经理。

【基金运作分析】

在严格遵守基金合同的前提下实现持有人利益的最大化是融通深证100指数基金管理的核心思想，并将此原则贯彻于基金的运作之中。该基金运用指数化投资方式，通过控制股票投资权重与深证100指数成份股自然权重的偏离，减少基金相对深证100指数的跟踪误差，力求最终实现对深证100指数的有效跟踪。截至12月30日，融通深证100指数基金股票投资部分的日跟踪误差为0.14%，整个季度平均跟踪误差在0.12%左右，同时基金较为平稳完成了深证100指数在5月和11月两次成份股更换所对应的组合调整操作，全年跟踪误差始终严格控制在基金合同规定的0.5%的范围以内。基金净值最终较好拟合了目标指数的增长，有效地控制了指数基金相对目标指数的偏离风险。

【季度投资组合一览】

项目＼季度	第一季度		第二季度		第三季度		第四季度	
基金资产净值	741,411,023.27元		725,355,132.95元		717,337,155.68元		674,227,284.72元	
基金份额	936,891,643.35份		1,002,875,790.09份		941,105,695.50份		840,805,531.25份	
基金份额净值	0.791元		0.723元		0.762元		0.802元	
基金资产组合	市值(元)	占总资产比例	市值(元)	占总资产比例	市值(元)	占总资产比例	市值(元)	占总资产比例
股票投资	560,039,835.14	73.08%	556,229,846.85	75.60%	679,396,813.51	94.30%	641,853,093.04	94.07%
债券投资	149,124,550.50	19.46%	154,367,864.30	20.98%	33,391,669.60	4.63%	33,214,940.00	4.87%
银行存款和清算备付金	10,150,567.22	1.32%	19,269,701.73	2.62%	4,252,123.73	0.59%	2,176,874.61	0.32%
其他资产	47,069,898.31	6.14%	5,870,359.61	0.80%	3,431,052.80	0.48%	5,068,236.63	0.74%

指数投资前五名股票明细	股票名称	市值(元)	占净值比例	股票名称	市值(元)	占净值比例	股票名称	市值(元)	占净值比例	股票名称	市值(元)	占净值比例
	中兴通讯	28,275,088.16	3.81%	深发展	27,501,572.86	3.79%	中兴通讯	35,558,800.20	4.96%	中兴通讯	44,209,786.50	6.56%
	万科A	26,182,833.84	3.53%	中兴通讯	24,792,307.20	3.42%	深发展A	30,727,157.76	4.28%	G万科A	42,706,449.59	6.33%
	中集集团	25,078,047.50	3.38%	万科A	24,400,886.62	3.36%	万科A	30,304,633.18	4.22%	深发展A	28,949,596.52	4.29%
	深发展A	22,270,160.63	3.00%	五粮液	21,647,741.28	2.98%	五粮液	24,903,433.28	3.47%	华侨城A	20,342,813.68	3.02%
	五粮液	15,909,020.82	2.15%	中集集团	18,556,291.38	2.56%	中集集团	22,377,499.71	3.12%	五粮液	19,187,454.00	2.85%

投资前五名债券明细	债券名称	市值(元)	占净值比例	债券名称	市值(元)	占净值比例	债券名称	市值(元)	占净值比例	债券名称	市值(元)	占净值比例
	04国债(5)	40,583,050.00	5.47%	04国债(5)	51,697,816.50	7.13%	04国债(5)	19,034,000.00	2.65%	04国债(5)	18,904,000.00	2.80%
	04国开10	35,028,000.00	4.72%	04国开10	35,028,000.00	4.83%	02国债(2)	14,357,669.60	2.00%	05国债(2)	14,310,940.00	2.12%
	20国债(10)	29,881,164.00	4.03%	20国债(10)	26,224,884.00	3.62%	——	——	——	——	——	——
	20国债(4)	15,917,955.30	2.15%	20国债(4)	18,423,012.00	2.54%	——	——	——	——	——	——
	00国债05	10,008,000.00	1.35%	04国开12	9,999,000.00	1.38%	——	——	——	——	——	——

融通蓝筹成长证券投资基金

基本资料

基金简称	融通蓝筹成长基金		交易代码	161605	
投资目标	组合投资，资本增值，为持有人获取长期稳定的投资收益。				
业绩比较基准	75%×国泰君安指数＋25%×银行间债券综合指数				
风险收益特征	力求获得超过市场平均水平的收益，承担相应的风险。				
合同生效日	2003 年 9 月 30 日	上市日期	——	上市地点	——
募集概况	首募规模	认购户数	募集日期		
	7.66 亿份	32034 户	2003 年 8 月 26 日至 2003 年 9 月 26 日		
基金费率	认购费率	申购费率	赎回费率	管理费率	托管费率
	不高于 1.60%	不高于 1.90%	不高于 0.30%	1.50%	0.25%
基金管理人	融通基金管理有限公司		基金托管人	中国工商银行股份有限公司	
审计机构	普华永道中天会计师事务所	法律顾问	北京市康达律师事务所	注册登记人	融通基金管理有限公司

财务指标 单位：人民币(元)

项目 \ 年度	2005 年度	2004 年度	2003 年 9 月 30 日至 2003 年 12 月 31 日
基金份额本期净收益	−0.0375	0.0591	0.0088
期末可分配基金份额收益	−0.0583	−0.0550	0.0007
期末基金份额净值	1.031	0.945	1.038
基金加权平均净值收益率	−4.03%	5.84%	0.87%
本期基金份额净值增长率	9.10%	−0.46%	4.60%
基金份额累计净值增长率	13.59%	4.12%	4.60%
基金收益分配	本年度未实现收益分配；成立以来每 10 份累计派现 1.100 元。		

基金净值增长率与业绩基准收益率对比图（单位：%）

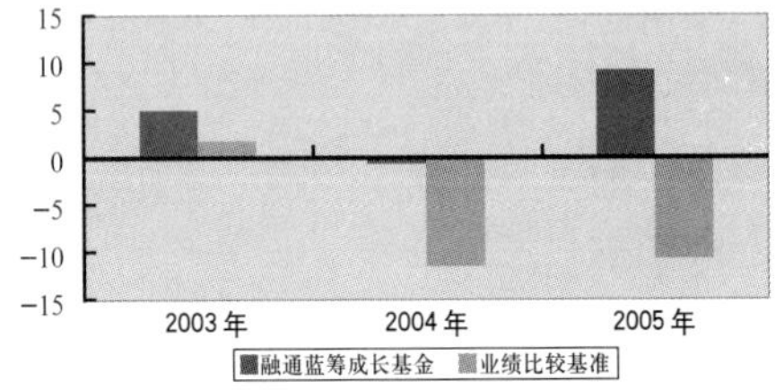

期末基金份额持有人户数	基金份额持有人户数为 17,120 户，平均每户持有 41,308.20 份。
期末基金份额持有人结构	机构投资者持有 521,521,846.99 份，占总份额 73.74%；个人投资者持有 185,674,611.85 份，占总份额 26.26%。

【基金业绩表现】

截至 2005 年 12 月 31 日，融通蓝筹成长基金份额净值增长 9.10%，同期业绩基准收益下跌 10.67%，基金表现超越比较基准 19.77%。

【基金管理团队】

易万军先生：基金经理。中国科学技术大学少年班经济管理专业本科毕业，13年证券从业经验。历任中国科技国际信托投资公司武汉代表处股票自营负责人，鹏华基金管理公司基金交易员，上海华源集团恒盛投资管理公司投资总监，融通基金管理有限公司基金交易部总监。

【基金运作分析】

2005 年注定是中国股票市场历史上具有划时代意义的一年。5 月股权分置改革试点正式启动，正是这一特殊的时代背景，使股权分置改革成为影响 2005 年股票市场整体走势的一个新增变量。2005 年 5 月之前，在市场预期宏观经济减速的背景下，市场整体走势向下，而股改初期对股改不确定性的担忧更是加剧了市场短期的恐慌。

剧烈变动的外在环境使融通蓝筹成长基金在 2004 年年底的整体布局几乎完全置于“风险暴露”之下。面对剧烈变动的外在环境，基于“短期股改是最大的基本面，中期面临游戏规则改变，长期股价影响因素回归基本因素”的整体判断，该基金及时调整了应对策略，并在下半年取得了较好的投资业绩。

【季度投资组合一览】

项目 \ 季度	第一季度			第二季度			第三季度			第四季度		
基金资产净值	640,455,696.55 元			530,856,069.22 元			515,946,535.11 元			728,969,096.48 元		
基金份额	698,982,560.16 份			619,220,976.20 份			532,672,384.52 份			707,196,458.84 份		
基金份额净值	0.916 元			0.857 元			0.969 元			1.031 元		
基金资产组合	市值(元)		占总资产比例	市值(元)		占总资产比例	市值(元)		占总资产比例	市值(元)		占总资产比例
股票投资	395,960,765.56		59.84%	339,000,270.48		63.45%	317,784,918.37		61.35%	384,358,565.58		47.46%
债券投资	146,107,537.60		22.08%	115,992,270.50		21.71%	166,133,000.00		32.07%	152,742,724.80		18.86%
银行存款和清算备付金	65,240,138.99		9.86%	74,506,538.09		13.94%	29,215,075.98		5.64%	40,095,844.14		4.95%
其他资产	54,405,671.62		8.22%	4,810,984.04		0.90%	4,878,031.95		0.94%	232,604,376.83		28.72%
投资前五名股票明细	股票名称	市值(元)	占净值比例	股票名称	市值(元)	占净值比例	股票名称	市值(元)	占净值比例	股票名称	市值(元)	占净值比例
	中兴通讯	57,358,644.64	8.96%	中兴通讯	48,961,543.68	9.22%	烟台万华	51,234,300.00	9.93%	中国重汽	62,197,825.00	8.53%
	招商银行	55,875,738.95	8.72%	招商银行	48,173,570.04	9.07%	振华港机	51,128,000.00	9.91%	振华港机	60,876,224.00	8.35%
	赛格三星	45,911,124.00	7.17%	振华港机	46,080,357.57	8.68%	中国重汽	48,994,816.00	9.50%	G 中 兴	59,442,255.00	8.15%
	中国石化	39,455,897.80	6.16%	中国石化	44,263,411.30	8.34%	中兴通讯	47,810,574.00	9.27%	烟台万华	49,027,475.00	6.73%
	歌华有线	37,854,471.84	5.91%	烟台万华	40,980,176.55	7.72%	中国石化	47,754,471.38	9.26%	中国石化	37,341,693.74	5.12%
投资前五名债券明细	债券名称	市值(元)	占净值比例	债券名称	市值(元)	占净值比例	债券名称	市值(元)	占净值比例	债券名称	市值(元)	占净值比例
	04 国开 12	89,997,000.00	14.05%	04 国开 12	89,997,000.00	16.95%	04 国开 12	89,997,000.00	54.17%	04 国开 12	89,997,000.00	12.35%
	04 国债(5)	49,400,000.00	7.71%	04 国债(5)	25,995,270.50	4.90%	04 国债(5)	76,136,000.00	45.83%	04 国债(5)	42,745,724.80	5.86%
	04 国债(11)	6,710,537.60	1.05%	——	——	——	——	——	——	05 中信债 01	20,000,000.00	2.74%
	——	——	——	——	——	——	——	——	——	——	——	——
	——	——	——	——	——	——	——	——	——	——	——	——

融通行业景气证券投资基金

基本资料						
基金简称	融通行业景气基金			交易代码	161606	
投资目标	通过把握行业发展趋势、行业景气程度以及市场运行趋势为持有人获取长期稳定的投资收益。					
业绩比较基准	70%×上证综合指数+30%×银行间债券综合指数					
风险收益特征	在锁定可承受风险的基础上，追求较高收益。					
合同生效日	2004年4月29日	上市日期	——	上市地点	——	
募集概况	首募规模	认购户数	募集日期			
	25.47亿份	18420户	2004年3月24日至2004年4月26日			
基金费率	认购费率	申购费率	赎回费率	管理费率	托管费率	
	不高于1.60%	不高于1.60%	不高于0.30%	1.50%	0.25%	
基金管理人	融通基金管理有限公司		基金托管人	交通银行股份有限公司		
审计机构	普华永道中天会计师事务所	法律顾问	北京市康达律师事务所	注册登记人	融通基金管理有限公司	

财务指标（单位：人民币(元)）		
项目 \ 年度	2005年度	2004年4月29日至2004年12月31日
基金份额本期净收益	−0.1062	−0.0239
期末可分配基金份额收益	−0.1247	−0.0421
期末基金份额净值	0.936	0.958
基金加权平均净值收益率	−11.70%	−2.43%
本期基金份额净值增长率	−2.30%	−4.20%
基金份额累计净值增长率	−6.40%	−4.20%
基金收益分配	自基金合同生效以来未实现收益分配。	
期末基金份额持有人户数	基金份额持有人户数为14,516户，平均每户持有85,718.00份。	
期末基金份额持有人结构	机构投资者持有712,666,203.35份，占总份额57.28%；个人投资者持有531,616,354.72份，占总份额42.72%。	

基金净值增长率与业绩基准收益率对比图（单位：%）

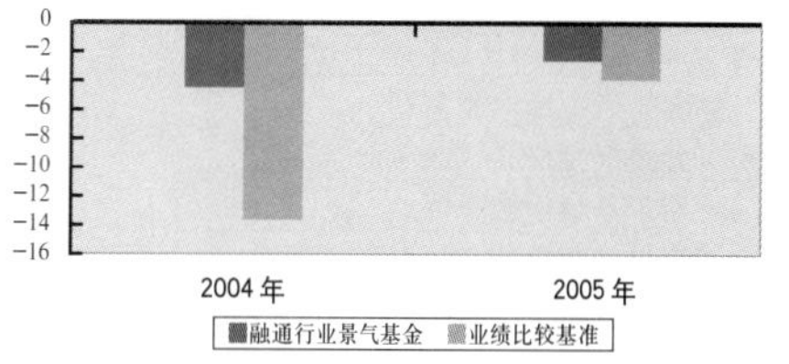

【基金业绩表现】

截至2005年12月31日，融通行业景气基金份额净值增长率为−2.30%，同期业绩基准收益下跌4.01%，该基金业绩表现超越比较基准收益1.71%。

【基金管理团队】

冯宇辉先生：基金经理。硕士学历。曾任洛阳耐火材料厂科研所助理工程师；中华财务会计咨询公司评估师；君安证券有限公司投资银行部助理业务董事、资产管理部基金经理；华安证券有限公司资产管理部副经理、经理；华富基金管理有限公司副总经理；现同时担任融通基金管理公司首席分析师。

【基金运作分析】

从2005年的投资结果看，融通行业景气基金的投资回报并不十分理想，上证指数下跌8.33%，融通行业景气基金下跌2.3%。虽然跑赢大市，但从绝对收益上为持有人造成了损失。

2005年，从具体运作分析，在汽车、建材和部分科技板块融通行业景气基金取得了一定收益，但由于对行业理解和估值能力的欠缺，该基金未能抓住全年上涨幅度较高的地产、金融板块。

把握行业内部竞争结构，发掘业绩高速成长的公司，采取相对灵活的资产配置，将是融通行业景气基金今后主要的投资策略。

【季度投资组合一览】

项目 \ 季度	第一季度			第二季度			第三季度			第四季度		
基金资产净值	1,711,392,232.22元			1,319,037,349.39元			1,265,501,017.04元			1,164,247,377.76元		
基金份额	1,817,640,254.83份			1,548,815,685.68份			1,407,775,725.74份			1,244,282,558.07份		
基金份额净值	0.942元			0.852元			0.899元			0.936元		
基金资产组合	市值(元)	占总资产比例		市值(元)	占总资产比例		市值(元)	占总资产比例		市值(元)	占总资产比例	
股票投资	1,097,080,198.24	63.90%		548,512,695.82	41.04%		884,493,725.81	69.53%		1,063,389,976.92	89.80%	
债券投资	377,738,672.30	22.00%		637,303,057.30	47.68%		274,685,500.00	21.59%		——	——	
银行存款和清算备付金	177,066,029.55	10.31%		135,606,451.35	10.15%		83,250,278.35	6.54%		100,263,621.34	8.47%	
其他资产	65,065,289.02	3.79%		15,260,187.15	1.14%		29,712,004.18	2.34%		20,531,356.08	1.73%	
投资前五名股票明细	股票名称	市值(元)	占净值比例	股票名称	市值(元)	占净值比例	股票名称	市值(元)	占净值比例	股票名称	市值(元)	占净值比例
	烟台万华	126,737,732.97	7.41%	宝钢股份	52,900,159.56	4.01%	一汽夏利	81,881,060.43	6.47%	一汽夏利	116,666,287.53	10.02%
	上港集箱	117,309,546.69	6.85%	中兴通讯	36,952,266.24	2.80%	TCL集团	55,105,206.57	4.35%	北新建材	110,282,947.72	9.47%
	盐田港A	91,917,391.28	5.37%	烟台万华	32,546,964.66	2.47%	风帆股份	49,733,126.09	3.93%	TCL集团	95,720,636.70	8.22%
	上海机场	51,881,346.00	3.03%	粤高速	25,514,244.96	1.93%	海螺水泥	40,085,922.84	3.17%	风帆股份	64,431,325.50	5.53%
	武钢股份	50,848,384.50	2.97%	海螺水泥	23,650,456.44	1.79%	南方航空	35,330,983.50	2.79%	冀东水泥	59,270,725.21	5.09%
投资前五名债券明细	债券名称	市值(元)	占净值比例	债券名称	市值(元)	占净值比例	债券名称	市值(元)	占净值比例	债券名称	市值(元)	占净值比例
	04国债(5)	122,082,600.00	7.13%	04国债11	134,355,203.60	10.19%	01国开09	79,800,000.00	6.31%	——	——	——
	03国开(22)	79,800,000.00	4.66%	04国债5	124,439,378.00	9.43%	04国债(11)	61,035,000.00	4.82%	——	——	——
	21国债(15)	60,079,242.30	3.51%	03国债1	88,144,852.90	6.68%	04国债(5)	33,309,500.00	2.63%	——	——	——
	03国债(1)	56,256,963.60	3.29%	03国开22	79,800,000.00	6.05%	03国债(1)	30,333,000.00	2.40%	——	——	——
	04国债(11)	53,519,866.40	3.13%	05国债2	48,206,236.00	3.65%	05国债(2)	29,496,000.00	2.33%	——	——	——

融通巨潮100指数证券投资基金

基本资料						
基金简称	融通巨潮		交易代码	161607		
投资目标	该基金为增强型指数基金。在控制股票投资组合相对巨潮100目标指数跟踪误差的基础上，力求获得超越巨潮100目标指数的投资收益，追求长期的资本增值。该基金谋求分享中国经济的持续、稳定增长和中国证券市场发展的成果，实现基金财产的长期增长，为投资者带来稳定的回报。					
业绩比较基准	巨潮100指数收益率×95%+银行同业存款利率×5%					
风险收益特征	风险和预期收益率接近市场平均水平。					
合同生效日	2005年5月12日	上市日期	2005年6月16日	上市地点	深圳证券交易所	
募集概况	首募规模	认购户数	募集日期			
	5.14亿份	7340户	2005年3月10日至2005年4月26日			
基金费率	认购费率	申购费率	赎回费率	管理费率	托管费率	
	不高于1.20%	不高于1.50%	不高于0.50%	1.30%	0.20%	
基金管理人	融通基金管理有限公司		基金托管人	中国工商银行股份有限公司		
审计机构	普华永道中天会计师事务所	法律顾问	北京市康达律师事务所	注册登记人	中国证券登记结算有限责任公司	

财务指标　单位：人民币(元)

项目＼年度	2005年5月12日至2005年12月31日
基金份额本期净收益	0.0500
期末可分配基金份额收益	0.0124
期末基金份额净值	1.012
基金加权平均净值收益率	5.06%
本期基金份额净值增长率	6.11%
基金份额累计净值增长率	6.11%
基金收益分配	自基金合同生效以来每10份累计派现0.500元。
备注	该基金合同生效于2005年5月12日，至2005年12月31日成立不足一年。

基金净值增长率与业绩基准收益率对比图（单位：%）

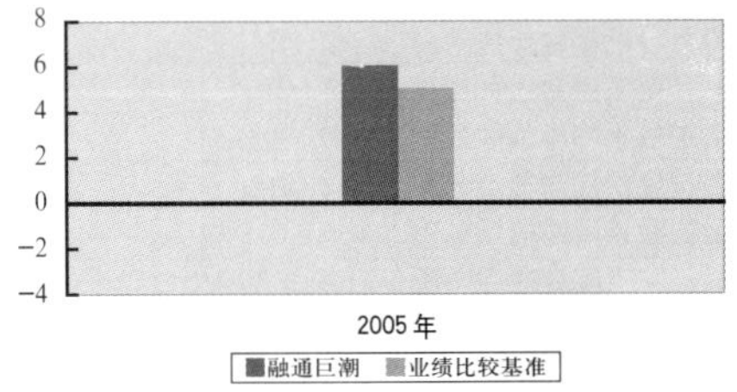

期末基金份额持有人户数	基金份额持有人户数为3,104户，平均每户持有80,363.08份。
期末基金份额持有人结构	机构投资者持有151,482,785.79份，占总份额60.73%；个人投资者持有97,964,227.10份，占总份额39.27%。

【基金业绩表现】

截至2005年12月31日，融通深证100指数基金份额净值增长6.11%，同期业绩基准收益4.77%，该基金的业绩表现超越比较基准收益1.34%。

【基金管理团队】

张野先生：基金经理。工商管理硕士，11年证券从业经验。历任杭州新希望证券投资顾问有限公司董事长、总经理，融通基金管理有限公司研究员。现同时担任融通深证100指数基金基金经理。

【基金运作分析】

在宏观经济增长预期的变化、股权分置改革的破题、与国外估值的接轨等因素的综合影响下，累积了近五年量变的证券市场在2005年逐步开始了质的转化。

在严格遵守基金合同的前提下实现持有人利益的最大化是融通深证100指数基金管理的核心思想，并将此原则贯彻于基金的运作之中。该基金以指数化投资方式为主，在控制股票投资组合相对巨潮100目标指数跟踪误差的基础上，力求获得超越巨潮100目标指数的投资收益。截至12月30日，该基金净值相对基准的日跟踪误差为0.18%，从成立以来到年末为止，

（转下页）

【季度投资组合一览】

项目＼季度	第三季度				第四季度			
基金资产净值	223,654,807.72元				252,546,633.23元			
基金份额	226,287,995.26份				249,447,012.89份			
基金份额净值	0.988元				1.012元			
基金资产组合	市值(元)		占总资产比例		市值(元)		占总资产比例	
股票投资	211,349,174.97		90.63%		240,349,359.80		93.68%	
债券投资	8,652,856.40		3.71%		8,593,758.40		3.35%	
银行存款和清算备付金	11,762,385.00		5.04%		4,695,901.84		1.83%	
其他资产	1,084,011.64		0.47%		2,925,672.67		1.14%	
投资前五名股票明细	序号	股票名称	市值(元)	占净值比例	序号	股票名称	市值(元)	占净值比例
	1	中国联通	10,299,509.76	4.59%	1	G长电	11,266,410.48	4.46%
	2	G宝钢	9,548,606.66	4.26%	2	G宝钢	11,103,667.80	4.40%
	3	G长电	9,222,780.00	4.11%	3	中国联通	10,946,426.40	4.33%
	4	中国石化	8,217,313.72	3.66%	4	招商银行	10,771,256.02	4.27%
	5	招商银行	7,563,028.32	3.37%	5	中国石化	10,636,748.24	4.21%
投资前五名债券明细	序号	债券名称	市值(元)	占净值比例	序号	债券名称	市值(元)	占净值比例
	1	04国债(5)	8,652,856.40	3.87%	1	04国债(5)	8,593,758.40	3.40%
	2	——	——	——	2	——	——	——
	3	——	——	——	3	——	——	——
	4	——	——	——	4	——	——	——
	5	——	——	——	5	——	——	——

【基金运作分析】

平均跟踪误差控制在0.14%左右，同时基金较为平稳完成了巨潮100指数在11月的成份股更换所对应的组合调整操作，跟踪误差始终严格控制在基金合同规定的0.5%的范围以内。基金净值较好拟合了目标指数的增长，有效地控制了指数基金相对目标指数的偏离风险。

展望2006年，随着股权分置改革的进一步深化、市场制度建设的进一步完善、自主创新进一步推进依然是主导2006年证券市场环境变化的主基调。从中长期角度审视，随着估值逐步合理，作为以深沪两市场优质大盘股为样本的巨潮100成份股指数的低风险投资机会正在进一步显现。巨潮100指数基金将继续以增强指数化投资为主要操作策略，为投资者分享中国资本市场千载难逢的机会。

融通易支付货币市场证券投资基金

基本资料						
基金简称	融通易支付基金			交易代码	161608	
投资目标	在强调本金安全性、资产充分流动性的前提下，追求稳定的当期收益。					
业绩比较基准	银行一年期定期存款税后利率。					
风险收益特征	该基金属于证券投资基金中高流动性、低风险的品种，其预期风险和预期收益率低于股票基金、债券基金及混合型基金。					
合同生效日	2006年1月19日	上市日期	——	上市地点	——	
募集概况	首募规模	认购户数	募集日期			
	28.23亿份	4277户	2005年12月28日至2006年1月16日			
基金费率	认购费率	申购费率	赎回费率	管理费率	托管费率	销售服务费率
	0	0	0	0.33%	0.10%	0.25%
基金管理人	融通基金管理有限公司		基金托管人	中国民生银行股份有限公司		
审计机构	安永华明会计师事务所	法律顾问	北京市康达律师事务所	注册登记人	融通基金管理有限公司	
备注	该基金从2005年12月28日至2006年1月16日跨年度发行。					

【基金管理团队】

陶武彬先生：基金经理。硕士学位。8年证券从业经验。曾先后在中国化工建设深圳公司、深圳市深投投资有限公司、香港京华山一证券公司从事证券研究、投资和投资银行等工作，2001年1月加入融通基金管理有限公司，历任行业研究员、研究部总监助理、融通新蓝筹基金经理助理等职，现同时担任融通债券基金基金经理。

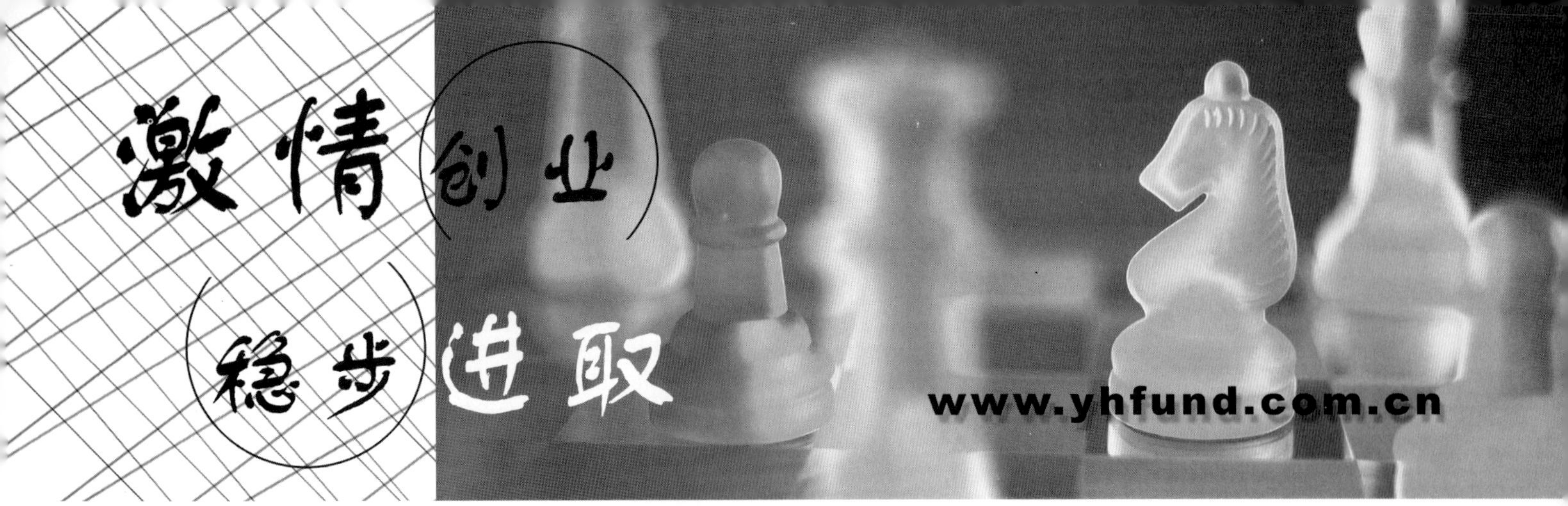

2005年大事记

1月17-25日 首度引入国际通行分级制度的银华货币市场证券投资基金发行，并于1月31日正式成立。银华货币市场基金在7个交易日内成功募集了 5.91亿份基金份额，有效认购户数为7618户，创近期开放式基金最短发行期记录。

2月2日 公司正式通过ISO9001质量管理体系认证。

3月3日 公司发布公告，从3月4日起投资者可在交通银行、建设银行、银河证券、国泰君安证券等11家销售机构办理银华货币市场基金定期定额投资计划业务。

3月15日 在由《人民日报》市场信息中心联合100家权威行业协会及“人民网”、“新华网”、“搜狐网”等30多家权威网站共同举办的民意调查大型公益活动中，银华基金管理公司被全国广大消费者(客户)评为基金行业2005年“中国消费者(用户)十大最满意基金品牌”。

3月15日 公司在广西桂林召开了2004年度股东大会及第二届董事会第五次会议、第二届监事会第三次会议。

4月23日 银华优势企业基金被《科学与财富》(VALUE)推荐为2005年最值得投资的15只基金之一，被评为平衡型基金中“3年累计分红最高的基金”。

6月17-19日 公司2005年中期投资策略研讨会在福建武夷山市成功召开。

7月1日 公司在原有网上交易系统的基础上，增加银联通开放式基金网上交易业务。投资者通过公司网上交易系统申购公司管理的开放式基金费率为0.6%(银华货币市场基金除外)。

7月7日 公司网站在线互动栏目—“专家面对面”首次播出。

7月12日 银华保本增值证券投资基金向本基金份额持有人进行第一次收益分配。

7月13日 上海证券交易所、中国证券登记结算公司与银华基金管理公司共同召开新闻发布会，正式宣布推出上证所开放式基金场内认(申)购、赎回系统—“上证基金通”，银华核心价值优选股票型基金成为首只利用该创新网络募集的开放式基金。

8月1日 公司获准开始募集旗下第五只开放式基金—银华核心价值优选股票型证券投资基金。该基金是国内首只同时通过上证所“上证基金通”网络和银行网络募集的开放式基金。投资者可在中国建设银行、交通银行、国泰君安等大券商共42家场内场外机构认购该基金。

8月2日 劳动与社会保障部公布首批企业年金管理机构名单，银华基金管理公司获得企业年金基金投资管理人资格，成为获得该资格的首批9家基金管理公司之一。

8月10日 公司发布公告，银华旗下保本增值证券投资基金向基金份额持有人再次进行收益分配。这是继上月分红后该基金第二次分红。

9月16日 银华核心价值优选股票型证券投资基金募集结束，共募集基金份额5.18亿份，于2005年9月27日该基金正式成立。

12月1日 银华核心价值优选股票型证券投资基金于2005年10月17日起开放场外申购业务，11月15日起开放上交所场内申购业务，并于2005年12月1日起开放场内场外赎回业务，基金代码为519001。

银华基金管理有限公司
YINHUA FUND MANAGEMENT CO., LTD.

银华基金管理有限公司

法定名称	银华基金管理有限公司	英文名称	YinHua Fund Management Co.,Ltd.
成立日期	2001年5月28日	注册资本	1亿元人民币
法人代表	彭　越	董 事 长	彭　越
联系电话	0755-83516888	客服电话	010-85186558
传真号码	0755-83516968	公司网址	www.yhfund.com.cn
注册地址	深圳市深南大道6008号报业大厦19层	办公地址	深圳市深南大道6008号报业大厦19层

● 发展概况

银华基金管理有限公司经中国证监会证监基金字[2001]7号文批准，由西南证券有限责任公司、北京首都创业集团有限公司、南方证券股份有限公司及东北证券有限责任公司联合发起于2001年5月28日正式成立，公司注册资本1亿元。2005年，第一创业证券有限责任公司受让股东北京首都创业集团有限责任公司持有的股权而成为公司新股东。2005年8月，银华基金管理公司获得企业年金基金投资管理人资格，成为国内首批企业年金基金投资管理人。

在组织机构上，公司下设了投资管理部、综合管理部、运作保障部、监察稽核部、市场开发部、市场营销部、战略发展部、机构理财部等8个职能部门，并成立了北京分公司和上海分公司。在人员构成上，银华基金管理有限公司目前共有员工98人，平均年龄34岁，大多数员工具有硕士或博士学位，其中大部分毕业于国内著名院校，包括多名留学归国专业人士。

● 经营业绩

2005年，银华基金管理有限公司顺利完成了银华核心价值优选和银华货币市场两只开放式基金的募集设立。截至2005年12月31日，银华基金管理有限公司管理6只证券投资基金，包括一只封闭式基金——基金天华和银华优势企业、银华保本增值、银华－道琼斯88、银华核心价值优选、银华货币市场5只开放式基金。

银华货币市场基金是国内首只按国际通行基金份额分级制度的基金。基金合同生效于2005年1月31日。该基金于2005年1月17日至2005年1月25日募集，一周的时间成功募集5.91亿份基金份额，有效认购户数为7618户，创当前开放式基金最短发行期记录；银华核心价值优选基金是国内首只“上证基金通”产品，基金合同生效于2005年9月27日。该基金于2005年8月1日至9月16日募集，共募集基金份额5.19亿份，有效认购户数为5134户。

在投资业绩上，2005年银华旗下基金整体业绩表现良好。截至2005年12月30日，银华－道琼斯88精选基金实现收益回报10.26%，在指数型开放式基金中排名第一；银华优势企业基金实现收益回报8.93%，在偏股型开放式基金中排名第六；银华保本增值基金实现收益回报3.37%，全年实现分红每份派现0.015元；新成立的银华货币基金在成立后大盘持续走跌的背景下，表现出较强的抗跌性，基金净值稳步攀升；其中，A级实现收益回报2.19%、B级实现收益回报2.42%；银华核心价值优选基金自合同生效以来，业绩表现良好，本年实现收益回报3.58%。

创新，是银华基金2005年最特色的表现。首家推出“上证基金通”产品：2005年8月，银华核心价值优选基金同时通过场外销售渠道和上交所“上证基金通”网络进行场内、场外认(申)购、赎回，成为国内首只“上证基金通”产品；首家引入国际通行分级制度发行货币基金：2005年1月，银华推出的银华货币市场基金，首次将基金份额分级为A级基金份额和B级基金份额，实行销售服务差别费率。引入国际通行分级制度发行货币基金，这是银华的又一次领先之举；首家在业内通过ISO9001质量管理体系认证：2005年2月2日，银华率先在业内通过ISO9001质量管理体系认证。

“上证基金通”、“基金分级制度”体现了银华基金产品的创新，“ISO9001”体现了银华管理的创新；因其在创新上的突出表现，2005年银华基金管理有限公司在国内基金行业多项评选活动中荣获创新奖。

近三年公司管理基金资产规模与基金数量

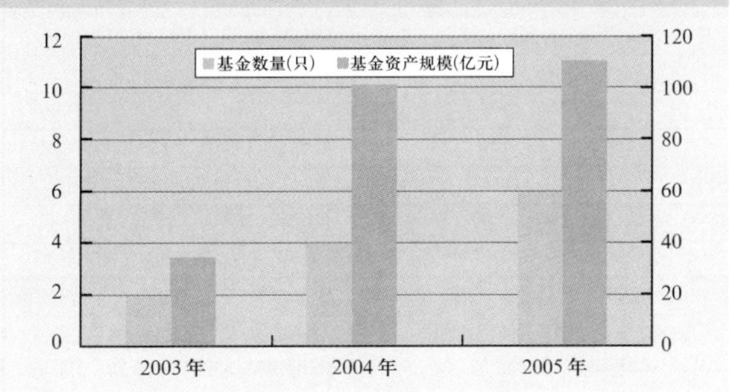

公司股东结构

股东名称	出资金额(万元)	出资比例(%)
西南证券有限责任公司	2900.00	29.00
第一创业证券有限责任公司	2900.00	29.00
南方证券股份有限公司	2100.00	21.00
东北证券有限责任公司	2100.00	21.00

公司高管介绍

彭越先生：董事长。研究生学历。曾任职最高人民检察院，银华基金管理有限公司副总经理。现任银华基金管理有限公司董事长。

天华证券投资基金

基本资料

基金简称	基金天华			交易代码	184706		
投资目标	该基金为成长型基金。所追求的投资目标是在尽可能地分散和规避投资风险的前提下，谋求基金资产增值的最大化。						
业绩比较基准	无	风险收益特征	无				
合同生效日	1999年7月12日	开始运作日	2001年6月11日	上市日期	2001年8月8日	上市地点	深圳证券交易所
基金总份额	25亿份	存续期	10年(1999年7月12日至2009年7月11日)				
基金管理人	银华基金管理有限公司	基金托管人	中国农业银行				
审计机构	安永华明会计师事务所	法律顾问	北京金杜律师事务所	注册登记人	银华基金管理有限公司		

财务指标 单位：人民币(元)

项目 \ 年度	2005年度	2004年度	2003年度
基金份额本期净收益	-0.0308	-0.0734	0.0422
期末可分配基金份额收益	-0.2003	-0.1694	-0.0960
期末基金份额净值	0.8462	0.8500	0.9173
基金加权平均净值收益率	-3.73%	-8.04%	-4.81%
本期基金份额净值增长率	-0.45%	-7.34%	10.35%
基金份额累计净值增长率	-23.86%	-23.52%	-17.46%
基金收益分配	自基金合同生效以来未实现收益分配。		

基金净值增长率与业绩基准收益率对比图（单位：%）

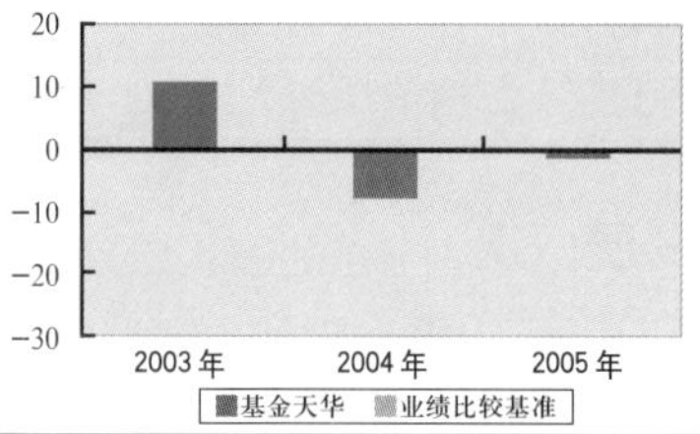

期末基金份额持有人户数	基金份额持有人户数为28,781户，平均每户持有86,862.86份。
期末基金份额持有人结构	机构投资者持有1,677,413,713份，占总份额67.10%；个人投资者持有822,586,287份，占总份额32.90%。

【基金业绩表现】

2005年，基金天华全年净值增长率为-0.45%，同期上证指数下跌了0.43%。

【基金管理团队】

许翔先生：基金经理。西方会计学硕士。1981年至2002年，曾先后在四川雅安化肥厂、深圳粤宝电子公司、招商银行、深圳高新技术工业村、国信证券公司等单位工作；2002年至2004年，在中融基金公司任研究总监、投资总监等职务；2004年10月进入银华基金管理有限公司，现任公司首席分析师，兼任银华－道琼斯88精选基金基金经理。

【基金运作分析】

2005年上证指数下跌了0.43%，基金天华的净值下跌了0.45%，与指数表现基本一致。随着股权分置改革的不断推进，基金管理人对2006年的市场非常乐观。市场估值水平已经下降到一个相对安全的水平，基金的投资风格也逐渐从追求稳定向主动承担风险转变，以期望获得更高的投资收益。

首先是对中国经济的长期趋势看好。虽然经常会见到市场对中国经济短期走势的正面或者负面的评价，但从长期来看，主流研究机构几乎一致看好中国，因此，即使中国经济短期面临一些负面因素，也不会对市场造成大的影响。基金管理人认为，趋势会压倒短期波动；其次，中国本身是一个庞大的市场，有许多优秀的本土企业将脱颖而出，成为其中的佼佼者。银行、房地产以及消费品企业，如果有良好的治理结构做后盾，将是基金管理人长期重点研究和投资的对象；另外，依托于中国优势的部分工业企业，也是看好的对象。这些行业的龙头企业还有望成为全球具有较强竞争能力的企业，在国际上市场份额将不断攀升，将成为其业绩持续增长的一大动力。

该基金所重点关注的大部分优质公司估值水平比较低。银行、地产及大多数品牌消费品企业和成熟市场同类上市公司估值水平相比，均有一个较大的折扣。从上市公司的治理结构来看，重点关注的许多A股上市公司股权结构相对合理。良好的宏观经济环境、庞大的中国市场、优质的上市公司，再加上相对较低的估值水平，将是吸引场外资金包括外资持续流入中国A股市场的主要理由。基金管理人目前所要做的就是仔细研究，寻找价值低估的好公司，买入并持有，然后等待股价上涨。

【季度投资组合一览】

项目 \ 季度	第一季度			第二季度			第三季度			第四季度		
基金资产净值	2,100,585,193.73元			1,999,983,854.35元			2,073,807,369.13元			2,115,473,103.23元		
基金份额净值	0.8402元			0.8000元			0.8295元			0.8462元		
基金资产组合	市值(元)	占总资产比例		市值(元)	占总资产比例		市值(元)	占总资产比例		市值(元)	占总资产比例	
股票投资	1,357,684,682.68	64.35%		1,363,298,802.70	67.92%		1,613,121,824.10	77.55%		1,634,773,926.19	75.78%	
债券投资	462,933,420.48	21.94%		498,524,715.03	24.84%		440,051,231.41	21.16%		439,645,331.41	20.38%	
银行存款和清算备付金	272,618,642.27	12.92%		109,601,933.17	5.46%		14,670,624.02	0.71%		56,248,712.75	2.61%	
其他资产	16,630,205.78	0.79%		35,905,959.16	1.78%		12,199,308.56	0.58%		26,687,791.60	1.23%	
投资前五名股票明细	股票名称	市值(元)	占净值比例	股票名称	市值(元)	占净值比例	股票名称	市值(元)	占净值比例	股票名称	市值(元)	占净值比例
	长江电力	125,089,716.81	5.96%	长江电力	132,042,505.14	6.60%	上海机场	137,106,300.90	6.61%	上海机场	154,610,417.08	7.31%
	中集集团	119,959,622.20	5.71%	上海机场	128,834,658.40	6.44%	G长电	104,020,000.00	5.02%	G中兴	126,410,978.76	5.98%
	上海机场	100,232,064.14	4.77%	宝钢股份	85,021,213.02	4.25%	中兴通讯	86,999,196.02	4.20%	G万科A	101,939,731.18	4.82%
	中国石化	67,033,931.94	3.19%	海油工程	70,483,845.60	3.52%	招商银行	73,100,996.20	3.52%	盐湖钾肥	94,906,758.74	4.49%
	海油工程	58,233,692.29	2.77%	贵州茅台	54,548,250.40	2.73%	贵州茅台	63,095,521.10	3.04%	G长电	83,520,000.00	3.95%
投资前五名债券明细	债券名称	市值(元)	占净值比例	债券名称	市值(元)	占净值比例	债券名称	市值(元)	占净值比例	债券名称	市值(元)	占净值比例
	04国开15	89,992,000.00	4.28%	04国开15	89,992,000.00	4.50%	05农发10	100,055,000.00	4.82%	05农发10	100,055,000.00	4.73%
	01国开06	59,682,000.00	2.84%	01国开06	59,682,000.00	2.98%	01国开06	59,682,000.00	2.88%	01国开06	59,682,000.00	2.82%
	00国债01	50,840,000.00	2.42%	00国债01	50,840,000.00	2.54%	04国开14	54,500,000.00	2.63%	04国开14	54,500,000.00	2.58%
	04国开16	49,950,000.00	2.38%	04国开16	49,950,000.00	2.50%	00国债01	50,840,000.00	2.45%	00国债01	50,840,000.00	2.40%
	04国开14	49,870,000.00	2.37%	04国开14	49,870,000.00	2.49%	02国债02	49,610,000.00	2.39%	02国债02	49,610,000.00	2.35%

银华优势企业证券投资基金

基本资料

基金简称	银华优势企业		交易代码	180001(前端收费) 180011(后端收费)	
投资目标	该基金为平衡型基金，主要通过投资于中国加入WTO后具有竞争优势的上市公司所发行的股票与国内依法公开发行上市的债券，在控制风险、确保基金资产良好流动性的前提下，以获取资本增值收益和现金红利分配的方式来谋求基金资产的中长期稳定增值。				
业绩比较基准	中信标普300指数×70%＋中信全债指数×20%＋同业活期存款利率×10%			风险收益特征	无
合同生效日	2002年11月13日	上市日期	——	上市地点	——
募集概况	首募规模	认购户数	募集日期		
	16.82亿份	13096户	2002年10月17日至2002年11月6日		
基金费率	认购费率	申购费率	赎回费率	管理费率	托管费率
	1.00%	不高于1.80%	不高于0.50%	1.50%	0.25%
基金管理人	银华基金管理有限公司		基金托管人	中国银行股份有限公司	
审计机构	安永华明会计师事务所	法律顾问	北京金杜律师事务所	注册登记人	银华基金管理有限公司

财务指标 单位：人民币(元)

项目 \ 年度	2005年度	2004年度	2003年度
基金份额本期净收益	0.0649	0.0065	0.0803
期末可分配基金份额收益	0.0362	−0.0303	0.0105
期末基金份额净值	1.0815	0.9928	1.0664
基金加权平均净值收益率	6.32%	0.63%	7.96%
本期基金份额净值增长率	8.93%	−0.02%	15.51%
基金份额累计净值增长率	25.94%	15.61%	15.64%
基金收益分配	本年度未实现收益分配；成立以来每10份累计派现1.700元。		
期末基金份额持有人户数	基金份额持有人户数为10,379户，平均每户持有102,736.05份。		
期末基金份额持有人结构	机构投资者持有845,295,463.72份，占总份额79.27%；个人投资者持有221,002,017.19份，占总份额20.73%。		

基金净值增长率与业绩基准收益率对比图（单位：%）

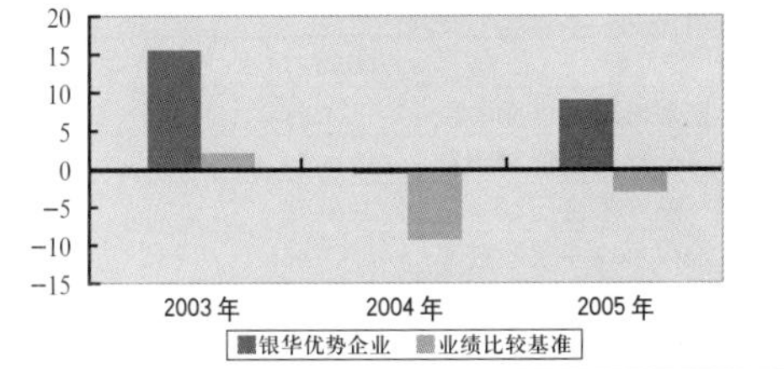

【基金业绩表现】

2005年，银华优势企业基金全年净值增长8.93%，同期业绩基准收益下跌3.52%，基金表现超越业绩基准12.45%。

【基金管理团队】

黄小坚先生：基金经理。经济学硕士。2000年至2002年在申银万国证券公司研究所工作。2002年加入银华基金管理公司，先后任行业研究员、投资管理部组合经理、银华－道琼斯88精选基金基金经理、天华基金基金经理。

蒋伯龙先生：基金经理。经济学硕士。曾就职于北大方正集团公司、富国基金管理公司、招商证券股份有限公司。2003年1月加入银华基金管理公司，历任行业研究员、投资管理部估值经理。现兼任银华核心价值优选股票型基金基金经理。

【基金运作分析】

2005年是充满变革的一年，股权分置改革取得突破，经济增长方式开始转型。这对市场走势产生了重大影响：上半年市场未能摆脱熊市格局，市场的价值中枢在震荡走低的过程中不断下移。7月后，市场逐渐回升。

在此大背景下，银华优势企业基金的投资基本分为三个阶段：6月份以前，采取逐渐减仓的策略，并将股票重点配置在食品饮料、零售、机场等防御类行业上；7月份至11月份，逐渐加大了仓位，持股结构变化不大，主要增持了CDM机制受益股；11月份以后，市场信心逐渐恢复，基金管理人继续维持高仓位运作，并对持股结构做了大幅调整，增持银行、地产、有色金属等行业。总体来讲，2005年银华优势企业基金基本把握住了市场发展脉络，基金净值表现良好。

【季度投资组合一览】

项目 \ 季度	第一季度			第二季度			第三季度			第四季度		
基金资产净值	1,244,461,234.74元			1,202,313,890.52元			1,196,940,670.91元			1,153,207,457.31元		
基金份额	1,216,113,347.04份			1,221,121,938.52份			1,115,240,042.92份			1,066,297,480.91份		
基金份额净值	1.0233元			0.9846元			1.0733元			1.0815元		
基金资产组合	市值(元)		占总资产比例	市值(元)		占总资产比例	市值(元)		占总资产比例	市值(元)		占总资产比例
股票投资	862,790,476.10		67.42%	792,197,949.13		62.88%	826,375,551.37		68.79%	792,890,959.70		67.87%
债券投资	332,917,452.44		26.01%	312,279,179.20		24.79%	291,311,194.76		24.25%	256,290,584.40		21.94%
银行存款和清算备付金	72,911,081.82		5.70%	147,390,071.29		11.70%	69,661,093.12		5.80%	99,649,849.26		8.53%
其他资产	11,171,519.78		0.87%	8,019,419.46		0.63%	13,954,963.51		1.16%	19,481,534.80		1.66%
投资前五名股票明细	股票名称	市值(元)	占净值比例	股票名称	市值(元)	占净值比例	股票名称	市值(元)	占净值比例	股票名称	市值(元)	占净值比例
	中集集团	94,877,035.00	7.62%	中兴通讯	73,267,545.60	6.09%	贵州茅台	60,320,476.26	5.04%	G中兴	79,282,619.88	6.88%
	中兴通讯	74,409,394.40	5.98%	贵州茅台	54,883,091.60	4.56%	三爱富	55,153,589.12	4.61%	三爱富	52,641,664.32	4.56%
	贵州茅台	74,353,331.46	5.97%	苏宁电器	49,319,140.00	4.10%	上海机场	46,692,531.20	3.90%	苏宁电器	37,883,580.00	3.29%
	盐湖钾肥	64,827,756.56	5.21%	盐湖钾肥	46,428,560.65	3.86%	G苏宁	42,628,111.96	3.56%	巨化股份	35,332,312.51	3.06%
	上港集箱	53,107,331.22	4.27%	海油工程	34,545,451.46	2.87%	海油工程	40,371,192.00	3.37%	浦发银行	34,800,675.00	3.02%
投资前五名债券明细	债券名称	市值(元)	占净值比例	债券名称	市值(元)	占净值比例	债券名称	市值(元)	占净值比例	债券名称	市值(元)	占净值比例
	04国债05	214,451,100.00	17.23%	21国债(7)	36,921,500.00	3.07%	21国债(10)	35,000,000.00	2.92%	04国债(5)	99,026,713.60	8.59%
	万科转2	69,913,007.38	5.62%	21国债(10)	34,125,000.00	2.84%	21国债(07)	32,460,000.00	2.71%	02国债(14)	43,121,200.80	3.74%
	02国开16	36,813,121.46	2.96%	03国债(3)	28,587,000.00	2.38%	03国债(03)	29,286,000.00	2.45%	21国债(10)	34,891,500.00	3.03%
	04国开10	4,999,500.00	0.40%	21国债(12)	24,431,400.00	2.03%	21国债(12)	25,042,185.00	2.09%	21国债(15)	29,498,800.00	2.56%
	02国债12	4,834,192.00	0.39%	02国债(13)	23,567,892.00	1.96%	02国债(13)	22,349,146.00	1.87%	21国债(3)	25,565,000.00	2.22%

银华保本增值证券投资基金

基本资料						
基金简称	银华保本增值			交易代码	180002	
投资目标	在确保保本周期到期时本金安全的基础上，谋求基金资产的稳定增值。					
业绩比较基准	保本周期同期限的3年期银行定期存款税后收益率					
风险收益特征	该基金属于低风险的基金品种，其风险收益配比关系为低风险、稳定收益。					
合同生效日	2004年3月2日	上市日期	——	上市地点	——	
募集概况	首募规模	认购户数	募集日期			
	60.72亿份	170336户	2004年2月16日至2004年2月27日			
基金费率	认购费率	申购费率	赎回费率	管理费率	托管费率	
	不高于1.00%	不高于1.50%	不高于1.80%	1.20%	0.20%	
基金管理人	银华基金管理有限公司		基金托管人	中国建设银行股份有限公司		
基金保证人	北京首都创业集团有限公司		保本周期	三年		
审计机构	安永华明会计师事务所	法律顾问	北京金杜律师事务所	注册登记人	银华基金管理有限公司	

财务指标		单位：人民币(元)
项目 \ 年度	2005年度	2004年3月2日至2004年12月31日
基金份额本期净收益	0.0281	−0.0080
期末可分配基金份额收益	0.0056	−0.0080
期末基金份额净值	1.0144	0.9960
基金加权平均净值收益率	2.81%	−0.81%
本期基金份额净值增长率	3.37%	−0.41%
基金份额累计净值增长率	2.95%	−0.41%
基金收益分配	本年度每10份派现0.150元；成立以来每10份累计派现0.150元。	
期末基金份额持有人户数	基金份额持有人户数为135,766户，平均每户持有33,753.70份。	
期末基金份额持有人结构	机构投资者持有125,856,375.01份，占总份额2.75%；个人投资者持有4,456,748,694.53份，占总份额97.25%。	

基金净值增长率与业绩基准收益率对比图（单位：%）

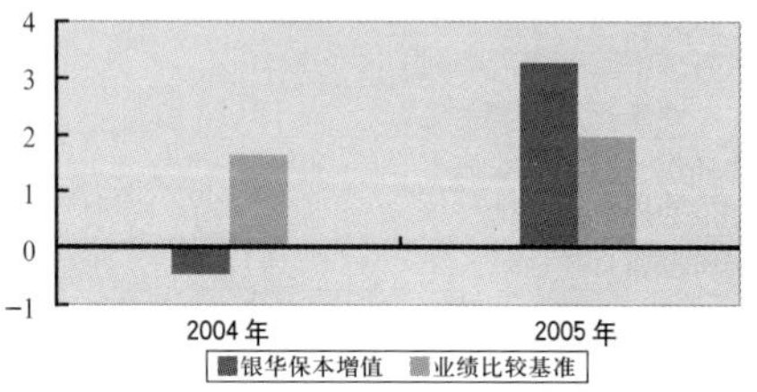

【基金业绩表现】

2005年，银华保本增值基金全年净值增长3.37%，同期业绩基准收益增长2.03%，基金表现超越业绩基准1.34%。

【基金管理团队】

王华先生：基金经理。经济学硕士，中国人民银行研究生部毕业，中国注册会计师协会非执业会员。曾在西南证券任职。2000年10月进入银华基金管理有限公司，先后在研究策划部、基金经理部工作。兼任银华货币市场基金基金经理。

【基金运作分析】

2005年，债券市场在人民币汇率改革和国有商业银行股份制改革的宏观大背景下，在充足的资金面推动下出现了单边上涨行情，债券指数创出了新高。银华保本增值基金的资产组合中债券资产的比例高达85%以上，所以这波债券牛市也给基金带来较好的收益。

2005年股票市场呈现出反转态势。市场的机会主要来自于制度变革，虽然宏观经济层面对股票市场存在一些负面影响，但市场的走势说明制度因素和经济因素不在同一个层次上。但是在从熊到牛的过程中，投资者思想转变的滞后性和其他一些负面因素，也会使市场出现波折。银华保本增值基金在2005年上半年一直对股票市场保持比较谨慎的态度，控制了股票的投资仓位；在下半年，随着市场的好转、安全垫的增加，基金管理人把投资的重心逐步转到了股票资产上。从全年表现看，银华保本增值基金2005年的净值从0.996元增长到1.0294元，超过了三年期定期存款的收益。

【季度投资组合一览】

项目 \ 季度	第一季度		第二季度		第三季度		第四季度	
基金资产净值	5,519,264,503.98元		5,177,174,189.71元		4,883,462,837.51元		4,648,542,168.27元	
基金份额	5,523,472,834.83份		5,155,333,442.91份		4,848,272,885.72份		4,582,605,069.54份	
基金份额净值	0.9992元		1.0042元		1.0073元		1.0144元	
基金资产组合	市值(元)	占总资产比例	市值(元)	占总资产比例	市值(元)	占总资产比例	市值(元)	占总资产比例
股票投资	450,163,184.91	7.90%	161,240,369.77	3.11%	493,372,972.08	10.06%	465,379,786.53	9.98%
债券投资	4,901,072,161.79	86.02%	4,790,350,820.00	92.30%	4,077,495,758.03	83.18%	4,044,283,266.45	86.74%
银行存款和清算备付金	155,649,507.17	2.73%	151,493,103.74	2.92%	178,147,866.17	3.63%	86,117,373.27	1.85%
其他资产	191,049,498.94	3.35%	87,066,964.77	1.67%	153,112,497.14	3.13%	66,538,609.91	1.43%

投资前五名股票明细	股票名称	市值(元)	占净值比例	股票名称	市值(元)	占净值比例	股票名称	市值(元)	占净值比例	股票名称	市值(元)	占净值比例
	武钢股份	57,400,000.00	1.04%	中兴通讯	46,080,000.00	0.89%	G 宝 钢	45,858,971.64	0.94%	G 长 电	44,784,987.48	0.96%
	振华港机	54,387,502.62	0.99%	宝钢股份	39,397,975.20	0.76%	G 长 电	44,882,038.08	0.92%	G万科A	43,099,935.35	0.93%
	长江电力	43,250,000.00	0.78%	贵州茅台	19,276,820.55	0.37%	贵州茅台	44,861,802.72	0.92%	巨化股份	36,561,350.76	0.79%
	上海机场	31,136,886.00	0.56%	金 融 街	14,832,151.80	0.29%	巨化股份	41,731,951.50	0.85%	三 爱 富	36,065,379.84	0.78%
	贵州茅台	26,426,486.23	0.48%	ST 重 汽	11,875,921.60	0.23%	三 爱 富	37,292,093.44	0.76%	G 中 兴	31,252,500.00	0.67%

投资前五名债券明细	债券名称	市值(元)	占净值比例	债券名称	市值(元)	占净值比例	债券名称	市值(元)	占净值比例	债券名称	市值(元)	占净值比例
	04国开01	1,456,828,000.00	26.40%	03国开29	1,011,539,141.08	19.54%	04国开01	1,055,725,308.35	21.62%	04国开01	1,362,451,840.89	29.31%
	03国开29	969,025,472.22	17.56%	04国开01	950,322,903.22	18.36%	03国开29	1,040,960,470.31	21.32%	02国债14	620,239,613.20	13.34%
	04国债02	399,920,000.00	7.25%	02国债14	491,393,880.00	9.49%	02国债14	597,507,919.80	12.24%	03国开29	334,290,000.00	7.19%
	02国债14	277,200,000.00	5.02%	04国债02	302,185,333.33	5.84%	04进出02	242,135,250.00	4.96%	04国开15	254,716,688.40	5.48%
	04国开11	261,844,512.66	4.74%	04国开11	242,417,913.10	4.68%	05国开02	241,972,340.00	4.95%	04国开11	249,600,000.00	5.37%

银华－道琼斯88精选证券投资基金

基本资料					
基金简称	银华－道琼斯88		交易代码	180003	
投资目标	该基金将运用增强型指数化投资方法，通过严格的投资流程和数量化风险管理，在对标的指数有效跟踪的基础上力求取得高于指数的投资收益率，实现基金资产的长期增值。				
业绩比较基准	道琼斯中国88指数	风险收益特征	无		
合同生效日	2004年8月11日	上市日期	——	上市地点	——
募集概况	首募规模	认购户数	募集日期		
	10.86亿份	19834户	2004年7月5日至2004年8月5日		
基金费率	认购费率	申购费率	赎回费率	管理费率	托管费率
	不高于1.00%	不高于1.50%	不高于0.50%	1.20%	0.25%
基金管理人	银华基金管理有限公司		基金托管人	中国建设银行股份有限公司	
审计机构	安永华明会计师事务所	法律顾问	北京金杜律师事务所	注册登记人	银华基金管理有限公司

财务指标　　单位：人民币(元)

项目＼年度	2005年度	2004年8月11日至2004年12月31日
基金份额本期净收益	0.0352	-0.0182
期末可分配基金份额收益	0.0415	-0.0271
期末基金份额净值	1.0727	0.9729
基金加权平均净值收益率	3.54%	-1.83%
本期基金份额净值增长率	10.26%	-2.71%
基金份额累计净值增长率	7.27%	-2.71%
基金收益分配	自基金合同生效以来未实现收益分配。	

基金净值增长率与业绩基准收益率对比图（单位：%）

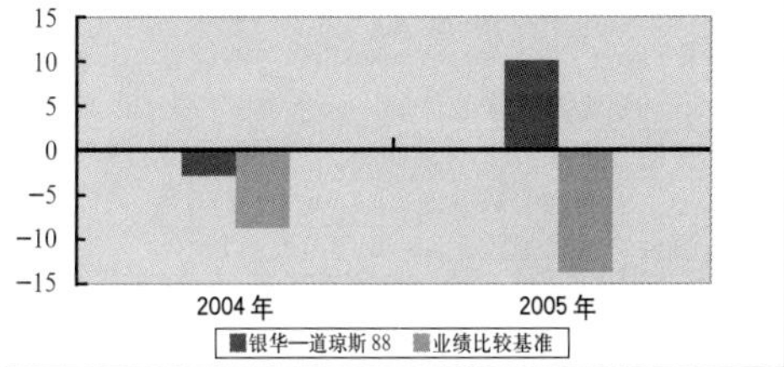

期末基金份额持有人户数	基金份额持有人户数为9,828户，平均每户持有34,375.35份。
期末基金份额持有人结构	机构投资者持有124,182,078.18份，占总份额36.76%；个人投资者持有213,658,884.72份，占总份额63.24%。

【基金业绩表现】

2005年，银华－道琼斯88全年净值增长10.26%，同期业绩基准收益下跌13.69%，基金表现超越业绩基准23.95%。

【基金管理团队】

许翔先生：基金经理。西方会计学硕士。曾先后在四川雅安化肥厂、深圳粤宝电子公司、招商银行、深圳高新技术工业村、国信证券公司等单位工作；2002年至2004年，在中融基金公司任研究总监、投资总监等职务；2004年10月进入银华基金管理有限公司，现任公司首席分析师，兼任天华基金基金经理。

【基金运作分析】

银华－道琼斯88基金为指数加强型基金，在遵守合同规定的前提下，通过适当的加强投资，2005年该基金净值增长率10.26%，远高于比较基准的回报水平。

2005年中国的股权分置改革，促使A股市场提前走出熊市，基金管理人对2006年市场的看法也变得更加乐观。目前市场估值水平已经下降到一个相对安全的水平，基金的投资风格逐渐从追求稳定向主动承担风险转变，以期望通过适当的加强投资，为持有人创造更多的收益。

管理人乐观的原因，首先是对中国经济的长期趋势看好；其次，中国本身是一个庞大的市场，有许多优秀的本土企业将脱颖而出，成为其中的佼佼者。银行、房地产以及消费品企业，如果有良好的治理结构做后盾，将是管理人长期重点研究和投资的对象；另外，依托于中国优势的部分工业企业，也是该基金看好的对象。例如通讯、港口设备制造业，以及部分工程施工企业，不仅有中国市场做支撑，还有低成本优势。这些行业的龙头企业还有望成为全球具有较强竞争能力的企业，在国际上市场份额将不断攀升，将成为其业绩持续增长的一大动力。

【季度投资组合一览】

项目＼季度	第一季度			第二季度			第三季度			第四季度		
基金资产净值	502,241,008.09元			443,361,848.71元			403,340,137.82元			362,415,086.60元		
基金份额	499,044,115.35份			461,279,186.88份			396,699,612.52份			337,840,962.90份		
基金份额净值	1.0064元			0.9612元			1.0167元			1.0727元		
基金资产组合	市值(元)	占总资产比例		市值(元)	占总资产比例		市值(元)	占总资产比例		市值(元)	占总资产比例	
股票投资	468,409,070.03	92.60%		403,698,811.84	90.51%		373,845,675.93	92.20%		311,735,394.34	77.81%	
债券投资	——	——		——	——		9,832,000.00	2.42%		18,904,000.00	4.72%	
银行存款和清算备付金	36,166,050.64	7.15%		41,065,089.85	9.21%		19,800,111.03	4.88%		68,502,526.27	17.10%	
其他资产	1,260,724.91	0.25%		1,283,486.96	0.28%		2,003,896.11	0.50%		1,470,867.92	0.37%	
指数投资前五名股票明细	股票名称	市值(元)	占净值比例	股票名称	市值(元)	占净值比例	股票名称	市值(元)	占净值比例	股票名称	市值(元)	占净值比例
	中集集团	44,825,000.00	8.93%	上海机场	33,796,620.00	7.62%	上海机场	31,356,864.00	7.77%	上海机场	23,807,420.00	6.57%
	中兴通讯	43,084,800.00	8.58%	中兴通讯	26,956,800.00	6.08%	中兴通讯	25,137,000.00	6.23%	盐湖钾肥	20,461,200.00	5.65%
	上海机场	42,570,000.00	8.48%	盐湖钾肥	25,359,565.00	5.72%	招商银行	20,127,547.12	4.99%	G万科A	20,226,342.97	5.58%
	武钢股份	39,360,000.00	7.84%	上港集箱	21,694,179.06	4.89%	贵州茅台	20,115,579.84	4.99%	贵州茅台	18,246,631.40	5.03%
	盐湖钾肥	38,036,000.00	7.57%	贵州茅台	18,183,058.00	4.10%	盐湖钾肥	18,259,100.00	4.53%	浦发银行	18,135,000.00	5.00%
积极投资前五名股票明细	股票名称	市值(元)	占净值比例	股票名称	市值(元)	占净值比例	股票名称	市值(元)	占净值比例	股票名称	市值(元)	占净值比例
	中远航运	16,858,576.02	3.36%	华鲁恒升	16,979,847.64	3.83%	歌华有线	16,962,401.61	4.21%	三 爱 富	17,493,000.00	4.83%
	苏宁电器	13,957,044.96	2.78%	云 天 化	13,162,683.52	2.97%	三 爱 富	12,445,608.00	3.09%	歌华有线	13,527,000.00	3.73%
	云 天 化	13,660,785.60	2.72%	歌华有线	9,076,465.30	2.05%	云 天 化	10,120,000.00	2.51%	苏宁电器	13,436,200.00	3.71%
	深赤湾A	10,626,156.00	2.12%	苏宁电器	8,558,108.00	1.93%	泸州老窖	6,808,701.20	1.69%	大商股份	7,758,000.00	2.14%
	海油工程	10,327,770.64	2.06%	国投电力	8,449,821.90	1.91%	G 苏 宁	6,616,000.00	1.64%	G 宏 达	7,312,500.00	2.02%

银华货币市场证券投资基金

基本资料

基金简称	银华货币市场基金		交易代码	A级基金份额代码180008 / B级基金份额代码180009		
投资目标	在保持本金低风险的前提下，力求实现高流动性和高于业绩比较基准的收益。					
业绩比较基准	银行一年期定期存款的税后利率：(1－利息税率)×银行一年期定期储蓄存款利率。					
风险收益特征	该基金属于高流动性、低风险的基金品种，其预期风险和预期收益率都低于股票、债券和混合型基金。					
合同生效日	2005年1月31日	上市日期	——	上市地点	——	
募集概况	首募规模	认购户数	募集日期			
	5.91亿份	7618户	2005年1月17日至2005年1月25日			
基金费率	认购费率	申购费率	赎回费率	管理费率	托管费率	销售服务费率
	0	0	0	0.33%	0.10%	A级基金：0.25% / B级基金：0.01%
基金管理人	银华基金管理有限公司		基金托管人	交通银行股份有限公司		
审计机构	安永华明会计师事务所	法律顾问	北京市金杜律师事务所	注册登记人	银华基金管理有限公司	

财务指标 单位：人民币(元)

项目 \ 年度	2005年1月31日至2005年12月31日	
	银华货币市场基金A级	银华货币市场基金B级
基金本期净收益	5,483,185.64	38,999,320.66
期末基金资产净值	221,482,062.73	2,407,455,935.55
期末基金份额净值	1.0000	1.0000
基金本期净值收益率	2.19%	2.42%
基金累计净值收益率	2.19%	2.42%
基金收益分配	本年实现收益分配5,483,185.64元	本年实现收益分配38,999,320.66元
备注	该基金合同生效于2005年1月31日，至2005年12月31日成立不足一年。	

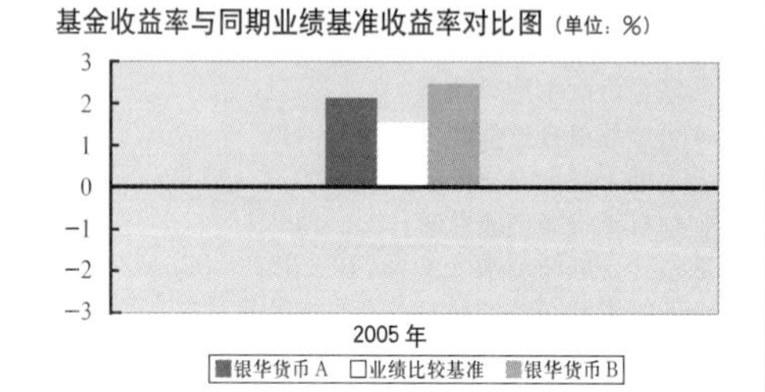

期末基金份额持有人户数	银华货币市场基金A：基金份额持有人户数为3,576户，平均每户持有61,935.70份。 银华货币市场基金B：基金份额持有人户数为60户，平均每户持有40,124,265.59份。
期末基金份额持有人结构	银华货币市场基金A：机构投资者持有8,593,504.03份，占总份额3.88%；个人投资者持有212,888,558.70份，占总份额96.12%。 银华货币市场基金B：机构投资者持有2,059,819,298.46份，占总份额85.56%；个人投资者持有347,636,637.09份，占总份额14.44%。

【基金业绩表现】

银华货币市场基金自2005年1月31日基金合同生效以来，截至2005年12月31日，A类累计收益率为2.19%，B类累计收益率为2.4155%，同期比较基准累计收益率为1.6657%，A类和B类基金均超越比较基准，同时保持了收益率水平稳定。

【基金管理团队】

王华先生：基金经理。经济学硕士，中国人民银行研究生部毕业，中国注册会计师协会非执业会员。曾在西南证券任职。2000年10月进入银华基金管理公司，先后在研究策划部、基金经理部工作。兼任银华保本增值基金基金经理。

【基金运作分析】

2005年是银华货币基金合同生效的第一年，该基金管理人本着稳健操作、将货币基金经营成投资者的现金管理工具的理念，该基金取得较好成绩。

一季度货币基金合同生效之初，份额波动大，二季度尤其是三季度，货币基金份额稳步增长。基金管理人积极投资，不断寻求新的投资机会和品种，在银行定期存款、短期融资券和交易所逆回购等方面进行了投资，取得了良好成绩。

【季度投资组合一览】

项目 \ 季度	第一季度		第二季度		第三季度		第四季度	
基金资产净值	1,042,278,609.55元		1,036,531,525.73元		2,811,996,102.64元		2,628,937,998.28元	
基金份额	1,042,278,609.55份		1,036,531,525.73份		2,811,996,102.64份		2,628,937,998.28份	
基金份额净值	1.0000元		1.0000元		1.0000元		1.0000元	
基金资产组合	市值(元)	占总资产比例	市值(元)	占总资产比例	市值(元)	占总资产比例	市值(元)	占总资产比例
债券投资	1,044,223,250.57	98.80%	1,185,472,490.08	98.20%	1,391,798,350.03	41.26%	1,999,640,164.66	63.39%
银行存款和清算备付金	1,147,303.23	0.11%	5,572,109.09	0.46%	1,410,865,129.99	41.83%	774,521,785.96	24.55%
买入返售证券	——	——	——	——	562,700,000.00	16.68%	354,100,000.00	11.22%
其他资产	11,498,711.41	1.09%	16,121,720.92	1.34%	7,784,037.39	0.23%	26,307,114.49	0.84%

投资前五名债券明细	债券名称	摊余成本(元)	占资产净值比例	债券名称	摊余成本(元)	占资产净值比例	债券名称	摊余成本(元)	占资产净值比例	债券名称	摊余成本(元)	占资产净值比例
	04央票70	148,304,307.80	14.23%	04央票70	149,228,307.78	14.40%	02国开16	149,839,411.80	5.33%	05中电信CP01	248,306,381.26	9.45%
	04央票93	128,227,457.20	12.30%	02国开16	149,020,316.71	14.38%	04国开20	131,032,431.78	4.66%	05首都机场债	184,869,359.25	7.03%
	04央票30	109,949,230.79	10.55%	04央票93	128,708,773.90	12.42%	04央票93	129,637,448.14	4.61%	05中石化CP01	148,790,950.94	5.66%
	05中行02浮	109,818,040.24	10.54%	04农发01	100,056,470.58	9.65%	04进出01	111,349,151.95	3.96%	05宁沪CP01	147,930,837.24	5.63%
	04央票58	98,987,771.88	9.50%	04国开10	95,024,833.32	9.17%	04国开09	101,106,665.44	3.60%	04国开12	121,502,177.55	4.62%

投资组合剩余期限	平均剩余期限	占资产净值比例	平均剩余期限	占资产净值比例	平均剩余期限	占资产净值比例	平均剩余期限	占资产净值比例
	30天以内	10.66%	30天以内	16.40%	30天以内	50.69%	30天以内	30.19%
	30天(含)–60天	6.70%	30天(含)–60天	2.88%	30天(含)–60天	2.49%	30天(含)–60天	1.14%
	60天(含)–90天	2.14%	60天(含)–90天	26.44%	60天(含)–90天	30.01%	60天(含)–90天	11.69%
	90天(含)–180天	55.24%	90天(含)–180天	38.34%	90天(含)–180天	12.52%	90天(含)–180天	29.71%
	180天(含)–397天(含)	25.55%	180天(含)–397天(含)	27.88%	180天(含)–397天(含)	23.96%	180天(含)–397天(含)	46.27%

银华核心价值优选股票型证券投资基金

基本资料

基金简称	银华核心价值优选		交易代码	519001	
投资目标	该基金通过积极优选具备利润创造能力并且估值水平具备竞争力的公司，同时通过优化风险收益配比以获取超额收益，力求实现基金资产的长期稳定增值。				
业绩比较基准	新华富时A200指数×80%＋新华雷曼中国全债指数×20%				
风险收益特征	该基金属于较高风险、较高收益的基金产品，其预期风险与预期收益高于混合基金、债券基金与货币市场基金。该基金将力求在严格控制风险的前提下实现较高的投资收益。				
合同生效日	2005年9月27日	上市日期	——	上市地点	——
募集概况	首募规模	认购户数	募集日期		
	5.19亿份	5134户	2005年8月1日至2005年9月16日		
基金费率	认购费率	申购费率	赎回费率	管理费率	托管费率
	不高于1.20%	不高于1.50%	不高于0.50%	1.50%	0.25%
基金管理人	银华基金管理有限公司		基金托管人	中国建设银行股份有限公司	
审计机构	安永华明会计师事务所	法律顾问	北京市金杜律师事务所	注册登记人	中国证券登记结算有限责任公司

财务指标 单位：人民币(元)

项目 \ 年度	2005年9月27日至2005年12月31日
基金份额本期净收益	−0.0100
期末可分配基金份额收益	−0.0105
期末基金份额净值	1.0358
基金加权平均净值收益率	−1.00%
本期基金份额净值增长率	3.58%
基金份额累计净值增长率	3.58%
基金收益分配	自基金合同生效以来未实现收益分配。
备注	该基金合同生效于2005年9月27日，至2005年12月31日成立不足一年。

基金净值增长率与业绩基准收益率对比图（单位：%）

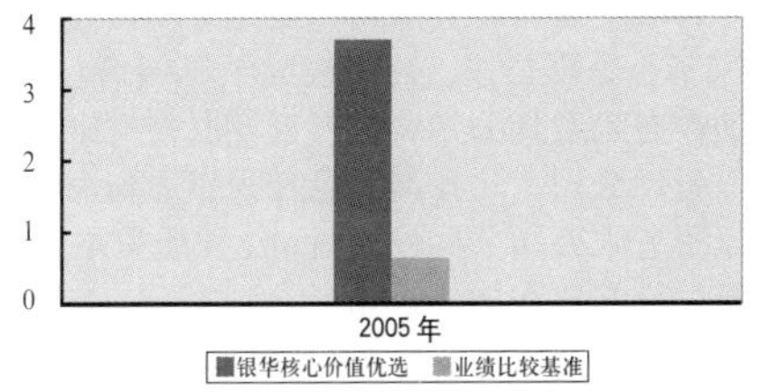

期末基金份额持有人户数	基金份额持有人户数为3,853户，平均每户持有87,619.52份。
期末基金份额持有人结构	机构投资者持有177,273,832.58份，占总份额52.51%；个人投资者持有160,324,193.18份，占总份额47.49%。

【基金业绩表现】

自2005年9月合同生效以来，截至2005年12月31日，银华核心价值优选基金净值增长率为3.58%，同期业绩基准收益率为0.52%，基金表现优于同期业绩基准3.06%。

【基金管理团队】

蒋伯龙先生：基金经理，经济学硕士。曾就职于北大方正集团公司、富国基金管理有限公司、招商证券股份有限公司。2003年1月加入银华基金管理有限公司，历任行业研究员、投资管理部估值经理。现兼任银华优势企业基金基金经理之一。

【基金运作分析】

银华核心价值优选基金于2005年9月27日合同生效，9月份以来，尽管股权分置改革预期的比较明确，但由于对未来宏观经济回落以及企业盈利下滑的担忧，市场在经历了7月的上涨后，重新回到下跌走势，12月开始，对宏观经济和公司盈利趋势的预期开始好转，而且，市场估值水平也已趋合理，市场逐渐回升。

自基金合同生效以来，银华核心价值优选基金一直采取稳步加仓的策略，并将股票重点配置在银行、地产、消费、有色金属等行业。基本把握住了第四季度市场发展脉络，基金净值表现良好。

展望2006年，银华核心价值优选基金在策略上坚持积极作多的投资策略。在大类资产配置上将加大股票投资的力度，并适当淡化时机的选择。在行业和股票选择上，看好金融、房地产、零售、食品饮料、3G、数字电视等有望从城市化进程加快、消费结构升级和启动内需中受益的消费和服务型行业龙头公司；还看好资源类优质企业，尤其是黄金、煤炭、锌、钾肥等行业的优秀公司。增持受益于“十一五规划”的重大装备制造业、电网和铁路专项投资受益行业、环保等行业中的龙头公司。积极关注行业整合和央企重组带来的私有化等并购重组机会，尤其是大型企业集团的私有化、重组机会和钢铁、水泥、铝业、零售、机械等行业整合机会。

【季度投资组合一览】

项目 \ 季度	第四季度			
基金资产净值	349,672,458.27元			
基金份额	337,598,025.76份			
基金份额净值	1.0358元			
基金资产组合	市值(元)		占总资产比例	
股票投资	301,825,809.50		80.66%	
债券投资	——		——	
银行存款和清算备付金	72,223,182.42		19.30%	
其他资产	151,778.94		0.04%	
投资前五名股票明细	序号	股票名称	市值(元)	占净值比例
	1	G中兴	24,167,988.84	6.91%
	2	三爱富	14,404,610.85	4.12%
	3	巨化股份	14,205,965.73	4.06%
	4	华侨城A	13,521,127.76	3.87%
	5	G万科A	13,360,461.25	3.82%

长城基金管理有限公司

法定名称	长城基金管理有限公司	英文名称	Great Wall Fund Management Co.,Ltd.
成立日期	2001年12月27日	注册资本	1亿元人民币
法人代表	杨光裕	总 经 理	关林戈
联系电话	0755-83662688	客服电话	0755-83680399
传真号码	0755-83662600	公司网址	www.ccfund.com.cn
注册地址	深圳市福田区深南中路2066号华能大厦25层	办公地址	深圳市福田区深南中路2066号华能大厦25层

● 发展概况

长城基金管理有限公司是经中国证监会批准设立的第15家基金管理公司。公司成立于2001年12月27日，由长城证券有限责任公司、东方证券股份有限公司、西北证券有限责任公司、北方国际信托投资股份有限公司、中原信托投资有限公司共同发起设立，注册资本为1亿元人民币，注册地设在广东省深圳市。

目前，长城基金管理有限公司在董事会下设了风险控制与审计委员会、资格审查与薪酬委员会，建立了完善的公司治理结构，建立健全了内部风险控制制度、投资管理制度、监察稽核制度、财务管理制度、人事管理制度、基金会计制度、信息披露制度等公司管理制度。

在组织结构上，公司下设基金管理部、市场开发部、机构理财部、创新业务部、金融工程小组、北京直销中心、上海直销中心、监察稽核部、运行保障部、信息技术部、综合管理部11个部门和投资决策委员会。

在人员构成上，截至2005年末，长城基金管理有限公司共有员工58人，其中62%具有研究生以上学历，大部分同时具有理工科及经济类专业背景，主要业务人员均具有5年以上证券或基金从业经历。所有人员在最近三年内均没有受到所在单位或有关管理部门的处罚。

近三年公司管理基金资产规模与基金数量

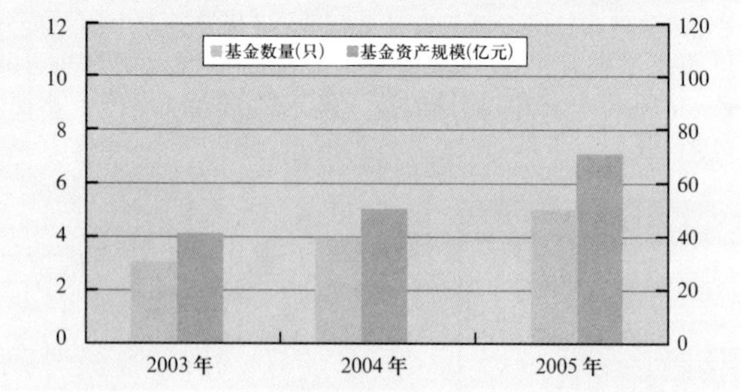

公司股东结构

股东名称	出资金额(万元)	出资比例(%)
长城证券有限责任公司	4000.00	40.00
西北证券有限责任公司	1500.00	15.00
东方证券有限责任公司	1500.00	15.00
中原信托投资有限公司	1500.00	15.00
天津北方国际信托投资股份有限公司	1500.00	15.00

● 经营业绩

2005年，长城基金管理有限公司顺利完成了旗下第三只开放式基金——长城货币市场基金的募集设立。截至2005年12月31日，长城基金管理有限公司共管理5只证券投资基金，包括基金久富、基金久嘉两只封闭式基金和长城久恒、长城久泰、长城货币市场基金3只开放式基金，公司管理基金资产规模71.90亿份。

长城货币市场基金是公司推出的首只货币市场基金。2005年4月22日，长城货币市场基金开始公开募集，2005年5月25日募集结束，2005年5月30日基金合同正式生效，共募集基金份额29.35亿份，有效认购总户数为19425户。长城货币市场基金的设立，使长城基金管理有限公司构建起了"平衡型股票基金—指数型股票基金—货币市场基金"的基金产品线，更好地满足了投资人需求。

在投资业绩上，2005年长城基金管理公司旗下两只封闭式基金表现优异，全部取得了正收益。其中。久富基金全年净值增长6.95%，在54只封闭式基金净值增长率排名第10。久嘉基金全年净值增长率为4.94%，在54只封闭式基金净值增长率排名第21；旗下开放式基金中，长城久恒基金本年净值增长率为5.03%，超越业绩比较基准收益9.19%；长城久泰基金全年净值增长率为-3.61%，超越同期业绩比较基准收益4.64%，累计跟踪误差为0.1122%(年化指标为1.756%)，基本实现了控制跟踪误差、适度获得超过比较基准的投资目标；2005年新成立的长城货币市场基金自5月30日运作以来，表现良好，截至2005年12月31日，累计净值收益率为1.1590%，折合年化收益率为1.966%，超越同期业绩比较基准收益16.6个基点。

公司高管介绍

杨光裕先生：董事长。中共党员，工商管理硕士。1957年出生，曾任江西省审计厅办公室主任，海南汇通国际信托投资公司总会计师，长城证券有限责任公司副总裁。

关林戈先生：总经理。中共党员，经济学硕士。1953年出生，曾任中国汽车贸易公司办公室主任，中共天津市委领导同志秘书，南方证券天津分公司副总经理、常务副总经理、代总经理，长城证券有限责任公司总裁助理。

久富证券投资基金

基本资料					
基金简称	基金久富	交易代码	184720		
投资目标	该基金属于价值型投资基金，主要投资于价值被低估的股票，通过组合投资，在注重流动性和规避投资风险的前提下，谋求基金资产的稳定增长。				
业绩比较基准	无	风险收益特征	无		
合同生效日	2001年12月18日	上市日期	2002年4月18日	上市地点	深圳证券交易所
基金总份额	5亿份	存 续 期	15年(1992年5月21日至2007年5月20日)		
基金管理人	长城基金管理有限公司	基金托管人	交通银行股份有限公司		
审计机构	深圳大华天诚会计师事务所	法律顾问	北京市君合律师事务所	注册登记人	中国证券登记结算公司深圳分公司

财务指标　单位：人民币(元)

项 目 \ 年 度	2005年度	2004年度	2003年度
基金份额本期净收益	−0.0143	−0.0531	0.0244
期末可分配基金份额收益	−0.0779	−0.0636	−0.0105
期末基金份额净值	1.0377	0.9703	1.0276
基金加权平均净值收益率	−1.48%	−5.18%	2.58%
本期基金份额净值增长率	6.95%	−5.58%	20.62%
基金份额累计净值增长率	4.31%	−2.46%	3.30%
基金收益分配	自基金合同生效以来未实现收益分配。		

基金净值增长率与业绩基准收益率对比图 (单位：%)

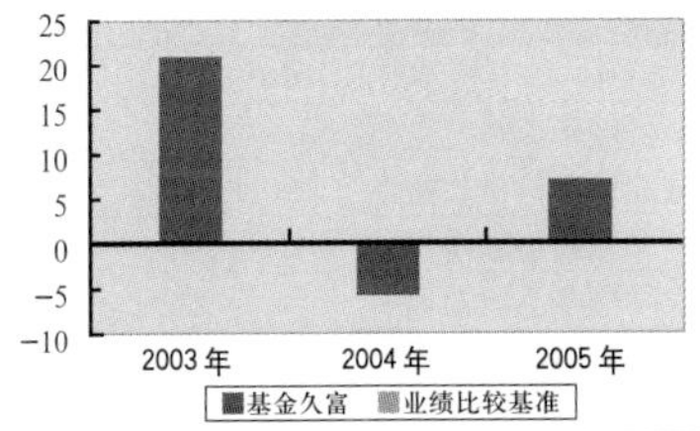

期末基金份额持有人户数	基金份额持有人户数为21,944户，平均每户持有22,785份。
期末基金份额持有人结构	机构投资者持有324,757,971份，占总份额64.95%；个人投资者持有175,242,029份，占总份额35.05%。

【基金业绩表现】

2005年，基金久富净值增长6.95%，同期上证指数下跌9.04%，在54只封闭式基金净值增长率排名位于中上游水平。

【基金管理团队】

项志群先生：哈尔滨工业大学计算机工程及其应用系工学学士。曾就职于航天CAD开发有限公司程序员、经易期货有限公司证券业务室、海南省证券公司交易管理部，2001年11月进入长城基金管理有限公司，曾任集中交易室交易主管，现任久富证券投资基金基金经理，具有9年证券从业经历。

【基金运作分析】

2005年度，基金久富在投资上可以说有得有失。其中，收获方面主要集中在投资过程中始终坚持执行既定的投资策略，特别是对自下而上个股精选这一核心策略的贯彻令人满意，同时在构建组合的过程中，逐步加深了对组合的波动性、流动性等风险控制要素方面的理解，在成功地降低组合的波动幅度与风险系数的同时，将夏普比率大幅提高。组建优质股票构成的组合是该基金的核心策略，为达到这一目标，基金管理人付出了较为艰苦的努力，主要体现在是对各行业、各类型公司进行学习、调研这一点上。

2005年度基金久富所失方面主要有以下三方面：一是对投资机会的把握没有突破大众心理因素的制约，4月至7月的下跌是千载难逢机会，但由于把握得不好，调仓的力度在跟着市场的节拍走，这里的核心还是如何有效地进行价值评估的问题。第二个方面是学习能力不够。2005年实际上是全面学习的一年，特别是对新的市场形势、新政策、新品种进行研究与学习，在迎接新品种这一方面就失之迟钝，年底权证这一超额收益就所获有限。第三点是在投资的主、客观性的改进上。主观性一直严重干扰着基金管理人客观地评判事务，同时较强的个人偏好使该基金错过了较多的机会，这是在2006年度要重点克服的关键。2006年的重点依然是学习，在学习过程中将这些教训变成财富。

【季度投资组合一览】

项 目 \ 季 度	第一季度			第二季度			第三季度			第四季度		
基金资产净值	483,517,261.78元			464,040,443.74元			502,777,368.52元			518,852,678.19元		
基金份额净值	0.9670元			0.9281元			1.0056元			1.0377元		
基金资产组合	市值(元)	占总资产比例		市值(元)	占总资产比例		市值(元)	占总资产比例		市值(元)	占总资产比例	
股票投资	341,716,170.20	70.30%		319,532,465.55	68.54%		359,569,224.95	70.85%		377,039,962.03	72.08%	
债券投资	100,493,578.00	20.67%		102,779,190.60	22.05%		112,115,187.40	22.09%		115,777,115.80	22.14%	
银行存款和清算备付金	31,120,220.35	6.40%		35,049,851.92	7.52%		32,883,018.90	6.48%		26,957,830.41	5.15%	
其他资产	12,752,406.39	2.63%		8,851,080.09	1.89%		2,941,068.68	0.58%		3,310,170.01	0.63%	
投资前五名股票明细	股票名称	市值(元)	占净值比例	股票名称	市值(元)	占净值比例	股票名称	市值(元)	占净值比例	股票名称	市值(元)	占净值比例
	国电南瑞	40,424,397.00	8.36%	国电南瑞	37,179,681.24	8.01%	国电南瑞	43,838,308.08	8.72%	G 金 发	34,667,391.45	6.68%
	中兴通讯	37,635,584.70	7.78%	贵州茅台	36,745,400.00	7.92%	贵州茅台	40,837,538.00	8.12%	国电南瑞	26,556,237.92	5.12%
	贵州茅台	35,453,262.42	7.33%	金发科技	29,217,567.00	6.30%	G 金 发	34,731,769.15	6.91%	贵州茅台	23,307,000.00	4.49%
	长江电力	29,120,860.00	6.02%	中兴通讯	17,830,800.00	3.84%	G 长 江	18,577,303.30	3.69%	G 中 兴	19,871,625.00	3.83%
	上港集箱	24,836,800.00	5.14%	长江电力	16,380,000.00	3.53%	白云机场	16,309,482.24	3.24%	现代制药	14,963,000.00	2.88%
投资前五名债券明细	债券名称	市值(元)	占净值比例	债券名称	市值(元)	占净值比例	债券名称	市值(元)	占净值比例	债券名称	市值(元)	占净值比例
	20国债10	53,504,826.00	11.07%	20国债10	54,113,692.60	11.66%	20国债10	54,458,537.40	10.83%	20国债10	55,205,803.80	10.64%
	99国开13	25,340,000.00	5.24%	99国开13	25,340,000.00	5.46%	99国开13	25,340,000.00	5.04%	99国开13	25,340,000.00	4.88%
	20国债4	21,648,752.00	4.48%	20国债4	22,350,498.00	4.82%	20国债4	22,700,250.00	4.52%	20国债4	22,612,812.00	4.36%
	——	——	——	21国债10	975,000.00	0.21%	歌华转债	8,616,800.00	1.71%	歌华转债	9,601,600.00	1.85%
	——	——	——	——	——	——	21国债10	999,600.00	0.20%	02国债14	2,015,600.00	0.39%

久嘉证券投资基金

基本资料

基金简称	基金久嘉		交易代码	184722	
投资目标	为投资者减少和分散投资风险，确保基金资产的安全并谋求长期稳定的收益。				
业绩比较基准	上证 A 股指数				
风险收益特征	中性的风险偏好，力争实现年度内基金单位资产净值在市场下跌时跌幅不高于比较基准跌幅的60%，在市场上涨时增幅不低于比较基准的 70%。				
合同生效日	2002 年 7 月 5 日	上市日期	2002 年 8 月 27 日	上市地点	深圳证券交易所
基金总份额	20 亿份	存 续 期	15 年		
基金管理人	长城基金管理有限公司	基金托管人	中国农业银行		
审计机构	深圳大华天诚会计师事务所	法律顾问	北京市君合律师事务所	注册登记人	中国证券登记结算公司深圳分公司

财务指标　　单位：人民币(元)

项目 ＼ 年度	2005 年度	2004 年度	2003 年度
基金份额本期净收益	0.0403	−0.0349	0.0522
期末可分配基金份额收益	−0.0290	−0.0331	0.0218
期末基金份额净值	1.0704	1.0200	1.0963
基金加权平均净值收益率	0.38%	−3.27%	5.21%
本期基金份额净值增长率	4.94%	−5.37%	20.06%
基金份额累计净值增长率	8.86%	3.74%	9.63%
基金收益分配	本年度未实现收益分配；成立以来每 10 份累计派现 0.200 元。		
期末基金份额持有人户数	基金份额持有人户数为 18,193 户，平均每户持有 109,932.39 份。		
期末基金份额持有人结构	机构投资者持有 843,217,119 份，占总份额 42.16%；个人投资者持有 1,156,782,881 份，占总份额 57.84%。		

基金净值增长率与业绩基准收益率对比图（单位：%）

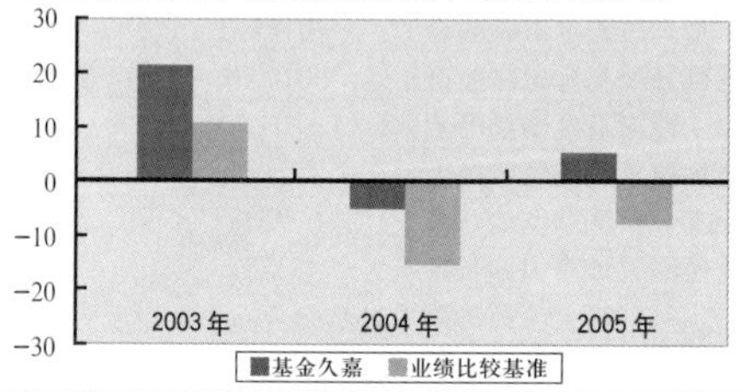

【基金业绩表现】

截至 2005 年 12 月 31 日，基金久嘉份额净值为 1.0704 元，本年基金份额净值增长率为4.94%，同期业绩比较基准收益下跌 8.21%，该基金净值表现超越业绩基准 13.15 个百分点。

【基金管理团队】

韩浩先生：基金经理。1989年毕业于武汉大学化学系，获理学学士学位；1992年毕业于北京大学经济学院，获经济学硕士学位。曾就职于海南汇通国际信托投资公司证券部、长城证券有限责任公司资产管理部并任总经理。2002年加入长城基金管理有限公司，现任公司副总经理、投资总监，有 14 年的证券投资从业经历。

【基金运作分析】

2005 年我国 GDP 增长 9.9%，比 2004 年 10.1%的增长速度微降 0.2 个百分点。其中，第一产业增长 5.2%；第二产业增长 11.4%；第三产业增长 9.6%。全社会固定资产投资增长 25.7%，社会消费品零售总额增长 12.9%，出口增长 28.4%。工业品出厂价格上涨 4.9%，居民消费价格上涨 1.8%。

2005 年上证 A 股指数自年初 1330.19 点跌至年末 1220.93 点，跌幅为 8.21%，基金久嘉份额净值从 1.02 元上升到年末的 1.0704 元，涨幅为 4.94%，优于该基金风险收益约束条件。和同等规模封闭式基金相比，久嘉基金处于中间偏上水平，取得了较好的成绩。

在基金运作上，该基金下半年基金运作情况不如上半年，未能保持住上半年的领先地位。原因主要是：在下半年经济预期趋稳和股改行情启动后，基金久嘉未能及时调整资产结构，估值较高的防御类资产比重偏高；而在后来的结构调整过程中，未能有效控制成长类资产的风险，在市场下跌时遭受了较大损失。这表明该基金在每一次行情转换时，组合结构调整滞后，力度的把握上也有所欠缺。因此，在以后的实际操作中需要更加主动、果断。

【季度投资组合一览】

项目 ＼ 季度	第一季度		第二季度		第三季度		第四季度	
基金资产净值	2,141,027,233.83 元		2,060,990,123.69 元		2,122,957,474.95 元		2,140,892,328.77 元	
基金份额净值	1.0705 元		1.0305 元		1.0615 元		1.0704 元	
基金资产组合	市值(元)	占总资产比例	市值(元)	占总资产比例	市值(元)	占总资产比例	市值(元)	占总资产比例
股票投资	1,551,256,587.58	72.17%	1,324,157,446.38	64.05%	1,611,659,767.79	75.65%	1,549,147,717.19	71.71%
债券投资	442,859,347.68	20.60%	456,803,787.70	22.10%	437,863,797.30	20.55%	436,715,290.10	20.21%
银行存款和清算备付金	108,329,716.28	5.04%	217,481,770.41	10.52%	72,613,763.04	3.41%	137,020,731.73	6.34%
其他资产	47,144,449.32	2.19%	68,822,430.04	3.33%	8,159,786.76	0.39%	37,473,326.37	1.74%

	股票名称	市值(元)	占净值比例	股票名称	市值(元)	占净值比例	股票名称	市值(元)	占净值比例	股票名称	市值(元)	占净值比例
投资前五名股票明细	中集集团	185,700,200.00	8.67%	上海机场	189,575,320.00	9.20%	贵州茅台	155,440,400.00	7.32%	贵州茅台	144,412,000.00	6.75%
	上海机场	180,239,056.00	8.42%	贵州茅台	163,014,000.00	7.91%	上海机场	125,200,000.00	5.90%	上海机场	115,284,000.00	5.38%
	中兴通讯	168,082,600.00	7.85%	盐湖钾肥	70,473,000.00	3.42%	中国石化	86,730,000.00	4.09%	中国石化	102,646,493.74	4.79%
	贵州茅台	117,786,618.87	5.50%	中兴通讯	61,957,458.00	3.01%	中兴通讯	80,150,400.00	3.78%	中兴通讯	97,615,000.00	4.56%
	盐田港A	90,304,000.00	4.22%	同 仁 堂	48,683,700.00	2.36%	海油工程	70,896,000.00	3.34%	大商股份	84,452,000.00	3.94%
	债券名称	市值(元)	占净值比例	债券名称	市值(元)	占净值比例	债券名称	市值(元)	占净值比例	债券名称	市值(元)	占净值比例
投资前五名债券明细	04 国开 23	147,070,045.48	6.87%	04 国债(5)	114,348,000.00	5.55%	03 国开 18	101,140,000.00	4.76%	03 国开 18	101,140,000.00	4.72%
	04 国债 5	105,354,375.20	4.92%	03 国开 18	101,140,000.00	4.91%	05 国债(2)	98,300,000.00	4.63%	05 国债(2)	98,010,000.00	4.58%
	05 国债(2)	97,990,000.00	4.58%	05 国债(2)	98,330,000.00	4.77%	04 国债(5)	95,160,000.00	4.48%	04 国债(5)	94,510,000.00	4.41%
	03 进出 02	49,310,000.00	2.30%	02 国开 10	50,050,000.00	2.43%	02 国开 10	50,050,000.00	2.36%	02 国开 10	50,050,000.00	2.34%
	20 国债 10	43,134,927.00	2.01%	03 进出 02	49,310,000.00	2.39%	03 进出 02	49,310,000.00	2.32%	银行间 03 进出 02	49,310,000.00	2.30%

长城久恒平衡型证券投资基金

基本资料

基金简称	长城久恒		基金代码	200001(前端收费) 201001(后端收费)	
投资目标	本着安全性、流动性原则，控制投资风险，谋求基金资产长期稳定增长。				
业绩比较基准	70%×中信综指＋30%×中信国债指数				
风险收益特征	该基金的风险水平力求控制在市场风险的50%−60%左右				
合同生效日	2003年10月31日	上市日期	——	上市地点	——
募集概况	首募规模	认购户数	募集日期		
	12.84亿份	32675户	2003年9月1日至2003年10月30日		
基金费率	认购费率	申购费率	赎回费率	管理费率	托管费率
	不高于1.00%	不高于1.50%	不高于0.50%	1.50%	0.25%
基金管理人	长城基金管理有限公司		基金托管人	中国建设银行股份有限公司	
审计机构	深圳大华天诚会计师事务所	法律顾问	北京金杜律师事务所	注册登记人	长城基金管理有限公司

财务指标　　单位：人民币(元)

项目＼年度	2005年度	2004年度	2003年10月31日至2003年12月31日
基金份额本期净收益	0.0790	−0.0213	0.0241
期末可分配基金份额收益	0.0027	−0.0630	0.0041
期末基金份额净值	1.003	0.955	1.019
基金加权平均净值收益率	8.07%	−2.14%	2.38%
本期基金份额净值增长率	5.03%	−2.69%	3.89%
基金份额累计净值增长率	6.18%	1.10%	3.89%
基金收益分配	本年度未实现收益分配；成立以来每10份累计派现0.600元。		

基金净值增长率与业绩基准收益率对比图（单位：%）

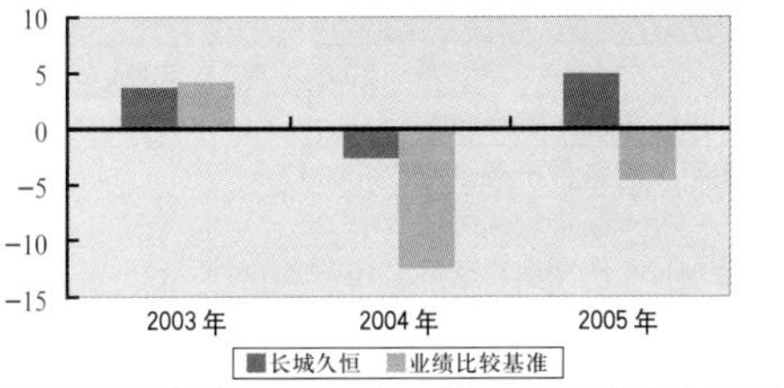

期末基金份额持有人户数	基金份额持有人户数为13,303户，平均每户持有31,154.44份。
期末基金份额持有人结构	机构投资者持有227,964,901.61份，占总份额55%；个人投资者持有186,482,548.06份，占总份额45%。

【基金业绩表现】

截至2005年12月31日，长城久恒基金份额净值为1.003元，本年基金份额净值增长率为5.03%，同期基金业绩比较基准收益下跌4.16%，该基金净值表现超越业绩基准9.19%。

【基金管理团队】

韩刚先生：基金经理。中国人民大学贸易经济系经济学学士，中国人民银行研究生部经济学硕士。曾就职于国信证券有限责任公司发展研究中心，2001年8月进入长城基金管理有限公司，历任研究策划部研究员、副经理，基金管理部副经理，具有6年证券从业经历。

【基金运作分析】

2005年是中国证券市场发展的一个新纪元。经过多年的酝酿，证券市场改革终于触及到最核心的部分——股权分置问题。随着这一问题的破题和展开，市场定价基础和运行机制也开始发展重大的转变。新的游戏规则需要新的思维方式，市场参与各方在新旧交替中探索。市场投资热点在思考和宏观经济环境变化中不断发生转换。

在市场的大变革中，长城久恒基金在投资管理中也不断进行新的探索，试图跳出传统的价值分析模式，从新的角度来评估上市公司价值，把握其中的投资机会。在具体操作上该基金采取了比较灵活的策略，较好地把握住了前期二线蓝筹股的行情，捕捉到了一些成长性较高的中小板公司，参与了制度创新带来的套利机会，为广大持有人创造了较为满意的收益。

【季度投资组合一览】

项目＼季度	第一季度		第二季度		第三季度		第四季度	
基金资产净值	643,265,652.81元		418,555,676.78元		452,192,252.44元		415,549,154.49元	
基金份额	633,538,469.38份		442,693,655.68份		452,967,346.99份		414,447,449.67份	
基金份额净值	1.015元		0.945元		0.998元		1.003元	
基金资产组合	市值(元)	占总资产比例	市值(元)	占总资产比例	市值(元)	占总资产比例	市值(元)	占总资产比例
股票投资	449,390,626.81	69.49%	286,968,903.41	68.20%	302,035,426.28	65.77%	288,069,428.15	65.71%
债券投资	163,219,232.00	25.24%	112,247,238.40	26.67%	119,712,659.60	26.07%	115,234,844.40	26.29%
银行存款和清算备付金	18,192,364.11	2.81%	14,736,950.24	3.50%	32,884,993.85	7.16%	23,741,756.19	5.42%
其他资产	15,908,741.56	2.46%	6,840,045.69	1.63%	4,629,718.64	1.01%	11,329,295.54	2.58%

投资前五名股票明细	股票名称	市值(元)	占净值比例	股票名称	市值(元)	占净值比例	股票名称	市值(元)	占净值比例	股票名称	市值(元)	占净值比例
	上海机场	55,943,167.50	8.70%	上海机场	37,690,295.50	9.00%	上海机场	26,561,998.40	5.87%	上海机场	21,630,000.00	5.21%
	中兴通讯	50,527,011.04	7.85%	贵州茅台	29,936,700.00	7.15%	贵州茅台	21,762,400.00	4.81%	贵州茅台	18,248,000.00	4.39%
	中集集团	50,395,400.00	7.83%	长江电力	20,425,000.00	4.88%	G长电	20,221,086.72	4.47%	G国阳	13,612,740.00	3.28%
	贵州茅台	36,883,483.39	5.73%	中兴通讯	18,637,701.12	4.45%	天士力	13,548,704.40	3.00%	G天士力	13,055,409.08	3.14%
	长江电力	32,727,543.15	5.09%	深赤湾A	17,294,464.00	4.13%	风帆股份	12,394,649.40	2.74%	G中兴	12,226,700.28	2.94%

投资前五名债券明细	债券名称	市值(元)	占净值比例	债券名称	市值(元)	占净值比例	债券名称	市值(元)	占净值比例	债券名称	市值(元)	占净值比例
	04国债(5)	129,560,050.00	20.14%	04国债(5)	80,094,000.00	19.14%	04国债(5)	81,846,200.00	18.10%	04国债(5)	81,287,200.00	19.56%
	20国债(10)	19,848,000.00	3.09%	05国债(2)	15,921,533.20	3.80%	05国债(2)	15,915,058.40	3.52%	20国债(10)	19,624,800.00	4.72%
	21国债(3)	10,059,000.00	1.56%	20国债(10)	10,044,000.00	2.40%	20国债(10)	15,668,950.00	3.47%	05国债(2)	8,023,260.00	1.93%
	05国债(2)	3,724,000.00	0.58%	招行转债	3,136,705.20	0.75%	招行转债	3,195,751.20	0.71%	招行转债	3,231,784.40	0.78%
	招行转债	28,182.00	0.00%	21国债(3)	3,051,000.00	0.73%	21国债(3)	3,086,700.00	0.68%	21国债(3)	3,067,800.00	0.74%

长城久泰中信标普300指数证券投资基金

基本资料					
基金简称	长城久泰		交易代码	200002(前端收费) 201002(后端收费)	
投资目标	以增强指数化投资方法跟踪目标指数，分享中国经济的长期增长，在严格控制与目标指数偏离风险的前提下，力争获得超越目标指数的投资收益，谋求基金资产长期增值。				
业绩比较基准	95%×中信标普300指数收益率+5%×银行同业存款利率				
风险收益特征	承担市场平均风险，获取市场平均收益。				
合同生效日	2004年5月21日	上市日期	——	上市地点	——
募集概况	首募规模	认购户数	募集日期		
	15.12亿份	14519户	2004年4月12日至2004年5月19日		
基金费率	认购费率	申购费率	赎回费率	管理费率	托管费率
	不高于1.00%	不高于1.50%	0.50%	0.98%	0.20%
基金管理人	长城基金管理有限公司		基金托管人	招商银行股份有限公司	
审计机构	深圳大华天诚会计师事务所	法律顾问	北京市金杜律师事务所	注册登记人	长城基金管理有限公司

财务指标　单位：人民币(元)

项目 \ 年度	2005年度	2004年5月21日至2004年12月31日
基金份额本期净收益	−0.0630	0.0024
期末可分配基金份额收益	−0.1248	−0.0920
期末基金份额净值	0.8752	0.9080
基金加权平均净值收益率	−7.36%	0.25%
本期基金份额净值增长率	−3.61%	−9.20%
基金份额累计净值增长率	−12.48%	−9.20%
基金收益分配	自基金合同生效以来未实现收益分配。	

基金净值增长率与业绩基准收益率对比图（单位：%）

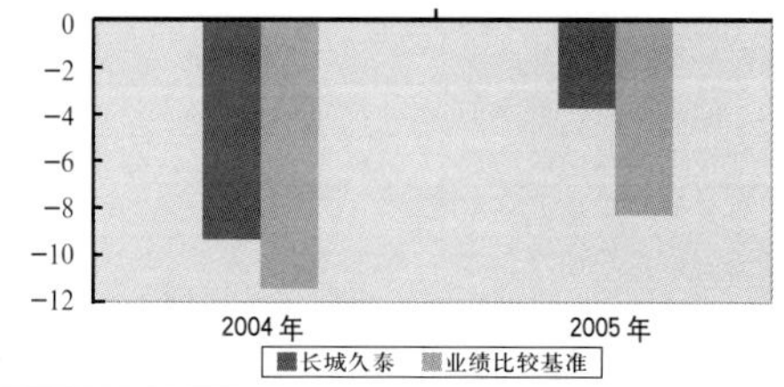

期末基金份额持有人户数	基金份额持有人户数为11,746户，平均每户持有104,597.57份。
期末基金份额持有人结构	机构投资者持有617,520,329.22份，占总份额50.26%；个人投资者持有611,082,759.69份，占总份额49.74%。

【基金业绩表现】

2005年，长城久泰基金净值增长率为−3.61%，同期业绩比较基准涨幅为−8.25%，该基金超额收益4.64%，累计跟踪误差为0.1122%(年化指标为1.756%)，基本实现了控制跟踪误差、适度获得超过比较基准的投资目标。

【基金管理团队】

杨建华先生：基金经理。北京大学力学系理学学士，北京大学光华管理学院经济学硕士，注册会计师。曾就职于华为技术有限公司财务部、长城证券有限责任公司投资银行部，2001年10月进入长城基金管理有限公司基金投资部任基金经理助理，具有6年证券从业经历。

【基金运作分析】

作为一只增强型指数基金，长城久泰严格遵循基金合同的各项规定，将跟踪目标指数、控制跟踪误差作为首要目标。在此前提下，该基金进行了适度的增强性投资，对成份股的权重进行了适度增强性操作：在前3季度的大部分时间，通过对各行业中的具有防御特征的大盘蓝筹股进行了适当的超额配置，减少了目标指数下跌给基金净值带来的损失；8月份后随着股改全面铺开，长城久泰开始综合考虑对价能力、盈利增长前景和估值吸引力等因素对部分中等市值规模的成份股进行了适度超额配置；10月份后，长城久泰在前述选股思路上增加了对符合权证发行条件品种的投资机会的把握。从基金净值表现看，2005年度该基金总体的增强操作策略比较得当。

【季度投资组合一览】

项目 \ 季度	第一季度		第二季度		第三季度		第四季度	
基金资产净值	1,439,011,031.92元		1,543,066,099.26元		1,024,563,797.51元		1,075,277,567.07元	
基金份额	1,662,802,460.50份		1,903,716,072.21份		1,194,326,875.47份		1,228,603,088.91份	
基金份额净值	0.8654元		0.8106元		0.8579元		0.8752元	
基金资产组合	市值(元)	占总资产比例	市值(元)	占总资产比例	市值(元)	占总资产比例	市值(元)	占总资产比例
股票投资	1,356,126,712.99	94.00%	1,461,842,888.58	94.54%	972,615,407.43	94.661%	1,016,796,593.52	91.94%
债券投资	——	——	——	——	——	——	1,943,317.60	0.18%
银行存款和清算备付金	60,179,962.92	4.17%	82,741,259.43	5.35%	53,059,462.08	5.16%	56,342,499.73	5.09%
其他资产	26,343,995.13	1.83%	1,771,440.77	0.11%	1,815,890.80	0.18%	30,912,312.91	2.79%

指数投资前五名股票明细	股票名称	市值(元)	占净值比例	股票名称	市值(元)	占净值比例	股票名称	市值(元)	占净值比例	股票名称	市值(元)	占净值比例
	长江电力	49,828,498.00	3.46%	长江电力	54,236,185.52	3.51%	G长电	38,765,338.80	3.78%	G长电	35,396,671.92	3.29%
	中国联通	39,044,499.36	2.71%	宝钢股份	52,729,315.68	3.42%	G宝钢	32,779,629.76	3.20%	G宝钢	32,655,915.16	3.04%
	上海机场	36,110,151.00	2.51%	中国联通	44,006,342.68	2.85%	中国联通	26,432,968.50	2.58%	中国联通	31,087,142.80	2.89%
	中兴通讯	33,214,880.16	2.31%	上海机场	42,089,568.30	2.73%	民生银行	26,150,976.28	2.55%	G民生	28,972,793.36	2.69%
	宝钢股份	32,651,905.31	2.27%	民生银行	36,390,913.92	2.36%	上海机场	21,765,000.32	2.12%	浦发银行	24,852,730.50	2.31%

积极投资前五名股票明细	股票名称	市值(元)	占净值比例	股票名称	市值(元)	占净值比例	股票名称	市值(元)	占净值比例	股票名称	市值(元)	占净值比例
	中材国际	161,857.35	0.01%	三花股份	567,715.59	0.04%	——	——	——	华夏银行	2,607,000.00	0.24%
	南京港	141,076.96	0.01%	中材国际	346,499.40	0.02%	——	——	——	——	——	——
	黔源电力	121,280.80	0.01%	轴研科技	300,935.40	0.02%	——	——	——	——	——	——
	——	——	——	登海种业	214,051.26	0.01%	——	——	——	——	——	——
	——	——	——	——	——	——	——	——	——	——	——	——

长城货币市场证券投资基金

基本资料

基金简称	长城货币市场基金			交易代码	200003	
投资目标	在本金安全和足够流动性的前提下，寻求货币资产稳定的收益。					
业绩比较基准	税后一年期银行定期存款利率					
风险收益特征	该基金属于高流动性、低风险的品种，其预期风险和预期收益率都低于股票、债券和混合型基金。					
合同生效日	2005年5月30日		上市日期	——	上市地点	——
募集概况	首募规模	认购户数	募集日期			
	29.35亿份	19425户	2005年4月22日至2005年5月25日			
基金费率	认购费率	申购费率	赎回费率	管理费率	托管费率	销售服务费率
	0	0	0	0.33%	0.10%	0.25%
基金管理人	长城基金管理有限公司		基金托管人	华夏银行股份有限公司		
审计机构	深圳大华天诚会计师事务所	法律顾问	北京市金杜律师事务所	注册登记人	长城基金管理有限公司	

财务指标　单位：人民币(元)

项目 \ 年度	2005年5月30日至2005年12月31日
基金本期净收益	33,224,254.61
期末基金资产净值	3,046,567,128.91
期末基金份额净值	1.0000
本期净值收益率	1.1590%
累计净值收益率	1.1590%
基金收益分配	本年度累计分配收益33,224,254.61元，全部以红利再投资方式结转入实收基金。
备注	该基金合同生效于2005年5月30日，至2005年12月31日成立不足一年。

基金收益率与同期业绩基准收益率对比图（单位：%）

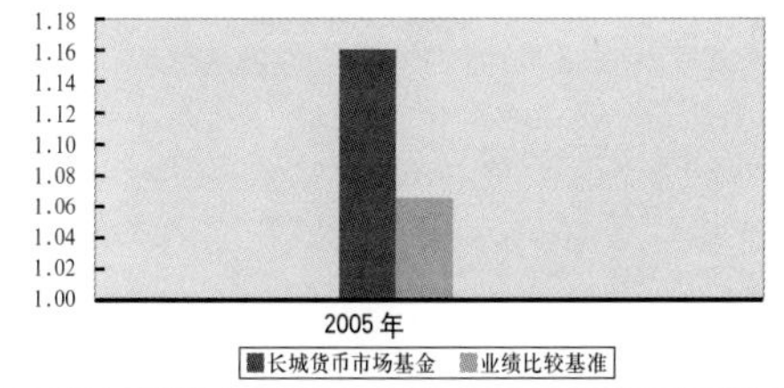

期末基金份额持有人户数	基金份额持有人户数为11,432户，平均每户持有266,494.68份。
期末基金份额持有人结构	机构投资者持有2,170,530,832.96份，占总份额71.25%；个人投资者持有876,036,295.95份，占总份额28.75%。

【基金业绩表现】

截至2005年12月31日，长城货币市场基金自成立以来累计净值收益率为1.1590%，折合年化收益率为1.966%，高于业绩比较基准16.6个基点。

【基金管理团队】

王定元先生：基金经理。东北工学院理学学士，中南财经大学经济学硕士，中南财经政法大学经济学博士。曾就职于广东宏远工业区股份公司财务部、证券部并任职业务主办，曾任东莞证券有限责任公司国债业务部、综合投资部及投资银行部总经理，联合证券有限责任公司证券投资部副总经理，2005年6月进入长城基金管理有限公司，具有13年证券从业经历。

【基金运作分析】

长城货币市场基金自成立后，面临较为不利的市场环境。面对低利率局面，基金管理人一方面保持了清醒的认识，对四季度货币市场利率可能发生回升形成了正确的预期，在三季度注意保持较低的债券投资比例并控制较短的组合剩余期限；另一方面积极发掘新的合规投资渠道，将企业短期融资券和银行定期存款及时纳入了投资视野。把握住央行允许企业发行短期融资券机会，该基金选择具有较高信用级别的企业短期融资券作为主力投资品种，提升了收益水平。同时还和银行协定了一部分较高利率的同业定期存款，重视对具有相对投资价值的浮息债券的重点投资，这些措施为三季度基金维持较高的收益率打下了基础。四季度，一方面适当逐步加大债券投资的比例，另一方面加强对企业短期融资券信用风险的控制，提前对年末流动性管理做好妥善安排。

【季度投资组合一览】

项目 \ 季度	第三季度			第四季度		
基金资产净值	3,229,668,309.02元			3,046,567,128.91元		
基金份额	3,229,668,309.02份			3,046,567,128.91份		
基金份额净值	1.0000元			1.0000元		
基金资产组合	市值(元)		占总资产比例	市值(元)		占总资产比例
债券投资	1,102,318,272.81		29.57%	1,954,628,648.93		57.68%
买入返售证券	532,800,000.00		14.29%	——		——
银行存款和清算备付金	2,088,201,825.00		56.02%	1,385,056,411.04		40.87%
其他资产	4,232,553.93		0.12%	49,265,730.29		1.45%
投资前五名债券明细	债券名称	摊余成本(元)	占资产净值比例	债券名称	摊余成本(元)	占资产净值比例
	04国开23	149,933,059.01	4.64%	05中信债1	200,562,543.38	6.58%
	05中行02浮	142,058,135.92	4.40%	05中石化CP01	178,660,609.75	5.86%
	05华能电CP01	128,352,465.16	3.97%	05中行02浮	142,821,516.53	4.69%
	04国开20	110,841,525.46	3.43%	04国开20	112,582,508.96	3.70%
	05五矿CP01	69,121,961.80	2.14%	05进出04	99,156,318.72	3.25%
投资组合剩余期限	平均剩余期限		占资产净值比例	平均剩余期限		占资产净值比例
	30天内		65.24%	30天内		29.46%
	30天(含)—60天		5.38%	0天(含)—60天		0.00%
	60天(含)—90天		12.10%	60天(含)—90天		10.02%
	90天(含)—180天		7.87%	90天(含)—180天		35.46%
	180天(含)—397天(含)		24.69%	180天(含)—397天(含)		34.69%

国投瑞银基金管理有限公司

您的长期伙伴

Your Long Term Partner

www.ubssdic.com

握手庆祝国投瑞银基金管理有限公司成立

会晤深圳市政府领导。由左至右：国家开发投资公司总裁王会生、瑞银环球资产管理公司主席兼首席执行官费冠恒（John A. Fraser）、深圳市市长李鸿忠、深圳市副市长陈应春

国投瑞银基金管理有限公司成立新闻发布会在上海举行。国家开发投资公司总裁王会生（左三）、瑞银环球资产管理公司主席兼首席执行官费冠恒（John A. Fraser）（右三）、国投瑞银基金管理有限公司董事长施洪祥（左二）等出席发布会

2005年大事记

1月4日　原中融基金管理有限公司发布公告，公司原五家股东将其所持本公司100%出资转让给国家开发投资公司、国投电力公司、国投弘泰信托投资有限公司。

3月29日　经中华人民共和国商务部批准，同意瑞士银行股份有限公司受让公司股东国家开发投资公司、国投电力公司的出资，使公司成为第一家外资持股达到49%的合资基金管理公司。

4月8日　国家开发投资公司总裁王会生、瑞银环球资产管理公司主席兼首席执行官费冠恒(John A. Fraser)一行会晤深圳市市长李鸿忠、副市长陈应春。

6月8日　原中融基金管理有限公司正式工商变更为国投瑞银基金管理有限公司。股东及其出资比例为：国投弘泰信托投资有限公司51%，瑞士银行股份有限公司(UBS AG) 49%。

12月22日　国投瑞银基金管理有限公司旗下两只开放式基金更名，原“中融融华债券型证券投资基金”更名为“国投瑞银融华债券型证券投资基金”，简称为“国投瑞银融华基金”；原“中融景气行业证券投资基金”更名为“国投瑞银景气行业证券投资基金”，简称为“国投瑞银景气基金”。

国投瑞银
UBS SDIC

国投瑞银基金管理有限公司

法定名称	国投瑞银基金管理有限公司	英文名称	UBS SDIC FUND MANAGEMENT CO.,LTD
成立日期	2002年6月13日	注册资本	1亿元人民币
法人代表	施洪祥	总 经 理	万朝领
联系电话	0755-82904140	客服电话	0755-83160000
传真号码	0755-82904048	公司网址	www.ubssdic.com
注册地址	深圳市福田区深南大道投资大厦第3层	办公地址	深圳市福田区深南大道投资大厦第3层

● 发展概况

国投瑞银基金管理有限公司(原中融基金管理有限公司)，成立于2002年6月13日，公司注册资本1亿元人民币。2004年12月，公司股东河北证券、国信证券、长城证券、浙江国投、华宝信托将其所持有的出资转让给国家开发投资公司、国投电力公司、国投弘泰信托投资有限公司。2005年6月，瑞士银行股份有限公司(UBS AG)受让国家开发投资公司持有的公司4%的出资和国投电力公司持有的公司45%的出资。两次股权转让之后，中融基金管理有限公司成为了我国首家外资持股达到49%上限的中外合资基金公司，公司更名为国投瑞银基金管理有限公司，公司法定代表人变更为施洪祥先生。合资新公司国投瑞银基金管理有限公司成立于2005年6月8日，公司股东为全球领先的瑞士银行集团及国投弘泰信托投资公司。

国投瑞银实行现代企业制度下的法人治理结构，由七名成员组成董事会；在公司治理层面和管理层面设立了执行委员会、投资决策委员会、合规与风险控制委员会三个委员会。在组织结构上，公司下设研究部、投资部、交易部、运营部、信息技术部、市场营销部、渠道管理部、产品开发部、监察稽核部、总经理办公室。在人员建设方面，公司聘请具备国际视野和本土经验的优秀投资领军人物，着力培养一支稳健的投资团队。截至2005年12月底，公司共有员工49人，其中博士7人，占14%；硕士23人，占47%；本科14人，占29%；大专5人，占10%。直接从事基金管理业务的人员均具有3年以上证券业从业经历。

近三年公司管理基金资产规模与基金数量

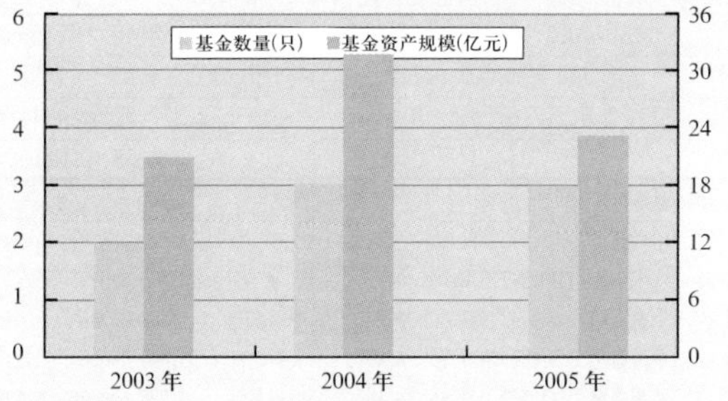

公司股东结构

股东名称	出资金额(万元)	出资比例(%)
国投弘泰信托投资有限公司	5100.00	51.00
瑞士银行股份有限公司(UBS AG)	4900.00	49.00

● 经营业绩

国投瑞银成立合资基金公司后，充分利用中融基金现有平台，迅速完善公司管理和所提供的产品。截至2005年12月底，国投瑞银管理了3只证券投资基金，包括一只封闭式基金和两只开放式基金。

2005年国投瑞银没有发行新基金，一直埋头于内部整合，在维持原有客户的基础上，把投资流程、风险控制等的理念、具体操作调整到较高的水平。在投资管理中，国投瑞银充分利用外方股东瑞银集团在国际的领先经验提升公司在投资研究、投资组合管理、风险管理、销售和市场推广、运营、内部监控和合规等方面的水平，达到公司增值。

在投资业绩方面，2005年公司投资管理团队秉持了瑞银全球资产管理"价格/内在价值"投资理念，充分分享其先进的全球一体化投研平台的研究成果，并利用GEVS股票估值系统和GERS股票风险管理系统，在有效控制风险的基础上达到了资产的长期稳健增值。2005年，国投瑞银管理的三只基金产品稳健发展，全部取得正收益。其中，封闭式基金——融鑫基金本年净值增长1.65%，并于2005年4月28日实施收益分配，每基金份额派现0.1328元；旗下开放式基金——国投瑞银融华和国投瑞银景气全年基金净值增长率分别为8.49%和7.11%，为基金持有人创造了良好的投资收益。

2005年是国投瑞银发展史上值得记载的一年。合资公司扬风起帆，合资后首只新基金即将推出，稳健发展中的国投瑞银将以更优秀的投资业绩来回报广大持有人的厚爱。

公司高管介绍

施洪祥先生：董事长。中国籍，工学学士，现任国家开发投资公司党组成员、副总裁，国投弘泰信托投资有限公司董事长。曾任红塔证券股份有限公司、中银国际证券有限公司和中银基金管理有限公司董事，国投华靖电力股份有限公司副董事长，国家开发投资公司战略发展部主任、金融投资部总经理，国家开发投资公司电力事业部副主任、处长，国家能源投资公司水电项目部处长、副处长，水电部基建司干部。

万朝领先生：总经理。中国籍，经济学博士，高级经济师。曾任中融基金管理有限公司总经理，国信证券有限责任公司首席证券分析师、研究策划中心总经理兼收购兼并部总经理、总裁办主任、中国投资银行深圳分行人事处处长、行长办公室主任，中共深圳市委政策研究室科长、副处长、中共广东省委政策研究室副科长、广东省青年社会科学者协会副秘书长。

融鑫证券投资基金

基本资料

基金简称	基金融鑫			交易代码	184719
投资目标	投资于高速成长及业务有良好前景的企业，基金管理人将采取较为稳健的投资策略，为基金持有人获取中长期稳定的投资收益。				
业绩比较基准	80%×上海综合指数＋20%×中信国债指数			风险收益特征	无
合同生效日	2002年6月13日	上市日期	2002年9月2日	上市地点	深圳证券交易所
基金总份额	8亿份	存 续 期	15年(1993年2月5日至2008年2月4日)		
基金管理人	国投瑞银基金管理有限公司	基金托管人	中国工商银行股份有限公司		
审计机构	深圳大华天诚会计师事务所	法律顾问	北京金杜律师事务所	注册登记人	中国证券登记结算有限责任公司深圳分公司

财务指标 单位：人民币(元)

项 目 \ 年 度	2005年度	2004年度	2003年度
加权平均基金份额本期净收益	−0.0201	0.1475	−0.0027
期末可分配基金份额收益	−0.0043	0.1487	0.0112
期末基金份额净值	1.0597	1.1729	1.2936
基金加权平均净值收益率	−1.88%	11.73%	−0.24%
本期基金份额净值增长率	1.65%	−8.70%	30.31%
基金份额累计净值增长率	18.23%	16.31%	27.39%
基金收益分配	本年度未实现收益分配；成立以来每10份累计派现1.428元。		

基金净值增长率与业绩基准收益率对比图（单位：%）

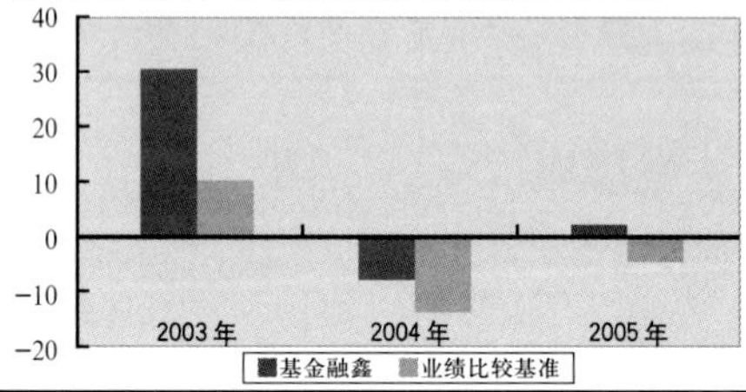

期末基金份额持有人户数	基金份额持有人户数为59,077户，平均每户持有13,542份。
期末基金份额持有人结构	机构投资者持有561,021,761份，占总份额70.13%；个人投资者持有238,978,239份，占总份额29.87%。

【基金业绩表现】

截至2005年12月31日，基金融鑫份额净值为1.0597元，全年基金净值增长1.65%，同期业绩基准收益下跌3.40%，上证综合指数下跌8.33%。

【基金管理团队】

汪小平先生：基金经理。工学博士。曾在中华财务会计咨询公司任项目经理，联合证券任投资管理部副总经理、西部证券任证券投资部总经理、国信证券资产管理事业部任投资经理。2004年5月加入国投瑞银基金管理有限公司，2004年7月起任融鑫基金基金经理。

【基金运作分析】

2005年，股票市场呈现先振荡下跌，再弱市反弹的走势，全年上证综合指数下跌8.33%。大部分周期性行业的景气度见顶回落，这些行业的上市公司整体业绩下半年明显低于上半年，而金融、商业等服务性行业景气度较高。此外，对市场影响最大的是股权分置改革，股权分置改革的推进有利于中国证券市场的长远发展，短期股改的具体方案对个股的走势影响较大，尤其是股改时大比例配送权证的流通股投资者短期获利丰厚。

2005年，基金融鑫在操作上坚持价值投资，以行业增长趋势和个股基本面作为资产配置和投资品种选择的主要依据。总体操作上，该基金大比例减持了周期性行业的配置和成长性放缓的机场、港口类资产配置，增持了零售行业的龙头企业、食品饮料行业的高增长企业股票。在股权分置解决方案试点后，也适量减持了一部分已股改完毕的大盘蓝筹股。

2006年，基金融鑫将继续坚持价值投资的理念，对行业和上市公司进行全流通预期下的价值重估。重点关注以下方面：“十一五”规划重点投资受惠的行业，如装备制造业等；数字电视和移动通信3G等消费结构性升级中受益的企业；未来现金流持续稳定的、资产负债率比例合理的消费行业龙头企业；具有稳定增长潜力的公用事业类上市公司。

【季度投资组合一览】

项 目 \ 季 度	第一季度			第二季度			第三季度			第四季度		
基金资产净值	940,970,691.10元			792,624,075.62元			831,296,204.04元			847,757,380.61元		
基金份额净值	1.1762元			0.9908元			1.0391元			1.0597元		
基金资产组合		市值(元)	占总资产比例		市值(元)	占总资产比例		市值(元)	占总资产比例		市值(元)	占总资产比例
股票投资		574,514,201.23	60.84%		577,247,274.07	72.10%		638,208,752.28	76.24%		652,445,368.46	76.39%
债券投资		255,227,218.40	27.02%		195,224,059.40	24.39%		186,235,141.00	22.25%		187,425,164.40	21.95%
银行存款和清算备付金		30,094,140.78	3.19%		23,931,803.20	2.99%		7,612,716.94	0.91%		9,527,377.79	1.12%
其他资产		84,504,411.74	8.95%		4,157,211.09	0.52%		5,065,076.23	0.60%		4,660,034.88	0.55%
投资前五名股票明细	股票名称	市值(元)	占净值比例	股票名称	市值(元)	占净值比例	股票名称	市值(元)	占净值比例	股票名称	市值(元)	占净值比例
	上海机场	90,494,708.58	9.62%	上海机场	72,236,543.40	9.11%	中兴通讯	43,216,511.25	5.20%	G 中 兴	53,396,464.82	6.30%
	盐田港A	79,832,972.32	8.48%	长江电力	47,628,985.95	6.01%	G 长 电	40,897,030.73	4.92%	G 老 窖	48,562,429.95	5.73%
	深能源A	47,699,080.52	5.07%	深能源A	47,336,016.84	5.97%	上海机场	40,243,411.60	4.84%	中国石化	47,088,312.88	5.55%
	长江电力	45,019,966.85	4.78%	上港集箱	44,250,640.20	5.58%	中国石化	37,335,827.76	4.49%	大商股份	35,845,746.00	4.23%
	中兴通讯	43,151,559.36	4.59%	中兴通讯	43,350,812.46	5.47%	泸州老窖	34,572,041.46	4.16%	贵州茅台	30,728,680.00	3.62%
投资前五名债券明细	债券名称	市值(元)	占净值比例	债券名称	市值(元)	占净值比例	债券名称	市值(元)	占净值比例	债券名称	市值(元)	占净值比例
	02国债(14)	128,799,990.00	13.69%	02国债(14)	60,192,782.70	7.59%	02国债(14)	65,765,332.20	7.91%	02国债(14)	65,453,586.60	7.72%
	20国债(4)	35,727,200.00	3.80%	20国债(4)	36,885,300.00	4.65%	20国债(4)	37,462,500.00	4.51%	20国债(4)	37,318,200.00	4.40%
	20国债(10)	30,783,000.00	3.27%	20国债(10)	31,133,300.00	3.93%	20国债(10)	31,331,700.00	3.77%	20国债(10)	31,182,900.00	3.68%
	04国债(5)	24,133,179.60	2.56%	04国债(5)	28,013,354.20	3.53%	04国债(5)	27,975,136.80	3.37%	04国债(5)	27,784,049.80	3.28%
	05国债(2)	14,698,500.00	1.56%	05国债(2)	14,749,500.00	1.86%	05国债(2)	14,745,000.00	1.77%	05国债(2)	14,701,500.00	1.73%

国投瑞银融华债券型证券投资基金（原中融融华债券型证券投资基金）

基本资料

基金简称	国投瑞银融华基金		交易代码	121001	
投资目标	"追求低风险的稳定收益"，即以债券投资为主，稳健收益型股票投资为辅，在有效控制风险的前提下，谋求基金投资收益长期稳定增长。				
业绩比较基准	80%×中信全债指数＋20%×中信标普300指数				
风险收益特征	该基金属于预期风险相对可控、预期收益相对稳定的低风险基金品种，具有风险低、收益稳的特征，预期长期风险回报高于单纯的债券基金品种，低于以股票为主要投资对象的基金品种。				
合同生效日	2003年4月16日	上市日期	——	上市地点	——
募集概况	首募规模	认购户数	募集日期		
	25.88亿份	17611户	2003年2月25日至2003年4月11日		
基金费率	认购费率	申购费率	赎回费率	管理费率	托管费率
	0.60%	0.65%	不高于0.50%	0.75%	0.20%
基金管理人	国投瑞银基金管理有限公司		基金托管人	中国光大银行股份有限公司	
审计机构	安永华明会计师事务所	法律顾问	北京金杜律师事务所	注册登记人	国投瑞银基金管理有限公司

财务指标　　单位：人民币(元)

项目 \ 年度	2005年度	2004年度	2003年4月16日至2003年12月31日
加权平均基金份额本期净收益	0.0673	0.1296	0.0002
期末可分配基金份额收益	0.0507	−0.0315	0.0014
期末基金份额净值	1.0507	0.9685	1.0592
基金加权平均净值收益率	6.71%	12.71%	0.02%
本期基金份额净值增长率	8.49%	0.16%	5.92%
基金份额累计净值增长率	15.09%	6.09%	5.92%
基金收益分配	本年度未实现收益分配；成立以来每10份累计派现1.00元。		

基金净值增长率与业绩基准收益率对比图（单位：%）

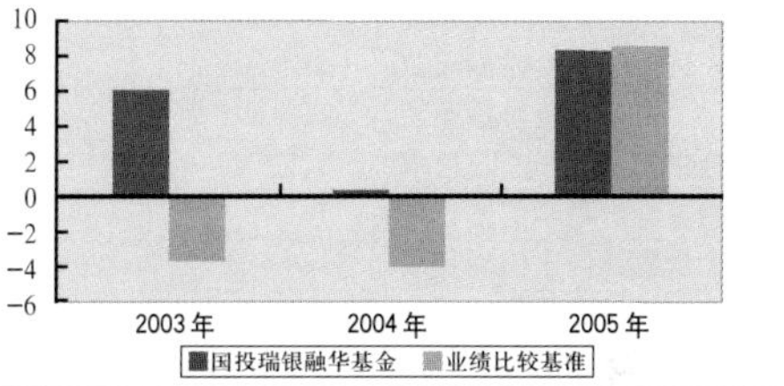

期末基金份额持有人户数	基金份额持有人户数为5,747户，平均每户持有50,671.71份。
期末基金份额持有人结构	机构投资者持有136,195,227.21份，占总份额46.77%；个人投资者持有155,015,094.56份，占总份额53.23%。

【基金业绩表现】

2005年国投瑞银融华基金净值增长8.49%，其中股票投资业绩好于指数，国债投资落后指数，总体与比较基准持平。

【基金管理团队】

邢修元先生：基金经理。经济学博士，具有10年以上证券从业经验。曾在平安保险公司、平安证券从事证券自营投资和策略研究工作；曾任国信证券投资研究中心总经理助理、投资研究部经理兼投资经理。2002年加入该公司，历任研究部总监、总经理助理兼基金投资部总监。从2003年4月16日起任该基金基金经理。

【基金运作分析】

上半年该基金股票投资策略重点在于"选股"，股票投资比例二季度较一季度有所下降。在选股方面，重点持有一些具有业务垄断优势公司股票，降低港口股的配置比例；债券投资方面，国债持债结构以一年内到期的短期债和收益率较好的浮动利率债券为主，可转债投资比例稳定，主要增持了部分基本面良好且流动性强的转债。下半年股票投资仍然采取由下而上的"选股"策略，股票投资比例变化不大。在选股方面，继续增持金融、地产类的龙头公司，还增持了部分主题投资类个股，减持类股票主要是机场和公路行业股票。债券投资方面，增持部分长期债，提高国债组合的久期。可转债投资比例有所提高，继续增持部分具有良好基本面和较强流动性的转债。

【季度投资组合一览】

项目 \ 季度	第一季度		第二季度		第三季度		第四季度	
基金资产净值	480,065,177.86元		464,446,317.70元		398,292,138.69元		305,960,523.97元	
基金份额	481,886,447.14份		469,413,427.26份		385,196,555.48份		291,210,321.77份	
基金份额净值	0.9962元		0.9894元		1.0340元		1.0507元	
基金资产组合	市值(元)	占总资产比例	市值(元)	占总资产比例	市值(元)	占总资产比例	市值(元)	占总资产比例
股票投资	160,978,512.61	33.42%	138,269,531.35	29.67%	156,328,952.16	38.32%	119,254,065.53	38.78%
债券投资	308,442,996.45	64.04%	287,704,500.07	61.75%	230,601,473.30	56.52%	159,209,957.97	51.78%
银行存款和清算备付金	6,872,545.06	1.43%	17,858,944.83	3.83%	13,395,765.18	3.28%	26,454,198.73	8.60%
其他资产	5,366,835.01	1.11%	22,118,617.62	4.75%	7,669,836.47	1.88%	2,572,844.79	0.84%

投资前五名债券明细	债券名称	市值(元)	占净值比例	债券名称	市值(元)	占净值比例	债券名称	市值(元)	占净值比例	债券名称	市值(元)	占净值比例
	04国债(5)	162,523,150.00	33.85%	04国债(5)	151,606,500.00	32.64%	21国债(15)	71,610,000.00	17.98%	02国债(14)	39,864,068.80	13.03%
	20国债(10)	70,495,134.00	14.68%	20国债(10)	91,500,840.00	19.70%	20国债(10)	48,523,200.00	12.18%	99国债(8)	23,503,397.40	7.68%
	05国债(2)	45,570,000.00	9.49%	招行转债	19,484,243.10	4.20%	02国债(14)	25,315,000.00	6.36%	02国债(13)	17,417,567.50	5.69%
	万科转2	14,797,494.95	3.08%	国电转债	11,727,221.80	2.53%	21国债(3)	22,550,401.30	5.66%	04国债(5)	15,123,200.00	4.94%
	招行转债	13,985,317.50	2.91%	万科转2	6,985,615.77	1.50%	04国债(5)	15,227,200.00	3.82%	02国债(10)	14,382,550.00	4.70%

投资前五名股票明细	股票名称	市值(元)	占净值比例	股票名称	市值(元)	占净值比例	股票名称	市值(元)	占净值比例	股票名称	市值(元)	占净值比例
	长江电力	20,647,550.00	4.30%	长江电力	24,812,290.00	5.34%	G长电	13,362,001.92	3.35%	大商股份	7,395,960.00	2.42%
	上海机场	15,241,660.50	3.17%	贵州茅台	11,777,355.30	2.54%	贵州茅台	12,365,000.00	3.10%	G中兴	7,292,250.00	2.38%
	伊利股份	14,031,913.06	2.92%	上海机场	9,470,760.00	2.04%	泸州老窖	10,947,245.05	2.75%	G老窖	7,074,200.00	2.31%
	中兴通讯	8,385,080.00	1.75%	招商银行	8,484,000.00	1.83%	张裕A	8,858,000.00	2.22%	洪都航空	7,015,300.00	2.29%
	招商银行	7,352,500.00	1.53%	张裕A	7,314,300.00	1.57%	G综超	8,688,444.48	2.18%	张裕A	6,729,000.00	2.20%

国投瑞银景气行业证券投资基金（原中融景气行业证券投资基金）

基本资料					
基金简称	国投瑞银景气基金		交易代码	121002	
投资目标	"积极投资、追求适度风险收益"，即采取积极混合型投资策略，把握景气行业先锋股票的投资机会，在有效控制风险的基础上追求基金资产的中长期稳健增值。				
业绩比较基准	5%×同业存款利率+20%×中信全债指数+75%×中信标普300指数				
风险收益特征	该基金采取积极型投资策略，主要投资于景气行业先锋股票，具有适度风险回报特征，其风险收益高于平衡型基金，低于纯股票基金。				
合同生效日	2004年4月29日	上市日期	——	上市地点	——
募集概况	首募规模	认购户数	募集日期		
	21.96亿份	21189户	2004年3月25日至2004年4月27日		
基金费率	认购费率	申购费率	赎回费率	管理费率	托管费率
	不高于1.20%	不高于1.50%	不高于0.50%	1.50%	0.25%
基金管理人	国投瑞银基金管理有限公司		基金托管人	中国光大银行股份有限公司	
审计机构	安永华明会计师事务所	法律顾问	北京市金杜律师事务所	注册登记人	国投瑞银基金管理有限公司

财务指标　单位：人民币(元)

项目 \ 年度	2005年度	2004年4月29日至2004年12月31日
加权平均基金份额本期净收益	0.0050	−0.0592
期末可分配基金份额收益	−0.0418	−0.0578
期末基金份额净值	1.0169	0.9494
基金加权平均净值收益率	0.52%	−6.13%
本期基金份额净值增长率	7.11%	−5.06%
基金份额累计净值增长率	1.69%	−5.06%
基金收益分配	自基金合同生效以来未实现收益分配。	

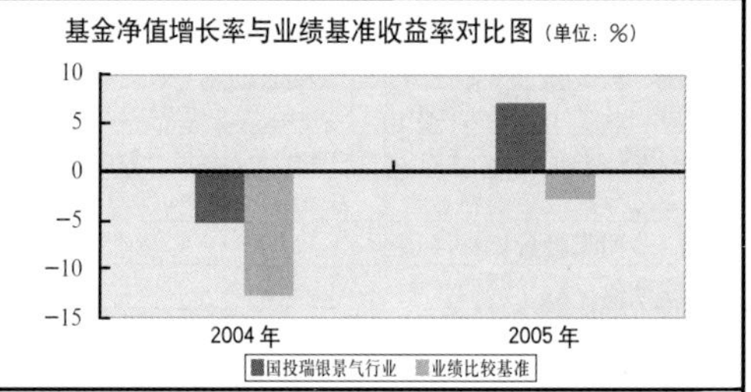

期末基金份额持有人户数	基金份额持有人户数为15,410户，平均每户持有74,814.88份。
期末基金份额持有人结构	机构投资者持有464,025,248.65份，占总份额40.25%；个人投资者持有688,872,060.12份，占总份额59.75%。

【基金业绩表现】

2005年，国投瑞银景气基金全年净值增长7.11%，同期基金业绩比较基准收益下跌3.27%，该基金净值表现超越比较基准10.38%。

【基金管理团队】

马志新先生：基金经理。工学学士，10年证券投资管理经验。曾任广西信托投资公司深圳证券业务部副总经理，市场开发部副总经理；国信证券公司投资研究中心、投资管理部、资产管理部特级研究员、投资经理；2003年11月加入国投瑞银基金管理有限公司，2004年4月起任该基金估值经理，2004年10月起任该基金基金经理。

【基金运作分析】

2005年，在国投瑞银景气基金的股票投资中，该基金管理人总体上坚持了对"垄断、资源和消费"类股票的持仓，回避了大盘持续下跌的系统性风险。在投资过程中，坚持以价值投资方法评价股票，同时综合各方面因素作出买卖决定，力争达到原则性和灵活性的统一。在部分股票，尤其是大市值股票上也适当把握了买卖机会。

2005年下半年，股改的稳步推进使得整体市场估值水平显著下降，部分核心股票估值明显偏低，同时，市场资金供应充足，宏观面趋于稳定。该基金管理人对整体股票价格向上波动持谨慎乐观的态度，同时仍将坚持从基本面出发的价值投资原则，致力于把握企业经营的中长期趋势，争取低风险水平的较高中长期回报。

【季度投资组合一览】

项目 \ 季度	第一季度		第二季度		第三季度		第四季度	
基金资产净值	1,616,520,942.04元		1,293,571,442.16元		1,174,722,264.65元		1,172,332,762.84元	
基金份额	1,654,022,107.85份		1,391,687,493.70份		1,174,929,834.38份		1,152,897,308.77份	
基金份额净值	0.9773元		0.9295元		0.9998元		1.0169元	
基金资产组合	市值(元)	占总资产比例	市值(元)	占总资产比例	市值(元)	占总资产比例	市值(元)	占总资产比例
股票投资	1,084,362,545.36	66.89%	825,579,310.11	63.64%	799,542,232.75	67.85%	866,875,544.12	69.12%
债券投资	393,899,240.09	24.30%	365,255,705.28	28.16%	274,731,320.00	23.31%	276,505,073.18	22.05%
银行存款和清算备付金	125,587,093.17	7.75%	97,641,165.90	7.53%	75,406,701.92	6.40%	104,381,610.35	8.32%
其他资产	17,245,500.70	1.06%	8,715,244.14	0.67%	28,721,700.08	2.44%	6,422,708.72	0.51%

投资前五名股票明细	股票名称	市值(元)	占净值比例	股票名称	市值(元)	占净值比例	股票名称	市值(元)	占净值比例	股票名称	市值(元)	占净值比例
	上海机场	129,859,554.00	8.03%	海油工程	113,139,769.01	8.75%	海油工程	114,607,455.00	9.76%	张裕A	79,523,972.47	6.78%
	海油工程	106,825,737.48	6.61%	上海机场	110,047,983.50	8.51%	中兴通讯	79,600,500.00	6.78%	中国石化	74,931,402.00	6.39%
	中兴通讯	94,943,699.84	5.87%	长江电力	95,931,568.10	7.42%	张裕A	78,328,677.80	6.67%	G中兴	65,977,500.00	5.63%
	盐田港A	84,650,072.10	5.24%	中兴通讯	74,045,514.24	5.72%	深能源A	51,948,085.29	4.42%	大商股份	53,403,641.16	4.56%
	长江电力	70,906,567.15	4.39%	深能源A	65,069,045.38	5.03%	泸州老窖	41,590,893.33	3.54%	G老窖	49,910,000.00	4.26%

投资前五名债券明细	债券名称	市值(元)	占净值比例	债券名称	市值(元)	占净值比例	债券名称	市值(元)	占净值比例	债券名称	市值(元)	占净值比例
	04国债(5)	138,248,750.00	8.55%	04国债(5)	110,153,087.50	8.52%	04国开(09)	100,000,000.00	8.51%	04国开(09)	100,000,000.00	8.53%
	04国开(09)	100,000,000.00	6.19%	04国开(09)	100,000,000.00	7.73%	04国债(5)	66,619,000.00	5.67%	04国开(12)	39,982,720.00	3.41%
	05国债(2)	79,262,400.00	4.90%	05国债(2)	82,504,368.00	6.38%	05国债(2)	63,908,000.00	5.44%	05国债(2)	39,200,000.00	3.34%
	04国开(12)	39,982,720.00	2.47%	04国开(12)	39,982,720.00	3.09%	04国开(12)	39,982,720.00	3.40%	04国债(5)	23,630,000.00	2.02%
	晨鸣转债	25,045,265.07	1.55%	晨鸣转债	24,701,795.16	1.91%	招行转债	4,221,600.00	0.36%	99国债(8)	21,966,373.80	1.87%

银河基金管理有限公司

法定名称	银河基金管理有限公司	英文名称	Galaxy Asset Management Co.,Ltd.
成立日期	2002年6月14日	注册资本	1亿元人民币
法人代表	刘澎湃	总 经 理	谭庆中
联系电话	021-65956688	客服电话	800-820-0860 021-35104688
传真号码	021-65958005	公司网址	www.galaxyasset.com
注册地址	上海市东大名路908号金岸大厦3楼	办公地址	上海市东大名路908号金岸大厦3楼

● 发展概况

银河基金管理有限公司是经中国证监会按照市场化机制和"好人举手"制度批准成立的首家基金管理公司。2002年6月14日，经中国证监会证监基金字[2002]21号文批准，银河基金管理有限公司由中国银河证券有限责任公司、中国石油天然气集团公司、北京首都机场集团公司、上海市城市建设投资开发总公司和湖南广播电视产业中心共同发起正式成立。

● 经营业绩

截至2005年12月31日，银河基金管理公司共管理基金银丰一只封闭式基金和银河银联系列基金、银泰理财分红基金、银河银富基金货币市场基金3只开放式基金，其中，银河银联系列基金包括银河稳健和银河收益两只基金。

在投资业绩上，2005年银河基金管理有限公司旗下基金规范运作，业绩表现良好。银河银联系列基金是银河基金管理公司旗下首只开放式基金，该系列基金由银河稳健和银河收益两只基金构成，基金合同生效于2003年8月4日。2005年银河收益基金全年净值增长率为13.78%，超越同期业绩基准收益5.81%，并于2005年10月28日实现收益分配，每10份派现0.500元；银河稳健基金全年净值增长率为-2.04%，超越同期业绩基准收益0.63%；银泰理财分红基金是银河基金管理公司旗下第二只开放式基金，基金合同生效于2004年3月30日，2005年银泰理财分红基金全年实现收益回报0.85%；银河银富基金是银河基金管理公司旗下首只货币市场基金，基金合同生效于2004年12月20日。2005年是该基金完整运作的一年，本年银河银富基金实现收益回报2.4147%，超越同期业绩基准收益0.7375%；并累计分配收益47,645,970.79元；基金银丰是银河基金管理公司旗下唯一一只封闭式基金，基金合同生效于2002年8月15日。2005年基金银丰年净值增长率为0.61%，超越同期业绩比较基准收益3.29%，并于2005年4月22日实现收益分配，每10份派现0.100元。

近三年公司管理基金资产规模与基金数量

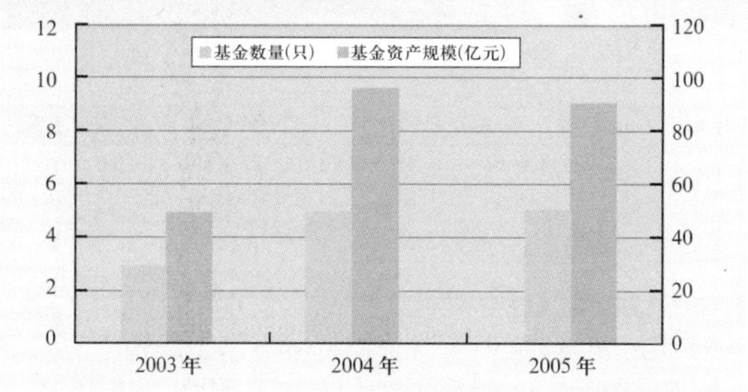

公司股东结构

股东名称	出资金额(万元)	出资比例(%)
中国银河证券有限责任公司	5000.00	50.00
中国石油天然气集团公司	1250.00	12.50
上海市城市建设投资开发总公司	1250.00	12.50
北京首都机场集团公司	1250.00	12.50
湖南广播电视产业中心	1250.00	12.50

公司高管介绍

刘澎湃先生：董事长。中共党员，大学本科学历。历任中国人民银行总行副司长，珠海市人民政府副市长，中国保险监督管理委员会办公室主要负责人等职。2000年至今任中国银河证券有限责任公司副总裁。

谭庆中先生：董事、总经理。中共党员，大学本科学历，经济师。先后担任中国工商银行中山分行工业信贷科主办科员、副科长，广东省工商银行信托投资公司中山分公司副总经理、总经理，中国华融信托投资公司中山营业部总经理，中国华融信托投资公司广东证券分部总经理，中国银河证券有限责任公司中山营业部总经理，中国银河证券有限责任公司资产管理总部副总经理。

银丰证券投资基金

基本资料					
基金简称	基金银丰		交易代码	500058	
投资目标	该基金为平衡型基金，力求有机融合稳健型和进取型两种投资风格，在控制风险的前提下追求基金资产的长期稳定增值。				
业绩比较基准	上证A股指数涨跌幅×75%＋同期国债收益率×25%				
风险收益特征	该基金为封闭式平衡型基金，属于风险相对较低的基金品种，其风险与收益特征从长期平均及预期来看介于单纯的股票型组合与单纯的债券型组合之间，或介于单纯的成长型组合与单纯的价值型组合之间，力争使基金的单位风险收益值从长期平均来看大于比较基准的单位风险收益值。				
合同生效日	2002年8月15日	上市日期	2002年9月10日	上市地点	上海证券交易所
基金总份额	30亿份	存 续 期	15年		
基金管理人	银河基金管理有限公司	基金托管人	中国建设银行股份有限公司		
审计机构	中瑞华恒信会计师事务所	法律顾问	——	注册登记人	中国证券登记结算有限公司上海分公司

财务指标　单位：人民币(元)

项 目 / 年 度	2005年度	2004年度	2003年度
基金份额本期净收益	−0.0506	0.0806	0.0396
期末可分配基金份额收益	−0.0093	0.0100	0.0007
期末基金份额净值	1.006	1.010	1.125
基金加权平均净值收益率	−5.20%	7.21%	3.84%
本期基金份额净值增长率	0.61%	−7.60%	21.92%
基金份额累计净值增长率	8.48%	7.93%	16.68%
基金收益分配	本年度每10份派现0.100元；成立以来每10份累计派现0.800元。		

基金净值增长率与业绩基准收益率对比图（单位：%）

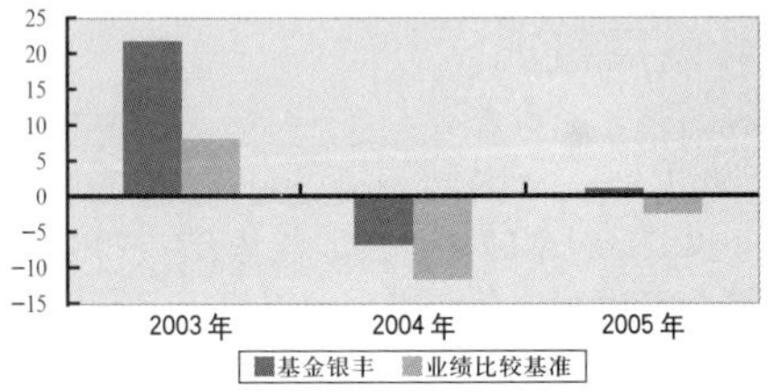

期末基金份额持有人户数	基金份额持有人户数为46,575户，平均每户持有64,412.24份。
期末基金份额持有人结构	机构投资者持有1,726,155,839份，占总份额57.54%；个人投资者持有1,273,844,161份，占总份额42.46%。

【基金业绩表现】

2005年，基金银丰业绩比较基准收益率为−2.68%，基金银丰净值收益率为0.61%，优于同期比较基准。

【基金管理团队】

张玮先生：基金经理。硕士研究生学历，6年证券从业经历。2001年毕业于中南财经政法大学金融投资专业，获经济学硕士学位。此前拥有5年大学财务专业执教经历和计算机软件开发经验。2000年进入申银万国证券研究所，任行业研究员，从事IT行业及投资策略研究工作。2004年进入银河基金管理公司，任高级研究员和投资策略小组成员，2005年12月任基金银丰基金经理。

刘风华女士：工商管理硕士。8年证券从业经历。自1998年起先后任职于中国信达信托投资公司证券业务总部研究部、中国银河证券有限责任公司研究中心，从事行业及上市公司研究工作。2001年6月参与筹备银河基金管理有限公司，公司成立后任行业研究员，现为基金银丰基金经理助理。

【基金运作分析】

出于对股票市场总体估值偏低的判断，基金银丰2005年在操作中始终保持着73%左右的高股票仓位。在行业配置层面，年初即对航空股进行了果断的清仓处理，减持了纺织和造纸的比重，二季度又大幅减持了钢铁、石化等周期性行业，同时增加了金融和房地产两个行业的股票和转债，在年末，降低了交通运输和电力的配置比重，增加了信息技术、装备制造和水务行业的比重，也增持了部分私有化受益的相关有色金属和石化行业股票。

【季度投资组合一览】

项 目 / 季 度	第一季度			第二季度			第三季度			第四季度		
基金资产净值	2,921,757,695.63元			2,814,357,574.95元			2,931,591,103.48元			3,016,896,322.67元		
基金份额净值	0.974元			0.938元			0.977元			1.006元		
基金资产组合	市值(元)		占总资产比例	市值(元)		占总资产比例	市值(元)		占总资产比例	市值(元)		占总资产比例
股票投资	2,138,431,582.43		69.62%	2,068,531,438.58		72.57%	2,143,524,800.35		64.48%	2,187,223,849.38		68.74%
债券投资	791,792,325.92		25.78%	736,870,465.76		25.85%	1,051,539,811.26		31.63%	847,082,296.64		26.62%
银行存款和清算备付金	48,227,688.35		1.57%	21,939,420.35		0.77%	110,996,583.54		3.34%	134,776,669.21		4.24%
其他资产	93,169,278.49		3.03%	23,187,135.95		0.81%	18,337,583.59		0.55%	12,811,904.79		0.40%
投资前五名股票明细	股票名称	市值(元)	占净值比例	股票名称	市值(元)	占净值比例	股票名称	市值(元)	占净值比例	股票名称	市值(元)	占净值比例
	长江电力	160,960,720.17	5.51%	长江电力	183,603,264.39	6.52%	深圳机场	150,190,817.59	5.12%	中国联通	153,715,430.00	5.10%
	上海机场	144,658,311.70	4.95%	中国联通	158,499,802.56	5.63%	上海机场	139,385,629.50	4.75%	G深机场	144,124,786.41	4.78%
	深圳机场	141,304,708.71	4.84%	深圳机场	145,508,234.22	5.17%	长江电力	139,198,716.98	4.75%	G万科A	136,987,627.45	4.54%
	中国联通	139,136,098.20	4.76%	宝钢股份	130,200,416.07	4.63%	中国联通	107,196,400.20	3.66%	G 长 电	135,139,911.84	4.48%
	扬子石化	101,411,278.50	3.47%	威孚高科	113,738,657.85	4.04%	宝钢股份	107,083,789.56	3.65%	上海机场	133,665,117.44	4.43%
投资前五名债券明细	债券名称	市值(元)	占净值比例	债券名称	市值(元)	占净值比例	债券名称	市值(元)	占净值比例	债券名称	市值(元)	占净值比例
	20国债(10)	131,930,973.00	4.52%	20国债(10)	124,896,756.60	4.44%	招行转债	132,489,721.80	4.52%	20国债(10)	113,024,935.80	3.75%
	20国债(4)	95,048,836.00	3.25%	05农发04	99,950,000.00	3.55%	万科转2	118,353,176.90	4.04%	21国债(15)	80,402,417.90	2.67%
	05国债(2)	88,191,000.00	3.02%	21国债(15)	65,648,093.00	2.33%	20国债(10)	113,564,273.40	3.87%	国电转债	73,729,051.20	2.44%
	04国开10	69,997,200.00	2.40%	05国债(2)	58,998,000.00	2.10%	05农发04	99,950,000.00	3.41%	招行转债	67,517,049.70	2.24%
	04国开19	60,006,000.00	2.05%	招行转债	58,752,859.20	2.09%	国电转债	74,041,520.00	2.53%	02国债(10)	56,597,815.10	1.88%

银河银联系列证券投资基金

该系列基金由银河稳健证券投资基金和银河收益证券投资基金构成，每只基金彼此独立运作，并通过基金间相互转换构成一个统一的基金体系。

银河稳健证券投资基金

基本资料					
基金简称	银河稳健基金		交易代码	151001(前端收费) 151101(后端收费)	
投资目标	以稳健的投资风格，构造资本增值与收益水平适度匹配的投资组合，在控制风险的前提下，追求基金资产的长期稳定增值。				
业绩比较基准	上证 A 股指数涨跌幅×75%＋中信国债指数涨跌幅×25%				
风险收益特征	该基金属于风险中度的基金品种(在股票型基金中属风险中度偏低)，力争使长期的平均单位风险收益超越业绩比较基准。				
合同生效日	2003 年 8 月 4 日	上市日期	——	上市地点	——
募集概况	首募规模	认购户数	募集日期		
	11.87 亿份	22060 户	2003 年 6 月 16 日至 2003 年 7 月 28 日		
基金费率	认购费率	申购费率	赎回费率	管理费率	托管费率
	1.00%	不高于 1.20%	不高于 0.50%	1.50%	0.25%
基金管理人	银河基金管理有限公司		基金托管人	中国农业银行	
审计机构	中瑞华恒信会计师事务所	法律顾问	中博律师事务所	注册登记人	银河基金管理有限公司

财务指标　单位：人民币(元)

项目＼年度	2005 年度	2004 年度	2003 年 8 月 4 日至 2003 年 12 月 31 日
基金份额本期净收益	−0.2129	0.0731	0.0200
期末可分配基金份额收益	−0.1628	−0.0538	0.0108
期末基金份额净值	0.9269	0.9462	1.0943
基金加权平均净值收益率	−24.15%	7.04%	1.97%
本期基金份额净值增长率	−2.04%	−9.52%	10.99%
基金份额累计净值增长率	−1.63%	0.42%	10.99%
基金收益分配	本年度未实现收益分配；成立以来每 10 份累计派现 0.650 元。		

基金净值增长率与业绩基准收益率对比图 (单位：%)

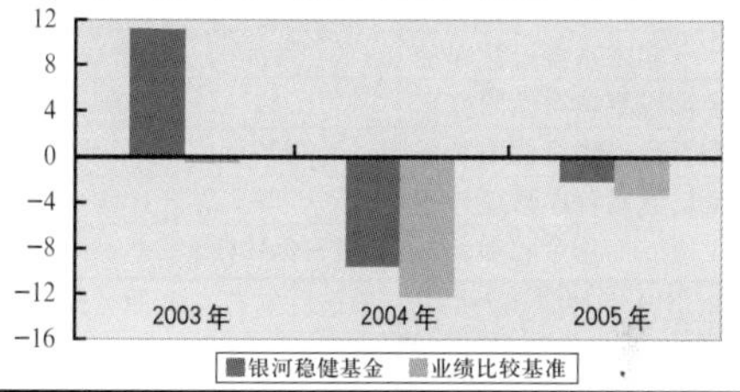

期末基金份额持有人户数	基金份额持有人户数为 6,459 户，平均每户持有 72,125.17 份。
期末基金份额持有人结构	机构投资者持有 363,154,280.15 份，占总份额 77.95%；个人投资者持有 102,702,189.02 份，占总份额 22.05%。

【基金业绩表现】

2005年，银河稳健的基准回报为−2.67%，同期基金回报为−2.04%。

【基金管理团队】

杨典先生：经济学硕士。5年基金从业经历，1998年至2000年于深圳市华为技术有限公司从事市场营销工作，2001 年至 2002 年于长盛基金管理有限公司任研究员，2002 年起于银河基金管理有限公司任研究员、基金经理助理，2005 年 4 月底起任银河稳健证券投资基金基金经理。

【基金运作分析】

2005 年一季度，银河稳健基金主要持有低市盈率、低市净率的股票。二季度后期起，该基金进行了较大规模的调仓，主要是大幅调低了周期型行业以及对宏观调控较敏感的行业的配置比例，适度加大了非周期型行业的配置比例，在股票选择方面着重考虑上市公司的持续稳定增长能力及相应的估值水平。对于股权分置改革的试点及其后的全面推行，该基金也给予了高度关注并积极参与。该基金在下半年初判断市场处于低系统性风险区域，而优秀个股的投资机会日益突出，因此下半年基本一直保持了较高的股票仓位，主要致力于个股投资机会的发掘，在行业配置方面则以均衡配置的思想为主，适当偏向于非周期型行业的配置。

【季度投资组合一览】

项目＼季度	第一季度			第二季度			第三季度			第四季度		
基金资产净值	619,013,239.02 元			579,139,241.77 元			488,794,802.12 元			431,825,452.88 元		
基金份额	697,846,808.56 份			698,755,597.76 份			544,529,810.95 份			465,856,469.17 份		
基金份额净值	0.8870 元			0.8288 元			0.8976 元			0.9269 元		
基金资产组合	市值(元)		占总资产比例	市值(元)		占总资产比例	市值(元)		占总资产比例	市值(元)		占总资产比例
股票投资	433,025,251.21		63.50%	421,998,295.07		68.97%	364,740,238.63		65.01%	299,884,764.12		59.19%
债券投资	131,151,179.60		19.23%	130,371,733.10		21.31%	141,165,209.40		25.16%	136,662,633.70		26.97%
银行存款和清算备付金	53,348,608.23		7.82%	53,348,215.11		8.72%	47,935,930.64		8.54%	27,273,952.46		5.38%
其他资产	64,392,863.19		9.44%	6,134,369.26		1.00%	7,248,961.19		1.29%	42,817,974.55		8.46%
投资前五名股票明细	股票名称	市值(元)	占净值比例	股票名称	市值(元)	占净值比例	股票名称	市值(元)	占净值比例	股票名称	市值(元)	占净值比例
	南京水运	33,189,825.24	5.36%	长江电力	28,651,912.22	4.95%	中兴通讯	31,250,290.47	6.39%	中兴通讯	42,495,732.72	9.84%
	长春燃气	31,329,453.10	5.06%	中兴通讯	24,396,572.16	4.21%	新 大 陆	27,547,789.08	5.64%	G 新大陆	30,425,604.72	7.05%
	鞍钢新轧	31,138,074.00	5.03%	宝钢股份	23,904,000.00	4.13%	苏 泊 尔	21,785,670.00	4.46%	小商品城	18,076,255.65	4.19%
	中原油气	30,753,735.76	4.97%	苏 泊 尔	18,948,095.40	3.27%	小商品城	18,785,506.32	3.84%	通威股份	17,080,395.01	3.96%
	酒钢宏兴	28,323,404.00	4.58%	通威股份	18,929,346.15	3.27%	黄河旋风	18,716,030.20	3.83%	龙溪股份	15,381,564.66	3.56%
投资前五名债券明细	债券名称	市值(元)	占净值比例	债券名称	市值(元)	占净值比例	债券名称	市值(元)	占净值比例	债券名称	市值(元)	占净值比例
	04 国开 16	30,672,000.00	4.96%	04 国开 16	31,333,800.00	5.41%	04 国开 16	31,745,100.00	6.49%	04 国开 16	31,501,800.00	7.30%
	20 国债(10)	30,597,676.80	4.94%	05 农发 04	30,439,500.00	5.26%	招行转债	21,289,528.80	4.36%	招行转债	24,331,238.10	5.63%
	04 农发 02	30,240,000.00	4.89%	05 进出 01	20,795,200.00	3.59%	02 国债(14)	16,809,160.00	3.44%	02 国债(14)	16,739,440.00	3.88%
	20 国债(4)	21,891,651.20	3.54%	21 国债(15)	18,466,064.10	3.19%	04 国债(5)	16,654,750.00	3.41%	21 国债(15)	14,240,800.00	3.30%
	04 国债(5)	10,488,000.00	1.69%	20 国债(10)	10,555,239.60	1.82%	雅戈转债	16,455,562.80	3.37%	21 国债(10)	13,890,804.60	3.22%

银河收益证券投资基金

基本资料					
基金简称	银河收益基金		交易代码	151002(前端收费) 151102(后端收费)	
投资目标	以债券投资为主，兼顾股票投资，在充分控制风险和保持较高流动性的前提下，实现基金资产的安全及长期稳定增值。				
业绩比较基准	债券指数涨跌幅×85%+上证A股指数涨跌幅×15%，其中债券指数为中信国债指数涨跌幅×51%+中信银债指数涨跌幅×49%。				
风险收益特征	属于低风险的基金品种，其中长期平均的预期收益和风险低于指数型基金、平衡型基金、价值型基金及收益型基金，高于纯债券基金。				
合同生效日	2003年8月4日	上市日期	——	上市地点	——
募集概况	首募规模	认购户数	募集日期		
	18.02亿份	22479户	2003年6月16日至2003年7月28日		
基金费率	认购费率	申购费率	赎回费率	管理费率	托管费率
	1.00%	不高于1.20%	不高于0.50%	0.75%	0.20%
基金管理人	银河基金管理有限公司		基金托管人	中国农业银行	
审计机构	中瑞华恒信会计师事务所	法律顾问	中博律师事务所	注册登记人	银河基金管理有限公司

财务指标 单位：人民币(元)

项目 \ 年度	2005年度	2004年度	2003年8月4日至2003年12月31日
基金份额本期净收益	0.1156	0.0529	0.0028
期末可分配基金份额收益	0.0382	−0.0431	0.0074
期末基金份额净值	1.0382	0.9569	1.0402
基金加权平均净值收益率	11.62%	5.19%	0.28%
本期基金份额净值增长率	13.78%	−5.31%	4.02%
基金份额累计净值增长率	12.07%	−1.50%	4.02%
基金收益分配	本年度每10份派现 0.500元；成立以来每10份累计派现0.800元。		
期末基金份额持有人户数	基金份额持有人户数为2,680户，平均每户持有37,105.64份。		
期末基金份额持有人结构	机构投资者持有62,590,746.54份，占总份额62.94%；个人投资者持有36,852,364.35份，占总份额37.06%。		

基金净值增长率与业绩基准收益率对比图（单位：%）

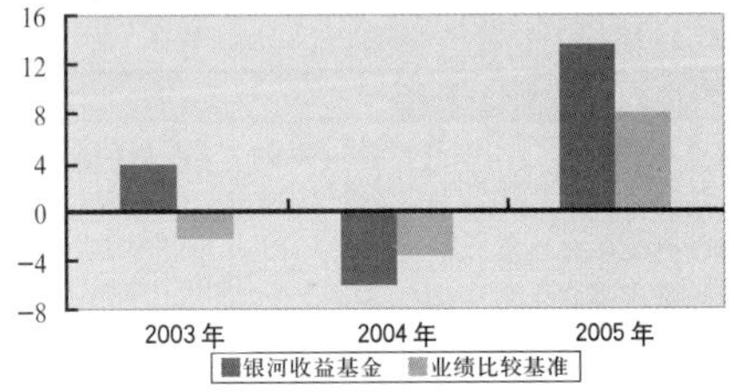

【基金业绩表现】

2005年，银河收益基金净值增长率为13.78%，同期基金业绩比较基准收益率为7.97%。

【基金管理团队】

毛卫文女士：基金经理。学士学历，10年证券从业经历，先后就职于中国建设银行总行、中国信达信托投资公司和中国银河证券有限责任公司，期间主要从事证券分析与投资及相应的管理工作。2001年6月参与筹备银河基金管理有限公司。2002年4月至今，历任银河基金管理有限公司债券经理、银河收益证券投资基金基金经理、银河银富货币市场基金经理。

【基金运作分析】

2005年以来，基金管理人观察到紧缩性宏观调控政策效应在2005年以来逐步显现；商业银行由于资本充足率的要求，自我风险约束加强，加大了债券投资力度；同时由于汇率体制改革的需要，中央银行在本币利率政策上倾向于低利率政策。因此，债券市场面临多种有利因素的支持。正是对于市场上涨的持续性有较早的预期，管理人在基金的资产配置层面确立了以债券投资为主的策略，始终以积极的投资策略来参与债券市场，最终使持有人充分债券市场分享了2005年债市的牛市成果。

在股票组合层面上，银河收益基金在公司精选股票库的平台上，加入了基金管理人对宏观经济的预期，在二季度初较早地减持了出口导向型和周期型公司，从而避免了净值的损失。而当市场对于周期下滑过度预期以及对于制度性改革过度恐慌时，基金管理人及时提升了权益类资产的比例。

【季度投资组合一览】

项目 \ 季度	第一季度		第二季度		第三季度		第四季度	
基金资产净值	187,248,149.77元		161,349,915.95元		89,298,644.38元		103,246,115.22元	
基金份额	193,831,768.13份		161,314,757.70份		83,190,257.84份		99,443,110.89份	
基金份额净值	0.9660元		1.0002元		1.0734元		1.0382元	
基金资产组合	市值(元)	占总资产比例	市值(元)	占总资产比例	市值(元)	占总资产比例	市值(元)	占总资产比例
股票投资	46,936,657.01	20.82%	41,612,461.84	24.63%	18,689,714.32	19.53%	21,981,981.67	19.90%
债券投资	146,850,050.64	65.13%	115,183,304.50	68.18%	66,686,697.00	69.70%	79,885,042.40	72.32%
银行存款和清算备付金	10,338,968.17	4.59%	10,401,270.92	6.16%	6,076,303.69	6.35%	6,515,635.15	5.90%
其他资产	21,352,710.26	9.47%	1,736,363,59	1.03%	4,229,732.91	4.42%	2,073,631.06	1.88%

投资前五名股票明细	股票名称	市值(元)	占净值比例	股票名称	市值(元)	占净值比例	股票名称	市值(元)	占净值比例	股票名称	市值(元)	占净值比例
	长江电力	9,209,663.65	4.92%	长江电力	5,310,500.00	3.29%	安徽合力	2,792,023.96	3.13%	G长电	3,670,755.52	3.56%
	中兴通讯	4,667,520.00	2.49%	招商银行	4,316,016.84	2.67%	长江电力	2,607,273.60	2.92%	G老窖	1,635,502.96	1.58%
	中国联通	3,738,000.00	2.00%	中兴通讯	2,534,400.00	1.57%	招商银行	2,341,226.06	2.62%	中国联通	1,120,000.00	1.08%
	五粮液	2,769,137.91	1.48%	深圳机场	2,285,620.40	1.42%	宝钢股份	2,133,023.60	2.39%	原水股份	1,094,656.50	1.06%
	鞍钢新轧	2,403,539.34	1.28%	宝钢股份	2,034,330.00	1.26%	上海机场	2,038,400.00	2.28%	江铃汽车	1,054,240.00	1.02%

投资前五名债券明细	债券名称	市值(元)	占净值比例	债券名称	市值(元)	占净值比例	债券名称	市值(元)	占净值比例	债券名称	市值(元)	占净值比例
	05中行次级债(1期)	40,057,895.89	21.39%	05农发04	20,293,000.00	12.58%	05中行1期	10,450,600.00	11.70%	05央行票据31	20,354,000.00	19.71%
	05央行票据31	20,000,000.00	10.68%	05央票34	19,976,000.00	12.38%	05央票34	9,956,000.00	11.15%	05央票34	20,348,000.00	19.71%
	05央票34	20,000,000.00	10.68%	05中行1期	10,420,100.00	6.46%	02国债(10)	6,963,600.00	7.80%	99国债(8)	3,896,650.80	3.77%
	20国债(10)	14,108,950.80	7.53%	05华润债	9,995,572.60	6.20%	02国债(3)	6,785,778.80	7.60%	20国债(10)	3,738,776.00	3.62%
	05国(2)	9,800,000.00	5.23%	02国债(10)	5,225,311.20	3.24%	21国债(12)	4,706,082.50	5.27%	02国债(3)	3,512,220.80	3.40%

银河银泰理财分红证券投资基金

基本资料

基金简称	银泰理财分红基金			交易代码	150103
投资目标	追求资产的安全性和流动性，为投资者创造长期稳定的投资回报。				
业绩比较基准	上证A股指数×40%+中信全债指数×55%+金融同业存款利率×5%				
风险收益特征	该基金属于风险较低的基金品种，风险收益水平介于债券基金与股票基金之间。				
合同生效日	2004年3月30日	上市日期	——	上市地点	——
募集概况	首募规模	认购户数	募集日期		
	60.13亿份	130731户	2004年2月17日至2004年3月27日		
基金费率	认购费率	申购费率	赎回费率	管理费率	托管费率
	不高于0.80%	不高于1.00%	不高于0.60%	1.50%	0.25%
基金管理人	银河基金管理有限公司		基金托管人	中国工商银行股份有限公司	
审计机构	中瑞华恒信会计师事务所	法律顾问	北京市君泽君律师事务所	注册登记人	银河基金管理有限公司

财务指标　　单位：人民币(元)

项目 ＼ 年度	2005年度	2004年3月30日至2004年12月31日
基金份额本期净收益	−0.0515	−0.0549
期末可分配基金份额收益	−0.1040	−0.0899
期末基金份额净值	0.9178	0.9101
基金加权平均净值收益率	−2.52%	−5.81%
本期基金份额净值增长率	0.85%	−9.01%
基金份额累计净值增长率	−8.24%	−9.01%
基金收益分配	自基金合同生效以来未实现收益分配。	

基金净值增长率与业绩基准收益率对比图（单位：%）

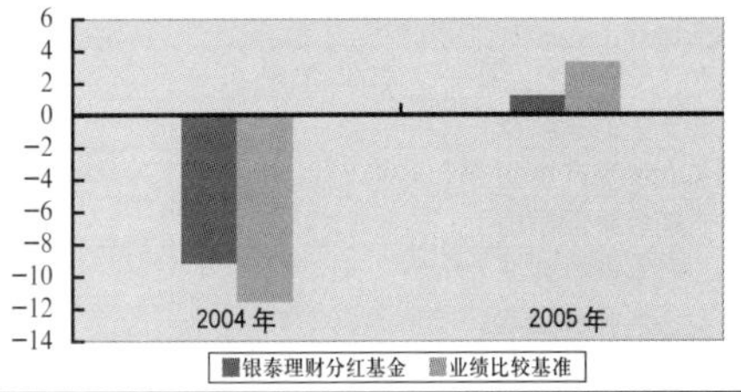

期末基金份额持有人户数	基金份额持有人户数为105,752户，平均每户持有34,912.85份。
期末基金份额持有人结构	机构投资者持有303,721,418.05份，占总份额8.23%；个人投资者持有3,388,381,859.93份，占总份额91.77%。

【基金业绩表现】

2005年，银泰理财分红基金全年净值增长率为0.85%。

【基金管理团队】

李昇先生：基金经理。硕士研究生学历。13年证券从业经历。自1993年起进入君安证券公司工作，先后担任研究所研究员、公司二级市场风险控制员和证券投资部一级投资经理。2002年2月加入银河基金管理公司，历任银丰基金经理、基金管理部副总监兼银丰基金经理、现任基金管理部副总监兼银泰基金经理。

王彤京先生：基金经理。大学本科学历，13年证券从业经历。1993年在建总行深圳业务部任部门经理。1994年至1999年在君安证券有限公司证券投资部和资产管理部任投资经理。2000年至2002年在深圳市怡德丰科技有限公司任投资总监。2004年加入银河基金管理有限公司，任基金经理助理，2005年任银泰基金基金经理。

王孝德先生：博士研究生学历。8年证券从业经历。自1998年进入君安证券有限公司研究所工作，先后担任宏观部和行业公司部研究员。2003年6月进入德邦证券有限责任公司，任证券投资部负责人。2005年2月加入银河基金管理有限公司，现任银泰基金基金经理助理。

【基金运作分析】

在2005年上半年，银泰理财分红基金持有了较高的股票仓位，市场下跌导致基金净值一度遭受了较大损失；下半年以来，在市场转暖的氛围中，该基金根据对产业结构演进及经济周期中各个行业未来盈利变动趋势的判断，积极减持了化工、汽车及配件等部分中间制造业，增持了下游服务业中的银行和地产行业及上游采掘业，取得了一定成效。

【季度投资组合一览】

项目 ＼ 季度	第一季度		第二季度		第三季度		第四季度	
基金资产净值	4,028,348,699.27元		3,609,071,332.17元		3,530,101,685.07元		3,388,706,304.24元	
基金份额	4,559,126,711.26份		4,185,397,119.77份		3,889,153,862.62份		3,692,103,277.98份	
基金份额净值	0.8836元		0.8623元		0.9077元		0.9178元	
基金资产组合	市值(元)	占总资产比例	市值(元)	占总资产比例	市值(元)	占总资产比例	市值(元)	占总资产比例
股票投资	2,897,477,309.40	69.69%	2,723,883,263.37	74.81%	2,786,493,795.30	68.52%	2,454,227,895.41	70.97%
债券投资	826,368,985.50	19.88%	763,123,089.30	20.96%	1,075,981,828.77	26.46%	772,846,257.10	22.35%
银行存款和清算备付金	344,808,959.12	8.29%	139,078,792.19	3.82%	152,469,624.59	3.75%	217,917,669.32	6.30%
其他资产	88,988,185.84	2.14%	14,952,796.72	0.41%	51,841,128.82	1.27%	13,138,972.02	0.38%

投资前五名股票明细	股票名称	市值(元)	占净值比例	股票名称	市值(元)	占净值比例	股票名称	市值(元)	占净值比例	股票名称	市值(元)	占净值比例
	中原高速	130,173,696.88	3.23%	宝钢股份	114,257,594.16	3.17%	华泰股份	123,344,065.91	3.49%	招商银行	167,121,432.52	4.93%
	华泰股份	125,173,816.90	3.11%	华泰股份	109,647,834.20	3.04%	中原高速	98,554,539.51	2.79%	G宝钢	104,325,927.24	3.08%
	中国石化	125,168,060.16	3.11%	中国联通	102,345,623.30	2.84%	上海机场	78,972,053.44	2.24%	中国石化	100,423,629.10	2.96%
	现代投资	109,607,021.50	2.72%	深圳机场	97,851,525.45	2.71%	上海汽车	77,776,452.96	2.20%	上海机场	93,532,229.70	2.76%
	山东海化	106,275,799.60	2.64%	招商银行	90,930,196.98	2.52%	宝钢股份	77,183,534.08	2.19%	G长电	92,847,335.40	2.74%

投资前五名债券明细	债券名称	市值(元)	占净值比例	债券名称	市值(元)	占净值比例	债券名称	市值(元)	占净值比例	债券名称	市值(元)	占净值比例
	04农发02	200,000,000.00	4.96%	05农发04	149,925,000.00	4.15%	招行转债	168,783,789.60	4.78%	05农发04	149,925,000.00	4.42%
	20国债(10)	144,927,118.80	3.60%	20国债(10)	118,418,760.00	3.28%	05农发04	149,925,000.00	4.25%	05农发08	99,950,000.00	2.95%
	04国开12	99,944,000.00	2.48%	21国债(15)	70,095,118.50	1.94%	05农发08	99,950,000.00	2.83%	21国债(15)	79,133,074.00	2.34%
	04国开16	89,910,000.00	2.23%	04国债(5)	58,344,665.00	1.62%	04国债(5)	88,661,323.70	2.51%	02国债(10)	69,147,332.80	2.04%
	05国债(2)	61,625,340.00	1.53%	04农发02	50,000,000.00	1.39%	21国债(15)	79,584,285.00	2.25%	20国债(10)	57,013,566.40	1.68%

银河银富货币市场基金

基本资料

基金简称	银河银富基金	基金代码	150005
投资目标	在确保基金资产安全和高流动性的基础上，追求高于业绩比较基准的回报。		
业绩比较基准	银行半年期定期存款利率(税后)		
风险收益特征	该基金面临的风险与其他开放式基金相同，但由于该基金主要投资短期流动性金融工具，上述风险在该基金中存在一定的特殊性，投资本金损失的可能性很小。		

合同生效日	2004年12月20日	上市日期	——	上市地点	——

募集概况	首募规模	认购户数	募集日期
	19.38亿份	7843户	2004年11月15日至2004年12月14日

基金费率	认购费率	申购费率	赎回费率	管理费率	托管费率	销售服务费率
	0	0	0	0.33%	0.10%	0.25%

基金管理人	银河基金管理有限公司	基金托管人	交通银行股份有限公司		
审计机构	中瑞华恒信会计师事务所	法律顾问	北京市君泽君律师事务所	注册登记人	银河基金管理有限公司

财务指标 单位：人民币(元)

项目＼年度	2005年度	2004年12月20日至2004年12月31日
基金本期净收益	47,645,970.79	1,312,040.52
期末基金资产净值	2,189,671,390.19	804,277,580.37
期末基金份额净值	1.0000	1.0000
本期收益率	2.4147%	0.0859%
累计收益率	2.5027%	0.0859%
基金收益分配	本年度累计分配收益47,645,970.79元； 自基金合同生效以来累计分配收益48,958,011.31元。	

基金收益率与同期业绩基准收益率对比图 (单位：%)

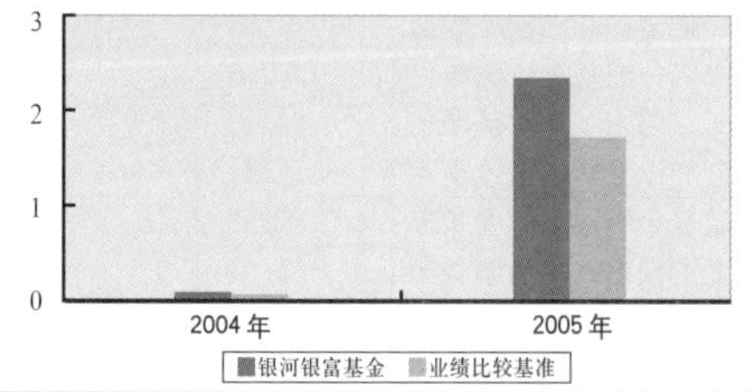

期末基金份额持有人户数	基金份额持有人户数为4,562户，平均每户持有479,980.58份。
期末基金份额持有人结构	机构投资者持有1,540,416,548.65份，占总份额70.35%；个人投资者持有649,254,841.54份，占总份额29.65%。

【基金业绩表现】

2005年，银河银富基金全年收益率为2.4147%。

【基金管理团队】

索峰先生：本科学历。13年证券、期货行业从业经历，先后就职于润庆期货公司、申银万国证券、原君安证券和中国银河证券有限责任公司，期间主要从事国际商品期货交易，营业部债券自营业务和证券投资咨询工作。2004年6月至今，担任银河基金管理有限公司银河银富基金基金经理。

【基金运作分析】

2005年，银河银富基金的投资管理经历了四个阶段：第一阶段(一季度)：主要面对开放初期的流动性管理，配置策略上采用了高久期、高杠杆的激进策略。第二阶段(二季度)：投资上采取防御性策略，即根据份额增长预期进行被动配置。第三阶段(7月－10月)：由于货币市场利率持续进入低位徘徊，市场可投资品种严重不足，为保护长期持有人利益，公司对大额申购设置了限制条件，主动约束份额增长速度，配置品种转向企业短期融资券和银行定期存款上。第四阶段(11－12月)：货币市场利率出现合理回升，基金抓住阶段机会大幅度减持了企业短期融资券，有节奏地均衡增持央票，组合久期逐步回升，杠杆比例保持适度。

在公司固定收益团队的配合下，2005年基金各阶段制定和执行的投资策略与货币市场运行状况基本吻合，失误之处是春节前对节后流动性问题过度担忧，节日期间组合偏于保守。

【季度投资组合一览】

项目＼季度	第一季度		第二季度		第三季度		第四季度	
基金资产净值	1,173,280,723.41元		1,698,134,321.85元		2,459,258,579.64元		2,189,671,390.19元	
基金份额	1,173,280,723.41份		1,698,134,321.85份		2,459,258,579.64份		2,189,671,390.19份	
基金份额净值	1.0000元		1.0000元		1.0000元		1.0000元	
基金资产组合	市值(元)	占总资产比例	市值(元)	占总资产比例	市值(元)	占总资产比例	市值(元)	占总资产比例
债券投资	870,571,316.34	74.15%	1,553,193,419.41	83.53%	1,132,455,840.52	39.44%	1,812,443,340.89	70.65%
买入返售证券	145,400,000.00	12.38%	153,300,000.00	8.24%	1,057,000,000.00	36.81%	294,500,000.00	11.48%
银行存款和清算备付金	143,280,548.98	12.20%	92,986,509.80	5.00%	669,988,490.16	23.34%	396,662,749.45	15.46%
其他资产	14,789,725.45	1.26%	60,027,186.01	3.23%	11,757,491.86	0.41%	61,880,077.18	2.41%

投资前五名债券明细	第一季度			第二季度			第三季度			第四季度		
	债券名称	摊余成本(元)	占资产净值比例	债券名称	摊余成本(元)	占资产净值比例	债券名称	摊余成本(元)	占资产净值比例	债券名称	摊余成本(元)	占资产净值比例
	05中国银行次级债(2期)	159,753,902.60	13.62%	04农发02	275,918,575.43	16.25%	05工行03第一期	149,671,536.97	6.09%	05工行03第一期十年浮	149,677,058.39	6.84%
	04农发02	100,019,820.62	8.52%	04国开10	180,022,157.32	10.60%	04农发02	120,117,166.56	4.88%	05央票122	127,694,635.63	5.83%
	04央票62	98,835,208.20	8.42%	05央票29	118,071,028.17	6.95%	05农发06	110,021,920.05	4.47%	05中电信CP01	124,107,814.96	5.67%
	04央票54	79,293,814.52	6.76%	05央票33	108,364,785.50	6.38%	05国开07	100,282,835.39	4.08%	05方正CP01	107,839,697.90	4.92%
	05国债02	78,404,222.77	6.68%	05国开07	99,901,643.70	5.88%	04国开	99,904,407.73	4.06%	05国开07	101,063,446.49	4.62%

投资组合剩余期限	第一季度		第二季度		第三季度		第四季度	
	平均剩余期限	占资产净值比例	平均剩余期限	占资产净值比例	平均剩余期限	占资产净值比例	平均剩余期限	占资产净值比例
	0-30天	4.26%	0-30天	21.97%	30天内	56.03%	30天内	22.23%
	30(含)-60天	1.32%	30(含)-60天	2.35%	30天(含)-60天	10.88%	30天(含)-60天	0.00%
	60(含)-90天	9.38%	60(含)-90天	24.62%	60天(含)-90天	12.68%	60天(含)-90天	26.90%
	90(含)-180天	37.39%	90(含)-180天	24.46%	90天(含)-180天	16.16%	90天(含)-180天	20.39%
	180天(含)-365天	34.54%	180天(含)-397天	34.94%	180天(含)-397天(含)	20.53%	180天(含)-397天(含)	44.82%

泰达荷银基金管理有限公司

法定名称	泰达荷银基金管理有限公司	英文名称	ABN AMRO TEDA Fund Management Co., Ltd.
成立日期	2002年6月6日	注册资本	1亿元人民币
法人代表	章嘉玉	总 经 理	林伟萌
联系电话	010-88518989	客服电话	010-88517979
传真号码	010-68721958	公司网址	www.aateda.com
注册地址	上海市武威路789号	办公地址	北京市西三环北路11号海通时代商务中心C.I座

● 发展概况

泰达荷银基金管理有限公司(原湘财荷银基金管理有限公司)是中国首家通过存量股权转让的方式成立的合资基金管理公司。2006年4月，公司原大股东湘财证券有限公司将所持公司全部67%的股权分别转让给公司外方股东荷银投资管理(亚洲)有限公司16%、天津泰达投资控股有限公司旗下的北方国际信托投资股份有限公司51%，股权变更后北方国际信托股份有限公司成为公司第一大股东，公司外方股东荷银投资管理(亚洲)有限公司股权增持至49%；湘财荷银基金管理有限公司正式更名为泰达荷银基金管理有限公司。

在组织结构上，泰达荷银基金管理有限公司实行董事会领导下的总经理负责制。公司下设研究部、基金投资部、监察稽核部、风险管理部、基金事务部、市场部、综合管理部、信息技术部等多个部门。在人员构成上，截至2005年底，泰达荷银基金管理有限公司共有员工80名。

● 经营业绩

2005年，泰达荷银基金管理有限公司顺利完成了泰达荷银风险预算和泰达荷银货币市场两只开放式基金的募集设立。截至2005年12月31日，泰达荷银基金管理有限公司管理泰达荷银成长、泰达荷银周期、泰达荷银稳定、泰达荷银精选、泰达荷银预算、泰达荷银货币市场基金6只开放式基金。

近三年公司管理基金资产规模与基金数量

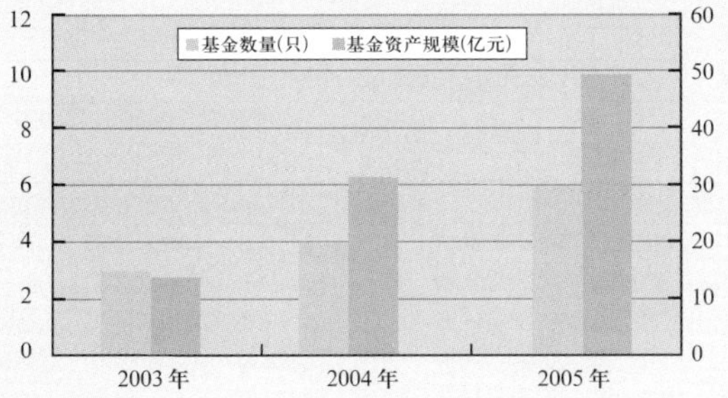

公司股东结构

股东名称	股权比例(%)
北方国际信托投资股份有限公司	51.00
荷银投资管理(亚洲)有限公司	49.00

泰达荷银预算基金于2005年2月21日至2005年3月30日期间公开募集，基金合同生效于2005年4月5日，共募集基金份额5.46亿份，有效认购总户数为6821户。

泰达荷银货币市场基金是公司首只货币市场基金，基金合同生效于2005年11月10日。该基金于2005年10月24日开始公开募集，至11月4日募集结束，10个工作日内共募集46.43亿份基金份额，有效认购总户数为32976户。

2005年，泰达荷银旗下基金业绩表现整体良好，全部实现正收益，为广大投资人带来了丰厚的收益回报。其中，泰达荷银成长本年净值增长11.42%，超越同期业绩基准18.55%，在偏股型开放式基金净值增长率中排名第2，全年实施三次分红，累计每10份0.600元；泰达荷银周期本年净值增长3.87%，超越同期业绩基准8.24%，本年实施分红每10份0.400元；泰达荷银稳定全年净值增长6.52%，超越同期业绩基准6.88%，全年实施两次分红，累计每10份0.400元；泰达荷银精选成立于2004年7月9日，2005年该基金净值增长5.70%，超越同期业绩基准11.39%，在股票型开放式基金净值增长率中排名第3，全年实施分红每10份0.200元；本年新成立的泰达荷银预算基金净值增长4.00%，超越同期业绩基准收益2.35%，本年实施两次分红累计每10份0.500元。

公司高管介绍

章嘉玉女士：董事长。毕业于美国加州大学洛山矶分校，图书馆学和企业管理学双硕士学位。1990年至1997年任台湾怡富证券投资信托股份有限公司企划部副总经理，1997年至2000年任台湾光华证券投资信托股份有限公司总经理。自2000年起担任荷银证券投资信托股份有限公司(台湾)总经理。2004年7月起任泰达荷银基金管理有限公司董事长。2004年11月起任荷银投资管理(亚洲)有限公司中国区总裁。

林伟萌先生：董事，总经理。美国斯坦福大学经济学硕士。1982年毕业于厦门大学外文系，先后任职于国家农业委员会、中共中央书记处农研室、国务院农村发展研究中心从事国际合作和政策研究工作。1990年至1992年在美国GS Bullion & Forex(US)Inc先后任高级研究员和市场经理；1992年至1996年在美国新泽西州Prominence International Inc.任首席研究员；1997年至2002年，在美国明报任副总编辑兼财经主任。2002年3月起任湘财证券有限责任公司首席投资策略师，2003年12月起任泰达荷银基金管理有限公司总经理。

泰达荷银价值优化型系列行业类别证券投资基金

（该系列基金包括合丰成长、合丰周期、合丰稳定3只子基金）

泰达荷银价值优化型成长类行业证券投资基金

基本资料

基金简称	合丰成长		交易代码	162201	
投资目标	主要投资于成长行业类别中内在价值被相对低估，并与同行业类别上市公司相比具有更高增长潜力的上市公司。在有效控制投资组合风险的前提下，为基金份额持有人提供长期稳定的投资回报。				
业绩比较基准	新华富时A600成长行业指数×65%＋上证国债指数×35%				
风险收益特征	该基金属于中等风险的基金品种。				
合同生效日	2003年4月25日	上市日期	——	上市地点	——
募集概况	首募规模	认购户数	募集日期		
	10.22亿份	105797户	2003年3月21日至2003年4月23日		
基金费率	认购费率	申购费率	赎回费率	管理费率	托管费率
	不高于1.00%	不高于1.50%	不高于0.50%	1.50%	0.25%
基金管理人	泰达荷银基金管理有限公司		基金托管人	交通银行股份有限公司	
审计机构	普华永道中天会计师事务所	法律顾问	北京京伦律师事务所	注册登记人	泰达荷银基金管理有限公司

财务指标 单位：人民币（元）

项目 \ 年度	2005年度	2004年度	2003年度
基金份额本期净收益	0.0727	0.1464	−0.0317
期末可分配基金份额收益	0.0260	0.0146	−0.0412
期末基金份额净值	1.0911	1.0352	0.9859
基金加权平均净值收益率	6.94%	13.63%	−3.24%
本期基金份额净值增长率	11.42%	17.09%	−1.41%
基金份额累计净值增长率	28.62%	15.44%	−1.41%
基金收益分配	本年度每10份派现0.600元；成立以来每10份累计派现1.800元。		
期末基金份额持有人户数	基金份额持有人户数为16,170户，平均每户持有35,323.33份。		
期末基金份额持有人结构	机构投资者持有471,148,031.80份，占总份额82.49%；个人投资者持有100,030,130.70份，占总份额17.51%。		

基金净值增长率与业绩基准收益率对比图（单位：%）

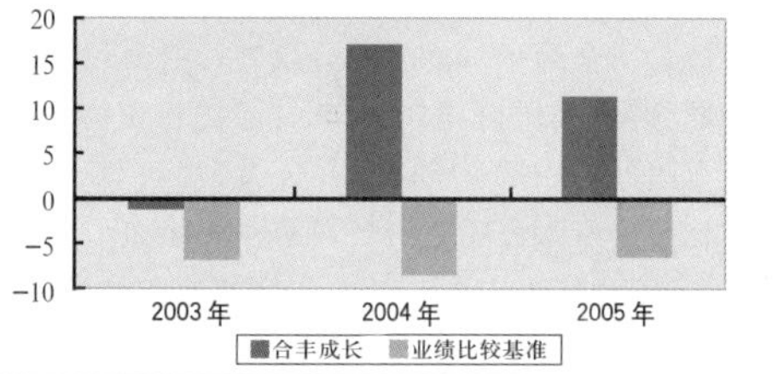

【基金业绩表现】

2005年，合丰成长基金份额净值上涨11.42%，同期业绩基准收益下跌7.13%，基金表现优于业绩基准18.55%。

【基金管理团队】

梁辉先生：基金经理。清华大学管理信息系统专业本科毕业、清华大学管理科学与工程专业硕士。2002年3月起，任职泰达荷银基金管理有限公司，先后担任公司研究部行业研究员、基金经理助理、基金经理。4年基金从业经验，具有证券从业资格、基金从业资格。

【基金运作分析】

2005年合丰成长基金在操作中主要经历了三个阶段：第一季度，基金组合以科技股为主，进攻性有余，但是防御性不足，组合业绩出现较大的下滑。第二季度，基金减持了组合中估值较高的股票，同时大举增持了具有较强防御性的医药类股票，组合业绩相对稳定。第三、四季度，买入一些成长性好，估值较低的科技类股票，随着市场逐步摆脱熊市，组合业绩也表现较为突出。

总结2005年全年的操作，精选个股、集中投资是合丰成长基金业绩最主要的贡献者。

【季度投资组合一览】

项目 \ 季度	第一季度			第二季度			第三季度			第四季度		
基金资产净值	515,102,812.02元			467,678,545.42元			515,477,311.75元			623,230,979.50元		
基金份额	503,183,650.96份			470,556,788.43份			467,618,710.78份			571,178,162.50份		
基金份额净值	1.0237元			0.9939元			1.1023元			1.0911元		
基金资产组合	市值（元）		占总资产比例	市值（元）		占总资产比例	市值（元）		占总资产比例	市值（元）		占总资产比例
股票投资	351,356,965.83		63.10%	333,123,575.50		70.89%	346,757,456.95		65.83%	464,060,496.07		59.33%
债券投资	105,967,310.40		19.03%	97,923,468.20		20.84%	135,113,263.04		25.65%	176,492,202.90		22.56%
银行存款和清算备付金	27,321,612.36		4.91%	31,423,606.05		6.68%	41,686,135.89		7.91%	124,386,903.26		15.90%
其他资产	72,148,288.74		12.96%	7,458,924.21		1.59%	3,204,027.75		0.61%	17,221,104.43		2.20%
投资前五名股票明细	股票名称	市值（元）	占净值比例	股票名称	市值（元）	占净值比例	股票名称	市值（元）	占净值比例	股票名称	市值（元）	占净值比例
	中兴通讯	37,827,915.84	7.34%	中兴通讯	40,582,656.00	8.68%	中兴通讯	40,219,200.00	7.80%	航天信息	51,668,223.42	8.29%
	生益科技	25,332,490.26	4.92%	航天信息	23,292,585.50	4.98%	航天信息	30,281,904.00	5.87%	G中兴	49,654,083.12	7.97%
	赣粤高速	24,534,000.00	4.76%	赣粤高速	22,241,000.00	4.76%	G华海	25,155,346.45	4.88%	歌华有线	32,706,767.97	5.25%
	云南白药	24,204,000.00	4.70%	航天电器	21,969,120.00	4.70%	航天电器	20,467,500.00	3.97%	中国联通	30,240,000.00	4.85%
	航天信息	19,349,550.00	3.76%	中科三环	21,619,524.00	4.62%	华胜天成	19,255,624.50	3.74%	中科三环	25,066,582.98	4.02%
投资前五名债券明细	债券名称	市值（元）	占净值比例	债券名称	市值（元）	占净值比例	债券名称	市值（元）	占净值比例	债券名称	市值（元）	占净值比例
	05国债(2)	24,500,000.00	4.76%	05国债(2)	22,917,880.00	4.90%	05国债(2)	22,908,560.00	4.44%	05中信债1	35,000,000.00	5.62%
	04国债(11)	23,019,807.20	4.47%	04国债(11)	13,039,486.80	2.79%	银行间05国债10	19,764,060.00	3.83%	银行间05国债10	19,764,060.00	3.17%
	04国债(5)	21,119,450.00	4.10%	02国债(14)	12,016,912.50	2.57%	02国债(14)	19,214,085.00	3.73%	02国债(14)	19,134,390.00	3.07%
	银行间01国债13	9,964,000.00	1.93%	银行间01国债13	9,964,000.00	2.13%	华菱转债	12,720,013.24	2.47%	05国债(2)	17,934,000.00	2.88%
	20国债(4)	9,649,000.00	1.87%	20国债(4)	9,960,000.00	2.13%	21国债(3)	12,243,910.00	2.38%	21国债(10)	13,801,083.60	2.21%

泰达荷银价值优化型周期类行业证券投资基金

基本资料

基金简称	合丰周期			交易代码	162202	
投资目标	主要投资于周期行业类别中内在价值被相对低估，并与同行业类别上市公司相比具有更高增长潜力的上市公司。在有效控制投资组合风险的前提下，为基金份额持有人提供长期稳定的投资回报。					
业绩比较基准	新华富时A600周期行业指数×65%＋上证国债指数×35%					
风险收益特征	该基金属于中等风险的基金品种。					
合同生效日	2003年4月25日		上市日期	——	上市地点	——
募集概况	首募规模	认购户数	募集日期			
	6.27亿份	17162户	2003年3月21日至2003年4月23日			
基金费率	认购费率	申购费率	赎回费率	管理费率	托管费率	
	不高于1.00%	不高于1.50%	不高于0.50%	1.50%	0.25%	
基金管理人	泰达荷银基金管理有限公司		基金托管人	交通银行股份有限公司		
审计机构	普华永道中天会计师事务所	法律顾问	北京市京伦律师事务所	注册登记人	泰达荷银基金管理有限公司	

财务指标 单位：人民币(元)

项目＼年度	2005年度	2004年度	2003年度
基金份额本期净收益	0.0094	0.1773	0.0279
期末可分配基金份额收益	−0.0001	0.0164	0.0164
期末基金份额净值	1.0157	1.0164	1.1041
基金加权平均净值收益率	0.95%	17.00%	2.79%
本期基金份额净值增长率	3.87%	3.12%	11.98%
基金份额累计净值增长率	19.94%	15.48%	11.98%
基金收益分配	本年度每10份派现0.400元；成立以来每10份累计派现1.850元。		

基金净值增长率与业绩基准收益率对比图（单位：%）

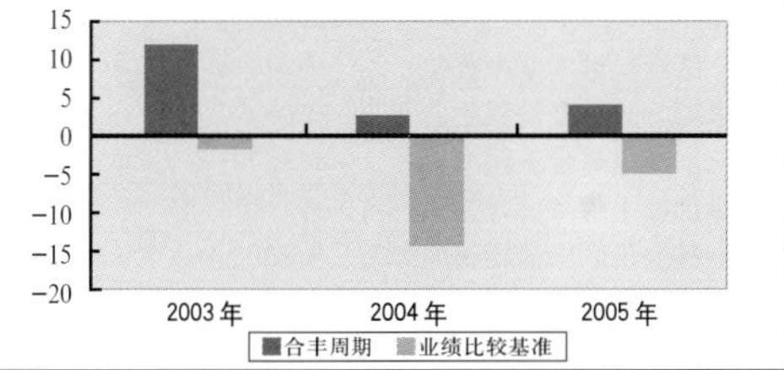

期末基金份额持有人户数	基金份额持有人户数为4,661户，平均每户持有54,060.66份。
期末基金份额持有人结构	机构投资者持有199,565,672.54份，占总份额79.20%；个人投资者持有52,411,056.35份，占总份额20.80%。

【基金业绩表现】

2005年，合丰周期基金份额净值上涨3.87%，同期业绩比较基准下跌4.37%，基金表现超越业绩基准8.24%。

【基金管理团队】

温震宇先生：基金经理。管理学硕士。1998年2月起，先后就职于华夏证券有限公司研究发展部、大成基金管理有限公司研究发展部任研究员。2001年12月起，先后在泰达荷银基金管理有限公司研究部任行业研究员、研究部副总经理、基金经理。8年证券从业经验，5年基金从业经验，具有证券从业资格、基金从业资格。

【基金运作分析】

2005年，合丰周期基金实现基金份额净值增长3.87%，实现了成立三年以来、年年净值正回报的业绩。

在第一季度合丰周期基金把握住了"二线蓝筹"的个股投资机会，保持了较好的业绩回报。但在二季度市场大幅下跌的过程中，由于行业基金的特点，未能有效规避同类别、同质公司在组合中整体比重过大的情况，导致净值下跌过快，直接影响了全年的净值增长。随着股改的逐渐推开，该基金抓住了三季度市场反弹时"围绕价值低估"这条线索、以及四季度"行业配置优于个股选择"的原则，坚持以"自上而下"的研究方法，通过优化行业配置为主的投资理念，弥补了人民币升值、G股贴权等因素带来个股的下跌风险，摆脱了净值负增长的不利局面，实现了年度基金净值的净增长。

【季度投资组合一览】

项目＼季度	第一季度		第二季度		第三季度		第四季度	
基金资产净值	270,162,518.81元		231,635,832.33元		233,135,757.69元		255,942,481.65元	
基金份额	267,430,629.62份		244,743,019.25份		230,893,321.71份		251,976,728.89份	
基金份额净值	1.0102元		0.9464元		1.0097元		1.0157元	
基金资产组合	市值(元)	占总资产比例	市值(元)	占总资产比例	市值(元)	占总资产比例	市值(元)	占总资产比例
股票投资	175,583,457.51	60.84%	174,429,773.95	75.01%	175,177,038.68	73.83%	188,284,154.58	69.37%
债券投资	60,520,953.02	20.97%	48,279,051.22	20.76%	55,697,372.84	23.48%	57,870,581.10	21.32%
银行存款和清算备付金	20,631,867.90	7.15%	8,243,466.74	3.54%	4,753,302.93	2.00%	21,414,018.53	7.89%
其他资产	31,879,143.90	11.04%	1,594,999.37	0.69%	1,641,565.57	0.69%	3,846,704.39	1.42%

	第一季度			第二季度			第三季度			第四季度		
投资前五名股票明细	股票名称	市值(元)	占净值比例	股票名称	市值(元)	占净值比例	股票名称	市值(元)	占净值比例	股票名称	市值(元)	占净值比例
	海油工程	12,980,000.00	4.80%	宝钢股份	14,940,000.00	6.45%	海油工程	15,733,500.00	6.75%	中国石化	16,310,000.00	6.37%
	西山煤电	11,521,600.00	4.26%	海油工程	14,924,907.41	6.44%	金融街	12,373,650.00	5.31%	海油工程	15,432,000.00	6.03%
	振华港机	11,219,046.30	4.15%	金融街	11,480,000.00	4.96%	盐湖钾肥	11,560,220.00	4.96%	金融街	14,385,000.00	5.62%
	烟台万华	10,746,000.00	3.98%	福耀玻璃	10,592,000.00	4.57%	振华港机	8,300,000.00	3.56%	新安股份	10,029,481.22	3.92%
	福耀玻璃	10,205,000.00	3.78%	上海机场	9,341,390.50	4.03%	福耀玻璃	7,332,754.24	3.15%	盐湖钾肥	9,248,000.00	3.61%
投资前五名债券明细	债券名称	市值(元)	占净值比例	债券名称	市值(元)	占净值比例	债券名称	市值(元)	占净值比例	债券名称	市值(元)	占净值比例
	05国债(2)	14,700,000.00	5.44%	03国债07	11,366,657.50	4.91%	04国债(5)	11,512,714.90	4.94%	04国债(5)	16,160,084.40	6.31%
	银行间03国债07	10,000,000.00	3.70%	银行间03国债01	9,969,017.02	4.30%	华菱转债	6,946,445.84	2.98%	05国债(2)	6,633,620.00	2.59%
	银行间03国债01	9,969,017.02	3.69%	02国债(14)	6,422,400.00	2.77%	05国债(2)	6,655,280.80	2.85%	02国债(14)	6,453,760.00	2.52%
	20国债(4)	9,649,000.00	3.57%	04国债(5)	5,816,350.00	2.51%	02国债(14)	6,480,640.00	2.78%	05招行01	4,996,000.00	1.95%
	04国债(5)	5,795,000.00	2.15%	21国债(15)	4,218,060.00	1.82%	03国债(1)	5,052,466.70	2.17%	04国债(11)	4,962,653.60	1.94%

泰达荷银价值优化型稳定类行业证券投资基金

基本资料

基金简称	合丰稳定		交易代码	162203	
投资目标	主要投资于稳定行业类别中内在价值被相对低估，并与同行业类别上市公司相比具有更高增长潜力的上市公司。在有效控制投资组合风险的前提下，为基金份额持有人提供长期稳定的投资回报。				
业绩比较基准	新华富时 A600 稳定行业指数×65%＋上证国债指数×35%				
风险收益特征	该基金属于中等风险的基金品种。				
合同生效日	2003 年 4 月 25 日	上市日期	——	上市地点	——
募集概况	首募规模	认购户数	募集日期		
	9.81 亿份	58166 户	2003 年 3 月 21 日至 2003 年 4 月 23 日		
基金费率	认购费率	申购费率	赎回费率	管理费率	托管费率
	不高于 1.00%	不高于 1.50%	不高于 0.50%	1.50%	0.25%
基金管理人	泰达荷银基金管理有限公司		基金托管人	交通银行股份有限公司	
审计机构	普华永道中天会计师事务所	法律顾问	北京市京伦律师事务所	注册登记人	泰达荷银基金管理有限公司

财务指标 单位：人民币(元)

项 目 \ 年 度	2005 年度	2004 年度	2003 年度
基金份额本期净收益	−0.0140	0.0967	0.0154
期末可分配基金份额收益	−0.0080	0.0027	0.0026
期末基金份额净值	1.0274	1.0027	1.0362
基金加权平均净值收益率	−1.37%	9.35%	1.56%
本期基金份额净值增长率	6.52%	1.82%	5.10%
基金份额累计净值增长率	13.99%	7.02%	5.10%
基金收益分配	本年度每 10 份派现 0.400 元；成立以来每 10 份累计派现 1.100 元。		
期末基金份额持有人户数	基金份额持有人户数为 9,091 户，平均每户持有 26,101.70 份。		
期末基金份额持有人结构	机构投资者持有 209,566,393.56 份，占总份额 88.32%；个人投资者持有 27,724,161.16 份，占总份额 11.68%。		

基金净值增长率与业绩基准收益率对比图（单位：%）

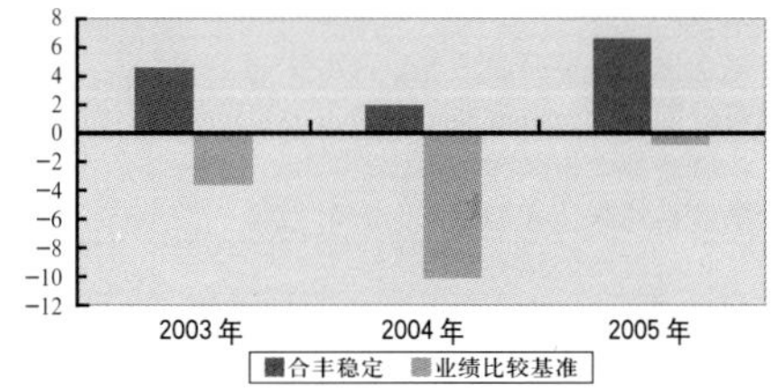

【基金业绩表现】

2005 年，合丰稳定基金份额净值上涨 6.52%，同期业绩比较基准收益下跌 0.36%，基金表现优于业绩基准 6.88%。

【基金管理团队】

李泽刚先生：基金经理。1998 年毕业于南开大学，获企业管理学学士学位；2002 年获复旦大学管理学院财务管理硕士学位；2002 年初应聘泰达荷银基金管理有限公司，先后担任研究部行业研究员、合丰稳定基金经理助理、基金经理。4 年基金从业经验，具有基金从业资格。

【基金运作分析】

2005 年 A 股全年大盘走势，大体呈 W 字型走势，行业和个股加速分化。特别是 2005 年中期股改由试点到开始全面推出，市场热点频出，集中在 3G、有色等资源类、地产、金融等板块。股权分置改革是 2005 年行情演绎的重要因素。但同时，稳定类大盘股集中的电力和大部分交运股走势仍较弱。

在2005年的投资中，合丰稳定基金从下半年开始逐步将投资重点逐步由交运、电力等蓝筹股转移到消费品、服务类、农业的成长股，优选具备持续成长性且估值偏低的个股。

【季度投资组合一览】

项 目 \ 季 度	第一季度			第二季度			第三季度			第四季度		
基金资产净值	385,889,671.90 元			379,557,386.11 元			312,048,672.91 元			243,791,019.10 元		
基金份额	384,954,194.37 份			374,847,572.84 份			299,236,672.72 份			237,290,554.72 份		
基金份额净值	1.0024 元			1.0126 元			1.0428 元			1.0274 元		
基金资产组合	市值(元)		占总资产比例	市值(元)		占总资产比例	市值(元)		占总资产比例	市值(元)		占总资产比例
股票投资	273,443,145.01		61.73%	257,066,244.28		67.23%	220,625,801.83		70.34%	177,992,302.29		64.60%
债券投资	83,436,438.71		18.84%	82,044,000.21		21.46%	81,819,521.30		26.08%	84,624,279.14		30.71%
银行存款和清算备付金	10,564,342.10		2.38%	40,950,377.82		10.71%	2,412,824.72		0.77%	5,199,371.66		1.89%
其他资产	75,544,076.43		17.05%	2,320,123.98		0.60%	8,826,523.86		2.81%	7,710,325.55		2.80%
投资前五名股票明细	股票名称	市值(元)	占净值比例	股票名称	市值(元)	占净值比例	股票名称	市值(元)	占净值比例	股票名称	市值(元)	占净值比例
	上海机场	31,512,030.00	8.17%	长江电力	26,961,000.00	7.10%	G 长 电	18,624,150.24	5.97%	大商股份	19,276,906.00	7.91%
	长江电力	24,479,500.00	6.34%	上海机场	23,785,093.80	6.27%	上海机场	17,008,958.40	5.45%	赣粤高速	14,615,100.00	5.99%
	上港集箱	19,152,343.48	4.96%	赣粤高速	16,644,149.05	4.39%	现代投资	15,155,946.60	4.86%	通威股份	13,633,758.53	5.59%
	赣粤高速	19,080,049.50	4.94%	大商股份	16,387,442.05	4.32%	招商银行	15,011,085.00	4.81%	登海种业	13,578,842.45	5.57%
	中海发展	17,482,500.00	4.53%	招商银行	15,453,000.00	4.07%	楚天高速	14,937,946.86	4.79%	招商银行	13,465,970.00	5.52%
投资前五名债券明细	债券名称	市值(元)	占净值比例	债券名称	市值(元)	占净值比例	债券名称	市值(元)	占净值比例	债券名称	市值(元)	占净值比例
	00 国开 01	30,105,000.00	7.80%	05 国债(2)	17,213,000.00	4.54%	银行间 05 国债 02	19,639,226.84	6.29%	05 中信债 1	20,002,000.00	8.20%
	05 国债(2)	19,600,000.00	5.08%	03 国债 01	12,802,660.62	3.37%	02 国债(14)	10,846,971.20	3.48%	银行间 05 国债 02	19,639,226.84	8.06%
	银行间 03 国债 01	9,997,975.62	2.59%	02 国债(14)	11,752,992.00	3.10%	银行间 05 国债 10	9,882,030.00	3.17%	银行间 05 国债 10	9,882,030.00	4.05%
	银行间 03 国债 07	9,860,643.79	2.56%	银行间 03 国债 07	9,860,643.79	2.60%	华菱转债	9,614,630.76	3.08%	21 国债(3)	7,172,516.40	2.94%
	02 国债(14)	6,435,000.00	1.67%	04 国债(5)	6,217,773.50	1.64%	21 国债(3)	8,245,604.60	2.64%	04 国债(11)	6,044,751.20	2.48%

泰达荷银行业精选证券投资基金

基本资料

基金简称	荷银精选			交易代码	162204	
投资目标	追求资本的长期持续增值，为投资者寻求高于业绩比较基准的投资回报。					
业绩比较基准	70%×新华富时中国A600指数+30%×中国国债指数					
风险收益特征	该基金属于风险较高的基金品种					
合同生效日	2004年7月9日	上市日期	——		上市地点	——
募集概况	首募规模	认购户数	募集日期			
	20.16亿份	19086户	2004年6月3日至2004年7月5日			
基金费率	认购费率	申购费率	赎回费率	管理费率	托管费率	
	不高于1.00%	不高于1.50%	不高于0.50%	1.50%	0.25%	
基金管理人	泰达荷银基金管理有限公司		基金托管人	中国银行股份有限公司		
审计机构	普华永道中天会计师事务所	法律顾问	北京市京伦律师事务所	注册登记人	泰达荷银基金管理有限公司	

财务指标　　单位：人民币(元)

项目＼年度	2005年度	2004年7月9日至2004年12月31日
基金份额本期净收益	0.0046	−0.0044
期末可分配基金份额收益	−0.0225	−0.0112
期末基金份额净值	1.0249	0.9888
基金加权平均净值收益率	0.46%	−0.44%
本期基金份额净值增长率	5.70%	−1.12%
基金份额累计净值增长率	4.52%	−1.12%
基金收益分配	本年度每10份派现0.200元；成立以来每10份累计派现0.200元。	
期末基金份额持有人户数	基金份额持有人户数为10,463户，平均每户持有127,458.64份。	
期末基金份额持有人结构	机构投资者持有967,953,993.47份，占总份额72.58%；个人投资者持有365,645,732.04份，占总份额27.42%。	

基金净值增长率与业绩基准收益率对比图（单位：%）

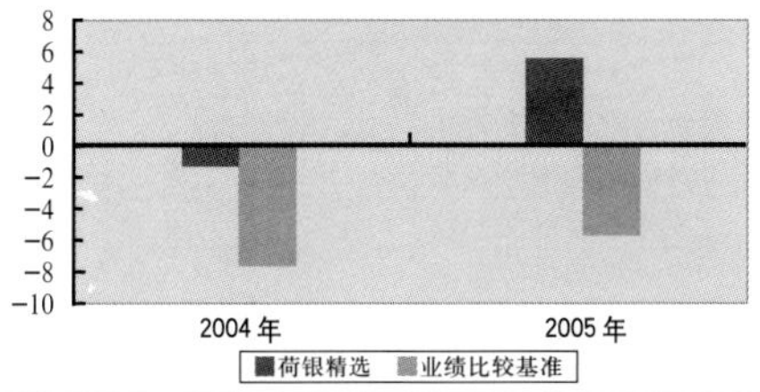

【基金业绩表现】

截至2005年12月31日，泰达荷银精选基金份额净值为1.0249元，全年基金净值增长5.70%，同期业绩比较基准增长−5.69%，同期上证指数收益率为−8.33%。

【基金管理团队】

刘青山先生：基金经理。1997年毕业于中国人民大学，获管理学硕士学位，同年加入华夏证券基金管理部，参与华夏基金管理有限公司的筹建，先后在研究部和投资管理部从事行业研究及投资管理工作，并分别担任业务经理和高级经理。2001年加入湘财证券有限责任公司，参与筹建湘财合丰基金管理有限公司并先后担任公司研究部总经理、合丰成长基金经理、投资总监。9年基金从业经验，具有基金从业资格。

【基金运作分析】

该基金自成立以来，不断完善投资风格和理念。在实际投资中，注重长短结合，均衡配置，以达到防守兼备的效果。

2005年，泰达荷银精选基金在总体操作上分为3个阶段：第一阶段：1月−4月，该基金管理人主要看好各细分子行业的龙头，选择进入壁垒高、具有国际竞争优势、行业经过整合，业绩持续高增长，并且估值合理的公司作为重仓品种。第二阶段：4月−10月，该基金管理人遵循对宏观经济的判断，减持了部分周期类的股票，增持了部分高速公路、食品饮料、零售等稳定类的防御性品种。第三阶段：11月后，积极调整思路，增持房地产，IT 等行业，为2006年开局奠定了良好的基础。2005年投资中主要的失误是在3季度市场处于相对混乱的时候，没有能抓住"十一五"规划相关行业的投资机会。对于周期复苏行业，如水泥、煤炭、电解铝等未能提前把握。

【季度投资组合一览】

项目＼季度	第一季度		第二季度		第三季度		第四季度	
基金资产净值	1,834,094,801.70元		1,981,133,767.03元		1,507,535,331.31元		1,366,867,235.47元	
基金份额	1,818,175,409.49份		2,032,333,888.86份		1,464,903,338.37份		1,333,599,725.51份	
基金份额净值	1.0088元		0.9748元		1.0291元		1.0249元	
基金资产组合	市值(元)	占总资产比例	市值(元)	占总资产比例	市值(元)	占总资产比例	市值(元)	占总资产比例
股票投资	1,402,691,457.20	73.95%	1,553,648,838.69	76.32%	1,191,078,864.90	78.40%	1,132,110,428.90	72.26%
债券投资	349,098,700.00	18.40%	276,452,511.60	13.58%	240,472,240.80	15.83%	270,710,973.50	17.28%
银行存款和清算备付金	61,111,954.57	3.22%	199,956,325.50	9.82%	83,319,867.78	5.48%	84,554,291.65	5.39%
其他资产	83,977,534.64	4.43%	5,684,225.80	0.28%	4,439,693.91	0.29%	79,374,862.45	5.07%

投资前五名股票明细	股票名称	市值(元)	占净值比例	股票名称	市值(元)	占净值比例	股票名称	市值(元)	占净值比例	股票名称	市值(元)	占净值比例
	上海机场	78,581,662.50	4.28%	长江电力	104,412,600.00	5.27%	大商股份	103,952,476.35	6.90%	大商股份	89,478,134.28	6.55%
	招商银行	75,870,257.20	4.14%	上海机场	95,170,744.50	4.80%	G长电	96,719,754.48	6.42%	赣粤高速	72,169,821.00	5.28%
	长江电力	71,102,913.50	3.88%	中兴通讯	92,259,164.16	4.66%	中兴通讯	76,813,728.39	5.10%	海油工程	70,416,010.24	5.15%
	浙江龙盛	64,523,035.50	3.52%	大商股份	87,221,841.66	4.40%	现代投资	73,242,389.40	4.86%	中国石化	69,899,906.80	5.11%
	皖通高速	62,515,690.22	3.41%	招商银行	84,298,314.78	4.26%	赣粤高速	66,938,214.00	4.44%	G中兴	69,450,000.00	5.08%

投资前五名债券明细	债券名称	市值(元)	占净值比例	债券名称	市值(元)	占净值比例	债券名称	市值(元)	占净值比例	债券名称	市值(元)	占净值比例
	05农发02	99,975,000.00	5.45%	05农发04	50,000,000.00	2.52%	05工行01浮	99,800,000.00	6.62%	05中信债2	100,000,000.00	7.32%
	05国债(2)	97,933,000.00	5.34%	04国开21	49,975,000.00	2.52%	04国债(5)	45,615,932.70	3.03%	04国债(5)	75,989,354.00	5.56%
	04国债(5)	76,000,000.00	4.14%	04国债(5)	45,702,208.50	2.31%	华菱转债	23,470,986.10	1.56%	99国债(8)	27,556,200.00	2.02%
	04国开21	49,975,000.00	2.72%	02国债(14)	43,150,500.00	2.18%	05国债04	20,000,000.00	1.33%	21国债(15)	25,430,000.00	1.86%
	02国债(14)	9,900,000.00	0.54%	05国债04	20,000,000.00	1.01%	03国债(3)	11,714,400.00	0.78%	21国债(3)	16,201,051.80	1.19%

泰达荷银风险预算混合型证券投资基金

基本资料						
基金简称	荷银预算		交易代码	162205		
投资目标	通过风险预算的投资策略，力争获取超过业绩比较基准的长期稳定回报，分享市场向上带来的收益，控制市场向下的风险。					
业绩比较基准	5%×新华雷曼中国国债指数＋15%×新华雷曼中国金融债指数＋10%×新华雷曼中国企业债指数＋20%×新华富时A200指数＋50%×税后一年期银行定期存款利率。					
风险收益特征	该基金属于风险中低的基金品种。					
合同生效日	2005年4月5日	上市日期	——	上市地点	——	
募集概况	首募规模	认购户数	募集日期			
	5.46亿份	6821户	2005年2月21日至2005年3月30日			
基金费率	认购费率	申购费率	赎回费率	管理费率	托管费率	
	不高于1.00%	不高于1.50%	不高于0.50%	1.40%	0.25%	
基金管理人	泰达荷银基金管理有限公司		基金托管人	交通银行股份有限公司		
审计机构	普华永道中天会计师事务所	法律顾问	北京市京伦律师事务所	注册登记人	泰达荷银基金管理有限公司	

财务指标　单位：人民币(元)

项目＼年度	2005年4月5日至2005年12月31日
基金份额本期净收益	0.0408
期末可分配基金份额收益	−0.0109
期末基金份额净值	0.9905
基金加权平均净值收益率	4.07%
本期基金份额净值增长率	4.00%
基金份额累计净值增长率	4.00%
基金收益分配	自基金合同生效以来每10份累计派现0.500元。
备注	该基金合同生效于2005年4月5日，至2005年12月31日成立不足一年。

基金净值增长率与业绩基准收益率对比图（单位：%）

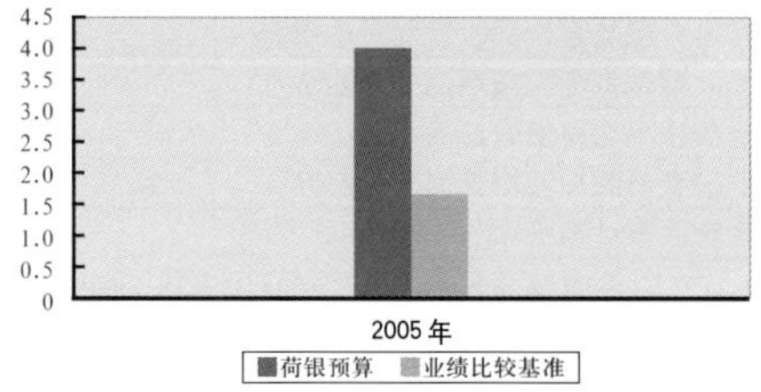

期末基金份额持有人户数	基金份额持有人户数为3,413户，平均每户持有99,437.91份。
期末基金份额持有人结构	机构投资者持有230,387,913.68份，占总份额67.88%；个人投资者持有108,993,685.52份，占总份额32.12%。

【基金业绩表现】

截至2005年12月31日，泰达荷银预算全年基金净值增长4.00%，同期业绩比较基准增长1.65%，同期上证指数收益率为−8.33%。

【基金管理团队】

康赛波先生：1997年毕业于湖南大学金融系。1997年至2001年2月工作于湘财证券有限责任公司，先后在投资银行总部、基金管理总部、资产管理总部任职，期间主要从事投资管理业务；2001年2月起参与湘财合丰基金管理有限公司筹建并工作至今，曾任合丰稳定基金经理。9年证券业从业经验，具有证券从业资格、基金从业资格。

梁钧先生：2000年7月毕业于上海交通大学企业管理专业获博士学位。2000年7月至2002年12月，在湘财证券研发中心从事债券研究及咨询服务。2002年12月至2004年5月，在中国太平洋保险(集团)股份有限公司资金运用中心债券业务处从事债券策略研究及债券交易。2004年5月至今，任泰达荷银基金管理有限公司任债券组合经理、泰达荷银货币市场基金经理。

（转下页）

【季度投资组合一览】

项目＼季度	第二季度		第三季度		第四季度	
基金资产净值	511,568,978.43元		342,890,045.70元		336,141,839.81元	
基金份额	507,504,472.00份		339,249,726.77份		339,381,599.20份	
基金份额净值	1.0080元		1.0107元		0.9905元	
基金资产组合	市值(元)	占总资产比例	市值(元)	占总资产比例	市值(元)	占总资产比例
股票投资	189,825,803.71	32.01%	146,762,027.35	42.40%	100,053,041.88	28.90%
债券投资	339,982,725.68	57.33%	141,451,544.40	40.87%	103,585,258.62	29.92%
银行存款和清算备付金	48,839,901.02	8.23%	52,419,562.72	15.14%	86,196,150.46	24.90%
其他资产	14,409,522.22	2.43%	5,505,821.94	1.59%	56,344,142.40	16.28%

	股票名称	市值(元)	占净值比例	股票名称	市值(元)	占净值比例	股票名称	市值(元)	占净值比例
投资前五名股票明细	长江电力	20,454,412.00	4.00%	现代投资	14,826,577.80	4.32%	赣粤高速	7,992,000.00	2.38%
	赣粤高速	15,665,400.00	3.06%	G长电	12,648,550.56	3.69%	登海种业	6,932,018.90	2.06%
	上海机场	14,534,000.00	2.84%	赣粤高速	11,468,582.16	3.34%	广电网络	6,336,000.00	1.88%
	现代投资	13,068,000.00	2.55%	G苏宁	9,967,004.00	2.91%	海油工程	5,658,400.00	1.68%
	大商股份	10,163,612.60	1.99%	航天信息	9,470,658.60	2.76%	友谊股份	4,867,260.30	1.45%
	债券名称	市值(元)	占净值比例	债券名称	市值(元)	占净值比例	债券名称	市值(元)	占净值比例
投资前五名债券明细	05农发04	49,965,625.00	9.77%	银行间05国债04	19,936,406.80	5.81%	05中信债1	25,000,000.00	7.44%
	05央票54	49,010,000.00	9.58%	银行间05国债10	19,764,060.00	5.76%	银行间05国债10	19,764,060.00	5.88%
	04国债(5)	37,167,430.00	7.27%	招行转债	10,554,000.00	3.08%	99国债(8)	15,309,000.00	4.55%
	招行转债	25,068,780.00	4.90%	05浙交通1	9,716,000.00	2.83%	21国债(15)	5,047,346.40	1.50%
	银行间05国债03	20,000,000.00	3.91%	04国债(5)	9,517,000.00	2.78%	02国债(10)	5,020,005.90	1.49%

【基金运作分析】

股票投资方面：泰达荷银预算基金从4月初开始建仓，重点投资于防御类行业，同时较好控制了建仓节奏，避免了周期类下跌可能带来的损失。后期市场恢复，加大建仓力度，同时加大对周期性行业和成长类行业的投资，取得了较好的收益。在成立后半年多的时间，当年分红5%。

债券投资方面：根据基金管理人对宏观经济的把握和判断，在年初该基金果断采取了加仓的操作，放大了组合久期，增加了长期债券的持仓比例。在3季度基金管理人又根据市场流动性的变化判断市场面临调整的压力，并适当降低组合的久期，采用相对保守的投资策略，在第三季度市场出现较大幅度下跌的行情中，使得组合避免了较大的损失。

展望2006年，泰达荷银预算基金在股票投资思路上，主要围绕消费升级和技术升级两个主题，重点关注以下行业：3G和数字电视有关的公司、军工相关的公司、连锁商业、房地产行业。在债券投资思路上，该基金在投资策略上将在年初寻找合适的建仓时机，二季度之后重点关注市场流动性的变化情况，适当降低久期，采取相对稳健的操作。

泰达荷银货币市场基金

<table>
<tr><th colspan="7">基本资料</th></tr>
<tr><td>基金简称</td><td colspan="3">荷银货币</td><td>交易代码</td><td colspan="2">162206</td></tr>
<tr><td>投资目标</td><td colspan="6">在确保本金安全性和基金财产流动性的基础上，力争为投资者获取超过业绩比较基准的收益。</td></tr>
<tr><td>业绩比较基准</td><td colspan="6">一年期银行定期存款利率(税后)</td></tr>
<tr><td>风险收益特征</td><td colspan="6">该基金属于高流动性、低风险的基金品种，其预期收益率和预期风险均低于股票、混合和债券型基金。</td></tr>
<tr><td>合同生效日</td><td colspan="2">2005年11月10日</td><td>上市日期</td><td>——</td><td>上市地点</td><td>——</td></tr>
<tr><td rowspan="2">募集概况</td><td>首募规模</td><td>认购户数</td><td colspan="4">募集日期</td></tr>
<tr><td>46.43亿份</td><td>32976户</td><td colspan="4">2005年10月24日至2005年11月4日</td></tr>
<tr><td rowspan="2">基金费率</td><td>认购费率</td><td>申购费率</td><td>赎回费率</td><td>管理费率</td><td>托管费率</td><td>销售服务费率</td></tr>
<tr><td>0</td><td>0</td><td>0</td><td>0.33%</td><td>0.10%</td><td>0.25%</td></tr>
<tr><td>基金管理人</td><td colspan="2">泰达荷银基金管理有限公司</td><td>基金托管人</td><td colspan="3">中国农业银行</td></tr>
<tr><td>审计机构</td><td>普华永道中天会计师事务所</td><td>法律顾问</td><td colspan="2">北京市京伦律师事务所</td><td>注册登记人</td><td>泰达荷银基金管理有限公司</td></tr>
</table>

【基金管理团队】

梁钧先生：基金经理。博士。上海交通大学企业管理专业毕业。2000年7月至2002年12月，工作于湘财证券研究发展中心投资策略部，从事债券研究及咨询服务。2002年12月至2004年5月，在中国太平洋保险(集团)股份有限公司资金运营中心债券业务处，从事债券策略研究及债券交易工作。2004年5月至今，就职于泰达荷银基金管理有限公司，任高级基金经理；2005年4月起，担任泰达荷银风险预算基金债券基金经理，同时全面负责泰达荷银固定收益类产品的投资。7年债券研究、投资经验，具有基金从业资格。

2005 年大事记

万家基金管理公司与深交所合作，推出两个行业指数

经与深圳证券信息有限公司合作，双方共同推出资源优势行业指数和巨潮公用事业行业指数，并自2005年元月起发布。使公司指数化投研水平再上新的台阶。

万家旗下基金开通网上交易

2005年3月，为方便广大投资者，公司和中国银联合作，开通了基金网上交易功能。

万家公用事业基金发行

国内首只公用事业行业基金—万家公用事业行业股票型证券投资基金于2005年5月26日至2005年7月8日公开募集，共募集基金份额3.1亿份，2005年7月15日基金合同正式生效。

万家保本基金分红

万家保本基金成立以来运作良好，2005年度分红三次，累计分红达每10份基金份额派现0.39元

万家基金管理公司风险控制委员会成立

2005年11月，公司风险控制小组升格为风险控制委员会，风险控制委员会的成立，标志着公司风险控制体系的进一步完善，为公司长远健康发展打下进一步的良好基础。

万家基金管理公司承接证监会电子信息披露标准项目

2005年11月，经公司申请，中国证监会批准，公司承接证券投资基金电子信息披露标准项目，该项目完成后，将为基金业信息披露的标准化工作向国际接轨奠定基础。

万家保本基金获2005年中国最佳保本基金

在《价值》杂志社举办的"2005中国最佳基金"评比中，万家保本增值基金荣获了"2005年度中国最佳保本基金"奖。

万家保本基金被评为2005年50只中国最具投资价值基金之一

万家保本基金入选晨星公司（morningstar）选出的"2005年中国最具投资价值的50只基金"。

万家基金管理公司获"营销创新奖"

在《新财经》第二届(2005年度)中国优秀基金及基金管理公司评选中，公司因通过上交所推出"上证基金通业务"并着力开展该渠道基金营销，而获得"营销创新奖"。

万家基金管理有限公司

法定名称	万家基金管理有限公司	英文名称	Wanjia Asset Management Co.,Ltd.
成立日期	2002年8月23日	注册资本	1亿元人民币
法人代表	柳亚男	总 经 理	张 健
联系电话	021－68644577	客服电话	021－68644599
传真号码	021－68531888	公司网址	www.wjasset.com
注册地址	上海市浦东源深路273号	办公地址	上海市浦东源深路273号

● 发展概况

万家基金管理有限公司(原天同基金管理有限公司)是“好人举手”制度下，首批经中国证监会批准成立的基金管理公司之一；也是国内首家从事专业指数化投资管理的基金管理公司。2002年8月23日，经中国证监会证监基金字[2002]44号文批准正式成立。公司致力于向国际一流的且兼备鲜明投资管理风格的基金公司发展，向基金投资人提供各类高水准的指数投资基金产品，同时推出各类低风险和固定收益类基金产品。

万家基金管理有限公司内设基金管理部、运作保障部、市场拓展部、研究发展部、投资理财部、综合管理部和监察稽核部7个部门。此外，还设立合规控制委员会、薪酬委员会、资格审查委员会3个非常设机构和独立的督察长。截至2005年底，公司共有员工60人，其中80%以上具备三年以上金融证券从业经历，67%以上具有硕士以上学历。

● 经营业绩

2005年，万家顺利完成了旗下万家公用事业行业股票型证券投资基金的募集设立。截至2005年12月31日，万家基金管理有限公司共管理了3只开放式基金，分别为万家180指数证券投资基金、万家保本增值证券投资基金和万家公用事业行业股票型证券投资基金。

2005年5月16日，经中国证监会证监基金字[2005]83号文批准，万家公用事业行业股票型证券投资基金于2005年5月26日至2005年7月8日公开募集，共募集基金份额3.1亿份，有效认购户数2387户，2005年7月15日基金合同正式生效。自成立以来该基金运作规范，业绩表现稳定。

万家180指数基金是公司旗下首只开放式基金。基金合同生效于2003年3月17日，首次募集基金份额19.30亿份，有效认购户数50555户。万家180指数基金从2005年1月1日到2005年12月31日，指数投资组合的日拟合偏离度为0.0836%，远低于基金合同中0.5%的规定。从严格执行基金合同和评价指数基金运行优劣的主要指标跟踪误差来看，万家180指数基金在跟踪技术方面处于业内领先地位。

万家保本增值证券投资基金是公司旗下首只保本类基金产品。基金合同生效于2004年9月28日，首募基金份额21.9亿份，有效认购户数77493户。万家保本增值基金自2004年9月28日成立至2005年12月31日，累计净值为1.0715元，累计基金净值增长7.29%，而同期上证指数下跌11.7%，万家保本增值基金较好地实现了本金安全前提下稳定收益的投资目标。在《价值》杂志社举办的“2005中国最佳基金”评比中，万家保本增值基金荣获了“2005年度中国最佳保本基金”奖。

万家基金管理有限公司实行指数化投资的经营战略，组建了中国第一只指数基金产品设计、模拟、投资、跟踪、绩效考核的专业化投资管理团队，具有丰富的投资管理、数量分析和研究经验。在基金管理上，针对风险控制，公司建立了一套严密的风险控制管理制度，并引进美国晨星公司(Morningstar)的技术和方法建立了风险管理系统。

万家基金管理公司注重客户服务。目前，公司已经向投资者提供了CALLCENTER服务、网上客户服务、信息定制服务、个性化服务、邮寄服务、投资交流服务等服务，力争为广大基金持有人提供更多专业化的增值服务。

近三年公司管理基金资产规模与基金数量

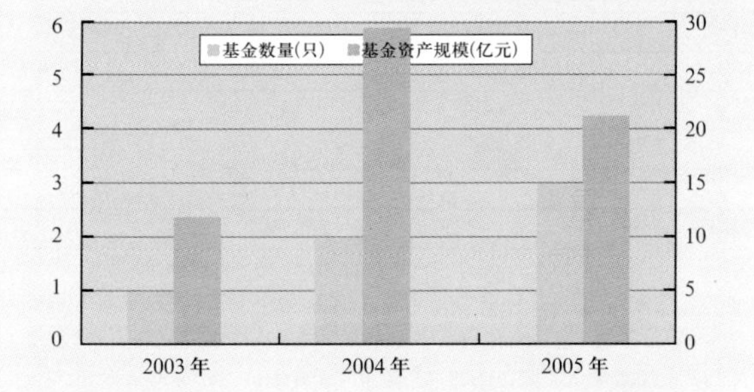

公司股东结构

股东名称	出资金额(万元)	出资比例(%)
天同证券有限责任公司	6000.00	60.00
上海久事公司	2000.00	20.00
湖南湘泉集团有限公司	2000.00	20.00

公司高管介绍

柳亚男先生：董事长。中共党员，硕士研究生，高级经济师。1954年出生，历任中国人民银行烟台分行办公室副主任、中国人民银行威海分行办公室主任、中国人民银行山东省分行金管处副处长、山东证券有限责任公司总裁、副董事长等职。2002年至今任万家基金管理有限公司董事长。

张健先生：总经理。1966年生，管理学硕士，历任中国工商银行总行存款证券处、基金托管部部门经理、副处长、处长等职。2002年3月至今，就职于万家基金管理有限公司，先后担任公司运营总监、财务总监、副总经理等职。2005年7月起担任万家基金管理有限公司代总经理。

万家180指数证券投资基金

基本资料					
基金简称	万家180		交易代码	519180	
投资目标	该基金通过运用指数化投资方法，力求基金的股票组合收益率拟合上证180指数的增长率。伴随中国经济增长和资本市场的发展，实现利用指数化投资方法谋求基金资产长期增值的目标。				
业绩比较基准	75%×上证180指数+25%×中信国债指数；自2006年1月1日起，业绩比较基准变更为95%×上证180指数收益率+5%×银行同业存款利率。				
风险收益特征	该基金追踪上证180指数，是一种风险适中、长期资本收益稳健的投资产品，并具有长期稳定的投资风格。				
合同生效日	2003年3月17日	上市日期	——	上市地点	——
募集概况	首募规模	认购户数	募集日期		
	19.30亿份	50555户	2003年2月10日至2003年3月10日		
基金费率	认购费率	申购费率	赎回费率	管理费率	托管费率
	1.00%	不高于1.50%	不高于0.50%	1.00%	0.20%
基金管理人	万家基金管理有限公司		基金托管人	中国银行股份有限公司	
审计机构	上海众华沪银会计师事务所	法律顾问	上海源泰律师事务所	注册登记人	中国证券登记结算有限责任公司

财务指标　　单位：人民币(元)

项目＼年度	2005年度	2004年度	2003年3月17日至2003年12月31日
基金份额本期净收益	−0.0704	0.0363	0.0076
期末可分配基金份额收益	−0.1747	−0.1316	0.0046
期末基金份额净值	0.8253	0.8684	1.0046
基金加权平均净值收益率	−8.56%	3.79%	0.76%
本期基金份额净值增长率	−4.96%	−9.25%	0.41%
基金份额累计净值增长率	−13.40%	−8.88%	0.41%
基金收益分配	本年度未实现收益分配；成立以来每10份累计派现0.500元。		

基金净值增长率与业绩基准收益率对比图（单位：%）

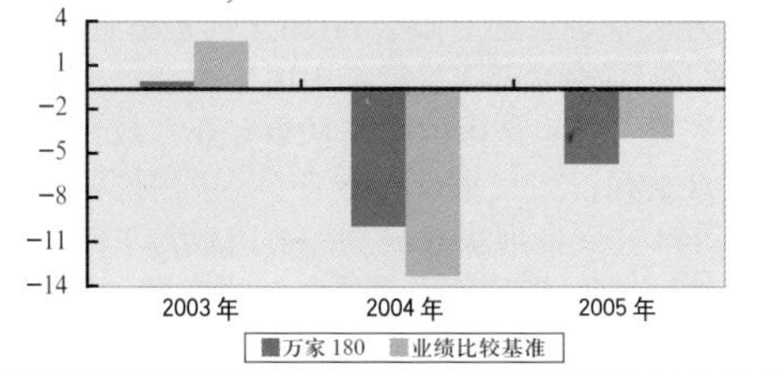

期末基金份额持有人户数	基金份额持有人户数为18,377户，平均每户持有37,459.07份。
期末基金份额持有人结构	机构投资者持有380,060,547.24份，占总份额55.21%；个人投资者持有308,324,819.25份，占总份额44.79%。

【基金业绩表现】

2005年，万家180指数基金全年份额净值增长−4.96%，基金指数化组合部分累计收益−7.39%，超越同期上证180指数0.88%。

【基金管理团队】

潘江先生：基金经理，1967年5月生，美国耶鲁大学管理学院MBA学位，CFA，曾任国泰基金管理公司研究部经理，2002年6月加入万家基金管理有限公司，历任研究部总监、金融工程部总监和研究部总经理等职。

【基金运作分析】

万家180指数基金作为一只标准指数基金，其投资目标就是最大程度地跟踪目标指数——上证180指数。2005年万家180指数基金净值增长率为−4.96%，落后业绩比较基准2.21%，日均拟合偏离度只有6.75BP，基金高度拟合比较基准。基金指数化组合部分2005年累计收益−7.39%，超越上证180指数0.88%，日收益波动率比上证180略小0.04%，跟踪上证180指数的拟合偏离度为8.36BP，高度拟合指数。2005年指数化投资部分占基金净值的平均比例为79%，其中股票为77%，现金为2%，非指数化部分比例为21%。造成2005年基金与基准之间2.21%负偏差主要有两个原因，其一是管理费和托管费，其二是债券投资部分。

【季度投资组合一览】

项目＼季度	第一季度		第二季度		第三季度		第四季度	
基金资产净值	692,346,537.56元		625,639,007.79元		609,355,148.81元		568,104,328.82元	
基金份额	839,214,679.01份		787,493,533.69份		738,927,721.32份		688,385,366.49份	
基金份额净值	0.8250元		0.7945元		0.8246元		0.8253元	
基金资产组合	市值(元)	占总资产比例	市值(元)	占总资产比例	市值(元)	占总资产比例	市值(元)	占总资产比例
股票投资	517,451,003.32	74.52%	481,265,519.35	76.46%	466,399,411.84	76.34%	518,283,868.28	88.92%
债券投资	164,084,942.50	23.63%	134,752,827.85	21.41%	127,424,195.90	20.86%	25,409,844.03	4.36%
银行存款和清算备付金	7,843,062.59	1.13%	9,309,023.72	1.48%	5,153,016.96	0.84%	18,458,349.68	3.17%
应收申购款	87,369.50	0.01%	19,695.07	0.00%	——	——	——	——
证券清算款	2,000,100.00	0.29%	——	——	——	——	——	——
其他资产	2,944,340.47	0.42%	4,094,772.62	0.65%	1,974,180.71	0.32%	20,728,672.53	3.56%

投资前五名股票明细	股票名称	市值(元)	占净值比例	股票名称	市值(元)	占净值比例	股票名称	市值(元)	占净值比例	股票名称	市值(元)	占净值比例
	中国联通	27,763,896.21	4.01%	宝钢股份	29,940,417.36	4.79%	G宝钢	28,623,574.28	4.70%	中国联通	28,419,616.40	5.00%
	长江电力	25,151,336.85	3.63%	中国联通	25,419,667.06	4.06%	G长电	26,453,195.28	4.34%	长江电力	28,090,612.04	4.94%
	招商银行	21,922,923.30	3.17%	长江电力	22,035,331.51	3.52%	中国联通	22,845,355.65	3.75%	宝钢股份	26,169,214.12	4.61%
	宝钢股份	19,049,048.22	2.75%	招商银行	21,375,813.72	3.42%	招商银行	20,485,032.98	3.36%	招商银行	21,268,941.96	3.74%
	上海机场	15,687,622.50	2.27%	上海机场	14,915,348.50	2.38%	民生银行	15,023,203.40	2.47%	民生银行	17,813,863.06	3.14%

投资前五名债券明细	债券名称	市值(元)	占净值比例	债券名称	市值(元)	占净值比例	债券名称	市值(元)	占净值比例	债券名称	市值(元)	占净值比例
	04国开10	95,073,148.03	13.73%	04国开10	75,057,748.45	12.00%	04国开09	30,645,000.00	5.03%	03国开(18)	20,161,426.23	3.55%
	04国开22	49,369,835.17	7.13%	01国债09	49,850,000.00	7.97%	04国开15	20,970,000.00	3.44%	21国债(3)	1,926,578.40	0.34%
	雅戈转债	6,802,200.00	0.98%	雅戈转债	5,651,068.50	0.90%	04国债11	20,390,000.00	3.35%	02国债(14)	1,512,600.00	0.27%
	国电转债	3,758,378.40	0.54%	20国债(10)	1,004,400.00	0.16%	04国开16	15,900,000.00	2.61%	05国债(6)	985,800.00	0.17%
	招行转债	2,568,588.00	0.37%	21国债(15)	1,004,300.00	0.16%	21国债(15)	11,039,193.00	1.81%	21国债(10)	823,439.40	0.14%

万家保本增值证券投资基金

基本资料

基金简称	万家保本增值		交易代码	161902	
投资目标	该基金在确保保本周期到期时本金安全的基础上，在精确控制风险的前提下，谋求基金资产的稳定增值。				
业绩比较基准	与保本周期同期限的3年期银行定期存款税后收益率				
风险收益特征	该基金为保本基金，为证券投资基金中的低风险投资品种。				
合同生效日	2004年9月28日	上市日期	——	上市地点	——
募集概况	首募规模	认购户数	募集日期		
	21.94亿份	77493户	2004年8月17日至2004年9月22日		
基金费率	认购费率	申购费率	赎回费率	管理费率	托管费率
	1.00%	在保本周期内不接受申购	不高于2.00%	1.20%	0.20%
基金管理人	万家基金管理有限公司		基金托管人	中国农业银行	
基金担保人	国家开发投资公司		保本期限	三年	
审计机构	上海众华沪银会计师事务所	法律顾问	上海源泰律师事务所	注册登记人	中国证券登记结算有限责任公司

财务指标　　单位：人民币(元)

项目 \ 年度	2005年度	2004年9月28日至2004年12月31日
加权平均基金份额本期净收益	0.0678	0.0077
期末可分配基金份额收益	0.0325	0.0069
期末基金份额净值	1.0325	1.0069
基金加权平均净值收益率	6.66%	0.76%
本期基金份额净值增长率	6.55%	0.69%
基金份额累计净值增长率	7.29%	0.69%
基金收益分配	本年度每10份派现0.390元；成立以来每10份累计派现0.390元。	

基金净值增长率与业绩基准收益率对比图（单位：%）

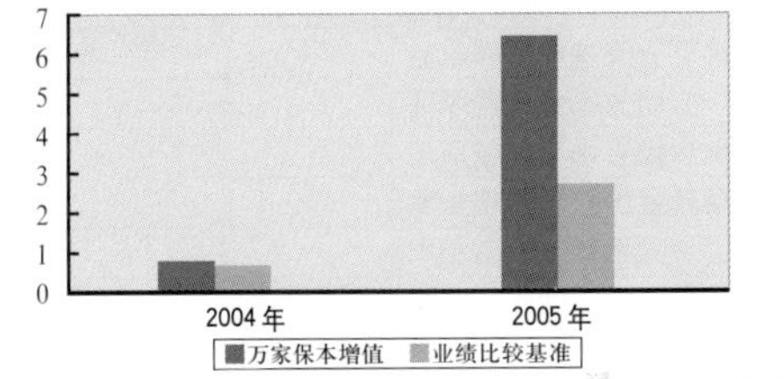

期末基金份额持有人户数	基金份额持有人户数为50,520户，平均每户持有26,321.49份。
期末基金份额持有人结构	机构投资者持有99,282,342.83份，占总份额7.47%；个人投资者持有1,230,479,543.31份，占总份额92.53%。

【基金业绩表现】

2005年，万家保本基金累计净值1.0715元，全年净值增长6.55%，超过同期业绩基准3.96%，同期上证综指下跌8.33%。

【基金管理团队】

路志刚先生：基金经理，1969年7月出生，暨南大学金融学博士，曾任广州证券有限公司投资银行部副经理，金鹰基金管理有限公司研究发展部副总监等职；2005年10月加入万家基金管理有限公司，任研究发展部副总经理。

【基金运作分析】

在股票投资上，基金管理小组坚持价值投资理念，在机场、高速公路、能源电力等行业配置比例较大，除公用事业相关行业股票外，坚持优选个股；先后投资于煤炭、化工、化肥、钢铁、金融、电子、通讯、食品饮料等行业中估值有吸引力的公司，取得了稳定收益。在组合保险策略的运用上，以CPPI为主，合理控制风险放大倍数，保证基金净值稳定增长。

在债券投资上，该基金运用积极的久期管理策略进行债券投资，投资品种大部分为银行间金融债、国债及央行票据，持有期收益率达到较高水平。一、二季度适当加大久期，组合久期保持在3左右；三季度买入并持有与保本周期相匹配的债券，运用免疫策略规避市场波动风险，并通过跨市场套利操作增加收益；四季度维持原有债券组合，增加短期融资券的投资。

【季度投资组合一览】

项目 \ 季度	第一季度		第二季度		第三季度		第四季度	
基金资产净值	1,812,786,920.66元		1,639,477,507.67元		1,443,144,747.89元		1,372,915,887.76元	
基金份额	1,784,648,867.80份		1,603,481,488.03份		1,413,892,835.81份		1,329,761,886.14份	
基金份额净值	1.0158元		1.0224元		1.0207元		1.0325元	
基金资产组合	市值(元)	占总资产比例	市值(元)	占总资产比例	市值(元)	占总资产比例	市值(元)	占总资产比例
股票投资	146,311,995.62	7.46%	63,480,125.60	2.77%	120,945,038.40	7.14%	135,876,797.91	8.59%
债券投资	1,586,349,910.25	80.84%	1,521,868,364.89	66.33%	1,214,137,111.54	71.66%	1,284,405,511.23	81.24%
银行存款和清算备付金	81,071,501.82	4.13%	123,289,821.92	5.37%	76,892,630.25	4.54%	49,160,269.27	3.11%
买入返售证券	50,000,000.00	2.55%	559,800,000.00	24.40%	260,000,000.00	15.35%	——	——
证券清算款	——	——	——	——	——	——	86,666,593.73	5.48%
其他资产	98,577,522.71	5.02%	25,786,177.46	1.12%	22,361,507.76	1.32%	24,931,222.17	1.58%

投资前五名股票明细	股票名称	市值(元)	占净值比例	股票名称	市值(元)	占净值比例	股票名称	市值(元)	占净值比例	股票名称	市值(元)	占净值比例
	福建高速	22,912,465.40	1.26%	福建高速	11,286,000.00	0.69%	G宝钢	20,116,000.00	1.39%	G申能	15,250,888.72	1.11%
	盐湖钾肥	21,588,000.00	1.19%	国电电力	9,789,364.61	0.60%	武钢股份	13,869,000.00	0.96%	深能源A	14,481,949.50	1.05%
	深赤湾A	16,132,425.12	0.89%	盐湖钾肥	6,596,850.00	0.40%	深能源A	12,493,858.98	0.87%	福建高速	10,996,426.08	0.80%
	长江电力	13,909,104.85	0.77%	上海机场	5,070,000.00	0.31%	G申能	12,152,978.56	0.84%	中材国际	10,405,795.32	0.76%
	华能国际	13,032,385.52	0.72%	华鲁恒升	4,570,400.00	0.28%	福建高速	7,542,000.00	0.52%	G海博	10,026,653.00	0.73%

投资前五名债券明细	债券名称	市值(元)	占净值比例	债券名称	市值(元)	占净值比例	债券名称	市值(元)	占净值比例	债券名称	市值(元)	占净值比例
	04国开15	483,413,387.77	26.67%	05国开02	300,000,000.00	18.30%	05国开02	301,350,000.00	20.88%	05国开02	301,350,000.00	21.95%
	04国开16	363,114,000.00	20.03%	04国开16	232,739,090.91	14.20%	04国开16	202,381,818.18	14.02%	04国开15	265,945,683.68	19.37%
	05央行票据08	250,000,000.00	13.79%	05央行票据08	200,000,000.00	12.20%	05央行票据08	200,000,000.00	13.86%	05央行票据08	200,000,000.00	14.57%
	04央行票据94	100,000,000.00	5.52%	04国开15	151,066,683.68	9.21%	04国开15	151,066,683.68	10.47%	05央行票据34	100,000,000.00	7.28%
	05央行票据34	100,000,000.00	5.52%	01国开18	103,800,000.00	6.33%	05央行票据34	100,000,000.00	6.93%	05兴业银行01	80,000,000.00	5.83%

万家公用事业行业股票型证券投资基金

基本资料					
基金简称	万家公用		交易代码	161903	
投资目标	该基金主要运用增强型指数化投资方法，通过主要投资于国内与居民日常生活息息相关的公用事业上市公司所发行的股票，谋求基金资产的长期稳定增值。				
业绩比较基准	80%×巨潮公用事业指数收益率＋20%×同业存款利率				
风险收益特征	该基金是一只指数增强股票型基金，主要投资于国内与居民日常生活息息相关的公用事业上市公司股票，长期平均的预期风险和收益高于混合型基金或债券型基金。				
合同生效日	2005年7月15日	上市日期	2005年8月15日	上市地点	深圳证券交易所
募集概况	首募规模	认购户数	募集日期		
	3.10亿份	2387户	2005年5月26日至2005年7月8日		
基金费率	认购费率	申购费率	赎回费率	管理费率	托管费率
	不高于1.00%	不高于1.50%	不高于0.50%	1.30%	0.20%
基金管理人	万家基金管理有限公司		基金托管人	交通银行股份有限公司	
审计机构	上海众华沪银会计师事务所	法律顾问	上海源泰律师事务所	注册登记人	中国证券登记结算有限责任公司

财务指标　单位：人民币(元)

项目 \ 年度	2005年7月15日至2005年12月31日
加权平均基金份额本期净收益	−0.0106
期末可分配基金份额收益	−0.0401
期末基金份额净值	0.9815
基金加权平均净值收益率	−1.06%
本期基金份额净值增长率	−1.85%
基金份额累计净值增长率	−1.85%
基金收益分配	自基金合同生效以来未实现收益分配。
备注	该基金合同于2005年7月15日生效，截至2005年12月31日基金合同生效未满一年。

基金净值增长率与业绩基准收益率对比图（单位：%）

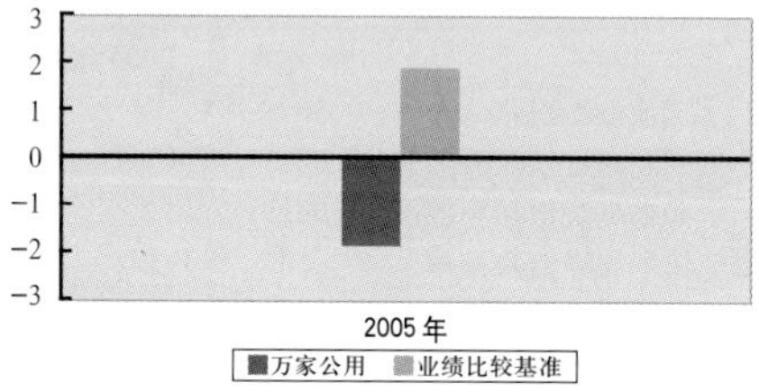

期末基金份额持有人户数	基金份额持有人户数为1,300户，平均每户持有108,089.84份。
期末基金份额持有人结构	机构投资者持有100,577,585.21份，占总份额71.58%；个人投资者持有39,939,209.36份，占总份额28.42%。

【基金业绩表现】

万家公用事业行业基金合同生效于2005年7月15日，截至2005年12月31日基金累计净值0.9815元，同期巨潮公用事业100指数上涨了3.18%，上证综指上涨了14.7%。

【基金管理团队】

蔡立辉先生：基金经理。经济学博士研究生，获得了中国注册会计师、国际注册内部审计师(Certified Internal Auditor)专业资格，是国际内部审计师联合会个人会员，2003年通过CFA第一级考试。先后供职于铁道部第四设计研究院运输经济研究所、湖北省国际信托投资公司证券管理总部、国元证券有限责任公司研发中心和资产管理总部，2004年4月进入万家基金管理有限公司研究发展部从事公用事业行业研究，具有近五年证券投资和研究经验。

【基金运作分析】

在万家公用事业行业基金成立(2005年7月15日)后的近半年时间里，股改无疑是影响证券市场的最大因素。公用事业中最重要的两个子行业交通运输和电力由于成长性低于市场的预期，在2005年下半年表现不佳，巨潮公用事业100指数长期落后于上证综指，给该基金的投资带来了很大的困难。

在投资的过程中，万家公用事业行业基金在建仓期内坚持“稳步建仓不追高”的策略，并且重点选择具有提价预期的城市公交、水务、燃气行业公司以及估值水平相对较低的高速公路公司。这使基金净值并没有随着巨潮公用事业100指数出现大幅下跌，但在年末上涨行情中涨幅也落后于巨潮公用事业100指数。

【季度投资组合一览】

项目 \ 季度	第三季度				第四季度			
基金资产净值	104,398,418.85元				137,920,145.52元			
基金份额	104,237,776.56份				140,516,794.57份			
基金份额净值	1.0015元				0.9815元			
基金资产组合	市值(元)		占总资产比例		市值(元)		占总资产比例	
股票投资	31,719,158.40		29.66%		80,486,610.09		45.31%	
银行存款和清算备付金	74,837,225.42		69.98%		96,436,805.71		54.29%	
其他资产	385,628.54		0.36%		703,627.19		0.40%	
前五名指数投资股票明细	序号	股票名称	市值(元)	占净值比例	序号	股票名称	市值(元)	占净值比例
	1	G长电	4,946,536.08	4.74%	1	G长电	6,887,476.00	4.99%
	2	福建高速	4,134,356.80	3.96%	2	中国石化	5,627,882.00	4.08%
	3	上海机场	3,449,600.00	3.30%	3	中国联通	5,299,560.00	3.84%
	4	赣粤高速	2,547,361.60	2.44%	4	国电电力	3,939,428.36	2.86%
	5	中国联通	2,040,000.00	1.95%	5	赣粤高速	3,825,000.00	2.77%
前五名积极投资股票明细	序号	股票名称	市值(元)	占净值比例	序号	股票名称	市值(元)	占净值比例
	1	中兴通讯	3,072,300.00	2.94%	1	G中兴	3,055,800.00	2.22%
	2	武钢股份	2,070,000.00	1.98%	2	G海博	2,659,464.08	1.93%
	3	海博股份	1,500,480.00	1.44%	3	佛山照明	2,033,481.33	1.47%
	4	G宝钢	898,800.00	0.86%	4	美的电器	1,316,393.30	0.95%
	5	宜华木业	605,000.00	0.58%	5	G万科A	1,293,000.00	0.94%

金鹰基金管理有限公司

法定名称	金鹰基金管理有限公司	英文名称	Gdlden Eagle Asset Management Co.,Ltd.
成立日期	2002年12月25日	注册资本	1亿元人民币
法人代表	谭思马	总 经 理	詹松茂
联系电话	020-83282855	客服电话	020-83936180
传真号码	020-83282856	公司网址	www.gefund.com.cn
注册地址	广东珠海吉大九洲大道东段商业银行大厦7楼	办公地址	广东广州沿江中路298号江湾商业大厦22楼

● 发展概况

金鹰基金管理有限公司是自律制度下经中国证监会批准设立的首批基金管理公司之一。2002年12月25日，经中国证监会证监基字[2002]97号文批准，金鹰基金管理公司由广州证券有限责任公司、四川南方希望有限公司、广州药业股份有限公司、广东美的电器股份有限公司共同发起正式成立，注册资本1亿元人民币，注册地在广东珠海。

2005年1月7日，金鹰基金管理有限公司原总经理林金腾提出辞职，由广州证券副总裁詹松茂担任公司董事代总经理，全面负责公司经营管理。2005年9月7日，经公司第一届董事会第十五次会议审议通过，中国证监会证监基金字[2005]148号批准，聘请詹松茂先生任金鹰基金管理有限公司总经理。2005年9月29日，经公司第二届董事会第一次会议选举通过，谭思马先生当选为金鹰基金管理有限公司第二届董事会董事长；吴张先生、何小锋先生不再担任公司董事和独立董事，增补谭思马先生、郭平先生分别任公司董事和独立董事；曾巧女士、管勇先生、姚万义先生当选公司监事。

在组织结构上，金鹰基金管理有限公司设立了投资决策委员会和风险控制委员会等专业委员会。公司下设6个部门，分别是：市场拓展部、研究发展部、投资管理部、运作保障部、综合管理部、监察稽核部。

在人员构成上，截至2005年末，金鹰基金管理有限公司共有员工33人，其中，72%以上具有硕士以上学历。

近三年公司管理基金资产规模与基金数量

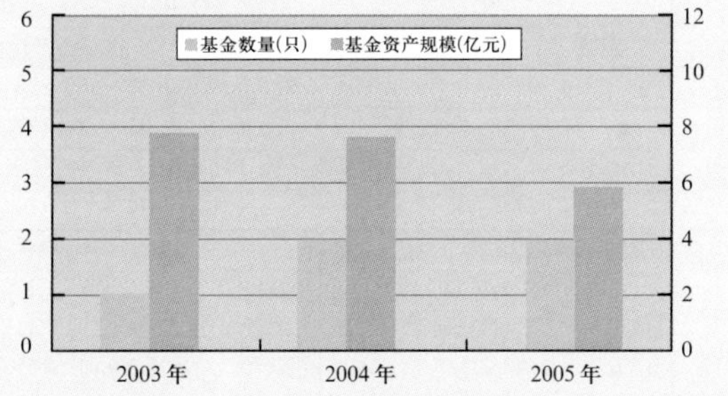

公司股东结构

股东名称	出资金额(万元)	出资比例(%)
广州证券有限责任公司	4000.00	40.00
四川南方希望实业有限公司	2000.00	20.00
广州药业股份有限公司	2000.00	20.00
广东美的集团股份有限公司	2000.00	20.00

● 经营业绩

2005年，金鹰基金管理有限公司没有发行新基金，截至2005年12月31日，金鹰基金管理有限公司管理金鹰成份股优选和金鹰中小盘精选两只开放式证券投资基金。

金鹰成份股优选是金鹰基金管理有限公司旗下首只开放式基金，基金合同生效于2003年6月16日。2005年，金鹰优选基金业绩表现一般，截至2005年12月31日，基金份额净值为0.8252元，本年净值增长率为-9.4%；同期基金业绩比较基准收益下跌2.31%。

金鹰中小盘精选基金是金鹰基金管理有限公司旗下第二只开放式基金，基金合同生效于2004年5月27日。2005年，金鹰中小盘基金业绩表现相对较好，截至2005年12月31日，基金份额净值为0.8951元，本年基金净值增长率为-5.11%；同期基金业绩比较基准下跌7.98%。

公司高管介绍

谭思马先生：董事，董事长。经济学硕士。历任越银财务有限公司副总经理，广州越银财务发展公司董事、总经理，广州证券公司副总经理，广州证券有限责任公司总经理、副董事长。

詹松茂先生：董事，总经理。管理学硕士。历任中国投资银行广东省分行(现为国家开发银行广州分行)国际业务部经理，美国洛杉矶美华国际企业公司董事、副总裁、财务总监，招商银行广州分行大德支行行长，广州证券有限责任公司增城营业部总经理，广州证券有限责任公司广州市环市中营业部总经理，广州证券经纪业务管理总部总经理，金鹰基金管理有限公司代理总经理等。

朱剑彪先生：督察长。经济学博士。曾任广东商学院投资金融系教师，广州证券有限责任公司投资银行部经理，广州证券有限责任公司基金总部经理，2001年进入金鹰基金管理有限公司筹备组工作，2002年金鹰基金管理有限公司成立后担任投资研究部副总监、投资决策委员会委员、风险控制委员会委员等职。

金鹰成份股优选证券投资基金

基本资料						
基金简称	金鹰优选			基金代码	210001	
投资目标	通过资产配置和对投资组合的动态调整，在控制投资组合风险的前提下，实现基金的中长期资本增值和获取适当、稳定的现金收益。					
业绩比较基准	75%×成份股加权指数的收益率＋25%×中信国债指数的收益率					
风险收益特征	该基金属于风险水平中等偏下、收益水平适中的基金品种，其收益目标设为α值大于零，风险目标为β值的目标区间为[0.75,1.1]。					
合同生效日	2003年6月16日	上市日期	——	上市地点	——	
募集概况	首募规模	认购户数	募集日期			
	15.17亿份	23495户	2003年4月21日至2003年6月11日			
基金费率	认购费率	申购费率	赎回费率	管理费率	托管费率	
	不高于1.50%	不高于1.50%	0.50%	1.50%	0.25%	
基金管理人	金鹰基金管理有限公司		基金托管人	中国银行股份有限公司		
审计机构	广东羊城会计师事务所	法律顾问	广东岭南律师事务所	注册登记人	金鹰基金管理有限公司	

财务指标　　单位：人民币(元)

项目＼年度	2005年度	2004年度	2003年6月16日至2003年12月31日
基金份额本期净收益	−0.1093	0.0505	0.0074
期末可分配基金份额收益	−0.1748	−0.0892	−0.0017
期末基金份额净值	0.8252	0.9108	1.0380
基金加权平均净值收益率	−13.04%	5.12%	0.75%
本期基金份额净值增长率	−9.40%	−5.36%	4.80%
基金份额累计净值增长率	−10.14%	−0.82%	4.80%
基金收益分配	本年度末实现收益分配；成立以来每10份累计派现0.900元。		

基金累计净值增长率与业绩基准收益率对比图（单位：%）

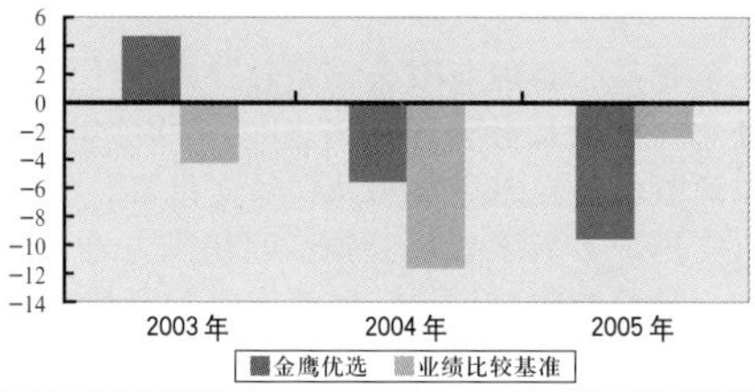

期末基金份额持有人户数	基金份额持有人户数为8,632户，平均每户持有42,518.66份。
期末基金份额持有人结构	机构投资者持有180,652,000.61份，占总份额49.22%；个人投资者持有186,369,068.46份，占总份额50.78%。

【基金业绩表现】

2005年，金鹰优选基金全年净值增长率为−9.40%；同期业绩比较基准收益下跌了2.31%。

【基金管理团队】

谢国满先生：经济学博士。历任广发证券股份有限公司投资理财部投资经理、发展研究中心副总经理。2003年4月，任金鹰成份股优选基金经理。自2005年10月20日起不再担任金鹰成份股优选基金经理。

欧庆铃先生：北京师范大学理学博士，6年证券从业经历。曾任广州证券公司研究中心常务副总经理，从事证券研究及管理工作。2002年加盟金鹰基金管理公司，担任投资决策委员会委员、研究发展部副总监、首席分析师、金鹰基金经理助理，自2005年10月20日起，担任金鹰成份股优选基金经理。

【基金运作分析】

在2005年前三个季度，金鹰成分优选基金采取了对某些预期有良好表现行业相对集中的配置策略，操作上采取了买入中长期持有的策略。由于集中配置的行业在二季度出现大幅下跌，并且基金经理在估值明显偏低时对股票价值出现误判及卖出操作，使得基金净值遭到严重损失。第四季度，基金管理人调整了投资操作策略，在投资策略上，强调对股票配置比例的稳健策略，行业均衡配置策略；投资机会把握和选股上，着重宏观经济增长趋缓下的主题性增长机会、市场制度变革产生的交易性投资机会。在操作策略上，强调以估值为基础，以资金流向和股票流动性风险控制和导向的灵活操作策略。通过调整，该基金在四季度表现较好，在同类型基金中净值增长排名靠前。

【季度投资组合一览】

项目＼季度	第一季度		第二季度		第三季度		第四季度	
基金资产净值	386,505,721.65元		337,845,464.38元		319,090,090.39元		302,871,566.46元	
基金份额	430,948,731.78份		427,317,941.17份		394,933,193.22份		367,021,069.07份	
基金份额净值	0.8969元		0.7906元		0.8080元		0.8252元	
基金资产组合	市值(元)	占总资产比例	市值(元)	占总资产比例	市值(元)	占总资产比例	市值(元)	占总资产比例
股票投资	240,218,434.52	61.14%	252,995,543.47	74.61%	215,354,096.27	66.85%	207,509,822.38	66.82%
债券投资	84,487,850.00	21.51%	70,358,231.60	20.75%	71,724,872.80	22.26%	65,777,420.00	21.18%
银行存款和清算备付金	66,764,277.16	16.99%	15,328,567.60	4.52%	34,130,041.46	10.59%	35,777,653.02	11.52%
其他资产	1,403,946.70	0.36%	419,317.98	0.12%	957,161.50	0.30%	1,473,252.79	0.47%

投资前五名股票明细	股票名称	市值(元)	占净值比例	股票名称	市值(元)	占净值比例	股票名称	市值(元)	占净值比例	股票名称	市值(元)	占净值比例
	天士力	19,675,944.30	5.09%	天士力	18,837,047.45	5.58%	天士力	18,118,742.40	5.68%	沈阳机床	15,726,122.58	5.19%
	桂冠电力	17,427,788.00	4.51%	桂冠电力	17,983,994.00	5.32%	招商银行	17,360,400.00	5.44%	招商银行	15,528,800.00	5.13%
	神火股份	16,729,720.00	4.33%	国阳新能	16,708,875.75	4.95%	南方航空	16,401,737.07	5.14%	中国石化	13,777,290.00	4.55%
	西山煤电	15,015,616.16	3.88%	兖州煤业	16,092,554.40	4.76%	桂冠电力	16,200,099.60	5.08%	浦发银行	12,201,247.50	4.03%
	华海药业	14,588,887.60	3.77%	华海药业	16,043,516.46	4.75%	G长电	14,755,774.32	4.62%	福耀玻璃	11,889,647.00	3.93%

投资前五名债券明细	债券名称	市值(元)	占净值比例	债券名称	市值(元)	占净值比例	债券名称	市值(元)	占净值比例	债券名称	市值(元)	占净值比例
	03国开05	51,000,000.00	13.20%	03国开05	51,000,000.00	15.10%	03国开05	51,000,000.00	15.98%	03国开05	51,000,000.00	16.84%
	05国债(2)	29,400,000.00	7.60%	05国债(2)	19,358,231.60	5.73%	05国债(2)	20,724,872.80	6.50%	05国债(2)	14,777,420.00	4.88%
	04国债(5)	4,087,850.00	1.06%	——	——	——	——	——	——	——	——	——
	——	——	——	——	——	——	——	——	——	——	——	——
	——	——	——	——	——	——	——	——	——	——	——	——

金鹰中小盘精选证券投资基金

基本资料					
基金简称	金鹰中小盘		基金代码	162102	
投资目标	该基金投资具有较高成长性和良好基本面的中小盘股票，通过积极的投资组合管理，在控制风险的前提下谋求基金资产的长期稳定增值。				
业绩比较基准	75%的股票投资比较基准+25%的债券投资比较基准(股票投资比较基准采用50%的中信中盘指数收益率加50%的中信小盘指数收益率。债券投资比较基准采用中信国债指数。)				
风险收益特征	该基金属于风险水平适中、收益较高的基金品种。				
合同生效日	2004年5月27日	上市日期	——	上市地点	——
募集概况	首募规模	认购户数	募集日期		
	5.46亿份	6072户	2004年4月12日至2004年5月20日		
基金费率	认购费率	申购费率	赎回费率	管理费率	托管费率
	不高于1.20%	不高于1.50%	不高于0.50%	1.50%	0.25%
基金管理人	金鹰基金管理有限公司		基金托管人	交通银行股份有限公司	
审计机构	广东羊城会计师事务所	法律顾问	广东岭南律师事务所	注册登记人	中国证券登记结算有限责任公司

财务指标 单位：人民币(元)

项目 \ 年度	2005年度	2004年5月27日至2004年12月31日
基金份额本期净收益	−0.1291	−0.0150
期末可分配基金份额收益	−0.1435	−0.0567
期末基金份额净值	0.8951	0.9433
基金加权平均净值收益率	−14.66%	−1.53%
本期基金份额净值增长率	−5.11%	−5.71%
基金份额累计净值增长率	−10.53%	−5.71%
基金收益分配	自基金合同生效以来未实现收益分配。	

基金净值增长率与业绩基准收益率对比图（单位：%）

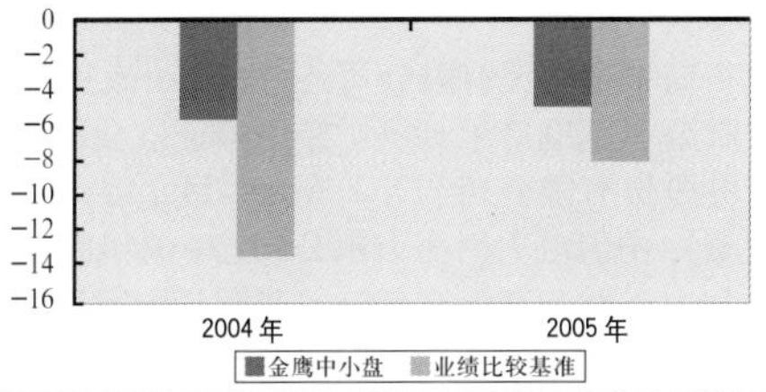

期末基金份额持有人户数	基金份额持有人户数为4,483户，平均每户持有71,279.49份。
期末基金份额持有人结构	机构投资者持有185,560,542.48份，占总份额58.07%；个人投资者持有133,985,397.89份，占总份额41.93%。

【基金业绩表现】

2005年，金鹰中小盘精选基金净值增长率为−5.11%；同期基金的业绩比较基准收益下跌了7.98%。

【基金管理团队】

汪昱杰先生：管理学硕士。历任广信基金投资部经理、广东证券股份有限公司研究中心研究员，金鹰中小盘精选基金经理，自2005年10月20日起不再任金鹰中小盘精选基金经理。

崔海鸿先生：清华大学工学硕士，证券投资从业经历6年。曾任原大鹏证券有限责任公司综合研究所IT组组长、高级分析师，是大鹏证券综合研究所质量控制组成员。2002年加盟金鹰基金管理有限公司，任职研究发展部副经理、高级分析师，金鹰基金基金经理助理，从事行业研究、上市公司深度调研以及投资管理等工作。自2005年10月20日起，担任金鹰中小盘精选基金基金经理。

此外，还配备了若干名证券投资分析人员和基金经理助理，协助基金经理从事金鹰中小盘精选基金的投资管理工作。

【基金运作分析】

2005年上半年，由于对国家宏观调控对股市的影响认识出现偏差，导致在投资操作上出现重大失误，基金净值一度下滑较大；下半年，在吸取前期教训的基础上，通过深刻反思，及时改正了错误的作法。

金鹰中小盘精选基金坚持在专业化研究的基础上，采取轻行业、重个股的策略，积极投资于具有良好基本面、较高成长性的上市公司，通过前瞻性的深度挖掘，对未来可预见的时间内具有较高成长性的品种，发挥价格发现的功能，投资上予足够重视，基金运作得到一定程度的改善。

【季度投资组合一览】

项目 \ 季度	第一季度		第二季度		第三季度		第四季度	
基金资产净值	331,053,966.14元		289,592,020.11元		297,387,558.56元		286,038,584.64元	
基金份额	365,178,722.30份		351,361,057.45份		335,267,009.70份		319,545,940.37份	
基金份额净值	0.9066元		0.8242元		0.8870元		0.8951元	
基金资产组合	市值(元)	占总资产比例	市值(元)	占总资产比例	市值(元)	占总资产比例	市值(元)	占总资产比例
股票投资	237,101,614.73	66.25%	177,132,243.82	60.85%	189,895,846.77	60.67%	202,092,233.28	69.86%
债券投资	69,332,900.00	19.37%	72,961,129.00	25.07%	78,860,422.70	25.19%	72,991,316.00	25.23%
银行存款和清算备付金	15,707,515.80	4.39%	25,274,491.71	8.68%	40,591,430.68	12.97%	9,641,490.12	3.33%
其他资产	35,768,019.10	9.99%	15,713,286.53	5.40%	3,652,243.33	1.17%	4,557,889.23	1.58%

投资前五名股票明细	股票名称	市值(元)	占净值比例	股票名称	市值(元)	占净值比例	股票名称	市值(元)	占净值比例	股票名称	市值(元)	占净值比例
	四川美丰	16,764,000.00	5.06%	好当家	15,661,500.00	5.41%	沪东重机	11,871,549.90	3.99%	航天长峰	20,123,502.72	7.04%
	山东黄金	16,445,000.00	4.97%	山东黄金	13,560,000.00	4.68%	天地科技	11,827,788.00	3.98%	天地科技	19,503,834.00	6.82%
	山西焦化	14,963,200.00	4.52%	四川美丰	12,672,000.00	4.38%	中国软件	11,206,194.00	3.77%	G重机	19,378,613.20	6.77%
	好当家	14,868,000.00	4.49%	驰宏锌锗	11,436,000.00	3.95%	用友软件	10,333,773.45	3.47%	上海石化	12,456,249.52	4.35%
	驰宏锌锗	14,385,000.00	4.35%	雅戈尔	11,040,000.00	3.81%	哈空调	9,704,200.00	3.26%	法拉电子	12,246,241.76	4.28%

投资前五名债券明细	债券名称	市值(元)	占净值比例	债券名称	市值(元)	占净值比例	债券名称	市值(元)	占净值比例	债券名称	市值(元)	占净值比例
	04国债(5)	69,332,900.00	20.94%	04国债(5)	55,285,837.00	19.09%	04国债(5)	71,978,022.70	24.20%	04国债(5)	69,500,556.00	24.30%
	——	——	——	05国债(2)	17,675,292.00	6.10%	05国债(2)	6,882,400.00	2.31%	05国债(2)	3,490,760.00	1.22%
	——	——	——	——	——	——	——	——	——	——	——	——
	——	——	——	——	——	——	——	——	——	——	——	——
	——	——	——	——	——	——	——	——	——	——	——	——

招商基金管理有限公司

法定名称	招商基金管理有限公司	英文名称	China Merchants Fund Management Co.,Ltd.
成立日期	2002年12月27日	注册资本	1.6亿元人民币
法人代表	牛冠兴	总经理	成保良
联系电话	0755-83196666	客服电话	400-887-9555
传真号码	0755-83196405	公司网址	www.cmfchina.com
注册地址	深圳市深南大道7088号招商银行大厦28层	办公地址	深圳市深南大道7088号招商银行大厦28层

● 发展概况

招商基金管理有限公司是中国第一家中外合资基金管理有限公司，2002年12月，经中国证监会批准，公司由招商证券股份有限公司、ING Asset Management B.V.(荷兰投资)、中国电力财务有限公司、中国华能财务有限责任公司和中远财务有限责任公司共同投资组建成立，注册资本1亿元，2005年4月，公司注册资本金增至1.6亿元。2004年12月，公司获得全国社保基金投资管理人资格；2005年8月，公司获得首批企业年金基金投资管理人资格，成为拥有全国社保基金投资管理人和企业年金基金投资管理人双重资格的基金管理人。

在组织结构上，公司董事会下设资格审查、合规审计、公司治理和薪酬4个专业委员会；公司管理层下设2个非常设决策议事机构、2个区域营销中心和17个部门，分别为投资决策委员会和风险管理委员会，战略规划部、监察稽核部、股票投资部、固定收益投资部、交易部、投资风险管理部、机构理财部、信息技术部、基金核算部、基金事务部、北方总部、华东总部、华南总部、机构业务拓展部、营销管理部、客户服务部和综合管理部。

在人员构成上，截至2005年12月底，公司共有员工115人，其中75人具有硕士以上学历，占员工总数的65%。

● 经营业绩

2005年，招商基金管理有限公司顺利完成了招商优质成长股票型证券投资基金(LOF)的募集设立。截至2005年12月31日，招商基金管理有限公司管理着招商安泰系列开放式证券投资基金(含招商安泰股票基金、招商安泰平衡型基金、招商安泰债券基金)、招商现金增值开放式证券投资基金、招商先锋开放式证券投资基金和招商优质成长股票型证券投资基金(LOF)6只开放式基金和2个社保组合。

招商优质成长股票型证券投资基金是招商基金管理公司旗下首只LOF基金，自2005年10月10日起公开发售，2005年11月11日募集顺利结束，共募集基金份额6.53亿份，有效认购总户数为8203户，2005年11月17日基金合同正式生效。2005年12月9日，招商优质成长股票基金在深圳证券交易所上市交易。

在投资业绩上，2005年招商旗下基金规范运作，业绩表现良好。其中，招商现金增值开放式证券投资基金在2005年每万份累计实现收益227.37元，净值收益率为2.30%；超越同期业绩基准1.80%，基金规模从2004年末的94.58亿份增长至2005年末的109.28亿份；招商安泰债券基金全年净值增长8.76%，实现分红每份派现0.045元；招商安泰平衡基金全年净值增长2.01%；招商安泰股票基金全年净值增长-0.56%，超越同期基准收益2.78%；招商先锋证券投资基金合同生效于2004年6月1日，截至2005年12月31日，基金份额净值为0.9804元，全年基金净值增长-0.48%，超越同期业绩基准收益0.05%。

在客户服务方面，为进一步方便客户，提高服务品质，2005年6月1日，招商基金正式开通全国统一客服电话；同时公司与招商银行联手推出了国内新一代智能理财平台——"溢财通"，招商现金增值开放式证券投资基金借此平台在资金划转上突破"T+0"，为投资者提供了国内首个货币市场基金"T+0"实时到账的配套服务。

近三年公司管理基金资产规模与基金数量

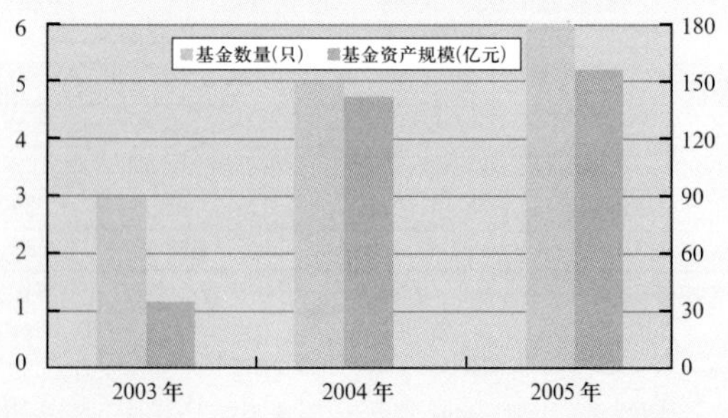

公司股东结构

股东名称	出资金额(万元)	出资比例(%)
招商证券股份有限公司	6400.00	40.00
荷兰投资	4800.00	30.00
中国电力财务有限公司	1600.00	10.00
中国华能财务有限责任公司	1600.00	10.00
中远财务有限责任公司	1600.00	10.00

公司高管介绍

牛冠兴先生：董事长。1955年出生。经济学硕士，高级经济师，中国证券业协会副理事长。1994年6月至2003年12月任招商证券股份有限公司总裁、董事。历任中国工商银行武汉分行办事处主任、区办主任、副行长，招商银行总行信贷部总经理。

成保良先生：董事、总经理。1961年出生。经济学硕士，高级经济师。曾在北京经济学院任教；后就职于中国人民银行金融管理司；1993年起先后担任中国证券交易系统有限公司上市管理部副经理、经理；中国证监会发行部副处长、处长、稽查局处长；2000年9月起在招商证券股份有限公司担任顾问。

招商安泰系列开放式证券投资基金

（该系列基金包括招商安泰股票基金、招商安泰平衡型基金、招商安泰债券基金。）

招商安泰股票基金

基本资料

基金简称	招商安泰股票基金			基金代码	217001
投资目标	股票基金追求长期的资本增值				
业绩比较基准	75%×上证180指数＋20%×中信国债指数＋5%×同业存款利率				
风险收益特征	短期本金安全性低，当期收益不稳定，长期资本增值高　，总体投资风险高。				
合同生效日	2003年4月28日	上市日期	——	上市地点	——
募集概况	首募规模	认购户数	募集日期		
	10.29亿份	10604户	2003年3月17日至2003年4月25日		
基金费率	认购费率	申购费率	赎回费率	管理费率	托管费率
	1.00%	不高于1.50%	不高于0.10%	1.50%	0.25%
基金管理人	招商基金管理有限公司		基金托管人	招商银行股份有限公司	
审计机构	德勤华永会计师事务所	法律顾问	北京高朋律师事务所	注册登记人	招商基金管理有限公司

财务指标　　单位：人民币(元)

项目＼年度	2005年度	2004年度	2003年4月28日至2003年12月31日
加权平均基金份额本期净收益	−0.0750	0.0738	0.0209
期末可分配基金份额收益	−0.0675	0.0011	0.0052
期末基金份额净值	1.0102	1.0159	1.0864
基金加权平均净值收益率	−7.52%	6.85%	2.07%
本期基金份额净值增长率	−0.56%	2.01%	10.20%
基金份额累计净值增长率	11.80%	12.42%	10.20%
基金收益分配	本年度未实现收益分配；成立以来每10份累计派现1.150元。		

基金净值增长率与业绩基准收益率对比图（单位：%）

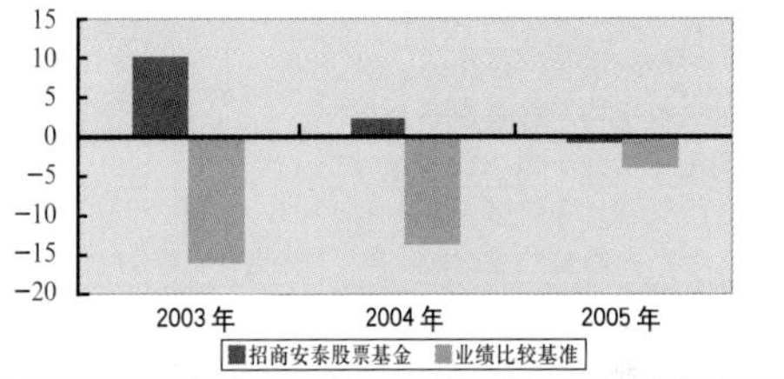

期末基金份额持有人户数	基金份额持有人户数为11,133户，平均每户持有176,414.87份。
期末基金份额持有人结构	机构投资者持有1,424,510,881.30份，占总份额72.53%；个人投资者持有539,515,904.55份，占总份额27.47%。

【基金业绩表现】

2005年，招商安泰股票基金基金份额净值增长率为−0.56%，同期业绩基准收益率为−3.34%，超越业绩基准2.78%。

【基金管理团队】

曾昭雄先生：经济学硕士。曾先后任职于深圳证券交易所，联合证券。2001年9月起任湘财荷银基金管理公司总经理助理、投资总监及湘财合丰周期类基金经理，后调入景顺长城基金管理公司任投资副总监、股票投资主管，并兼任景顺系列基金基金经理。现任招商基金总经理助理及股票投资总监。

贺庆先生：经济学硕士。曾任职于南方证券公司，1998年加入博时基金管理公司，先后任高级交易员、研究员和基金经理助理。2002年加入招商基金管理公司。10年证券从业经历。

胡军华女士：经济学硕士。曾先后任职于中国经济开发信托投资公司、华鑫证券股份公司、南方证券股份公司。2003年3月加入招商基金管理有限公司。13年证券从业经历。

【基金运作分析】

2005年，招商安泰股票基金严格遵照基金契约的相关约定，按照既定的投资流程，进行了规范、高效的运作。在投资过程中，坚持成长和价值相结合的投资理念，在投资对象的选择上以业绩优良、治理结构较好的公司为主。始终强调按照既定的投资流程进行投资，避免决策的随意性，并尽量降低组合收益的波动性。全年来看，基金业绩在同类基金中处于中游水平。

【季度投资组合一览】

项目＼季度	第一季度			第二季度			第三季度			第四季度		
基金资产净值	2,490,417,558.13元			2,134,029,072.44元			1,975,548,578.66元			1,984,147,546.07元		
基金份额	2,458,708,429.96份			2,212,033,035.13份			1,929,114,567.32份			1,964,026,785.85份		
基金份额净值	1.0129元			0.9647元			1.0241元			1.0102元		
基金资产组合	市值(元)		占总资产比例	市值(元)		占总资产比例	市值(元)		占总资产比例	市值(元)		占总资产比例
股票投资	1,820,386,723.51		72.92%	1,577,349,003.49		73.61%	1,458,617,602.19		73.68%	1,465,226,864.70		73.49%
债券投资	513,349,575.80		20.56%	436,278,486.30		20.36%	411,097,006.20		20.77%	430,755,377.89		21.60%
银行存款和清算备付金	150,156,894.39		6.02%	119,234,711.25		5.56%	94,174,303.12		4.76%	87,726,014.58		4.40%
其他资产	12,463,948.76		0.50%	10,047,693.59		0.47%	15,655,042.12		0.79%	10,155,142.97		0.51%
投资前五名股票明细	股票名称	市值(元)	占净值比例	股票名称	市值(元)	占净值比例	股票名称	市值(元)	占净值比例	股票名称	市值(元)	占净值比例
	上海机场	119,989,023.00	4.82%	贵州茅台	134,442,876.25	6.30%	G长电	133,920,000.00	6.78%	G中兴	150,785,117.40	7.60%
	长江电力	111,585,000.00	4.48%	长江电力	121,419,272.00	5.69%	贵州茅台	133,542,000.00	6.76%	贵州茅台	123,310,860.00	6.21%
	华侨城A	86,087,065.60	3.46%	上港集箱	112,651,655.19	5.28%	中兴通讯	121,279,433.52	6.14%	金融街	83,419,036.96	4.20%
	贵州茅台	82,553,151.75	3.31%	中兴通讯	111,669,235.20	5.23%	G上港	96,732,878.61	4.90%	G上港	78,169,325.13	3.94%
	中国石化	73,956,811.06	2.97%	华侨城A	97,201,463.56	4.55%	上海机场	84,702,999.36	4.29%	中国石化	74,406,709.30	3.75%
投资前五名债券明细	债券名称	市值(元)	占净值比例	债券名称	市值(元)	占净值比例	债券名称	市值(元)	占净值比例	债券名称	市值(元)	占净值比例
	05国债02	196,000,000.00	7.87%	05国债(02)	124,326,056.40	5.83%	20国债(4)	87,153,466.40	4.41%	20国债(4)	96,854,688.00	4.88%
	21国债(15)	142,082,024.70	5.71%	20国债(10)	89,843,580.00	4.21%	05国债(2)	84,947,496.80	4.30%	20国债(10)	90,022,480.00	4.54%
	20国债(10)	74,589,776.40	3.00%	21国债(15)	57,259,160.20	2.68%	20国债(10)	70,207,005.00	3.55%	05国债02	84,169,726.09	4.24%
	04国开11	39,994,000.00	1.61%	20国债(04)	55,082,784.00	2.58%	21国债(15)	58,325,322.00	2.95%	21国债(15)	63,080,640.80	3.18%
	04国开12	30,231,000.00	1.21%	04国开(11)	39,994,000.00	1.87%	04国开11	39,960,000.00	2.02%	04国开08	31,599,000.00	1.59%

招商安泰平衡型基金

基本资料					
基金简称	招商安泰平衡型基金		基金代码	217002	
投资目标	当期收益和长期资本增值相平衡				
业绩比较基准	45%×上证180指数+50%×中信国债指数+5%×同业存款利率				
风险收益特征	短期本金安全性适中，当期收益适中，长期资本增值适中，总体投资风险适中。				
合同生效日	2003年4月28日	上市日期	——	上市地点	——
募集概况	首募规模	认购户数	募集日期		
	8.99亿份	11315户	2003年3月17日至2003年4月25日		
基金费率	认购费率	申购费率	赎回费率	管理费率	托管费率
	1.00%	不高于1.50%	不高于0.10%	1.50%	0.25%
基金管理人	招商基金管理有限公司		基金托管人	招商银行股份有限公司	
审计机构	德勤华永会计师事务所	法律顾问	北京高朋律师事务所	注册登记人	招商基金管理有限公司

财务指标　单位：人民币(元)

项目 \ 年度	2005年度	2004年度	2003年4月28日至2003年12月31日
加权平均基金份额本期净收益	−0.0213	0.1131	0.0126
期末可分配基金份额收益	−0.0024	−0.0197	0.0078
期末基金份额净值	1.0000	0.9803	1.0501
基金加权平均净值收益率	−2.16%	10.97%	1.25%
本期基金份额净值增长率	2.01%	2.36%	6.00%
基金份额累计净值增长率	10.70%	8.50%	6.00%
基金收益分配	本年度未实现收益分配；成立以来每10份累计派现1.100元。		

基金净值增长率与业绩基准收益率对比图（单位：%）

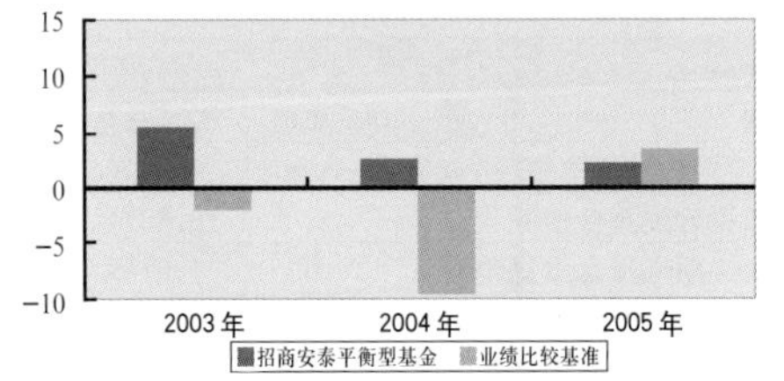

期末基金份额持有人户数	基金份额持有人户数为6,581户，平均每户持有44,558.77份。
期末基金份额持有人结构	机构投资者持有84,588,419.42份，占总份额28.85%；个人投资者持有208,652,831.63份，占总份额71.15%。

【基金业绩表现】

2005年，招商安泰平衡型基金份额净值增长率为2.01%，同期业绩基准涨幅为3.32%，低于业绩基准收益1.31%。

【基金管理团队】

曾昭雄先生：经济学硕士。曾任职于深圳证券交易所，联合证券公司。2001年9月起任湘财荷银基金管理公司总经理助理、投资总监及湘财合丰周期类基金经理，后调入景顺长城基金管理公司任投资副总监、股票投资主管，并兼任景顺系列基金基金经理。现任招商基金总经理助理及股票投资总监。

贺庆先生：经济学硕士。曾任职于南方证券公司，1998年加入博时基金管理公司，先后任高级交易员、研究员和基金经理助理。2002年加入招商基金管理公司。10年证券从业经历。

胡军华女士：经济学硕士。曾先后任职于中国经济开发信托投资公司、华鑫证券股份公司、南方证券股份公司。2003年3月加入招商基金管理有限公司。13年证券从业经历。

【基金运作分析】

在2005年的投资中，招商安泰平衡型基金严格遵照基金契约的相关约定，按照既定的投资流程，进行了规范、高效的运作。但由于未能充分分享债券市场的大牛市，该基金债券投资业绩表现逊色于业绩基准。

【季度投资组合一览】

项目 \ 季度	第一季度			第二季度			第三季度			第四季度		
基金资产净值	380,952,931.80元			359,896,841.75元			324,321,529.37元			293,228,000.13元		
基金份额	384,208,180.31份			372,362,070.93份			320,968,821.73份			293,241,251.05份		
基金份额净值	0.9915元			0.9665元			1.0104元			1.0000元		
基金资产组合	市值(元)	占总资产比例		市值(元)	占总资产比例		市值(元)	占总资产比例		市值(元)	占总资产比例	
股票投资	196,570,539.18	51.45%		173,552,904.17	48.12%		171,924,153.98	52.87%		158,457,408.83	53.85%	
债券投资	155,275,226.62	40.64%		156,902,593.10	43.50%		138,034,552.40	42.45%		125,965,922.76	42.81%	
银行存款和清算备付金	28,094,113.82	7.35%		27,743,528.20	7.70%		7,289,327.30	2.24%		7,102,664.34	2.41%	
其他资产	2,143,200.91	0.56%		2,455,522.50	0.68%		7,924,903.48	2.44%		2,727,930.05	0.93%	
投资前五名股票明细	股票名称	市值(元)	占净值比例	股票名称	市值(元)	占净值比例	股票名称	市值(元)	占净值比例	股票名称	市值(元)	占净值比例
	上海机场	12,805,518.00	3.36%	贵州茅台	14,179,695.00	3.94%	G长电	15,802,247.52	4.87%	G中兴	18,472,116.54	6.30%
	长江电力	12,490,600.00	3.28%	长江电力	13,676,334.90	3.80%	贵州茅台	15,372,019.62	4.74%	贵州茅台	11,405,000.00	3.89%
	华侨城A	10,116,541.00	2.66%	中兴通讯	12,948,433.92	3.60%	中兴通讯	14,857,475.22	4.58%	G上港	8,689,721.82	2.96%
	贵州茅台	9,347,773.00	2.45%	上港集箱	12,266,207.79	3.41%	G上港	14,101,646.54	4.35%	中国石化	8,510,231.80	2.90%
	中国石化	8,451,993.44	2.22%	华侨城A	12,073,803.12	3.35%	上海机场	10,976,000.00	3.38%	金融街	8,437,282.00	2.88%
投资前五名债券明细	债券名称	市值(元)	占净值比例	债券名称	市值(元)	占净值比例	债券名称	市值(元)	占净值比例	债券名称	市值(元)	占净值比例
	21国债(15)	27,527,885.00	7.23%	20国债(10)	31,144,435.20	8.65%	21国债(15)	28,797,450.00	8.88%	21国债(15)	28,634,180.00	9.77%
	05国债02	26,918,640.00	7.07%	21国债(15)	28,271,045.00	7.86%	20国债(4)	21,260,400.00	6.56%	20国债(4)	21,168,000.00	7.23%
	02国开11	20,077,000.00	5.27%	02国开(11)	20,077,000.00	5.58%	02国开11	20,077,000.00	6.19%	02国开11	20,077,000.00	6.85%
	20国债(10)	17,978,318.40	4.72%	05国债(02)	15,111,046.80	4.20%	05国债(2)	15,104,901.60	4.66%	05国债02	14,682,826.06	5.01%
	04国债(5)	17,095,250.00	4.49%	20国债(04)	12,948,000.00	3.60%	21国债(3)	10,289,000.00	3.17%	21国债(3)	10,226,000.00	3.49%

招商安泰债券基金

基本资料

基金简称	招商安泰债券基金		基金代码	217003	
投资目标	债券基金追求较高水平和稳定的当期收益，保证本金的长期安全。				
业绩比较基准	95%×中信国债指数＋5%×同业存款利率				
风险收益特征	短期本金安全性高，当期收益好，长期资本增值低，总体投资风险低。				
合同生效日	2003年4月28日	上市日期	——	上市地点	——
募集概况	首募规模	认购户数	募集日期		
	25.86亿份	15245户	2003年3月17日至2003年4月25日		
基金费率	认购费率	申购费率	赎回费率	管理费率	托管费率
	0.80%	不高于0.80%	不高于0.05%	0.60%	0.18%
基金管理人	招商基金管理有限公司		基金托管人	招商银行股份有限公司	
审计机构	德勤华永会计师事务所	法律顾问	北京高朋律师事务所	注册登记人	招商基金管理有限公司

财务指标　　单位：人民币(元)

项目＼年度	2005年度	2004年度	2003年4月28日至2003年12月31日
加权平均基金份额本期净收益	0.0874	0.0548	−0.0012
期末可分配基金份额收益	0.0428	0.0013	−0.0020
期末基金份额净值	1.0428	1.0013	1.0116
基金加权平均净值收益率	8.51%	5.40%	−0.12%
本期基金份额净值增长率	8.76%	0.43%	1.15%
基金份额累计净值增长率	10.49%	1.60%	1.15%
基金收益分配	本年度每10份派现0.450元；成立以来每10份累计派现0.600元。		
期末基金份额持有人户数	基金份额持有人户数为5,987户，平均每户持有65,781.55份。		
期末基金份额持有人结构	机构投资者持有177,219,587.53份，占总份额45.00%；个人投资者持有216,614,535.34份，占总份额55.00%。		

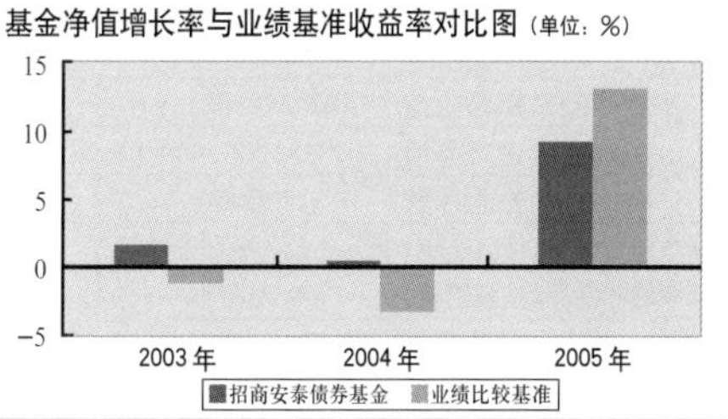

【基金业绩表现】

2005年，招商安泰债券基金基金份额净值增长率为8.76%，同期业绩基准涨幅为13.35%，低于业绩基准收益4.59%。

【基金管理团队】

曾昭雄先生：经济学硕士。曾任职于深圳证券交易所，联合证券公司。2001年9月起任湘财荷银基金管理公司总经理助理、投资总监及湘财合丰周期类基金经理，后调入景顺长城基金管理公司任投资副总监、股票投资主管，并兼任景顺系列基金基金经理。现任招商基金总经理助理及股票投资总监。

贺庆先生：经济学硕士。曾任职于南方证券公司，1998年加入博时基金管理公司，先后任高级交易员、研究员和基金经理助理。2002年加入招商基金管理公司。10年证券从业经历。

胡军华女士：经济学硕士。曾先后任职于中国经济开发信托投资公司、华鑫证券股份公司、南方证券股份公司。2003年3月加入招商基金管理有限公司。13年证券从业经历。

【基金运作分析】

2005年债券市场以一根完美的大阳年线收场，全年收益率平均下行近150BP，交易所国债指数报收98.7，较年初86.7上涨接近13%，成为2005年所有市场投资品中最亮眼的一块。

造就债券市场大牛市，该基金管理人认为主要原因在于：首先债券市场宏观环境偏暖；其次债券市场流动性充沛；再次债券市场供不应求，充裕流动性推动债券市场收益率不断走低；最后为配合人民币汇率形成制度改革，管理层刻意营造低利率环境。

2004年末，该基金管理人认识到2005年经济运行“紧信贷、松货币”特点显著，经济增长趋于回落，市场流动性充沛的特点，基金管理人积极看好2005年债券市场。2005年初，该基金管理人认为央行仍有加息50−75BP的可能，伴随4−5月份加息预期的逐渐淡化，才逐步将组合久期拉长至超越基准，以致没有充分分享2005年债券市场的大牛市，业绩表现逊色于基准。

【季度投资组合一览】

项目＼季度	第一季度		第二季度		第三季度		第四季度	
基金资产净值	308,389,814.09元		256,659,957.29元		274,675,565.61元		410,676,739.28元	
基金份额	300,912,086.53份		249,895,541.84份		264,911,130.56份		393,834,122.87份	
基金份额净值	1.0249元		1.0271元		1.0369元		1.0428元	
基金资产组合	市值(元)	占总资产比例	市值(元)	占总资产比例	市值(元)	占总资产比例	市值(元)	占总资产比例
债券投资	271,414,896.76	87.34%	243,112,412.90	93.86%	246,695,580.10	88.04%	385,493,571.00	93.52%
银行存款和清算备付金	32,766,021.95	10.55%	12,737,604.94	4.92%	29,021,520.69	10.36%	21,240,379.44	5.15%
其他资产	6,566,432.84	2.11%	3,152,573.13	1.22%	4,495,618.60	1.60%	5,457,833.76	1.33%

投资前五名债券明细	债券名称	市值(元)	占净值比例	债券名称	市值(元)	占净值比例	债券名称	市值(元)	占净值比例	债券名称	市值(元)	占净值比例
	05国债02	39,200,000.00	12.71%	21国债(15)	26,989,558.20	10.52%	21国债(15)	34,653,102.00	12.62%	05农发13	99,990,000.00	24.35%
	21国债(15)	26,280,084.60	8.52%	雅戈转债	23,591,350.20	9.19%	21国债(12)	30,131,986.50	10.97%	20国债(10)	39,237,523.20	9.55%
	04国开11	24,985,277.78	8.10%	20国债(4)	19,069,416.00	7.43%	雅戈转债	22,467,679.20	8.18%	21国债(12)	34,013,998.50	8.28%
	雅戈转债	21,717,157.20	7.04%	02国债(3)	17,584,248.00	6.85%	05国开17	20,000,000.00	7.28%	21国债(15)	32,422,232.80	7.89%
	20国债(4)	21,368,675.40	6.93%	21国债(12)	15,680,000.00	6.11%	20国债(4)	19,383,410.40	7.06%	20国债(4)	27,169,632.00	6.62%

招商现金增值开放式证券投资基金

基本资料

基金简称	招商现金增值基金			基金代码	217004	
投资目标	保持本金的安全性与资产的流动性，追求稳定的当期收益。					
业绩比较基准	一年期银行定期储蓄存款的税后利率：（1－利息税率）×一年期银行定期储蓄存款利率					
风险收益特征	该基金流动性好、安全性高、收益稳定。					
合同生效日	2004 年 1 月 14 日	上市日期	——	上市地点	——	
募集概况	首募规模	认购户数	募集日期			
	46.45 亿份	26731 户	2003 年 12 月 15 日至 2004 年 1 月 12 日			
基金费率	认购费率	申购费率	赎回费率	管理费率	托管费率	销售服务费率
	0	0	0	0.33%	0.10%	0.25%
基金管理人	招商基金管理有限公司		基金托管人	招商银行股份有限公司		
审计机构	德勤华永会计师事务所	法律顾问	北京市高朋天达律师事务所	注册登记人	招商基金管理有限公司	

财务指标 单位：人民币(元)

项 目 \ 年 度	2005 年度	2004 年 1 月 14 日至 2004 年 12 月 31 日
基金份额本期净收益	569,379,682.41	133,595,772.17
期末基金资产净值	10,928,266,989.88	9,457,893,716.10
期末基金份额净值	1.0000	1.0000
本期净值收益率(按日结转)	2.2997%	2.3738%
累计净值收益率(按日结转)	4.7281%	2.3738%
基金收益分配	本年度累计分配收益 569,379,682.41 元；成立以来累计分配收益 702,975,454.58 元。	

基金收益率与同期业绩基准收益率对比图（单位：%）

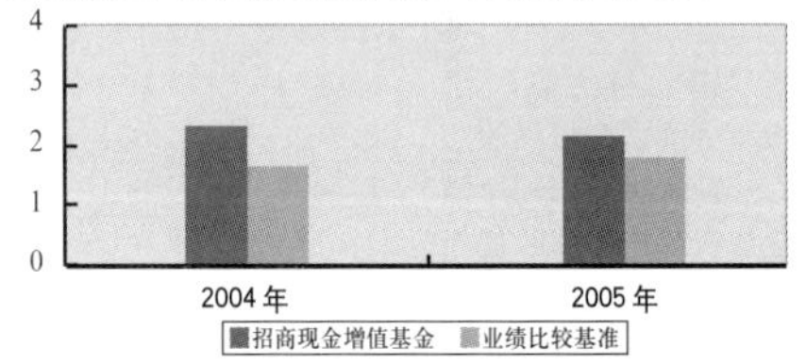

期末基金份额持有人户数	基金份额持有人户数为 68,954 户，平均每户持有 158,486.33 份。
期末基金份额持有人结构	机构投资者持有 3,329,676,993.96 份，占总份额 30.47%；个人投资者持有 7,598,589,995.92 份，占总份额 69.53%。

【基金业绩表现】

2005 年，每万份招商现金增值基金累计实现收益 227.37 元，收益率为 2.30%；高于同期业绩比较基准 1.80%。

【基金管理团队】

杜海涛先生：工商管理硕士，8 年证券从业经历。曾任长城证券有限责任公司研究员、宝盈基金管理有限公司基金经理助理。2003 年 6 月加入招商基金管理有限公司。

胡军华女士：经济学硕士，13 年证券从业经历。曾任中国经济开发信托投资公司证券总部研究部副总经理、华鑫证券股份有限公司深圳营业部副总经理、南方证券股份有限公司投资经理。2003 年 3 月加入招商基金管理有限公司理。

【基金运作分析】

2005 年货币政策制定主要是围绕“汇率改革”这一核心目标展开的。在货币政策同时作用下，2005 年货币市场利率走出了“U”型。首先是超储利率下调打开了货币市场利率的下限，其次是市场过多的流动性使得 2005 年春节后货币市场利率迅速逼近底线，并且在历史低位维持了 3 个月左右的时间。四季度随着央行相关窗口指导和紧缩政策效果显现，货币市场利率有所回升。

2005 年年初随着货币市场利率的大幅度下滑，招商现金增值基金组合产生了大量的浮动盈利，为了控制影子价格和摊余成本的偏离幅度，该基金管理人部分变现了组合浮动盈利，使得基金 7 日收益率维持较高的水平。但是，随着高票息品种的陆续到期再投资，基金收益率出现了回落。

【季度投资组合一览】

项 目 \ 季 度	第一季度		第二季度		第三季度		第四季度	
基金资产净值	25,135,757,815.02 元		27,182,001,621.53 元		25,133,458,595.32 元		10,928,266,989.88 元	
基金份额	25,135,757,815.02 份		27,182,001,621.53 份		25,133,458,595.32 份		10,928,266,989.88 份	
基金份额净值	1.0000 元		1.0000 元		1.0000 元		1.0000 元	
基金资产组合	市值(元)	占总资产比例	市值(元)	占总资产比例	市值(元)	占总资产比例	市值(元)	占总资产比例
债券投资	18,722,246,423.76	67.78%	25,401,130,173.65	77.84%	8,494,850,117.96	31.29%	9,315,319,992.94	77.54%
买入返售证券	7,948,300,000.00	28.78%	1,696,187,465.75	5.20%	196,100,000.00	0.72%	196,100,000.00	1.63%
银行存款和清算备付金	937,219,809.17	3.39%	5,026,171,857.76	15.40%	18,381,714,441.02	67.70%	2,467,994,028.46	20.54%
其他资产	12,684,790.97	0.05%	508,082,405.34	1.56%	77,514,333.10	0.29%	34,649,274.61	0.29%

投资前五名债券明细	债券名称	摊余成本(元)	占资产净值比例	债券名称	摊余成本(元)	占资产净值比例	债券名称	摊余成本(元)	占资产净值比例	债券名称	摊余成本(元)	占资产净值比例
	05 央行票据 10	1,950,390,685.04	7.76%	05 央行票据 10	2,077,522,938.87	7.64%	04 国开 17	1,010,298,939.97	4.02%	04 国开 17	1,016,857,076.89	9.30%
	05 央行票据 30	1,781,428,695.68	7.09%	05 央行票据 30	1,991,570,133.78	7.33%	05 央行票据 51	992,432,141.26	3.95%	05 央行票据 4	994,696,714.61	9.10%
	04 国开 17	1,009,568,202.51	4.02%	05 央行票据 48	1,970,249,677.40	7.25%	05 央行票据 48	992,389,991.77	3.95%	05 央行票据 51	795,712,405.57	7.28%
	05 央行票据 16	996,733,025.21	3.97%	05 央行票据 51	1,760,386,975.72	6.48%	05 央行票据 92	947,768,547.90	3.77%	05 央行票据 54	596,723,022.15	5.46%
	04 国开 22	993,709,657.90	3.95%	05 央行票据 05	1,283,645,605.32	4.72%	04 农发 02	892,294,588.85	3.55%	05 国开 11	548,021,041.00	5.01%

投资组合剩余期限	平均剩余期限	占资产净值比例	平均剩余期限	占资产净值比例	平均剩余期限	占资产净值比例	平均剩余期限	占资产净值比例
	30 天以内	23.85%	30 天以内	16.00%	30 天以内	55.09%	30 天以内	6.39%
	30 天 −60 天	20.54%	30 天(含)−60 天	11.97%	30 天(含)−60 天	12.43%	30 天(含)−60 天	13.97%
	60 天 −90 天	11.06%	60 天(含)−90 天	18.05%	60 天(含)−90 天	13.93%	60 天(含)−90 天	8.54%
	90 天 −180 天	17.74%	90 天(含)−180 天	32.77%	90 天(含)−180 天	4.11%	90 天(含)−180 天	58.32%
	180 天以上 397 天以内	36.65%	180 天(含)−397 天(含)	40.85%	180 天(含)−397 天(含)	22.15%	180 天(含)−397 天(含)	22.40%

招商先锋开放式证券投资基金

基本资料							
基金简称	招商先锋			基金代码	217005		
投资目标	通过动态的资产配置，在股市和债市之间选择投资机会，精选股票和债券品种，适当集中投资，追求长期资本增值。						
业绩比较基准	65%×上证180指数＋35%×中信国债指数						
风险收益特征	该基金股票资产将集中投资于基金管理人认为具有较高相对投资价值的股票。其债券投资采用主动的投资管理，获得与风险相匹配的收益率，同时保证组合的流动性满足正常的现金流的需要。						
合同生效日	2004年6月1日		上市日期	——	上市地点	——	
募集概况	首募规模	认购户数	募集日期				
	16.05亿份	26381户	2004年4月23日至2004年5月28日				
基金费率	认购费率	申购费率	赎回费率		管理费率	托管费率	
	不高于1.00%	不高于1.50%	不高于0.50%		1.50%	0.25%	
基金管理人	招商基金管理有限公司		基金托管人		中国银行股份有限公司		
审计机构	德勤华永会计师事务所	法律顾问	北京市高朋天达律师事务所		注册登记人	招商基金管理有限公司	

财务指标　单位：人民币(元)

项目 \ 年度	2005年度	2004年6月1日至2004年12月31日
加权平均基金份额本期净收益	−0.0477	−0.0031
期末可分配基金份额收益	−0.0475	−0.0149
期末基金份额净值	0.9804	0.9851
基金加权平均净值收益率	−4.88%	−0.31%
本期基金份额净值增长率	−0.48%	−1.49%
基金份额累计净值增长率	−1.96%	−1.49%
基金收益分配	自基金合同生效以来未实现收益分配。	

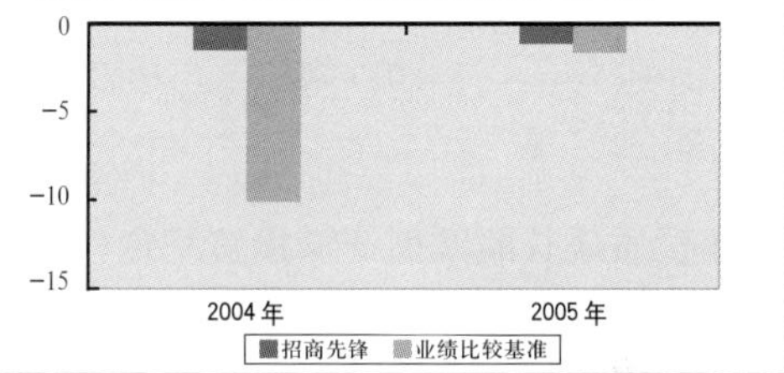

期末基金份额持有人户数	基金份额持有人户数为17,853户，平均每户持有84,212.91份。
期末基金份额持有人结构	机构投资者持有912,667,193.15份，占总份额60.70%；个人投资者持有590,785,933.48份，占总份额39.30%。

【基金业绩表现】

截至2005年12月31日，招商先锋基金份额净值为0.9804元，本年基金净值增长率为−0.48%，同期基准指数增长率为−0.53%，基金净值表现超越基准指数0.05%。

【基金管理团队】

张冰先生：管理学硕士。1994年加入招商证券股份有限公司，先后任研究发展中心高级研究员，资产管理部投资经理。2002年加入招商基金管理有限公司。拥有10年证券分析与投资经历，在资产管理、行业与上市公司研究方面有较丰富的经验。

周炜炜先生：金融学硕士。1998年加入德意志银行集团并任上海分行助理副总裁，2001年加入美国思腾思特管理咨询公司，任中国区副总裁。率先将经济增加值(EVA)的现代金融理念引入中国，为许多中国公司在价值创造、财务评估、资本结构等方面提供咨询，在财务分析、公司金融、债务市场和风险管理方面有丰富的从业经验，具有美国注册金融分析师资格和中国注册律师资格，是美国投资研究管理协会(AIMR)会员。

【基金运作分析】

2005年中国股市总体上表现为探底回升的格局。在市场预期2005年宏观经济增长将出现平稳减速、上市公司盈利增长预期下降和政策面不明朗的大背景下，A股市场呈现出反复

【季度投资组合一览】

（转下页）

项目 \ 季度	第一季度			第二季度			第三季度			第四季度		
基金资产净值	1,853,624,710.76元			1,784,879,970.23元			1,587,062,986.50元			1,473,969,576.41元		
基金份额	1,851,716,017.75份			1,882,681,624.41份			1,586,923,022.54份			1,503,453,126.63份		
基金份额净值	1.0010元			0.9481元			1.0001元			0.9804元		
基金资产组合	市值(元)		占总资产比例	市值(元)		占总资产比例	市值(元)		占总资产比例	市值(元)		占总资产比例
股票投资	1,281,736,581.16		66.76%	1,259,056,312.55		70.36%	1,101,294,897.80		69.17%	1,003,530,070.97		67.81%
债券投资	424,657,199.08		22.12%	426,024,771.60		23.81%	368,079,434.77		23.12%	387,939,125.60		26.21%
银行存款和清算备付金	191,306,048.20		9.96%	82,140,407.81		4.59%	51,881,886.65		3.26%	57,006,031.05		3.85%
其他资产	22,155,434.65		1.16%	22,222,153.00		1.24%	70,967,863.73		4.45%	31,556,642.18		2.13%
投资前五名股票明细	股票名称	市值(元)	占净值比例	股票名称	市值(元)	占净值比例	股票名称	市值(元)	占净值比例	股票名称	市值(元)	占净值比例
	华侨城A	101,750,033.20	5.49%	中兴通讯	121,292,398.08	6.80%	G长电	109,043,110.08	6.87%	G民生	61,503,567.72	4.17%
	上海机场	81,660,430.50	4.41%	华侨城A	115,765,587.12	6.49%	中兴通讯	106,676,679.90	6.72%	福建高速	53,623,655.52	3.64%
	贵州茅台	71,886,106.33	3.88%	长江电力	93,154,192.94	5.22%	贵州茅台	86,040,220.32	5.42%	G中兴	51,871,316.04	3.52%
	威孚高科	67,370,644.00	3.63%	贵州茅台	88,756,789.55	4.97%	G上港	77,138,525.10	4.86%	金融街	48,603,846.20	3.30%
	长江电力	65,671,509.30	3.54%	上港集箱	85,924,847.01	4.81%	上海机场	68,966,378.88	4.35%	上海机场	46,185,241.20	3.13%
投资前五名债券明细	债券名称	市值(元)	占净值比例	债券名称	市值(元)	占净值比例	债券名称	市值(元)	占净值比例	债券名称	市值(元)	占净值比例
	04国开11	89,970,000.00	4.85%	04国开11	89,970,000.00	5.04%	21国债(15)	93,929,814.00	5.92%	05农发13	50,115,000.00	3.40%
	04国开10	89,955,000.00	4.85%	21国债(15)	80,161,217.40	4.49%	05国债(2)	34,402,168.00	2.17%	05国债02	33,280,220.00	2.26%
	21国债(15)	78,054,022.20	4.21%	05国债06	39,427,680.00	2.21%	04国开12	30,660,000.00	1.93%	21国债(15)	32,365,269.60	2.20%
	05国债02	58,800,000.00	3.17%	05国债02	39,344,000.00	2.20%	21国债(12)	23,687,114.50	1.49%	04国开12	30,660,000.00	2.08%
	雅戈转债	20,751,244.80	1.12%	20国债(10)	26,278,117.20	1.47%	04国开16	21,132,000.00	1.33%	20国债(4)	30,240,000.00	2.05%

【基金运作分析】

走低，并在年底触底回升。全年上证综合指数下跌8.29%。

2005年债券市场以一根完美的大阳年线收场，全年收益率平均下行近150个基点，交易所国债指数报收98.7，较年初86.7上涨接近13%，成为2005年所有市场投资品中最亮眼的一块。

基于该基金管理人对中国经济长期增长潜力和股票市场的投资价值持乐观看法，招商先锋基金在上半年的大类资产配置方面，将股票资产的仓位一直维持在较高水平，在大盘持续下跌的情况下，对基金净值造成了一定的损失。对股票市场短期的风险估计不足，是招商先锋基金2005年业绩不理想的主要原因。

在股票组合的构建上，该基金管理人坚持了稳健防守的策略。对周期性行业如钢铁、石化、煤炭、水运、电子元器件和有色金属行业的个股，给予低于市场权重配置；对交通运输行业、医药和消费品行业等防守性个股，给予高于市场权重配置。但由于交通运输行业和医药行业的配置权重过大，而在这些行业出现大幅调整时没能及时减仓，致使基金净值受到一定损失。

围绕股权分置这一主题，该基金管理人坚持价值投资的理念，重点投资了一些基本面良好同时又能从股权分置改革中受益较多的公司；针对人民币升值这一主题，减持了那些单纯靠低价优势出口的公司，而对于产品技术含量高、在国际市场上的核心竞争优势不断增强的公司维持较高的权重配置，同时增持了一些银行和地产类股票。

招商优质成长股票型证券投资基金(LOF)

基本资料					
基金简称	招商成长		交易代码	161706	
投资目标	精选受益于中国经济成长的优秀企业，进行积极主动的投资管理，在控制风险的前提下为基金份额持有人谋求长期、稳定的资本增值。				
投资策略	该基金将应用招商基金从外方股东ING引进的投资技术和投资模型，其中包括严谨的投资管理流程、市场量表的配置技术、股票筛选模型、SRS股票分析系统、PFG组合配置模型、EMA风险管理模型等。				
业绩比较基准	95%×沪深300指数＋5%×同业存款利率				
风险收益特征	该基金属于主动管理的股票型基金，精选价值被低估的具有优质成长性的个股进行积极投资，属于预期风险和预期收益相对较高的证券投资基金品种，该基金力争在严格控制风险的前提下谋求实现基金资产长期稳定增值。				
合同生效日	2005年11月17日	上市日期	2005年12月9日	上市地点	深圳证券交易所
募集概况	首募规模	认购户数	募集日期		
	6.53亿份	8203户	2005年10月10日至2005年11月11日		
基金费率	认购费率	申购费率	赎回费率	管理费率	托管费率
	不高于1.20%	不高于1.70%	不高于0.50%	1.50%	0.25%
基金管理人	招商基金管理有限公司		基金托管人	中信银行	
审计机构	德勤华永会计师事务所	法律顾问	北京市高朋天达律师事务所	注册登记人	中国证券登记结算有限责任公司

【基金管理团队】

张冰先生：基金经理。管理工程硕士，毕业于浙江大学，1994年起在招商证券股份有限公司工作，先后任宝安营业部证券分析师、研究发展中心高级研究员、资产管理部投资经理。具有10年的证券分析与投资经历，在资产管理、行业与上市公司研究方面具有较丰富的经验，拥有中国证监会颁发的证券投资咨询从业资格和基金从业资格。

2005年大事记

1月04日—华宝兴业基金管理有限公司北京分公司经中国证监会批准开业。

1月19日—21世纪(2004)年度中国赢基金奖”结果揭晓，华宝兴业基金管理有限公司分别荣获“2004年中国基金管理公司综合实力奖”第三名和“2004年中国基金管理公司开放式基金综合表现奖”第二名。宝康消费品基金荣获“2004年中国偏股型开放式基金最佳表现奖”第五名；宝康债券基金被评为“2004年中国债券型开放式基金最佳表现奖”的第一名。

1月31日—国际著名基金评级机构晨星(中国)公布中国基金2004年12月份(一年)评级结果：宝康消费品基金被评为五星级股票型基金；宝康债券基金被评为国内唯一的五星级债券型基金；宝康灵活配置基金被评为四星级配置型基金。

3月31日—华宝兴业现金宝货币市场基金成立。

4月12日—华宝兴业在中国证券报主办的第二届中国基金业“金牛奖”评选中被评为十佳“金牛基金管理公司”，同时宝康消费品基金摘取2004年度开放式股票型“金牛基金”。

4月13日—宝康债券基金经理荣获晨星2004年度债券型基金经理奖。

11月17日—华宝兴业动力组合股票型证券投资基金成立。

12月31日—华宝兴业跻身公募基金管理规模前十大基金管理公司，截止到2005年底，公司管理基金份额规模达到123.58亿份。

华宝兴业基金管理有限公司

法定名称	华宝兴业基金管理有限公司	英文名称	Fortune SGAM Fund Management Co.,Ltd.
成立日期	2003 年 3 月 7 日	注册资本	1 亿元人民币
法人代表	郑安国	总 经 理	裴长江
联系电话	021-50499588	客服电话	021-38784747
传真号码	021-50499688	公司网址	www.fsfund.com
注册地址	上海浦东新区世纪大道 88 号金茂大厦 48 层	办公地址	上海浦东新区世纪大道 88 号金茂大厦 48 层

● 发展概况

华宝兴业基金管理有限公司是我国首批合资基金管理公司之一，也是国内首家由信托公司和外方资产管理公司发起设立的中外合资基金管理公司。2003 年 2 月 12 日，经中国证监会证监基金字[2003]19 号文批准，公司由华宝信托投资有限责任公司和法国兴业资产管理有限公司发起正式成立。

华宝兴业基金管理有限公司强调风险管理，公司副总经理Denis LEFRANC是由法方派遣的内控专家，主要负责风险管理，其领导的内控审计风险管理部独立于其他部门，主要负责按照国际惯例进行内部审计和风险管理。华宝兴业基金管理有限公司的交易部不属于投资管理部，而是由营运总监管理，从制度上控制操作风险。此外，公司建立了科学的公司管理制度和部门业务规章、流程，实施了公司财务会计和基金财务会计的分离，建立了危机处理机制、风险报告制度、风险监控、预警系统，并设有专职督察员。

在人员构成上，华宝兴业基金管理公司拥有一支国际化的团队，投资管理团队规模已超过 20 人，其中核心投资管理人员平均有 8 年以上从业经历。

● 经营业绩

2005 年，华宝兴业基金管理有限公司顺利完成了华宝兴业现金宝货币市场基金和华宝兴业动力组合基金两只开放式基金的募集设立。截至 2005 年 12 月 31 日，华宝兴业基金管理有限公司管理了华宝兴业宝康系列基金(包括宝康消费品、宝康灵活配置和宝康债券三只基金)、华宝兴业多策略增长基金、华宝兴业现金宝货币市场基金及华宝兴业动力组合基金，公司管理基金规模达到 123.58 亿份，比2004 年增长了 75.89%，成为 2005 年公募基金规模前 10 大基金公司中排名上升最快的基金公司之一。

华宝兴业现金宝货币市场基金自 2005 年 2 月 28 日开始公开发售，2005 年 3 月 25 日结束募集，共募集基金份额23.14 亿份，有效认购总户数为 23839 户，2005 年 3 月 31日基金合同正式生效。

华宝兴业动力组合基金为华宝兴业旗下第六只开放式基金。该基金自 2005 年 9 月 27 日开始发售，2005 年 11 月11 日募集结束，共募集基金份额 5.35 亿份，有效认购总户数为 3397 户，基金合同于 2005 年 11 月 17 日正式生效。

在投资业绩上，2005 年华宝兴业旗下基金规范运作，为投资者带来了良好的收益回报。其中宝康消费品基金全年净值增长 9.16%，超越业绩基准收益 13.10%，本年实现两次分红，每份累计派现 0.060 元；宝康灵活配置基金全年净值增长 7.80%，超越基准收益 2.58%，本年实现分红，每基金份额累计派现 0.020 元；宝康债券基金全年净值增长 2.30%，本年实现分红，每份派现 0.030 元；华宝兴业多策略增长基金全年净值增长 -1.84%，超越基准收益 1.78%；本年新成立的华宝兴业现金宝货币市场基金自成立以来稳定运作，基金规模由成立时的 23.14 亿份增至年末的 54.18 亿份，增长幅度达 134%。

在客户服务上，华宝兴业基金公司秉承“专业创造价值、勤勉回报信任”的精神，竭诚为客户提供优质的理财服务。

近三年公司管理基金资产规模与基金数量

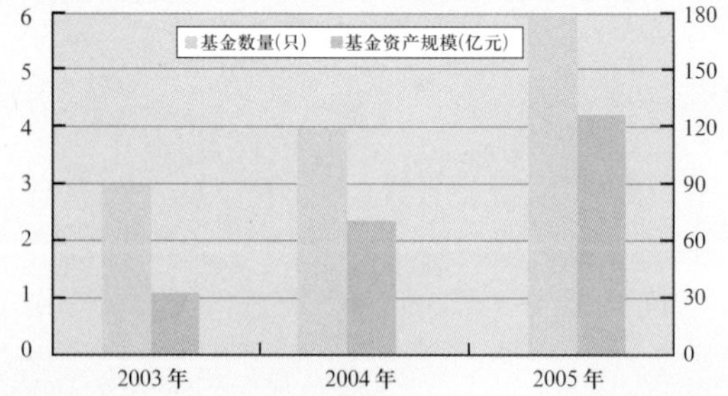

公司股东结构

股东名称	出资金额(万元)	出资比例(%)
华宝信托投资有限责任公司	6700.00	67.00
法国兴业资产管理有限公司	3300.00	33.00

公司高管介绍

郑安国先生：董事长。博士，高级经济师。曾任南方证券有限公司发行部经理、投资部经理，南方证券有限公司投资银行部总经理助理，南方证券有限公司上海分公司副总经理，南方证券公司研究所总经理级副所长，华宝信托投资有限责任公司副总经理、总经理。

裴长江先生：董事总经理。硕士，经济师。曾任上海万国证券公司闸北营业部经理助理、经理，申银万国证券股份有限公司浙江管理总部副总经理，申银万国证券股份有限公司经纪总部副总经理，华宝信托投资有限责任公司投资总监。

陆云飞(Denis LEFRANC)先生：董事副总经理，文学士，法学士。曾任法国期货市场委员会审计员，法国兴业银行法律顾问，法国兴业银行资本市场及资产管理部副经理，BAREP资产管理公司(法国兴业银行集团子公司)首席法律顾问，法国兴业资产管理有限公司首席法律顾问。现任华宝兴业基金管理有限公司董事副总经理。

华宝兴业宝康系列开放式证券投资基金

（该系列基金由风险收益特征不同、投资策略和目标不同的宝康消费品基金、宝康灵活配置基金和宝康债券基金等三只基金构成，每只基金彼此独立，通过低费率而且高效率的相互转换构成一个有机的基金体系。）

宝康消费品证券投资基金

基本资料						
基金简称	宝康消费品			交易代码	240001	
投资目标	分享我国全面建设小康社会过程中消费品各相关行业的稳步成长；为基金持有人谋求长期稳定回报。					
业绩比较基准	上证 180 指数和深证 100 指数的复合指数× 80%+ 中信全债指数× 20%					
风险收益特征	无					
合同生效日	2003 年 7 月 15 日	上市日期	——		上市地点	——
募集概况	首募规模	认购户数	募集日期			
	15.41 亿份	51785 户	2003 年 6 月 5 日至 2003 年 7 月 11 日			
基金费率	认购费率	申购费率	赎回费率	管理费率	托管费率	
	1.00%	不高于 1.20%	不高于 0.50%	1.50%	0.25%	
基金管理人	华宝兴业基金管理有限公司		基金托管人	中国建设银行股份有限公司		
审计机构	普华永道中天会计师事务所	法律顾问	海华永泰律师事务所	注册登记人	华宝兴业基金管理有限公司	

财务指标　单位：人民币(元)

项目 \ 年度	2005 年度	2004 年度	2003 年 7 月 15 日至 2003 年 12 月 31 日
基金份额本期净收益	0.0355	0.0877	0.0102
期末可分配基金份额收益	0.0046	0.0308	0.0012
期末基金份额净值	1.1010	1.0676	1.0394
基金加权平均净值收益率	3.3046%	7.9356%	1.02%
本期基金份额净值增长率	9.16%	8.34%	4.94%
基金份额累计净值增长率	24.11%	13.69%	4.94%
基金收益分配	本年度每 10 份派现 0.600 元；成立以来每 10 份累计派现 1.300 元。		

基金净值增长率与业绩基准收益率对比图（单位：%）

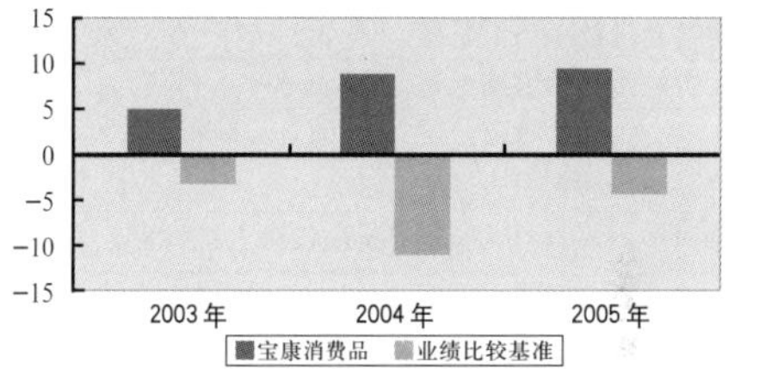

期末基金份额持有人户数	基金份额持有人户数为 21,018 户，平均每户持有 83,102.87 份。
期末基金份额持有人结构	机构投资者持有 1,335,684,953.19 份，占总份额 76.47%；个人投资者持有 410,971,077.62 份，占总份额 23.53%。

【基金业绩表现】

2005 年，宝康消费品基金全年净值增长 9.16%，同期业绩基准收益为 −3.94%，超越业绩基准收益 13.10%。

【基金管理团队】

栾杰先生：基金经理。2003 年初加入华宝兴业基金管理有限公司，任投资管理部总经理，同年 7 月起任宝康消费品基金经理。2006 年 2 月起担任公司投资副总监。

【基金运作分析】

2005 年宝康消费品基金资产组合紧紧围绕着汇率升值这条主线，在非贸易品部门重点配置，如银行、地产、品牌食品饮料、交通运输等行业，其间虽经历巨幅下跌，但最终还是获得了较高的超额收益。同时，该基金维持一贯的投资风格，谨慎选股，稳健操作，努力降低组合的波动率，虽牺牲了一些投资机会，但“不熟不做”的哲学仍会继续贯穿下去，基金的低波动性特征保持得较好。另外，宝康消费品基金把握住了以权证为代表的制度性投资机会和以中石化私有化为代表的回购机会，该基金在武钢、鞍钢以及白云机场等股票上获得了很高的超额收益，在齐鲁石化、扬子石化上也有收获。

【季度投资组合一览】

项目 \ 季度	第一季度		第二季度		第三季度		第四季度	
基金资产净值	1,364,181,786.78 元		1,516,011,165.56 元		1,668,089,809.85 元		1,923,142,759.78 元	
基金份额	1,245,317,331.17 份		1,450,290,050.90 份		1,544,091,511.25 份		1,746,656,030.81 份	
基金份额净值	1.0954 元		1.0453 元		1.0803 元		1.1010 元	
基金资产组合	市值(元)	占总资产比例	市值(元)	占总资产比例	市值(元)	占总资产比例	市值(元)	占总资产比例
股票投资	863,111,933.35	61.80%	1,009,649,401.01	65.00%	1,140,410,562.16	68.08%	1,283,497,436.48	66.50%
债券投资	400,861,000.25	28.70%	381,128,590.70	24.54%	372,983,069.78	22.27%	428,498,080.40	22.20%
银行存款和清算备付金	44,960,275.17	3.22%	154,697,916.30	9.96%	150,575,966.28	8.99%	193,077,561.52	10.00%
其他资产	87,737,233.71	6.28%	7,900,522.30	0.51%	11,218,412.48	0.66%	24,872,401.37	1.30%

投资前五名股票明细	股票名称	市值(元)	占净值比例	股票名称	市值(元)	占净值比例	股票名称	市值(元)	占净值比例	股票名称	市值(元)	占净值比例
	贵州茅台	104,110,040.00	7.63%	贵州茅台	108,104,750.00	7.13%	贵州茅台	114,920,310.00	6.89%	贵州茅台	96,333,016.80	5.01%
	格力电器	62,411,400.00	4.58%	格力电器	71,090,565.77	4.69%	G 长 电	80,900,826.48	4.85%	格力电器	80,346,780.74	4.18%
	雅 戈 尔	58,768,767.12	4.31%	长江电力	59,606,563.45	3.93%	格力电器	69,942,317.76	4.19%	G 长 电	73,352,000.00	3.81%
	伊利股份	44,357,200.00	3.25%	上海机场	48,063,600.00	3.17%	上海机场	54,880,000.00	3.29%	金地集团	68,303,449.15	3.55%
	广州控股	43,019,919.54	3.15%	广州控股	46,933,867.16	3.10%	伊利股份	54,529,723.80	3.27%	伊利股份	64,973,861.04	3.38%

投资前五名债券明细	债券名称	市值(元)	占净值比例	债券名称	市值(元)	占净值比例	债券名称	市值(元)	占净值比例	债券名称	市值(元)	占净值比例
	04 国债(05)	161,500,000.00	11.84%	04 国债(5)	148,195,830.50	9.78%	04 国债(5)	147,916,069.10	8.87%	04 国债(5)	105,404,923.20	5.48%
	05 农发(01)	100,130,150.00	7.34%	05 农发(01)	50,000,000.00	3.30%	20 国债(10)	45,449,053.10	2.72%	02 国债(14)	74,117,400.00	3.85%
	05 央行票据(05)	29,122,489.73	2.13%	05 国债(6)	40,930,559.80	2.70%	05 国债(6)	41,046,863.40	2.46%	20 国债(10)	63,865,137.60	3.32%
	20 国债(10)	19,848,000.00	1.45%	02 国债(14)	40,140,000.00	2.65%	02 国债(14)	40,504,000.00	2.43%	21 国债(3)	57,188,905.00	2.97%
	03 国开(05)	19,804,150.00	1.45%	20 国债(10)	27,058,536.00	1.78%	03 国开(05)	19,804,150.00	1.19%	05 国债(6)	40,947,174.60	2.13%

宝康灵活配置证券投资基金

基本资料					
基金简称	宝康灵活配置		交易代码	240002	
投资目标	规避系统风险，降低投资组合波动性，提高投资组合的长期报酬。				
业绩比较基准	65%中信全债指数＋35%上证180指数和深圳100指数的复合指数。			风险收益特征	无
合同生效日	2003年7月15日	上市日期	——	上市地点	——
募集概况	首募规模	认购户数	募集日期		
	10.67亿份	29058户	2003年6月5日至2003年7月11日		
基金费率	认购费率	申购费率	赎回费率	管理费率	托管费率
	1.00%	不高于1.20%	不高于0.50%	1.30%	0.25%
基金管理人	华宝兴业基金管理有限公司		基金托管人	中国建设银行股份有限公司	
审计机构	普华永道中天会计师事务所	法律顾问	海华永泰律师事务所	注册登记人	华宝兴业基金管理有限公司

财务指标　单位：人民币(元)

项目 \ 年度	2005年度	2004年度	2003年7月15日至2003年12月31日
基金份额本期净收益	0.0029	0.1500	0.0136
期末可分配基金份额收益	0.0520	0.0707	0.0044
期末基金份额净值	1.0648	1.0072	1.0336
基金加权平均净值收益率	0.2936%	13.9805%	1.35%
本期基金份额净值增长率	7.80%	4.88%	4.36%
基金份额累计净值增长率	17.98%	9.45%	4.36%
基金收益分配	本年度每10份派现0.200元；成立以来每10份累计派现1.100元。		

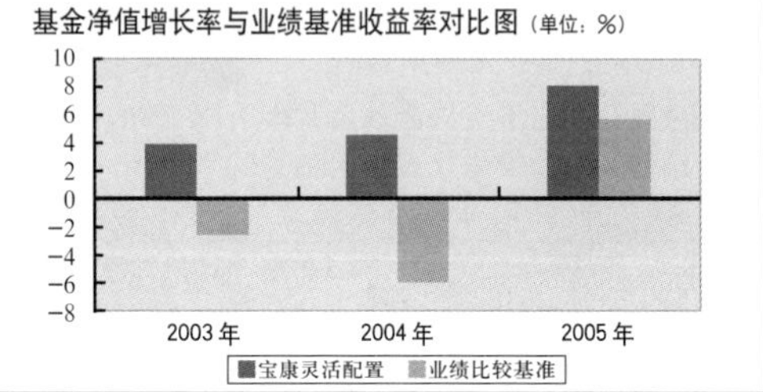

期末基金份额持有人户数	基金份额持有人户数为11,593户，平均每户持有 91,321.97份。
期末基金份额持有人结构	机构投资者持有851,424,171.78份，占总份额80.42%；个人投资者持有207,271,466.40份，占总份额19.58%。

【基金业绩表现】

2005年，宝康灵活配置基金全年净值增长7.80%，同期业绩基准收益为5.22%，超越业绩基准收益2.58%。

【基金管理团队】

魏东先生：基金经理。毕业于复旦大学经济学院，获硕士学位。1997年至2002年，曾经在平安证券公司、国信证券有限责任公司和深圳市深投科技创业投资有限公司从事证券研究工作和资产管理等工作。2003年初加入华宝兴业基金管理有限公司，曾任交易部总经理，2004年5月起任宝康灵活配置基金基金经理。

【基金运作分析】

对宝康灵活配置基金而言，2005是先抑后扬的一年。在上半年，由于对股改初期行情的误判，导致基金上半年整体表现不理想，下半年该基金转变思路，灵活操作，把握了市场制度创新所提供的一些机会，加之在行业配置方面的正确选择，业绩明显回升，全年给投资者创造了近8%的回报。

2005年给基金经理教训或启示都是相当深刻的。首先，在上半年由于对形势判断的失误，导致未能回避市场五月最后一跌，损失较大；下半年基金经理积极介入制度创新的策略和银行、地产的行业配置策略使基金获益良多。由于该基金的特点，进行完全自下而上的选股方式可能难度较大，因此基金经理将更为强调仓位策略、行业策略来增强回报水平。其次，感觉到在具体操作方面还应当更为积极、更为主动、更为进取，真正做到“灵活配置”。

【季度投资组合一览】

项目 \ 季度	第一季度			第二季度			第三季度			第四季度		
基金资产净值	899,173,106.03元			1,018,610,245.13元			881,726,008.03元			1,127,331,098.04元		
基金份额	896,354,601.44份			1,060,045,514.11份			870,435,180.61份			1,058,695,618.18份		
基金份额净值	1.0031元			0.9609元			1.013元			1.0648元		
基金资产组合	市值(元)		占总资产比例	市值(元)		占总资产比例	市值(元)		占总资产比例	市值(元)		占总资产比例
股票投资	492,076,042.24		49.56%	730,955,983.54		71.56%	648,816,322.42		73.32%	828,639,007.76		68.70%
债券投资	371,244,101.69		37.39%	222,401,700.00		21.77%	181,785,410.00		20.54%	247,645,465.30		20.53%
银行存款和清算备付金	50,750,920.36		5.11%	51,771,381.81		5.07%	46,510,010.80		5.26%	118,420,117.89		9.82%
其他资产	78,803,996.89		7.94%	16,318,483.43		1.60%	7,853,317.62		0.88%	11,461,588.26		0.95%
投资前五名股票明细	股票名称	市值(元)	占净值比例	股票名称	市值(元)	占净值比例	股票名称	市值(元)	占净值比例	股票名称	市值(元)	占净值比例
	格力电器	41,454,000.00	4.61%	格力电器	44,107,200.00	4.33%	金地集团	32,721,982.80	3.71%	金地集团	52,147,050.00	4.63%
	金地集团	30,679,412.50	3.41%	天士力	28,449,756.40	2.79%	G长电	32,628,700.32	3.70%	浦发银行	40,852,500.00	3.62%
	广州控股	26,598,000.00	2.96%	广州控股	27,571,500.00	2.71%	厦门钨业	31,604,152.00	3.58%	厦门钨业	40,230,675.00	3.57%
	万科A	25,668,000.00	2.85%	金地集团	26,669,387.50	2.62%	格力电器	25,956,000.00	2.94%	G万科A	36,204,000.00	3.21%
	天士力	23,825,964.60	2.65%	万科A	25,434,000.00	2.50%	天士力	24,684,000.00	2.80%	中国石化	35,424,164.32	3.14%
投资前五名债券明细	债券名称	市值(元)	占净值比例	债券名称	市值(元)	占净值比例	债券名称	市值(元)	占净值比例	债券名称	市值(元)	占净值比例
	04国债(05)	100,700,000.00	11.20%	20国债(10)	93,409,200.00	9.17%	04国债(5)	70,425,800.00	7.99%	20国债(10)	76,486,400.00	6.78%
	20国债(10)	79,959,652.80	8.89%	04国债(5)	78,187,000.00	7.68%	20国债(10)	66,719,400.00	7.57%	21国债(15)	62,642,227.60	5.56%
	05央行票据(05)	67,868,663.02	7.55%	02国债(14)	20,070,000.00	1.97%	02国债(14)	20,252,000.00	2.30%	02国债(10)	40,107,476.50	3.56%
	04央行票据(96)	67,825,577.65	7.54%	海化转债	11,552,200.00	1.13%	21国债(15)	13,063,710.00	1.48%	02国债(14)	30,252,000.00	2.68%
	海化转债	23,718,800.00	2.64%	99国债(8)	10,101,000.00	0.99%	99国债(8)	11,324,500.00	1.28%	04国债(5)	17,013,600.00	1.51%

宝康债券证券投资基金

基本资料

基金简称	宝康债券		交易代码	240003	
投资目标	在保持投资组合低风险和充分流动性的前提下，确保基金资产安全及追求资产长期稳定增值。				
业绩比较基准	中信全债指数		风险收益特征	无	
合同生效日	2003年7月15日	上市日期	——	上市地点	——
募集概况	首募规模	认购户数	募集日期		
	12.88亿份	19194户	2003年6月5日至2003年7月11日		
基金费率	认购费率	申购费率	赎回费率	管理费率	托管费率
	0.60%	不高于0.80%	不高于0.30%	0.60%	0.20%
基金管理人	华宝兴业基金管理有限公司		基金托管人	中国建设银行股份有限公司	
审计机构	普华永道中天会计师事务所	法律顾问	海华永泰律师事务所	注册登记人	华宝兴业基金管理有限公司

财务指标　　单位：人民币(元)

项目＼年度	2005年度	2004年度	2003年7月15日至2003年12月31日
基金份额本期净收益	0.0240	0.0540	0.0094
期末可分配基金份额收益	0.0084	0.0148	0.0006
期末基金份额净值	1.0084	1.0152	1.0234
基金加权平均净值收益率	2.3354%	5.1474%	0.93%
本期基金份额净值增长率	2.30%	3.04%	3.34%
基金份额累计净值增长率	8.93%	6.48%	3.34%
基金收益分配	本年度每10份派现0.300元；成立以来每10份累计派现0.800元。		
期末基金份额持有人户数	基金份额持有人户数为5,421户，平均每户持有76,980.64份。		
期末基金份额持有人结构	机构投资者持有336,790,724.26份，占总份额80.70%；个人投资者持有80,521,348.64份，占总份额19.30%。		

基金净值增长率与业绩基准收益率对比图（单位：%）

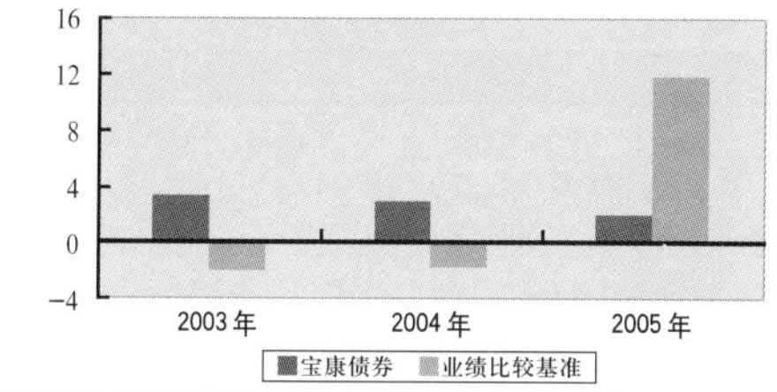

【基金业绩表现】

2005年，宝康债券基金全年净值增长2.30%，同期业绩基准收益为12.24%，落后业绩基准收益9.94%。

【基金管理团队】

王旭巍先生：基金经理。毕业于中国人民大学，获经济学硕士学位。曾先后于华中工学院管理工程系任教、国家物资部供应管理司任职，1993年起在中国(深圳)物资工贸集团有限公司、宏达期货经纪有限公司、中信证券股份有限公司从事交易、投资、资产管理业务。2003年初加入华宝兴业基金管理有限公司，同年7月起任宝康债券基金经理。2005年3月起兼任华宝兴业现金宝货币市场基金基金经理。

【基金运作分析】

2005年，面对债券市场持续上涨势头，宝康债券基金在投资运作上选择了增加投资组合仓位。由于收益率曲线扁平化移动，这种策略选择被事实证明效果不佳。这是基金业绩表现落后于比较基准的主要原因。

前三个季度宝康债券基金还持有40%左右较高可转债配置比例，第四季度才有所减持。这部分资产总体而言在2005年没有产生收益，拖了基金净值增长的后腿，这是基金业绩表现落后于比较基准的另一原因。

基金经理在2005年对市场判断不够精准、资产配置不当，主要表现在研究工作还不深入、时效性较差；执行不力、处置不够果断。2006年该基金的目标是提高收益水平，力争较2005年有大幅提高；同时下大力气降低基金净值的波动率。

【季度投资组合一览】

项目＼季度	第一季度			第二季度			第三季度			第四季度		
基金资产净值	674,337,001.38元			565,035,223.83元			556,933,816.03元			420,814,179.99元		
基金份额	657,591,034.72份			544,630,216.37份			533,667,466.78份			417,312,072.90份		
基金份额净值	1.0255元			1.0375元			1.0436元			1.0084元		
基金资产组合	市值(元)		占总资产比例	市值(元)		占总资产比例	市值(元)		占总资产比例	市值(元)		占总资产比例
股票投资	998,921.29		0.12%	8,639,204.09		1.28%	2,201,214.22		0.31%	——		——
债券投资	742,016,849.06		89.29%	654,944,186.55		96.93%	687,401,049.66		98.26%	493,421,943.20		96.23%
银行存款和清算备付金	4,097,000.59		0.49%	5,526,099.23		0.82%	1,752,872.62		0.25%	2,756,294.94		0.54%
其他资产	83,931,221.41		10.10%	6,585,800.50		0.97%	8,225,778.77		1.18%	16,596,439.43		3.23%
投资前五名债券明细	债券名称	市值(元)	占净值比例	债券名称	市值(元)	占净值比例	债券名称	市值(元)	占净值比例	债券名称	市值(元)	占净值比例
	04央行票据(36)	96,781,328.08	14.35%	05农发(04)	121,704,000.00	21.54%	05农发(04)	121,776,300.00	21.87%	05农发(04)	142,058,000.00	33.76%
	04国开(20)	79,936,000.00	11.85%	01国开(19)	50,840,150.00	9.00%	05央行票据(58)	101,422,986.66	18.21%	05央行票据(40)	111,950,300.00	26.60%
	复星转债	49,510,656.00	7.34%	05央行票据58	50,414,330.00	8.92%	01国开(19)	50,840,150.00	9.13%	05央行票据(03)	51,835,150.00	12.32%
	雅戈转债	48,352,305.00	7.17%	复星转债	46,774,130.00	8.28%	05农发(08)	50,000,000.00	8.98%	05农发(08)	50,000,000.00	11.88%
	04央行票据(57)	46,828,218.49	6.94%	雅戈转债	44,887,920.00	7.94%	复星转债	45,049,860.00	8.09%	复星转债	23,243,000.00	5.52%
投资前五名股票明细	股票名称	市值(元)	占净值比例	股票名称	市值(元)	占净值比例	股票名称	市值(元)	占净值比例	股票名称	市值(元)	占净值比例
	南京港	543,152.98	0.08%	包头铝业	1,387,910.00	0.25%	晶源电子	954,272.98	0.17%	——	——	——
	中材国际	455,768.31	0.07%	中材国际	975,695.24	0.17%	三花股份	748,941.24	0.13%	——	——	——
	——	——	——	晶源电子	969,082.26	0.17%	中材国际	498,000.00	0.09%	——	——	——
	——	——	——	宁波华翔	954,187.52	0.17%	——	——	——	——	——	——
	——	——	——	成霖股份	948,087.00	0.17%	——	——	——	——	——	——

华宝兴业多策略增长开放式证券投资基金

基本资料

基金简称	多策略增长		交易代码	240005	
投资目标	通过各风格板块间资产配置以及各板块内精选个股，在控制风险的前提下为持有人谋求最大回报。				
业绩比较基准	80%×复合指数+20%×上证国债指数				
风险收益特征	该基金是一只积极型的股票型基金，属于中高风险的基金品种。力争使基金的单位风险收益值从长期平均来看高于业绩比较基准的单位风险收益值。				
合同生效日	2004年5月11日	上市日期	——	上市地点	——
募集概况	首募规模	认购户数	募集日期		
	52.33亿份	115318户	2004年3月31日至2004年4月30日		
基金费率	认购费率	申购费率	赎回费率	管理费率	托管费率
	1.00%	不高于1.50%	不高于0.50%	1.50%	0.25%
基金管理人	华宝兴业基金管理有限公司		基金托管人	中国建设银行股份有限公司	
审计机构	普华永道中天会计师事务所	法律顾问	海华永泰律师事务所	注册登记人	华宝兴业基金管理有限公司

财务指标 单位：人民币(元)

项目 \ 年度	2005年度	2004年5月11日至2004年12月31日
基金份额本期净收益	-0.0455	-0.0068
期末可分配基金份额收益	-0.0506	-0.0326
期末基金份额净值	0.9496	0.9674
基金加权平均净值收益率	-0.0487%	-0.69%
本期基金份额净值增长率	-1.84%	-3.26%
基金份额累计净值增长率	-5.04%	-3.26%
基金收益分配	自基金合同生效以来未实现收益分配。	
期末基金份额持有人户数	基金份额持有人户数为91,896户，平均每户持有35,853.82份。	
期末基金份额持有人结构	机构投资者持有440,470,302.65份，占总份额13.37%；个人投资者持有2,854,352,059.14份，占总份额86.63%。	

基金净值增长率与业绩基准收益率对比图（单位：%）

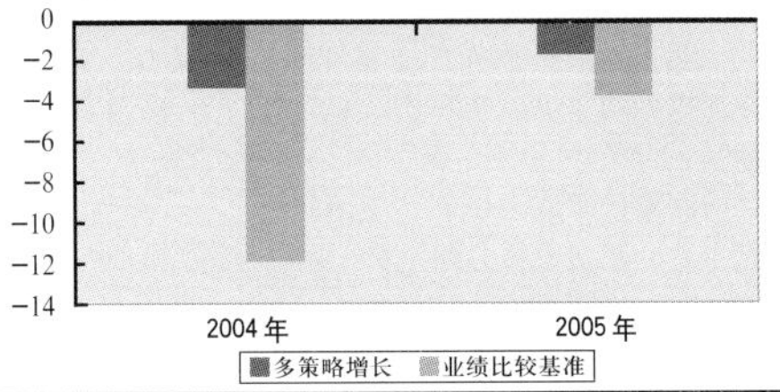

【基金业绩表现】

2005年，华宝兴业多策略增长基金全年净值增长-1.84%，同期业绩基准下跌为3.62%，超越业绩基准收益1.78%。

【基金管理团队】

童国林先生：基金经理。1994年毕业于中南财经大学，获经济学硕士学位。1994至2002年分别在深圳中航企业集团、君安证券公司、甘肃证券公司从事证券研究、证券交易和资产管理工作，2002年12月至2004年4月任华宝兴业基金管理有限公司研究部总经理。2004年5月起任华宝兴业多策略增长基金基金经理。

【基金运作分析】

2005年多策略增长基金前期操作失误较大，后期进步显著；但全年业绩仍不理想。

第一季度该基金首先增加股票仓位，达到75%；由于仓位较高，基金业绩起伏较大，随着时间的推移落后的趋势逐渐明显；4月初该基金积极介入煤炭、海运等行业，减持了一些不看好的行业，调整一度效果不错，但"五一"后形势急转直下，在市场下跌中，基金较高的股票配置比例深受打击；基金重仓持有的中兴通信、海运股票、煤炭等跌幅极其惨烈，再加上该基金其时规模较大，基金操作极其被动。至四季度，市场回暖态势明显，该基金在后半期开始加大操作力度，积极介入行业景气度较高的化工、金融、地产、有色金属等行业，大量减持电力、港口、公路、机场等股票，基金表现逐渐好转。

【季度投资组合一览】

项目 \ 季度	第一季度		第二季度		第三季度		第四季度	
基金资产净值	3,958,629,425.67元		3,334,456,043.14元		3,238,225,734.16元		3,128,626,353.63元	
基金份额	4,129,922,654.79份		3,744,785,495.73份		3,465,810,192.41份		3,294,822,361.79份	
基金份额净值	0.9585元		0.8904元		0.9343元		0.9496元	
基金资产组合	市值(元)	占总资产比例	市值(元)	占总资产比例	市值(元)	占总资产比例	市值(元)	占总资产比例
股票投资	3,000,397,616.17	75.55%	2,685,216,036.34	80.31%	2,503,258,039.96	77.12%	2,242,415,719.95	70.79%
债券投资	827,136,202.12	20.83%	322,749,723.94	9.65%	653,058,586.45	20.12%	770,868,356.68	24.34%
银行存款和清算备付金	59,346,005.03	1.50%	331,716,104.96	9.92%	80,433,495.84	2.48%	129,121,746.29	4.08%
其他资产	84,341,045.19	2.12%	4,107,303.14	0.12%	9,200,237.18	0.28%	25,121,184.65	0.79%

投资前五名股票明细	股票名称	市值(元)	占净值比例	股票名称	市值(元)	占净值比例	股票名称	市值(元)	占净值比例	股票名称	市值(元)	占净值比例
	中国石化	120,616,173.92	3.05%	贵州茅台	124,628,681.75	3.74%	贵州茅台	114,716,089.66	3.54%	中国石化	120,486,835.04	3.85%
	贵州茅台	111,622,272.17	2.82%	福建高速	109,070,788.20	3.27%	中国石化	108,848,396.72	3.36%	金地集团	116,407,692.38	3.72%
	福建高速	108,790,465.50	2.75%	中国石化	105,390,070.32	3.16%	招商银行	103,421,922.33	3.19%	招商银行	108,190,182.66	3.46%
	金地集团	99,384,741.61	2.51%	招商银行	99,640,198.62	2.99%	福建高速	98,088,143.02	3.031%	格力电器	89,166,642.03	2.85%
	雅戈尔	97,409,391.84	2.46%	雅戈尔	93,364,319.52	2.80%	长江电力	97,288,520.16	3.00%	长江电力	87,374,784.88	2.79%

投资前五名债券明细	债券名称	市值(元)	占净值比例	债券名称	市值(元)	占净值比例	债券名称	市值(元)	占净值比例	债券名称	市值(元)	占净值比例
	04央行票据42	193,562,476.17	4.89%	05央行票据43	149,550,000.00	4.49%	05招商局CP01	127,452,000.00	3.94%	03国开(05)	100,290,000.00	3.21%
	04央行票据96	164,819,272.12	4.16%	05国债(2)	42,394,143.60	1.27%	03国开(05)	100,690,000.00	3.11%	05招商局CP01	77,984,000.00	2.49%
	05央行票据29	116,266,013.56	2.94%	05央行票据46	29,415,000.00	0.88%	04国债(5)	61,203,827.00	1.89%	21国债(15)	67,440,360.00	2.16%
	05国债(2)	116,041,800.00	2.93%	首钢转债	28,380,147.90	0.85%	05国债(2)	58,098,271.20	1.79%	21国债(3)	51,344,746.00	1.64%
	金牛转债	55,149,812.56	1.39%	海化转债	25,892,365.94	0.78%	04国债(11)	53,261,340.00	1.64%	02国债(14)	51,299,324.80	1.64%

华宝兴业现金宝货币市场基金

基本资料

基金简称	现金宝A／现金宝B		交易代码	现金宝A：240006／现金宝B：240007	
投资目标	保持本金的安全性和基金财产的流动性，追求高于比较基准的稳定收益。				
业绩比较基准	当期银行一年期定期储蓄存款的税后利率：(1－利息税率)×当期银行一年期定期储蓄存款利率。				
风险收益特征	该基金属于高流动性、低风险的基金品种，其预期风险和预期收益率都低于股票、债券和混合型基金。				
合同生效日	2005年3月31日	上市日期	——	上市地点	——
募集概况	首募规模	认购户数	募集日期		
	23.14亿份	23839户	2005年2月28日至2005年3月25日		

基金费率	认购费率	申购费率	赎回费率	管理费率	托管费率	销售服务费率
	0	0	0	0.33%	0.10%	现金宝A：0.25%／现金宝：0.01%

基金管理人	华宝兴业基金管理有限公司	基金托管人	中国建设银行股份有限公司		
审计机构	普华永道中天会计师事务所	法律顾问	海华永泰律师事务所	注册登记人	华宝兴业基金管理有限公司

财务指标　　单位：人民币(元)

项目＼年度	2005年3月31日至2005年12月31日	
	现金宝A	现金宝B
基金本期净收益	13,636,501.10	42,113,720.07
基金份额本期净收益	0.0156	0.0170
期末基金份额净值	1.000	1.000
基金本期净值收益率	1.5530%	1.7372%
基金累计净值收益率	1.5530%	1.7372%
基金收益分配	2005年每10份累计派现0.154元	2005年每10份累计派现0.172元
备注	该基金合同生效于2005年3月31日，至2005年12月31日成立不足一年。	

基金收益率与同期业绩基准收益率对比图（单位：%）

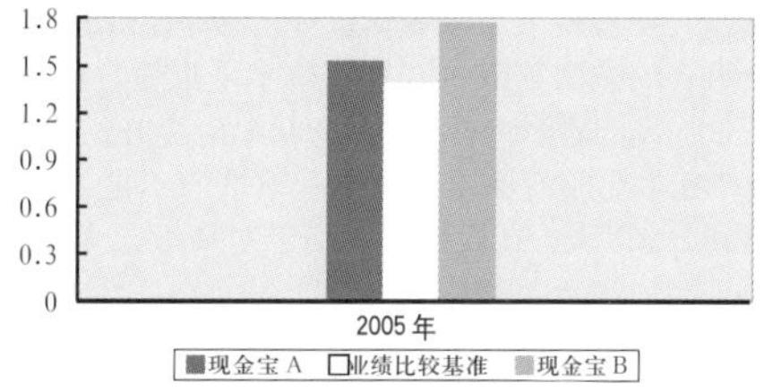

期末基金份额持有人户数	现金宝A：基金份额持有人户数为13,125户，平均每户持有50,048.52份。 现金宝B：基金份额持有人户数为56户，平均每户持有85,014,348.67份。
期末基金份额持有人结构	现金宝A：机构投资者持有24,911,076.44份，占总份额3.79%；个人投资者持有631,975,114.04份，占总份额96.21%。 现金宝B：机构投资者持有4,592,333,357.86份，占总份额96.46%；个人投资者持有168,470,167.56份，占总份额3.54%。

【基金业绩表现】

现金宝货币基金合同生效于2005年3月31日，截至2005年12月31日，现金宝A基金净值收益率为1.5530%，现金宝B基金净值收益率为1.7372%，均优于业绩基准收益率。

【基金管理团队】

王旭巍先生：基金经理。毕业于中国人民大学，获经济学硕士学位。曾先后于华中工学院管理工程系任教、国家物资部供应管理司任职，1993年起在中国(深圳)物资工贸集团有限公司、宏达期货经纪有限公司、中信证券股份有限公司从事交易、投资、资产管理业务。2003年初加入华宝兴业基金管理有限公司，同年7月起任宝康债券基金经理，2005年3月起兼任现金宝基金基金经理。

【基金运作分析】

2005年债券市场牛市行情强劲，主要原因在于央行实行了“宽货币、紧信贷”的货币政策。尽管货币市场流动性充裕，但货币市场利率仍经历了比较大的波动。特别是2005年

(转下页)

【季度投资组合一览】

项目＼季度	第二季度		第三季度		第四季度	
	现金宝A	现金宝B	现金宝A	现金宝B	现金宝A	现金宝B
基金资产净值	945,026,221.50元	2,416,792,242.47元	742,202,371.24元	2,739,041,399.46元	656,886,874.48元	4,760,803,525.42元
基金份额	945,026,221.50份	2,416,792,242.47份	742,202,371.24份	2,739,041,399.46份	656,886,874.48份	4,760,803,525.42份
基金份额净值	1.0000元		1.0000元		1.0000元	
基金资产组合	市值(元)	占总资产比例	市值(元)	占总资产比例	市值(元)	占总资产比例
债券投资	3,691,259,814.04	93.84%	2,402,015,183.32	59.46%	4,192,857,591.41	70.52%
买入返售证券	200,000,000.00	5.09%	580,000,000.00	14.36%	——	——
银行存款和清算备付金	1,567,709.21	0.04%	1,051,444,376.29	26.03%	1,500,695,048.38	25.24%
其他资产	40,687,182.98	1.03%	6,241,872.51	0.15%	252,393,803.93	4.24%

投资前五名债券明细	债券名称	摊余成本(元)	占资产净值比例	债券名称	摊余成本(元)	占资产净值比例	债券名称	摊余成本(元)	占资产净值比例
	04央行票据73	606,905,633.42	18.05%	05央行票据33	493,326,820.44	14.17%	05央行票据124	981,403,045.60	18.11%
	05央行票据33	490,953,024.64	14.60%	05央行票据29	316,057,138.95	9.08%	05央行票据33	497,188,843.30	9.18%
	04央行票据81	437,335,866.27	13.01%	05中行02浮	287,434,614.48	8.26%	04国开20	292,757,460.83	5.40%
	05央行票据29	313,899,010.75	9.34%	04国开12	213,260,332.48	6.13%	05中行02浮	287,369,484.00	5.30%
	05中行02浮	287,499,744.96	8.55%	05央行票据57	197,313,884.58	5.67%	04国开12	212,257,153.44	3.92%

投资组合剩余期限	平均剩余期限	占资产净值比例	平均剩余期限	占资产净值比例	平均剩余期限	占资产净值比例
	30天以内	6.00%	30天以内	38.82%	30天以内	28.25%
	30天(含)—60天	3.01%	30天(含)—60天	7.77%	30天(含)—60天	2.42%
	60天(含)—90天	33.73%	60天(含)—90天	8.91%	60天(含)—90天	21.18%
	90天(含)—180天	26.64%	90天(含)—180天	40.08%	90天(含)—180天	9.51%
	180天(含)—397天(含)	46.41%	180天(含)—397天(含)	20.28%	180天(含)—397天(含)	43.72%

【基金运作分析】

3月17日央行下调超额存款准备金利率，由原先的1.62%降至0.99%，促使短期债券收益率迅速下移。具有代表性的一年期央行票据发行利率由年初3.3%水平降至1.33%。2005年10月央行主要官员针对我国债券市场利率风险提示之后，短期债券收益率又恢复性上升。

现金宝货币市场基金的投资运作始于2005年第二季度，基金管理人秉承一贯稳健、保守的投资管理理念，首先确保基金资产的安全性和流动性，在此基础上尽可能提高收益水平。在日常管理上严格遵守基金合同、合规操作，审慎投资、精细管理。2005年二、三季度短期债券大幅上涨，各投资品种的收益率水平下降较快，特别是一年期央行票据收益水平远低于同期定期存款的税后收益水平，蕴含比较大的风险。在此期间基金管理人在投资上采取谨慎保守、观望等待的策略，主动缩短投资组合的剩余期限，基金收益水平也随行就市。

2005年第四季度随着市场利率的提升，现金宝货币市场基金7日年化收益率水平也由三季度的不足2%在四季度逐步提高到2%以上。在投资方面基于对债市已大幅调整、市场利率风险得以释放的判断，四季度末加大了投资力度、大幅加长投资组合的平均剩余期限。但现金宝投资组合仍以央行票据、政策性金融债以及银行存款为主，对短期融资券的投资仍采取审慎态度，配置比例不高。这一方面是由于我国企业债券的信用评级体系有待完善，国内投资人对信用品种的风险甄别能力和经验不足；另一方面，由于种种原因企业短期融资券一级市场仍是一券难求，二级市场收益率在考虑税收等因素后吸引力不大。

展望2006年的货币市场基金发展前景，基金管理人高度关注以下问题。一是货币市场基金的流动性风险，特别是系统性的流动性风险；二是货币市场基金持有人结构，机构客户持有比重过高对流动性是很大威胁。应防止货币市场基金演变为大机构的套利工具，相应采取措施、创造条件使货币市场基金真正成为普通散户的投资工具；三是随着债券市场金融工具趋于多样和复杂，基金管理人要提高对这些新型金融工具特别是信用品种的风险甄别和风险防范能力。

华宝兴业动力组合股票型证券投资基金

基本资料							
基金简称	动力组合基金			交易代码	240004		
投资目标	通过对基金组合的动态优化管理，使基金收益持续稳定超越比较基准，并追求单位风险所获得的超额收益最大化。						
投资策略	该基金根据中国股市价值驱动因子与成长驱动因子的变动趋势，调整评估个股“价值因子”与“成长因子”的权重比例，自下而上精选个股，获取超额收益。在正常的市场情况下，该基金的投资比例范围为：股票占基金资产净值的60%–95%；债券占0%－40%，现金或者到期日在一年内的政府债券比例在5%以上。						
业绩比较基准	80%上证180指数收益率与深证100指数收益率的流通市值加权平均＋20%上证国债指数收益率。						
风险收益特征	该基金是一只积极型的股票投资基金，属于中高风险的基金品种。						
合同生效日	2005年11月17日		上市日期	——	上市地点	——	
募集概况	首募规模	认购户数		募集日期			
	5.35亿份	3397户		2005年9月27日至2005年11月11日			
基金费率	认购费率	申购费率		赎回费率	管理费率	托管费率	
	不高于1.00%	不高于1.50%		不高于0.50%	1.50%	0.25%	
基金管理人	华宝兴业基金管理有限公司			基金托管人	中国银行股份有限公司		
审计机构	普华永道中天会计师事务所		法律顾问	海华永泰律师事务所	注册登记人	华宝兴业基金管理有限公司	
备注	该基金合同生效于2005年11月17日，至2005年12月31日成立不足一年。						

【基金管理团队】

史伟先生：基金经理。英国雷丁大学国际证券业协会中心硕士。曾在东方证券投资部任职。2003年初加入华宝兴业基金管理有限公司，任分析师、高级分析师，2005年1月起任华宝兴业宝康消费品基金基金经理助理，2005年11月起任华宝兴业动力组合基金基金经理。

巨田基金管理有限公司

法定名称	巨田基金管理有限公司	英文名称	JuTian Fund Management Co.,Ltd.
成立日期	2003年3月3日	注册资本	1亿元人民币
法人代表	王一楠	总 经 理	许 明
联系电话	0755-82993636	客服电话	400-8888-668
传真号码	0755-82990911	公司网址	www.jtfund.com
注册地址	深圳市福田区滨河大道5020号证券大厦4层	办公地址	深圳市福田区滨河大道5020号证券大厦4层

● 发展概况

2003年3月14日，巨田基金管理有限公司经中国证监会证监基金字[2003]33号文批准，由国内第一家证券公司巨田证券(原深圳特区证券)有限责任公司作为主发起人，联合中信国安信息产业股份有限公司、汉唐证券有限责任公司、深圳市招融投资控股有限公司、浙江中大集团控股有限公司四家企业共同发起正式成立。公司注册资本为1亿元人民币，注册地在广东省深圳市。2005年5月，巨田基金管理有限公司设立了北京分公司。2005年10月，经巨田基金管理有限公司董事会决议，中国证监会核准，聘任李锦同志担任公司督察长。

在组织结构上，巨田基金管理有限公司在董事会下设合规审核委员会、薪酬与资格审查委员会两个专业委员会，下设投资决策委员会、风险控制委员会和投资管理部、市场发展部、基金运营部、综合管理部、金融工程部、监察稽核部、北京分公司7个部门。

在人员构成上，截至2005年12月底，巨田基金管理有限公司共有员工45人，其中硕士学历17人，博士学历4人。员工证券从业年限平均为6年，多人具有海外金融从业经验。

近三年公司管理基金资产规模与基金数量

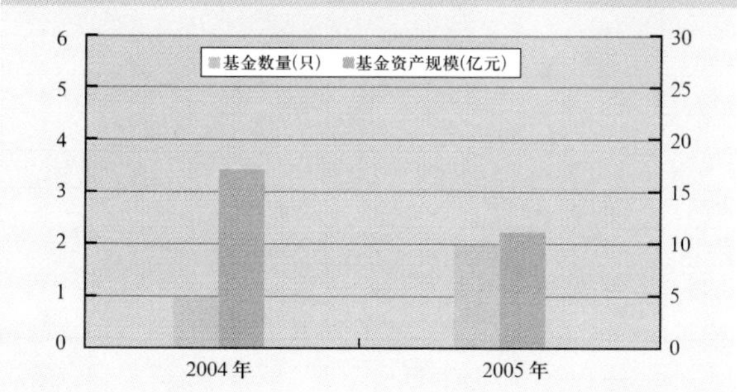

公司股东结构

股东名称	出资金额(万元)	出资比例(%)
巨田证券有限责任公司	3500.00	35.00
中信国安信息产业股份有限公司	3500.00	35.00
汉唐证券有限责任公司	1500.00	15.00
深圳市招融投资控股有限公司	1000.00	10.00
浙江中大集团控股有限公司	500.00	5.00

● 经营业绩

2005年，巨田基金管理有限公司完成了巨田资源优选混合型证券投资基金的募集设立。截至2005年12月31日，巨田基金管理有限公司管理了巨田基础行业和巨田资源优选两只开放式证券投资基金。

巨田资源优选基金是国内首只基础行业基金，也是深交所“开放式基金场内申购赎回业务”实施后发行的首只LOF。经中国证监会证监基金字[2005]79号文批准，巨田资源优选基金自2005年8月8日起公开募集，2005年9月20日募集顺利结束。共募集基金份额309,568,999.66份，有效认购总户数为1644户，2005年9月27日基金合同正式生效。作为国内首只资源类行业基金，巨田资源优选基金所指的资源是指能够被企业占有和利用，为企业创造经济价值，提升企业核心竞争力，具有战略发展意义的自然资源，具体包括土地、水、生物、矿产、旅游等五大类资源。2005年巨田资源优选基金为持有人取得一定的收益：截至2005年12月31日，基金净值增长1.95%，而同期比较基准收益为0.52%，基金表现超越基准收益1.43%。

巨田基础行业基金是巨田基金管理有限公司管理的首只开放式基金，也是国内首只基础行业基金，基金合同生效于2004年3月26日。2005年巨田基础行业基金表现一般，全年净值下跌6.77%，同期上证综指下跌6.57%。

巨田基础行业基金及巨田资源优选基金的连续推出，是巨田基金管理公司实施差异化发展战略，坚持走特色、精品产品线策略的具体体现。公司将力争提供独具特色的基金产品和完善细致的客户服务来赢得广大投资者信任，同时更好地促进公司在未来的发展中提高自身的竞争力。

公司高管介绍

王一楠先生：董事长。硕士。1998年至今任巨田证券有限责任公司董事长，历任国家统计局投资司副司长，华能财务公司总经理，中国华能集团副总经理。现任巨田基金管理有限公司董事长。

许明先生：董事，总经理。中南财经大学产业经济学博士。历任海南省证券公司武汉业务部副总经理，湖北中太集团有限公司总经理，三峡证券有限责任公司总裁办公室主任，研究所所长，北京营业部总经理，巨田证券有限公司北京总部副总经理，研究所副所长兼投资部总经理，巨田证券有限责任公司总经理助理，副总经理。现任巨田基金管理有限公司董事，总经理。

巨田基础行业证券投资基金

基本资料						
基金简称	巨田基础行业			交易代码	233001	
投资目标	分享中国经济持续发展过程所带来的基础行业的稳定增长，为基金持有人谋求长期、稳定的投资回报。该基金看好基础行业的发展前景，中长期持有以基础行业股票为主的证券投资组合，并注重资产在行业间的配置，适当进行时机选择。					
业绩比较基准	上证综指与深证综指的复合指数×75%+中信全债指数×20%+同业存款利率×5%					
风险收益特征	追求基金资产长期稳定增值，风险属于中低水平。					
合同生效日	2004年3月26日	上市日期	——		上市地点	——
募集概况	首募规模	认购户数	募集日期			
	18.55亿份	17274户	2004年2月23日至2004年3月23日			
基金费率	认购费率	申购费率	赎回费率	管理费率	托管费率	
	不高于1.00%	不高于1.50%	不高于0.50%	1.50%	0.25%	
基金管理人	巨田基金管理有限公司		基金托管人	中国光大银行股份有限公司		
审计机构	德勤华永会计师事务所	法律顾问	北京市金杜律师事务所	注册登记人	巨田基金管理有限公司	

财务指标　　单位：人民币(元)

项目＼年度	2005年度	2004年3月26日至2004年12月31日
基金份额本期净收益	−0.1314	0.0095
期末可分配基金份额收益	−0.1292	−0.0660
期末基金份额净值	0.8708	0.9340
基金加权平均净值收益率	−14.57%	0.99%
本期基金份额净值增长率	−6.77%	−6.60%
基金份额累计净值增长率	−12.92%	−6.60%
基金收益分配	自基金合同生效以来未实现收益分配。	
期末基金份额持有人户数	基金份额持有人户数为14,037户，平均每户持有75,781.40份。	
期末基金份额持有人结构	机构投资者持有472,364,332.39份，占总份额44.41%；个人投资者持有591,379,233.80份，占总份额55.59%。	

基金净值增长率与业绩基准收益率对比图（单位：%）

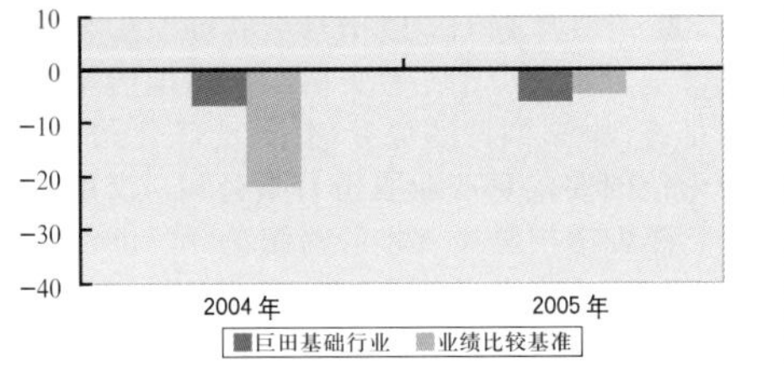

【基金业绩表现】

2005年，巨田基础行业基金全年净值增长率为−6.77%，同期上证综指下跌6.57%，基金跑输大盘0.2个百分点。

【基金管理团队】

陈守红先生：基金经理。中南财经政法大学金融学博士、金融学硕士、经济学学士，深圳金融学会理事，8年证券从业经验。曾服务于光大证券、平安证券、兴业基金，历任光大证券高级经理、平安证券综合研究所副所长、兴业基金研究总监。2003年被《新财富》评为“水、电、煤”行业全国最佳分析师。

【基金运作分析】

2005年是中国证券市场发生诸多变化的一年，也是制度变革最为剧烈和频繁的年度之一。

2005年巨田基础行业基金表现一般，全年基金净值下跌6.77%，同期上证综指下跌6.57%，该基金跑输大盘0.2个点。主要有以下原因：一是巨田基础行业基金为行业基金，主要投资方向为电力、煤炭、交通运输等基础行业，而这些相关的子行业，尤其电力、港口、高速公路、机场等交通运输子行业在2005年成为市场资金流出的主要对象，股价表现较差，这是导致该基金表现不好的主要原因之一；二是在年底大盘走强的过程中，没能充分利用好基金合同所允许的非基础行业配置部分，净值回升较慢，这也是整体表现不佳的另一原因。

【季度投资组合一览】

项目＼季度	第一季度			第二季度			第三季度			第四季度		
基金资产净值	1,471,866,858.54元			1,307,019,811.43元			1,114,188,637.67元			926,322,376.31元		
基金份额	1,566,232,116.88份			1,503,005,310.02份			1,250,993,206.15份			1,063,743,566.19份		
基金份额净值	0.9398元			0.8696元			0.8906元			0.8708元		
基金资产组合	市值(元)	占总资产比例		市值(元)	占总资产比例		市值(元)	占总资产比例		市值(元)	占总资产比例	
股票投资	1,055,790,625.51	69.03%		851,461,915.35	64.95%		736,744,478.75	65.92%		679,396,254.98	70.29%	
债券投资	302,768,736.39	19.79%		316,344,412.54	24.13%		262,379,743.79	23.48%		203,621,719.64	21.07%	
银行存款和清算备付金	92,471,206.15	6.05%		135,924,017.74	10.37%		106,308,975.93	9.51%		47,830,768.07	4.95%	
其他资产	78,538,911.55	5.13%		7,150,917.55	0.55%		12,163,022.53	1.09%		35,678,858.21	3.69%	
投资前五名股票明细	股票名称	市值(元)	占净值比例	股票名称	市值(元)	占净值比例	股票名称	市值(元)	占净值比例	股票名称	市值(元)	占净值比例
	中海发展	137,091,083.85	9.31%	上海机场	118,096,760.60	9.04%	中国石化	68,392,800.00	6.14%	上海机场	49,570,192.00	5.35%
	中集集团	115,722,887.50	7.86%	上港集箱	94,695,552.85	7.25%	上海机场	58,071,099.52	5.21%	山东基建	48,691,923.56	5.26%
	长江电力	91,531,307.10	6.22%	中海发展	80,308,476.00	6.14%	G长电	57,920,400.00	5.20%	现代投资	48,637,661.85	5.25%
	上海机场	83,956,521.00	5.70%	长江电力	73,530,000.00	5.63%	天津港	54,780,000.00	4.92%	国电电力	47,915,154.28	5.17%
	华能国际	67,523,646.96	4.59%	中兴通讯	59,774,146.56	4.57%	中海发展	52,049,000.00	4.67%	深能源A	47,481,855.75	5.13%
投资前五名债券明细	债券名称	市值(元)	占净值比例	债券名称	市值(元)	占净值比例	债券名称	市值(元)	占净值比例	债券名称	市值(元)	占净值比例
	04国债(5)	69,171,400.00	4.70%	05国债(2)	54,098,000.00	4.14%	04国债(2)	50,000,000.00	4.49%	05国债(2)	43,652,140.00	4.71%
	05央行票据31	50,050,000.00	3.40%	04中行01金融债	52,490,000.00	4.02%	05国债(2)	43,794,677.60	3.93%	02国债(14)	25,720,250.40	2.78%
	04国债(2)	50,000,000.00	3.40%	04国债(5)	50,356,242.00	3.85%	04国债(5)	43,748,697.30	3.93%	晨鸣转债	20,524,171.20	2.22%
	04国债(11)	30,323,519.20	2.06%	04国债(2)	50,000,000.00	3.83%	华菱转债	29,505,984.43	2.65%	05招行02金融债	20,000,000.00	2.16%
	创业转债	24,133,879.80	1.64%	创业转债	24,685,081.20	1.89%	02国债(14)	25,827,375.60	2.32%	05农发14	19,990,000.00	2.16%

巨田资源优选混合型证券投资基金

基本资料

基金简称	巨田资源		交易代码	163302	
投资目标	将中国资源的经济价值转换为持续的投资收益，为基金份额持有人谋求长期、稳定的投资回报。				
业绩比较基准	70%×中信标普300指数+30%×中信全债指数				
风险收益特征	该基金为混合型基金，风险介于股票型和债券型基金之间，属于中低风险的基金品种，适于能承担一定风险、追求较高收益和长期资本增值的投资人投资。				
合同生效日	2005年9月27日	上市日期	——	上市地点	——
募集概况	首募规模	认购户数	募集日期		
	3.10亿份	1644户	2005年8月8日至2005年9月20日		
基金费率	认购费率	申购费率	赎回费率	管理费率	托管费率
	不高于1.00%	不高于1.50%	不高于0.50%	1.50%	0.25%
基金管理人	巨田基金管理有限公司		基金托管人	中国光大银行股份有限公司	
审计机构	德勤华永会计师事务所	法律顾问	北京市金杜律师事务所	注册登记人	中国证券登记结算有限责任公司

财务指标　单位：人民币(元)

项目＼年度	2005年9月27日至2005年12月31日
基金份额本期净收益	0.0075
期末可分配基金份额收益	0.0079
期末基金份额净值	1.0195
基金加权平均净值收益率	0.7488%
本期基金份额净值增长率	1.9500%
基金份额累计净值增长率	1.9500%
基金收益分配	自基金合同生效以来未实现收益分配。
备注	该基金合同生效于2005年9月27日，至2005年12月31日成立不足一年。

基金净值增长率与业绩基准收益率对比图（单位：%）

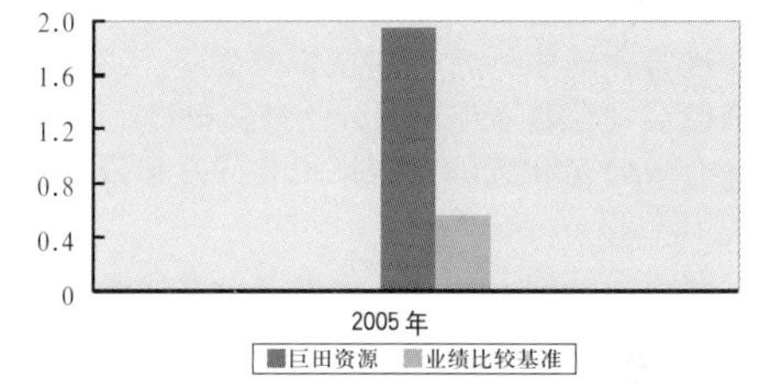

期末基金份额持有人户数	基金份额持有人户数为778户，平均每户持有170,428.17份。
期末基金份额持有人结构	机构投资者持有95,738,823.44份，占总份额72.20%；个人投资者持有36,854,293.94份，占总份额27.80%。

【基金业绩表现】

截至2005年12月31日，巨田资源基金净值为1.0195元，本期净值增长率为1.95%，同期基金比较基准涨幅为0.52%。

【基金管理团队】

冀洪涛先生：经济学硕士，7年证券从业经验。历任华夏证券大连业务部研究发展部投资顾问、债券投资经理；大连证券研究发展总部副经理兼沈阳业务部副总经理；巨田证券资产管理部、投资管理部投资经理；2004年加入巨田基金管理公司，曾任巨田基础行业基金经理助理，现任投资管理部副总监、投资决策委员会委员、巨田资源优选基金基金经理。

【基金运作分析】

巨田资源基金合同生效于2005年9月27日。2005年四季度处于建仓期，该基金坚持追求低风险、实现绝对收益的原则，操作较为谨慎，前期持有大量债券，严格控制股票仓位，回避了前两个月股市下跌的风险，净值一直稳定在面值之上。后期随着股市的转暖，逐渐提高了股票的仓位，但加仓不够坚决，虽然绝对收益不断增加，但后期排名稍差。

在股票选择上，巨田资源基金严格遵守基金合同的约定，立足于具有自然资源优势的行业，寻找最具投资价值的企业，把中国资源的经济价值转换为持续的投资收益，取得了不错的效果。该基金挖掘出厦门钨业、宏达股份、华侨城等一些强势个股。

在债券配置上该基金取得了一定的收益。建仓期持有大量债券只是谨慎操作的策略安排，未来会逐步降低债券的配置，适当增加股票仓位。

2005年，巨田资源为基金持有人取得一定的收益：在偏股型开放式基金中，2005年10月和11月净值增长率位于前列，12月由于大市上涨过程中仓位较轻，排名居后，但在同期发行的新基金中，绝对净值位于前列。

【季度投资组合一览】

项目＼季度	第四季度	
基金资产净值	135,179,447.65元	
基金份额	132,593,117.38份	
基金份额净值	1.0195元	
基金资产组合	市值(元)	占总资产比例
股票投资	36,832,965.37	26.67%
债券投资	56,795,860.00	41.13%
银行存款和清算备付金	42,316,241.90	30.64%
其他资产	2,150,896.22	1.56%

投资前五名股票明细	股票名称	市值(元)	占净值比例	投资前五名债券明细	债券名称	市值(元)	占净值比例
	厦门钨业	7,149,978.00	5.29%		04中行01	31,699,860.00	23.45%
	片仔癀	4,523,019.16	3.35%		04国债(2)	20,196,000.00	14.94%
	张裕A	3,549,076.47	2.63%		05国债(2)	4,900,000.00	3.62%
	中信海直	2,939,400.00	2.17%		——	——	——
	G宝丽华	2,812,478.64	2.08%		——	——	——

国联安基金管理有限公司

法定名称	国联安基金管理有限公司	英文名称	GUO TAI JUN AN ALLIANZ FUND MANAGEMENT CO.,LTD.
成立日期	2003年4月3日	注册资本	1亿元人民币
法人代表	符学东	总 经 理	先 江
联系电话	021-50478080	客服电话	021-38784766
传真号码	021-50478920	公司网址	www.gtja-allianz.com
注册地址	上海浦东新区世纪大道88号金茂大厦46楼	办公地址	上海浦东新区世纪大道88号金茂大厦46楼

● 发展概况

国联安基金管理有限公司(以下简称“公司”)是中国首家获准筹建的中外合资基金管理公司。2003年3月，经中国证监会证监基金字[2003]42号文批准，由国泰君安证券股份有限公司和德国安联集团共同发起设立，公司总部设在中国上海。

在组织结构上，公司董事会下设合规审查委员会和资格审查与薪酬委员会两个议事机构。总经理下设投资决策委员会、风险控制委员会、风险管理部、人力资源部、监察稽核部，并根据基金业务分类，在总经理下设副总经理，分管市场发展部、代销部、直销部、产品开发部、投资组合管理部、研究部、数量策略部、基金交易部、综合管理部、基金事务管理部、信息技术部、财务计划部、养老金与机构理财部等13个业务部门。在人员构成上，截至2005年底，国联安基金管理有限公司共有员工71人，其中拥有博士、硕士和学士学位的员工分别占总人数的8%、48%和35%。

● 经营业绩

2005年，国联安基金管理有限公司完成了德盛安心成长和德盛精选两只开放式基金的募集设立。截至2005年12月31日，国联安基金管理有限公司管理了德盛稳健和德盛小盘精选、德盛安心成长和德盛精选4只开放式证券投资基金，管理基金资产规模近80亿元人民币。

德盛安心成长混合型基金是国联安旗下第三只开放式基金，经中国证监会证监基金字[2005]9号文批准，2005年7月13日基金合同正式生效。德盛安心成长基金在设计上，公司针对国内养老金市场的发展趋势，采用目前国际上流行的绝对收益理念，在国内同行中首次引入了全程数量模型风险预算手段。

德盛精选基金是国联安旗下首只股票型基金，也是本年度国联安基金管理有限公司募集的第二只开放式基金。该基金主要通过投资于具有“创值”能力的上市公司来为投资者寻求超额收益。2005年11月24日，经中国证监会证监基金字[2005]188号文批准，2005年12月28日基金合同正式生效。

在投资业绩上，2005年国联安旗下基金表现良好，全部取得了正收益。其中，德盛稳健全年净值增长0.31%，同期业绩基准收益率为-5.96%，超额收益6.27%；德盛小盘全年净值增长0.21%，同期基金业绩比较基准收益率为-4.17%，超额收益4.38%。新成立的德盛安心成长基金自运作以来一直保持净值稳步增长，截至2005年12月31日，德盛安心成长基金净值增长率为1.90%，同期基金业绩比较基准收益率为0.94%，超额收益0.96%。

在客户服务方面，为了更好地方便投资者，2005年9月1日国联安正式启用客户服务热线升级版；在这一年，国联安基金联手携程旅行网，推出“德盛携程VIP卡”免费赠送活动，向客户提供更多的增值服务。

近三年公司管理基金资产规模与基金数量

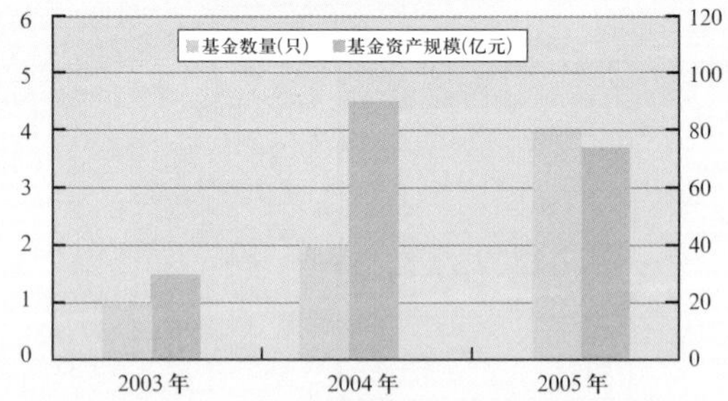

公司股东结构

股东名称	出资金额(万元)	出资比例(%)
国泰君安证券股份有限公司	6700.00	67.00
德国安联集团	3300.00	33.00

公司高管介绍

符学东先生：董事长。经济学硕士，高级经济师，中共党员。历任国家体制改革委员会分配司副处长，国泰证券有限公司总裁助理，国泰君安证券股份有限公司副总裁。

先江先生：董事兼总经理。德国基尔大学企业管理硕士，历任德累斯登银行德国法兰克福总部机构投资银行部投资顾问，机构资产管理资深投资顾问，机构资产管理驻远东区代表，德累斯登银行德国法兰克福总部业务发展部资深经理，台湾德盛证券投资信托股份有限公司执行董事兼总经理。

德盛稳健证券投资基金

基本资料					
基金简称	德盛稳健		交易代码	255010	
投资目标	该基金为平衡型基金，基金管理人将充分利用国内外成功的基金管理经验，深入研究中国经济发展的价值驱动因素，采用积极主动的投资策略，运用全程风险管理技术，追求长期稳定的投资收益，为基金持有人提供安全可靠的理财服务。				
业绩比较基准	国泰君安指数×65%＋上证国债指数×35%				
风险收益特征	该基金属于中低风险的基金品种，其风险收益特征从长期平均及预期来看，介于单纯的股票型组合与单纯的债券型组合之间，也介于单纯的成长型组合与单纯的价值型组合之间。				
合同生效日	2003年8月8日	上市日期	——	上市地点	——
募集概况	首募规模	认购户数	募集日期		
	36.66亿份	83509户	2003年7月3日至2003年8月5日		
基金费率	认购费率	申购费率	赎回费率	管理费率	托管费率
	不高于1.20%	不高于1.50%	0.50%	1.50%	0.25%
基金管理人	国联安基金管理有限公司		基金托管人	中国工商银行股份有限公司	
审计机构	毕马威华振会计师事务所	法律顾问	——	注册登记人	国联安基金管理有限公司

财务指标　　单位：人民币(元)

项目＼年度	2005年度	2004年度	2003年8月8日至2003年12月31日
基金份额本期净收益	−0.025	0.039	0.018
期末可分配基金份额收益	−0.0335	−0.0285	0.0005
期末基金份额净值	0.975	0.972	1.057
基金加权平均净值收益率	−2.65%	3.79%	1.78%
本期基金份额净值增长率	0.31%	−4.62%	7.75%
基金份额累计净值增长率	3.09%	2.77%	7.75%
基金收益分配	本年度未实现收益分配；成立以来每10份累计派现0.600元。		
期末基金份额持有人户数	基金份额持有人户数为30,230户，平均每户持有38,072.09份。		
期末基金份额持有人结构	机构投资者持有490,830,678.78份，占总份额43%；个人投资者持有660,088,483.46份，占总份额57%。		

基金净值增长率与业绩基准收益率对比图（单位：%）

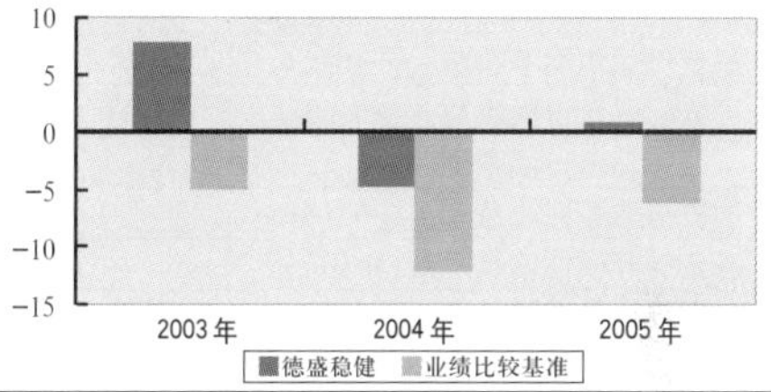

【基金业绩表现】

2005年，德盛稳健基金净值增长率为0.31%，同期业绩基准收益率为−5.96%；超额收益率为6.27%。

【基金管理团队】

孙蔚女士：CFA(特许金融分析师)，CPA(注册会计师)，复旦大学博士研究生。曾任申银万国证券研究所高级研究员、行业研究部副经理及英国FRAMLINGTON基金管理公司基金经理助理，2003年加入国联安基金管理有限公司，2005年7月起任德盛安心成长混合型基金基金经理，2005年9月起同时担任德盛稳健基金基金经理。

【基金运作分析】

一季度德盛稳健选择了有产品定价能力、持续稳定的增长前景的公司进行重点投资，带来了一定收益。但由于错失了主流板块的投资机会，基金落后较多；二季度该基金适度降低了股票仓位，并在下跌中逐步选择有股改预期的股票进行增持，取得一定效果；三季度该基金侧重于基本面和大盘股等投资方向，净值表现一般；四季度该基金在10月重新制定了投资策略，确定侧重行业配置的投资思路。加强配置了本币升值背景下的金融、地产行业；兼具能源和并购主题的石化行业；以及代表经济增长方式向科技创新转变的高科技行业的优秀企业。同时调整组合，减持了钢铁、汽车等行业。经过近两月的调整，新布局在12月收到明显效果，投资业绩在年底取得相应回升。

【季度投资组合一览】

项目＼季度	第一季度		第二季度		第三季度		第四季度	
基金资产净值	1,428,642,490.55元		1,333,493,791.40元		1,226,545,192.94元		1,122,423,865.25元	
基金份额	1,524,948,006.74份		1,459,802,676.65份		1,280,023,973.82份		1,150,919,162.24份	
基金份额净值	0.937元		0.913元		0.958元		0.975元	
基金资产组合	市值(元)	占总资产比例	市值(元)	占总资产比例	市值(元)	占总资产比例	市值(元)	占总资产比例
股票投资	867,627,264.15	57.74%	864,613,984.20	64.65%	832,245,114.86	66.56%	730,890,750.73	64.20%
债券投资	472,000,888.41	31.41%	388,642,110.87	29.06%	326,322,784.46	26.10%	335,870,394.28	29.50%
银行存款和清算备付金	83,961,249.13	5.59%	72,433,706.93	5.42%	85,702,746.68	6.85%	66,013,899.82	5.80%
其他资产	79,089,901.18	5.26%	11,670,640.56	0.87%	6,090,886.96	0.49%	5,612,153.72	0.50%

投资前五名股票明细	股票名称	市值(元)	占净值比例	股票名称	市值(元)	占净值比例	股票名称	市值(元)	占净值比例	股票名称	市值(元)	占净值比例
	中国石化	86,500,961.80	6.05%	长江电力	64,543,000.00	4.84%	长江电力	60,931,680.48	4.97%	G 中 兴	55,585,502.04	4.95%
	五 粮 液	50,714,696.34	3.55%	中国石化	57,639,312.01	4.32%	中国石化	55,147,030.96	4.50%	中国石化	45,634,410.72	4.07%
	山东黄金	47,729,945.00	3.34%	宝钢股份	50,444,571.36	3.78%	伊利股份	44,259,409.86	3.61%	华侨城A	43,915,519.20	3.91%
	同 仁 堂	45,980,000.00	3.22%	赣粤高速	45,418,307.42	3.41%	赣粤高速	42,829,889.76	3.49%	G 民 生	36,704,673.60	3.27%
	长江电力	43,250,000.00	3.03%	伊利股份	44,097,380.95	3.31%	贵州茅台	40,175,912.86	3.28%	浦发银行	34,142,238.00	3.04%

投资前五名债券明细	债券名称	市值(元)	占净值比例	债券名称	市值(元)	占净值比例	债券名称	市值(元)	占净值比例	债券名称	市值(元)	占净值比例
	04国开01	79,920,000.00	5.59%	03国开27	79,854,295.89	5.99%	02国债(14)	47,600,300.80	3.88%	02国债(14)	49,839,161.60	4.44%
	03国开27	79,854,295.89	5.59%	21国债(15)	38,533,986.70	2.89%	03国债(8)	33,415,064.40	2.72%	21国债(15)	34,276,588.40	3.05%
	03国债05	39,440,000.00	2.76%	03国开22	30,591,000.00	2.29%	20国债(4)	29,957,928.40	2.44%	20国债(4)	24,787,728.00	2.21%
	邯钢转债	34,717,703.00	2.43%	21国债(3)	26,140,968.00	1.96%	21国债(15)	24,188,835.00	1.97%	21国债(3)	22,497,200.00	2.00%
	04国债(5)	28,500,000.00	1.99%	02国债(10)	25,281,471.20	1.90%	21国债(10)	22,379,000.00	1.82%	02国债(3)	21,118,004.60	1.88%

德盛小盘精选证券投资基金

基本资料

基金简称	德盛小盘		交易代码	257010	
投资目标	该基金是一只积极成长型股票基金，专注投资于中国A股市场上具有成长潜力的小盘股。基金管理人将充分利用国内外成功的基金管理经验，在严格的风险控制机制下，采用积极主动的投资策略，通过多角度、多层次的基本面研究，充分发掘小盘股所具有的潜在成长性带来的投资机会，并通过波段操作的择时策略追求较高的资本利得收益，从而实现投资者资产的长期增值。				
业绩比较基准	(天相小盘股指数×60%＋天相中盘股指数×40%)×60%＋上证国债指数×40%				
风险收益特征	该基金属于中高风险的基金品种，其风险与预期收益高于平衡型基金。				
合同生效日	2004年4月12日	上市日期	——	上市地点	——
募集概况	首募规模	认购户数	募集日期		
	83.25亿份	231431户	2004年3月15日至2004年4月8日		
基金费率	认购费率	申购费率	赎回费率	管理费率	托管费率
	不高于1.20%	不高于1.50%	不高于0.50%	1.50%	0.25%
基金管理人	国联安基金管理有限公司		基金托管人	中国工商银行股份有限公司	
审计机构	毕马威华振会计师事务所	法律顾问	——	注册登记人	国联安基金管理有限公司

财务指标 单位：人民币(元)

项目 \ 年度	2005年度	2004年4月12日至2004年12月31日
基金份额本期净收益	−0.056	−0.041
期末可分配基金份额收益	−0.0946	−0.0652
期末基金份额净值	0.937	0.935
基金加权平均净值收益率	−6.14%	−4.28%
本期基金份额净值增长率	0.21%	−6.52%
基金份额累计净值增长率	−6.32%	−6.52%
基金收益分配	自基金合同生效以来未实现收益分配。	

基金净值增长率与业绩基准收益率对比图（单位：%）

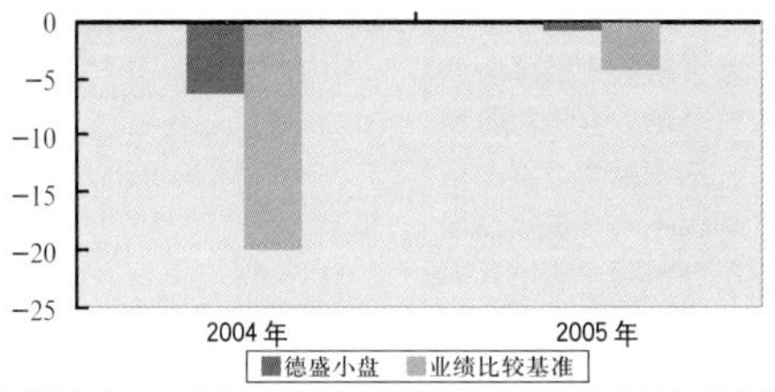

期末基金份额持有人户数	基金份额持有人户数为187,923户，平均每户持有32,885.63份。
期末基金份额持有人结构	机构投资者持有338,891,380.13份，占总份额5%；个人投资者持有5,841,075,094.98份，占总份额95%。

【基金业绩表现】

2005年，德盛小盘基金净值增长率为0.21%，同期业绩基准收益率为−4.17%；超额收益率为4.38%。

【基金管理团队】

张学军先生：基金经理。北京大学经济学硕士。历任原君安证券有限公司研究员、国泰君安证券股份有限公司资产管理部副经理。2003年1月加入国联安基金管理有限公司。

【基金运作分析】

在2005年全年的操作中，小盘基金采取了比较稳健保守的投资策略，规避了市场下跌的系统性风险。

第一季度该基金采取了收缩战线，相对集中的策略。在2月份市场反弹期间，进行了大规模结构调整，因市场因素导致净值增幅有限，表现不理想，但在行业配置上较为成功；第二季度在4月上旬市场反弹期间该基金进行了较大规模的减仓，大幅降低了基金的持股数量，极大程度上规避了市场的系统性风险。在行业配置上，向利润增长可以稳定预期的行业集中，大幅减少在周期性行业、投资品行业的配置；第三季度在7月初市场下跌期间，该基金加快了在股改板块的建仓力度，充分享受了股改带来的超额利润。灵活的操作策略和正确的主题投资使该基金较好地抓住了市场机会，优化了投资组合，三季度是该基金表现最好的一个季度；第四季度在11月份的时候，基金增持了一些地产和银行股票，但没有充分享受到上涨，导致净值涨幅相对落后。

【季度投资组合一览】

项目 \ 季度	第一季度		第二季度		第三季度		第四季度	
基金资产净值	6,655,628,646.84元		6,148,622,532.17元		6,188,818,142.59元		5,788,139,717.29元	
基金份额	7,397,243,698.77份		6,926,599,974.82份		6,560,593,382.10份		6,179,966,475.11份	
基金份额净值	0.900元		0.888元		0.943元		0.937元	
基金资产组合	市值(元)	占总资产比例	市值(元)	占总资产比例	市值(元)	占总资产比例	市值(元)	占总资产比例
股票投资	3,477,723,279.12	51.99%	3,169,849,617.12	51.20%	3,287,530,773.29	52.89%	2,710,547,543.94	46.00%
债券投资	2,476,058,921.06	37.02%	2,217,275,468.06	35.82%	2,434,138,423.42	39.16%	2,384,284,527.80	40.47%
银行存款和清算备付金	620,219,862.24	9.27%	777,238,816.29	12.55%	461,656,771.45	7.43%	772,706,449.77	13.11%
其他资产	114,726,818.46	1.72%	26,413,082.49	0.43%	32,530,743.51	0.52%	24,452,755.22	0.42%

	股票名称	市值(元)	占净值比例	股票名称	市值(元)	占净值比例	股票名称	市值(元)	占净值比例	股票名称	市值(元)	占净值比例
投资前五名股票明细	华鲁恒升	106,781,265.99	1.60%	华联综超	98,366,552.70	1.60%	华胜天成	111,092,748.75	1.80%	华胜天成	133,422,053.06	2.31%
	福星科技	98,587,617.72	1.48%	华鲁恒升	97,828,340.32	1.59%	小商品城	105,933,262.32	1.71%	小商品城	104,649,317.5	1.81%
	山东海化	94,264,863.84	1.42%	国电南瑞	96,257,630.04	1.57%	福星科技	105,618,251.06	1.71%	新安股份	88,789,741.38	1.53%
	国电南瑞	78,649,537.12	1.18%	福星科技	91,437,022.80	1.49%	华海药业	87,051,238.65	1.41%	佛山照明	84,286,763.28	1.46%
	恒源煤电	78,350,851.59	1.18%	中金黄金	87,600,704.96	1.42%	中金岭南	86,066,734.30	1.39%	G 福 星	76,108,650.72	1.31%

	债券名称	市值(元)	占净值比例	债券名称	市值(元)	占净值比例	债券名称	市值(元)	占净值比例	债券名称	市值(元)	占净值比例
投资前五名债券明细	04国开13	299,850,000.00	4.51%	05国开04	399,320,000.00	6.49%	21国债(15)	256,791,414.00	4.15%	21国债(15)	237,228,332.40	4.10%
	21国债(15)	232,872,216.50	3.50%	21国债(15)	261,015,561.40	4.25%	20国债(4)	197,831,059.20	3.20%	20国债(4)	235,992,960.00	4.08%
	20国债(4)	232,251,430.00	3.49%	20国债(4)	194,626,368.00	3.17%	20国债(10)	181,477,778.90	2.93%	20国债(10)	232,805,480.00	4.02%
	04国开15	199,900,000.00	3.00%	招行转债	189,938,075.60	3.09%	05国开14	149,985,000.00	2.42%	招行转债	159,932,770.40	2.76%
	21国债(3)	177,038,000.00	2.66%	99国债(8)	142,363,494.00	2.32%	04国债(5)	145,972,697.70	2.36%	99国债(8)	146,024,386.20	2.52%

德盛安心成长混合型证券投资基金

基本资料

基金简称	德盛安心		交易代码	253010	
投资目标	全程风险预算，分享经济成长，追求绝对收益。				
业绩比较基准	德盛安心成长线。德盛安心成长线的确定方式为在基金合同生效时的值为0.90元，随着时间的推移每天上涨，在任意一天的斜率为同时期一年期银行存款税后利率除以365。				
风险收益特征	该基金属于中低风险的基金产品，追求长期的稳定的收益。				
合同生效日	2005年7月13日	上市日期	——	上市地点	——
募集概况	首募规模	认购户数	募集日期		
	4.09亿份	4166户	2005年5月23日至2005年7月7日		
基金费率	认购费率	申购费率	赎回费率	管理费率	托管费率
	不高于1.20%	不高于1.50%	不高于0.50%	1.50%	0.25%
基金管理人	国联安基金管理有限公司		基金托管人	中国工商银行股份有限公司	
审计机构	毕马威华振会计师事务所	法律顾问	上海市海华永泰律师事务所	注册登记人	国联安基金管理有限公司

财务指标 单位：人民币(元)

项目＼年度	2005年7月13日至2005年12月31日
基金份额本期净收益	0.013
期末可分配基金份额收益	0.0104
期末基金份额净值	1.019
基金加权平均净值收益率	1.26%
本期基金份额净值增长率	1.90%
基金份额累计净值增长率	1.90%
基金收益分配	自基金合同生效以来未实现收益分配
备注	该基金合同生效于2005年7月13日，至2005年12月31日成立不足一年。
期末基金份额持有人户数	基金份额持有人户数为2,854户，平均每户持有49,139.94份。
期末基金份额持有人结构	机构投资者持有59,960,272.55份，占总份额43%；个人投资者持有80,285,125.80份，占总份额57%。

基金净值增长率与业绩基准收益率对比图（单位：%）

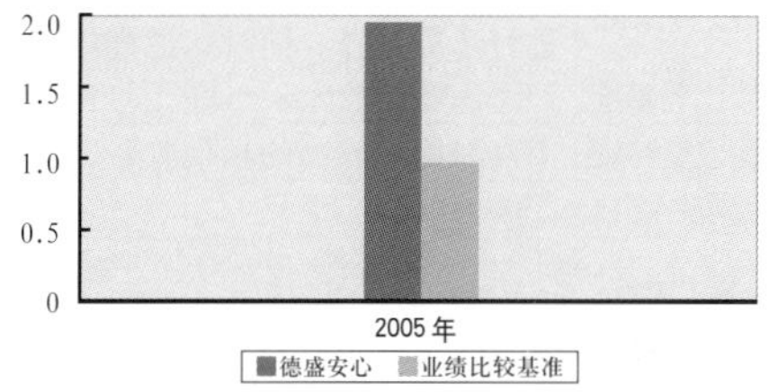

【基金业绩表现】

2005年，德盛安心成长基金净值增长率为1.90%，同期业绩基准收益率为0.94%；超额收益率为0.96%。

【基金管理团队】

孙蔚女士：CFA(特许金融分析师)，CPA(注册会计师)，复旦大学博士研究生。曾任申银万国证券研究所高级研究员、行业研究部副经理及英国FRAMLINGTON基金管理公司基金经理助理。2003年加入国联安基金管理公司，2005年7月起任德盛安心成长混合型基金基金经理，2005年9月起兼任德盛稳健基金基金经理。

【基金运作分析】

德盛安心成长基金合同于2005年7月13日正式生效。在股改推动下，指数经历了7、8月份基于股改"寻宝"色彩浓厚的反弹，及9月份的大幅回落，价值型投资者面临了较大的考验，四季度末市场回升，逐渐恢复了价值判断的本来面目。

德盛安心成长设立之后，由于股改推动，指数在7、8月份反弹，9月份又大幅回落，对该基金这样追求绝对收益的基金增加了操作难度。基金管理人忠实遵守基金契约规定，严格按照风险预算的约束进行操作，确保了德盛安心成长基金在设立以来面值一直处于1元以上。三季度基金从面值开始操作，

(转下页)

【季度投资组合一览】

项目＼季度		第三季度				第四季度			
基金资产净值		228,206,504.67元				142,972,780.17元			
基金份额		226,188,473.94份				140,245,398.35份			
基金份额净值		1.009元				1.019元			
基金资产组合		市值(元)		占总资产比例		市值(元)		占总资产比例	
股票投资		21,262,980.98		9.24%		10,872,854.50		7.08%	
债券投资		140,483,241.81		61.03%		74,305,379.50		48.40%	
银行存款和清算备付金		56,232,414.29		24.43%		58,331,440.12		37.99%	
其他资产		12,218,005.22		5.30%		10,018,486.30		6.53%	
投资前五名股票明细	序号	股票名称	市值(元)	占净值比例	序号	股票名称	市值(元)	占净值比例	
	1	上海机场	5,267,727.36	2.31%	1	G中兴	3,121,777.50	2.18%	
	2	中兴通讯	2,501,354.94	1.10%	2	G万科A	2,155,000.00	1.51%	
	3	浦发银行	2,324,000.00	1.02%	3	浦发银行	1,755,000.00	1.23%	
	4	申通地铁	2,100,000.00	0.92%	4	新安股份	1,447,477.00	1.01%	
	5	金融街	1,951,400.00	0.86%	5	生益科技	1,424,000.00	1.00%	
投资前五名债券明细	序号	债券名称	市值(元)	占净值比例	序号	债券名称	市值(元)	占净值比例	
	1	20国债(10)	24,180,728.00	10.60%	1	05广发展CP01	29,310,000.00	20.50%	
	2	04国开01	20,348,000.00	8.92%	2	创业转债	10,749,282.30	7.52%	
	3	华菱转债	18,298,720.16	8.02%	3	01中移动	6,088,772.60	4.26%	
	4	02国债(14)	16,770,681.20	7.35%	4	20国债(10)	5,957,888.00	4.17%	
	5	创业转债	10,796,167.80	4.73%	5	99三峡债	5,401,409.00	3.78%	

【基金运作分析】

初期风险预算在市场的反复中处于比较低的水平，而对风险预算体系的严格遵守在市场波动中确实有效规避了风险。四季度，该基金准确地布局了金融、地产和科技行业的代表性公司，股票投资获得了较高收益率。但由于当时风险预算限制，股票仓位在较低水平，基金总体收益对年末股票市场的回升分享有限。

德盛精选股票证券投资基金

<table>
<tr><th colspan="6">基本资料</th></tr>
<tr><td>基金简称</td><td colspan="2">德盛精选</td><td>交易代码</td><td colspan="2">257020</td></tr>
<tr><td>投资目标</td><td colspan="5">通过投资财务稳健、业绩良好、管理规范的公司来获得长期稳定的收益。</td></tr>
<tr><td>投资策略</td><td colspan="5">该基金是股票型基金，在股票投资上主要根据上市公司获利能力、资本成本、增长能力以及股价的估值水平来进行个股选择。同时，适度把握宏观经济情况进行资产配置。</td></tr>
<tr><td>业绩比较基准</td><td colspan="5">沪深 300 指数 × 85% + 上证国债指数 × 15%</td></tr>
<tr><td>风险收益特征</td><td colspan="5">中高风险，较高的预期收益。</td></tr>
<tr><td>合同生效日</td><td>2005 年 12 月 28 日</td><td>上市日期</td><td>——</td><td>上市地点</td><td>——</td></tr>
<tr><td rowspan="2">募集概况</td><td>首募规模</td><td>认购户数</td><td colspan="3">募集日期</td></tr>
<tr><td>5.79 亿份</td><td>5983 户</td><td colspan="3">2005 年 11 月 24 日至 2005 年 12 月 23 日</td></tr>
<tr><td rowspan="2">基金费率</td><td>认购费率</td><td>申购费率</td><td>赎回费率</td><td>管理费率</td><td>托管费率</td></tr>
<tr><td>前端认购不高于 1.20%
后端认购不高于 1.50%</td><td>前端申购不高于 1.50%
后端申购不高于 1.60%</td><td>不高于 0.50%</td><td>1.50%</td><td>0.25%</td></tr>
<tr><td>基金管理人</td><td colspan="2">国联安基金管理有限公司</td><td>基金托管人</td><td colspan="2">华夏银行股份有限公司</td></tr>
<tr><td>审计机构</td><td>毕马威华振会计师事务所</td><td>法律顾问</td><td>上海源泰律师事务所</td><td>注册登记人</td><td>国联安基金管理有限公司</td></tr>
</table>

【基金经理简介】

李洪波先生：基金经理。35 岁，北京大学经济学硕士。曾任申银万国证券公司证券分析员、投资经理，华夏证券公司上海分公司营业部总经理，大通证券公司营业部总经理、资产管理总部副总经理。2004 年 10 月加盟国联安基金管理公司，任基金经理助理，从事投资组合管理工作。

海富通基金管理有限公司

法定名称	海富通基金管理有限公司	英文名称	Fortis Haitong Investment Management Co.,Ltd.
成立日期	2003年4月1日	注册资本	1.5亿元人民币
法人代表	邵国有	总 经 理	田仁灿
联系电话	021-68604999	客服电话	4008840099
传真号码	021-58781634	公司网址	www.hftfund.com
注册地址	上海市浦东新区世纪大道88号金茂大厦37层	办公地址	上海市浦东新区世纪大道88号金茂大厦37层

● 发展概况

海富通基金管理有限公司是中国首批诞生的中外合资基金管理公司之一，也是国内首家由证券公司和外方资产管理公司发起设立的中外合资基金管理公司。2003年4月1日，经中国证监会证监基金字[2003]48号文批准，公司由海通证券股份有限公司和比利时富通基金管理公司(Fortis Investment Management S.A./N.V.)发起设立。2005年8月2日，海富通获得首批企业年金基金投资管理人资格；2005年12月，公司完成增资扩股，注册资本从原来的1亿元人民币增至1.5亿元人民币，中外双方股东海通证券和富通基金的出资额分别增加到7650万元人民币和7350万元人民币，各占注册资本的51%和49%。

在组织结构上，海富通基金管理公司下设管理部、营销部、市场业务部、投资部、运营部、产品开发与创新部6个部门。在人员构成上，截至2005年12月底，海富通基金管理有限公司共有员工95人，平均年龄33岁，全部具有大学以上学历，其中专科9人，本科34人，硕士46人，博士6人。

● 经营业绩

2005年，海富通基金管理有限公司顺利完成了海富通货币市场基金和海富通股票基金两只开放式基金的募集设立。截至2005年12月31日，海富通基金管理有限公司管理了海富通精选、海富通收益、海富通货币市场和海富通股票4只开放式证券投资基金，公司管理基金资产总额达145.57亿元人民币。

海富通货币市场基金是海富通旗下首只货币型基金。该基金跨年度募集，于2004年11月26日开始发售，2004年12月24日结束募集，共募集基金份额9.65亿份，有效认购户数为6401户，2005年1月4日基金合同正式生效。

海富通股票基金是海富通旗下第四只开放式基金，也是海富通2005年募集设立的第二只产品。该基金自2005年6月10日开始发售，2005年7月22日募集结束，共募集基金份额4.20亿份，有效认购总户数为3457户，基金合同生效于2005年7月29日。

在投资业绩上，2005年公司旗下基金中海富通精选基金和海富通货币市场基金表现良好，为投资人创造了较好的收益回报。其中，海富通精选基金全年净值增长8.48%，同期业绩基准收益下跌0.51%，超额收益8.99%，并分别于本年6月20日、12月9日实现收益分配，每份基金累计派现0.035元；新成立的海富通货币市场本年基金收益增长2.4894%，同期业绩基准增长1.7852%，超额收益0.70%，同时基金规模稳定增加，由成立初的9.65亿份增加至年末的29.29亿份，全年净申购200%以上；海富通收益基金是一只混合型基金，基金合同生效于2004年3月12日，2005年是该基金运作完整的一年，全年净值增长1.38%，落后同期业绩基准3.72%。新成立的海富通股票基金自成立以来净值下跌0.5%，同期业绩基准收益上涨5.85%，落后同期业绩基准6.35%。

2005年，是海富通基金管理有限公司运作满三年，也是公司获得发展的一年。本年内，海富通完成了两只不同类型开放式基金的募集设立，截至年末，公司管理基金资产总额达145.57亿元；2005年6月，作为国内首家接受国际权威评级的资产管理公司，海富通获得了惠誉评级(Fitch Ratings)AM2(中国)的资产管理人优秀评级。

近三年公司管理基金资产规模与基金数量

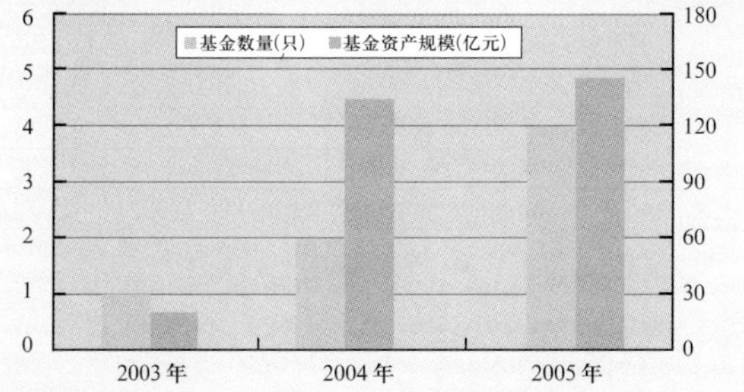

公司股东结构

股东名称	出资金额(万元)	出资比例(%)
海通证券股份有限公司	7650.00	51.00
富通基金管理公司	7350.00	49.00

公司高管介绍

邵国有先生：董事长。副教授。历任吉林大学校党委副书记、长春师范学院校党委书记、长春新世纪广场有限公司副董事长兼总经理、海通证券股份有限公司宣传培训中心总经理。2003年至今任海富通基金管理公司董事长。

田仁灿先生：董事、总经理。比利时籍，工商管理学硕士。历任法国金融租赁Euroequipement S.A.公司总裁助理、富通银行区域经理、大中华地区主管、富通基金管理亚洲有限公司投资经理、业务发展部总经理、首席执行官。2003年至今任海富通基金管理有限公司董事、总经理。

海富通精选证券投资基金

基本资料					
基金简称	海富通精选		交易代码	519011	
投资目标	该基金采取积极主动精选证券和适度主动进行资产配置的投资策略，实施全程风险管理，在保证资产良好流动性的前提下，在一定风险限度内实现基金资产的长期最大化增值。				
业绩比较基准	上证综合指数×65%＋上证国债指数×35%				
风险收益特征	该基金属于风险程度适中的基金品种。力争通过适度主动的资产配置和积极主动的精选证券，识别和控制风险，实现风险限度内的超额回报。				
合同生效日	2003年8月22日	上市日期	——	上市地点	——
募集概况	首募规模	认购户数	募集日期		
	36.98亿份	26568户	2003年7月15日至2003年8月15日		
基金费率	认购费率	申购费率	赎回费率	管理费率	托管费率
	不高于1.20%	不高于1.50%	不高于0.35%	1.50%	0.25%
基金管理人	海富通基金管理有限公司		基金托管人	交通银行股份有限公司	
审计机构	普华永道中天会计师事务所	法律顾问	北京市金杜律师事务所	注册登记人	中国证券登记结算有限责任公司

财务指标			单位：人民币(元)
项目 \ 年度	2005年度	2004年度	2003年8月22日至2003年12月31
加权平均基金份额本期净收益	0.0456	0.0957	0.0151
期末可分配基金份额收益	0.0007	−0.0113	0.0041
期末基金份额净值	1.0795	1.0299	1.1049
基金加权平均净值收益率	4.32%	8.54%	1.48%
本期基金份额净值增长率	8.48%	4.50%	12.02%
基金份额累计净值增长率	26.98%	17.06%	12.02%
基金收益分配	本年度每10份派现0.350元；成立以来每10份累计派现1.750元。		
期末基金份额持有人户数	基金份额持有人户数为9,744户，平均每户持有238,681.12份。		
期末基金份额持有人结构	机构投资者持有1,857,290,592.27份，占总份额79.86%；个人投资者持有468,418,235.95份，占总份额20.14%。		

基金净值增长率与业绩基准收益率对比图（单位：%）

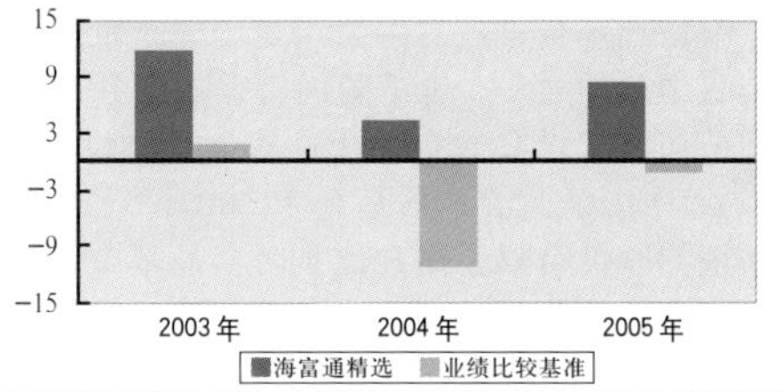

【基金业绩表现】

截至2005年12月31日，海富通精选基金净值增长8.48%，同期业绩基准收益下跌0.51%，超额收益为8.99%。

【基金管理团队】

陈洪先生：清华大学管理学硕士。历任君安证券公司投资经理、广东发展银行深圳分行业务经理、富通基金管理亚洲公司基金经理。2003年至今任海富通基金管理公司投资总监兼海富通精选基金经理。2005年7月起，兼任海富通股票基金经理。

郑拓先生：CFA、美国芝加哥大学MBA。历任黑龙江省进出口公司业务代表，君安证券公司黑龙江公司投资经理，广达投资公司投资经理，加拿大Donier International企业融资经理，美国Robert W.Baird 投资银行基金分析师。2003年7月加入海富通基金管理公司，任投资部股票分析师。2004年4月起担任海富通精选基金经理助理。2005年4月起担任海富通精选基金经理，2005年7月起兼任海富通股票基金经理。

【基金运作分析】

2005年是海富通精选基金完整运作的第二年，该基金坚持了"控制资产配置风险、保持投资组合的均衡和流动性、通过个股选择创造超额收益"等基本投资策略，基本实现了产品所要求的风险收益特征，并逐渐形成了自己相对稳定的风格。在具体操作层面上，基金还尝试了通过调整组合的波动率来进一步改善组合的风险调整收益率等，取得了一定的成效。同时，基金在投资中存在的不足之处，较为明显的如对金融等强势行业配置不足等。

【季度投资组合一览】

项目 \ 季度	第一季度		第二季度		第三季度		第四季度	
基金资产净值	2,883,623,780.05元		2,729,091,977.52元		2,613,774,614.154元		2,510,541,600.15元	
基金份额	2,714,890,166.00份		2,684,420,402.06份		2,383,512,022.69份		2,325,708,828.22份	
基金份额净值	1.0622元		1.0166元		1.0966元		1.0795元	
基金资产组合	市值(元)	占总资产比例	市值(元)	占总资产比例	市值(元)	占总资产比例	市值(元)	占总资产比例
股票投资	2,004,093,587.25	69.12%	2,035,405,747.58	73.73%	1,793,918,963.34	68.44%	1,859,474,473.34	73.67%
债券投资	755,722,975.59	26.07%	629,360,164.93	22.80%	601,386,551.90	22.94%	529,669,063.00	20.98%
银行存款和清算备付金	119,016,010.39	4.11%	63,322,563.70	2.29%	215,237,007.73	8.21%	119,481,913.13	4.73%
其他资产	20,435,537.87	0.70%	32,391,704.61	1.18%	10,611,254.64	0.41%	15,522,837.17	0.62%

投资前五名股票明细	股票名称	市值(元)	占净值比例	股票名称	市值(元)	占净值比例	股票名称	市值(元)	占净值比例	股票名称	市值(元)	占净值比例
	海油工程	157,580,107.52	5.46%	海油工程	139,740,000.00	5.12%	海油工程	127,500,000.00	4.88%	海油工程	128,600,000.00	5.12%
	上海机场	132,000,000.00	4.58%	宝钢股份	99,600,000.00	3.65%	上海机场	95,389,907.20	3.65%	歌华有线	105,210,000.00	4.19%
	中集集团	123,751,210.00	4.29%	上港集箱	80,953,270.38	2.97%	首创股份	89,420,000.00	3.42%	上海机场	100,940,000.00	4.02%
	中兴通讯	100,522,642.88	3.49%	烟台万华	80,435,055.60	2.95%	歌华有线	83,777,963.50	3.21%	首创股份	95,030,000.00	3.79%
	福耀玻璃	94,515,727.00	3.28%	中国联通	78,602,431.36	2.88%	盐湖钾肥	81,410,000.00	3.11%	中国石化	93,200,000.00	3.71%

投资前五名债券明细	债券名称	市值(元)	占净值比例	债券名称	市值(元)	占净值比例	债券名称	市值(元)	占净值比例	债券名称	市值(元)	占净值比例
	04国开10	175,164,642.85	6.07%	03国开22	156,510,000.00	5.73%	05农发07	99,950,000.00	3.82%	05农发07	99,950,000.00	3.98%
	03国开24	133,346,000.00	4.62%	04农发01	110,012,000.00	4.03%	21国债(15)	98,208,000.00	3.76%	21国债(15)	97,651,200.00	3.89%
	02进出02	129,110,526.32	4.48%	04国开10	80,075,265.30	2.93%	04国开12	81,776,000.00	3.13%	99国债(8)	58,174,200.00	2.32%
	04农发01	110,012,000.00	3.82%	02国开16	64,250,049.63	2.35%	02国债(14)	58,919,143.60	2.25%	02国债(14)	54,068,391.20	2.15%
	02国开16	100,984,974.42	3.50%	钢联转债	51,695,000.00	1.89%	03国开29	50,990,000.00	1.95%	03国开29	50,990,000.00	2.03%

海富通收益增长证券投资基金

基本资料					
基金简称	海富通收益		交易代码	519003	
投资目标	建立随时间推移非负增长的收益增长线，运用优化组合保险机制实现风险预算管理，力争基金单位资产净值高于收益增长线水平。在此基础上，通过精选证券和适度主动地把握市场时机，将中国经济的高速成长转化为基金资产的长期稳定增值。				
业绩比较基准	上证综合指数×40%+上证国债指数×60%				
风险收益特征	属于风险较低的基金产品，追求在风险预算目标下基金资产增值的最大化。				
合同生效日	2004年3月12日	上市日期	——	上市地点	——
募集概况	首募规模	认购户数	募集日期		
	130.74亿份	225936户	2004年2月5日至2004年3月9日		
基金费率	认购费率	申购费率	赎回费率	管理费率	托管费率
	不高于1.00%	不高于1.50%	不高于0.50%	1.50%	0.25%
基金管理人	海富通基金管理有限公司		基金托管人	中国银行股份有限公司	
审计机构	普华永道中天会计师事务所	法律顾问	北京市金杜律师事务所	注册登记人	中国证券登记结算有限责任公司

财务指标　单位：人民币(元)

项目＼年度	2005年度	2004年3月12日至2004年12月31日
基金份额本期净收益	－0.0278	－0.0233
期末可分配基金份额收益	－0.0495	－0.0555
期末基金份额净值	0.958	0.945
基金加权平均净值收益率	－2.95%	－2.33%
本期基金份额净值增长率	1.38%	－5.50%
基金份额累计净值增长率	－4.20%	－5.50%
基金收益分配	自基金合同生效以来未实现收益分配。	

基金净值增长率与业绩基准收益率对比图（单位：%）

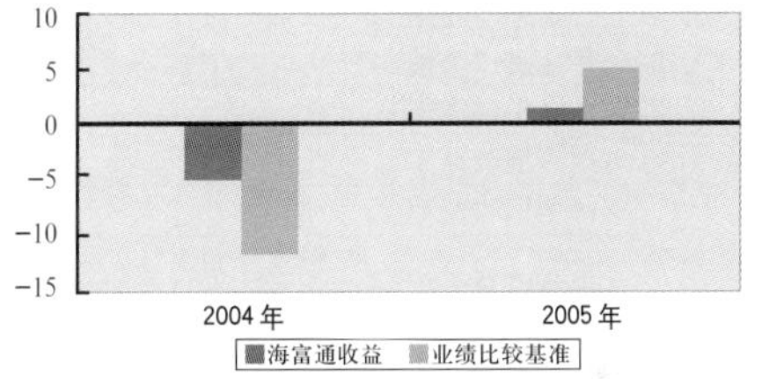

期末基金份额持有人户数	基金份额持有人户数为170,728户，平均每户持有49,341.97份。
期末基金份额持有人结构	机构投资者持有1,414,761,118.51份，占总份额16.79%；个人投资者持有7,009,294,562.69份，占总份额83.21%。

【基金业绩表现】

截至2005年12月31日，海富通收益基金净值增长率为1.38%，同期业绩基准收益率为5.10%。

【基金管理团队】

陈绍胜先生：硕士学位。历任香港英皇金融集团外汇投资经理、原上海万国证券公司证券分析师、海通证券交易总部投资经理。2003年4月至2004年2月任海富通基金管理公司股票分析师、策略分析师，2004年3月至今任该基金基金经理。

张炜先生：伦敦商学院硕士学位。历任上海万国证券高级基金经理，上海富国投资公司项目经理，安徽证券上海资产管理部总经理，上海中路集团副总经理。2004年9月至今任该基金经理助理。2005年4月至2006年2月任该基金经理。

【基金运作分析】

2005年海富通收益基金净值增长率为1.38%，跑输基准3.72%，同期上证综指下跌了8.33%。全年度有两个时期基金净值在收益增长线以下，期间管理费暂时停收。海富通收益基金全年度跑输基准的主要原因是债券组合大幅跑输基准。

股票投资方面，本年度海富通收益基金增持的领域有：以资源价格机制改革为主线的资源类、IT、传媒、旅游、电力二次设备、金融等板块，有些板块是因为有投资机会，但在过去的弱市中被大多数投资者抛弃，因此最有可能被大幅低估；二线蓝筹股则因为大幅下跌15%-20%之后对基金管理人非常有吸引力，短期表现不会改变他们的内在价值，下跌之时再次提供买入机会。同时，该基金减持了港口、金属非金属等。

【季度投资组合一览】

项目＼季度	第一季度		第二季度		第三季度		第四季度	
基金资产净值	10,206,918,845.08元		9,112,388,926.83元		8,475,996,912.034元		8,069,045,070.66元	
基金份额	10,705,455,677.86份		9,910,515,242.28份		8,841,596,135.39份		8,424,055,681.20份	
基金份额净值	0.953元		0.919元		0.959元		0.958元	
基金资产组合	市值(元)	占总资产比例	市值(元)	占总资产比例	市值(元)	占总资产比例	市值(元)	占总资产比例
股票投资	5,026,559,953.84	48.99%	4,960,175,595.87	52.36%	4,240,768,995.57	49.86%	4,390,203,005.85	54.07%
债券投资	3,603,558,177.73	35.12%	3,153,196,804.36	33.28%	3,051,222,417.84	35.87%	2,796,388,820.50	34.44%
银行存款和清算备付金	133,377,377.20	1.30%	563,860,584.49	5.95%	327,859,352.32	3.85%	238,047,282.30	2.93%
其他资产	1,496,243,028.24	14.59%	796,652,886.93	8.41%	886,417,069.19	10.42%	695,565,236.43	8.56%

投资前五名股票明细	股票名称	市值(元)	占净值比例	股票名称	市值(元)	占净值比例	股票名称	市值(元)	占净值比例	股票名称	市值(元)	占净值比例
	长江电力	390,068,661.95	3.82%	宝钢股份	472,533,091.74	5.19%	中国联通	382,500,000.00	4.51%	中国联通	420,000,000.00	5.21%
	中兴通讯	388,960,000.00	3.81%	长江电力	457,520,000.00	5.02%	G长电	372,000,000.00	4.39%	中国石化	417,853,653.56	5.18%
	中集集团	343,750,000.00	3.37%	上海机场	234,572,000.00	2.57%	海油工程	245,210,167.50	2.89%	G长电	355,209,447.40	4.40%
	宝钢股份	284,104,825.71	2.78%	海油工程	232,900,000.00	2.56%	中国石化	206,500,000.00	2.44%	上海机场	288,400,000.00	3.57%
	上海机场	280,500,000.00	2.75%	招商银行	209,070,000.00	2.29%	中集集团	197,800,000.00	2.33%	烟台万华	230,420,000.00	2.86%

投资前五名债券明细	债券名称	市值(元)	占净值比例	债券名称	市值(元)	占净值比例	债券名称	市值(元)	占净值比例	债券名称	市值(元)	占净值比例
	04进出01	300,000,000.00	2.94%	03国开18	485,698,000.00	5.33%	02国债⒁	729,072,000.00	8.60%	02国债⒁	403,864,200.00	5.01%
	04农发04	300,000,000.00	2.94%	04进出01	305,520,000.00	3.35%	21国债⒂	327,618,819.00	3.87%	招行转债	320,190,000.00	3.97%
	04央行58	290,010,000.00	2.84%	招行转债	295,035,714.90	3.24%	04进出01	305,520,000.00	3.60%	04进出01	305,520,000.00	3.79%
	招行转债	286,662,271.50	2.81%	04农发01	250,050,000.00	2.74%	21国债⑶	255,609,627.00	3.02%	21国债⒂	295,496,600.00	3.66%
	00国开07	260,852,000.00	2.56%	02国债⒁	215,752,500.00	2.37%	05国开07	199,740,000.00	2.36%	05农发14	229,839,000.00	2.85%

海富通货币市场证券投资基金

基本资料						
基金简称	海富通货币			交易代码	519005	
投资目标	在力争本金安全和资产充分流动性的前提下，追求超过业绩比较基准的收益。					
业绩比较基准	税后一年期银行定期存款利率					
风险收益特征	该货币市场基金是具有较低风险、流动性强的证券投资基金品种。					
合同生效日	2005年1月4日	上市日期	——	上市地点	——	
募集概况	首募规模	认购户数	募集日期			
	9.65亿份	6401户	2004年11月26日至2004年12月24日			
基金费率	认购费率	申购费率	赎回费率	管理费率	托管费率	销售服务费率
	0	0	0	0.33%	0.10%	0.25%
基金管理人	海富通基金管理有限公司		基金托管人	中国银行股份有限公司		
审计机构	普华永道中天会计师事务所	法律顾问	北京市金杜律师事务所	注册登记人	中国证券登记结算有限责任公司	

财务指标　　单位：人民币(元)

项 目 \ 年 度	2005年1月4日至2005年12月31日
本期净收益	68,230,101.36
期末基金资产净值	2,928,551,698.69
期末基金份额净值	1.0000
本期净值收益率	2.4894%
累计净值收益率	2.4894%
基金收益分配	从2005年月1月4日至2005年12月31日该基金累计分配收益68,230,101.36元。
备注：	该基金合同生效于2005年1月4日，至2005年12月31日成立不足一年。

基金收益率与同期业绩基准收益率对比图（单位：%）

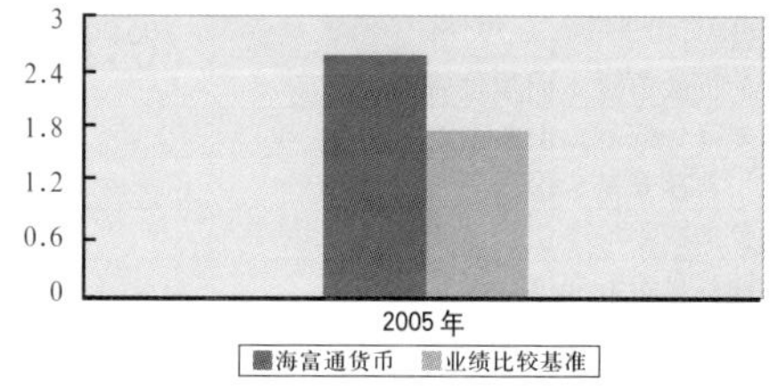

期末基金份额持有人户数	基金份额持有人户数为13,472户，平均每户持有217,380.62份。
期末基金份额持有人结构	机构投资者持有1,851,719,623.63份，占总份额63.23%；个人投资者持有1,076,832,075.06份，占总份额36.77%。

【基金业绩表现】

截至2005年12月31日，海富通货币市场基金净值收益率为2.4894%，同期业绩比较基准收益率为1.7852%。

【基金管理团队】

邵佳民先生：基金经理。硕士学位，持有基金从业人员资格证书。历任海通证券公司固定收益部债券业务助理、债券销售主管、债券分析师、债券投资部经理，海富通基金管理有限公司固定收益分析师。2005年1月至今担任该基金经理。

【基金运作分析】

海富通货币基金成立于2005年初，该基金管理人抓住市场机会，在上半年适当延长了久期配置，为投资者带来了较好的回报。在组合浮动盈利短期内大幅度增加后，迅速兑现，及时回报投资者；下半年，该基金管理人增加了短期融资券的配置。出于对利率风险的考虑，在第四季度减少了债券投资，提高了现金持有比例。在短期融资券收益率大幅度回升后，增持了部分资信等级优良、流动性高的债券。考虑该基金规模较小、对流动性要求较高，海富通货币基金在本年没有投资银行定期存款。

2005年，海富通货币基金取得了良好业绩，基金规模稳定增加，全年净申购200%以上。主要在于该基金管理人准确分析了宏观经济形势，采取了有效投资策略，同时高度重视资产的安全性与流动性，为投资者提供了良好的现金管理工具。

【季度投资组合一览】

项 目 \ 季 度	第一季度		第二季度		第三季度		第四季度	
基金资产净值	2,369,245,079.89元		2,726,749,669.28元		3,697,079,783.02元		2,928,551,698.69元	
基金份额	2,369,245,079.89份		2,726,749,669.28份		3,697,079,783.02份		2,928,551,698.69份	
基金份额净值	1.0000元		1.0000元		1.0000元		1.0000元	
基金资产组合	市值(元)	占总资产比例	市值(元)	占总资产比例	市值(元)	占总资产比例	市值(元)	占总资产比例
债券投资	1,548,531,851.49	64.70%	1,946,238,188.84	70.88%	2,131,247,492.54	57.56%	2,561,838,251.12	87.27%
买入返售证券	324,200,200.00	13.54%	633,000,000.00	23.05%	974,400,000.00	26.32%	——	——
银行存款和清算备付金	455,400,585.38	19.03%	149,276,046.09	5.44%	543,999,860.85	14.69%	323,119,526.92	11.01%
其他资产	65,276,667.78	2.73%	17,230,179.08	0.63%	53,003,913.71	1.43%	50,411,163.83	1.72%

投资前五名债券明细	债券名称	摊余成本(元)	占资产净值比例	债券名称	摊余成本(元)	占资产净值比例	债券名称	摊余成本(元)	占资产净值比例	债券名称	摊余成本(元)	占资产净值比例
	04农发04	299,754,744.40	12.65%	04央行票据81	337,517,755.37	12.38%	05央行票据33	296,891,703.27	8.03%	05国开22	449,628,411.42	15.35%
	04央行票据81	216,819,980.16	9.15%	05央行票据33	295,272,252.54	10.83%	05央行票据39	296,764,633.53	8.03%	04国开09	303,167,349.57	10.35%
	05农发01	200,000,000.00	8.44%	05央行票据39	294,516,263.81	10.80%	05央行票据45	285,717,326.40	7.73%	05央行票据39	298,416,666.77	10.19%
	04央行票据102	176,695,200.00	7.46%	05央行票据42	294,289,662.20	10.79%	05中粮CP01	245,429,802.77	6.64%	05央行票据4	288,405,966.74	9.85%
	04农发01	100,203,741.01	4.23%	05国开07	199,210,120.92	7.31%	04国开12	242,596,578.95	6.56%	05央行票据124	196,280,549.46	6.70%

投资组合剩余期限	平均剩余期限	占资产净值比例	平均剩余期限	占资产净值比例	平均剩余期限	占资产净值比例	平均剩余期限	占资产净值比例
	30天(不含)以内	34.84%	30天以内	28.69%	30天以内	42.42%	30天以内	11.03%
	30天(含)—60天	——	30天(含)—60天	——	30天(含)—60天	——	30天(含)—60天	15.35%
	60天(含)—90天	16.94%	60天(含)—90天	10.97%	60天(含)—90天	5.39%	60天(含)—90天	——
	90天(含)—180天	20.00%	90天(含)—180天	20.39%	90天(含)—180天	8.03%	90天(含)—180天	26.79%
	180天(含)以上	28.70%	180天(含)—397天(含)	40.02%	180天(含)—397天(含)	44.23%	180天(含)—397天(含)	45.33%

海富通股票证券投资基金

基本资料

基金简称	海富通股票		交易代码	519005	
投资目标	精选景气行业和积极主动精选股票投资相结合，分享中国经济高速成长的成果，谋求基金资产的长期最大化增值。				
业绩比较基准	上证综合指数×80%＋上证国债指数×20%				
风险收益特征	该基金属于较高风险、较高收益的股票型基金产品。				
合同生效日	2005年7月29日	上市日期	——	上市地点	——
募集概况	首募规模	认购户数	募集日期		
	4.20亿份	3457户	2005年6月10日至2005年7月22日		
基金费率	认购费率	申购费率	赎回费率	管理费率	托管费率
	不高于1.20%	不高于1.50%	不高于0.50%	1.50%	0.25%
基金管理人	海富通基金管理有限公司		基金托管人	中国银行股份有限公司	
审计机构	普华永道中天会计师事务所	法律顾问	北京市金杜律师事务所	注册登记人	中国证券登记结算有限责任公司

财务指标　单位：人民币(元)

项目 \ 年度	2005年7月29日至2005年12月31日
基金份额本期净收益	0.0015
期末可分配基金份额收益	−0.0050
期末基金份额净值	0.995
基金加权平均净值收益率	0.15%
本期基金份额净值增长率	−0.50%
基金份额累计净值增长率	−0.50%
基金收益分配	自基金合同生效以来未实现收益分配。
备注	该基金合同生效于2005年7月29日至2005年12月31日成立不足一年。
期末基金份额持有人户数	基金份额持有人户数为8,684户，平均每户持有121,386.57份。
期末基金份额持有人结构	机构投资者持有591,563,981.99份，占总份额56.12%；个人投资者持有462,556,950.80份，占总份额43.88%。

基金净值增长率与业绩基准收益率对比图 (单位：%)

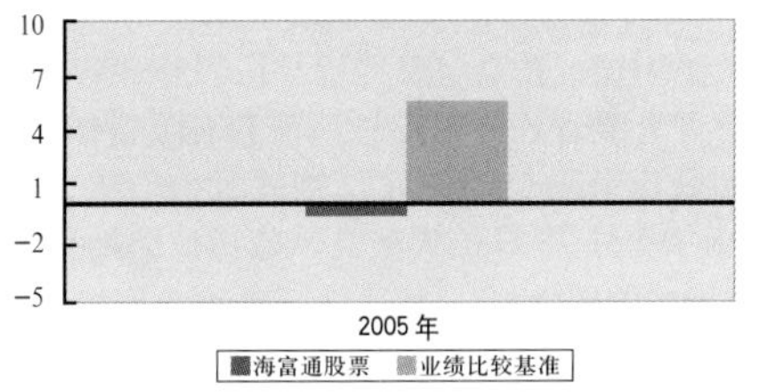

【基金业绩表现】

2005年，海富通股票基金净值下跌0.5%，同期业绩基准上涨5.85%，超额收益−6.35%。

【基金管理团队】

陈洪先生：清华大学管理学硕士。历任君安证券有限公司投资经理、广东发展银行深圳分行业务经理、富通基金管理亚洲有限公司基金经理。2003年至今任海富通基金管理有限公司投资总监兼海富通精选基金基金经理，2005年7月起，兼任海富通股票基金基金经理。

郑拓先生：CFA，美国芝加哥大学MBA。历任黑龙江省进出口公司业务代表，君安证券公司黑龙江公司投资经理，广达投资公司投资经理，加拿大Donier International企业融资经理，美国Robert W. Baird投资银行基金分析师。2003年7月加入海富通基金管理公司，任投资部股票分析师。2004年4月起担任海富通精选基金基金经理助理。2005年4月起担任海富通精选基金基金经理，2005年7月起，兼任该基金经理。

【基金运作分析】

2005年，中国的A股市场似乎可以用一个典型的熊市来形容，上证指数在2005年共下跌了105点。但一些新的变化，使基金管理人对市场未来的发展充满了信心。

2005年7月份，海富通股票基金成立。其后市场经历了短暂上扬和4季度的深幅下跌。作为一只股票型基金，其较高的股票投资比例成为基金净值大幅度震荡的原因之一。这也反映了作为一只新成立的基金，基金经理人在对股票型基金特点的理解和对市场短期风险的控制方面尚未尽如人意，对市场机会的把握方面也有较明显的失误。但经过2005年市场大幅震荡的考验，基金管理团队提高了驾驭高风险高收益特征的股票型基金的能力，也更有信心在市场环境大幅改善的2006年，使该基金的表现能够符合投资者的预期。

【季度投资组合一览】

项目 \ 季度	第三季度				第四季度			
基金资产净值	762,043,872.074元				1,048,837,086.96元			
基金份额	742,176,227.30份				1,054,120,932.79份			
基金份额净值	1.027元				0.995元			
基金资产组合	市值(元)		占总资产比例		市值(元)		占总资产比例	
股票投资	701,321,624.15		91.71%		887,519,017.45		83.92%	
债券投资	——		——		6,000,000.00		0.57%	
银行存款和清算备付金	59,591,849.96		7.79%		114,356,415.11		10.81%	
应收证券清算款	——		——		4,775,833.79		0.45%	
其他资产	3,828,629.79		0.50%		50,932,489.18		4.82%	
投资前五名股票明细	序号	股票名称	市值(元)	占净值比例	序号	股票名称	市值(元)	占净值比例
	1	G综超	39,637,301.04	5.20%	1	贵州茅台	53,023,897.90	5.06%
	2	国电南瑞	38,461,837.12	5.05%	2	海油工程	51,459,624.36	4.91%
	3	海油工程	36,701,206.50	4.82%	3	五粮液	49,619,166.96	4.73%
	4	贵州茅台	33,058,816.70	4.34%	4	国电南瑞	47,822,618.74	4.56%
	5	福建高速	31,592,197.76	4.15%	5	云南白药	42,074,054.10	4.01%
债券投资明细	序号	债券名称	市值(元)	占净值比例	序号	债券名称	市值(元)	占净值比例
	——	——	——	——	1	05武城投债	6,000,000.00	0.57%

长信基金管理有限责任公司

法定名称	长信基金管理有限责任公司	英文名称	China Xin Fund Management Co.,Ltd.
成立日期	2003年4月28日	注册资本	1亿元人民币
法人代表	田 丹	总 经 理	叶 烨
联系电话	021-63212222	客服电话	021-33074848
传真号码	021-63217686	公司网址	www.cxfund.com.cn
注册地址	上海浦东新区世纪大道1600号浦项商务广场16楼	办公地址	上海市黄浦区汉口路130号3、4楼

● 发展概况

经中国证监会证监基金字[2003]63号文批准，长信基金管理有限责任公司由长江证券有限责任公司、上海海欣集团股份有限公司和武汉钢铁股份有限公司共同发起于2003年4月28日正式成立，公司注册地在上海市。

在组织结构上，公司实行董事会领导下的总经理负责制，总经理和副总经理组成公司的经营管理层。在经营管理层下设内部控制委员会和投资决策委员会等两个非常设委员会，以及金融工程部、投资管理部、交易部、固定收益部、基金事务部、市场开发部、信息技术部、监察稽核部、综合行政部9个职能部门，并根据公司发展需要设立了北京分公司。

在人员构成上，目前长信基金管理有限公司共有员工48人，其中博士学历4人，占8.3%；硕士学历19人，占39.6%；本科学历18人，占37.5%；专科学历7人，占14.6%。具有海外留学或工作经历的6人，占14.6%。

● 经营业绩

2005年，长信基金管理有限公司顺利完成了长信银利精选证券投资基金的募集设立。截至2005年12月31日，长信基金管理有限公司共管理了长信利息收益和长信银利精选两只开放式证券投资基金，管理基金资产总额达123.44亿元，与2004年相比资产管理规模增长了91.19亿元，成为2005年度资产管理规模增长最快的基金公司之一。

近三年公司管理基金资产规模与基金数量

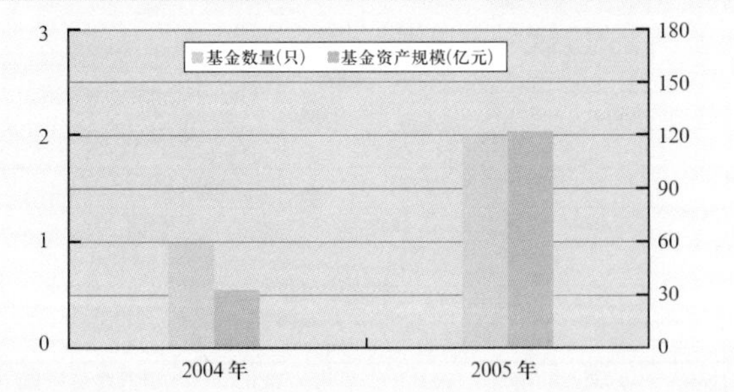

公司股东结构

股东名称	出资金额(万元)	出资比例(%)
长江证券有限责任公司	4900.00	49.00
上海海欣集团股份有限公司	3433.00	34.33
武汉钢铁股份有限公司	1667.00	16.67

长信银利精选证券投资基金是长信旗下首只股票型基金。该基金跨年度募集设立，自2004年12月1日公开发售，2004年12月30日募集结束，募集基金总份额11.83亿份，有效认购总户数为34608户，2005年1月17日基金合同正式生效。

在投资业绩上，公司首只开放式基金长信利息收益基金2005年表现优异，为投资者创造了较好的收益回报。本年度该基金总回报率达到2.4594%，高于同期业绩比较基准收益0.6594%。根据晨星(中国)公司所公布的货币基金年度业绩排名，长信利息收益基金在所有货币市场基金中排名第4，同时基金规模大幅增长，截至2005年12月31日，长信利息收益基金规模为119.21亿，比期初规模增长了269.64%。本年新成立的长信银利精选基金在成立后的建仓期，面临波动较为剧烈的市场环境，为建仓增添了难度，但该基金坚持秉承价值投资的理念，重点选择了电子通信、交通运输、煤炭电力、钢铁等行业中业绩优良、具有行业龙头地位、价值低估的公司进行投资。截至2005年12月31日，长信银利精选基金净值为0.9844元，本期基金净值增长-1.56%。

2005年，是长信基金管理有限公司运作满两年，也是公司获得很大进步的一年。在这一年，长信基金管理有限公司实现了基金规模和管理费双丰收：2005年公司资产管理规模达123.44亿元，与2004年相比，资产规模增长率高达282.98%；全年累计实现管理费收入近4230万元，与2004年相比，管理费增长率高达367%，在业内排名第一。长信基金管理有限公司自成立以来，坚持以“赢得信任、增添财富”为发展宗旨，将基金持有人利益放在第一位。2005年公司旗下基金共实现分红21468.50万元，分红总额在基金公司中排名第7，为基金投资人创造了可观的财富。

公司高管介绍

田丹先生：董事长。中共党员，硕士，经济师。曾任湖北省军区参谋、秘书，中国人民银行湖北省分行金融调研处科长，湖北证券公司证券交易部经理、总经理助理、副总经理，三峡证券公司副总经理，湖北证券有限责任公司董事、副总裁，长江证券有限责任公司董事、副总裁、财务负责人，长江证券有限责任公司董事、总裁。现任长信基金管理有限责任公司董事长。

叶烨先生：董事，总经理。中共党员，硕士。历任交通部秦皇岛港务局计划处科员，君安证券有限公司投资银行部高级经理、营业部总经理、公司副总裁，国泰君安证券股份有限公司北京分公司副总经理、武汉分公司总经理、资产管理总部总监。现任长信基金管理有限责任公司总经理。

长信利息收益开放式证券投资基金

基本资料

基金简称	长信利息收益基金			交易代码	519999	
投资目标	在尽可能保证基金资产安全和高流动性的基础上，追求超过银行存款的收益水平。					
业绩比较基准	一年期存款税后利息率		风险收益特征	属于低风险、收益稳定的货币市场基金。		
合同生效日	2004年3月19日		上市日期	——	上市地点	——
募集概况	首募规模	认购户数		募集日期		
	70.43亿份	168162户		2004年2月16日至2004年3月15日		
基金费率	认购费率	申购费率	赎回费率	管理费率	托管费率	销售服务费率
	0	0	0	0.33%	0.10%	0.25%
基金管理人	长信基金管理有限责任公司		基金托管人	中国农业银行		
审计机构	毕马威华振会计师事务所	法律顾问	中伦金通律师事务所		注册登记人	中国证券登记结算有限责任公司

财务指标　单位：人民币(元)

项目＼年度	2005年度	2004年3月19日至2004年12月31日
基金本期净收益	214,685,017.09	61,765,168.30
期末基金资产净值	11,921,260,494.45	3,225,122,164.62
期末基金份额净值	1.0000	1.0000
本期净值收益率	2.4594%	1.7814%
累计净值收益率	4.2847%	1.7814%
基金收益分配	本年累计收益分配214,685,017.09元；自基金合同生效以来累计收益分配276,450,185.39元。	

基金收益率与同期业绩基准收益率对比图（单位：%）

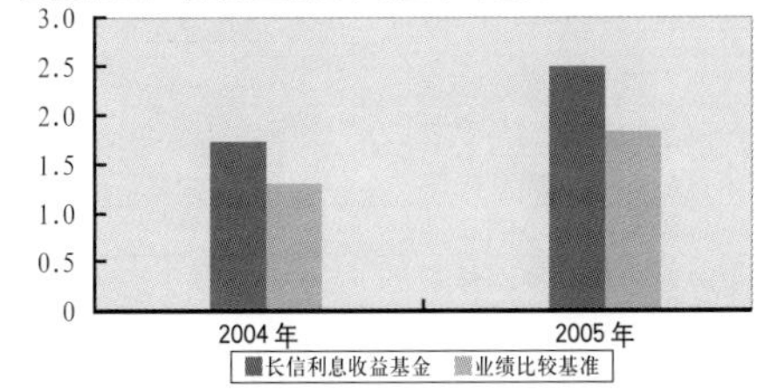

期末基金份额持有人户数	基金份额持有人户数为76,703户，平均每户持有155,421.05份。
期末基金份额持有人结构	机构投资者持有5,783,003,465.89份，占总份额48.51%；个人投资者持有6,138,257,028.56份，占总份额51.49%。

【基金业绩表现】

截至2005年12月31日，长信利息收益基金资产规模为119.21亿，比期初规模增长了269.64%，年度总回报率达到2.4594%，高于同期业绩比较基准收益65.9bp。

【基金管理团队】

王成先生：基金经理。北京大学光华管理学院经济学学士。曾在银行工作三年，2004年2月加入长信基金管理有限责任公司，历任长信利息收益基金交易员、基金经理助理职务，2004年度荣获“全国银行间市场人民币业务优秀交易员”。

张文琍女士：基金经理。本科学历，证券从业经历11年。曾任湖北证券公司交易一部交易员、长江证券有限责任公司资产管理事业部主管、债券事业总部投资部经理、固定收益总部交易部经理；2004年9月加入长信基金管理有限责任公司，历任长信利息收益基金交易员、基金经理助理职务。

【基金运作分析】

在2005年第一、二季度，市场加息预期淡化，央行大幅降低超储利率，直接拉低了货币市场利率，该基金管理人加大短期套利机会的捕捉，适当配比了银行同业存款，提高了基金收益。2005年三季度，伴随新的人民币汇率政策出台，银行间市场资金面宽松，投资人心态乐观，债市屡创新高，长信利息收益基金在坚持一贯的投资策略上，对基金投资组合的浮动赢利进行一定变现。进入四季度，央行高层的连续窗口指导并配合大力度的公开市场回笼，债市出现较大回调。基金管理人果断增持了一定规模的高信用等级短期融资债券，提高了基金投资组合的久期。

根据晨星(中国)公司所公布的货币基金年度业绩排名，长信利息收益基金全年度总回报率在所有货币基金中位列第四。

【季度投资组合一览】

项目＼季度	第一季度		第二季度		第三季度		第四季度	
基金资产净值	5,127,640,251.91元		9,725,341,106.75元		12,558,531,837.13元		11,921,260,494.45元	
基金份额	5,127,640,251.91份		9,725,341,106.75份		12,558,531,837.13份		11,921,260,494.45份	
基金份额净值	1.0000元		1.0000元		1.0000元		1.0000元	
基金资产组合	市值(元)	占总资产比例	市值(元)	占总资产比例	市值(元)	占总资产比例	市值(元)	占总资产比例
债券投资	2,995,499,847.95	52.61%	4,572,044,750.64	40.65%	6,362,502,136.91	42.18%	7,978,771,393.56	56.40%
买入返售证券	2,452,979,568.00	43.08%	957,401,568.00	8.51%	763,501,568.00	5.06%	1,735,000,000.00	12.26%
银行存款和清算备付金	25,312,679.31	0.44%	5,665,772,753.02	50.37%	7,928,104,021.53	52.56%	4,286,256,692.32	30.30%
其他资产	220,181,493.14	3.87%	52,706,025.05	0.47%	29,810,876.59	0.20%	146,480,886.68	1.04%

投资前五名债券明细	债券名称	摊余成本(元)	占资产净值比例	债券名称	摊余成本(元)	占资产净值比例	债券名称	摊余成本(元)	占资产净值比例	债券名称	摊余成本(元)	占资产净值比例
	04央行票据62	392,902,400.00	7.66%	04建行03浮	657,101,140.76	6.76%	05中行02	826,308,037.59	6.58%	05中行02	827,852,155.96	6.94%
	04建行03浮	301,418,860.08	5.88%	05央行票据57	454,824,785.96	4.68%	04建行03浮	733,317,035.51	5.84%	05央行票据66	595,517,575.86	5.00%
	04央行票据42	297,499,600.00	5.80%	04央行票据62	399,105,331.60	4.10%	05央行票据66	592,708,204.40	4.72%	05铁道CP01	501,992,229.59	4.21%
	04央行票据87	290,605,843.37	5.67%	05中行02	370,330,298.79	3.81%	05央行票据57	492,970,163.21	3.93%	05央行票据60	496,866,305.86	4.17%
	05中行02	289,543,115.08	5.65%	04国开17	362,140,773.70	3.72%	05央行票据60	492,657,661.46	3.92%	05央行票据57	496,666,996.13	4.17%

投资组合剩余期限	平均剩余期限	占资产净值比例	平均剩余期限	占资产净值比例	平均剩余期限	占资产净值比例	平均剩余期限	占资产净值比例
	30天以内	15.41%	30天以内	46.09%	30天以内	52.99%	30天以内	35.46%
	30天－60天	18.24%	30天(含)－60天	15.34%	30天(含)－60天	14.85%	30天(含)－60天	3.19%
	60天－90天	32.91%	60天(含)－90天	21.80%	60天(含)－90天	15.07%	60天(含)－90天	17.67%
	90天－180天	19.32%	90天(含)－180天	20.23%	90天(含)－180天	8.98%	90天(含)－180天	23.93%
	180天以上397天以内	20.87%	180天(含)－397天(含)	11.65%	180天(含)－397天(含)	27.97%	180天(含)－397天(含)	37.20%

长信银利精选开放式证券投资基金

基本资料					
基金简称	长信银利精选基金		交易代码	519996	
投资目标	该基金主要投资于大盘、价值型股票，并在保持基金财产安全性和流动性的前提下，谋求基金财产的长期稳定增值。				
业绩比较基准	中信大盘价值指数×80%＋中信国债指数×20%			风险收益特征	无
合同生效日	2005年1月17日	上市日期	——	上市地点	——
募集概况	首募规模	认购户数	募集日期		
	11.83亿份	34608户	2004年12月1日至2004年12月30日		
基金费率	认购费率	申购费率	赎回费率	管理费率	托管费率
	不高于1.50%	不高于1.50%	不高于0.50%	不高于1.30%	0.25%
基金管理人	长信基金管理有限责任公司		基金托管人	中国农业银行	
审计机构	毕马威华振会计师事务所	法律顾问	上海源泰律师事务所	注册登记人	中国证券登记结算有限责任公司

财务指标　单位：人民币(元)

项目 \ 年度	2005年1月17日至2005年12月31日
基金本期净收益	−10,124,697.96
基金份额本期净收益	−0.0136
期末可分配基金份额收益	−0.0231
期末基金份额净值	0.9844
本期基金份额净值增长率	−1.56%
基金份额累计净值增长率	−1.56%
基金收益分配	自基金合同生效以来未实现收益分配。
期末基金份额持有人户数	基金份额持有人户数为17,619户，平均每户持有24,393.77份。
期末基金份额持有人结构	机构投资者持有70,142,355.17份，占总份额16.32%；个人投资者持有359,651,487.78份，占总份额83.68%。

基金净值增长率与业绩基准收益率对比图（单位：%）

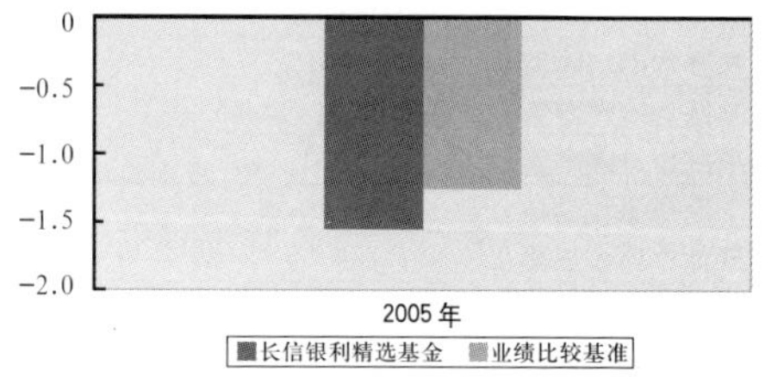

【基金业绩表现】

截至2005年12月31日，长信银利精选基金份额净值为0.9844元，本期基金净值增长率为−1.56%。

【基金管理团队】

梁晓军先生：基金经理。硕士，中国注册会计师。1998年起先后任职于湖北证券公司资产管理部，中国对外经济贸易信托投资公司资产管理部，2002年11月加入长信基金管理责任公司投资管理总部，现为长信银利精选基金基金经理。

【基金运作分析】

长信银利精选基金成立于2005年1月17日。在基金成立后的建仓期，尽管市场波动较为剧烈，为基金的建仓增添了难度，但该基金坚持认为基金管理人的核心能力在于选股而不是选时，坚持秉承价值投资的理念，重点选择了电子通信、交通运输、煤炭电力、钢铁等行业中业绩优良、具有行业龙头地位、价值低估的公司进行投资。基金管理人坚持认为公司的投资价值的基础是上市公司的业绩和潜力，因此，无论市场如何变幻，始终坚持对公司的价值选择，在估值水平相对偏低的基础上寻找未来能持续增长的好公司，并秉承长期持有的理念，表现在该基金的重仓股变化较少。在行业配置上注意相对均衡。总体来说，在全年四个季度的投资运作中，第一季度和第三季度运作较好，第二季度和第四季度运作不是很理想，主要原因包括：该基金在重仓股的管理中存在适度灵活性不够的问题，对部分周期性行业如钢铁和煤炭行业，对行业景气预期的变化对市场情绪影响的程度估计不足，导致第二季度在这两个行业的投资上出现了较大的亏损，在第四季度，该基金重仓股的行业配置出现明显的失衡，对银行、地产等受益于人民币升值的行业板块的市场趋势认识不足，银行业配置比例偏低，交通运输、电力行业配置比例偏大，导致基金净值增长缓慢。

【季度投资组合一览】

项目 \ 季度	第一季度		第二季度		第三季度		第四季度	
基金资产净值	1,184,777,019.03元		695,168,809.37元		455,252,157.04元		423,110,436.69元	
基金份额	1,188,393,096.71份		737,153,236.06份		459,647,329.06份		429,793,842.95份	
基金份额净值	0.9970元		0.9430元		0.9904元		0.9844元	
基金资产组合	市值(元)	占总资产比例	市值(元)	占总资产比例	市值(元)	占总资产比例	市值(元)	占总资产比例
股票投资	389,995,029.62	32.43%	534,364,090.62	76.49%	358,613,151.82	78.43%	296,860,606.37	69.72%
债券投资	14,137,376.16	1.18%	118,162,315.18	16.92%	73,471,626.03	16.07%	102,710,521.92	24.12%
银行存款和清算备付金	359,036,941.80	29.85%	45,161,916.32	6.46%	21,746,340.98	4.75%	23,352,969.20	5.48%
其他资产	439,574,344.72	36.55%	901,421.08	0.13%	3,422,768.25	0.75%	2,861,272.30	0.68%

投资前五名股票明细	股票名称	市值(元)	占净值比例	股票名称	市值(元)	占净值比例	股票名称	市值(元)	占净值比例	股票名称	市值(元)	占净值比例
	招商银行	29,000,855.00	2.45%	中国联通	47,290,782.54	6.80%	中国联通	38,429,257.35	8.44%	G长电	32,265,371.92	7.63%
	晨鸣纸业	27,932,742.16	2.36%	长江电力	47,245,933.52	6.80%	G宝钢	29,715,432.24	6.53%	上海机场	26,292,144.62	6.21%
	鞍钢新轧	27,165,957.72	2.29%	招商银行	43,965,633.30	6.32%	上海机场	28,589,516.48	6.28%	中国联通	24,127,924.80	5.70%
	长江电力	27,152,817.10	2.29%	宝钢股份	37,320,847.08	5.37%	G长电	27,249,937.44	5.99%	兰花科创	22,832,502.24	5.40%
	上海机场	24,429,834.00	2.06%	鞍钢新轧	29,412,639.40	4.23%	兰花科创	21,962,114.30	4.82%	烟台万华	13,443,433.40	3.18%

投资前五名债券明细	债券名称	市值(元)	占净值比例	债券名称	市值(元)	占净值比例	债券名称	市值(元)	占净值比例	债券名称	市值(元)	占净值比例
	海化转债	9,904,308.96	0.84%	05央票61	79,772,263.02	11.48%	05央行票据22	73,471,626.03	16.14%	05央行票据22	73,471,626.03	17.36%
	金牛转债	2,453,600.00	0.21%	国电转债	9,815,400.00	1.41%	——	——	——	05央行票据26	29,238,895.89	6.91%
	华菱转债	1,712,513.60	0.14%	江淮转债	8,832,636.80	1.27%	——	——	——	——	——	——
	云化转债	66,953.60	0.01%	民生转债	6,541,200.00	0.94%	——	——	——	——	——	——
	——	——	——	海化转债	5,841,002.36	0.84%	——	——	——	——	——	——

泰信基金管理有限公司

法定名称	泰信基金管理有限公司	英文名称	First-Trust Fund Management Co.,Ltd.
成立日期	2003年5月8日	注册资本	1亿元人民币
法人代表	朱崇利	总 经 理	高清海
联系电话	021−50372168	客服电话	021−38784566
传真号码	021−50372197	公司网址	www.ftfund.com
注册地址	上海浦东新区银城中路200号中银大厦42层	办公地址	上海浦东新区银城中路200号中银大厦42层

● 发展概况

泰信基金管理有限公司是国内实施“好人举手”制度以来首家以信托投资公司为主发起人而发起设立的基金管理公司。2003年5月8日，经中国证监会批准，公司由山东省国际信托投资有限公司、联合江苏省投资管理有限责任公司、青岛国信实业有限公司共同发起正式成立。

在组织结构上，公司下设九部一处，即投资管理部、研究发展部、金融工程部、清算会计部、信息技术部、监察稽核部、渠道业务部、理财顾问部、综合管理部和北京办事处。在人员构成上，截至2005年底，公司共有员工58人，多数具有硕士以上学历。所有人员在最近三年内均未受到所在单位及有关管理部门的处罚。

● 经营业绩

截至2005年12月31日，泰信基金管理有限公司管理了泰信天天收益、泰信先行策略两只开放式证券投资基金，管理资产规模74亿元人民币，与2004年末(37亿元人民币)相比，公司管理资产规模增长近50%。

泰信天天收益基金是泰信旗下首只货币市场基金，也是国内首批货币市场基金之一，主要投资于银行间债券市场。2005年该基金加强了对新品种的研究、开发力度，及时进行了协议存款和高信用等级企业短期融资券的投资，全年规范运作，业绩表现稳定，截至2005年12月31日，泰信天天收益基金七日年化收益率2.099%，本年净值收益率为2.4032%，同期业绩比较基准收益率为1.6687%，

近三年公司管理基金资产规模与基金数量

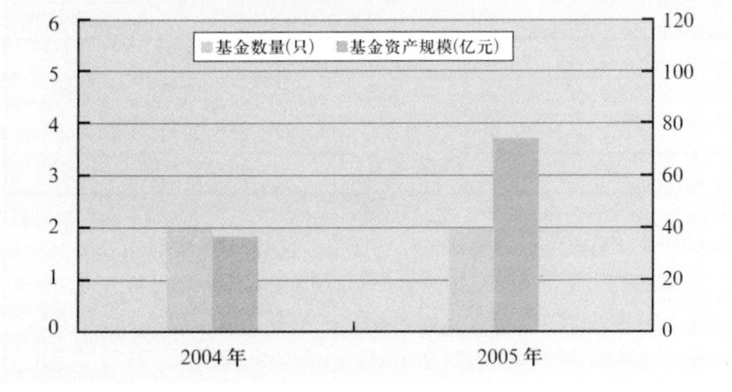

公司股东结构

股东名称	出资金额(万元)	出资比例(%)
山东省国际信托投资有限公司	4500.00	45.00
江苏省投资管理有限责任公司	3000.00	30.00
青岛国信实业有限公司	2500.00	25.00

本年累计收益分配170,856,065.27元。2005年以来，泰信天天收益基金以安全、稳定的收益和充分的流动性得到了个人和机构投资者的普遍认可，基金份额从年初的31.59亿份增至年末的69.38亿份，规模增长幅度高达120%。

泰信先行策略基金是泰信旗下第二只开放式基金，基金合同生效于2004年6月28日。2005年泰信先行策略基金业绩表现稳定。截至2005年12月31日，泰信先行策略基金份额净值为0.9296元，全年净值增长率为−1.32%，同期业绩比较基准收益率为−4.80%，基金表现超越业绩基准收益3.48%。

2005年，泰信基金管理公司没有发行新基金，而是苦练内功，围绕泰信天天收益、泰信先行策略两只基金的运作，狠抓规范管理和内部制度建设，并把两只基金的持续销售作为市场营销的工作重点。通过加深与渠道和机构客户的交流、提供销售技能与理财顾问等专业服务，逐步形成了“诚恳、用心、专业”的服务品牌，受到业界的好评。

在投资管理中，面对当前激烈的市场竞争，泰信基金管理有限公司首先在产品的定位上力推低风险系列基金，强调优质投资；其次在目标客户上，充分挖掘看重低风险稳健收益的个人和机构投资者；在基金的市场营销与客户服务上，公司强调“贴近市场、贴近客户”的服务理念，在基金发行时推出系列与投资人生活息息相关的组合投资计划。在产品创新上，公司强调基金产品更明确的风险类型定位，通过核心产品技术参数的制定谋求投资的透明性，借助于基金治理结构方面的创新设计，使持有人明明白白买基金、踏踏实实地做基金投资的主人。

随着公司管理基金资产规模的不断增加，泰信基金管理有限公司持续经营的财务能力也不断加强。目前泰信正在积极准备新基金的发行和其他新业务的开展。

公司高管介绍

朱崇利先生：董事长。EMBA，高级经济师。曾任山东省计委投资处处长、山东省国际信托投资有限公司党组副书记兼副总经理，现任山东省鲁信投资控股有限公司党组副书记、山东省国际信托投资有限公司董事长。

高清海先生：总经理。经济学博士。曾任新加坡鲁信(亚洲)投资公司董事、济南百灵信息科技有限公司董事、山东省国际信托公司投资银行业务部经理。

吴胜光先生，督察长。硕士，高级经济师。曾任南京大学城市与资源系副主任、江苏省国际信托投资公司投资银行部业务二部经理、信泰证券有限责任公司投资银行部副总经理。

泰信天天收益开放式证券投资基金

基本资料

基金简称	泰信天天收益	交易代码	290001
投资目标	确保本金安全和资产的充分流动性，追求超过业绩比较基准的现金收益。		
业绩比较基准	半年期银行定期存款税后利率：(1－利息税率)×半年期银行定期存款利率		
风险收益特征	该基金属于风险较低、预期收益率较低、流动性较强的基金品种。		

合同生效日	2004年2月10日	上市日期	——	上市地点	——

募集概况	首募规模	认购户数	募集日期
	60.23亿份	49034户	2003年12月30日至2004年2月6日

基金费率	认购费率	申购费率	赎回费率	管理费率	托管费率	销售服务费率
	0	0	0	0.33%	0.10%	0.25%

基金管理人	泰信基金管理有限公司	基金托管人	中国银行股份有限公司		
审计机构	普华永道中天会计师事务所	法律顾问	中伦金通律师事务所	注册登记人	泰信基金管理有限公司

财务指标 单位：人民币(元)

项目 \ 年度	2005年度	2004年2月10日至2004年12月31日
本期净收益	170,856,065.27	45,951,064.97
期末基金资产净值	6,938,277,485.16	3,158,594,003.11
期末基金份额净值	1.000	1.000
本期净值收益率	2.4032%	2.0901%
累计净值收益率	4.5434%	2.0901%
基金收益分配	本年累计收益分配170,856,065.27元；自基金合同生效以来累计收益分配216,807,130.24元。	

基金收益率与同期业绩基准收益率对比图 (单位：%)

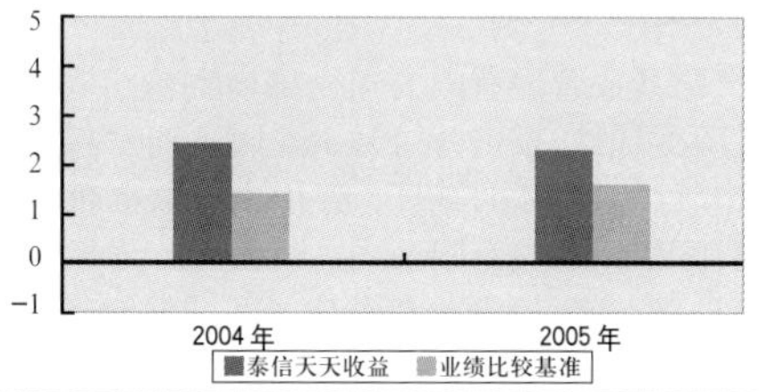

期末基金份额持有人户数	基金份额持有人户数为33,630户，平均每户持有206,312.15份。
期末基金份额持有人结构	机构投资者持有4,078,290,192.84份，占总份额58.78%；个人投资者持有2,859,987,292.32份，占总份额41.22%。

【基金业绩表现】

截至2005年12月31日，泰信天天收益基金本年净值收益率为2.4032%，同期业绩比较基准收益率为1.6687%，七日年化收益率2.099%，投资组合平均期限为166天，全年基金业绩表现平稳。

【基金管理团队】

王鹏先生：投资部总经理。管理学硕士，经济学博士研究生，具有中国注册会计师资格，证券从业经历6年。曾在海通证券股份有限公司任职，2002年12月加入泰信基金管理有限公司，先后担任债券分析师、泰信天天收益基金经理助理，现任泰信基金管理有限公司固定收益投资总监、投资管理部总经理，泰信天天收益基金、泰信中短期债券基金基金经理。

【基金运作分析】

2005年，泰信天天收益基金根据市场环境的变化及时对投资策略进行了调整，较为准确地把握了市场行情。由于市场收益率下降，泰信天天收益基金出现较多浮盈，投资小组判断资金宽裕局面可能维持较长时间，因此在兑现收益方面采取了谨慎的态度，同时在市场利率发生反弹的过程中增加了部分高收益品种的投资。

2005年泰信天天收益基金加强了对新品种的研究、开发力度，及时进行了协议存款和高信用等级企业短期融资券的投资。泰信天天收益基金对协议存款和企业短期融资券的投资均建立了严格的研究、审批程序，确保基金在安全性的前提下获取投资收益。

【季度投资组合一览】

项目 \ 季度	第一季度		第二季度		第三季度		第四季度	
基金资产净值	5,495,719,203.79元		7,645,653,676.30元		8,123,232,372.17元		6,938,277,485.16元	
基金份额	5,495,719,203.79份		7,645,653,676.30份		8,123,232,372.17份		6,938,277,485.16份	
基金份额净值	1.000元		1.000元		1.000元		1.000元	
基金资产组合	市值(元)	占总资产比例	市值(元)	占总资产比例	市值(元)	占总资产比例	市值(元)	占总资产比例
债券投资	5,155,307,441.00	81.01%	4,229,876,418.24	49.17%	3,803,084,483.08	40.56%	5,152,812,165.06	63.10%
买入返售证券	760,900,000.00	11.96%	1,919,700,000.00	22.32%	3,222,600,000.00	34.37%	1,140,393,000.00	13.97%
银行存款和清算备付金	378,464,082.89	5.95%	2,289,311,686.70	26.62%	2,322,412,994.38	24.77%	1,792,053,480.08	21.95%
其他资产	69,221,919.95	1.08%	162,942,332.27	1.89%	27,910,586.22	0.30%	80,048,933.89	0.98%

投资前五名债券明细	债券名称	摊余成本(元)	占资产净值比例	债券名称	摊余成本(元)	占资产净值比例	债券名称	摊余成本(元)	占资产净值比例	债券名称	摊余成本(元)	占资产净值比例
	04农发04	649,919,132.48	11.83%	04建行03浮	504,399,374.81	6.60%	05央行票据05	646,856,693.75	7.96%	05中信债	439,859,415.57	6.34%
	04建行03浮49	491,163,498.60	8.94%	04央行票据79	485,867,414.68	6.35%	04央行票据79	489,587,173.04	6.03%	05农发02	400,526,240.33	5.77%
	04央行票据43	467,261,679.34	8.50%	05央行票据07	394,485,099.56	5.16%	04建行03浮	445,300,980.46	5.48%	05中石化CP01	337,728,618.01	4.87%
	04央行票据79	432,371,923.83	7.87%	04央行票据96	356,199,705.63	4.66%	05联通CP01	324,544,426.20	4.00%	04建行03浮	298,948,714.22	4.31%
	04央行票据70	394,753,966.44	7.18%	04国开10	275,059,157.07	3.60%	05中化CP01	269,942,841.07	3.32%	05中电信CP01	277,990,072.21	4.01%

投资组合剩余期限	平均剩余期限	占资产净值比例	平均剩余期限	占资产净值比例	平均剩余期限	占资产净值比例	平均剩余期限	占资产净值比例
	30天以内	7.42%	30天以内	33.05%	30天以内	40.83%	30天以内	8.40%
	30天(含)−60天	1.30%	30天(含)−60天	4.02%	30天(含)−60天	2.99%	30天(含)−60天	4.45%
	60天(含)−90天	41.54%	60天(含)−90天	11.12%	60天(含)−90天	22.23%	60天(含)−90天	20.17%
	90天(含)−180天	44.78%	90天(含)−180天	36.04%	90天(含)−180天	16.81%	90天(含)−180天	37.01%
	180天(含)−397天(含)	19.73%	180天(含)−397天(含)	27.45%	180天(含)−397天(含)	32.22%	180天(含)−397天(含)	46.51%

泰信先行策略开放式证券投资基金

基本资料								
基金简称	泰信先行策略			交易代码	290002			
投资目标	运用多层次先行策略，灵活配置各类资产，追求收益的长期稳定增长；提前发现和介入价值被市场低估的价值成长股票，在其价值回归过程中获取超额收益。							
业绩比较基准	65%×新华富时 A600 指数+35%×新华富时中国国债指数							
风险收益特征	该基金属于风险适度的基金品种，其长期平均的预期收益和风险高于债券基金，低于纯股票基金。							
合同生效日	2004 年 6 月 28 日		上市日期	——		上市地点	——	
募集概况	首募规模	认购户数	募集日期					
	7.49 亿份	4214 户	2004 年 5 月 24 日至 2004 年 6 月 24 日					
基金费率	认购费率	申购费率	赎回费率		管理费率		托管费率	
	不高于 1.00%	不高于 1.50%	不高于 1.00%		1.50%		0.25%	
基金管理人	泰信基金管理有限公司		基金托管人		中国光大银行股份有限公司			
审计机构	普华永道中天会计师事务所	法律顾问	上海源泰律师事务所		注册登记人	泰信基金管理有限公司		

财务指标　单位：人民币(元)		
项目 ＼ 年度	2005 年度	2004 年 6 月 28 日至 2004 年 12 月 31 日
加权平均基金份额本期净收益	−0.0652	−0.0528
期末可分配基金份额收益	−0.1219	−0.0580
期末基金份额净值	0.9296	0.9420
基金加权平均净值收益率	−7.1269%	−5.41%
本期基金份额净值增长率	−1.3163%	−5.80%
基金份额累计净值增长率	−7.0400%	−5.80%
基金收益分配	自基金合同生效以来未实现收益分配。	

基金净值增长率与业绩基准收益率对比图（单位：%）

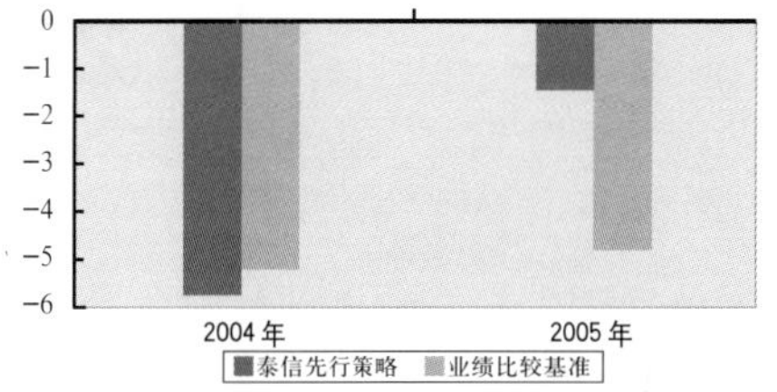

期末基金份额持有人户数	基金份额持有人户数为 2,820 户，平均每户持有 162,168.08 份。
期末基金份额持有人结构	机构投资者持有 376,490,996.54 份，占总份额 82.33%；个人投资者持有 80,822,998.60 份，占总份额 17.67%。

【基金业绩表现】

截至 2005 年 12 月 31 日，泰信先行策略基金份额净值为 0.9296元，全年净值增长率为−1.32%，同期业绩比较基准收益率为 −4.80%，基金表现超越业绩基准收益 3.48%。

【基金管理团队】

林少立先生：基金经理。华南师范大学教育系本科毕业，广东省社会科学院经济学硕士。曾任君安证券研究所研究员、国泰君安证券研究所市场部经理、华夏基金管理公司基金管理部高级研究员、国泰君安证券投资总部(北京)总经理助理、国泰君安资产管理总部业务重组小组负责人、北京富瑞达资产管理有限责任公司副总裁；2005 年加入泰信基金管理有限公司，现任权益投资总监，兼泰信先行策略基金基金经理。

【基金运作分析】

2005年下半年泰信先行策略基金始终保持了较高的仓位，本着看好后市的判断，在操作上精选个股重仓出击，将持股重点放在了该基金管理人与2005年第3、4季度报告中所提出的价值被大大低估垄断资源类品种，如有色金属、矿、油、气等上市公司上。同时，看好成长性较好的医药上市公司。这些行业品种在过去半年中成为了基金的主要配置，对基金净值增长贡献较多。

另外，泰信先行策略基金在下半年开始看好购并大潮中的本地金融服务业，作为重要的另外一种意义上的资源股，基金管理人在操作上大量增持了银行上市公司，并坚决持有。

【季度投资组合一览】

项目 ＼ 季度	第一季度		第二季度		第三季度		第四季度	
基金资产净值	529,279,986.77 元		464,200,023.79 元		481,091,930.50 元		425,106,881.53 元	
基金份额	563,310,477.74 份		533,344,491.48 份		521,009,837.90 份		457,313,995.14 份	
基金份额净值	0.9396 元		0.8704 元		0.9234 元		0.9296 元	
基金资产组合	市值(元)	占总资产比例	市值(元)	占总资产比例	市值(元)	占总资产比例	市值(元)	占总资产比例
股票投资	356,436,902.31	67.15%	350,413,171.04	73.81%	384,203,325.44	79.38%	375,370,991.34	80.83%
债券投资	83,779,743.81	15.78%	29,695,943.10	6.26%	32,713,759.60	6.76%	15,983,910.40	3.44%
银行存款和清算备付金	30,970,298.26	5.83%	66,821,230.08	14.08%	64,646,411.72	13.36%	41,915,523.61	9.03%
其他资产	59,642,849.13	11.24%	27,748,269.16	5.85%	2,444,161.36	0.50%	31,151,365.68	6.70%

项目	第一季度			第二季度			第三季度			第四季度		
投资前五名股票明细	股票名称	市值(元)	占净值比例	股票名称	市值(元)	占净值比例	股票名称	市值(元)	占净值比例	股票名称	市值(元)	占净值比例
	上港集箱	35,456,006.48	6.70%	上海机场	36,207,016.30	7.80%	上海机场	43,857,885.12	9.12%	上海机场	37,852,500.00	8.90%
	上海机场	32,827,525.50	6.20%	现代制药	31,414,129.16	6.77%	长江电力	37,906,628.88	7.88%	现代制药	36,162,000.00	8.51%
	晨鸣纸业	27,639,329.04	5.22%	长江电力	25,264,711.92	5.44%	现代制药	36,241,961.36	7.53%	长江电力	30,874,292.76	7.26%
	申能股份	27,047,975.73	5.11%	晨鸣纸业	23,328,022.32	5.03%	厦门钨业	23,799,858.00	4.95%	厦门钨业	24,907,500.00	5.86%
	现代制药	23,426,474.88	4.43%	申能股份	22,404,951.36	4.83%	中金岭南	21,099,236.41	4.39%	浦发银行	21,407,772.75	5.04%
投资前五名债券明细	债券名称	市值(元)	占净值比例	债券名称	市值(元)	占净值比例	债券名称	市值(元)	占净值比例	债券名称	市值(元)	占净值比例
	04央行票据41	58,184,745.21	10.99%	20国债10	10,044,000.00	2.16%	20国债10	21,734,350.00	4.52%	02国债10	11,785,950.40	2.77%
	20国债10	14,544,614.40	2.75%	04国债(05)	8,761,711.50	1.89%	招行转债	6,644,001.60	1.38%	晨鸣转债	4,197,960.00	0.99%
	招行转债	6,341,944.20	1.20%	招行转债	6,524,187.60	1.41%	晨鸣转债	4,335,408.00	0.90%	——	——	——
	晨鸣转债	4,708,440.00	0.89%	晨鸣转债	4,366,044.00	0.94%	——	——	——	——	——	——
	——	——	——	——	——	——	——	——	——	——	——	——

天治基金管理有限公司

法定名称	天治基金管理有限公司	英文名称	China Nature Asset Management Co.,Ltd.
成立日期	2003年5月27日	注册资本	1亿元人民币
法人代表	赵玉彪	总 经 理	祖 煜
联系电话	021-64371155	客服电话	021-34064800
传真号码	021-64377166	公司网址	www.chinanature.com.cn
注册地址	上海市延平路83号	办公地址	上海市复兴西路159号

● 发展概况

天治基金管理有限公司是按照市场化机制和“好人举手”制度成立的专业基金管理公司。2003年5月，经中国证监会证监基金字[2003]73号文批准，公司由吉林省信托投资有限责任公司、中国吉林森林工业(集团)总公司、吉林省汉维实业有限公司、吉林市国有资产经营有限公司四家股东共同出资发起正式成立。公司注册资本金1亿元人民币，注册地在中国上海。

在组织结构上，公司下设投资管理部、研究发展部、定量研究部、市场营销部、机构理财部、基金清算部、信息技术部、监察稽核部和综合管理部9个职能部门以及北京分公司。此外，还设立了投资决策委员会和内部控制委员会，并建立了督察长制度，以保证公司的高效规范运作和客户资产的保值增值。

在人员构成上，截至2005年12月底，天治基金管理有限公司共有员工38人，平均年龄33.16岁，其中博士6人，硕士10人，本科17人，专科4人。

● 经营业绩

2005年，天治基金管理有限公司顺利发行了天治品质优选混合型证券投资基金和天治核心成长股票型证券投资基金两只新产品，截至2005年12月31日，天治基金管理有限公司旗下共有天治财富增长、天治品质优选和天治核心成长3只开放式证券投资基金。

近三年公司管理基金资产规模与基金数量

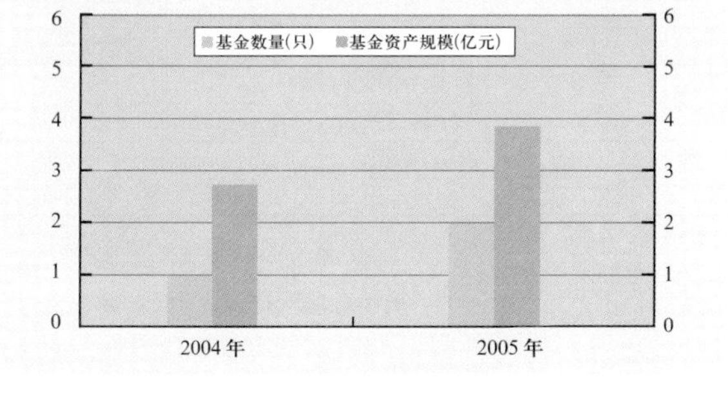

公司股东结构

股东名称	出资金额(万元)	出资比例(%)
吉林省信托投资有限责任公司	4000.00	40.00
中国吉林森林工业(集团)总公司	2000.00	20.00
吉林省汉维实业有限公司	2000.00	20.00
吉林市国有资产经营有限责任公司	2000.00	20.00

天治品质优选混合型基金是天治旗下第二只开放式基金。该基金跨年度募集，于2004年11月26日开始公开发售，2004年12月24日募集顺利结束，共募集基金份额9.65亿份，有效认购总户数为6401户，基金合同生效于2005年1月4日；天治核心成长股票型基金是公司首只LOF产品，跨年度募集，自2005年11月21日开始公开发售，2006年1月12日顺利结束募集，基金合同生效于2006年1月20日，共募集基金份额3.13亿份，有效认购总户数为4095户。

在投资管理中，天治基金管理有限公司自2005年8月份起，进行了投研体系核心的全面调整，重点落实团队式管理模式，由投资管理部、研究发展部、定量研究部的相关人员共同组成基金管理小组。从业绩表现来看，调整成效显著：从2005年1月1日至2005年8月24日前天治财富增长基金总回报率排名在42只同类基金中排名30，风险调整后收益排名31；而2005年8月25日至12月31日，该基金两项指标排名分别为第3和第4。2005年天治财富增长基金充分发挥了基金产品在风险控制上的优势，投资策略得当，全年实现7.11%的业绩正增长，同期业绩基准收益为4.73%，超额业绩基准收益2.38%，并在同类型基金的投资业绩中排名靠前；新成立的天治品质优选基金在上半年净值表现一般，在公司进行投研方面系列调整后，基金业绩取得了明显效果。自2005年9月以来，天治品质优选基金净值增长率在同类同期基金中排名前列。

2005年，是天治基金管理有限公司运作满两年，也是公司获得很大进步的一年。公司管理的3只开放式基金产品各具特色、风险不一；在产品创新上，天治建立了从低风险向高风险发展的基金产品线，并逐步推出各种风险收益特征的产品，以满足具有不同风险收益偏好的投资者的投资需求，同时也逐渐形成了“以专业化追求创新、以清晰的风险收益特征满足投资者需求”的产品开发理念。

公司高管介绍

赵玉彪先生：董事长。在读研究生。历任吉林省信托投资公司上海证券业务部交易部经理、吉林省信托投资公司上海洪山路证券营业部经理兼驻上海证券交易所出市代表、上海金路达投资管理有限公司总经理，现任天治基金管理有限公司董事长。

祖煜先生：董事、总经理。硕士。历任原上海万国证券公司国际业务部高级项目经理、安徽省证券公司国际业务部负责人、广发证券股份有限公司国际业务部副总经理、广发中外合资基金筹备负责人、天治基金管理有限公司副总经理，现任天治基金管理有限公司总经理。

天治财富增长证券投资基金

基本资料					
基金简称	天治财富增长		交易代码	350001	
投资目标	在确保基金份额净值不低于该基金建立的动态资产保障线的基础上，谋求基金资产的长期稳定增值。				
业绩比较基准	中信标普 300 指数×40%＋中信全债指数×60%				
风险收益特征	该基金属于风险较低、收益稳健的基金品种。				
合同生效日	2004 年 6 月 29 日	上市日期	——	上市地点	——
募集概况	首募规模	认购户数	募集日期		
	9.52 亿份	7078 户	2004 年 5 月 25 日至 2004 年 6 月 25 日		
基金费率	认购费率	申购费率	赎回费率	管理费率	托管费率
	不高于 1.00%	不高于 1.20%	不高于 0.50%	1.50%	0.25%
基金管理人	天治基金管理有限公司		基金托管人	上海浦东发展银行股份有限公司	
审计机构	安永大华会计师事务所	法律顾问	北京市天元律师事务所	注册登记人	天治基金管理有限公司

财务指标　单位：人民币(元)

项目＼年度	2005 年度	2004 年 6 月 29 日至 2004 年 12 月 31 日
基金份额本期净收益	−0.0243	0.0048
期末可分配基金份额收益	−0.0050	−0.0384
期末基金份额净值	1.0300	0.9616
基金加权平均净值收益率	−2.54%	0.49%
本期基金份额净值增长率	7.11%	−3.84%
基金份额累计净值增长率	3.00%	−3.84%
基金收益分配	自基金合同生效以来未实现收益分配。	

基金净值增长率与业绩基准收益率对比图（单位：%）

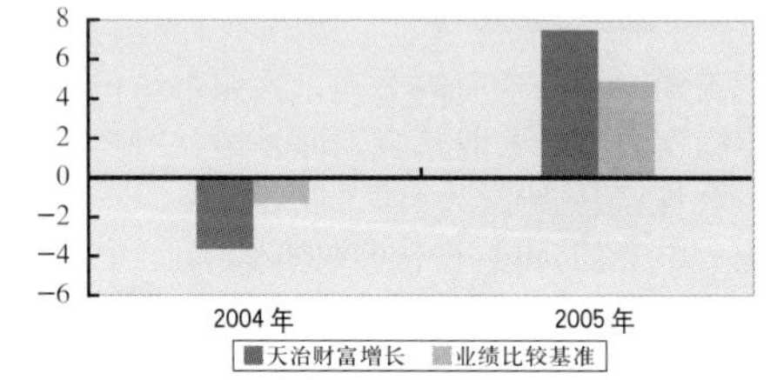

期末基金份额持有人户数	基金份额持有人户数为 2,186 户，平均每户持有 68,001.36 份。
期末基金份额持有人结构	机构投资者持有 89,099,062.35 份，占总份额 59.94%；个人投资者持有 59,551,902.71 份，占总份额 40.06%。

【基金业绩表现】

2005 年，天治财富增长基金全年净值增长 7.11%，同期业绩基准收益为 4.73%，超越业绩基准 2.38%。

【基金管理团队】

魏延军先生：基金经理。统计专业研究生，香港大学MBA在读，12年证券投资、基金管理从业经验。先后供职于海南琼陵实业股份有限公司证券部、上海乾隆集团股票软件公司咨询顾问组组长、上海鼎泰丰投资顾问有限公司副总经理、富国基金管理有限公司基金管理部交易员、基金经理助理、上海紫江创业投资有限公司投资总监，天治基金管理有限公司投资管理部。2006年3月16日起不再担任天治财富增长基金基金经理。

张岗先生：基金经理。经济学博士，7年证券投资、基金管理从业经验。历任西安东方机械厂工程师、中国证券报记者、健桥证券股份有限公司研究所行业公司部经理、天治基金管理有限公司研究发展部研究员、天治财富增长基金基金经理助理。现任天治基金管理有限公司投资管理部副总监，2006年3月16日起担任天治财富增长基金基金经理。

【基金运作分析】

2005 年上半年，该基金采取了减低股票风险、控制股票仓位的操作思路，有效地回避了股票市场的系统性风险，同时较好地获取了债券市场牛市的收益。下半年该基金较大幅度提高了股票和可转债的投资比例。在组合管理过程中，严格控制整个投资组合的估值水平，主要采用了以成长股为主，辅以价值股的思路，并灵活调整二者之间的比例，在深入研究的基础上挖掘了一批符合公司投资研究理念的潜力个股，获得了较好的投资收益。2005年天治财富增长基金投资策略比较得当，全年实现7.11%的业绩正增长，在同类型基金业绩中排名靠前。

【季度投资组合一览】

项目＼季度	第一季度		第二季度		第三季度		第四季度	
基金资产净值	254,418,837.01 元		223,622,699.21 元		178,117,830.70 元		153,103,101.66 元	
基金份额	267,505,899.09 份		239,707,780.80 份		181,446,189.18 份		148,650,965.06 份	
基金份额净值	0.9511 元		0.9329 元		0.9817 元		1.0300 元	
基金资产组合	市值(元)	占总资产比例	市值(元)	占总资产比例	市值(元)	占总资产比例	市值(元)	占总资产比例
股票投资	46,438,399.08	14.70%	107,426,191.14	47.30%	111,371,373.19	61.84%	99,145,534.97	58.06%
债券投资	175,407,219.00	55.51%	103,201,151.80	45.44%	56,406,065.50	31.32%	47,681,310.80	27.92%
银行存款和清算备付金	9,551,590.55	3.02%	13,202,944.26	5.81%	10,108,212.00	5.61%	21,644,861.82	12.68%
其他资产	84,582,284.92	26.77%	3,290,631,73	1.45%	2,197,778.31	1.22%	2,280,679.13	1.34%

投资前五名股票明细	股票名称	市值(元)	占净值比例	股票名称	市值(元)	占净值比例	股票名称	市值(元)	占净值比例	股票名称	市值(元)	占净值比例
	长江电力	6,055,000.00	2.38%	长江电力	11,446,170.00	5.12%	航天电器	19,451,002.08	10.92%	中国石化	10,951,000.00	7.15%
	雅 戈 尔	5,620,000.00	2.21%	中兴通讯	10,856,448.00	4.85%	G 长 电	12,001,359.84	6.74%	G 长 电	10,068,600.00	6.58%
	振华港机	5,610,000.00	2.21%	上港集箱	9,838,986.80	4.40%	中兴通讯	8,973,992.79	5.04%	G 中 兴	8,073,673.62	5.27%
	福耀玻璃	5,495,000.00	2.16%	上海机场	8,520,304.00	3.81%	中材国际	8,894,578.80	4.99%	航天电器	7,875,900.00	5.14%
	中科三环	5,012,000.00	1.97%	招商银行	6,060,000.00	2.71%	G 综 超	8,463,925.20	4.75%	星新材料	6,340,257.00	4.14%

投资前五名债券明细	债券名称	市值(元)	占净值比例	债券名称	市值(元)	占净值比例	债券名称	市值(元)	占净值比例	债券名称	市值(元)	占净值比例
	04 国债(5)	103,462,600.00	40.67%	04 国债(5)	73,056,216.50	32.67%	02 国债(10)	10,111,147.20	5.68%	02 国债(10)	10,478,431.60	6.84%
	21 国债(3)	16,645,000.00	6.54%	21 国债(3)	16,927,965.00	7.57%	02 国债(3)	9,491,188.40	5.33%	02 国债(3)	6,282,368.40	4.10%
	05 国债(2)	12,740,000.00	5.01%	02 国债(14)	10,235,700.00	4.58%	21 国债(3)	7,056,196.20	3.96%	21 国债(3)	5,343,085.00	3.49%
	招行转债	11,301,988.50	4.44%	晨鸣转债	1,389,160.80	0.62%	04 国债(5)	6,394,472.30	3.59%	02 国债(14)	4,492,422.00	2.93%
	04 国债(11)	10,012,340.00	3.94%	04 国债(8)	842,907.20	0.38%	招行转债	5,583,066.00	3.13%	21 国债(15)	3,967,080.00	2.59%

天治品质优选混合型证券投资基金

基本资料					
基金简称	天治品质优选		交易代码	350002	
投资目标	在有效控制风险的前提下，追求中长期稳定且超越业绩比较基准的投资回报。				
业绩比较基准	中信标普 300 指数× 70%＋中信国债指数× 30%				
风险收益特征	该基金属于风险适中的基金品种，在投资管理中，严格实施风险预算管理，在明确的风险预算目标范围内追求稳定的超额收益率。				
合同生效日	2005 年 1 月 12 日	上市日期	——	上市地点	——
募集概况	首募规模	认购户数	募集日期		
	12.13 亿份	4385	2004 年 11 月 29 日至 2005 年 1 月 7 日		
基金费率	认购费率	申购费率	赎回费率	管理费率	托管费率
	不高于 1.00%	不高于 1.50%	不高于 0.50%	1.50%	0.25%
基金管理人	天治基金管理有限公司		基金托管人	中国民生银行股份有限公司	
审计机构	安永大华会计师事务所	法律顾问	上海源泰律师事务所	注册登记人	天治基金管理有限公司

财务指标　　单位：人民币(元)

项目 \ 年度	2005 年 1 月 12 日至 2005 年 12 月 31 日
基金份额本期净收益	−0.0958
期末可分配基金份额收益	−0.1012
期末基金份额净值	0.9593
基金加权平均净值收益率	−10.36%
本期基金份额净值增长率	−4.07%
基金份额累计净值增长率	−4.07%
基金收益分配	自基金合同生效以来未实现收益分配。
备注	该基金合同生效于 2005 年 1 月 7 日，至 2005 年 12 月 31 日成立不足一年。

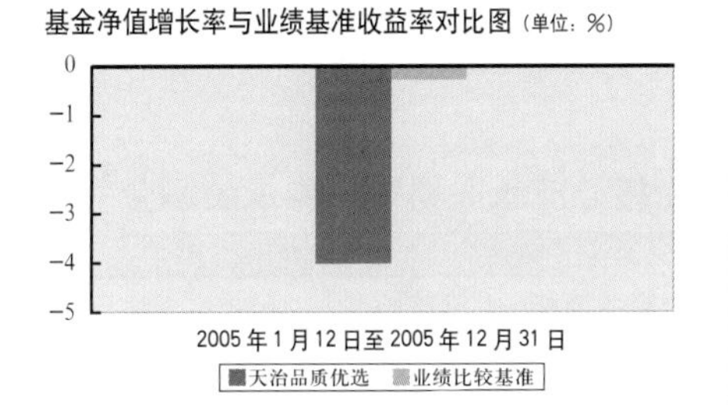

期末基金份额持有人户数	基金份额持有人户数为 2,538 户，平均每户持有 98,236.67 份。
期末基金份额持有人结构	机构投资者持有 141,976,201.37 份，占总份额 56.94%；个人投资者持有 107,348,457.96 份，占总份额 43.06%。

【基金业绩表现】

天治品质优选基金合同生效于 2005 年 1 月 7 日，截至 2005 年 12 月 31 日，基金份额净值为 0.9593 元，净值增长 −4.07%。

【基金管理团队】

谢京先生：经济学硕士，11 年证券投资、基金管理从业经验。曾任职于国泰证券有限公司北京分公司、中利投资有限责任公司、上海金路达投资管理有限公司，期间主要从事证券分析、研究和投资管理等工作。现就职于天治基金管理有限公司投资管理部。

刘红兵先生：应用金融硕士，11 年证券投资从业经验。先后供职交通银行大连分行国际业务部、New Zealand Public Trust 研究部高级经理、中国民族证券公司上海投资理财部债券投资部主管，期间主要从事证券分析、研究和投资管理等工作。现就职于天治基金管理公司投资管理部。

【基金运作分析】

2005 年，中国证券市场走过了惊心动魄的探底回升之路。虽然宏观经济放缓、高油价的冲击和人民币升值等也给市场带来一定的压力，但股改政策与进程成为左右市场走势的最主要因素。

2005 年上半年，天治品质优选基金遇到一定挫折，基金净值的表现不很理想。三季度末，公司在投研方面果断进行了

(转下页)

【季度投资组合一览】

项目 \ 季度	第一季度		第二季度		第三季度		第四季度	
基金资产净值	568,292,460.23 元		504,335,523.38 元		392,610,722.43 元		239,177,821.77 元	
基金份额	600,464,305.73 份		586,836,588.75 份		440,790,563.78 份		249,324,659.33 份	
基金份额净值	0.9464 元		0.8594 元		0.8907 元		0.9593 元	
基金资产组合	市值(元)	占总资产比例	市值(元)	占总资产比例	市值(元)	占总资产比例	市值(元)	占总资产比例
股票投资	359,508,406.24	62.49%	371,750,703.51	64.26%	277,694,772.33	69.64%	146,149,226.35	59.00%
债券投资	63,511,550.30	11.04%	112,214,998.00	19.40%	79,256,446.30	19.87%	72,885,928.40	29.43%
银行存款和清算备付金	77,352,740.86	13.44%	90,390,950.38	15.62%	37,116,078.20	9.31%	23,231,725.78	9.38%
其他资产	74,944,897.23	13.03%	4,156,400.03	0.72%	4,709,697.65	1.18%	5,429,018.60	2.19%

	第一季度			第二季度			第三季度			第四季度		
投资前五名股票明细	股票名称	市值(元)	占净值比例	股票名称	市值(元)	占净值比例	股票名称	市值(元)	占净值比例	股票名称	市值(元)	占净值比例
	中国联通	48,646,500.21	8.56%	中国联通	49,831,517.06	9.88%	航天电器	32,727,887.27	8.34%	航天电器	15,168,400.00	6.34%
	深南电 A	18,686,953.97	3.29%	华泰股份	17,485,526.80	3.47%	中兴通讯	17,176,950.00	4.38%	星新材料	14,377,000.00	6.01%
	TCL 集团	18,481,720.00	3.25%	长江电力	17,316,200.62	3.43%	G 长 电	17,112,000.00	4.36%	G 中 兴	13,890,000.00	5.81%
	白云机场	17,431,077.99	3.07%	中兴通讯	16,294,924.80	3.23%	特变电工	13,136,000.00	3.35%	火箭股份	13,128,000.00	5.49%
	安徽合力	17,223,361.68	3.03%	特变电工	15,794,918.88	3.13%	中材国际	12,437,035.40	3.17%	特变电工	9,592,597.79	4.01%
投资前五名债券明细	债券名称	市值(元)	占净值比例	债券名称	市值(元)	占净值比例	债券名称	市值(元)	占净值比例	债券名称	市值(元)	占净值比例
	04 国债(5)	40,976,350.00	7.21%	02 国债(14)	49,372,200.00	9.79%	02 国债(14)	32,374,847.20	8.25%	02 国债(10)	25,364,866.80	10.61%
	05 央行 16	19,882,000.00	3.50%	04 国债(5)	41,127,315.50	8.15%	04 国债(5)	21,530,309.10	5.48%	21 国债(15)	22,107,824.80	9.24%
	营港转债	1,866,412.50	0.33%	02 国债(10)	14,701,360.00	2.91%	02 国债(10)	17,210,040.00	4.38%	02 国债(3)	17,611,611.60	7.36%
	雅戈转债	786,787.80	0.14%	21 国债(3)	5,095,170.00	1.01%	招行转债	6,279,630.00	1.60%	招行转债	4,269,200.00	1.78%
	——	——	——	营港转债	1,918,952.50	0.38%	营港转债	1,861,620.00	0.47%	02 国债(14)	3,532,425.20	1.48%

【基金运作分析】

一系列的调整，更换了基金经理，投资策略与思路也进行了调整，取得了比较明显的效果。9月以来，该基金净值增长率一直排在同类同期基金中的前列。2005年4季度初，基金管理人判断市场处于一个历史性的底部区域，因此采取积极主动的投资策略，对看好的行业和个股进行果断加仓，并增加组合前列品种的比重。

展望2006年，基金管理人认为虽然宏观经济增速放缓的趋势目前已经成为共识，但放缓的幅度不会以剧烈的方式出现，将是结构调整过程中的温和放缓，2006年经济增长速度还将在较高水平。中国经济的发展正在步入一个新的发展阶段，那就是经济与社会全面、协调和可持续发展时期，这也是本届政府坚持不懈的努力方向。国民经济持续、平稳和快速增长为资本市场发展奠定了最坚实的基础。

2006年，天治品质优选基金将继续适当加大股票投资比例，重点关注自主创新和产业升级(3G、数字电视、先进装备业、军工、航天航空、电网设备)、消费升级(金融、房地产、家电)和环保节能(新能源、新材料、环保、循环经济)等所带来的投资机会。同时，基金管理人还将继续坚持“风险管理与绩效追求并重”的理念，降低投资风险，力求为基金持有人带来持续、稳定的投资回报。

天治核心成长股票型证券投资基金

基本资料					
基金简称	天治核心		交易代码	163503	
投资目标	通过将部分资产投资于品质优良、成长潜力高于平均水平的中小型上市公司股票，并将部分资产用于复制大型上市公司股票指数(新华富时中国A200指数)的业绩表现，在控制相对市场风险的前提下，追求中长期的资本增值。				
投资策略	该基金以股票品种为主要投资标的，以“核心—卫星”策略作为股票投资的总体策略。“核心—卫星”策略是指将股票资产分为核心组合和卫星组合，核心组合通过跟踪指数进行被动投资，控制投资组合相对于市场的风险；卫星组合通过优选股票进行主动投资，追求超越市场平均水平的收益。该基金的核心组合用于跟踪大型公司股票指数(新华富时中国A200指数)，卫星组合用于优选中小型成长公司股票。				
业绩比较基准	新华富时中国A全指×75%+新华富时中国国债指数×25%				
风险收益特征	该基金为具有中等风险、中高收益的股票型基金，风险收益特征介于大盘平衡型基金和小盘成长型基金之间。				
合同生效日	2006年1月20日	上市日期	——	上市地点	——
募集概况	首募规模	认购户数	募集日期		
	3.13亿份	4095户	2005年11月21日至2006年 1月12日		
基金费率	认购费率	申购费率	赎回费率	管理费率	托管费率
	不高于1.20%	不高于1.50%	0.50%	1.20%	0.25%
基金管理人	天治基金管理有限公司		基金托管人	交通银行股份有限公司	
审计机构	安永大华会计师事务所	法律顾问	上海源泰律师事务所	注册登记人	中国证券登记结算有限责任公司
备注	该基金从2005年11月21日开始募集，合同生效于2006年1月20日，跨年度募集设立。				

【基金管理团队】

余明元先生：基金经理，经济学博士，证券投资从业经验6年。曾任职于国元证券研发中心、投资部，期间主要从事证券分析、研究和投资管理等工作。2003年2月起就职于天治基金管理有限公司投资管理部。

景顺长城基金管理有限公司

法定名称	景顺长城基金管理有限公司	英文名称	Invesco Great Wall Fund Management Co.,Ltd.
成立日期	2003年6月12日	注册资本	1.3亿元人民币
法人代表	徐 英	总 经 理	梁华栋
联系电话	0755-82370388	客服电话	0755-82370688
传真号码	0755-25987356	公司网址	www.invescogreatwall.com
注册地址	深圳市深南中路1093号中信城市广场中信大厦16层	办公地址	深圳市深南中路1093号中信城市广场中信大厦16层

● 发展概况

景顺长城基金管理有限公司是经中国证监会证监基金字[2003]76号文批准设立的中外合资基金管理公司。公司由长城证券有限责任公司、景顺资产管理有限公司、开滦(集团)有限责任公司、大连实德集团有限公司共同发起设立,于2003年6月12日正式成立,注册资本1亿元人民币。2005年6月,长城证券有限责任公司受让开滦(集团)有限责任公司所持的公司16%的股权,景顺资产管理有限公司受让大连实德集团有限公司持有的公司16%的股权;2006年2月,公司注册资本金增至1.3亿元人民币。

在组织结构上,公司设立了两个专门机构:风险管理委员会和投资决策委员会。下设5个部门,分别是:投资部;销售营销部;法律、监察稽核部;运营部;财务、行政和人力资源部。目前公司已经建立健全了内部风险控制制度、内部稽核制度、财务管理制度、人事管理制度、信息披露制度和员工行为准则等公司管理制度体系。

在人员构成上,截至2005年12月底,景顺长城基金管理公司共有员工52人,其中32人具有硕士以上学历。

● 经营业绩

2005年,景顺长城基金管理有限公司发行了景顺长城鼎益股票型证券投资基金和景顺长城资源垄断股票型证券投资基金。截至2005年12月31日,景顺长城基金管理有限公司旗下共有景顺长城景系列基金(包括优选股票、货币市场基金、动力平衡3只子基金)、景顺长城内需增长基金和景顺长城鼎益基金。另外,景顺长城资源垄断基金正处于募集期。

景顺长城鼎益股票型基金是公司旗下首只LOF基金,自2005年1月20日开始公开募集,2005年3月10日募集顺利结束。共募集基金份额4.46亿份,有效认购总户数为7467户,2005年3月16日基金合同正式生效,2005年5月25日该基金在深圳交易所上市交易;景顺长城资源垄断股票型基金是公司旗下第六只开放式基金,也是本年度景顺长城募集设立的第二只产品。该基金自2005年12月开始跨年度募集,2006年1月19日募集结束,共募集基金份额11.55亿份,2006年1月26日基金合同正式生效。

在投资业绩上,2005年景顺长城旗下基金规范运作,业绩表现良好,为投资者带来了丰厚的回报。其中,景顺内需增长基金全年净值增长6.47%,超越同期业绩基准收益11.74个百分点,在股票型开放式基金中排名第二,本年实现两次分红每基金份额累计派现0.06元;景系列基金中的优选股票基金全年净值增长3.32%,超越同期业绩基准收益8.59个百分点,本年实现两次分红每基金份额累计派现0.06元;动力平衡基金全年净值增长0.31%,2005年8月15日实施分红每基金份额派现0.02元;恒丰债券基金于2005年7月15日转变为货币市场基金,成为国内首只实现转型的基金。景顺长城货币市场基金自运作以来,累计净值增长0.8862%,同期业绩基准收益0.8384%;本年新成立的鼎益基金自运作以来表现良好,截至2005年12月31日,基金份额净值为0.957元,累计净值增长率为-4.30%,超越同期业绩基准收益4.81个百分点。

近三年公司管理基金资产规模与基金数量

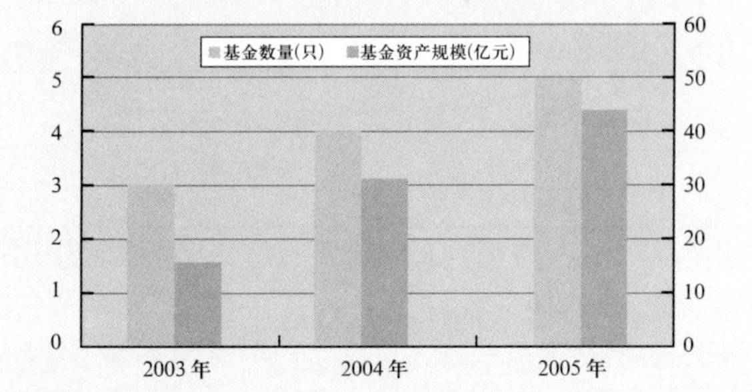

公司股东结构

股东名称	出资金额(万元)	出资比例(%)
长城证券有限责任公司	6370.00	49.00
景顺资产管理有限公司	6370.00	49.00
开滦(集团)有限责任公司	130.00	1.00
大连实德集团有限公司	130.00	1.00

公司高管介绍

徐英女士:董事长。北京财贸学院金融系毕业,经济学学士。曾任北京燕山石化总厂研究院车间副主任、党支部书记,北京财贸学院金融系讲师,海南汇通国际信托投资公司副总经理、常务副总经理,长城证券有限责任公司总裁、董事长。

梁华栋先生:董事、总经理。1975年毕业于台湾辅仁大学经济系(BA),获经济学学士学位,1999年获田纳西大学企业管理硕士(MBA)学位。1990年到1998年担任景泰资产管理亚洲公司(LGT Asset Management Asia Ltd.)首席代表及亚洲区董事,曾参与亚洲区有关基金及股票投资市场管理等决策事宜。1998年景顺集团(INVESCO)并购原景泰集团(LGT Asset Mangement),即担任景顺集团亚洲区董事兼台湾总经理。

景顺长城景系列开放式证券投资基金

下设景顺长城优选股票证券投资基金、景顺长城货币市场证券投资基金（原景顺长城恒丰债券基金）、景顺长城动力平衡证券投资基金

景顺长城优选股票证券投资基金

基本资料

基金简称	优选股票基金		交易代码	260101		
投资目标	利用"景顺长城股票数据库"对股票进行精密和系统的分析，构建具有投资价值的股票组合，力求为投资者提供长期的资本增值。					
业绩比较基准	上证综合指数和深证综合指数的加权复合指数×80%+中国债券总指数×20%					
风险收益特征	该基金属于具有较高波动性和较高风险的投资工具，适合风险承受能力强、追求高投资回报的投资群体。					
合同生效日	2003年10月24日	上市日期	——	上市地点	——	
募集概况	首募规模	认购户数	募集日期			
	8.21亿份	15425户	2003年9月1日至2003年10月22日			
基金费率	认购费率	申购费率	赎回费率	管理费率	托管费率	
	1.00%	不高于1.50%	不高于0.40%	1.50%	0.25%	
基金管理人	景顺长城基金管理有限公司		基金托管人	中国银行股份有限公司		
审计机构	普华永道中天会计师事务所	法律顾问	北京市金诚同达律师事务所	注册登记人	景顺长城基金管理有限公司	

财务指标 单位：人民币(元)

项目 \ 年度	2005年度	2004年度	2003年10月24日至2003年12月31日
加权基金份额本期净收益	0.0499	0.0796	-0.0015
期末可分配基金份额收益	-0.0039	0.0032	-0.0015
期末基金份额净值	1.0459	1.0720	1.0675
基金加权平均净值收益率	4.65%	7.16%	-0.15%
本期基金份额净值增长率	3.32%	7.63%	6.75%
基金份额累计净值增长率	18.71%	14.90%	6.75%
基金收益分配	本年度每10份派现0.600元；成立以来每10份累计派现1.400元。		

基金净值增长率与业绩基准收益率对比图（单位：%）

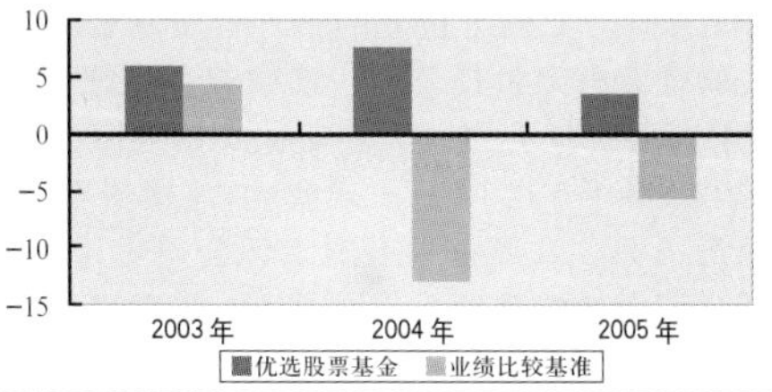

期末基金份额持有人户数	基金份额持有人户数为5,503户，平均每户持有196,899.85份。
期末基金份额持有人结构	机构投资者持有954,671,285.83份，占总份额88.11%；个人投资者持有128,868,614.16份，占总份额11.89%。

【基金业绩表现】

2005年，优选股票基金全年净值增长3.32%，同期业绩基准下跌5.27%，超越业绩基准8.59%。

【基金管理团队】

杨兵兵女士：获武汉大学金融保险系经济学学士、硕士，1994年进入万科企业股份有限公司，1998年10月加入大鹏证券综合研究所，2000年底担任综合研究所传统产业组组长。2003年3月加入景顺长城基金管理有限公司，担任投资部股票研究员，同年晋升为基金经理。

毛从容女士：华中理工大学经济学硕士。拥有9年金融、证券从业经验，1997年进入交通银行深圳分行工作，2000年7月加入长城证券金融研究所，负责宏观和债券研究并担任研究所债券小组组长。2003年3月加入景顺长城基金管理有限公司，担任投资部研究员，2005年晋升为基金经理。

【基金运作分析】

2005年一季度，优选股票基金重仓持有张裕、云南白药、贵州茅台等创出历史新高的消费品龙头企业，业绩表现超越基准；二季度后，优选股票基金较为重仓的基础设施和交通运输板块出现了较大幅度的调整，直接影响了基金业绩。四季度，基金进行了仓位结构的调整，加仓银行、地产和估值偏低、分红率高的周期类个股，减仓成长动能放缓的制造业个股，但由于行业配置过于偏重防御型资产，下半年基金表现相对落后。

【季度投资组合一览】

项目 \ 季度	第一季度		第二季度		第三季度		第四季度	
基金资产净值	1,193,677,360.50元		1,263,765,280.20元		1,294,819,683.14元		1,133,239,329.42元	
基金份额	1,051,499,086.30份		1,205,134,775.20份		1,195,760,852.37份		1,083,539,899.99份	
基金份额净值	1.1352元		1.0487元		1.0828元		1.0459元	
基金资产组合	市值(元)	占总资产比例	市值(元)	占总资产比例	市值(元)	占总资产比例	市值(元)	占总资产比例
股票投资	868,250,393.07	72.58%	899,182,356.69	69.51%	916,878,756.95	70.59%	861,396,487.57	73.74%
债券投资	270,471,094.84	22.61%	293,949,773.28	22.73%	313,629,056.54	24.14%	257,937,238.30	22.08%
银行存款和清算备付金	52,323,859.46	4.38%	72,522,690.58	5.61%	61,290,819.95	4.72%	42,930,921.00	3.67%
其他资产	5,169,666.86	0.43%	27,868,427.87	2.15%	7,153,314.10	0.55%	5,949,739.74	0.51%

	第一季度			第二季度			第三季度			第四季度		
投资前五名股票明细	股票名称	市值(元)	占净值比例	股票名称	市值(元)	占净值比例	股票名称	市值(元)	占净值比例	股票名称	市值(元)	占净值比例
	长江电力	74,223,764.30	6.22%	长江电力	87,507,088.94	6.92%	G长电	84,824,503.92	6.55%	G长电	58,059,540.44	5.12%
	上海机场	60,791,181.00	5.09%	上海机场	82,968,167.10	6.57%	上海机场	72,274,749.12	5.58%	上海机场	57,959,156.78	5.11%
	贵州茅台	59,745,980.82	5.01%	贵州茅台	66,842,695.95	5.29%	贵州茅台	70,484,654.64	5.44%	G宝钢	56,887,991.80	5.02%
	振华港机	46,566,612.84	3.90%	宝钢股份	56,362,843.20	4.46%	G宝钢	59,097,234.20	4.56%	贵州茅台	52,116,424.86	4.60%
	中国石化	44,557,800.98	3.73%	中国石化	54,819,851.59	4.34%	海油工程	58,219,534.50	4.50%	中国石化	48,863,678.88	4.31%
投资前五名债券明细	债券名称	市值(元)	占净值比例	债券名称	市值(元)	占净值比例	债券名称	市值(元)	占净值比例	债券名称	市值(元)	占净值比例
	04国开10	95,018,136.36	7.96%	04国开10	95,018,136.36	7.52%	05农发04	71,578,000.00	5.53%	05农发04	71,578,000.00	6.32%
	04国开19	59,970,000.00	5.02%	04国开19	59,970,000.00	4.75%	02国债(14)	53,677,926.00	4.15%	02国债(14)	67,724,144.00	5.98%
	04国开16	20,420,000.00	1.71%	02国债(14)	40,150,035.00	3.18%	04国开19	39,980,000.00	3.09%	21国债(3)	22,362,216.80	1.97%
	02国债(14)	17,325,000.00	1.45%	04国开16	20,420,000.00	1.62%	21国债(3)	22,499,985.20	1.74%	05央行票据34	20,380,000.00	1.80%
	晨鸣转债	16,658,397.90	1.40%	99国开13	15,135,000.00	1.20%	04央行票据94	20,886,000.00	1.61%	03国开18	20,328,000.00	1.79%

景顺长城恒丰债券证券投资基金

基本资料					
基金简称	恒丰债券基金		交易代码	260102	
投资目标	该基金以提供安全稳定的长期回报为目标，并为投资者提供持续稳定的收入。				
业绩比较基准	中国债券总指数				
风险收益特征	该基金具有低风险和收益稳定的特点，投资目标是在保持投资组合低风险和充分流动性的前提下，确保基金本金安全及追求资产长期稳定增值。				
合同生效日	2003年10月24日	上市日期	——	上市地点	——
募集概况	首募规模	认购户数	募集日期		
	4.74亿份	8743户	2003年9月1日至2003年10月22日		
基金费率	认购费率	申购费率	赎回费率	管理费率	托管费率
	0.80%	不高于0.80%	不高于0.16%	0.75%	0.20%
基金管理人	景顺长城基金管理有限公司		基金托管人	中国银行股份有限公司	
审计机构	普华永道中天会计师事务所	法律顾问	北京市金诚同达律师事务所	注册登记人	景顺长城基金管理有限公司

财务指标　　单位：人民币(元)

项目＼年度	2005年1月1日至2005年7月14日	2004年度	2003年10月24日至2003年12月31日
加权基金份额本期净收益	0.0327	0.0477	0.0027
期末可分配基金份额收益	0.0242	0.0383	0.0027
期末基金份额净值	1.0242	1.0187	1.0051
基金加权平均净值收益率	3.20%	4.66%	0.27%
本期基金份额净值增长率	2.51%	1.35%	0.51%
基金份额累计净值增长率	4.42%	1.87%	0.51%
基金收益分配	本年度每10份派现0.200元；成立以来每10份累计派现0.200元。		

基金净值增长率与业绩基准收益率对比图（单位：%）

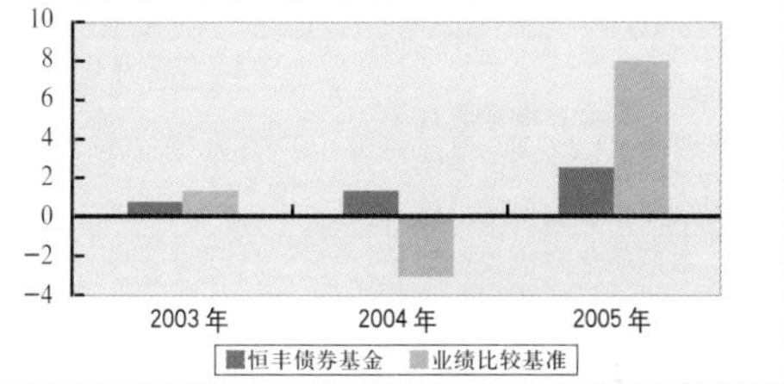

期末基金份额持有人户数	基金份额持有人户数为1,941户，平均每户持有41,026.12份。
期末基金份额持有人结构	机构投资者持有48,659,254.55份，占总份额61.11%；个人投资者持有30,972,452.90份，占总份额38.89%。

【基金业绩表现】

从2005年1月1日起截至2005年7月14日，恒丰债券基金净值增长2.51%。

【基金管理团队】

杨兵兵女士：获武汉大学金融保险系经济学学士、硕士，1994年进入万科企业股份有限公司，1998年10月加入大鹏证券综合研究所，2000年底担任综合研究所传统产业组组长。2003年3月加入景顺长城基金管理有限公司，担任投资部股票研究员，同年晋升为基金经理。

毛从容女士：华中理工大学经济学硕士。拥有9年金融、证券从业经验，1997年进入交通银行深圳分行工作，2000年7月加入长城证券金融研究所，负责宏观和债券研究并担任研究所债券小组组长。2003年3月加入景顺长城基金管理公司，担任投资部研究员，2005年晋升为基金经理。

【基金运作分析】

2005年一、二季度，恒丰债券基金采取的投资策略是适当延长了组合久期，重点选择了收益率有比较优势的三年期品种投资，并根据市场预期变化进行了波段操作。同时，5月前在高位对可转债陆续进行了减持。

二季度该基金通过持有人大会表决后实施了基金转型，7月15日由债券基金正式转变为货币基金，基金投资组合也根据货币基金的要求转换为剩余期限在397天以内的品种。

【季度投资组合一览】（截止日期：2005年7月14日）

项目＼季度	第一季度		第二季度		第三季度(7月1日至7月14日)	
基金资产净值	78,688,827.04元		112,145,687.86元		81,561,919.51元	
基金份额	76,392,211.33份		109,484,151.18份		—	
基金份额净值	1.0301元		1.0243元		1.0242元	
基金资产组合	市值(元)	占总资产比例	市值(元)	占总资产比例	市值(元)	占总资产比例
股票投资	166,119.33	0.21%	355,623.32	0.31%	——	——
债券投资	73,980,475.98	93.42%	105,371,321.17	93.59%	24,942,586.57	25.52%
银行存款和清算备付金	3,381,443.32	4.27%	6,233,651.91	5.54%	57,608,394.51	58.94%
其他资产	1,666,412.37	2.10%	629,432.64	0.56%	15,184,213.18	15.54%

投资前五名债券明细	债券名称	市值(元)	占净值比例	债券名称	市值(元)	占净值比例	债券名称	市值(元)	占净值比例
	04进出01	20,340,000.00	25.85%	04进出01	20,340,000.00	18.14%	04国开20	15,085,500.00	18.50%
	04国开13	20,242,000.00	25.72%	04国开20	20,114,000.00	17.94%	04国开19	4,997,000.00	6.13%
	02国开19	9,852,000.00	12.52%	05央行票据26	19,562,663.01	17.44%	05华能电CP01	4,860,086.57	5.96%
	04国开19	4,997,000.00	6.35%	05华能电CP01	19,440,346.30	17.33%	——	——	——
	万科转2	4,018,619.42	5.11%	04进出03	10,215,900.00	9.11%	——	——	——

投资前五名股票明细	股票名称	市值(元)	占净值比例	股票名称	市值(元)	占净值比例	股票名称	市值(元)	占净值比例
	中材国际	166,119.33	0.21%	中材国际	355,623.32	0.32%	——	——	——
	——	——	——	——	——	——	——	——	——
	——	——	——	——	——	——	——	——	——
	——	——	——	——	——	——	——	——	——
	——	——	——	——	——	——	——	——	——

说明：经景顺长城恒丰债券基金基金份额持有人大会表决通过，并于2005年7月7日获中国证监会证监基金字2005[121]号文核准，景顺长城恒丰债券证券投资基金以2005年7月14日为转变基准日转变成为景顺长城货币市场证券投资基金。

景顺长城货币市场证券投资基金（原景顺长城恒丰债券证券投资基金）

基本资料

基金简称	货币市场基金			交易代码	260102	
投资目标	在保持本金的高流动性和安全性的前提下，获得高于基准的投资回报。					
业绩比较基准	税后一年期定期存款利率					
风险收益特征	该基金具有低风险和收益稳定的特点					
合同生效日	2003年10月24日	上市日期	——	上市地点	——	
募集概况	首募规模	认购户数	募集日期			
	4.74亿份	8743户	2003年9月1日至2003年10月22日			
基金费率	认购费率	申购费率	赎回费率	管理费率	托管费率	销售服务费率
	0	0	0	0.33%	0.10%	0.25%
基金管理人	景顺长城基金管理有限公司			基金托管人	中国银行股份有限公司	
审计机构	普华永道中天会计师事务所	法律顾问	北京市金诚同达律师事务所	注册登记人	景顺长城基金管理有限公司	

财务指标 单位：人民币(元)

项目＼年度	2005年7月29日至2005年12月31日
基金本期净收益	12,040,569.17
期末基金资产净值	944,726,467.06
期末基金份额净值	1.0000
本期基金净值收益率	0.8862%
基金份额累计净值收益率	0.8862%
基金收益分配	从2005年7月15日至2005年12月31日共分配收益12,040,569.17元。

基金收益率与同期业绩基准收益率对比图（单位：%）

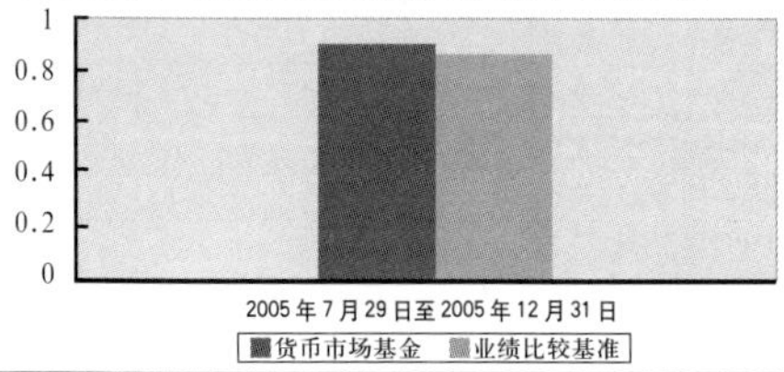

期末基金份额持有人户数	基金份额持有人户数为3,839户，平均每户持有246,086.60份。
期末基金份额持有人结构	机构投资者持有672,483,381.90份，占总份额71.18%；个人投资者持有272,243,085.16份，占总份额28.82%。

【基金业绩表现】

2005年，货币市场基金份额净值增长率为0.8862%，同期业绩比较基准增长率为0.8384%。

【基金管理团队】

杨兵兵女士：获武汉大学金融保险系经济学学士、硕士，1994年进入万科企业股份有限公司，1998年10月加入大鹏证券综合研究所，2000年底担任综合研究所传统产业组组长。2003年3月加入景顺长城基金管理有限公司，担任投资部股票研究员，同年晋升为基金经理。

毛从容女士：华中理工大学经济学硕士。拥有9年金融、证券从业经验，1997年进入交通银行深圳分行工作，2000年7月加入长城证券金融研究所，负责宏观和债券研究并担任研究所债券小组组长。2003年3月加入景顺长城基金管理公司，担任投资部研究员，2005年晋升为基金经理。

【基金运作分析】

2005年7月15日恒丰债券基金转变为货币基金后，正值货币市场利率低点，基金规模快速上涨，该基金控制了组合剩余期限，投资了高票息的短期融资券和浮动券，适当参与了银行定期存款，并将大量资金放在了回购品种上，较好地控制了利率风险，带来了稳定回报。随着央行加大货币回笼力度，短期货币市场利率快速上行，组合中的浮动盈利减少，该基金减少组合中浮动盈利的兑现，货币市场基金收益率缓慢下降。此间加大组合的调整力度，在收益率上升到一定水平后，置换部分回购仓位到高票息的仓位，组合的静态收益也逐步提高。

【季度投资组合一览】

项目＼季度	第三季度(7月15日至9月30日)			第四季度		
基金资产净值	1,834,242,559.93元			944,726,467.06元		
基金份额	1,834,242,559.93份			944,726,467.06份		
基金份额净值	1.0000元			1.0000元		
基金资产组合	市值(元)		占总资产比例	市值(元)		占总资产比例
债券投资	1,062,504,086.95		57.83%	675,744,033.66		71.38%
买入返售证券	734,900,000.00		40.00%	121,800,000.00		12.86%
银行存款和清算备付金	37,760,259.50		2.06%	147,050,554.92		15.53%
其他资产	1,984,633.54		0.11%	2,142,939.32		0.23%
债券投资前五名明细	债券名称	摊余成本(元)	占资产净值比例	债券名称	摊余成本(元)	占资产净值比例
	05农发07	170,323,702.60	9.29%	05央行票据45	99,475,644.03	10.53%
	05华能电CP01	158,079,645.87	8.62%	05中电信CP01	89,208,314.04	9.44%
	05国开07	130,710,533.14	7.13%	05央票07	59,836,609.68	6.33%
	04国开17	91,143,280.38	4.97%	05农发06	50,013,703.32	5.29%
	04央票102	86,608,939.40	4.72%	05进出04	49,578,159.36	5.25%
投资组合剩余期限	平均剩余期限		占资产净值比例	平均剩余期限		占资产净值比例
	30天内		41.58%	30天内		18.74%
	30天(含)—60天		4.97%	30天(含)—60天		6.33%
	60天(含)—90天		14.25%	60天(含)—90天		12.78%
	90天(含)—180天		5.81%	90天(含)—180天		37.05%
	180天(含)—397天(含)		33.44%	180天(含)—397天(含)		25.08%

景顺长城动力平衡股票证券投资基金

基本资料

基金简称	动力平衡基金		交易代码	260103	
投资目标	该基金以获取高于银行一年期定期存款利率2倍的回报为目标，注重通过动态的资产配置以达到当期收益与长期资本增值的兼顾，为投资者提供长期稳定的回报。				
业绩比较基准	一年期银行定期存款年利率的2倍				
风险收益特征	该基金是一种具有中等风险的投资工具，除了结合景顺长城股票及债券基金的风险管理程序外，为达到平稳回报的目的，该基金还将独立地对风险来源进行评估，并设立额外的风险控制管理手段。				
合同生效日	2003年10月24日	上市日期	——	上市地点	——
募集概况	首募规模	认购户数	募集日期		
	5.41亿份	9071户	2003年9月1日至2003年10月22日		
基金费率	认购费率	申购费率	赎回费率	管理费率	托管费率
	1.00%	不高于1.50%	不高于0.40%	1.50%	0.25%
基金管理人	景顺长城基金管理有限公司		基金托管人	中国银行股份有限公司	
审计机构	普华永道中天会计师事务所	法律顾问	北京市金诚同达律师事务所	注册登记人	景顺长城基金管理有限公司

财务指标　　单位：人民币(元)

项目＼年度	2005年度	2004年度	2003年10月24日至2003年12月31日
加权基金份额本期净收益	0.0020	0.1183	−0.00002
期末可分配基金份额收益	0.0121	0.0282	−0.00001
期末基金份额净值	1.0159	1.0322	1.0389
基金加权平均净值收益率	0.19%	10.96%	0.00%
本期基金份额净值增长率	0.31%	6.85%	3.89%
基金份额累计净值增长率	11.35%	11.00%	3.89%
基金收益分配	本年度每10份派现0.200元；成立以来每10份累计派现1.000元。		
期末基金份额持有人户数	基金份额持有人户数为3,179户，平均每户持有78,964.95份。		
期末基金份额持有人结构	机构投资者持有190,959,258.36份，占总份额76.07%；个人投资者持有60,070,302.73份，占总份额23.39%。		

基金净值增长率与业绩基准收益率对比图（单位：%）

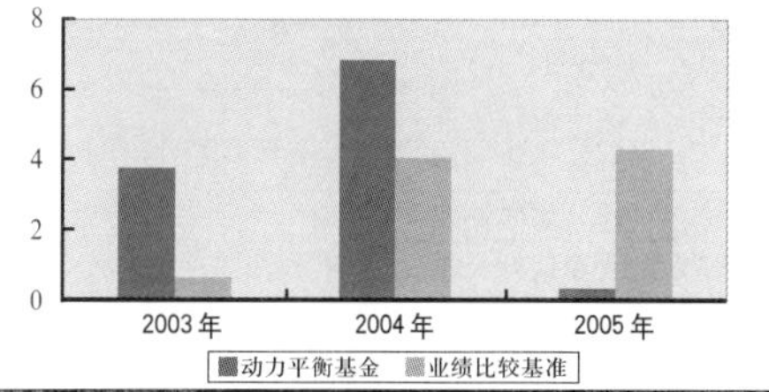

【基金业绩表现】

2005年，动力平衡基金全年净值增长0.31%，同期业绩基准增长率为4.29%。

【基金管理团队】

杨兵兵女士：获武汉大学金融保险系经济学学士、硕士，1994年进入万科企业股份有限公司，1998年10月加入大鹏证券综合研究所，2000年底担任综合研究所传统产业组组长。2003年3月加入景顺长城基金管理有限公司，担任投资部股票研究员，同年晋升为基金经理。

毛从容女士：华中理工大学经济学硕士。拥有9年金融、证券从业经验，1997年进入交通银行深圳分行工作，2000年7月加入长城证券金融研究所，负责宏观和债券研究并担任研究所债券小组组长。2003年3月加入景顺长城基金管理有限公司，担任投资部研究员，2005年晋升为基金经理。

【基金运作分析】

2005年动力平衡基金业绩经历了较大的波动。一季度，该基金重仓的消费品龙头股强劲上升，业绩表现优异；二季度，该基金大幅降低股票仓位至40%以下，较好规避了市场下跌的风险；三季度，动力平衡基金大幅增仓，但由于持仓结构与市场热点不符，基金绩效表现相对落后；四季度，该基金继续增仓，较大幅度调整了持仓结构，增持了银行、地产等行业的个股，确立了面向内需，以成长股为核心的投资组合。

【季度投资组合一览】

项目＼季度	第一季度		第二季度		第三季度		第四季度	
基金资产净值	262,319,546.54元		275,281,690.34元		287,682,383.59元		255,021,785.07元	
基金份额	244,368,920.75份		266,515,605.95份		279,580,356.68份		251,029,561.09份	
基金份额净值	1.0735元		1.0329元		1.0290元		1.0159元	
基金资产组合	市值(元)	占总资产比例	市值(元)	占总资产比例	市值(元)	占总资产比例	市值(元)	占总资产比例
股票投资	140,053,291.15	53.19%	103,479,736.22	37.48%	152,678,603.43	52.91%	158,954,147.52	62.02%
债券投资	109,921,231.31	41.75%	151,372,464.94	54.83%	112,696,913.56	39.06%	78,141,320.00	30.49%
银行存款和清算备付金	11,659,015.61	4.43%	19,114,921.41	6.92%	21,457,136.53	7.44%	18,215,306.59	7.10%
其他资产	1,663,287.73	0.63%	2,113,610.48	0.77%	1,694,993.28	0.59%	996,607.21	0.39%

投资前五名股票明细	股票名称	市值(元)	占净值比例	股票名称	市值(元)	占净值比例	股票名称	市值(元)	占净值比例	股票名称	市值(元)	占净值比例
	长江电力	14,522,052.50	5.54%	长江电力	13,413,914.50	4.87%	G长电	14,257,227.36	4.96%	G长电	12,568,754.48	4.93%
	上海机场	11,027,626.50	4.20%	贵州茅台	11,116,333.65	4.04%	贵州茅台	12,297,783.86	4.27%	海油工程	12,193,980.60	4.78%
	贵州茅台	8,673,944.34	3.31%	上海机场	10,137,312.90	3.68%	海油工程	12,089,677.50	4.20%	贵州茅台	11,343,002.42	4.45%
	万科A	7,680,213.36	2.93%	上港集箱	7,540,670.59	2.74%	上海机场	9,405,506.88	3.27%	上海机场	8,649,707.22	3.39%
	中国石化	7,616,674.78	2.90%	中国石化	5,772,859.63	2.10%	福建高速	8,410,100.96	2.92%	赣粤高速	7,753,500.00	3.04%

投资前五名债券明细	债券名称	市值(元)	占净值比例	债券名称	市值(元)	占净值比例	债券名称	市值(元)	占净值比例	债券名称	市值(元)	占净值比例
	04央行票据73	24,219,691.78	9.23%	03国开18	30,348,000.00	11.02%	03国开18	30,348,000.00	10.55%	03国开18	30,348,000.00	11.90%
	04国开10	20,009,333.33	7.63%	04国开10	20,009,333.33	7.27%	05央行票据	20,696,000.00	7.19%	05中石化CP01	19,827,000.00	7.77%
	04国开03	19,980,000.00	7.62%	03国开05	19,656,000.00	7.14%	04进出03	10,234,000.00	3.56%	20国债(4)	10,080,000.00	3.95%
	03国开05	19,656,000.00	7.49%	03国开27	14,973,292.60	5.44%	20国债(4)	10,124,000.00	3.52%	21国债(3)	6,851,420.00	2.69%
	03国开27	14,973,292.60	5.71%	04进出03	10,234,000.00	3.72%	05华能电CP02	9,800,681.16	3.41%	02国债(14)	6,050,400.00	2.37%

景顺长城内需增长开放式证券投资基金

基本资料

基金简称	内需增长基金		交易代码	260104	
投资目标	该基金通过优先投资于内需拉动型行业，分享中国经济和行业的快速增长带来的最大收益，实现基金资产的长期、可持续的稳定增值。				
业绩比较基准	沪深综合指数总市值加权指数×80%＋中国债券总指数×20%				
风险收益特征	该基金在风险较高的股票型基金中属于中低风险基金，依据该基金投资组合管理方法的特征对投资组合风险进行控制，力争使该基金的平均单位风险收益值高于业绩比较基准的平均单位风险收益值。				
合同生效日	2004年6月25日	上市日期	——	上市地点	——
募集概况	首募规模	认购户数	募集日期		
	25.21亿份	78574户	2004年5月25日至2004年6月23日		
基金费率	认购费率	申购费率	赎回费率	管理费率	托管费率
	1.00%	1.50%	不高于0.50%	1.50%	0.25%
基金管理人	景顺长城基金管理有限公司		基金托管人	中国农业银行	
审计机构	普华永道中天会计师事务所	法律顾问	北京市金诚同达律师事务所	注册登记人	景顺长城基金管理有限公司

财务指标 单位：人民币(元)

项目 \ 年度	2005年度	2004年6月25日至2004年12月31日
加权基金份额本期净收益	0.050	0.015
期末可分配基金份额收益	0.005	0.017
期末基金份额净值	1.028	1.022
基金加权平均净值收益率	4.88%	1.48%
本期基金份额净值增长率	6.47%	2.20%
基金份额累计净值增长率	8.81%	2.20%
基金收益分配	本年度每10份派现0.600元；成立以来每10份累计派现0.600元。	

基金净值增长率与业绩基准收益率对比图（单位：%）

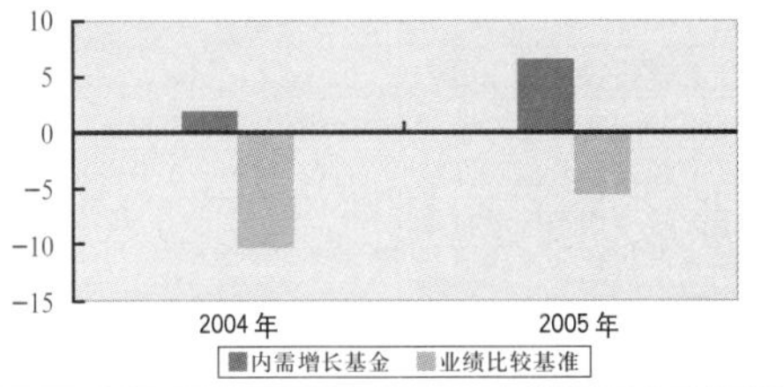

期末基金份额持有人户数	基金份额持有人户数为18,455户，平均每户持有71,449.87份。
期末基金份额持有人结构	机构投资者持有925,483,208.33份，占总份额70.19%；个人投资者持有393,124,057.91份，占总份额29.81%。

【基金业绩表现】

2005年，内需增长基金全年净值增长率为6.47%，同期业绩基准收益下跌5.27%，超越业绩基准收益11.74个百分点。

【基金管理团队】

李学文先生：基金经理。中国人民银行金融研究所经济学硕士。7年基金从业经历。1998年7月加入博时基金管理公司，历任研究员、基金经理助理；2002年5月加入中融基金管理公司，任基金经理；2002年11月加入银华基金管理公司，历任基金经理助理、基金经理。2005年9月加入景顺长城基金管理有限公司，任投资副总监。

【基金运作分析】

2005年上半年，内需增长基金根据市场的情况减持周期见顶的航运类和钢铁类股票，以及未来资本支出很大、自由现金流紧张的造纸类股票，增持了部分防御性行业的股票，如高速公路、品牌消费品等等。上半年该基金的业绩表现大大超越了基准。2005年下半年，该基金制定了面向内需、以成长股为核心构建组合的投资方针，在坚定持有品牌消费品的同时，增持了银行、地产、商业零售类股票，在1100点的底部区域，基于市场将由熊市转入牛市的判断，全面清仓了债券类资产，大幅提高了股票类资产的比例，内需增长基金的重大调整取得了显著的成效。2005年再次以优良的业绩回报投资者。

【季度投资组合一览】

项目 \ 季度	第一季度		第二季度		第三季度		第四季度	
基金资产净值	1,340,613,130.69元		1,361,949,253.48元		1,279,890,358.48元		1,355,794,251.14元	
基金份额	1,289,296,760.31份		1,364,775,390.31份		1,238,750,936.10份		1,318,607,266.24份	
基金份额净值	1.040元		0.998元		1.033元		1.028元	
基金资产组合	市值(元)	占总资产比例	市值(元)	占总资产比例	市值(元)	占总资产比例	市值(元)	占总资产比例
股票投资	1,095,541,185.81	81.30%	960,764,291.28	70.32%	967,925,498.94	75.20%	1,227,016,235.78	88.54%
债券投资	223,077,109.88	16.55%	289,297,208.33	21.17%	255,455,500.59	19.85%	6,496,655.10	0.47%
银行存款和清算备付金	21,734,767.58	1.61%	105,441,979.49	7.72%	58,036,567.16	4.51%	88,083,222.92	6.35%
其他资产	7,277,330.14	0.54%	10,756,441.54	0.79%	5,722,109.66	0.44%	64,284,086.25	4.64%

投资前五名股票明细	股票名称	市值(元)	占净值比例	股票名称	市值(元)	占净值比例	股票名称	市值(元)	占净值比例	股票名称	市值(元)	占净值比例
	长江电力	106,024,183.15	7.91%	长江电力	94,772,000.00	6.96%	G长电	74,400,000.00	5.81%	G万科A	79,949,379.40	5.90%
	上海机场	101,553,490.50	7.58%	上海机场	91,260,000.00	6.70%	上海机场	68,992,000.00	5.39%	贵州茅台	77,401,902.92	5.71%
	上港集箱	70,610,806.62	5.27%	贵州茅台	63,425,083.65	4.66%	贵州茅台	67,890,724.94	5.30%	上海机场	72,100,000.00	5.32%
	中国石化	68,206,548.08	5.09%	宝钢股份	59,718,825.36	4.38%	G宝钢	62,060,000.00	4.85%	中国联通	69,671,834.40	5.14%
	振华港机	60,224,348.58	4.49%	中国石化	54,715,000.00	4.02%	中国石化	59,885,000.00	4.68%	海油工程	56,596,345.60	4.17%

投资前五名债券明细	债券名称	市值(元)	占净值比例	债券名称	市值(元)	占净值比例	债券名称	市值(元)	占净值比例	债券名称	市值(元)	占净值比例
	晨鸣转债	72,354,750.66	5.40%	04农发01	60,039,000.00	4.41%	04进出02	51,770,000.00	4.04%	招行转债	6,496,655.10	0.48%
	02国开16	63,877,127.26	4.76%	02国开16	54,751,823.37	4.02%	02国债(14)	30,378,000.00	2.37%	——	——	——
	04农发01	60,039,000.00	4.48%	04进出02	51,770,000.00	3.80%	晨鸣转债	24,721,669.28	1.93%	——	——	——
	万科转2	20,679,666.46	1.54%	晨鸣转债	24,957,743.28	1.83%	21国债(3)	21,606,900.00	1.69%	——	——	——
	招行转债	6,126,565.50	0.46%	04央行票据98	20,852,000.00	1.53%	04央行票据98	20,852,000.00	1.63%	——	——	——

景顺长城鼎益股票型证券投资基金（LOF）

基本资料

基金简称	鼎益基金		交易代码	162605(前端收费)；162606(后端收费)	
投资目标	通过主动的基本面选股和最优化风险收益配比获取超额收益，力求基金财产长期稳定的回报。				
业绩比较基准	新华富时 A200 指数× 80%＋同业存款利率× 20%				
风险收益特征	该基金严格控制证券市场中的非系统性风险，属于风险程度适中的投资品种。				
合同生效日	2005 年 3 月 16 日	上市日期	2005 年 5 月 25 日	上市地点	深圳证券交易所
募集概况	首募规模	认购户数	募集日期		
	4.46 亿份	7467 户	2005 年 1 月 20 日至 2005 年 3 月 10 日		
基金费率	认购费率	申购费率	赎回费率	管理费率	托管费率
	不高于 1.00%	不高于 1.50%	0.50%	1.50%	0.25%
基金管理人	景顺长城基金管理有限公司		基金托管人	中国银行股份有限公司	
审计机构	安永华明会计师事务所	法律顾问	北京市金诚同达律师事务所	注册登记人	中国证券登记结算有限责任公司

财务指标 单位：人民币(元)

项目 \ 年度	2005 年 3 月 16 日至 2005 年 12 月 31 日
加权基金份额本期净收益	−0.025
期末可分配基金份额收益	−0.043
期末基金份额净值	0.957
基金加权平均净值收益率	−2.64%
本期基金份额净值增长率	−4.30%
基金份额累计净值增长率	−4.30%
基金收益分配	自基金合同生效以来未实现收益分配。
备注	该基金合同生效于 2005 年 3 月 16 日；至 2005 年 12 月 31 日成立不足一年。

基金净值增长率与业绩基准收益率对比图（单位：%）

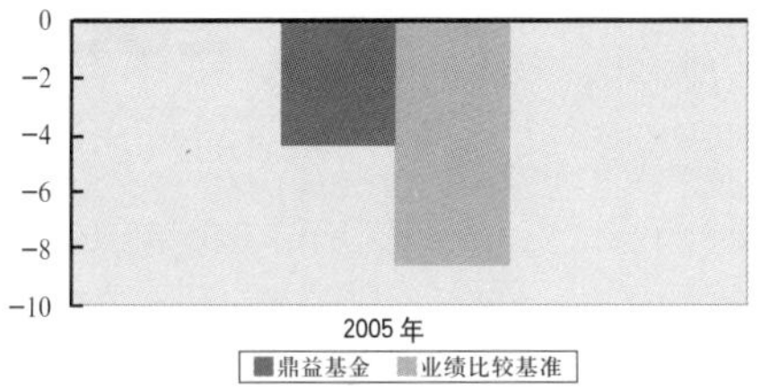

期末基金份额持有人户数	基金份额持有人户数为 6,122 户，平均每户持有 104,125.88 份。
期末基金份额持有人结构	机构投资者持有 421,597,044.12 份，占总份额 66.14%；个人投资者持有 215,861,609.77 份，占总份额 33.86%。

【基金业绩表现】

截至 2005 年 12 月 31 日，鼎益基金基金份额净值为 0.957 元，本年基金份额净值增长率为−4.30%，同期业绩比较基准增长率为 −9.11%。

【基金管理团队】

王新艳女士：基金经理。中国人民银行总行研究生部硕士研究生，7 年基金业从业经验。1998 进入长盛基金管理有限公司，历任长盛基金管理公司分析师、基金经理助理，2002 年 10 月至 2004 年 5 月担任长盛成长价值开放式基金基金经理。2004 年 6 月加入景顺长城基金管理有限公司。

【基金运作分析】

鼎益基金在 2005 年 3 月 16 日合同正式生效后，采取匀速建仓的方法，坚持自下而上的选股策略，相对集中地投资在有具有定价能力的消费类企业、公用设施和其它非周期性行业中的龙头企业，以及少部分周期类的优势企业。截至二季度末，股票仓位达到 69.68%，其后仓位基本维持在 70%−75%。由于建仓成本较高，在其后大盘系统性下跌的过程中未能实现基金净值的增长。5、6 月份"股改"推出，市场行情变化较快，基金业绩经历较大波动，在三季度基金收益不尽人意。在四季度该基金调整组合，逐步增加了股票仓位，调整了组合的结构，在部分减持交通运输类个股的同时，增加了组合中金融、地产、商业、品牌消费品以及估值偏低的周期类股票的比例；截至年末，由于指数下跌和组合中部分股票表现相对落后，鼎益基金在本年度未能实现绝对收益。

【季度投资组合一览】

项目 \ 季度	第二季度		第三季度		第四季度	
基金资产净值	636,742,533.53 元		645,560,439.51 元		610,341,624.63 元	
基金份额	675,540,405.98 份		667,484,215.07 份		637,458,653.89 份	
基金份额净值	0.943 元		0.967 元		0.957 元	
基金资产组合	市值(元)	占总资产比例	市值(元)	占总资产比例	市值(元)	占总资产比例
股票投资	443,688,713.51	68.83%	472,846,883.12	72.86%	466,492,919.71	76.02%
债券投资	138,212,252.86	21.44%	130,318,994.90	20.08%	96,081,553.26	15.66%
银行存款和清算备付金	61,156,540.25	9.49%	44,352,708.93	6.84%	49,277,258.12	8.03%
其他资产	1,558,076.41	0.24%	1,449,146.14	0.22%	1,821,219.55	0.29%

投资前五名股票明细	股票名称	市值(元)	占净值比例	股票名称	市值(元)	占净值比例	股票名称	市值(元)	占净值比例
	长江电力	44,561,222.50	7.00%	G 长 电	47,240,525.52	7.32%	G 长 电	35,638,000.00	5.84%
	上海机场	36,497,341.40	5.73%	上海机场	38,566,073.28	5.97%	上海机场	35,467,013.82	5.81%
	贵州茅台	34,103,588.20	5.36%	贵州茅台	37,728,186.92	5.84%	贵州茅台	34,799,027.24	5.70%
	中国石化	31,804,876.40	4.99%	海油工程	33,150,000.00	5.14%	海油工程	32,407,200.00	5.31%
	宝钢股份	26,043,965.76	4.09%	G 宝 钢	32,006,905.72	4.96%	G 宝 钢	25,866,385.88	4.24%

投资前五名债券明细	债券名称	市值(元)	占净值比例	债券名称	市值(元)	占净值比例	债券名称	市值(元)	占净值比例
	03 国开 18	50,577,142.86	7.94%	03 国开 18	50,577,142.86	7.83%	03 国开 18	50,577,142.86	8.29%
	03 国开 05	50,025,000.00	7.86%	21 国债(3)	22,344,621.30	3.46%	01 国开 06	20,226,000.00	3.31%
	02 国债(14)	15,459,921.00	2.43%	01 国开 06	20,226,000.00	3.13%	05 中石化 CP01	19,827,000.00	3.25%
	21 国债(3)	11,916,189.00	1.87%	05 央行票据 23	10,368,000.00	1.61%	02 国债(14)	5,451,410.40	0.89%
	04 进出 03	10,234,000.00	1.61%	05 华能电 CP02	9,805,391.30	1.52%	——	——	——

2005年大事记

2005年2月2日	广发小盘成长基金基金合同生效，募集份额为11.75亿份，认购户数12393户。
2005年5月20日	广发货币市场基金基金合同生效，募集份额为26.37亿份，认购户数19930户。
2005年12月23日	广发聚丰基金基金合同生效，募集份额为13.16亿份，认购户数15026户。
2006年1月	由《21世纪经济报道》报社和银河证券公司基金研究中心、中信证券等联合举办的“21世纪年度中国赢基金奖”活动中，广发稳健增长基金获得2005年中国股债平衡型开放式基金最佳表现奖。
2006年1月	由新浪财经举办的“2005年度最受投资者信赖的基金管理公司调查”中，广发基金管理公司获评“2005年度最受投资者信赖基金公司”。
2006年2月	在由《中国证券报》报社主办的“第三届中国基金业金牛奖”中，广发基金管理公司获得以下奖项：广发基金管理公司荣获2005年度“金牛基金管理公司”奖；广发稳健增长基金荣获2005年度“开放式混合型金牛基金”奖。
2006年3月	在由路透全资附属公司理柏(Lipper)主办的“理柏中国基金奖2006”活动中，广发基金管理有限公司旗下基金获得以下奖项：广发稳健增长基金荣获“一年期最佳人民币平衡混合型基金”奖；广发聚富基金荣获“二年期最佳人民币灵活混合型基金 ”奖。
2006年4月	在晨星资讯公司举办的“晨星(中国)2005年底基金经理奖”评选活动中，广发稳健增长基金基金经理何震获得配置型基金经理奖。
2006年4月	在由《上海证券报》报社举办的第三届“中国最佳基金公司奖”暨首届“最受投资者欢迎的基金经理奖”活动中，广发基金管理有限公司荣获“中国最佳基金公司奖”；广发聚富基金基金经理易阳方荣获“最受投资者欢迎的股票型基金经理奖”；广发稳健增长基金基金经理何震荣获“最受投资者欢迎的配置型基金经理奖”。
2006年4月	在由《证券时报》报社举办的“2005年度明星基金奖”活动中，广发基金管理有限公司获“明星基金管理公司”奖；广发聚富基金获“股票型明星基金”奖；广发稳健增长基金获“平衡型明星基金奖”。

第三届中国最佳基金公司奖

2005年度开放式混合型金牛基金奖

广发基金管理有限公司
GF FUND MANAGEMENT CO.,LTD.

广发基金管理有限公司

法定名称	广发基金管理有限公司	英文名称	GF Fund Management Co.,Ltd.
成立日期	2003年8月5日	注册资本	1.2亿元人民币
法人代表	马庆泉	总 经 理	林传辉
联系电话	020-83936666	客服电话	020-83936999
传真号码	020-85586632	公司网址	www.gffunds.com.cn
注册地址	广东珠海凤凰北路19号农行商业大厦1208室	办公地址	广州市体育西路57号红盾大厦14-15楼

● 发展概况

2003年8月5日，经中国证监会批准，广发基金管理有限公司由广发证券股份有限公司、广州科技风险投资有限公司、深圳市香江投资有限公司、烽火通信科技股份有限公司联合发起共同设立，公司注册资本1亿元人民币。2005年5月，公司完成增资扩股，注册资本金增至1.2亿元人民币，公司股东"深圳市香江投资有限公司"更名为"香江投资有限公司"，公司法定代表人变更为马庆泉先生。

目前公司建立了一套科学、规范的公司组织结构，在董事会下设合规审核委员会、薪酬与资格审查委员会、战略规划委员会3个专业委员会，公司下设投资决策委员会、风险控制委员会和综合管理部、监察稽核部、投资管理部、研究发展部、市场拓展部、机构理财部、财务部、信息技术部、基金运营部9个部门及北京、广州、上海3个分公司。在人员构成上，截至2005年末，公司共有员工67人，平均从业年限4.5年，其中投资管理人员的平均从业年限都在8年以上。硕士以上占62.6%，平均年龄31.8岁，主要来自于清华大学、北京大学、上海财经大学、武汉大学、中山大学、中国人民银行总行金融研究所等高校院所。

● 经营业绩

2005年，广发基金管理有限公司顺利完成了广发小盘成长、广发货币市场和广发聚富基金3只开放式基金的募集设立。截至2005年12月31日，广发基金管理有限公司共管理了广发聚富、广发稳健增长、广发小盘成长、广发货币和广发聚丰5只开放式证券投资基金，公司管理基金资产规模比2004年增加了58.38亿份，增长幅度达305.82%，成为2005年资产规模增长最快的基金公司之一。

广发小盘成长基金是广发旗下首只LOF基金。该基金跨年度发行，自2004年12月20日开始发售，基金合同生效于2005年2月2日，共募集基金份额11.75亿份，有效认购总户数为12393户；广发货币市场基金是广发旗下首只货币市场基金，自2005年4月26日开始发售，基金合同生效于2005年5月20日，共募集基金份额26.37亿份，有效认购总户数为19930户；广发聚丰基金是广发旗下第五只基金，也是本年度公司募集的第三只产品，自2005年11月21日开始发售，共募集基金份额13.16亿份，有效认购总户数15026户，基金合同生效于2005年12月23日。

在投资业绩上，2005年广发旗下基金表现出色，为投资者创造了丰厚的收益回报。其中，广发稳健增长全年总回报率为16.93%，在所有开放式基金回报率中排名第一，全年实现四次分红累计每份0.08元；广发聚富全年总回报率为13.34%，在所有开放式基金回报率中排名第五，全年实现三次分红累计每份0.06元，自成立来累计分红0.16元。本年新成立的广发小盘成长基金自运作以来表现良好，截至2005年12月31日，基金净值增长4.82%，超越同期业绩基准收益13.32%。广发货币市场基金合同生效于2005年5月20日，截至2005年12月31日，基金收益增长1.1856%，跑赢了同期业绩基准收益。

2005年，是广发基金管理有限公司丰收的一年，公司实现了投资业绩与基金规模增长的良性循环。在这一年，广发基金公司以业绩最高水平在业内排名第一，为投资者创造了丰厚的回报。同时公司管理开放式基金资产管理规模比上年增加58.38亿份，增长了205.82%；规模增长率在参与排名的基金公司中排名第二。

近三年公司管理基金资产规模与基金数量

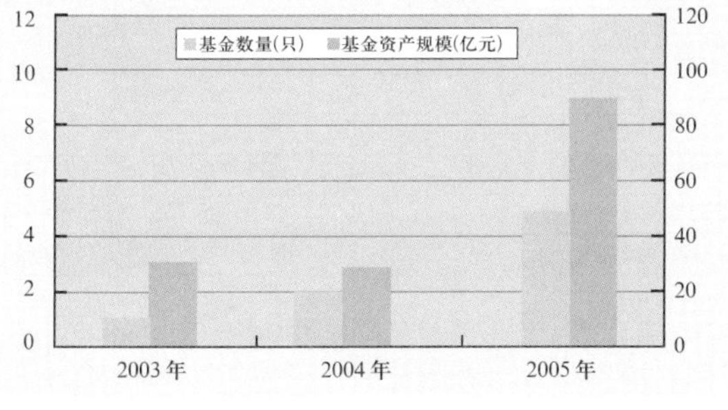

公司股东结构

股东名称	出资金额(万元)	出资比例(%)
广发证券股份有限公司	5800.00	48.33
广州科技风险投资有限公司	2200.00	18.33
烽火通信科技股份有限公司	2000.00	16.67
香江投资有限公司	2000.00	16.67

公司高管介绍

马庆泉先生：董事长。博士，教授，研究员，中国人民大学博士生导师，第三届中国证券业协会副会长，中国证券业协会基金业委员会主任委员。历任中央党校研究室主任、副教授、教授，广发证券副总裁、常务副总裁、副董事长、总裁，嘉实基金管理有限公司董事长，第二届中国证券业协会秘书长等职务。

林传辉先生：总经理。大学本科学历，曾任广发证券投资银行总部北京业务总部总经理、投资银行总部副总经理兼投资银行上海业务总部副总经理、投资银行部常务副总经理。

广发聚富开放式证券投资基金

基本资料

基金简称	广发聚富		交易代码	270001	
投资目标	依托高速发展的宏观经济和资本市场，通过基金管理人科学研究，审慎投资，在控制风险的基础上追求基金资产的长期稳健增值。				
业绩比较基准	80%×中信标普300指数收益+20%×中信债券指数收益				
风险收益特征	该基金风险收益特征介于成长基金与价值基金之间：适度风险、较高收益。				
合同生效日	2003年12月3日	上市日期	——	上市地点	——
募集概况	首募规模	认购户数	募集日期		
	31.32亿份	62564户	2003年10月31日至2003年12月1日		
基金费率	认购费率	申购费率	赎回费率	管理费率	托管费率
	不高于1.80%	不高于1.80%	不高于0.50%	1.50%	0.25%
基金管理人	广发基金管理有限公司		基金托管人	中国工商银行股份有限公司	
审计机构	深圳鹏城会计师事务所	法律顾问	广东信达律师事务所	注册登记人	广发基金管理有限公司

财务指标 单位：人民币(元)

项目 \ 年度	2005年度	2004年度
加权基金份额本期净收益	0.0592	0.1043
期末可分配基金份额收益	0.0128	−0.0022
期末基金份额净值	1.0680	0.9978
基金加权平均净值收益率	5.87%	9.98%
本期基金份额净值增长率	13.34%	7.44%
基金份额累计净值增长率	24.34%	9.71%
基金收益分配	本年度每10份派现0.600元；成立以来每10份累计派现1.600元。	

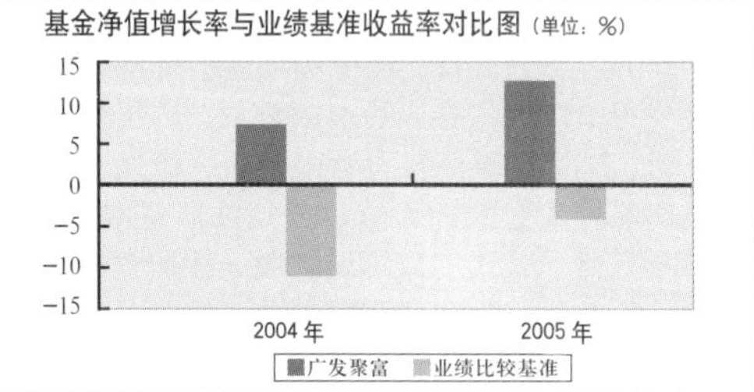

期末基金份额持有人户数	基金份额持有人户数为36,641户，平均每户持有58,377.00份。
期末基金份额持有人结构	机构投资者持有1,307,885,683.88份，占总份额61.14%；个人投资者持有831,106,003.94份，占总份额38.86%。

【基金业绩表现】

2005年，广发聚富基金全年净值增长率为13.34%，同期业绩基准收益下跌4.61%，基金表现超越业绩基准收益17.95%，在同类基金中排名居前。

【基金管理团队】

易阳方先生：基金经理。投资管理部总经理，经济学硕士，8年证券从业经历，曾从事股票发行、资产管理业务，加入广发基金管理公司前，担任广发证券股份公司投资自营部副经理。

【基金运作分析】

2005年年初，广发聚富基金对宏观经济走势作出细致分析，在上半年投资中采取积极防御的策略，重点投资稳定增长类的行业与公司。第二季度，市场大幅度下跌，一批小市值的公司下跌幅度更大，估值具有吸引力，该基金选择了一批成长性好的小市值公司进行投资。下半年，广发聚富基金及时根据经济面、市场面(包括估值、市场偏号)的变化及时调整，投资策略逐步转向主动进攻，将消费服务、科技、资源作为新的投资方向。从投资绩效看，2005年广发聚富基金取得比较理想的业绩；全年净值增长13.34%，大大超越同期比较基准，同时在同类基金中排名居前。

2006年，广发聚富基金在投资中将继续采取积极进取的策略，同时关注市场的调整和分化带来的风险。根据对经济增长的要素(资源、技术、资本、劳动力)分析，瓶颈要素是资源与技术，该基金将重点关注这两个方面的投资机会。

【季度投资组合一览】

项目 \ 季度	第一季度		第二季度		第三季度		第四季度	
基金资产净值	1,225,027,133.61元		1,710,126,325.41元		2,177,378,007.41元		2,284,512,329.32元	
基金份额	1,186,114,918.23份		1,757,047,860.58份		2,113,152,070.82份		2,138,991,687.82份	
基金份额净值	1.0328元		0.9733元		1.0304元		1.0680元	
基金资产组合	市值(元)	占总资产比例	市值(元)	占总资产比例	市值(元)	占总资产比例	市值(元)	占总资产比例
股票投资	901,453,981.84	65.30%	1,191,218,718.77	69.39%	1,617,207,580.87	73.21%	1,702,745,292.38	73.20%
债券投资	262,573,734.90	19.02%	429,833,130.80	25.04%	510,128,759.00	23.09%	525,888,254.20	22.61%
银行存款和清算备付金	78,814,558.21	5.71%	76,324,612.43	4.45%	63,641,776.39	2.88%	77,778,778.44	3.34%
其他资产	137,582,295.70	9.97%	19,204,734.48	1.12%	17,900,484.19	0.82%	19,725,786.28	0.85%

投资前五名股票明细	股票名称	市值(元)	占净值比例	股票名称	市值(元)	占净值比例	股票名称	市值(元)	占净值比例	股票名称	市值(元)	占净值比例
	上海机场	111,375,000.00	9.09%	上海机场	151,862,386.00	8.88%	贵州茅台	157,024,223.12	7.21%	上海机场	151,422,156.06	6.63%
	盐湖钾肥	89,436,000.00	7.30%	贵州茅台	144,832,681.60	8.47%	盐湖钾肥	134,082,270.00	6.16%	盐湖钾肥	135,167,184.28	5.92%
	贵州茅台	82,508,650.00	6.74%	盐湖钾肥	99,500,000.00	5.82%	上海机场	127,008,000.00	5.83%	贵州茅台	118,997,625.86	5.21%
	烟台万华	54,625,500.00	4.46%	双汇发展	68,956,773.00	4.03%	苏宁电器	74,703,737.00	3.43%	苏宁电器	99,791,580.00	4.37%
	中远航运	52,175,728.00	4.26%	长江电力	63,783,680.20	3.73%	双汇发展	66,573,293.45	3.06%	浦发银行	77,489,217.00	3.39%

投资前五名债券明细	债券名称	市值(元)	占净值比例	债券名称	市值(元)	占净值比例	债券名称	市值(元)	占净值比例	债券名称	市值(元)	占净值比例
	02国债(14)	125,393,400.00	10.24%	02国债(14)	206,318,596.50	12.06%	02国债(14)	212,239,947.40	9.75%	02国债(14)	205,813,431.60	9.01%
	04国债(11)	60,528,000.00	4.94%	04国债5	69,035,307.00	4.04%	04国债(5)	132,506,142.70	6.09%	04国债5	168,958,280.80	7.40%
	03国债10	30,114,000.00	2.46%	招行转债	46,793,674.80	2.74%	招行转债	54,006,928.80	2.48%	招行转债	56,963,935.60	2.49%
	04国债5	28,500,000.00	2.33%	03国债10	30,114,000.00	1.76%	21国债(3)	32,662,430.50	1.50%	21国债(3)	32,462,437.00	1.42%
	万科转2	18,038,334.90	1.47%	04国债(11)	29,701,222.80	1.74%	04国债(11)	29,782,980.00	1.37%	04国债(11)	29,584,426.80	1.30%

广发稳健增长开放式证券投资基金

基本资料

基金简称	广发稳健增长		交易代码	270002	
投资目标	运用财务危机预警模型及优化成长投资方法，寻求基金资产的长期稳健增长。				
业绩比较基准	65%×中信标普300指数收益+35%×中信国债指数收益				
风险收益特征	适度风险基础上的基金资产稳健增长				
合同生效日	2004年7月26日	上市日期	——	上市地点	——
募集概况	首募规模	认购户数	募集日期		
	22.97亿份	34499户	2004年6月21日至2004年7月21日		
基金费率	认购费率	申购费率	赎回费率	管理费率	托管费率
	不高于1.80%	不高于1.80%	不高于0.50%	1.50%	0.25%
基金管理人	广发基金管理有限公司		基金托管人	中国工商银行股份有限公司	
审计机构	深圳鹏城会计师事务所	法律顾问	国浩律师集团(广州)事务所	注册登记人	广发基金管理有限公司

财务指标　　单位：人民币(元)

项目 \ 年度	2005年度	2004年7月26日至2004年12月31日
加权基金份额本期净收益	0.0879	−0.0090
期末可分配基金份额收益	0.0121	−0.0089
期末基金份额净值	1.0803	0.9949
基金加权平均净值收益率	8.49%	−0.89%
本期基金份额净值增长率	16.93%	−0.51%
基金份额累计净值增长率	16.34%	−0.51%
基金收益分配	本年度每10份派现0.800元；成立以来每10份累计派现0.800元。	
期末基金份额持有人户数	基金份额持有人户数为12,853户，平均每户持有139,242.54份。	
期末基金份额持有人结构	机构投资者持有1,408,509,300.43份，占总份额78.70%；个人投资者持有381,175,093.86份，占总份额21.30%。	

基金净值增长率与业绩基准收益率对比图（单位：%）

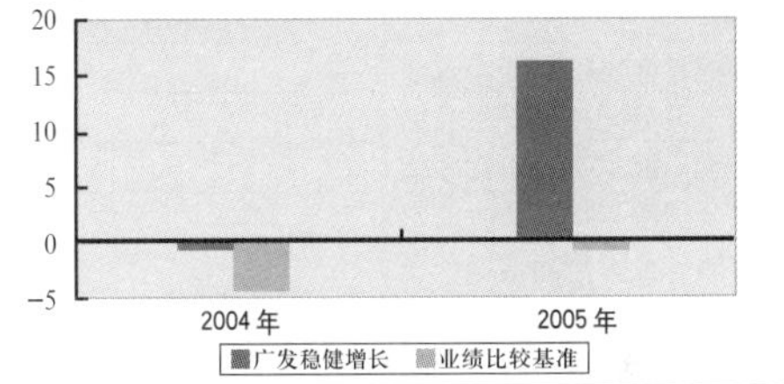

【基金业绩表现】

2005年，广发稳健增长基金全年净值增长16.93%，同期业绩基准收益下跌0.82%，基金表现超越业绩基准收益17.75%。

【基金管理团队】

何震先生：基金经理。经济学硕士，曾在海南富南国际信托投资公司、君安证券有限责任公司、广发证券股份有限公司从事研究工作。曾任广发聚富开放式基金基金经理助理。

【基金运作分析】

2005年是值得纪念的一年，股权分置改革、汇率改革、宏观经济增速减缓等重大事件的出现，都引起了市场的激烈震荡，在震荡之后，部分质地优良，估值有吸引力的股票仍然获得了很好的收益。

针对市场震荡激烈的现状，广发稳健增长基金管理人坚持价值投资原则，始终以估值和企业成长性作为股票配置的基本出发点，坚定地持有食品饮料、商业零售、房地产、银行、资源等行业的优质股票，没有被市场的波动所影响，截至2005年底，广发稳健增长基金运作情况良好，取得17%左右的收益率，超越了同期业绩比较基准收益。

展望2006年，该基金管理人认为2006年中国股市的机会将多于2005年。投资机会主要有：一是消费服务类的股票将有更多的机会，比如食品、饮料、金融服务、零售业等；二是一些自然垄断性的行业也将会出现非常好的投资机会，比如有色金属、煤炭、机场港口等；三是具备自主创新能力和核心竞争力的制造企业始终是市场比较喜欢的品种，这些股票也存在机会；四是一些走出周期低谷的周期性股票也存在投资机会比如水泥、电解铝等。

【季度投资组合一览】

项目 \ 季度	第一季度		第二季度		第三季度		第四季度	
基金资产净值	941,135,455.67元		1,255,242,532.39元		1,697,092,575.92元		1,933,414,499.19元	
基金份额	902,639,603.51份		1,235,993,400.95份		1,607,935,240.60份		1,789,684,394.29份	
基金份额净值	1.0426元		1.0156元		1.0554元		1.0803元	
基金资产组合	市值(元)	占总资产比例	市值(元)	占总资产比例	市值(元)	占总资产比例	市值(元)	占总资产比例
股票投资	601,219,788.57	58.20%	793,224,448.29	59.87%	1,111,777,351.36	62.00%	1,253,715,303.23	62.46%
债券投资	275,165,728.80	26.64%	370,750,748.69	27.98%	444,220,195.86	24.77%	540,558,099.90	26.93%
银行存款和清算备付金	72,469,366.33	7.02%	123,024,591.43	9.29%	200,782,043.32	11.20%	202,853,317.22	10.11%
其他资产	84,187,945.61	8.14%	37,958,312.18	2.86%	36,345,829.35	2.03%	10.125,305.28	0.50%

	第一季度			第二季度			第三季度			第四季度		
投资前五名股票明细	股票名称	市值(元)	占净值比例	股票名称	市值(元)	占净值比例	股票名称	市值(元)	占净值比例	股票名称	市值(元)	占净值比例
	盐湖钾肥	73,857,122.60	7.85%	上海机场	101,624,482.70	8.10%	上海机场	107,597,085.12	6.34%	上海机场	108,707,823.28	5.62%
	上海机场	67,809,984.00	7.21%	贵州茅台	89,890,038.50	7.16%	贵州茅台	106,003,117.14	6.25%	贵州茅台	99,489,190.88	5.15%
	烟台万华	59,064,941.25	6.28%	盐湖钾肥	80,608,273.30	6.42%	盐湖钾肥	91,557,512.27	5.40%	盐湖钾肥	95,785,512.64	4.95%
	贵州茅台	54,617,454.82	5.80%	双汇发展	55,170,896.07	4.40%	苏宁电器	62,833,177.48	3.70%	苏宁电器	66,077,100.00	3.42%
	苏宁电器	50,566,657.68	5.37%	苏宁电器	53,566,888.96	4.27%	盐田港A	55,382,706.99	3.26%	浦发银行	66,012,609.00	3.41%
投资前五名债券明细	债券名称	市值(元)	占净值比例	债券名称	市值(元)	占净值比例	债券名称	市值(元)	占净值比例	债券名称	市值(元)	占净值比例
	02国债(14)	109,707,840.00	11.66%	02国债(14)	120,775,239.00	9.62%	02国债(14)	121,870,460.40	7.18%	02国债(14)	121,364,973.60	6.28%
	04国债11	78,501,789.60	8.34%	04国债5	61,500,750.00	4.90%	21国债(3)	99,320,745.90	5.85%	21国债(3)	115,074,200.60	5.95%
	万科转2	29,377,348.78	3.12%	04国债11	52,708,252.40	4.20%	04国债5	61,384,650.00	3.62%	04国债5	94,047,400.00	4.86%
	燕京转债	20,639,129.60	2.19%	招行转债	45,925,590.60	3.66%	04国债11	52,853,340.00	3.11%	招行转债	53,721,478.20	2.78%
	侨城转债	20,026,394.82	2.13%	万科转2	26,377,843.59	2.10%	招行转债	51,011,703.60	3.01%	04国债11	52,500,984.40	2.72%

广发小盘成长股票型证券投资基金

基本资料						
基金简称	广发小盘			交易代码	162703	
投资目标	通过投资于具有高成长性的小市值公司股票，以寻求资本的长期增值。					
业绩比较基准	天相小市值指数					
风险收益特征	较高风险，较高收益。					
合同生效日	2005年2月2日	上市日期	2005年4月29日	上市地点	深圳证券交易所	
募集概况	首募规模	认购户数	募集日期			
	11.75亿份	12393户	2004年12月20日至2005年1月25日			
基金费率	认购费率	申购费率	赎回费率	管理费率	托管费率	
	不高于1.2%	不高于1.50%	0.50%	1.50%	0.25%	
基金管理人	广发基金管理有限公司		基金托管人	上海浦东发展银行股份有限公司		
审计机构	深圳鹏城会计师事务所	法律顾问	国浩律师集团(广州)事务所	注册登记人	中国证券登记结算有限责任公司	

财务指标	单位：人民币(元)
项目 \ 年度	2005年2月2日至2005年12月31日
加权基金份额本期净收益	−0.035
期末可分配基金份额收益	−0.0305
期末基金份额净值	1.0482
基金加权平均净值收益率	−3.62%
本期基金份额净值增长率	4.82%
基金份额累计净值增长率	4.82%
基金收益分配	自基金合同生效以来未实现收益分配。
备注	该基金合同生效于2005年2月2日，至2005年12月31日成立不足一年。

基金净值增长率与业绩基准收益率对比图（单位：%）

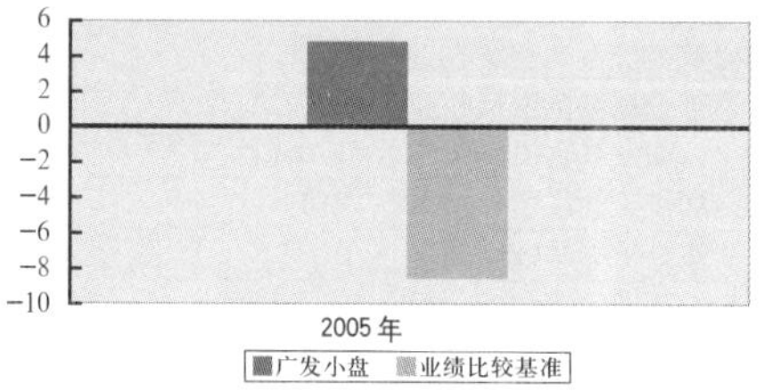

期末基金份额持有人户数	基金份额持有人户数为6,781户，平均每户持有111,268.54份。
期末基金份额持有人结构	机构投资者持有398,645,158.12份，占总份额52.83%；个人投资者持有355,866,831.97份，占总份额47.17%。

【基金业绩表现】

广发小盘成长基金合同生效于2005年2月2日，截至2005年12月31日，基金净值增长率为4.82%，同期业绩基准收益下跌8.50%，基金表现超越业绩基准收益13.32%。

【基金管理团队】

陈仕德先生：投资管理部副总经理，经济学硕士，13年证券从业经验。曾任原广发基金资产管理部副总经理兼广东广发基金和原广发基金的基金经理、广东国际信托投资公司基金部和广信基金托管组负责人。

江涌先生：经济学、法学双学士，6年证券从业经验。曾任广发证券深圳业务总部研究部研究员，广发基金管理公司研究发展部行业研究员。

【基金运作分析】

2005年度A股市场经历了一个跌宕起伏的过程。期初，出于对宏观经济基本面和上市公司盈利下滑的担心，以及对股改预期的不确定性，市场在一季度的短暂上扬后随即持续大幅下跌。从7月份开始，随着政府相关部门对股改预期的明确，市场信心得到恢复，从下半年开始，市场出现了恢复性的上涨行情。从行业特征来看，全年表现较好的板块主要有食品饮料、商业零售、银行、房地产和国防军工等。

广发小盘成长基金于2005年2月2日募集设立。2005年该基金投资管理取得较好的业绩，本年基金净值增长4.82%，超越同期上证综指涨幅和深证综指涨幅。

2005年，该基金管理人坚持了既定的投资思路：第一、寻找有成长为行业小巨人潜质的中小市值公司，长期持有；第二、寻找价值被低估的风格资产，谋取阶段性收益。在投资策略上，采取了战略防御，战术进攻的策略，对周期见顶的行业进行回避，对抗周期和周期不太敏感的行业进行了重点配置。具体到行业资产配置上，该基金配置的行业主要有交通运输、汽车、医药、房地产、商业零售和国防军工等。

展望2006年，在未来的市场环境下，该基金管理人将牢牢抓住“内需驱动，持续成长”这条投资主线，并顺应市场，适时进行结构和比例的调整与转换，相信一定能为持有人谋取到不错的回报。

【季度投资组合一览】

项目 \ 季度	第二季度		第三季度		第四季度	
基金资产净值	1,003,454,029.51元		830,420,024.92元		790,904,170.11元	
基金份额	1,107,963,636.13份		832,358,405.17份		754,511,990.09份	
基金份额净值	0.9057元		0.9977元		1.0482元	
基金资产组合	市值(元)	占总资产比例	市值(元)	占总资产比例	市值(元)	占总资产比例
股票投资	754,919,450.32	74.92%	692,153,721.17	82.89%	733,005,137.31	84.70%
债券投资	——	——	——	——	——	——
银行存款和清算备付金	248,270,880.78	24.64%	138,654,185.22	16.61%	102,675,411.77	11.86%
其他资产	4,422,706.61	0.44%	4,173, 794.63	0.50%	29,734,763.11	3.44%

投资前五名股票明细	股票名称	市值(元)	占净值比例	股票名称	市值(元)	占净值比例	股票名称	市值(元)	占净值比例
	营口港	36,988,815.60	3.69%	片仔癀	33,554,000.00	4.04%	G宝钛	33,873,050.94	4.28%
	赣粤高速	36,111,222.52	3.60%	江淮汽车	32,735,438.58	3.94%	G中兴	33,336,000.00	4.21%
	国投电力	34,578,713.78	3.45%	营口港	32,525,032.00	3.92%	厦门钨业	33,158,700.00	4.19%
	片仔癀	32,580,000.00	3.25%	金地集团	30,430,865.01	3.66%	营口港	33,037,554.00	4.18%
	江淮汽车	32,367,537.42	3.23%	赣粤高速	30,279,312.00	3.65%	赣粤高速	30,875,400.00	3.90%

广发货币市场基金

基本资料

基金简称	广发货币			交易代码	270004	
投资目标	在保持低风险与资产流动性的基础上，追求稳定的当期收益。					
业绩比较基准	一年期银行定期存款的税后利率：(1－利息税率)×一年期银行定期储蓄存款利率					
风险收益特征	该基金具有高安全性、高流动性和稳定的收益，力争获取稳定的超过同期银行定期存款利率(税后)的收益率。					
合同生效日	2005年5月20日	上市日期	——	上市地点	——	
募集概况	首募规模	认购户数	募集日期			
	26.37亿份	19930户	2005年4月26日至2005年5月17日			
基金费率	认购费率	申购费率	赎回费率	管理费率	托管费率	销售服务费率
	0	0	0	0.33%	0.10%	0.25%
基金管理人	广发基金管理有限公司		基金托管人	中国工商银行股份有限公司		
审计机构	深圳鹏城会计师事务所	法律顾问	国浩律师集团(广州)事务所	注册登记人	广发基金管理有限公司	

财务指标　单位：人民币(元)

项目＼年度	2005年5月20日至2005年12月31日
基金本期净收益	43,206,124.41
期末基金资产净值	2,675,776,000.20
期末基金份额净值	1.0000
本期净值收益率	1.1856%
累计净值收益率	1.1856%
基金收益分配	本年度累计实现收益分配43,206,124.41元。
备注	该基金合同生效于2005年5月20日，至2005年12月31日成立不足一年。

基金收益率与定期存款收益率(税后)对比图 (单位：%)

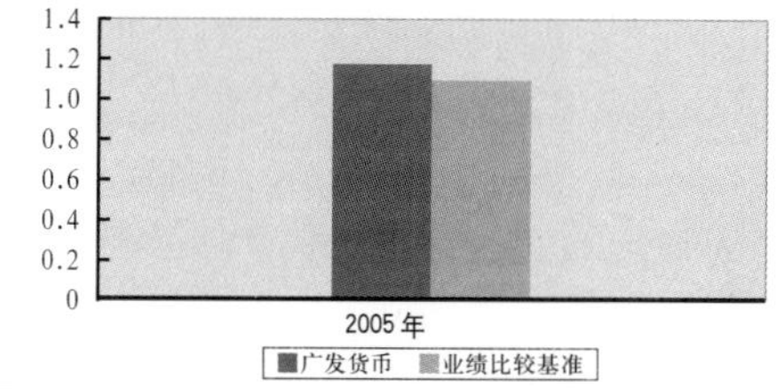

期末基金份额持有人户数	基金份额持有人户数为14,652户，平均每户持有182,621.89份。
期末基金份额持有人结构	机构投资者持有1,578,323,576.65份，占总份额58.99%；个人投资者持有1,097,452,423.55份，占总份额41.01%。

【基金业绩表现】

广发货币市场基金合同生效于2005年5月20日，截至2005年12月31日，基金收益增长1.1856%，同期业绩基准收益率为1.1145%。

【基金管理团队】

黄镇辉先生：基金经理。暨南大学经济学硕士学位。2005年3月进入广发基金管理有限公司，曾任广发货币市场基金的基金经理助理、广州市商业银行资金营运室经理。

【基金运作分析】

2005年，经济增长显示出“低通胀，高增长”良好势头。经济增长速度9.3%。2005年，货币市场利率表现出“由高到低，再由低到高”的走势。1天回购利率年初2.456%下降至1.06%，再升至1.64%；7天回购利率由年初的2.456%下降至1.08%，再升至1.64%。三年期央票由年初2.5836%下降至1.0456%，再升至1.8131%，一年期央票由3.4019%，下降至1.3274%，再升至1.9056%。

在2005年宏观调控作用持续显现，以及市场利率大幅度波动，为货币市场基金操作增加了不少的难度。广发货币市场基金自2005年5月20日设立以来，坚持稳健的操作原则：一是保持了收益稳定，收益率稳定在1.8%–2.1%之间，未出来大幅度的波动；二是合理安排流动性，通过交易所逆回购的安排，获得套利机会，注意债券流动性，以满足投资者随时的流动性安排；三是强调债券的信用管理，在短期融资券大量发行的情况下，强调信用风险管理，对于风险较高的债券不投资。

【季度投资组合一览】

项目＼季度		第三季度			第四季度		
基金资产净值		4,376,285,007.78元			2,675,776,000.20元		
基金份额		4,376,285,007.78份			2,675,776,000.20份		
基金份额净值		1.0000元			1.0000元		
基金资产组合		市值(元)		占总资产比例	市值(元)		占总资产比例
债券投资		2,758,924,347.50		62.95%	1,455,588,570.31		53.12%
买入返售证券		1,084,000,000.00		24.74%	136,400,000.00		4.98%
银行存款和清算备付金		535,442,906.15		12.22%	899,897,856.06		32.84%
其他资产		3,996,898.09		0.09%	248,343,095.26		9.06%
投资前五名债券明细		债券名称	成本(元)	占资产净值比例	债券名称	成本(元)	占资产净值比例
		05央行票据45	495,339,968.40	11.32%	05央票121	294,805,009.06	11.02%
		05中行02浮	355,371,516.74	8.12%	05进出03	198,832,481.56	7.43%
		05央行票据51	296,825,007.08	6.78%	04国开12	182,158,911.53	6.81%
		05联通融(1)	230,870,020.28	5.28%	04国开20	172,911,378.55	6.46%
		05央行票据07	198,704,910.82	4.54%	05农发06	100,388,087.15	3.75%
投资组合剩余期限		平均剩余期限		占资产净值比例	平均剩余期限		占资产净值比例
		30天内		25.60%	30天内		13.69%
		30天(含)–60天		1.14%	30天(含)–60天		0.75%
		60天(含)–90天		8.46%	60天(含)–90天		17.69%
		90天(含)–180天		20.42%	90天(含)–180天		18.44%
		180天(含)–397天(含)		44.42%	180天(含)–397天(含)		43.68%

广发聚丰股票型证券投资基金

基本资料					
基金简称	广发聚丰	交易代码	270005		
投资目标	依托中国快速发展的宏观经济和高速成长的资本市场，通过适时调整价值类和成长类股票的配置比例和股票精选，寻求基金资产长期增值。				
投资范围	该基金的投资范围是具有良好流动性的金融工具，包括国内依法公开发行的各类股票、债券、权证以及中国证监会允许基金投资的其他金融工具。				
投资策略	该基金将股票资产分为价值类股票和成长类股票两类风格资产，在两类资产中运用不同的方法分别筛选具有投资价值的股票，同时保持两类资产的适度均衡配置，构建股票投资组合。				
业绩比较基准	80%×新华富时 A600 指数 +20%×新华雷曼中国全债指数				
风险收益特征	较高风险，较高收益。				
合同生效日	2005年12月23日	上市日期	——	上市地点	——
募集概况	首募规模	认购户数	募集日期		
	13.16亿份	15026户	2005年11月21日至2005年12月21日		

基金费率			
认购费率	认购金额(含认购费)	前端认购费率	
	M<100万	1.2%	
	100万≤M<500万	0.8%	
	500万≤M<51000万	0.2%	
	M≥1000万	每笔1000元	
	持有时间	后端认购费率	
	N<1年	1.8%	
	1年≤N<2年	1.5%	
	2年≤N<3年	1.2%	
	3年≤N<4年	0.9%	
	4年≤N<5年	0.5%	
申购费率	申购金额（含申购费）	前端申购费率	
	M<100万	1.5%	
	100万≤M<500万	0.9%	
	500万≤M<1000万	0.3%	
	M≥1000万	每笔1000元	
	持有时间	后端申购费率	
	N<1年	1.8%	
	1年≤N<2年	1.5%	
	2年≤N<3年	1.2%	
	3年≤N<4年	0.9%	
	4年≤N<5年	0.5%	
	N≥5 年	0	
赎回费率	赎回期限	赎回费率	
	N<1年	0.5%	
	1年≤N<2年	0.3%	
	N≥2年	0	
管理费率	1.50%		
托管费率	0.25%		

基金管理人	广发基金管理有限公司	基金托管人	中国工商银行股份有限公司		
审计机构	深圳鹏城会计师事务所	法律顾问	广东信达律师事务所	注册登记人	广发基金管理有限公司
备注	广发聚丰基金合同生效于2005年12月23日，2006年1月4日开始办理日常申购业务。				

【基金管理团队】

易阳方先生：投资管理部总经理。经济学硕士，8年证券从业经历，曾任广发证券股份有限公司投资自营部副经理，曾在广发证券股份有限公司投资理财部和投资银行部从事资产管理和投资银行业务。

兴业基金管理有限公司

法定名称	兴业基金管理有限公司	英文名称	Industrlal Fund Management Co.,Ltd.
成立日期	2003年9月30日	注册资本	9800万元人民币
法人代表	郑苏芬	总 经 理	杨 东
联系电话	021-58368998	客服电话	021-38714536
传真号码	021-58368858	公司网址	www.xyfunds.com.cn
注册地址	上海市黄浦区金陵东路368号	办公地址	上海市张杨路500号时代广场20楼

● 发展概况

经中国证监会证监基金字[2003]100号文批准，兴业基金管理有限公司由兴业证券股份有限公司、国家开发投资公司、中投信用担保有限公司和福建省邮政局共同发起，于2003年9月30日成立。

在组织结构上，公司下设投资决策委员会、风险控制委员会、研究策划部、基金管理部、监察稽核部、市场部、运作保障部和综合管理部。公司目前已经建立了健全的内部风险控制制度，包括内部风险控制大纲、内部风险控制管理制度、财务管理制度、人力资源管理制度、信息披露制度、基金会计核算制度、保密制度和行政管理制度等公司管理制度体系。

在人员构成上，截至2005年12月31日，兴业基金管理有限公司共有员工49人，其中23人具有硕士以上学历。所有人员在最近三年内均没有受到所在单位或有关管理部门的处罚。

● 经营业绩

2005年，兴业基金管理有限公司顺利完成了兴业趋势投资混合型证券投资基金的募集设立。截至2005年12月31日，兴业基金管理有限公司共管理了兴业可转债混合型证券投资基金和兴业趋势投资混合型证券投资基金两只开放式基金，公司管理资产规模30.15亿元人民币。

兴业趋势投资混合型证券投资基金是兴业基金管理有限公司旗下首只LOF基金。2005年9月19日，经中国证监会证监基金字[2005]156号文批准，兴业趋势投资基金开始公开募集，2005年10月28日基金募集顺利结束，共募集基金份额9.28亿份，有效认购总户数为6783户，基金合同生效于2005年11月3日，2006年1月19日在深圳证券交易所上市交易。

在投资业绩方面，经历了2005年恶劣的市场环境，兴业基金管理有限公司管理团队更加成熟，保持了旗下基金净值的稳步增长。其中，公司首只开放式基金，也是国内首只转债基金——兴业转债基金本年运作稳定，业绩表现良好：截至2005年12月31日，兴业转债基金份额净值为1.0077元，全年基金净值增长率为7.53%，同期业绩基准收益率为4.83%，超越比较基准收益2.70%，并分别于8月3日，8月24日和12月28日实施基金分红，每基金份额分别派现0.013元、0.010元和0.012元，累计每基金份额派现0.035元，为投资者创造了良好的收益回报。

兴业基金管理有限公司自成立以来坚持取信于市场、取信于社会的原则，以积极的创新和完善的客户服务为手段，不断开发能够有效满足市场需求的基金产品。公司目前已经构建了完备的基金产品线，并将结合我国证券市场的不同阶段和客户需求持续推出各种类型基金产品，以满足广大投资者需求。

近三年公司管理基金资产规模与基金数量

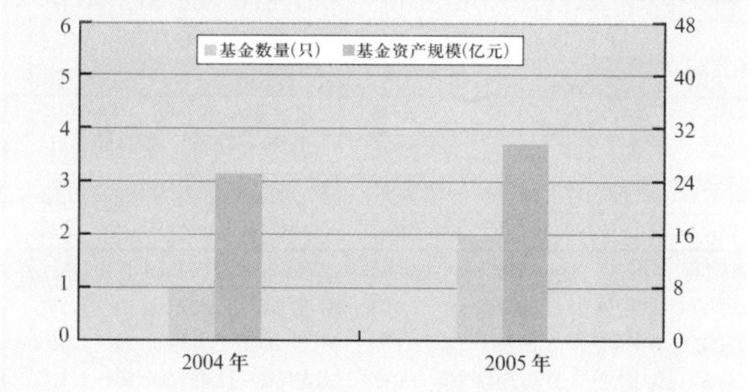

公司股东结构

股东名称	出资金额(万元)	出资比例(%)
兴业证券股份有限公司	4800.00	48.98
国家开发投资公司	2500.00	25.51
中投信用担保有限公司	1500.00	15.31
福建省邮政局	1000.00	10.20

公司高管介绍

郑苏芬女士：董事长。工商管理硕士，审计师。1962年出生，历任福建省财政厅干部，福建省审计厅副处长，福建省广宇集团股份公司财务部经理，兴业证券股份有限公司副总裁。

杨东先生：董事、总经理。工商管理硕士。1970年出生，历任福建兴业证券公司上海业务部总经理助理，证券投资部副总经理兼上海业务部副总经理，兴业证券股份有限公司证券投资部总经理，兴业证券股份有限公司总裁助理、投资总监。

兴业可转债混合型证券投资基金

基本资料					
基金简称	兴业转债基金		交易代码	163401	
投资目标	在锁定投资组合下方风险的基础上，以有限的期权成本获取基金资产的长期稳定增值。				
业绩比较基准	80%×天相可转债指数＋15%×中信标普300指数＋5%×同业存款利率				
风险收益特征	该基金的风险水平处于市场低端，收益水平处于市场中高端。				
合同生效日	2004年5月11日	上市日期	——	上市地点	——
募集概况	首募规模	认购户数	募集日期		
	32.82亿份	70846户	2004年4月2日至2004年4月30日		
基金费率	认购费率	申购费率	赎回费率	管理费率	托管费率
	0.80%	不高于1.00%	不高于0.50%	1.30%	0.25%
基金管理人	兴业基金管理有限公司		基金托管人	中国工商银行股份有限公司	
审计机构	安永大华会计师事务所	法律顾问	上海源泰律师事务所	注册登记人	兴业基金管理有限公司

财务指标　　单位：人民币(元)

项目 \ 年度	2005年度	2004年5月11日至2004年12月31日
加权平均基金份额本期净收益	0.0313	0.0048
期末可分配基金份额收益	0.0041	−0.0300
期末基金份额净值	1.0077	0.9700
基金加权平均净值收益率	3.17%	0.49%
本期基金份额净值增长率	7.53%	−3.00%
基金份额累计净值增长率	4.30%	−3.00%
基金收益分配	本年度每10份派现0.350元；成立以来每10份累计派现0.350元。	

基金净值增长率与业绩基准收益率对比图（单位：%）

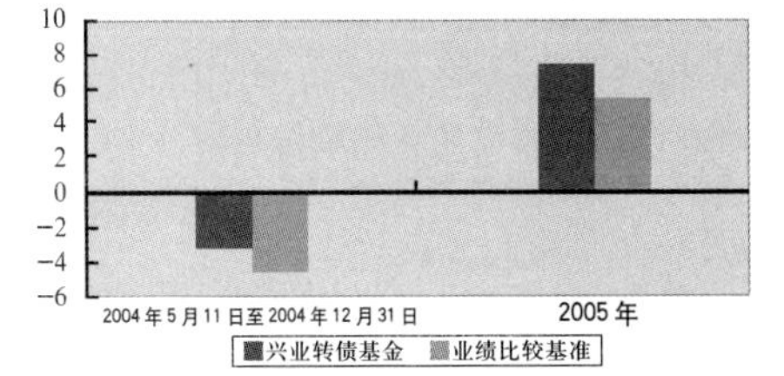

期末基金份额持有人户数	基金份额持有人户数为39,134户，平均每户持有53,316份。
期末基金份额持有人结构	机构投资者持有份额占总份额的40.51%；个人投资者持有份额占总份额的59.49%。

【基金业绩表现】

2005年，兴业转债基金全年净值增长7.53%，同期业绩基准收益增长4.83%，基金表现超越比较基准收益2.70%。

【基金管理团队】

杜昌勇先生：基金经理。理学硕士，12年证券从业经历。1993年至2002年历任福建兴业证券公司直属营业部电脑部负责人，上海管理总部电脑部经理，福建兴业证券公司、兴业证券股份有限公司证券投资部总经理助理。现任兴业基金管理有限公司基金管理部总监兼兴业可转债混合型基金基金经理。

【基金运作分析】

2005年，兴业转债基金以股改与金融创新、人民币升值与消费升级为主线，结合十一五规划，既坚持对市场逐步走好的信心，保持了较高的整体仓位，同时，考虑了短期的不确定因素，在不同阶段调整了股票的持仓以及转债仓位中股性转债和债性转债的配置。在股改的推进过程中，转债市场经历了较多的震荡。作为市场中唯一的转债基金，基金管理人就转债持有人在股改中的地位问题进行了多层次的积极争取。对于股改对转债的影响问题，进行了深入的研究讨论，并进行了一定的仓位调整，但9月份市场的反应还是超出了预期。随后，在股改风险已充分释放的情况下，万科、华菱的权证创新方案给转债市场带来的转机，依赖于基金管理人对金融衍生品种的多年研究积累，兴业转债基金积极参与了证券市场的金融创新，取得了良好的收益。

2005年，基金管理人经历了恶劣的市场环境及突发性的股改寒流，管理团队更加成熟，努力保持基金净值的稳步增长。

【季度投资组合一览】

项目 \ 季度	第一季度		第二季度		第三季度		第四季度	
基金资产净值	2,360,392,163.82元		2,125,355,706.41元		1,759,097,459.18元		2,102,475,788.44元	
基金份额	2,414,225,684.43份		2,148,945,732.86份		1,760,825,076.99份		2,086,468,922.23份	
基金份额净值	0.9777元		0.9890元		0.9990元		1.0077元	
基金资产组合	市值(元)	占总资产比例	市值(元)	占总资产比例	市值(元)	占总资产比例	市值(元)	占总资产比例
股票投资	438,829,876.93	17.92%	504,310,830.13	23.47%	417,339,060.67	23.20%	386,478,657.55	18.22%
债券投资	1,862,811,873.47	76.06%	1,538,385,053.44	71.58%	1,327,534,302.53	73.80%	1,222,132,565.02	57.63%
银行存款和清算备付金	52,300,518.10	2.13%	92,124,949.00	4.29%	42,342,289.11	2.35%	56,712,503.06	2.67%
其他资产	95,196,965.03	3.89%	14,225,868.28	0.66%	11,701,167.53	0.65%	455,588,483.50	21.48%

投资前五名股票明细	股票名称	市值(元)	占净值比例	股票名称	市值(元)	占净值比例	股票名称	市值(元)	占净值比例	股票名称	市值(元)	占净值比例
	宝钢股份	37,157,850.14	1.57%	宝钢股份	62,103,687.60	2.92%	G宝钢	42,800,000.00	2.43%	G宝钢	32,960,000.00	1.57%
	伊利股份	30,843,061.10	1.31%	长江电力	46,890,317.93	2.21%	西山煤电	38,205,439.60	2.17%	G西煤	32,327,803.20	1.54%
	武钢股份	28,700,000.00	1.22%	西山煤电	31,682,642.46	1.49%	G长电	35,712,000.00	2.03%	金龙汽车	27,457,237.50	1.31%
	西山煤电	28,374,077.56	1.20%	G金牛	25,094,863.05	1.18%	G上港	27,462,871.00	1.56%	招商银行	26,320,000.00	1.25%
	国电电力	27,124,020.00	1.15%	紫江企业	21,818,176.05	1.03%	金龙汽车	27,084,066.60	1.54%	G上港	25,500,634.38	1.21%

投资前五名债券明细	债券名称	市值(元)	占净值比例	债券名称	市值(元)	占净值比例	债券名称	市值(元)	占净值比例	债券名称	市值(元)	占净值比例
	招行转债	347,993,349.00	14.74%	招行转债	389,210,419.80	18.31%	招行转债	405,768,582.60	23.07%	招行转债	355,181,430.50	16.89%
	邯钢转债	193,803,373.40	8.21%	华菱转债	184,150,730.12	8.66%	华菱转债	179,620,491.40	10.21%	包钢转债	172,709,369.00	8.21%
	华菱转债	183,382,498.25	7.77%	钢联转债	117,016,802.00	5.51%	包钢转债	148,282,001.00	8.43%	邯钢转债	114,736,211.70	5.46%
	创业转债	118,048,720.20	5.00%	创业转债	116,932,543.30	5.50%	复星转债	87,960,540.00	5.00%	复星转债	89,605,991.00	4.26%
	钢联转债	115,783,264.00	4.91%	复星转债	102,884,411.50	4.84%	邯钢转债	81,880,338.00	4.65%	05国债02	68,574,133.91	3.26%

兴业趋势投资混合型证券投资基金

基本资料						
基金简称	兴业趋势			交易代码	163402	
投资目标	该基金为把握投资对象的明确趋势、实现最优化的风险调整后的投资收益的基金产品。					
业绩比较基准	中标300指数×50%＋中信国债指数×45%＋同业存款利率×5%					
风险收益特征	该基金在混合型基金大类中属于强调控制风险，中高风险，中高回报的基金产品。					
合同生效日	2005年11月3日		上市日期	2006年1月19日	上市地点	深圳证券交易所
募集概况	首募规模	认购户数	募集日期			
	9.28亿份	6783户	2005年9月19日至2005年10月28日			
基金费率	认购费率	申购费率	赎回费率	管理费率	托管费率	
	不高于1.50%	不高于1.80%	不高于0.50%	1.50%	0.25%	
基金管理人	兴业基金管理有限公司		基金托管人	兴业银行股份有限公司		
审计机构	安永大华会计师事务所	法律顾问	上海源泰律师事务所	注册登记人	中国证券登记结算有限责任公司	
备注	该基金合同生效于2005年11月3日，至2005年12月31日成立不足一年。					

【基金经理简介】

王晓明先生：基金经理。经济学硕士。历任上海中技投资顾问有限公司研究员、投资部经理、公司副总经理，兴业基金管理有限公司兴业可转债混合型基金基金经理。现任兴业趋势投资混合型基金基金经理。

中信基金管理有限责任公司

法定名称	中信基金管理有限责任公司	英文名称	Citic Fund Management Co., Ltd.
成立日期	2003年10月15日	注册资本	1亿元人民币
法人代表	王东明	总 经 理	吕 涛
联系电话	010-82028888	客服电话	010-82251898
传真号码	010-82253396	公司网址	www.funds.ecitic.com
注册地址	广东省深圳市笋岗路12号中民时代广场B座33层	办公地址	北京市朝阳区裕民路12号中国国际科技会展中心A座8层

● 发展概况

2003年10月15日，经中国证监会证监基金字［2003］107号文批准，中信基金管理有限责任公司由中信证券股份有限公司、国家开发投资公司、上海久事公司和中海信托投资有限责任公司共同发起正式成立，公司注册资本金1亿元人民币，注册地在广东省深圳市。

在组织结构上，公司下设8个部门，分别是：投资管理部、研究开发部、基金运营部、市场业务部、客户服务部、信息技术部、综合管理部、监察稽核部。此外，公司设立了投资管理委员会。投资管理委员会负责指导基金资产的运作、确定基本的投资策略和投资组合的原则。

在人员构成上，截至2005年12月底，中信基金管理有限责任公司共有员工89人，其中70人具有硕士以上学历。

● 经营业绩

2005年，中信基金管理有限责任公司完成了中信现金优势货币市场基金和中信红利精选股票型证券投资基金两只开放式基金的募集设立。截至2005年12月31日，中信基金管理有限责任公司共管理了中信经典配置、中信现金优势、中信红利3只开放式证券投资基金，公司管理资产规模达102.11亿元。

中信现金优势货币市场基金是中信旗下首只货币市场基金，自2005年3月28日开始公开募集，2005年4月14日募集结束，共募集基金份额24.33亿份，有效认购总户数为9009户，2005年4月20日基金合同正式生效。

中信红利精选基金是国内首只“限时限量”发行的基金，自2005年10月21日开始公开募集，2005年11月15日募集结束，共募集基金份额5.44亿份，有效认购总户数为7378户，基金合同生效于2005年11月17日。

在投资业绩方面，2005年中信旗下基金规范运作，业绩表现稳定。其中，公司首只开放式基金——中信经典配置基金全年基金净值增长2.67%，同期基金业绩比较基准下跌2.24%，跑赢业绩基准收益4.91个百分点。本年新成立的中信现金优势基金自运作以来收益稳定，累计分配收益33,438,999.68元。截至2005年12月31日，基金净值收益率为1.4158%，同期业绩基准收益率为1.2800%。

在基金营销方面，中信基金联合中信银行推出“人民币理财月计划1号”打破了以往基金公司与商业银行单纯代理销售基金的合作模式，通过中信基金与中信银行的业务优势互补，共同提升整合产品。

在客户服务方面，中信基金管理有限公司在业内推出领先的整合电子化信息服务平台，为客户提供包括资讯、交易、账户、信息、交易提示等投资服务；公司建立的网络理财平台覆盖了信息查询、净值查询、研究报告等资料查询的服务；公司目前开通了网上交易通道，中信基金短信互动平台，为投资者提供包括净值查询、公告提示、意见反馈、个性化信息订制等多项投资管理服务。

近三年公司管理基金资产规模与基金数量

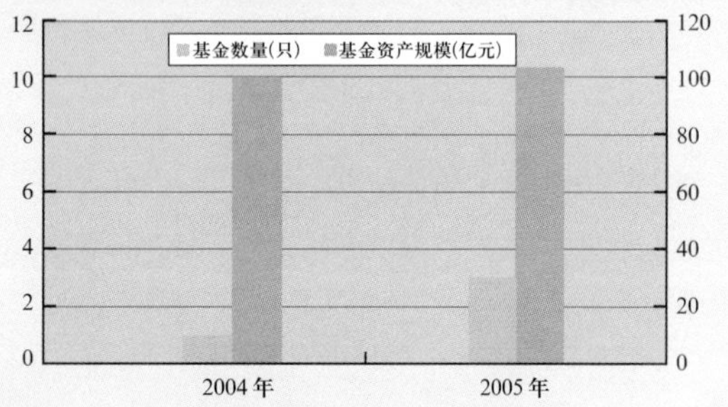

公司股东结构

股东名称	出资金额(万元)	出资比例(%)
中信证券股份有限公司	4900.00	49.00
国家开发投资有限公司	3100.00	31.00
上海久事公司	1000.00	10.00
中海信托投资有限责任公司	1000.00	10.00

公司高管介绍

王东明先生：董事长。国际金融硕士、高级经济师。先后毕业于北京外国语学院法语系，美国南加州大学，美国乔治城大学。18年证券从业经历，历任北京华远经济建设开发总公司副总经理、加拿大枫叶银行证券公司副经理、华夏证券有限公司国际业务部总经理、南方证券有限公司副总裁、中信公司证券部副主任、中信证券有限责任公司副总经理、总经理、中信证券股份有限公司总经理。现任中信集团总经理助理、中信证券股份有限公司董事长、中信基金管理有限责任公司董事长。

吕涛先生：总经理。英国克拉费尔德大学管理学院工商管理硕士。11年证券、金融从业经历，具有基金从业人员资格证书和证券从业人员资格证书。历任中信兴业信托投资公司金融证券处外汇交易员、中信证券股份有限公司资产管理部副总经理、总经理。现任中信基金管理有限责任公司总经理。

中信经典配置证券投资基金

基本资料						
基金简称	中信经典配置基金			交易代码	288001	
投资目标	在长期投资的基础上，将战略资产配置与时机选择相结合，积极主动的精选证券，并充分利用短期金融工具作为动态配置的有效缓冲及收益补充，实施全流程的风险管理，力求在风险可控、获取稳定收益的基础上，追求资本最大可能的长期增值。					
业绩比较基准	60%×中信标普300指数＋20%×中信全债指数＋20%×一年期定期存款利率					
风险收益特征	追求资产配置动态平衡、收益和长期资本增值平衡，风险适中。					
合同生效日	2004年3月15日	上市日期	——	上市地点	——	
募集概况	首募规模	认购户数	募集日期			
	121.49亿份	106421户	2004年2月9日至2004年3月10日			
基金费率	认购费率	申购费率	赎回费率	管理费率	托管费率	
	1.00%	1.50%	不高于0.50%	1.50%	0.25%	
基金管理人	中信基金管理有限责任公司		基金托管人	招商银行股份有限公司		
审计机构	安永华明会计师事务所	法律顾问	国浩律师集团(北京)事务所	注册登记人	中信基金管理有限责任公司	

财务指标　　单位：人民币(元)

项目 \ 年度	2005年度	2004年3月15日至2004年12月31日
基金份额本期净收益	−0.0684	−0.0004
期末可分配基金份额收益	−0.0702	−0.0546
期末基金份额净值	0.9706	0.9454
基金加权平均净值收益率	−7.29%	−0.04%
本期基金份额净值增长率	2.67%	−5.46%
基金份额累计净值增长率	−2.94%	−5.46%
基金收益分配	自基金合同生效以来未实现收益分配。	

基金净值增长率与业绩基准收益率对比图（单位：%）

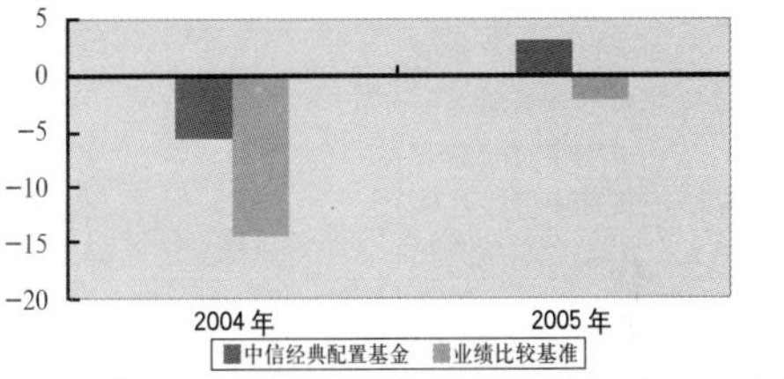

期末基金份额持有人户数	基金份额持有人户数为84,388户，平均每户持有87,659.87份。
期末基金份额持有人结构	机构投资者持有1,786,723,823.29份，占总份额24.15%；个人投资者持有5,610,717,293.27份，占总份额75.85%。

【基金业绩表现】

截至2005年12月31日，中信经典配置基金份额净值为0.9706元，全年净值上涨2.67%，同期业绩基准下跌2.24%。

【基金管理团队】

丁楹先生：工商管理硕士。11年证券从业经历，历任中信证券股份有限公司交易部经理、交易部总经理助理、长盛基金管理有限公司投资管理部总监、公司总经理助理等职，曾先后担任长盛基金管理公司旗下同益基金和长盛成长价值基金的基金经理。2003年加入中信基金管理有限责任公司，任公司副总经理、投资总监、中信经典配置基金基金经理。

梁丰先生：经济学硕士。11年证券从业经历，历任中信集团中大投资管理有限公司交易员、投资经理、证券投资部总经理、公司总经理助理等职。2003年加入中信基金管理有限公司，任投资管理部副总经理、中信经典配置基金基金经理。

【基金运作分析】

股票投资：上半年提高了股票组合防御性，减持了景气趋降的周期性行业股票，增持了信息技术、水电、耐用消费、零售行业的优势股票；下半年进行积极的结构调整，增持了金融地产类股票，另外在信息技术和相关产业进行布局。同时减少了原材料的股票，但对石化板块仍保持了较高的仓位。债券和短期金融工具投资：上半年该基金在固定收益投资上一直保持了较低的投资久期；下半年在汇率改革时期及时调整了投资策略，提升了固定收益投资组合的持仓比例和组合久期。权证投资：本年度该基金权证投资是因股改被动持有。

【季度投资组合一览】

项目 \ 季度	第一季度		第二季度		第三季度		第四季度	
基金资产净值	9,280,137,763.84元		8,289,549,457.99元		7,705,722,680.57元		7,179,775,699.00元	
基金份额	9,805,407,622.17份		9,182,459,900.82份		8,084,123,762.41份		7,397,441,116.56份	
基金份额净值	0.9464元		0.9028元		0.9532元		0.9706元	
基金资产组合	市值(元)	占总资产比例	市值(元)	占总资产比例	市值(元)	占总资产比例	市值(元)	占总资产比例
股票投资	5,893,073,196.14	63.14%	5,396,440,999.53	64.88%	4,588,444,893.44	58.90%	4,259,394,307.91	58.84%
债券投资	2,627,882,641.12	28.16%	2,263,610,609.06	27.22%	2,888,350,987.42	37.08%	2,697,130,709.51	37.26%
银行存款和清算备付金	215,647,359.30	2.31%	427,033,443.29	5.13%	91,191,689.15	1.17%	72,434,238.76	1.00%
其他资产	596,731,007.55	6.39%	230,587,000.560	2.77%	222,276,292.09	2.85%	209,625,037.70	2.90%

	股票名称	市值(元)	占净值比例	股票名称	市值(元)	占净值比例	股票名称	市值(元)	占净值比例	股票名称	市值(元)	占净值比例
投资前五名股票明细	万科A	253,190,211.84	2.73%	长江电力	342,799,188.45	4.14%	长江电力	338,144,689.20	4.39%	G长电	270,729,402.32	3.77%
	长江电力	248,772,183.50	2.68%	宝钢股份	251,355,923.46	3.03%	上海机场	220,667,336.96	2.86%	上海机场	212,862,733.44	2.96%
	中国石化	245,388,622.16	2.64%	万科A	216,037,300.32	2.61%	中兴通讯	167,666,555.07	2.18%	中国石化	181,041,000.00	2.52%
	中兴通讯	216,070,272.00	2.33%	中国石化	198,872,479.89	2.40%	中国石化	146,821,500.00	1.91%	浦发银行	159,831,496.50	2.23%
	上海机场	198,472,593.00	2.14%	上海机场	197,532,979.80	2.38%	贵州茅台	136,866,157.14	1.78%	伊利股份	154,770,000.00	2.16%
	债券名称	市值(元)	占净值比例	债券名称	市值(元)	占净值比例	债券名称	市值(元)	占净值比例	债券名称	市值(元)	占净值比例
投资前五名债券明细	04国债(05)	720,927,076.03	7.77%	04国债05	406,873,392.02	4.91%	20国债(10)	265,820,198.60	3.45%	04国债03	279,785,342.10	3.90%
	20国债(04)	351,962,713.40	3.79%	20国债(4)	363,306,936.00	4.38%	04国开11	241,893,000.00	3.14%	04国债10	217,595,681.34	3.03%
	04农发02	199,900,000.00	2.15%	20国债(10)	172,307,833.20	2.08%	21国债(15)	240,069,456.00	3.12%	21国债15	194,000,384.00	2.70%
	20国债(10)	170,249,197.20	1.83%	首钢转债	159,179,634.54	1.92%	05国开17	203,879,000.00	2.65%	05国债02	181,227,664.70	2.52%
	首钢转债	159,929,943.30	1.72%	21国债(3)	156,861,063.00	1.89%	02国债(14)	199,580,422.20	2.59%	03国开18	152,441,000.00	2.12%

中信现金优势货币市场基金

基本资料

基金简称	中信现金优势基金		交易代码	288101	
投资目标	在保持安全性、高流动性的前提下获得高于投资基准的回报。				
业绩比较基准	一年期定期存款税后收益率				
风险收益特征	基金投资于货币市场工具，属于低风险品种。				
合同生效日	2005年4月20日	上市日期	——	上市地点	——
募集概况	首募规模	认购户数	募集日期		
	24.33亿份	9009户	2005年3月28日至2005年4月14日		
基金费率	认购费率	申购费率	赎回费率	管理费率	托管费率	销售服务费率
	0	0	0	0.33%	0.10%	0.25%
基金管理人	中信基金管理有限责任公司		基金托管人	招商银行股份有限公司	
审计机构	安永华明会计师事务所	法律顾问	国浩律师集团(北京)事务所	注册登记人	中信基金管理有限责任公司

财务指标 单位：人民币(元)

项目 \ 年度	2005年4月20日至2005年12月31日
基金本期净收益	33,438,999.68
期末基金资产净值	2,609,387,294.29
期末基金份额净值	1.0000
本期净值收益率	1.4158%
累计净值收益率	1.4158%
基金收益分配	本年度累计分配收益33,438,999.68元。
备注	该基金合同生效于2005年4月20日，至2005年12月31日成立不足一年。

基金收益率与同期业绩基准收益率对比图（单位：%）

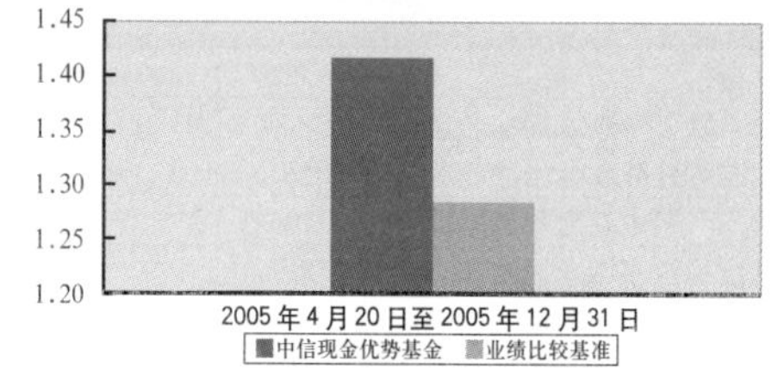

期末基金份额持有人户数	基金份额持有人户数为14,018户，平均每户持有186,145.48份。
期末基金份额持有人结构	机构投资者持有844,075,979.45份，占总份额32.35%；个人投资者持有1,765,311,314.84份，占总份额67.65%。

【基金业绩表现】

中信现金优势基金合同生效于2005年4月20日，截至2005年12月31日，基金净值收益率为1.4158%，同期业绩比较基准收益率为1.2800%。

【基金管理团队】

王洪涛先生：经济学硕士。8年金融、证券从业经历，曾任平安证券债券部投资经理、平安保险投资管理中心投资组合经理助理、招商证券研发中心产品开发部经理及研发中心总经理助理、光大控股创业投资(深圳)有限公司资产管理部总经理。2003年加入中信基金管理有限责任公司，负责债券投资业务，任中信现金优势货币市场基金基金经理。

李广云先生：中央财经大学经济学学士，英国华威大学商学院理科硕士。曾在平安保险、招商证券工作，负责投资组合管理、量化研究业务，6年金融从业经历。2003年加入中信基金管理有限责任公司投资部，进行债券投资及研究，任中信现金优势货币市场基金基金经理助理。

【基金运作分析】

中信现金优势基金从2005年4月底开始运作，基于当时的市场环境，该基金在成立之初除了保留适当的央票与金融债外，资金主要集中于流动性与收益性都较优的交易所短期回购，随着规模稳定，也适时增加协议存款的投资力度，在保证流动性的情况下，不断提高基金的收益性。在此基础上，抓住短期融资券市场的出现与扩大，加强一级市场的申购力度，增加对高收益债券品种的持仓。下半年，该基金开始加大银行间融资的力度，利用利率倒挂的机会增加跨市场套利的收益。年底，基于市场环境的变化，该基金适时增加了央票与短期融资券的持仓比重，提高基金的计提收益。

【季度投资组合一览】

项目 \ 季度	第二季度		第三季度		第四季度	
基金资产净值	1,607,730,861.02元		2,704,502,589.89元		2,609,387,294.29元	
基金份额	1,607,730,861.02份		2,704,502,589.89份		2,609,387,294.29份	
基金份额净值	1.000元		1.000元		1.000元	
基金资产组合	市值(元)	占总资产比例	市值(元)	占总资产比例	市值(元)	占总资产比例
债券投资	425,170,879.50	22.20%	1,122,093,782.61	37.29%	1,955,616,081.23	64.45%
买入返售证券	——	——	832,400,000.00	27.67%	142,700,000.00	4.70%
银行存款和清算备付金	742,269,995.50	38.75%	1,046,278,874.13	34.77%	925,707,189.62	30.51%
其他资产	7,447,587.90	0.39%	8,136,585.22	0.27%	10,253,067.90	0.34%

投资前五名债券明细	债券名称	摊余成本(元)	占资产净值比例	债券名称	摊余成本(元)	占资产净值比例	债券名称	摊余成本(元)	占资产净值比例
	05国开07	160,084,166.91	9.96%	05央行票据05	215,958,139.35	7.99%	05央行票据05	216,834,219.75	8.31%
	04农发02	95,187,093.35	5.92%	05国开07	170,931,604.77	6.32%	05央行票据109	199,322,666.60	7.64%
	04国开17	81,130,726.28	5.04%	04央行票据83	169,553,903.53	6.27%	05中粮CP01	195,862,736.84	7.51%
	04央行票据81	29,841,168.13	1.86%	05中化CP01	155,832,691.75	5.76%	05国开07	172,638,424.48	6.62%
	05五矿CP01	29,210,986.88	1.82%	04国开17	81,012,109.76	3.00%	05中化CP01	156,679,535.85	6.00%

投资组合剩余期限	平均剩余期限	占资产净值比例	平均剩余期限	占资产净值比例	平均剩余期限	占资产净值比例
	30天以内	73.57%	30天以内	45.46%	30天以内	20.13%
	30天(含)–60天	5.04%	30天(含)–60天	13.69%	30天(含)–60天	10.74%
	60天(含)–90天	9.96%	60天(含)–90天	6.32%	60天(含)–90天	23.47%
	90天(含)–180天	20.83%	90天(含)–180天	12.78%	90天(含)–180天	11.45%
	180天(含)–397天(含)	9.27%	180天(含)–397天(含)	32.69%	180天(含)–397天	50.09%

中信红利精选股票型证券投资基金

基本资料						
基金简称	中信红利		交易代码	288002		
投资目标	该基金在严格执行投资风险管理的前提下，主要投资于盈利增长稳定的红利股，追求稳定的股息收入和长期的资本增值。					
业绩比较基准	80%×新华富时150红利指数＋20%×新华富时国债指数					
风险收益特征	该基金属于中等风险的基金产品，力争在严格控制风险的前提下实现基金资产的中长期稳定增值。					
合同生效日	2005年11月17日	上市日期	——	上市地点	——	
募集概况	首募规模	认购户数	募集日期			
	5.44亿份	7378户	2005年10月21日至2005年11月15日			
基金费率	认购费率	申购费率	赎回费率	管理费率	托管费率	
	不高于1.00%	不高于1.50%	不高于0.50%	1.50%	0.25%	
基金管理人	中信基金管理有限责任公司		基金托管人	中国建设银行股份有限公司		
审计机构	安永华明会计师事务所	法律顾问	国浩律师集团(北京)事务所	注册登记人	中信基金管理有限责任公司	
备注	该基金合同生效于2005年11月17日，至2005年12月31日成立不足一年。					

【基金管理团队】

梁丰先生：基金经理。经济学硕士、经济师。先后毕业于华南理工大学工业电气自动化专业、浙江大学经济学专业。11年证券从业经历，历任富林集团股份有限公司深圳金融证券部主任、中信集团深圳市中大投资管理有限公司交易员、投资经理、证券投资部总经理、公司总经理助理等职，现任中信经典配置基金的基金经理。

诺安基金管理有限公司

法定名称	诺安基金管理有限公司	英文名称	Lion Fund Management Co.,Ltd.
成立日期	2003年12月9日	注册资本	1.1亿元人民币
法人代表	刘德树	总 经 理	姜永凯
联系电话	0755-83026688	客服电话	400-888-8998 / 0755-83026888
传真号码	0755-83026677	公司网址	www.lionfund.com.cn
注册地址	深圳市深南大道4013号兴业银行大厦19-20层	办公地址	深圳市深南大道4013号兴业银行大厦19-20层

● 发展概况

诺安基金管理有限公司是作为国内“好人举手”制度下设立的基金管理公司。2003年12月9日，经中国证监会证监基金字[2003]132号文批准，诺安基金管理有限公司由中国对外经济贸易信托投资有限公司、中国新纪元有限公司和北京中关村科学城建设股份有限公司共同发起正式成立，公司注册资本1亿元人民币。2005年1月，诺安基金管理有限公司注册资本金增至1.1亿元人民币。

目前，诺安基金管理有限公司建立了完善的内部风险控制制度、投资管理制度、监察稽核制度、财务管理制度、人力资源管理制度、信息披露制度等公司管理制度体系。

在组织结构上，公司下设八部一室，分别是：市场部、投资管理部、研究部、基金事务部、信息技术部、监察稽核部、发展战略部、综合管理部和中央交易室；此外还设立了投资决策委员会和风险控制委员会两个专门机构。

在人员构成上，截至2005年底，诺安基金管理有限公司共有员工42人，其中31人具有硕士以上学历。

● 经营业绩

2005年，诺安基金管理有限公司顺利完成了诺安股票证券投资基金的募集设立。截至2005年12月31日，诺安基金管理有限公司共管理诺安平衡基金、诺安货币市场基金和诺安股票基金3只开放式证券投资基金，公司管理基金规模达47.60亿元人民币。

近三年公司管理基金资产规模与基金数量

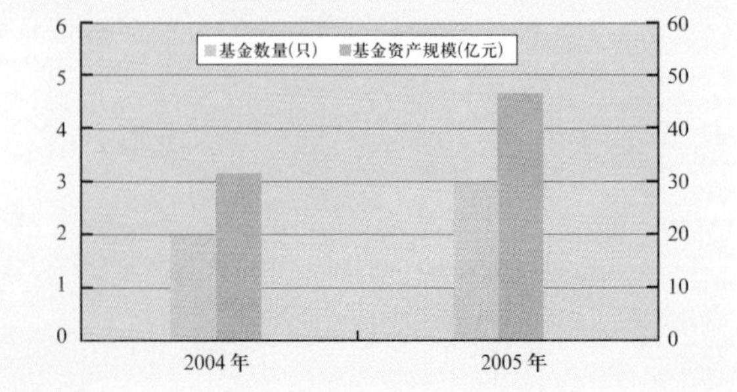

公司股东结构

股东名称	出资金额(万元)	出资比例(%)
中国对外经济贸易信托投资有限公司	4400.00	40.00
中国新纪元有限公司	4400.00	40.00
北京中关村科学城建设股份有限公司	2200.00	20.00

诺安股票证券投资基金是诺安基金管理有限公司旗下首只股票型基金。经中国证监会证监基金字[2005]154号文批准，诺安股票基金自2005年11月3日开始公开募集，2005年12月13日募集顺利结束，2005年12月19日基金合同正式生效，共募集基金份额3.79亿份，有效认购总户数为4261户。诺安股票基金的设立，进一步完善了诺安基金管理有限公司产品线的构建。

在投资业绩上，2005年诺安旗下基金规范运作，业绩良好。公司旗下首只偏股型基金——诺安平衡基金运作稳定，全年基金净值增长8.39%，同期业绩比较基准收益下跌10.08%，基金表现超越业绩基准收益18.47%，并于本年2月28日、4月18日、9月7日实施了三次收益分配，累计每基金份额派现0.055元，为投资者创造了良好的收益回报；诺安货币市场基金是《货币市场基金管理暂行规定》实施后募集设立的首只货币市场基金，也是诺安基金管理有限公司旗下首只货币市场基金。2005年诺安货币市场基金累计分配收益71,424,052.01元，基金净值收益2.41%，同期业绩基准收益率为0.576%，该基金表现超越业绩基准收益1.8353%。

在客户服务方面，诺安基金管理有限公司坚持秉承客户至上的原则，以严谨的工作态度和诚实守信的服务态度，在为客户创造价值的同时，公司更注重为客户提供高质量的个性化服务，目前诺安基金管理有限公司开通了全国统一客户服务热线400-888-8998，力争为基金持有人提供更贴心、更专业的投资管理服务。

公司高管介绍

刘德树先生：董事长。工商管理硕士，高级工程师。历任中国机械进出口总公司副总经理、董事长、总经理、党委书记，中国中化集团公司党组书记、总裁。

姜永凯先生：总经理。经济学硕士，经济师。曾任中国信息信托投资公司上海证券部总经理、上海新纪元实业投资有限公司副总经理、中国新纪元有限公司总裁助理。2002年10月，任诺安基金管理有限公司筹备组负责人。

王铁林先生：副总经理。工学硕士，工程师。曾任中国工业机械进出口公司副总经理、中机国际招标公司第三业务部总经理、中国对外经济贸易信托投资有限公司总经理助理。2002年10月开始参加诺安基金管理有限公司筹备工作。

奥成文先生：督察长。经济学硕士，经济师。曾任中国通用技术(集团)控股有限责任公司资产经营部副经理、中国对外经济贸易信托投资有限公司投资银行部副总经理。2002年10月开始参加诺安基金管理有限公司筹备工作。

诺安平衡证券投资基金

基本资料

基金简称	诺安平衡基金		交易代码	320001	
投资目标	在主动投资的理念下，该基金的投资目标是取得超额利润，也就是在承担市场同等风险的情况下，取得好于市场平均水平的收益水平，在控制风险的前提下，兼顾当期的稳定回报以及长期的资本增值。				
业绩比较基准	65%×中标300指数＋35%×上证国债指数				
风险收益特征	该基金属于混合性基金，其风险低于股票型基金，收益水平高于债券型基金。				
合同生效日	2004年5月21日	上市日期	——	上市地点	——
募集概况	首募规模	认购户数	募集日期		
	22.07亿份	37235户	2004年4月12日至2004年5月18日		
基金费率	认购费率	申购费率	赎回费率	管理费率	托管费率
	不高于1.00%	不高于1.50%	不高于0.50%	1.50%	0.25%
基金管理人	诺安基金管理有限公司		基金托管人	中国工商银行股份有限公司	
审计机构	利安达信隆会计师事务所	法律顾问	国浩律师集团(北京)事务所	注册登记人	诺安基金管理有限公司

财务指标 单位：人民币(元)

项目 \ 年度	2005年度	2004年5月21日至2004年12月31日
基金份额本期净收益	0.0479	0.0223
期末可分配基金份额收益	0.0035	−0.0001
期末基金份额净值	1.0282	0.9999
基金加权平均净值收益率	4.73%	2.23%
本期基金份额净值增长率	8.39%	1.48%
基金份额累计净值增长率	10.00%	1.48%
基金收益分配	本年度每10份派现0.550元；成立以来每10份累计派现0.700元。	
期末基金份额持有人户数	基金份额持有人户数为14,252户，平均每户持有104,982.55份。	
期末基金份额持有人结构	机构投资者持有1,177,002,223.84份，占总份额78.67%；个人投资者持有319,209,075.50份，占总份额21.33%。	

基金净值增长率与业绩基准收益率对比图（单位：%）

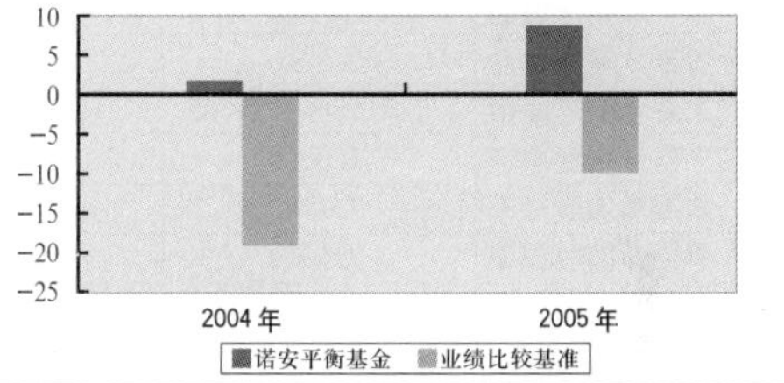

【基金业绩表现】

2005年，诺安平衡基金全年净值上涨8.39%，同期基金业绩比较基准下跌10.08%；基金表现超越业绩基准18.47%。

【基金管理团队】

党开宇女士：基金经理。上海交通大学管理科学与工程硕士。2001年4月至2003年10月任招商证券公司证券投资部投资经理；2003年10月加入诺安基金管理有限公司。2004年5月至2005年1月，担任诺安平衡基金经理助理；2005年1月起，担任诺安平衡基金基金经理。

赵永健先生：基金经理。武汉大学经济学硕士。1996年10月至2002年6月任职于国泰君安证券公司，历任固定收益部、证券投资部投资经理、国泰君安证券(香港)公司研究经理、业务董事等职；2002年6月至2003年9月任民生证券公司证券投资部总经理；2003年9月加入诺安基金管理有限公司。2004年5月至2006年2月，担任诺安平衡基金基金经理。

【基金运作分析】

诺安平衡基金在2005年上半年以防守为主，仓位维持中性，有效规避了系统风险。股改初期，该基金投资策略也相对比较保守，品种选择和仓位策略也相对谨慎。进入2005年第4季度，该基金整体策略以加仓为主，组合中股票的支数也在增加。该基金管理人认为在市场恢复估值水平的系统性上涨过程中，股价能否上涨只是先后问题；在经历整体上扬之后，个股的走势分化将逐步显露。由于品种选择较为保守和仓位相对较低，使得诺安平衡基金在上涨过程中的表现差强人意。

【季度投资组合一览】

项目 \ 季度	第一季度			第二季度			第三季度			第四季度		
基金资产净值	1,409,044,267.82元			1,518,636,431.45元			1,726,282,416.53元			1,538,460,613.95元		
基金份额	1,369,885,258.32份			1,523,244,990.21份			1,687,068,556.93份			1,496,211,299.34份		
基金份额净值	1.0286元			0.9970元			1.0232元			1.0282元		
基金资产组合	市值(元)	占总资产比例		市值(元)	占总资产比例		市值(元)	占总资产比例		市值(元)	占总资产比例	
股票投资	984,791,163.60	69.36%		964,031,090.31	62.85%		1,082,446,455.36	62.38%		1,093,134,403.24	69.89%	
债券投资	323,798,200.26	22.81%		434,876,753.96	28.35%		478,087,230.37	27.55%		344,384,992.72	22.02%	
银行存款和清算备付金	101,102,569.23	7.12%		79,521,208.50	5.18%		165,001,648.65	9.51%		119,622,253.95	7.65%	
其他资产	10,047,400.54	0.71%		55,314,488.83	3.61%		9,799,419.86	0.56%		6,977,846.85	0.44%	
投资前五名股票明细	股票名称	市值(元)	占净值比例	股票名称	市值(元)	占净值比例	股票名称	市值(元)	占净值比例	股票名称	市值(元)	占净值比例
	长江电力	117,679,651.60	8.35%	长江电力	127,489,451.28	8.40%	上海机场	94,935,767.36	5.50%	上海机场	104,403,611.90	6.79%
	上海机场	88,351,840.50	6.27%	上海机场	90,493,703.30	5.96%	宁沪高速	93,576,296.28	5.42%	宁沪高速	85,689,084.58	5.57%
	招商银行	87,303,905.05	6.20%	宁沪高速	81,735,622.40	5.38%	歌华有线	75,691,472.01	4.38%	歌华有线	75,062,570.49	4.88%
	宁沪高速	74,854,265.10	5.31%	招商银行	67,122,196.20	4.42%	招商银行	71,836,894.90	4.16%	G万科A	74,920,730.00	4.87%
	上港集箱	63,828,947.83	4.53%	现代投资	56,141,195.22	3.70%	G宝钢	69,619,742.60	4.03%	中国石化	73,062,835.20	4.75%
投资前五名债券明细	债券名称	市值(元)	占净值比例	债券名称	市值(元)	占净值比例	债券名称	市值(元)	占净值比例	债券名称	市值(元)	占净值比例
	04进出03	99,950,000.00	7.09%	05进出01	122,817,000.00	8.09%	05进出01	122,817,000.00	7.11%	05进出01	122,817,000.00	7.98%
	04农发01	60,051,000.00	4.26%	05农发04	100,060,000.00	6.59%	05农发04	100,060,000.00	5.80%	05农发08	100,360,000.00	6.52%
	04国开15	50,470,000.00	3.58%	02国开19	79,918,000.00	5.26%	02国开19	79,918,000.00	4.63%	02国开19	79,918,000.00	5.19%
	04国开10	50,000,000.00	3.55%	招商转债	64,683,667.80	4.26%	万科转2	54,246,845.52	3.14%	05进出04	19,823,835.16	1.29%
	04国开19	20,047,333.33	1.42%	万科转2	21,972,786.36	1.45%	招商转债	31,134,300.00	1.80%	南山转债	14,418,488.70	0.94%

诺安货币市场证券投资基金

基本资料

基金简称	诺安货币基金			交易代码	320002	
投资目标	确保本金的安全性和资产的流动性，力争为投资者提供高于投资基准的稳定收益。					
业绩比较基准	当期银行个人活期储蓄利率（税后）					
风险收益特征	流动性高，风险低并且收益稳定。					
合同生效日	2004年12月6日	上市日期	——	上市地点	——	
募集概况	首募规模	认购户数	募集日期			
	15.74亿份	20054户	2004年11月8日至2004年11月30日			
基金费率	认购费率	申购费率	赎回费率	管理费率	托管费率	销售服务费率
	0	0	0	0.33%	0.10%	0.25%
基金管理人	诺安基金管理有限公司		基金托管人	中国工商银行股份有限公司		
审计机构	利安达信隆会计师事务所	法律顾问	北京市中伦金通律师事务所	注册登记人	诺安基金管理有限公司	

财务指标 单位：人民币(元)

项目 \ 年度	2005年	2004年12月6日至2004年12月31日
基金本期净收益	71,424,052.01	2,788,831.38
基金份额本期净收益	0.0216	0.0018
期末基金资产净值	2,841,886,054.05	1,524,282,562.93
期末基金份额净值	1.0000	1.0000
本期净值收益率	2.41%	0.18%
累计净值收益率	2.59%	0.18%
基金收益分配	本年度累计分配收益71,424,052.01元；成立以来累计分配收益74,212,883.39元。	

基金收益率与同期业绩基准收益率对比图（单位：%）

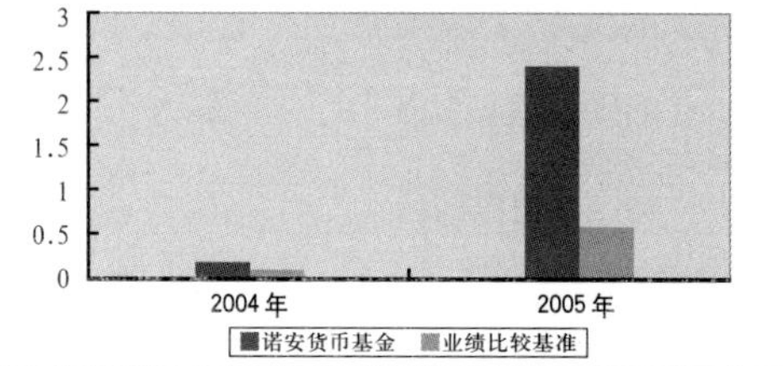

期末基金份额持有人户数	基金份额持有人户数为22,759户，平均每户持有124,868.67份。
期末基金份额持有人结构	机构投资者持有1,042,018,697.80份，占总份额36.67%；个人投资者持有1,799,867,356.25份，占总份额63.33%。

【基金业绩表现】

2005年，诺安货币市场基金全年净值收益率为2.41%，同期基金业绩比较基准收益率为0.576%；基金表现超越同期业绩基准1.8353%。

【基金管理团队】

赵永健先生：基金经理。武汉大学经济学硕士。1996年10月至2002年6月任职于国泰君安证券公司，历任固定收益部、证券投资部投资经理、国泰君安证券(香港)公司研究经理、业务董事等职；2002年6月至2003年9月任民生证券公司证券投资部总经理；2003年9月加入诺安基金管理有限公司。2004年5月至2006年2月，担任诺安平衡基金基金经理；2004年12月至2006年2月，担任诺安货币市场基金基金经理。

【基金运作分析】

2005年第一季度，趁货币市场利率高企之际，诺安货币市场基金大量投资中央银行票据与短期金融债券，并维持比较长的剩余期限，通过短期正回购资金方式满足基金的流动性要求。第二、三季度后，货币基金市场利率不断下滑，诺安货币市场基金逐渐降低了剩余期限，并增加了部分收益率高、信誉好的短期融资券投资及银行定期存款。第四季度后，诺安货币市场基金侧重于对流动性进行改善，保证元旦、春节期间客户对流动性的需求。

该基金在2005年上半年大量投资收益率较高的中央银行票据，并在第三季度及时增加了对信用好、收益率高的央企短期融资券的投资，2005年诺安货币市场基金收益率为2.38%，大幅度超过业绩比较基准。

【季度投资组合一览】

项目 \ 季度	第一季度		第二季度		第三季度		第四季度	
基金资产净值	1,677,017,358.65元		2,731,824,711.77元		4,377,012,718.72元		2,841,886,054.05元	
基金份额	1,677,017,358.65份		2,731,824,711.77份		4,377,012,718.72份		2,841,886,054.05份	
基金份额净值	1.0000元		1.0000元		1.0000元		1.0000元	
基金资产组合	市值(元)	占总资产比例	市值(元)	占总资产比例	市值(元)	占总资产比例	市值(元)	占总资产比例
债券投资	1,714,786,537.98	97.30%	2,442,520,724.12	89.29%	2,894,622,405.72	66.05%	1,900,270,213.35	66.77%
买入返售证券	——	——	——	——	630,000,000.00	14.38%	60,804,000.00	2.14%
银行存款和清算备付金	26,256,174.49	1.49%	160,802,920.85	5.88%	846,901,707.54	19.33%	869,613,833.03	30.56%
其他资产	21,286,994.07	1.21%	32,022,837.92	1.17%	10,810,415.82	0.25%	15,093,654.96	0.53%

投资前五名债券明细

季度	债券名称	摊余成本(元)	占资产净值比例
第一季度	04国开19	249,995,343.04	14.91%
第一季度	04央行票据60	197,598,032.64	11.78%
第一季度	04央行票据73	147,639,010.53	8.80%
第一季度	04央行票据77	147,392,516.39	8.79%
第一季度	04建行03浮	139,686,380.57	8.33%
第二季度	05央行票据57	275,173,072.35	10.07%
第二季度	04国开19	249,707,361.96	9.14%
第二季度	04央行票据60	199,430,996.47	7.30%
第二季度	04国开10	180,009,481.77	6.59%
第二季度	04央行票据77	149,131,886.03	5.46%
第三季度	05联通CP01	351,761,278.22	8.04%
第三季度	05央行票据57	276,526,966.43	6.32%
第三季度	04国开19	269,883,429.08	6.17%
第三季度	05神华CP01	264,364,275.12	6.04%
第三季度	05央行票据02	198,749,645.96	4.54%
第四季度	05央行票据57	277,880,860.72	9.78%
第四季度	05中行02浮	228,460,048.61	8.04%
第四季度	05央行票据02	199,542,973.92	7.02%
第四季度	04建行03浮	173,202,514.26	6.09%
第四季度	05央行票据07	149,651,425.23	5.27%

投资组合剩余期限

平均剩余期限	第一季度 占资产净值比例	第二季度 占资产净值比例	第三季度 占资产净值比例	第四季度 占资产净值比例
30天以内	1.57%	21.99%	31.22%	9.51%
30天(含)—60天	8.33%	13.33%	2.28%	12.29%
60天(含)—90天	14.25%	16.77%	11.07%	12.61%
90天(含)—180天	43.70%	20.76%	10.01%	24.96%
180天(含)—397(含)	35.97%			
180天(含)—397天(含)		26.10%	45.29%	40.24%

诺安股票证券投资基金

基本资料							
基金简称	诺安股票			交易代码	320003		
投资目标	以中国企业的比较优势和全球化发展为视角，发掘最具投资价值的企业，获得稳定的中长期资本投资收益。在主动投资的理念下，本基金的投资目标是取得超额利润，也就是在承担和控制市场风险的情况下，取得稳定的、优于业绩基准的中长期投资回报。						
业绩比较基准	80%×新华富时A600指数＋20%×新华富时中国国债指数						
风险收益特征	该基金属于中高风险的股票型基金，将通过合理的资产配置和投资组合的建立，有效地规避风险并相应地获得较高的投资收益。						
合同生效日	2005年12月19日	上市日期	——	上市地点	——		
募集概况	首募规模	认购户数	募集日期				
	3.79亿份	4261户	2005年11月3日至2005年12月13日				
基金费率	认购费率	申购费率	赎回费率	管理费率	托管费率		
	不高于1.00%	不高于1.50%	不高于0.50%	1.50%	0.25%		
基金管理人	诺安基金管理有限公司		基金托管人	中国工商银行股份有限公司			
审计机构	利安达信隆会计师事务所	法律顾问	国浩律师集团(北京)事务所	注册登记人	诺安基金管理有限公司		
备注	该基金合同生效于2005年12月19日，至2005年12月31日成立不足一年。						

【基金管理团队】

党开宇女士：基金经理。上海交通大学管理科学与工程专业硕士学位。2001年4月至2003年10月任招商证券公司证券投资部投资经理，2003年10月加入诺安基金管理有限公司。2004年5月至2005年1月担任诺安平衡基金基金经理助理。现任诺安平衡基金基金经理。

2005 年大事记

1月10日—公司荣获21世纪“赢基金”评选的“2004年中国基金管理公司新锐奖”。

1月18日—公司在上海国际会议中心举办“申万巴黎2005年投资策略报告会”。来自全国各大型企业、上市公司、商业银行、证券机构等宾客代表同主办方共聚一堂，围绕2005年中国宏观经济和证券市场投资策略等主题进行了广泛交流和深入探讨。

3月10日—公司召开成立一周年座谈会，与社会各界共同探讨证券市场地位、作用和发展前景。

2005 年投资策略报告会

4月19日—盛利强化配置基金向基金持有人按每10份基金份额派发现金红利0.10元。截至2005年4月7日，该基金份额净值为1.0113元，实现可分配收益5,324,444.54元。

5月12日—上海市金融工委书记吴明一行来公司视察，公司董事长姜国芳等汇报了公司的基本现状、经营业绩以及党建工作情况，获得了金融工委领导的好评。

6月23日—根据证监会《关于进一步完善证券投资基金募集申请审核程序有关问题的通知》的规定，公司第三只产品“新动力”基金通过证监会问询，成为第一只适用基金审核新办法的基金。

7月19日—公司在上海锦江饭店小礼堂召开“申万巴黎2005年第二届投资策略报告会”。来自全国各保险机构、商业银行、大型企业、上市公司、证券机构、研究院所以及新闻媒体等120多名嘉宾共聚一堂，围绕2005年下半年，中国宏观经济和证券市场投资策略等主题进行了广泛交流和深入探讨。

董事长姜国芳获蒙代尔
世界经理人成就奖

8月02日—公司董事长姜国芳接受中央电视台经济频道《中国证券》栏目专访，记者黄熠闻与姜国芳董事长畅谈了股改、基金公司经营理念、个人成长历程等内容。节目播出后，引起社会各界广泛反响。

9月16日—公司与中国工商银行总行在上海举办了“工商银行&申万巴黎基金管理有限公司2005基金营销业务研讨峰会”，工行总行个金部领导以及全国主要分行的分管行长、个金部总经理共19人出席了会议。

9月19日—以诺贝尔经济学奖得主、“欧元之父”罗伯特・蒙代尔教授(Robert Mundell)命名的第二届“世界经理人成就奖”在北京揭晓，公司董事长姜国芳等100位杰出的经理人获此项殊荣，罗伯特・蒙代尔教授专程到北京并为获奖者颁奖。

9月21日—公司第三只产品—新动力基金正式发行。

11月04日—新动力发行结束，共募集6.7215亿元。与9月、10月发行的6只同类型基金(剔除交行基金)相比，超过平均水平15%。

12月19日—公司董事长姜国芳、副总经理过振华以及相关业务部门人员拜访了工商银行 副董事长、行长杨凯生，并与工行个人金融部、资产托管部就业务合作进行了友好会谈。

申万巴黎 基金管理 SYWG BNP PARIBAS ASSET MANAGEMENT

申万巴黎基金管理有限公司

法定名称	申万巴黎基金管理有限公司	英文名称	SYWG BNP Paribas Asset Management Co., Ltd.
成立日期	2004年1月15日	注册资本	1亿元人民币
法人代表	姜国芳	总 经 理	唐熹明
联系电话	021-63353535	客服电话	021-962299
传真号码	021-63353858	公司网址	www.swbnpp.com
注册地址	上海淮海中路300号香港新世界大厦40层	办公地址	上海淮海中路300号香港新世界大厦40层

● 发展概况

申万巴黎基金管理有限公司是国内首批成立的中外合资基金管理公司。2003年12月22日，经中国证监会证监基金字[2003]144号文批准，申万巴黎基金管理有限公司由申银万国证券股份有限公司和法国巴黎资产管理有限公司共同发起设立。

在组织结构上，公司目前下设市场营销总部、投资管理总部、基金运营总部、信息技术总部、风险管理总部、监察稽核总部、财务管理总部、行政管理总部8个部门。

在人员构成上，申万巴黎基金管理有限公司目前共有员工61人，80%以上具有硕士以上学历，其中具70%的公司员工具有三年以上证券从业经历或五年以上金融业从业经历。

● 经营业绩

2005年，申万巴黎基金管理有限公司顺利完成了申万巴黎新动力股票型证券投资基金的募集设立。截至2005年12月31日，申万巴黎基金管理有限公司管理了盛利精选、盛利配置、新动力3只开放式证券投资基金。

申万巴黎新动力股票型基金是申万巴黎旗下第三只开放式基金，也是国内首只未提交基金专家评审会评审而直接进入募集申请审核程序的开放式基金。2005年9月21日申万巴黎新动力开始公开发售，2005年11月4日募集顺利结束，共募集基金份额6.70亿份，有效认购总户数为4662户，2005年11月10日基金合同正式生效。申万巴黎新动力股票型基金是一只偏股型基金，从公司产品线构建来看，它是公司产品线上目前预期风险与收益最高的一只基金。申万巴黎新动力的设立，使公司完成了股票投资从0-95%比例的构建，基本形成了股票型基金的产品线。

近三年公司管理基金资产规模与基金数量

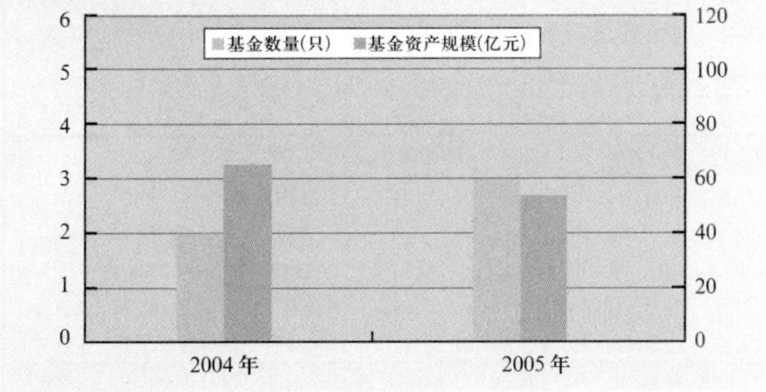

公司股东结构

股东名称	出资金额(万元)	出资比例(%)
申银万国证券股份有限公司	6700.00	67.00
法国巴黎资产管理有限公司	3300.00	33.00

2005年，在低迷的市场环境下，申万巴黎旗下基金规范运作，业绩表现良好。其中，公司首只开放式基金——盛利精选基金全年净值增长0.86%，跑赢同期基金业绩基准收益5个百分点，基金的基准指数申万300指数下跌近9.44%，在同期发行的8只大型基金中盛利精选基金排名第二，在同等规模基金中排名第二。由此，盛利精选基金荣获了"2005年度大基金明星奖"(由证券时报评选)；盛利配置基金是申万巴黎基金管理有限公司管理的第二只开放式基金，该基金是一只争取绝对收益概念的基金，基金合同生效于2004年11月29日。2005年是盛利配置基金完整运作的一年，在上证综指全年下跌8.33%的情况下，盛利配置基金全年净值增长-1.44%，并于2005年4月15日实施了首次基金分红，每基金份额派现0.01元，为基金持有人创造良好的收益回报。

在产品创新方面，申万巴黎基金管理有限公司加快建立基金产品线，突出结构型产品，此前公司侧重于股票型或偏股型基金产品的构造和管理。未来三年公司产品创新规划将逐步扩展产品线，向外汇、期货基金等领域扩张，通过创新增加公司盈利能力，进一步有效控制风险，确立公司在市场的地位，得到投资者认同。

此外，在2005年值得记载的是在股权分置首家试点公司三一重工的股改过程中，申万巴黎作为其第一大流通股股东，在与公司大股东进行沟通交流中发挥了主导作用，促使公司最后修改方案，极大地保护了流通股股东和基金持有人的权益，为后期基金积极争取合理对价起到表率作用。由此，申万巴黎基金管理有限公司荣获了由新浪等主流媒体颁发的2005年度基金公司最重保护持有人权益奖。

公司高管介绍

姜国芳先生：董事长。工商管理硕士，高级经济师。1980年至1984年任职于中国人民银行上海市分行，1984年至1992年任职于中国工商银行上海市分行组织处，1992年至1996年任职于上海申银证券有限公司，董事副总经理、党委副书记。1996年至2004年2月任申银万国证券股份有限公司执行副总裁，兼申银万国(香港)有限公司董事长。

唐熹明先生：副董事长兼总裁。毕业于伦敦大学。1977年至1988年任职于美国花旗银行，1988年至1992年先后出任东京花旗信托银行总经理和东京JP摩根信托银行副总裁，1992年至1995年出任标准渣打银行董事。1995年至2004年2月任法国巴黎资产管理公司亚太区市场推广总监。

申万巴黎盛利精选证券投资基金

基本资料

基金简称	盛利精选		交易代码	310308	
投资目标	通过采用积极主动的分散化投资策略，依靠先进成熟的风险管理技术，运用领先的动态行业配置模型，努力创造长期领先于投资组合基准的稳定投资业绩，追求当期收益和长期增值的平衡，并实现中、长期资本增值为目标的最优化回报。				
业绩比较基准	申万300指数×75%＋中信国债指数×20%+1年定期存款利率×5%				
风险收益特征	该基金是一只偏股型的证券投资基金，股票资产的配置一般情况下在50%－75%的比例(建仓期以后)。从资产配置的特性分类，该基金属于相对收益高、风险偏高的基金。				
合同生效日	2004年4月9日	上市日期	——	上市地点	——
募集概况	首募规模	认购户数	募集日期		
	68.09亿份	145111户	2004年3月8日至2004年4月6日		
基金费率	认购费率	申购费率	赎回费率	管理费率	托管费率
	不高于1.20%	不高于1.50%	0.50%	1.50%	0.25%
基金管理人	申万巴黎基金管理有限公司		基金托管人	中国工商银行股份有限公司	
审计机构	德勤华永会计师事务所	法律顾问	通力律师事务所	注册登记人	申万巴黎基金管理有限公司

财务指标 单位：人民币(元)

项目 \ 年度	2005年度	2004年4月9日至2004年12月31日
基金份额本期净收益	−0.0466	−0.0181
期末可分配基金份额收益	−0.0630	−0.0446
期末基金份额净值	0.9616	0.9534
基金加权平均净值收益率	−4.95%	−1.86%
本期基金份额净值增长率	0.86%	−4.67%
基金份额累计净值增长率	−3.85%	−4.67%
基金收益分配	自基金合同生效以来未实现收益分配。	
期末基金份额持有人户数	基金份额持有人户数为115,401户，平均每户持有43,000份。	
期末基金份额持有人结构	机构投资者持有1,430,188,416.16份，占总份额28.85%；个人投资者持有3,526,918,239.61份，占总份额71.15%。	

基金净值增长率与业绩基准收益率对比图(单位：%)

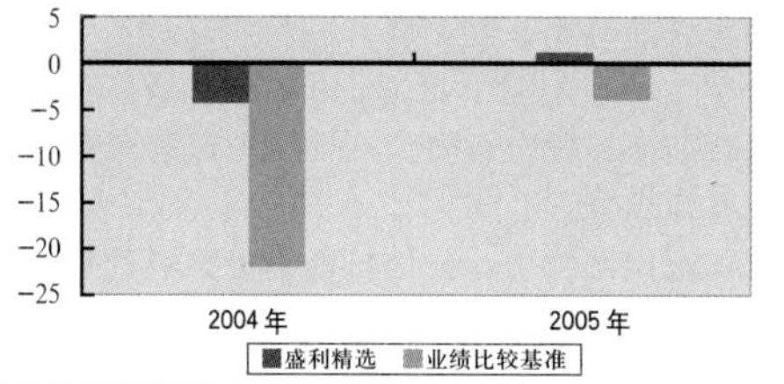

【基金业绩表现】

2005年，盛利精选基金全年净值增长率为0.86%，同期基金业绩基准下跌4.19%，该基金跑赢业绩基准超过5个百分点，在同等规模基金中排名第二。

【基金管理团队】

张惟闵先生：基金经理。英国伦敦商学院工商管理硕士，英国伦敦城市大学传播政策学硕士，拥有英国IIMR基金管理专业资格。曾任英国马丁可利投资管理公司研究员及基金经理；霸菱证券股份有限公司台湾分公司资深副总经理；美林证券投资顾问公司台湾分公司总经理。

【基金运作分析】

从2005年盛利精选基金的具体绩效分析看，资产配置虽然对基金提供了一定正贡献，但幅度有限。行业配置对基金也提供了较好的正贡献，该基金一直看好并保持超额配置的金融、食品饮料、家用电器等行业全年表现较好，而全年表现不佳的电子元器件、纺织服装、轻工制造行业基本保持了较低配置。对基金贡献最大的仍然是股票选择，基金管理人一直坚持的个股全方位分析和对中长期投资价值的重点把握为基金运作提供了有力的支持。

2005年该基金投资中存在的不足在于对市场结构变化的认识上、资产配置的灵活性上和投资执行力度的把握上仍有很多不足。

【季度投资组合一览】

项目 \ 季度	第一季度		第二季度		第三季度		第四季度	
基金资产净值	5,475,619,793.87元		5,064,408,482.27元		4,805,428,841.07元		4,766,595,961.72元	
基金份额	5,710,997,009.95份		5,510,830,404.59份		5,058,422,784.82份		4,957,106,655.77份	
基金份额净值	0.9588元		0.9190元		0.9500元		0.9616元	
基金资产组合	市值(元)	占总资产比例	市值(元)	占总资产比例	市值(元)	占总资产比例	市值(元)	占总资产比例
股票投资	3,686,950,810.00	66.98%	3,526,432,302.10	68.25%	3,235,915,339.10	66.51%	3,515,866,422.95	72.62%
债券投资	1,609,421,963.45	29.24%	1,234,573,456.41	23.89%	1,079,958,756.67	22.20%	1,038,735,271.47	21.46%
银行存款和清算备付金	72,599,821.90	1.32%	382,352,416.41	7.40%	519,701,605.61	10.68%	113,494,727.39	2.34%
其他资产	135,173,809.48	2.46%	23,637,248.68	0.46%	29,432,634.28	0.60%	173,079,287.44	3.58%

投资前五名股票明细	股票名称	市值(元)	占净值比例	股票名称	市值(元)	占净值比例	股票名称	市值(元)	占净值比例	股票名称	市值(元)	占净值比例
	招商银行	313,343,983.70	5.72%	招商银行	361,602,339.18	7.14%	招商银行	314,500,000.00	6.54%	招商银行	263,497,547.60	5.53%
	上海机场	240,783,642.00	4.40%	上海机场	256,572,065.10	5.07%	G宝钢	265,379,713.68	5.52%	G宝钢	258,414,705.92	5.42%
	宝钢股份	230,269,021.33	4.21%	宝钢股份	230,894,866.38	4.56%	G长电	197,023,461.12	4.10%	中兴通讯	200,956,241.88	4.22%
	长江电力	227,925,354.80	4.16%	长江电力	214,897,144.00	4.24%	贵州茅台	174,592,810.80	3.63%	中国石化	153,143,141.10	3.21%
	中兴通讯	222,941,100.80	4.07%	贵州茅台	177,045,000.00	3.50%	上海机场	165,972,800.00	3.45%	贵州茅台	149,457,871.76	3.14%

投资前五名债券明细	债券名称	市值(元)	占净值比例	债券名称	市值(元)	占净值比例	债券名称	市值(元)	占净值比例	债券名称	市值(元)	占净值比例
	20国债(4)	256,683,662.90	4.69%	20国债(4)	284,876,916.00	5.63%	20国债(4)	335,327,128.00	6.98%	20国债(4)	303,629,760.00	6.37%
	04国开09	199,970,000.00	3.65%	04国开09	199,970,000.00	3.95%	04国开09	199,970,000.00	4.16%	04国开09	199,970,000.00	4.20%
	04央票34	193,772,958.90	3.54%	04农发01	150,120,000.00	2.96%	04国债05	174,351,966.47	3.63%	04国债05	169,085,259.97	3.55%
	04农发01	150,120,000.00	2.74%	04国开10	149,983,275.00	2.96%	04国开06	97,425,000.00	2.03%	04国开06	97,425,000.00	2.04%
	04国开10	149,983,275.00	2.74%	04国开06	97,425,000.00	1.92%	04国开08	89,981,000.00	1.87%	04国开08	89,981,000.00	1.89%

申万巴黎盛利强化配置混合型证券投资基金

基本资料

基金简称	盛利配置		交易代码	310318	
投资目标	该基金为争取绝对收益概念的基金产品，其投资管理禀承该基金管理人的主动型投资管理模式，以积极主动和深入的研究为基础结合先进的投资组合模型，通过灵活的动态资产配置和组合保险策略，尽最大努力规避证券市场投资的系统性和波动性风险以尽可能保护投资本金安全，并分享股市上涨带来的回报，实现最优化的风险调整后的投资收益为目标，但该基金管理人并不对投资本金进行保本承诺。				
业绩比较基准	银行一年期定期存款利率				
风险收益特征	该基金是一只进行主动投资的混合型证券投资基金，其风险和预期收益均高于保本基金而低于平衡型基金，属于偏低风险的基金品种。该基金力争通过资产配置、精选个股等投资策略的实施和积极的风险管理而谋求稳定和可持续的绝对收益。				
合同生效日	2004年11月29日	上市日期	——	上市地点	——
募集概况	首募规模	认购户数	募集日期		
	6.90亿份	15611户	2004年10月18日至2004年11月19日		
基金费率	认购费率	申购费率	赎回费率	管理费率	托管费率
	不高于1.20%	不高于1.50%	不高于0.50%	1.20%	0.25%
基金管理人	申万巴黎基金管理有限公司		基金托管人	中国工商银行股份有限公司	
审计机构	德勤华永会计师事务所	法律顾问	通力律师事务所	注册登记人	申万巴黎基金管理有限公司

财务指标　　单位：人民币(元)

项目＼年度	2004年11月29日至2005年12月31日
基金份额本期净收益	−0.0173
期末可分配基金份额收益	−0.0299
期末基金份额净值	0.9761
加权平均基金净值收益率	−1.76%
本期基金净值增长率	−1.44%
基金累计净值增长率	−1.44%
基金收益分配	自基金合同生效以来每10份累计派现0.100元。
期末基金份额持有人户数	基金份额持有人户数为9,865户，平均每户持有4.10万份。
期末基金份额持有人结构	机构投资者持有127,111,704.25份，占总份额31.41%；个人投资者持有277,615,420.89份，占总份额68.59%。

基金净值增长率与业绩基准收益率对比图（单位：%）

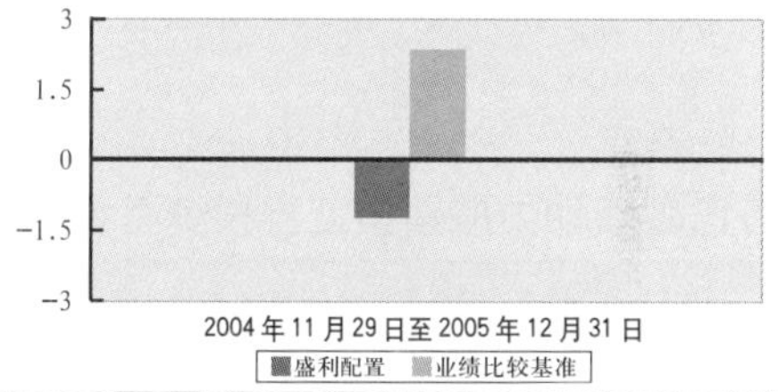

【基金业绩表现】

2005年，盛利配置基金全年净值增长率为−1.44%，同期基金业绩基准收益率为2.25%。

【基金管理团队】

徐荔蓉先生：基金经理。中央财经大学硕士，具备中国非执业注册会计师资格，非执业律师资格。7年证券从业经历，历任中国技术进出口总公司金融部副总经理；融通基金管理有限公司研究策划部副总监；通乾基金经理助理；融通债券基金基金经理。具备丰富的证券投资经验及良好的投资业绩。

【基金运作分析】

2005年，股票市场一直处在制度性变革和价值回归的过程中，全年上证综指下跌8.33%，上证国债指数上涨14.07%。基金主要遵循运作周期为一年的“资产再平衡策略”，具体来说，固定收益组合的久期不超过一年，受益于债券市场的“牛市”非常有限，造成全年基金净值增长率低于业绩比较基准。

第一季度，盛利配置基金在股票的操作上保持谨慎，面对加息后债券收益率较高的局面，债券组合建立的节奏较快。

在股权分置改革试点前后，盛利配置基金认为市场会短期上涨，故股票仓位保持高位，接近组合保险策略计算的风险资

（转下页）

【季度投资组合一览】

项目＼季度	第一季度		第二季度		第三季度		第四季度	
基金资产净值	479,482,774.41元		463,016,242.90元		430,119,997.47元		395,047,919.71元	
基金份额	477,719,003.95份		480,898,550.67份		438,763,543.81份		404,727,125.14份	
基金份额净值	1.0037元		0.9628元		0.9803元		0.9761元	
基金资产组合	市值(元)	占总资产比例	市值(元)	占总资产比例	市值(元)	占总资产比例	市值(元)	占总资产比例
股票投资	78,270,705.89	15.84%	91,813,843.79	19.37%	40,326,868.22	8.43%	76,176,475.11	19.13%
债券投资	283,633,000.00	57.42%	352,497,768.80	74.38%	334,520,465.60	69.93%	174,259,845.27	43.77%
银行存款和清算备付金	55,168,716.47	11.17%	25,864,376.81	5.46%	97,071,962.59	20.29%	128,485,965.75	32.27%
其他资产	76,930,060.59	15.57%	3,729,693.60	0.79%	6,451,141.08	1.35%	19,203,117.52	4.82%

投资前五名股票明细	股票名称	市值(元)	占净值比例	股票名称	市值(元)	占净值比例	股票名称	市值(元)	占净值比例	股票名称	市值(元)	占净值比例
	中兴通讯	21,422,989.28	4.47%	招商银行	15,755,993.94	3.40%	福建高速	6,027,675.34	1.40%	G民生	6,089,667.08	1.54%
	金地集团	18,193,001.75	3.79%	五粮液	13,269,040.00	2.87%	盐湖钾肥	5,814,825.55	1.35%	盐湖钾肥	5,780,000.00	1.46%
	宝钢股份	16,378,542.65	3.42%	雅戈尔	11,413,792.32	2.47%	G华发	4,487,433.16	1.04%	中联重科	5,128,000.00	1.30%
	三一重工	11,454,689.80	2.39%	金地集团	10,749,100.00	2.32%	金融街	4,434,920.17	1.03%	G华海	4,981,201.44	1.26%
	中远航运	3,880,915.61	0.81%	歌华有线	9,767,351.71	2.11%	安徽合力	3,244,402.92	0.75%	中国石化	4,660,000.00	1.18%

投资前五名债券明细	债券名称	市值(元)	占净值比例	债券名称	市值(元)	占净值比例	债券名称	市值(元)	占净值比例	债券名称	市值(元)	占净值比例
	05央票01	96,830,000.00	20.19%	05央票01	96,830,000.00	20.91%	05央票01	96,830,000.00	22.51%	03国开18	50,395,000.00	12.76%
	20国债(4)	96,490,000.00	20.12%	20国债(4)	91,632,000.00	19.79%	03国开18	80,632,000.00	18.75%	20国债(10)	43,918,289.60	11.12%
	03国开18	80,632,000.00	16.82%	03国开18	80,632,000.00	17.41%	05国债(2)	64,161,665.60	14.92%	05央票40	30,615,000.00	7.75%
	04央票10	29,681,000.00	2.02%	05国债(2)	64,187,768.80	13.86%	20国债(4)	42,520,800.00	9.89%	04国开16	21,240,000.00	5.38%
	——	——	——	04央票10	29,681,000.00	2.09%	21国债(15)	20,460,000.00	4.76%	05国药01	9,722,755.07	2.46%

【基金运作分析】

产上限，行业配置以金融、地产、有线电视、港口、食品饮料、信息服务为主，个股主要有G招行、五粮液、金地集团、G歌华、深赤湾、G中兴。因市场出现预期之外的大幅下跌，造成净值出现一定的损失。三季度，股改预期趋于稳定，加上人民币升值，股票市场出现了较大幅度的反弹，该基金通过个股选择取得了较好的收益，主要有G招行、G歌华、G中兴、安徽合力、金融街、G中金。

9月下旬以来，基于上市公司的盈利预期不佳、市场的不确定性，基金管理人降低了股票、债券仓位，维持了较大比例的现金，部分回避了股市、债券下跌产生的损失，基金净值保持平稳，波动率进一步降低。但由于持仓个股“股改”复牌大幅贴权给净值造成了一些损失。12月份，有权证或预期发行权证的大市值股票表现良好，稳定了指数、活跃了市场，本基金较大幅度提高了股票仓位，取得了一些收益。

在固定收益方面，债券久期一直保持在1年以内，基本上没有分享到全年债券市场大幅上涨的机遇，造成在股票市场走势不好的情况下基金净值出现了下跌。

展望2006年，在操作上，该基金管理人将根据市场变化适度提高操作的灵活性，在锁定下跌风险的前提下争取更好的稳定收益。在加强研究的深度、做好盈利预测的基础上适度提高持股集中度，股票组合以具有核心竞争力、市场定价能力强、具有广阔市场渠道的公司为主，在全流通的背景下适度关注资产富裕型企业的并购价值，行业看好银行、地产、机械、石化、电力设备、公用事业、零售、品牌消费品、定价能力强的重点化工行业。

申万巴黎新动力股票型证券投资基金

基本资料							
基金简称	新动力			交易代码	310328		
投资目标	该基金通过投资受益于促进国民经济持续增长的新动力而具有高成长性和持续盈利增长潜力的上市公司，有效分享中国经济快速持续增长的成果；通过采用积极主动的分散化投资策略，在严密控制投资风险的前提下，保持基金资产的持续增值，为投资者获取超过业绩基准的收益。						
业绩比较基准	80%×天相成长100指数收益率＋20%×中信国债指数收益率						
风险收益特征	该基金是一只进行主动投资的股票型证券投资基金，其风险和预期收益均高于平衡型基金，属于中高风险的基金品种。该基金力争通过资产配置、精选个股等投资策略的实施和积极的风险管理而谋求中长期的较高收益。						
合同生效日	2005年11月10日		上市日期	——		上市地点	——
募集概况	首募规模	认购户数	募集日期				
	6.70亿份	4662户	2005年9月21日至2005年11月4日				
基金费率	认购费率	申购费率	赎回费率		管理费率	托管费率	
	不高于1.20%	不高于1.50%	不高于0.50%		1.50%	0.25%	
基金管理人	申万巴黎基金管理有限公司			基金托管人	中国工商银行股份有限公司		
审计机构	德勤华永会计师事务所	法律顾问	通力律师事务所		注册登记人	申万巴黎基金管理有限公司	
备注	申万巴黎新动力股票基金合同于2005年11月10日起正式生效。自2005年11月21日起，该基金开始办理申购业务；自2005年12月12日起，开始办理赎回业务。						

【基金管理团队】

常永涛先生：基金经理。澳门国际大学工商管理硕士。自1992年起开始从事证券市场投资工作，从事股票市场、债券市场的投资，曾任四川省信托投资公司上海证券管理总部副总经理；自2001年起开始从事基金管理工作，2001年至2004年任职大成基金管理有限公司交易部、基金经理部基金经理。2004年12月加入申万巴黎基金管理有限公司任基金经理。

国联基金管理有限公司

法定名称	国联基金管理有限公司	英文名称	Guo Lian Fund Management Co.,Ltd.
成立日期	2004年3月18日	注册资本	1亿元人民币
法人代表	华伟荣	总 经 理	雷建辉
联系电话	021-68419966	客服电话	021-38789788
传真号码	021-68419525	公司网址	www.glfund.com
注册地址	上海市陆家嘴东路166号中国保险大厦34层	办公地址	上海市陆家嘴东路166号中国保险大厦34层

● 发展概况

2004年3月18日，经中国证监会批准，国联基金管理有限公司由国联证券有限责任公司、南华发展集团有限公司(原横店集团有限公司)、云南烟草兴云投资股份有限公司共同发起正式成立，公司注册资本1亿元人民币，注册地在中国上海市。

在组织结构上，公司设立了投资决策委员会，下设8个部门，分别是：投资管理部、研究发展部、市场部、交易部、监察稽核部、基金事务部、信息技术部、综合管理部。目前，公司已经建立健全内部风险控制制度、内部监察制度、财务管理制度、人事管理制度、信息披露制度和员工行为准则等公司管理制度体系。

在人员构成上，截至2005年12月底，国联基金管理有限公司共有员工44人，其中博士学历4人，占员工总数的9%；硕士学历15人，占员工总数的35%；本科学历22人，占员工总数的50%；专科学历3人，占员工总数的6%。具有海外留学或工作经历的5人，占员工总数的11%。

● 经营业绩

2005年，国联基金管理有限公司顺利完成了国联分红增利混合型证券投资基金的募集设立。截至2005年12月31日，国联基金管理有限公司共管理了国联优质成长和国联分红增利两只开放式证券投资基金。

2005年，国联基金管理有限公司注重加强创新基金产品的开发。年初，公司与上证所信息网络有限公司签订了"上证红利指数使用许可协议"，成为了国内首家获得上证红利指数使用许可的基金公司。2005年4月29日，国联基金管理有限公司联手中国农业银行推出国内首只以高分红股票为主要投资标的的证券投资基金——国联分红增利混合型证券投资基金，该基金也是公司旗下第二只产品。2005年6月12日基金募集顺利结束，共募集基金份额6.03亿份，有效认购总户数为21227户，2005年6月16日基金合同生效；2005年6月20日基金正式投入运营管理。

在投资业绩上，2005年国联基金管理有限公司旗下基金规范运作，业绩稳定。其中，公司首只开放式基金——国联优质成长基金全年净值增长-2.32%，同期业绩比较基准收益下跌5.59%，该基金跑赢业绩比较基准3.27个百分点；本年新成立的国联分红增利基金自2005年6月16日运作以来，坚持红利投资理念，注重投资于在历史上具有稳定分红记录、分红能力高、未来具有分红潜力的优质上市公司，既通过相对稳定的股息收益来降低投资收益的不确定性，同时兼顾资本利得。国联分红增利基金自运作以来表现良好，截至2005年12月31日，基金份额净值0.9974元，基金净值增长0.71%，同期业绩基准收益率为4.43%；2005年8月5日国联分红增利基金实施了成立以来的首次分红，每基金份额派现0.010元，以实际行动履行持续分红的运作目标，给投资者带来了实实在在的收益回报。

在客户服务上，国联基金管理有限公司开通了手机短信平台，及时提供净值公告、重在事项提醒等；公司向投资者提供E服务，定时发送投资周刊、月度、季度、半年度、年度、行业分析报告；重大政策出台评论；此外还推出了基金经理网上路演，加强与投资者沟通，力争为投资者提供更好的客户服务。

近三年公司管理基金资产规模与基金数量

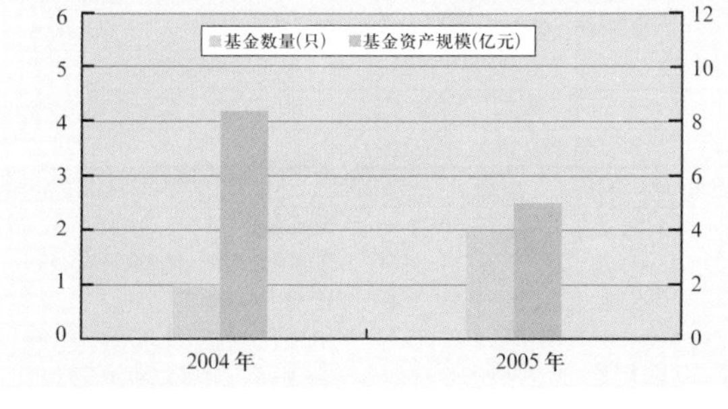

公司股东结构

股东名称	出资金额(万元)	出资比例(%)
国联证券有限责任公司	4900.00	49.00
南华发展集团有限公司	3100.00	31.00
云南烟草兴云投资股份有限公司	2000.00	20.00

公司高管介绍

华伟荣先生：董事长。1965年出生，本科，会计师。1996年8月至2002年1月任江苏省无锡市信托投资公司副总经理，2001年11月起任无锡市国联发展(集团)有限公司董事，2002年1月起任国联证券有限责任公司董事、总裁，2004年2月起任无锡市国联发展(集团)有限公司副总裁，2005年1月起兼任国联信托投资有限责任公司公司董事长。

雷建辉先生：董事、总经理。1968年出生，硕士研究生，经济师。1994年10月至1999年5月任江苏省无锡市信托投资公司部门经理，1999年5月至2001年7月任无锡市国联发展(集团)有限公司董事局秘书，2001年7月至2004年2月任国联证券有限责任公司董事、常务副总裁，2004年3月起任国联基金管理有限公司总经理。

国联优质成长证券投资基金

基本资料					
基金简称	国联成长		交易代码	398001(前端收费) 398002(后端收费)	
投资目标	该基金主要通过投资于中国证券市场中具有品质保障和发展潜力的持续成长企业所发行的股票和国内依法公开发行上市的债券，在控制风险、确保基金资产流动性的前提下，以获取资本长期增值和股息红利收益的方式来谋求基金资产的中长期稳定增值。				
业绩比较基准	新华富时 A600 成长指数×75%+ 新华富时中国国债指数×25%				
风险收益特征	该基金是一只主动型的股票基金，属于中等风险的基金品种，力争在严格控制风险的前提下谋求实现基金资产的中长期稳定增值。				
合同生效日	2004 年 9 月 28 日	上市日期	——	上市地点	——
募集概况	首募规模	认购户数	募集日期		
	10.18 亿份	10483 户	2004 年 8 月 18 日至 2004 年 9 月 23 日		
基金费率	认购费率	申购费率	赎回费率	管理费率	托管费率
	不高于 1.30%	不高于 1.50%	不高于 0.50%	1.50%	0.25%
基金管理人	国联基金管理有限公司		基金托管人	交通银行股份有限公司	
审计机构	江苏公证会计师事务所	法律顾问	北京市金杜律师事务所	注册登记人	国联基金管理有限公司

财务指标　单位：人民币(元)

项目 \ 年度	2005 年度	2004 年 9 月 28 日至 2004 年 12 月 31 日
加权平均基金份额本期净收益	−0.0610	0.0011
期末可分配基金份额收益	−0.0729	−0.0289
期末基金份额净值	0.9486	0.9711
基金加权平均净值收益率	−6.38%	0.11%
本期基金份额净值增长率	−2.32%	−2.91%
基金份额累计净值增长率	−5.16%	−2.91%
基金收益分配	自基金合同生效以来未实现收益分配。	

基金净值增长率与业绩基准收益率对比图（单位：%）

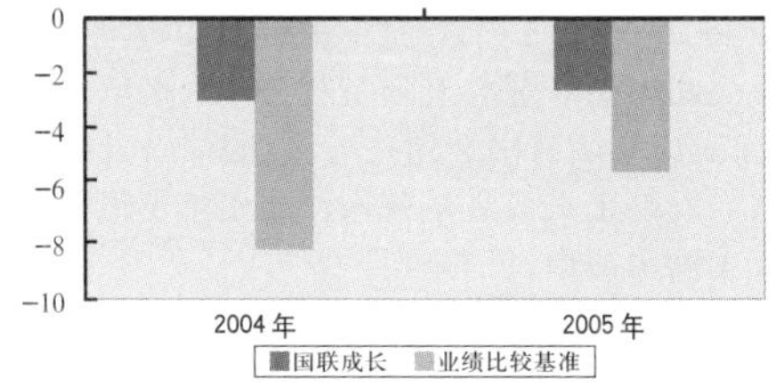

期末基金份额持有人户数	基金份额持有人户数为 3,864 户，平均每户持有 83,441.72 份。
期末基金份额持有人结构	机构投资者持有 274,504,607.44 份，占总份额 85.14%；个人投资者持有 47,914,207.30 份，占总份额 14.86%。

【基金业绩表现】

2005年，国联优质成长基金净值增长−2.32%，同期业绩基准下跌 5.59%，该基金跑赢业绩比较基准 3.27 个百分点。

【基金管理团队】

彭焰宝先生：基金经理。清华大学学士，经济师。1994年4月至1999年12月历任国联证券有限责任公司上交所场内交易员、投资经理、投资部副总经理，负责国联证券有限责任公司投资业务。2000年1月至2003年12月任国联资产管理有限公司投资部总经理，负责海外证券市场投资。现任国联基金管理有限公司投资总监，兼任国联优质成长基金基金经理。

【基金运作分析】

2005 年是中国资本市场发展改革的关键之年。国内股票市场呈现先抑后扬走势，上证指数全年下跌 8.3%。

在资产配置方面，由于估值便宜等原因，国联优质成长基金全年维持了相对较高的股票仓位，期间也准确把握了商业地产、银行等个股的投资机会。对于符合“城市化、消费升级、世界工厂”投资主题的个股和行业仍然维持了较高配置比例，同时对钢铁等周期性个股进行了大幅度减持。2005年国联优质成长基金也积极寻求无风险套利机会，并取得了相对不错的投资收益。但由于对于一些个股和行业的判断出现了一定的偏差，出现了部分无效的仓位配置，结果是虽然股票仓位较高，但是在短期内并未完全体现为基金净值的增长。

【季度投资组合一览】

项目 \ 季度	第一季度		第二季度		第三季度		第四季度	
基金资产净值	575,008,871.83 元		496,073,599.25 元		331,138,258.16 元		305,856,420.62 元	
基金份额	602,584,089.82 份		537,196,409.37 份		344,369,550.22 份		322,418,814.74 份	
基金份额净值	0.9542 元		0.9234 元		0.9616 元		0.9486 元	
基金资产组合	市值(元)	占总资产比例	市值(元)	占总资产比例	市值(元)	占总资产比例	市值(元)	占总资产比例
股票投资	448,929,330.46	77.89%	367,696,274.34	68.11%	252,568,606.03	75.29%	233,115,447.21	70.20%
债券投资	30,174,870.00	5.24%	72,691,563.30	13.47%	29,496,000.00	8.79%	17,640,000.00	5.31%
银行存款和清算备付金	23,246,619.72	4.03%	57,248,134.29	10.60%	32,580,308.23	9.71%	60,607,855.32	18.25%
其他资产	73,992,131.30	12.84%	42,207,092.39	7.82%	20,795,280.86	6.21%	20,693,330.45	6.24%

	股票名称	市值(元)	占净值比例	股票名称	市值(元)	占净值比例	股票名称	市值(元)	占净值比例	股票名称	市值(元)	占净值比例
投资前五名股票明细	招商银行	49,198,613.65	8.56%	长江电力	45,972,957.65	9.27%	天 士 力	28,563,031.20	8.63%	小商品城	22,653,029.25	7.41%
	天 士 力	42,312,657.90	7.36%	招商银行	43,955,125.26	8.86%	小商品城	27,625,112.64	8.34%	黔源电力	18,046,930.55	5.90%
	格力电器	41,460,345.00	7.21%	天 士 力	35,552,204.35	7.17%	G 长 电	20,218,103.28	6.11%	G 天士力	15,974,570.54	5.22%
	福耀玻璃	38,628,060.20	6.72%	格力电器	32,998,954.83	6.65%	招商银行	19,987,236.09	6.04%	江钻股份	15,553,583.50	5.09%
	长江电力	32,515,350.00	5.65%	福耀玻璃	22,225,140.64	4.48%	新 世 界	17,409,191.43	5.26%	新 世 界	14,365,380.49	4.70%
投资前五名债券明细	债券名称	市值(元)	占净值比例	债券名称	市值(元)	占净值比例	债券名称	市值(元)	占净值比例	债券名称	市值(元)	占净值比例
	招行转债	30,174,870.00	5.25%	招行转债	43,183,563.30	8.71%	05 国债(2)	29,496,000.00	8.91%	05 国债(2)	17,640,000.00	5.77%
	——	——	——	05 国债(2)	29,508,000.00	5.95%	——	——	——	——	——	——
	——	——	——	——	——	——	——	——	——	——	——	——
	——	——	——	——	——	——	——	——	——	——	——	——
	——	——	——	——	——	——	——	——	——	——	——	——

国联分红增利混合型证券投资基金

基本资料

基金简称	国联分红		交易代码	398011(前端收费) / 398012(后端收费)	
投资目标	该基金为混合型基金，主要通过投资于中国证券市场中那些现金股息率高、分红稳定的高品质上市公司和国内依法公开发行上市的各类债券，在控制风险、确保基金资产流动性的前提下，以获取高比例分红收益和资本相对增值的方式来谋求基金资产的中长期稳定增值。				
业绩比较基准	上证红利指数×70%+上证国债指数×25%+银行一年期定期存款利率×5%				
风险收益特征	该基金属于中等风险的混合型基金，其风险收益特征从长期平均来看，低于单纯的股票型基金，高于单纯的债券型基金。				
合同生效日	2005年6月16日	上市日期	——	上市地点	——
募集概况	首募规模	认购户数	募集日期		
	6.03亿份	21227户	2005年4月29日至2005年6月12日		
基金费率	认购费率	申购费率	赎回费率	管理费率	托管费率
	不高于1.50%	不高于1.50%	不高于0.50%	1.50%	0.25%
基金管理人	国联基金管理有限公司		基金托管人	中国农业银行	
审计机构	江苏公证会计师事务所	法律顾问	锦天城律师事务所	注册登记人	国联基金管理有限公司

财务指标 单位：人民币(元)

项目 \ 年度	2005年6月16日至2005年12月31日
加权平均基金份额本期净收益	0.0047
期末可分配基金份额收益	-0.0150
期末基金份额净值	0.9974
基金加权平均净值收益率	0.47%
本期基金份额净值增长率	0.71%
基金份额累计净值增长率	0.71%
基金收益分配	自基金合同生效以来每10份累计派现0.100元。
备注	该基金合同生效于2005年6月16日，至2005年12月31日成立不足一年。

基金净值增长率与业绩基准收益率对比图 (单位：%)

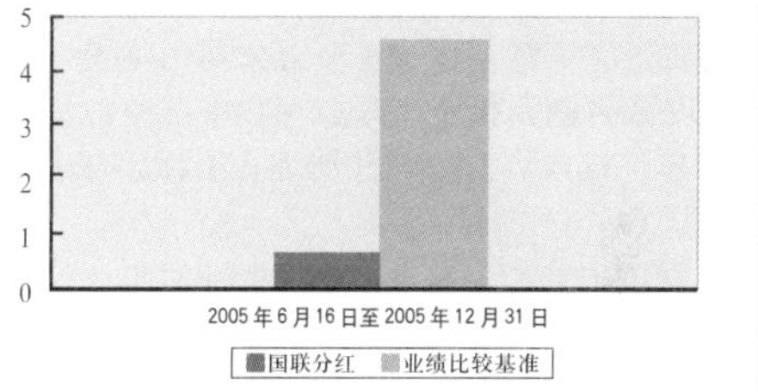

期末基金份额持有人户数	基金份额持有人户数为8,194户，平均每户持有23,653.85份。
期末基金份额持有人结构	机构投资者持有65,774,182.09份，占总份额33.94%；个人投资者持有128,045,474.55份，占总份额66.06%。

【基金业绩表现】

国联分红基金合同生效于2005年6月16日，截至2005年12月31日，基金净值增长0.71%。同期业绩基准收益率为4.43%，该基金表现落后业绩基准3.72个百分点。

【基金管理团队】

李涛先生：基金经理。本科。历任西南证券投资银行部高级经理、总经理助理，国泰君安证券股份有限公司资产管理部交易经理、基金经理助理、基金经理，新时代证券有限公司资产管理总部总经理。

【基金运作分析】

在资产配置方面，作为混合型收益基金，国联分红基金在2005年坚持了较为均衡稳定的资产配置策略，股票资产总体保持在65%左右。在行业配置与投资品种选择方面，该基金秉承了一贯的投资理念——寻找分红能力强、未来具有持续增长能力的公司来构建和调整我们的投资组合。通过基金管理团队的筛选和研究，国联分红基金在三季度末对投资组合进行了进一步的优化和调整，并取得了较好的效果，有效规避了四季度市场下跌的风险。四季度末国联分红基金的重点投资行业主要分布于：商业地产、炼油化工、新材料、商业零售、物流、银行、资源等行业。

【季度投资组合一览】

项目 \ 季度	第三季度				第四季度			
基金资产净值	203,100,795.17元				193,317,843.73元			
基金份额	205,777,084.40份				193,819,656.64份			
基金份额净值	0.9870元				0.9974元			
基金资产组合	市值(元)		占总资产比例		市值(元)		占总资产比例	
股票投资	149,165,965.81		72.15%		129,181,641.47		66.41%	
债券投资	20,395,500.80		9.86%		20,329,120.00		10.45%	
银行存款和清算备付金	20,001,540.82		9.67%		41,431,090.67		21.30%	
其他资产	17,190,130.27		8.32%		3,581,850.11		1.84%	
投资前五名股票明细	序号	股票名称	市值(元)	占净值比例	序号	股票名称	市值(元)	占净值比例
	1	金融街	17,789,938.10	8.76%	1	金融街	12,099,031.70	6.26%
	2	国电电力	16,541,928.18	8.14%	2	中兴通讯	9,129,535.86	4.72%
	3	华泰股份	15,207,703.03	7.49%	3	G华泰	7,954,284.90	4.11%
	4	佛山照明	9,374,499.20	4.62%	4	新安股份	7,756,931.60	4.01%
	5	中兴通讯	8,379,000.00	4.13%	5	外运发展	7,744,650.24	4.01%
投资前五名债券明细	序号	债券名称	市值(元)	占净值比例	序号	债券名称	市值(元)	占净值比例
	1	05国债(2)	20,395,500.80	10.04%	1	05国债(2)	20,329,120.00	10.52%
	2	——	——	——	2	——	——	——
	3	——	——	——	3	——	——	——
	4	——	——	——	4	——	——	——
	5	——	——	——	5	——	——	——

华富基金管理有限公司

法定名称	华富基金管理有限公司	英文名称	HuaFu Fund Management Co.,Ltd.
成立日期	2004年4月19日	注册资本	1.2亿元人民币
法人代表	姚怀然	总 经 理	周志德
联系电话	021-68886996	客服电话	021-38834699
传真号码	021-68887997	公司网址	www.hffund.com
注册地址	上海浦东南路588号浦发大厦14楼	办公地址	上海浦东南路588号浦发大厦14楼

● 发展概况

2004年4月19日，经中国证监会证监基金字[2004]47号文批准，华富基金管理有限公司由华安证券有限责任公司、安徽省创新投资有限公司和中国华源集团有限公司共同发起正式成立。公司注册地在上海，注册资本金1.2亿元人民币。

在组织结构上，华富基金管理有限公司设立了投资决策委员会，由公司总经理、分管投资的副总经理、基金投资部经理组成，是公司基金投资的最高决策机构，督察长、基金经理列席投资决策委员会会议。公司下设基金投资部、研究发展部、市场拓展部、运作保障部、监察稽核部、综合管理部等部门。

在人员构成上，截至2005年12月底，华富基金管理有限公司共有员工40人，60%以上具有硕士以上学历。

● 经营业绩

2005年，华富基金管理有限公司完成了华富竞争力优选混合型证券投资基金的募集设立。截至2005年12月31日，华富基金管理有限公司管理了华富竞争力优选混合型证券投资基金一只开放式基金。

华富竞争力优选混合型证券投资基金是华富基金管理有限公司推出的首只开放式基金。2005年1月4日，经中国证监会证监基金字[2004]199号文批准，华富竞争力优选混合型证券投资基金开始公开募集，2005年2月25日募集顺利结束；共募集基金份额6.01亿份，有效认购总户数为8157户，2005年3月2日基金合同正式生效。

华富竞争力优选混合型证券投资基金在2005年共运作约10个月，面对错综复杂的市场环境，该基金制定了“淡化行业、精选个股”的投资策略，在操作过程中力求在控制风险的前提下获取最佳的投资收益。在实际操作中，由于对股权分置试点的启动给市场估值体系所造成的影响评估不足，导致建仓相对偏早，仓位偏重，上半年的投资结果使得投资者遭受了损失。在下半年的操作中，基金及时调整了投资策略，采取了以增持估值具有吸引力且增长前景显著的个股、利用仓位积极防御的策略抵御市场的系统性风险。截至2005年12月31日，华富竞争力优选基金份额净值为0.9800元，自成立以来基金份额净值增长率为-2.00%，同期业绩比较基准收益率为-3.90%，该基金超越业绩比较基准1.90个百分点。

在投资管理中，华富基金管理有限公司重视公司治理、风险控制、投资管理以及人才培养，尽快缩短与业内优秀企业之间的差距。自成立以来，华富基金管理有限公司奉行“为中国投资者理财，为中国投资者创造财富”的经营理念，致力于为投资者提供专业化、高质量的投资管理服务。

目前公司管理基金资产规模与基金数量(截至2005年12月31日)

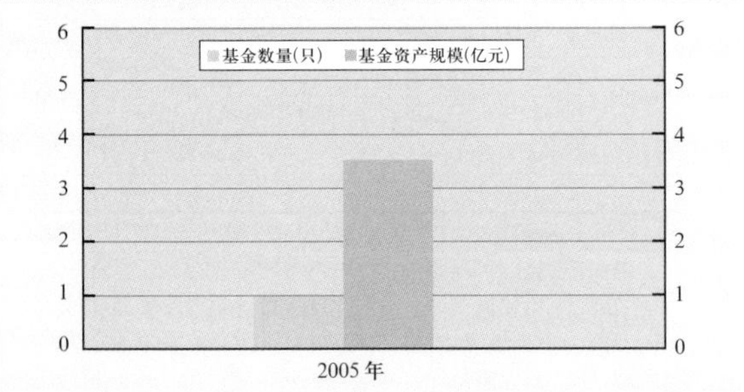

公司股东结构

股东名称	出资金额(万元)	出资比例(%)
华安证券有限责任公司	5880.00	49.00
安徽省创新投资有限公司	3240.00	27.00
中国华源集团有限公司	2880.00	24.00

公司高管介绍

姚怀然先生：1959年生，研究生学历，文学学士。历任安徽省证券公司总经理助理兼总经理办公室主任，证券投资总部总经理(兼)，华安证券有限责任公司总裁助理，证券投资总部总经理。现任华富基金管理有限公司董事长。

周志德先生：1964年生，工学硕士，中欧国际管理商学院EMBA。曾在中国人民银行安徽省分行任职。1993年起历任安徽省证券交易中心工程部总经理、华安证券有限责任公司金寨路营业部总经理。现任华富基金管理有限公司总经理。

华富竞争力优选混合型证券投资基金

基本资料					
基金简称	华富竞争力			交易代码	410001
投资目标	该基金采取适度主动资产配置和积极主动精选证券的投资策略，对基金投资风险的控制遵循"事前防范、事中控制、事后评估"的风险控制程序，运用华富PMC选股系统，力求实现基金资产的中长期稳定增值。				
业绩比较基准	60%×中信标普300指数＋35%×中信全债指数＋5%×同业存款利率				
风险收益特征	该基金属于中等风险的混合型基金，其风险收益特征从长期平均来看，介于单纯的股票型组合与单纯的债券型组合之间。				
合同生效日	2005年3月2日	上市日期	——	上市地点	——
募集概况	首募规模	认购户数	募集日期		
	6.01亿份	8157户	2005年1月4日至2005年2月25日		
基金费率	认购费率	申购费率	赎回费率	管理费率	托管费率
	不高于1.00%	不高于1.50%	不高于0.50%	1.50%	0.25%
基金管理人	华富基金管理有限公司		基金托管人	中国建设银行股份有限公司	
审计机构	安永大华会计师事务所	法律顾问	上海市海华永泰律师事务所	注册登记人	华富基金管理有限公司

财务指标　　单位：人民币(元)

项目＼年度	2005年3月2日至2005年12月31日
基金份额本期净收益	−0.0660
期末可分配基金份额收益	−0.0608
期末基金份额净值	0.9800
基金加权平均净值收益率	−7.04%
本期基金份额净值增长率	−2.00%
基金份额累计净值增长率	−2.00%
基金收益分配	自基金合同生效以来未实现收益分配。
备注	该基金合同生效于2005年3月2日，至2005年12月31日运作不足一年。
期末基金份额持有人户数	基金份额持有人户数为5,771户，平均每户持有64,609.15份。
期末基金份额持有人结构	机构投资者持有238,552,257.64份，占总份额63.98%；个人投资者持有134,307,146.15份，占总份额36.02%。

基金净值增长率与业绩基准收益率对比图（单位：%）

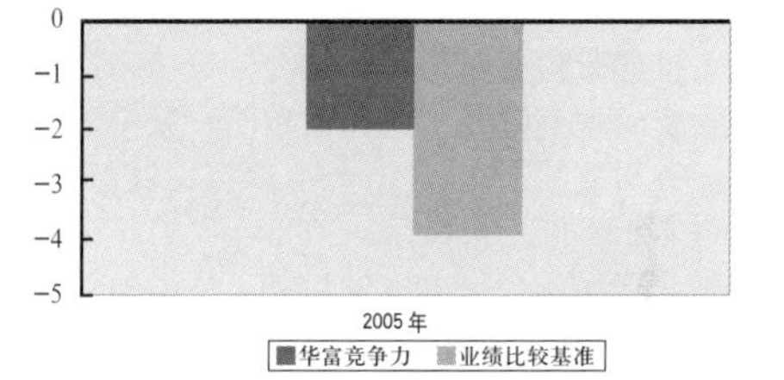

【基金业绩表现】

华富竞争力优选基金于2005年3月2日正式成立。截至2005年12月31日，基金份额净值为0.9800元，基金份额净值增长率为−2.00%，同期业绩比较基准收益率为−3.90%，基金表现超越业绩基准收益1.90%。

【基金管理团队】

黄卓立先生：基金经理。经济学硕士，经济学博士研究生。1998年起于君安证券有限责任公司资产管理部、国泰君安证券股份有限公司资产管理二部从事投资工作，2000年起任华安证券有限责任公司资产管理总部高级基金经理。2005年3月起任华富竞争力优选基金基金经理。

【基金运作分析】

华富竞争力优选基金于2005年3月2日正式设立，全年运作约10个月。面对如此错综复杂的市场环境，华富竞争力优选基金制定了"淡化行业、精选个股"的投资策略，在实际操作中，由于对股权分置试点的启动给市场估值体系所造成的影响评估不足，导致建仓相对偏早，仓位偏重，上半年的投资结果使得投资者遭受了损失。在下半年的操作中，华富竞争力优选基金吸取了上半年操作过程中的教训，及时调整了投资策略，采取了以增持估值具有吸引力且增长前景显著的个股、利用仓位积极防御的策略抵御市场的系统性风险。该基金在运作中存在的不足在于：在制度性变革的背景下，对市场心理的把握出现偏差，导致在仓位控制上的偏误，影响了基金业绩。

【季度投资组合一览】

项目＼季度	第二季度			第三季度			第四季度		
基金资产净值	475,481,760.78元			437,894,246.53元			365,402,880.06元		
基金份额	542,738,388.26份			458,596,943.17份			372,859,403.79份		
基金份额净值	0.8761元			0.9549元			0.9800元		
基金资产组合	市值(元)	占总资产比例		市值(元)	占总资产比例		市值(元)	占总资产比例	
股票投资	368,985,761.64	77.33%		250,563,933.81	56.99%		122,697,552.28	33.26%	
债券投资	26,650,221.00	5.59%		23,777,748.40	5.41%		20,832,384.00	5.65%	
银行存款和清算备付金	73,622,054.47	15.43%		164,046,221.16	37.31%		70,426,108.15	19.09%	
其他资产	7,887,511.33	1.65%		1,254,848.53	0.29%		154,997,727.99	42.00%	
投资前五名股票明细	股票名称	市值(元)	占净值比例	股票名称	市值(元)	占净值比例	股票名称	市值(元)	占净值比例
	烟台万华	44,817,434.40	9.43%	士兰微	34,675,445.80	7.92%	澄星股份	25,309,140.90	6.93%
	中兴通讯	31,677,857.28	6.66%	振华港机	25,552,902.90	5.84%	烟台万华	17,341,704.25	4.75%
	福耀玻璃	31,235,649.12	6.57%	中材国际	20,848,786.60	4.76%	G士兰微	15,733,314.17	4.31%
	中国石化	27,616,602.00	5.81%	华微电子	18,681,115.86	4.27%	新和成	14,205,000.00	3.89%
	士兰微	26,519,359.92	5.58%	烟台万华	16,085,160.00	3.67%	中国联通	14,000,000.00	3.83%
投资前五名债券明细	债券名称	市值(元)	占净值比例	债券名称	市值(元)	占净值比例	债券名称	市值(元)	占净值比例
	20国债(4)	15,653,136.00	3.29%	20国债(4)	15,910,878.40	3.63%	20国债(4)	15,841,728.00	4.34%
	21国债(15)	10,997,085.00	2.31%	21国债(15)	7,866,870.00	1.80%	04国债(5)	4,990,656.00	1.37%
	——	——	——	——	——	——	——	——	——
	——	——	——	——	——	——	——	——	——
	——	——	——	——	——	——	——	——	——

光大保德信基金管理有限公司

法定名称	光大保德信基金管理有限公司	英文名称	EVERBRIGHT PRAMERICA FUND MANAGEMENT CO.,LTD.
成立日期	2004年4月22日	注册资本	1.6亿元人民币
法人代表	林 昌	总 经 理	傅德修
联系电话	021-33074700	客服电话	021-53524620
传真号码	021-63351152	公司网址	www.epf.com.cn
注册地址	上海市延安东路222号外滩中心46-47楼	办公地址	上海市延安东路222号外滩中心46-47楼

● 发展概况

光大保德信基金管理有限公司是由中国光大集团控股的光大证券股份有限公司和美国保德信金融集团旗下的保德信投资管理有限公司共同创建的一家中外合资基金管理公司。公司成立于2004年4月22日，公司总部设在上海，注册资本1.6亿元人民币，2005年7月，公司聘任林昌先生担任公司董事长。2005年11月，公司聘任傅德修先生担任公司总经理。

在组织结构上，公司管理层共设立了9个职能部门，分别是财务部、运营部、信息技术部、投资部，市场部、产品开发部、销售部，人力资源部和监察稽核部；除设立独立的监事会外，还在董事会下设薪酬、提名和资格审查委员会，审计委员会、风险管理委员会及独立督察长。

在人员构成上，截至2005年底，光大保德信基金管理有限公司共有员工58人，其中48%具有硕士以上的学位。

● 经营业绩

2005年，光大保德信基金管理有限公司顺利完成光大保德信货币市场基金的募集设立。截至2005年12月31日，光大保德信基金管理有限公司管理了光大保德信量化核心证券投资基金和光大保德信货币市场基金两只开放式基金，公司管理基金总资产30.53亿元人民币。

光大保德信货币市场基金是光大保德信基金管理公司旗下首只货币市场基金。经中国证监会批准，光大保德信货币市场基金自2005年5月16日开始募集，2005年6月3日基金募集顺利结束，共募集基金份额14.40亿份，有效认购总户数为3604户，2005年6月9日基金合同正式生效。光大保德信货币市场基金成立时，正值货币市场利率最低点。该基金克服市场的不利影响，重点投资了高票息的短期融资券和浮动利率债券，并将部分基金资产配置在银行定期存款上；同时结合息差交易，骑乘交易和跨市场回购套利等策略，逐步实现浮动盈余，使基金7日年化收益率稳步上升。光大保德信货币市场基金自成立日起至2005年12月31日，基金累积收益率战胜了同期业绩比较基准。2005年下半年基金累计回报为0.9377%，超越同期业绩基准收益0.9200%，在同期发行的货币基金中居于前列。

光大保德信量化核心基金是光大保德信基金管理有限公司管理的首只开放式基金，成立2004年8月27日。2005年是量化核心基金基金完整运作的一年。截至2005年12月31日，量化核心基金份额净值为0.8761元，全年基金净值增长率为-7.36%，同期业绩基准收益下跌7.11%，全年相对收益回报-0.25%。

在规范管理基金的同时，光大保德信基金管理有限公司还致力于企业年金业务的建设工作。2005年12月10日，光大保德信基金管理有限公司和中国光大银行联合主办了“企业年金市场监管和发展国内外实践研讨会”，就现阶段企业年金的发展方向、监管目标以及投资运作等话题进行了广泛而深入地讨论。

近三年公司管理基金资产规模与基金数量

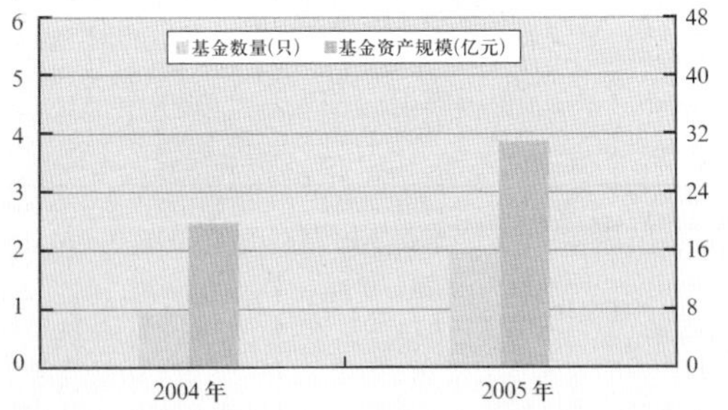

公司股东结构

股东名称	出资金额(万元)	出资比例(%)
光大证券股份有限公司	10720.00	67.00
保德信投资管理有限公司	5280.00	33.00

公司高管介绍

林昌先生：董事长。北京大学硕士，中国国籍。历任光大证券南方总部研究部总经理；投资银行一部总经理；南方总部副总经理；投资银行总部总经理；光大证券股份有限公司助理总裁。

傅德修先生：董事，总经理。美国哥伦比亚大学硕士，中国(香港)国籍。曾任富达基金管理公司(Fidelity)零售业务总监，瑞士银行瑞银环球资产管理公司(UBS)执行董事暨大中国区主管，友邦华泰基金管理有限公司总经理。

光大保德信量化核心证券投资基金

基本资料					
基金简称	量化核心		交易代码	360001	
投资目标	追求长期持续稳定超出业绩比较基准的投资回报。				
业绩比较基准	90%×新华富时中国A200指数＋10%×同业存款利率				
风险收益特征	该基金属于风险程度中等偏高的基金品种，按照风险收益配比原则对投资组合进行严格的风险管理，在风险限制范围内追求收益最大化。				
合同生效日	2004年8月27日	上市日期	——	上市地点	——
募集概况	首募规模	认购户数	募集日期		
	25.44亿份	10835户	2004年7月20日至2004年8月20日		
基金费率	认购费率	申购费率	赎回费率	管理费率	托管费率
	不高于1.00%	不高于1.50%	不高于0.50%	1.50%	0.25%
基金管理人	光大保德信基金管理有限公司		基金托管人	中国光大银行股份有限公司	
审计机构	安永大华会计师事务所	法律顾问	北京市金杜律师事务所	注册登记人	光大保德信基金管理有限公司

财务指标　单位：人民币(元)

项目＼年度	2005年度	2004年8月27日至2004年12月31日
基金份额本期净收益	−0.1541	−0.0053
期末可分配基金份额收益	−0.1566	−0.0062
期末基金份额净值	0.8761	0.9457
基金加权平均净值收益率	−17.75%	−0.53%
本期基金份额净值增长率	−7.36%	−5.44%
基金份额累计净值增长率	−12.40%	−5.44%
基金收益分配	自基金合同生效以来未实现收益分配。	
期末基金份额持有人户数	基金份额持有人户数为7,210户，平均每户持有205,638.58份。	
期末基金份额持有人结构	机构投资者持有986,833,949.80份，占总份额66.56%；个人投资者持有495,820,204.00份，占总份额33.44%。	

基金净值增长率与业绩基准收益率对比图（单位：%）

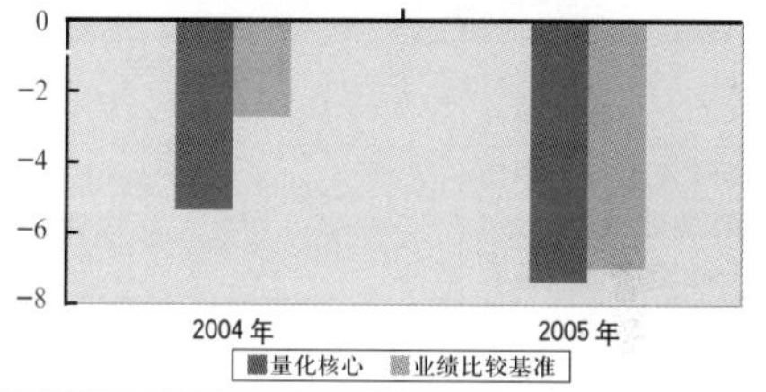

【基金业绩表现】

截至2005年12月31日，量化核心基金全年基金份额净值为0.8761元，基金净值全年增长−7.36%，同期业绩基准收益下跌7.11%，相对回报为−0.25%。

【基金管理团队】

常昊先生：基金经理。经济学硕士学位。历任上海申华实业股份有限公司综合投资部经理；申银万国证券研究所行业研究员；长盛成长价值证券投资基金基金经理助理、基金经理。2004年3月加入光大保德信基金管理有限公司。现任量化核心基金基金经理。

【基金运作分析】

光大保德信量化核心基金采用资产配置恒定策略，2005年上半年，由于大盘持续下跌，该基金承受了较大的系统性风险，量化投资方式在运行之初在个股选择和投资模式上也存在一些问题，导致基金净值损失较大。

2005年下半年，该基金管理人针对量化模型进行了改进，同时强调基本研究的深度，提高个股选择能力，加强行业配置的灵活性，并采取了更加灵活、主动的交易策略。通过上述措施，量化核心基金的投资业绩在下半年取得了明显的改善。

【季度投资组合一览】

项目＼季度	第一季度			第二季度			第三季度			第四季度		
基金资产净值	1,736,296,267.62元			1,561,371,367.28元			1,425,924,574.09元			1,298,924,803.32元		
基金份额	1,936,314,193.71份			1,903,020,730.23份			1,677,977,021.46份			1,482,654,153.80份		
基金份额净值	0.8967元			0.8205元			0.8498元			0.8761元		
基金资产组合	市值(元)		占总资产比例	市值(元)		占总资产比例	市值(元)		占总资产比例	市值(元)		占总资产比例
股票投资	1,510,221,914.98		85.86%	1,408,757,423.06		89.63%	1,300,783,934.22		90.92%	1,193,345,372.05		90.78%
债券投资	——		——	——		——	——		——	——		——
银行存款和清算备付金	173,452,956.15		9.86%	158,903,527.00		10.11%	128,314,552.28		8.97%	119,443,195.77		9.09%
其他资产	75,325,998.97		4.28%	4,093,532.95		0.26%	1,519,569.06		0.11%	1,710,275.47		0.13%
投资前五名股票明细	股票名称	市值(元)	占净值比例	股票名称	市值(元)	占净值比例	股票名称	市值(元)	占净值比例	股票名称	市值(元)	占净值比例
	招商银行	73,146,986.35	4.21%	招商银行	75,655,754.88	4.85%	G长电	69,293,347.68	4.86%	G长电	73,154,240.24	5.63%
	中国石化	62,022,075.06	3.57%	宝钢股份	71,974,356.36	4.61%	招商银行	65,392,186.06	4.59%	招商银行	67,445,000.00	5.19%
	中国联通	54,545,528.79	3.14%	中国联通	61,057,624.94	3.91%	中国石化	64,841,000.00	4.55%	中国石化	61,978,000.00	4.77%
	中兴通讯	49,083,939.52	2.83%	中国石化	50,661,935.19	3.24%	上海机场	51,744,000.00	3.63%	G万科A	53,875,000.00	4.15%
	万科A	38,778,309.12	2.23%	上海机场	38,186,530.20	2.45%	万科A	48,824,000.00	3.42%	G中兴	53,347,489.68	4.11%

光大保德信货币市场基金

基本资料						
基金简称	光大保德信货币		交易代码	360003		
投资目标	该基金通过投资于高信用等级、高流动性的短期金融工具，为投资者提供流动性储备；并在保持基金资产本金安全和高流动性的前提下，获得稳健的超越业绩比较基准的当期收益。					
业绩比较基准	一年期银行定期储蓄存款的税后利率					
风险收益特征	从长期平均值来看，该基金风险收益特征属于低风险的基金品种，风险程度低于其他类型的基金品种。该基金按照风险收益配比原则对投资组合进行严格的风险管理，将风险水平控制在既定目标之内，在风险限制范围内追求收益最大化。					
合同生效日	2005年6月9日	上市日期	——	上市地点	——	
募集概况	首募规模	认购户数	募集日期			
	14.40亿份	3604户	2005年5月16日至2005年6月3日			
基金费率	认购费率	申购费率	赎回费率	管理费率	托管费率	销售服务费率
	0	0	0	0.33%	0.10%	0.25%
基金管理人	光大保德信基金管理有限公司		基金托管人	招商银行股份有限公司		
审计机构	安永大华会计师事务所	法律顾问	北京市金杜律师事务所	注册登记人	光大保德信基金管理有限公司	

财务指标　单位：人民币(元)

项目 \ 年度	2005年6月9日至2005年12月31日
本期净收益	7,111,719.22
期末基金资产净值	1,754,121,488.79
期末基金份额净值	1.000
本期净值收益率	1.02%
累计净值收益率	1.02%
基金收益分配	从基金成立至2005年12月31日累计收益分配7,111,719.22元。
备注	该基金合同生效于2005年6月9日，至2005年12月31日成立不足一年。

基金收益率与同期业绩基准收益率对比图（单位：%）

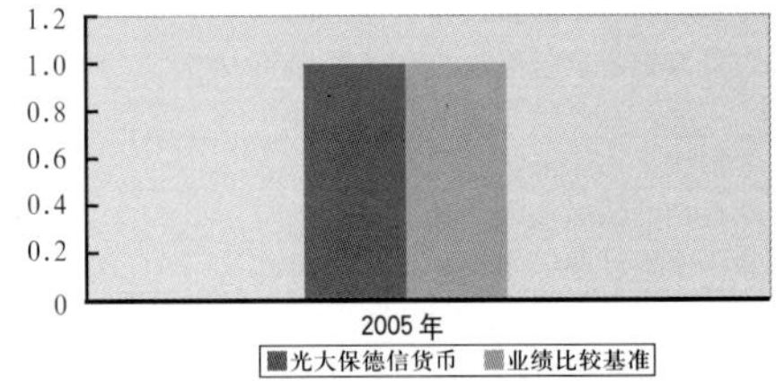

期末基金份额持有人户数	基金份额持有人户数为7,134户，平均每户持有245,881.90份。
期末基金份额持有人结构	机构投资者持有788,066,018.55份，占总份额44.93%；个人投资者持有966,055,470.24份，占总份额55.07%。

【基金业绩表现】

光大保德信货币基金合同生效于2005年6月9日，截至2005年12月31日基金净值收益率为1.02%，同期业绩基准收益率为1.03%。

【基金管理团队】

沈毅先生：基金经理。美国圣克莱尔大学工商管理硕士、美国卡内基梅隆大学计算金融学硕士。曾任嘉实基金管理有限公司投资部债券经理，2004年4月加入光大保德信基金管理有限公司，担任公司债券投资高级经理兼资产配置经理。现任光大保德信货币市场基金基金经理。

【基金运作分析】

光大保德信货币市场基金成立于2005年6月9日，正值货币市场利率最低点。该基金重点投资了高票息的短期融资券和浮动利率债券，并将部分基金资产配置在银行定期存款上。同时，结合息差交易，骑乘交易和跨市场回购套利等策略，并逐步实现浮动盈余，使基金7日年化收益率在年内稳步上升。

自基金成立日起至2005年度末，光大保德信货币市场基金的累积收益率仍战胜了比较基准。2005年下半年基金累计回报为0.9377%，超越了同期业绩比较基准回报0.9200%，在同期发行的货币基金中居于前列。

【季度投资组合一览】

项目 \ 季度	第三季度			第四季度		
基金资产净值	503,929,891.77元			1,754,121,488.79元		
基金份额	503,929,891.77份			1,754,121,488.79份		
基金份额净值	1.000元			1.000元		
基金资产组合	市值(元)		占总资产比例	市值(元)		占总资产比例
债券投资	183,407,176.72		32.33%	1,097,954,808.43		56.58%
买入返售证券	160,000,000.00		28.20%	137,100,000.00		7.07%
银行存款和清算备付金	223,670,941.42		39.42%	703,374,174.44		36.25%
其他资产	304,628.75		0.05%	2,057,482.26		0.10%
投资前五名债券明细	债券名称	摊余成本(元)	占资产净值比例	债券名称	摊余成本(元)	占资产净值比例
	05招商局CP01	29,324,287.92	5.82%	05中信债1	121,151,734.61	6.91%
	05五矿CP02	24,870,380.98	4.94%	05央票07	99,731,090.84	5.69%
	05联通CP01	24,485,808.02	4.86%	05方正CP01	78,414,959.51	4.47%
	05广发CP01	19,927,349.40	3.95%	05赣粤CP01	58,975,614.51	3.36%
	05海通CP01	14,965,447.24	2.97%	05济钢CP01	50,233,973.74	2.86%
投资组合剩余期限	平均剩余期限		占资产净值比例	平均剩余期限		占资产净值比例
	30天以内		53.32%	30天以内		34.80%
	30天(含)—60天		9.88%	30天(含)—60天		5.69%
	60天(含)—90天		6.93%	60天(含)—90天		6.84%
	90天(含)—180天		9.92%	90天(含)—180天		17.69%
	180天(含)—397天(含)		32.48%	180天(含)—397天(含)		45.49%

上投摩根基金管理有限公司

法定名称	上投摩根基金管理有限公司	英文名称	China International Fund Management Co., Ltd.
成立日期	2004年5月12日	注册资本	1.5亿元人民币
法人代表	周有道	总 经 理	王鸿嫔
联系电话	021−38794999	客服电话	021−38794888
传真号码	021−68881130	公司网址	www.51fund.com
注册地址	上海市浦东富城路99号震旦国际大楼20层	办公地址	上海市浦东富城路99号震旦国际大楼20层

● 发展概况

上投摩根基金管理有限公司(原上投摩根富林明基金管理有限公司)是经中国证监会证监基金字[2004]56号文批准，由上海国际信托投资有限公司和摩根富林明资产管理有限公司共同组建的一家中外合资基金公司，公司注册资本1.5亿元，注册地在中国上海。2005年8月12日，公司股东及出资比例分别由上海国际信托投资有限公司67%和摩根富林明资产管理(英国)有限公司33%变更为上海国际信托投资有限公司51%和摩根富林明资产管理(英国)有限公司49%，注册资本保持不变。

在组织结构上，上投摩根基金管理有限公司借鉴国际基金业规范的成功经验，将股东会、董事会、监事会及经营管理层权责明确划分，实施专业风险控管，体现出基金业管理方式的专业标准——分权、分责、分工。在股权结构上，为确保股权的长期稳定，在股东协议上双方约定，避免经营管理层趋向追求短期业绩表现，始终专注于长期经营成果呈现，保持长期稳健的发展。

在人员构成上，截至2005年12月底，上投摩根基金管理有限公司共有员工65人，平均年龄35岁，其中本科39人，硕士21人，博士5人。

● 经营业绩

2005年，上投摩根基金管理有限公司顺利完成了上投摩根货币市场基金和上投摩根阿尔法股票型基金两只新基金的募集设立。截至2005年12月31日，上投摩根基金管理有限公司共管理了上投摩根中国优势、上投摩根货币市场基金和上投摩根阿尔法3只开放式证券投资基金，公司管理基金资产24.52亿元人民币。

上投摩根货币市场基金是公司旗下首只货币型基金。经中国证监会证监基金字[2005]15号文批准，自2005年3月28日开始募集，2005年4月8日基金募集顺利结束，共募集基金份额9.91亿份，有效认购总户数为7491户，2005年4月13日基金合同正式生效。

上投摩根阿尔法基金是公司旗下第三只开放式基金。该基金采取为期两周的“闪电发行”，自2005年9月14日开始募集，2005年9月29日募集结束，基金合同生效于2005年10月11日，共募集基金份额7.68亿份，有效认购总户数为8537户。

在投资业绩方面，2005年上投摩根基金管理公司旗下基金稳健运作，业绩表现良好。其中，公司管理的首只开放式基金——上投摩根中国优势基金全年基金净值增长率为11.32%，同期业绩基准收益下跌5.37%，超越业绩基准收益16.69个百分点，表现高于同期行业平均水平，并于11月1日实施收益分配，每基金份额派现0.02元；新成立的上投摩根货币市场基金自成立日起至2005年12月31日，上投货币A基金净值收益率为0.6628%，上投货币B基金净值收益率为0.8377%，同期业绩基准收益率为1.1932%；上投摩根阿尔法基金成立于2005年10月11日，截至2005年12月31日，基金净值增长2.02%，同期业绩基准收益率为0.47%，超越业绩基准收益1.55个百分点，较好地为持有人创造了收益回报。

2005年上投摩根基金管理有限公司在基金持续营销方面颇有成效。在这一年，上投摩根在全国各地成功推出了“致富100”系列理财活动，分别以现场和网上讲座的形式，在全国举办理财讲座100场，先后有近万名投资者参与。上投摩根通过开展大规模理财活动，不仅使基金理财深入百姓，投资者感受并认可公司品牌；同时还与渠道建立了良好的合作关系，进一步提高了公司在未来业务发展中的竞争力。

近三年公司管理基金资产规模与基金数量

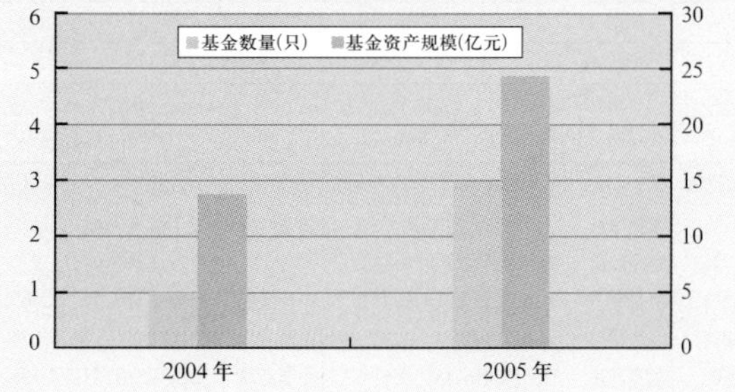

公司股东结构

股东名称	出资金额(万元)	出资比例(%)
上海国际信托投资有限公司	7650.00	51.00
摩根富林明资产管理(英国)有限公司	7350.00	49.00

公司高管介绍

周有道先生：董事长。历任上海市财政局长，上海国际集团有限公司、上海国际信托投资有限公司董事长，并为复旦大学、上海财经大学客座教授。

王鸿嫔女士：总经理。历任怡富投资信托股份有限公司电子商务部副总经理，怡富投资顾问股份有限公司总经理。

上投摩根中国优势证券投资基金

基本资料

基金简称	中国优势			交易代码	375010
投资目标	该基金在以长期投资为基本原则的基础上，通过严格的投资纪律约束和风险管理手段，将战略资产配置与投资时机有效结合，精心选择在经济全球化趋势下具有国际比较优势的中国企业，通过精选证券和适度主动投资，为国内投资者提供国际水平的理财服务，谋求基金资产的长期稳定增值。				
业绩比较基准	70%×新华富时中国A600指数收益率+25%×上证国债指数收益率+5%×同业存款利率				
风险收益特征	该基金努力追求资产配置动态平衡，在风险预算目标下使基金收益最大化，属于中等风险的基金产品。				
合同生效日	2004年9月15日	上市日期	——	上市地点	——
募集概况	首募规模	认购户数	募集日期		
	16.69亿份	22812户	2004年8月9日至2004年9月10日		
基金费率	认购费率	申购费率	赎回费率	管理费率	托管费率
	不高于1.20%	不高于1.50%	不高于0.50%	1.50%	0.25%
基金管理人	上投摩根基金管理有限公司		基金托管人	中国建设银行股份有限公司	
审计机构	普华永道中天会计师事务所	法律顾问	通力律师事务所	注册登记人	上投摩根基金管理有限公司

财务指标 单位：人民币(元)

项目 \ 年度	2005年度	2004年9月15日至2004年12月31日
基金份额本期净收益	0.0294	-0.0136
期末可分配基金份额收益	-0.0023	-0.0137
期末基金份额净值	1.0836	0.9921
基金加权平均净值收益率	2.8723%	-1.3633%
本期基金份额净值增长率	11.3247%	-0.7900%
基金份额累计净值增长率	10.4452%	-0.7900%
基金收益分配	本年度每10份派现0.200元；成立以来每10份累计派现0.200元。	
期末基金份额持有人户数	基金份额持有人户数为8,922户，平均每户持有130,405.42份。	
期末基金份额持有人结构	机构投资者持有919,663,044.71份，占总份额79.04%；个人投资者持有243,814,135.88份，占总份额20.96%。	

基金净值增长率与业绩基准收益率对比图（单位：%）

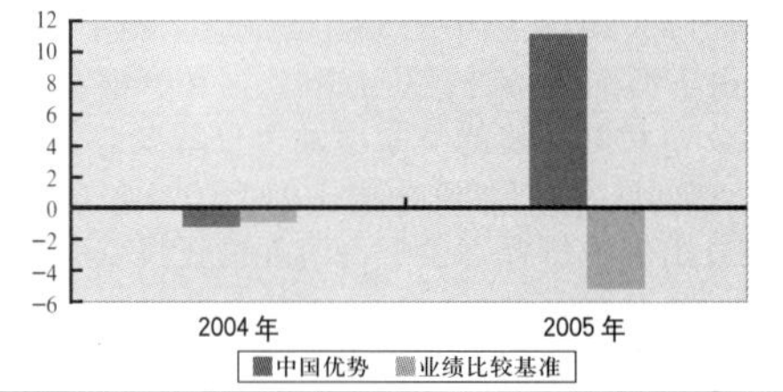

【基金业绩表现】

截至2005年12月31日，上投摩根中国优势基金份额净值为1.0836元，本年基金净值增长11.32%，同期业绩基准收益下跌5.37%，超越业绩基准16.69个百分点，并实现每基金份额0.02元的分红收益。

【基金管理团队】

吕俊先生：基金经理。武汉大学工商管理硕士。曾任职于国泰基金管理公司研究部、基金经理等岗位。2004年加入上投摩根富林明基金管理有限公司，任总经理助理，投资总监。

【基金运作分析】

2005年度是中国优势基金开始运作的第一个完整信息披露年度。2005年A股市场呈现弱市平衡状态，股票的分化更加明显，一些业绩持续增长的股票表现出独立于指数的上升趋势，而多数股票呈现不断下跌趋势，投资者防御心态明显。

2005年，上投摩根中国优势基金在遵循总体均衡的原则下，对可投资范围的股票和债券做了国际范围内的发展前景和估值水平比较，精心挑选了地产、军工、电力设备、食品饮料等行业进行布局。在个股选择方面，该基金积极利用JP摩根资产管理集团在全球市场的研究资源，用其国际视野的优势价值评估体系甄别个股素质，保持了重仓股的基本稳定，精耕细作，稳扎稳打，取得了同业中较好成绩。

【季度投资组合一览】

项目 \ 季度	第一季度		第二季度		第三季度		第四季度	
基金资产净值	1,272,559,598.95元		1,140,807,495.08元		1,302,302,282.07元		1,260,774,037.55元	
基金份额	1,270,628,571.90份		1,147,052,076.44份		1,210,925,540.29份		1,163,477,180.59份	
基金份额净值	1.0015元		0.9946元		1.0755元		1.0836元	
基金资产组合	市值(元)	占总资产比例	市值(元)	占总资产比例	市值(元)	占总资产比例	市值(元)	占总资产比例
股票投资	772,860,626.94	60.35%	821,857,389.70	71.75%	1,030,587,245.33	77.21%	1,151,022,573.87	88.68%
债券投资	279,044,751.10	21.79%	269,844,141.32	23.56%	264,023,641.54	19.78%	73,684,210.30	5.68%
银行存款和清算备付金	51,712,015.31	4.04%	45,783,231.80	4.00%	34,639,723.36	2.60%	53,039,554.90	4.08%
其他资产	177,079,186.29	13.83%	8,003,235.67	0.70%	5,521,188.56	0.41%	20,268,679.14	1.56%

	股票名称	市值(元)	占净值比例	股票名称	市值(元)	占净值比例	股票名称	市值(元)	占净值比例	股票名称	市值(元)	占净值比例
投资前五名股票明细	金融街	97,332,125.88	7.65%	金融街	90,211,906.40	7.91%	振华港机	81,385,226.70	6.25%	金融街	90,192,463.55	7.15%
	伊利股份	89,466,998.10	7.03%	伊利股份	70,633,975.75	6.19%	金融街	80,536,451.15	6.18%	G宝钛	75,263,853.68	5.97%
	福建高速	77,393,789.90	6.08%	特变电工	55,284,090.60	4.85%	特变电工	74,683,997.31	5.73%	振华港机	70,092,703.52	5.56%
	四川美丰	55,564,328.80	4.37%	福建高速	54,758,693.88	4.80%	宝钛股份	64,117,343.54	4.92%	中国石化	60,743,030.10	4.82%
	中集集团	42,483,320.00	3.34%	长江电力	51,715,912.09	4.53%	福建高速	53,518,476.14	4.11%	小商品城	56,988,991.35	4.52%

	债券名称	市值(元)	占净值比例	债券名称	市值(元)	占净值比例	债券名称	市值(元)	占净值比例	债券名称	市值(元)	占净值比例
投资前五名债券明细	02国债(14)	45,045,000.00	3.54%	02国债(14)	45,659,250.00	4.00%	02国债(14)	46,073,300.00	3.54%	05国债02	29,379,930.00	2.33%
	03国债10	29,979,000.00	2.36%	21国债(15)	30,129,000.00	2.64%	21国债(15)	30,690,000.00	2.36%	05国债(2)	29,363,740.00	2.33%
	05国债02	29,379,930.00	2.31%	03国债10	29,979,000.00	2.63%	03国债10	29,979,000.00	2.30%	21国债(10)	14,940,540.30	1.19%
	21国债(15)	29,337,000.00	2.31%	05国债02	29,379,930.00	2.58%	05国债(2)	29,459,621.60	2.26%	——	——	——
	招行转债	28,182,000.00	2.21%	04央行票据91	29,261,967.12	2.57%	05国债02	29,379,930.00	2.26%	——	——	——

上投摩根货币市场基金

基本资料

基金简称	上投货币 A ／上投货币 B	交易代码	上投货币 A：370010A ／上投货币 B：370010B
投资目标	通过合理的资产选择，在有效控制投资风险和保持较高流动性的前提下，为投资者提供资金的流动性储备，进一步优化现金管理，并力求获得高于业绩比较基准的稳定回报。		
业绩比较基准	6 个月定期存款利率(税后)		
风险收益特征	该基金属于高流动性、低风险的基金品种，其预期风险和预期收益率都低于股票基金、债券基金和混合基金。		

合同生效日	2005 年 4 月 13 日	上市日期	——	上市地点	——

募集概况	首募规模	认购户数	募集日期
	9.91 亿份	7491 户	2005 年 3 月 28 日至 2005 年 4 月 8 日

基金费率	认购费率	申购费率	赎回费率	管理费率	托管费率	销售服务费率
	0	0	0	0.33%	0.10%	A 类：0.25% ／ B 类：0.01%

基金管理人	上投摩根基金管理有限公司	基金托管人	中国建设银行股份有限公司		
审计机构	普华永道中天会计师事务所	法律顾问	方达律师事务所	注册登记人	上投摩根基金管理有限公司

财务指标　　单位：人民币(元)

项　目 ＼ 年　度	2005 年 4 月 13 日至 2005 年 12 月 31 日	
	上投货币 A	上投货币 B
基金份额本期净收益	0.0063	0.0085
期末基金资产净值	71,720,202.94	243,951,186.13
期末基金份额净值	1.0000	1.0000
基金加权平均净值收益率	0.63%	0.85%
基金本期净值收益率	0.6628%	0.8377%
基金累计净值收益率	0.6628%	0.8377%
基金收益分配	本年度每 10 份派现 0.066 元	本年度每 10 份派现 0.083 元
备注	该基金合同生效于 2005 年 4 月 13 日，至 2005 年 12 月 31 日成立不足一年。	

基金收益率与同期业绩基准收益率对比图（单位：%）

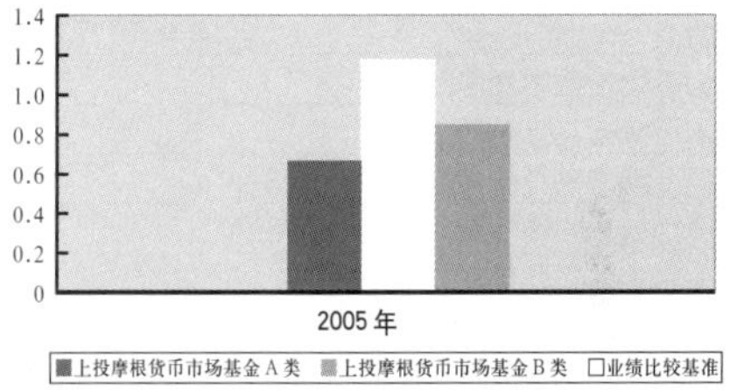

期末基金份额持有人户数	上投货币 A：基金份额持有人户数为 1,680 户，平均每户持有 42,690.60 份。 上投货币 B：基金份额持有人户数为 6 户，平均每户持有 40,658,531.02 份。
期末基金份额持有人结构	上投货币 A：机构投资者持有 7,786,622.10 份，占总份额 89.14%；个人投资者持有 63,933,580.84 份，占总份额 96.12%。 上投货币 B：机构投资者持有 233,620,443.85 份，占总份额 95.77%；个人投资者持有 10,330,742.28 份，占总份额 4.23%。

【基金业绩表现】

2005 年，上投货币 A 净值收益率为 0.6628%，上投货币 B 净值收益率为 0.8377%，同期业绩基准收益率为 1.1932%。

【基金管理团队】

唐建先生：基金经理。南京建筑工程学院工学学士，上海交通大学工学硕士。1993年进入东方证券，从事信息系统开发工作；2000 年进入申银万国证券研究所，任行业分析师；2004 年进入上投摩根富林明基金管理有限公司，任研究副总监。2006 年 2 月起不再任该基金经理。

【季度投资组合一览】

【基金运作分析】

上投货币基金成立于 2005 年 4 月中上旬，货币市场利率水平正处于 1998 年以来的最低水平。该基金在成立后迅速高效地完成了建仓。第二、三季度，基金管理人适当拉长了组合久期，并积极参与短期融资券等创新品种的投资。同时始终贯彻严格的风险控制措施，规避了潜在的信用及流动性风险。第四季度，货币政策开始向利率倾斜，央行票据收益率明显上升。同时短期融资券发行利率的上涨及不同品种间信用利差的扩大，为货币市场基金提高收益提供了较好的机会。第四季度该基金加大了央行票据和短期融资券的参与力度，并积极捕捉市场中存在的套利机会，基金收益水平在第四季度有所提高。

项目 ＼ 季度	第二季度			第三季度			第四季度		
基金资产净值	427,262,937.81 元			351,819,153.96 元			315,671,389.07 元		
基金份额	427,262,937.81 份			351,819,153.96 份			315,671,389.07 份		
基金份额净值	1.0000 元			1.0000 元			1.0000 元		
基金资产组合	市值(元)		占总资产比例	市值(元)		占总资产比例	市值(元)		占总资产比例
债券投资	129,279,465.65		30.23%	99,384,121.49		28.22%	39,256,259.06		11.73%
买入返售证券	265,000,000.00		61.97%	234,200,000.00		66.49%	206,000,000.00		61.53%
银行存款和清算备付金	25,467,421.40		5.96%	18,067,731.40		5.13%	13,635,399.08		4.07%
其他资产	7,862,306.50		1.84%	581,129.11		0.16%	75,891,633.74		22.67%
投资前五名债券明细	债券名称	摊余成本(元)	占资产净值比例	债券名称	摊余成本(元)	占资产净值比例	债券名称	摊余成本(元)	占资产净值比例
	05 央行票据 05	29,709,344.26	6.95%	05 央行票据 05	29,846,473.94	8.48%	05 央行票据 124	39,256,259.06	12.44%
	04 国开 19	20,122,422.45	4.71%	04 国开 19	20,051,586.98	5.70%	——	——	——
	05 农发 03	20,024,419.31	4.69%	04 央行票据 91	19,937,542.41	5.67%	——	——	——
	04 央行票据 81	19,894,748.13	4.66%	05 央行票据 42	19,786,455.47	5.62%	——	——	——
	04 央行票据 91	19,843,344.50	4.64%	05 联通 CP01	9,762,062.69	2.77%	——	——	——
投资组合剩余期限	平均剩余期限		占资产净值比例	平均剩余期限		占资产净值比例	平均剩余期限		占资产净值比例
	30 天以内		69.69%	30 天以内		71.70%	30 天以内		83.84%
	30 天(含)—60 天		0.00%	30 天(含)—60 天		0.00%	30 天(含)—60 天		0.00%
	60 天(含)—90 天		0.00%	60 天(含)—90 天		11.37%	60 天(含)—90 天		0.00%
	90 天(含)—180 天		18.70%	90 天(含)—180 天		8.48%	90 天(含)—180 天		0.00%
	180 天(含)—397 天(含)		11.56%	180 天(含)—397 天(含)		8.40%	180 天(含)—397 天(含)		12.44%

上投摩根阿尔法股票型证券投资基金

基本资料

基金简称	阿尔法		交易代码	377010	
投资目标	该基金采用哑铃式投资技术(Barbell Approach)，同步以“成长”与“价值”双重量化指标进行股票选择。在基于由下而上的择股流程中，精选个股，纪律执行，构造出相对均衡的不同风格类资产组合。同时结合公司质量、行业布局、风险因子等深入分析，对资产配置进行适度调整，努力控制投资组合的市场适应性，以求多空环境中都能创造超越业绩基准的主动管理回报。				
业绩比较基准	新华富时 A 全指×80%＋同业存款利率×20%				
风险收益特征	该基金是股票型证券投资基金，属于较高风险、较高收益的基金产品。				
合同生效日	2005 年 10 月 11 日	上市日期	——	上市地点	——
募集概况	首募规模	认购户数	募集日期		
	7.68 亿份	8537 户	2005 年 9 月 14 日至 2005 年 9 月 29 日		
基金费率	认购费率	申购费率	赎回费率	管理费率	托管费率
	不高于 1.20%	不高于 1.50%	不高于 0.50%	1.50%	0.25%
基金管理人	上投摩根基金管理有限公司		基金托管人	中国建设银行股份有限公司	
审计机构	普华永道中天会计师事务所	法律顾问	通力律师事务所	注册登记人	上投摩根基金管理有限公司

财务指标 单位：人民币(元)

项目 \ 年度	2005 年 10 月 11 日至 2005 年 12 月 31 日
基金份额本期净收益	−0.0053
期末可分配基金份额收益	−0.0054
期末基金份额净值	1.0202
基金加权平均净值收益率	−0.5383%
本期基金份额净值增长率	2.0200%
基金份额累计净值增长率	2.0200%
基金收益分配	自基金合同生效以来未实现收益分配。
备注	该基金合同生效于2005年10月11日，至2005年12月31日成立不足一年。

基金净值增长率与业绩基准收益率对比图（单位：%）

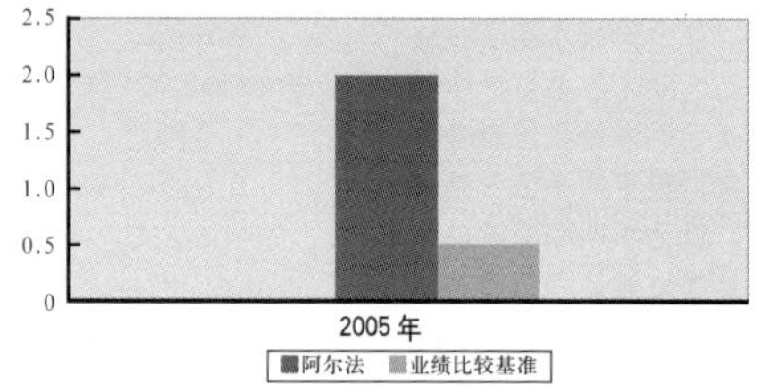

期末基金份额持有人户数	基金份额持有人户数为 8,062 户，平均每户持有 106,432.22 份。
期末基金份额持有人结构	机构投资者持有 499,260,849.33 份，占总份额 58.19%；个人投资者持有 358,795,707.66 份，占总份额 41.81%。

【基金业绩表现】

2005 年，上投摩根阿尔法基金净值增长率为 2.02%，同期业绩基准收益率为 0.47%，超越业绩基准收益 1.55%。

【基金管理团队】

孙延群先生：基金经理。硕士学历。硕士学历，中国注册会计师，8 年证券从业经验。1997 年至 2003 年，分别在中兴信托投资公司上海证券管理总部及平安证券公司担任行业分析师；2003 年 3 月进入景顺长城基金管理有限公司，任景顺长城内需增长基金经理；2005 年 6 月加入上投摩根富林明基金管理有限公司投资管理部，从 2005 年 11 月起担任上投摩根阿尔法基金的基金经理。

吕俊先生：基金经理。武汉大学工商管理硕士。曾任职于国泰基金管理公司研究部、基金经理等岗位。2004 年加入上投摩根富林明基金管理有限公司，任总经理助理，投资总监。

【基金运作分析】

2005 年中国宏观经济运行情况良好，出口、投资仍然保持较高的增长速度，国内消费呈现逐步走强的趋势，与此同时，CPI 仍然保持较低的水平，各项宏观经济指标反应出国民经济处于高增长、低通胀的运行态势中。上市公司公布的三季报表明企业的盈利增长速度开始下降，尤其是上游行业。由于投资者对于经济回落的担心，以及国内股市下半年资金紧张的特性，再加上权证市场的火爆分流了部分资金，2005 年国内证券市场大幅度震荡，上证综合指数全年下跌 6.6%。

上投摩根阿尔法股票型基金于 2005 年 10 月 11 日正式成立，基于对国内 A 股市场发展趋势的判断，该基金在大盘相对较为低迷的时期建仓较为坚决，重点买入了一些具有持续增长能力、估值较低、管理优秀的上市公司，并保持了较高的股票仓位，基金资产主要分布的行业为食品饮料、金融、石化、地产、交通运输等行业。由于在建仓时机和选股上把握较好，该基金本年净值增长率为 2.02%，较好地为持有人实现了收益。

【季度投资组合一览】

项目 \ 季度	第四季度	
基金资产净值	875,401,024.12 元	
基金份额	858,056,556.99 份	
基金份额净值	1.0202 元	
基金资产组合	市值(元)	占总资产比例
股票投资	694,253,594.76	78.78%
债券投资	34,159,003.01	3.88%
银行存款和清算备付金	60,708,324.42	6.89%
其他资产	92,169,759.81	10.45%

投资前五名股票明细	股票名称	市值(元)	占净值比例	投资前五名债券明细	债券名称	市值(元)	占净值比例
	振华港机	56,401,726.56	6.44%		05 方正 CP01	19,564,386.85	2.23%
	中国石化	43,535,896.22	4.97%		05 首创 CP01	14,594,616.16	1.67%
	金 融 街	40,757,538.36	4.66%		——	——	——
	招商银行	31,609,931.78	3.61%		——	——	——
	伊利股份	30,966,750.10	3.54%		——	——	——

东方基金管理有限责任公司

法定名称	东方基金管理有限责任公司	英文名称	Orient Fund Management Co.,Ltd
成立日期	2004年6月11日	注册资本	1亿元人民币
法人代表	李维雄	总经理	程 红
联系电话	010-82621888	客服电话	010-82621190
传真号码	010-62531199	公司网址	www.orient-fund.com
注册地址	北京市海淀区中关村东路99号	办公地址	北京市海淀区中关村东路99号

● 发展概况

东方基金管理有限责任公司是《中华人民共和国证券投资基金法》正式生效后成立的首家基金管理公司。公司由东北证券有限责任公司、四川南方希望实业有限公司、上海市原水股份有限公司和河北宝硕股份有限公司共同发起于2004年6月11日正式成立。注册资本1亿元人民币，注册地在北京市。2005年8月，经公司第一届董事会第四次临时会议决议，聘任程红女士担任公司总经理。

在组织结构上，东方基金管理有限责任公司建立了包括股东会、董事会、监事会、经理层在内的规范健全的现代公司治理结构，根据公司业务发展的需要设置投资管理部、市场拓展部、交易清算部、信息技术部、监察稽核部和综合管理部等部门。

在人员构成上，截至2005年12月底，东方基金管理有限责任公司共有员工39人，平均年龄28岁。其中具有硕士或博士学位员工18名，占总人数的46.2%，2名具有留学或海外工作经验的专业人士。

● 经营业绩

2005年，东方基金管理有限责任公司发行了东方精选混合型开放式证券投资基金。截至2005年12月31日，东方基金管理有限责任公司旗下有东方龙混合型开放式证券投资基金一只开放式基金。

在基金产品发行方面，2005年，东方基金管理有限公司推出了旗下第二只开放式基金——东方精选混合型开放式证券投资基金。该基金跨年度募集，经中国证监会证监基金字[2005]153号文批准，东方精选基金自2005年11月21日开始公开募集，基金合同生效于2006年1月11日，共募集基金份额3.46亿份，有效认购总户数为4076户。东方精选基金是东方基金管理有限公司推出的第二只混合型基金，依托独到的稳利多成长投资体系及五层过滤选股技术，重点投资于经过严格筛选的卓越成长性公司，同时投资这类公司股票的比例将不低于基金股票资产的60%。

东方龙混合型基金是东方基金管理有限公司管理的首只开放式基金，成立于2004年11月25日。2005年是东方龙混合型基金完整运作的一年，在这一年，东方龙混合型基金稳定运作，实现了正收益和超越比较基准的目标，业绩总体表现居于同类基金中游水平。截至2005年12月31日，东方龙混合型基金份额净值为1.0123元，全年基金净值增长3.07%，同期业绩基准收益下跌7.52%，超越业绩基准收益10.59个百分点；2005年5月9日，东方龙混合型基金实施了成立来的首次分红每基金份额派现0.02元，为基金持有人创造了较好的收益回报。

在客户服务方面，东方基金管理有限公司建立了以销售管理系统、客户服务系统及渠道服务系统为核心的全方位交互平台，在规范服务标准、提高服务理念的同时，公司不断适应市场的需求，及时推陈出新。2005年4月，东方基金管理有限公司启动了"2005东方龙基金全国投资者见面会"，更好地聆听投资者心声，满足投资者需求。

近三年公司管理基金资产规模与基金数量

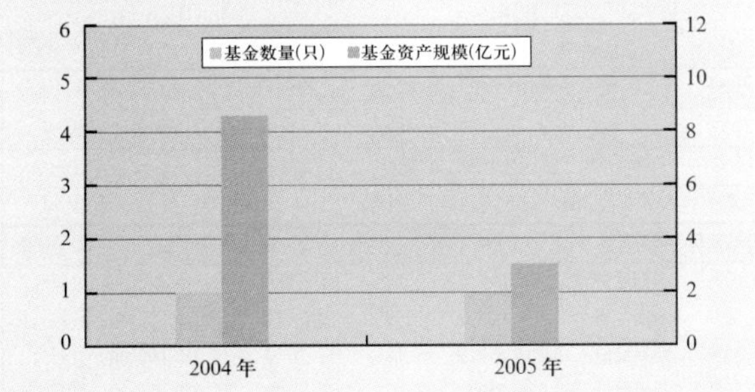

公司股东结构

股东名称	出资金额(万元)	出资比例(%)
东北证券有限责任公司	4600.00	46.00
四川南方希望实业有限公司	1800.00	18.00
上海市原水股份有限公司	1800.00	18.00
河北宝硕股份有限公司	1800.00	18.00

公司高管介绍

李维雄先生：董事长、法定代表人。经济学硕士，高级经济师。1988年起先后在吉林省政府办公厅、吉林省信托投资公司、吉林省财政厅工作，1999年任吉林证券重组领导小组组长，2000年起任东北证券有限责任公司董事长兼总裁，2001年6月起任东北证券有限责任公司总裁，现任东方基金管理有限责任公司董事长。

程红女士：总经理。会计学硕士，高级经济师。历任中国建设银行河北省分行房地产信贷部、中国建设银行吉林省分行房地产信贷部个人信贷业务部经理，吉林省信托投资公司长春解放大路证券营业部副总经理，东北证券有限责任公司北京管理总部总经理、总裁助理，东方基金管理有限责任公司副总经理、代理总经理，现任东方基金管理有限责任公司总经理。

东方龙混合型开放式证券投资基金

基本资料

基金简称	东方龙基金		交易代码	400001	
投资目标	分享中国经济和资本市场的高速增长，努力为基金份额持有人谋求长期、稳定的投资回报。				
业绩比较基准	新华富时 A600 成长指数× 30%＋新华富时 A600 价值指数× 45%＋新华雷曼中国债券指数× 25%				
风险收益特征	该基金属于中等风险的基金品种，其风险收益特征介于单纯的股票型基金、单纯的债券型基金与单纯的货币市场基金之间，同时其股票组合部分的风险收益特征也介于完全成长型股票组合与完全价值型股票组合之间。				
合同生效日	2004 年 11 月 25 日	上市日期	——	上市地点	——
募集概况	首募规模	认购户数	募集日期		
	11.31 亿份	17966 户	2004 年 10 月 11 日至 2004 年 11 月 19 日		
基金费率	认购费率	申购费率	赎回费率	管理费率	托管费率
	不高于 1.00%	不高于 1.50%	不高于 0.50%	1.50%	0.25%
基金管理人	东方基金管理有限责任公司		基金托管人	中国建设银行股份有限公司	
审计机构	普华永道中天会计师事务所	法律顾问	北京君泽君律师事务所	注册登记人	东方基金管理有限责任公司

财务指标　　单位：人民币(元)

项目＼年度	2005 年	2004 年 11 月 25 日至 2004 年 12 月 31 日
基金份额本期净收益	−0.0145	0.0010
期末可分配基金份额收益	−0.0456	0.0010
期末基金份额净值	1.0123	1.0016
基金加权平均净值收益率	−1.48%	0.10%
本期基金份额净值增长率	3.07%	0.16%
基金份额累计净值增长率	3.23%	0.16%
基金收益分配	本年度每 10 份派现 0.200 元；成立以来每 10 份累计派现 0.200 元。	

基金净值增长率与业绩基准收益率对比图 (单位：%)

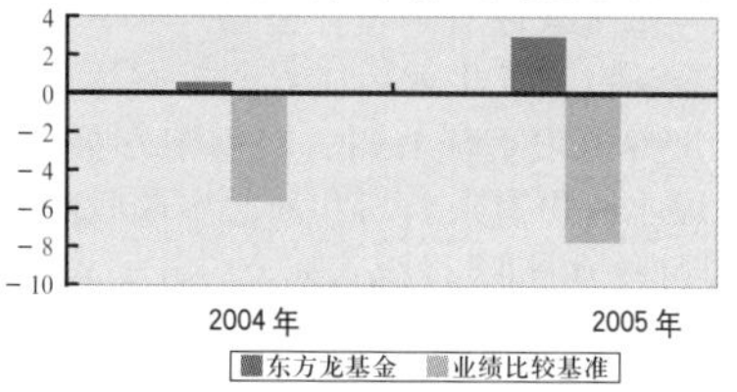

期末基金份额持有人户数	基金份额持有人户数为 8,414 户，平均每户持有 37,141.34 份。
期末基金份额持有人结构	机构投资者持有 94,164,405.68 份，占总份额 30.13%；个人投资者持有 218,342,863.47 份，占总份额 69.87%。

【基金业绩表现】

2005 年，东方龙基金全年份额净值增长 3.07%，同期业绩基准收益下跌 7.52%，超越业绩基准 10.59%，并实现每基金份额 0.02 元的分红收益。

【基金管理团队】

宋炳山先生：副总经理。清华大学工学硕士。历任国家科技部基础研究与高技术司项目官员，博时基金管理公司研究部高级研究员，基金裕隆基金经理助理，基金裕阳基金经理，基金裕华基金经理，交易部总经理，富国基金管理公司投资副总监兼基金汉兴基金经理，目前任东方基金管公司副总经理、投资决策委员会主任委员、东方龙基金基金经理。

【基金运作分析】

2005 年，中国资本市场推出了一系列的改革措施，市场行情呈现出前所未有的多变性。东方龙基金的业绩也表现出三个阶段的不同特征。

2005 年 1 月至 2005 年 5 月，东方龙基金在操作过程中，择时和择股都取得了较好的效果，但由于对股改对市场的短期冲击效果发生错误的判断以至于入场时机太早，导致基金净值一定程度缩水；2005 年 6 月至 2005 年 9 月，东方龙基金对持仓品种进行了调整，由于仓位较轻，没能充分利用市场上升的机会迅速提升净值，一度排名靠后；2005 年 10 月至 2005 年 12 月，东方龙基金采取了较为积极和灵活的投资策略，在市场上升启动前果断加仓，着重加大对金融地产、商业零售等行业的投资，并通过组合投资控制投资风险，取得了一定成效。

【季度投资组合一览】

项目＼季度	第一季度			第二季度			第三季度			第四季度		
基金资产净值	460,523,740.08 元			360,238,216.90 元			350,580,778.56 元			316,344,917.50 元		
基金份额	453,951,527.11 份			389,012,826.33 份			367,145,056.99 份			312,507,269.15 份		
基金份额净值	1.0145 元			0.9260 元			0.9549 元			1.0123 元		
基金资产组合	市值(元)	占总资产比例		市值(元)	占总资产比例		市值(元)	占总资产比例		市值(元)	占总资产比例	
股票投资	77,763,954.10	15.53%		133,131,122.35	36.76%		54,504,711.01	15.41%		229,069,101.56	69.93%	
债券投资	167,647,000.00	33.47%		57,766,051.60	15.95%		33,562,399.20	9.49%		16,298,380.00	4.98%	
银行存款和清算备付金	100,745,599.35	20.11%		40,044,928.25	11.06%		94,068,627.52	26.60%		81,406,087.99	24.85%	
其他资产	154,751,765.90	30.89%		131,188,533.53	36.23%		171,477,872.86	48.50%		818,106.41	0.25%	
投资前五名股票明细	股票名称	市值(元)	占净值比例	股票名称	市值(元)	占净值比例	股票名称	市值(元)	占净值比例	股票名称	市值(元)	占净值比例
	中兴通讯	12,581,360.00	2.73%	大商股份	10,821,073.71	3.00%	大商股份	12,409,061.43	3.54%	大商股份	29,316,740.68	9.27%
	中国石化	8,360,000.00	1.82%	中原高速	9,563,250.82	2.65%	云南白药	8,028,000.00	2.29%	浦发银行	17,357,837.25	5.49%
	大商股份	7,156,746.36	1.55%	伊利股份	9,203,948.00	2.55%	伊利股份	5,891,691.30	1.68%	G 万 科	17,240,000.00	5.45%
	中集集团	6,023,050.00	1.31%	武钢股份	8,500,000.00	2.36%	通威股份	3,789,519.45	1.08%	G 民 生	15,635,904.48	4.94%
	深赤湾A	5,843,386.98	1.27%	福建高速	7,523,398.08	2.09%	安徽合力	3,245,000.00	0.93%	新 和 成	9,943,102.26	3.14%
投资前五名债券明细	债券名称	市值(元)	占净值比例	债券名称	市值(元)	占净值比例	债券名称	市值(元)	占净值比例	债券名称	市值(元)	占净值比例
	05央行票据06	147,885,000.00	32.11%	05央行票据06	41,407,800.00	11.49%	20 国债(4)	17,210,800.00	4.91%	05 国债(2)	16,298,380.00	5.15%
	05央行票据25	19,762,000.00	4.29%	05 国债(2)	16,358,251.60	4.54%	05 国债(2)	16,351,599.20	4.66%	——	——	——
	——	——	——	——	——	——	——	——	——	——	——	——
	——	——	——	——	——	——	——	——	——	——	——	——
	——	——	——	——	——	——	——	——	——	——	——	——

中银国际基金管理有限公司

法定名称	中银国际基金管理有限公司	英文名称	BOC International Investment Managers
成立日期	2004年8月12日	注册资本	1亿元人民币
法人代表	平 岳	执行总裁	陈 儒
联系电话	021-38834999	客服电话	400-888-5566
传真号码	021-68872488	公司网址	www.bociim.com
注册地址	上海市浦东新区银城中路200号中银大厦45楼	办公地址	上海市浦东新区银城中路200号中银大厦45楼

● 发展概况

中银国际基金管理有限公司是一家由中银国际证券有限责任公司、中银国际控股有限公司和美林投资管理合资组建的中外合资基金管理公司。经中国证监会证监基金字[2004]93号文批准，中银国际基金管理有限公司于2004年8月12日在上海正式成立，注册资本金为1亿元人民币。

在组织结构上，中银国际基金管理有限公司充分整合中外股东的优势资源，建立了科学合理和现代水准的公司治理结构，建立和完善独立董事制度。在人员构成上，中银国际基金管理有限公司汇集海内外具有丰富经验和良好职业道德，具备团队精神和创新意识的资深投资管理人才。

● 经营业绩

2005年，中银国际基金管理有限公司顺利完成了中银中国精选和中银货币市场两只新基金的募集设立。截至2005年12月31日，中银国际基金管理有限公司管理了中银国际中国精选混合型开放式证券投资基金和中银国际货币市场证券投资基金两只开放式基金。

中银国际中国精选混合型开放式证券投资基金是中银国际基金管理有限公司推出的首只开放式基金，该基金跨年度发行，自2004年11月18日开始募集，2004年12月28日募集顺利结束，基金合同生效于2005年1月4日，共募集基金份额10.63亿份，有效认购总户数为17146户，2005年2月23日在深圳证券交易所上市交易。

目前公司管理基金资产规模与基金数量(截至2005年12月31日)

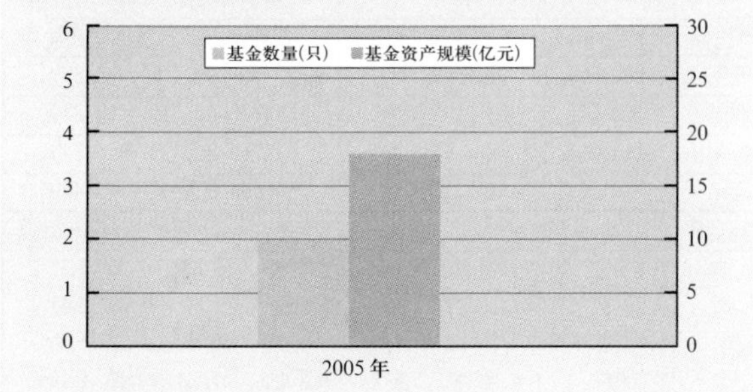

公司股东结构

股东名称	出资金额(万元)	出资比例(%)
中银国际证券有限责任公司	6700.00	67.00
中银国际控股有限公司	1650.00	16.50
美林投资管理有限公司	1650.00	16.50

中银国际货币市场证券投资基金是中银国际推出的首只货币市场基金。经中国证监会证监基金字[2005]65号文批准，该基金自2005年5月12日开始募集，2005年5月31日募集结束，共募集基金份额12.49亿份，有效认购总户数为11688户，基金合同于2005年6月7日正式生效。

在投资业绩上，2005年中银国际旗下两只基金规范运作，业绩表现稳定，在风险控制上表现较好。截至2005年12月31日，中银中国基金份额净值较设立时上升1.93%，同期业绩基准下跌2.09%，中信标普300指数下跌7.22%，FTSE A200指数下跌8.3%，该基金表现分别优于基金的业绩基准及以上指数4.02%、9.15%及10.23%；中银货币市场基金成立于2005年6月7日，成立初期，较低的货币市场利率为基金运作造成了较大困难，随着短期融资券发行的增加，中银货币市场基金适时加大了对该品种的投资比重，基金收益率稳步攀升。截至2005年12月31日，中银货币市场基金净值收益率为0.8653%。

在客户服务方面，2005年中银国际通过举办形式多样的沟通活动，进一步增强投资人对基金公司运作的理解，提高公司透明度，深化公信力，强化公司的竞争力，更好地为客户提供专业化、高质量的投资管理服务。

2005年，中银国际基金管理有限完成了两只新基金从募集设立到投资管理的工作。在投资管理中，公司充分发挥中外股东的国际经验和资源优势，引入美林投资管理在全球资产管理市场的成功经验、技术和智慧，与中国本土经验相结合，积极参与中国投资基金行业的发展，与投资者分享中国经济增长的美好未来。

公司高管介绍

平岳先生：董事长。中国国籍。高级经济师，毕业于兰州大学。历任中共甘肃省灵台县委宣传部副部长、办公室主任，中共甘肃省委组织部副处长、副部长，中国银行甘肃省分行代行长、党组副书记、行长、党组书记、中国银行总行纪委书记、中国银行常务董事、中银香港非执行董事。2002年11月至今任中银国际证券有限责任公司董事长。

陈儒先生：董事、执行总裁。中国国籍。经济学博士、南开大学博士后，高级经济师、国务院政府特殊津贴专家。曾参与深交所筹建。历任深圳投资基金管理公司董事长兼执行总裁，中国银行总行基金托管部总经理，中银国际控股董事总经理，中银国际英国保诚资产管理公司董事，中银国际证券副执行总裁、董事总经理。

中银国际中国精选混合型开放式证券投资基金

基本资料						
基金简称	中银中国		交易代码	163801		
投资目标	研究全球经济和行业发展趋势，紧随中国经济独特的发展节奏，挖掘中国主题，致力于通过专业投资获得长期资本增值。					
业绩比较基准	中信标普300指数×70%+中信国债指数×20%+1年期银行存款利率×10%					
风险收益特征	中等偏上风险品种					
合同生效日	2005年1月4日	上市日期	2005年2月23日	上市地点	深圳证券交易所	
募集概况	首募规模	认购户数	募集日期			
	10.63亿份	17146户	2004年11月18日至2004年12月28日			
基金费率	认购费率	申购费率	赎回费率	管理费率	托管费率	
	不高于1.00%	不高于1.50%	不高于0.50%	1.50%	0.25%	
基金管理人	中银国际基金管理有限公司		基金托管人	中国工商银行股份有限公司		
审计机构	普华永道中天会计师事务所	法律顾问	北京市中伦金通律师事务所	注册登记人	中国证券登记结算有限责任公司	

财务指标　　单位：人民币(元)

项目 \ 年度	2005年1月4日至2005年12月31日
基金份额本期净收益	0.0073
期末可分配基金份额收益	0.0088
期末基金份额净值	1.0193
基金加权平均净值收益率	0.7419%
本期基金份额净值增长率	1.9300%
基金份额累计净值增长率	1.9300%
基金收益分配	自基金合同生效以来未实现收益分配。
备注	该基金合同生效于2005年1月4日，至2005年12月31日成立不足一年。

基金净值增长率与业绩基准收益率对比图（单位：%）

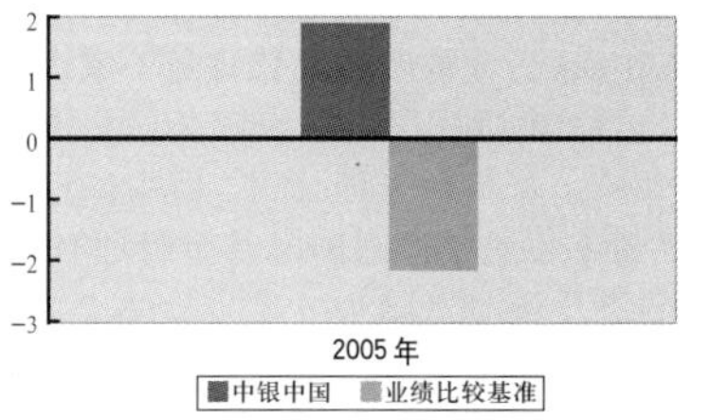

期末基金份额持有人户数	基金份额持有人户数为11,971户，平均每户持有76,020.37份。
期末基金份额持有人结构	机构投资者持有540,354,394.39份，占总份额59.38%；个人投资者持有369,685,489.42份，占总份额40.62%。

【基金业绩表现】

2005年，中银中国基金净值增长1.93%，同期业绩基准收益下跌2.09%，中信标普300指数下跌7.22%，FTSEA200指数下跌8.3%。基金表现分别优于同期基金业绩基准及以上指数4.02%、9.15%及10.23%。

【基金管理团队】

苏淑敏(Tina SO)女士：投资总监兼中银中国基金和中银货币基金经理，中国香港籍，香港证券专业学会会员。加拿大英属哥伦比亚大学经济学硕士。1992年，在约翰霍普金斯大学−南京大学的中美中心进行有关中国经济改革及政治理论的研究工作。拥有19年投资管理经验。

【基金运作分析】

2005年，中银中国基金能获得优于基准的表现主要在于适时的资产配置策略及较好的选股方向。在成立初期，基金对较高风险的股票市场采取审慎的态度；同时对债券市场则相对乐观。此后10个多月中，基金对股票市场的配置仍属低于基准。进入第四季度，随着股权分置改革的全面展开，在企业盈利基本稳定以及利率偏低的状况下，市场估值逐步改善，基金的配置策略亦因而由保守而渐进为积极。直至2005年12月，基金首次对股票市场配置高于基准，并逐步提升。至12月底为止，在股票投资方面，占基金净资产的百分比为79%，比9月底提升14%；在债券方面，同期则下降6%至12月底的16.6%，现金亦因此下降8.1%至4.4%。进入第三季度，股票的投资已主动地调升至高于基准，而债券投资则调低至低于基准。

【季度投资组合一览】

项目 \ 季度	第一季度			第二季度			第三季度			第四季度		
基金资产净值	962,195,132.79元			905,642,248.33元			897,090,772.38元			927,609,354.30元		
基金份额	988,010,774.36份			945,191,796.46份			896,449,744.89份			910,039,883.81份		
基金份额净值	0.9739元			0.9582元			1.0007元			1.0193元		
基金资产组合	市值(元)	占总资产比例		市值(元)	占总资产比例		市值(元)	占总资产比例		市值(元)	占总资产比例	
股票投资	352,612,050.38	35.78%		449,073,447.93	47.99%		582,004,396.15	63.26%		732,751,992.82	72.89%	
债券投资	209,360,532.72	21.25%		413,591,785.80	44.20%		203,040,000.60	22.07%		154,121,417.10	15.33%	
银行存款和清算备付金	110,016,052.09	11.16%		66,488,273.77	7.11%		112,395,871.06	12.22%		63,763,200.90	6.34%	
其他资产	313,489,372.24	31.81%		6,529,432.20	0.70%		22,567,338.20	2.45%		54,666,805.00	5.44%	
投资前五名股票明细	股票名称	市值(元)	占净值比例	股票名称	市值(元)	占净值比例	股票名称	市值(元)	占净值比例	股票名称	市值(元)	占净值比例
	长江电力	31,762,929.75	3.30%	铁龙物流	52,411,711.34	5.79%	铁龙物流	73,963,563.48	8.24%	铁龙物流	63,877,702.96	6.89%
	铁龙物流	30,768,031.98	3.20%	南方航空	40,389,398.28	4.46%	G上港	57,062,204.42	6.36%	首创股份	61,446,688.68	6.62%
	特变电工	30,179,675.40	3.14%	双汇发展	36,771,040.38	4.06%	双汇发展	53,200,651.52	5.93%	G上港	60,862,186.32	6.56%
	国电电力	28,353,913.50	2.95%	特变电工	32,913,126.96	3.63%	首创股份	52,638,145.52	5.87%	双汇发展	57,111,289.32	6.16%
	南海发展	28,254,653.04	2.94%	上港集箱	31,301,260.30	3.46%	海螺水泥	36,779,968.23	4.10%	G申能	37,672,515.22	4.06%
投资前五名债券明细	债券名称	市值(元)	占净值比例	债券名称	市值(元)	占净值比例	债券名称	市值(元)	占净值比例	债券名称	市值(元)	占净值比例
	02国债(10)	57,410,500.00	5.97%	03国债(3)	52,043,586.40	5.75%	02国债(10)	22,350,171.60	2.49%	05国开08	20,684,000.00	2.23%
	04央票43	48,488,767.12	5.04%	21国债(7)	51,653,178.50	5.70%	21国债(10)	22,054,000.00	2.46%	05悦达CP01	19,428,692.60	2.09%
	02国债(14)	30,386,070.00	3.16%	02国债(13)	49,262,076.00	5.44%	05国开08	20,684,000.00	2.31%	21国债(10)	16,439,877.90	1.77%
	21国债(15)	27,863,304.70	2.90%	21国债(10)	35,251,125.00	3.89%	04国开17	20,260,000.00	2.26%	02国债(10)	15,870,400.00	1.71%
	21国债(7)	18,829,272.00	1.96%	21国债(12)	34,790,000.00	3.84%	05央票40	20,000,000.00	2.23%	03国债(8)	14,757,930.00	1.59%

中银国际货币市场证券投资基金

基本资料

基金简称	中银货币			交易代码	163802	
投资目标	在保持本金安全和资产流动性的前提下，追求超过业绩比较基准的稳定收益。					
业绩比较基准	税后一年期银行定期储蓄存款利率：(1-利息税率)×一年期银行定期储蓄存款利率。					
风险收益特征	该基金属于高流动性，低风险的基金品种，其预期风险和预期收益率都低于股票，债券和混合型基金。					
合同生效日	2005年6月7日	上市日期	——	上市地点	——	
募集概况	首募规模	认购户数	募集日期			
	12.49亿份	11688户	2005年5月12日至2005年5月31日			
基金费率	认购费率	申购费率	赎回费率	管理费率	托管费率	销售服务费率
	0	0	0	0.33%	0.10%	0.25%
基金管理人	中银国际基金管理有限公司		基金托管人	中国工商银行股份有限公司		
审计机构	普华永道中天会计师事务所	法律顾问	上海市通力律师事务所	注册登记人	中国证券登记结算有限责任公司	

财务指标　　单位：人民币(元)

项目　　年度	2005年6月7日至2005年12月31日
基金本期净收益	3,721,564.13
期末基金资产净值	860,494,162.78
期末基金份额净值	1.0000
本期基金净值收益率	0.8653%
累计基金净值收益率	0.8653%
基金收益分配	本年度累计收益分配3,721,564.13元。
备注	该基金合同生效于2005年6月7日，至2005年12月31日成立不足一年。

基金收益率与同期业绩基准收益率对比图（单位：%）

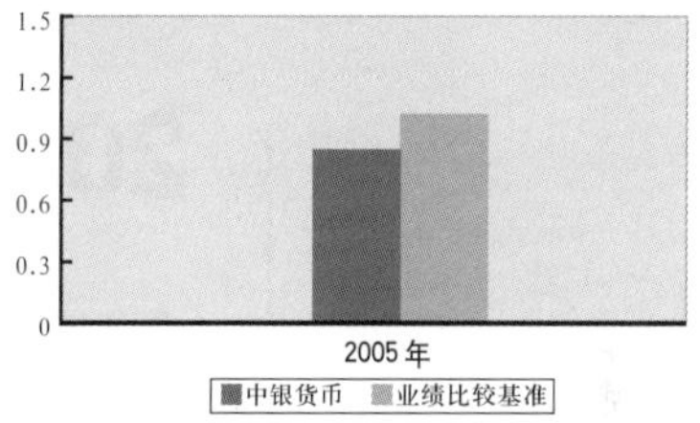

期末基金份额持有人户数	基金份额持有人户数为5,584户，平均每户持有154,099.96份。
期末基金份额持有人结构	机构投资者持有181,778,532.42份，占总份额21.12%；个人投资者持有678,715,630.36份，占总份额78.88%。

【基金业绩表现】

中银货币市场基金成立于2005年6月7日，截至2005年12月31日，基金净值收益率为0.8653%，同期业绩基准收益率为1.0260%。

【基金管理团队】

苏淑敏(Tina SO)女士：投资总监，中银中国精选基金经理兼中银货币市场基金基金经理，中国香港籍，香港证券专业学会会员。加拿大英属哥伦比亚大学经济学硕士。1992年，在约翰霍普金斯大学-南京大学的中美中心进行有关中国经济改革及政治理论的研究工作。拥有19年投资管理经验。

【基金运作分析】

2005年，短期利率经历了从高到低，然后又在年底的时候触底反弹的过程。

中银货币市场基金成立于2005年6月7日。成立初期，较低的货币市场利率为货币市场基金收益率的提高造成了较大困难。由于当时一年央票收益率已经降至1.6%，虽然浮息券收益相对较高，但基于投资比例限制，引至当时的货币基金收益率未能达到基准水平。进入2005年第三季度，随着短期融资券发行的增加，中银货币市场基金适时加大了对该品种的投资比重，从而促使收益率稳步上升。

【季度投资组合一览】

项目　　季度	第三季度			第四季度		
基金资产净值	297,263,062.49元			860,494,162.78元		
基金份额	297,263,062.49份			860,494,162.78份		
基金份额净值	1.0000元			1.0000元		
基金资产组合	市值(元)	占总资产比例		市值(元)	占总资产比例	
债券投资	213,591,181.34	71.73%		671,278,529.10	67.60%	
买入返售证券	60,000,000.00	20.15%		153,100,000.00	15.42%	
银行存款和清算备付金	24,084,916.81	8.09%		8,486,205.29	0.85%	
其他资产	85,833.74	0.03%		160,193,551.89	16.13%	
债券投资前五名明细	债券名称	摊余成本(元)	占资产净值比例	债券名称	摊余成本(元)	占资产净值比例
	05央票02	49,678,088.83	16.71%	05农发06	100,954,576.83	11.73%
	05央票07	49,670,627.62	16.71%	05央票122	58,937,032.80	6.85%
	05国开07	30,056,266.48	10.11%	05魏桥CP01	50,000,000.00	5.81%
	05广发CP01	24,908,252.77	8.38%	05央票02	49,882,336.03	5.80%
	05农发06	19,977,072.62	6.72%	05国开25	49,612,476.69	5.77%
投资组合剩余期限	平均剩余期限		占资产净值比例	平均剩余期限		占资产净值比例
	30天以内		28.29%	30天内		18.78%
	30天(含)-60天		0.00%	30天(含)-60天		10.43%
	60天(含)-90天		25.21%	60天(含)-90天		22.16%
	90天(含)-180天		33.42%	90天(含)-180天		11.53%
	180天(含)-397天(含)		13.22%	180天(含)-397天(含)		33.89%

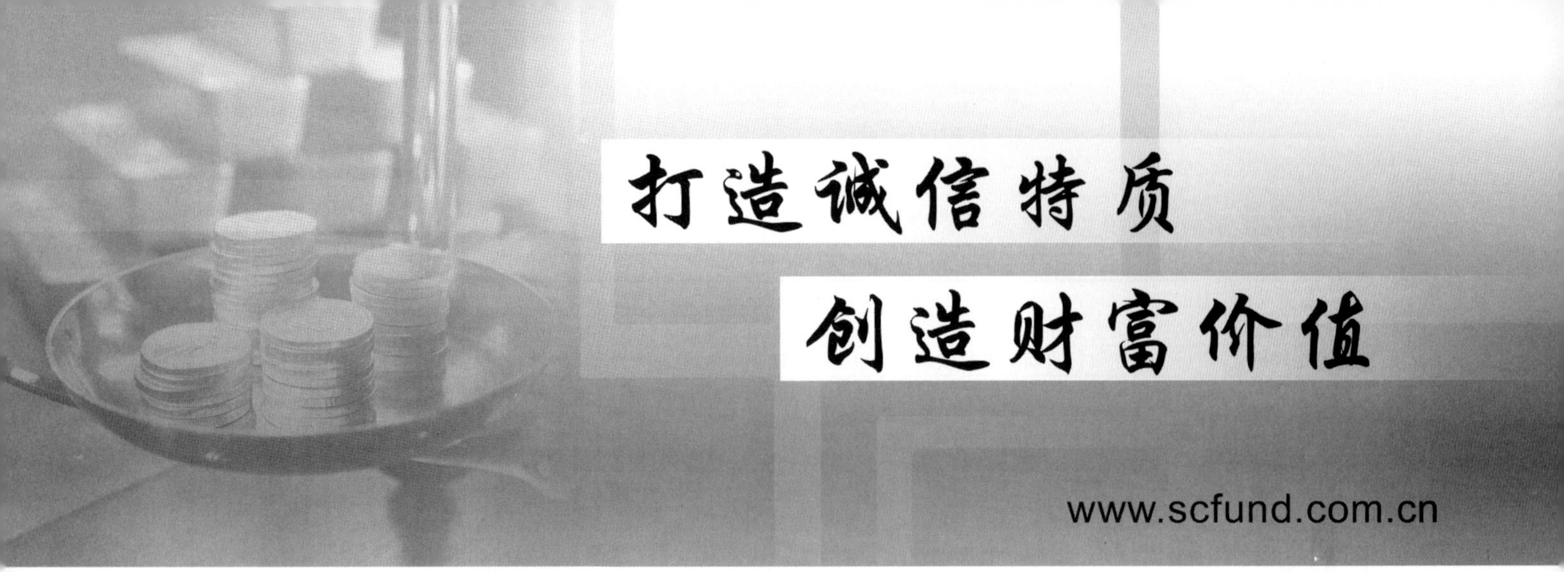

2005年大事记

1月2日　由东吴证券主办的“家庭投资理财新趋势报告会—东吴基金高层论坛”在苏州市开明大戏院举行。

1月25日　东吴嘉禾优势精选混合型基金结束发行，基金有效认购户数为6388户，确认基金份额总计1029352840.95份。

2月1日　东吴嘉禾优势精选混合型基金基金合同正式生效。

2月25日　东吴嘉禾优势精选混合型基金开始办理基金日常申购业务(基金代码：580001)。

3月　与工行上海分行联合开展“上海地区深耕”计划，与上海工行下属各支行联合开展各项基金销售培训，强化公司的地区优势。

3月15日　公司被人民日报社市场信息中心评选为中国消费者十大最满意基金品牌之一。

5月19–20日　公司围绕东吴证券各营业部和苏州工行两个重要渠道开展了“苏州地区客户回访活动”，加强首只基金的持续营销工作。

6月　公司就第二只基金产品的托管与代销与农业银行达成了初步意向。

8月　在上海公司总部举办了“走进东吴—下半年投资策略报告会”活动，邀请了来自保险机构、大型企业、证券机构的投资研究人员来公司实地参访，并发布了公司下半年投资策略报告。

9月1日　在上海依法召开公司股东会、董事会，由吴永敏先生拟任东吴基金管理有限公司第一届董事会董事长，聘任高清先生拟任公司副总裁，并报中国证监会。

10月　公司总裁徐建平接受和讯网“基业长青—基金公司总裁专访”，专访文章“立足自身优势，与行业共成长”刊登于上海金融报与和讯网站，并被多家媒体转载。

东吴基金管理有限公司
Soochow Asset Mangement Co.,Ltd

东吴基金管理有限公司

法定名称	东吴基金管理有限公司	英文名称	Soochow Asset Management Co.,Ltd.
成立日期	2004年9月2日	注册资本	1亿元人民币
拟任董事长	吴永敏	公司总裁	徐建平
联系电话	021-50509888	客服电话	021-50509666
传真号码	021-50509884	公司网址	www.scfund.com.cn
注册地址	上海市源深路279号	办公地址	上海市源深路279号

● 发展概况

2004年9月2日，经中国证监会批准，东吴基金管理有限公司由东吴证券有限责任公司联合上海兰生(集团)有限公司、江阴澄星实业集团有限公司共同发起正式成立。公司注册资金为1亿元人民币，总部设在上海，目前在北京和深圳设立了分公司。

在组织结构上，东吴基金管理有限公司实行董事会领导下的总裁负责制，公司设有投资决策和风险管理两个专门委员会；下设投资管理部、研究策划部、规划设计部、市场营销部、基金事务部、信息技术部、综合管理部和监察稽核部8个业务部门。

在人员构成上，东吴基金管理有限公司拥有一支经验丰富而又充满活力的专业团队，平均年龄31.2岁，其中硕士以上学历占66%；具有5年以上基金、证券从业经历的占71%；公司高管和主要投资管理人员的平均金融从业年限为10年，具有丰富的实践操作经验和管理经验。

● 经营业绩

截至2005年12月31日，东吴基金管理有限公司管理了东吴嘉禾优势精选混合型证券投资基金。

东吴嘉禾优势精选混合型证券投资基金是东吴基金管理有限公司推出的首只开放式基金。该基金跨年度募集，经中国证监会证监基金字[2004]201号文核准，东吴嘉禾优势精选混合型开放式证券投资基金自2004年12月20日开始公开募集，2005年1月25日基金募集顺利结束，基金合同生效于2005年2月1日，共募集基金份额10.29亿份，有效认购总户数为6388户。

东吴嘉禾优势精选基金于2005年2月2日入市，截至2005年12月31日，基金运作不满一年。2005年东吴嘉禾优势精选基金坚持按照基金合同要求努力选择具有稳定增长的优势行业及个股精心运作。但由于一季度建仓时市场处于高位，仓位成本较高，下半年该基金通过仓位结构调整与市场时机的精心选择，净值有较大程度回升，基金收益超越同期指数。

在投资管理中，东吴基金秉承“以人为本、以市场为导向、以客户为中心、以价值创造为己任”的经营理念，坚持以基金持有人的利益最大化为根本宗旨。作为一家新兴的基金管理公司，东吴基金管理有限公司将“持有人的利益高于一切”的理念贯穿于各项日常工作中，强调诚信原则，规范运作，将尽心管理并期望以优良的业绩回馈持有人，得到市场的信任和肯定，求得长远发展。

目前公司管理基金资产规模与基金数量(截至2005年12月31日)

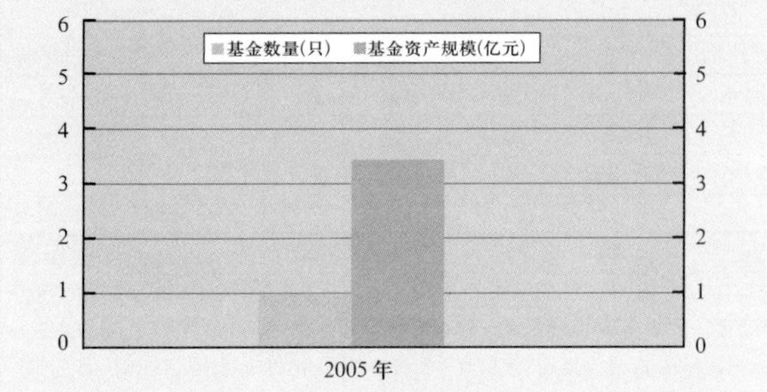

公司股东结构

股东名称	出资金额(万元)	出资比例(%)
东吴证券有限责任公司	4900.00	49.00
上海兰生(集团)有限公司	3000.00	30.00
江阴澄星实业集团有限公司	2100.00	21.00

公司高管介绍

吴永敏先生：拟任董事长。硕士研究生，高级审计师、高级经济师，中共党员。历任苏州市财政局科员，苏州市税务局科员、副科长、科长、分局副局长、局长，苏州市审计局副局长，东吴证券有限责任公司党委书记、董事长。

徐建平先生：总经理。大学，会计师，中共党员。历任张家港市财政局科长兼市房改办副主任，苏州证券有限责任公司张家港杨舍证券营业部总经理、公司总裁助理兼资产管理总部总经理，东吴证券有限责任公司副总裁。现任东吴基金管理有限公司总经理。

高清先生：拟任副总裁，投资总监。博士，高级经济师，中共党员。历任申银万国证券研究所客户资产管理总部部门经理，中国国际金融有限公司资产管理部高级经理，东吴证券有限责任自营管理部副总、总经理、总裁助理。

孙昌海先生：督察长。研究生，经济师。历任中国农业银行上海分行国际业务部资金业务科科长，瑞士汽巴精化(中国)有限公司广州分公司经理，华安基金管理有限公司督察员，上海浦东保险经纪有限公司董事长，东吴证券有限责任公司基金筹备组副组长。现任东吴基金管理有限公司督察长。

东吴嘉禾优势精选混合型开放式证券投资基金

基本资料

基金简称	东吴嘉禾		交易代码	580001	
投资目标	分享中国经济成长，以中低风险水平获得中长期较高收益。				
业绩比较基准	65%×(60%×上证180指数+40%×深证100指数)+35%×中信全债指数				
风险收益特征	该基金定位于中低风险水平，力求通过选股方法、投资策略等，谋求中长期较高收益。				
合同生效日	2005年2月1日	上市日期	——	上市地点	——
募集概况	首募规模	认购户数	募集日期		
	10.29亿份	6388户	2004年12月20日至2005年1月25日		
基金费率	认购费率	申购费率	赎回费率	管理费率	托管费率
	不高于1.20%	不高于1.50%	不高于0.50%	1.50%	0.25%
基金管理人	东吴基金管理有限公司		基金托管人	中国工商银行股份有限公司	
审计机构	安永大华会计师事务所	法律顾问	北京市君泽君律师事务所	注册登记人	东吴基金管理有限公司

财务指标 单位：人民币(元)

项目 \ 年度	2005年2月1日至2005年12月31日
基金份额本期净收益	-0.0984
期末可分配基金份额收益	-0.0854
期末基金份额净值	0.9254
基金加权平均净值收益率	-10.46%
本期基金份额净值增长率	-7.47%
基金份额累计净值增长率	-7.47%
基金收益分配	自基金合同生效以来未实现收益分配。
备注	该基金合同生效于2005年2月1日，至2005年12月31日成立不足一年。

基金净值增长率与业绩基准收益率对比图（单位：%）

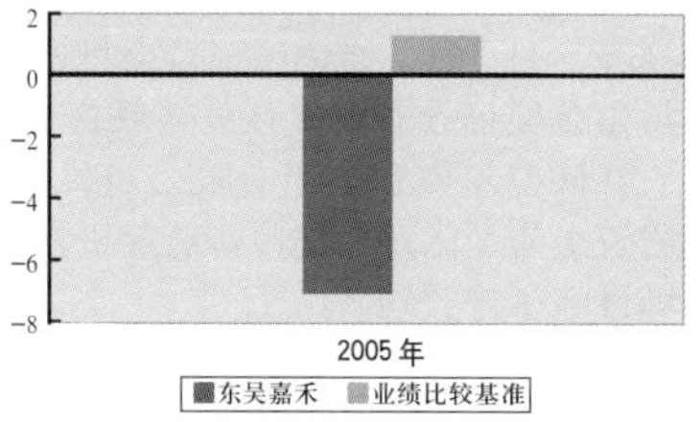

期末基金份额持有人户数	基金份额持有人户数为4,347户，平均每户持有86,368.48份。
期末基金份额持有人结构	机构投资者持有220,572,385.51份，占总份额58.75%；个人投资者持有154,871,416.00份，占总份额41.25%。

【基金业绩表现】

东吴嘉禾优势精选基金成立于2005年2月2日，截至2005年12月31日，基金净值增长率为-7.47%。同期业绩基准收益率为1.25%。

【基金管理团队】

向朝勇先生：基金经理。管理学博士，8年证券从业经历，曾任平安证券投资管理部总经理助理，东吴证券有限责任公司投资总部副总经理。2004年加入东吴基金管理有限公司，现任投资管理部总经理、东吴嘉禾优势精选基金基金经理。

王炯女士：基金经理助理。毕业于武汉大学，获硕士学位，九年证券行业从业经历。1997年至2004在大鹏证券有限责任公司综合研究所、证券投资部工作，曾任研究员、首席分析师助理等职务；2004年加入东吴基金管理有限公司，担任基经理助理职务。

【基金运作分析】

2005年中国股市在股改带来的不确定性及宏观经济调控深化带来部分行业估值向下的双重压力下处于盘弱状态，但纵观全年整体市场又处于牛熊交替的过程，市场机会与风险并存。

东吴嘉禾优势精选基金于2005年2月2日成立入市，全年该基金坚持按照基金合同要求努力选择具有稳定增长的优势行业及个股精心运作。但由于一季度建仓时市场处于高位，仓位成本较高，部分重仓股建仓时间出现偏差，因此在二季度的市场下跌过程中基金净值表现不理想，三季度及四季度通过仓位结构调整与市场时机的精心选择，基金净值有较大程度回升，全年基金收益超越指数。

【季度投资组合一览】

项目 \ 季度	第一季度		第二季度		第三季度		第四季度	
基金资产净值	993,531,864.33元		700,448,821.41元		524,915,736.33元		347,441,112.75元	
基金份额	1,032,250,812.06份		780,260,028.14份		557,415,203.18份		375,443,801.51份	
基金份额净值	0.9625元		0.8977元		0.9417元		0.9254元	
基金资产组合	市值(元)	占总资产比例	市值(元)	占总资产比例	市值(元)	占总资产比例	市值(元)	占总资产比例
股票投资	682,910,730.37	68.53%	543,628,647.81	74.84%	368,782,414.38	69.04%	299,747,507.38	85.70%
债券投资	40,986,306.25	4.11%	56,688,741.39	7.80%	25,428,003.40	4.76%	25,002,070.90	7.15%
银行存款和清算备付金	216,301,799.47	21.71%	124,714,421.95	17.17%	138,910,392.91	26.01%	20,836,805.95	5.96%
其他资产	56,324,806.19	5.65%	1,349,424.94	0.19%	1,027,892.45	0.19%	4,162,099.09	1.19%

投资前五名股票明细	股票名称	市值(元)	占净值比例	股票名称	市值(元)	占净值比例	股票名称	市值(元)	占净值比例	股票名称	市值(元)	占净值比例
	生益科技	50,986,255.32	5.13%	宁沪高速	69,248,460.80	9.89%	片仔癀	51,156,393.08	9.75%	宁沪高速	34,022,817.40	9.79%
	兖州煤业	34,939,958.90	3.52%	中国石化	54,995,571.46	7.85%	宁沪高速	43,875,425.52	8.36%	马应龙	33,771,097.20	9.72%
	中兴通讯	33,782,672.00	3.40%	片仔癀	53,517,080.88	7.64%	马应龙	26,613,479.54	5.07%	G中兴	18,191,733.00	5.24%
	宁沪高速	30,252,132.60	3.04%	马应龙	38,865,773.16	5.55%	白云机场	22,221,941.76	4.23%	驰宏锌锗	14,494,112.77	4.17%
	山东黄金	30,021,969.00	3.02%	中国联通	30,532,256.46	4.36%	锦江酒店	20,783,722.90	3.96%	思源电气	11,324,167.01	3.26%

投资前五名债券明细	债券名称	市值(元)	占净值比例	债券名称	市值(元)	占净值比例	债券名称	市值(元)	占净值比例	债券名称	市值(元)	占净值比例
	营港转债	16,118,443.50	1.62%	20国债(4)	20,030,556.00	2.86%	20国债(4)	10,124,000.00	1.93%	02国债(14)	10,084,000.00	2.90%
	招行转债	14,787,498.00	1.49%	营港转债	16,572,181.90	2.37%	营港转债	7,686,655.20	1.46%	20国债(4)	10,080,000.00	2.90%
	晨鸣转债	6,980,748.75	0.70%	招行转债	7,803,434.70	1.11%	招行转债	4,784,128.20	0.91%	招行转债	4,838,070.90	1.39%
	国电转债	2,700,880.00	0.27%	晨鸣转债	6,885,015.00	0.98%	国电转债	2,833,220.00	0.54%	——	——	——
	复星转债	398,736.00	0.04%	国电转债	2,835,560.00	0.40%	——	——	——	——	——	——

天弘基金管理有限公司

法定名称	天弘基金管理有限公司	英文名称	TianHong Asset Management Co.,Ltd.
成立日期	2004年11月8日	注册资本	1亿元人民币
法人代表	李宗唐	总 经 理	楚义芳
联系电话	022-83310208	客服电话	022-83310988
传真号码	022-83865569	公司网址	www.thfund.com.cn
注册地址	天津市河西区马场道59号天津国际经济贸易中心A座16楼	办公地址	天津市河西区马场道59号天津国际经济贸易中心A座16楼

● 发展概况

天弘基金管理有限公司是设立在环渤海地区的首家基金管理公司，也是目前为止在北京以外设立的中国北方首家基金管理公司。公司成立于2004年11月8日，注册资本1亿元人民币，注册地为天津市，总部设在天津，目前在北京设有分公司。

在组织结构上，天弘基金管理有限公司建立了包括股东会、董事会、监事会、经理层在内的规范健全的现代公司治理结构。董事会通过设立督查委员会、提名委员会以及与监事会联合设立了执行委员会，经理层设置投资决策委员会、风险管理委员会、考评委员会3个专门委员会，公司根据法律、法规的要求和业务发展的需要设置投资管理部、市场拓展部、交易清算部、信息技术部、监察稽核部和综合管理部等部门机构。目前，公司已经建立健全投资管理制度、销售管理制度、风险控制制度、监察稽核管理制度、信息披露制度、财务管理制度、人力资源管理制度、信息技术管理制度和员工行为准则等公司管理制度体系。

在人员构成上，截至2005年12月31日，天弘基金管理有限公司共有员工26名，其中拥有博士、硕士学位的员工占总人数的61%以上；员工中具有十年以上金融从业经验的占总人数的15%，五年以上十年以下金融从业经验的占19%，三年以上五年以下的占27%。

目前公司管理基金资产规模与基金数量(截至2005年12月31日)

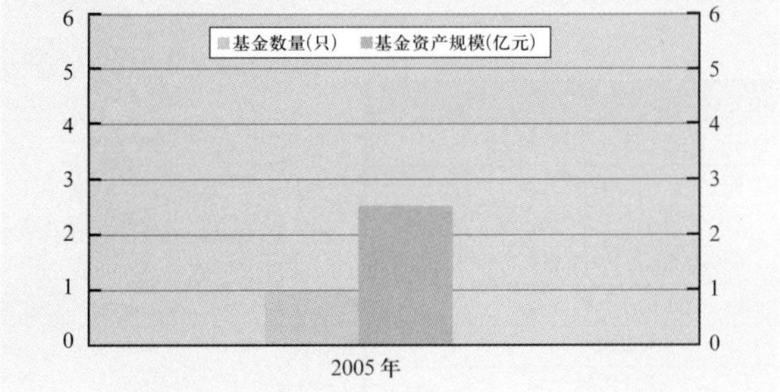

公司股东结构

股东名称	出资金额(万元)	出资比例(%)
天津信托投资有限责任公司	4800.00	48.00
兵器财务有限责任公司	2600.00	26.00
山西漳泽电力股份有限公司	2600.00	26.00

● 经营业绩

2005年，天弘基金管理有限公司完成了天弘精选混合型基金从募集发售到逐步建仓的工作，公司各项控制制度在管理中更加完善。截至2005年12月31日，天弘基金管理有限公司管理天弘精选混合型证券投资基金一只开放式基金。

天弘精选混合型基金是天弘基金管理有限公司推出的首只开放式基金，经中国证监会证监基金字[2005]104号文批准，天弘精选混合型证券投资基金自2005年8月22日开始公开募集；截至2005年9月27日，基金募集顺利结束；共募集基金份额3.39亿份，有效认购总户数为4761户，2005年10月8日基金合同正式生效。

天弘精选混合型基金是一只偏重于对大盘蓝筹股进行投资的基金，主要投资于市场上处于行业排名前20%的行业龙头企业。天弘精选混合型基金自2005年10月8日成立以来，采取稳健的投资策略，逐步建仓，基金净值保持稳定。截至2005年12月31日，天弘精选混合型基金净值增长-0.02%，同期业绩比较基准收益率为-0.03%，超越业绩基准收益0.01个百分点。

在客户服务方面，为了更好地满足投资者需求，2005年天弘基金推出了“理财直通车”活动、并举办多场“投资理财系列免费讲座”，在普及基金理财知识的同时，也很好地建设了天弘基金的品牌，更好地提升了公司的竞争力。

公司高管介绍

李宗唐先生：董事长。研究生，高级会计师。历任天津市财政局预算处副处长、处长，天津市财政局资金处处长，天津市财政局、天津市地方税务局党组成员、副局长。现任天津信托投资有限责任公司党委副书记、总经理。

楚义芳先生：董事，总经理。博士研究生，高级经济师。历任南开大学经济研究所实习研究员，伦敦经济学院研究学者，南开大学经济研究所讲师、助理研究员、副研究员，中国平安保险公司天津证券业务部负责人、总经理，天津信托投资公司金融开发中心主任，香港天信财务有限公司董事、副总经理，天津信托投资公司证券研究部总经理，天津信托投资公司证券业务总部总监，宝盈基金管理有限公司总经理助理。现任天弘基金管理有限公司总经理。

天弘精选混合型证券投资基金

基本资料

基金简称	天弘精选		交易代码	420001	
投资目标	该基金以资产配置为导向，在股票、债券、短期金融工具等之间进行动态选择，在控制风险的前提下追求基金财产的长期稳健增值。				
业绩比较基准	上证180指数收益率×55%＋上证国债指数收益率×45%				
风险收益特征	该基金为主动管理的混合型基金，其长期平均风险程度低于股票型基金，高于货币市场型基金。该基金力争在严格控制风险的前提下，谋求实现基金财产的长期稳定增长。				
合同生效日	2005年10月8日	上市日期	——	上市地点	——
募集概况	首募规模	认购户数	募集日期		
	3.39亿份	4761户	2005年8月22日至2005年9月27日		
基金费率	认购费率	申购费率	赎回费率	管理费率	托管费率
	不高于1.20%	不高于1.50%	不高于0.50%	1.50%	0.25%
基金管理人	天弘基金管理有限公司		基金托管人	中国工商银行股份有限公司	
审计机构	天津五洲联合会计师事务所	法律顾问	嘉德恒时律师事务所	注册登记人	天弘基金管理有限公司

财务指标　单位：人民币(元)

项目＼年度	2005年10月8日至2005年12月31日
基金份额本期净收益	0.0017
期末可分配基金份额收益	−0.0002
期末基金份额净值	0.9998
基金加权平均净值收益率	0.17%
本期基金份额净值增长率	−0.02%
基金份额累计净值增长率	−0.02%
基金收益分配	自基金合同生效以来未实现收益分配。
备注	该基金合同生效于2005年10月8日，至2005年12月31日成立不足一年。
期末基金份额持有人户数	基金份额持有人户数为4,286户，平均每户持有59,593.49份。
期末基金份额持有人结构	机构投资者持有135,542,708.47份，占总份额53.07%；个人投资者持有119,874,992.86份，占总份额46.93%。

基金净值增长率与业绩基准收益率对比图（单位：%）

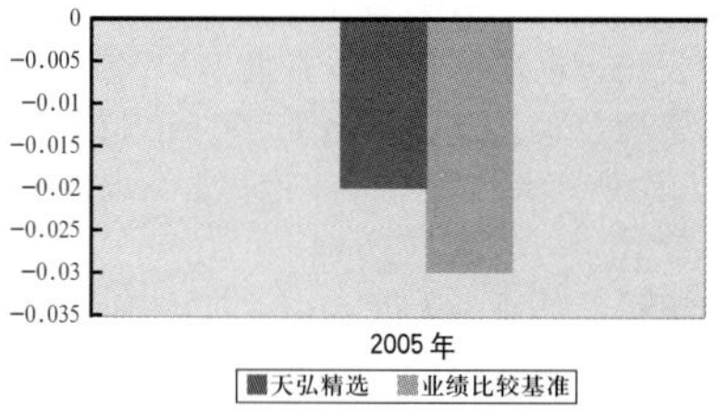

【基金业绩表现】

天弘精选基金合同生效于2005年10月8日，截至2005年12月31日，基金净值增长率为－0.02%，同期业绩比较基准下跌0.03%，其中上证180指数下跌0.325%，上证国债指数上涨0.331%。

【基金管理团队】

陈天丰先生：MBA。1994年进入天津信托投资有限责任公司，历任证券部、投资银行部、证券研究部研究员、证券研究部经理；2001年进入易方达基金公司，从事开放式基金筹备工作；2002年进入天弘基金公司筹备组工作。现任天弘基金管理公司投资管理部总经理、天弘精选混合型基金基金经理。

【基金运作分析】

天弘精选基金自2005年10月成立以来，一直采取稳健投资的策略，逐步建仓，基金净值始终保持稳定，取得了一个稳步的开局。

2005年四季度，国债市场走势是先上涨，然后深幅调整，接着又出现持续上涨，整个四季度，上证国债指数上涨0.75%。12月份，市场利空因素逐渐得到消化，货币市场利率逐渐趋稳。出于对2006年一季度的发行真空期的考虑，银行、保险公司加大国债投资力度。交易所国债指数也在急跌后企稳，并走出一轮持续上涨行情。

面对四季度市场行情的大幅振荡，天弘精选基金债券投资以流动性和收益性为主，注意债券品种挑选和组合久期的控制，交易所以中短期的国债投资为主，银行间市场以金融债和央行票据投资为主。

【季度投资组合一览】

项目＼季度	第四季度	
基金资产净值	255,359,882.70元	
基金份额	255,417,701.33份	
基金份额净值	0.9998元	
基金资产组合	市值(元)	占总资产比例
股票投资	34,145,314.74	11.13%
债券投资	141,757,705.00	46.23%
银行存款和清算备付金	9,558,437.44	3.12%
其他资产	121,188,148.70	39.52%

投资前五名股票明细	股票名称	市值(元)	占净值比例	投资前五名债券明细	债券名称	市值(元)	占净值比例
	G天津港	9,940,000.00	3.89%		05央行票据08	31,485,000.00	12.33%
	G万科A	8,620,000.00	3.38%		01国开09	31,404,000.00	12.30%
	方正科技	7,552,000.00	2.96%		05招行01	29,970,000.00	11.74%
	G都市	3,345,975.44	1.31%		02国债(14)	16,811,036.40	6.58%
	海信电器	2,713,062.30	1.06%		02国债(10)	10,067,785.00	3.94%

国海富兰克林基金管理有限公司

法定名称	国海富兰克林基金管理有限公司	英文名称	Franklin Templeton Sealand Fund Management Co., Ltd.
成立日期	2004年11月15日	注册资本	1亿元人民币
法人代表	张雅锋	总 经 理	林伟杰
联系电话	021–68880980	客服电话	021–38789555
传真号码	021–68880981	公司网址	www.ftsfund.com
注册地址	广西南宁市琅东滨湖路46号	办公地址	上海浦东富城路99号震旦国际大楼18层

● 发展概况

国海富兰克林基金管理有限公司是我国首家注册在广西地区的中外合资基金公司。2004年11月15日，经中国证监会证监基金字[2004]145号文批准，国海富兰克林基金管理有限公司由国海证券有限责任公司和富兰克林邓普顿基金集团全资子公司坦伯顿国际股份有限公司共同组建成立，公司注册资本金1亿元人民币，注册地在广西南宁。2005年12月，经公司股东会审议批准，股东出资在现有股东之间进行转让，转让后国海证券有限责任公司出资比例为51%，坦伯顿国际股份有限公司为49%，公司注册资本金保持不变。

在组织结构上，公司设立了投资决策委员会和风险控制委员会，下设10个部门分别是：研究分析部、投资管理部、中央交易室、基金市场部、机构销售部、零售业务部、行政管理部、基金事务部、监察稽核部、信息技术部，另设立了上海分公司。目前公司已经建立健全内部风险控制制度、财务管理制度、人事管理制度和员工行为准则等公司管理制度体系。

在人员构成上，截至2005年底， 国海富兰克林基金管理有限公司共有员工48人，平均年龄31.6岁，其中专科1人，本科23人，硕士21人，博士3人；公司高管人员平均金融证券从业年限10年。

目前公司管理基金资产规模与基金数量(截至2005年12月31日)

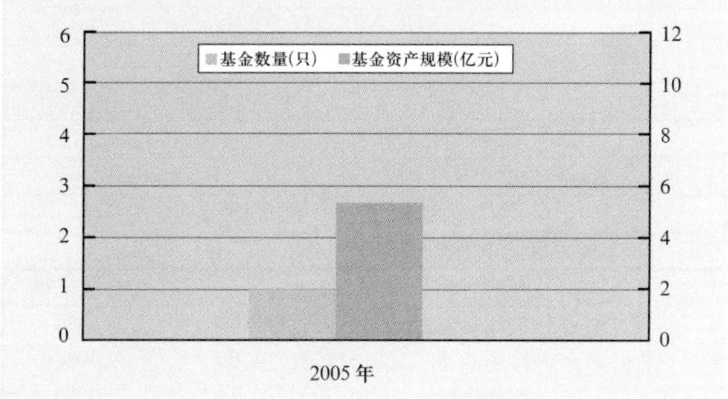

公司股东结构

股东名称	出资金额(万元)	出资比例(%)
国海证券有限责任公司	5100.00	51.00
坦伯顿国际股份有限公司	4900.00	49.00

● 经营业绩

国海富兰克林基金管理有限公司自2004年11月成立，2005年4月即推出了公司旗下首只开放式基金——富兰克林国海中国收益证券投资基金。截至2005年12月31日，国海富兰克林基金管理有限公司管理了富兰克林国海中国收益证券投资基金。

2005年4月11日，经中国证监会证监基金字[2005]36号文批准，富兰克林国海中国收益证券投资基金开始公开募集，2005年5月26日募集顺利结束，基金合同生效于2005年6月1日，共募集基金份额6.72亿份，有效认购总户数为11391户。

富兰克林国海收益基金是一只混合型开放式基金，以富兰克林邓普顿基金集团环球资产管理平台为依托，充分结合国内新兴证券市场特性，通过投资稳健分红的股票和各种优质的债券，达到基金资产稳健增长的目的，为投资者创造长期稳定的投资收益。富兰克林国海收益基金自成立以来，规范运作，业绩稳定。截至2005年12月31日，基金份额累计净值为1.0355元，净值增长率为3.55%，2005年8月19日富兰克林国海收益基金实施了成立来的首次收益分配，每份基金份额派现0.010元，为基金持有人带来了较好的收益回报。

在客户服务方面，面对竞争日趋激烈的基金市场，国海富兰克林基金管理有限公司充分引进外方股东富兰克林邓普顿基金集团享誉全球的投资机制、研究平台和风险控制体系，发挥双方股东优势，融合中外先进的经营管理方式，努力成为国内一流的基金管理公司之一。

公司高管介绍

张雅锋女士：董事长。中共党员，研究生，经济师。历任广西南方商业集团公司董事长兼总经理、党总支书记，广西壮族自治区证券办发行部主任，中国证监会南宁特派办处长、副主任等职。现任广西投资集团有限公司副总经理、国海证券有限责任公司董事长。

林伟杰先生：总经理。法学博士。历任富兰克林坦伯顿新兴市场部高级副总裁，中华网公司首席投资官，高级战略副总裁，ASIA VEST INVESTMENT LTD.执行合伙人，现任国海富兰克林基金管理有限公司总经理。

富兰克林国海中国收益证券投资基金

基本资料

基金简称	富兰克林国海中国收益		交易代码	450001	
投资目标	该基金以富兰克林邓普顿基金管理集团环球资产管理平台为依托，在充分结合国内新兴证券市场特性的原则下，通过投资稳健分红的股票和各种优质的债券，达到基金资产稳健增长的目的，为投资者创造长期稳定的投资收益。				
业绩比较基准	40%×新华富时A200指数+55%×汇丰中国国债指数+5%同业存款息率				
风险收益特征	该基金属于收益稳定、风险较低的基金品种，风险系数介于股票和债券之间。				
合同生效日	2005年6月1日	上市日期	——	上市地点	——
募集概况	首募规模	认购户数	募集日期		
	6.72亿份	11391户	2005年4月11日至2005年5月26日		
基金费率	认购费率	申购费率	赎回费率	管理费率	托管费率
	不高于1.20%	不高于1.50%	不高于0.60%	1.38%	0.25%
基金管理人	国海富兰克林基金管理有限公司		基金托管人	中国工商银行股份有限公司	
审计机构	普华永道中天会计师事务所	法律顾问	国浩律师集团(上海)事务所	注册登记人	国海富兰克林基金管理有限公司

财务指标 单位：人民币(元)

项目 \ 年度	2005年6月1日至2005年12月31日
加权平均基金份额本期净收益	0.019
期末可分配基金份额收益	0.0081
期末基金份额净值	1.0255
加权平均基金净值收益率	1.85%
本期基金份额净值增长率	3.55%
基金份额累计净值增长率	3.55%
基金收益分配	自基金合同生效以来每10份累计派现0.100元。
备注	该基金合同生效于2005年6月1日，至2005年12月31日成立不足一年。

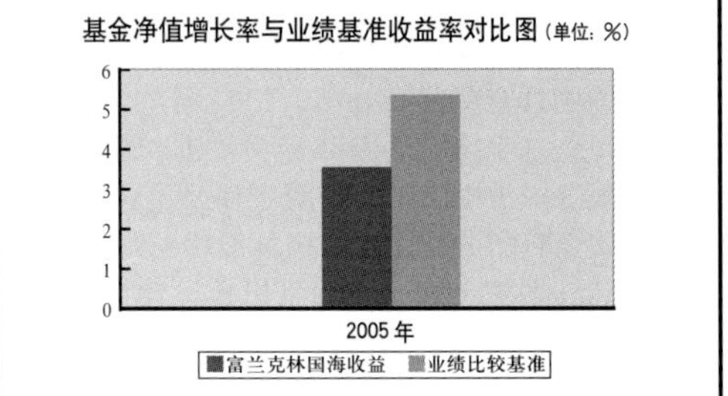

期末基金份额持有人户数	基金份额持有人户数为7,506户，平均每户持有68,474.56份。
期末基金份额持有人结构	机构投资者持有307,390,044.32份，占总份额59.81%；个人投资者持有206,579,997.93份，占总份额40.19%。

【基金业绩表现】

2005年，富兰克林国海中国收益基金净值增长率为3.55%。同期业绩基准收益率为5.34%。

【基金管理团队】

张晓东先生：基金经理。美国多米尼克学院亚太政治及经济分析硕士和上海交通大学应用数学学士，12年投资经历。曾就职于美国旧金山的纽堡太平洋投资管理公司，创立并管理纽堡大中华基金(股票)，后担任香港阳光国际管理公司董事。在香港中信资本资产管理部担任董事期间，创立并管理中信资本大中华基金，该基金为中信集团在海外发行的第一只股票型对冲基金。2004年10月加入国海富兰克林基金管理有限公司，目前任富兰克林国海收益基金基金经理。

【基金运作分析】

富兰克林国海中国收益基金成立于6月份，债券市场已有较大升幅，该基金采取较保守的投资策略，将债券的久期保持在较低的水平，具体操作中，以中期债券为主要投资品种。

富兰克林国海中国收益基金本年净值增长率为3.55%，同期业绩基准收益率为5.34%。在衡量风险的净值增长率标准差方面，该基金的0.33则远低于比较基准的0.52，该基金虽然给投资者带来的绝对回报略低，但风险也较低。原因主要是因为该基金成立于6月，前6个月均处于建仓阶段，平均仓位偏低，因此业绩未能跑赢基准。

【季度投资组合一览】

项目 \ 季度	第三季度				第四季度			
基金资产净值	582,330,581.04元				527,097,520.27元			
基金份额	571,821,051.16份				513,970,042.25份			
基金份额净值	1.0184元				1.0255元			
基金资产组合	市值(元)		占总资产比例		市值(元)		占总资产比例	
股票投资	229,424,807.07		38.96%		257,293,239.64		48.27%	
债券投资	179,290,639.50		30.45%		260,237,371.00		48.82%	
银行存款和清算备付金	66,737,780.59		11.33%		10,252,151.54		1.92%	
其他资产	113,387,602.20		19.26%		5,295,649.39		0.99%	
股票明细投资前五名	序号	股票名称	市值(元)	占净值比例	序号	股票名称	市值(元)	占净值比例
	1	皖通高速	16,209,639.42	2.78%	1	长江电力	16,478,111.60	3.13%
	2	天 津 港	13,390,832.40	2.30%	2	皖通高速	15,737,514.00	2.99%
	3	招商银行	13,053,121.22	2.24%	3	招商银行	15,299,934.44	2.90%
	4	中国石化	12,152,628.25	2.09%	4	大商股份	14,557,938.72	2.76%
	5	中兴通讯	11,336,368.05	1.95%	5	华联综超	13,261,234.08	2.52%
债券明细投资前五名	序号	债券名称	市值(元)	占净值比例	序号	债券名称	市值(元)	占净值比例
	1	20国债(4)	50,620,000.00	8.69%	1	20国债(4)	50,400,000.00	9.56%
	2	02国债(14)	40,553,617.40	6.96%	2	21国债(10)	44,258,372.40	8.40%
	3	02国债(10)	30,377,212.80	5.22%	3	99国债(8)	35,721,000.00	6.78%
	4	03国债(1)	30,333,000.00	5.21%	4	02国债(10)	30,288,658.40	5.75%
	5	21国债(3)	27,406,809.30	4.71%	5	03国债(1)	30,255,000.00	5.74%

友邦华泰基金管理有限公司

法定名称	友邦华泰基金管理有限公司	英文名称	AIG-Huatai Fund Management Co., Ltd.
成立日期	2004年11月18日	注册资本	1亿元人民币
法人代表	齐　亮	总 经 理	陈国杰
联系电话	021-50472222	客服电话	400-888-0001
传真号码	021-50478668	公司网址	www.aig-huatai.com
注册地址	上海市浦东新区世纪大道88号金茂大厦40楼	办公地址	上海市浦东新区世纪大道88号金茂大厦40楼

● 发展概况

友邦华泰基金管理有限公司是由国际领先的跨国保险及金融服务集团——美国国际集团下属的AIG Global Investment Corp.与华泰证券有限责任公司、苏州新区高新技术产业股份有限公司、江苏交通控股有限公司和国华能源投资有限公司共同发起设立的一家中外合资基金管理有限公司。2004年11月18日，经中国证监会证监基金字[2004]178号文批准，在上海正式成立。公司注册资本为1亿元人民币。2005年9月，经公司股东会审议批准，公司股东苏州高新技术产业股份有限公司将所持公司18%股权中的16%分别向现有股东华泰证券和AIG Global Investment Corp.(AIGGIC)各转让8%；公司股东江苏交通控股有限公司将所持公司8%股权分别向华泰证券和AIGGIC各转让4%；公司股东国华能源有限公司将其持有的8%股权分别向华泰证券和AIGGIC各转让4%；股权转让后，公司股东及出资比例变更为：AIGGIC49%、华泰证券49%、苏州高新2%，公司注册资本保持不变。2005年12月，友邦华泰聘任陈国杰先生担任公司总经理。

在组织结构上，公司在董事会下设了薪酬、考核与资格审查委员会和风险管理与审计委员会，实行董事会领导下的总经理负责制，在机构设置上，公司下设业务发展部、市场服务部、渠道销售部、机构理财部、研究部、集中交易室、信息技术部、基金事务部、法律监察部、公司财务部、人力资源及行政部等部门。

在人员构成上，截至2005年12月底，友邦华泰基金管理有限公司共有员工57人，平均年龄37岁，其中专科4人，本科25人，硕士28人；公司高管人员平均金融证券从业年限16年。

目前公司管理基金资产规模与基金数量(截至2005年12月31日)

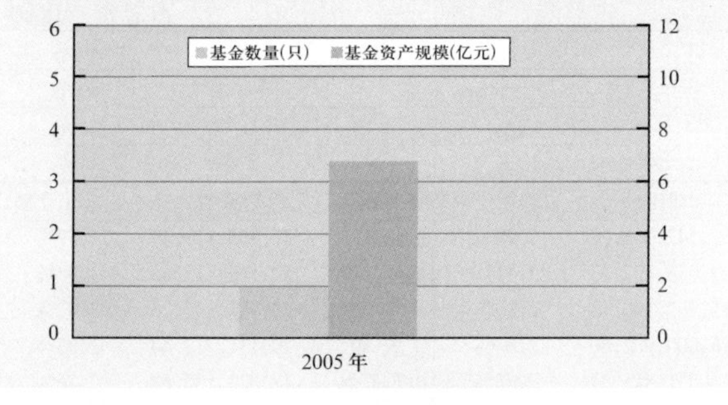

公司股东结构

股东名称	出资金额(万元)	出资比例(%)
华泰证券有限责任公司	4900.00	49.00
AIG Global Investment Corp.	4900.00	49.00
苏州新区高新技术产业股份有限公司	200.00	2.00

● 经营业绩

2005年，友邦华泰基金管理有限公司顺利募集并设立了公司旗下首只开放式基金——友邦华泰盛世中国股票型证券投资基金。截至2005年12月31日，友邦华泰基金管理有限公司管理了友邦华泰盛世中国股票型证券投资基金。

2005年，面对低迷的市场环境，友邦华泰逆市而行，推出了公司旗下首只开放式基金——友邦华泰盛世中国基金。友邦华泰盛世中国基金是一只股票型基金，自2005年3月7日开始公开募集，2005年4月27日基金合同正式生效，共募集基金份额9.01亿份，有效认购总户数为9288户。友邦盛世基金自成立以来，规范运作，业绩表现良好，截至2005年12月31日，基金份额累计净值为1.0070元，累计净值增长3.66%，超越同期业绩基准收益3.23个百分点；2005年8月24日，友邦盛世基金实施了成立来的首次分红，每基金份额派发现金红利0.030元，为投资者创造了较好的收益回报。

在产品开发方面，2005年10月，友邦华泰获得上海证券交易所批复，与其合作共同开发上证红利ETF。上证红利ETF的推出，将进一步丰富我国基金品种，同时也将积极影响友邦华泰未来的发展。

在客户服务方面，友邦华泰重视网络平台在资讯服务、互动交流和网上交易等方面的作用。2005年友邦华泰结合公司业务发展，对网站进行了全新的升级改版，优化了各项服务功能，将信息资讯系统与网站服务平台紧密集成，并开展了一系列的客户关怀与客户交流活动。目前，友邦华泰已经开通全国统一客户服务电话，进一步提升了公司的服务能力与服务品质。

公司高管介绍

齐亮先生：董事长。硕士，1994年至1998年任国务院发展研究中心情报中心处长、副局长，1998年至2001年任中央财经领导小组办公室副局长，2001年至2004年任华泰证券有限责任公司副总裁。

陈国杰先生：总经理。澳大利亚新南威尔士大学商业、法律学士。曾任怡富投资管理有限公司董事，1999年加入美国国际集团(AIG)，先后担任美国国际集团环球退休服务及投资管理集团资深副总裁兼区域总监(亚洲)，美国国际集团(亚洲)投资有限公司执行董事等职，并自友邦华泰基金管理有限公司成立至今任公司董事。

友邦华泰盛世中国股票型证券投资基金

基本资料

基金简称	友邦盛世		交易代码	460001		
投资目标	主要通过股票选择，辅以适度的大类资产配置调整，追求管理资产的长期稳定增值。					
业绩比较基准	中信标普 300 指数× 70%+ 中信国债指数× 30%					
风险收益特征	较高风险、较高收益。					
合同生效日	2005 年 4 月 27 日	上市日期	——	上市地点	——	
募集概况	首募规模	认购户数	募集日期			
	9.01 亿份	9288 户	2005 年 3 月 7 日至 2005 年 4 月 20 日			
基金费率	认购费率	申购费率	赎回费率	管理费率	托管费率	
	不高于 1.00%	不高于 1.50%	不高于 0.50%	1.50%	0.25%	
基金管理人	友邦华泰基金管理有限公司		基金托管人	中国银行股份有限公司		
审计机构	普华永道中天会计师事务所	法律顾问	上海市通力律师事务所	注册登记人	友邦华泰基金管理有限公司	

财务指标 单位：人民币(元)

项目 \ 年度	2005 年 4 月 27 日至 2005 年 12 月 31 日
基金份额本期净收益	0.0130
期末可分配基金份额收益	-0.0133
期末基金份额净值	1.0070
基金加权平均净值收益率	1.30%
本期基金份额净值增长率	3.66%
基金份额累计净值增长率	3.66%
基金收益分配	自基金合同生效以来每 10 份累计派现 0.300 元。
备注	该基金合同生效于2005年 4月27日，至2005年12月31日成立不足一年。

基金净值增长率与业绩基准收益率对比图 (单位: %)

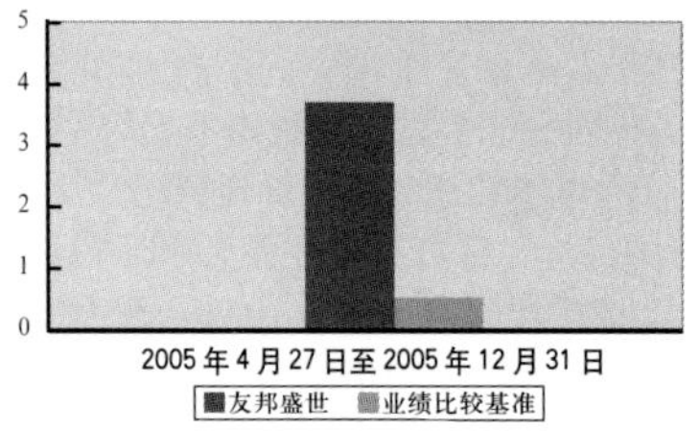

期末基金份额持有人户数	基金份额持有人户数为 5,114 户，平均每户持有 132,628.85 份。
期末基金份额持有人结构	机构投资者持有 481,255,068.12 份，占总份额 70.95%；个人投资者持有 197,008,873.74 份，占总份额 29.05%。

【基金业绩表现】

截至2005年12月31日，友邦盛世基金份额净值为1.0070元，本年基金份额净值上涨3.66%，同期基金业绩比较基准上涨0.43%，超越业绩基准收益3.23%。

【基金管理团队】

李文杰先生：基金经理。工商管理学士。自 1999 年 8 月起历任美国国际集团(亚洲)投资有限公司基金管理部集中交易员、投资分析员、资深分析员，负责中国地区股票研究；2004 年 4 月加入友邦华泰基金管理有限公司。

【基金运作分析】

友邦盛世华泰中国股票基金于2005年4月27日开始运作。从基金运作开始，该基金管理人对A股市场一直持有乐观的看法，保持乐观看法的原因是认为市场有可能对宏观调控造成对中国经济的影响过于悲观。从宏观面看，2005年投资增速大幅度下降，但投资增长依然保持较高速度，而消费增长也稳定保持在 13%-14%左右。

在友邦盛世基金成立的时候，该基金管理人采取了保守的投资策略，2005年5月市场处于下跌的过程中放慢了对基金建仓的速度，在市场下跌的过程中有效地平均了股票的持仓成本。“友邦盛世”的股票仓位在2005年6月底达到基金合同要求的60%水平。由于基金管理人对股市相对乐观的看法，在三季度“友邦盛世”的股票仓位一直维持在70%以上的水平。在四季度末端，该基金管理人对股市在2006年的表现更看好，所以也相应提高了该股票的比例接近 80%。

【季度投资组合一览】

项目 \ 季度	第二季度		第三季度		第四季度	
基金资产净值	701,441,424.28 元		627,607,240.02 元		683,033,735.13 元	
基金份额	700,739,395.30 份		623,301,513.36 份		678,263,941.86 份	
基金份额净值	1.0010 元		1.0069 元		1.0070 元	
基金资产组合	市值(元)	占总资产比例	市值(元)	占总资产比例	市值(元)	占总资产比例
股票投资	415,428,134.75	51.73%	481,551,211.51	76.01%	537,536,115.68	78.26%
债券投资	173,551,403.54	21.61%	——	——	109,539,740.00	15.95%
银行存款和清算备付金	128,288,818.42	15.97%	149,444,023.69	23.59%	38,315,267.18	5.58%
其他资产	85,864,533.81	10.69%	2,552,575.84	0.40%	1,460,313.62	0.21%

投资前五名股票明细	股票名称	市值(元)	占净值比例	股票名称	市值(元)	占净值比例	股票名称	市值(元)	占净值比例
	招商银行	36,817,045.20	5.25%	G 宝 钢	37,542,563.56	5.98%	招商银行	31,363,813.46	4.59%
	长江电力	32,367,930.51	4.61%	招商银行	23,936,827.73	3.81%	烟台万华	22,169,115.65	3.25%
	燕京啤酒	21,539,093.86	3.07%	G 长 电	17,962,146.48	2.86%	G 中 兴	20,996,846.28	3.07%
	宝钢股份	21,433,481.76	3.06%	同 仁 堂	16,800,902.00	2.68%	G 长 电	20,131,712.44	2.95%
	中集集团	20,444,952.00	2.91%	扬子石化	16,531,415.82	2.63%	山东黄金	18,823,135.68	2.76%

投资前五名债券明细	债券名称	市值(元)	占净值比例	债券名称	市值(元)	占净值比例	债券名称	市值(元)	占净值比例
	05 央票 31	60,540,000.00	8.63%	——	——	——	05 中石化 CP01	49,567,500.00	7.26%
	05 央票 29	48,983,027.40	6.98%	——	——	——	05 招行 01	29,970,000.00	4.39%
	05 央票 33	48,968,630.14	6.98%	——	——	——	05 农发 15	20,000,000.00	2.93%
	03 国债(3)	4,764,500.00	0.68%	——	——	——	05 云铜 CP01	10,002,240.00	1.46%
	02 国债(13)	4,467,000.00	0.64%	——	——	——	——	——	——

新世纪基金管理有限公司

法定名称	新世纪基金管理有限公司	英文名称	New Century Fund Management Co.,Ltd.
成立日期	2004年12月9日	注册资本	1亿元人民币
法人代表	蒋　钢	总　经　理	孙枝来
联系电话	023-63710818	客服电话	010-58503322
传真号码	023-63713073	公司网址	www.ncfund.com.cn
注册地址	重庆市渝中区邹容路68号大都会商厦32层	办公地址	重庆市渝中区邹容路68号大都会商厦32层

● 发展概况

2004年12月9日，经中国证监会批准，新世纪基金管理有限公司由新华信托投资股份有限公司、山东海化集团有限公司和深圳市泰丰通讯电子有限公司共同发起正式成立。公司注册资本金为1亿元人民币，注册地在重庆市。2005年3月29日，新世纪基金管理有限公司在北京成立了分公司。

在组织结构上，新世纪基金管理有限公司设立了投资决策委员会和风险控制委员会两个专门机构，公司下设投资管理部、市场营销部、运作保障部、监察稽核部、综合管理部等部门和北京分公司；此外，董事会设立了薪酬委员会、资格审查委员会、合规监察委员会三个委员会及独立的督察长。良好的治理结构、健全的内部控制、高效的组织架构保证了公司合法、规范、稳健经营。

在人员构成上，截至2005年12月底，新世纪基金管理有限公司共有员工40人，90%的员工拥有本科及以上学历，其中投资研究团队由9名硕士及以上学历人员组成，其主要成员均具有7年以上的证券从业经验，公司高管人员的平均金融证券从业年限12年。

● 经营业绩

新世纪基金管理有限公司成立于2004年12月，2005年7月公司推出旗下首只开放式基金——新世纪优选分红混合型证券投资基金。截至2005年12月31日，新世纪基金管理有限公司管理了新世纪优选分红混合型证券投资基金一只开放式基金。

2005年7月28日，经中国证监会证监基金字[2005]115号文批准，新世纪优选分红混合型证券投资基金开始向社会公开募集，2005年9月9日基金募集顺利结束；共募集基金份额618,818,129.03份，有效认购总户数为25262户，2005年9月16日基金合同正式生效。

在产品设计上，新世纪优选分红基金采取了“强制分红”的政策，当基金已实现收益比例超过人民银行一年期定期存款利率(税前)的两倍时，10个交易日内必须实施分红，每次分红比例不低于可分配收益的80%。新世纪优选分红混合基金自2005年9月16日运行以来表现良好，截至2005年12月31日，基金累计净值为1.0099元，累计净值增长率达0.99%；同期上证指数下跌4.28%，业绩比较基准收益下跌1.97%，该基金表现超越上证指数5.27个百分点，超越业绩比较基准收益2.96个百分点。

在客户服务方面，新世纪基金管理有限公司目前开通了客服热线，其自动语音功能每天提供24小时信息查询服务，包括交易情况、基金账户余额、基金产品与服务等信息查询；公司网站为基金持有人专设“会员专区”服务平台，提供账单查询等多种在线服务项目。

2005年，新世纪基金管理有限公司顺利募集并管理了公司旗下首只开放式基金——新世纪优选分红基金，稳健地迈出了开局的第一步。

目前公司管理基金资产规模与基金数量(截至2005年12月31日)

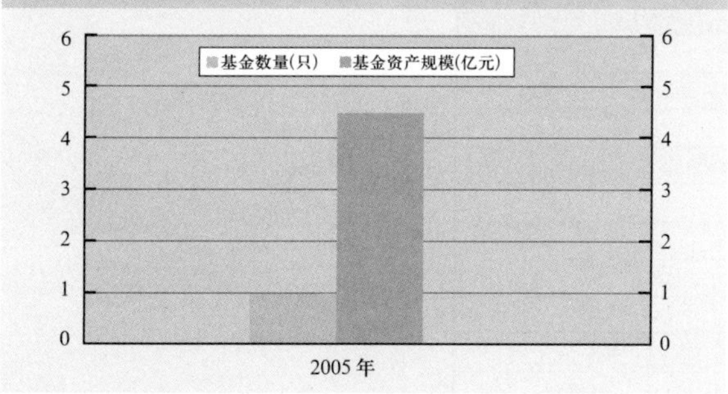

公司股东结构

股东名称	出资金额(万元)	出资比例(%)
新华信托投资股份有限公司	4800.00	48.00
山东海化集团有限公司	3000.00	30.00
深圳市泰丰通讯电子有限公司	2200.00	22.00

公司高管介绍

蒋钢先生：董事长。研究生，高级经济师，执业律师。历任重庆有价证券公司总经理(法定代表人)、西南证券有限责任公司副总裁、新华信托投资股份有限公司副董事长，现任新世纪基金管理有限公司董事长。

孙枝来先生：董事、总经理。硕士。历任上海财经大学期货研究中心副主任、涌金期货经纪公司副总经理、上海君创财经顾问有限公司副总经理、总经理、新时代证券有限公司副总经理，现任新世纪基金管理有限公司总经理。

新世纪优选分红混合型证券投资基金

基本资料					
基金简称	世纪分红		交易代码	519087(前端收费)；519088(后端收费)	
投资目标	有效地控制风险，实现基金净值增长持续地超越业绩比较基准并提供稳定的分红。				
业绩比较基准	60%×中信标普300指数+40%×中信全债指数				
风险收益特征	该基金属于中等风险的混合型基金，其风险收益特征从长期平均来看，介于股票基金与债券基金之间。				
合同生效日	2005年9月16日	上市日期	——	上市地点	——
募集概况	首募规模	认购户数	募集日期		
	6.19亿份	25262户	2005年7月28日至2005年9月9日		
基金费率	认购费率	申购费率	赎回费率	管理费率	托管费率
	不高于1.20%	不高于1.70%	不高于0.50%	1.50%	0.25%
基金管理人	新世纪基金管理有限公司		基金托管人	中国农业银行	
审计机构	重庆天健会计师事务所	法律顾问	北京市振纲律师事务所	注册登记人	中国证券登记结算有限公司

财务指标　单位：人民币(元)

项目 \ 年度	2005年9月16日至2005年12月31日
基金份额本期净收益	0.3474
期末可分配基金份额收益	0.0035
期末基金份额净值	1.0099
基金加权平均净值收益率	0.3477%
本期基金份额净值增长率	0.9900%
基金份额累计净值增长率	0.9900%
基金收益分配	自基金合同生效以来未实现收益分配。
备注	该基金合同生效于2005年9月16日，至2005年12月31日成立不足一年。
期末基金份额持有人户数	基金份额持有人户数为18,413户，平均每户持有24,013份。
期末基金份额持有人结构	机构投资者持有183,547,900.10份，占总份额41.51%；个人投资者持有258,602,583.29份，占总份额58.49%。

基金净值增长率与业绩基准收益率对比图（单位：%）

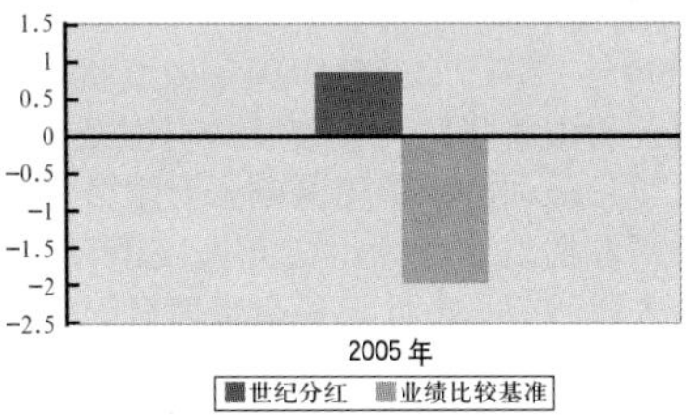

【基金业绩表现】

新世纪优选分红基金合同于2005年9月16日正式生效，截至2005年12月31日，基金净值增长率为0.99%，同期业绩基准收益下跌1.97%，超越业绩基准收益2.96个百分点。

【基金管理团队】

蒋畅先生：基金经理。硕士，证券投资从业经验12年。先后供职于海通证券有限公司国际业务部副科长、富国基金管理公司基金管理部基金汉盛基金经理助理、基金管理部基金汉博基金经理、研究部行业分析员，期间主要从事证券分析、研究和投资管理等工作。现任新世纪基金管理有限公司投资管理部总监，新世纪优选分红基金基金经理。

【基金运作分析】

基于对2005年上市公司业绩增长下滑的预期等方面的原因，A股市场四季度出现了跌宕起伏的行情，这为新世纪优选分红基金的投资操作带来了很大的挑战，但通过对投资理念和既定投资策略的坚守，该基金不但成功地避免了因市场的大幅振荡可能带来的操作失误，而且实现了净值正增长，业绩表现超越市场指数和比较基准的表现。

由于基金管理人预先对A股市场阶段性结构调整已有预判，新世纪优选分红基金在成立之初采取了淡化指数的较低仓位策略；行业配置方面则主要选择那些股权风险溢价相对较高的行业进行投资；在个股的选择上，不但考虑其估值优势，还结合分红率指标等进行进一步优化。这种较为稳妥的投资策略在大幅波动的市场环境中发挥了较好作用。

【季度投资组合一览】

项目 \ 季度	第四季度			
基金资产净值	446,507,624.14元			
基金份额	442,150,483.39份			
基金份额净值	1.0099元			
基金资产组合	市值(元)		占总资产比例	
股票投资	205,079,455.20		44.94%	
债券投资	——		——	
银行存款和清算备付金	250,761,962.75		54.95%	
其他资产	515,644.82		0.11%	
投资前五名股票明细	序号	股票名称	市值(元)	占净值比例
	1	G民生	26,210,994.6000	5.87%
	2	中国联通	25,144,484.4000	5.63%
	3	鞍钢新轧	20,848,096.3000	4.67%
	4	深万科A	19,395,000.0000	4.34%
	5	招商银行	15,462,493.3400	3.46%

汇添富基金管理有限公司

法定名称	汇添富基金管理有限公司	英文名称	China Universal Asset Management Co.,Ltd
成立日期	2005年2月3日	注册资本	1亿元人民币
法人代表	桂水发	总 经 理	林利军
联系电话	021-28932888	客服电话	021-28932999
传真号码	021-28932998	公司网址	www.htffund.com
注册地址	上海市黄浦区大沽路288号6幢538室	办公地址	上海市富城路99号震旦国际大楼21楼

● 发展概况

2005年2月3日，经中国证监会证监基金字[2005]5号文批准，汇添富基金管理有限公司由东方证券股份有限公司、文汇新民联合报业集团、东航金戎控股有限责任公司三家公司联合发起在上海正式成立，公司注册资本金为1亿元人民币。

在组织结构上，汇添富基金管理有限公司在董事会设立了资格审查委员会、风险管理委员会、薪酬与考核委员会和督察长；公司下设投资研究部、投资理财部、营运支持部、行政支持部、稽核监察部等部门；良好的治理结构、健全的内部控制、高效的组织架构保证了公司的合法、规范、稳健经营。

在人员构成上，截至2005年12月底，汇添富基金管理有限公司共有员工50人，其中拥有博士、硕士学位的员工占总人数的62%以上；员工中具有十年以上金融从业经验的占总人数的22%，五年以上十年以下金融从业经验的占20%，三年以上五年以下的占18%。

● 经营业绩

汇添富基金管理有限公司2005年2月3日正式成立。2005年7月公司推出了旗下首只开放式基金——汇添富优势精选混合型证券投资基金。截至2005年12月31日，汇添富基金管理有限公司管理汇添富优势精选混合型证券投资基金一只开放式基金。

汇添富优势精选混合型证券投资基金经中国证监会证监基金字[2005]105号文批准，自2005年7月5日起公开募集，截至2005年8月19日基金募集顺利结束。本次募集有效认购总户数为8533户，共募集基金份额10.25亿份，2005年8月25日基金合同正式生效。

在投资管理中，汇添富基金以企业基本面分析为立足点，自下而上精选个股。在投资理念上强调均衡和平稳增长，坚持均衡配置基金资产，适时动态调整，兼顾价值投资和成长投资两种风格的融汇。汇添富优势精选基金成立初期，正面临市场的震荡整理，在大盘跌幅达到10%时，该基金最大跌幅没有超过3%，保持了相当好的稳定性；在大盘稳步上扬时，汇添富基金的上升动力明显，净值持续上涨，截至2005年12月31日，汇添富优势精选基金份额净值为1.0152元，全年基金净值增长率1.52%，超越同期业绩比较基准收益1.60个百分点。

在基金管理中，汇添富基金管理有限公司强调稳健经营，这也是汇添富优势精选基金净值稳步上升的主要原因。公司投资流程的打造和严格执行，使汇添富的投资具备可复制性，业绩也具有持续性。同时公司强调团队的专业性和对公司投资理念的认同，在投资理念和严格的流程下的指导和约束下，汇添富基金管理有限公司正努力打造一支内在价值发现者的专业团队，力争为投资者创造更好的收益回报。

目前公司管理基金资产规模与基金数量(截至2005年12月31日)

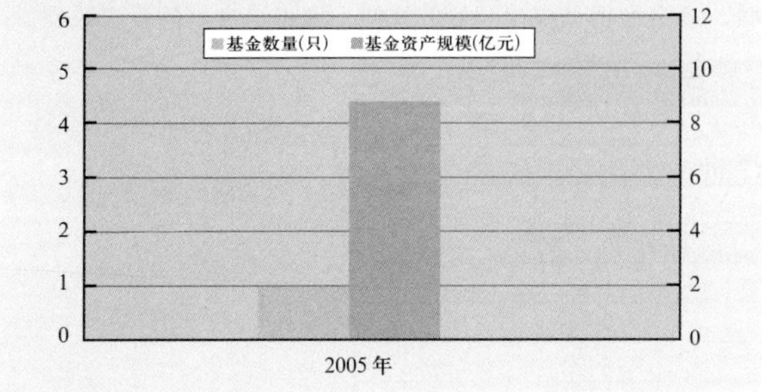

公司股东结构

股东名称	出资金额(万元)	出资比例(%)
东方证券股份有限公司	4700.00	47.00
文汇新民联合报业集团	2650.00	26.50
东航金戎控股有限责任公司	2650.00	26.50

公司高管介绍

桂水发先生：董事长。香港大学工商管理硕士，上海财经大学经济学学士。现任东方证券股份有限公司副总裁。曾在上海财经大学审计监察处任职、历任上海证券交易所上市部高级经理、北京办事处总经理、市场部总监等。

林利军先生：董事，总经理。美国哈佛大学商学院工商管理硕士，复旦大学世界经济系硕士，历任上海证券交易所办公室主任助理、上市部总监助理，曾任职于中国证监会创业板筹备工作组，哈佛大学毕业后就职于美国道富金融集团(State Street Global Advisor)从事投资和风险管理工作。

任瑞良先生：监事长。大学学历，中国注册会计师。现任文汇新民联合报业集团投资公司副总经理，历任文汇新民联合报业集团财务中心财务主管，文汇新民联合报业集团投资公司财务主管，总经理助理等。

汇添富优势精选混合型证券投资基金

基本资料					
基金简称	添富优势		交易代码	519008	
投资目标	投资具有持续竞争优势的企业，分享其在中国经济持续高速成长背景下的长期优异业绩，为基金份额持有人谋求长期稳定的投资回报。				
业绩比较基准	70%×沪深300指数收益率+30%×上证国债指数收益率				
风险收益特征	该基金是精选股票、并且进行积极风险控制的混合型基金，其风险和预期收益比较均衡，属于风险适中的基金品种。				
合同生效日	2005年8月25日	上市日期	——	上市地点	——
募集概况	首募规模	认购户数	募集日期		
	10.25亿份	8533户	2005年7月5日至2005年8月19日		
基金费率	认购费率	申购费率	赎回费率	管理费率	托管费率
	不高于1.20%	不高于1.50%	不高于0.50%	1.50%	0.25%
基金管理人	汇添富基金管理有限公司		基金托管人	中国工商银行股份有限公司	
审计机构	安永大华会计师事务所	法律顾问	上海源泰律师事务所	注册登记人	中国证券登记结算有限责任公司

财务指标　单位：人民币(元)

项目 \ 年度	2005年8月25日至2005年12月31日
基金份额本期净收益	-0.0063
期末可分配基金份额收益	-0.0062
期末基金份额净值	1.0152
基金加权平均净值收益率	-0.64%
本期基金份额净值增长率	1.52%
基金份额累计净值增长率	1.52%
基金收益分配	自基金合同生效以来未实现收益分配。
备注	该基金合同生效于2005年8月25日，至2005年12月31日成立不足一年。

基金净值增长率与业绩基准收益率对比图（单位：%）

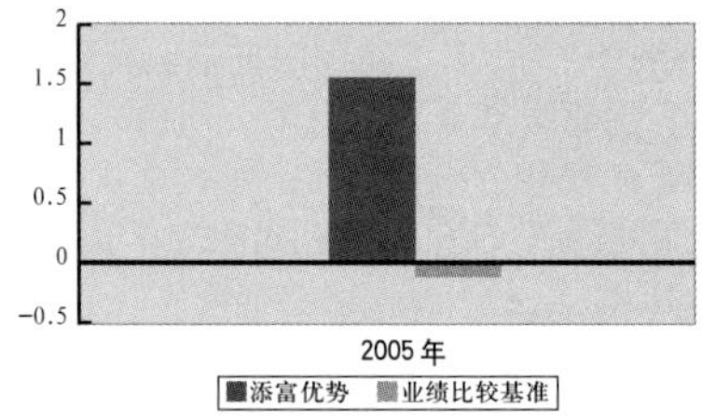

期末基金份额持有人户数	基金份额持有人户数为6,669户，平均每户持有128,304.13份。
期末基金份额持有人结构	机构投资者持有611,204,741.31份，占总份额71.43%；个人投资者持有244,455,507.84份，占总份额28.57%。

【基金业绩表现】

添富优势精选基金合同生效于2005年8月25日，截至2005年12月31日，该基金份额净值为1.0152元，本年度基金净值增长率为1.52%，超越同期业绩基准收益1.60个百分点。

【基金管理团队】

庞飒先生：6年证券从业经历，浙江大学生命科学院理学硕士。曾任申银万国证券研究所行业分析师，此后加入富国基金管理有限公司，任行业分析师及投资策略小组成员。2005年4月加入汇添富基金管理有限公司。

徐婕女士：6年证券从业经历，复旦大学金融学博士研究生。曾任群益国际控股有限公司宏观经济分析师，从事宏观经济和上市公司研究，负责证券交易、基金投资等工作。2004年11月加入汇添富基金管理有限公司。

【基金运作分析】

添富优势精选基金于2005年8月26日开始运作，这个时期正是投资者对中国经济发展趋势的看法从满心忧虑到逐步建立信心的过程。该基金建仓以来，上证综指从1172点逐步回落至最低1067点，此后随着投资者信心增强开始反弹，至年底收在1161点。

添富优势精选基金在建仓时上证综指正处在接近1200点的高位，出于对未来大盘走势较为谨慎的判断，基金经理选择了较为保守的投资策略。在保持较低仓位的同时，重点配置在稳定增长类个股，如消费和服务。同时，基于对中国未来经济发展趋势的判断，配置了一些下游需求不断增长的行业，如资源和能源行业。基于这种投资策略下做出的投资组合，在实际运行中表现出大盘下跌时稳定性良好的特征。

2005年11月，基金管理人对于证券市场未来走势的判断开始转向谨慎乐观，针对当时的市场，该基金逐步加重仓位，在策略上从防御转向积极；在行业选择上，加大了对金融、地产、高科技以及投资等相关行业的投资。此后随着大盘的回暖，基金净值呈现出较好的涨幅，取得了良好的投资收益。

【季度投资组合一览】

项目 \ 季度	2005年第四季度	
基金资产净值	868,679,798.88元	
基金份额	855,660,249.15份	
基金份额净值	1.0152元	
基金资产组合	市值(元)	占总资产比例
股票投资	737,761,740.28	79.13%
债券投资	60,974,714.60	6.54%
银行存款和清算备付金	86,036,217.59	9.23%
其他资产	47,566,017.12	5.10%

投资前五名股票明细	股票名称	市值(元)	占净值比例	投资前五名债券明细	债券名称	市值(元)	占净值比例
	贵州茅台	43,586,944.70	5.02%		桂冠转债	40,906,934.60	4.71%
	G中兴	39,221,026.32	4.52%		05央票118	19,910,000.00	2.29%
	G同仁堂	37,316,663.02	4.30%		05国债(2)	157,780.00	0.02%
	浦发银行	34,505,883.75	3.97%		——	——	——
	G中金	33,990,000.00	3.91%		——	——	——

2005年大事记

揭牌仪式

开业典礼

4月6日—中国人民银行公布，经国务院批准，中国人民银行、中国银监会和中国证监会共同确定中国工商银行等三家银行为首批直接投资设立基金管理公司的试点银行。

4月28日—中国工商银行正式获得中国银监会批准发起设立基金管理公司，是三家试点银行中第一家获得正式筹建资格的商业银行。

6月4日—中国证监会对中国工商银行、瑞士信贷第一波士顿、中国远洋运输(集团)总公司合资成立基金公司的申请进行了批复，同意设立工银瑞信基金管理公司。

6月21日—工银瑞信基金管理公司正式成立，成为我国第一家由银行直接发起设立并控股的合资基金管理公司。

7月5日—工银瑞信基金管理公司在北京举行了隆重的开业典礼及揭牌仪式。中国证监会副主席桂敏杰、中国人民银行行长助理刘士余、中国银监会主席助理车迎新，中国工商银行行长姜建清、副行长杨凯生、瑞士信贷第一波士顿亚太区主席兼首席执行官Paul Calello等出席了开业典礼并致辞。

8月31日—工银瑞信核心价值股票型基金成立，募集期间净认购额达43.45亿元。

工银瑞信基金管理有限公司
ICBC Credit Suisse Asset Management Co.,Ltd.

工银瑞信基金管理有限公司

法定名称	工银瑞信基金管理有限公司	英文名称	ICBC Credit Suisse Asset Management Co., Ltd.
成立日期	2005年6月21日	注册资本	2亿元人民币
法人代表	杨凯生	总 经 理	郭特华
联系电话	010-85159333	客服电话	400-811-9999 / 010-65179888
传真号码	010-85159158	公司网址	www.icbccs.com.cn
注册地址	北京市东城区朝内大街188号鸿安国际商务大厦	办公地址	北京市东城区朝内大街188号鸿安国际商务大厦

● 发展概况

工银瑞信基金管理有限公司是我国首家由银行直接发起设立并控股的合资基金管理公司。2005年6月4日，经中国证监会证监基金字[2005]93号文批准，工银瑞信基金管理有限公司由中国工商银行股份有限公司、瑞士信贷第一波士顿、中国远洋运输(集团)总公司共同发起设立，公司注册资本2亿元人民币，是我国目前注册资本最大的基金管理公司之一。工银瑞信基金管理有限公司是在我国推进资本市场改革的大背景下成立的，是国有商业银行探索综合性经营的首次实践，它的成立有着非常重要的意义。

在组织结构上，工银瑞信秉承中方股东——中国工商银行稳健的经营理念，借鉴外方股东——瑞士信贷百年成功的管理经验，建立了权责明晰、制衡有效的公司治理结构和管理架构。公司在管理层设立了投资决策委员会、执行委员会和风险管理委员会，下设投资管理部、研究部、风险管理部、战略发展部、市场营销部、综合管理部、信息科技部、人力资源部、运作部和法律合规部10个部门，确保公司整体高效运作和有效控制运营风险。

在人员构成上，工银瑞信秉承“以人为本”的核心理念，全方位引入国内外经验丰富的专业人才，组建起了一支风格稳健、诚信敬业、创新进取的专业团队。截至2005年12月底，工银瑞信共有员工54名，其中41%的员工具有海外工作和学习背景，66.7%的员工具有硕士以上学历。

目前公司管理基金资产规模与基金数量(截至2005年12月31日)

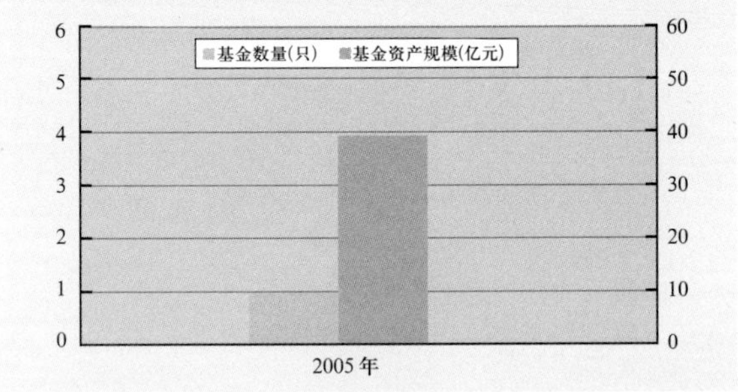

公司股东结构

股东名称	出资金额(万元)	出资比例(%)
中国工商银行股份有限公司	11000.00	55.00
瑞士信贷第一波士顿	5000.00	25.00
中国远洋运输(集团)总公司	4000.00	20.00

● 经营业绩

工银瑞信自筹建伊始，就按照“引入一流股东、打造一流管理，汇集一流人才、开发一流产品和提供一流服务”的要求，扎扎实实做好每一项工作。2005年，工银瑞信基金管理有限公司从筹建、开业到顺利募集并管理首只基金，成功地迈出了开局的第一步。截至2005年12月31日，工银瑞信管理了工银瑞信核心价值股票型证券投资基金。

工银瑞信核心价值基金是工银瑞信推出的首只开放式基金。经中国证监会证监基金字[2005]122号文批准，工银瑞信核心价值基金自2005年7月26日开始公开募集，截至2005年8月26日募集顺利结束，共募集基金份额43.47亿份，有效认购总户数为144717户，2005年8月31日基金合同正式生效。工银瑞信核心价值基金自成立以来，制定了分期分批稳健建仓的总体投资策略，选择在2006年能够保持业绩增长的、具备核心竞争力的企业，完成了既定的建仓计划。截至2005年12月31日，工银瑞信核心价值基金净值增长1.56%，超越同期基金业绩比较基准收益0.52%，为投资者创造了良好的投资业绩。

在投资管理中，工银瑞信依托三家股东的先进经营理念和丰富的管理经验，引入国际先进的基金管理理念、专业的投资管理技术、完善的风险监控体系并结合中国本土基金管理实践经验，形成完善的管理体系、严谨的投资机制、健全的营销系统和先进的技术平台；在客户服务上，工银瑞信重视客户需求，为进一步提升公司服务客户的能力和服务品质，公司开通了全国统一客服电话；同时还积极寻求渠道合作，有效利用遍布全国的渠道网点，依托先进的金融信息平台，为广大客户提供更加优质便捷的服务。

2005年，作为我国首家银行系基金管理公司，工银瑞信扬风起帆，在公司发展史上书写了新的一页。面对竞争激烈的未来，工银瑞信将依靠强大的股东背景、稳健的经营理念、资深的管理队伍和便捷的客户服务，争创一流业绩，成为“稳健的基金管理公司，可信赖的基金管理公司”。

公司高管介绍

杨凯生先生：董事长。博士。20年金融从业经历，现任中国工商银行股份有限公司副董事长、执行董事、行长。

郭特华女士：董事，总经理。博士。16年金融从业经历，7年基金从业经验，历任中国工商银行资金计划部、资产托管部处长，副总经理。

工银瑞信核心价值股票型证券投资基金

基本资料

基金简称	工银价值		交易代码	481001	
投资目标	有效控制投资组合风险，追求基金资产的长期稳定增值。				
业绩比较基准	75%×中信标普300指数收益率+25%×中信全债指数收益率				
风险收益特征	该基金属于股票型基金中的大中盘价值型基金，一般情况下，其风险及预期收益高于货币市场基金、债券基金及混合型基金。				
合同生效日	2005年8月31日	上市日期	——	上市地点	——
募集概况	首募规模	认购户数	募集日期		
	43.47亿份	144717户	2005年7月26日至2005年8月26日		
基金费率	认购费率	申购费率	赎回费率	管理费率	托管费率
	不高于1.20%	不高于1.50%	不高于0.50%	1.50%(年费率)	0.25%(年费率)
基金管理人	工银瑞信基金管理有限公司		基金托管人	中国银行股份有限公司	
审计机构	安永华明会计师事务所	法律顾问	北京市通商律师事务所	注册登记人	工银瑞信基金管理有限公司

财务指标 单位：人民币(元)

项目 \ 年度	2005年8月31日至2005年12月31日
基金份额本期净收益	−0.0017
期末可供分配基金份额收益	−0.0019
期末基金份额净值	1.0156
基金加权平均净值收益率	−0.1739%
本期基金份额净值增长率	1.5600%
基金份额累计净值增长率	1.5600%
基金收益分配	自基金合同生效以来未进行收益分配。
备注	该基金合同生效于2005年8月31日，至2005年12月31日成立不足一年。

基金净值增长率与业绩比较基准收益率对比图（单位：%）

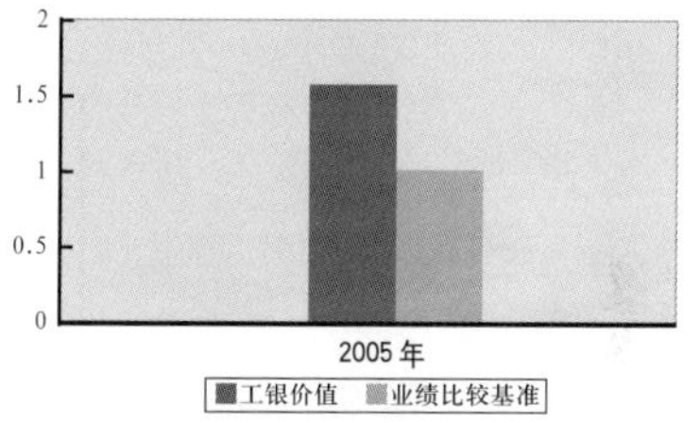

期末基金份额持有人户数	基金份额持有人户数为120,509户，平均每户持有32,244.89份。
期末基金份额持有人结构	机构投资者持954,177,268.66份，占总份额24.56%；个人投资者持有2,931,621,804.77份，占总份额75.44%。

【基金业绩表现】

工银瑞信核心价值基金合同生效于2005年8月31日，截至2005年12月31日，基金份额净值为1.0156元，本年基金份额净值增长率为1.56%，同期业绩基准增长率为1.04%，超越业绩比较基准收益0.52%

【基金管理团队】

江晖先生：投资管理部总监。硕士。1998至2004年华夏基金管理有限公司，历任公司债券基金经理、投资管理部副总经理、投资决策委员会委员、高级基金经理、总经理助理。2004至2005年，湘财荷银基金管理有限公司，任总经理助理、投资总监。

【基金运作分析】

2005年中国经济的表现好于大部分人在2004年底的预期，出现了高增长低通胀的良好局面。低通胀在预期之内，高增长主要是因为外需的异军突起，以及投资的持续性高增长。国家统计局公布的GDP修正数据显示，贸易顺差对GDP的贡献下降，数据修正有助于减轻升值压力。而“投资过度、消费不足”的结构性问题不如原来突出。这些数据修正本身并没有太多的意思，但是有可能对政府政策的取向产生作用，其中一个明显的变化是政府会采取相对积极的财政和货币政策。

2005年中国证券市场具有划时代的意义，政府推出的股权分置改革将使一个初级阶段的、存在明显缺陷的股市，重塑成一个与国际接轨的、真正意义上的股市。管理层推出并深化股权分置改革以来，市场信心在历经多年熊市后逐步恢复，股指逐步回升。

工银瑞信核心价值基金于2005年8月31日成立后，在分析了宏观经济与证券市场形势的基础上，作出了看好股市的判断，制定了分期分批稳健建仓的总体投资策略，看好零售、食品、信息技术、先进制造、医药、银行等中下游行业，选择在2006年能够保持业绩增长的、具备核心竞争力的企业，完成了既定的建仓计划。

展望2006年，基金管理人认为，2006年是股票市场的转折之年，是新一轮牛市的开始，看好零售、食品、信息技术、先进制造、银行、房地产、能源等行业，特别是那些经营稳健、具有核心竞争优势、价值被低估的上市公司。

【季度投资组合一览】

项目 \ 季度	第四季度	
基金资产净值	3,946,497,513.91元	
基金份额	3,885,799,073.43份	
基金份额净值	1.0156元	
基金资产组合	金额(元)	占基金资产总值比例
股票投资	2,458,647,220.30	55.26%
债券投资	1,487,078,195.34	33.42%
银行存款及清算备付金合计	92,701,695.71	2.08%
其他资产	411,259,982.31	9.24%

投资前五名股票明细	股票名称	市值(元)	占净值比例	投资前五名债券明细	债券名称	市值(元)	占净值比例
	中材国际	123,909,303.96	3.14%		05招行02	279,601,000.00	7.08%
	G中兴	121,599,866.10	3.08%		05国开10	258,881,000.00	6.56%
	G综超	112,738,480.92	2.86%		04建行03固	249,275,000.00	6.32%
	招商银行	105,482,578.46	2.67%		03国开18	203,236,000.00	5.15%
	外运发展	93,077,399.04	2.36%		05招行01	199,810,000.00	5.06%

2005年大事记

2005年8月12日，交通银行行长张建国和上海市常务副市长冯国勤为交银施罗德基金管理有限公司揭幕

2005年8月26日–9月26日，公司首只基金——交银施罗德精选股票证券投资基金公开发行，总计募集资金48.72亿

2005年12月27日–2006年1月16日，公司第二只基金——交银施罗德货币市场基金公开发行，总计募集资金47.40亿

5月27日—交通银行股份有限公司、施罗德投资管理有限公司、中国国际集装箱海运(集团)股份有限公司三方签署发起人协议暨合资经营合同，共同发起成立交银施罗德基金管理有限公司；

7月12日—顺利完成中国证监会关于交银施罗德基金管理有限公司筹备情况的现场检查；

7月25日—获得中国证监会关于同意设立交银施罗德基金管理有限公司的批复(证监基金字[2005]128号)；

8月04日—完成工商登记注册，交银施罗德基金管理有限公司正式成立，公司总部设在上海市浦东新区，注册资本金为2亿元人民币；

8月12日—交银施罗德基金管理有限公司开业典礼在上海浦东陆家嘴交银金融大厦隆重举行。交通银行行长张建国、施罗德集团主席Michael Miles 、上海市常务副市长冯国勤以及来自中国人民银行、中国证监会、中国银监会、中国保监会等监管部门的领导共150多位嘉宾出席；

8月26日—公司首只基金—交银施罗德精选股票证券投资基金通过交通银行、中国农业银行以及各家券商对外发售，基金经理赵枫，基金托管人为中国农业银行。至9月26日发行结束，交银施罗德精选股票证券投资基金总计募集资金48.72亿；

12月27日—公司第二只基金—交银施罗德货币市场基金通过交通银行、中国农业银行以及各家券商对外发售，基金经理陈晓秋，基金托管人为中国农业银行，发行期总计募集资金47.40亿元。

交银施罗德基金

BOCOM Schroders

交银施罗德基金管理有限公司

法定名称	交银施罗德基金管理有限公司	英文名称	Bank Of Communications Schroder Fund Management Co.,Ltd
成立日期	2005年8月4日	注册资本	2亿元人民币
法人代表	谢红兵	总 经 理	雷贤达
联系电话	021-61055023	客服电话	021-61055000
传真号码	021-61055054	公司网址	www.jysld.com
注册地址	上海市银城中路188号交银金融大厦	办公地址	上海市银城中路188号交银金融大厦

● 发展概况

交银施罗德基金管理有限公司成立于2005年8月4日，是经国务院批准设立的首批银行号基金管理公司之一。由国内首家境外上市的商业银行交通银行股份有限公司与全球著名共同基金养老金管理者施罗德投资管理有限公司以及中国国际集装箱海运(集团)股份有限公司共同发起设立。公司总部设在上海，注册资本金为2亿元人民币。

交银施罗德基金管理有限公司以“诚信百年，专业理财”为经营宗旨，公司中外方股东精诚合作，建立了股东会、董事会、监事会、管理层独立运作，相互制衡的良好公司治理结构。并通过市场化的招聘方式，聚集了一批基金行业的优秀人才，组成一支高素质的员工团队，以“诚信、专业、投资者利益至上”为共同理念，全心全意为投资者服务，全力打造一家诚信、专业的基金管理公司，与投资者共同成长。

交银施罗德作为一家具有国际视野的专业基金管理公司，在投资研究和风险管理方面引入公司外方股东施罗德集团的先进经验。在投资研究方面，公司利用施罗德集团的全球投资研究网络和分析方法，充分发挥专业研究与管理能力，在有效控制下行风险的前提下，通过纪律化的投资流程管理，最大程度实现基金资产的长期稳定增长。在风险控制方面，公司引入施罗德集团在业界享有盛誉、全球领先的投资组合风险管理系统(PRISM)和公司运营风险管理技术(SWORD)，以有效管理投资组合风险和基金管理公司的运营风险。

目前公司管理基金资产规模与基金数量(截至2005年12月31日)

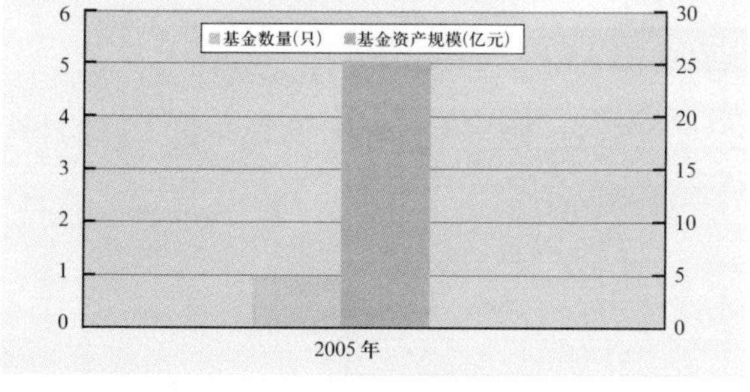

公司股东结构

股东名称	出资金额(万元)	出资比例(%)
交通银行股份有限公司	13000.00	65.00
施罗德投资管理有限公司	6000.00	30.00
中国国际海运集装箱(集团)股份有限公司	1000.00	5.00

● 经营业绩

作为本年度新设立的第二家银行号基金管理公司，在半年的时间内即顺利完成了从筹备、开业到募集设立首只基金、第二只产品募集发行等系列工作。截至2005年12月31日，交银施罗德基金管理有限公司旗下共有了交银施罗德精选股票证券投资基金和交银施罗德货币市场证券投资基金两只开放式基金。

在产品构建上，交银施罗德致力于开发不同风险收益特征的基金产品，以满足投资人的理财需求。2005年8月26日，交银施罗德推出了首只基金——交银施罗德精选股票基金。该基金合同生效于2005年9月29日，共募集基金份额48.75亿份，有效认购户数为114637户。交银施罗德精选股票基金充分借鉴了股东施罗德集团200年的全球投资经验，在产品设计方面体现出了三大亮点：多重精选个股、合理风格配置、量化风险控制。该基金自运作以来、表现优异。截止2005年12月31日，基金份额累计净值为1.0215元，累计净值增长2.15%，在同期成立的股票型基金中名列前茅。

2005年12月27日，交银施罗德推出第二只开放式基金——交银施罗德货币市场基金，这也是我国首只银行号货币市场基金。该基金跨年度募集，基金合同生效于2006年1月20日。交银施罗德货币基金的推出是公司产品线布局的又一战略，为目前持有公司股票基金的投资者提供了“可组合投资的低风险产品”选择。

“诚信百年，专业理财”，公司将通过对客户需求的了解，与客户建立紧密的合作关系。根据客户不断变化的理财需求，设计个性化的理财方案，与投资者共同成长。在客户服务中，交银施罗德将坚持为客户提供综合性和定期的信息通道，并用最先进的技术将这些信息有效地传递给客户，竭诚为广大投资者提供全方位的服务。

公司高管介绍

谢红兵先生：董事长。大学学历，历任交通银行上海分行杨浦支行副行长、营业处处长兼房地产信贷部经理、静安支行行长、杨浦支行行长、总行基金托管部副总经理(主持工作)、总经理等职务。

雷贤达先生：总经理。雷贤达先生毕业于英国伦敦经济政治学院，从事投资管理逾20年。香港资深亚洲市场基金经理，期间管理的宝源亚洲基金和香港基金业绩卓越，多次荣获业绩大奖。曾任施罗德宝源投资管理(香港)有限公司副主席。同时兼任加拿大证券学会及香港证券专业学会荣誉院士、香港联合交易所理事会理事、上市委员会委员、香港证监会属下多个不同类别委员会委员。

交银施罗德精选股票证券投资基金

基本资料

基金简称	交银精选	交易代码	519688(前端收费)；519689(后端收费)		
投资目标	该基金坚持并不断深化价值投资的基本理念，充分发挥专业研究与管理能力，自上而下配置资产，自下而上精选证券，有效控制风险，分享中国经济与资本市场的高速成长的成果，谋求实现基金财产的长期稳定增长。				
业绩比较基准	沪深300指数×75%+中信全债指数×25%				
风险收益特征	该基金是一只稳健型的股票基金，属于股票型基金中的中等风险品种，其预期收益和风险都要高于混合型基金。基金力争在严格控制风险的前提下谋求实现基金资产长期稳定增长。				
合同生效日	2005年9月29日	上市日期	——	上市地点	——
募集概况	首募规模	认购户数	募集日期		
	48.75亿份	114637户	2005年8月26日至2005年9月26日		
基金费率	认购费率	申购费率	赎回费率	管理费率	托管费率
	不高于1.20%	不高于1.80%	不高于0.50%	1.50%	0.25%
基金管理人	交银施罗德基金管理有限公司	基金托管人	中国农业银行		
审计机构	德勤华永会计师事务所	法律顾问	上海源泰律师事务所	注册登记人	中国证券登记结算有限公司

财务指标　　单位：人民币(元)

项 目 \ 年 度	2005年9月29日至2005年12月31日
基金份额本期净收益	0.0008
期末可分配基金份额收益	0.0008
期末基金份额净值	1.0215
基金加权平均净值收益率	0.08%
本期基金份额净值增长率	2.15%
基金份额累计净值增长率	2.15%
基金收益分配	自基金合同生效以来未实现收益分配。
备注	该基金合同生效于2005年9月29日，至2005年12月31日成立不足一年。

基金净值增长率与业绩基准收益率对比图（单位: %）

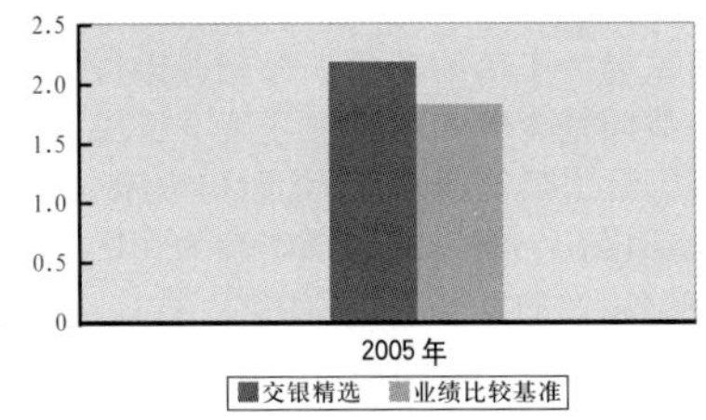

期末基金份额持有人户数	基金份额持有人户数为68,061户，平均每户持有36,019.27份。
期末基金份额持有人结构	机构投资者持有810,417,664.23份，占总份额33.06%；个人投资者持有1,641,089,641.64份，占总份额66.94%。

【基金业绩表现】

交银精选基金合同生效于2005年9月29日，截至2005年12月31日，基金份额净值为1.0215元，本年基金份额净值增长率为2.15%，同期业绩比较基准增长率为1.77%。

【基金管理团队】

赵枫先生：基金经理。美国哥伦比亚大学硕士。基金从业经验7年。曾任职于中国技术进出口总公司投资研究员，融通基金管理有限公司研究员、研究部经理和基金经理。2005年加入交银施罗德基金管理有限公司。

【基金运作分析】

2005年是中国证券市场有历史意义的一年，股权分置改革的实施是中国证券市场向效率和理性回归的良好开端。当然市场也为此付出了代价，在对宏观经济放缓的担忧和整体市场估值下降的过程中，上证综指全年下跌约9%，投资者信心受到进一步的打击。然而最终决定市场方向的因素是企业的价值，在经历大幅下跌后，股票市场的估值水平已具有吸引力，股权分置改革给投资者带来更多的安全边际，股票资产的隐含回报率已足以吸引长期投资者入场。

交银精选基金自2005年9月29日正式成立，在2005年4季度经历了一个完整的季度。2005年的4季度是一个充斥着各种复杂因素的季度。投资者面对上市公司短期盈利增长的放缓和整体市场估值水平合理共存的局面，长期估值的合理和短期情绪的悲观导致市场走势趋于反复。基于控制短期下行风险的目标，交银精选基金成立初期在建仓节奏上有所控制，随着市场信心的逐步恢复，该基金按照既定的组合策略迅速提高了股票持仓，跟上了12 月份市场的上升。

【季度投资组合一览】

项 目 \ 季 度	第四季度	
基金资产净值	2,504,323,656.35元	
基金份额	2,451,507,305.87份	
基金份额净值	1.0215元	
基金资产组合	市值(元)	占总资产比例
股票投资	1,792,788,769.75	66.85%
债券投资	337,639,987.54	12.59%
银行存款和清算备付金	396,273,822.30	14.78%
其他资产	155,006,378.55	5.78%

投资前五名股票明细

股票名称	市值(元)	占净值比例
中国石化	186,488,148.56	7.45%
G万科A	156,360,567.74	6.24%
上海机场	122,829,862.82	4.90%
浦发银行	111,718,815.00	4.46%
G 宝 钢	99,068,560.04	3.96%

投资前五名债券明细

债券名称	市值(元)	占净值比例
05央票19	104,070,000.00	4.16%
招行转债	92,922,339.90	3.71%
05魏桥CP01	50,250,969.86	2.01%
05马钢CP01	40,152,699.18	1.60%
05中冶建CP01	29,158,132.60	1.16%

交银施罗德货币市场证券投资基金

<table>
<tr><th colspan="7">基本资料</th></tr>
<tr><td>基金简称</td><td colspan="2">交银货币</td><td>交易代码</td><td colspan="3">519588(前端收费)；519589(后端收费)</td></tr>
<tr><td>投资目标</td><td colspan="6">该基金属于货币市场基金，投资目标是在力求本金稳妥和资产充分流动性的前提下，追求超过业绩比较基准的投资收益。</td></tr>
<tr><td>投资理念</td><td colspan="6">在严格控制流动性风险的前提下，通过合理安排组合期限结构、积极选择投资工具，获取高于业绩比较基准的投资收益。</td></tr>
<tr><td>投资范围</td><td colspan="6">通知存款；一年以内(含一年)的银行定期存款；大额存单、剩余期限在397天以内(含397天)的债券；期限在一年以内(含一年)的中央银行票据；期限在一年以内(含一年)的债券回购及中国证监会、中国人民银行认可的其他具有良好流动性的货币市场工具。</td></tr>
<tr><td>业绩比较基准</td><td colspan="6">六个月银行定期存款利率(税后)</td></tr>
<tr><td>风险收益特征</td><td colspan="6">交银施罗德货币市场基金属于具有较低风险、中低收益、流动性强的证券投资基金品种。</td></tr>
<tr><td>合同生效日</td><td>2006年1月20日</td><td>上市日期</td><td colspan="2">——</td><td>上市地点</td><td>——</td></tr>
<tr><td rowspan="2">募集概况</td><td>首募规模</td><td>认购户数</td><td colspan="4">募集日期</td></tr>
<tr><td>47.41亿份</td><td>38343户</td><td colspan="4">2005年12月27日至2006年1月16日</td></tr>
<tr><td rowspan="2">基金费率</td><td>认购费率</td><td>申购费率</td><td>赎回费率</td><td>管理费率</td><td>托管费率</td><td>销售服务费率</td></tr>
<tr><td>0</td><td>0</td><td>0</td><td>0.33%</td><td>0.10%</td><td>0.25%</td></tr>
<tr><td>基金管理人</td><td colspan="2">交银施罗德基金管理有限公司</td><td>基金托管人</td><td colspan="3">中国农业银行</td></tr>
<tr><td>审计机构</td><td colspan="2">德勤华永会计师事务所</td><td>法律顾问</td><td colspan="3">上海源泰律师事务所</td></tr>
<tr><td>注册登记人</td><td colspan="6">中国证券登记结算有限责任公司</td></tr>
<tr><td>备注</td><td colspan="6">交银货币基金跨年度募集，基金合同生效于2006年1月20日。</td></tr>
</table>

【基金管理团队】

陈晓秋女士：基金经理。硕士学历。4年基金公司债券研究及投资经验；曾任富国基金管理有限公司研究策略部和投资部研究员，负责债券及宏观分析、债券投资。2005年加入交银施罗德基金管理有限公司。

建信基金管理有限责任公司

法定名称	建信基金管理有限责任公司	英文名称	CCB Principal Asset Management Co.,Ltd.
成立日期	2005年9月19日	注册资本	2亿元人民币
法人代表	江先周	总 经 理	孙志晨
联系电话	010-66228888	客服电话	010-66228000
传真号码	010-66228889	公司网址	www.ccbfund.cn
注册地址	北京市西城区金融大街19号富凯大厦	办公地址	北京市西城区金融大街7号英蓝国际金融中心十六层

● 发展概况

建信基金管理公司是我国首批由银行直接发起设立并控股的合资基金管理公司。2005年9月19日，经中国证监会证监基金字[2005]158号文批准，公司由中国建设银行、美国信安金融集团和中国华电集团共同发起成立。公司注册资本金2亿元人民币，注册地北京。

目前公司已经建立了完善的治理结构与内部控制体系，董事会下设战略规划委员会、薪酬与提名委员会和风险控制委员会3个专业委员会；公司具体经营管理由总经理负责，并根据经营运作需要设置综合管理部、投资管理部、研究部、市场营销部、基金运营部、风险管理部、监察稽核部7个职能部门；此外还设有投资决策委员会。

在人员构成上，公司坚持"公开招聘、公平竞争"的用人原则，凝聚一批具备丰富从业经验的优秀人才。截至2005年底，建信基金共有员工57名，90%以上具有多年银行、证券或基金从业经历。

● 经营业绩

建信基金作为首批设立的银行系基金管理公司，仅仅几个月的时间即完成了从筹备、开业到基金成功发行以及投资运营等系列工作。截至2005年底，建信基金成功募集并管理了建信恒久价值股票型证券投资基金。

建信基金成立之初便积极采用国际先进的投资管理技术，快速构建公司产品线。建信恒久价值股票型基金是建信基金推出的首只开放式基金，于2005年12月1日正式公告成立，共募集基金份额62.02亿份，有效认购户数141595户，创下2005年度股票型基金发行时间最短且发行规模最大的记录。建信恒久价值股票型基金在国内率先使用MSCI中国A股指数作为股票投资的比较基准，并借鉴外方股东美国信安金融集团的ISAR选股模型作为核心投资管理工具。该基金自运作以来、表现优异、业绩稳中有升。凭借出色的表现，建信基金先后荣获了"2005年中国基金最佳发行奖"、"2005年中国基金管理公司新锐奖"、"产品创新明星奖"、"最佳市场营销团队奖"，获得了市场的广泛认可。

在投资管理中，建信基金充分借鉴美国信安金融集团成熟的投资理念，结合中国市场实际，建立了完整、有效的投资管理体系；在风险管理方面，公司建立了涵盖公司经营管理各环节、权责明确、严谨规范的内控和风险管理制度，通过部门间的相互配合、相互制衡，形成高效、严密的风险控制体系；在市场营销和客户服务方面，公司与中国建设银行、基金托管银行、其他代销渠道和各类相关服务机构精诚合作，通过高效率的销售网络为客户提供顺畅、便捷的投资渠道，并通过现代化的有效沟通方式和途径为客户打造全方位的服务平台，形成了富有特色的销售服务体系。

建信基金自筹备起就坚持高标准、高起点，坚持"持有人利益重于泰山"的经营宗旨。面对未来的发展，建信基金将依托建行和华电集团的本土资源优势，借鉴信安集团丰富的投资管理经验，稳步开展证券投资基金业务，积极拓展机构理财等资产管理业务，勤勉尽责、稳健经营、规范运作，为投资者提供优质的服务和良好的业绩，为员工提供充分发展的空间和广阔的平台，为股东提供稳定的回报。

目前公司管理基金资产规模与基金数量(截至2005年12月31日)

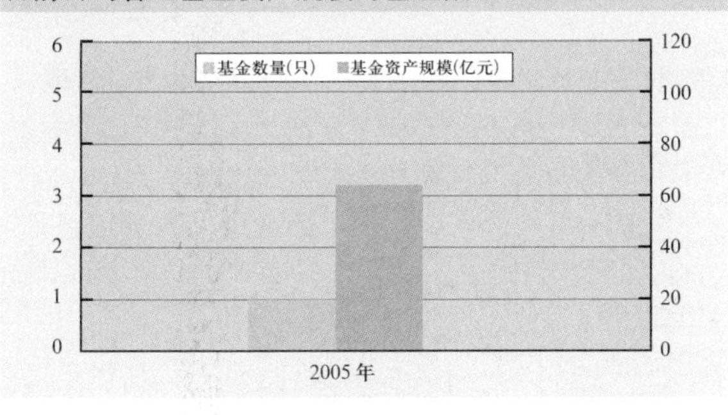

公司股东结构

股东名称	出资金额(万元)	出资比例(%)
中国建设银行股份有限公司	13000.00	65.00
美国信安金融服务公司	5000.00	25.00
中国华电集团公司	2000.00	10.00

公司高管介绍

江先周先生：董事长。1986年获财政部财政科学研究所经济学硕士学位。1993年获英国Heriot-Watt大学商学院国际银行金融学硕士学位。历任中国建设银行行长办公室副处长，中国建设银行国际业务部处长，中国建设银行行长办公室副主任，中国建设银行国际业务部副总经理，中国建设银行基金托管部总经理，中国建设银行基金托管部总经理兼机构业务部总经理，中国建设银行基金托管部总经理。

孙志晨先生：执行董事，总经理。东北财经大学经济学学士、长江商学院EMBA。历任中国建设银行总行筹资部证券处副处长，建设银行总行筹资部、零售业务部证券处处长，建设银行总行个人银行业务部副总经理。

建信恒久价值股票型证券投资基金

<table>
<tr><th colspan="6">基本资料</th></tr>
<tr><td>基金简称</td><td colspan="2">建信恒久价值基金</td><td>交易代码</td><td colspan="2">530001</td></tr>
<tr><td>投资目标</td><td colspan="5">有效控制投资风险，追求基金资产长期稳定增值。</td></tr>
<tr><td>投资策略</td><td colspan="5">该基金采用自上而下的资产配置和自下而上的股票选择相结合的投资策略，遵循以研究为基础的长期价值投资理念，重点投资于具有持续创造股东价值的能力、价值被低估且流动性较好的上市公司股票，从而为基金持有人提供持续、稳定的投资回报。</td></tr>
<tr><td>业绩比较基准</td><td colspan="5">75%×MSCI中国A股指数+20%×中信全债指数+5%×1年定期存款利率</td></tr>
<tr><td>风险收益特征</td><td colspan="5">该基金属于股票型证券投资基金，一般情况下其风险和预期收益高于货币市场基金、债券型基金和混合型基金；在股票型基金中，该基金属于中等风险、中等收益的证券投资基金。</td></tr>
<tr><td>合同生效日</td><td>2005年12月1日</td><td>上市日期</td><td>——</td><td>上市地点</td><td>——</td></tr>
<tr><td rowspan="2">募集概况</td><td>首募规模</td><td>认购户数</td><td colspan="3">募集日期</td></tr>
<tr><td>62.02亿份</td><td>141595户</td><td colspan="3">2005年11月7日至2005年11月25日</td></tr>
<tr><td rowspan="2">基金费率</td><td>认购费率</td><td>申购费率</td><td>赎回费率</td><td>管理费率</td><td>托管费率</td></tr>
<tr><td>不高于1.20%</td><td>不高于1.50%</td><td>不高于0.50%</td><td>1.50%</td><td>0.25%</td></tr>
<tr><td>基金管理人</td><td colspan="2">建信基金管理有限责任公司</td><td>基金托管人</td><td colspan="2">中信银行</td></tr>
<tr><td>审计机构</td><td>普华永道中天会计师事务所</td><td>法律顾问</td><td>北京市金杜律师事务所</td><td>注册登记人</td><td>建信基金管理有限责任公司</td></tr>
<tr><td>备注</td><td colspan="5">建信恒久价值基金于2005年12月1日正式成立并开始运作，截至2005年12月31日，基金处于建仓期。</td></tr>
</table>

【投研团队】

李华：副总经理兼投资部总监。1993年进入证券行业，1998年毕业于中国人民银行研究生部。历任国泰基金管理公司研究部副经理、南方基金管理公司基金经理、华泰证券资产管理部总经理。2001年至2004年5月任南方稳健成长基金经理，离任时，根据value价值杂志排名，该基金在股票型基金中，两年期业绩排名第一，一年期业绩排名第二；荣获晨星配置型基金2003年年度奖。

张彻(Michael C.Zhang)：总经理助理兼研究部总监。1990年获美国Brandeis University金融学硕士。历任中国银行总行主任科员。潘伟博(PaineWebber)高级经理(Senior Associate)、J.P.摩根(J.P.Morgan)高级经理(Associate)、瑞士信贷第一波士顿(Credit Suisse First Boston)助理副总裁、上海永嘉投资管理有限公司执行董事、长信基金管理有限责任公司总经理特别助理、兼研究总监和金融工程部总监。

蒋彤：研究部副总监。先后获得中国人民银行总行研究生部国际金融专业硕士学位和纽约哥伦比亚大学国际关系学院经济政策管理专业硕士学位。历任港澳国际信托投资有限公司上海证券业务部副经理。嘉实基金管理有限公司投资部副经理。南方基金管理有限公司投资部基金经理助理、研究部副总监、总监。

吴剑飞：基金经理。1996年毕业于中国人民大学财政金融系，获得经济学学士学位。2002年获得北京大学光华管理学院工商管理硕士学位。1996年以来先后就职于中国技术进出口总公司、长盛基金管理公司及湘财荷银基金管理公司。2003年以来历任湘财合丰稳定基金基金经理助理、基金经理。

根据晨星基金评价中心统计数据，截至2005年8月31日，湘财合丰稳定基金在股票型基金中排名第3(40只同类)，两年回报排名第5(23只同类)。

汪沛：基金经理。1993年7月毕业于西南财经大学金融系获经济学学士学位。2000年2月毕业于中国人民银行研究生部，获经济学硕士学位。同年进入中国农业银行总行资金营运中心，担任债券交易员。2001年3月，加入富国基金管理有限公司，历任宏观与债券研究员、固定收益主管和富国天利增长债券投资基金经理。2006年1月进入建信基金管理有限公司投资管理部。

根据晨星基金评价中心统计数据，截至2006年1月富国天利增长债券投资基金获晨星四星级评价，2005年业绩排名居债券型基金第二位。

信诚基金管理有限公司

法定名称	信诚基金管理有限公司	英文名称	—
成立日期	2005年9月30日	注册资本	1亿元人民币
法人代表	杨明辉	总 经 理	石志成
联系电话	021-68649788	客服电话	021-51085168
传真号码	021-58822888	公司网址	www.citicprufunds.com.cn
注册地址	上海市浦东陆家嘴东路166号中国保险大厦8楼	办公地址	上海市浦东陆家嘴东路166号中国保险大厦8楼

● 发展概况

信诚基金管理有限公司是由英国保诚集团股份有限公司，中国中信信托投资有限责任公司，中新苏州工业园区创业投资有限公司和苏州高新区经济发展集团总公司共同发起设立的一家合资基金管理公司。2005年9月30日，经中国证监会证监基金字[2005]142号文批准，信诚基金管理有限公司正式成立。

公司股东结构

股东名称	出资金额(万元)	出资比例(%)
中信信托投资有限责任公司	3300.00	33.00
英国保诚集团股份有限公司	3300.00	33.00
中新苏州工业园区创业投资有限公司	1800.00	18.00
苏州高新区经济发展集团总公司	1600.00	16.00

● 高管介绍

杨明辉先生：董事长。工学硕士。历任中国国际信托投资公司证券部项目经理、北京中信证券营业部副总经理、中信证券公司董事兼副总经理、中信控股公司董事、常务副总裁。现兼任中国建银投资证券有限责任公司首席执行官。

石志成先生：董事，总经理。新加坡籍，MBA。历任汇丰银行资产管理(新加坡)公司总经理、荷兰银行(新加坡)公司首席执行官、花旗银行全球资产管理公司市场总监等职，2004年6月加入英国保诚集团。现任信诚基金管理有限公司董事、总经理。

汇丰晋信基金管理有限公司

法定名称	汇丰晋信基金管理有限公司	英文名称	HSBC Jintrust Fund Management Company Limited.
成立日期	2005年11月16日	注册资本	2亿元人民币
法人代表	杨小勇	总 经 理	李选进
联系电话	021-38789898	客服电话	021-38789998
传真号码	021-38789899	公司网址	www.hsbcjt.cn
注册地址	上海市浦东新区富城路99号震旦大厦35楼	办公地址	上海市浦东新区富城路99号震旦大厦35楼

● 发展概况

汇丰晋信基金管理有限公司是由山西信托投资有限责任公司和汇丰投资管理(英国)有限公司共同发起设立的一家合资基金管理公司。2005年10月18日，经中国证券监督管理委员会证监基金字[2005]172号文批准，汇丰晋信基金管理有限公司正式设立，公司注册资本2亿元人民币。

公司股东结构

股东名称	出资金额(万元)	出资比例(%)
山西信托投资有限责任公司	10200.00	51.00
汇丰投资管(英国)有限公司	9800.00	49.00

● 高管介绍

杨小勇先生：董事长。硕士学历。曾任山西省委组织部正处级干部、山西省信托投资公司副总经理。现任山西省国信投资(集团)公司副总经理、山西光信实业有限公司副董事长和山西信托投资有限责任公司副董事长。

李选进先生：总经理，硕士学历。曾任怡富证券(台湾)有限公司董事长特别助理、怡富集团(台湾)台湾区负责人特别助理、电子商务部经理、怡富基金有限公司电子商务及项目发展部经理、业务拓展总监和汇丰投资管理(台湾)有限公司董事兼亚太区企业拓展及中国事业主管。

益民基金管理有限公司

法定名称	益民基金管理有限公司	英文名称	YIMIN Asset Management Co., Ltd.
成立日期	2005年12月12日	注册资本	1亿元人民币
法人代表	翁振杰	总 经 理	刘义鹏
联系电话	010-63105556	客服电话	010-63105559
传真号码	010-63100588	公司网址	www.ymfund.com
注册地址	重庆市江北区建新南路16号	办公地址	北京市宣武区宣武门外大街6号庄胜广场中央写字楼南翼13A

● 发展概况

2005年12月1日，经中国证监会(证监基金字[2005]192号)批准，益民基金管理有限公司正式设立，公司注册资本1亿元人民币，经营范围主要是发起设立基金、基金管理业务和中国证监会批准依法从事的其他业务。公司注册地在重庆市，办公地址在北京市。

益民基金管理有限公司由重庆国际信托投资有限公司、重庆路桥股份有限公司、中国新纪元有限公司和华夏建通科技开发股份有限公司共四家公司发起设立。其中，重庆国际信托投资有限公司已在金融业界享誉21年，管理资产规模达90多亿，名列同业前茅。其信托业务遍及北京、上海、福建、重庆等18个省市，推出信托项目多达87个。

公司管理团队搭配合理，由熟悉证券监管工作和证券投资的资深专业人士组成，并凝聚了一批业内优秀的研发、投资、销售人才。其中80%以上具有3年以上的基金证券或金融行业的工作经验，60%以上具有硕士和博士学位。

在管理中，公司注重以人为本的企业文化，秉承“以人为本，章制为纲，自律勤勉”的管理思想。公司将本着诚实信用、勤勉尽责的职业操守，以优秀的人才，科学的管理，为基金投资者提供专业化的服务，为中国证券市场和基金业的繁荣发展做出应有的贡献。

● 高管介绍

翁振杰先生：现任重庆国际信托投资有限公司首席执行官，从事企业经营管理和投资管理等工作近20年。2005年12月始任益民基金管理有限公司董事长。

刘义鹏先生：曾在全国人大常务委员会和中国证券监督管理委员会任职，从事金融、法律、证券、基金监管等金融相关领域工作18年。2005年12月始任益民基金管理有限公司总经理。

公司股东结构

股东名称	出资金额(万元)	出资比例(%)
重庆国际信托投资有限公司	3000.00	30.00
重庆路桥股份有限公司	2500.00	25.00
中国新纪元有限公司	2500.00	25.00
华夏建通科技开发股份有限公司	2000.00	20.00

华商基金管理有限公司

● 发展概况

2005年9月19日，经中国证监会证监基金字[2005]160号文批准，华商基金管理有限公司获准开业。华商基金管理有限公司由华龙证券有限责任公司、华电财务有限公司和济南钢铁集团总公司三家公司发起设立于2005年12月正式成立。公司注册资本金为1亿元人民币，注册地设在中国北京市；由李晓安任公司董事长、马顺福任公司总经理。

公司股东结构

股东名称	出资金额(万元)	出资比例(%)
华龙证券有限责任公司	4600	46.00
华电财务有限公司	3400	34.00
济南钢铁集团总公司	2000	20.00

中国工商银行股份有限公司

法定名称	中国工商银行股份有限公司	法人代表	姜建清
成立日期	1984年1月1日	注册资本	2480亿元人民币
获得基金托管资格时间	1998年2月24日	托管部负责人	周月秋
联系电话	010−66106912	传真号码	010−66106904
注册地址	北京市复兴门内大街55号	办公地址	北京市复兴门内大街55号
公司网址	www.icbc.com.cn		

● 基本情况

中国工商银行股份有限公司(以下简称中国工商银行)是中国最大的商业银行，连续多年入选《财富》全球五百强。截至2004年12月末，中国工商银行资产总额已达5.7万亿元，分支机构数量达24219家。中国工商银行可以提供包括公司金融业务、个人金融业务、机构金融业务和投资银行业务在内的全方位金融服务，拥有810多万户公司客户、1亿多个人客户和1000多家机构客户。自成立以来，每个会计年度均保持盈利。中国工商银行建成了覆盖全行的电子化网络，2004年电子银行业务共实现交易额38万亿元，高居国内同业首位。中国工商银行拥有先进的资金清算系统，2004年全年人民币结算量达150万亿元，市场占比45%，是中国结算业务量最大的商业银行。

多年来，中国工商银行一直跻身于世界大银行的前列。2003年，按总收入排序，列全球企业500强第243位，中国第6位，中国金融业第一位。2004年英国《银行家》杂志以一级资本排序，工商银行名列全球大银行第25位。最近几年，中国工商银行潜心致力于完善公司治理、提高管理水平和科技实力、强化风险控制能力，通过艰苦努力，赢得了越来越广泛的尊重。被国际著名专业权威媒体英国《银行家》、《欧洲货币》、《新兴市场》杂志，美国《环球金融》、《远东经济评论》杂志、AC尼尔森调查公司以及《亚洲货币》、《金融亚洲》和《全球托管人》等多次评选为“中国最佳银行”、“中国最佳内地银行”、“中国最佳零售银行”、“中国消费者使用最多的银行”、“亚洲地区最佳国际关系银行”、“中国最佳托管银行”、“全球最佳银行网站”、“中国最佳企业网上银行”、“中国最佳个人网上银行”等称号；同时还被国内媒体评选为“中国最受尊敬企业”。

● 托管业务介绍

1998年2月，经中国人民银行和中国证监会批准，中国工商银行成为国内第一家具备证券投资基金托管资格的商业银行。资产托管部是中国工商银行从事托管业务的专业机构，设有总经理室、综合管理处、证券投资基金处、委托资产处、QFII资产处、托管业务运作中心、研究发展处和内部风险控制处，并在上海、深圳分别设有托管分部。资产托管部共有员工60人，中层以上管理人员均具有硕士以上学历或者高级职称，其中，90%的员工具有大学本科以上学历。

在开办托管业务近8年的时间里，中国工商银行始终坚持按照相关法律法规所赋予的职责和监管部门的要求，以“诚实信用、勤勉尽责”为执业准则，托管业务快速发展，行业领先地位不断巩固。截至2005年末，中国工商银行托管资产规模超过2000亿元，在国内同业居领先地位。具有国内托管银行中最丰富的产品线，形成了包括证券投资基金、保险资产、QFII资产、养老金基金、信托资产、投资连接资产、资产证券化、产业基金、集合资产和收支账户十大类托管业务、14项产品的托管业务体系，并且与投资基金业和资产管理业建立了相互促进、共同发展的关系。

证券投资基金托管业务持续保持领先优势。截至2005年末，中国工商银行共托管证券投资基金54只，其中开放式基金38只，封闭式基金16只，高居行业榜首。8年来，中国工商银行致力于为基金管理公司和基金投资者提供优质高效的托管服务，已与全国20多家基金管理公司建立了密切的合作关系。

委托类资产托管业务跨越式发展。自2001年正式开办委托资产托管业务以来，授权经办资产托管业务的分行达20余家，形成了托管品种多样化、托管模式本地化、托管服务标准化、托管手段现代化的委托资产托管业务发展格局。中国工商银行首家获保监会确认保险资产托管资格、托管第一个保险股票资产组合、首家办理保险资产全金额托管、唯一一家试行保险资金全过程全金额托管，保险资产托管客户覆盖国内主要大中型保险公司。经劳动和社会保障部批准，首批获得企业年金托管资格，并与众多大型企业年金客户建立了托管关系。作为国内最早开办证券化业务的托管银行，中国工商银行为国内首批资产证券化产品提供托管服务，在资产证券化托管领域获得最大市场份额。

QFII资产托管业务服务能力不断提升。自2002年首批获得QFII托管资格以来，中国工商银行已为瑞士信贷第一波士顿、大和证券SMBC株式会社和德累斯登银行股份公司等客户提供了优质的QFII托管服务；成功实现了SWIFT报文系统和托管业务系统的无缝链接，并在业务上不断精益求精，力求满足客户更高标准的服务要求。

中国工商银行率先推出具有广泛功能、多点支持、运作快捷、安全高效的第三代托管业务系统，将托管业务系统的技术支持从证券投资基金扩展到包括证券投资基金、社保基金、委托资产等多种资产组合的会计核算与资产估值，大大提高了工作效率，成为同业唯一具有集中数据库支持、大机模式的托管业务系统。在2004年托管业务综合系统(AAS)顺利投产基础上，托管业务STP(直通式)清算处理系统顺利投产，在国内首家实现托管资产清算不落地处理，大大强化了清算过程中的安全控制，对防范清算风险产生了积极作用。

通过提供专业服务，中国工商银行托管业务品牌形象得到加强。积极开展托管产品创新，先后参与开发并几乎囊括国内所有重大托管品种，如货币市场基金、上市开放式基金(LOFs)、交易所交易基金(ETF)等的各项创新。作为劳动和社会保障部、财政部等多家监管机构专家小组成员，中国工商银行资产托管业务不断加强创新研究，多项业务处理方案已经成为业界标准。中国工商银行专业托管的市场形象更加明确。

中国工商银行托管业务品质得到广泛认可。2004年中国工商银行分别被《亚洲货币》和《全球托管人》评为“中国最佳托管银行”。2005年，安永华明会计师事务所对工商银行资产托管业务的风险管理和内部控制进行了有效性测试和评价，并出具无保留意见的SAS70审计报告，中国工商银行成为国内首家引入并成功通过SAS70国际专项认证的托管银行，表明独立公正第三方对该行托管服务运作流程的风险管理、内部控制的健全性和有效性的全面认可。

● 托管基金产品一览

类型	序号	基金代码	基金简称	基金规模(亿份)	基金合同生效日	基金管理人
封闭式基金	1	184688	基金开元	20	1998-03-27	南方
	2	500001	基金金泰	20	1998-03-27	国泰
	3	500003	基金安信	20	1998-06-22	华安
	4	184690	基金同益	20	1999-04-08	长盛
	5	184693	基金普丰	30	1999-07-14	鹏华
	6	184698	基金天元	30	1999-08-25	南方
	7	500016	基金裕元	15	1999-09-17	博时
	8	184705	基金裕泽	5	2000-03-27	博时
	9	500010	基金金元	5	2000-03-28	南方
	10	500025	基金汉鼎	5	2000-06-30	富国
	11	500013	基金安瑞	5	2000-07-18	华安
	12	184710	基金隆元	5	2000-07-24	南方
	13	500019	基金普润	5	2000-08-08	鹏华
	14	184711	基金普华	5	2000-11-06	鹏华
	15	184713	基金科翔	8	2001-04-20	易方达
	16	184719	基金融鑫	8	2002-06-13	国投瑞银

类型	序号	基金代码	基金简称	首募基金份额(亿份)	基金合同生效日	基金管理人
开放式基金	1	202001	南方稳健成长	34.89	2001-09-28	南方
	2	206001	鹏华行业成长	39.77	2002-05-24	鹏华
	3	202101	南方宝元	49.03	2002-09-20	南方
	4	040002	华安中国A股	30.94	2002-11-08	华安
	5	202201	南方避险	51.93	2003-06-27	南方
	6	255010	德盛稳健	36.66	2003-08-08	国联安
	7	161603	融通债券	8.73	2003-09-30	融通
	8	161604	融通深证100指数基金	4.78	2003-09-30	融通
	9	161605	融通蓝筹成长	7.66	2003-09-30	融通
	10	100018	富国天利增长	22.95	2003-12-02	富国
	11	270001	广发聚富	31.32	2003-12-03	广发
	12	040003	华安现金富利	42.53	2003-12-30	华安
	13	202301	南方现金增利	80.50	2004-03-05	南方
	14	150103	银泰理财分红基金	60.13	2004-03-30	银河
	15	310308	盛利精选	68.09	2004-04-09	申万巴黎
	16	257010	德盛小盘	83.25	2004-04-12	国联安
	17	340001	兴业转债基金	32.82	2004-05-11	兴业
	18	320001	诺安平衡	22.07	2004-05-21	诺安
	19	050004	博时精选	61.03	2004-06-22	博时
	20	270002	广发稳健增长	22.97	2004-07-26	广发
	21	160105	南方积配	35.36	2004-10-14	南方
	22	310318	盛利配置	6.90	2004-11-29	申万巴黎
	23	320002	诺安货币	15.74	2004-12-06	诺安
	24	510050	50ETF	54.35	2004-12-30	华夏
	25	163801	中银中国	10.63	2005-01-04	中银国际
	26	580001	东吴嘉禾	10.29	2005-02-01	东吴
	27	213002	宝盈泛沿海	4.02	2005-03-08	宝盈
	28	161607	融通巨潮	5.14	2005-05-12	融通
	29	270004	广发货币	26.37	2005-05-20	广发
	30	450001	富兰克林国海收益	6.72	2005-06-01	国海富兰克林
	31	163802	中银货币	12.49	2005-06-07	中银国际
	32	253010	德盛安心	4.09	2005-07-13	国联安
	33	519008	添富优势	10.25	2005-08-25	汇添富
	34	420001	天弘精选	3.39	2005-10-08	天弘
	35	310328	申万巴黎新动力	6.70	2005-11-10	申万巴黎
	36	161005	富国天惠精选	5.84	2005-11-16	富国
	37	320003	诺安股票	3.79	2005-12-19	诺安
	38	270005	广发聚丰	13.16	2005-12-23	广发

中国农业银行

法定名称	中国农业银行	法人代表	杨明生
成立日期	1979年2月(恢复)	注册资本	1338.65亿元人民币
获得基金托管资格时间	1998年9月25日	托管部负责人	张军洲
联系电话	010-68424199	传真号码	010-68424181
注册地址	北京市复兴路甲23号	办公地址	北京市西三环北路100号金玉大厦6层
公司网址	www.custody.abchina.com		

● 基本情况

中国农业银行是我国最大的商业银行之一，是国内物理网点最多、覆盖面最广的金融机构，目前，在境内设有37家分行，境外在香港和新加坡设有分行，在纽约、东京和伦敦设有代表处，分支机构28234个。中国农业银行建立了全国专用数据通讯网，拥有了先进的银行清算系统，形成了安全、高效、稳定的清算和交割能力，实现了先进的电子联行、资金汇划的实时清算，能够保证客户资金在同城或异地的安全、高效的清算和交割。

截至2005年末，中国农业银行资产总额达47710亿元人民币，同比增加7572.49亿元人民币，增幅18.87%；本外币各项存款增加5453.05亿元，本外币储蓄存款增量居同业首位；本外币各项贷款增加2392.19亿元，同比少增824.6亿元，贷款结构持续优化，全年优质客户贷款增量占比95.54%；各项中间业务快速发展，全年实现中间业务收入96.13亿元，同比增加24.4亿元，增幅34.02%；实现投资收益232.82亿元，非利息收入占净利息收入比重提高到14.06%；全年实现经营利润424.83亿元，同比增加105.09亿元。银行卡发卡量增量、银行间资金交易量、债市通交易量、基金代销规模、国际结算和结售汇增长率等业务指标均居国内同业首位。

为应对日趋激烈的市场竞争，满足客户多样化金融需求，中国农业银行在2005年加大了产品研发力度，适时推出10多种金融新产品，特别是整合了原有产品，形成系列化、标准化、品牌化的“四金”(金钥匙、金光道、金穗卡、金e顺)系列产品。2005年10月，中国农业银行成功举办了“伴你成长”品牌战略发布暨产品推介会，正式发布了“伴你成长”品牌和“四金”系列产品。

2005年，中国农业银行与外资金融机构业务合作取得了突破性进展，代理行网络覆盖101个国家，新增代理行77家，代理行总数达到1060家。

● 托管业务介绍

1998年6月，中国农业银行证券投资基金托管部经中国证券监督管理委员会和中国人民银行批准成立，2004年9月更名为托管业务部。目前拥有从事证券投资基金托管、受托投资资产托管、社保基金托管、QFII托管、保险资金全托管以及其他非基金托管业务资格。托管业务部属于农业银行总行托管业务经营机构，部门内设证券投资基金托管处、委托资产托管处、境外资产托管处、投资银行处、风险管理处、技术保障处、综合管理处、保险资产托管处和营运中心共9个处室，并在北京、上海、深圳设有托管业务分部。

托管业务部拥有完善的规章制度、严密的风险防范体系及先进的业务系统。自开办托管业务以来，该行托管业务部一直保持着基金托管业务零差错的良好记录，为业界瞩目，其独特的市场营销体系在为客户提供一站式综合服务中亦屡受好评。2000年12月，中国农业银行与全球主要资产托管银行之一的美国纽约银行签订了基金业务全面合作协议，从而在人员培训、技术支持和信息交流等方面得到了纽约银行的有力支持与帮助，业务运作逐步与国际标准接轨。

经过八年来的业务实践，中国农业银行托管业务部已积累了丰富的托管业务经验，同时积聚了一支由60人组成的专业水平高、业务素质好、服务能力强的高素质员工队伍，其中拥有高级会计师、高级经济师、高级工程师、律师等金融、技术和法律专家10余名，为促进农业银行托管业务的发展提供了人才保障。为了加速业务发展，托管业务部专门组建了新产品工作小组，配备了多名具有丰富证券、基金从业经验的博士和高级研究人员，具备较强的新产品研发能力，随时可根据客户需求，进行新产品和新业务的研究和开发工作。此外，托管业务部还自行设计开通了公共网站(网址为www.custody.abchina.com)，为投资者提供了新闻公告、基金净值、理财知识、证券法规等资讯。

中国农业银行实现托管业务多元化，产品多样化。截至2005年12月底，该行共托管了13只封闭式基金和21只开放式基金，托管基金总份额达547.25亿份，合计净值达到543.44亿元，并与19家基金管理公司建立了良好的合作关系；此外，中国农业银行还与美国雷曼兄弟公司、法国巴黎银行和新加坡星展银行合作开展QFII托管业务；与太平洋保险公司合作开展保险资金托管业务，与太保寿险、新华寿险签订了保险资金全托管协议；与广发证券、长江证券和东方证券合作开展券商集合资产托管业务；与新华信托和天津万隆集团合作开展房地产信托资金托管业务；与华能集团开展澜沧江水电收益专项资产管理计划专项资产托管业务。

中国农业银行在业务实践中，积累了丰富的基金托管经验，形成一套基金业务市场营销体系，并利用本行丰富的客户资源和系统优势，协助客户代理销售各类基金，为客户提供市场信息、收益代收、现金管理、代理投票、绩效评估、风险分析等多种增值服务。2005年，中国农业银行再次被英国《全球托管人》杂志评为国内“最佳托管银行”。中国农业银行托管业务部全体员工将继续本着开拓进取、勤勉尽责、诚实守信、严谨自律的精神，脚踏实地地开展工作，为广大投资者和基金管理公司提供优质高效的服务。

2005年中国农业银行新增托管8只开放式基金，截至2005年12月底，中国农业银行共托管证券投资基金34只，包括13只封闭式基金和21只开放式基金，托管证券投资基金总份额547.25亿份，合计净值543.44亿元。

● 托管基金产品一览

类型	序号	基金代码	基金简称	基金规模(亿份)	基金合同生效日	基金管理人
封闭式基金	1	500006	基金裕阳	20	1998-07-25	博时
	2	500005	基金汉盛	20	1999-05-10	富国
	3	184692	基金裕隆	30	1999-06-15	博时
	4	184695	基金景博	10	1999-11-12	大成
	5	500007	基金景阳	10	1999-11-12	大成
	6	184701	基金景福	30	1999-12-30	大成
	7	500017	基金景业	5	2000-08-15	大成
	8	184706	基金天华	25	2000-07-21	银华
	9	500028	基金兴业	5	2000-08-18	华夏
	10	500039	基金同德	5	2000-10-20	长盛
	11	184728	基金鸿阳	20	2001-12-10	宝盈
	12	184721	基金丰和	30	2002-03-22	嘉实
	13	184722	基金久嘉	20	2002-07-05	长城
类型	**序号**	**基金代码**	**基金简称**	**首募基金份额(亿份)**	**基金合同生效日**	**基金管理人**
开放式基金	1	100016	富国动态平衡	46.17	2002-08-16	富国
	2	080001	长盛成长价值基金	31.67	2002-09-18	长盛
	3	213001	宝盈鸿利收益	14.46	2002-10-08	宝盈
	4	090001	大成价值增长	26.04	2002-11-11	大成
	5	090002	大成债券	21.53	2003-06-12	大成
	6	151001	银河稳健基金	11.87	2003-08-04	银河
	7	151002	银河收益基金	18.02	2003-08-04	银河
	8	510080	长盛中信债券	9.25	2003-10-25	长盛
	9	519999	长信利息收益基金	70.43	2004-03-19	长信
	10	510081	长盛动态精选基金	41.08	2004-05-21	长盛
	11	260104	内需增长基金	25.21	2004-06-25	景顺长城
	12	161902	万家保本增值	21.94	2004-09-28	天同
	13	090004	大成精选	13.36	2004-12-15	大成
	14	519996	长信银利精选基金	11.83	2005-01-17	长信
	15	100022	富国天瑞强势地区	16.39	2005-04-05	富国
	16	160606	鹏华货币市场基金	33.54	2005-04-12	鹏华
	17	398011	国联分红	6.03	2005-06-16	国联
	18	020007	国泰货币市场	44.45	2005-06-21	国泰
	19	519087	世纪优选	6.19	2005-09-16	新世纪
	20	519688	交银精选	48.75	2005-09-29	交银施罗德
	21	162206	泰达荷银货币	46.43	2005-11-10	泰达荷银

注：天同基金管理公司于2006年2月20日更名为万家基金管理公司。

中国银行股份有限公司

法定名称	中国银行股份有限公司	法人代表	肖 钢
成立日期	1983年10月31日	注册资本	2179.42亿元人民币
获得基金托管资格时间	1998年7月7日	托管部负责人	秦立儒
联系电话	010-66594912	传真号码	010-66594853
注册地址	北京西城区复兴门内大街1号	办公地址	北京西城区复兴门内大街1号
公司网址	www.boc.cn		

● 基本情况

1912年2月，经孙中山先生批准，中国银行正式成立。在中华人民共和国成立前的37年间，中国银行先后是当时的国家中央银行、国际汇兑银行和外贸专业银行。在动荡的历史年代，中国银行作为民族金融的支柱，以服务大众、振兴民族金融业为已任，稳健经营，锐意进取，各项业务取得了长足发展。新中国成立后，中国银行成为国家指定的外汇外贸专业银行，继续保持和发扬了顽强创业的企业精神，为国家对外经贸发展、开展经济建设做出了贡献。1994年，随着金融体制改革的深化，中国银行由外汇外贸专业银行向功能完善、服务全面的国有商业银行转化。1994年和1995年，中国银行分别成为香港地区、澳门地区的发钞银行。2004年8月26日，中国银行股份有限公司在北京注册成立，中国银行成为国家控股的股份制商业银行，标志着中国银行向建立拥有良好公司治理机制的现代化股份制商业银行的目标迈出了一大步，2006年中国银行成为第一家在两地上市的中资银行，中行历史翻开了新的一页。

中国银行是国内主要金融服务提供商之一，业务范围涵盖商业银行、投资银行和保险领域，旗下有中银香港、中银国际、中银保险等控股金融机构。商业银行为主营业务，包括企业金融、个人金融和金融机构等业务。按核心资本计算，2005年中国银行在《银行家》杂志“世界1000家大银行”排名中列第十八位。作为中国金融行业的百年品牌，中国银行在注重稳健经营的同时积极进取，不断创新，创造了国内银行业的许多第一，在国际结算、外汇资金和贸易融资等领域得到业界和客户的广泛认可和赞誉。中国银行是中国国际化程度最高的银行。1929年，中国银行在伦敦设立第一家海外分行，此后在世界各大金融中心相继开设分支机构，目前拥有遍布全球27个国家和地区的机构网络。中国银行在国内同业中率先引进国际管理技术人才和经营理念，不断向国际化一流大银行的目标迈进。作为北京2008年奥运会唯一的银行合作伙伴，中国银行将为国内外客户提供高效优质的金融服务，宣传和普及奥运精神，促进本次体育盛会的圆满成功，从而提升本行企业形象和社会价值。

● 托管业务介绍

1998年7月，经中国证监会(证监基金字[1998]24号文)和中国人民银行核准，中国银行成为国内首批五家从事基金托管业务的银行之一。同年10月中国银行总行基金托管部成立，并在上海和深圳设立了托管分部。基金托管部是中国银行负责托管业务市场研究、产品开发、市场营销、业务操作、客户服务和辖内管理的专业职能部门。随着业务范围的不断扩大和服务范围的不断拓宽，2005年初中国银行以上市为契机，对托管业务组织架构、业务流程和管理流程进行了再造，并将基金托管部正式更名为“托管及投资者服务部”，进一步体现了以客户为中心的经营理念。

按照前、中、后线适当分离的原则，中国银行托管及投资者服务部下设覆盖销售、市场、运营、合规、信息科技、行政管理等多个团队，配备了足够数量的合格人员，拥有员工逾80人。中国银行托管及投资者服务部拥有一支高素质的托管队伍，大部分员工具有丰富的银行、证券、基金从业经验，近30%的员工在海外工作或学习1年以上，60%以上的员工具有硕士以上学位或高级职称。总经理室成员、主要业务团队的负责人和高级管理人员曾长期在海外从事金融工作多年，熟悉海内外市场的运作。

目前，中国银行托管及投资者服务部的托管业务产品系列已经从最初的证券投资基金托管扩大到社保基金、保险资金、合格境外机构投资者(QFII)境内证券投资资金、企业年金、投资连结保险产品、信托资金、券商理财计划资金、资产证券化资金、产业投资基金等各种机构客户资金托管业务，涵盖了基金、社保、保险、QFII、信托、证券、实业等各个领域。中国银行托管的各类资产已逾2000亿元，是国内最大的机构客户资产托管银行。

中国银行一贯重视托管业务和服务的创新，自基金托管部门成立之始，就设立了专门的研发部门，充分保证了在证券投资基金、社保基金、企业年金、保险资金、QFII境内投资资金、券商理财计划、资产证券化资金、QDII(合格境内机构投资者)境外投资等几乎所有的托管领域，中国银行都成为国内首家或首批托管银行。在先行先试的同时，中国银行还积极参与各监管机构组织的课题研究，为推动托管行业标准的建立和完善充分贡献自己的经验和智慧。

近年来在广大客户的信任和支持下，通过持续创新和不断提高客户服务质量，中国银行各项托管业务都获得了快速发展。在证券投资基金和券商理财计划托管方面，中国银行目前托管了逾20家基金管理公司和证券公司管理的逾40只基金和理财计划，居同业前列，托管的基金包括股票型基金、债券型基金、平衡型基金和货币市场基金等所有主要的基金类别以及保本基金、上市开放式基金(LOF)、交易所交易基金等创新基金产品。在机构客户资产托管方面，中国银行连续三年一直处于市场领先地位。2002年中国银行被选为2家全国社会保障基金托管银行之一；2003年中国银行被中国人民财产保险股份有限公司选为保险资金的唯一托管银行，开我国保险资金托管业务之先河，并陆续与多家中外保险公司建立托管合作关系；2004年中国银行与包括电力行业企业年金在内的多家大型企业达成了企业年金托管合作意向，并在企业年金相关法规正式出台后首先为马钢、淮北矿业等大型企业年金提供规范意义上的托管服务；2005年中国银行开办了多项市场创新金融产品的托管业务，包括投资连结保险产品的托管、券商集合理财计划的托管、信托资金托管等；并凭借综合实力被国家开发银行选为其信贷资产证券化试点的保管银行，受托担任中金－联通CDMA网络租赁收益计划的资产托管人；2006年初中国银行还被吉林省社会保险公司选为唯一的基本养老保险做实个人账户基金的托管人，并将率先成为为境内QDII提供全球托管服务的中资银行。在服务于境内机构客户的同时，中国银行还竭诚为合格境外机构投资者(QFII)提供优质托管服务，目前与七家QFII达成了托管业务合作关系，成为最大的中资QFII托管银行，并被多家外资银行选为其QFII托管业务资金清算代理行，居同业先列。

为进一步加强风险控制，不断提高托管业务的风险管理水平，中国银行注意将国际先进的风险管理理念和方法运用到托管业务实践中去，强调内部控制和直通式处理(STP)，实行风险窗口前移，并率先在同业中聘请国际知名会计师事务所定期对托管业务内部控制和托管系统可靠性进行专项评审，充分保证托管业务的安全、稳健运作。

中国银行在全球27个国家和地区设有600多家分行、子公司及代表处，覆盖了纽约、伦敦、东京、香港、法兰克福和新加坡等主要的国际金融中心，并与近4000家国外银行建立了代理关系。依托传统的国际业务优势以及与全球托管银行的合作和自身不断的努力，中国银行有信心和能力为境内外客户的全球投资提供更加安全、诚信、规范、勤责、创新、增值的托管服务。

● 托管基金产品一览

类型	序号	基金代码	基金简称	基金规模(亿份)	基金合同生效日	基金管理人
封闭式基金	1	184691	基金景宏	20	1999-05-04	大成
	2	184699	基金同盛	30	1999-11-05	长盛
	3	184702	基金同智	5	2000-03-08	长盛
	4	184718	基金兴安	5	2000-07-20	华夏
类型	序号	基金代码	基金简称	首募基金份额(亿份)	基金合同生效日	基金管理人
开放式基金	1	110001	易基平稳	46.78	2002-08-23	易方达
	2	070001	嘉实成长收益基金	20.02	2002-11-05	嘉实
	3	180001	银华优势企业	16.83	2002-11-13	银华
	4	519180	万家180	19.30	2003-03-15	万家
	5	210001	金鹰优选	15.17	2003-06-16	金鹰
	6	070002	嘉实增长	9.45	2003-07-09	嘉实
	7	070003	嘉实稳健	10.30	2003-07-09	嘉实
	8	070005	嘉实债券	5.87	2003-07-09	嘉实
	9	002001	华夏回报	37.97	2003-09-05	华夏
	10	260101	优选股票	8.21	2003-10-24	景顺长城
	11	260102	恒丰债券／货币市场基金	4.74	2003-10-24	景顺长城
	12	260103	动力平衡	5.41	2003-10-24	景顺长城
	13	110002	易基策略	20.35	2003-12-09	易方达
	14	290001	泰信天天收益	60.23	2004-02-10	泰信
	15	510003	海富通收益	130.74	2004-03-12	海富通
	16	070006	嘉实服务增值行业基金	90.30	2004-04-01	嘉实
	17	217005	招商先锋	16.05	2004-06-01	招商
	18	090003	大成蓝筹稳健基金	22.34	2004-06-03	大成
	19	162204	泰达荷银精选	20.16	2004-07-09	泰达荷银
	20	000011	华夏大盘精选	19.28	2004-08-11	华夏
	21	110005	易基积极	11.58	2004-09-09	易方达
	22	020006	国泰金象保本基金	8.03	2004-11-10	国泰
	23	510005	海富通货币	9.65	2005-01-04	海富通
	24	110006	易基货币	36.22	2005-02-02	易方达
	25	162605	鼎益基金	4.46	2005-03-16	景顺长城
	26	070008	嘉实货币	29.47	2005-03-18	嘉实
	27	460001	友邦盛世	9.01	2005-04-27	友邦华泰
	28	160106	南方高增	12.77	2005-07-13	南方
	29	519005	海富通股票	4.20	2005-07-29	海富通
	30	160706	嘉实300	8.67	2005-08-29	嘉实
	31	481001	工银价值	43.47	2005-08-31	工银瑞信
	32	110007	月月收益	114.57	2005-09-19	易方达
	33	240004	华宝兴业动力组合	5.35	2005-11-17	华宝兴业

中国建设银行股份有限公司

法定名称	中国建设银行股份有限公司	法人代表	郭树清
成立日期	2004年9月17日	注册资本	1942.3025亿元人民币
获得基金托管资格时间	1998年3月18日	托管部负责人	罗中涛
联系电话	010-67597114	传真号码	010-66275830
注册地址	北京市西城区金融大街25号	办公地址	北京市西城区闹市口大街1号院1号楼(100032-33)
公司网址	www.ccb.com		

● 基本情况

中国建设银行股份有限公司(以下简称“建设银行”)在中国拥有悠久的经营历史。其前身中国人民建设银行于1954年成立，于1996年易名为中国建设银行，是中国的四大商业银行之一。建设银行由原中国建设银行于2004年9月分立而成立，承继了原中国建设银行的商业银行业务及相关的资产和负债。建设银行总部设在北京，截至2005年12月31日止，在中国内地设有13977个分支机构，并在香港、新加坡、法兰克福、约翰内斯堡、东京及首尔设有分行，在伦敦、纽约设有代表处，拥有员工30多万人。

2005年，建设银行在顺利引进战略投资者并实现在香港公开发行上市的同时，扎实推进风险管理、内部控制和管理系统的改革，提高服务质量，努力开拓市场，各方面都取得显著进展。建设银行在2005年实现股东应占净利润人民币471.03亿元，每股盈利人民币0.24元，平均资产回报率达到1.11%，平均股东权益回报率达到21.59%。2005年建设银行荣获《银行家》杂志“中国年度最佳银行奖”等多个奖项。

● 托管业务介绍

中国建设银行基金托管部是负责全行基金托管、委托资产托管、境外投资者投资托管等托管业务(以下简称托管业务)的经营管理部门。业务范围包括：研究拟定托管业务发展规划，组织托管业务市场营销，负责托管资产清算与结算、托管资产核算与估值以及投资运作监督等业务。

机构设置与职责

1998年3月，中国证券监督管理委员会和中国人民银行核准中国建设银行的证券投资基金托管人资格，中国建设银行成为我国第二家具有基金托管资格的托管银行。同年5月，中国建设银行总行正式设立基金托管部。其职责主要是：负责托管业务运作的组织和管理；负责证券投资基金托管、境外投资者投资托管、保险资金托管等业务的直接经营；负责拟定托管业务发展规划及年度经营计划，确定重点区域、重点产品和目标客户等市场战略；负责拟定托管业务标准、管理办法和操作规程；负责组织托管业务新产品的研究与开发；负责组织托管从业人员的业务培训等。

中国建设银行在北京、上海、深圳、辽宁四分行设立了基金托管分部。其职责主要是：负责经营和管理托管业务；负责拓展托管业务市场和产品宣传；负责搜集和反馈托管市场信息和客户需求信息等。

托管业务发展概况

积极开拓市场，托管业务快速发展。2005年，中国建设银行积极营销基金托管客户，稳步推进委托资产托管工作，努力开发新的境外投资者托管客户资源。在股市低迷基金赚钱效应不明显的困难情况下，牢牢树立托管市场营销和服务意识，坚持选择适销对路的基金产品，使中国建设银行托管的多只基金在2005年业绩排名中位居前列。同时，中国建设银行还为托管保险资金制定了服务方案，使国内一些大型保险公司与建设银行签署了保险股票资产托管协议，开展了保险资金托管运作。此外，境外投资者托管客户持续增加，2005年又有3家新客户正式选择中国建设银行作为境外投资者托管银行。

托管服务运行正常，服务水平不断提升。2005年中国建设银行在市场新产品和制度频出的情况下，确保托管服务全年运行无差错。及时向基金份额持有人公开披露有关信息，为保险公司、境外投资者等机构投资者提供各类托管报告，并按要求向监管机构报送有关监管报告。在向各类投资者提供服务的同时，严格监督各类托管资产的日常投资运作，切实保证了托管资产的安全完整，维护了投资者的利益。

托管产品创新步伐加快，托管业务走上可持续发展之路。2005年，中国建设银行加强托管业务产品创新，取得了监管部门批准的保险股票资产托管资格和企业年金基金托管资格，进一步增强了拓展托管市场的能力。在基金托管产品的选择上，兼顾高、中、低风险基金产品，新增托管了货币市场基金、混合型基金和短期债券基金等，托管产品更加丰富。此外，中国建设银行还取得了ETF基金的托管权，并顺利完成了测试工作。在货币市场基金投资定期存款的产品研发中，中国建设银行汲取境内外托管行的经验教训，设计出既方便运作又风险可控的业务流程。

托管业务制度体系不断完善，业务组织机构进一步健全。中国建设银行坚持制度先行，规范运作，先后制定和完善了一整套规章制度。如《中国建设银行托管业务管理办法》、《中国建设银行委托资产托管业务管理规定》、《基金托管部托管业务内部控制规程》、《中国建设银行基金、委托资产投资运作监督规程》、《中国建设银行托管业务风险控制手册》等，这些规章制度的建立为开展托管业务提供了行为准则，防范了托管业务风险，促进了托管业务健康发展。同时，为了进一步增强托管业务抵御风险能力，中国建设银行正在筹建基金托管业务备份中心。

具有强力的托管业务技术支持系统。中国建设银行资金清算系统融电子实时汇划资金、资金清算、资金对账、会计核算和信息查询于一体，具有处理能力强、汇划迅速、双机备份和适合多方面需求的特点，是开展托管业务的坚实基础。现有托管业务基金资金清算模式先进，汇划层次少，清算效率和安全度高，可实现基金资金清算的实时查询和账户间的资金直接汇划。

中国建设银行采用了加密高速单向卫星广播通信接收系统，实时接收深交所、上交所行情和数据。同时，采用加密远程信箱数据接收系统进行数据核对和备份，采用DDN专线批量接收结算公司数据信息，确保了基金交易数据和清算数据的完整与准确。

中国建设银行拥有先进的证券投资基金托管业务综合系统。该系统完全独立于中国建设银行现有的和开发中的其他业务系统，能有效满足各类基金、委托资产以及境外投资者投资托管资产的资金清算、核算、投资运作监督以及绩效评价等方面需要。

建立了严密的内控监督体系。依据法律法规和中国证监会的有关规定，中国建设银行积极开展托管业务的内部监控和基金投资运作监督工作。在业务敏感部门建立了安全保密区，安装了录像监视系统和录音监听系统，以保证基金信息绝对安全；进行多层权限设置，强化了内控管理；建立了托管业务综合处理、数据接收应急备份系统，及时化解托管业务控制风险，不断提高托管业务管理控制能力和水平。

“时时保持敬业精神，处处维护客户利益”。中国建设银行基金托管部将根据国家有关法律法规的规定，恪尽职守，谨慎勤勉，坚持信誉第一、客户至上的原则，以严谨、科学、规范、高效的工作作风，严格履行托管人的各项职责，切实维护资产持有人的合法权益。

交通银行股份有限公司

法定名称	交通银行股份有限公司	法人代表	蒋超良
成立日期	1987年3月30日	注册资本	390.7亿元人民币
获得基金托管资格时间	1998年7月3日	托管部负责人	阮 红
联系电话	021-58781234	传真号码	021-58408842
注册地址	上海市仙霞路18号	办公地址	上海市银城中路188号
公司网址	www.bankcomm.com		

● 基本情况

交通银行是中国第一家全国性国有股份制商业银行，自1987年重新组建以来，交通银行各项业务和机构建设持续健康发展，目前在我国138个大中城市设有分支行，全行员工5万余人，截至2005年末，资产总额为14234.39亿元人民币，实现税后利润92.49亿元人民币。根据《银行家》杂志2005年排名，交通银行按资产总额排名世界1000家大银行中第89位。2005年6月23日，交通银行成功在香港主板市场上市，成为首家在境外上市的内地商业银行。1998年被《欧洲货币》评为中国最佳银行，1999年被《环球金融》评为中国最佳银行，2005年被《金融亚洲》评为中国最佳银行。

● 托管业务介绍

交通银行资产托管部自1998年成立至今，在全行上下的共同努力下，在社会各界的关心帮助下，托管业务品种涵盖公募基金、社保基金，QFII、保险、企业年金等多种托管资产领域，形成了业务种类齐全，服务内容丰富，创新水平较高的业务特色。历年来，部门上下审时度势，克服重重困难，积极开拓业务，抢占市场机会，托管资产规模和收入逐年大幅攀升。截至2005年末，交通银行资产托管实际规模近千亿元。

交通银行资产托管部自成立之日起就高举创新大旗稳步前进，在基金市场上获得多个第一，从而树立了基金业"开拓者"的形象，基金业务也因此成为交通银行的一大业务亮点。八年来，交通银行陆续推出了多项产品创新方案：1999年，基金安顺的顺利托管，交通银行开创了一家基金管理公司管理的不同基金由不同的托管银行进行托管的先例；1999年，交通银行第一家成功完成多基金、跨区域的老基金清理工作(其中浙江5只、江苏1只)；2001年，交通银行代理发行并托管了中国第一只开放式基金——华安创新基金；2002年，交通银行代理发行并托管了中国第一只纯债券基金——华夏债券基金；2002年，交通银行以优异的成绩通过专家评审，成为全国社会保障基金的第一批托管银行；2003年，交通银行代理发行并托管了中国第一只伞型基金——泰达荷银行业系列基金；2004年，交通银行代理发行并托管了中国首批准货币市场基金——博时现金收益基金；2004年，交通银行托管了国内首只QFII公募基金——日兴中国人民币国债母基金；2005年，交通银行成为首批同时获得企业年金基金托管和账户管理两项资格的银行。

在不断开拓业务的同时，交通银行资产托管部非常注重内部风险管理，建立了一整套内部风险控制机制、控制流程和控制措施，并在业务的实际运作中收到了很好的效果，业务运行八年多来，保持了资金清算零差错的纪录。为充分维护广大投资者的利益，该部内控综合部从严自律，严格监督，保证了业务健康运行。稳健经营、控制风险是交通银行资产托管业务运行所遵循的原则，为进一步提高风险控制能力，交通银行一方面以科技进步为手段，通过不断完善投资监控系统、整合托管业务系统等，提高日常运作中的风险控制能力和托管工作效率；另一方面聘请普华永道会计师事务所开展内部风险控制评审工作，以国际标准评审内部风险控制系统，这在国内托管银行中尚属首例。

交通银行资产托管部以客户需求为中心的服务理念始终贯穿在工作的每个环节，致力于为客户提供一流的服务。资产托管部非常重视与各公司建立合作伙伴的关系，经常对公司客户进行走访，发放调查问卷，了解公司客户的实际需求，根据公司的需要及时调整服务内容让客户满意；在客户再服务方面，交通银行依托科技手段不断地推出一些增值服务(如：绩效评估系统等)，充分满足不同客户的需求，赢得了客户的信赖和尊敬。交通银行非常注重学习国际著名托管机构的经验，在信息交流、人员培训、客户服务、技术支持等各方面与国际著名的托管机构进行了广泛的交流与合作。多次安排托管业务人员进行出国培训、考察。此外，还在新业务领域积极与国际机构开展合作，共同举办了养老金投资管理、社会保障基金托管、QFII、QDII资金托管、企业年金等业务的研讨会。广泛的国际合作与交流，促进了交通银行托管业务发展不断国际化、标准化，保证了业务发展的前沿性。

交通银行资产托管业务的蓬勃发展离不开优秀的业务团队。交通银行总行设资产托管部，现有员工60余人。现有员工具有多年基金、证券和银行的从业经验，具备基金从业资格，并具有经济师、会计师、工程师和律师等中高级专业技术职称，员工的学历层次较高，专业分布合理，职业技能优良，职业道德素质过硬，是一支诚实勤勉、积极进取、开拓创新、奋发向上的资产托管从业人员队伍。

在我国金融业蓬勃发展的今天，交通银行资产托管部将通过不懈努力，为客户提供更好的服务，为社会做出更大的贡献。

● 托管基金产品一览

类型	序号	基金代码	基金简称	基金规模(亿份)	基金合同生效日	基金管理人
封闭式基金	1	184689	基金普惠	20	1999-01-06	鹏华
	2	500009	基金安顺	30	1999-06-15	华安
	3	184696	基金裕华	5	1999-11-10	博时
	4	500015	基金汉兴	30	1999-12-30	富国
	5	184708	基金兴科	5	2000-04-08	华夏
	6	184709	基金安久	5	2000-07-04	华安
	7	184712	基金科汇	8	2001-04-20	易方达
	8	500029	基金科迅	8	2001-04-20	易方达
	9	184720	基金久富	5	2001-12-18	长城
	10	500056	基金科瑞	30	2002-03-12	易方达
类型	序号	基金代码	基金简称	首募基金份额(亿份)	基金合同生效日	基金管理人
开放式基金	1	040001	华安创新	50.00	2001-09-21	华安
	2	020001	国泰金鹰增长	22.26	2002-05-08	国泰
	3	001001	华夏债券	51.33	2002-10-23	华夏
	4	162201	泰达荷银成长	10.22	2003-04-25	泰达荷银
	5	162202	泰达荷银周期	6.27	2003-04-25	泰达荷银
	6	162203	泰达荷银稳定	9.81	2003-04-25	泰达荷银
	7	206101	普天债券	7.98	2003-07-12	鹏华
	8	206102	普天收益	3.43	2003-07-12	鹏华
	9	510001	海富通精选	36.98	2003-08-22	海富通
	10	050003	博时现金收益	62.86	2004-01-16	博时
	11	110003	易基50	50.49	2004-03-22	易方达
	12	161606	融通行业景气基金	25.47	2004-04-29	融通
	13	160605	鹏华中国50基金	24.45	2004-05-12	鹏华
	14	162102	金鹰中小盘	5.46	2004-05-27	金鹰
	15	100020	富国天益价值	10.34	2004-06-15	富国
	16	040004	华安宝利	11.30	2004-08-24	华安
	17	398001	国联成长	10.18	2004-09-28	国联
	18	150005	银河银富基金	19.38	2004-12-20	银河
	19	180008	银华货币市场基金	5.91	2005-01-31	银华
	20	162205	泰达荷银风险预算	5.46	2005-04-05	泰达荷银
	21	161903	万家公用	3.10	2005-07-15	万家

中国光大银行股份有限公司

法定名称	中国光大银行股份有限公司	法人代表	王明权
成立日期	1992年8月18日	注册资本	82.17亿元人民币
获得基金托管资格时间	2002年10月23日	托管部负责人	陈昌宏
联系电话	010-68560675	传真号码	010-68560661
注册地址	北京市西城区复兴门外大街6号光大大厦	办公地址	北京市西城区复兴门外大街6号光大大厦
公司网址	www.cebbank.com		

● 基本情况

中国光大银行成立于1992年8月，是国有控股的全国性股份制商业银行。2004年10月23日，经中国证监会、人民银行批准，中国光大银行取得了基金托管业务资格。

● 托管业务介绍

2005年是光大银行基金和资产托管业务发展模式调整的重要一年。本年度，光大银行成功实现了三个转变：由单一追求发展规模向规模、风险并重转变；由单一托管向托管、代销、综合理财共同发展转变；在完成传统基金业务同时，突出企业年金等品种创新。

一、在发展中调整，在调整中创新

1.新增销售并托管二只证券投资基金。2005年6月，光大银行调整经营战略，优选合作伙伴，成功发行了具有低风险、稳定收益、高流动性的大成货币市场基金。该基金募集规模36.37亿份，创下同期基金销售最高记录，光大银行代销规模12.36亿份。截至2005年12月，大成货币市场基金总规模达67亿份，收益率稳居货币市场基金前列；2005年8月，光大银行成功托管并代销了巨田资源优选基金(LOF)，该基金设立规模为3.10亿份；2005年6月，光大银行代销了光大保德信货币市场基金。

2.取得“双金”资格，并大力度拓展全国市场。2005年8月，光大银行首批获得了企业年金基金账户管理人和托管人两项资格，是十四家全国性商业银行中四家获双资格的银行之一。同时，又大力度拓展年金市场，截止2005年年底，取得了实质性的进展。

3.托管国内第一只券商集合理财计划。2005年4月，光大银行托管了国内第一只券商集合理财计划——光大阳光集合理财计划。该计划不仅填补了该行托管领域的一项空白，更给投资者带来了较好的收益。

4.推出“阳光理财月计划”。2005年10月起，光大银行成功推出了“阳光理财月计划”。该产品取得分行及客户的逐步认同，销售规模持续稳定增长。

二、扎实做好各项基础工作，继续实现业务“零差错”

1.顺利完成了7只基金、1只券商集合理财计划、3只委托资产托管业务的日常核算、估值、清算、系统运行、交易监控、信息披露等工作。其中：(1) 全年制作资金清算凭证并划款资金各14000笔以上，业务处理金额约3787亿元以上。(2) 制作会计凭证12万余张。编制和审核了所有基金和委托资产的净值公告、月度统计报告、投资组合报告、年度报告、更新招募说明书等。(3) 安全完成交易、TA数据的接收、备份，以及托管业务处理子系统、设备的日常维护和管理管理工作。

2.建章立制，新建、修改各类业务的规章制度约60余个。

3.认真履行托管人的监督职责，向管理公司发送风险提示函20多份，向监管部门报送监控报告等50余份，向投资管理人出具提示函20份。

4.多形式、多途径在总行、分行广泛举办基金、年金等各类业务、产品的培训活动，培训范围覆盖全行30家分支行及相关支行。

5.与监管机构、客户及合作方保持了良好的交流和沟通，许多工作，受到了监管机构、客户、合作方及总行相关部门的肯定。

2005年，光大银行共托管证券投资基金7只，证券公司集合理财计划1只，委托资产托管1只，托管规模110亿元，实现托管费收入1716.68万，比上年增长27%。

● 托管基金产品一览

类型	序号	基金代码	基金简称	首募基金份额(亿份)	基金合同生效日	基金管理人
开放式基金	1	121001	国投瑞银融华债券基金	25.88	2003-04-16	国投瑞银
	2	233001	巨田基础行业基金	18.55	2004-03-26	巨田
	3	121002	国投瑞银景气行业基金	21.96	2004-04-29	国投瑞银
	4	290002	泰信先行策略基金	7.49	2004-06-28	泰信
	5	360001	光大保德信量化核心基金	25.44	2004-08-27	光大保德信
	6	090005	大成货币市场基金	36.37	2005-06-03	大成
	7	163302	巨田资源优选混合基金	3.10	2005-09-27	巨田

招商银行股份有限公司

法定名称	招商银行股份有限公司	法人代表	秦 晓
成立日期	1987年4月8日	注册资本	122.79亿元人民币
获得基金托管资格时间	2002年11月6日	托管部负责人	夏博辉
联系电话	0755-83195262	传真号码	0755-83195201
注册地址	深圳市深南大道7088号	办公地址	深圳市深南大道7088号招商银行大厦
公司网址	www.cmbchina.com		

● 基本情况

招商银行成立于1987年4月8日，是我国第一家完全由企业法人持股的股份制商业银行，2002年4月9日，在上海证券交易所成功上市，成为第一家采用国际会计标准上市的公司。截至2005年末，招商银行资产总额达到7339.8亿元，同比增长25.13%，净利润39.3亿元，同比增长25.01%，取得了效益、质量、规模的协调发展。

近年来，招商银行连续被境内外媒体授予“中国本土最佳商业银行”、“中国最受尊敬企业”、“中国十佳上市公司”等多项殊荣。招商银行在境内30多个大中城市和香港设有分行，网点总数400多家，在美国设立了代表处，并与世界70多个国家和地区的900多家银行建立了代理行关系，初步形成了立足深圳、辐射全国、面向海外的机构体系和业务网络。

● 托管业务介绍

2002年8月招商银行成立基金托管部，2005年8月经报备中国证监会同意，更名为资产托管部。2002年11月经中国人民银行和中国证监会批准，获得证券投资基金托管业务资格，成为国内第一家获得该项业务资格的上市银行。2003年4月正式办理基金托管业务。目前已拥有证券投资基金托管、全国社会保障基金托管、合格境外机构投资者托管(QFII)、受托投资管理托管、企业年金基金等多项托管业务资格，已开办了证券投资基金托管、集合理财计划托管、集合资金信托计划托管、企业年金基金托管等业务，托管品种已涵盖了股票基金、债券基金、指数基金、货币市场基金、系列基金、信托公司集合资金信托计划、证券公司集合理财计划、企业年金基金托管等多种类型。

2005年招商银行坚持“安全、诚信、勤责、规范和创新”的原则，建立全面科学的风险管理和内部控制体系，完善托管业务和运行系统，规范高效业务的处理模式，创新托管产品和服务功能，资产托管业务持续稳健发展。

培养和扩大托管专业团队。2005年招商银行托管部扩大吸收和加大培养了一批会计核算、资金清算、合规监督、产品设计、市场营销、行业研究、托管系统管理等专业人才，截至2005年底托管部员工20余人，其中博士、硕士以上学历成员占44%，大部分员工有5年以上的银行、证券、基金和保险从业经验和基金从业资格，具有良好托管业道德操守。

资产托管业务继续快速发展。招商银行自开办业务以来，三年业务发展呈快速增长。截止2005年12月31日，托管资产规模达到344亿元，较上年增长35.75%，当年实现托管费收入6289万元，较上年增长59%，累计实现托管费收入突破亿元，成为招商银行中间业务收入增长的新来源，资产托管业务已成为全行大力发展的重点中间业务之一。

扩大托管业务范围，券商集合资产管理规模居业内首位。2005年招商银行获得企业年金托管人和账户管理人资格，成为首批同时获得企业年金基金两项业务资格的托管银行之一。

面对2005年低迷资本市场，招商银行细分资产托管市场，抓住了货币市场基金、证券公司集合理财产品和企业年金基金发展势头良好，增加2只新的货币市场基金代销托管品种，使得托管平台共有3只货币市场运作，较好满足大多数投资者规避股市风险，选择货币市场基金的投资需求，也快速增加该行货币市场基金托管规模。

与此同时，招商银行认真研究创新类证券公司的风险度及投资管理能力，率先优选招商、国泰君安、华泰等优质创新类证券公司，对其集合资产管理计划进行托管代销，并与招商证券共同设计国内首只FOF(基金宝)产品，在托管代销集合产品设计、投资组合和投资范围、会计核算和估值方法、投资监督方式、资金清算模式、托管系统改造等方面进行了大量创新，提供各具特色托管服务方案，有效地满足不同证券公司产品开发需求。2005年共托管代销三只集合资产管理计划，募集发行规模达56.24亿；同时积极拓展企业年金基金托管业务，截止2005年底，招商银行非基金类托管资产规模较上年增长712.8%，其中招商银行券商集合资产管理首发和托管规模均居同业首位，确保全行托管资产规模和收益持续增长。

全面增修订资产托管业务管理制度。2005年，招商银行根据托管业务及法规政策变化，对现行的资产托管业务规章制度进行了全面梳理和增修订，起草《招商银行资产托管业务基本制度》、招商银行资产托管部危机应急处理办法》等5项新制度，全面修订或合并《证券投资基金会计核算办法实施细则》等19份原有制度，从托管业务管理、操作流程、会计核算、内控监察、系统管理、应急处理和内部管理等建立了一整套完备的管理制度体系。

加快托管业务及保障系统改造升级。2005年招商银行加大托管业务系统升级改造工作，将托管业务系统由2.0版升级至3.0版，升级后托管业务系统可完成各类资产托管业务的资产估值、资金清算、投资监控等业务处理，各类资产托管业务数据全国集中管理、支持远程操作，形成了更加安全、稳定、高效和具有扩展的托管业务新平台。同年，招商银行完成了托管主机运行设备系统改造，将Windows系统升级到RS6000，为托管业务系统升级和托管系统异地灾备中心提供运行环境；同时协助国债登记公司、证券登记结算公司完成系统升级改造和测试，确保银行间债券交易系统，深、沪登记结算公司远程交易平台系统安全平稳运行。

严控投资运作，加强风险管理。2005年招商银行建立了全面的风险管理和内部控制体系，采取事前预防、事中监控和事后稽核的监督方式，实行“自控、互控、监控”三道风险控制防线，对投资管理人投资行为和对投资组合进行实时和事后监督；在应急处理方面，着手组建立托管系统异地灾备中心，对各类突发事件建立完备应急方案，对重要岗位人员、主要业务系统、软件和数据建立了备份，确保托管资产保管安全性和托管业务持续正常运营；在托管产品方面，重点加强货币市场基金的同业存款和存放登记结算公司的信用风险管理，与管理人协商修订《货币市场基金银行同业定期存款投资管理暂行办法》、《商业银行信用评级及银行定期存款投资额度》和《同业定期存款协议模板》，制订和控制了存放登记结算公司备付金比例，较好控制托管资产运作信用风险。

加快业务处理效率，提高托管服务质量。2005年招商银行按照“零差错”的高标准和高要求，不断规范和优化托管业务流程处理，提高业务操作效率，深入研究托管新业务、新规则和新政策，与投资管理人积极合作，不断探索和改进资产估值核算体系；依托招商银行企业银行现金管理技术，设计托管资产“直通式”处理模式，对托管业务进行不落地处理，总行对托管资产账户远程控制，实现托管资金异地清算“零在途”，委托人或投资管理人可突破托管资金账户开户地域的限制，享受网上托集中化处理的资金账户实时查询及业务信息本地化服务，托管资金清算效率较高，业务操作风险得到有效控制，为投资人、基金管理公司、证券公司、信托投资公司及其他资产管理公司提供优质托管服务，在业界得到了广泛的认同和肯定。由于准确结算，细致服务，招商资产托管部荣获2005年度全国银行间债券市场债券自营业务优秀结算成员。

本着“诚实信用、勤勉尽责、服务创新、追求卓越”的服务宗旨，招商银行将在安全保管托管资产、合规稳健高效运作前提下，追求卓越、锐意创新，不断满足客户多样性、差异性的业务需求，为投资者和资产管理人提供安全、优质、高效的托管服务。

2005年，招商银行新增托管基金2只，募集发行规模38.72亿份，截至2005年底，招商银行共托管8只开放式基金，托管基金资产规模262.35亿。

● 托管基金产品一览

类型	序号	基金代码	基金简称	首募基金份额(亿份)	基金合同生效日	基金管理人
开放式基金	1	217001	招商安泰股票基金	10.29	2003-04-28	招商
	2	217002	招商安泰平衡型基金	8.99	2003-04-28	招商
	3	217003	招商安泰债券基金	25.86	2003-04-28	招商
	4	217004	招商现金增值基金	46.45	2004-01-14	招商
	5	288001	中信经典配置基金	121.49	2004-03-15	中信
	6	200002	长城久泰	15.12	2004-05-21	长城
	7	288101	中信现金优势基金	24.33	2005-04-20	中信
	8	360003	光大保德信货币	14.40	2005-06-09	光大保德信

上海浦东发展银行股份有限公司

法定名称	上海浦东发展银行股份有限公司	法人代表	金 运
成立日期	1993年1月9日	注册资本	39.15亿元人民币
获得基金托管资格时间	2003年9月10日	托管部负责人	刘长江
联系电话	021-61614500	传真号码	021-68881831
注册地址	上海市浦东新区浦东南路500号	办公地址	上海浦东新区浦东南路588号浦发大厦7楼
公司网址	www.spdb.com.cn		

● 基本情况

上海浦东发展银行是1992年8月28日经中国人民银行批准设立、于1993年1月9日正式开业的股份制商业银行，总部设在上海。经中国人民银行、中国证监会正式批准，上海浦东发展银行于1999年11月10日在上海证券交易所正式挂牌上市。

上海浦东发展银行基金托管部目前包括市场发展部、托管运作部、运行保障部、内控管理部4个内设部门以及深圳运作分部。专业从业人员21人，全部本科学历以上，其中硕士以上学历达到70%以上。从业人员都具有丰富的托管业务经验，同时部分人员还具有注册会计师资格、律师资格、资产评估师资格和CFA资格，一支具备专业化知识和丰富经验的人员团队是浦发银行开展高效托管运作和客户服务的基础。

● 托管业务介绍

上海浦东发展银行于2003年2月成立基金托管部，负责组织开展全行的资产托管业务。同年9月经中国银行业监督管理委员会和中国证券监督管理委员会批准，获得证券投资基金托管人资格。同时该行于2002年10月已经经中国人民银行批准，获得开办企业年金托管、信托投资公司资金信托托管、保险公司投资连接产品托管等业务资格。2003年8月，经中国银行业监督管理委员批准，浦发银行获得了中比产业投资基金托管业务资格，成为国内首个中外合资产业投资基金的托管人。2004年1月经中国银行业监督管理委员批准，浦发银行获得全国社会保障基金托管业务资格。2004年5月，经向中国银行业监督管理委员报备，浦发银行获得包括农村养老保险基金、基本养老保险个人帐户基金、基金会基金、住房维修基金、住房公积金、职工互助基金、专项委托资金等在内的七项托管业务资格。2004年11月，经中国银行业监督管理委员批准，浦发银行获得合格境外机构投资者(QFII)境内证券投资托管业务资格。

经过不懈的努力，浦发银行托管业务在近两年的时间内已经涉及证券投资基金、集合信托产品、企业年金、产业基金等各个托管领域，托管资产超过60亿元。

构建“大托管”的业务平台。浦发银行的托管业务从筹建伊始就确定了“构建大托管业务平台”的目标。首先构建丰富完整的托管产品系列，目前浦发银行托管业务的产品系列包括证券投资基金托管、委托资产托管、社会保障基金托管、产业基金托管和QFII证券投资托管、信托投资公司资金信托托管等六大类产品。而且随着市场和业务的发展，浦发银行还将不断对其产品系列进行充实和完善，满足客户的需求。其次是实现全过程全范围的资产托管服务，即把托管服务延伸到托管资产运作流程的所有环节。

完善的客户服务系统。2004年浦发银行开发了一套完善的托管业务客户信息服务系统，该服务系统基于互联网浏览器方式开发，浦发银行的托管业务客户可以便捷的远程登陆该系统，获取为其度身定制各类信息服务。同时浦发银行目前还在研发基金绩效评估及风险控管系统，该系统可以为浦发银行的客户提供其委托托管资产的投资绩效评估分析服务及风险管理服务。

强大的产品创新、研发能力。浦发银行在国内托管业务领域虽然起步较晚，但借助其“专业化”的管理理念，以“客户为中心”经营导向，不断开发符合市场发展要求和客户需求的托管业务创新产品。2004年浦发银行成为国内首家产业投资基金——中比直接股权投资基金的托管人，为其提供企业直接股权投资方面包括核算、估值、交易监督等在内各类托管服务；同年浦发银行还与嘉实基金管理公司合作，共同完成了国内首只保本基金—浦安嘉实保本基金托管业务的开发。强大的产品创新能力是浦发银行托管业务发展的重要特色之一。

“专业化”管理理念。浦发银行开展托管业务建立在“专业化”的管理理念上，通过标准化的业务运作、专业化的技术系统、规范化的风险控制、完善的制度体系建设、提供各类增值服务等五个方面来体现专业化的管理及服务。

标准化的业务运作：浦发银行通过建立一套完整的托管业务规章制度体系及制定各类标准化的工作流程来指导日常业务的开展，通过规范化、制度化的日常操作确保会计核算质量、提高工作效率、规避业务风险。

专业化的技术系统：浦发银行依托独立的网络平台并采用经国家认证的防火墙技术来保障托管业务运作的独立性和保密性，建立了资产托管业务六大技术系统。其核心的资产托管业务综合处理系统即SAFEs，具备弹性设计、个性化服务、智能化处理、业务内控、客户关系管理等特色功能。

规范化的风险控制：浦发银行托管业务建立了部内独立的内部审计和风险管理部门，引进国际上先进的风险管理及控制理论(COSO理论)，通过对各项业务流程及工作环节的全流程风险控制和全员化风险管理保障托管业务的安全运作，保护委托人的利益。同时通过制定完整有效的业务应急计划来抵御各类不可预见的风险，对重要及关键岗位进行人员备份。

完善的制度体系建设：浦发银行托管业务建立了完善的业务管理制度体系，包括5大类，70多项全面规范指导托管业务的顺利、高效和合规展开。

提供各类增值服务：为客户提供各类增值服务也是浦发银行托管业务的一大特色，从为客户提供托管方案设计、运作流程构造、信息咨询服务、投资绩效评估等各类增值服务，体现浦发银行托管业务的专业水准和服务水平。

高效的资金清算网络。快速、高效、安全、稳健的联行汇划清算系统，能够实现系统内汇划资金实时到帐，确保全国范围内投资资金汇划的安全高效浦发银行先进、高效的内部联行电子清算汇划系统可确保系统内异地资金汇划实时到账，同时还与人民银行的现代支付系统、天地对接系统并行联网，为托管资产的资金清算提供有力保障。

加强国际国内交流与合作。浦发银行开展托管业务一直秉承“不断学习”的理念，通过积极与国际、国内其他托管机构间的业务交流和合作，提升业务水平。如浦发银行通过向美国道富银行、香港渣打银行等开展托管业务海外机构的学习，不断完善对客户的增值服务项目和功能，通过与国内其他商业银行的业务交流，就内部风险控制、业务运作流程等各个方面进行优化，提升服务水平。

● 托管基金产品一览

类型	序号	基金代码	基金简称	首募基金份额(亿份)	基金合同生效日	基金管理人
开放式基金	1	020002	国泰金龙债券	18.87	2003-12-05	国泰
	2	020003	国泰金龙行业	6.84	2003-12-05	国泰
	3	350001	天治财富增长	9.52	2004-06-29	天治
	4	070007	嘉实浦安保本	12.96	2004-12-01	嘉实
	5	162703	广发小盘	11.75	2005-02-02	广发

中国民生银行股份有限公司

法定名称	中国民生银行股份有限公司	法人代表	经叔平
成立日期	1996年2月7日	注册资本	22.5亿元人民币
获得基金托管资格时间	2004年7月9日	托管部负责人	严骏伟
联系电话	010-58560758/58560666-8988	传真号码	010-58560794
注册地址	北京市东城区正义路甲4号	办公地址	北京市西城区复兴门内大街2号
公司网址	www.cmbc.com.cn		

● 托管基金业务介绍

2004年7月9日，经中国证券监督管理委员会和中国银行业监督管理委员会批准，中国民生银行获得证券投资基金托管资格。截至2005年12月31日，中国民生银行托管了天治品质优选证券投资基金。

● 托管基金产品一览

类型	基金代码	基金简称	首募基金份额(亿份)	基金合同生效日	基金管理人
开放式基金	350002	天治品质优选	12.13	2005-01-12	天治

中信银行

法定名称	中信银行	法人代表	陈小宪
成立日期	1987年4月7日	注册资本	1779047.4万元人民币
获得基金托管资格时间	2004年8月18日	托管部负责人	张向东
联系电话	010-65546655	传真号码	010-65542373
注册地址	北京市东城区朝阳门北大街8号富华大厦C座	办公地址	北京市东城区朝阳门北大街8号富华大厦C座
公司网址	www.citicib.com.cn		

● 托管基金业务介绍

2004年8月18日，经中国证券监督管理委员会和中国银行业监督管理委员会批准，中信银行获得证券投资基金托管资格。截至2005年12月31日，中信银行托管了招商成长、建信恒久价值两只开放式证券投资基金。

● 托管基金产品一览

类型	序号	基金代码	基金简称	首募基金份额(亿份)	基金合同生效日	基金管理人
开放式基金	1	161706	招商成长	6.53	2005-11-17	招商
	2	530001	建信恒久价值基金	62.02	2005-12-01	建信

华夏银行股份有限公司

法定名称	华夏银行股份有限公司	法人代表	刘海燕
成立日期	1992年10月14日	注册资本	42亿元人民币
获得基金托管资格时间	2005年2月23日	托管部负责人	徐黎鹰
联系电话	010-85238667	传真号码	010-85238680
注册地址	北京市东城区建国门内大街22号	办公地址	北京市东城区建国门内大街22号
公司网址	www.hxb.com.cn		

● 基本情况

1992年华夏银行在首都北京成立。1995年华夏银行率先实行了股份制改造，成为一家全国性股份制商业银行，2003年9月，华夏银行公开发行股票，并在上海证券交易所挂牌上市交易(股票代码600015)，成为全国第五家上市银行。2005年11月华夏银行引进战略投资者，与德意志银行签署了股份转让协议、全面长期战略合作协议、全面技术支持和协助协议、信用卡业务合作协议，为提高经营管理能力和国际化水平带来了新的契机。14年来华夏银行完成了三次历史性跨跃。

截至2006年3月31日，华夏银行已在北京、上海、广州、南京、杭州、济南、深圳、昆明、沈阳、武汉、重庆、成都、西安、乌鲁木齐、太原、石家庄、大连、温州、青岛、福州、呼和浩特、天津、苏州、无锡、烟台、玉溪、聊城等27个城市设立了22家分行、5家异地支行，营业网点达到270家，员工7700多名，“立足经济发达城市，辐射全国”的机构体系已经形成。此外，华夏银行还与境外368家银行建立了代理业务关系，建成了覆盖全球主要贸易区的结算网络。

● 托管业务介绍

华夏银行基金托管部于2004年7月成立，2005年2月23日，经中国证券监督管理委员会和中国银行业监督管理委员会核准，华夏银行获得证券投资基金托管资格，成为了《证券投资基金法》和《证券投资基金托管资格管理办法》实施后取得证券投资基金托管资格的首家商业银行。

华夏银行基金托管部内设市场综合室、交易管理室和稽察室3个职能处室，并在上海、深圳分行设立2个托管分部。基金托管部共有员工12人，全部具有基金从业资格。华夏银行基金托管部拥有安全可靠的托管业务会计核算系统、资产估值系统、投资监督系统、内部稽核监控系统以及高效快捷的资金清算系统，建立了托管系统异地应急备份中心，构成了完整的电子化托管业务服务体系。

2005年，华夏银行以证券投资基金托管业务为起点，全面夯实管理和经营基础，积极探索其他受托资产托管。托管业务的发展，有力地促进了华夏银行基金理财、客户开发、信托计划代理等相关业务的开展。

在获得证券投资基金托管资格后，2005年7月初，华夏银行顺利取得社保基金托管业务资格。该项资格的取得，为各分支行利用托管业务平台拓展地方社保资金的归集、支付业务创造了有利条件。

为紧跟业务和市场变化，提高员工业务、管理水平，华夏银行基金托管部坚持“职业化、专业化”的团队建设要求，强化员工业务培训和学习交流。华夏银行基金托管部本着“诚实信用、勤勉尽责”的行业精神，始终遵循“安全保管基金资产，提供优质托管服务”的原则，坚持以客户为中心的服务理念，依托严格的内控管理、先进的技术系统、优秀的业务团队、丰富的业务经验，严格履行法律、基金合同、托管协议所规定的各项义务，可以为客户提供高效、快捷、灵活的个性化和市场化的托管服务。

2005年5月30日，华夏银行顺利主代销并托管长城货币市场基金，该基金募集规模29.35亿，在上半年发行的6只货币基金中排名第三；2005年12月28日，华夏银行主代销并托管德盛精选股票基金，该基金募集规模5.8亿，其中华夏银行销售5.13亿元。在2005年发行的37只股票型基金中，华夏银行销售量高居商业银行销售额第6位。

截至2005年12月31日，华夏银行已托管长城货币市场基金和国联安德盛精选股票基金等两只证券投资基金，托管规模36.26亿份。两只证券投资基金的成功发行，在市场上逐步树立了华夏银行积极进取的良好形象。

● 托管基金产品一览

类型	序号	基金代码	基金简称	首募基金份额(亿份)	基金合同生效日	基金管理人
开放式基金	1	200003	长城货币	29.35	2005-05-30	长城
	2	257020	德盛精选	5.79	2005-12-28	国联安

兴业银行股份有限公司

法定名称	兴业银行股份有限公司	法人代表	高建平
成立日期	1988 年 8 月 26 日	注册资本	39.99 亿元人民币
获得基金托管资格时间	2005 年 4 月 26 日	托管部负责人	霍建生
联系电话	0591－87839338	传真号码	0591－87845504
注册地址	福建省福州市湖东路 154 号	办公地址	福建省福州市湖东路 154 号
公司网址	www.cib.com.cn		

● 基本情况

兴业银行股份有限公司成立于1988年，是经国务院和中国人民银行批准组建的中国首批股份制商业银行之一，总行设在福建省福州市。经营范围包括：存款、贷款；国内外结算；票据承兑与贴现；发行金融债券；代理发行、代理兑付、承销政府债券；买卖政府债券、金融债券；同业拆借；买卖、代理买卖外汇；银行卡业务；信用证服务及担保；代理收付款项及代理保险业务；保管箱服务；结售汇业务；短期融资券承销、基金托管、金融衍生产品交易等其他经国务院银行业监督管理机构批准的业务。在此范围内兴业银行为客户提供全方位金融服务。

兴业银行本着“建设一流银行、打造百年兴业”的远大目标，坚持从严治行、专家办行、科技兴行、服务立行战略，积极进取，稳健运作，各项业务增长速度、经营质量、投资回报、公司治理、管理水平基本达到国内银行一流水平。

截至2005年末，兴业银行全行资产总额达到4739.88亿元，是2000年末的5.53倍，年均增长40.8%；本外币各项存款余额3552.18亿元，是2000年末的6.87倍，年均增长47.03%；本外币各项贷款余额2425.72亿元，是2000年末的6.79倍，年均增长46.7%。成功引进恒生银行、国际金融公司、新加坡政府直接投资公司等三家境外投资者，在国内银行中首家发行定期次级债券，首家获准发行混合资本债券，2005年末资本净额达到200.77亿元，资本充足率达到8.13%。服务网络快速扩大、不断优化，目前已在北京、上海、广州、深圳、杭州、南京、宁波、重庆、济南、武汉、沈阳、天津、成都、郑州、西安、长沙、昆明等全国主要经济区域设立了29家分行、328家分支机构，建立了覆盖全国的网上银行网络和电话银行网络。资产质量稳步提升。截至2005年末，按照五级分类法，全行不良贷款比率2.33%，资产质量处于国内银行同业较好水平。2005年实现税前利润35.28亿元，是2000年度的7倍，实现税后利润24.55亿元，是2000年度的6.68倍，五年累计实现净利润60亿元，年均增长50.3%。在总资产和净资产规模快速增长的基础上，股东回报保持国内银行一流水平，2005年总资产收益率和净资产收益率分别为0.52%、20.26%。2005年末股东权益达到121.15元，是2000年末的3.26倍，年均增长26.67%。根据英国《银行家》杂志全球1000家大银行最新排名，兴业银行按一级资本排名列第325位，比2000年上升243位，按资产总额排名列第210位，比2000年上升203位，跻身全球银行300强。

● 托管业务介绍

2005年4月，经中国人民银行和中国证监会[2005]74号文批准，兴业银行获得了证券投资基金托管资格，成为我国第12家获得此项资格的股份制商业银行。

兴业银行资产托管部正式成立于2005年2月，下设综合管理处、市场处、核算管理处、稽核监察处、产品研发处、企业年金中心等职能处室。在人员构成上，兴业银行资产托管部配备了一支高学历、高素质的人才队伍，人员知识构成中，涉及证券、基金、银行、会计、计算机、法律、金融等专业，能够为基金托管理业务提供全方位的知识支持。本科学历以上人员占100%，硕士学历以上人员占57%。部门主要业务人员均具备证券投资基金从业资格，具有3至5年的金融行业从业经历，高级管理人员均具有15年以上银行从业经历。

目前，兴业银行资产托管部建立了顺序递进、权责统一、严密有效的“自控、互控、监控”的内部控制体系，有效地防范和化解资产托管业务风险，维护托管资产的完整和安全，保证资产托管业务安全、稳健、有效运行。拥有完备可靠的托管业务系统，包括安全及时的资金清算系统、准确高效的会计核算系统与资产估值系统、可靠的投资监督系统、科学的权限管理系统以及高效快捷的网银系统。建立了全行范围内的卓有成效的营销体系。截至2005年底，兴业银行已经成功托管了兴业趋势、长盛货币两只开放式证券投资基金，托管基金规模净值约27亿元。

兴业银行资产托管部在发展证券投资基金托管业务的同时，注重信托、集合理财等非证券投资基金产品托管业务的拓展。注重资产托管业务品种的研究和开发，不断丰富和完善托管业务产品线。资产托管部将本着“发展中我们共成长”的服务理念，以优秀的团队、专业的实力，为客户提供专业、优质、全方位的服务，打造一流的股份制商业银行托管服务。

● 托管基金产品一览

类型	序号	基金代码	基金简称	首募基金份额(亿份)	基金合同生效日	基金管理人
开放式基金	1	163402	兴业趋势	9.28	2005－11－03	兴业
	2	080011	长盛货币	36.02	2005－12－12	长盛

第三章　其他相关服务机构
Other Fund Service Providers
基金代销机构 Distributors

中国工商银行股份有限公司

法定名称：中国工商银行股份有限公司

注册地址：中国北京复兴门内大街55号

办公地址：中国北京复兴门内大街55号

法人代表：姜建清

成立日期：2005年10月28日

注册资本：2480.00亿元人民币

获得基金代销业务资格时间：2001年8月31日

个金部负责人：史其禄

联系电话：010-66107900

客服电话：95588

传真号码：010-66107914

公司网址：www.icbc.com.cn

● 基本情况

中国工商银行股份有限公司(以下简称中国工商银行)是中国最大的商业银行，截至2004年12月末，中国工商银行资产总额已达5.7万亿元，分支机构数量达21323家。中国工商银行建成了覆盖全行的电子化网络，电子银行交易额居国内同业首位。中国工商银行还拥有先进的资金清算系统，是中国结算业务量最大的商业银行。

多年来，中国工商银行一直跻身于世界大银行的前列。在2002年度美国《财富》杂志全球500强企业的最新排名中，工商银行以年营业收入198亿美元名列第243位，这是工商银行自1999年参加排名以来，连续4次入选。2003年英国《银行家》杂志以一级资本排序，工商银行名列全球大银行第16位。2001年以来，工商银行已经连续3年被《环球金融》、再次被《欧洲货币》等多家国际知名杂志授予“中国最佳银行”等称号。2003年以来，工商银行两次被《环球金融》评为“中国最佳个人网上银行”、2002年“中国最佳企业网上银行”。2002年以来，工商银行已经连续三年被《亚洲银行家》杂志评为“中国最佳零售银行”。2003年，据AC尼尔森公司调查，工商银行是中国消费者使用最多的银行。

中国工商银行可以提供包括公司金融业务、个人金融业务、机构金融业务和投资银行业务在内的全方位金融服务，拥有810多万户公司客户、1亿多个人客户和1000多家机构客户。

● 代销基金业务介绍

2001年8月31日，中国工商银行经中国人民银行和中国证券监督管理委员会批准获得了代销开放式基金业务资格。

2005年，中国工商银行代销的开放式基金涵盖了股票型基金、债券型基金、混合型基金、指数基金、保本基金、货币市场基金、LOFs等国内主要基金品种，可满足不同风险偏好客户的需求。

遍布全国的营业网点。中国工商银行37个分行的14000多个营业网点均可为您办理开放式基金购买和赎回等业务，为您的投资提供最大便利。

安全、稳定的电子银行。投资者通过电话银行95588或网上银行申购、赎回工商银行代销的各只开放式基金，尽享电子银行跨越时空的便捷。

先进的科技系统。中国工商银行在全国率行完成了数据大集中，并具有业界领先的基金业务系统，可及时准确无误地完成各项基金交易，让投资者具有安全放心的保证。

方便的基金净值查询系统。投资者可以光临工商银行各营业网点查询基金净值，更可以通过拨打95588电话银行或登录中国工商银行网站查询基金净值，对自己的资产状况了然于胸，方便了投资者理财。

● 代销基金产品概况

2005年，中国工商银行累计代销15只开放式基金，累计办理认购、申购、赎回业务量达700多亿元。

中国农业银行

法定名称：中国农业银行
注册地址：北京市复兴路甲23号
办公地址：北京市复兴路甲23号
法人代表：杨明生
成立日期：1979年2月（恢复）
注册资本：1338.65亿元人民币
获得基金代销业务资格时间：2001年12月
个金部负责人：朱卫国
联系电话：010-68424548
客服电话：95599
传真号码：010-68424493
公司网址：www.custody.abchina.com

● 基本情况

中国农业银行是我国最大的商业银行之一，是国内物理网点最多、覆盖面最广的金融机构，目前网点数已达36138个，在国内设有37家分行，在香港和新加坡设有分行，在纽约、东京和伦敦设有代表处。中国农业银行建立了全国专用数据通讯网，拥有了先进的银行清算系统，形成了安全、高效、稳定的清算和交割能力，实现了先进的电子联行、资金汇划的实时清算和汇划、对账、清算三位一体，能够保证客户资金在同城或异地的安全、高效的清算和交割。

截至2005年末，中国农业银行资产总额达47710亿元人民币，同比增加7572.49亿元人民币，增幅18.87%；本外币各项存款增加5453.05亿元，本外币储蓄存款增量居同业首位；本外币各项贷款增加2392.19亿元，同比少增824.6亿元，贷款结构持续优化，全年优质客户贷款增量占比95.54%；各项中间业务快速发展，全年实现中间业务收入96.13亿元，同比增加24.4亿元，增幅34.02%；实现投资收益232.82亿元，非利息收入占净利息收入比重提高到14.06%；全年实现经营利润424.83亿元，同比增加105.09亿元。银行卡发卡量增量、银行间资金交易量、债市通交易量、基金代销规模、国际结算和结售汇增长率等业务指标均居国内同业首位。

为应对日趋激烈的市场竞争，满足客户多样化金融需求，中国农业银行在2005年加大了产品研发力度，适时推出10多种金融新产品，特别是整合了原有产品，形成系列化、标准化、品牌化的“四金”(金钥匙、金光道、金穗卡、金e顺)系列产品。2005年10月，中国农业银行成功举办了“伴你成长”品牌战略发布暨产品推介会，正式发布了”伴你成长“品牌和”四金“系列产品。

2005年，中国农业银行与外资金融机构业务合作取得了突破性进展，代理行网络覆盖101个国家，新增代理行77家，代理行总数达到1060家。

● 代销基金业务介绍

2005年，中国农业银行各级行认真贯彻全行营销工作会议精神，克服了资本市场持续低迷、投资渠道狭窄等因素对基金营销工作带来的不利影响，以加强和培育中高端客户资源为切入点，积极创新金融产品和服务方式，努力完善多样化营销渠道和手段，较好地实现了年初确定的基金工作各项目标，为全行不断优化业务结构、稳步 提升盈利能力作出了积极的贡献。

市场份额快速增长，优势地位日益巩固。2005年中国农业银行作为主代销行共代理发行了8只开放式基金，募集总额213.5亿元，代销96.4亿元。同时，该行代理发行的单只基金平均规模在工农中建交五大银行中位居第一，其中富国天瑞基金农行代销额8.7亿元和募集总额16.3亿元，居年内非银行系股票型基金同业之首；泰达荷银货币市场基金代销额22.5亿元和募集总额46.4亿元，勇夺年内货币市场基金冠军，有效提升了中国农业银行在基金代销领域的知名度和影响力。中国农业银行在基金代销领域取得的成绩基本确立了该行在基金行业应有的地位，得到了监管部门、同业和投资者的认可。

介入市场能力增强，综合效益稳步提高。由于加强了对基金市场的调研以及对合作伙伴、基金产品的优选与丰富，中国农业银行代销的8只基金中在同类型基金中均居于前列，投资者获得了丰厚的回报，提高了农行客户的忠诚度；基金户数年末保有量达45万户，实现了代理手续费收入约5500万元。

销售网络日益完善，业务宣传加快普及。截至2005年，中国农业银行已开通基金销售网点达2万个。部分行还通过网上银行、电话银行等电子化销售渠道及金融超市、个人理财中心等经营平台开展基金业务宣传及营销，初步构建了具有农行特色的、比较完善的营销网络体系。

产品创新进度加快，持续营销动力增强。中国农业银行积极研究和开发了基金定期定额业务系统，使基金营销逐步转入持续化经营，为该行今后充分利用现有优秀基金公司产品，注入了更多的理财元素打下了坚实的基础。

● 代销基金产品概况

2005年，中国农业银行作为主代销行共代理发行了长信银利精选、富国天瑞强势、国联分红增利、新世纪优选分红、鹏华货币基金、国泰货币、交银精选、泰达荷银货币8只开放式基金，募集基金总额213.5亿元，实现基金代销96.4亿元。

中国银行股份有限公司

法定名称：中国银行股份有限公司
注册／办公地址：北京西城区复兴门内大街1号
法人代表：肖 钢
成立日期：1983年10月31日
注册资本：2179.42亿元人民币
获得基金代销业务资格时间：2001年12月
代销业务负责人：秦立儒
联系电话：010-66594956
客服电话：95566
传真号码：010-66594853
公司网址：www.boc.cn

● 基本情况

1912年2月，经孙中山先生批准，中国银行正式成立。在中华人民共和国成立前的37年间，中国银行先后是当时的国家中央银行、国际汇兑银行和外贸专业银行。在动荡的历史年代，中国银行作为民族金融的支柱，以服务大众、振兴民族金融业为己任，稳健经营，锐意进取，各项业务取得了长足发展。新中国成立后，中国银行成为国家指定的外汇外贸专业银行，继续保持和发扬了顽强创业的企业精神，为国家对外经贸发展、开展经济建设做出了贡献。1994年，随着金融体制改革的深化，中国银行由外汇外贸专业银行向功能完善、服务全面的国有商业银行转化。1994年和1995年，中国银行分别成为香港地区、澳门地区的发钞银行。2004年8月26日，中国银行股份有限公司在北京注册成立，中国银行成为国家控股的股份制商业银行，标志着中国银行向建立拥有良好公司治理机制的现代化股份制商业银行的目标迈出了一大步，2006年中国银行成为第一家在两地上市的中资银行，中行历史翻开了新的一页。

中国银行是国内主要金融服务提供商之一，业务范围涵盖商业银行、投资银行和保险领域，旗下有中银香港、中银国际、中银保险等控股金融机构。商业银行为主营业务，包括企业金融、个人金融和金融机构等业务。按核心资本计算，2005年中国银行在《银行家》杂志“世界1000家大银行”排名中列第十八位。作为中国金融行业的百年品牌，中国银行在注重稳健经营的同时积极进取，不断创新，创造了国内银行业的许多第一，在国际结算、外汇资金和贸易融资等领域得到业界和客户的广泛认可和赞誉。中国银行是中国国际化程度最高的银行。1929年，中国银行在伦敦设立第一家海外分行，此后在世界各大金融中心相继开设分支机构，目前拥有遍布全球27个国家和地区的机构网络。中国银行在国内同业中率先引进国际管理技术人才和经营理念，不断向国际化一流大银行的目标迈进。作为北京2008年奥运会唯一的银行合作伙伴，中国银行将为国内外客户提供高效优质的金融服务，宣传和普及奥运精神，促进本次体育盛会的圆满成功，从而提升本行企业形象和社会价值。

● 代销基金业务介绍

2001年12月，经中国人民银行和中国证券监督管理委员会批准，中国银行获得了开放式基金代销业务资格。5年来，中国银行代销业务持续、快速、健康发展，2005年并进一步将代销业务扩大到券商集合理财计划领域。截至目前，中国银行共代销了近30家客户的逾50只开放式基金或券商集合理财计划，居同业领先地位。其中，海富通收益增长基金募集额达130.74亿份基金单位，成为中国基金市场第一只超过100亿元的开放式基金。中国银行2005年初代销的中信证券避险集合理财计划是国内银行代销同类产品的首批试水，树立了良好的市场形象；而2006年初由中国银行代销并托管的易方达基金公司深100ETF产品，是国内第一家银行参与ETF产品发行期间销售，再次展示了中国银行的代销能力和创新精神。

中国银行在坚持市场化发行、坚持以客户为中心、为客户提供良好理财服务理念的指引下，本着平等互利、实现双赢的原则，与一批品牌优良、经营稳健、具有发展潜力的多家基金管理公司和创新类券商建立了良好合作伙伴关系。中国银行代销的开放式基金品种涵盖了股票型、混合型、债券型、保本型、货币型、LOF、ETF等所有的基金类型，满足了不同客户多元化的投资需求。

在与基金行业共同发展的同时，中国银行致力于规范全员基金代销行为，加强风险控制，依法合规进行基金代销组织工作，积极配合有关监管部门的工作，严格自律，共同维护行业和客户的长远利益，促进基金行业的长远和可持续发展。中国银行在拓展基金代销业务工作中，不断总结经验，借鉴国外先进的营销模式，逐渐形成了中国银行基金代销的特色和核心竞争力：一是与客户共同发展的理念和策略。中国银行致力于与基金管理公司和证券公司等建立长期战略伙伴关系，提供优质、高效、持久的一条龙服务；致力于与基金管理公司进行从产品的设计到营销方案、售后服务等全方位、全过程的合作，同时充分反映客户对基金和券商集合理财计划的投资需求。二是遍布全国的销售和服务网络。中国银行目前可通过全国32家分行、460多个城市、10000多个网点为客户提供代销服务，并可通过理财中心将代销的基金和券商集合理财产品贴身推介给客户，同时可提供差异化理财建议，实现理财服务与代销服务的有机结合。三是优质的客户群体。在多年的经营中，中国银行拥有相当数量的实力雄厚、综合素质高、投资意识强的优质客户群体。四是较高专业水准的营销队伍。中国银行内部托管、公司、零售、金融机构等部门整体联动营销，拥有一大批业务熟练、投资理财知识和经验较丰富的代销业务从业人员。五是投资客户服务制度化。中国银行对基金及券商理财计划投资客户的服务工作已实现客户开发、客户维护和客户信息反馈工作系统化、一体化。中国银行通过定期或不定期地为投资客户举办投资研讨会、向客户提供咨询服务、以及向重点客户提供量体裁衣式的个性化服务，不断提高客户服务质量。此外，中国银行还积极致力于客户服务平台建设，通过理财中心、银行网点、电子银行等多渠道向投资客户提供贴身、便利服务。

● 代销基金产品概况

2005年，中国银行累计代销42只开放式基金和集合理财产品，累计办理认购、申购、赎回业务量达500多亿元。

中国建设银行股份有限公司

法定名称：中国建设银行股份有限公司

注册地址：北京市西城区金融大街25号

办公地址：北京市西城区闹市口大街1号院1号楼（100032–33）

法人代表：郭树清

成立日期：2004年9月17日

注册资本：1942.3025亿元

获得基金代销业务资格时间：2001年5月8日

联系电话：010–67597114

客服电话：95533

传真号码：010–66275654

公司网址：www.ccb.com

● 基本情况

中国建设银行股份有限公司(以下简称“建设银行”)在中国拥有悠久的经营历史。其前身中国人民建设银行于1954年成立，于1996年易名为中国建设银行，是中国的四大商业银行之一。建设银行由原中国建设银行于2004年9月分立而成立，承继了原中国建设银行的商业银行业务及相关的资产和负债。建设银行总部设在北京，截至2005年12月31日止，在中国内地设有13977个分支机构，并在香港、新加坡、法兰克福、约翰内斯堡、东京及首尔设有分行，在伦敦、纽约设有代表处，拥有员工30多万人。

2005年，建设银行在顺利引进战略投资者并实现在香港公开发行上市的同时，扎实推进风险管理、内部控制和管理系统的改革，提高服务质量，努力开拓市场，各方面都取得显著进展。建设银行在2005年实现股东应占净利润人民币471.03亿元，每股盈利人民币0.24元，平均资产回报率达到1.11%，平均股东权益回报率达到21.59%。2005年建设银行荣获《银行家》杂志“中国年度最佳银行奖”等多个奖项。

● 代销基金业务介绍

2001年5月8日，经中国人民银行和中国证券监督管理委员会批准，建设银行获得封闭式证券投资基金代理销售资格，同年9月14日，建设银行获得开放式证券投资基金代理业务资格，并于2001年11月28日开始代销华夏成长开放式基金，是国内最早开办基金代理业务的商业银行之一。依托集中统一、功能齐全、技术先进、高效安全的证券代理业务平台——证券业务系统，建设银行基金代理业务稳健、快速、健康发展。

2005年，建设银行共代销开放式基金13只，完成销售额100.3亿元。其中，华夏红利混合型基金、博时稳定价值债券基金分别创当期市场混合型、债券型基金主代销规模与总募集规模两项记录；建信恒久价值股票基金全行仅用18天时间共销售48.5亿元，创出了2005年基金销售的市场最好水平，刷新银行系基金销售进度、销售规模等多项纪录。在市场规模不断扩大的同时，建设银行在产品及服务模式创新等方面不断努力，首家推出短期债券基金和上证基金通产品，为客户提供多样化、深层次的理财选择，市场反响良好。

自基金开办业务以来，建设银行坚持“以客户为中心、以市场为导向”的经营理念，秉承“精品策略”原则，努力选择与优良或具有良好发展潜力的基金管理公司合作，代销符合客户需求的基金产品，现已形成了具有不同风险收益特征的基金产品系列。随着客户经理综合素质和专业化水平的不断提高，建设银行客户经理队伍日益成熟，在基金代理销售工作中发挥重要作用，稳定和培育了一大批优质客户。经过几年的发展，在全行的共同努力下，建设银行基金代理销售业务形成以下特色：

基金类型、业务种类丰富：基金品种涵盖股票型、混合型、债券型、货币型等多种类型，业务种类包括基金后端收费、定期定额申购、转换等多项内容，能够满足客户多样化的投资理财需求。

网点遍布全国、交易渠道便捷：基金代理销售网点近14000个，是国内代销基金网点最多、覆盖区域最广的商业银行之一。此外，部分地区已开通了网上银行、电话银行等交易渠道，投资人足不出户即可购买基金。

基金业务不断创新：率先推出基金后端收费模式，是国内最先办理定期定额申购业务、基金转换业务的销售渠道之一。同时，首家联合基金管理公司推出保本基金、短期债券基金和上证基金通等产品。

服务内容逐步深化：通过对客户投资需求、资产状况等内容进行分析，为客户设计理财套餐，提供深层次、专业化、个性化理财服务。同时，注重加强持续性服务工作，在日常开放期间为客户提供及时的市场信息和建议，并联合基金公司组织推介会等活动促进与客户的沟通和交流，与客户建立长久稳定的关系，有效地维护和发展了优质客户群体。

● 代销基金产品概况

截至2005年底，建设银行先后和13家基金管理公司合作，共代销35只开放式基金和1只封闭式基金，累计首发代销基金规模超过400亿元。

交通银行股份有限公司

法定名称：交通银行股份有限公司

注册地址：上海市仙霞路18号

办公地址：上海市银城中路188号

法人代表：蒋超良

成立日期：1987年3月30日

注册资本：390.7亿元人民币

获得基金代销业务资格时间：2001年7月

个金部负责人：靳继同

联系电话：021-58781234

客服电话：95559

传真号码：021-58408823

公司网址：www.bankcomm.com

● 基本情况

交通银行是中国第一家全国性国有股份制商业银行，自1987年重新组建以来，交通银行各项业务和机构建设持续健康发展，目前在我国138个大中城市设有分支行，全行员工5万余人，截至2005年末，资产总额为14234.39亿元人民币，实现税后利润92.49亿元人民币。根据《银行家》杂志2005年排名，交通银行按资产总额排名世界1000家大银行中第89位。2005年6月23日，交通银行成功在香港主板市场上市，成为首家在境外上市的内地商业银行。1998年被《欧洲货币》评为中国最佳银行，1999年被《环球金融》评为中国最佳银行，2005年被《金融亚洲》评为中国最佳银行。

● 代销基金业务介绍

2001年7月，经中国人民银行和中国证券监督管理委员会批准，交通银行获得开放式基金认购、申购、赎回和注册登记代理业务资格，成为我国首家获得开放式基金代理业务资格的商业银行。

2005年，交通银行在基金代销业务上，坚持准循“精品基金”和“基金超市”相结合的发展思路，以市场为导向，以客户为中心，以国际化为标准，以科技化为手段，以品种与数量领先，以服务与手段占优，在业内保持了相对优势地位。

2005年全年，交通银行根据证券市场不同时段的特点，成功代理发行了银华货币市场基金、泰达荷银风险预算基金、交银施罗德精选基金等六只开放式基金，创造了当时基金市场上的多个“亮点”；在做好主代销基金发行工作的同时，交通银行还积极参与海富通股票基金、嘉实货币市场基金、汇添富优势精选基金等多只开放式基金的发行工作，获得管理层、基金公司和投资者各方的满意。

● 代销基金产品概况

截至2005年底，交通银行共计代销98只开放式基金，该行代销的基金产品在商业银行中品种最全、数量最多。

兴业银行股份有限公司

法定名称：兴业银行股份有限公司

注册地址：福建省福州市湖东路154号

办公地址：福建省福州市湖东路154号

法人代表：高建平

成立日期：1988年8月26日

注册资本：39.99亿元人民币

获得基金代销业务资格时间：2002年8月

联系电话：0591-87839338

客服电话：95561

传真号码：0591-87845504

公司网址：www.cib.com.cn

● 基本情况

兴业银行股份有限公司成立于1988年，是经国务院和中国人民银行批准组建的中国首批股份制商业银行之一，总行设在福建省福州市。经营范围包括：存款、贷款；国内外结算；票据承兑与贴现；发行金融债券；代理发行、代理兑付、承销政府债券；买卖政府债券、金融债券；同业拆借；买卖、代理买卖外汇；银行卡业务；信用证服务及担保；代理收付款项及代理保险业务；保管箱服务；结售汇业务；短期融资券承销、基金托管、金融衍生产品交易等其他经国务院银行业监督管理机构批准的业务。在此范围内兴业银行为客户提供全方位金融服务。

截至2005年末，兴业银行全行资产总额达到4739.88亿元，是2000年末的5.53倍，年均增长40.8%；本外币各项存款余额3552.18亿元，是2000年末的6.87倍，年均增长47.03%；本外币各项贷款余额2425.72亿元，是2000年末的6.79倍，年均增长46.7%。成功引进恒生银行、国际金融公司、新加坡政府直接投资公司等三家境外投资者，在国内银行中首家发行定期次级债券，首家获准发行混合资本债券，2005年末资本净额达到200.77亿元，资本充足率达到8.13%。服务网络快速扩大、不断优化，目前已在北京、上海、广州、深圳、杭州、南京、宁波、重庆、济南、武汉、沈阳、天津、成都、郑州、西安、长沙、昆明等全国主要经济区域设立了29家分行、328家分支机构，建立了覆盖全国的网上银行网络和电话银行网络。资产质量稳步提升。截至2005年末，按照五级分类法，全行不良贷款比率2.33%，资产质量处于国内银行同业较好水平。2005年实现税前利润35.28亿元，是2000年度的7倍，实现税后利润24.55亿元，是2000年度的6.68倍，五年累计实现净利润60亿元，年均增长50.3%。在总资产和净资产规模快速增长的基础上，股东回报保持国内银行一流水平，2005年总资产收益率和净资产收益率分别为0.52%、20.26%。2005年末股东权益达到121.15元，是2000年末的3.26倍，年均增长26.67%。根据英国《银行家》杂志全球1000家大银行最新排名，兴业银行按一级资本排名列第325位，比2000年上升243位，按资产总额排名列第210位，比2000年上升203位，跻身全球银行300强。

● 代销基金业务介绍

2002年8月，经中国人民银行和中国证券监督管理委员会批准，兴业银行获得了开放式基金代理销售业务资格。

2005年兴业银行基金代销业务开展良好，基金精品超市初步建立，代销基金产品迅速增加。2005年，兴业银行新增代销了国海富兰克林中国收益基金、海富通货币基金、嘉实货币基金、广发稳健增长基金、景顺长城优选股票基金、景顺长城动力平衡基金、景顺长城货币基金、海富通股票基金、兴业趋势基金、长盛货币基金、东方精选基金等11只开放式证券投资基金。

精选遴选代销基金。兴业银行建立了从合作基金公司选择、代销基金产品遴选、可行性研究、代销决策到具体执行的机制，加强了对基金公司及基金产品的研究力度，并且从各类投资者不同投资需求出发，主动寻找合作基金产品，丰富基金产品线，积极构筑基金精品超市。

加强科技保障力度。为适应开放式基金代销业务发展的需要，并满足基金公司、广大投资者对基金销售的个性化服务需要，兴业银行对开放式基金代销系统进行了升级维护，以适应新增代销基金产品的需要。

完善渠道建设。兴业银行提供营业网点、7×24小时网上银行、金融自助通、银联通、电话银行等多种渠道，方便投资者购买基金产品，了解基金理财基本知识和基金公告信息等。

加强基金培训。兴业银行为加强客户经理、柜面人员、客服人员等相关业务人员认对基金产品、基金知识的认识和掌握，以更好地服务于广大投资者，通过集中培训、电子视频会议系统等多渠道举办全行范围的基金专题知识培训。

● 代销基金产品概况

截至2005年12月31日，兴业银行累计代销34只开放式基金。代销产品线涵盖了股票型基金、债券型基金、伞型基金、货币市场基金、保本基金等多种类型，为投资者提供了多样化的选择。

深圳发展银行股份有限公司

法定名称：深圳发展银行股份有限公司

注册地址：深圳市深南东路5047号深圳发展银行大厦

办公地址：深圳市深南东路5047号深圳发展银行大厦

法人代表：法兰克纽曼(Frank N.Newman)

成立日期：1987年12月28日

注册资本：19亿元人民币

获得基金代销业务资格时间：2002年5月

私人理财部负责人：王乐勇

联系电话：0755-22168811

客服电话：95501

传真号码：0755-82080714

公司网址：www.sdb.com.cn

● 基本情况

1987年12月28日，深圳发展银行宣告成立。这是中国金融体制改革的重大突破，也是中国资本市场发育的重要开端。成立18年来，深圳发展银行以“敢为天下先”的精神，锐意进取、不断创新，由最初的6家农村信用社，成长为在18个经济中心城市拥有230多家分支机构的全国性股份制商业银行，自身规模不断扩大，综合实力日益增强。

2004年，深圳发展银行成功引进国际战略投资者，从而成为国内首家外资作为第一大股东的中资股份制商业银行。战略投资者的成功引入，将国际先进的管理技术与本土经验有效结合，在经营理念、风险管理、财务管理、市场开拓等各个领域为深发展注入了新的活力。

坚持“业务发展专业化”的道路，深圳发展银行公司业务在保持传统优势的同时，致力于为客户提供量身定做的优质金融服务，以一系列业内领先的创新产品，赢得了良好的品牌声誉。

经过严谨设计，深发展在国内较早建立了货权质押业务中心、票据业务处理中心等专业化集中作业处理平台。在能源等相关企业，深发展率先引入产业链金融理念，并为众多企业量身定做了“CPS——以票据业务为核心的企业短期融资解决方案”，得到客户的广泛认可。经过多年的探索和积累，深发展在贸易融资业务领域独占鳌头，凭借科学、便捷的业务处理流程，拥有了一批稳定、优质的客户群体。2005年，深发展正式确立了“定位中小企业，打造贸易融资领域专业品牌”的发展战略。2006年，深发展在全国率先推出“供应链金融”品牌，引起市场强烈反响。

经过多年的积淀，2005年，深发展开始了向零售业务的全面转型之旅。财富管理中心、个人贷款中心、汽车融资中心、信用卡中心、客户服务中心，构建了深发展零售银行全方位的产品和服务体系。

2005年，经过精心设计，深发展主打零售产品“聚财宝”人民币理财产品及“聚汇宝”外币理财产品隆重上市。由于投资方式灵活、实际收益率高、安全方便，一经推出，便受到了广大投资者的广泛推崇。全国首创密码保障功能的“发展信用卡”深入人心，卡均贷款余额居同业之首。在“发展卡”基础上针对不同人群推出的“发展校园卡”、“发展青年卡”、“发展读书卡”等特色卡产品，拓展了发展卡的用户领域，也为客户带来了切实的优惠与方便。同时，深发展个人消费信贷业务继续朝着专业化、智能化方向发展，“安居乐”、“车友乐”、“创业宝”等创新产品得到进一步的充实与推广。2006年，深发展先声夺人，在国内率先推出了个人按揭贷款“双周供”业务，与此相关的系列住房与消费信贷业务产品也陆续面世。深发展零售银行产品体系已初步形成并产生了强大的市场影响力。

伴随着信息技术的飞速发展，经过全方位精心设计与严格测试，深发展在业内较早推出了功能强大的网上银行——“发展网”，实现了现代科技与金融服务的完美结合。网上查询、网上支付转账、网上理财、网上基金买卖……全面的产品网络和可靠的安全保障，使得深发展的个人用户和企业用户，均可以全天候地体验到“穿越时空”的现代金融服务。在2004、2005年全国最受股民喜爱的优秀财经网站评选中，“发展网”两次获得最佳银行网站的殊荣，2005年，“发展网”还被推举为最具个性化服务网站。

作为一家年轻的股份制商业银行，深圳发展银行倡导开拓进取、勇于创新、诚实守信、团结协作的企业文化，积极引进现代企业人力资源管理的先进理念和成功经验，通过多种方式广纳贤才，逐步建立起科学合理的人力资源开发、配置、绩效考核、激励和培训体系。自成立以来，深发展为国家培养了大批金融专业人才，目前拥有员工7000余人，其中具有大专以上学历的超过90%。良好的职业素养、出色的专业技能，凝聚成一支充满生机、协同作战的优秀团队，成为深发展事业的坚强柱石。

随着综合实力的全面提升，深圳发展银行在深圳、北京、上海、天津、重庆、广州、珠海、佛山、海口、杭州、南京、宁波、温州、大连、济南、青岛、成都、昆明等经济中心城市设立了分支机构，在香港、北京设立了代表处。今天的深发展，已经基本形成了覆盖华东、华北、西南、华南的全国性战略布局，机构与业务网络日臻完善。

未来的深圳发展银行，将立足于“按照国际先进标准建设现代商业银行”的基本思路，遵循“专业、服务、效率、诚信”的理念，秉承为股东创造回报，为客户增添价值，为员工带来发展的宗旨，努力提高盈利能力和服务水平，锐意进取，不断创新，进一步打造核心竞争力，为全面建设国际标准的现代商业银行而不懈努力。

● 代销基金业务介绍

2005年，深圳发展银行针对市场环境，在代销基金业务中采取了探索新的投资风格的道路，根据市场发展和投资者需求，择优引进优质基金产品，加快“基金超市”产品引进工作。目前，深圳发展银行总计代理基金近100只，交易渠道有全行营业网点、95501电话银行、网上银行。

2005年6月，深圳发展银行根据投资者对货币市场基金认同推出了“聚财宝－现金增利计划”。该产品是国内首家银行与基金管理公司联合推出符合市场需求、具有良好市场前景和影响力的基金联储金融创新理财产品。“聚财宝——现金增利计划”理财产品的推出，不仅提高了深发行理财产品的市场竞争能力，提升了深发行品牌形象，同时，也得到了市场的认可，短期内取得了良好的经济和社会效益，在业内起到良好的示范效应。

● 代销基金产品概况

2005年，深圳发展银行累计代销近百只开放式基金，累计办理认购、申购、赎回业务量达120多亿元。

招商银行股份有限公司

法定名称：招商银行股份有限公司
注册地址：深圳市深南大道 7088 号
办公地址：深圳市深南大道 7088 号招商银行大厦
法人代表：秦 晓
成立日期：1987 年 4 月 8 日
注册资本：102.72 亿元人民币
获得基金代销业务资格时间：2001 年 12 月
联系电话：0755-83198888
客服电话：95555
传真号码：0755-83195061
公司网址：www.cmbchina.com

● 基本情况

招商银行成立于 1987 年 4 月 8 日，是我国第一家完全由企业法人持股的股份制商业银行，2002 年 4 月 9 日，在上海证券交易所成功上市，成为第一家采用国际会计标准上市的公司。截至 2005 年末，该行折人民币资产总额 6344 亿元，比上年末增长 25.13%；实现净利润 39.3 亿元，增幅达 25%，取得了效益、质量、规模的协调发展。在有关机构和媒体组织的评选中，该行获得了“中国最受尊敬企业”、“中国最具价值的十佳上市公司”等多项殊荣。

近年来，招商银行连续被境内外媒体授予“中国本土最佳商业银行”、“中国最受尊敬企业”、“中国十佳上市公司”等多项殊荣。招商银行在境内 30 多个大中城市和香港设有分行，网点总数 400 多家，在美国设立了代表处，并与世界 70 多个国家和地区的 900 多家银行建立了代理行关系，初步形成了立足深圳、辐射全国、面向海外的机构体系和业务网络。

● 代销基金业务介绍

招商银行自 2001 年 12 月获得开放式基金代销资格以来，积极参与开放式基金代销业务，并与博时、南方、招商、中信、长城等多家基金管理公司建立了良好的基金代销、基金托管业务合作关系。目前正致力于向“中国最好的零售银行”的战略目标转型，包括开放式基金在内各类金融产品的代销业务已成为该行大力发展的重要和常规性中间业务之一。

招商银行开发了先进的全国联通的基金代销系统，提供系统内基金通购通赎功能；并在业内率先开通了网上、电话基金交易功能，投资者在该行进行基金开户、认购、申购、赎回等交易可通过网上、电话和柜面等多种交易渠道，同时招商银行为投资者提供 24 小时电话银行、网上银行、自助终端等电子化基金开户认购和帐户查询服务，使得个人投资者足不出户，24 小时享受全方位、快捷、便利的基金投资理财服务。招商银行将托管系统与行内企业银行系统对接，采用先进的基金托管业务“网银通”服务系统进行资金清算，实现基金资金调拨零在途。

招商银行还构建起自己的“基金超市”平台，目前已优选业内多家优秀基金公司的多只基金产品加入超市平台进行持续代销，招商银行已与这些基金管理公司建立了开放式基金持续营销的合作关系。在基金超市建设及基金持续代销方面，招商银行按照“优质产品＋先进技术＋优质理财服务”的发展思路建设基金超市，根据基金超市代销产品选择标准，优选合作基金公司及其产品，纳入招商银行基金超市平台，不断强化其技术优势，逐步开放申购、赎回、网上开户、定期定额、后端收费、基金转换等服务功能，并开通营业网点、电话银行、自助银行、网上银行等多种渠道提供开放式基金投资理财服务，提升招商银行基金持续销售能力，扩大招商银行基金代销规模，强化招商银行基金投资理财服务品牌。

2005 年上半年，股市低迷，投资者信心普遍缺失，市场需求倾向于低风险、收益稳定的固定收益类产品，货币市场基金虽然面临收益率的理性回落，但作为风险低、流动性高、收益稳定并免税的基金产品，为个人和机构投资者提供了良好的避险增值的投资渠道。为适应证券市场形势发展与投资者需要，稳定客户资源并吸引新增客户，扩大基金托管代销规模，招商银行于 3 月 28 日至 4 月 14 日代理发行“中信现金优势货币市场基金”，共募集 24.33 亿元。5 月 16 日至 6 月 3 日该行代理发行“光大保德信货币市场基金”，共募集资金 14.4 亿份。

2005 年该行在券商集合资产管理计划托管代销业务方面实现了较大突破，先后托管代销“招商证券基金宝”、“国泰君安证券君得利一号”、“华泰证券紫金 1 号”集合资产管理计划，销售业绩在商业银行中名列前茅，并实现了良好的业务综合效益。

良好的营销业绩为该行基金代理业务赢得了良好的品牌声誉，招商银行因势而变、因客户需求而变的经营理念、不断增强的营销实力，及其独到的高端客户服务体系更加得到业界的认同。

● 代销基金产品概况

目前招商银行代销了 21 家基金公司的 65 只产品，其中托管代销 6 家基金公司的 10 只基金产品。基金超市不断扩容，目前产品类型涵盖股票型、债券型、平衡型、保本型、指数型和货币市场基金等各类主流产品，其中不少产品因稳定优异的业绩回报被国际著名评级机构评为五星级基金或获颁各类奖项，形成了品种丰富、风格全面、品质优良的代销产品线，极大地满足了投资者多元化的理财需求。

2005 年，招商银行共完成 2 只开放式基金、3 只证券公司集合资产管理计划的托管发行工作，全年实现基金、证券公司集合资产管理计划代销额 323 亿份，其中认购额 37.75 亿份，申购额 285.31 亿份。

中信银行

法定名称：中信银行

注册地址：北京市东城区朝阳门北大街8号富华大厦C座

办公地址：北京市东城区朝阳门北大街8号富华大厦C座

法人代表：陈小宪

成立日期：1987年4月7日

注册资本：1779047.4万元人民币

获得基金代销业务资格时间：2002年1月14日

零售银行部负责人：李 欣

联系电话：010–65544256

客服电话：95558

传真号码：010–65541281

公司网址：www.ecitic.com

● 基本情况

中信银行隶属于中国国际信托投资公司(中信公司)，创立于1987年，是中国改革开放中最早成立的新兴商业银行之一。2002年，中国国际信托投资公司更名为中国中信(集团)公司，组建了以中信银行为主体的中信控股有限公司。目前中信银行是中信控股有限公司的全资金融子公司。

到2005年末，中信银行在以下城市设有分支机构：北京、天津、石家庄、沈阳、大连、鞍山、抚顺、葫芦岛、上海、南京、无锡、常州、苏州、扬州、泰州、杭州、宁波、绍兴、嘉兴、温州、合肥、福州、厦门、泉州、济南、青岛、淄博、烟台、威海、济宁、郑州、武汉、长沙、广州、佛山、东莞、深圳、重庆、成都、昆明、西安。

● 代销基金业务介绍

2002年1月，经中国人民银行和中国证券监督管理委员会批准，中信银行获得开放式基金代销资格，并于当年开始代理销售开放式基金。

2005年初，中信银行提出了零售银行发展战略，随后明确了由零售银行部门负责基金代销业务的职责。把基金代销业务纳入零售银行经营体系内，一方面强化了销售渠道，增强了中信银行向个人客户销售基金产品的能力，另一方面为中信银行个人客户提供了更加丰富的理财产品选择，有利于基金代销业务与贵宾理财等其他零售银行业务相互促进、共同发展。

● 代销基金产品概况

截至2005年12月31日，中信银行已经与9家基金管理公司建立代理销售基金业务关系，已累计代理销售19只基金，基金品种涵盖股票型、配置型、债券型、保本型和货币市场基金。其中，2005年中信银行新增代理销售5家基金管理公司的6只基金，实现基金代销16.9亿元。

上海浦东发展银行股份有限公司

法定名称：上海浦东发展银行股份有限公司

注册地址：上海市浦东新区浦东南路500号

办公地址：上海市中山东一路12号

法人代表：金 运

成立日期：1993年1月9日

注册资本：39.15亿元人民币

获得基金代销业务资格时间：2002年5月

金融机构部负责人：陆冠虚

联系电话：021–68886829

客服电话：95528

传真号码：021–63232036

公司网址：www.spdb.com.cn

● 基本情况

上海浦东发展银行是1992年8月28日经中国人民银行批准设立、于1993年1月9日正式开业的股份制商业银行，总部设在上海。经中国人民银行、中国证监会正式批准，上海浦东发展银行于1999年11月10日在上海证券交易所正式挂牌上市。

截至2005年底，浦发银行总资产规模达到5730.67亿元，比2004增长25.80%，全行各项本外币贷款总额为3772.22亿元，比2004年底增加了663.18亿元，增幅21.33%，本外币存款总额达到5055.76亿元人民币，比2003年底增加1096.05亿元，增幅为27.68%；同时，2005年，该行实现税后利润24.85亿元，比2004年增加5.55亿元，每股收益0.63元，每股净资产3.97元，净资产收益率达到16.01%。此外，近一年来，该行南昌、南宁分行也相继开业至此，该行已在全国41个城市设立了24家分行、2家直属支行，机构总数增加至350家，全国性商业银行的机构布局基本建成。

● 代销基金业务介绍

2002年5月，经中国人民银行和中国证券监督管理委员会批准，浦发银行成为国内第5家、股份制银行内第2家推出基金代销业务的商业银行。2003年年9月，浦发银行获得证券投资基金托管资格。2003年10月，浦发银行主代销国泰基金管理公司发起的国泰金龙系列基金，该基金是浦发银行首次托管的开放式基金，全行21家直属分支行，近300家营业网点参与代销，取得了良好的销售业绩。同时，近两年来，浦发银行还先后引入了嘉实理财通系列基金、金鹰成份股优选基金，申万巴黎盛利精选基金、国联安德盛小盘精选基金、大成货币市场基金、光大保德信货币市场基金、易方达月月收益等三十几只基金参与代销，至此，该行引入的基金产品已涵盖大盘基金、小盘基金，行业特征基金、指数加强型基金，股票基金、中短债基金、货币基金等不同领域，合作基金公司包括老牌内资基金管理公司和新兴合资基金管理公司，较好地满足了不同客户的理财需求。

领导高度重视，业务部门协调一致，共同推进基金代销业务。在基金代销业务中，全行各级领导干部高度重视，总行公司及投资银行总部、总行个人银行总部、总行产品开发部、总行运营与科技总部等业务部门通力合作，积极配合，大力发展基金代理业务已得到该行上下的普遍认同，基金代理业务也已成为浦发银行的战略性常规业务和推进效益、质量、规模协调发展的重要一环。

浦发银行自开展基金代销业务以来，按照中国人民银行和证监会要求，相继制定了《上海浦东发展银行开放式证券投资基金代理业务管理暂行办法》、《上海浦东发展银行开放式证券投资基金代理业务清算管理办法》、《上海浦东发展银行开放式证券投资基金代理业务会计核算办法》、《上海浦东发展银行开放式证券投资基金代理业务柜面操作细则》等多项开展开放式基金业务相关的规章制度，为该行开放式基金业务的顺利开展提供了有力的制度保障。

建立开放式基金的优选机制，积极构建基金超市。择优选择，因势而为，借银行获得证券投资基金托管资格的契机，浦发银行基金代理业务快速步入发展期。为更好地满足客户理财需求，同时最大限度地维护投资者利益，浦发银行建立了严格的基金公司及产品的筛选标准，出台了《上海浦东发展银行基金选择指标体系》，在充分考虑基金公司投资管理能力、过往业绩及基金经理水平，同时参照当时的市场特点和投资者的需要，对拟合作的基金公司及其产品进行了综合评估，优选合作伙伴。通过优选机制，构建基金超市，实现高中低不同的风险与收益相结合，不同的产品特色结合，努力创造银行、基金公司和投资者三方共赢的良好局面。

牵手联盟，大力推动基金产品代销业务。2005年，面对基金托管及代销市场的激烈竞争，为了为弥补股份制商业银行在网点数量和分布上的先天不足，提升综合竞争力，该行与招商银行、中信实业银行、中国光大银行本着“平等互利、相互支持、加强合作、共同发展”的原则，于2005年上半年签署了《基金代理业务合作框架协议》(简称“四行联盟协议”)，约定在基金代理业务领域结成紧密合作联盟，共享网点资源，共同促进基金托管代销业务的创新与发展。当年，该行积极履行四行联盟承诺，先后参与代销了招商银行托管的光大保德信货币市场基金和光大银行托管的大成货币市场基金。

建立高素质的营销队伍，树立良好营销品牌形象。浦发银行对全行客户经理进行了开放式基金业务和不同产品的系统化培训，积极将市场营销经验运用于基金营销之中，快速培育了一大批掌握基金及相关专业知识的市场营销人员。此外，该行许多客户经理已通过基金从业人员资格考试，保证了客户经理为客户提供“一对一”基金投资理财服务的质量。

建立先进的基金业务系统，推动基金业务和技术创新。浦发银行开放式基金代销系统(V2.0)是该行新一代核心业务系统的外挂系统，提供实时扣款、还款，批量还款，及对帐、调帐等功能，具体来说，该行开放式基金代销系统(V2.0)具有如下特点：(1) 功能齐全。可以为投资人提供帐户管理，基金的认购、赎回、预约、权益分配，资金管理等全方位的服务。同时，还建立了以客户为中心的数据统计管理系统，全面统计分析基金销售情况。通过这些新功能，不仅能够满足投资人多元化的投资理财需求，而且可以科学地分析业务状况，提高效益，并为管理决策提供依据；(2) 直通服务。基金交易从委托、成交到结算和存管的全过程由系统安全、快捷地自动完成，使投资人充分享受优质的直通式和一站式金融服务；(3) 安全先进。交易结算可以实现实时逐笔全额交收。同时采用先进的安全保障技术，保证投资人资料和交易数据的安全、完整和准确。

以技术创新为载体，为客户提供各项增值服务。凭借强大的技术优势，浦发银行可为基金投资人提供各项便捷、高效服务，形成了该行鲜明的基金业务特色。如：(1) 通买通卖。个人投资者可在该行任何网点办理基金的认购、申购或赎回交易，并实现异地通买通卖；(2) 预约交易。该行是首家为客户提供开放式基金预约委托业务的银行，客户可以设定未来自动发起购买或赎回基金的交易日期(在预约申请日后的30日内)，从而使投资者能在繁忙的工作之余，通过该行的基金业务平台，得心应手地进行投资理财；(3) 多渠道交易。该行新一代的基金代销业务系统不仅优化了原有的柜面功能，还在网上银行、电话银行上开通了基金代销功能，并通过短信通知系统为投资人及时提供各种交易的交易信息，使开放式基金交易从原有的柜面单渠道服务拓展到网络、电话、信息通知等多渠道服务，投资者可通过上述渠道，轻松实现开放式基金交易和查询等各项功能。

中国民生银行股份有限公司

法定名称：中国民生银行股份有限公司

注册地址：北京市东城区正义路甲4号

办公地址：北京市西城区复兴门内大街2号

法人代表：经叔平

成立日期：1996年1月12日

注册资本：22.5亿元人民币

获得基金代销业务资格时间：2002年9月19日

金融同业部负责人：严俊伟

联系电话：010−58560666

客服电话：95568

传真号码：010−58560794

公司网址：www.cmbc.com.cn

● 基本情况

中国民生银行于1996年1月12日在北京正式成立，是我国首家主要由非公有制企业入股的全国性股份制商业银行，同时又是严格按照《公司法》和《商业银行法》建立的规范的股份制金融企业。

2000年12月19日，中国民生银行A股股票(600016)在上海证券交易所挂牌上市。2003年3月18日，中国民生银行40亿可转换公司债券在上交所正式挂牌交易。2004年11月8日，中国民生银行通过银行间债券市场成功发行了58亿元人民币次级债券，成为中国第一家在全国银行间债券市场成功私募发行次级债券的商业银行。2005年10月26日，民生银行成功完成股权分置改革，成为国内首家完成股权分置改革的商业银行，为中国资本市场股权分置改革提供了成功范例。

截至2005年12月31日，中国民生银行总资产规模达5571亿元，净利润27.03亿元，存款总额4888亿元，贷款总额(含贴现)3781多亿元，不良贷款率1.28%，保持国内领先水平。

● 代销基金业务介绍

中国民生银行经中国人民银行、中国证券监督管理委员会批准，于2002年9月19日正式取得开放式基金代销资格。在借鉴国外经验的基础上，该行充分利用科技平台实行代销系统的集中管理；在销售策略上，提出了“基金理财顾问”模式；在服务方式上，依靠理财顾问模式、服务专家队伍等机制。在取得开放式基金代销资格后，中国民生银行依据相关法律法规以及与有关基金管理公司签订协议，开展开放式基金的认购、申购、赎回等业务。

中国民生银行开放式基金代销系统具有多渠道服务、全国联网、24小时服务等强大功能，投资者可在该行各营业网点、电话银行、自助查询终端、网上银行享受到多种方便快捷的开放式基金销售服务。

2003年，中国民生银行确立了建立“基金超市”的业务目标，加大了基金代销工作力度。该银行推出的“精选基金超市”主要包括银华优势企业基金、华夏回报基金、嘉实理财通系列基金等。投资者可以在中国民生银行的任意一个网点同时申购到多种不同类型的基金，并享受配套提供的理财咨询服务。“精选基金超市”平台，改变了传统的被动单一的代销模式，实现了从被动型销售向顾问型销售的转变，为投资者提供了具有投资价值的多种基金产品，也开拓了客户服务的新模式，更好的满足市场需求，为投资者提供更好的专家理财服务。

2004年，中国民生银行在北京、上海、深圳、广州、武汉、南京、西安、大连、太原、石家庄、杭州、福州、重庆、济南、汕头、成都、宁波等十七个城市的200多家网点开办了基金销售业务。

● 代销基金产品概况

目前，中国民生银行在基金代销业务中，已与12家基金管理建立了合作关系，共代销了25只不同类型的基金产品，为投资者提供了更多的选择，也进一步丰富了中国民生银行“基金超市”的产品类型。

北京银行股份有限公司

法定名称：北京银行股份有限公司

注册地址：北京市西城区复兴门内大街156号

办公地址：北京市西城区复兴门内大街156号国际金融大厦D座

法人代表：阎冰竹

成立日期：1996年1月8日

注册资本：50亿元人民币

获得基金代销业务资格时间：2004年10月25日

同业部负责人：唐功怡

联系电话：010−66426466

客服电话：96169

传真号码：010−66426495

公司网址：www.bankofbeijing.com.cn

● 基本情况

北京银行成立于1996年1月8日，是地方财政、境外投资者和首都众多知名企事业单位参股的新型股份制商业银行，目前下辖119家支行和1个营业部，经营机构分布首都8个城区和4个远郊区。成立十年来，北京银行紧紧把握金融发展最新趋势，坚持改革求发展、创新求进步，全行的核心竞争能力与整体服务水平大幅提升，综合实力位居全国银行业前列，成为首都金融业的重要生力军。

十年发展，北京银行不断实现发展的重大跨越，尤其是成功更名并于2005年引入荷兰国际集团(ING)作为战略投资者、引入国际金融公司(IFC)作为财务投资者，品牌价值大幅提升，资本实力和资产规模不断壮大，风险控制能力、综合管理能力、盈利能力、资产质量和人员综合素质等大幅提升。

截至2005年末，北京银行资产总额达到2330亿元，本外币存款余额2172亿元，本外币贷款余额1200亿元，分别是成立初期的11倍、12倍、24倍，大大增强了抵御风险能力和持续发展能力。在2005年第7期英国《银行家》杂志评出的2005年度全球1000家大银行中，北京银行以一级资本排名第431位，以资产规模排名第284位，在国内入围的19家银行中位列第13位，跻身世界银行500强。同年在中国企业联合会评出的2005中国企业500强排名中，北京银行位列第299名，在服务业500强中列第111名，战略地位显著提升。

● 代销基金业务介绍

2004年10月25日，经中国人民银行和中国证监会[2004]168号文批准，北京银行获得了开放式基金代理销售业务资格，同年开始代销首只开放式基金——嘉实浦安保本基金，成为我国首家获得基金代销资格并代销基金的城市商业银行。

2005年，北京银行共代销三只开放式基金，分别是中信现金优势货币基金、易方达月月收益基金和嘉实货币市场基金。在代销基金业务开展中，北京银行本着以客户为本，为客户负责的原则和态度，针对2005年的市场状况，提出了稳健发展的思路，在低迷的证券市场环境下慎重开展业务，在基金代销中严格选择合作伙伴和代销品种，以低风险高流动性的货币及短债基金为客户提供了流动性管理的有利工具，赢得了客户的赞誉和信赖，树立了北京银行基金代销业务的良好形象。

北京银行充分重视基金代销业务，全行所有120家网点均可受理基金业务。北京银行基金代销系统技术先进，操作简捷，并根据代销业务的需要不断进行改进和完善，稳固的支持了全行代销业务的开展。

业务发展，人才是关键，为提高支行业务熟练程度，培养专业营销人员，2005年全行举办基金业务相关培训5轮，参加人员1200余人次，极大的提高了全行的业务水平，初步形成了一支高效精干的基金营销队伍，为今后北京银行基金代销业务的发展打下了良好的基础。

2005年是北京银行基金代销业务打基础、练内功的一年。随着市场环境的转暖，在新的一年中，北京银行的基金代销业务必将有长足的进步和发展，为广大客户提供更好的产品，更优质的服务，为银行业中间业务发展做成应有的贡献。

● 代销基金产品概况

截至2005年底，北京银行共代理销售了中信现金优势货币基金、易方达月月收益基金、嘉实货币市场基金3只开放式基金。

上海银行股份有限公司

法定名称：上海银行股份有限公司
注册地址：中国上海市中山东二路585号
办公地址：中国上海市中山东二路585号
法人代表：傅建华
成立日期：1995年12月29日
注册资本：26亿元人民币
获得基金代销业务资格时间：2005年1月10日
同业金融部负责人：骆德明
联系电话：021-63370888
客服电话：021-962888
传真号码：021-63370777
公司网址：www.bankofshanghai.com

● 基本情况

上海银行是一家由上海市国有股份、中资法人股份、外资股份及众多个人股份共同组成的新型股份制商业银行，实行“一级法人、两级经营”的管理体制。该行成立十年来，以“立足地方、坚持中小、服务市民、挺进大型”为市场定位，稳健经营，规范管理，银行品质得到了显著提升，获得了良好的社会效益和经济效益，成为我国银行体系中最具生机和活力的商业银行之一。在英国《银行家》2005年7月公布的总资产排名中位居全球257位，并在2005年全国城市商业银行综合竞争力排名中位列榜首；1999年和2001年分别吸收了国际金融公司、香港上海汇丰银行、上海商业银行等外资银行的参股投资；2005年获准在宁波市设立分行，实现跨区域发展。

截至2005年底，上海银行总资产达2394亿元，人民币存、贷款余额分别超过2000亿元和1200亿元，资本充足率达到11.11%，累计实现利润118.5亿元。目前该行拥有营业网点200余家，24小时自助银行40余家，并开通了网上银行和962888客户服务热线，为客户提供安全便捷、全天候的、一站式现代金融服务。

● 代销基金业务介绍

2005年1月10日，经中国证券监督管理委员会批准，上海银行获得开放式证券投资基金代理销售资格。自此，上海银行基金代销业务发展稳健，已先后代销了鹏华货币市场基金、汇添富优势精选基金、富国天益价值基金、富国天时货币市场基金和易方达价值精选基金5只基金产品。该行遍布上海的营业网点以及宁波分行，可为广大投资者办理开放式基金代销的各项业务。

走基金代销“精品路线”。上海银行基金代销业务起步后，依托银行网点和客户资源优势，走基金代销“精品路线”，即通过精选基金公司和基金产品，以持续营销作为基金业务突破口，力求为投资者提供优质的基金理财服务，打造基金精品店的特色和品牌。

完善基金代销系统功能。上海银行基金代销系统开通以来，不仅能够满足基金代销各类业务的功能需要，而且根据广大投资人的理财需要，先后开发了基金电话银行、网上银行交易功能，为客户构建起多渠道、24小时响应、方便快捷的基金理财服务。

强化基金销售人员培训。基金销售人员的专业理财素质是上海银行走基金精品路线的基本保障。快速提升销售人员的业务技能，才能根本上从保障客户利益的角度，向客户提供专业的基金理财建议，从而在渠道最前端建立起保护投资者利益的第一道屏障。因此，2005年上海银行在基金业务发展过程中，加大了理财人员的专业素养培训，目前已经基本培养起了一支高素质的基金理财团队。

● 代销基金产品概况

截至2005年底，上海银行共代理销售了鹏华货币市场基金和汇添富优势精选基金两只开放式基金，实现基金代销2.66亿元。

广东发展银行股份有限公司

法定名称：广东发展银行股份有限公司

注册地址：广州市农林下路83号广发银行大厦

办公地址：广州市农林下路83号广发银行大厦

法人代表：李若虹

成立日期：1988年9月8日

注册资本：35.86亿元人民币

获得基金代销业务资格时间：2005年7月1日

金融同业部负责人：吴洪涛

联系电话：020-38323704

客服电话：95508

传真号码：020-87311780

公司网址：www.gdb.com.cn

● 基本情况

广东发展银行股份有限公司是经国务院和中国人民银行批准组建的中国第一批股份制商业银行之一，是中国金融体制改革的重要成果。1988年9月8日正式开业。注册资本为人民币35亿元，总部设于中国广州市。成立以来，广东发展银行坚持以改革促发展，以管理促效益，稳健经营，开拓进取，以崭新的体制和骄人的业绩蜚声遐迩。

截至2005年底，广东发展银行总资产3558亿元，各项存款余额3062亿元，各项贷款余额2090亿元；在北京、上海、广州、杭州、南京、大连、郑州、昆明、武汉、深圳、珠海、汕头、东莞、沈阳、宁波、温州、无锡、澳门等中国经济发达城市设立了 26家分行、490余家营业网点，并与全球83个国家和地区的917家银行建立了代理行关系，初步形成了城市化大商业银行的格局。根据英国《银行家》杂志对全球1000家大银行排定的位次，广东发展银行连续四年入选全球银行500强。

广东发展银行致力于为社会公众和中国经济发展提供优质金融服务。成立十八年来，始终坚持严格规范，开拓进取，坚定不移地走“特色经营”之路，严格按照现代商业银行的经营管理原则进行规范经营、稳健发展。面对中国银行业全面开放后的竞争与挑战，广东发展银行将继续发扬与时俱进、开拓创新的时代精神，推进各项业务稳健协调发展，努力建设成为管理先进、服务优良、信誉卓著、竞争有力的国内一流乃至国际先进的现代化商业银行。

● 代销基金业务介绍

2005年7月1日，经中国证监会证监基金字[2005]112号文核准，广东发展银行获得开放式证券投资基金代销业务资格。

在获批资格后，广东发展银行一方面根据市场情况，对基金代销系统进行升级，进一步增强系统功能，同时根据市场发展和投资者需求，精心选择管理规范、业绩突出、具有品牌效应的基金管理公司和适应投资者需要的基金产品，强化基金服务功能；同时采取多种措施，积极完善基金交易渠道，为客户提供柜台交易、电话银行和网上银行交易等服务，建设跨时空、全自助、全天候的开放式基金交易平台。通过Internet网络与电话这两种普及的通讯媒介，客户随时随地即可享受全方位的基金交易服务。广东发展银行还同时向客户提供基金公共信息如基金净值、基金公告等，供客户做为投资的参考。

广东发展银行高度重视基金从业人员的业务培训，积极开展对分支行基金业务的培训、管理和督导，提高业务人员的专业水平，加强对基金业务的认识，打造富有广发特色的基金代销业务营销队伍。

目前，广东发展银行全国的所有分支机构均已开办开放式基金业务，并已经引进了包括股票、股债平衡、债券、货币在内的多品种基金，与广发、南方、华安等基金管理公司建立了业务联系，广东发展银行将进一步加强主动营销，引进更多更好的基金公司和基金产品，为广大投资者提供更加安全、方便、快捷的服务和更多样化的投资选择。

● 代销基金产品概况

2006年5月，广东发展银行正式代销了首只开放式基金——广发策略优选基金，实现销售额5.72亿元。

招商证券股份有限公司

法定名称：招商证券股份有限公司
注册地址：深圳市福田区益田路江苏大厦A座38-45楼
办公地址：深圳市福田区益田路江苏大厦A座38-45楼
法人代表：宫少林
成立日期：1991年7月
注册资本：24亿元人民币
联系电话：0755-82943666
客服电话：400-8888-1111　0755-26951111
传真号码：0755-82943100
公司网址：www.newone.com.cn

● 基本情况

招商证券股份有限公司是招商局旗下旗舰金融企业，前身为1991年7月创立的招商银行证券业务部。公司注册资本24亿元，为投资者提供证券代理买卖、证券发行与承销、收购兼并、资产重组、财务顾问、资产管理、投资咨询等证券投、融资全方位服务，是我国证券交易所第一批会员、第一批经核准的综合类券商、第一批主承销商、全国银行间同业拆借市场第一批成员以及第一批具有自营、网上交易和资产管理业务资格的券商。2004年12月，公司获得创新试点券商资格；2005年6月，公司获准收购招商证券(香港)有限公司，成为中国证券市场创建以来首家经监管部门批准设立境外分支机构券商，跨区域、跨市场的国际化理财平台初具雏形；2005年12月荣膺“深圳知名品牌”。

招商局集团、中国海运(集团)总公司、中国远洋运输(集团)总公司、秦皇岛港务集团有限公司、中国港湾建设(集团)公司等国内一批实力雄厚、信誉卓著的大型交通运输企业构成公司强大的股东背景。

招商证券秉承百年招商“爱国、自强、开拓、创新”的优秀文化，恪守“敦行致远”的核心价值观，弘扬“以人为本、追求卓越”的企业文化，以“诚信、稳健、专业、创新”为经营理念，以不断的技术创新和服务创新奠定了中国证券市场技术和服务领先者的地位；并依托业内先进的5大集中系统以及牛卡、牛网、E号通、手机炒股等先进的交易、资讯渠道，为客户提供安全高效的理财平台。

截至2005年末，公司总资产逾76.41亿元，净资产逾17.27亿元，净资本12.55亿元，资产质量良好。

经过十五年的创业发展，招商证券各项业务规模和综合实力均进入业内十强：资产管理规模及收入均位居业内首位、研发水平居业内前三名、投行排名前五名、经纪业务规模业内排名第七、营业部的部均交易量排名连续多年居全国前三位。

足足有声，步步稳健；励新图强，敦行致远。招商证券正以勤勉精进、追求卓越的精神，努力将自身建设成为具有国际竞争力的现代金融企业，成为中国证券行业的民族精品。

● 代销基金业务介绍

2002年8月9日，经中国证监会证监基金字[2002]51号文批准，招商证券获得开放式基金代销业务资格，是首批取得开放式基金代销资格的八家券商之一。

在基金营销中，招商证券充分发挥硬件和软件优势，为基金投资者提供良好的投资平台。硬件方面：招商证券在国内首家实现五大集中，牛卡、牛网、E号通等服务平台为客户提供了多元、安全、快捷、方便的基金投资通道；软件方面：招商证券集国际最领先技术在国内最早开发建成了基金评价系统，对基金、基金管理公司、基金经理等进行全方位的量化分析和评价，为投资者提供专业投资建议。

在未来的发展中，招商证券将继续发挥和提升本公司的营销优势和专业服务优势，与国内优秀基金公司合作，为投资者提供优质投资品种，使招商证券成为连接投资者与基金公司的最佳理财合作伙伴。

● 代销基金产品概况

截至2005年12月底，招商证券代销了各类基金产品48只，基金销售量在券商中名列前茅，并成为基金创新产品上证50ETF、LOF的主交易商。

中信万通证券有限责任公司

法定名称：中信万通证券有限责任公司
办公地址：青岛市东海西路28号
法人代表：史洁民
成立日期：2004年4月
注册资本：8亿元人民币
联系电话：0532-85022026
客服电话：96577
传真号码：0532-85022511
公司网址：www.zxwt.com.cn

● 基本情况

中信万通证券有限责任公司的前身为1988年经中国人民银行总行批准、人行青岛市分行出资1000万元设立的“青岛证券公司”。1992年改制为有限责任公司，资本金5000万元。1997年，由市财政局出资4500万元控股并更名为“青岛万通证券有限责任公司”。2000年进行增资扩股，资本金增至55198万元，并更名为“万通证券有限责任公司”。2002年2月开始实施以中信证券公司出资控股为主要方式的增资重组并于2003年12月完成，更名为“中信万通证券有限责任公司”。公司注册资本增至8亿元，股东26家，其中中信证券公司持股67.04%。至2004年3月，中信证券公司又先后受让了7家股东的股权，使其出资比例达到78.64%，公司股东减至19家。

增资重组后的公司生机勃发。在严峻的市场环境下，坚持 “务实创业、打好基础”的经营方针，拓展业务、整合资源、调整结构，取得了比较明显的成本优势，经受住了严峻的市场考验。2004年，被山东省人民政府授予“山东省服务业先进单位”称号。2005年公司实现净利润 3072万元。据上海证券交易所对全国证券公司的统计，公司的营业收入居第35位，营业利润居第11位，净利润居第11位；与2004年相比，位次分别提升了12位、7位和2位，净资产收益率居第9位。

2005年公司坚持实施“搭建平台、深化风控、拓展业务”的工作方针。先后完成了经纪业务数据集中，实现了全辖集中交易；完成了客户资金存管体系建设，“五项内控”全面落实，“七大体系”健全完善，通过了监管机构的评审验收；完成了客户综合服务平台(CALLCENTER系统)、96577特服系统、投资咨询平台和客户经理服务平台的建设，客户服务开始走向集中化、智能化轨道。获准全辖合并纳税。

● 公司业务介绍

组织体系健全。公司法人治理体系健全，股东大会、董事会、监事会和总经理班子职责清晰，运作规范，形成了科学合理的制衡机制。公司和基层党组织健全。设有投资银行总部、交易部、资产保全部、销售部、经纪业务部、客户服务中心等6个业务部门和综合管理部、人力资源部、计划财务部、稽核部、研究咨询部和电脑部等6个支持部门，在青岛、烟台、淄博、临沂、济南、滨州等地设有18处证券营业部和7处证券服务部。

业务结构趋向合理，市场影响逐步扩大。由单一的经纪业务转变为经纪代理、投资银行、证券自营、客户资产管理、产品销售多元发展的结构。投行业务发展突出，证券承销保荐代表人达到10人。2004年，投行业务实现了发行通道满负荷运转。完成发行项目1个，通过发审会IPO项目1个，申报IPO项目1个。2005年，在暂停股票发行上市的困难情况下，签约股权分置保荐项目4个，明确合作意向项目6个。公司金融产品销售体系逐步形成，共代销开放式基金6只，销售额7.7亿元。

历史遗留问题妥善解决，资产质量显著提高，低成本优势明显。先后清收债权单位22家，清收债权本息合计1.97亿元，占应收债权的84%。已形成严格的费用控制的有效机制。IT资源得到优化配置和有效利用，单户年交易成本下降到56元，为行业平均水平的一半左右。通过退租、转租，减少营业面积1.5万平方米，压缩费用700万元。营业部的营运成本由两年前的每月部均40万元减少为31万元。

员工队伍精干，相对比例低。公司现有员工439名(含2005年7月转让出的4家省外营业部42人)，比重组前的2001年的601人减少162人，减少27%。其中，经纪业务为312名，部均14.2人，为2001年(21.6人)的65.7%。其中后台人员由部均5人减少到2人。员工中，硕士研究生学历以上人员23人，占5.24%；大学本科以上学历305人，占69.48%。

风险控制体系完善。公司规章制度汇编初稿已经完成，共10大类，156项。确立了风控“三级管理”体系，确定了144个“风险控制点”，编制了《风险管理点位目录》。各部门在职能定位、业务流程和技术系统各自独立完善的基础上达到了相互制衡，公司抗风险能力彰显，管理水平明显提升。

拥有综合类证券公司的全部经营资格。除经纪业务已有证券(含境内上市外资股)独立买卖资格外，获得的属特批的业务资格有：经营股票承销业务资格、证券投资咨询业务资格、网上证券委托业务资格、受托投资管理业务资格、全国银行间同业拆借市场成员资格、开放式证券投资基金代销业务资格、权证交易业务资格、上证基金通业务资格、买断式国债回购业务资格、证券大宗交易业务资格、证券业务外汇经营资格、股权分置改革试点保荐机构资格。现正准备申报企业债主承销商资格。

2005年11月，公司通过了中国证券业协会组织的规范类券商评审，成为山东省首家规范类证券公司。

中信建投证券有限责任公司

法定名称：中信建投证券有限责任公司

注册地址：北京市朝阳区安立路66号4号楼

办公地址：北京市朝阳门内大街188号

法人代表：黎晓宏

成立日期：2005年11月2日

注册资本：27亿人民币

联系电话：010-65183888

客服电话：4008888108

传真号码：010-65182261

公司网址：www.csc108.com

● 基本情况

中信建投证券有限责任公司是经中国证监会批准，由中信证券股份有限公司、中国建银投资有限责任公司共同发起设立的综合类证券公司。中信建投证券立足高起点、高层次，凭借完整齐全的业务种类、遍布全国的营业网点、源深丰厚的客户资源，展现其位居同业前列的综合实力。

公司业务运行系统完备，目前已经在总部设立了6个业务部门和9个职能部门，在全国70多个大中城市设立了11家一级分支机构、87家证券营业部和29家证券服务部。公司核心业务包括证券经纪、投资银行、证券投资、委托资产管理、投资咨询研究、国际业务、创新金融工具等。公司交易品种齐全，借助完善的产品平台为投资者提供专业的金融理财服务并建立起覆盖全国的客户服务和市场营销网络。

● 代销基金业务介绍

中信建投证券有限责任公司承接了公司前身华夏证券的基金代销业务，参与了绝大多数开放式基金的代理销售，是代销基金数量最多的代销机构之一，所代销的产品覆盖了货币型、保本型、债券型、偏债型、股债平衡型、偏股型、指数型等所有开放式基金类型，也是交易所创新基金产品ETF、LOF的一级交易商，为投资者提供了最多的选择空间。中信建投证券全面支持基金公司推出的基金后收费模式、定时定额、基金转换等基金新业务，而且还在业内率先开通了开放式基金网上委托、开放式基金集中电话委托等非现场委托方式，投资者用一个资金账户就可以实现各类型基金的组合，乃至股票、基金、债券的组合。更值得一提的是，中信建投证券作为基金代销渠道，将理财咨询服务融入销售中，在业内独创“基金套餐”投资理财服务，从而形成了“基金超市＋基金套餐”的基金销售品牌。“品种更齐全，交易更方便，服务更专业”构成了中信建投证券基金代销业务的最主要特色。目前，中信建投证券正以崭新的面貌，迎接新的更大的机遇，努力开拓中国基金市场的美好未来。

中信证券股份有限公司

法定名称：中信证券股份有限公司
注册地址：深圳市罗湖区湖贝路1030号海龙王大厦
办公地址：北京市朝阳区新源南路6号京城大厦
法人代表：王东明
成立日期：1995年10月25日
注册资本：24.815亿元人民币
联系电话：010-84588888
客服电话：010-84588266
传真号码：010-84865567
公司网址：www.citics.com

● 基本情况

中信证券股份有限公司的前身系中信证券有限责任公司，于1995年10月25日在北京成立。

1999年10月27日，经中国证券监督管理委员会批准，同年12月29日，经国家工商行政管理局变更注册增资改制为中信证券股份有限公司，注册地为深圳市。

2002年12月13日，经中国证券监督管理委员会核准，中信证券股份有限公司向社会公开发行4亿股普通A股股票，2003年1月6日在上海证券交易所挂牌上市交易，股票简称“中信证券”，股票代码“600030”。2005年8月5日，中信证券股权分置改革方案获得股东大会批准，非流通股东按10:3.5比例向流通股东支付对价换取流通权，成为有限制条件的股票全流通股份公司，股票简称改为“G中信”。

中信证券股份有限公司第一大股东是中国中信集团公司。中信证券与中信银行、中信信托投资有限责任公司、信诚人寿保险公司等公司共同组成中信控股之综合经营模式，并与中信国际金融控股有限公司共同为客户提供境内外全面金融服务。

中信证券下属中信建投证券有限责任公司，中信万通证券有限责任公司、中信证券(香港)有限公司、中信基金管理有限责任公司、中信标普指数信息服务(北京)有限公司等7家控股子公司。包括所属子公司在内，中信证券合计在境内拥有165家证券营业部和61家证券服务部。截止2005年底，中信证券总资产203.16亿元，净资产56.46亿元人民币。

2005年，公司被《新财富》杂志社评选为的“本土最佳证券公司”第一名。 2003年、2004年、2005年连续三年被《亚洲货币》杂志评为“中国最佳债权融资行”，此外，公司荣膺《亚洲货币》杂志2004年“中国最佳股权融资行”。

● 代销基金业务介绍

2002年8月，经中国证监会证监基金字[2002]52号文批准，公司获得开放式基金代销业务资格，并于同年代销第一只开放式基金：长盛成长价值证券投资基金。目前，中信证券在北京、上海、天津、大连、广州、中山、佛山、东莞、深圳、南京、徐州、如皋、常州、苏州、杭州、绍兴、宁波、武汉、长沙、西安、成都等21个城市的40个营业网点可以办理开放式基金的开户和认购、申购、赎回业务。

目前，公司基金代销业务由经纪业务管理部负责，其主要职责是：选择合作基金公司、引进代销基金产品、组织基金销售、考核网点销售业绩、销售人员专业培训、代销基金的售后追踪评价和研究等，清算部和信息中心提供技术支持，研究部提供基金评级等研究服务。公司客户可通过柜台、网上交易、电话委托等方式认购、申购、赎回各类开放式基金，公司开放式基金代销系统也支持基金公司推出的定时定额、后端收费模式、基金转换等新业务，为广大投资者提供了方便、快捷、专业化的优质理财服务。

截至2005年底，中信证券与国内29家基金管理公司签署了代销协议，代理销售各类开放式基金104只，累计代销金额超过40亿元。

国信证券有限责任公司

法定名称：国信证券有限责任公司
注册地址：深圳市红岭中路1012号国信证券大厦
办公地址：深圳市红岭中路1012号国信证券大厦16—26楼
法人代表：何 如
成立日期：1989年9月
注册资本：20亿元人民币
联系电话：0755—82130833
客服电话：800—810—8868
传真号码：0755—82133302
公司网址：www.guosen.com.cn

● 基本情况

国信证券有限责任公司为全国性大型综合类证券公司，注册地在深圳市，注册资本20亿元人民币。截至2004年底，公司总资产63亿元，净资产21亿元。公司股东由极具实力的大型企业深圳国际信托投资有限责任公司、深圳市投资管理公司、深圳市机场股份有限公司、云南红塔投资有限责任公司、中国第一汽车集团公司和北京城建投资发展股份有限公司共6家公司组成。

国信证券是全国第一批综合类证券公司，是全国第一批进入同业拆借市场的证券公司，是全国第一批允许开展网上经纪业务的证券公司，并当选为中国证券业协会副会长单位和上海证券交易所理事单位。

公司现有员工800多人，本科以上学历人员占71%，硕士以上学历人员占23%，其中公司本部员工300多人，本科以上学历人员占85%，硕士、博士学历人员占41%。公司在经营、管理和业务方面都有一批优秀的人才，建立起了一支高素质的人才队伍，成为公司进一步发展壮大的基石。

国信证券在发展中逐步形成了具有自身特色的“国信文化”：以“信”为核心，注重“信念、诚信、自信、信誉”的价值观；以提高经济效益为中心，在经营中坚持“规范、稳健、开拓、创新”，依法经营，在规范前提下不断寻求市场开拓，在稳健基础上不断寻求业务创新的经营观；坚持“唯贤是用，唯才是举”，能者上庸者下，能者进庸者出，看学历看资历更重绩效的人才观；以人为本，管理工作、管理政策、管理程序坚持公正、公平、公开的“三公”原则；坚持用是否有利于提高经济效益和工作效率，是否有利于提高员工的积极性、创造性，是否有利于促进公司持续健康发展的“三个有利于”作为衡量和判断是非好坏标准的管理准则。国信文化为公司的改革发展奠定了良好的思想基础和文化氛围。

进入新时期，面对中国证券业的国际化、市场化和规范化，国信证券将再次增资扩股，并在适当的时机上市；同时在各项主营业务成立事业部的基础上适时组建子公司，形成集团化经营管理架构；并实施以综合价值测评和流程优化为主要手段的管理战略，由里到外地全方位改造管理体系，向着中国证券行业“具有影响力、处于领先地位的大型证券公司”的目标奋进。

● 代销基金业务介绍

2002年8月6日，经中国证监会证监基金字[2002]50号文批准，国信证券有限责任公司获得开放式基金代销业务资格。目前，国信证券已建立了一套完整的内部管理制度，内部合规控制制度，业务人员执业操守与行为规范，风险防范制度和应急处理措施。公司自主开发完成的国信证券开放式基金代销系统与多家基金管理公司先后进行了多次大规模的联机，联网测试，全部营业部都参与了测试。结果表明该系统能稳定高效的满足日常业务处理要求，同时具有先进的基金销售在线联网统计分析功能。

为促进基金代销业务，国信证券有限责任公司开展了组织严密，考核严格，覆盖面广的大规模培训活动，使各营业部基金从业人员均熟练掌握了开放式基金代销业务的基础知识，操作规范。

近年来，国信证券有限责任公司在多只创新基金产品的销售中取得良好的成绩，特别是在多只ETF基金的销售上更是名列前矛。

民生证券有限责任公司

法定名称：民生证券有限责任公司
注册地址：北京市朝阳区朝外大街16号
办公地址：北京市朝阳区朝外大街16号中国人寿大厦1901室
法人代表：岳献春
成立日期：1997年1月9日
注册资本：12.82亿元人民币
联系电话：010—85252626
传真号码：010—85252629
公司网址：www.mszq.com

● 基本情况

民生证券有限责任公司是经中国证监会核准的全国首家以民营资本为主体的综合类券商，为中华全国工商业联合会直属会员。2002年，公司完成增资扩股，注册资本增至12.82亿元人民币，并经国家工商行政管理总局核准登记，在北京注册。公司在北京、上海、广州、深圳、郑州、济南等地设立了25家证券营业部和证券服务部，拥有广泛的客户资源和良好的品牌效应。

民生证券具备中国证监会批准的证券代理交易、B股发行和交易、外汇经营、网上证券委托、客户资产管理、股票代理发行主承销、债券代理发行副主承销、证券投资咨询、基金代理销售等各项业务资格，并由中国证监会推荐进入全国银行间同业拆借市场。

● 代销基金业务介绍

2002年，民生证券有限责任公司(以下简称“民生证券”)经中国证券监督管理委员会批准，取得证券投资基金代销资格。2004年，民生证券全面开展基金代销业务，建立了广泛的客户资源、树立了良好的品牌效应。

民生证券的投资基金代销渠道遍及全国6个省份的14个大、中城市，通过18家营业网点面向投资者办理开户和认购手续。

2005年，民生证券的基金代销业务取得了迅猛发展，丰富了投资者的投资品种。公司通过建立营业网点基金销售平台，开展多种形式的基金产品培训和推介工作，与多家基金管理公司建立了战略合作关系。全年共代销开放式基金13只，实现代销总额53,000万元。

2006年，公司将继续扩大与基金管理公司的合作范围，在公司内部建立团结高效的营销团队，使基金代销业务取得更大成绩。

民生证券将秉承“以诚信求生存、以创新谋发展”的经营理念，积极进取、不断创新，为中国的资本市场发展贡献应尽的力量。

山西证券有限责任公司

法定名称：山西证券有限责任公司

注册地址：山西省太原市府西街69号山西国际贸易中心东塔楼

办公地址：山西省太原市府西街69号山西国际贸易中心东塔楼

法人代表：吴晋安

成立日期：1988年

注册资本：10.25亿元人民币

联系电话：0351-8686888

客服电话：0351-8686868

传真号码：0351-8686918

公司网址：www.i618.com.cn

● 基本情况

山西证券有限责任公司创立于1988年，2001年经中国证监会批准，公司在与五家信托公司证券类资产合并重组的基础上，增资扩募，组建了新的山西证券，其股东构成集中体现了多种优质资源、多家优势企业的强强联合。公司现拥有28家营业部、25家服务部，基本形成了以国内主要城市为前沿、覆盖整个山西的战略格局。

山西证券按照董事会提出的“稳健经营、规范管理、控制风险”要求，形成了“诚信、稳健、规范、创新、高效”和把公司“做大、做强、做长”的经营理念。公司现有员工600多人，所有工作人员均具有证券从业资格，同时拥有一大批具有注册会计师、律师、经济师资格的专业人才。

● 代销基金业务介绍

2003年1月15日，经中国证监会证监基金字[2003]10号文批准，山西证券正式获得开放式基金代销业务资格。

山西证券将开放式基金代销业务定位为经纪业务的重要组成部分，大力推广，做出特色、形成品牌，使之成为经纪业务新的利润增长点。特别是2006年以来，公司本着推精品基金、强化后续服务的理念，为广大投资者推荐了一批表现良好的基金产品，取得了良好的效果，其中主推的两只基金代销金额均超过5000万元，得到了广大投资者的认同，逐渐形成了稳定的客户群。

截至目前，山西证券共代销26家基金公司的90余只基金。基本涵盖了国内所有有实力的基金公司，形成了完善的产品线，满足了广大投资者的需求，同时也与基金公司建立了良好的合作关系。

为锻炼营销队伍，转变员工思想观念，逐步实现经纪业务转型，山西证券建立了多层次的开放式基金代销业务考核体系，既有对营业部的考核又有对员工的考核，既有正向激励又有负向处罚，极大的激发了员工的代销积极性。同时山西证券将代销收入的一部分用于基金代销业务培训，使员工得到了全面的提高。

面对快速发展的基金市场，山西证券将继续把投资者教育放在首位，加强开放式基金代销业务的宣传，按照既定目标，推进基金代销业务的发展。

第三章 其他相关服务机构
Other Fund Service Providers

基金审计机构与法律顾问 Auditors and Law Firms

普华永道中天会计师事务所

法定名称：普华永道中天会计师事务所有限公司

注册地址：上海市浦东新区东昌路568号

办公地址：上海市湖滨路202号普华永道中心11楼

负 责 人：汪 棣

联系电话：021-61238888

传真号码：021-61238800

公司网址：www.pwc.com

● 基本情况

普华永道是全球最具规模的专业服务机构之一。普华永道迎合各行业的需要，为上市公司及私人企业提供审计、税务及咨询服务。普华永道分布在全球148个国家及地区的超过130,000的专业人士，汇集和利用渊博的思维，丰富的经验与完善的解决方案，建立公众的信任，不断为客户及股东提升价值。普华永道曾在由美国爱默生咨询公司组织的对四大会计事务所的娱乐、媒体、通讯行业客户满意率的调查中名列所有项目的第一。公司也连续数年被《远东经济评论》评为亚洲领先企业之一并曾被Thomson Financial选为年度亚太区最佳顾问。

在中国内地，香港和澳门，普华永道也是居于领先地位的专业服务机构。普华永道在中国内地、香港和澳门共拥有员工6500人，其中包括260名合伙人，并在北京、上海、广州、深圳、天津、重庆、大连、西安、苏州等内地城市设立了办事机构。北京及上海的办事机构各拥有一支百余人的金融服务队伍，致力于为金融客户提供专业服务。

在基金管理业务方面，普华永道由常驻中国的、具有多年从事基金管理经验的合伙人汪棣先生领导，并得到香港、英国及美国专家的大力支持。这样的规模是普华永道致力于为国际和国内公司服务，向他们提供全方位、高质量的服务以帮助他们获得成功的有力保证。普华永道同时也担任上海证券交易所和深圳证券交易所的审计工作。

● 业务介绍

普华永道基金管理行业的服务范围广泛，可提供从法定审计、合规性审计到帮助客户提高业务专业水平全方位服务。目前普华永道向中国基金管理客户提供如下服务：

1、基金管理公司、封闭式基金及开放式基金的验资、法定审计及国际会计准则审计；

2、为股权交易方提供审慎调查；

3、公司治理、风险管理和合规性咨询服务；

4、内部审计和合规监控咨询服务；

5、控制报告服务，例如SAS70报告；

6、投资业绩衡量服务，例如GIPS报告。

此外，普华永道还根据国内市场的需要，陆续引进一些为国际基金管理行业客户提供的专业服务内容，以协助中国基金管理行业的发展。

截至2005年12月底，普华永道担任上市的54家封闭式基金中的25家以及截至2005年12月底宣告成立的164家开放式基金中的78家的审计工作。

● 提供审计服务的基金产品

封闭式基金

基金金泰	基金兴华	基金裕阳	基金泰和
基金景宏	基金金鑫	基金兴和	基金裕隆
基金丰和	基金景福	基金金盛	基金兴科
基金裕元	基金同德	基金景博	基金金鼎
基金兴安	基金裕华	基金鸿阳	基金景阳
基金普丰	基金兴业	基金裕泽	基金鸿飞
基金景业			

开放式基金

国泰金鹰增长	博时稳定价值	泰达荷银成长
国泰金龙行业	鹏华普天债券	泰达荷银稳定
国泰金龙债券	鹏华普天收益	泰达荷银周期
国泰金马稳健	鹏华行业成长	泰达荷银精选
国泰金象保本	鹏华中国50	泰达荷银预算
国泰货币市场	鹏华货币市场	宝康消费品
南方稳健成长	嘉实服务增值行业	宝康灵活配置
南方宝元债券	嘉实成长收益	宝康债券
南方避险增值	嘉实货币市场	多策略增长
南方现金增利	嘉实300	华宝兴业现金宝
华夏成长	长盛动态精选	海富通精选
华夏债券	长盛成长价值	海富通收益增长
华夏回报	长盛中信全债	海富通货币市场
华夏大盘精选	大成蓝筹稳健	海富通股票
华夏现金增利	大成价值增长	泰信天天收益
华安创新	大成债券	泰信先行策略
华安180	大成精选增值	优选股票基金
华安现金富利	易基积极	恒丰债券基金
华安宝利配置	月月收益	动力平衡基金
博时裕富	宝盈鸿利收益	内需增长基金
博时精选股票	宝盈泛沿海	中国优势
博时现金收益	融通债券	上投货币
博时价值增长	融通深证100	阿尔法
博时现金收益	融通蓝筹成长	中银中国
博时精选股票	融通行业景气	中银货币
博时主题行业	融通巨潮	富兰克林国海中国收益

北京市天元律师事务所

法定名称：北京市天元律师事务所

注册地址：北京金融大街35号国际企业大厦C座11层

办公地址：北京金融大街35号国际企业大厦C座11层

负 责 人：王立华

联系电话：010-88092188

传真号码：010-88092150

公司网址：www.tylaw.com.cn

● 基本情况

北京市天元律师事务所创建于1992年，是中国最早的合伙制律师事务所之一。

天元律师事务所总部位于北京，并在上海浦东设有分所。天元律师事务所现有六十余位专、兼职律师，并按照合理的比例配备了律师助理和行政辅助人员。

● 业务介绍

历史业绩：该所是最早开始涉足证券投资基金业务的律师事务所之一，自2001年开放式证券投资基金刚刚出现时即开始从事相关的法律业务，参与了多支开放式基金的设立募集工作，并与多家基金管理公司建立了长期的友好合作关系，具体如下：

易方达基金管理有限公司：(1)担任发行易方达平稳增长证券投资基金的专项法律顾问；(2)担任发行易方达策略成长证券投资基金的专项法律顾问；(3)担任发行易方达50指数证券投资基金的专项法律顾问；(4)担任发行易方达积极成长证券投资基金的专项法律顾问；(5)担任发行易方达月月收益中短期债券投资基金的专项法律顾问；(6)担任发行易方达价值精选股票型证券投资基金的专项法律顾问；(7)除担任易方达基金管理有限公司旗下所有开放式基金设立的专项法律顾问之外，该所还担任该公司的常年法律顾问，为其日常业务提供常年的法律咨询服务。

华夏基金管理有限公司：(1)担任发行华夏回报证券投资基金的专项法律顾问；(2)担任发行华夏大盘精选证券投资基金的专项法律顾问；(3)担任国内首只封闭式基金转为开放式基金(兴业证券投资基金转型)的专项法律顾问；(4)除担任上述华夏基金管理有限公司开放式基金设立的专项法律顾问之外，还担任该公司的常年法律顾问，为其日常业务提供常年的法律咨询服务。

天治基金管理有限公司：担任发行天治财富增长证券投资基金的专项法律顾问。

宝盈基金管理有限公司：担任该公司的常年法律顾问，为其日常业务提供常年的法律咨询服务。

除上述之外，天元律师事务所还正在为上述公司拟发行的开放式证券投资基金提供相关的专项法律服务。

服务范围：作为基金管理公司的法律顾问，该所的服务范围通常主要包括两个方面：

作为发行某基金产品的专项法律顾问，具体工作范围包括：(1)就基金产品及其设计进行合法合规性的论证，进行相关的法律研究并参加相关的研讨活动；(2)起草、审阅、修改相关的基金法律文件，包括基金合同、托管协议、代销协议、招募说明书、担保协议(适用于保本基金)等；(3)与公司就基金产品涉及的法律文件进行沟通，参加相关会议，提出法律建议或意见；(4)按照中国证监会的要求对基金公司及基金产品的情况进行尽职调查，并在此基础上出具中国法律意见书；(5)参加基金产品的评审会，回答相关的法律问题。

担任基金公司常年法律顾问，具体工作范围包括：(1)根据监管部门的要求，就公司的相关事项(如章程变更、股权变更等)进行核查并出具中国法律意见书；(2)随时为公司的日常业务经营提供口头或书面的法律咨询意见；(3)起草或协助起草，或审查公司日常业务经营所涉及的合同、协议或其他法律文件(如基金销售的相关表格)，并提出相关法律意见或建议；(4)为公司起草公司各组织机构的议事或决策程序所需的决议文件、纪要、授权文件或其他法律文件；(5)为公司业务经营中可能涉及的纠纷解决提供法律咨询意见或参加谈判(已进入法院诉讼程序或仲裁程序的除外)；(6)协助公司处理其业务经营涉及的其他法律事务。

另外，在此可能需要明确，通常一只基金募集成立后其专项法律顾问的工作即告终结，该基金运作过程中的相关法律事务(包括但不限于基金销售方面的法律事务)属于常年法律顾问的服务范围；同时，在公司的日常经营活动中，有两类事项应被明确排除在常年顾问的服务范围以外，一是诉讼、仲裁等进入司法或行政程序的事项，二是上市、发行债券、分拆、合并、对外重大投资等相对构成独立项目的事项，就该等事项如果公司拟聘请该所提供相应的法律服务，应另外支付相应的律师费。

律师团队：北京市天元律师事务所作为一家大型的合伙制律师事务所，现共有合伙律师18人，专职律师70余人，律师助理20余人，涉及诉讼、证券、投资、知识产权、房地产等多个法律服务领域，其中从事证券投资基金业务的律师主要包括：吴冠雄律师、朱小辉律师、陈华律师、刘艳律师、周世君律师、杨科律师、谭清律师、周倩律师。

国浩律师集团（北京）事务所

法定名称：国浩律师集团(北京)事务所

注册地址：北京市建国门内大街贡院六号E座9层

办公地址：北京市建国门内大街贡院六号E座9层

联 系 人：黄伟民

联系电话：010-65171188/65176811

传真号码：010-65176800/65176801

公司网址：www.grandall.com.cn

● 基本情况

国浩律师集团事务所于1998年成立，系经司法部批准组建的中国唯一一家集团制律师事务所。作为司法部授予的“部级文明所”，国浩目前在北京、上海、深圳、杭州、广州、昆明、成都设有执业机构，并在香港设有联络机构。国浩现有50余名合伙人，90%以上的合伙人具有硕士、博士学位和高级职称。国浩执业律师及助理人员共计近400人，其中多数毕业于国内外名牌大学，部分律师具有在美、欧、德、日等国的学习和执业经验。

国浩设有银行与金融专业委员会、证券与资本专业委员会、公司与商业专业委员会、知识产权与电子商务专业委员会四个专业化法律服务机构，所提供的服务涉及金融、资本市场、贸易、地产、知识产权、电子商务和基础设施建设等诸多领域。凭着以专项法律服务团队进行分工和合作的从业模式，国浩开创了中国律师业规模化、专业化、团队化之先河。

为资本市场提供法律服务，始终是国浩重点关注并倾力发展的业务。从2001年到2004年，国浩连续4年在A股发行、上市公司再融资(包括增发、配股、可转债)领域的市场占有率为全国第1位。2005年，国浩在A股发行、上市公司再融资(包括增发、配股、可转债)、基金发行领域的市场占有率位在全国律师事务所中名列前茅。

● 业务介绍

国浩是较早向客户提供证券投资基金法律服务的律师事务所之一。在见证中国证券投资基金发展历程的同时，国浩形成了其制订并提供一揽子法律服务方案的鲜明特点。国浩证券投资基金法律服务的内容主要包括：

1.为监管机关提供法律服务

接受中国证监会的特别指派，参与证监会颁布的《证券投资基金法》配套规章的修订；

根据中国证监会的特别要求，向其提交有关系列基金、保本基金的法律分析报告；

应邀参加中国证监会、中国登记结算公司等组织的有关研讨会。

2.担任基金公司常年法律顾问

提供日常法律咨询；

参与公司规章制度的制订；

起草和审查公司业务合同；

参加公司与有关方的商业谈判；

进行法律培训；

按照中国证监会的要求就公司重大事项出具法律意见书；

公司不时委托的其他常年法律顾问业务。

3.担任基金发行专项法律顾问

根据《证券投资基金法》及中国证监会的有关配套规章制作基金合同、托管协议、招募说明书和销售服务代理协议的文件模本；

参与基金产品法律框架的设计和论证；

起草／审查相关的发行文件(基金合同、托管协议、代理销售服务协议、招募说明书等)；

参加管理人与托管人／销售服务代理人的谈判；

就基金的募集和销售所涉重大法律事项提出咨询意见或解决方案；

出具法律意见书。

4.担任特定课题研究顾问

接受客户委托，就与基金运营管理密切相关而现行法律法规尚未作出明确规定的有关课题进行研究，并向客户提供研究报告。

5.受托担任代理人

接受公司委托，在诉讼、仲裁活动中担任委托代理人。

随着基金业的发展，国浩已经为近10家基金管理公司提供综合／专项法律服务，内容包括：基金管理公司的筹建、设立、股权变更，基金公司治理、日常运营、对外合作，基金发行，海外基金的发起设立，基金业务创新等。

国浩律师集团(北京)事务所先后担任以下基金管理公司的常年法律顾问：博时基金管理有限公司、大成基金管理有限公司、嘉实基金管理有限公司、诺安基金管理有限公司、中信基金管理有限责任公司等。

国浩律师集团(北京)事务所先后担任以下基金设立发行的法律顾问：博时价值增长、博时裕富、博时现金收益、博时精选股票、博时优选行业、博时稳定价值；嘉实理财通系列(包括嘉实债券、嘉实稳健和嘉实增长)、嘉实增值行业服务、嘉实保本、嘉实货币市场、嘉实沪深300指数；诺安平衡、诺安股票；中信经典配置、中信现金优势、中信红利；大成蓝筹稳健等。

国浩律师集团(北京)事务所从事基金业务的律师有：黄伟民、刘伟宁、曾宪政、黄前松、庄瑾等。

通力律师事务所

法定名称：通力律师事务所

注册地址：上海浦东南路528号上海证券大厦南塔21楼

办公地址：上海浦东南路528号上海证券大厦南塔21楼
北京市建国门外大街1号国贸大厦1座27楼

负 责 人：韩 炯

联系电话：021－68818100　010－65058100

传真号码：021－68816880　010－65058200

公司网址：www.llinkslaw.com

● 基本情况

通力律师事务所是一家在金融、公司和商业法律服务领域领先的中国律师事务所，在上海和北京设立执业机构，该所主要从事证券／基金、银行金融、外商投资、购并重组以及商事诉讼仲裁等方面的法律事务。目前，通力律师事务所有14名合伙律师以及40余名颇具经验的业务律师和律师助理，所有律师及律师助理均毕业于国内外著名的大学或法律院校，其中大部分合伙律师拥有10年以上的执业经验并在英国、美国、法国、日本或香港学习过相关法律或者在著名的国际性律师事务所有过工作经历或接受过培训，能够熟练运用英语、法语、日语等外语进行工作。

通力扎根并成长于本土市场，既具备广阔的国际视野同时又掌握丰富的本地经验和资源，充分理解和适应本地的市场和文化。通力敏锐的市场意识以及与政府机构良好的合作关系使通力能充分关注活跃发展的市场动向，并始终透析最前沿的法律和实务变革。通力始终坚持让客户了解最新的市场发展趋势，以使得客户能清晰明确地把握随时涌现的商机。通力是一家拥有众多国际客户且频繁参与跨界交易的律师事务所，与国际金融中心和其他主要城市，包括纽约、伦敦、巴黎、东京、大阪、香港和新加坡的国际性律师事务所建立了长期、良好、密切的合作关系。在跨界交易中，根据客户的要求，通力利用其广泛的国际协作关系，为客户提供最可信赖的法律服务。

通力多年来在专业法律服务领域高效优质的服务得到了市场和客户的普遍认同，近年来通力多次被Asian Legal Business、Asia Law & Practice、Global Counsel 3000、IFLR 1000等国际法律评论杂志评选为中国银行金融、资本市场、公司并购领域的优秀律师事务所之一。在Asian Legal Business组织的“年度中国法律奖”评选活动中，通力2004年、2005年、2006年连续三年蝉联“最佳银行金融律师事务所”大奖，并获得“最佳中国律师事务所”、“最佳资本市场律师事务所”、“最佳收购兼并律师事务所”等诸多提名奖。

● 业务介绍

通力律师事务所以自身的专业技能和创新能力为多家中国基金市场的主要公司提供法律服务，并迅速成长为基金法律服务行业的领先者，为多家基金管理公司在基金产品开发、基金结构及业务模式开发(包括网上交易及一站式金融产品)、基金的运作与管理(包括申购、赎回、上市交易及非交易过户)以及基金管理公司治理结构和日常运行提供全面的法律服务。

通力律师事务所曾承办的具有代表性的基金业务如下：

通力代表境内外多家金融机构设立了多家中外合资基金管理公司，占据了这一市场超过三分之一的市场份额，包括：诺德基金管理有限公司、信诚基金管理有限公司、中欧基金管理有限公司、工银瑞信基金管理有限公司、海富通基金管理有限公司、申万巴黎基金管理有限公司、上投摩根富林明基金管理有限公司等。目前，通力担任华安基金管理有限公司、大成基金管理有限公司、申万巴黎基金管理有限公司、上投摩根富林明基金管理有限公司、友邦华泰基金管理有限公司、信诚基金管理有限公司、中欧基金管理有限公司的常年法律顾问，为其提供全面法律服务，并为中银基金管理有限公司、富国基金管理有限公司等多家基金管理公司就其基金产品募集提供专项法律服务。

截至目前，通力律师事务所为以下基金募集设立提供了法律服务：中国第一只开放式基金——华安创新证券投资基金；中国第一只指数型基金——华安上证180指数增强型证券投资基金；中国第一批货币市场基金之一——华安现金富利投资基金；华安宝利配置证券投资基金；华安上证180交易型开放式指数证券投资基金；申万巴黎盛利精选证券投资基金；申万巴黎盛利强化配置混合型证券投资基金；申万巴黎新动力股票型证券投资基金；申万巴黎收益宝货币市场投资基金；上投摩根中国优势证券投资基金；上投摩根阿尔法股票型证券投资基金；上投摩根双息平衡混合型证券投资基金；大成精选增值混合型证券投资基金；大成货币市场投资基金；大成沪深300指数证券投资基金；友邦华泰盛世中国证券投资基金；友邦华泰中短期债券投资基金；中银国际货币市场投资基金；中银国际持续增长股票型证券投资基金；信诚四季红混合型证券投资基金。

在保持传统基金法律服务领先优势的基础上，通力律师事务所的资产管理法律服务(包括银行理财产品、信托产品、QFII、QDII、资产受托管理、企业年金的产品法律结构设计和论证、法律文件起草、资格及产品申报)因其服务的专业深度正越来越受到客户的青睐。目前，通力正为包括汇丰银行、恒生银行、浦东发展银行、光大银行、上海国际信托投资公司等中外资金融机构的部分资产管理业务提供相关法律服务。

第三章 其他相关服务机构
Other Fund Service Providers
基金研究与评级机构 Research and Rating Agencies

晨星资讯(深圳)有限公司

晨星资讯(深圳)有限公司成立于2003年2月20日，是美国晨星公司(Morningstar, Inc.)在中国大陆设立的子公司。总部位于美国芝加哥的晨星公司由现任董事长乔·曼斯威托(Joe Mansueto)于1984年创立。20年来，公司专注于为投资者提供专业的财经资讯、基金及股票的分析和评级，提供方便、实用、功能卓著的分析应用软件工具等，其下属服务机构目前已遍布世界各地。公司以其在国际成熟市场中运作历史悠久、业绩优良、服务经验丰富、市场响应和号召力不同凡响的声誉，造就了她在全球投资市场中独立第三方客观、独立、公正的知名品牌，成为目前美国最主要的投资研究机构之一和全球基金评级权威机构。

● 晨星的特点

1.并不持有或运作任何股票、基金或保险产品，也不依附任何金融机构或政府部门，这是凸显其评级和分析的独立性和客观性的首要保证。

2.全心致力于投资的透明化、民主化和大众化，将经过专家分类、分析和整理的财经资讯以专业开发的各类软件工具的形式，向广大投资者提供服务。

3.晨星中国将致力于中国大陆金融资讯领域的服务，在推动和普及投资者教育的同时，为投资者提供最全面而及时的财经资讯、专业的市场和品种分析，以及实用有效的投资分析工具。

4.晨星的产品和服务帮助大众投资者参与并溶入市场，使个人投资者、资产管理公司、基金公司、银行及其它分销机构和金融机构等，共同受益。

5.晨星坚持对证券和资产的基本面进行分析，对基金和保险产品的分析将追溯至其投资组合的具体证券品种。

6.晨星并不预测股票价格等短期内的市场波动和走势，而是通过分析公司真正的内在价值来判定其市场价格是否背离了公司本身的价值。

● 晨星的产品和服务

投资者教育。晨星已在多家专业财经报纸和地方报纸上开辟了专栏，与电视台、电台和期刊媒体等，有了固定的和广泛的合作。

评级排名。晨星在全世界为基金提供独立客观的评级。2004年3月15日，晨星中国首次推出了中国基金分类与业绩排名；2004年下半年推出晨星创立并已成为全球行业标准的基金星级评价(Morningstar Rating)、投资风格箱等分析工具；2005年10月，发布晨星中国基金指数系列。

数据包。晨星已完成包括中国在内的亚洲基金数据库的建立。公司可以为基金公司、银行、证券公司、资产管理公司、保险公司、门户网站、平面媒体等各种机构，提供用于研究、产品开发、宣传等各种不同目的的数据包。晨星的数据包涵盖了全世界各主要市场的数据信息。

分析报告。晨星的分析报告做到了内容和形式的完美统一，以专业的设计和简明易懂的形式，向用户和读者提供晨星独立的观点和独到中肯的分析内容。报告的种类包括了针对具体基金公司的全面分析总结、帮助投资人作投资选择的“产品概要书”、以及供基金公司内部研究和评审用的“董事会报告”等。

分析工具和应用软件。晨星开发了一系列功用独到和巧妙的应用软件，包括有供基金公司和证券公司作对比分析研究和新产品开发用途的“数据实验室”，有帮助理财顾问和分销机构服务终端客户用的“投资顾问工作站”，有指导和监控退休计划实施和管理用的“灿烂明天”等等。其中，“数据实验室”的更新代——晨星投资实验室(Morningstar Direct)2004年3月在全球推出，以晨星全球数据库和研究力量为依托，旨在为专业机构投资人提供全球化和适时投资分析的网络研究平台，其研究范围也覆盖了中国市场。

机构投资咨询服务。近20年来的积累使晨星在对以持仓为基础的投资组合基本分析方面，有了其独到的心得和丰富的经验。晨星深圳也将依托美国专家的支持，引进晨星在全球领域里的成功经验，为保险公司、资产管理公司、退休年金管理机构、以及国外投资中国的金融机构，提供各类投资咨询服务。内容包括资产配置、投资产品选择、投资组合设计、基准设置、组合监控与重新平衡、以及报告和客户／市场沟通等等。

晨星网站(http：//cn.morningstar.com)。这是晨星与投资人接触、为他们提供及时信息和有效分析工具的渠道。基金筛选器、“基金透视”、“晨星观点”、“投资宝鉴”、“海外市场”等等，将会很快成为中国投资人的重要知识信息来源和日常用到的重要工具。

● 附：高管成员介绍

田劲(Jin Tian)：博士，现任晨星深圳公司总裁、同时也是晨星亚洲公司及晨星亚太区总裁，是晨星在亚太地区及中国市场的开创者和培育者。田劲先生毕业于中国湖南大学英语系，获武汉大学硕士学位后在湖南大学担任讲师。随后留学国外，杂学并蓄，于1991年获得美国奥本大学管理博士学位。迄今其先后担任过的职务有：美国奥本(Auburn)大学客座教授，美国帝堡(DePaul)大学计算中心与科技发展部主任、评估与计划总监，晨星公司数据工程与数据分析副总裁。

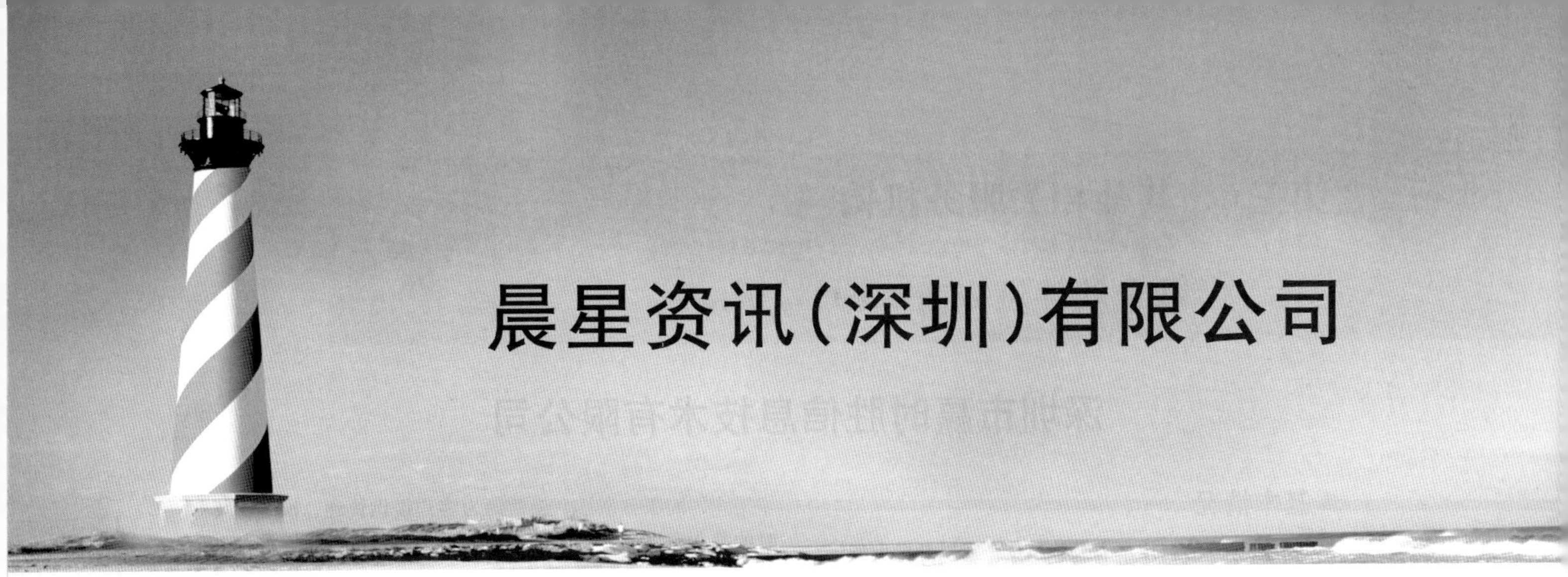

晨星资讯(深圳)有限公司

2005年大事记

2005年4月—颁布晨星(中国)2004年度基金经理奖。晨星基金经理年度奖(Morningstar Fund Manager of the Year Award)是晨星基金评价体系的重要组成部分，在全球享有多年的盛誉，晨星公司首度颁布晨星(中国)基金经理年度奖，旨在对2004年业绩表现突出的基金管理团队给予肯定，并为投资人进行长期投资选择提供一定的参考。有108只基金参与角逐，13只基金获得提名，最终有5只基金获奖，奖项涵盖股票型、配置型、债券型、大规模封闭式和小规模封闭式基金。本次参与评选的基金有108只，其中股票型基金30只，配置型基金13只，债券型基金11只，大规模封闭式基金26只，小规模封闭式基金28只。

2005年9月—推出晨星行业金字塔(Morningstar Sector Delta),这是晨星分析基金投资组合的旗舰工具之一。

2005年10月—晨星(中国)首度发布“晨星中国基金指数系列”。该指数系列包含开放式基金指数系列和封闭式基金指数系列。晨星开放式基金指数系列包括开放式、股票型、配置型和债券型基金指数，是以单位净值为基础的指数，旨在反映基金的业绩趋势。晨星封闭式基金指数系列是以二级市场价格为基础，旨在反映二级市场供需关系导致的价格趋势，包括封闭式、大规模封闭式、小规模封闭式基金指数。

MORNINGSTAR® 晨星资讯（深圳）有限公司
Http://cn.morningstar.com/

说明：1．所有数据截止日期至2005年12月31日；
2．汇总数据由于四舍五入而存在微小误差；
3．系列基金子基金被视为独立基金进行统计；
4．数据资料收集与整理：中国人民银行研究生部集之成基金研究中心。

2005年我国证券投资基金市场概貌

	2005年	2004年	与上年相比	
			变动数量	变动比例
一 基金管理公司(家)				
基金公司总数量	53	45	8	17.78%
新增基金公司数量	8	11	−3	−27.27%
新增合资基金公司数量	7	5	2	40.00%
二 基金托管银行(家)				
托管银行总数量	12	10	2	20%
新增托管银行数量	2	2	0	0%
三 证券投资基金				
证券投资基金总数量(只)	218	161	57	35.40%
开放式基金总数量(只)	164	107	57	53.27%
新增基金数量(只)	57	51	6	11.76%
首募基金份额(亿份)	1002.79	1821.33	−818.54	−44.94%
封闭式基金总数量(只)	54	54	0	0%
四 基金资产规模(亿元)				
基金总资产规模	4691.16	3246.40	1444.76	44.50%
开放式基金资产规模	3869.05	2436.70	1432.35	58.78%
封闭式基金资产规模	822.11	809.70	12.41	1.53%
五 基金成交量(证券交易所)				
总交易日(天)	242	241	1	4.15%
总成交金额(亿元)	773.13	480.54	292.59	60.89%
日均成交金额(亿元)	3.19	1.98	1.21	61.11%
六 基金分红(亿元)				
累计分红金额(亿元)	76.2	77.8	−1.6	−2.06%
七 基金费用(亿元)				
基金管理费	41.63	35.41	6.22	17.57%
基金托管费	8.01	6.19	1.82	29.40%
基金交易佣金(券商)	4.57	4.27	0.30	7.03%
持续营销费	4.59	0.87	3.72	427.59%
信息披露费	0.48	0.37	0.11	29.73%
基金审计费	0.17	0.13	0.04	30.77%
基金上市费	0.04	0.03	0.01	33.33%
八 开放式基金持有人				
持有人户数(万户)	441.94	400.40	41.54	10.37%
个人投资者持有基金资产(亿元)	1960.86	1413.17	547.69	38.76%
机构投资者持有基金资产(亿元)	1754.47	896.45	858.02	95.71%

第三章 其他相关服务机构

Other Fund Service Providers

基金软件供应商 Software Vendors

深圳市赢时胜信息技术有限公司

● 基本情况

深圳市赢时胜信息技术有限公司是一家以开发大型证券投资基金系列专用软件为核心的高科技企业，是从事金融业务软件开发的专业公司。该公司自证券投资基金98年成立以来，一直跟随证券投资基金业内的发展，集中精力专注于基金行业信息系统的研究及开发，通过不懈的努力，成功开发出证券投资基金系列专用软件:《金融资产大托管系统BSv3.0》，《基金财务估值核算管理系统CSv2.0》、《TA资金清算系统》、《企业年金基金投资管理系统》、《企业年金受托人管理系统》、《QFII资产投资管理系统》、《QDII资产投资管理系统》、《基金投资绩效评估分析系统》、《集合理财，委托理财投资管理系统》、《社保基金投资风险分析系统》、《中台报表生成分析系统》、《保险资产投资管理综合系统》……，创立了“赢时胜软件”这一优秀品牌。7年来，公司已在金融业务软件开发方面积累了丰富的经验和雄厚的实力，成为目前国内金融行业专业的软件开发商。

公司崇尚以市场为导向、以技术为后盾、以服务为保障的经营宗旨，深入领会客户需求，不断促进产品更新。公司结合先进科技开发思想，凭借软件业最新技术，努力提供最优越、最全面的基金行业专业软件。公司提供的软件产品适用于开放式基金、封闭式基金、社保基金、保险基金等证券投资类型的基金的估值与核算，具有良好的安全性、稳定性、开放性和可扩展性，使用户的工作更安全、更可靠、更高效。“金手指”系列软件产品凭借其优秀的品质性能，贴近用户的卓越个性，优质的技术服务，被南方、鹏华、华夏、博时、长盛、嘉实、大成、融通、宝盈、银华、富国、银河、易方达等50多家基金管理有限公司及九大基金托管银行采用，同时，公司推出的《保险资产管理综合系统》在保险行业也得到成功应用，受到用户高度评价及充分肯定。在北京、上海、深圳，赢时胜的产品在该行业占领近95%的市场。

“只有想不到，没有做不到”。客户想不到的，我们要想到；客户想到的，我们要做到。公司员工本着“一切为了用户”的服务宗旨，热情的为客户提供快速、准确、及时的技术服务。公司为用户提供全天候系统维护服务，全面保障用户系统的可靠连续工作。面对中国日益激烈的国际性竞争，赢时胜将以专业化人员、先进系统和优秀产品的完美组合，结合国际软件新潮流、发展新趋势，帮助客户在激烈的竞争中处于领先的地位，客户的成功就是赢时胜的成功。在公司不断让用户满意为宗旨的同时，也使自己积累了为用户进行长期定点技术支持和应用服务的丰富经验，为用户提供优质软件和优质服务，让顾客满意，是赢时胜人永无止境的追求。

公司汇聚了一批经验丰富、锐意创新、有志于信息技术研究开发的科技精英，是一个充满活力、创造力和战斗力的年轻群体。做为一个年轻的高新科技企业，正是这批年轻有为、充满朝气的技术人员把智慧、活力和创新都凝集在公司的产品、精神和信誉中，使公司赢得越来越多客户的信赖。公司拥有雄厚的技术力量，作为金融业务软件开发的专业公司，公司软件开发人员均具资深的软件开发和证券经验，是公司开发金融业务专业软件的坚强技术后盾。

● 公司组织机构

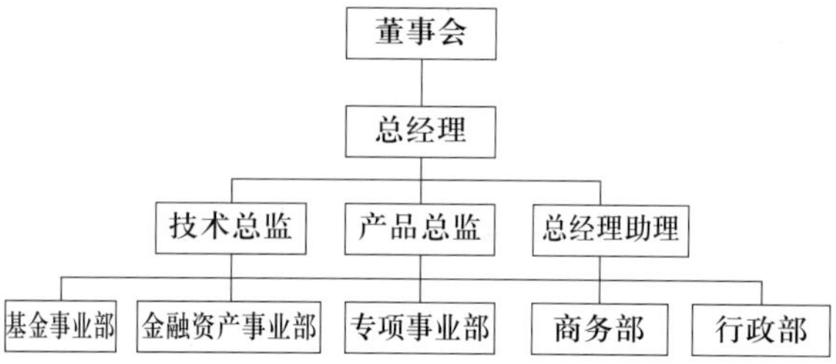

● 产品概况

产品涉及：银行，基金，证券，保险，信托，企业年金，集合理财，委托资产。

● 公司联系方式

深圳市赢时胜信息技术有限公司深圳总部

联系地址：深圳市深南大道4019号航天大厦611室

邮政编码：518048　　联系人：鄢建兵

联系电话：13924666526　0755−88265110/11/12/13

直线电话：0755−88265116

联系传真：0755−88265110转1155

深圳市赢时胜信息技术有限公司北京分部

联系地址：北京朝阳区朝外大街19号华普国际大厦626室

邮政编码：100011　　联系人：庞军

联系电话：13501139434　010−65804080

直线电话：010−65804100

联系传真：010−65804080转1155

深圳市赢时胜信息技术有限公司上海分部

联系地址：上海浦东新区商城路738号胜康廖氏大厦1306室

邮政编码：200120　　联系人：周云杉

联系电话：13918402339　021−58363210/11/12/13

直线电话：021−58363216

联系传真：021−58363210转1155

第四部分 数据统计

Statistics

说明：1．所有数据截止日期至2005年12月31日；
2．汇总数据由于四舍五入而存在微小误差；
3．系列基金子基金被视为独立基金进行统计；
4．数据资料收集与整理：中国人民银行研究生部集之成基金研究中心。

2005年我国证券投资基金市场概貌

	2005年	2004年	与上年相比	
			变动数量	变动比例
一 基金管理公司(家)				
基金公司总数量	53	45	8	17.78%
新增基金公司数量	8	11	−3	−27.27%
新增合资基金公司数量	7	5	2	40.00%
二 基金托管银行(家)				
托管银行总数量	12	10	2	20%
新增托管银行数量	2	2	0	0%
三 证券投资基金				
证券投资基金总数量(只)	218	161	57	35.40%
开放式基金总数量(只)	164	107	57	53.27%
新增基金数量(只)	57	51	6	11.76%
首募基金份额(亿份)	1002.79	1821.33	−818.54	−44.94%
封闭式基金总数量(只)	54	54	0	0%
四 基金资产规模(亿元)				
基金总资产规模	4691.16	3246.40	1444.76	44.50%
开放式基金资产规模	3869.05	2436.70	1432.35	58.78%
封闭式基金资产规模	822.11	809.70	12.41	1.53%
五 基金成交量(证券交易所)				
总交易日(天)	242	241	1	4.15%
总成交金额(亿元)	773.13	480.54	292.59	60.89%
日均成交金额(亿元)	3.19	1.98	1.21	61.11%
六 基金分红(亿元)				
累计分红金额(亿元)	76.2	77.8	−1.6	−2.06%
七 基金费用(亿元)				
基金管理费	41.63	35.41	6.22	17.57%
基金托管费	8.01	6.19	1.82	29.40%
基金交易佣金(券商)	4.57	4.27	0.30	7.03%
持续营销费	4.59	0.87	3.72	427.59%
信息披露费	0.48	0.37	0.11	29.73%
基金审计费	0.17	0.13	0.04	30.77%
基金上市费	0.04	0.03	0.01	33.33%
八 开放式基金持有人				
持有人户数(万户)	441.94	400.40	41.54	10.37%
个人投资者持有基金资产(亿元)	1960.86	1413.17	547.69	38.76%
机构投资者持有基金资产(亿元)	1754.47	896.45	858.02	95.71%

第一章　市场综合数据统计

表 1—1　中国证券投资基金规模发展概况

年度	封闭式基金		开放式基金		证券投资基金总资产净值(亿)
	资产净值(亿)	占总资产比例(%)	资产净值(亿)	占总资产比例(%)	
1998 年	107.42	100.00	0.00	0.00	107.42
1999 年	576.85	100.00	0.00	0.00	576.85
2000 年	869.80	100.00	0.00	0.00	869.80
2001 年	702.55	85.62	118.03	14.38	820.58
2002 年	717.08	60.48	468.50	39.52	1185.58
2003 年	861.99	50.24	853.62	49.76	1715.61
2004 年	809.73	24.94	2436.67	75.06	3246.40
2005 年	822.11	17.52	3869.05	82.48	4691.16

表 1—2　中国证券投资基金数量发展概况

年度	封闭式基金		开放式基金		证券投资基金总数量(只)
	基金数量(只)	占基金总数比例(%)	基金数量(只)	占基金总数比例(%)	
1998 年	5	100.00	0	0.00	5
1999 年	23	100.00	0	0.00	23
2000 年	41	100.00	0	0.00	41
2001 年	49	94.23	3	5.77	52
2002 年	54	76.06	17	23.94	71
2003 年	54	49.09	56	50.91	110
2004 年	54	33.54	107	66.46	161
2005 年	54	24.77	164	75.23	218

表 1—3　中国基金管理公司发展概况

年度	中资基金管理公司		合资基金管理公司		基金管理公司总数量(家)
	公司数量(家)	占基金公司总数比例(%)	公司数量(家)	占基金公司总数比例(%)	
1998 年	5	100.00	0	0.00	5
1999 年	10	100.00	0	0.00	10
2000 年	10	100.00	0	0.00	10
2001 年	15	100.00	0	0.00	15
2002 年	21	100.00	0	0.00	21
2003 年	27	79.41	7	20.59	34
2004 年	32	71.11	13	28.89	45
2005 年	33	62.26	20	37.74	53

表 1–4 前十大基金管理公司历年市场集中度

年度	基金管理公司数量(家)	管理基金规模(亿元)	市场占有率(%)
1998 年	6	107.42	100.00
1999 年	10	576.85	100.00
2000 年	10	869.80	100.00
2001 年	15	742.62	90.50
2002 年	21	958.42	80.84
2003 年	34	1200.93	70.00
2004 年	45	1960.83	60.40
2005 年	52	2927.28	62.40

表 1–5 中外合资基金管理公司历年市场份额

年度	合资基金公司数量(家)	占基金公司总数比例(%)	管理基金数量(只)	占基金总数比例(%)	管理基金规模(亿元)	占基金总资产比例(%)
2003 年	7	20.59	20	18.18	243.37	14.19
2004 年	13	28.89	32	19.88	670.60	20.66
2005 年	20	37.74	68	31.19	1209.64	25.79

表 1–6 2005 年基金管理公司市场占有率

序号	基金管理人	性质	管理基金数量(只)			管理基金规模(亿元)			市场占有率(%)
			封闭式基金	开放式基金	基金总数量	封闭式基金	开放式基金	基金总规模	
1	南方基金管理有限公司	中资	4	6	10	63.90	472.87	536.77	11.44
2	华安基金管理有限公司	中资	4	4	8	64.10	384.40	448.50	9.56
3	华夏基金管理有限公司	中资	5	7	12	63.47	338.19	401.66	8.56
4	博时基金管理有限公司	中资	5	6	11	77.25	295.87	373.11	7.95
5	易方达基金管理有限公司	中资	4	6	10	65.97	296.01	361.98	7.72
6	嘉实基金管理有限公司	合资	2	8	10	52.47	193.64	246.11	5.25
7	招商基金管理有限公司	合资	0	6	6	0.00	154.58	154.58	3.30
8	海富通基金管理有限公司	合资	0	4	4	0.00	145.57	145.57	3.10
9	大成基金管理有限公司	中资	5	5	10	70.66	64.08	134.74	2.87
10	华宝兴业基金管理有限公司	合资	0	6	6	0.00	124.52	124.52	2.65
11	长信基金管理有限责任公司	中资	0	2	2	0.00	123.44	123.44	2.63
12	长盛基金管理有限公司	中资	4	4	8	60.62	53.10	113.72	2.42
13	鹏华基金管理有限公司	中资	4	5	9	56.49	57.05	113.54	2.42
14	银华基金管理有限公司	中资	1	5	6	21.15	91.43	112.58	2.40
15	中信基金管理有限公司	中资	0	3	3	0.00	102.11	102.11	2.18

续上表

序号	基金管理人	性质	管理基金数量			管理基金规模			市场占有率(%)
			封闭式基金	开放式基金	基金总数量	封闭式基金	开放式基金	基金总规模	
16	银河基金管理有限公司	中资	1	4	5	30.17	61.13	91.30	1.95
17	广发基金管理有限公司	中资	0	5	5	0.00	90.00	90.00	1.92
18	国泰基金管理有限公司	中资	4	6	10	58.41	28.83	87.24	1.86
19	富国基金管理有限公司	合资	4	5	9	55.02	25.60	80.62	1.72
20	国联安基金管理有限公司	合资	0	4	4	0.00	76.32	76.32	1.63
21	泰信基金管理有限公司	中资	0	2	2	0.00	73.63	73.63	1.57
22	长城基金管理有限公司	中资	2	3	5	26.60	45.37	71.97	1.53
23	融通基金管理有限公司	中资	2	6	8	24.20	42.14	66.34	1.41
24	建信基金管理有限责任公司	合资	0	1	1	0.00	62.37	62.37	1.33
25	申万巴黎基金管理有限公司	合资	0	3	3	0.00	54.40	54.40	1.16
26	泰达荷银基金管理有限公司	合资	0	6	6	0.00	49.35	49.35	1.05
27	诺安基金管理有限公司	中资	0	3	3	0.00	47.60	47.60	1.01
28	景顺长城基金管理有限公司	合资	0	5	5	0.00	42.99	42.99	0.92
29	工银瑞信基金管理有限公司	合资	0	1	1	0.00	39.46	39.46	0.84
30	光大保德信基金管理有限公司	合资	0	2	2	0.00	30.53	30.53	0.65
31	兴业基金管理有限公司	中资	0	2	2	0.00	30.47	30.47	0.65
32	宝盈基金管理有限公司	中资	2	2	4	23.15	5.44	28.59	0.61
33	交银施罗德基金管理有限公司	合资	0	1	1	0.00	25.04	25.04	0.53
34	上投摩根基金管理有限公司	合资	0	3	3	0.00	24.52	24.52	0.52
35	国投瑞银基金管理有限公司	合资	1	2	3	8.48	14.78	23.26	0.50
36	万家基金管理有限公司	中资	0	3	3	0.00	20.79	20.79	0.44
37	中银国际基金管理有限公司	合资	0	2	2	0.00	17.88	17.88	0.38
38	巨田基金管理有限公司	中资	0	2	2	0.00	10.62	10.62	0.23
39	汇添富基金管理有限公司	中资	0	1	1	0.00	8.69	8.69	0.19
40	友邦华泰基金管理有限公司	合资	0	1	1	0.00	6.83	6.83	0.15
41	金鹰基金管理有限公司	中资	0	2	2	0.00	5.89	5.89	0.13
42	国海富兰克林基金管理有限公司	合资	0	1	1	0.00	5.27	5.27	0.11
43	国联基金管理有限公司	中资	0	2	2	0.00	4.99	4.99	0.11
44	新世纪基金管理有限公司	中资	0	1	1	0.00	4.47	4.47	0.10
45	天治基金管理有限公司	中资	0	2	2	0.00	3.92	3.92	0.08
46	华富基金管理有限公司	中资	0	1	1	0.00	3.65	3.65	0.08
47	东吴基金管理有限公司	中资	0	1	1	0.00	3.47	3.47	0.07
48	东方基金管理有限责任公司	中资	0	1	1	0.00	3.16	3.16	0.07
49	天弘基金管理有限公司	中资	0	1	1	0.00	2.55	2.55	0.05
	合 计		54	164	218	822.11	3869.05	4691.16	100.00

表 1–7 2005 年基金托管银行市场占有率

序号	基金托管人	托管基金数量(只)			托管基金规模(亿元)			市场占有率(%)
		封闭式基金	开放式基金	基金总数量	封闭式基金	开放式基金	基金总规模	
1	中国工商银行	16	38	54	212.47	1318.18	1530.65	32.63
2	中国银行	4	33	37	57.48	802.85	860.33	18.34
3	中国建设银行	11	24	35	172.23	624.00	796.23	16.97
4	中国农业银行	13	21	34	224.87	318.57	543.44	11.58
5	交通银行	10	21	31	155.06	311.48	466.54	9.95
6	招商银行	0	8	8	0.00	262.35	262.35	5.59
7	中国光大银行	0	7	7	0.00	82.27	82.27	1.75
8	中信银行	0	2	2	0.00	66.05	66.05	1.41
9	华夏银行	0	2	2	0.00	36.25	36.25	0.77
10	兴业银行	0	2	2	0.00	26.52	26.52	0.57
11	上海浦东发展银行	0	5	5	0.00	18.14	18.14	0.39
12	中国民生银行	0	1	1	0.00	2.39	2.39	0.05
总 计		54	164	218	822.11	3869.05	4691.16	100.00

表 1–8 证券投资基金历年分配金额一览

(单位：亿元)

年度	封闭式基金	开放式基金	合计
1999 年	3.280	0.000	3.280
2000 年	52.720	0.000	52.720
2001 年	164.750	0.000	164.750
2002 年	25.220	3.300	28.520
2003 年	1.200	17.070	18.270
2004 年	20.088	57.714	77.802
2005 年	13.320	62.880	76.200

表 1–9 证券投资基金历年股票交易量一览

(单位：亿元)

年度	封闭式基金	开放式基金	合计
1998 年	216.39	0.00	216.39
1999 年	1036.90	0.00	1036.90
2000 年	2091.65	0.00	2091.65
2001 年	1161.15	25.91	1187.06
2002 年	1384.32	386.16	1770.48
2003 年	2066.65	1312.77	3379.41
2004 年	2244.66	3094.63	5339.29
2005 年	2042.65	3679.83	5722.48

表 1–10　证券投资基金历年债券回购交易量一览

（单位：亿元）

年度	封闭式基金	开放式基金	合计
1998 年	0.00	0.00	0.00
1999 年	0.00	0.00	0.00
2000 年	0.00	0.00	0.00
2001 年	0.00	0.00	0.00
2002 年	0.00	0.00	0.00
2003 年	0.00	0.00	0.00
2004 年	737.76	4027.76	4765.52
2005 年	279.35	9564.35	9843.70

表 1–11　证券投资基金历年管理费收入一览

年度	封闭式基金		开放式基金		合计金额(亿元)
	金额(亿元)	占比(%)	金额(亿元)	占比(%)	
1998 年	1.62	100.00	0.00	0.00	1.62
1999 年	6.78	100.00	0.00	0.00	6.78
2000 年	11.06	100.00	0.00	0.00	11.06
2001 年	10.60	96.72	0.36	3.28	10.96
2002 年	10.91	76.29	3.39	23.71	14.30
2003 年	11.58	58.78	8.12	41.22	19.70
2004 年	12.81	36.18	22.60	63.82	35.41
2005 年	11.77	28.27	29.86	71.73	41.63

表 1–12　证券投资基金历年托管费收入一览

年度	封闭式基金		开放式基金		合计金额(亿元)
	金额(亿元)	占比(%)	金额(亿元)	占比(%)	
1998 年	0.16	100.00	0.00	0.00	0.16
1999 年	0.77	100.00	0.00	0.00	0.77
2000 年	1.87	100.00	0.00	0.00	1.87
2001 年	1.83	96.83	0.06	3.17	1.89
2002 年	1.87	76.33	0.58	23.67	2.45
2003 年	1.97	57.27	1.47	42.73	3.44
2004 年	2.17	35.06	4.02	64.94	6.19
2005 年	1.99	24.84	6.02	75.16	8.01

表 1–13　证券投资基金历年支付券商交易佣金一览

（单位：亿元）

年度	封闭式基金	开放式基金	合计
1998 年	0.14	0.00	0.14
1999 年	0.85	0.00	0.85
2000 年	1.70	0.00	1.70
2001 年	0.94	0.02	0.96
2002 年	1.11	0.31	1.42
2003 年	1.67	1.07	2.74
2004 年	1.80	2.47	4.27
2005 年	1.65	2.92	4.57

表 1–14　2005 年证券投资基金证券交易量与佣金分配一览

券商名称	交易基金数量(只)	股票交易总金额(亿元)	回购交易总金额(亿元)	总佣金(万元)	市场占有率(%)
国泰君安证券股份有限公司	129	613.7691	864.7600	4952.8119	10.84
申银万国证券股份有限公司	104	453.4899	739.0890	3675.7909	8.05
中国银河证券有限责任公司	92	430.5693	684.5360	3452.0799	7.56
中国国际金融有限公司	60	349.5830	99.8540	2825.5381	6.19
招商证券股份有限公司	72	349.0067	101.1210	2775.1493	6.08
海通证券股份有限公司	81	292.6635	451.6040	2343.1869	5.13
联合证券有限责任公司	53	218.4121	82.9040	1758.7084	3.85
中信建投证券有限责任公司	66	206.0607	88.1330	1659.3703	3.63
广发证券股份有限公司	45	205.7048	206.7510	1656.1807	3.63
中信证券股份有限公司	40	186.8616	99.7130	1505.4307	3.30
中银国际证券有限责任公司	42	211.2801	2454.9070	1483.9383	3.25
光大证券股份有限公司	45	175.6572	263.7140	1409.2942	3.09
国信证券有限责任公司	37	164.1374	9.8300	1316.1723	2.88
长城证券有限责任公司	43	152.7562	128.9080	1228.6935	2.69
兴业证券股份有限公司	41	144.4880	44.9350	1168.3209	2.56
平安证券有限责任公司	43	124.2254	38.1760	991.5500	2.17
东方证券股份有限公司	30	123.2803	35.3473	990.3230	2.17
华泰证券有限责任公司	26	102.1743	76.2500	837.5526	1.83
湘财证券有限责任公司	21	90.0278	17.1770	725.6502	1.59
国元证券有限责任公司	28	82.1840	270.4380	660.9224	1.45
中信万通证券有限责任公司	11	42.7943	61.3570	337.4280	0.74
东吴证券有限责任公司	17	41.3895	24.0790	332.8066	0.73
长江证券有限责任公司	15	39.2761	463.7130	327.0543	0.72
东北证券有限责任公司	13	38.7170	24.2950	304.7368	0.67
国金证券有限责任公司	14	37.3106	1.1420	304.6104	0.67
华安证券有限责任公司	7	36.7997	14.1780	296.3686	0.65

续上表

券商名称	交易基金数量(只)	股票交易总金额(亿元)	回购交易总金额(亿元)	总佣金(万元)	市场占有率(%)
宏源证券股份有限公司	9	35.8916	7.4630	290.7554	0.64
渤海证券有限责任公司	12	32.5276	30.3530	262.6124	0.57
南京证券有限责任公司	4	31.6825	14.5600	257.5511	0.56
上海证券有限责任公司	11	29.3037	4.6090	251.0990	0.55
北京证券有限责任公司	13	30.4644	12.2330	246.6475	0.54
西南证券有限责任公司	8	29.9575	35.1690	237.8240	0.52
国都证券有限责任公司	5	26.8798	3.0100	217.0617	0.48
金元证券有限责任公司	6	25.7793	7.0050	210.0329	0.46
民生证券有限责任公司	7	26.0891	3.6710	208.9755	0.46
天同证券有限责任公司	15	26.0534	159.4590	208.0722	0.46
广发华福证券有限责任公司	6	23.7736	2.4190	193.6668	0.42
新时代证券有限责任公司	5	22.9674	4.5760	187.0772	0.41
齐鲁证券有限公司	10	21.5812	1.2700	174.7202	0.38
泰阳证券有限责任公司	6	21.1595	4.0000	169.3841	0.37
国盛证券有限责任公司	6	20.5649	0.5000	167.4738	0.37
世纪证券有限责任公司	10	17.8851	3.8850	144.4242	0.32
国联证券有限责任公司	5	18.0700	45.5060	142.1668	0.31
华西证券有限责任公司	6	16.6372	3.1400	135.5037	0.30
西北证券有限责任公司	5	15.8047	0.0000	127.6066	0.28
金信证券有限责任公司	15	40.216	2106.0040	122.5953	0.27
江南证券有限责任公司	4	15.0697	0.0000	120.4903	0.26
亚洲证券有限责任公司	4	15.1045	0.0000	119.8156	0.26
华林证券有限责任公司	5	14.3308	0.8200	114.8808	0.25
恒泰证券有限责任公司	3	12.618	9.6430	102.4751	0.22
信泰证券有限责任公司	6	12.6587	0.0000	99.0094	0.22
东海证券有限责任公司	6	11.9878	1.7210	98.4399	0.22
财富证券有限责任公司	5	11.3061	1.3030	92.3643	0.20
金通证券股份有限公司	4	11.0990	0.2000	90.1910	0.20
方正证券有限责任公司	6	10.5388	0.0000	85.7124	0.19
蔚深证券有限责任公司	5	8.7242	2.4000	79.6466	0.17
中国科技证券有限责任公司	4	8.9968	1.4000	72.6148	0.16
河北证券有限责任公司	6	8.7775	0.0000	70.9050	0.16
大鹏证券有限责任公司	16	7.9899	1.5000	63.9462	0.14
第一创业证券有限责任公司	3	7.5090	0.0000	59.8394	0.13
天勤证券经纪有限公司	1	7.1778	1.1000	58.6699	0.13
山西证券有限责任公司	4	7.3099	0.2000	58.5332	0.13
巨田证券有限责任公司	4	7.4535	1.5000	58.4317	0.13
大通证券股份有限公司	6	6.6639	0.6000	53.8654	0.12

续上表

券商名称	交易基金数量(只)	股票交易总金额(亿元)	回购交易总金额(亿元)	总佣金(万元)	市场占有率(%)
天和证券经纪有限公司	3	6.3969	0.0000	51.1816	0.11
中国建银投资有限责任公司	13	6.0787	0.0000	49.1707	0.11
广州证券有限责任公司	3	5.9483	0.0000	47.4397	0.10
首创证券经纪有限责任公司	2	5.7715	1.0000	46.7611	0.10
中国民族证券有限责任公司	2	5.6345	0.0000	46.1340	0.10
中山证券有限责任公司	5	5.7040	1.0800	44.9210	0.10
华鑫证券有限责任公司	1	5.4797	0.3000	44.8931	0.10
东莞证券有限责任公司	1	5.5092	0.0000	44.6891	0.10
广东证券股份有限公司	4	5.4609	1.7000	44.2143	0.10
第一证券有限公司	4	5.1202	0.0000	41.8837	0.09
上海远东证券有限公司	2	5.1642	5.8540	41.5948	0.09
国海证券有限责任公司	3	5.0968	9.0290	40.4253	0.09
兴安证券有限责任公司	4	5.0163	0.0000	39.3809	0.09
天一证券有限责任公司	4	4.8448	0.0000	39.3220	0.09
红塔证券股份有限公司	2	4.0604	0.0000	33.0064	0.07
西部证券股份有限公司	2	2.8923	0.0000	23.6226	0.05
江海证券经纪有限责任公司	2	2.7949	0.0000	22.4486	0.05
航天证券经纪有限责任公司	1	2.6052	0.0000	21.3550	0.05
万联证券有限责任公司	3	2.6278	0.8700	21.2962	0.05
汉唐证券有限责任公司	8	2.5278	0.0000	20.6651	0.05
中原证券股份有限公司	1	1.8877	0.0000	15.4789	0.03
中关村证券股份有限公司	1	1.7224	0.0000	14.0692	0.03
五矿证券经纪有限责任公司	2	1.7677	0.0000	13.8325	0.03
富成证券经纪有限公司	1	1.5723	4.7250	12.4128	0.03
上海爱建信托投资有限责任公司	1	1.5427	0.0000	12.3667	0.03
广发北方证券经纪有限责任公司	1	1.2703	0.0000	10.3032	0.02
联讯证券经纪有限责任公司	2	1.2224	0.0000	10.0233	0.02
华龙证券有限责任公司	1	1.1866	0.0000	9.7303	0.02
吉林省信托投资有限责任公司	1	1.1906	0.0000	9.3166	0.02
中富证券有限责任公司	3	0.9489	0.0000	7.6683	0.02
德邦证券有限责任公司	1	0.5910	0.0000	4.8464	0.01
健桥证券股份有限公司	3	0.5589	0.8500	4.3977	0.01
河北财达证券经纪有限责任公司	2	0.4429	0.0000	3.4657	0.01
大连证券有限责任公司	1	0.3023	0.1600	2.4152	0.01
爱建证券有限责任公司	1	0.2207	0.0000	1.7268	0.00
民安证券有限责任公司	2	0.0916	0.0000	0.7115	0.00
合 计	1524	5722.4764	9843.6983	45671.9209	100.00

表 1–15　证券投资基金历年信息披露费、审计费、上市费、持续营销费一览

年度	信息披露费	审计费	上市费	持续营销费	合计
2000 年	0.000	0.000	0.004	0.000	0.004
2001 年	0.042	0.015	0.007	0.000	0.064
2002 年	0.214	0.070	0.035	0.000	0.318
2003 年	0.307	0.087	0.032	0.000	0.426
2004 年	0.372	0.130	0.032	0.871	1.405
2005 年	0.481	0.165	0.037	4.588	5.272

注：以年报数据为基础进行统计。

表 1–16　证券投资基金历年资产配置一览

（单位：亿元）

年度	股票市值	债券市值	权证市值	银行存款	其他资产	合计
1998 年	69.90	7.78	0.00	28.19	2.86	108.73
1999 年	331.22	104.11	0.00	49.57	10.42	495.32
2000 年	620.54	175.97	0.00	55.50	52.72	904.73
2001 年	360.34	279.75	0.00	127.85	33.88	801.82
2002 年	553.73	424.35	0.00	124.12	43.68	1145.89
2003 年	1027.39	511.05	0.00	96.70	53.09	1688.24
2004 年	1602.82	1413.47	0.00	177.54	196.14	3389.97
2005 年	1744.59	2175.17	0.15	633.83	321.64	4875.23

表 1–17　证券投资基金历年资产配置占总值比例一览

（单位：%）

年度	股票市值	债券市值	权证市值	银行存款	其他资产	合计
1998 年	64.29	7.16	0.00	25.93	2.63	100.00
1999 年	66.87	21.02	0.00	10.01	2.10	100.00
2000 年	68.59	19.45	0.00	6.13	5.83	100.00
2001 年	44.94	34.89	0.00	15.95	4.23	100.00
2002 年	48.32	37.03	0.00	10.83	3.81	100.00
2003 年	60.86	30.27	0.00	5.73	3.14	100.00
2004 年	47.28	41.70	0.00	5.24	5.79	100.00
2005 年	35.78	44.62	0.00	13.00	6.60	100.00

注：(1)以披露年报的全部基金为基础汇总；
(2) 债券市值中包含“买入返售证券”。

表 1–18　保险资金历年投资证券投资基金概况

（单位：亿元）

年度	保险资金投资基金金额	保险资产总额	保险资金投资基金占保险资产总额比(%)	保险资金投资基金占年末基金总资产净值比(%)
1999 年	14.79	2604.09	0.57	2.56
2000 年	115.05	3174.09	3.62	13.23
2001 年	208.99	4591.34	4.55	25.47
2002 年	307.78	6494.07	4.74	25.96
2003 年	463.28	9122.84	5.08	27.00
2004 年	673.17	11853.55	5.68	20.74
2005 年	1099.21	15225.97	7.22	23.43

第二章 开放式基金数据统计

表 2–1 不同类型开放式基金数量发展概况

（单位：只）

年度	股票型基金	混合型基金	债券型基金	货币型基金	合计
2001 年	3	0	0	0	3
2002 年	13	3	1	0	17
2003 年	31	13	11	1	56
2004 年	60	27	11	9	107
2005 年	95	31	12	26	164

表 2–2 不同类型开放式基金数量市场占有率

（单位：%）

年度	股票型基金	混合型基金	债券型基金	货币型基金	合计
2001 年	100.00	0.00	0.00	0.00	100.00
2002 年	76.47	17.65	5.88	0.00	100.00
2003 年	55.36	23.21	19.64	1.79	100.00
2004 年	56.07	25.23	10.28	8.41	100.00
2005 年	57.93	18.90	7.32	15.85	100.00

表 2–3 不同类型开放式基金净值规模发展概况

（单位：亿元）

年度	股票型基金	混合型基金	债券型基金	货币型基金	合计
2001 年	118.03	0.00	0.00	0.00	118.03
2002 年	314.74	116.52	37.24	0.00	468.50
2003 年	438.43	253.51	119.15	42.54	853.62
2004 年	1100.85	663.16	39.38	633.27	2436.66
2005 年	1237.29	540.36	223.50	1867.90	3869.05

表 2–4 不同类型开放式基金规模市场占有率

（单位：%）

年度	股票型基金	混合型基金	债券型基金	货币型基金	合计
2001 年	100.00	0.00	0.00	0.00	100.00
2002 年	67.18	24.87	7.95	0.00	100.00
2003 年	51.36	29.70	13.96	4.98	100.00
2004 年	45.18	27.22	1.62	25.99	100.00
2005 年	31.98	13.97	5.78	48.28	100.00

表 2–5　开放式基金历年资金流量一览

（单位：亿元）

年度	总申购金额	总赎回金额	总流量	净流量
2002 年	40.52	37.07	77.59	3.45
2003 年	145.28	346.24	491.51	−200.96
2004 年	878.63	870.44	1749.07	8.19
2005 年	6568.90	6175.01	12743.90	393.89

● 表 2–5–1　开放式股票型基金历年资金流量一览

（单位：亿元）

年度	总申购金额	总赎回金额	总流量	净流量
2002 年	40.52	37.07	77.59	3.45
2003 年	118.66	240.64	359.30	−121.98
2004 年	354.32	333.06	687.38	21.26
2005 年	458.44	639.39	1097.83	−180.94

● 表 2–5–2　开放式混合型基金历年资金流量一览

（单位：亿元）

年度	总申购金额	总赎回金额	总流量	净流量
2002 年	0.00	0.00	0.00	0.00
2003 年	20.55	83.10	103.65	−62.55
2004 年	92.41	169.35	261.77	−76.94
2005 年	114.22	264.47	378.70	−150.25

● 表 2–5–3　开放式债券型基金历年资金流量一览

（单位：亿元）

年度	总申购金额	总赎回金额	总流量	净流量
2002 年	0.00	0.00	0.00	0.00
2003 年	6.06	22.50	28.56	−16.43
2004 年	12.35	69.55	81.90	−57.20
2005 年	16.88	22.18	39.06	−5.30

● 表 2–5–4　开放式货币型基金历年资金流量一览

（单位：亿元）

年度	总申购金额	总赎回金额	总流量	净流量
2002 年	0.00	0.00	0.00	0.00
2003 年	0.00	0.00	0.00	0.00
2004 年	419.55	298.48	718.02	121.07
2005 年	5979.35	5248.97	11228.32	730.38

注：(1) 当年新成立的基金不在统计范围之内；
(2) 总流量＝总申购金额＋总赎回金额；
(3) 净流量＝总申购金额－总赎回金额。

表 2-6 新设立开放式基金历年汇总表

年度	基金数量(只)	募集规模(亿元)	投资者数量(户)	年末净值(亿元)
2001 年	3	117.26	136418	110.76
2002 年	14	447.98	770653	357.75
2003 年	39	678.51	1448717	534.86
2004 年	51	1821.40	3019866	1634.26
2005 年	57	1002.79	1136445	1012.22

● 表 2-6-1 新设立开放式股票型基金历年汇总表

年度	基金数量(只)	募集规模(亿元)	投资者数量(户)	年末净值(亿元)
2001 年	3	117.26	136418	110.76
2002 年	10	254.65	445153	203.98
2003 年	18	257.58	631387	204.84
2004 年	29	807.40	1318168	674.42
2005 年	35	401.93	731973	305.11

● 表 2-6-2 新设立开放式混合型基金历年汇总表

年度	基金数量(只)	募集规模(亿元)	投资者数量(户)	年末净值(亿元)
2001 年	0	0.00	0	0.00
2002 年	3	141.98	254271	116.52
2003 年	10	239.69	466134	189.65
2004 年	14	594.10	1123161	492.70
2005 年	4	22.45	47640	14.53

● 表 2-6-3 新设立开放式债券型基金历年汇总表

年度	基金数量(只)	募集规模(亿元)	投资者数量(户)	年末净值(亿元)
2001 年	0	0.00	0	0.00
2002 年	1	51.33	71229	37.24
2003 年	9	133.91	224270	94.52
2004 年	0	0.00	0	0.00
2005 年	2	160.37	81420	189.14

● 表 2-6-4 新设立开放式货币型基金历年汇总表

年度	基金数量(只)	募集规模(亿元)	投资者数量(户)	年末净值(亿元)
2001 年	0	0.00	0	0.00
2002 年	0	0.00	0	0.00
2003 年	2	47.27	126926	45.84
2004 年	8	419.82	578537	467.14
2005 年	16	418.04	275412	503.43

表 2-7　投资者持有开放式基金比例总体情况

年度	参与统计的基金(只)	投资者户数(户)	基金总资产净值(亿元)	个人投资者		机构投资者	
				持有基金资产净值(亿元)	占基金总资产净值比(%)	持有基金资产净值(亿元)	占基金总资产净值比(%)
2004 年	98	3827399	2309.62	1413.17	61.19	896.45	38.81
2005 年	152	4169153	3715.33	1960.86	52.78	1754.47	47.22

● 表 2-7-1　投资者持有开放式股票型基金比例一览

年度	参与统计的基金(只)	投资者户数(户)	基金总资产净值(亿元)	个人投资者		机构投资者	
				持有基金资产净值(亿元)	占基金总资产净值比(%)	持有基金资产净值(亿元)	占基金总资产净值比(%)
2004 年	59	1826107	1133.45	571.51	50.42	561.94	49.58
2005 年	86	1900167	1193.54	582.78	48.83	610.76	51.17

● 表 2-7-2　投资者持有开放式混合型基金比例一览

年度	参与统计的基金(只)	投资者户数(户)	基金总资产净值(亿元)	个人投资者		机构投资者	
				持有基金资产净值(亿元)	占基金总资产净值比(%)	持有基金资产净值(亿元)	占基金总资产净值比(%)
2004 年	22	1273912	527.64	398.05	75.44	129.59	24.56
2005 年	30	1091180	468.56	327.92	69.98	140.64	30.02

● 表 2-7-3　投资者持有开放式债券型基金比例一览

年度	参与统计的基金(只)	投资者户数(户)	基金总资产净值(亿元)	个人投资者		机构投资者	
				持有基金资产净值(亿元)	占基金总资产净值比(%)	持有基金资产净值(亿元)	占基金总资产净值比(%)
2004 年	10	135957	38.54	27.18	70.53	11.36	29.47
2005 年	12	199214	223.50	147.76	66.11	75.75	33.89

● 表 2-7-4　投资者持有开放式货币型基金比例一览

年度	参与统计的基金(只)	投资者户数(户)	基金总资产净值(亿元)	个人投资者		机构投资者	
				持有基金资产净值(亿元)	占基金总资产净值比(%)	持有基金资产净值(亿元)	占基金总资产净值比(%)
2004 年	7	591423	609.98	416.43	68.27	193.55	31.73
2005 年	24	978592	1829.73	902.40	49.32	927.32	50.68

注：(1) 只有披露年度报告的基金才参与统计；
(2) 分级基金合并计算。

表 2–8　开放式基金历年发行情况一览

年度	基金代码	基金简称	基金类型	合同生效日	首发规模(亿份)	有效认购户数(户)	基金托管人
2001 年	040001	华安创新	股票	2001–09–21	50.0000	45618	交通银行
	202001	南方稳健成长	股票	2001–09–28	34.8894	35588	中国工商银行
	000001	华夏成长	股票	2001–12–18	32.3683	55212	中国建设银行
2002 年	020001	国泰金鹰增长	股票	2002–05–08	22.2637	23567	交通银行
	206001	鹏华行业成长	股票	2002–05–24	39.7718	105045	中国工商银行
	100016	富国动态平衡	混合	2002–08–16	46.1691	62487	中国农业银行
	110001	易基平稳	混合	2002–08–23	46.7811	93670	中国银行
	161601	融通新蓝筹	股票	2002–09–13	22.1886	46806	中国建设银行
	080001	长盛成长价值基金	股票	2002–09–18	31.6689	6325	中国农业银行
	202101	南方宝元	偏债	2002–09–20	49.0266	98114	中国工商银行
	213001	宝盈鸿利收益	股票	2002–10–08	14.4642	37892	中国农业银行
	050001	博时增长	股票	2002–10–09	30.4884	60318	中国建设银行
	001001	华夏债券	债券	2002–10–23	51.3279	71229	交通银行
	070001	嘉实成长收益基金	股票	2002–11–05	20.0228	14780	中国银行
	040002	华安中国 A 股	股票	2002–11–08	30.9400	79843	中国工商银行
	090001	大成价值增长	股票	2002–11–11	26.0366	57481	中国农业银行
	180001	银华优势企业	股票	2002–11–13	16.8257	13096	中国银行
2003 年	519180	万家 180	股票	2003–03–15	19.2979	50555	中国银行
	121001	国投瑞银融华基金	偏债	2003–04–16	25.8754	17611	中国光大银行
	162201	泰达荷银成长	股票	2003–04–25	10.2169	105797	交通银行
	162202	泰达荷银周期	股票	2003–04–25	6.2716	17162	交通银行
	162203	泰达荷银稳定	股票	2003–04–25	9.8142	58166	交通银行
	217001	招商安泰股票基金	股票	2003–04–28	10.2950	10604	招商银行
	217002	招商安泰平衡型基金	混合	2003–04–28	8.9940	11315	招商银行
	217003	招商安泰债券基金	债券	2003–04–28	25.8657	15245	招商银行
	090002	大成债券	债券	2003–06–12	21.5278	47100	中国农业银行
	210001	金鹰优选	股票	2003–06–16	15.1718	23495	中国银行
	202201	南方避险	偏债	2003–06–27	51.9298	148023	中国工商银行
	070002	嘉实增长	股票	2003–07–09	9.4534	22504	中国银行
	070003	嘉实稳健	股票	2003–07–09	10.3025	16345	中国银行
	070005	嘉实债券	债券	2003–07–09	5.8652	11477	中国银行
	160602	普天债券	债券	2003–07–12	7.9760	5495	交通银行
	160603	普天收益	股票	2003–07–12	3.4326	2132	交通银行

年度	基金代码	基金简称	基金类型	合同生效日	首发规模(亿份)	有效认购户数(户)	基金托管人
2003年	240001	宝康消费品	股票	2003-07-15	15.4102	51785	中国建设银行
	240002	宝康灵活配置	混合	2003-07-15	10.6724	29058	中国建设银行
	240003	宝康债券	债券	2003-07-15	12.8759	19194	中国建设银行
	151001	银河稳健基金	股票	2003-08-04	11.8665	22060	中国农业银行
	151002	银河收益基金	偏债	2003-08-04	18.0225	22479	中国农业银行
	255010	德盛稳健	混合	2003-08-08	36.6612	83509	中国工商银行
	510001	海富通精选	股票	2003-08-22	36.9843	26568	交通银行
	050002	基金裕富	股票	2003-08-26	51.2640	110760	中国建设银行
	002001	华夏回报	混合	2003-09-05	37.9689	49829	中国银行
	161603	融通债券	债券	2003-09-30	8.7346	40752	中国工商银行
	161604	融通深证100指数基金	股票	2003-09-30	4.7769	34213	中国工商银行
	161605	融通蓝筹成长	股票	2003-09-30	7.6607	32034	中国工商银行
	260101	优选股票	股票	2003-10-24	8.2109	15425	中国银行
	260102	恒丰债券(货币市场基金)	债券	2003-10-24	4.7373	8743	中国银行
	260103	动力平衡	混合	2003-10-24	5.4096	9071	中国银行
	510080	长盛中信全债	债券	2003-10-25	9.2509	31379	中国农业银行
	200001	长城久恒	混合	2003-10-31	12.8413	32675	中国建设银行
	100018	富国天利增长	债券	2003-12-02	22.9466	47005	中国工商银行
	270001	广发聚富	混合	2003-12-03	31.3191	62564	中国工商银行
	020002	国泰金龙债券	债券	2003-12-05	18.8737	6623	浦东发展银行
	020003	国泰金龙行业	股票	2003-12-05	6.8435	3311	浦东发展银行
	110002	易基策略	股票	2003-12-09	20.3505	28471	中国银行
	040003	华安现金富利	货币	2003-12-30	42.5375	118183	中国工商银行
2004年	217004	招商现金增值基金	货币	2004-01-14	46.4453	26731	招商银行
	050003	博时现金收益	货币	2004-01-16	62.8592	72988	交通银行
	290001	泰信天天收益	货币	2004-02-10	60.2331	49034	中国银行
	180002	银华保本增值	偏债	2004-03-02	60.7362	170336	中国建设银行
	202301	南方现金增利	货币	2004-03-05	80.4985	143742	中国工商银行
	519003	海富通收益	混合	2004-03-12	130.7367	225936	中国银行
	288001	中信经典配置基金	混合	2004-03-15	121.4937	106421	招商银行
	519999	长信利息收益基金	货币	2004-03-19	70.4263	168162	中国农业银行
	110003	易基50	股票	2004-03-22	50.4890	70192	交通银行
	233001	巨田基础行业	股票	2004-03-26	18.5489	17274	中国光大银行

表 2–8 开放式基金历年发行情况一览

年度	基金代码	基金简称	基金类型	合同生效日	首发规模(亿份)	有效认购户数(户)	基金托管人
2004年	150103	银泰理财分红基金	混合	2004-03-30	60.1322	130731	中国工商银行
	070006	嘉实服务增值行业基金	股票	2004-04-01	90.3344	181725	中国银行
	003003	华夏现金增利	货币	2004-04-07	64.2613	89983	中国建设银行
	310308	盛利精选	股票	2004-04-09	68.0931	145111	中国工商银行
	257010	德盛小盘	混合	2004-04-12	83.2498	231431	中国工商银行
	121002	国投瑞银景气基金	股票	2004-04-29	21.9655	21189	中国光大银行
	161606	融通行业景气基金	股票	2004-04-29	25.4702	18420	交通银行
	240005	多策略增长	股票	2004-05-11	52.3334	115318	中国建设银行
	340001	兴业转债基金	偏债	2004-05-11	32.8240	70846	中国工商银行
	160605	鹏华中国50基金	股票	2004-05-12	24.4488	28072	交通银行
	200002	长城久泰	股票	2004-05-21	15.1202	14519	招商银行
	320001	诺安平衡	股票	2004-05-21	22.0671	37235	中国工商银行
	510081	长盛动态精选基金	股票	2004-05-21	41.0819	128876	中国农业银行
	162102	金鹰中小盘	股票	2004-05-27	5.4581	6072	交通银行
	217005	招商先锋	股票	2004-06-01	16.0469	26381	中国银行
	090003	大成蓝筹稳健基金	股票	2004-06-03	22.3431	27458	中国银行
	100020	富国天益价值	股票	2004-06-15	10.3372	7423	交通银行
	020005	国泰金马稳健	股票	2004-06-18	12.3117	24355	中国建设银行
	050004	博时精选	股票	2004-06-22	61.0259	135015	中国工商银行
	260104	内需增长基金	股票	2004-06-25	25.2091	78574	中国农业银行
	290002	泰信先行策略	股票	2004-06-28	7.4885	4214	中国光大银行
	350001	天治财富增长	偏债	2004-06-29	9.5200	7078	浦东发展银行
	162204	泰达荷银精选	股票	2004-07-09	20.1703	19086	中国银行
	270002	广发稳健增长	混合	2004-07-26	22.9704	34499	中国工商银行
	000011	华夏大盘精选	股票	2004-08-11	19.2797	21340	中国银行
	180003	银华－道琼斯88	股票	2004-08-11	10.8560	19834	中国建设银行
	040004	华安宝利	偏债	2004-08-24	11.3048	4613	交通银行
	360001	量化核心	股票	2004-08-27	25.4429	10835	中国光大银行
	110005	易基积极	股票	2004-09-09	11.5846	15522	中国银行
	375010	上投中国优势	股票	2004-09-15	16.6931	22812	中国建设银行
	161902	万家保本增值	偏债	2004-09-28	21.9379	77493	中国农业银行
	398001	国联成长	股票	2004-09-28	10.1762	10483	交通银行
	160105	南方积配	股票	2004-10-14	35.3558	28171	中国工商银行

年度	基金代码	基金简称	基金类型	合同生效日	首发规模(亿份)	有效认购户数(户)	基金托管人
2004年	020006	国泰金象保本基金	偏债	2004-11-10	8.0349	18593	中国银行
	400001	东方龙基金	混合	2004-11-25	11.3073	17966	中国建设银行
	310318	盛利配置	偏债	2004-11-29	6.9046	15611	中国工商银行
	070007	嘉实浦安保本	偏债	2004-12-01	12.9636	11607	浦东发展银行
	320002	诺安货币	货币	2004-12-06	15.7360	20054	中国工商银行
	090004	大成精选	股票	2004-12-15	13.3645	45395	中国农业银行
	150005	银河银富基金	货币	2004-12-20	19.3767	7843	交通银行
	510050	50ETF	股票	2004-12-30	54.3533	37267	中国工商银行
2005年	163801	中银中国	股票	2005-01-04	10.6341	17146	中国工商银行
	519005	海富通货币	货币	2005-01-04	9.6451	6401	中国银行
	160505	博时主题	股票	2005-01-06	12.0964	25154	中国建设银行
	350002	天治品质优选	股票	2005-01-12	12.1257	4385	中国民生银行
	519996	长信银利精选基金	股票	2005-01-17	11.8253	34608	中国农业银行
	180008	银华货币市场基金	货币	2005-01-31	5.9103	7618	交通银行
	580001	东吴嘉禾	股票	2005-02-01	10.2935	6388	中国工商银行
	110006	易基货币	货币	2005-02-02	36.2221	23390	中国银行
	162703	广发小盘	股票	2005-02-02	11.7543	12393	浦东发展银行
	410001	华富竞争力	股票	2005-03-02	6.0110	8157	中国建设银行
	213002	宝盈泛沿海	股票	2005-03-08	4.0205	4062	中国工商银行
	162605	鼎益基金	股票	2005-03-16	4.4562	7467	中国银行
	070008	嘉实货币	货币	2005-03-18	29.4720	14219	中国银行
	240006	华宝兴业现金宝	货币	2005-03-31	23.1444	23839	中国建设银行
	162205	泰达荷银预算	偏债	2005-04-05	5.4586	6821	交通银行
	100022	富国天瑞强势地区	股票	2005-04-05	16.3867	51297	中国农业银行
	160606	鹏华货币市场基金	货币	2005-04-12	33.5374	40618	中国农业银行
	370010	上投货币	货币	2005-04-13	9.9136	7491	中国建设银行
	288101	中信现金优势基金	货币	2005-04-20	24.3260	9009	招商银行
	460001	友邦盛世	股票	2005-04-27	9.0052	9288	中国银行
	161607	融通巨潮	指数	2005-05-12	5.1353	7340	中国工商银行
	270004	广发货币	货币	2005-05-20	26.3663	19930	中国工商银行
	200003	长城货币	货币	2005-05-30	29.3489	19425	华夏银行
	450001	富兰克林国海收益	偏债	2005-06-01	6.7166	11391	中国工商银行
	090005	大成货币	货币	2005-06-03	36.3650	7850	中国光大银行

续上表

年度	基金代码	基金简称	基金类型	合同生效日	首发规模(亿份)	有效认购户数(户)	基金托管人
2005年	163802	中银货币	货币	2005-06-07	12.4887	11688	中国工商银行
	360003	光大保德信货币	货币	2005-06-09	14.3964	3604	招商银行
	398011	国联分红	股票	2005-06-16	6.0341	21227	中国农业银行
	020007	国泰货币市场	货币	2005-06-21	44.4494	34678	中国农业银行
	002011	华夏红利	股票	2005-06-30	7.7020	11432	中国建设银行
	253010	德盛安心	混合	2005-07-13	4.0906	4166	中国工商银行
	160106	南方高增	股票	2005-07-13	12.7687	6043	中国银行
	161903	万家公用	股票	2005-07-15	3.0996	2387	交通银行
	519005	海富通股票	股票	2005-07-29	4.1961	3457	中国银行
	050006	博时稳定	债券	2005-08-24	45.8020	30850	中国建设银行
	519008	添富优势	股票	2005-08-25	10.2511	8533	中国工商银行
	160706	嘉实 300	指数	2005-08-29	8.6713	7163	中国银行
	481001	工银价值	股票	2005-08-31	43.4663	144717	中国银行
	519087	世纪优选	混合	2005-09-16	6.1882	25262	中国农业银行
	110007	月月收益	债券	2005-09-19	114.5680	50570	中国银行
	163302	巨田资源	股票	2005-09-27	3.0957	1644	中国光大银行
	519001	银华核心价值优选	股票	2005-09-27	5.1907	5134	中国建设银行
	519688	交银精选	股票	2005-09-29	48.7488	114637	中国农业银行
	420001	天弘精选	股票	2005-10-08	3.3914	4761	中国工商银行
	377010	阿尔法	股票	2005-10-11	7.6762	8537	中国建设银行
	163402	兴业趋势	股票	2005-11-03	9.2765	6783	兴业银行
	162206	泰达荷银货币	货币	2005-11-10	46.4326	32976	中国农业银行
	310328	申万巴黎新动力	股票	2005-11-10	6.6960	4662	中国工商银行
	161005	富国天惠精选	股票	2005-11-16	5.8431	7328	中国工商银行
	288002	中信红利精选	股票	2005-11-17	5.4358	7378	中国建设银行
	161706	招商成长	股票	2005-11-17	6.5341	8203	中信银行
	240004	华宝兴业动力组合	股票	2005-11-17	5.3541	3397	中国银行
	530001	建信恒久价值基金	股票	2005-12-01	62.0186	141595	中信银行
	080011	长盛货币	货币	2005-12-12	36.0184	12676	兴业银行
	320003	诺安股票	股票	2005-12-19	3.7918	4261	中国工商银行
	270005	广发聚丰	股票	2005-12-23	13.1586	15026	中国工商银行
	257020	德盛精选	股票	2005-12-28	5.7863	5983	华夏银行

表 2–9 开放式基金历年份额与份额变化率一览

基金类型	基金代码	基金简称	合同生效日	基金总份额(万份)					份额变化率(%)		
				(2001,末期)	(2002,末期)	(2003,末期)	(2004,末期)	(05-12-31)	2003年	2004年	2005年
股票型基金	020001	国泰金鹰增长	2002-05-08		261528.18	144218.66	91611.5500	70077.0381	-44.86	-36.48	-23.51
	217001	招商安泰股票	2003-04-28			131959.03	227928.2600	196402.6785		72.73	-13.83
	260101	优选股票基金	2003-10-24			78288.35	100566.5000	108353.9899		28.46	7.74
	100020	富国天益价值	2004-06-15				45896.8594	20430.6824			-55.49
	260104	内需增长基金	2004-06-25				161154.0853	131860.7266			-18.18
	162204	泰达荷银精选基金	2004-07-09				195288.0363	133359.9725			-31.71
	360001	量化核心	2004-08-27				203521.5999	148265.4153			-27.15
	平均								-44.86	21.57	-23.16
偏股型基金	040001	华安创新	2001-09-21	500228.47	468544.09	276602.22	243084.6200	233585.0095	-40.97	-12.12	-3.91
	202001	南方稳健成长	2001-09-28	348698.86	316477.33	258475.66	345124.7900	314475.319	-18.33	33.52	-8.88
	000001	华夏成长	2001-12-18	323683.01	416369.88	297440.31	276648.5100	211831.0322	-28.56	-6.99	-23.43
	206001	鹏华行业成长	2002-05-24		372439.58	243447.26	147396.8400	114765.2384	-34.63	-39.45	-22.14
	161601	融通新蓝筹	2002-09-13		186752.89	126870.16	124085.3900	106369.125	-32.07	-2.19	-14.28
	080001	长盛成长价值	2002-09-18		201144.29	113101.95	141072.8500	106131.3048	-43.77	24.73	-24.77
	213001	宝盈鸿利收益	2002-10-08		117949.59	53974.62	64556.2200	40366.9157	-54.24	19.60	-37.47
	050001	博时价值增长	2002-10-09		280930.06	215204.63	249097.7200	230347.2283	-23.40	15.75	-7.53
	070001	嘉实成长收益	2002-11-05		180698.3667	128541.00	166425.8200	184596.6498	-28.86	29.47	10.92
	090001	大成价值增长	2002-11-11		196260.2498	103501.17	120481.5300	89565.8554	-47.26	16.41	-25.66
	180001	银华优势企业	2002-11-13		130056.2052	108171.31	134125.8500	106629.748	-16.83	23.99	-20.50
	162201	泰达荷银成长	2003-04-25			41109.25	42351.8900	57117.8162		3.02	34.86
	162202	泰达荷银周期	2003-04-25			45157.88	26424.7500	25197.6728		-41.48	-4.64
	162203	泰达荷银稳定	2003-04-25			50463.31	40668.9400	23729.0554		-19.41	-41.65
	210001	金鹰优选	2003-06-16			74474.05	43695.1500	36702.1069		-41.33	-16.00
	070002	嘉实增长	2003-07-09			74443.00	108830.4700	153690.1368		46.19	41.22
	070003	嘉实稳健	2003-07-09			91384.06	94337.0400	80508.1074		3.23	-14.66
	160603	普天收益基金	2003-07-12			19802.25	32154.0500	21791.6917		62.38	-32.23
	240001	宝康消费品	2003-07-15			147213.87	129683.1800	174665.603		-11.91	34.69
	151001	银河稳健基金	2003-08-04			75948.99	72817.1600	46585.6469		-4.12	-36.02
	519011	海富通精选	2003-08-22			187555.09	273402.3859	232570.8828		45.77	-14.93
	161605	融通蓝筹成长基金	2003-09-30			78151.83	72727.3300	70719.6458		-6.94	-2.76
	020003	国泰金龙行业	2003-12-05			68420.08	8545.2400	21752.6149		-87.51	-58.04

表 2-9 开放式基金历年份额与份额变化率一览

基金类型	基金代码	基金简称	合同生效日	基金总份额(万份)					份额变化率(%)		
				(2001末期)	(2002末期)	(2003末期)	(2004末期)	(05-12-31)	2003年	2004年	2005年
偏股型基金	110002	易基策略	2003-12-09			214216.1019	136672.75	224445.2091		-36.20	64.22
	233001	巨田基础行业	2004-03-26				184486.6308	106374.3566			-42.34
	070006	嘉实服务增值行业基金	2004-04-01				848909.114	679631.7896			-19.94
	310308	盛利精选	2004-04-09				605380.7117	495710.6655			-18.12
	161606	融通行业景气基金	2004-04-29				187972.1216	124428.2558			-33.80
	121002	国投瑞银景气行业基金	2004-04-29				182838.4132	115289.7308			-36.94
	240005	多策略增长	2004-05-11				426473.3406	329482.2361			-22.74
	160605	鹏华中国50基金	2004-05-12				196466.071	125544.6973			-36.10
	510081	长盛动态精选基金	2004-05-21				302602.8062	235157.5395			-22.29
	320001	诺安平衡基金	2004-05-21				163715.7253	149621.1299			-8.61
	162102	金鹰中小盘	2004-05-27				38292.6584	31954.594			-16.55
	217005	招商先锋	2004-06-01				174154.996	150345.3126			-13.67
	090003	大成蓝筹稳健基金	2004-06-03				123289.4127	84343.8689			-31.59
	020005	国泰金马稳健	2004-06-18				97734.5001	64851.6947			-33.65
	050004	博时精选	2004-06-22				610963.3402	477363.5791			-21.87
	290002	泰信先行策略	2004-06-28				58077.761	45731.3995			-21.26
	000011	华夏大盘精选	2004-08-11				115722.0063	70359.2998			-39.20
	110005	易基积极	2004-09-09				116435.8735	124948.1592			7.31
	375010	上投中国优势	2004-09-15				139552.6344	116347.718			-16.63
	398001	国联优质成长	2004-09-28				82849.9164	32241.8814			-61.08
	160105	南方积配	2004-10-14				277124.5798	134521.6579			-51.46
	090004	大成精选增值	2004-12-15				136675.1949	50744.1246			-62.87
	平均								-33.54	0.60	-18.38
股债平衡型基金	100016	富国动态平衡	2002-08-16		390041.38	153953.47	115906.23	85332.5205	-60.53	-24.71	-26.38
	110001	易基平稳	2002-08-23		417316.36	220157.63	226226.57	230810.5888	-47.24	2.76	2.03
	217002	招商安泰平衡型基金	2003-04-28			52506.21	35682.95	29324.1251		-32.04	-17.82
	240002	宝康灵活配置	2003-07-15			101908.75	79167.17	105869.5618		-22.32	33.73
	255010	德盛稳健	2003-08-08			263238.08	168487.03	115091.9162		-35.99	-31.69
	002001	华夏回报	2003-09-05			326647.4	305899.26	213467.9274		-6.35	-30.22
	260103	动力平衡基金	2003-10-24			47692.27	25084.1	25102.9561		-47.40	0.08
	200001	长城久恒	2003-10-31			130618.45	85254.71	41444.7449		-34.73	-51.39

基金类型	基金代码	基金简称	合同生效日	基金总份额（万份）					份额变化率（%）		
				（2001末期）	（2002末期）	（2003末期）	（2004末期）	（05-12-31）	2003年	2004年	2005年
股债平衡型基金	270001	广发聚富	2003-12-03			313190.704	134304.6	213899.1687		-57.12	59.26
	519003	海富通收益增长	2004-03-12				1140074.487	842405.5681			-26.11
	288001	中信经典配置	2004-03-15				1062329.265	739744.1116			-30.37
	150103	银泰理财分红基金	2004-03-30				552879.8262	369210.3277			-33.22
	257010	德盛小盘	2004-04-12				768523.7235	617996.6475			-19.59
	270002	广发稳健增长	2004-07-26				149352.2983	178968.4394			19.83
	040004	华安宝利	2004-08-24				59572.5509	98691.0091			65.67
	400001	东方龙基金	2004-11-25				86130.1017	31250.7269			-63.72
	平均								-53.89	-28.66	-9.37
偏债型基金	202101	南方宝元	2002-09-20		396356.8	218528.41	113120.26	91390.9758	-44.87	-48.24	-19.21
	121001	国投瑞银融华基金	2003-04-16			106483.05	51278.5	29121.0321		-51.84	-43.21
	151002	银河收益基金	2003-08-04			62645.61	19999.6	9944.311		-68.08	-50.28
	340001	兴业转债基金	2004-05-11				260554.2654	208646.8922			-19.92
	350001	天治财富增长	2004-06-29				29051.1312	14865.0965			-48.83
	310318	盛利配置	2004-11-29				69046.2261	40472.7125			-41.38
	平均								-44.87	-56.05	-37.14
债券型基金	001001	华夏债券	2002-10-23		369989.86	208837.3	113586.27	142865.2249	-43.56	-45.61	25.78
	217003	招商安泰债券基金	2003-04-28			135420.94	34489.78	39383.4122		-74.53	14.19
	090002	大成债券	2003-06-12			96005.85	28475.46	21267.735		-70.34	-25.31
	070005	嘉实债券	2003-07-09			43186.82	13129.47	11893.5852		-69.60	-9.41
	160602	普天债券基金	2003-07-12			18357.1	10811.66	7046.4416		-41.10	-34.83
	240003	宝康债券	2003-07-15			79366.44	67308.68	41731.2072		-15.19	-38.00
	161603	融通债券基金	2003-09-30			81287.27	37865.05	30020.2915		-53.42	-20.72
	510080	长盛债券基金	2003-10-25			62884.62	34147.1333	13091.3024		-45.70	-61.66
	100018	富国天利增长	2003-12-02			120201.4127	42038.05	22533.3273		-65.03	-46.40
	020002	国泰金龙债券	2003-12-05			106339.5722	51839.01	6702.8941		-51.25	-21.56
	平均								-43.56	-53.18	-21.79
指数型基金	040002	华安中国A股	2002-11-08		220121.4733	120525.26	178633.97	172924.4455	-45.25	48.21	-3.20
	519180	万家180	2003-03-15			117197.2	97344.8709	68838.5366		-16.94	-29.28
	050002	博时裕富	2003-08-26			416372.49	392436.41	331169.9587		-5.75	-15.61
	161604	融通深证100	2003-09-30			45777.58	105545.55	84080.5531		130.56	-20.34

续上表

基金类型	基金代码	基金简称	合同生效日	基金总份额(万份)					份额变化率(%)		
				(2001末期)	(2002末期)	(2003末期)	(2004末期)	(05-12-31)	2003年	2004年	2005年
指数型基金	110003	易基50	2004-03-22				506511.2186	532676.6347			5.17
	200002	长城久泰	2004-05-21				197823.3566	122860.3088			-37.89
	180003	银华-道琼斯88	2004-08-11				82565.7957	33784.0962			-59.08
	510050	50ETF	2004-12-30				543533.1306	811156.6757			49.24
	平均								-45.25	39.02	-13.88
保本型基金	202201	南方避险	2003-06-27			420868.74	329901.85	261473.1905		-21.61	-20.74
	180002	银华保本增值	2004-03-02				577860.4049	458260.5069			-20.70
	161902	万家保本	2004-09-28				207125.6961	132976.1886			-35.80
	020006	国泰金象保本	2004-11-10				65597.4034	44772.5683			-31.75
	070007	嘉实浦安保本	2004-12-01				129636.1261	56572.5992			-56.36
	平均									-21.61	-33.07
货币型基金	040003	华安现金富利	2003-12-30			425374.5532	1661307.29	3347795.027		290.55	101.52
	217004	招商现金增值基金	2004-01-14				945789.3716	1092826.699			15.55
	050003	博时现金收益	2004-01-16				456955.4451	843126.484			84.51
	290001	泰信天天收益	2004-02-10				315859.4003	693827.7485			119.66
	202301	南方现金增利	2004-03-05				1920241.829	3847337.85			100.36
	519999	长信利息收益基金	2004-03-19				322512.2164	1192126.049			269.64
	003003	华夏现金增利基金	2004-04-07				477163.4642	2029968.657			325.42
	320002	诺安货币市场基金	2004-12-06				152428.2563	284188.6054			86.44
	150005	银河银富	2004-12-20				80427.758	218967.139			172.25
	平均									290.55	141.71

表 2-10　开放式基金历年净值增长率一览

（单位：%）

基金类型	基金代码	基金简称	合同生效日	2002年度		2003年度		2004年度		2005年度	
				净值增长率	排名	净值增长率	排名	净值增长率	排名	净值增长率	排名
股票型基金	100020	富国天益价值	2004-06-15							14.84	1
	260104	内需增长基金	2004-06-25							6.47	2
	162204	泰达荷银精选	2004-07-09							5.70	3
	260101	优选股票基金	2003-10-24					6.85	1	3.32	4
	020001	国泰金鹰增长	2002-05-08			20.96	1	1.69	3	2.07	5
	217001	招商安泰股票	2003-04-28					2.01	2	-0.56	6
	360001	量化核心	2004-08-27							-7.36	7
		平均				20.96		3.52		3.50	
偏股型基金	110002	易基策略	2003-12-09					6.12	4	13.41	1
	162201	泰达荷银成长	2003-04-25					17.09	1	11.42	2
	375010	中国优势	2004-09-15							11.32	3
	240001	宝康消费品	2003-07-15					8.34	3	9.16	4
	161605	融通蓝筹成长基金	2003-09-30					-0.46	15	9.10	5
	180001	银华优势企业	2002-11-13			15.51	9	-0.02	13	8.93	6
	070002	嘉实增长	2003-07-09					15.56	2	8.85	7
	519011	海富通精选	2003-08-22					4.50	5	8.48	8
	320001	诺安平衡基金	2004-05-21							8.39	9
	206001	鹏华行业成长	2002-05-24			16.85	8	-10.10	23	8.22	10
	080001	长盛成长价值	2002-09-18			17.47	7	-0.05	14	8.05	11
	121002	国投瑞银景气基金	2004-04-29							7.11	12
	161601	融通新蓝筹	2002-09-13			19.97	4	-2.37	18	6.70	13
	040001	华安创新	2001-09-21	-7.51	3	17.84	6	-2.29	17	6.52	14
	162203	泰达荷银稳定	2003-04-25					1.82	10	6.52	15
	020003	国泰金龙行业	2003-12-05					-0.47	16	5.75	16
	110005	易基积极	2004-09-09							5.31	17
	160605	鹏华中国 50 基金	2004-05-12							5.15	18
	090001	大成价值增长	2002-11-11			18.29	5	0.15	12	5.04	19
	162202	泰达荷银周期	2003-04-25					3.12	7	3.87	20
	202001	南方稳健成长	2001-09-28	-6.71	2	25.15	2	2.61	8	3.83	21
	050001	博时增长	2002-10-09			34.35	1	-7.77	21	3.63	22
	510081	长盛动态精选基金	2004-05-21							3.39	23

表 2–10 开放式基金历年净值增长率一览

（单位：%）

基金类型	基金代码	基金简称	合同生效日	2002 年度 净值增长率	2002 年度 排名	2003 年度 净值增长率	2003 年度 排名	2004 年度 净值增长率	2004 年度 排名	2005 年度 净值增长率	2005 年度 排名
偏股型基金	160603	普天收益基金	2003-07-12					0.24	11	3.20	24
	070003	嘉实稳健	2003-07-09					-7.45	20	2.96	25
	070001	嘉实成长	2002-11-05			21.43	3	1.94	9	2.29	26
	310308	盛利精选	2004-04-09							0.86	27
	000011	华夏大盘精选	2004-08-11							-0.20	28
	090004	大成精选增值	2004-12-15							-0.28	29
	020005	国泰金马稳健	2004-06-18							-0.31	30
	217005	招商先锋	2004-06-01							-0.48	31
	050004	博时精选	2004-06-22							-1.27	32
	290002	泰信先行策略	2004-06-28							-1.32	33
	070006	嘉实服务增值行业基金	2004-04-01							-1.82	34
	240005	多策略增长	2004-05-11							-1.84	35
	151001	银河稳健基金	2003-08-04					-9.52	22	-2.04	36
	161606	融通行业景气基金	2004-04-29							-2.30	37
	398001	国联优质成长	2004-09-28							-2.32	38
	090003	大成蓝筹稳健基金	2004-06-03							-2.34	39
	160105	南方积配	2004-10-14							-3.29	40
	213001	宝盈鸿利收益	2002-10-08			14.58	10	-6.37	19	-4.79	41
	162102	金鹰中小盘	2004-05-27							-5.11	42
	000001	华夏成长	2001-12-18	-3.09	1	13.09	11	3.91	6	-5.33	43
	233001	巨田基础行业	2004-03-26							-6.77	44
	210001	金鹰优选	2003-06-16					-10.93	24	-9.40	45
		平均		-5.77		19.50		0.32		2.81	
股债平衡型基金	270002	广发稳健增长	2004-07-26							16.93	1
	270001	广发聚富	2003-12-03					7.44	2	13.34	2
	040004	华安宝利	2004-08-24							12.75	3
	240002	宝康灵活配置	2003-07-15					4.88	3	7.80	4
	110001	易基平稳	2002-08-23			20.65	1	8.55	1	5.57	5
	002001	华夏回报	2003-09-05					0.52	7	5.43	6
	200001	长城久恒	2003-10-31					-2.69	8	5.03	7
	400001	东方龙基金	2004-11-25							3.07	8

基金类型	基金代码	基金简称	合同生效日	2002 年度		2003 年度		2004 年度		2005 年度	
				净值增长率	排名	净值增长率	排名	净值增长率	排名	净值增长率	排名
	288001	中信经典配置	2004-03-15							2.67	9
	217002	招商安泰平衡型基金	2003-04-28					2.36	4	2.01	10
	519003	海富通收益增长	2004-03-12							1.38	11
	150103	银泰理财分红基金	2004-03-30							0.85	12
	255010	德盛稳健	2003-08-08					-4.62	9	0.31	13
	260103	景顺长城动力平衡	2003-10-24					1.35	5	0.31	14
	257010	德盛小盘	2004-04-12							0.21	15
	100016	富国动态平衡	2002-08-16			16.83	2	0.69	6	-2.58	16
		平均				18.74		2.05		4.69	
偏债型基金	151002	银河收益基金	2003-08-04					-5.31	3	13.78	1
	202101	南方宝元	2002-09-20			7.1		1.09	1	10.47	2
	121001	国投瑞银融华基金	2003-04-16					0.16	2	8.49	3
	340001	兴业转债基金	2004-05-11							7.53	4
	350001	天治财富增长	2004-06-29							7.11	5
	310318	盛利配置	2004-11-29							-1.44	6
		平均				7.1		-1.35		7.66	
债券型基金	070005	嘉实债券	2003-07-09					2.23	2	13.14	1
	100018	富国天利增长	2003-12-02					-2.63	9	11.57	2
	090002	大成债券	2003-06-12					1.81	3	11.33	3
	510080	长盛债券基金	2003-10-25					0.18	5	10.59	4
	160602	普天债券基金	2003-07-12					-8.44	10	9.26	5
	001001	华夏债券	2002-10-23			2.71		-1.55	8	9.07	6
	217003	招商安泰债券基金	2003-04-28					0.43	4	8.76	7
	161603	融通债券基金	2003-09-30					0.17	6	7.93	8
	020002	国泰金龙债券	2003-12-05					-1.07	7	5.70	9
	240003	宝康债券	2003-07-15					3.04	1	2.30	10
		平均				2.71		-0.58		8.97	
指数型基金	180003	银华-道琼斯 88	2004-08-11							10.26	1
	110003	易基 50	2004-03-22							-0.43	2
	040002	华安中国 A 股	2002-11-08			11.46		-8.9	1	-0.56	3
	161604	融通深证 100	2003-09-30					-9.56	3	-1.47	4

续上表

基金类型	基金代码	基金简称	合同生效日	2002年度		2003年度		2004年度		2005年度	
				净值增长率	排名	净值增长率	排名	净值增长率	排名	净值增长率	排名
指数型基金	510050	50ETF	2004-12-30							-3.29	5
	200002	长城久泰	2004-05-21							-3.61	6
	050002	博时裕富	2003-08-26					-10.9	4	-4.09	7
	519180	万家180	2003-03-15					-9.25	2	-4.96	8
		平均				11.46		-9.65		-1.02	
保本型基金	202201	南方避险	2003-06-27					0.6		12.48	1
	161902	万家保本	2004-09-28							6.55	2
	070007	嘉实浦安保本	2004-12-01							4.20	3
	180002	银华保本增值	2004-03-02							3.37	4
	020006	国泰金象保本	2004-11-10							3.19	5
	平均							0.6		5.96	
货币型基金	202301	南方现金增利	2004-03-05							2.49	1
	003003	华夏现金增利基金	2004-04-07							2.49	2
	040003	华安现金富利	2003-12-30					2.48		2.46	3
	519999	长信利息收益基金	2004-03-19							2.46	4
	150005	银河银富	2004-12-20							2.41	5
	050003	博时现金收益	2004-01-16							2.41	6
	320002	诺安货币市场基金	2004-12-06							2.41	7
	290001	泰信天天收益	2004-02-10							2.40	8
	217004	招商现金增值基金	2004-01-14							2.30	9
		平均						2.48		2.43	

表 2–11　开放式基金历年分红一览

（单位：元／10 份）

基金类型	基金代码	基金简称	合同生效日	年度分红			累计分红	
				2005 年	2004 年	2003 年	金额	次数(次)
股票型基金	020001	国泰金鹰增长	2002–05–08	—	0.700	—	0.700	2
	217001	招商安泰股票	2003–04–28	—	1.000	0.150	1.150	3
	260101	优选股票基金	2003–10–24	0.600	0.800	—	1.400	4
	100020	富国天益价值	2004–06–15	1.000	0.200	—	1.200	5
	260104	内需增长基金	2004–06–25	0.600	—	—	0.600	2
	162204	泰达荷银精选	2004–07–09	0.200	—	—	0.200	1
	160505	博时主题	2005–01–06	0.210	—	—	0.210	1
	213002	宝盈泛沿海	2005–03–08	0.300	—	—	0.300	3
	100022	富国天瑞强势地区	2005–04–05	0.200	—	—	0.200	1
	460001	友邦盛世	2005–04–27	0.300	—	—	0.300	1
	398011	国联分红	2005–06–16	0.100	—	—	0.100	1
偏股型基金	040001	华安创新	2001–09–21	—	0.900	0.400	1.300	4
	202001	南方稳健成长	2001–09–28	—	0.900	0.650	1.750	5
	000001	华夏成长	2001–12–18	—	0.600	0.600	1.200	4
	206001	鹏华行业成长	2002–05–24	—	0.600	—	0.600	3
	161601	融通新蓝筹	2002–09–13	—	1.100	0.750	1.850	7
	080001	长盛成长价值	2002–09–18	—	0.500	1.160	1.660	4
	213001	宝盈鸿利收益	2002–10–08	—	0.900	0.400	1.300	5
	050001	博时增长	2002–10–09	—	0.300	1.180	1.480	4
	070001	嘉实成长	2002–11–05	—	0.450	1.050	1.500	5
	090001	大成价值增长	2002–11–11	—	1.200	0.900	2.100	4
	180001	银华优势企业	2002–11–13	—	0.850	0.850	1.700	5
	162201	荷银成长	2003–04–25	0.600	1.200	—	1.800	6
	162202	荷银周期	2003–04–25	0.400	1.300	0.150	1.850	4
	162203	荷银稳定	2003–04–25	0.400	0.550	0.150	1.100	5
	210001	金鹰优选	2003–06–16	—	0.800	0.100	0.900	3
	070002	嘉实增长	2003–07–09	—	1.200	0.110	1.310	4
	070003	嘉实稳健	2003–07–09	—	0.650	0.100	0.750	4
	160603	普天收益基金	2003–07–12	—	0.900	0.250	1.150	5
	240001	宝康消费品	2003–07–15	0.600	0.600	0.100	1.300	5
	151001	银河稳健基金	2003–08–04	—	0.500	0.150	0.650	2
	519011	海富通精选	2003–08–22	0.350	1.250	0.150	1.750	6

表 2-11 开放式基金历年分红一览

（单位：元／10份）

基金类型	基金代码	基金简称	合同生效日	年度分红			累计分红	
				2005年	2004年	2003年	金额	次数(次)
偏股型基金	161605	融通蓝筹成长基金	2003-09-30	—	1.020	0.080	1.100	5
	020003	国泰金龙行业	2003-12-05	—	0.320	—	0.320	2
	110002	易基策略	2003-12-09	0.600	0.600	—	1.200	6
	320001	诺安平衡基金	2004-05-21	0.550	0.150	—	0.700	4
	090003	大成蓝筹稳健基金	2004-06-03	—	0.100	—	0.100	1
	050004	博时精选	2004-06-22	0.100	—	—	0.100	1
	110005	易基积极	2004-09-09	0.200	—	—	0.200	1
	375010	中国优势	2004-09-15	0.200	—	—	0.200	1
股债平衡型基金	100016	富国动态平衡	2002-08-16	—	0.800	—	0.800	4
	110001	易基平稳	2002-08-23	0.700	0.900	0.600	2.200	9
	217002	招商安泰平衡型基金	2003-04-28	—	1.000	0.100	1.100	2
	240002	宝康灵活配置	2003-07-15	0.200	0.800	0.100	1.100	4
	255010	德盛稳健	2003-08-08	—	0.400	0.200	0.600	2
	002001	华夏回报	2003-09-05	—	0.990	0.198	1.188	6
	260103	动力平衡基金	2003-10-24	0.200	0.800	—	1.000	3
	200001	长城久恒	2003-10-31	—	0.400	0.200	0.600	3
	270001	广发聚富	2003-12-03	0.600	1.000	—	1.600	7
	270002	广发稳健增长	2004-07-26	0.800	—	—	0.800	4
	040004	华安宝利	2004-08-24	0.500	—	—	0.500	2
	400001	东方龙基金	2004-11-25	0.200	—	—	0.200	1
偏债型基金	202101	南方宝元	2002-09-20	1.080	0.300	0.320	1.700	4
	121001	国投瑞银融华基金	2003-04-16	—	1.000	—	1.000	2
	151002	银河收益基金	2003-08-04	0.500	0.300	—	0.800	2
	340001	兴业转债基金	2004-05-11	0.350	—	—	0.350	3
	310318	盛利配置	2004-11-29	0.100	—	—	0.100	1
	162205	泰达荷银风险预算	2005-04-05	0.500	—	—	0.500	2
	450001	富兰克林国海收益	2005-06-01	0.100	—	—	0.100	1
	001001	华夏债券	2002-10-23	0.600	0.180	0.120	0.900	5
	217003	招商安泰债券基金	2003-04-28	0.450	0.150	—	0.600	3
债券型基金	090002	大成债券	2003-06-12	0.750	0.650	—	1.400	7
	070005	嘉实债券	2003-07-09	0.300	—	—	0.300	1
	160602	普天债券基金	2003-07-12	—	0.350	0.200	0.550	3

基金类型	基金代码	基金简称	合同生效日	年度分红			累计分红	
				2005年	2004年	2003年	金额	次数(次)
债券型基金	240003	宝康债券	2003-07-15	0.300	0.400	0.100	0.800	4
	161603	融通债券基金	2003-09-30	0.300	0.410	—	0.710	4
	510080	长盛债券基金	2003-10-25	0.540	0.300	0.160	1.000	4
	100018	富国天利增长	2003-12-02	0.600	0.100	—	0.700	6
	020002	国泰金龙债券	2003-12-05	0.120	0.300	—	0.420	3
	260102	货币市场基金	2003-10-24	0.200	—	—	0.200	1
	050006	博时稳定	2005-08-24	0.069	—	—	0.069	4
	110007	月月收益A级	2005-09-19	0.054	—	—	0.054	3
	110008	月月收益B级	2005-09-19	0.060	—	—	0.060	3
指数型基金	040002	华安中国A股	2002-11-08	—	0.500	0.700	1.200	3
	519180	万家180	2003-03-15	—	0.500	—	0.500	2
	050002	博时裕富	2003-08-26	—	0.500	—	0.500	1
	161604	融通深证100	2003-09-30	—	1.500	0.100	1.600	7
	161607	融通巨潮	2005-05-12	0.500	—	—	0.500	2
保本型基金	202201	南方避险	2003-06-27	0.930	0.400	—	1.330	4
	180002	银华保本增值	2004-03-02	0.150	—	—	0.150	3
	161902	万家保本	2004-09-28	0.390	—	—	0.390	3
	020006	国泰金象保本	2004-11-10	0.250	—	—	0.250	1
	070007	嘉实浦安保本	2004-12-01	0.200	—	—	0.200	1

表 2-12　开放式基金历年费用率一览

基金类型	基金代码	基金简称	合同生效日	2005 年	2004 年	2003 年	2002 年
股票型基金	020001	国泰金鹰增长	2002-05-08	1.79%	1.78%	1.77%	
	217001	招商安泰股票	2003-04-28	1.76%	1.77%		
	260101	优选股票基金	2003-10-24	1.76%	1.80%		
	100020	富国天益价值	2004-06-15	1.88%			
	260104	内需增长基金	2004-06-25	1.78%			
	162204	泰达荷银精选	2004-07-09	1.77%			
	360001	量化核心	2004-08-27	1.77%			
偏股型基金	040001	华安创新	2001-09-21	1.77%	1.77%	1.76%	1.79%
	202001	南方稳健成长	2001-09-28	1.76%	1.76%	1.76%	1.77%
	000001	华夏成长	2001-12-18	1.77%	1.76%	1.77%	1.76%
	206001	鹏华行业成长	2002-05-24	1.79%	1.78%	1.76%	
	161601	融通新蓝筹	2002-09-13	1.78%	1.78%	1.82%	
	080001	长盛成长价值	2002-09-18	1.78%	1.78%	1.88%	
	213001	宝盈鸿利收益	2002-10-08	1.84%	1.83%	2.02%	
	050001	博时增长	2002-10-09	1.48%	1.76%	1.81%	
	070001	嘉实成长	2002-11-05	1.77%	1.77%	1.85%	
	090001	大成价值增长	2002-11-11	1.78%	1.79%	1.90%	
	180001	银华优势企业	2002-11-13	1.78%	1.78%	1.91%	
	162201	泰达荷银成长	2003-04-25	1.79%	1.81%		
	162202	泰达荷银周期	2003-04-25	1.82%	1.83%		
	162203	泰达荷银稳定	2003-04-25	1.80%	1.81%		
	210001	金鹰优选	2003-06-16	1.88%	1.82%		
	070002	嘉实增长	2003-07-09	1.77%	1.78%		
	070003	嘉实稳健	2003-07-09	1.77%	1.78%		
	160603	普天收益基金	2003-07-12	1.79%	1.75%		
	240001	宝康消费品	2003-07-15	1.76%	1.76%		
	151001	银河稳健基金	2003-08-04	1.80%	1.81%		
	519011	海富通精选	2003-08-22	1.77%	1.76%		
	161605	融通蓝筹成长基金	2003-09-30	1.78%	1.77%		
	020003	国泰金龙行业	2003-12-05	1.79%	1.83%		
	110002	易基策略	2003-12-09	1.77%	1.83%		
	233001	巨田基础行业	2004-03-26	1.77%			
	070006	嘉实服务增值行业基金	2004-04-01	1.76%			
	310308	盛利精选	2004-04-09	1.76%			
	121002	国投瑞银景气基金	2004-04-29	1.78%			
	161606	融通行业景气基金	2004-04-29	1.77%			
	240005	多策略增长	2004-05-11	1.76%			

基金类型	基金代码	基金简称	合同生效日	2005年	2004年	2003年	2002年
偏股型基金	160605	鹏华中国50基金	2004-05-12	1.78%			
	320001	诺安平衡基金	2004-05-21	1.78%			
	510081	长盛动态精选基金	2004-05-21	1.72%			
	162102	金鹰中小盘	2004-05-27	1.91%			
	217005	招商先锋	2004-06-01	1.77%			
	090003	大成蓝筹稳健基金	2004-06-03	1.79%			
	020005	国泰金马稳健	2004-06-18	1.77%			
	050004	博时精选	2004-06-22	1.76%			
	290002	泰信先行策略	2004-06-28	1.79%			
	000011	华夏大盘精选	2004-08-11	1.79%			
	110005	易基积极	2004-09-09	1.78%			
	375010	中国优势	2004-09-15	1.78%			
	398001	国联优质成长	2004-09-28	1.84%			
	160105	南方积配	2004-10-14	1.78%			
	090004	大成精选增值	2004-12-15	1.80%			
股债平衡型基金	100016	富国动态平衡	2002-08-16	1.79%	1.78%	1.76%	
	110001	易基平稳	2002-08-23	1.77%	1.77%	1.77%	
	217002	招商安泰平衡型基金	2003-04-28	1.80%	1.83%		
	240002	宝康灵活配置	2003-07-15	1.57%	1.57%		
	255010	德盛稳健	2003-08-08	1.78%	1.77%		
	002001	华夏回报	2003-09-05	1.77%	1.76%		
	260103	动力平衡基金	2003-10-24	1.81%	1.90%		
	200001	长城久恒	2003-10-31	1.83%	1.85%		
	270001	广发聚富	2003-12-03	1.76%	1.76%		
	519003	海富通收益增长	2004-03-12	1.49%			
	288001	中信经典配置	2004-03-15	1.76%			
	150103	银泰理财分红基金	2004-03-30	1.76%			
	257010	德盛小盘	2004-04-12	1.44%			
	270002	广发稳健增长	2004-07-26	1.78%			
	040004	华安宝利	2004-08-24	1.50%			
	400001	东方龙基金	2004-11-25	1.85%			
偏债型基金	202101	南方宝元	2002-09-20	0.97%	0.96%	0.97%	
	121001	国投瑞银融华基金	2003-04-16	1.06%	1.07%		
	151002	银河收益基金	2003-08-04	1.12%	1.11%		
	340001	兴业转债基金	2004-05-11	1.57%			
	350001	天治财富增长	2004-06-29	1.95%			
	310318	盛利配置	2004-11-29	1.53%			

续上表

基金类型	基金代码	基金简称	合同生效日	2005 年	2004 年	2003 年	2002 年
债券型基金	001001	华夏债券	2002-10-23	0.87%	0.86%	0.84%	
	217003	招商安泰债券基金	2003-04-28	0.84%	0.84%		
	090002	大成债券	2003-06-12	1.16%	1.12%		
	070005	嘉实债券	2003-07-09	0.88%	0.92%		
	160602	普天债券基金	2003-07-12	1.34%	1.18%		
	240003	宝康债券	2003-07-15	0.85%	0.84%		
	161603	融通债券基金	2003-09-30	0.93%	0.87%		
	510080	长盛债券基金	2003-10-25	1.11%	1.04%		
	100018	富国天利增长	2003-12-02	1.07%	1.04%		
	020002	国泰金龙债券	2003-12-05	1.13%	1.02%		
指数型基金	040002	华安中国 A 股	2002-11-08	1.23%	1.23%	1.32%	
	519180	万家 180	2003-03-15	1.29%	1.24%		
	050002	博时裕富	2003-08-26	1.19%	1.21%		
	161604	融通深证 100	2003-09-30	1.22%	1.22%		
	110003	易基 50	2004-03-22	1.41%			
	200002	长城久泰	2004-05-21	1.21%			
	180003	银华－道琼斯 88	2004-08-11	1.52%			
	510050	50ETF	2004-12-30	0.61%			
保本型基金	202201	南方避险	2003-06-27	1.42%	1.42%		
	180002	银华保本增值	2004-03-02	1.41%			
	161902	万家保本	2004-09-28	1.44%			
	020006	国泰金象保本	2004-11-10	1.45%			
	070007	嘉实浦安保本	2004-12-01	1.25%			
货币型基金	040003	华安现金富利	2003-12-30	0.69%	0.69%		
	217004	招商现金增值基金	2004-01-14	0.68%			
	050003	博时现金收益	2004-01-16	0.69%			
	290001	泰信天天收益基金	2004-02-10	0.69%			
	202301	南方现金增利	2004-03-05	0.69%			
	519999	长信利息收益基金	2004-03-19	0.70%	1.04%		
	003003	华夏现金增利基金	2004-04-07	0.68%			
	320002	诺安货币市场基金	2004-12-06	0.70%			
	150005	银河银富	2004-12-20	0.70%			

表 2–13　开放式基金 2005 年末持有人结构一览

基金类型	基金代码	基金简称	持有人户数（户）	基金总份额（亿份）	基金持有人	
					个人投资者持有比例(%)	机构投资者持有比例(%)
股票型基金	530001	建信恒久价值	141595	62.02	—	—
	481001	工银瑞信核心价值	120509	38.86	75.44	24.56
	519688	交银施罗德精选	68061	24.52	66.94	33.06
	217001	招商安泰股票	11133	19.64	27.47	72.53
	360001	量化核心	7210	14.83	33.44	66.56
	162204	泰达荷银精选	10463	13.34	27.42	72.58
	260104	内需增长基金	18455	13.19	29.81	70.19
	270005	广发聚丰	15026	13.16	—	—
	160505	博时主题行业	14790	11.01	42.76	57.24
	260101	优选股票基金	5503	10.84	11.89	88.11
	519005	海富通股票	8684	10.54	43.88	56.12
	377010	上投摩根阿尔法	8062	8.58	41.81	58.19
	162703	广发小盘	6781	7.55	47.17	52.83
	020001	国泰金鹰增长	10858	7.01	33.78	66.22
	460001	友邦盛世中国	5114	6.78	29.05	70.95
	162605	景顺长城鼎益	6122	6.37	33.86	66.14
	257020	德盛精选	5983	5.79	—	—
	160106	南方高增长	4049	5.05	34.45	65.55
	519996	长信银利精选	17619	4.30	83.68	16.32
	240004	华宝兴业动力组合	3397	4.23	—	—
	288002	中信红利精选	7378	4.20	—	—
	320003	诺安股票	4261	3.79	—	—
	161706	招商优质成长	8203	3.57	—	—
	519001	银华核心价值优选	3853	3.38	47.49	52.51
	310328	申万巴黎新动力	4662	2.72	—	—
	100020	富国天益价值	3425	2.04	45.47	54.53
	213002	宝盈泛沿海	2492	1.97	48.13	51.87
	161903	天同公用事业行业	1300	1.41	28.42	71.58
		平均	18750	11.09	41.62	58.38
偏股型基金	070006	嘉实服务增值行业基金	126025	67.96	68.79	31.21
	310308	盛利精选	115401	49.57	71.15	28.85
	050004	博时精选	100265	47.74	76.65	23.35
	240005	多策略增长	91896	32.95	86.63	13.37
	202001	南方稳健成长	32568	31.45	32.05	67.95
	510081	长盛动态精选基金	76204	23.52	84.51	15.49
	040001	华安创新	28101	23.36	53.85	46.15
	519011	海富通精选	9744	23.26	20.14	79.86

表 2–13 开放式基金 2005 年末持有人结构一览

基金类型	基金代码	基金简称	持有人户数(户)	基金总份额(亿份)	基金持有人	
					个人投资者持有比例(%)	机构投资者持有比例(%)
偏股型基金	050001	博时增长	42028	23.03	49.13	50.87
	110002	易基策略	17882	22.44	26.02	73.98
	000001	华夏成长	38335	21.18	56.03	43.97
	070001	嘉实成长	9145	18.46	14.38	85.62
	240001	宝康消费品	21018	17.47	23.53	76.47
	070002	嘉实增长	14039	15.37	28.05	71.95
	217005	招商先锋	17853	15.03	39.30	60.70
	320001	诺安平衡基金	14252	14.96	21.33	78.67
	160105	南方积配	16946	13.45	40.39	59.61
	160605	鹏华中国 50 基金	19746	12.55	54.45	45.55
	110005	易基积极	12107	12.49	34.19	65.81
	161606	融通行业景气基金	14516	12.44	42.72	57.28
	375010	中国优势	8922	11.63	20.96	79.04
	121002	国投瑞银景气基金	15410	11.53	59.75	40.25
	206001	鹏华行业成长	27880	11.48	45.19	54.81
	180001	银华优势企业	10379	10.66	20.73	79.27
	233001	巨田基础行业	14037	10.64	55.59	44.41
	161601	融通新蓝筹	21308	10.64	33.56	66.44
	080001	长盛成长价值	17580	10.61	32.66	67.34
	163402	兴业趋势投资	6783	9.29	—	—
	163801	中银中国	11971	9.10	40.62	59.38
	090001	大成价值增长	21584	8.96	25.26	74.74
	519008	汇添富优势精选	6669	8.56	28.57	71.43
	090003	大成蓝筹稳健基金	18967	8.43	62.34	37.66
	070003	嘉实稳健	6116	8.05	16.17	83.83
	161605	融通蓝筹成长基金	17120	7.07	26.26	73.74
	000011	华夏大盘精选	12405	7.04	61.97	38.03
	100022	富国天瑞强势地区	20790	6.55	63.95	36.05
	020005	国泰金马稳健	16560	6.49	56.73	43.27
	161005	富国天惠精选	7328	5.85	—	—
	162201	泰达荷银成长	16170	5.71	17.51	82.49
	002011	华夏红利	7475	5.33	52.35	47.65
	090004	大成精选增值	15407	5.07	68.53	31.47
	151001	银河稳健基金	6459	4.66	22.05	77.95
	290002	泰信先行策略	2820	4.57	17.67	82.33
	213001	宝盈鸿利收益	10621	4.04	36.38	63.62
	580001	东吴嘉禾	4347	3.75	41.25	58.75

基金类型	基金代码	基金简称	持有人户数（户）	基金总份额（亿份）	基金持有人	
					个人投资者持有比例(%)	机构投资者持有比例(%)
偏股型基金	410001	华富竞争力	5771	3.73	36.02	63.98
	210001	金鹰优选	8632	3.67	50.78	49.22
	398001	国联优质成长	3864	3.22	14.86	85.14
	162102	金鹰中小盘	4483	3.20	41.93	58.07
	420001	天弘精选	4286	2.55	46.93	53.07
	162202	泰达荷银周期	4661	2.52	20.80	79.20
	350002	天治品质优选	2538	2.49	43.06	56.94
	162203	湘财合丰稳定	9091	2.37	11.68	88.32
	160603	鹏华普天收益	1090	2.18	10.13	89.87
	020003	国泰金龙行业	1277	2.18	13.42	86.58
	398011	国联分红增利	8194	1.94	66.06	33.94
	163302	巨田资源优选	778	1.33	27.80	72.20
		平均	21015	12.73	40.23	59.77
股债平衡型基金	519003	海富通收益增长	170728	84.24	83.21	16.79
	288001	中信经典配置	84388	73.97	75.85	24.15
	257010	德盛小盘	187923	61.80	95.00	5.00
	150103	银泰理财分红基金	105752	36.92	91.77	8.23
	110001	易基平稳	36334	23.08	39.28	60.72
	270001	广发聚富	36641	21.39	38.86	61.14
	002001	华夏回报	30408	21.35	42.19	57.81
	270002	广发稳健增长	12853	17.90	21.30	78.70
	255010	德盛稳健	30230	11.51	57.00	43.00
	240002	宝康灵活配置	11593	10.59	19.58	80.42
	040004	华安宝利	2438	9.87	5.21	94.79
	100016	富国动态平衡	14850	8.53	34.34	65.66
	519087	新世纪优选	18413	4.42	58.49	41.51
	200001	长城久恒	13303	4.14	45.00	55.00
	400001	东方龙基金	8414	3.13	69.87	30.13
	217002	招商安泰平衡型基金	6581	2.93	71.15	28.85
	260103	动力平衡基金	3179	2.51	23.93	76.07
	253010	德盛安心	2854	1.40	57.00	43.00
		平均	43160	22.20	51.61	48.39
偏债型基金	340001	兴业转债基金	39134	20.86	59.49	40.51
	202101	南方宝元	31095	9.14	91.45	8.55
	450001	富兰克林国海收益	7506	5.14	40.19	59.81
	310318	盛利配置	9865	4.05	68.59	31.41
	162205	泰达荷银预算	3413	3.39	32.12	67.88

表2-13 开放式基金2005年末持有人结构一览

基金类型	基金代码	基金简称	持有人户数（户）	基金总份额（亿份）	基金持有人 个人投资者持有比例(%)	机构投资者持有比例(%)
偏债型基金	121001	国投瑞银融华基金	5747	2.91	53.23	46.77
	350001	天治财富增长	2186	1.49	40.06	59.94
	151002	银河收益基金	2680	0.99	37.06	62.94
		平均	12703	6.00	52.77	47.23
债券型基金	050006	博时稳定价值债券	50025	99.14	57.57	42.43
	110007	月月收益	52760	89.96	77.28	22.72
	001001	华夏债券	26632	14.29	62.15	37.85
	240003	宝康债券	5421	4.17	19.30	80.70
	217003	招商安泰债券	5987	3.94	55.00	45.00
	161603	融通债券基金	17420	3.00	82.19	17.81
	100018	富国天利增长	13487	2.25	90.71	9.29
	090002	大成债券	12417	2.13	94.90	5.10
	510080	长盛债券基金	8838	1.31	82.99	17.01
	070005	嘉实债券	3526	1.19	59.77	40.23
	160602	普天债券基金	1723	0.70	22.54	77.46
	020002	国泰金龙债券	978	0.67	55.13	44.87
		平均	16601	18.56	63.29	36.71
指数型基金	510050	50ETF	36855	81.12	28.24	71.76
	110003	易基50	60971	53.27	51.36	48.64
	050002	博时裕富	76828	33.12	66.77	33.23
	040002	华安中国A股	33741	17.29	45.52	54.48
	200002	长城久泰	11746	12.29	49.74	50.26
	160706	嘉实沪深300指数	6237	9.64	32.98	67.02
	161604	融通深证100	39876	8.41	86.18	13.82
	519180	万家180	18377	6.88	44.79	55.21
	180003	银华－道琼斯88	9828	3.38	63.24	36.76
	161607	融通巨潮100	3104	2.49	39.27	60.73
		平均	29756	22.79	50.81	49.19
保本型基金	180002	银华保本增值	135766	45.83	97.25	2.75
	202201	南方避险	89123	26.15	91.36	8.64
	161902	万家保本	50520	13.30	92.53	7.47
	070007	嘉实浦安保本	8168	5.66	65.49	34.51
	020006	国泰金象保本	13483	4.48	96.41	3.59
		平均	59412	19.08	88.61	11.39
货币型基金	202301	南方现金增利	227671	384.73	56.41	43.59
	040003	华安现金富利	205676	334.78	56.66	43.34
	003003	华夏现金增利基金	105976	203.00	47.05	52.95

基金类型	基金代码	基金简称	持有人户数（户）	基金总份额（亿份）	基金持有人	
					个人投资者持有比例(%)	机构投资者持有比例(%)
货币型基金	519999	长信利息收益基金	76703	119.21	51.49	48.51
	217004	招商现金增值基金	68954	109.28	69.53	30.47
	110006	易基货币	38138	95.89	42.89	57.11
	050003	博时现金收益	47398	84.31	32.83	67.17
	290001	泰信天天收益	33630	69.38	41.22	58.78
	070008	嘉实货币	15639	68.46	37.01	62.99
	160606	鹏华货币	17272	31.02	45.06	54.94
	200003	长城货币	11432	30.47	28.75	71.25
	519505	海富通货币	13472	29.29	36.77	63.23
	320002	诺安货币市场基金	22759	28.42	63.33	36.67
	270004	广发货币	14652	26.76	41.01	58.99
	288101	中信现金	14018	26.09	67.65	32.35
	150005	银河银富	4562	21.90	29.65	70.35
	162206	泰达荷银货币	32976	21.10	—	—
	360003	光大保德信货币	7134	17.54	55.07	44.93
	080011	长盛货币	12676	17.07	—	—
	090005	大成货币	11811	39.63	32.57	67.23
	260102	景顺长城货币	3839	9.45	28.82	71.18
	163802	中银货币	5584	8.60	78.88	21.12
	020007	国泰货币	13769	7.89	63.27	36.73
	240006	华宝兴业现金宝	13181	54.18	85.20	14.80
	180008	银华货币	3636	26.29	98.50	1.50
	370010	上投摩根货币	1686	3.16	76.50	23.50
		平均	39394	71.84	52.76	47.24

第三章 封闭式基金数据统计

表 3–1 封闭式基金基本情况一览

序号	基金代码	基金简称	管理人	托管人	上市地点	合同生效日	上市日期	到期日期	首发规模	投资风格	投资方向
1	500001	基金金泰	国泰	工商银行	上海	1998–03–27	1998–04–07	2013–03–27	20	成长	全市场
2	184688	基金开元	南方	工商银行	深圳	1998–03–27	1998–04–07	2013–03–27	20	成长	全市场
3	500008	基金兴华	华夏	建设银行	上海	1998–04–28	1998–05–08	2013–04–28	20	成长	全市场
4	500003	基金安信	华安	工商银行	上海	1998–06–22	1998–06–26	2013–06–22	20	成长	全市场
5	500006	基金裕阳	博时	农业银行	上海	1998–07–25	1998–07–30	2013–07–25	20	成长	全市场
6	184689	基金普惠	鹏华	交通银行	深圳	1999–01–06	1999–01–27	2014–01–06	20	成长	全市场
7	500002	基金泰和	嘉实	建设银行	上海	1999–04–08	1999–04–20	2014–04–07	20	成长	全市场
8	184690	基金同益	长盛	工商银行	深圳	1999–04–08	1999–04–21	2014–04–08	20	成长	全市场
9	184691	基金景宏	大成	中国银行	深圳	1999–05–04	1999–05–18	2014–05–05	20	成长	全市场
10	500005	基金汉盛	富国	农业银行	上海	1999–05–10	1999–05–18	2014–05–17	20	成长	全市场
11	500009	基金安顺	华安	交通银行	上海	1999–06–15	1999–06–22	2014–06–14	30	平衡	全市场
12	184692	基金裕隆	博时	农业银行	深圳	1999–06–15	1999–06–24	2014–06–14	30	成长	全市场
13	500018	基金兴和	华夏	建设银行	上海	1999–07–14	1999–07–30	2014–07–13	30	优化指数	沪市综指
14	184693	基金普丰	鹏华	工商银行	深圳	1999–07–14	1999–07–30	2014–07–14	30	优化指数	深 A 综指
15	184698	基金天元	南方	工商银行	深圳	1999–08–25	1999–09–20	2014–08–25	30	成长	深沪成指
16	500016	基金裕元	博时	工商银行	上海	1999–09–17	1999–10–28	2007–05–31	15	积极成长	资产重组
17	500011	基金金鑫	国泰	建设银行	上海	1999–10–21	1999–11–26	2014–10–20	30	成长	国有企业
18	184699	基金同盛	长盛	中国银行	深圳	1999–11–05	1999–11–26	2014–11–05	30	平衡	全市场
19	184696	基金裕华	博时	交通银行	深圳	1999–11–10	2000–04–24	2007–12–31	5	成长	创新公司
20	500007	基金景阳	大成	农业银行	上海	1999–11–12	1999–11–15	2014–11–11	10	积极成长	中小企业
21	184695	基金景博	大成	农业银行	深圳	1999–11–12	1999–11–15	2007–06–30	10	积极成长	中小企业
22	500015	基金汉兴	富国	交通银行	上海	1999–12–30	2000–01–10	2014–12–30	30	平衡	全市场
23	184701	基金景福	大成	农业银行	深圳	1999–12–30	2000–01–10	2014–12–30	30	优化指数	上证 A 指
24	184702	基金同智	长盛	中国银行	深圳	2000–03–08	2000–05–15	2007–03–13	5	成长	全市场
25	184705	基金裕泽	博时	工商银行	深圳	2000–03–27	2000–05–17	2011–05–31	5	成长	科技公司
26	500010	基金金元	南方	工商银行	上海	2000–03–28	2000–07–11	2007–05–27	5	积极成长	高新产业
27	184708	基金兴科	华夏	交通银行	深圳	2000–04–08	2000–07–18	2007–05–30	5	积极成长	全市场
28	184703	基金金盛	国泰	建设银行	深圳	2000–04–26	2000–06–30	2009–11–30	5	成长	新兴产业
29	500021	基金金鼎	国泰	建设银行	上海	2000–05–16	2000–08–04	2007–05–31	5	成长	朝阳产业

序号	基金代码	基金简称	管理人	托管人	上市地点	合同生效日	上市日期	到期日期	首发规模	投资风格	投资方向
30	500025	基金汉鼎	富国	工商银行	上海	2000-06-30	2000-08-17	2008-12-31	5	成长	信息产业
31	184709	基金安久	华安	交通银行	深圳	2000-07-04	2001-08-31	2007-08-30	5	积极成长	信息产业
32	500035	基金汉博	富国	建设银行	上海	2000-07-12	2000-10-17	2007-05-29	5	成长	新兴产业
33	500013	基金安瑞	华安	工商银行	上海	2000-07-18	2001-08-30	2007-04-28	5	积极成长	小型公司
34	184718	基金兴安	华夏	中国银行	深圳	2000-07-20	2000-09-20	2007-12-29	5	积极成长	全市场
35	184706	基金天华	银华	农业银行	深圳	2000-07-21	2001-08-08	2009-07-11	25	成长	全市场
36	184710	基金隆元	南方	工商银行	深圳	2000-07-24	2000-10-18	2007-12-29	5	成长	创新公司
37	500019	基金普润	鹏华	工商银行	上海	2000-08-08	2001-09-04	2007-05-08	5	积极成长	中小企业
38	500017	基金景业	大成	农业银行	上海	2000-08-15	2001-12-19	2007-03-30	5	成长	全市场
39	500028	基金兴业	华夏	农业银行	上海	2000-08-18	2001-07-27	2006-11-14	5	积极成长	全市场
40	500039	基金同德	长盛	农业银行	上海	2000-10-20	2001-08-01	2007-11-30	5	成长	全市场
41	184711	基金普华	鹏华	工商银行	深圳	2000-11-06	2001-08-28	2007-05-28	5	积极成长	科技公司
42	500029	基金科讯	易方达	交通银行	上海	2001-04-20	2001-06-20	2008-01-11	8	成长	全市场
43	184712	基金科汇	易方达	交通银行	深圳	2001-04-20	2001-06-20	2008-12-13	8	成长	全市场
44	184713	基金科翔	易方达	工商银行	深圳	2001-04-20	2001-06-20	2008-12-13	8	积极成长	新兴产业
45	184738	基金通宝	融通	建设银行	深圳	2001-05-16	2001-09-06	2007-05-30	5	积极成长	全市场
46	184700	基金鸿飞	宝盈	建设银行	深圳	2001-05-18	2001-11-28	2008-04-14	5	积极成长	全市场
47	500038	基金通乾	融通	建设银行	上海	2001-08-29	2001-09-21	2016-08-28	20	平衡	全市场
48	184728	基金鸿阳	宝盈	农业银行	深圳	2001-12-10	2001-12-18	2016-12-09	20	平衡	全市场
49	184720	基金久富	长城	交通银行	深圳	2001-12-18	2001-04-18	2007-05-20	5	价值	全市场
50	500056	基金科瑞	易方达	交通银行	上海	2002-03-12	2002-03-20	2017-03-12	30	价值	全市场
51	184721	基金丰和	嘉实	农业银行	深圳	2002-03-22	2002-04-04	2017-03-22	30	价值	全市场
52	184719	基金融鑫	中融	工商银行	深圳	2002-06-13	2002-09-02	2008-02-04	8	成长	全市场
53	184722	基金久嘉	长城	农业银行	深圳	2002-07-05	2002-08-27	2017-07-05	20	平衡	全市场
54	500058	基金银丰	银河	建设银行	上海	2002-08-15	2002-09-10	2017-08-14	30	平衡	全市场

表 3-2 封闭式基金历年净值增长率一览

（单位：%）

基金代码	基金简称	基金管理人	合同生效日	2001 年度		2002 年度		2003 年度		2004 年度		2005 年度	
				净值增长率	排名	净值增长率	排名	净值增长率	排名	净值增长率	排名	净值增长率	排名
184712	基金科汇	易方达	2001-04-20			-7.75	6	31.81	2	16.96	1	13.15	1
500009	基金安顺	华安	1999-06-15	-8.33	9	-9.12	15	12.08	49	2.24	9	12.64	2
500007	基金景阳	大成	1999-11-12	-15.09	23	-7.98	7	16.21	41	-8.11	45	10.93	3
184713	基金科翔	易方达	2001-04-20			-6.53	2	32.75	1	8.51	3	10.16	4
184702	基金同智	长盛	2000-03-08	-5.38	5	-11.74	29	13.72	48	7.70	4	10.16	5
184690	基金同益	长盛	1999-04-08	-10.42	16	-12.76	31	24.63	15	-12.35	53	10.04	6
500039	基金同德	长盛	2000-10-20	-3.55	3	-11.32	24	16.15	42	6.61	5	10.03	7
184691	基金景宏	大成	1999-05-05	-26.01	40	-15.21	42	22.27	23	-2.85	25	7.25	8
500021	基金金鼎	国泰	2000-05-16	-13.69	20	-15.65	44	25.64	13	-3.25	26	6.97	9
184720	基金久富	长城	2001-12-18			-14.36	38	20.62	28	-5.58	36	6.95	10
184693	基金普丰	鹏华	1999-07-14	-16.03	27	-12.86	33	14.09	47	-10.41	50	6.86	11
500010	基金金元	南方	2000-03-28	-17.46	31	-13.11	36	25.87	12	0.5	13	6.82	12
500019	基金普润	鹏华	2000-08-08	-7.62	8	-15	41	11.78	50	-5.34	33	6.67	13
500056	基金科瑞	易方达	2002-03-12					24.47	16	6.34	6	6.06	14
500017	基金景业	大成	2000-08-15	-26.27	41	-6.95	3	20.07	29	-1.59	18	6.03	15
500002	基金泰和	嘉实	1999-04-08	-9.49	12	-7.36	5	22.17	24	-7.33	41	6.00	16
500016	基金裕元	博时	1999-09-17	-13.23	19	-8.25	10	27.63	9	-2.61	24	5.92	17
500006	基金裕阳	博时	1998-07-25	-20.4	37	-11.7	27	23.37	20	-0.50	14	5.43	18
184705	基金裕泽	博时	2000-03-27	-14.16	21	-9.63	16	30.69	6	9.20	2	5.25	19
500003	基金安信	华安	1998-06-22	-10.00	15	-10.28	19	16.48	40	0.70	12	5.17	20
184722	基金久嘉	长城	2002-07-05					20.06	30	-5.37	34	4.94	21
184708	基金兴科	华夏	2000-04-08	-8.46	10	-10.59	21	31.5	3	-8.26	46	4.89	22
184698	基金天元	南方	1999-08-25	-19.4	35	-8.84	12	26.41	10	-5.42	35	4.56	23
184721	基金丰和	嘉实	2002-03-22					17.52	37	-2.57	23	4.46	24
500035	基金汉博	富国	2000-07-12	-9.01	11	-15.9	45	15.07	45	-0.64	16	4.29	25
184711	基金普华	鹏华	2000-11-06	-7.39	6	-15.32	43	6.44	53	-14.39	54	4.22	26
184710	基金隆元	南方	2000-07-24	-15.77	25	-13.03	35	23.37	20	-4.63	31	3.56	27
184699	基金同盛	长盛	1999-11-05	-9.89	14	-13	34	16.11	43	-11.20	52	3.41	28
184688	基金开元	南方	1998-03-27	-22.84	39	-7.06	4	19.59	31	-1.67	20	3.37	29
184689	基金普惠	鹏华	1999-01-06	-17.97	33	-11.56	25	18.32	35	-10.09	49	3.34	30
184703	基金金盛	国泰	2000-04-26	-16.00	26	-8.46	11	31.12	5	2.60	8	3.20	31

基金代码	基金简称	基金管理人	合同生效日	2001 年度		2002 年度		2003 年度		2004 年度		2005 年度	
				净值增长率	排名	净值增长率	排名	净值增长率	排名	净值增长率	排名	净值增长率	排名
184718	基金兴安	华夏	2000-07-20	-12.46	18	-11.59	26	26.23	11	-3.99	30	3.17	32
184696	基金裕华	博时	1999-11-10	-9.65	13	-8.90	13	23.61	19	-5.32	32	2.89	33
500028	基金兴业	华夏	2000-08-18	-12.07	17	-8.05	8	16.61	39	-6.09	38	2.69	34
500029	基金科讯	易方达	2001-04-20			-9.64	17	28.88	8	1.12	11	2.68	35
500025	基金汉鼎	富国	2000-06-30	-14.21	22	-17.94	49	18.42	34	3.47	7	2.48	36
500013	基金安瑞	华安	2000-07-18	14.39	1	-9.10	14	-0.64	54	-2.29	21	2.36	37
184695	基金景博	大成	1999-11-12	-16.75	28	-12.79	32	14.32	46	-9.14	48	1.93	38
184719	基金融鑫	中融	2002-06-13					30.31	7	-8.70	47	1.65	39
500005	基金汉盛	富国	1999-05-10	-18.81	34	-17.15	47	23.81	18	-3.33	27	0.76	40
500008	基金兴华	华夏	1998-04-28	-3.84	4	-2.63	1	31.34	4	-1.62	19	0.63	41
500058	基金银丰	银河	2002-08-15					21.92	25	-7.60	44	0.61	42
184701	基金景福	大成	1999-12-30	-19.99	36	-12.18	30	17.81	36	-6.71	40	0.40	43
184692	基金裕隆	博时	1999-06-15	-17.24	29	-11.73	28	23.88	17	-10.52	51	-0.11	44
184709	基金安久	华安	2000-07-04	-0.95	2	-9.85	18	19.52	32	-6.19	39	-0.44	45
184706	基金天华	银华	2000-07-21	-17.84	32	-10.70	22	10.35	51	-7.34	42	-0.45	46
184738	基金通宝	融通	2001-05-16			-13.18	37	7.78	52	2.05	10	-1.13	47
184728	基金鸿阳	宝盈	2001-12-10			-14.41	39	15.95	44	-2.47	22	-1.70	48
500001	基金金泰	国泰	1998-03-27	-17.37	30	-14.52	40	21.89	26	-0.59	15	-2.27	49
500038	基金通乾	融通	2001-08-29			-11.18	23	20.90	27	-1.30	17	-2.56	50
500015	基金汉兴	富国	1999-12-30	-22.28	38	-17.93	48	19.05	33	-3.63	28	-2.88	51
500018	基金兴和	华夏	1999-07-14	-7.44	7	-8.17	9	22.47	22	-7.39	43	-2.94	52
500011	基金金鑫	国泰	1999-10-21	-15.46	24	-10.34	20	16.96	38	-3.84	29	-3.38	53
184700	基金鸿飞	宝盈	2001-05-18			-15.92	46	25.29	14	-5.69	37	-9.79	54

表 3–3　封闭式基金历年分红一览

（单位：元／份）

基金代码	基金简称	年度分红								累计分红	
		1998 年	1999 年	2000 年	2001 年	2002 年	2003 年	2004 年	2005 年	金额	次数(次)
500003	基金安信	0.042	0.320	0.575	0.230		0.010	0.056	0.029	1.262	8
500008	基金兴华	0.022	0.406	0.385	0.091		0.130	0.141		1.175	6
500006	基金裕阳	0.021	0.390	0.485	0.007		0.040	0.049	0.015	1.007	7
184688	基金开元	0.030	0.275	0.530	0.014			0.060	0.030	0.939	6
184690	基金同益		0.167	0.4515	0.1955		0.020			0.834	4
500001	基金金泰	0.049	0.190	0.425	0.016			0.035		0.715	5
184689	基金普惠		0.232	0.420	0.010					0.662	3
500009	基金安顺		0.035	0.320	0.110		0.022	0.085	0.056	0.628	7
500016	基金裕元		0.016	0.348	0.036		0.048	0.080	0.021	0.549	6
500002	基金泰和		0.022	0.277	0.226					0.525	4
500005	基金汉盛		0.150	0.330	0.003					0.483	3
184691	基金景宏		0.175	0.295						0.470	2
500018	基金兴和			0.251	0.076		0.096			0.423	3
184712	基金科汇				0.0015		0.026	0.230	0.150	0.4075	4
184698	基金天元			0.300	0.025			0.040	0.040	0.405	4
184692	基金裕隆		0.049	0.340						0.389	2
184705	基金裕泽			0.110				0.120	0.110	0.340	3
500007	基金景阳		0.028	0.265					0.031	0.324	3
184713	基金科翔						0.080	0.140	0.090	0.310	3
500011	基金金鑫			0.204	0.068			0.030		0.302	3
184699	基金同盛			0.2164	0.0761					0.2925	2
184693	基金普丰			0.281						0.281	1
184695	基金景博		0.054	0.185	0.019					0.258	3
184702	基金同智			0.0461	0.0568			0.045	0.0446	0.1925	4
184703	基金金盛			0.074				0.1018		0.1758	3
500015	基金汉兴			0.170						0.170	1
184701	基金景福			0.164						0.164	1
500056	基金科瑞					0.012		0.080	0.070	0.162	4
184696	基金裕华			0.085	0.0043		0.010	0.046	0.005	0.1503	5
184719	基金融鑫						0.010	0.1328		0.1428	2
500039	基金同德							0.061	0.046	0.107	2

基金代码	基金简称	年度分红								累计分红	
		1998年	1999年	2000年	2001年	2002年	2003年	2004年	2005年	金额	次数(次)
500029	基金科讯							0.035	0.070	0.105	2
184708	基金兴科			0.048			0.020	0.033		0.101	3
500058	基金银丰						0.040	0.030	0.010	0.080	5
500013	基金安瑞				0.070					0.070	1
184721	基金丰和					0.015		0.020	0.018	0.053	3
500038	基金通乾					0.030		0.023		0.053	2
500021	基金金鼎			0.034						0.034	1
500010	基金金元			0.031						0.031	1
184728	基金鸿阳				0.0015	0.020				0.0215	2
184722	基金久嘉						0.020			0.020	1
500035	基金汉博			0.010						0.010	1
184718	基金兴安			0.006						0.006	1
500025	基金汉鼎			0.006						0.006	1
184700	基金鸿飞									0.000	0
184706	基金天华									0.000	0
184709	基金安久									0.000	0
184710	基金隆元									0.000	0
184711	基金普华									0.000	0
184720	基金久富									0.000	0
184738	基金通宝									0.000	0
500017	基金景业									0.000	0
500019	基金普润									0.000	0
500028	基金兴业									0.000	0

表 3–4 封闭式基金历年折价率一览

合同生效日	加权折价率	全部基金平均折价率	5 亿规模基金平均折价率	20 亿规模基金平均折价率	30 亿规模基金平均折价率
1998–04–30	98.23%	98.21%		98.21%	
1998–05–29	95.91%	95.89%		95.89%	
1998–06–30	64.16%	64.16%		64.16%	
1998–07–31	41.53%	41.50%		41.50%	
1998–08–31	28.42%	28.42%		28.42%	
1998–09–30	30.80%	30.80%		30.80%	
1998–10–09	27.36%	27.36%		27.36%	
1998–10–16	25.90%	25.89%		25.89%	
1998–10–23	24.12%	24.12%		24.12%	
1998–10–30	22.31%	22.30%		22.30%	
1998–11–06	22.86%	22.85%		22.85%	
1998–11–13	21.36%	21.35%		21.35%	
1998–11–20	21.93%	21.92%		21.92%	
1998–11–27	23.94%	23.95%		23.95%	
1998–12–04	23.44%	23.44%		23.44%	
1998–12–11	22.96%	22.96%		22.96%	
1998–12–18	21.65%	21.65%		21.65%	
1998–12–25	17.70%	17.71%		17.71%	
1998–12–31	11.48%	11.50%		11.50%	
1999–01–08	12.78%	12.79%		12.79%	
1999–01–15	10.67%	10.66%		10.66%	
1999–01–22	9.28%	9.27%		9.27%	
1999–01–29	10.75%	10.75%		10.75%	
1999–02–05	7.24%	7.23%		7.23%	
1999–03–05	8.02%	8.02%		8.02%	
1999–03–12	7.52%	7.53%		7.53%	
1999–03–19	6.25%	6.26%		6.26%	
1999–03–26	8.66%	8.66%		8.66%	
1999–04–02	8.57%	8.56%		8.56%	
1999–04–09	5.64%	5.67%		5.67%	
1999–04–16	6.10%	6.13%		6.13%	
1999–04–23	3.98%	4.01%		4.01%	
1999–04–30	1.30%	1.34%		1.34%	
1999–05–07	−0.22%	−0.19%		−0.19%	
1999–05–14	0.61%	0.63%		0.63%	
1999–05–21	−0.47%	−0.44%		−0.44%	

合同生效日	加权折价率	全部基金平均折价率	5亿规模基金平均折价率	20亿规模基金平均折价率	30亿规模基金平均折价率
1999-05-28	2.66%	2.75%		2.75%	
1999-06-04	−2.01%	−1.91%		−1.91%	
1999-06-11	−5.30%	−5.17%		−5.17%	
1999-06-18	−3.24%	−3.27%		−3.27%	
1999-06-25	−3.06%	−3.26%		−5.09%	5.88%
1999-07-02	8.66%	8.29%		5.47%	22.39%
1999-07-09	1.09%	1.14%		−0.88%	11.24%
1999-07-16	2.21%	2.00%		−0.51%	14.57%
1999-07-23	0.13%	−0.11%		−2.09%	9.79%
1999-07-30	−1.23%	−1.39%		−3.25%	7.93%
1999-08-06	−0.34%	−0.54%		−4.72%	9.89%
1999-08-13	−1.44%	−1.65%		−6.07%	9.40%
1999-08-20	−3.15%	−3.38%		−7.27%	6.34%
1999-08-27	−3.66%	−3.86%		−7.53%	5.31%
1999-09-03	−4.20%	−4.37%		−8.34%	5.55%
1999-09-10	−5.15%	−5.36%		−8.89%	3.47%
1999-09-17	−1.87%	−1.93%		−4.52%	4.54%
1999-09-24	−3.15%	−3.32%		−7.27%	4.57%
1999-10-08	−3.28%	−3.45%		−7.51%	4.68%
1999-10-15	−2.43%	−2.58%		−6.36%	4.97%
1999-10-22	−0.80%	−1.01%		−4.80%	6.57%
1999-10-29	0.99%	0.71%		−3.75%	9.64%
1999-11-05	1.28%	1.09%		−2.82%	8.90%
1999-11-12	−3.16%	−3.35%		−7.12%	4.19%
1999-11-19	−3.62%	−3.21%		−7.93%	3.31%
1999-11-26	−1.97%	−1.59%		−6.07%	4.21%
1999-12-03	−1.28%	−1.13%		−5.71%	3.92%
1999-12-10	−2.64%	−2.52%		−7.19%	2.90%
1999-12-17	−3.57%	−3.42%		−8.50%	2.25%
1999-12-24	−3.86%	−3.71%		−9.17%	2.50%
1999-12-30	−3.96%	−3.81%		−9.34%	2.44%
2000-01-07	−3.79%	−3.44%		−8.05%	0.63%
2000-01-14	−3.70%	−3.55%		−8.64%	1.30%
2000-01-21	−7.46%	−7.50%		−11.74%	−3.01%
2000-01-28	−10.19%	−10.24%		−13.64%	−6.55%
2000-02-18	−10.43%	−10.11%		−12.79%	−8.87%

表 3–4 封闭式基金历年折价率一览

合同生效日	加权折价率	全部基金平均折价率	5 亿规模基金平均折价率	20 亿规模基金平均折价率	30 亿规模基金平均折价率
2000-02-25	-14.28%	-13.94%		-17.13%	-11.19%
2000-03-03	-16.41%	-16.02%		-18.94%	-14.20%
2000-03-10	-15.93%	-15.59%		-18.28%	-13.73%
2000-03-17	-13.37%	-13.31%		-15.27%	-11.47%
2000-03-24	-17.27%	-17.06%		-19.09%	-15.75%
2000-03-31	-13.78%	-13.30%		-12.97%	-14.66%
2000-04-07	-15.60%	-15.23%		-16.40%	-15.13%
2000-04-14	-16.12%	-15.90%		-17.25%	-15.26%
2000-04-21	-17.16%	-16.90%		-18.45%	-16.10%
2000-04-28	-17.91%	-17.61%		-19.12%	-16.98%
2000-05-12	-17.57%	-17.37%		-19.03%	-16.25%
2000-05-19	-18.68%	-18.44%		-19.89%	-17.63%
2000-05-26	-20.46%	-20.01%		-21.77%	-19.82%
2000-06-02	-21.90%	-21.52%		-22.85%	-21.41%
2000-06-09	-22.12%	-21.68%		-23.14%	-21.64%
2000-06-16	-21.70%	-21.24%		-22.73%	-21.25%
2000-06-23	-23.18%	-22.79%		-23.83%	-22.90%
2000-06-30	-23.40%	-23.07%		-24.11%	-23.06%
2000-07-07	-20.99%	-19.71%	9.04%	-22.07%	-20.73%
2000-07-14	-22.25%	-20.00%	7.60%	-23.66%	-22.18%
2000-07-21	-20.60%	-18.15%	9.92%	-21.16%	-21.22%
2000-07-28	-20.40%	-18.16%	7.87%	-21.01%	-20.83%
2000-08-04	-19.58%	-16.86%	15.77%	-20.32%	-20.21%
2000-08-11	-20.61%	-15.61%	26.33%	-22.06%	-21.60%
2000-08-18	-20.73%	-15.82%	25.39%	-21.92%	-21.83%
2000-08-25	-21.62%	-16.79%	23.50%	-22.81%	-22.60%
2000-09-01	-21.08%	-16.83%	18.21%	-21.83%	-22.14%
2000-09-08	-21.72%	-17.73%	14.79%	-22.52%	-22.67%
2000-09-15	-21.97%	-17.51%	19.35%	-23.18%	-22.87%
2000-09-22	-20.71%	-14.56%	22.91%	-22.15%	-21.36%
2000-09-29	-20.76%	-15.13%	21.17%	-22.44%	-21.78%
2000-10-13	-19.99%	-13.24%	21.90%	-21.70%	-21.71%
2000-10-20	-20.50%	-13.91%	20.49%	-22.24%	-22.14%
2000-10-27	-20.34%	-12.66%	21.28%	-22.33%	-22.37%
2000-11-03	-20.02%	-10.46%	26.21%	-22.19%	-22.71%
2000-11-10	-21.27%	-13.17%	17.81%	-23.16%	-23.59%

合同生效日	加权折价率	全部基金平均折价率	5 亿规模基金平均折价率	20 亿规模基金平均折价率	30 亿规模基金平均折价率
2000-11-17	-22.12%	-14.36%	15.30%	-23.52%	-24.58%
2000-11-24	-21.80%	-13.30%	14.79%	-23.79%	-24.40%
2000-12-01	-19.19%	-8.79%	19.06%	-21.53%	-22.60%
2000-12-08	-17.72%	-8.51%	16.26%	-19.69%	-20.84%
2000-12-15	-16.49%	-7.65%	16.11%	-17.91%	-19.94%
2000-12-22	-18.34%	-10.60%	10.32%	-19.63%	-21.33%
2000-12-29	-16.79%	-9.11%	9.97%	-18.12%	-19.72%
2001-01-05	-16.91%	-9.99%	7.19%	-17.92%	-19.65%
2001-01-12	-14.92%	-8.25%	8.52%	-15.79%	-17.63%
2001-01-19	-13.80%	-7.02%	9.85%	-14.45%	-16.79%
2001-02-09	-12.50%	-4.65%	14.54%	-13.48%	-15.75%
2001-02-16	-12.58%	-4.87%	13.98%	-13.67%	-15.65%
2001-02-23	-12.41%	-4.69%	14.32%	-13.59%	-15.42%
2001-03-02	-11.02%	-3.73%	14.19%	-11.98%	-14.03%
2001-03-09	-11.46%	-4.24%	13.67%	-12.30%	-14.42%
2001-03-16	-11.22%	-4.04%	13.80%	-12.14%	-14.19%
2001-03-23	-11.20%	-3.92%	14.18%	-12.30%	-14.02%
2001-03-30	-9.99%	-3.68%	12.40%	-10.66%	-13.03%
2001-04-06	-8.52%	-2.51%	12.24%	-9.09%	-11.87%
2001-04-13	-10.41%	-4.39%	10.30%	-11.16%	-13.78%
2001-04-20	-10.77%	-5.15%	8.09%	-11.78%	-14.03%
2001-04-27	-8.92%	-3.51%	8.86%	-9.96%	-12.02%
2001-05-11	-8.88%	-3.39%	9.12%	-10.02%	-11.99%
2001-05-18	-5.89%	0.36%	13.66%	-7.31%	-9.76%
2001-05-25	-5.19%	0.82%	13.58%	-5.96%	-9.24%
2001-06-01	-4.42%	1.23%	13.32%	-5.02%	-8.24%
2001-06-08	-3.09%	2.17%	12.99%	-3.31%	-7.06%
2001-06-15	-3.90%	1.54%	12.72%	-4.07%	-8.02%
2001-06-22	-4.13%	1.72%	13.85%	-4.13%	-8.59%
2001-06-29	-3.18%	2.57%	13.87%	-3.14%	-7.84%
2001-07-06	-3.05%	4.48%	20.18%	-4.15%	-8.17%
2001-07-13	-3.15%	4.63%	20.68%	-4.10%	-8.67%
2001-07-20	-1.77%	6.27%	22.33%	-3.25%	-7.48%
2001-07-27	-1.62%	5.64%	20.22%	-2.35%	-6.95%
2001-08-03	-0.43%	7.40%	20.15%	-1.05%	-5.62%
2001-08-10	-1.05%	6.53%	19.54%	-2.45%	-5.62%

表 3–4 封闭式基金历年折价率一览

合同生效日	加权折价率	全部基金平均折价率	5 亿规模基金平均折价率	20 亿规模基金平均折价率	30 亿规模基金平均折价率
2001–08–17	–0.97%	7.00%	20.21%	–2.04%	–6.11%
2001–08–24	–1.95%	5.35%	18.47%	–3.16%	–6.56%
2001–08–31	–1.68%	6.14%	21.44%	–3.02%	–6.11%
2001–09–07	–2.39%	6.02%	22.69%	–3.39%	–6.56%
2001–09–14	–2.22%	5.75%	21.92%	–3.11%	–6.48%
2001–09–21	–1.80%	6.15%	21.45%	–1.98%	–5.69%
2001–09–28	0.47%	7.29%	21.29%	–0.41%	–4.34%
2001–10–12	1.95%	9.14%	23.74%	1.09%	–2.90%
2001–10–19	–1.74%	2.34%	10.69%	–1.04%	–5.83%
2001–10–26	–2.02%	2.70%	12.53%	–2.00%	–6.39%
2001–11–02	–1.92%	4.62%	18.46%	–2.86%	–7.33%
2001–11–09	–2.11%	4.10%	17.43%	–2.91%	–7.22%
2001–11–16	–3.79%	2.28%	15.60%	–4.69%	–8.73%
2001–11–23	–2.66%	3.04%	14.62%	–3.69%	–7.51%
2001–11–30	–1.77%	3.23%	12.51%	–2.67%	–6.06%
2001–12–07	–3.04%	1.51%	9.80%	–3.87%	–7.02%
2001–12–14	–2.45%	2.10%	10.54%	–3.01%	–6.68%
2001–12–21	–2.17%	1.92%	9.70%	–2.35%	–5.96%
2001–12–28	–2.10%	1.60%	8.80%	–2.41%	–5.34%
2002–01–04	–2.39%	1.21%	8.15%	–2.42%	–5.67%
2002–01–11	–4.50%	–1.63%	3.42%	–4.11%	–7.44%
2002–01–18	–6.53%	–4.71%	–1.44%	–6.26%	–8.59%
2002–01–25	–7.05%	–5.06%	–1.25%	–6.69%	–9.33%
2002–02–01	–6.12%	–3.95%	0.35%	–5.96%	–8.44%
2002–02–08	–5.09%	–3.05%	0.89%	–4.61%	–7.45%
2002–03–01	–4.10%	–2.39%	0.81%	–3.46%	–6.29%
2002–03–08	–1.64%	0.76%	5.12%	–1.32%	–4.15%
2002–03–15	–2.43%	0.33%	5.22%	–2.07%	–5.40%
2002–03–22	–1.49%	1.38%	6.86%	–1.57%	–3.85%
2002–03–29	–2.11%	0.54%	5.16%	–2.25%	–4.48%
2002–04–05	–2.61%	0.19%	4.93%	–2.50%	–5.01%
2002–04–12	–3.15%	–0.23%	4.96%	–3.29%	–5.65%
2002–04–19	–3.90%	–1.01%	3.96%	–3.64%	–6.52%
2002–04–26	–3.87%	–0.87%	4.12%	–3.53%	–6.58%
2002–05–03	–4.22%	–1.36%	3.45%	–3.85%	–6.83%
2002–05–10	–4.42%	–1.60%	3.10%	–4.13%	–7.02%

合同生效日	加权折价率	全部基金平均折价率	5亿规模基金平均折价率	20亿规模基金平均折价率	30亿规模基金平均折价率
2002-05-17	-4.31%	-1.72%	2.43%	-3.99%	-6.79%
2002-05-24	-5.75%	-3.10%	0.85%	-5.29%	-8.38%
2002-05-31	-6.04%	-3.61%	-0.14%	-5.63%	-8.60%
2002-06-07	-6.65%	-3.93%	0.10%	-6.44%	-9.46%
2002-06-14	-6.01%	-3.07%	1.31%	-5.35%	-9.16%
2002-06-21	-3.72%	-0.59%	4.53%	-3.83%	-6.44%
2002-06-28	-1.65%	1.88%	7.95%	-2.04%	-4.35%
2002-07-05	-2.82%	0.20%	5.23%	-3.12%	-5.19%
2002-07-12	-3.40%	-0.10%	5.27%	-3.65%	-6.13%
2002-07-19	-3.61%	-0.66%	4.21%	-3.57%	-6.16%
2002-07-26	-4.10%	-1.31%	3.28%	-4.29%	-6.51%
2002-08-02	-3.64%	-0.92%	3.55%	-3.79%	-6.01%
2002-08-09	-3.92%	-1.09%	3.80%	-3.90%	-6.34%
2002-08-16	-3.49%	-0.87%	3.69%	-3.82%	-5.55%
2002-08-23	-4.32%	-1.70%	2.84%	-4.24%	-6.64%
2002-08-30	-4.15%	-1.81%	2.41%	-4.28%	-6.02%
2002-09-06	-4.16%	-1.95%	1.85%	-4.36%	-5.86%
2002-09-13	-4.67%	-2.58%	1.23%	-4.30%	-6.48%
2002-09-20	-4.98%	-3.04%	0.51%	-4.97%	-6.61%
2002-09-27	-6.00%	-5.21%	-4.49%	-5.26%	-7.17%
2002-10-11	-6.78%	-5.70%	-4.67%	-5.73%	-8.58%
2002-10-18	-6.01%	-3.55%	0.26%	-5.64%	-8.44%
2002-10-25	-7.03%	-4.69%	-1.10%	-6.39%	-9.48%
2002-11-01	-7.84%	-5.54%	-1.25%	-6.97%	-10.00%
2002-11-08	-8.58%	-6.65%	-3.29%	-7.92%	-10.42%
2002-11-15	-8.79%	-7.25%	-4.41%	-8.19%	-10.51%
2002-11-22	-10.38%	-8.67%	-5.40%	-10.25%	-11.97%
2002-11-29	-11.10%	-8.86%	-4.99%	-10.68%	-13.24%
2002-12-06	-12.08%	-9.99%	-6.36%	-11.47%	-14.28%
2002-12-13	-11.58%	-9.27%	-5.04%	-11.00%	-13.77%
2002-12-20	-12.13%	-9.81%	-5.68%	-11.48%	-14.37%
2002-12-27	-11.27%	-9.31%	-5.80%	-10.71%	-13.24%
2003-01-03	-14.34%	-12.36%	-8.97%	-13.51%	-16.47%
2003-01-10	-14.80%	-12.81%	-9.45%	-14.37%	-16.77%
2003-01-17	-13.28%	-11.36%	-8.12%	-12.41%	-15.31%
2003-01-24	-12.85%	-10.53%	-6.53%	-12.05%	-15.23%

表 3–4　封闭式基金历年折价率一览

合同生效日	加权折价率	全部基金平均折价率	5 亿规模基金平均折价率	20 亿规模基金平均折价率	30 亿规模基金平均折价率
2003–01–29	−13.31%	−11.17%	−7.39%	−12.60%	−15.39%
2003–02–14	−13.28%	−11.05%	−7.09%	−12.71%	−15.42%
2003–02–21	−13.99%	−11.69%	−7.78%	−13.45%	−16.19%
2003–02–28	−12.25%	−9.41%	−4.40%	−12.00%	−14.70%
2003–03–07	−14.93%	−12.34%	−7.82%	−14.67%	−17.15%
2003–03–14	−15.73%	−13.29%	−9.18%	−15.46%	−17.99%
2003–03–21	−15.47%	−13.09%	−9.18%	−15.45%	−17.63%
2003–03–28	−16.67%	−14.15%	−9.80%	−16.54%	−18.81%
2003–04–04	−16.01%	−13.69%	−9.54%	−15.99%	−17.92%
2003–04–11	−13.11%	−11.52%	−8.69%	−12.51%	−14.70%
2003–04–18	−17.89%	−16.24%	−13.34%	−17.37%	−19.54%
2003–04–25	−17.96%	−16.40%	−13.66%	−17.67%	−19.38%
2003–05–02	−19.93%	−18.56%	−16.03%	−19.68%	−21.16%
2003–05–16	−21.20%	−20.42%	−19.14%	−20.78%	−22.20%
2003–05–23	−21.24%	−20.43%	−19.23%	−20.95%	−22.26%
2003–05–30	−20.75%	−19.61%	−17.82%	−20.47%	−22.02%
2003–06–06	−20.13%	−18.73%	−16.46%	−19.94%	−21.60%
2003–06–13	−20.54%	−19.29%	−17.23%	−20.40%	−21.85%
2003–06–20	−17.98%	−16.65%	−14.44%	−17.99%	−19.28%
2003–06–27	−16.81%	−15.42%	−13.07%	−16.48%	−18.31%
2003–07–04	−18.00%	−16.77%	−14.63%	−17.89%	−19.18%
2003–07–11	−19.04%	−17.84%	−15.74%	−19.15%	−20.14%
2003–07–18	−19.37%	−18.23%	−16.35%	−19.54%	−20.42%
2003–07–25	−19.02%	−17.94%	−16.22%	−19.09%	−20.09%
2003–08–01	−19.77%	−18.80%	−17.26%	−20.14%	−20.51%
2003–08–08	−20.15%	−19.10%	−17.43%	−20.42%	−21.07%
2003–08–15	−19.74%	−18.57%	−16.79%	−20.12%	−20.71%
2003–08–22	−19.99%	−18.86%	−17.17%	−20.24%	−21.00%
2003–08–29	−20.02%	−19.01%	−17.63%	−20.36%	−20.90%
2003–09–05	−20.46%	−19.54%	−18.31%	−20.77%	−21.33%
2003–09–12	−20.93%	−19.99%	−18.75%	−21.29%	−21.81%
2003–09–19	−21.57%	−20.60%	−19.33%	−22.08%	−22.44%
2003–09–26	−20.90%	−19.85%	−18.51%	−21.31%	−21.89%
2003–10–10	−21.17%	−20.19%	−18.97%	−21.67%	−22.02%
2003–10–17	−21.66%	−20.57%	−19.14%	−22.32%	−22.52%
2003–10–24	−22.45%	−21.48%	−20.20%	−23.09%	−23.26%

合同生效日	加权折价率	全部基金平均折价率	5亿规模基金平均折价率	20亿规模基金平均折价率	30亿规模基金平均折价率
2003-10-31	-22.99%	-22.15%	-20.97%	-23.90%	-23.49%
2003-11-07	-22.81%	-22.17%	-21.32%	-23.66%	-23.22%
2003-11-14	-22.01%	-21.27%	-20.27%	-22.81%	-22.56%
2003-11-21	-22.93%	-22.18%	-21.24%	-23.37%	-23.67%
2003-11-28	-22.75%	-21.68%	-20.19%	-23.22%	-23.72%
2003-12-05	-23.28%	-22.37%	-21.19%	-23.59%	-24.30%
2003-12-12	-23.02%	-22.18%	-21.13%	-23.40%	-23.98%
2003-12-19	-24.37%	-23.84%	-23.27%	-25.08%	-24.88%
2003-12-26	-22.76%	-22.12%	-21.36%	-23.15%	-23.44%
2004-01-02	-22.02%	-21.35%	-20.63%	-22.34%	-22.81%
2004-01-09	-26.26%	-25.75%	-25.07%	-27.02%	-26.63%
2004-01-16	-25.42%	-24.87%	-24.26%	-26.04%	-26.02%
2004-01-30	-25.46%	-24.76%	-23.97%	-25.99%	-26.23%
2004-02-06	-25.22%	-24.35%	-23.24%	-25.82%	-26.13%
2004-02-13	-25.57%	-24.64%	-23.40%	-26.28%	-26.35%
2004-02-20	-26.01%	-24.70%	-22.85%	-26.70%	-27.21%
2004-02-27	-27.26%	-26.04%	-24.42%	-28.07%	-28.41%
2004-03-05	-26.08%	-24.37%	-21.83%	-27.24%	-27.50%
2004-03-12	-25.54%	-23.32%	-19.80%	-26.96%	-27.19%
2004-03-19	-25.54%	-23.37%	-19.93%	-26.81%	-27.30%
2004-03-26	-25.61%	-23.52%	-20.16%	-26.97%	-27.30%
2004-04-02	-26.66%	-24.61%	-21.31%	-27.91%	-28.37%
2004-04-09	-27.18%	-25.01%	-21.58%	-28.29%	-28.96%
2004-04-16	-26.42%	-24.30%	-21.07%	-27.62%	-28.15%
2004-04-23	-27.58%	-25.43%	-22.18%	-28.85%	-29.24%
2004-04-30	-26.89%	-24.44%	-20.59%	-28.41%	-28.72%
2004-05-14	-27.13%	-24.49%	-20.39%	-28.60%	-29.17%
2004-05-21	-24.50%	-21.21%	-16.00%	-26.40%	-26.84%
2004-05-28	-25.72%	-22.59%	-17.67%	-27.52%	-27.97%
2004-06-04	-25.32%	-22.45%	-17.98%	-27.09%	-27.33%
2004-06-11	-26.55%	-23.76%	-19.41%	-28.44%	-28.47%
2004-06-18	-27.02%	-24.65%	-20.93%	-28.40%	-28.77%
2004-06-25	-27.19%	-25.21%	-22.15%	-28.02%	-28.87%
2004-07-02	-27.88%	-26.08%	-23.31%	-28.96%	-29.24%
2004-07-09	-28.79%	-26.97%	-24.14%	-29.93%	-30.18%
2004-07-16	-29.60%	-27.76%	-24.83%	-30.73%	-30.99%

表 3–4 封闭式基金历年折价率一览

合同生效日	加权折价率	全部基金平均折价率	5 亿规模基金平均折价率	20 亿规模基金平均折价率	30 亿规模基金平均折价率
2004–07–23	–29.64%	–27.74%	–24.71%	–30.80%	–31.12%
2004–07–30	–30.42%	–28.46%	–25.41%	–31.62%	–32.02%
2004–08–06	–29.87%	–27.86%	–24.71%	–31.19%	–31.42%
2004–08–13	–30.92%	–29.05%	–26.24%	–32.34%	–32.35%
2004–08–20	–30.16%	–28.16%	–25.28%	–31.68%	–31.78%
2004–08–27	–29.47%	–27.55%	–24.89%	–30.95%	–31.10%
2004–09–03	–29.04%	–26.91%	–23.93%	–30.40%	–30.90%
2004–09–10	–28.92%	–26.61%	–23.30%	–30.26%	–30.96%
2004–09–17	–29.22%	–26.78%	–23.09%	–30.66%	–31.20%
2004–09–24	–32.88%	–30.56%	–26.91%	–34.43%	–34.64%
2004–10–08	–32.22%	–30.03%	–26.52%	–33.80%	–33.75%
2004–10–15	–33.68%	–31.26%	–27.50%	–35.12%	–35.59%
2004–10–22	–34.86%	–32.32%	–28.29%	–36.39%	–36.86%
2004–10–29	–35.45%	–32.68%	–28.38%	–36.87%	–37.82%
2004–11–05	–35.07%	–31.94%	–27.12%	–36.84%	–37.64%
2004–11–12	–35.37%	–32.33%	–27.57%	–37.19%	–37.81%
2004–11–19	–35.09%	–31.71%	–26.43%	–37.16%	–37.74%
2004–11–26	–32.86%	–29.25%	–23.61%	–34.94%	–35.77%
2004–12–03	–32.39%	–28.54%	–22.51%	–34.63%	–35.47%
2004–12–10	–32.73%	–28.75%	–22.65%	–35.20%	–35.87%
2004–12–17	–31.88%	–27.59%	–21.00%	–34.45%	–35.37%
2004–12–24	–31.82%	–27.52%	–20.90%	–34.28%	–35.44%
2004–12–31	–32.14%	–27.97%	–21.52%	–34.33%	–35.62%
2005–01–07	–32.45%	–28.01%	–20.40%	–34.74%	–36.16%
2005–01–14	–33.38%	–28.71%	–20.77%	–35.71%	–37.40%
2005–01–21	–33.41%	–28.50%	–20.25%	–36.07%	–37.47%
2005–01–28	–35.04%	–30.03%	–21.47%	–37.83%	–39.01%
2005–02–04	–35.17%	–30.36%	–22.22%	–37.97%	–39.06%
2005–02–18	–35.37%	–30.42%	–22.04%	–38.05%	–39.45%
2005–02–25	–35.89%	–31.33%	–23.54%	–38.40%	–39.70%
2005–03–04	–35.72%	–30.63%	–21.97%	–38.55%	–39.93%
2005–03–11	–36.09%	–30.62%	–21.29%	–39.16%	–40.63%
2005–03–18	–36.84%	–31.14%	–21.32%	–40.14%	–41.51%
2005–03–25	–35.31%	–29.20%	–18.65%	–38.83%	–40.37%
2005–04–01	–34.70%	–28.94%	–19.21%	–38.14%	–39.65%
2005–04–08	–36.67%	–30.71%	–20.70%	–40.80%	–41.44%

合同生效日	加权折价率	全部基金平均折价率	5亿规模基金平均折价率	20亿规模基金平均折价率	30亿规模基金平均折价率
2005-04-15	-36.86%	-30.59%	-20.19%	-40.84%	-42.15%
2005-04-22	-37.07%	-30.84%	-20.58%	-41.09%	-42.38%
2005-04-29	-37.13%	-30.50%	-19.46%	-41.12%	-42.57%
2005-05-13	-36.33%	-29.61%	-18.41%	-40.06%	-42.04%
2005-05-20	-37.60%	-31.32%	-20.88%	-41.30%	-42.88%
2005-05-27	-37.26%	-30.43%	-18.88%	-40.92%	-42.76%
2005-06-03	-37.52%	-30.40%	-18.31%	-41.58%	-42.82%
2005-06-10	-39.45%	-32.54%	-21.21%	-43.65%	-44.88%
2005-06-17	-39.69%	-32.45%	-20.44%	-44.25%	-45.12%
2005-06-24	-40.05%	-33.05%	-21.59%	-44.65%	-45.42%
2005-07-01	-40.74%	-33.46%	-21.54%	-45.48%	-46.42%
2005-07-08	-40.56%	-32.82%	-20.12%	-45.54%	-46.76%
2005-07-15	-40.31%	-32.35%	-19.45%	-45.44%	-46.77%
2005-07-22	-37.62%	-29.71%	-16.93%	-42.70%	-43.98%
2005-07-29	-38.12%	-30.31%	-17.88%	-43.12%	-44.62%
2005-08-05	-35.58%	-28.56%	-17.56%	-39.78%	-41.69%
2005-08-12	-37.18%	-30.52%	-20.12%	-41.18%	-43.07%
2005-08-19	-38.31%	-31.13%	-19.65%	-42.55%	-44.51%
2005-08-26	-37.86%	-30.24%	-18.24%	-42.41%	-44.59%
2005-09-02	-37.87%	-30.34%	-18.46%	-42.42%	-44.50%
2005-09-09	-38.21%	-30.48%	-18.21%	-42.74%	-45.13%
2005-09-16	-38.23%	-30.41%	-18.01%	-42.91%	-45.14%
2005-09-23	-38.94%	-30.71%	-17.59%	-44.03%	-46.13%
2005-09-30	-39.55%	-31.23%	-18.04%	-44.93%	-46.71%
2005-10-14	-40.32%	-31.89%	-18.50%	-45.87%	-47.68%
2005-10-21	-41.11%	-32.74%	-19.43%	-46.57%	-48.40%
2005-10-28	-40.65%	-32.33%	-19.17%	-46.07%	-47.97%
2005-11-04	-39.69%	-31.30%	-18.09%	-45.08%	-47.08%
2005-11-11	-36.96%	-29.11%	-16.66%	-42.41%	-43.46%
2005-11-18	-37.07%	-28.90%	-15.92%	-42.52%	-43.84%
2005-11-25	-37.12%	-29.02%	-16.14%	-42.66%	-43.85%
2005-12-02	-35.37%	-27.34%	-14.58%	-40.86%	-41.99%
2005-12-09	-34.66%	-26.98%	-14.76%	-40.10%	-40.82%
2005-12-16	-34.77%	-27.30%	-15.47%	-40.08%	-40.94%
2005-12-23	-35.04%	-27.62%	-15.91%	-40.08%	-41.34%
2005-12-30	-35.59%	-28.48%	-17.37%	-39.75%	-42.02%

第五部分 法律法规

Laws and Regulations

第一章　法 律

目 录

中华人民共和国证券投资基金法

（2003年10月28日第十届全国人民代表大会常务委员会第五次会议通过，自2004年6月1日起施行）

第一章　总 则

第一条　为了规范证券投资基金活动，保护投资人及相关当事人的合法权益，促进证券投资基金和证券市场的健康发展，制定本法。

第二条　在中华人民共和国境内，通过公开发售基金份额募集证券投资基金（以下简称基金），由基金管理人管理，基金托管人托管，为基金份额持有人的利益，以资产组合方式进行证券投资活动，适用本法；本法未规定的，适用《中华人民共和国信托法》、《中华人民共和国证券法》和其他有关法律、行政法规的规定。

第三条　基金管理人、基金托管人和基金份额持有人的权利、义务，依照本法在基金合同中约定。

基金管理人、基金托管人依照本法和基金合同的约定，履行受托职责。基金份额持有人按其所持基金份额享受收益和承担风险。

第四条　从事证券投资基金活动，应当遵循自愿、公平、诚实信用的原则，不得损害国家利益和社会公共利益。

第五条　基金合同应当约定基金运作方式。基金运作方式可以采用封闭式、开放式或者其他方式。

采用封闭式运作方式的基金（以下简称封闭式基金），是指经核准的基金份额总额在基金合同期限内固定不变，基金份额可以在依法设立的证券交易场所交易，但基金份额持有人不得申请赎回的基金。

采用开放式运作方式的基金（以下简称开放式基金），是指基金份额总额不固定，基金份额可以在基金合同约定的时间和场所申购或者赎回的基金。

采用其他运作方式的基金的基金份额发售、交易、申购、赎回的办法，由国务院另行规定。

第六条　基金财产独立于基金管理人、基金托管人的固有财产。基金管理人、基金托管人不得将基金财产归入其固有财产。

基金管理人、基金托管人因基金财产的管理、运用或者其他情形而取得的财产和收益，归入基金财产。

基金管理人、基金托管人因依法解散、被依法撤销或者被依法宣告破产等原因进行清算的，基金财产不属于其清算财产。

第七条　基金财产的债权，不得与基金管理人、基金托管人固有财产的债务相抵销；不同基金财产的债权债务，不得相互抵销。

第八条　非因基金财产本身承担的债务，不得对基金财产强制执行。

第九条　基金管理人、基金托管人管理、运用基金财产，应当恪尽职守，履行诚实信用、谨慎勤勉的义务。

基金从业人员应当依法取得基金从业资格，遵守法律、行政法规，恪守职业道德和行为规范。

第十条　基金管理人、基金托管人和基金份额发售机构，可以成立同业协会，加强行业自律，协调行业关系，提供行业服务，促进行业发展。

第十一条　国务院证券监督管理机构依法对证券投资基金活动实施监督管理。

第二章　基金管理人

第十二条　基金管理人由依法设立的基金管理公司担任。

担任基金管理人，应当经国务院证券监督管理机构核准。

第十三条 设立基金管理公司，应当具备下列条件，并经国务院证券监督管理机构批准：

（一）有符合本法和《中华人民共和国公司法》规定的章程；

（二）注册资本不低于一亿元人民币，且必须为实缴货币资本；

（三）主要股东具有从事证券经营、证券投资咨询、信托资产管理或者其他金融资产管理的较好的经营业绩和良好的社会信誉，最近三年没有违法记录，注册资本不低于三亿元人民币；

（四）取得基金从业资格的人员达到法定人数；

（五）有符合要求的营业场所、安全防范设施和与基金管理业务有关的其他设施；

（六）有完善的内部稽核监控制度和风险控制制度；

（七）法律、行政法规规定的和经国务院批准的国务院证券监督管理机构规定的其他条件。

第十四条 国务院证券监督管理机构应当自受理基金管理公司设立申请之日起六个月内依照本法第十三条规定的条件和审慎监管原则进行审查，作出批准或者不予批准的决定，并通知申请人；不予批准的，应当说明理由。

基金管理公司设立分支机构、修改章程或者变更其他重大事项，应当报经国务院证券监督管理机构批准。国务院证券监督管理机构应当自受理申请之日起六十日内作出批准或者不予批准的决定，并通知申请人；不予批准的，应当说明理由。

第十五条 下列人员不得担任基金管理人的基金从业人员：

（一）因犯有贪污贿赂、渎职、侵犯财产罪或者破坏社会主义市场经济秩序罪，被判处刑罚的；

（二）对所任职的公司、企业因经营不善破产清算或者因违法被吊销营业执照负有个人责任的董事、监事、厂长、经理及其他高级管理人员，自该公司、企业破产清算终结或者被吊销营业执照之日起未逾五年的；

（三）个人所负债务数额较大，到期未清偿的；

（四）因违法行为被开除的基金管理人、基金托管人、证券交易所、证券公司、证券登记结算机构、期货交易所、期货经纪公司及其他机构的从业人员和国家机关工作人员；

（五）因违法行为被吊销执业证书或者被取消资格的律师、注册会计师和资产评估机构、验证机构的从业人员、投资咨询从业人员；

（六）法律、行政法规规定不得从事基金业务的其他人员。

第十六条 基金管理人的经理和其他高级管理人员，应当熟悉证券投资方面的法律、行政法规，具有基金从业资格和三年以上与其所任职务相关的工作经历。

第十七条 基金管理人的经理和其他高级管理人员的选任或者改任，应当报经国务院证券监督管理机构依照本法和其他有关法律、行政法规规定的任职条件进行审核。

第十八条 基金管理人的董事、监事、经理和其他从业人员，不得担任基金托管人或者其他基金管理人的任何职务，不得从事损害基金财产和基金份额持有人利益的证券交易及其他活动。

第十九条 基金管理人应当履行下列职责：

（一）依法募集基金，办理或者委托经国务院证券监督管理机构认定的其他机构代为办理基金份额的发售、申购、赎回和登记事宜；

（二）办理基金备案手续；

（三）对所管理的不同基金财产分别管理、分别记账，进行证券投资；

（四）按照基金合同的约定确定基金收益分配方案，及时向基金份额持有人分配收益；

（五）进行基金会计核算并编制基金财务会计报告；

（六）编制中期和年度基金报告；

（七）计算并公告基金资产净值，确定基金份额申购、赎回价格；

（八）办理与基金财产管理业务活动有关的信息披露事项；

（九）召集基金份额持有人大会；

（十）保存基金财产管理业务活动的记录、账册、报表和其他相关资料；

（十一）以基金管理人名义，代表基金份额持有人利益行使诉讼权利或者实施其他法律行为；

（十二）国务院证券监督管理机构规定的其他职责。

第二十条 基金管理人不得有下列行为：

（一）将其固有财产或者他人财产混同于基金财产从事证券投资；

（二）不公平地对待其管理的不同基金财产；

（三）利用基金财产为基金份额持有人以外的第三人牟取利益；

（四）向基金份额持有人违规承诺收益或者承担损失；

（五）依照法律、行政法规有关规定，由国务院证券监督管理机构规定禁止的其他行为。

第二十一条 国务院证券监督管理机构对有下列情形之一的基金管理人，依据职权责令整顿，或者取消基金管理资格：

（一）有重大违法违规行为；

（二）不再具备本法第十三条规定的条件；

（三）法律、行政法规规定的其他情形。

第二十二条 有下列情形之一的，基金管理人职责终止：

（一）被依法取消基金管理资格；

（二）被基金份额持有人大会解任；

（三）依法解散、被依法撤销或者被依法宣告破产；

（四）基金合同约定的其他情形。

第二十三条 基金管理人职责终止的，基金份额持有人大会应当在六个月内选任新基金管理人；新基金管理人产生前，由国务院证券监督管理机构指定临时基金管理人。

基金管理人职责终止的，应当妥善保管基金管理业务资料，及时办理基金管理业务的移交手续，新基金管理人或者临时基金管理人应当及时接收。

第二十四条 基金管理人职责终止的，应当按照规定聘请会计师事务所对基金财产进行审计，并将审计结果予以公告，同时报国务院证券监督管理机构备案。

第三章 基金托管人

第二十五条 基金托管人由依法设立并取得基金托管资格的商业银行担任。

第二十六条 申请取得基金托管资格，应当具备下列条件，并经国务院证券监督管理机构和国务院银行业监督管理机构核准：

（一）净资产和资本充足率符合有关规定；

（二）设有专门的基金托管部门；

（三）取得基金从业资格的专职人员达到法定人数；

（四）有安全保管基金财产的条件；

（五）有安全高效的清算、交割系统；

（六）有符合要求的营业场所、安全防范设施和与基金托管业务有关的其他设施；

（七）有完善的内部稽核监控制度和风险控制制度；

（八）法律、行政法规规定的和经国务院批准的国务院证券监督管理机构、国务院银行业监督管理机构规定的其他条件。

第二十七条 本法第十五条、第十八条的规定，适用于基金托管人的专门基金托管部门的从业人员。

本法第十六条、第十七条的规定，适用于基金托管人的专门基金托管部门的经理和其他高级管理人员。

第二十八条 基金托管人与基金管理人不得为同一人，不得相互出资或者持有股份。

第二十九条 基金托管人应当履行下列职责：

（一）安全保管基金财产；

（二）按照规定开设基金财产的资金账户和证券账户；

（三）对所托管的不同基金财产分别设置账户，确保基金财产的完整与独立；

（四）保存基金托管业务活动的记录、账册、报表和其他相关资料；

（五）按照基金合同的约定，根据基金管理人的投资指令，及时办理清算、交割事宜；

（六）办理与基金托管业务活动有关的信息披露事项；

（七）对基金财务会计报告、中期和年度基金报告出具意见；

（八）复核、审查基金管理人计算的基金资产净值和基金份额申购、赎回价格；

（九）按照规定召集基金份额持有人大会；

（十）按照规定监督基金管理人的投资运作；

（十一）国务院证券监督管理机构规定的其他职责。

第三十条 基金托管人发现基金管理人的投资指令违反法律、行政法规和其他有关规定，或者违反基金合同约定的，应当拒绝执行，立即通知基金管理人，并及时向国务院证券监督管理机构报告。

基金托管人发现基金管理人依据交易程序已经生效的投资指令违反法律、行政法规和其他有关规定，或者违反基金合同约定的，应当立即通知基金管理人，并及时向国务院证券监督管理机构报告。

第三十一条 本法第二十条的规定，适用于基金托管人。

第三十二条 国务院证券监督管理机构和国务院银行业监督管理机构对有下列情形之一的基金托管人，依据职权责令整顿，或者取消基金托管资格：

（一）有重大违法违规行为；

（二）不再具备本法第二十六条规定的条件；

（三）法律、行政法规规定的其他情形。

第三十三条 有下列情形之一的，基金托管人职责终止：

（一）被依法取消基金托管资格；

（二）被基金份额持有人大会解任；

（三）依法解散、被依法撤销或者被依法宣告破产；

（四）基金合同约定的其他情形。

第三十四条 基金托管人职责终止的，基金份额持有人大会应当在六个月内选任新基金托管人，新基金托管人产生前，由国务院证券监督管理机构指定临时基金托管人。

基金托管人职责终止的，应当妥善保管基金财产和基金托管业务资料，及时办理基金财产和基金托管业务的移交手续，新基金托管人或者临时基金托管人应当及时接收。

第三十五条 基金托管人职责终止的，应当按照规定聘请会计师事务所对基金财产进行审计，并将审计结果予以公告，同时报国务院证券监督管理机构备案。

第四章　基金的募集

第三十六条　基金管理人依照本法发售基金份额，募集基金，应当向国务院证券监督管理机构提交下列文件，并经国务院证券监督管理机构核准：

（一）申请报告；

（二）基金合同草案；

（三）基金托管协议草案；

（四）招募说明书草案；

（五）基金管理人和基金托管人的资格证明文件；

（六）经会计师事务所审计的基金管理人和基金托管人最近三年或者成立以来的财务会计报告；

（七）律师事务所出具的法律意见书；

（八）国务院证券监督管理机构规定提交的其他文件。

第三十七条　基金合同应当包括下列内容：

（一）募集基金的目的和基金名称；

（二）基金管理人、基金托管人的名称和住所；

（三）基金运作方式；

（四）封闭式基金的基金份额总额和基金合同期限，或者开放式基金的最低募集份额总额；

（五）确定基金份额发售日期、价格和费用的原则；

（六）基金份额持有人、基金管理人和基金托管人的权利、义务；

（七）基金份额持有人大会召集、议事及表决的程序和规则；

（八）基金份额发售、交易、申购、赎回的程序、时间、地点、费用计算方式，以及给付赎回款项的时间和方式；

（九）基金收益分配原则、执行方式；

（十）作为基金管理人、基金托管人报酬的管理费、托管费的提取、支付方式与比例；

（十一）与基金财产管理、运用有关的其他费用的提取、支付方式；

（十二）基金财产的投资方向和投资限制；

（十三）基金资产净值的计算方法和公告方式；

（十四）基金募集未达到法定要求的处理方式；

（十五）基金合同解除和终止的事由、程序以及基金财产清算方式；

（十六）争议解决方式；

（十七）当事人约定的其他事项。

第三十八条　基金招募说明书应当包括下列内容：

（一）基金募集申请的核准文件名称和核准日期；

（二）基金管理人、基金托管人的基本情况；

（三）基金合同和基金托管协议的内容摘要；

（四）基金份额的发售日期、价格、费用和期限；

（五）基金份额的发售方式、发售机构及登记机构名称；

（六）出具法律意见书的律师事务所和审计基金财产的会计师事务所的名称和住所；

（七）基金管理人、基金托管人报酬及其他有关费用的提取、支付方式与比例；

（八）风险警示内容；

（九）国务院证券监督管理机构规定的其他内容。

第三十九条　国务院证券监督管理机构应当自受理基金募集申请之日起六个月内依照法律、行政法规及国务院证券监督管理机构的规定和审慎监管原则进行审查，作出核准或者不予核准的决定，并通知申请人；不予核准的，应当说明理由。

第四十条　基金募集申请经核准后，方可发售基金份额。

第四十一条　基金份额的发售，由基金管理人负责办理；基金管理人可以委托经国务院证券监督管理机构认定的其他机构代为办理。

第四十二条　基金管理人应当在基金份额发售的三日前公布招募说明书、基金合同及其他有关文件。

前款规定的文件应当真实、准确、完整。

对基金募集所进行的宣传推介活动，应当符合有关法律、行政法规的规定，不得有本法第六十四条所列行为。

第四十三条　基金管理人应当自收到核准文件之日起六个月内进行基金募集。超过六个月开始募集，原核准的事项未发生实质性变化的，应当报国务院证券监督管理机构备案；发生实质性变化的，应当向国务院证券监督管理机构重新提交申请。

基金募集不得超过国务院证券监督管理机构核准的基金募集期限。基金募集期限自基金份额发售之日起计算。

第四十四条　基金募集期限届满，封闭式基金募集的基金份额总额达到核准规模的百分之八十以上，开放式基金募集的基金份额总额超过核准的最低募集份额总额，并且基金份额持有人人数符合国务院证券监督管理机构规定的，基金管理人应当自募集期限届满之日起十日内聘请法定验资机构验资，自收到验资报告之日起十日内，向国务院证券监督管理机构提交验资报告，办理基金备案手续，并予以公告。

第四十五条　基金募集期间募集的资金应当存入专门账户，在基金募集行为结束前，任何人不得动用。

第四十六条　投资人缴纳认购的基金份额的款项时，基金合同成立；基金管理人依照本法第四十四条的规定向国务院证券监督管理机构办理基金备案手续，基金合同生效。

基金募集期限届满，不能满足本法第四十四条规定的条件的，基金管理人应当承担下列责任：

（一）以其固有财产承担因募集行为而产生的债务和费用；

（二）在基金募集期限届满后三十日内返还投资人已缴纳的款项，并加计银行同期存款利息。

第五章　基金份额的交易

第四十七条　封闭式基金的基金份额，经基金管理人申请，国务院证券监督管理机构核准，可以在证券交易所上市交易。

国务院证券监督管理机构可以授权证券交易所依照法定条件和程序核准基金份额上市交易。

第四十八条　基金份额上市交易，应当符合下列条件：

（一）基金的募集符合本法规定；

（二）基金合同期限为五年以上；

（三）基金募集金额不低于二亿元人民币；

（四）基金份额持有人不少于一千人；

（五）基金份额上市交易规则规定的其他条件。

第四十九条　基金份额上市交易规则由证券交易所制定，报国务院证券监督管理机构核准。

第五十条　基金份额上市交易后，有下列情形之一的，由证券交易所终止其上市交易，并报国务院证券监督管理机构备案：

（一）不再具备本法第四十八条规定的上市交易条件；

（二）基金合同期限届满；

（三）基金份额持有人大会决定提前终止上市交易；

（四）基金合同约定的或者基金份额上市交易规则规定的终止上市交易的其他情形。

第六章　基金份额的申购与赎回

第五十一条　开放式基金的基金份额的申购、赎回和登记，由基金管理人负责办理；基金管理人可以委托经国务院证券监督管理机构认定的其他机构代为办理。

第五十二条　基金管理人应当在每个工作日办理基金份额的申购、赎回业务；基金合同另有约定的，按照其约定。

第五十三条　基金管理人应当按时支付赎回款项，但是下列情形除外：

（一）因不可抗力导致基金管理人不能支付赎回款项；

（二）证券交易场所依法决定临时停市，导致基金管理人无法计算当日基金资产净值；

（三）基金合同约定的其他特殊情形。

发生上述情形之一的，基金管理人应当在当日报国务院证券监督管理机构备案。

本条第一款规定的情形消失后，基金管理人应当及时支付赎回款项。

第五十四条　开放式基金应当保持足够的现金或者政府债券，以备支付基金份额持有人的赎回款项。基金财产中应当保持的现金或者政府债券的具体比例，由国务院证券监督管理机构规定。

第五十五条　基金份额的申购、赎回价格，依据申购、赎回日基金份额净值加、减有关费用计算。

第五十六条　基金份额净值计价出现错误时，基金管理人应当立即纠正，并采取合理的措施防止损失进一步扩大。计价错误达到基金份额净值百分之零点五时，基金管理人应当公告，并报国务院证券监督管理机构备案。

因基金份额净值计价错误造成基金份额持有人损失的，基金份额持有人有权要求基金管理人、基金托管人予以赔偿。

第七章　基金的运作与信息披露

第五十七条　基金管理人运用基金财产进行证券投资，应当采用资产组合的方式。

资产组合的具体方式和投资比例，依照本法和国务院证券监督管理机构的规定在基金合同中约定。

第五十八条　基金财产应当用于下列投资：

（一）上市交易的股票、债券；

（二）国务院证券监督管理机构规定的其他证券品种。

第五十九条　基金财产不得用于下列投资或者活动：

（一）承销证券；

（二）向他人贷款或者提供担保；

（三）从事承担无限责任的投资；

（四）买卖其他基金份额，但是国务院另有规定的除外；

（五）向其基金管理人、基金托管人出资或者买卖其基金管理人、基金托管人发行的股票或者债券；

（六）买卖与其基金管理人、基金托管人有控股关系的股东或者与其基金管理人、基金托管人有其他重大利害关系的公司发行的证券或者承销期内承销的证券；

（七）从事内幕交易、操纵证券交易价格及其他不正当的证券交易活动；

（八）依照法律、行政法规有关规定，由国务院证券监督管理机构规定禁止的其他活动。

第六十条 基金管理人、基金托管人和其他基金信息披露义务人应当依法披露基金信息，并保证所披露信息的真实性、准确性和完整性。

第六十一条 基金信息披露义务人应当确保应予披露的基金信息在国务院证券监督管理机构规定时间内披露，并保证投资人能够按照基金合同约定的时间和方式查阅或者复制公开披露的信息资料。

第六十二条 公开披露的基金信息包括：

（一）基金招募说明书、基金合同、基金托管协议；

（二）基金募集情况；

（三）基金份额上市交易公告书；

（四）基金资产净值、基金份额净值；

（五）基金份额申购、赎回价格；

（六）基金财产的资产组合季度报告、财务会计报告及中期和年度基金报告；

（七）临时报告；

（八）基金份额持有人大会决议；

（九）基金管理人、基金托管人的专门基金托管部门的重大人事变动；

（十）涉及基金管理人、基金财产、基金托管业务的诉讼；

（十一）依照法律、行政法规有关规定，由国务院证券监督管理机构规定应予披露的其他信息。

第六十三条 对公开披露的基金信息出具审计报告或者法律意见书的会计师事务所、律师事务所，应当保证其所出具文件内容的真实性、准确性和完整性。

第六十四条 公开披露基金信息，不得有下列行为：

（一）虚假记载、误导性陈述或者重大遗漏；

（二）对证券投资业绩进行预测；

（三）违规承诺收益或者承担损失；

（四）诋毁其他基金管理人、基金托管人或者基金份额发售机构；

（五）依照法律、行政法规有关规定，由国务院证券监督管理机构规定禁止的其他行为。

第八章 基金合同的变更、终止与基金财产清算

第六十五条 按照基金合同的约定或者基金份额持有人大会的决议，并经国务院证券监督管理机构核准，可以转换基金运作方式。

第六十六条 封闭式基金扩募或者延长基金合同期限，应当符合下列条件，并经国务院证券监督管理机构核准：

（一）基金运营业绩良好；

（二）基金管理人最近二年内没有因违法违规行为受到行政处罚或者刑事处罚；

（三）基金份额持有人大会决议通过；

（四）本法规定的其他条件。

第六十七条 有下列情形之一的，基金合同终止：

（一）基金合同期限届满而未延期的；

（二）基金份额持有人大会决定终止的；

（三）基金管理人、基金托管人职责终止，在六个月内没有新基金管理人、新基金托管人承接的；

（四）基金合同约定的其他情形。

第六十八条 基金合同终止时，基金管理人应当组织清算组对基金财产进行清算。

清算组由基金管理人、基金托管人以及相关的中介服务机构组成。

清算组作出的清算报告经会计师事务所审计，律师事务所出具法律意见书后，报国务院证券监督管理机构备案并公告。

第六十九条 清算后的剩余基金财产，应当按照基金份额持有人所持份额比例进行分配。

第九章 基金份额持有人权利及其行使

第七十条 基金份额持有人享有下列权利：

（一）分享基金财产收益；

（二）参与分配清算后的剩余基金财产；

（三）依法转让或者申请赎回其持有的基金份额；

（四）按照规定要求召开基金份额持有人大会；

（五）对基金份额持有人大会审议事项行使表决权；

（六）查阅或者复制公开披露的基金信息资料；

（七）对基金管理人、基金托管人、基金份额发售机构损害其合法权益的行为依法提起诉讼；

（八）基金合同约定的其他权利。

第七十一条 下列事项应当通过召开基金份额持有人大会审议决定：

（一）提前终止基金合同；

（二）基金扩募或者延长基金合同期限；

（三）转换基金运作方式；

（四）提高基金管理人、基金托管人的报酬标准；

（五）更换基金管理人、基金托管人；

（六）基金合同约定的其他事项。

第七十二条 基金份额持有人大会由基金管理人召集；基金管理人未按规定召集或者不能召集时，由基金托管人召集。

代表基金份额百分之十以上的基金份额持有人就同一事项要求召开基金份额持有人大会，而基金管理人、基金托管人都不召集的，代表基金份额百分之十以上的基金份额持有人有权自行召集，并报国务院证券监督管

理机构备案。

第七十三条　召开基金份额持有人大会，召集人应当至少提前三十日公告基金份额持有人大会的召开时间、会议形式、审议事项、议事程序和表决方式等事项。

基金份额持有人大会不得就未经公告的事项进行表决。

第七十四条　基金份额持有人大会可以采取现场方式召开，也可以采取通讯等方式召开。

每一基金份额具有一票表决权，基金份额持有人可以委托代理人出席基金份额持有人大会并行使表决权。

第七十五条　基金份额持有人大会应当有代表百分之五十以上基金份额的持有人参加，方可召开；大会就审议事项作出决定，应当经参加大会的基金份额持有人所持表决权的百分之五十以上通过；但是，转换基金运作方式、更换基金管理人或者基金托管人、提前终止基金合同，应当经参加大会的基金份额持有人所持表决权的三分之二以上通过。

基金份额持有人大会决定的事项，应当依法报国务院证券监督管理机构核准或者备案，并予以公告。

第十章　监督管理

第七十六条　国务院证券监督管理机构依法履行下列职责：

（一）依法制定有关证券投资基金活动监督管理的规章、规则，并依法行使审批或者核准权；

（二）办理基金备案；

（三）对基金管理人、基金托管人及其他机构从事证券投资基金活动进行监督管理，对违法行为进行查处，并予以公告；

（四）制定基金从业人员的资格标准和行为准则，并监督实施；

（五）监督检查基金信息的披露情况；

（六）指导和监督基金同业协会的活动；

（七）法律、行政法规规定的其他职责。

第七十七条　国务院证券监督管理机构依法履行职责，有权采取下列措施：

（一）进入违法行为发生场所调查取证；

（二）询问当事人和与被调查事件有关的单位和个人，要求其对与被调查事件有关的事项作出说明；

（三）查阅、复制当事人和与被调查事件有关的单位和个人的证券交易记录、登记过户记录、财务会计资料及其他相关文件和资料，对可能被转移或者隐匿的文件和资料予以封存；

（四）查询当事人和与被调查事件有关的单位和个人的资金账户、证券账户或者基金账户，对有证据证明有转移或者隐匿违法资金、证券迹象的，可以申请司法机关予以冻结；

（五）法律、行政法规规定的其他措施。

第七十八条　国务院证券监督管理机构工作人员依法履行职责，进行调查或者检查时，不得少于二人，并应当出示合法证件；对调查或者检查中知悉的商业秘密负有保密的义务。

第七十九条　国务院证券监督管理机构工作人员应当忠于职守，依法办事，公正廉洁，接受监督，不得利用职务牟取私利。

第八十条　国务院证券监督管理机构依法履行职责时，被调查、检查的单位和个人应当配合，如实提供有关文件和资料，不得拒绝、阻碍和隐瞒。

第八十一条　国务院证券监督管理机构依法履行职责，发现违法行为涉嫌犯罪的，应当将案件移送司法机关处理。

第八十二条　国务院证券监督管理机构工作人员不得在被监管的机构中兼任职务。

第十一章　法律责任

第八十三条　基金管理人、基金托管人在履行各自职责的过程中，违反本法规定或者基金合同约定，给基金财产或者基金份额持有人造成损害的，应当分别对各自的行为依法承担赔偿责任；因共同行为给基金财产或者基金份额持有人造成损害的，应当承担连带赔偿责任。

第八十四条　违反本法第四十五条规定，动用募集的资金的，责令返还，没收违法所得；违法所得五十万元以上的，并处违法所得一倍以上五倍以下罚款；没有违法所得或者违法所得不足五十万元的，并处五万元以上五十万元以下罚款；对直接负责的主管人员和其他直接责任人员给予警告，并处三万元以上三十万元以下罚款；给投资人造成损害的，依法承担赔偿责任；构成犯罪的，依法追究刑事责任。

第八十五条　未经国务院证券监督管理机构核准，擅自募集基金的，责令停止，返还所募资金和加计的银行同期存款利息，没收违法所得，并处所募资金金额百分之一以上百分之五以下罚款；构成犯罪的，依法追究刑事责任。

第八十六条　违反本法规定，未经批准，擅自设立基金管理公司的，由证券监督管理机构予以取缔，并处五万元以上五十万元以下罚款；构成犯罪的，依法追究刑事责任。

第八十七条　未经国务院证券监督管理机构核准，擅自从事基金管理业务或者基金托管业务的，责令停止，没收违法所得；违法所得一百万元以上的，并处违法所得一倍以上五倍以下罚款；没有违法所得或者违法所得不足一百万元的，并处十万元以上一百万元以下罚款；给基金财产或者基金份额持有人造成损害的，依法承担赔偿责任；对直接负责的主管人员和其他直接责任人员给予警告，并处三万元以上三十万元以下罚款；构成犯罪的，依法追究刑事责任。

第八十八条 基金管理人、基金托管人违反本法规定，未对基金财产实行分别管理或者分账保管，或者将基金财产挪作他用的，责令改正，处五万元以上五十万元以下罚款；给基金财产或者基金份额持有人造成损害的，依法承担赔偿责任；对直接负责的主管人员和其他直接责任人员给予警告，暂停或者取消基金从业资格，并处三万元以上三十万元以下罚款；构成犯罪的，依法追究刑事责任。

基金管理人、基金托管人将基金财产挪作他用而取得的财产和收益，归入基金财产。但是，法律、行政法规另有规定的，依照其规定。

第八十九条 基金管理人、基金托管人有本法第二十条所列行为之一的，责令改正，没收违法所得；违法所得一百万元以上的，并处违法所得一倍以上五倍以下罚款；没有违法所得或者违法所得不足一百万元的，并处十万元以上一百万元以下罚款；给基金财产或者基金份额持有人造成损害的，依法承担赔偿责任；对直接负责的主管人员和其他直接责任人员给予警告，暂停或者取消基金从业资格，并处三万元以上三十万元以下罚款；构成犯罪的，依法追究刑事责任。

第九十条 基金管理人、基金托管人有本法第五十九条第一项至第六项和第八项所列行为之一的，责令改正，处十万元以上一百万元以下罚款；给基金财产或者基金份额持有人造成损害的，依法承担赔偿责任；对直接负责的主管人员和其他直接责任人员给予警告，暂停或者取消基金从业资格，并处三万元以上三十万元以下罚款；构成犯罪的，依法追究刑事责任。

基金管理人、基金托管人有前款行为，运用基金财产而取得的财产和收益，归入基金财产。但是，法律、行政法规另有规定的，依照其规定。

第九十一条 基金管理人、基金托管人有本法第五十九条第七项规定行为的，除依照《中华人民共和国证券法》的有关规定处罚外，对直接负责的主管人员和其他直接责任人员给予警告，暂停或者取消基金从业资格，并处三万元以上三十万元以下罚款；给基金财产或者基金份额持有人造成损害的，依法承担赔偿责任。

第九十二条 基金管理人、基金托管人违反本法规定，相互出资或者持有股份的，责令改正，可以处十万元以下罚款。

第九十三条 基金信息披露义务人不依法披露基金信息或者披露的信息有虚假记载、误导性陈述或者重大遗漏的，责令改正，没收违法所得，并处十万元以上一百万元以下罚款；给基金份额持有人造成损害的，依法承担赔偿责任；对直接负责的主管人员和其他直接责任人员给予警告，暂停或者取消基金从业资格，并处三万元以上三十万元以下罚款；构成犯罪的，依法追究刑事责任。

第九十四条 为基金信息披露义务人公开披露的基金信息出具审计报告、法律意见书等文件的专业机构就其所应负责的内容弄虚作假的，责令改正，没收违法所得，并处违法所得一倍以上五倍以下罚款；情节严重的，责令停业，暂停或者取消直接责任人员的相关资格；给基金份额持有人造成损害的，依法承担赔偿责任；构成犯罪的，依法追究刑事责任。

第九十五条 基金管理人或者基金托管人不按照规定召集基金份额持有人大会的，责令改正，可以处五万元以下罚款；对直接负责的主管人员和其他直接责任人员给予警告，暂停或者取消基金从业资格。

第九十六条 基金管理人、基金托管人违反本法规定，情节严重的，依法取消基金管理资格或者基金托管资格。

第九十七条 基金管理人、基金托管人的专门基金托管部门的从业人员违反本法第十八条规定，给基金财产或者基金份额持有人造成损害的，依法承担赔偿责任；情节严重的，取消基金从业资格；构成犯罪的，依法追究刑事责任。

第九十八条 证券监督管理机构工作人员玩忽职守、滥用职权、徇私舞弊或者利用职务上的便利索取或者收受他人财物的，依法给予行政处分；构成犯罪的，依法追究刑事责任。

第九十九条 违反本法规定，应当承担民事赔偿责任和缴纳罚款、罚金，其财产不足以同时支付时，先承担民事赔偿责任。

第一百条 依照本法规定，基金管理人、基金托管人应当承担的民事赔偿责任和缴纳的罚款、罚金，由基金管理人、基金托管人以其固有财产承担。

依法收缴的罚款、罚金和没收的违法所得，应当全部上缴国库。

第十二章 附 则

第一百零一条 基金管理公司或者国务院批准的其他机构，向特定对象募集资金或者接受特定对象财产委托从事证券投资活动的具体管理办法，由国务院根据本法的原则另行规定。

第一百零二条 通过公开发行股份募集资金，设立证券投资公司，从事证券投资等活动的管理办法，由国务院另行规定。

第一百零三条 本法自2004年6月1日起施行。

中华人民共和国证券法

（1998年12月29日第九届全国人民代表大会常务委员会第六次会议通过　根据2004年8月28日第十届全国人民代表大会常务委员会第十一次会议《关于修改〈中华人民共和国证券法〉的决定》修正　2005年10月27日第十届全国人民代表大会常务委员会第十八次会议修订）

第一章　总　则

第一条　为了规范证券发行和交易行为，保护投资者的合法权益，维护社会经济秩序和社会公共利益，促进社会主义市场经济的发展，制定本法。

第二条　在中华人民共和国境内，股票、公司债券和国务院依法认定的其他证券的发行和交易，适用本法；本法未规定的，适用《中华人民共和国公司法》和其他法律、行政法规的规定。

政府债券、证券投资基金份额的上市交易，适用本法；其他法律、行政法规另有规定的，适用其规定。

证券衍生品种发行、交易的管理办法，由国务院依照本法的原则规定。

第三条　证券的发行、交易活动，必须实行公开、公平、公正的原则。

第四条　证券发行、交易活动的当事人具有平等的法律地位，应当遵守自愿、有偿、诚实信用的原则。

第五条　证券的发行、交易活动，必须遵守法律、行政法规；禁止欺诈、内幕交易和操纵证券市场的行为。

第六条　证券业和银行业、信托业、保险业实行分业经营、分业管理，证券公司与银行、信托、保险业务机构分别设立。国家另有规定的除外。

第七条　国务院证券监督管理机构依法对全国证券市场实行集中统一监督管理。

国务院证券监督管理机构根据需要可以设立派出机构，按照授权履行监督管理职责。

第八条　在国家对证券发行、交易活动实行集中统一监督管理的前提下，依法设立证券业协会，实行自律性管理。

第九条　国家审计机关依法对证券交易所、证券公司、证券登记结算机构、证券监督管理机构进行审计监督。

第二章　证券发行

第十条　公开发行证券，必须符合法律、行政法规规定的条件，并依法报经国务院证券监督管理机构或者国务院授权的部门核准；未经依法核准，任何单位和个人不得公开发行证券。

有下列情形之一的，为公开发行：

（一）向不特定对象发行证券的；

（二）向累计超过二百人的特定对象发行证券；

（三）法律、行政法规规定的其他发行行为。

非公开发行证券，不得采用广告、公开劝诱和变相公开方式。

第十一条　发行人申请公开发行股票、可转换为股票的公司债券，依法采取承销方式的，或者公开发行法律、行政法规规定实行保荐制度的其他证券的，应当聘请具有保荐资格的机构担任保荐人。

保荐人应当遵守业务规则和行业规范，诚实守信，勤勉尽责，对发行人的申请文件和信息披露资料进行审慎核查，督导发行人规范运作。

保荐人的资格及其管理办法由国务院证券监督管理机构规定。

第十二条　设立股份有限公司公开发行股票，应当符合《中华人民共和国公司法》规定的条件和经国务院批准的国务院证券监督管理机构规定的其他条件，向国务院证券监督管理机构报送募股申请和下列文件：

（一）公司章程；

（二）发起人协议；

（三）发起人姓名或者名称，发起人认购的股份数、出资种类及验资证明；

（四）招股说明书；

（五）代收股款银行的名称及地址；

（六）承销机构名称及有关的协议。

依照本法规定聘请保荐人的，还应当报送保荐人出具的发行保荐书。

法律、行政法规规定设立公司必须报经批准的，还应当提交相应的批准文件。

第十三条　公司公开发行新股，应当符合下列条件：

（一）具备健全且运行良好的组织机构；

（二）具有持续盈利能力，财务状况良好；

（三）最近三年财务会计文件无虚假记载，无其他重大违法行为；

（四）经国务院批准的国务院证券监督管理机构规定的其他条件。

上市公司非公开发行新股，应当符合经国务院批准的国务院证券监督管理机构规定的条件，并报国务院证券监督管理机构核准。

第十四条 公司公开发行新股，应当向国务院证券监督管理机构报送募股申请和下列文件：

（一）公司营业执照；

（二）公司章程；

（三）股东大会决议；

（四）招股说明书；

（五）财务会计报告；

（六）代收股款银行的名称及地址；

（七）承销机构名称及有关的协议。

依照本法规定聘请保荐人的，还应当报送保荐人出具的发行保荐书。

第十五条 公司对公开发行股票所募集资金，必须按照招股说明书所列资金用途使用。改变招股说明书所列资金用途，必须经股东大会作出决议。擅自改变用途而未作纠正的，或者未经股东大会认可的，不得公开发行新股，上市公司也不得非公开发行新股。

第十六条 公开发行公司债券，应当符合下列条件：

（一）股份有限公司的净资产不低于人民币三千万元，有限责任公司的净资产不低于人民币六千万元；

（二）累计债券余额不超过公司净资产的百分之四十；

（三）最近三年平均可分配利润足以支付公司债券一年的利息；

（四）筹集的资金投向符合国家产业政策；

（五）债券的利率不超过国务院限定的利率水平；

（六）国务院规定的其他条件。

公开发行公司债券筹集的资金，必须用于核准的用途，不得用于弥补亏损和非生产性支出。

上市公司发行可转换为股票的公司债券，除应当符合第一款规定的条件外，还应当符合本法关于公开发行股票的条件，并报国务院证券监督管理机构核准。

第十七条 申请公开发行公司债券，应当向国务院授权的部门或者国务院证券监督管理机构报送下列文件：

（一）公司营业执照；

（二）公司章程；

（三）公司债券募集办法；

（四）资产评估报告和验资报告；

（五）国务院授权的部门或者国务院证券监督管理机构规定的其他文件。

依照本法规定聘请保荐人的，还应当报送保荐人出具的发行保荐书。

第十八条 有下列情形之一的，不得再次公开发行公司债券：

（一）前一次公开发行的公司债券尚未募足；

（二）对已公开发行的公司债券或者其他债务有违约或者延迟支付本息的事实，仍处于继续状态；

（三）违反本法规定，改变公开发行公司债券所募资金的用途。

第十九条 发行人依法申请核准发行证券所报送的申请文件的格式、报送方式，由依法负责核准的机构或者部门规定。

第二十条 发行人向国务院证券监督管理机构或者国务院授权的部门报送的证券发行申请文件，必须真实、准确、完整。

为证券发行出具有关文件的证券服务机构和人员，必须严格履行法定职责，保证其所出具文件的真实性、准确性和完整性。

第二十一条 发行人申请首次公开发行股票的，在提交申请文件后，应当按照国务院证券监督管理机构的规定预先披露有关申请文件。

第二十二条 国务院证券监督管理机构设发行审核委员会，依法审核股票发行申请。

发行审核委员会由国务院证券监督管理机构的专业人员和所聘请的该机构外的有关专家组成，以投票方式对股票发行申请进行表决，提出审核意见。

发行审核委员会的具体组成办法、组成人员任期、工作程序，由国务院证券监督管理机构规定。

第二十三条 国务院证券监督管理机构依照法定条件负责核准股票发行申请。核准程序应当公开，依法接受监督。

参与审核和核准股票发行申请的人员，不得与发行申请人有利害关系，不得直接或者间接接受发行申请人的馈赠，不得持有所核准的发行申请的股票，不得私下与发行申请人进行接触。

国务院授权的部门对公司债券发行申请的核准，参照前两款的规定执行。

第二十四条 国务院证券监督管理机构或者国务院授权的部门应当自受理证券发行申请文件之日起三个月内，依照法定条件和法定程序作出予以核准或者不予核准的决定，发行人根据要求补充、修改发行申请文件的时间不计算在内；不予核准的，应当说明理由。

第二十五条 证券发行申请经核准，发行人应当依照法律、行政法规的规定，在证券公开发行前，公告公开发行募集文件，并将该文件置备于指定场所供公众查阅。

发行证券的信息依法公开前，任何知情人不得公开或者泄露该信息。

发行人不得在公告公开发行募集文件前发行证券。

第二十六条 国务院证券监督管理机构或者国务院授权的部门对已作出的核准证券发行的决定，发现不符合法定条件或者法定程序，尚未发行证券的，应当予以撤销，停止发行。已经发行尚未上市的，撤销发行核准决定，发行人应当按照发行价并加算银行同期存款利息返还证券持有人；保荐人应当与发行人承担连带责任，但是能够证明自己没有过错的除外；发行人的控股股东、实际控制人有过错的，应当与发行人承担连带责任。

第二十七条 股票依法发行后，发行人经营与收益的变化，由发行人自行负责；由此变化引致的投资风险，由投资者自行负责。

第二十八条 发行人向不特定对象公开发行的证券，法律、行政法规规定应当由证券公司承销的，发行人应当同证券公司签订承销协议。证券承销业务采取代销或者包销方式。

证券代销是指证券公司代发行人发售证券，在承销期结束时，将未售出的证券全部退还给发行人的承销方式。

证券包销是指证券公司将发行人的证券按照协议全部购入或者在承销期结束时将售后剩余证券全部自行购入的承销方式。

第二十九条 公开发行证券的发行人有权依法自主选择承销的证券公司。证券公司不得以不正当竞争手段招揽证券承销业务。

第三十条 证券公司承销证券，应当同发行人签订代销或者包销协议，载明下列事项：

（一）当事人的名称、住所及法定代表人姓名；

（二）代销、包销证券的种类、数量、金额及发行价格；

（三）代销、包销的期限及起止日期；

（四）代销、包销的付款方式及日期；

（五）代销、包销的费用和结算办法；

（六）违约责任；

（七）国务院证券监督管理机构规定的其他事项。

第三十一条 证券公司承销证券，应当对公开发行募集文件的真实性、准确性、完整性进行核查；发现有虚假记载、误导性陈述或者重大遗漏的，不得进行销售活动；已经销售的，必须立即停止销售活动，并采取纠正措施。

第三十二条 向不特定对象发行的证券票面总值超过人民币五千万元的，应当由承销团承销。承销团应当由主承销和参与承销的证券公司组成。

第三十三条 证券的代销、包销期限最长不得超过九十日。

证券公司在代销、包销期内，对所代销、包销的证券应当保证先行出售给认购人，证券公司不得为本公司预留所代销的证券和预先购入并留存所包销的证券。

第三十四条 股票发行采取溢价发行的，其发行价格由发行人与承销的证券公司协商确定。

第三十五条 股票发行采用代销方式，代销期限届满，向投资者出售的股票数量未达到拟公开发行股票数量百分之七十的，为发行失败。发行人应当按照发行价并加算银行同期存款利息返还股票认购人。

第三十六条 公开发行股票，代销、包销期限届满，发行人应当在规定的期限内将股票发行情况报国务院证券监督管理机构备案。

第三章 证券交易

第一节 一般规定

第三十七条 证券交易当事人依法买卖的证券，必须是依法发行并交付的证券。

非依法发行的证券，不得买卖。

第三十八条 依法发行的股票、公司债券及其他证券，法律对其转让期限有限制性规定的，在限定的期限内不得买卖。

第三十九条 依法公开发行的股票、公司债券及其他证券，应当在依法设立的证券交易所上市交易或者在国务院批准的其他证券交易场所转让。

第四十条 证券在证券交易所上市交易，应当采用公开的集中交易方式或者国务院证券监督管理机构批准的其他方式。

第四十一条 证券交易当事人买卖的证券可以采用纸面形式或者国务院证券监督管理机构规定的其他形式。

第四十二条 证券交易以现货和国务院规定的其他方式进行交易。

第四十三条 证券交易所、证券公司和证券登记结算机构的从业人员、证券监督管理机构的工作人员以及法律、行政法规禁止参与股票交易的其他人员，在任期或者法定限期内，不得直接或者以化名、借他人名义持有、买卖股票，也不得收受他人赠送的股票。

任何人在成为前款所列人员时，其原已持有的股票，必须依法转让。

第四十四条 证券交易所、证券公司、证券登记结算机构必须依法为客户开立的账户保密。

第四十五条 为股票发行出具审计报告、资产评估报告或者法律意见书等文件的证券服务机构和人员，在该股票承销期内和期满后六个月内，不得买卖该种股票。

除前款规定外，为上市公司出具审计报告、资产评估报告或者法律意见书等文件的证券服务机构和人员，自接受上市公司委托之日起至上述文件公开后五日内，不得买卖该种股票。

第四十六条 证券交易的收费必须合理，并公开收费项目、收费标准和收费办法。

证券交易的收费项目、收费标准和管理办法由国务院有关主管部门统一规定。

第四十七条 上市公司董事、监事、高级管理人员、持有上市公司股份百分之五以上的股东，将其持有的该公司的股票在买入后六个月内卖出，或者在卖出后六个月内又买入，由此所得收益归该公司所有，公司董事会应当收回其所得收益。但是，证券公司因包销购入售后剩余股票而持有百分之五以上股份的，卖出该股票不受六个月时间限制。

公司董事会不按照前款规定执行的，股东有权要求董事会在三十日内执行。公司董事会未在上述期限内执行的，股东有权为了公司的利益以自己的名义直接向人民法院提起诉讼。

公司董事会不按照第一款的规定执行的，负有责任的董事依法承担连带责任。

第二节 证券上市

第四十八条 申请证券上市交易，应当向证券交易所提出申请，由证券交易所依法审核同意，并由双方签订上市协议。

证券交易所根据国务院授权的部门的决定安排政府债券上市交易。

第四十九条 申请股票、可转换为股票的公司债券或者法律、行政法规规定实行保荐制度的其他证券上市交易，应当聘请具有保荐资格的机构担任保荐人。

本法第十一条第二款、第三款的规定适用于上市保荐人。

第五十条 股份有限公司申请股票上市，应当符合下列条件：

（一）股票经国务院证券监督管理机构核准已公开发行；

（二）公司股本总额不少于人民币三千万元；

（三）公开发行的股份达到公司股份总数的百分之二十五以上；公司股本总额超过人民币四亿元的，公开发行股份的比例为百分之十以上；

（四）公司最近三年无重大违法行为，财务会计报告无虚假记载。

证券交易所可以规定高于前款规定的上市条件，并报国务院证券监督管理机构批准。

第五十一条 国家鼓励符合产业政策并符合上市条件的公司股票上市交易。

第五十二条 申请股票上市交易，应当向证券交易所报送下列文件：

（一）上市报告书；

（二）申请股票上市的股东大会决议；

（三）公司章程；

（四）公司营业执照；

（五）依法经会计师事务所审计的公司最近三年的财务会计报告；

（六）法律意见书和上市保荐书；

（七）最近一次的招股说明书；

（八）证券交易所上市规则规定的其他文件。

第五十三条 股票上市交易申请经证券交易所审核同意后，签订上市协议的公司应当在规定的期限内公告股票上市的有关文件，并将该文件置备于指定场所供公众查阅。

第五十四条 签订上市协议的公司除公告前条规定的文件外，还应当公告下列事项：

（一）股票获准在证券交易所交易的日期；

（二）持有公司股份最多的前十名股东的名单和持股数额；

（三）公司的实际控制人；

（四）董事、监事、高级管理人员的姓名及其持有本公司股票和债券的情况。

第五十五条 上市公司有下列情形之一的，由证券交易所决定暂停其股票上市交易：

（一）公司股本总额、股权分布等发生变化不再具备上市条件；

（二）公司不按照规定公开其财务状况，或者对财务会计报告作虚假记载，可能误导投资者；

（三）公司有重大违法行为；

（四）公司最近三年连续亏损；

（五）证券交易所上市规则规定的其他情形。

第五十六条 上市公司有下列情形之一的，由证券交易所决定终止其股票上市交易：

（一）公司股本总额、股权分布等发生变化不再具备上市条件，在证券交易所规定的期限内仍不能达到上市条件；

（二）公司不按照规定公开其财务状况，或者对财务会计报告作虚假记载，且拒绝纠正；

（三）公司最近三年连续亏损，在其后一个年度内未能恢复盈利；

（四）公司解散或者被宣告破产；

（五）证券交易所上市规则规定的其他情形。

第五十七条 公司申请公司债券上市交易，应当符合下列条件：

（一）公司债券的期限为一年以上；

（二）公司债券实际发行额不少于人民币五千万元；

（三）公司申请债券上市时仍符合法定的公司债券发行条件。

第五十八条 申请公司债券上市交易，应当向证券交易所报送下列文件：

（一）上市报告书；

（二）申请公司债券上市的董事会决议；

（三）公司章程；

（四）公司营业执照；

（五）公司债券募集办法；

（六）公司债券的实际发行数额；

（七）证券交易所上市规则规定的其他文件。

申请可转换为股票的公司债券上市交易，还应当报送保荐人出具的上市保荐书。

第五十九条 公司债券上市交易申请经证券交易所审核同意后，签订上市协议的公司应当在规定的期限内公告公司债券上市文件及有关文件，并将其申请文件置备于指定场所供公众查阅。

第六十条 公司债券上市交易后，公司有下列情形之一的，由证券交易所决定暂停其公司债券上市交易：

（一）公司有重大违法行为；

（二）公司情况发生重大变化不符合公司债券上市条件；

（三）发行公司债券所募集的资金不按照核准的用途使用；

（四）未按照公司债券募集办法履行义务；

（五）公司最近二年连续亏损。

第六十一条 公司有前条第(一)项、第(四)项所列情形之一经查实后果严重的，或者有前条第(二)项、第(三)项、第(五)项所列情形之一，在限期内未能消除的，由证券交易所决定终止其公司债券上市交易。

公司解散或者被宣告破产的，由证券交易所终止其公司债券上市交易。

第六十二条 对证券交易所作出的不予上市、暂停上市、终止上市决定不服的，可以向证券交易所设立的复核机构申请复核。

第三节 持续信息公开

第六十三条 发行人、上市公司依法披露的信息，必须真实、准确、完整，不得有虚假记载、误导性陈述或者重大遗漏。

第六十四条 经国务院证券监督管理机构核准依法公开发行股票，或者经国务院授权的部门核准依法公开发行公司债券，应当公告招股说明书、公司债券募集办法。依法公开发行新股或者公司债券的，还应当公告财务会计报告。

第六十五条 上市公司和公司债券上市交易的公司，应当在每一会计年度的上半年结束之日起二个月内，向国务院证券监督管理机构和证券交易所报送记载以下内容的中期报告，并予公告：

（一）公司财务会计报告和经营情况；

（二）涉及公司的重大诉讼事项；

（三）已发行的股票、公司债券变动情况；

（四）提交股东大会审议的重要事项；

（五）国务院证券监督管理机构规定的其他事项。

第六十六条 上市公司和公司债券上市交易的公司，应当在每一会计年度结束之日起四个月内，向国务院证券监督管理机构和证券交易所报送记载以下内容的年度报告，并予公告：

（一）公司概况；

（二）公司财务会计报告和经营情况；

（三）董事、监事、高级管理人员简介及其持股情况；

（四）已发行的股票、公司债券情况，包括持有公司股份最多的前十名股东的名单和持股数额；

（五）公司的实际控制人；

（六）国务院证券监督管理机构规定的其他事项。

第六十七条 发生可能对上市公司股票交易价格产生较大影响的重大事件，投资者尚未得知时，上市公司应当立即将有关该重大事件的情况向国务院证券监督管理机构和证券交易所报送临时报告，并予公告，说明事件的起因、目前的状态和可能产生的法律后果。

下列情况为前款所称重大事件：

（一）公司的经营方针和经营范围的重大变化；

（二）公司的重大投资行为和重大的购置财产的决定；

（三）公司订立重要合同，可能对公司的资产、负债、权益和经营成果产生重要影响；

（四）公司发生重大债务和未能清偿到期重大债务的违约情况；

（五）公司发生重大亏损或者重大损失；

（六）公司生产经营的外部条件发生的重大变化；

（七）公司的董事、三分之一以上监事或者经理发生变动；

（八）持有公司百分之五以上股份的股东或者实际控制人，其持有股份或者控制公司的情况发生较大变化；

（九）公司减资、合并、分立、解散及申请破产的决定；

（十）涉及公司的重大诉讼，股东大会、董事会决议被依法撤销或者宣告无效；

（十一）公司涉嫌犯罪被司法机关立案调查，公司董事、监事、高级管理人员涉嫌犯罪被司法机关采取强制措施；

（十二）国务院证券监督管理机构规定的其他事项。

第六十八条 上市公司董事、高级管理人员应当对公司定期报告签署书面确认意见。

上市公司监事会应当对董事会编制的公司定期报告进行审核并提出书面审核意见。

上市公司董事、监事、高级管理人员应当保证上市公司所披露的信息真实、准确、完整。

第六十九条 发行人、上市公司公告的招股说明书、公司债券募集办法、财务会计报告、上市报告文件、年度报告、中期报告、临时报告以及其他信息披露资料，有虚假记载、误导性陈述或者重大遗漏，致使投资者在证券交易中遭受损失的，发行人、上市公司应当承担赔偿责任；发行人、上市公司的董事、监事、高级管理人员和其他直接责任人员以及保荐人、承销的证券公司，应当与发行人、上市公司承担连带赔偿责任，但是能够证明自己没有过错的除外；发行人、上市公司的控股股东、实际控制人有过错的，应当与发行人、上市公司承担连带赔偿责任。

第七十条 依法必须披露的信息，应当在国务院证券监督管理机构指定的媒体发布，同时将其置备于公司住所、证券交易所，供社会公众查阅。

第七十一条 国务院证券监督管理机构对上市公司年度报告、中期报告、临时报告以及公告的情况进行监督，对上市公司分派或者配售新股的情况进行监督，对上市公司控股股东及其他信息披露义务人的行为进行监督。

证券监督管理机构、证券交易所、保荐人、承销的证券公司及有关人员，对公司依照法律、行政法规规定必须作出的公告，在公告前不得泄露其内容。

第七十二条 证券交易所决定暂停或者终止证券上市交易的，应当及时公告，并报国务院证券监督管理机构备案。

第四节 禁止的交易行为

第七十三条 禁止证券交易内幕信息的知情人和非法获取内幕信息的人利用内幕信息从事证券交易活动。

第七十四条 证券交易内幕信息的知情人包括：

（一）发行人的董事、监事、高级管理人员；

（二）持有公司百分之五以上股份的股东及其董事、监事、高级管理人员，公司的实际控制人及其董事、监事、高级管理人员；

（三）发行人控股的公司及其董事、监事、高级管理人员；

（四）由于所任公司职务可以获取公司有关内幕信息的人员；

（五）证券监督管理机构工作人员以及由于法定职责对证券的发行、交易进行管理的其他人员；

（六）保荐人、承销的证券公司、证券交易所、证券登记结算机构、证券服务机构的有关人员；

（七）国务院证券监督管理机构规定的其他人。

第七十五条 证券交易活动中，涉及公司的经营、财务或者对该公司证券的市场价格有重大影响的尚未公开的信息，为内幕信息。

下列信息皆属内幕信息：

（一）本法第六十七条第二款所列重大事件；

（二）公司分配股利或者增资的计划；

（三）公司股权结构的重大变化；

（四）公司债务担保的重大变更；

（五）公司营业用主要资产的抵押、出售或者报废一次超过该资产的百分之三十；

（六）公司的董事、监事、高级管理人员的行为可能依法承担重大损害赔偿责任；

（七）上市公司收购的有关方案；

（八）国务院证券监督管理机构认定的对证券交易价格有显著影响的其他重要信息。

第七十六条 证券交易内幕信息的知情人和非法获取内幕信息的人，在内幕信息公开前，不得买卖该公司的证券，或者泄露该信息，或者建议他人买卖该证券。

持有或者通过协议、其他安排与他人共同持有公司百分之五以上股份的自然人、法人、其他组织收购上市公司的股份，本法另有规定的，适用其规定。

内幕交易行为给投资者造成损失的，行为人应当依法承担赔偿责任。

第七十七条 禁止任何人以下列手段操纵证券市场：

（一）单独或者通过合谋，集中资金优势、持股优势或者利用信息优势联合或者连续买卖，操纵证券交易价格或者证券交易量；

（二）与他人串通，以事先约定的时间、价格和方式相互进行证券交易，影响证券交易价格或者证券交易量；

（三）在自己实际控制的账户之间进行证券交易，影响证券交易价格或者证券交易量；

（四）以其他手段操纵证券市场。

操纵证券市场行为给投资者造成损失的，行为人应当依法承担赔偿责任。

第七十八条 禁止国家工作人员、传播媒介从业人员和有关人员编造、传播虚假信息，扰乱证券市场。

禁止证券交易所、证券公司、证券登记结算机构、证券服务机构及其从业人员，证券业协会、证券监督管理机构及其工作人员，在证券交易活动中作出虚假陈述或者信息误导。

各种传播媒介传播证券市场信息必须真实、客观，禁止误导。

第七十九条 禁止证券公司及其从业人员从事下列损害客户利益的欺诈行为：

（一）违背客户的委托为其买卖证券；

（二）不在规定时间内向客户提供交易的书面确认文件；

（三）挪用客户所委托买卖的证券或者客户账户上的资金；

（四）未经客户的委托，擅自为客户买卖证券，或者假借客户的名义买卖证券；

（五）为牟取佣金收入，诱使客户进行不必要的证券买卖；

（六）利用传播媒介或者通过其他方式提供、传播虚假或者误导投资者的信息；

（七）其他违背客户真实意思表示，损害客户利益的行为。

欺诈客户行为给客户造成损失的，行为人应当依法承担赔偿责任。

第八十条 禁止法人非法利用他人账户从事证券交易；禁止法人出借自己或者他人的证券账户。

第八十一条 依法拓宽资金入市渠道，禁止资金违规流入股市。

第八十二条 禁止任何人挪用公款买卖证券。

第八十三条 国有企业和国有资产控股的企业买卖上市交易的股票，必须遵守国家有关规定。

第八十四条 证券交易所、证券公司、证券登记结算机构、证券服务机构及其从业人员对证券交易中发现的禁止的交易行为，应当及时向证券监督管理机构报告。

第四章 上市公司的收购

第八十五条 投资者可以采取要约收购、协议收购及其他合法方式收购上市公司。

第八十六条 通过证券交易所的证券交易，投资者持有或者通过协议、其他安排与他人共同持有一个上市公司已发行的股份达到百分之五时，应当在该事实发生之日起三日内，向国务院证券监督管理机构、证券交易所作出书面报告，通知该上市公司，并予公告；在上述期限内，不得再行买卖该上市公司的股票。

投资者持有或者通过协议、其他安排与他人共同持有一个上市公司已发行的股份达到百分之五后，其所持该上市公司已发行的股份比例每增加或者减少百分之五，应当依照前款规定进行报告和公告。在报告期限内和作出报告、公告后二日内，不得再行买卖该上市公司的股票。

第八十七条 依照前条规定所作的书面报告和公告，应当包括下列内容：

（一）持股人的名称、住所；

（二）持有的股票的名称、数额；

（三）持股达到法定比例或者持股增减变化达到法定比例的日期。

第八十八条 通过证券交易所的证券交易，投资者持有或者通过协议、其他安排与他人共同持有一个上市公司已发行的股份达到百分之三十时，继续进行收购的，应当依法向该上市公司所有股东发出收购上市公司全部或者部分股份的要约。

收购上市公司部分股份的收购要约应当约定，被收购公司股东承诺出售的股份数额超过预定收购的股份数额的，收购人按比例进行收购。

第八十九条 依照前条规定发出收购要约，收购人必须事先向国务院证券监督管理机构报送上市公司收购报告书，并载明下列事项：

（一）收购人的名称、住所；

（二）收购人关于收购的决定；

（三）被收购的上市公司名称；

（四）收购目的；

（五）收购股份的详细名称和预定收购的股份数额；

（六）收购期限、收购价格；

（七）收购所需资金额及资金保证；

（八）报送上市公司收购报告书时持有被收购公司股份数占该公司已发行的股份总数的比例。

收购人还应当将上市公司收购报告书同时提交证券

交易所。

第九十条 收购人在依照前条规定报送上市公司收购报告书之日起十五日后，公告其收购要约。在上述期限内，国务院证券监督管理机构发现上市公司收购报告书不符合法律、行政法规规定的，应当及时告知收购人，收购人不得公告其收购要约。

收购要约约定的收购期限不得少于三十日，并不得超过六十日。

第九十一条 在收购要约确定的承诺期限内，收购人不得撤销其收购要约。收购人需要变更收购要约的，必须事先向国务院证券监督管理机构及证券交易所提出报告，经批准后，予以公告。

第九十二条 收购要约提出的各项收购条件，适用于被收购公司的所有股东。

第九十三条 采取要约收购方式的，收购人在收购期限内，不得卖出被收购公司的股票，也不得采取要约规定以外的形式和超出要约的条件买入被收购公司的股票。

第九十四条 采取协议收购方式的，收购人可以依照法律、行政法规的规定同被收购公司的股东以协议方式进行股份转让。

以协议方式收购上市公司时，达成协议后，收购人必须在三日内将该收购协议向国务院证券监督管理机构及证券交易所作出书面报告，并予公告。

在公告前不得履行收购协议。

第九十五条 采取协议收购方式的，协议双方可以临时委托证券登记结算机构保管协议转让的股票，并将资金存放于指定的银行。

第九十六条 采取协议收购方式的，收购人收购或者通过协议、其他安排与他人共同收购一个上市公司已发行的股份达到百分之三十时，继续进行收购的，应当向该上市公司所有股东发出收购上市公司全部或者部分股份的要约。但是，经国务院证券监督管理机构免除发出要约的除外。

收购人依照前款规定以要约方式收购上市公司股份，应当遵守本法第八十九条至第九十三条的规定。

第九十七条 收购期限届满，被收购公司股权分布不符合上市条件的，该上市公司的股票应当由证券交易所依法终止上市交易；其余仍持有被收购公司股票的股东，有权向收购人以收购要约的同等条件出售其股票，收购人应当收购。

收购行为完成后，被收购公司不再具备股份有限公司条件的，应当依法变更企业形式。

第九十八条 在上市公司收购中，收购人持有的被收购的上市公司的股票，在收购行为完成后的十二个月内不得转让。

第九十九条 收购行为完成后，收购人与被收购公司合并，并将该公司解散的，被解散公司的原有股票由收购人依法更换。

第一百条 收购行为完成后，收购人应当在十五日内将收购情况报告国务院证券监督管理机构和证券交易所，并予公告。

第一百零一条 收购上市公司中由国家授权投资的机构持有的股份，应当按照国务院的规定，经有关主管部门批准。

国务院证券监督管理机构应当依照本法的原则制定上市公司收购的具体办法。

第五章 证券交易所

第一百零二条 证券交易所是为证券集中交易提供场所和设施，组织和监督证券交易，实行自律管理的法人。

证券交易所的设立和解散，由国务院决定。

第一百零三条 设立证券交易所必须制定章程。

证券交易所章程的制定和修改，必须经国务院证券监督管理机构批准。

第一百零四条 证券交易所必须在其名称中标明证券交易所字样。其他任何单位或者个人不得使用证券交易所或者近似的名称。

第一百零五条 证券交易所可以自行支配的各项费用收入，应当首先用于保证其证券交易场所和设施的正常运行并逐步改善。

实行会员制的证券交易所的财产积累归会员所有，其权益由会员共同享有，在其存续期间，不得将其财产积累分配给会员。

第一百零六条 证券交易所设理事会。

第一百零七条 证券交易所设总经理一人，由国务院证券监督管理机构任免。

第一百零八条 有《中华人民共和国公司法》第一百四十七条规定的情形或者下列情形之一的，不得担任证券交易所的负责人：

（一）因违法行为或者违纪行为被解除职务的证券交易所、证券登记结算机构的负责人或者证券公司的董事、监事、高级管理人员，自被解除职务之日起未逾五年；

（二）因违法行为或者违纪行为被撤销资格的律师、注册会计师或者投资咨询机构、财务顾问机构、资信评级机构、资产评估机构、验证机构的专业人员，自被撤销资格之日起未逾五年。

第一百零九条 因违法行为或者违纪行为被开除的证券交易所、证券登记结算机构、证券服务机构、证券公司的从业人员和被开除的国家机关工作人员，不得招聘为证券交易所的从业人员。

第一百一十条 进入证券交易所参与集中交易的，必须是证券交易所的会员。

第一百一十一条 投资者应当与证券公司签订证券交易委托协议，并在证券公司开立证券交易账户，以书面、电话以及其他方式，委托该证券公司代其买卖证券。

第一百一十二条 证券公司根据投资者的委托，按照证券交易规则提出交易申报，参与证券交易所场内的集中交易，并根据成交结果承担相应的清算交收责任；证券登记结算机构根据成交结果，按照清算交收规则，与证券公司进行证券和资金的清算交收，并为证券公司客户办理证券的登记过户手续。

第一百一十三条 证券交易所应当为组织公平的集中交易提供保障，公布证券交易即时行情，并按交易日制作证券市场行情表，予以公布。

未经证券交易所许可，任何单位和个人不得发布证券交易即时行情。

第一百一十四条 因突发性事件而影响证券交易的正常进行时，证券交易所可以采取技术性停牌的措施；因不可抗力的突发性事件或者为维护证券交易的正常秩序，证券交易所可以决定临时停市。

证券交易所采取技术性停牌或者决定临时停市，必须及时报告国务院证券监督管理机构。

第一百一十五条 证券交易所对证券交易实行实时监控，并按照国务院证券监督管理机构的要求，对异常的交易情况提出报告。

证券交易所应当对上市公司及相关信息披露义务人披露信息进行监督，督促其依法及时、准确地披露信息。

证券交易所根据需要，可以对出现重大异常交易情况的证券账户限制交易，并报国务院证券监督管理机构备案。

第一百一十六条 证券交易所应当从其收取的交易费用和会员费、席位费中提取一定比例的金额设立风险基金。风险基金由证券交易所理事会管理。

风险基金提取的具体比例和使用办法，由国务院证券监督管理机构会同国务院财政部门规定。

第一百一十七条 证券交易所应当将收存的风险基金存入开户银行专门账户，不得擅自使用。

第一百一十八条 证券交易所依照证券法律、行政法规制定上市规则、交易规则、会员管理规则和其他有关规则，并报国务院证券监督管理机构批准。

第一百一十九条 证券交易所的负责人和其他从业人员在执行与证券交易有关的职务时，与其本人或者其亲属有利害关系的，应当回避。

第一百二十条 按照依法制定的交易规则进行的交易，不得改变其交易结果。对交易中违规交易者应负的民事责任不得免除；在违规交易中所获利益，依照有关规定处理。

第一百二十一条 在证券交易所内从事证券交易的人员，违反证券交易所有关交易规则的，由证券交易所给予纪律处分；对情节严重的，撤销其资格，禁止其入场进行证券交易。

第六章 证券公司

第一百二十二条 设立证券公司，必须经国务院证券监督管理机构审查批准。未经国务院证券监督管理机构批准，任何单位和个人不得经营证券业务。

第一百二十三条 本法所称证券公司是指依照《中华人民共和国公司法》和本法规定设立的经营证券业务的有限责任公司或者股份有限公司。

第一百二十四条 设立证券公司，应当具备下列条件：

（一）有符合法律、行政法规规定的公司章程；

（二）主要股东具有持续盈利能力，信誉良好，最近三年无重大违法违规记录，净资产不低于人民币二亿元；

（三）有符合本法规定的注册资本；

（四）董事、监事、高级管理人员具备任职资格，从业人员具有证券从业资格；

（五）有完善的风险管理与内部控制制度；

（六）有合格的经营场所和业务设施；

（七）法律、行政法规规定的和经国务院批准的国务院证券监督管理机构规定的其他条件。

第一百二十五条 经国务院证券监督管理机构批准，证券公司可以经营下列部分或者全部业务：

（一）证券经纪；

（二）证券投资咨询；

（三）与证券交易、证券投资活动有关的财务顾问；

（四）证券承销与保荐；

（五）证券自营；

（六）证券资产管理；

（七）其他证券业务。

第一百二十六条 证券公司必须在其名称中标明证券有限责任公司或者证券股份有限公司字样。

第一百二十七条 证券公司经营本法第一百二十五条第(一)项至第(三)项业务的，注册资本最低限额为人民币五千万元；经营第(四)项至第(七)项业务之一的，注册资本最低限额为人民币一亿元；经营第(四)项至第(七)项业务中两项以上的，注册资本最低限额为人民币五亿元。证券公司的注册资本应当是实缴资本。

国务院证券监督管理机构根据审慎监管原则和各项业务的风险程度，可以调整注册资本最低限额，但不得少于前款规定的限额。

第一百二十八条 国务院证券监督管理机构应当自受理证券公司设立申请之日起六个月内，依照法定条件和法定程序并根据审慎监管原则进行审查，作出批准或者不予批准的决定，并通知申请人；不予批准的，应当说明理由。

证券公司设立申请获得批准的，申请人应当在规定的期限内向公司登记机关申请设立登记，领取营业执照。

证券公司应当自领取营业执照之日起十五日内，向国务院证券监督管理机构申请经营证券业务许可证。未取得经营证券业务许可证，证券公司不得经营证券业务。

第一百二十九条 证券公司设立、收购或者撤销分支机构，变更业务范围或者注册资本，变更持有百分之五以上股权的股东、实际控制人，变更公司章程中的重要条款，合并、分立、变更公司形式、停业、解散、破产，必须经国务院证券监督管理机构批准。

证券公司在境外设立、收购或者参股证券经营机构，必须经国务院证券监督管理机构批准。

第一百三十条 国务院证券监督管理机构应当对证券公司的净资本，净资本与负债的比例，净资本与净资产的比例，净资本与自营、承销、资产管理等业务规模的比例，负债与净资产的比例，以及流动资产与流动负债的比例等风险控制指标作出规定。

证券公司不得为其股东或者股东的关联人提供融资或者担保。

第一百三十一条 证券公司的董事、监事、高级管理人员，应当正直诚实，品行良好，熟悉证券法律、行政法规，具有履行职责所需的经营管理能力，并在任职前取得国务院证券监督管理机构核准的任职资格。

有《中华人民共和国公司法》第一百四十七条规定的情形或者下列情形之一的，不得担任证券公司的董事、监事、高级管理人员：

（一）因违法行为或者违纪行为被解除职务的证券交易所、证券登记结算机构的负责人或者证券公司的董事、监事、高级管理人员，自被解除职务之日起未逾五年；

（二）因违法行为或者违纪行为被撤销资格的律师、注册会计师或者投资咨询机构、财务顾问机构、资信评级机构、资产评估机构、验证机构的专业人员，自被撤销资格之日起未逾五年。

第一百三十二条 因违法行为或者违纪行为被开除的证券交易所、证券登记结算机构、证券服务机构、证券公司的从业人员和被开除的国家机关工作人员，不得招聘为证券公司的从业人员。

第一百三十三条 国家机关工作人员和法律、行政法规规定的禁止在公司中兼职的其他人员，不得在证券公司中兼任职务。

第一百三十四条 国家设立证券投资者保护基金。证券投资者保护基金由证券公司缴纳的资金及其他依法筹集的资金组成，其筹集、管理和使用的具体办法由国务院规定。

第一百三十五条 证券公司从每年的税后利润中提取交易风险准备金，用于弥补证券交易的损失，其提取的具体比例由国务院证券监督管理机构规定。

第一百三十六条 证券公司应当建立健全内部控制制度，采取有效隔离措施，防范公司与客户之间、不同客户之间的利益冲突。

证券公司必须将其证券经纪业务、证券承销业务、证券自营业务和证券资产管理业务分开办理，不得混合操作。

第一百三十七条 证券公司的自营业务必须以自己的名义进行，不得假借他人名义或者以个人名义进行。

证券公司的自营业务必须使用自有资金和依法筹集的资金。

证券公司不得将其自营账户借给他人使用。

第一百三十八条 证券公司依法享有自主经营的权利，其合法经营不受干涉。

第一百三十九条 证券公司客户的交易结算资金应当存放在商业银行，以每个客户的名义单独立户管理。具体办法和实施步骤由国务院规定。

证券公司不得将客户的交易结算资金和证券归入其自有财产。禁止任何单位或者个人以任何形式挪用客户的交易结算资金和证券。证券公司破产或者清算时，客户的交易结算资金和证券不属于其破产财产或者清算财产。非因客户本身的债务或者法律规定的其他情形，不得查封、冻结、扣划或者强制执行客户的交易结算资金和证券。

第一百四十条 证券公司办理经纪业务，应当置备统一制定的证券买卖委托书，供委托人使用。采取其他委托方式的，必须作出委托记录。

客户的证券买卖委托，不论是否成交，其委托记录应当按照规定的期限，保存于证券公司。

第一百四十一条 证券公司接受证券买卖的委托，应当根据委托书载明的证券名称、买卖数量、出价方式、价格幅度等，按照交易规则代理买卖证券，如实进行交易记录；买卖成交后，应当按照规定制作买卖成交报告单交付客户。

证券交易中确认交易行为及其交易结果的对账单必

须真实，并由交易经办人员以外的审核人员逐笔审核，保证账面证券余额与实际持有的证券相一致。

第一百四十二条 证券公司为客户买卖证券提供融资融券服务，应当按照国务院的规定并经国务院证券监督管理机构批准。

第一百四十三条 证券公司办理经纪业务，不得接受客户的全权委托而决定证券买卖、选择证券种类、决定买卖数量或者买卖价格。

第一百四十四条 证券公司不得以任何方式对客户证券买卖的收益或者赔偿证券买卖的损失作出承诺。

第一百四十五条 证券公司及其从业人员不得未经过其依法设立的营业场所私下接受客户委托买卖证券。

第一百四十六条 证券公司的从业人员在证券交易活动中，执行所属的证券公司的指令或者利用职务违反交易规则的，由所属的证券公司承担全部责任。

第一百四十七条 证券公司应当妥善保存客户开户资料、委托记录、交易记录和与内部管理、业务经营有关的各项资料，任何人不得隐匿、伪造、篡改或者毁损。上述资料的保存期限不得少于二十年。

第一百四十八条 证券公司应当按照规定向国务院证券监督管理机构报送业务、财务等经营管理信息和资料。国务院证券监督管理机构有权要求证券公司及其股东、实际控制人在指定的期限内提供有关信息、资料。

证券公司及其股东、实际控制人向国务院证券监督管理机构报送或者提供的信息、资料，必须真实、准确、完整。

第一百四十九条 国务院证券监督管理机构认为有必要时，可以委托会计师事务所、资产评估机构对证券公司的财务状况、内部控制状况、资产价值进行审计或者评估。具体办法由国务院证券监督管理机构会同有关主管部门制定。

第一百五十条 证券公司的净资本或者其他风险控制指标不符合规定的，国务院证券监督管理机构应当责令其限期改正；逾期未改正，或者其行为严重危及该证券公司的稳健运行、损害客户合法权益的，国务院证券监督管理机构可以区别情形，对其采取下列措施：

（一）限制业务活动，责令暂停部分业务，停止批准新业务；

（二）停止批准增设、收购营业性分支机构；

（三）限制分配红利，限制向董事、监事、高级管理人员支付报酬、提供福利；

（四）限制转让财产或者在财产上设定其他权利；

（五）责令更换董事、监事、高级管理人员或者限制其权利；

（六）责令控股股东转让股权或者限制有关股东行使股东权利；

（七）撤销有关业务许可。

证券公司整改后，应当向国务院证券监督管理机构提交报告。国务院证券监督管理机构经验收，符合有关风险控制指标的，应当自验收完毕之日起三日内解除对其采取的前款规定的有关措施。

第一百五十一条 证券公司的股东有虚假出资、抽逃出资行为的，国务院证券监督管理机构应当责令其限期改正，并可责令其转让所持证券公司的股权。

在前款规定的股东按照要求改正违法行为、转让所持证券公司的股权前，国务院证券监督管理机构可以限制其股东权利。

第一百五十二条 证券公司的董事、监事、高级管理人员未能勤勉尽责，致使证券公司存在重大违法违规行为或者重大风险的，国务院证券监督管理机构可以撤销其任职资格，并责令公司予以更换。

第一百五十三条 证券公司违法经营或者出现重大风险，严重危害证券市场秩序、损害投资者利益的，国务院证券监督管理机构可以对该证券公司采取责令停业整顿、指定其他机构托管、接管或者撤销等监管措施。

第一百五十四条 在证券公司被责令停业整顿、被依法指定托管、接管或者清算期间，或者出现重大风险时，经国务院证券监督管理机构批准，可以对该证券公司直接负责的董事、监事、高级管理人员和其他直接责任人员采取以下措施：

（一）通知出境管理机关依法阻止其出境；

（二）申请司法机关禁止其转移、转让或者以其他方式处分财产，或者在财产上设定其他权利。

第七章 证券登记结算机构

第一百五十五条 证券登记结算机构是为证券交易提供集中登记、存管与结算服务，不以营利为目的的法人。

设立证券登记结算机构必须经国务院证券监督管理机构批准。

第一百五十六条 设立证券登记结算机构，应当具备下列条件：

（一）自有资金不少于人民币二亿元；

（二）具有证券登记、存管和结算服务所必须的场所和设施；

（三）主要管理人员和从业人员必须具有证券从业资格；

（四）国务院证券监督管理机构规定的其他条件。

证券登记结算机构的名称中应当标明证券登记结算字样。

第一百五十七条 证券登记结算机构履行下列职能：

（一）证券账户、结算账户的设立；

（二）证券的存管和过户；

（三）证券持有人名册登记；

（四）证券交易所上市证券交易的清算和交收；

（五）受发行人的委托派发证券权益；

（六）办理与上述业务有关的查询；

（七）国务院证券监督管理机构批准的其他业务。

第一百五十八条 证券登记结算采取全国集中统一的运营方式。

证券登记结算机构章程、业务规则应当依法制定，并经国务院证券监督管理机构批准。

第一百五十九条 证券持有人持有的证券，在上市交易时，应当全部存管在证券登记结算机构。

证券登记结算机构不得挪用客户的证券。

第一百六十条 证券登记结算机构应当向证券发行人提供证券持有人名册及其有关资料。

证券登记结算机构应当根据证券登记结算的结果，确认证券持有人持有证券的事实，提供证券持有人登记资料。

证券登记结算机构应当保证证券持有人名册和登记过户记录真实、准确、完整，不得隐匿、伪造、篡改或者毁损。

第一百六十一条 证券登记结算机构应当采取下列措施保证业务的正常进行：

（一）具有必备的服务设备和完善的数据安全保护措施；

（二）建立完善的业务、财务和安全防范等管理制度；

（三）建立完善的风险管理系统。

第一百六十二条 证券登记结算机构应当妥善保存登记、存管和结算的原始凭证及有关文件和资料。其保存期限不得少于二十年。

第一百六十三条 证券登记结算机构应当设立证券结算风险基金，用于垫付或者弥补因违约交收、技术故障、操作失误、不可抗力造成的证券登记结算机构的损失。

证券结算风险基金从证券登记结算机构的业务收入和收益中提取，并可以由结算参与人按照证券交易业务量的一定比例缴纳。

证券结算风险基金的筹集、管理办法，由国务院证券监督管理机构会同国务院财政部门规定。

第一百六十四条 证券结算风险基金应当存入指定银行的专门账户，实行专项管理。

证券登记结算机构以证券结算风险基金赔偿后，应当向有关责任人追偿。

第一百六十五条 证券登记结算机构申请解散，应当经国务院证券监督管理机构批准。

第一百六十六条 投资者委托证券公司进行证券交易，应当申请开立证券账户。证券登记结算机构应当按照规定以投资者本人的名义为投资者开立证券账户。

投资者申请开立账户，必须持有证明中国公民身份或者中国法人资格的合法证件。国家另有规定的除外。

第一百六十七条 证券登记结算机构为证券交易提供净额结算服务时，应当要求结算参与人按照货银对付的原则，足额交付证券和资金，并提供交收担保。

在交收完成之前，任何人不得动用用于交收的证券、资金和担保物。

结算参与人未按时履行交收义务的，证券登记结算机构有权按照业务规则处理前款所述财产。

第一百六十八条 证券登记结算机构按照业务规则收取的各类结算资金和证券，必须存放于专门的清算交收账户，只能按业务规则用于已成交的证券交易的清算交收，不得被强制执行。

第八章 证券服务机构

第一百六十九条 投资咨询机构、财务顾问机构、资信评级机构、资产评估机构、会计师事务所从事证券服务业务，必须经国务院证券监督管理机构和有关主管部门批准。

投资咨询机构、财务顾问机构、资信评级机构、资产评估机构、会计师事务所从事证券服务业务的审批管理办法，由国务院证券监督管理机构和有关主管部门制定。

第一百七十条 投资咨询机构、财务顾问机构、资信评级机构从事证券服务业务的人员，必须具备证券专业知识和从事证券业务或者证券服务业务二年以上经验。认定其证券从业资格的标准和管理办法，由国务院证券监督管理机构制定。

第一百七十一条 投资咨询机构及其从业人员从事证券服务业务不得有下列行为：

（一）代理委托人从事证券投资；

（二）与委托人约定分享证券投资收益或者分担证券投资损失；

（三）买卖本咨询机构提供服务的上市公司股票；

（四）利用传播媒介或者通过其他方式提供、传播虚假或者误导投资者的信息；

（五）法律、行政法规禁止的其他行为。

有前款所列行为之一，给投资者造成损失的，依法承担赔偿责任。

第一百七十二条 从事证券服务业务的投资咨询机

构和资信评级机构，应当按照国务院有关主管部门规定的标准或者收费办法收取服务费用。

第一百七十三条 证券服务机构为证券的发行、上市、交易等证券业务活动制作、出具审计报告、资产评估报告、财务顾问报告、资信评级报告或者法律意见书等文件，应当勤勉尽责，对所依据的文件资料内容的真实性、准确性、完整性进行核查和验证。其制作、出具的文件有虚假记载、误导性陈述或者重大遗漏，给他人造成损失的，应当与发行人、上市公司承担连带赔偿责任，但是能够证明自己没有过错的除外。

第九章 证券业协会

第一百七十四条 证券业协会是证券业的自律性组织，是社会团体法人。

证券公司应当加入证券业协会。

证券业协会的权力机构为全体会员组成的会员大会。

第一百七十五条 证券业协会章程由会员大会制定，并报国务院证券监督管理机构备案。

第一百七十六条 证券业协会履行下列职责：

（一）教育和组织会员遵守证券法律、行政法规；

（二）依法维护会员的合法权益，向证券监督管理机构反映会员的建议和要求；

（三）收集整理证券信息，为会员提供服务；

（四）制定会员应遵守的规则，组织会员单位的从业人员的业务培训，开展会员间的业务交流；

（五）对会员之间、会员与客户之间发生的证券业务纠纷进行调解；

（六）组织会员就证券业的发展、运作及有关内容进行研究；

（七）监督、检查会员行为，对违反法律、行政法规或者协会章程的，按照规定给予纪律处分；

（八）证券业协会章程规定的其他职责。

第一百七十七条 证券业协会设理事会。理事会成员依章程的规定由选举产生。

第十章 证券监督管理机构

第一百七十八条 国务院证券监督管理机构依法对证券市场实行监督管理，维护证券市场秩序，保障其合法运行。

第一百七十九条 国务院证券监督管理机构在对证券市场实施监督管理中履行下列职责：

（一）依法制定有关证券市场监督管理的规章、规则，并依法行使审批或者核准权；

（二）依法对证券的发行、上市、交易、登记、存管、结算，进行监督管理；

（三）依法对证券发行人、上市公司、证券公司、证券投资基金管理公司、证券服务机构、证券交易所、证券登记结算机构的证券业务活动，进行监督管理；

（四）依法制定从事证券业务人员的资格标准和行为准则，并监督实施；

（五）依法监督检查证券发行、上市和交易的信息公开情况；

（六）依法对证券业协会的活动进行指导和监督；

（七）依法对违反证券市场监督管理法律、行政法规的行为进行查处；

（八）法律、行政法规规定的其他职责。

国务院证券监督管理机构可以和其他国家或者地区的证券监督管理机构建立监督管理合作机制，实施跨境监督管理。

第一百八十条 国务院证券监督管理机构依法履行职责，有权采取下列措施：

（一）对证券发行人、上市公司、证券公司、证券投资基金管理公司、证券服务机构、证券交易所、证券登记结算机构进行现场检查；

（二）进入涉嫌违法行为发生场所调查取证；

（三）询问当事人和与被调查事件有关的单位和个人，要求其对与被调查事件有关的事项作出说明；

（四）查阅、复制与被调查事件有关的财产权登记、通讯记录等资料；

（五）查阅、复制当事人和与被调查事件有关的单位和个人的证券交易记录、登记过户记录、财务会计资料及其他相关文件和资料；对可能被转移、隐匿或者毁损的文件和资料，可以予以封存；

（六）查询当事人和与被调查事件有关的单位和个人的资金账户、证券账户和银行账户；对有证据证明已经或者可能转移或者隐匿违法资金、证券等涉案财产或者隐匿、伪造、毁损重要证据的，经国务院证券监督管理机构主要负责人批准，可以冻结或者查封；

（七）在调查操纵证券市场、内幕交易等重大证券违法行为时，经国务院证券监督管理机构主要负责人批准，可以限制被调查事件当事人的证券买卖，但限制的期限不得超过十五个交易日；案情复杂的，可以延长十五个交易日。

第一百八十一条 国务院证券监督管理机构依法履行职责，进行监督检查或者调查，其监督检查、调查的人员不得少于二人，并应当出示合法证件和监督检查、调查通知书。监督检查、调查的人员少于二人或者未出示合法证件和监督检查、调查通知书的，被检查、调查的单位有权拒绝。

第一百八十二条 国务院证券监督管理机构工作人员必须忠于职守，依法办事，公正廉洁，不得利用职务便利牟取不正当利益，不得泄露所知悉的有关单位和个人的商业秘密。

第一百八十三条 国务院证券监督管理机构依法履行职责，被检查、调查的单位和个人应当配合，如实提供有关文件和资料，不得拒绝、阻碍和隐瞒。

第一百八十四条 国务院证券监督管理机构依法制定的规章、规则和监督管理工作制度应当公开。

国务院证券监督管理机构依据调查结果，对证券违法行为作出的处罚决定，应当公开。

第一百八十五条 国务院证券监督管理机构应当与国务院其他金融监督管理机构建立监督管理信息共享机制。

国务院证券监督管理机构依法履行职责，进行监督检查或者调查时，有关部门应当予以配合。

第一百八十六条 国务院证券监督管理机构依法履行职责，发现证券违法行为涉嫌犯罪的，应当将案件移送司法机关处理。

第一百八十七条 国务院证券监督管理机构的人员不得在被监管的机构中任职。

第十一章　法律责任

第一百八十八条 未经法定机关核准，擅自公开或者变相公开发行证券的，责令停止发行，退还所募资金并加算银行同期存款利息，处以非法所募资金金额百分之一以上百分之五以下的罚款；对擅自公开或者变相公开发行证券设立的公司，由依法履行监督管理职责的机构或者部门会同县级以上地方人民政府予以取缔。对直接负责的主管人员和其他直接责任人员给予警告，并处以三万元以上三十万元以下的罚款。

第一百八十九条 发行人不符合发行条件，以欺骗手段骗取发行核准，尚未发行证券的，处以三十万元以上六十万元以下的罚款；已经发行证券的，处以非法所募资金金额百分之一以上百分之五以下的罚款。对直接负责的主管人员和其他直接责任人员处以三万元以上三十万元以下的罚款。

发行人的控股股东、实际控制人指使从事前款违法行为的，依照前款的规定处罚。

第一百九十条 证券公司承销或者代理买卖未经核准擅自公开发行的证券的，责令停止承销或者代理买卖，没收违法所得，并处以违法所得一倍以上五倍以下的罚款；没有违法所得或者违法所得不足三十万元的，处以三十万元以上六十万元以下的罚款。给投资者造成损失的，应当与发行人承担连带赔偿责任。对直接负责的主管人员和其他直接责任人员给予警告，撤销任职资格或者证券从业资格，并处以三万元以上三十万元以下的罚款。

第一百九十一条 证券公司承销证券，有下列行为之一的，责令改正，给予警告，没收违法所得，可以并处三十万元以上六十万元以下的罚款；情节严重的，暂停或者撤销相关业务许可。给其他证券承销机构或者投资者造成损失的，依法承担赔偿责任。对直接负责的主管人员和其他直接责任人员给予警告，可以并处三万元以上三十万元以下的罚款；情节严重的，撤销任职资格或者证券从业资格：

（一）进行虚假的或者误导投资者的广告或者其他宣传推介活动；

（二）以不正当竞争手段招揽承销业务；

（三）其他违反证券承销业务规定的行为。

第一百九十二条 保荐人出具有虚假记载、误导性陈述或者重大遗漏的保荐书，或者不履行其他法定职责的，责令改正，给予警告，没收业务收入，并处以业务收入一倍以上五倍以下的罚款；情节严重的，暂停或者撤销相关业务许可。对直接负责的主管人员和其他直接责任人员给予警告，并处以三万元以上三十万元以下的罚款；情节严重的，撤销任职资格或者证券从业资格。

第一百九十三条 发行人、上市公司或者其他信息披露义务人未按照规定披露信息，或者所披露的信息有虚假记载、误导性陈述或者重大遗漏的，责令改正，给予警告，并处以三十万元以上六十万元以下的罚款。对直接负责的主管人员和其他直接责任人员给予警告，并处以三万元以上三十万元以下的罚款。

发行人、上市公司或者其他信息披露义务人未按照规定报送有关报告，或者报送的报告有虚假记载、误导性陈述或者重大遗漏的，责令改正，给予警告，并处以三十万元以上六十万元以下的罚款。对直接负责的主管人员和其他直接责任人员给予警告，并处以三万元以上三十万元以下的罚款。

发行人、上市公司或者其他信息披露义务人的控股股东、实际控制人指使从事前两款违法行为的，依照前两款的规定处罚。

第一百九十四条 发行人、上市公司擅自改变公开发行证券所募集资金的用途的，责令改正，对直接负责的主管人员和其他直接责任人员给予警告，并处以三万元以上三十万元以下的罚款。

发行人、上市公司的控股股东、实际控制人指使从事前款违法行为的，给予警告，并处以三十万元以上六十万元以下的罚款。对直接负责的主管人员和其他直接责任人员依照前款的规定处罚。

第一百九十五条 上市公司的董事、监事、高级管理人员、持有上市公司股份百分之五以上的股东，违反本法第四十七条的规定买卖本公司股票的，给予警告，可以并处三万元以上十万元以下的罚款。

第一百九十六条 非法开设证券交易场所的，由县级以上人民政府予以取缔，没收违法所得，并处以违法所得一倍以上五倍以下的罚款；没有违法所得或者违法所得不足十万元的，处以十万元以上五十万元以下的罚款。对直接负责的主管人员和其他直接责任人员给予警告，并处以三万元以上三十万元以下的罚款。

第一百九十七条 未经批准，擅自设立证券公司或者非法经营证券业务的，由证券监督管理机构予以取缔，没收违法所得，并处以违法所得一倍以上五倍以下的罚款；没有违法所得或者违法所得不足三十万元的，处以三十万元以上六十万元以下的罚款。对直接负责的主管人员和其他直接责任人员给予警告，并处以三万元以上三十万元以下的罚款。

第一百九十八条 违反本法规定，聘任不具有任职资格、证券从业资格的人员的，由证券监督管理机构责令改正，给予警告，可以并处十万元以上三十万元以下的罚款；对直接负责的主管人员给予警告，可以并处三万元以上十万元以下的罚款。

第一百九十九条 法律、行政法规规定禁止参与股票交易的人员，直接或者以化名、借他人名义持有、买卖股票的，责令依法处理非法持有的股票，没收违法所得，并处以买卖股票等值以下的罚款；属于国家工作人员的，还应当依法给予行政处分。

第二百条 证券交易所、证券公司、证券登记结算机构、证券服务机构的从业人员或者证券业协会的工作人员，故意提供虚假资料，隐匿、伪造、篡改或者毁损交易记录，诱骗投资者买卖证券的，撤销证券从业资格，并处以三万元以上十万元以下的罚款；属于国家工作人员的，还应当依法给予行政处分。

第二百零一条 为股票的发行、上市、交易出具审计报告、资产评估报告或者法律意见书等文件的证券服务机构和人员，违反本法第四十五条的规定买卖股票的，责令依法处理非法持有的股票，没收违法所得，并处以买卖股票等值以下的罚款。

第二百零二条 证券交易内幕信息的知情人或者非法获取内幕信息的人，在涉及证券的发行、交易或者其他对证券的价格有重大影响的信息公开前，买卖该证券，或者泄露该信息，或者建议他人买卖该证券的，责令依法处理非法持有的证券，没收违法所得，并处以违法所得一倍以上五倍以下的罚款；没有违法所得或者违法所得不足三万元的，处以三万元以上六十万元以下的罚款。单位从事内幕交易的，还应当对直接负责的主管人员和其他直接责任人员给予警告，并处以三万元以上三十万元以下的罚款。证券监督管理机构工作人员进行内幕交易的，从重处罚。

第二百零三条 违反本法规定，操纵证券市场的，责令依法处理非法持有的证券，没收违法所得，并处以违法所得一倍以上五倍以下的罚款；没有违法所得或者违法所得不足三十万元的，处以三十万元以上三百万元以下的罚款。单位操纵证券市场的，还应当对直接负责的主管人员和其他直接责任人员给予警告，并处以十万元以上六十万元以下的罚款。

第二百零四条 违反法律规定，在限制转让期限内买卖证券的，责令改正，给予警告，并处以买卖证券等值以下的罚款。对直接负责的主管人员和其他直接责任人员给予警告，并处以三万元以上三十万元以下的罚款。

第二百零五条 证券公司违反本法规定，为客户买卖证券提供融资融券的，没收违法所得，暂停或者撤销相关业务许可，并处以非法融资融券等值以下的罚款。对直接负责的主管人员和其他直接责任人员给予警告，撤销任职资格或者证券从业资格，并处以三万元以上三十万元以下的罚款。

第二百零六条 违反本法第七十八条第一款、第三款的规定，扰乱证券市场的，由证券监督管理机构责令改正，没收违法所得，并处以违法所得一倍以上五倍以下的罚款；没有违法所得或者违法所得不足三万元的，处以三万元以上二十万元以下的罚款。

第二百零七条 违反本法第七十八条第二款的规定，在证券交易活动中作出虚假陈述或者信息误导的，责令改正，处以三万元以上二十万元以下的罚款；属于国家工作人员的，还应当依法给予行政处分。

第二百零八条 违反本法规定，法人以他人名义设立账户或者利用他人账户买卖证券的，责令改正，没收违法所得，并处以违法所得一倍以上五倍以下的罚款；没有违法所得或者违法所得不足三万元的，处以三万元以上三十万元以下的罚款。对直接负责的主管人员和其他直接责任人员给予警告，并处以三万元以上十万元以下的罚款。

证券公司为前款规定的违法行为提供自己或者他人的证券交易账户的，除依照前款的规定处罚外，还应当撤销直接负责的主管人员和其他直接责任人员的任职资格或者证券从业资格。

第二百零九条 证券公司违反本法规定，假借他人名义或者以个人名义从事证券自营业务的，责令改正，没收违法所得，并处以违法所得一倍以上五倍以下的罚款；没有违法所得或者违法所得不足三十万元的，处以三十万元以上六十万元以下的罚款；情节严重的，暂停或者撤销证券自营业务许可。对直接负责的主管人员和其他直接责任人员给予警告，撤销任职资格或者证券从业资格，并处以三万元以上十万元以下的罚款。

第二百一十条 证券公司违背客户的委托买卖证券、办理交易事项，或者违背客户真实意思表示，办理交易以外的其他事项的，责令改正，处以一万元以上十万元以下的罚款。给客户造成损失的，依法承担赔偿责任。

第二百一十一条 证券公司、证券登记结算机构挪用客户的资金或者证券，或者未经客户的委托，擅自为客户买卖证券的，责令改正，没收违法所得，并处以违法所得一倍以上五倍以下的罚款；没有违法所得或者违法所得不足十万元的，处以十万元以上六十万元以下的罚款；情节严重的，责令关闭或者撤销相关业务许可。对直接负责的主管人员和其他直接责任人员给予警告，撤销任职资格或者证券从业资格，并处以三万元以上三十万元以下的罚款。

第二百一十二条 证券公司办理经纪业务，接受客户的全权委托买卖证券的，或者证券公司对客户买卖证券的收益或者赔偿证券买卖的损失作出承诺的，责令改正，没收违法所得，并处以五万元以上二十万元以下的罚款，可以暂停或者撤销相关业务许可。对直接负责的主管人员和其他直接责任人员给予警告，并处以三万元以上十万元以下的罚款，可以撤销任职资格或者证券从业资格。

第二百一十三条 收购人未按照本法规定履行上市公司收购的公告、发出收购要约、报送上市公司收购报告书等义务或者擅自变更收购要约的，责令改正，给予警告，并处以十万元以上三十万元以下的罚款；在改正前，收购人对其收购或者通过协议、其他安排与他人共同收购的股份不得行使表决权。对直接负责的主管人员和其他直接责任人员给予警告，并处以三万元以上三十万元以下的罚款。

第二百一十四条 收购人或者收购人的控股股东，利用上市公司收购，损害被收购公司及其股东的合法权益的，责令改正，给予警告；情节严重的，并处以十万元以上六十万元以下的罚款。给被收购公司及其股东造成损失的，依法承担赔偿责任。对直接负责的主管人员和其他直接责任人员给予警告，并处以三万元以上三十万元以下的罚款。

第二百一十五条 证券公司及其从业人员违反本法规定，私下接受客户委托买卖证券的，责令改正，给予警告，没收违法所得，并处以违法所得一倍以上五倍以下的罚款；没有违法所得或者违法所得不足十万元的，处以十万元以上三十万元以下的罚款。

第二百一十六条 证券公司违反规定，未经批准经营非上市证券的交易的，责令改正，没收违法所得，并处以违法所得一倍以上五倍以下的罚款。

第二百一十七条 证券公司成立后，无正当理由超过三个月未开始营业的，或者开业后自行停业连续三个月以上的，由公司登记机关吊销其公司营业执照。

第二百一十八条 证券公司违反本法第一百二十九条的规定，擅自设立、收购、撤销分支机构，或者合并、分立、停业、解散、破产，或者在境外设立、收购、参股证券经营机构的，责令改正，没收违法所得，并处以违法所得一倍以上五倍以下的罚款；没有违法所得或者违法所得不足十万元的，处以十万元以上六十万元以下的罚款。对直接负责的主管人员给予警告，并处以三万元以上十万元以下的罚款。

证券公司违反本法第一百二十九条的规定，擅自变更有关事项的，责令改正，并处以十万元以上三十万元以下的罚款。对直接负责的主管人员给予警告，并处以五万元以下的罚款。

第二百一十九条 证券公司违反本法规定，超出业务许可范围经营证券业务的，责令改正，没收违法所得，并处以违法所得一倍以上五倍以下的罚款；没有违法所得或者违法所得不足三十万元的，处以三十万元以上六十万元以下罚款；情节严重的，责令关闭。对直接负责的主管人员和其他直接责任人员给予警告，撤销任职资格或者证券从业资格，并处以三万元以上十万元以下的罚款。

第二百二十条 证券公司对其证券经纪业务、证券承销业务、证券自营业务、证券资产管理业务，不依法分开办理，混合操作的，责令改正，没收违法所得，并处以三十万元以上六十万元以下的罚款；情节严重的，撤销相关业务许可。对直接负责的主管人员和其他直接责任人员给予警告，并处以三万元以上十万元以下的罚款；情节严重的，撤销任职资格或者证券从业资格。

第二百二十一条 提交虚假证明文件或者采取其他欺诈手段隐瞒重要事实骗取证券业务许可的，或者证券公司在证券交易中有严重违法行为，不再具备经营资格的，由证券监督管理机构撤销证券业务许可。

第二百二十二条 证券公司或者其股东、实际控制人违反规定，拒不向证券监督管理机构报送或者提供经营管理信息和资料，或者报送、提供的经营管理信息和资料有虚假记载、误导性陈述或者重大遗漏的，责令改正，给予警告，并处以三万元以上三十万元以下的罚款，可以暂停或者撤销证券公司相关业务许可。对直接负责的主管人员和其他直接责任人员，给予警告，并处以三万元以下的罚款，可以撤销任职资格或者证券从业资格。

证券公司为其股东或者股东的关联人提供融资或者担保的，责令改正，给予警告，并处以十万元以上三十万元以下的罚款。对直接负责的主管人员和其他直接责任人员，处以三万元以上十万元以下的罚款。股东有过错的，在按照要求改正前，国务院证券监督管理机构可以限制其股东权利；拒不改正的，可以责令其转让所持证券公司股权。

第二百二十三条 证券服务机构未勤勉尽责，所制作、出具的文件有虚假记载、误导性陈述或者重大遗漏的，责令改正，没收业务收入，暂停或者撤销证券服务业务许可，并处以业务收入一倍以上五倍以下的罚款。对直接负责的主管人员和其他直接责任人员给予警告，撤销证券从业资格，并处以三万元以上十万元以下的罚款。

第二百二十四条 违反本法规定，发行、承销公司债券的，由国务院授权的部门依照本法有关规定予以处罚。

第二百二十五条 上市公司、证券公司、证券交易所、证券登记结算机构、证券服务机构，未按照有关规定保存有关文件和资料的，责令改正，给予警告，并处以三万元以上三十万元以下的罚款；隐匿、伪造、篡改或者毁损有关文件和资料的，给予警告，并处以三十万元以上六十万元以下的罚款。

第二百二十六条 未经国务院证券监督管理机构批准，擅自设立证券登记结算机构的，由证券监督管理机构予以取缔，没收违法所得，并处以违法所得一倍以上五倍以下的罚款。

投资咨询机构、财务顾问机构、资信评级机构、资产评估机构、会计师事务所未经批准，擅自从事证券服务业务的，责令改正，没收违法所得，并处以违法所得一倍以上五倍以下的罚款。

证券登记结算机构、证券服务机构违反本法规定或者依法制定的业务规则的，由证券监督管理机构责令改正，没收违法所得，并处以违法所得一倍以上五倍以下的罚款；没有违法所得或者违法所得不足十万元的，处以十万元以上三十万元以下的罚款；情节严重的，责令关闭或者撤销证券服务业务许可。

第二百二十七条 国务院证券监督管理机构或者国务院授权的部门有下列情形之一的，对直接负责的主管人员和其他直接责任人员，依法给予行政处分：

（一）对不符合本法规定的发行证券、设立证券公司等申请予以核准、批准的；

（二）违反规定采取本法第一百八十条规定的现场检查、调查取证、查询、冻结或者查封等措施的；

（三）违反规定对有关机构和人员实施行政处罚的；

（四）其他不依法履行职责的行为。

第二百二十八条 证券监督管理机构的工作人员和发行审核委员会的组成人员，不履行本法规定的职责，滥用职权、玩忽职守，利用职务便利牟取不正当利益，或者泄露所知悉的有关单位和个人的商业秘密的，依法追究法律责任。

第二百二十九条 证券交易所对不符合本法规定条件的证券上市申请予以审核同意的，给予警告，没收业务收入，并处以业务收入一倍以上五倍以下的罚款。对直接负责的主管人员和其他直接责任人员给予警告，并处以三万元以上三十万元以下的罚款。

第二百三十条 拒绝、阻碍证券监督管理机构及其工作人员依法行使监督检查、调查职权未使用暴力、威胁方法的，依法给予治安管理处罚。

第二百三十一条 违反本法规定，构成犯罪的，依法追究刑事责任。

第二百三十二条 违反本法规定，应当承担民事赔偿责任和缴纳罚款、罚金，其财产不足以同时支付时，先承担民事赔偿责任。

第二百三十三条 违反法律、行政法规或者国务院证券监督管理机构的有关规定，情节严重的，国务院证券监督管理机构可以对有关责任人员采取证券市场禁入的措施。

前款所称证券市场禁入是指在一定期限内直至终身不得从事证券业务或者不得担任上市公司董事、监事、高级管理人员的制度。

第二百三十四条 依照本法收缴的罚款和没收的违法所得，全部上缴国库。

第二百三十五条 当事人对证券监督管理机构或者国务院授权的部门的处罚决定不服的，可以依法申请行政复议，或者依法直接向人民法院提起诉讼。

第十二章 附 则

第二百三十六条 本法施行前依照行政法规已批准在证券交易所上市交易的证券继续依法进行交易。

本法施行前依照行政法规和国务院金融行政管理部门的规定经批准设立的证券经营机构，不完全符合本法规定的，应当在规定的限期内达到本法规定的要求。具体实施办法，由国务院另行规定。

第二百三十七条 发行人申请核准公开发行股票、公司债券，应当按照规定缴纳审核费用。

第二百三十八条 境内企业直接或者间接到境外发行证券或者将其证券在境外上市交易，必须经国务院证券监督管理机构依照国务院的规定批准。

第二百三十九条 境内公司股票以外币认购和交易的，具体办法由国务院另行规定。

第二百四十条 本法自2006年1月1日起施行。

中华人民共和国公司法

（1993年12月29日第八届全国人民代表大会常务委员会第五次会议通过　根据1999年12月25日第九届全国人民代表大会常务委员会第十三次会议《关于修改〈中华人民共和国公司法〉的决定》第一次修正　根据2004年8月28日第十届全国人民代表大会常务委员会第十一次会议《关于修改〈中华人民共和国公司法〉的决定》第二次修正　2005年10月27日第十届全国人民代表大会常务委员会第十八次会议修订）

第一章　总 则

第一条　为了规范公司的组织和行为，保护公司、股东和债权人的合法权益，维护社会经济秩序，促进社会主义市场经济的发展，制定本法。

第二条　本法所称公司是指依照本法在中国境内设立的有限责任公司和股份有限公司。

第三条　公司是企业法人，有独立的法人财产，享有法人财产权。公司以其全部财产对公司的债务承担责任。

有限责任公司的股东以其认缴的出资额为限对公司承担责任；股份有限公司的股东以其认购的股份为限对公司承担责任。

第四条　公司股东依法享有资产收益、参与重大决策和选择管理者等权利。

第五条　公司从事经营活动，必须遵守法律、行政法规，遵守社会公德、商业道德，诚实守信，接受政府和社会公众的监督，承担社会责任。

公司的合法权益受法律保护，不受侵犯。

第六条　设立公司，应当依法向公司登记机关申请设立登记。符合本法规定的设立条件的，由公司登记机关分别登记为有限责任公司或者股份有限公司；不符合本法规定的设立条件的，不得登记为有限责任公司或者股份有限公司。

法律、行政法规规定设立公司必须报经批准的，应当在公司登记前依法办理批准手续。

公众可以向公司登记机关申请查询公司登记事项，公司登记机关应当提供查询服务。

第七条　依法设立的公司，由公司登记机关发给公司营业执照。公司营业执照签发日期为公司成立日期。

公司营业执照应当载明公司的名称、住所、注册资本、实收资本、经营范围、法定代表人姓名等事项。

公司营业执照记载的事项发生变更的，公司应当依法办理变更登记，由公司登记机关换发营业执照。

第八条　依照本法设立的有限责任公司，必须在公司名称中标明有限责任公司或者有限公司字样。

依照本法设立的股份有限公司，必须在公司名称中标明股份有限公司或者股份公司字样。

第九条　有限责任公司变更为股份有限公司，应当符合本法规定的股份有限公司的条件。股份有限公司变更为有限责任公司，应当符合本法规定的有限责任公司的条件。

有限责任公司变更为股份有限公司的，或者股份有限公司变更为有限责任公司的，公司变更前的债权、债务由变更后的公司承继。

第十条　公司以其主要办事机构所在地为住所。

第十一条　设立公司必须依法制定公司章程。公司章程对公司、股东、董事、监事、高级管理人员具有约束力。

第十二条　公司的经营范围由公司章程规定，并依法登记。公司可以修改公司章程，改变经营范围，但是应当办理变更登记。

公司的经营范围中属于法律、行政法规规定须经批准的项目，应当依法经过批准。

第十三条　公司法定代表人依照公司章程的规定，由董事长、执行董事或者经理担任，并依法登记。公司法定代表人变更，应当办理变更登记。

第十四条　公司可以设立分公司。设立分公司，应当向公司登记机关申请登记，领取营业执照。分公司不具有法人资格，其民事责任由公司承担。

公司可以设立子公司，子公司具有法人资格，依法独立承担民事责任。

第十五条　公司可以向其他企业投资；但是，除法律另有规定外，不得成为对所投资企业的债务承担连带责任的出资人。

第十六条　公司向其他企业投资或者为他人提供担保，依照公司章程的规定，由董事会或者股东会、股东大会决议；公司章程对投资或者担保的总额及单项投资或者担保的数额有限额规定的，不得超过规定的限额。

公司为公司股东或者实际控制人提供担保的，必须经股东会或者股东大会决议。

前款规定的股东或者受前款规定的实际控制人支配的股东，不得参加前款规定事项的表决。该项表决由出席会议的其他股东所持表决权的过半数通过。

第十七条 公司必须保护职工的合法权益，依法与职工签订劳动合同，参加社会保险，加强劳动保护，实现安全生产。

公司应当采用多种形式，加强公司职工的职业教育和岗位培训，提高职工素质。

第十八条 公司职工依照《中华人民共和国工会法》组织工会，开展工会活动，维护职工合法权益。公司应当为本公司工会提供必要的活动条件。公司工会代表职工就职工的劳动报酬、工作时间、福利、保险和劳动安全卫生等事项依法与公司签订集体合同。

公司依照宪法和有关法律的规定，通过职工代表大会或者其他形式，实行民主管理。

公司研究决定改制以及经营方面的重大问题、制定重要的规章制度时，应当听取公司工会的意见，并通过职工代表大会或者其他形式听取职工的意见和建议。

第十九条 在公司中，根据中国共产党章程的规定，设立中国共产党的组织，开展党的活动。公司应当为党组织的活动提供必要条件。

第二十条 公司股东应当遵守法律、行政法规和公司章程，依法行使股东权利，不得滥用股东权利损害公司或者其他股东的利益；不得滥用公司法人独立地位和股东有限责任损害公司债权人的利益。

公司股东滥用股东权利给公司或者其他股东造成损失的，应当依法承担赔偿责任。

公司股东滥用公司法人独立地位和股东有限责任，逃避债务，严重损害公司债权人利益的，应当对公司债务承担连带责任。

第二十一条 公司的控股股东、实际控制人、董事、监事、高级管理人员不得利用其关联关系损害公司利益。

违反前款规定，给公司造成损失的，应当承担赔偿责任。

第二十二条 公司股东会或者股东大会、董事会的决议内容违反法律、行政法规的无效。

股东会或者股东大会、董事会的会议召集程序、表决方式违反法律、行政法规或者公司章程，或者决议内容违反公司章程的，股东可以自决议作出之日起六十日内，请求人民法院撤销。

股东依照前款规定提起诉讼的，人民法院可以应公司的请求，要求股东提供相应担保。

公司根据股东会或者股东大会、董事会决议已办理变更登记的，人民法院宣告该决议无效或者撤销该决议后，公司应当向公司登记机关申请撤销变更登记。

第二章 有限责任公司的设立和组织机构

第一节 设 立

第二十三条 设立有限责任公司，应当具备下列条件：

（一）股东符合法定人数；

（二）股东出资达到法定资本最低限额；

（三）股东共同制定公司章程；

（四）有公司名称，建立符合有限责任公司要求的组织机构；

（五）有公司住所。

第二十四条 有限责任公司由五十个以下股东出资设立。

第二十五条 有限责任公司章程应当载明下列事项：

（一）公司名称和住所；

（二）公司经营范围；

（三）公司注册资本；

（四）股东的姓名或者名称；

（五）股东的出资方式、出资额和出资时间；

（六）公司的机构及其产生办法、职权、议事规则；

（七）公司法定代表人；

（八）股东会会议认为需要规定的其他事项。

股东应当在公司章程上签名、盖章。

第二十六条 有限责任公司的注册资本为在公司登记机关登记的全体股东认缴的出资额。公司全体股东的首次出资额不得低于注册资本的百分之二十，也不得低于法定的注册资本最低限额，其余部分由股东自公司成立之日起两年内缴足；其中，投资公司可以在五年内缴足。

有限责任公司注册资本的最低限额为人民币三万元。法律、行政法规对有限责任公司注册资本的最低限额有较高规定的，从其规定。

第二十七条 股东可以用货币出资，也可以用实物、知识产权、土地使用权等可以用货币估价并可以依法转让的非货币财产作价出资；但是，法律、行政法规规定不得作为出资的财产除外。

对作为出资的非货币财产应当评估作价，核实财产，不得高估或者低估作价。法律、行政法规对评估作价有规定的，从其规定。

全体股东的货币出资金额不得低于有限责任公司注册资本的百分之三十。

第二十八条 股东应当按期足额缴纳公司章程中规定的各自所认缴的出资额。股东以货币出资的，应当将货币出资足额存入有限责任公司在银行开设的账户；以非货币财产出资的，应当依法办理其财产权的转移手续。

股东不按照前款规定缴纳出资的，除应当向公司足额缴纳外，还应当向已按期足额缴纳出资的股东承担违约责任。

第二十九条 股东缴纳出资后，必须经依法设立的验资机构验资并出具证明。

第三十条 股东的首次出资经依法设立的验资机构验资后，由全体股东指定的代表或者共同委托的代理人向公司登记机关报送公司登记申请书、公司章程、验资证明等文件，申请设立登记。

第三十一条 有限责任公司成立后，发现作为设立公司出资的非货币财产的实际价额显著低于公司章程所定价额的，应当由交付该出资的股东补足其差额；公司设立时的其他股东承担连带责任。

第三十二条 有限责任公司成立后，应当向股东签发出资证明书。

出资证明书应 当载明下列事项：

（一）公司名称；

（二）公司成立日期；

（三）公司注册资本；

（四）股东的姓名或者名称、缴纳的出资额和出资日期；

（五）出资证明书的编号和核发日期。

出资证明书由公司盖章。

第三十三条 有限责任公司应当置备股东名册，记载下列事项：

（一）股东的姓名或者名称及住所；

（二）股东的出资额；

（三）出资证明书编号。

记载于股东名册的股东，可以依股东名册主张行使股东权利。

公司应当将股东的姓名或者名称及其出资额向公司登记机关登记；登记事项发生变更的，应当办理变更登记。未经登记或者变更登记的，不得对抗第三人。

第三十四条 股东有权查阅、复制公司章程、股东会会议记录、董事会会议决议、监事会会议决议和财务会计报告。

股东可以要求查阅公司会计账簿。股东要求查阅公司会计账簿的，应当向公司提出书面请求，说明目的。公司有合理根据认为股东查阅会计账簿有不正当目的，可能损害公司合法利益的，可以拒绝提供查阅，并应当自股东提出书面请求之日起十五日内书面答复股东并说明理由。公司拒绝提供查阅的，股东可以请求人民法院要求公司提供查阅。

第三十五条 股东按照实缴的出资比例分取红利；公司新增资本时，股东有权优先按照实缴的出资比例认缴出资。但是，全体股东约定不按照出资比例分取红利或者不按照出资比例优先认缴出资的除外。

第三十六条 公司成立后，股东不得抽逃出资。

第二节　组织机构

第三十七条 有限责任公司股东会由全体股东组成。股东会是公司的权力机构，依照本法行使职权。

第三十八条 股东会行使下列职权：

（一）决定公司的经营方针和投资计划；

（二）选举和更换非由职工代表担任的董事、监事，决定有关董事、监事的报酬事项；

（三）审议批准董事会的报告；

（四）审议批准监事会或者监事的报告；

（五）审议批准公司的年度财务预算方案、决算方案；

（六）审议批准公司的利润分配方案和弥补亏损方案；

（七）对公司增加或者减少注册资本作出决议；

（八）对发行公司债券作出决议；

（九）对公司合并、分立、解散、清算或者变更公司形式作出决议；

（十）修改公司章程；

（十一）公司章程规定的其他职权。

对前款所列事项股东以书面形式一致表示同意的，可以不召开股东会会议，直接作出决定，并由全体股东在决定文件上签名、盖章。

第三十九条 首次股东会会议由出资最多的股东召集和主持，依照本法规定行使职权。

第四十条 股东会会议分为定期会议和临时会议。

定期会议应当依照公司章程的规定按时召开。代表十分之一以上表决权的股东，三分之一以上的董事，监事会或者不设监事会的公司的监事提议召开临时会议的，应当召开临时会议。

第四十一条 有限责任公司设立董事会的，股东会会议由董事会召集，董事长主持；董事长不能履行职务或者不履行职务的，由副董事长主持；副董事长不能履行职务或者不履行职务的，由半数以上董事共同推举一名董事主持。

有限责任公司不设董事会的，股东会会议由执行董事召集和主持。

董事会或者执行董事不能履行或者不履行召集股东会会议职责的，由监事会或者不设监事会的公司的监事召集和主持；监事会或者监事不召集和主持的，代表十分之一以上表决权的股东可以自行召集和主持。

第四十二条 召开股东会会议，应当于会议召开十五日前通知全体股东；但是，公司章程另有规定或者全体股东另有约定的除外。

股东会应当对所议事项的决定作成会议记录，出席会议的股东应当在会议记录上签名。

第四十三条 股东会会议由股东按照出资比例行使表决权；但是，公司章程另有规定的除外。

第四十四条 股东会的议事方式和表决程序，除本法有规定的外，由公司章程规定。

股东会会议作出修改公司章程、增加或者减少注册资本的决议，以及公司合并、分立、解散或者变更公司形式的决议，必须经代表三分之二以上表决权的股东通过。

第四十五条 有限责任公司设董事会，其成员为三人至十三人；但是，本法第五十一条另有规定的除外。

两个以上的国有企业或者两个以上的其他国有投资主体投资设立的有限责任公司，其董事会成员中应当有公司职工代表；其他有限责任公司董事会成员中可以有公司职工代表。董事会中的职工代表由公司职工通过职工代表大会、职工大会或者其他形式民主选举产生。

董事会设董事长一人，可以设副董事长。董事长、副董事长的产生办法由公司章程规定。

第四十六条 董事任期由公司章程规定，但每届任期不得超过三年。董事任期届满，连选可以连任。

董事任期届满未及时改选，或者董事在任期内辞职导致董事会成员低于法定人数的，在改选出的董事就任前，原董事仍应当依照法律、行政法规和公司章程的规定，履行董事职务。

第四十七条 董事会对股东会负责，行使下列职权：

（一）召集股东会会议，并向股东会报告工作；

（二）执行股东会的决议；

（三）决定公司的经营计划和投资方案；

（四）制订公司的年度财务预算方案、决算方案；

（五）制订公司的利润分配方案和弥补亏损方案；

（六）制订公司增加或者减少注册资本以及发行公司债券的方案；

（七）制订公司合并、分立、解散或者变更公司形式的方案；

（八）决定公司内部管理机构的设置；

（九）决定聘任或者解聘公司经理及其报酬事项，并根据经理的提名决定聘任或者解聘公司副经理、财务负责人及其报酬事项；

（十）制定公司的基本管理制度；

（十一）公司章程规定的其他职权。

第四十八条 董事会会议由董事长召集和主持；董事长不能履行职务或者不履行职务的，由副董事长召集和主持；副董事长不能履行职务或者不履行职务的，由半数以上董事共同推举一名董事召集和主持。

第四十九条 董事会的议事方式和表决程序，除本法有规定的外，由公司章程规定。

董事会应当对所议事项的决定作成会议记录，出席会议的董事应当在会议记录上签名。

董事会决议的表决，实行一人一票。

第五十条 有限责任公司可以设经理，由董事会决定聘任或者解聘。经理对董事会负责，行使下列职权：

（一）主持公司的生产经营管理工作，组织实施董事会决议；

（二）组织实施公司年度经营计划和投资方案；

（三）拟订公司内部管理机构设置方案；

（四）拟订公司的基本管理制度；

（五）制定公司的具体规章；

（六）提请聘任或者解聘公司副经理、财务负责人；

（七）决定聘任或者解聘除应由董事会决定聘任或者解聘以外的负责管理人员；

（八）董事会授予的其他职权。

公司章程对经理职权另有规定的，从其规定。

经理列席董事会会议。

第五十一条 股东人数较少或者规模较小的有限责任公司，可以设一名执行董事，不设董事会。执行董事可以兼任公司经理。

执行董事的职权由公司章程规定。

第五十二条 有限责任公司设监事会，其成员不得少于三人。股东人数较少或者规模较小的有限责任公司，可以设一至二名监事，不设监事会。

监事会应当包括股东代表和适当比例的公司职工代表，其中职工代表的比例不得低于三分之一，具体比例由公司章程规定。监事会中的职工代表由公司职工通过职工代表大会、职工大会或者其他形式民主选举产生。

监事会设主席一人，由全体监事过半数选举产生。监事会主席召集和主持监事会会议；监事会主席不能履行职务或者不履行职务的，由半数以上监事共同推举一名监事召集和主持监事会会议。

董事、高级管理人员不得兼任监事。

第五十三条 监事的任期每届为三年。监事任期届满，连选可以连任。

监事任期届满未及时改选，或者监事在任期内辞职导致监事会成员低于法定人数的，在改选出的监事就任前，原监事仍应当依照法律、行政法规和公司章程的规定，履行监事职务。

第五十四条 监事会、不设监事会的公司的监事行使下列职权：

（一）检查公司财务；

（二）对董事、高级管理人员执行公司职务的行为进行监督，对违反法律、行政法规、公司章程或者股东会决议的董事、高级管理人员提出罢免的建议；

（三）当董事、高级管理人员的行为损害公司的利益时，要求董事、高级管理人员予以纠正；

（四）提议召开临时股东会会议，在董事会不履行本法规定的召集和主持股东会会议职责时召集和主持股东会会议；

（五）向股东会会议提出提案；

（六）依照本法第一百五十二条的规定，对董事、高级管理人员提起诉讼；

（七）公司章程规定的其他职权。

第五十五条 监事可以列席董事会会议，并对董事会决议事项提出质询或者建议。

监事会、不设监事会的公司的监事发现公司经营情况异常，可以进行调查；必要时，可以聘请会计师事务所等协助其工作，费用由公司承担。

第五十六条 监事会每年度至少召开一次会议，监事可以提议召开临时监事会会议。

监事会的议事方式和表决程序，除本法有规定的外，由公司章程规定。

监事会决议应当经半数以上监事通过。

监事会应当对所议事项的决定作成会议记录，出席会议的监事应当在会议记录上签名。

第五十七条 监事会、不设监事会的公司的监事行使职权所必需的费用，由公司承担。

第三节 一人有限责任公司的特别规定

第五十八条 一人有限责任公司的设立和组织机构，适用本节规定；本节没有规定的，适用本章第一节、第二节的规定。

本法所称一人有限责任公司，是指只有一个自然人股东或者一个法人股东的有限责任公司。

第五十九条 一人有限责任公司的注册资本最低限额为人民币十万元。股东应当一次足额缴纳公司章程规定的出资额。

一个自然人只能投资设立一个一人有限责任公司。该一人有限责任公司不能投资设立新的一人有限责任公司。

第六十条 一人有限责任公司应当在公司登记中注明自然人独资或者法人独资，并在公司营业执照中载明。

第六十一条 一人有限责任公司章程由股东制定。

第六十二条 一人有限责任公司不设股东会。股东作出本法第三十八条第一款所列决定时，应当采用书面形式，并由股东签名后置备于公司。

第六十三条 一人有限责任公司应当在每一会计年度终了时编制财务会计报告，并经会计师事务所审计。

第六十四条 一人有限责任公司的股东不能证明公司财产独立于股东自己的财产的，应当对公司债务承担连带责任。

第四节 国有独资公司的特别规定

第六十五条 国有独资公司的设立和组织机构，适用本节规定；本节没有规定的，适用本章第一节、第二节的规定。

本法所称国有独资公司，是指国家单独出资、由国务院或者地方人民政府授权本级人民政府国有资产监督管理机构履行出资人职责的有限责任公司。

第六十六条 国有独资公司章程由国有资产监督管理机构制定，或者由董事会制订报国有资产监督管理机构批准。

第六十七条 国有独资公司不设股东会，由国有资产监督管理机构行使股东会职权。国有资产监督管理机构可以授权公司董事会行使股东会的部分职权，决定公司的重大事项，但公司的合并、分立、解散、增加或者减少注册资本和发行公司债券，必须由国有资产监督管理机构决定；其中，重要的国有独资公司合并、分立、解散、申请破产的，应当由国有资产监督管理机构审核后，报本级人民政府批准。

前款所称重要的国有独资公司，按照国务院的规定确定。

第六十八条 国有独资公司设董事会，依照本法第四十七条、第六十七条的规定行使职权。董事每届任期不得超过三年。董事会成员中应当有公司职工代表。

董事会成员由国有资产监督管理机构委派；但是，董事会成员中的职工代表由公司职工代表大会选举产生。

董事会设董事长一人，可以设副董事长。董事长、副董事长由国有资产监督管理机构从董事会成员中指定。

第六十九条 国有独资公司设经理，由董事会聘任或者解聘。经理依照本法第五十条规定行使职权。

经国有资产监督管理机构同意，董事会成员可以兼任经理。

第七十条 国有独资公司的董事长、副董事长、董事、高级管理人员，未经国有资产监督管理机构同意，不得在其他有限责任公司、股份有限公司或者其他经济组织兼职。

第七十一条 国有独资公司监事会成员不得少于五人，其中职工代表的比例不得低于三分之一，具体比例由公司章程规定。

监事会成员由国有资产监督管理机构委派；但是，监事会成员中的职工代表由公司职工代表大会选举产生。监事会主席由国有资产监督管理机构从监事会成员中指定。

监事会行使本法第五十四条第(一)项至第(三)项规定的职权和国务院规定的其他职权。

第三章 有限责任公司的股权转让

第七十二条 有限责任公司的股东之间可以相互转让其全部或者部分股权。

股东向股东以外的人转让股权，应当经其他股东过半数同意。股东应就其股权转让事项书面通知其他股东征求同意，其他股东自接到书面通知之日起满三十日未答复的，视为同意转让。其他股东半数以上不同意转让的，不同意的股东应当购买该转让的股权；不购买的，视为同意转让。

经股东同意转让的股权，在同等条件下，其他股东有优先购买权。两个以上股东主张行使优先购买权的，协商确定各自的购买比例；协商不成的，按照转让时各自的出资比例行使优先购买权。

公司章程对股权转让另有规定的，从其规定。

第七十三条 人民法院依照法律规定的强制执行程序转让股东的股权时，应当通知公司及全体股东，其他股东在同等条件下有优先购买权。其他股东自人民法院通知之日起满二十日不行使优先购买权的，视为放弃优先购买权。

第七十四条 依照本法第七十二条、第七十三条转让股权后，公司应当注销原股东的出资证明书，向新股东签发出资证明书，并相应修改公司章程和股东名册中有关股东及其出资额的记载。对公司章程的该项修改不需再由股东会表决。

第七十五条 有下列情形之一的，对股东会该项决议投反对票的股东可以请求公司按照合理的价格收购其股权：

（一）公司连续五年不向股东分配利润，而公司该五年连续盈利，并且符合本法规定的分配利润条件的；

（二）公司合并、分立、转让主要财产的；

（三）公司章程规定的营业期限届满或者章程规定的其他解散事由出现，股东会会议通过决议修改章程使公司存续的。

自股东会会议决议通过之日起六十日内，股东与公司不能达成股权收购协议的，股东可以自股东会会议决议通过之日起九十日内向人民法院提起诉讼。

第七十六条 自然人股东死亡后，其合法继承人可以继承股东资格；但是，公司章程另有规定的除外。

第四章 股份有限公司的设立和组织机构

第一节 设 立

第七十七条 设立股份有限公司，应当具备下列条件：

（一）发起人符合法定人数；

（二）发起人认购和募集的股本达到法定资本最低限额；

（三）股份发行、筹办事项符合法律规定；

（四）发起人制订公司章程，采用募集方式设立的经创立大会通过；

（五）有公司名称，建立符合股份有限公司要求的组织机构；

（六）有公司住所。

第七十八条 股份有限公司的设立，可以采取发起设立或者募集设立的方式。

发起设立，是指由发起人认购公司应发行的全部股份而设立公司。

募集设立，是指由发起人认购公司应发行股份的一部分，其余股份向社会公开募集或者向特定对象募集而设立公司。

第七十九条 设立股份有限公司，应当有二人以上二百人以下为发起人，其中须有半数以上的发起人在中国境内有住所。

第八十条 股份有限公司发起人承担公司筹办事务。

发起人应当签订发起人协议，明确各自在公司设立过程中的权利和义务。

第八十一条 股份有限公司采取发起设立方式设立的，注册资本为在公司登记机关登记的全体发起人认购的股本总额。公司全体发起人的首次出资额不得低于注册资本的百分之二十，其余部分由发起人自公司成立之日起两年内缴足；其中，投资公司可以在五年内缴足。在缴足前，不得向他人募集股份。

股份有限公司采取募集方式设立的，注册资本为在公司登记机关登记的实收股本总额。

股份有限公司注册资本的最低限额为人民币五百万元。法律、行政法规对股份有限公司注册资本的最低限额有较高规定的，从其规定。

第八十二条 股份有限公司章程应当载明下列事项：

（一）公司名称和住所；

（二）公司经营范围；

（三）公司设立方式；

（四）公司股份总数、每股金额和注册资本；

（五）发起人的姓名或者名称、认购的股份数、出资方式和出资时间；

（六）董事会的组成、职权和议事规则；

（七）公司法定代表人；

（八）监事会的组成、职权和议事规则；

（九）公司利润分配办法；

（十）公司的解散事由与清算办法；

（十一）公司的通知和公告办法；

（十二）股东大会会议认为需要规定的其他事项。

第八十三条 发起人的出资方式，适用本法第二十七条的规定。

第八十四条 以发起设立方式设立股份有限公司的，发起人应当书面认足公司章程规定其认购的股份；一次缴纳的，应即缴纳全部出资；分期缴纳的，应即缴纳首期出资。以非货币财产出资的，应当依法办理其财产权的转移手续。

发起人不依照前款规定缴纳出资的，应当按照发起人协议承担违约责任。

发起人首次缴纳出资后，应当选举董事会和监事会，由董事会向公司登记机关报送公司章程、由依法设定的验资机构出具的验资证明以及法律、行政法规规定的其他文件，申请设立登记。

第八十五条 以募集设立方式设立股份有限公司的，发起人认购的股份不得少于公司股份总数的百分之三十五；但是，法律、行政法规另有规定的，从其规定。

第八十六条 发起人向社会公开募集股份，必须公告招股说明书，并制作认股书。认股书应当载明本法第八十七条所列事项，由认股人填写认购股数、金额、住所，并签名、盖章。认股人按照所认购股数缴纳股款。

第八十七条 招股说明书应当附有发起人制订的公司章程，并载明下列事项：

（一）发起人认购的股份数；

（二）每股的票面金额和发行价格；

（三）无记名股票的发行总数；

（四）募集资金的用途；

（五）认股人的权利、义务；

（六）本次募股的起止期限及逾期未募足时认股人可以撤回所认股份的说明。

第八十八条 发起人向社会公开募集股份，应当由依法设立的证券公司承销，签订承销协议。

第八十九条 发起人向社会公开募集股份，应当同银行签订代收股款协议。

代收股款的银行应当按照协议代收和保存股款，向缴纳股款的认股人出具收款单据，并负有向有关部门出具收款证明的义务。

第九十条 发行股份的股款缴足后，必须经依法设立的验资机构验资并出具证明。发起人应当自股款缴足之日起三十日内主持召开公司创立大会。创立大会由发起人、认股人组成。

发行的股份超过招股说明书规定的截止期限尚未募足的，或者发行股份的股款缴足后，发起人在三十日内未召开创立大会的，认股人可以按照所缴股款并加算银行同期存款利息，要求发起人返还。

第九十一条 发起人应当在创立大会召开十五日前将会议日期通知各认股人或者予以公告。创立大会应有代表股份总数过半数的发起人、认股人出席，方可举行。

创立大会行使下列职权：

（一）审议发起人关于公司筹办情况的报告；

（二）通过公司章程；

（三）选举董事会成员；

（四）选举监事会成员；

（五）对公司的设立费用进行审核；

（六）对发起人用于抵作股款的财产的作价进行审核；

（七）发生不可抗力或者经营条件发生重大变化直接影响公司设立的，可以作出不设立公司的决议。

创立大会对前款所列事项作出决议，必须经出席会议的认股人所持表决权过半数通过。

第九十二条 发起人、认股人缴纳股款或者交付抵作股款的出资后，除未按期募足股份、发起人未按期召开创立大会或者创立大会决议不设立公司的情形外，不得抽回其股本。

第九十三条 董事会应于创立大会结束后三十日内，向公司登记机关报送下列文件，申请设立登记：

（一）公司登记申请书；

（二）创立大会的会议记录；

（三）公司章程；

（四）验资证明；

（五）法定代表人、董事、监事的任职文件及其身份证明；

（六）发起人的法人资格证明或者自然人身份证明；

（七）公司住所证明。

以募集方式设立股份有限公司公开发行股票的，还应当向公司登记机关报送国务院证券监督管理机构的核准文件。

第九十四条 股份有限公司成立后，发起人未按照公司章程的规定缴足出资的，应当补缴；其他发起人承担连带责任。

股份有限公司成立后，发现作为设立公司出资的非货币财产的实际价额显著低于公司章程所定价额的，应当由交付该出资的发起人补足其差额；其他发起人承担连带责任。

第九十五条 股份有限公司的发起人应当承担下列责任：

（一）公司不能成立时，对设立行为所产生的债务和费用负连带责任；

（二）公司不能成立时，对认股人已缴纳的股款，负返还股款并加算银行同期存款利息的连带责任；

（三）在公司设立过程中，由于发起人的过失致使公司利益受到损害的，应当对公司承担赔偿责任。

第九十六条 有限责任公司变更为股份有限公司时，折合的实收股本总额不得高于公司净资产额。有限责任公司变更为股份有限公司，为增加资本公开发行股份时，应当依法办理。

第九十七条 股份有限公司应当将公司章程、股东名册、公司债券存根、股东大会会议记录、董事会会议记录、监事会会议记录、财务会计报告置备于本公司。

第九十八条 股东有权查阅公司章程、股东名册、公司债券存根、股东大会会议记录、董事会会议决议、监事会会议决议、财务会计报告，对公司的经营提出建议或者质询。

第二节 股东大会

第九十九条 股份有限公司股东大会由全体股东组成。股东大会是公司的权力机构，依照本法行使职权。

第一百条 本法第三十八条第一款关于有限责任公司股东会职权的规定，适用于股份有限公司股东大会。

第一百零一条 股东大会应当每年召开一次年会。有下列情形之一的，应当在两个月内召开临时股东大会：

（一）董事人数不足本法规定人数或者公司章程所定人数的三分之二时；

（二）公司未弥补的亏损达实收股本总额三分之一时；

（三）单独或者合计持有公司百分之十以上股份的股东请求时；

（四）董事会认为必要时；

（五）监事会提议召开时；

（六）公司章程规定的其他情形。

第一百零二条 股东大会会议由董事会召集，董事长主持；董事长不能履行职务或者不履行职务的，由副董事长主持；副董事长不能履行职务或者不履行职务的，由半数以上董事共同推举一名董事主持。

董事会不能履行或者不履行召集股东大会会议职责的，监事会应当及时召集和主持；监事会不召集和主持的，连续九十日以上单独或者合计持有公司百分之十以上股份的股东可以自行召集和主持。

第一百零三条 召开股东大会会议，应当将会议召开的时间、地点和审议的事项于会议召开二十日前通知各股东；临时股东大会应当于会议召开十五日前通知各股东；发行无记名股票的，应当于会议召开三十日前公告会议召开的时间、地点和审议事项。

单独或者合计持有公司百分之三以上股份的股东，可以在股东大会召开十日前提出临时提案并书面提交董事会；董事会应当在收到提案后二日内通知其他股东，并将该临时提案提交股东大会审议。临时提案的内容应当属于股东大会职权范围，并有明确议题和具体决议事项。

股东大会不得对前两款通知中未列明的事项作出决议。

无记名股票持有人出席股东大会会议的，应当于会议召开五日前至股东大会闭会时将股票交存于公司。

第一百零四条 股东出席股东大会会议，所持每一股份有一表决权。但是，公司持有的本公司股份没有表决权。

股东大会作出决议，必须经出席会议的股东所持表决权过半数通过。但是，股东大会作出修改公司章程、增加或者减少注册资本的决议，以及公司合并、分立、解散或者变更公司形式的决议，必须经出席会议的股东所持表决权的三分之二以上通过。

第一百零五条 本法和公司章程规定公司转让、受让重大资产或者对外提供担保等事项必须经股东大会作出决议的，董事会应当及时召集股东大会会议，由股东大会就上述事项进行表决。

第一百零六条　股东大会选举董事、监事，可以依照公司章程的规定或者股东大会的决议，实行累积投票制。

本法所称累积投票制，是指股东大会选举董事或者监事时，每一股份拥有与应选董事或者监事人数相同的表决权，股东拥有的表决权可以集中使用。

第一百零七条　股东可以委托代理人出席股东大会会议，代理人应当向公司提交股东授权委托书，并在授权范围内行使表决权。

第一百零八条　股东大会应当对所议事项的决定作成会议记录，主持人、出席会议的董事应当在会议记录上签名。会议记录应当与出席股东的签名册及代理出席的委托书一并保存。

第三节　董事会、经理

第一百零九条　股份有限公司设董事会，其成员为五人至十九人。

董事会成员中可以有公司职工代表。董事会中的职工代表由公司职工通过职工代表大会、职工大会或者其他形式民主选举产生。

本法第四十六条关于有限责任公司董事任期的规定，适用于股份有限公司董事。

本法第四十七条关于有限责任公司董事会职权的规定，适用于股份有限公司董事会。

第一百一十条　董事会设董事长一人，可以设副董事长。董事长和副董事长由董事会以全体董事的过半数选举产生。

董事长召集和主持董事会会议，检查董事会决议的实施情况。副董事长协助董事长工作，董事长不能履行职务或者不履行职务的，由副董事长履行职务；副董事长不能履行职务或者不履行职务的，由半数以上董事共同推举一名董事履行职务。

第一百一十一条　董事会每年度至少召开两次会议，每次会议应当于会议召开十日前通知全体董事和监事。

代表十分之一以上表决权的股东、三分之一以上董事或者监事会，可以提议召开董事会临时会议。董事长应当自接到提议后十日内，召集和主持董事会会议。

董事会召开临时会议，可以另定召集董事会的通知方式和通知时限。

第一百一十二条　董事会会议应有过半数的董事出席方可举行。董事会作出决议，必须经全体董事的过半数通过。

董事会决议的表决，实行一人一票。

第一百一十三条　董事会会议，应由董事本人出席；董事因故不能出席，可以书面委托其他董事代为出席，委托书中应载明授权范围。

董事会应当对会议所议事项的决定作成会议记录，出席会议的董事应当在会议记录上签名。

董事应当对董事会的决议承担责任。董事会的决议违反法律、行政法规或者公司章程、股东大会决议，致使公司遭受严重损失的，参与决议的董事对公司负赔偿责任。但经证明在表决时曾表明异议并记载于会议记录的，该董事可以免除责任。

第一百一十四条　股份有限公司设经理，由董事会决定聘任或者解聘。

本法第五十条关于有限责任公司经理职权的规定，适用于股份有限公司经理。

第一百一十五条　公司董事会可以决定由董事会成员兼任经理。

第一百一十六条　公司不得直接或者通过子公司向董事、监事、高级管理人员提供借款。

第一百一十七条　公司应当定期向股东披露董事、监事、高级管理人员从公司获得报酬的情况。

第四节　监事会

第一百一十八条　股份有限公司设监事会，其成员不得少于三人。

监事会应当包括股东代表和适当比例的公司职工代表，其中职工代表的比例不得低于三分之一，具体比例由公司章程规定。监事会中的职工代表由公司职工通过职工代表大会、职工大会或者其他形式民主选举产生。

监事会设主席一人，可以设副主席。监事会主席和副主席由全体监事过半数选举产生。监事会主席召集和主持监事会会议；监事会主席不能履行职务或者不履行职务的，由监事会副主席召集和主持监事会会议；监事会副主席不能履行职务或者不履行职务的，由半数以上监事共同推举一名监事召集和主持监事会会议。

董事、高级管理人员不得兼任监事。

本法第五十三条关于有限责任公司监事任期的规定，适用于股份有限公司监事。

第一百一十九条　本法第五十四条、第五十五条关于有限责任公司监事会职权的规定，适用于股份有限公司监事会。

监事会行使职权所必需的费用，由公司承担。

第一百二十条　监事会每六个月至少召开一次会议。监事可以提议召开临时监事会会议。

监事会的议事方式和表决程序，除本法有规定的外，由公司章程规定。

监事会决议应当经半数以上监事通过。

监事会应当对所议事项的决定作成会议记录，出席会议的监事应当在会议记录上签名。

第五节 上市公司组织机构的特别规定

第一百二十一条 本法所称上市公司，是指其股票在证券交易所上市交易的股份有限公司。

第一百二十二条 上市公司在一年内购买、出售重大资产或者担保金额超过公司资产总额百分之三十的，应当由股东大会作出决议，并经出席会议的股东所持表决权的三分之二以上通过。

第一百二十三条 上市公司设立独立董事，具体办法由国务院规定。

第一百二十四条 上市公司设董事会秘书，负责公司股东大会和董事会会议的筹备、文件保管以及公司股东资料的管理，办理信息披露事务等事宜。

第一百二十五条 上市公司董事与董事会会议决议事项所涉及的企业有关联关系的，不得对该项决议行使表决权，也不得代理其他董事行使表决权。该董事会会议由过半数的无关联关系董事出席即可举行，董事会会议所作决议须经无关联关系董事过半数通过。出席董事会的无关联关系董事人数不足三人的，应将该事项提交上市公司股东大会审议。

第五章 股份有限公司的股份发行和转让

第一节 股份发行

第一百二十六条 股份有限公司的资本划分为股份，每一股的金额相等。

公司的股份采取股票的形式。股票是公司签发的证明股东所持股份的凭证。

第一百二十七条 股份的发行，实行公平、公正的原则，同种类的每一股份应当具有同等权利。

同次发行的同种类股票，每股的发行条件和价格应当相同；任何单位或者个人所认购的股份，每股应当支付相同价额。

第一百二十八条 股票发行价格可以按票面金额，也可以超过票面金额，但不得低于票面金额。

第一百二十九条 股票采用纸面形式或者国务院证券监督管理机构规定的其他形式。

股票应当载明下列主要事项：

（一）公司名称；

（二）公司成立日期；

（三）股票种类、票面金额及代表的股份数；

（四）股票的编号。

股票由法定代表人签名，公司盖章。

发起人的股票，应当标明发起人股票字样。

第一百三十条 公司发行的股票，可以为记名股票，也可以为无记名股票。

公司向发起人、法人发行的股票，应当为记名股票，并应当记载该发起人、法人的名称或者姓名，不得另立户名或者以代表人姓名记名。

第一百三十一条 公司发行记名股票的，应当置备股东名册，记载下列事项：

（一）股东的姓名或者名称及住所；

（二）各股东所持股份数；

（三）各股东所持股票的编号；

（四）各股东取得股份的日期。

发行无记名股票的，公司应当记载其股票数量、编号及发行日期。

第一百三十二条 国务院可以对公司发行本法规定以外的其他种类的股份，另行作出规定。

第一百三十三条 股份有限公司成立后，即向股东正式交付股票。公司成立前不得向股东交付股票。

第一百三十四条 公司发行新股，股东大会应当对下列事项作出决议：

（一）新股种类及数额；

（二）新股发行价格；

（三）新股发行的起止日期；

（四）向原有股东发行新股的种类及数额。

第一百三十五条 公司经国务院证券监督管理机构核准公开发行新股时，必须公告新股招股说明书和财务会计报告，并制作认股书。

本法第八十八条、第八十九条的规定适用于公司公开发行新股。

第一百三十六条 公司发行新股，可以根据公司经营情况和财务状况，确定其作价方案。

第一百三十七条 公司发行新股募足股款后，必须向公司登记机关办理变更登记，并公告。

第二节 股份转让

第一百三十八条 股东持有的股份可以依法转让。

第一百三十九条 股东转让其股份，应当在依法设立的证券交易场所进行或者按照国务院规定的其他方式进行。

第一百四十条 记名股票，由股东以背书方式或者法律、行政法规规定的其他方式转让；转让后由公司将受让人的姓名或者名称及住所记载于股东名册。

股东大会召开前二十日内或者公司决定分配股利的基准日前五日内，不得进行前款规定的股东名册的变更登记。但是，法律对上市公司股东名册变更登记另有规定的，从其规定。

第一百四十一条 无记名股票的转让，由股东将该股票交付给受让人后即发生转让的效力。

第一百四十二条 发起人持有的本公司股份，自公司成立之日起一年内不得转让。公司公开发行股份前已发行的股份，自公司股票在证券交易所上市交易之日起一年内不得转让。

公司董事、监事、高级管理人员应当向公司申报所持有的本公司的股份及其变动情况，在任职期间每年转让的股份不得超过其所持有本公司股份总数的百分之二十五；所持本公司股份自公司股票上市交易之日起一年内不得转让。上述人员离职后半年内，不得转让其所持有的本公司股份。公司章程可以对公司董事、监事、高级管理人员转让其所持有的本公司股份作出其他限制性规定。

第一百四十三条 公司不得收购本公司股份。但是，有下列情形之一的除外：

（一）减少公司注册资本；

（二）与持有本公司股份的其他公司合并；

（三）将股份奖励给本公司职工；

（四）股东因对股东大会作出的公司合并、分立决议持异议，要求公司收购其股份的。

公司因前款第(一)项至第(三)项的原因收购本公司股份的，应当经股东大会决议。公司依照前款规定收购本公司股份后，属于第(一)项情形的，应当自收购之日起十日内注销；属于第(二)项、第(四)项情形的，应当在六个月内转让或者注销。

公司依照第一款第(三)项规定收购的本公司股份，不得超过本公司已发行股份总额的百分之五；用于收购的资金应当从公司的税后利润中支出；所收购的股份应当在一年内转让给职工。

公司不得接受本公司的股票作为质押权的标的。

第一百四十四条 记名股票被盗、遗失或者灭失，股东可以依照《中华人民共和国民事诉讼法》规定的公示催告程序，请求人民法院宣告该股票失效。人民法院宣告该股票失效后，股东可以向公司申请补发股票。

第一百四十五条 上市公司的股票，依照有关法律、行政法规及证券交易所交易规则上市交易。

第一百四十六条 上市公司必须依照法律、行政法规的规定，公开其财务状况、经营情况及重大诉讼，在每会计年度内半年公布一次财务会计报告。

第六章 公司董事、监事、高级管理人员的资格和义务

第一百四十七条 有下列情形之一的，不得担任公司的董事、监事、高级管理人员：

（一）无民事行为能力或者限制民事行为能力；

（二）因贪污、贿赂、侵占财产、挪用财产或者破坏社会主义市场经济秩序，被判处刑罚，执行期满未逾五年，或者因犯罪被剥夺政治权利，执行期满未逾五年；

（三）担任破产清算的公司、企业的董事或者厂长、经理，对该公司、企业的破产负有个人责任的，自该公司、企业破产清算完结之日起未逾三年；

（四）担任因违法被吊销营业执照、责令关闭的公司、企业的法定代表人，并负有个人责任的，自该公司、企业被吊销营业执照之日起未逾三年；

（五）个人所负数额较大的债务到期未清偿。

公司违反前款规定选举、委派董事、监事或者聘任高级管理人员的，该选举、委派或者聘任无效。

董事、监事、高级管理人员在任职期间出现本条第一款所列情形的，公司应当解除其职务。

第一百四十八条 董事、监事、高级管理人员应当遵守法律、行政法规和公司章程，对公司负有忠实义务和勤勉义务。

董事、监事、高级管理人员不得利用职权收受贿赂或者其他非法收入，不得侵占公司的财产。

第一百四十九条 董事、高级管理人员不得有下列行为：

（一）挪用公司资金；

（二）将公司资金以其个人名义或者以其他个人名义开立账户存储；

（三）违反公司章程的规定，未经股东会、股东大会或者董事会同意，将公司资金借贷给他人或者以公司财产为他人提供担保；

（四）违反公司章程的规定或者未经股东会、股东大会同意，与本公司订立合同或者进行交易；

（五）未经股东会或者股东大会同意，利用职务便利为自己或者他人谋取属于公司的商业机会，自营或者为他人经营与所任职公司同类的业务；

（六）接受他人与公司交易的佣金归为己有；

（七）擅自披露公司秘密；

（八）违反对公司忠实义务的其他行为。

董事、高级管理人员违反前款规定所得的收入应当归公司所有。

第一百五十条 董事、监事、高级管理人员执行公司职务时违反法律、行政法规或者公司章程的规定，给公司造成损失的，应当承担赔偿责任。

第一百五十一条 股东会或者股东大会要求董事、监事、高级管理人员列席会议的，董事、监事、高级管理人员应当列席并接受股东的质询。

董事、高级管理人员应当如实向监事会或者不设

监事会的有限责任公司的监事提供有关情况和资料，不得妨碍监事会或者监事行使职权。

第一百五十二条 董事、高级管理人员有本法第一百五十条规定的情形的，有限责任公司的股东、股份有限公司连续一百八十日以上单独或者合计持有公司百分之一以上股份的股东，可以书面请求监事会或者不设监事会的有限责任公司的监事向人民法院提起诉讼；监事有本法第一百五十条规定的情形的，前述股东可以书面请求董事会或者不设董事会的有限责任公司的执行董事向人民法院提起诉讼。

监事会、不设监事会的有限责任公司的监事，或者董事会、执行董事收到前款规定的股东书面请求后拒绝提起诉讼，或者自收到请求之日起三十日内未提起诉讼，或者情况紧急、不立即提起诉讼将会使公司利益受到难以弥补的损害的，前款规定的股东有权为了公司的利益以自己的名义直接向人民法院提起诉讼。

他人侵犯公司合法权益，给公司造成损失的，本条第一款规定的股东可以依照前两款的规定向人民法院提起诉讼。

第一百五十三条 董事、高级管理人员违反法律、行政法规或者公司章程的规定，损害股东利益的，股东可以向人民法院提起诉讼。

第七章　公司债券

第一百五十四条 本法所称公司债券，是指公司依照法定程序发行、约定在一定期限还本付息的有价证券。

公司发行公司债券应当符合《中华人民共和国证券法》规定的发行条件。

第一百五十五条 发行公司债券的申请经国务院授权的部门核准后，应当公告公司债券募集办法。

公司债券募集办法中应当载明下列主要事项：

（一）公司名称；

（二）债券募集资金的用途；

（三）债券总额和债券的票面金额；

（四）债券利率的确定方式；

（五）还本付息的期限和方式；

（六）债券担保情况；

（七）债券的发行价格、发行的起止日期；

（八）公司净资产额；

（九）已发行的尚未到期的公司债券总额；

（十）公司债券的承销机构。

第一百五十六条 公司以实物券方式发行公司债券的，必须在债券上载明公司名称、债券票面金额、利率、偿还期限等事项，并由法定代表人签名，公司盖章。

第一百五十七条 公司债券，可以为记名债券，也可以为无记名债券。

第一百五十八条 公司发行公司债券应当置备公司债券存根簿。

发行记名公司债券的，应当在公司债券存根簿上载明下列事项：

（一）债券持有人的姓名或者名称及住所；

（二）债券持有人取得债券的日期及债券的编号；

（三）债券总额，债券的票面金额、利率、还本付息的期限和方式；

（四）债券的发行日期。

发行无记名公司债券的，应当在公司债券存根簿上载明债券总额、利率、偿还期限和方式、发行日期及债券的编号。

第一百五十九条 记名公司债券的登记结算机构应当建立债券登记、存管、付息、兑付等相关制度。

第一百六十条 公司债券可以转让，转让价格由转让人与受让人约定。

公司债券在证券交易所上市交易的，按照证券交易所的交易规则转让。

第一百六十一条 记名公司债券，由债券持有人以背书方式或者法律、行政法规规定的其他方式转让；转让后由公司将受让人的姓名或者名称及住所记载于公司债券存根簿。

无记名公司债券的转让，由债券持有人将该债券交付给受让人后即发生转让的效力。

第一百六十二条 上市公司经股东大会决议可以发行可转换为股票的公司债券，并在公司债券募集办法中规定具体的转换办法。上市公司发行可转换为股票的公司债券，应当报国务院证券监督管理机构核准。

发行可转换为股票的公司债券，应当在债券上标明可转换公司债券字样，并在公司债券存根簿上载明可转换公司债券的数额。

第一百六十三条 发行可转换为股票的公司债券的，公司应当按照其转换办法向债券持有人换发股票，但债券持有人对转换股票或者不转换股票有选择权。

第八章　公司财务、会计

第一百六十四条 公司应当依照法律、行政法规和国务院财政部门的规定建立本公司的财务、会计制度。

第一百六十五条 公司应当在每一会计年度终了时编制财务会计报告，并依法经会计师事务所审计。

财务会计报告应当依照法律、行政法规和国务院财政部门的规定制作。

第一百六十六条 有限责任公司应当依照公司章程规定的期限将财务会计报告送交各股东。

股份有限公司的财务会计报告应当在召开股东大会年会的二十日前置备于本公司，供股东查阅；公开发行股票的股份有限公司必须公告其财务会计报告。

第一百六十七条 公司分配当年税后利润时，应当提取利润的百分之十列入公司法定公积金。公司法定公积金累计额为公司注册资本的百分之五十以上的，可以不再提取。

公司的法定公积金不足以弥补以前年度亏损的，在依照前款规定提取法定公积金之前，应当先用当年利润弥补亏损。

公司从税后利润中提取法定公积金后，经股东会或者股东大会决议，还可以从税后利润中提取任意公积金。

公司弥补亏损和提取公积金后所余税后利润，有限责任公司依照本法第三十五条的规定分配；股份有限公司按照股东持有的股份比例分配，但股份有限公司章程规定不按持股比例分配的除外。

股东会、股东大会或者董事会违反前款规定，在公司弥补亏损和提取法定公积金之前向股东分配利润的，股东必须将违反规定分配的利润退还公司。

公司持有的本公司股份不得分配利润。

第一百六十八条 股份有限公司以超过股票票面金额的发行价格发行股份所得的溢价款以及国务院财政部门规定列入资本公积金的其他收入，应当列为公司资本公积金。

第一百六十九条 公司的公积金用于弥补公司的亏损、扩大公司生产经营或者转为增加公司资本。但是，资本公积金不得用于弥补公司的亏损。

法定公积金转为资本时，所留存的该项公积金不得少于转增前公司注册资本的百分之二十五。

第一百七十条 公司聘用、解聘承办公司审计业务的会计师事务所，依照公司章程的规定，由股东会、股东大会或者董事会决定。

公司股东会、股东大会或者董事会就解聘会计师事务所进行表决时，应当允许会计师事务所陈述意见。

第一百七十一条 公司应当向聘用的会计师事务所提供真实、完整的会计凭证、会计账簿、财务会计报告及其他会计资料，不得拒绝、隐匿、谎报。

第一百七十二条 公司除法定的会计账簿外，不得另立会计账簿。对公司资产，不得以任何个人名义开立账户存储。

第九章 公司合并、分立、增资、减资

第一百七十三条 公司合并可以采取吸收合并或者新设合并。

一个公司吸收其他公司为吸收合并，被吸收的公司解散。两个以上公司合并设立一个新的公司为新设合并，合并各方解散。

第一百七十四条 公司合并，应当由合并各方签订合并协议，并编制资产负债表及财产清单。公司应当自作出合并决议之日起十日内通知债权人，并于三十日内在报纸上公告。债权人自接到通知书之日起三十日内，未接到通知书的自公告之日起四十五日内，可以要求公司清偿债务或者提供相应的担保。

第一百七十五条 公司合并时，合并各方的债权、债务，应当由合并后存续的公司或者新设的公司承继。

第一百七十六条 公司分立，其财产作相应的分割。

公司分立，应当编制资产负债表及财产清单。公司应当自作出分立决议之日起十日内通知债权人，并于三十日内在报纸上公告。

第一百七十七条 公司分立前的债务由分立后的公司承担连带责任。但是，公司在分立前与债权人就债务清偿达成的书面协议另有约定的除外。

第一百七十八条 公司需要减少注册资本时，必须编制资产负债表及财产清单。

公司应当自作出减少注册资本决议之日起十日内通知债权人，并于三十日内在报纸上公告。债权人自接到通知书之日起三十日内，未接到通知书的自公告之日起四十五日内，有权要求公司清偿债务或者提供相应的担保。

公司减资后的注册资本不得低于法定的最低限额。

第一百七十九条 有限责任公司增加注册资本时，股东认缴新增资本的出资，依照本法设立有限责任公司缴纳出资的有关规定执行。

股份有限公司为增加注册资本发行新股时，股东认购新股，依照本法设立股份有限公司缴纳股款的有关规定执行。

第一百八十条 公司合并或者分立，登记事项发生变更的，应当依法向公司登记机关办理变更登记；公司解散的，应当依法办理公司注销登记；设立新公司的，应当依法办理公司设立登记。

公司增加或者减少注册资本，应当依法向公司登记机关办理变更登记。

第十章 公司解散和清算

第一百八十一条 公司因下列原因解散：

（一）公司章程规定的营业期限届满或者公司章程规定的其他解散事由出现；

（二）股东会或者股东大会决议解散；

（三）因公司合并或者分立需要解散；

（四）依法被吊销营业执照、责令关闭或者被撤销；

（五）人民法院依照本法第一百八十三条的规定予以解散。

第一百八十二条 公司有本法第一百八十一条第（一）项情形的，可以通过修改公司章程而存续。

依照前款规定修改公司章程，有限责任公司须经持有三分之二以上表决权的股东通过，股份有限公司须经出席股东大会会议的股东所持表决权的三分之二以上通过。

第一百八十三条 公司经营管理发生严重困难，继续存续会使股东利益受到重大损失，通过其他途径不能解决的，持有公司全部股东表决权百分之十以上的股东，可以请求人民法院解散公司。

第一百八十四条 公司因本法第一百八十一条第（一）项、第（二）项、第（四）项、第（五）项规定而解散的，应当在解散事由出现之日起十五日内成立清算组，开始清算。有限责任公司的清算组由股东组成，股份有限公司的清算组由董事或者股东大会确定的人员组成。逾期不成立清算组进行清算的，债权人可以申请人民法院指定有关人员组成清算组进行清算。人民法院应当受理该申请，并及时组织清算组进行清算。

第一百八十五条 清算组在清算期间行使下列职权：

（一）清理公司财产，分别编制资产负债表和财产清单；

（二）通知、公告债权人；

（三）处理与清算有关的公司未了结的业务；

（四）清缴所欠税款以及清算过程中产生的税款；

（五）清理债权、债务；

（六）处理公司清偿债务后的剩余财产；

（七）代表公司参与民事诉讼活动。

第一百八十六条 清算组应当自成立之日起十日内通知债权人，并于六十日内在报纸上公告。债权人应当自接到通知书之日起三十日内，未接到通知书的自公告之日起四十五日内，向清算组申报其债权。

债权人申报债权，应当说明债权的有关事项，并提供证明材料。清算组应当对债权进行登记。

在申报债权期间，清算组不得对债权人进行清偿。

第一百八十七条 清算组在清理公司财产、编制资产负债表和财产清单后，应当制定清算方案，并报股东会、股东大会或者人民法院确认。

公司财产在分别支付清算费用、职工的工资、社会保险费用和法定补偿金，缴纳所欠税款，清偿公司债务后的剩余财产，有限责任公司按照股东的出资比例分配，股份有限公司按照股东持有的股份比例分配。

清算期间，公司存续，但不得开展与清算无关的经营活动。公司财产在未依照前款规定清偿前，不得分配给股东。

第一百八十八条 清算组在清理公司财产、编制资产负债表和财产清单后，发现公司财产不足清偿债务的，应当依法向人民法院申请宣告破产。

公司经人民法院裁定宣告破产后，清算组应当将清算事务移交给人民法院。

第一百八十九条 公司清算结束后，清算组应当制作清算报告，报股东会、股东大会或者人民法院确认，并报送公司登记机关，申请注销公司登记，公告公司终止。

第一百九十条 清算组成员应当忠于职守，依法履行清算义务。

清算组成员不得利用职权收受贿赂或者其他非法收入，不得侵占公司财产。

清算组成员因故意或者重大过失给公司或者债权人造成损失的，应当承担赔偿责任。

第一百九十一条 公司被依法宣告破产的，依照有关企业破产的法律实施破产清算。

第十一章 外国公司的分支机构

第一百九十二条 本法所称外国公司是指依照外国法律在中国境外设立的公司。

第一百九十三条 外国公司在中国境内设立分支机构，必须向中国主管机关提出申请，并提交其公司章程、所属国的公司登记证书等有关文件，经批准后，向公司登记机关依法办理登记，领取营业执照。

外国公司分支机构的审批办法由国务院另行规定。

第一百九十四条 外国公司在中国境内设立分支机构，必须在中国境内指定负责该分支机构的代表人或者代理人，并向该分支机构拨付与其所从事的经营活动相适应的资金。

对外国公司分支机构的经营资金需要规定最低限额的，由国务院另行规定。

第一百九十五条 外国公司的分支机构应当在其名

称中标明该外国公司的国籍及责任形式。

外国公司的分支机构应当在本机构中置备该外国公司章程。

第一百九十六条 外国公司在中国境内设立的分支机构不具有中国法人资格。

外国公司对其分支机构在中国境内进行经营活动承担民事责任。

第一百九十七条 经批准设立的外国公司分支机构，在中国境内从事业务活动，必须遵守中国的法律，不得损害中国的社会公共利益，其合法权益受中国法律保护。

第一百九十八条 外国公司撤销其在中国境内的分支机构时，必须依法清偿债务，依照本法有关公司清算程序的规定进行清算。未清偿债务之前，不得将其分支机构的财产移至中国境外。

第十二章　法律责任

第一百九十九条 违反本法规定，虚报注册资本、提交虚假材料或者采取其他欺诈手段隐瞒重要事实取得公司登记的，由公司登记机关责令改正，对虚报注册资本的公司，处以虚报注册资本金额百分之五以上百分之十五以下的罚款；对提交虚假材料或者采取其他欺诈手段隐瞒重要事实的公司，处以五万元以上五十万元以下的罚款；情节严重的，撤销公司登记或者吊销营业执照。

第二百条 公司的发起人、股东虚假出资，未交付或者未按期交付作为出资的货币或者非货币财产的，由公司登记机关责令改正，处以虚假出资金额百分之五以上百分之十五以下的罚款。

第二百零一条 公司的发起人、股东在公司成立后，抽逃其出资的，由公司登记机关责令改正，处以所抽逃出资金额百分之五以上百分之十五以下的罚款。

第二百零二条 公司违反本法规定，在法定的会计账簿以外另立会计账簿的，由县级以上人民政府财政部门责令改正，处以五万元以上五十万元以下的罚款。

第二百零三条 公司在依法向有关主管部门提供的财务会计报告等材料上作虚假记载或者隐瞒重要事实的，由有关主管部门对直接负责的主管人员和其他直接责任人员处以三万元以上三十万元以下的罚款。

第二百零四条 公司不依照本法规定提取法定公积金的，由县级以上人民政府财政部门责令如数补足应当提取的金额，可以对公司处以二十万元以下的罚款。

第二百零五条 公司在合并、分立、减少注册资本或者进行清算时，不依照本法规定通知或者公告债权人的，由公司登记机关责令改正，对公司处以一万元以上十万元以下的罚款。

公司在进行清算时，隐匿财产，对资产负债表或者财产清单作虚假记载或者在未清偿债务前分配公司财产的，由公司登记机关责令改正，对公司处以隐匿财产或者未清偿债务前分配公司财产金额百分之五以上百分之十以下的罚款；对直接负责的主管人员和其他直接责任人员处以一万元以上十万元以下的罚款。

第二百零六条 公司在清算期间开展与清算无关的经营活动的，由公司登记机关予以警告，没收违法所得。

第二百零七条 清算组不依照本法规定向公司登记机关报送清算报告，或者报送清算报告隐瞒重要事实或者有重大遗漏的，由公司登记机关责令改正。

清算组成员利用职权徇私舞弊、谋取非法收入或者侵占公司财产的，由公司登记机关责令退还公司财产，没收违法所得，并可以处以违法所得一倍以上五倍以下的罚款。

第二百零八条 承担资产评估、验资或者验证的机构提供虚假材料的，由公司登记机关没收违法所得，处以违法所得一倍以上五倍以下的罚款，并可以由有关主管部门依法责令该机构停业、吊销直接责任人员的资格证书，吊销营业执照。

承担资产评估、验资或者验证的机构因过失提供有重大遗漏的报告的，由公司登记机关责令改正，情节较重的，处以所得收入一倍以上五倍以下的罚款，并可以由有关主管部门依法责令该机构停业、吊销直接责任人员的资格证书，吊销营业执照。

承担资产评估、验资或者验证的机构因其出具的评估结果、验资或者验证证明不实，给公司债权人造成损失的，除能够证明自己没有过错的外，在其评估或者证明不实的金额范围内承担赔偿责任。

第二百零九条 公司登记机关对不符合本法规定条件的登记申请予以登记，或者对符合本法规定条件的登记申请不予登记的，对直接负责的主管人员和其他直接责任人员，依法给予行政处分。

第二百一十条 公司登记机关的上级部门强令公司登记机关对不符合本法规定条件的登记申请予以登记，或者对符合本法规定条件的登记申请不予登记的，或者对违法登记进行包庇的，对直接负责的主管人员和其他直接责任人员依法给予行政处分。

第二百一十一条 未依法登记为有限责任公司或者股份有限公司，而冒用有限责任公司或者股份有限公司名义的，或者未依法登记为有限责任公司或者股份有限公司的分公司，而冒用有限责任公司或者股份有限公司的分公司名义的，由公司登记机关责令改正或者予以取缔，可以并处十万元以下的罚款。

第二百一十二条 公司成立后无正当理由超过六个月未开业的，或者开业后自行停业连续六个月以上的，可以由公司登记机关吊销营业执照。

公司登记事项发生变更时，未依照本法规定办理有关变更登记的，由公司登记机关责令限期登记；逾期不登记的，处以一万元以上十万元以下的罚款。

第二百一十三条 外国公司违反本法规定，擅自在中国境内设立分支机构的，由公司登记机关责令改正或者关闭，可以并处五万元以上二十万元以下的罚款。

第二百一十四条 利用公司名义从事危害国家安全、社会公共利益的严重违法行为的，吊销营业执照。

第二百一十五条 公司违反本法规定，应当承担民事赔偿责任和缴纳罚款、罚金的，其财产不足以支付时，先承担民事赔偿责任。

第二百一十六条 违反本法规定，构成犯罪的，依法追究刑事责任。

第十三章 附 则

第二百一十七条 本法下列用语的含义：

（一）高级管理人员，是指公司的经理、副经理、财务负责人，上市公司董事会秘书和公司章程规定的其他人员。

（二）控股股东，是指其出资额占有限责任公司资本总额百分之五十以上或者其持有的股份占股份有限公司股本总额百分之五十以上的股东；出资额或者持有股份的比例虽然不足百分之五十，但依其出资额或者持有的股份所享有的表决权已足以对股东会、股东大会的决议产生重大影响的股东。

（三）实际控制人，是指虽不是公司的股东，但通过投资关系、协议或者其他安排，能够实际支配公司行为的人。

（四）关联关系，是指公司控股股东、实际控制人、董事、监事、高级管理人员与其直接或者间接控制的企业之间的关系，以及可能导致公司利益转移的其他关系。但是，国家控股的企业之间不仅因为同受国家控股而具有关联关系。

第二百一十八条 外商投资的有限责任公司和股份有限公司适用本法；有关外商投资的法律另有规定的，适用其规定。

第二百一十九条 本法自2006年1月1日起施行。

第二章　行政法规、部门规章及规范性文件

● 关于基金管理公司

目　录

关于发布《证券投资基金管理公司治理准则（试行）》的通知

证监基金字[2006]122号

各基金管理公司：

为推动基金管理公司完善公司治理，规范经营运作，保护基金份额持有人、公司及股东合法权益，我会制定了《证券投资基金管理公司治理准则（试行）》，现予以发布，请遵照执行。

各基金管理公司应当认真组织学习，根据公司实际情况完善治理结构，在经营运作过程中贯彻落实，并依照证券投资基金有关法律法规的规定，于2006年12月31日前修订公司章程。

中国证券监督管理委员会

二〇〇六年六月十五日

证券投资基金管理公司治理准则（试行）

第一章　总　则

第一条　为了进一步完善证券投资基金管理公司（以下简称公司）治理，保护基金份额持有人、公司股东以及其他相关当事人的合法权益，根据证券投资基金有关法律法规，制定本准则。

第二条　公司治理应当遵循基金份额持有人利益优先的基本原则。公司章程、规章制度、工作流程、议事规则等的制订，公司各级组织机构的职权行使和公司员工的从业行为，都应当以保护基金份额持有人利益为根本出发点。公司、股东以及公司员工的利益与基金份额持有人的利益发生冲突时，应当优先保障基金份额持有人的利益。

第三条　公司治理应当体现公司独立运作的原则。公司在法律、行政法规、中国证监会规定及自律监管组织规则允许的范围内，依法独立开展业务。

第四条　公司治理应当强化制衡机制，明确股东会、董事会、监事会或者执行监事、经理层、督察

长的职责权限，完善决策程序，形成协调高效、相互制衡的制度安排。上述组织机构和人员应当在法律、行政法规、中国证监会和公司章程规定的范围内行使职权。

第五条 公司治理应当维护公司的统一性和完整性，公司组织机构和人员的责任体系、报告路径应当清晰、完整，决策机制应当独立、高效。

第六条 公司股东对公司和其他股东负有诚信义务，应当承担社会责任。

股东之间应当信守承诺，建立相互尊重、沟通协商、共谋发展的和谐关系。

第七条 公司董事会、经理层应当公平对待所有股东，公司开展业务过程中，应当公平对待其管理的不同基金财产和客户资产。

第八条 公司应当建立与股东之间的业务与信息隔离制度，防范不正当关联交易，禁止任何形式的利益输送。

第九条 公司经营和运作应当保持公开、透明，股东、董事享有法律、行政法规、中国证监会和公司章程规定的知情权。

公司应当依法认真履行信息披露义务。

第十条 公司应当结合基金行业特点建立长效激励约束机制，营造规范、诚信、创新、和谐的企业文化。

第十一条 公司董事、监事、高级管理人员应当专业、诚信、勤勉、尽职，遵守职业操守，以较高的职业道德标准和商业道德标准规范言行，维护基金份额持有人利益和公司资产安全，促进公司高效运作。

第二章 股东和股东会

第一节 股东

第十二条 公司股东应当符合法律、行政法规和中国证监会规定的资格条件，按照法律、行政法规、中国证监会和公司章程的规定，行使股东权利，履行股东义务。

第十三条 股东应当了解基金行业的现状和特点，熟悉公司的制度安排及监管要求，尊重经理层人员及其他专业人员的人力资本价值，树立长期投资的理念，支持公司长远、持续、稳定发展。

第十四条 股东应当依法严格履行出资义务，不得以任何方式虚假出资、抽逃或者变相抽逃出资，不得以任何形式占有、转移公司资产。

第十五条 股东不得要求公司为其提供融资、担保及进行不正当关联交易，公司不得直接或者间接为股东提供融资或者担保。

第十六条 股东应当直接持有公司股权，不得为其他机构和个人代为持有股权，不得委托其他机构和个人代为持有公司股权。

第十七条 股东应当尊重公司的独立性，公司及其业务部门与股东、实际控制人及其下属部门之间没有隶属关系。股东及其实际控制人不得越过股东会和董事会直接任免公司的高级管理人员；不得违反公司章程干预公司的投资、研究、交易等具体事务以及公司员工选聘等事宜。

公司除董事、监事之外的所有员工不得在股东单位兼职。

第十八条 公司应当将与股东签署的有关技术支持、服务、合作等协议报送中国证监会及相关派出机构，公司不得签署任何影响公司经营运作独立性的协议。

第十九条 公司应当以保护基金份额持有人利益为原则，在法律、行政法规和中国证监会规定允许的范围内，制定有关信息传递和信息保密的制度。

股东不得直接或者间接要求公司董事、经理层人员及公司员工提供基金投资、研究等方面的非公开信息和资料。

股东不得利用提供技术支持或者通过行使知情权的方式将所获得的非公开信息为任何人谋利，不得将此非公开信息泄漏给任何第三方。

第二十条 股东应当关注公司的经营运作情况及财务状况，公司章程应当依法对股东行使知情权的方式作出具体规定。

股东检查公司财务状况应当向公司提出书面请求，说明目的。公司有合理根据认为股东上述行为有不正当目的、可能损害基金份额持有人和公司合法权益的，可以拒绝。

第二十一条 股东应当审慎审议、签署股东协议、公司章程等法律文件，按照约定认真履行义务。

股东协议、公司章程等法律文件的内容及制定程序应当符合法律、行政法规和中国证监会的有关规定。

第二十二条 股东应当履行对公司和其他股东的诚信义务，出现下列情形时，立即书面通知公司及其他股东：

（一）名称、住所变更；

（二）所持公司股权被人民法院采取财产保全、执行措施；

（三）决定转让公司股权；

（四）发生合并、分立或者进行重大资产债务重组；

（五）被采取责令停业整顿、指定托管、接管或撤销等监管措施或者进入破产清算程序；

（六）被监管机构或者司法机关立案调查；

（七）其他可能导致所持公司股权发生转移或者严重影响公司运作的事项。

第二十三条 股东在法律、行政法规、中国证监会规定允许的范围内可以对其部分权利的行使作出特殊安排，并可以通过公司章程约定下列内容：

（一）股东持有公司股权的期限；

（二）未经其他股东同意，股东不得将所持有的股权进行出质；

（三）股东以所持股权进行出质、股东所持股权被人民法院采取财产保全或者执行措施的，该股东不得行使对公司其他股东股权的优先购买权。

第二十四条 股东应当将其签署的涉及股权及公司经营管理的协议报送中国证监会及相关派出机构，股东不得对其在公司的权利、义务作出私下处置。

第二十五条 股东转让股权，受让方应当是实际出资人，股东和受让方均不得通过信托、托管、质押、秘密协议、代为持有等形式转让或者变相转让股权。

公司、股东及受让方应当向中国证监会及相关派出机构报告其实际控制人及关联方信息。

第二十六条 股东转让股权，应当了解受让方资质情况，确认受让方及其实际控制人符合法律、行政法规和中国证监会规定的资格条件。

第二十七条 股权转让期间，董事会和经理层应当依法履行职责，恪尽职守，对股权转让期间的风险防范作出安排，保证公司正常经营以及基金份额持有人的利益不受损害。

股东应当支持并配合董事会和经理层做好上述工作。

第二十八条 股东和公司应当按照法律、行政法规和中国证监会的规定，真实、准确、完整、合规地提供有关材料，履行信息披露义务。

第二节 股东会

第二十九条 公司章程应当明确股东会的职权范围。股东会应当按照法律、行政法规及中国证监会和公司章程的规定行使职权。

股东会授权董事会行使股东会部分职权的，应当在公司章程中作出明确规定，或者经股东会决议批准。股东会的授权内容应当明确具体。

第三十条 公司应当制定股东会议事规则，包括股东会会议的通知程序、议事方式、表决形式和程序等内容。

第三十一条 公司章程应当对股东会定期会议、临时会议的召开作出规定。

第三十二条 股东会会议不得就未事先通知的提案进行表决，但全体股东出席股东会会议并一致同意进行审议和表决的提案除外。

第三十三条 股东会的原始会议记录及会议纪要应当真实、准确、完整，自制作之日起至少保存15年。

第三章 董事和董事会

第一节 董事

第三十四条 董事(包括独立董事，下同)应当符合法律、行政法规和中国证监会规定的资格条件，具有履行职责所必需的素质、能力和时间。

第三十五条 公司章程应当明确规定董事的提名、任免程序、权利义务、任期等内容。

董事在任期届满前，无正当理由的，股东会不得解除其职务。股东会在董事任期届满前解除其职务的，应当书面说明理由。被解除职务的董事有权向股东会、中国证监会及相关派出机构陈述意见。

第三十六条 董事应当认真学习基金法律法规，熟悉公司章程及基本管理制度，了解基金行业基本情况。

第三十七条 董事向公司和监管机构提交的材料应当真实、准确、完整，不得提供虚假信息，隐瞒自己的工作经历、诚信记录、兼职情况等。

第三十八条 董事应当关注公司经营状况，对监督公司合规运作负有勤勉尽责义务。董事应当及时阅读公司的财务报告、监察稽核报告等，发现公司治理和内部风险控制方面的缺陷、公司存在可能损害基金份额持有人及其他资产委托人利益的行为或者其他违规嫌疑时，应当提醒经理层予以关注。

董事应当对自己履行职责的情况进行记录，形成工作报告，以备查阅。

第三十九条 公司应当保障董事的知情权，定期向所有董事提供公司财务报告、监察稽核报告等。

第四十条 公司章程应当对董事长不能履行职责或者缺位时董事长职责的履行作出明确规定。

第四十一条 董事长应当加强与股东及其他董事的沟通，注重公司的发展目标、长远规划，不得越权干预经营管理活动。

第四十二条 董事长应当维护公司资产的完整和独立，对股东虚假出资、抽逃或者变相抽逃出资、以任何形式占有或者转移公司资产等行为以及为股东提供融资或者担保等不当要求应当予以抵制，并立即向中国证监会及相关派出机构报告。

第二节 独立董事

第四十三条 公司应当建立独立董事制度，独立董事的人数和比例应当符合中国证监会的有关规定。

第四十四条 独立董事应当保证独立性，以基金份额持有人利益最大化为出发点，对基金财产运作等事项独立作出客观、公正的专业判断，不得服从于某一股东、董事和他人的意志。

第四十五条 公司设立时首届独立董事可以由股东提名。继任独立董事可以由独立董事提名，具体提名方式由公司章程规定。

股东应当对拟任独立董事的独立性、专业水平、工作能力、履行职责的条件等进行认真评估后，由股东会决定独立董事人选。

第四十六条 公司应当公开披露所聘任独立董事的工作经历、诚信记录、兼职情况等基本情况。

第四十七条 公司章程可以规定独立董事连任不得超过两届。

第四十八条 公司章程应当对独立董事履行职责的方式、时间作出规定。对于违反上述规定的独立董事，公司应当改选。

第四十九条 独立董事应当每年向董事会提交工作报告，对参加会议、提出建议、出具意见、现场工作等履行职责的相关情况进行说明。独立董事的工作报告应当存档备查。

第五十条 公司应当制定保障独立董事独立、有效履行职责的具体规定，为独立董事履行职责提供充分的信息和必要的工作条件。

第三节 董事会

第五十一条 公司章程应当明确规定董事会的职权范围。董事会应当按照法律、行政法规及中国证监会和公司章程的规定行使职权。

董事会授权董事长在董事会闭会期间行使董事会部分职权的，应当在公司章程中作出明确具体的规定。

第五十二条 董事会应当加强对公司的战略指导，加强对公司经理层人员履行职责情况和公司经营运作情况的有效监督，公平对待所有股东。

第五十三条 董事会制定公司的组织架构、基本管理制度，应当体现公司的统一性和完整性，从制度设计上保证公司责任体系、决策体系和报告路径的清晰、独立。上述制度及安排不得要求经理层或其他员工违反公司章程的规定直接向股东或者其他机构和人员报告有关基金财产运用的具体事项，不得要求经理层将经营决策权让渡给股东或者其他机构和人员。

第五十四条 公司应当制定董事会议事规则，包括董事会会议的通知程序、议事方式、表决形式和程序等内容。

公司章程可以对董事参与表决时的弃权次数予以限制。

第五十五条 董事会每年应当至少召开2次定期会议，并可以根据需要召开临时会议。定期会议应当以现场方式召开。

董事会会议未按时召开的，公司应当向中国证监会及相关派出机构报告。

第五十六条 董事会会议应当由董事本人亲自出席，本人不能亲自出席的，可以书面委托其他董事代为出席。独立董事只能委托独立董事代为出席董事会。授权委托书应当写明授权范围并经本人签字或者盖章，涉及表决事项的，应当载明委托人的具体意见。

董事包括独立董事每年不出席董事会累计超过2次的，董事会应当提请股东会免去其董事职务。

第五十七条 董事会会议依据法律、行政法规、中国证监会和公司章程的规定审议有关事项。

中国证监会对公司的监管要求、整改通知及处罚措施等应当列入董事会的通报事项。经理层制定的整改方案以及公司合规运作情况的汇报应当列入董事会的审议范围。

第五十八条 董事会的原始会议记录及会议纪要应当真实、准确、完整，自制作之日起至少保存15年。

第五十九条 董事会可以设立从事风险控制、审计、提名和考核等事务的专门委员会。设立专门委员会的，公司章程应当明确规定各专门委员会的组成及职权，董事会应当制定各专门委员会的工作程序等相应制度。

各专门委员会应当定期向董事会报告工作，形成工作报告，以备查阅。

第六十条 公司或者公司高级管理人员有下列情形之一的，董事会应当立即通知全体股东：

（一）涉嫌重大违法违规行为；

（二）因违法违规行为被中国证监会采取行政监管措施；

（三）公司财务状况持续恶化；

（四）发生突发事件，对公司和基金份额持有人利益产生重大不利影响；

（五）其他可能影响公司持续经营的情形。

第四章 监事会和执行监事

第六十一条 公司可以根据公司实际情况设立监事会或者执行监事。监事会或者执行监事应当按照法律、行政法规及中国证监会和公司章程的规定行使职权。

第六十二条 公司章程应当对监事会或者执行监事的职权、人员组成、议事方式、表决程序等作出明确规定。

第五章 经理层人员

第六十三条 公司设总经理1人，可以设副总经理若干人。

公司章程应当明确规定总经理和副总经理等人员的提名、任免程序、权利义务、任期等内容。

经理层人员在任期届满前，无正当理由的，董事会不得解除其职务。董事会在上述人员任期届满前解除其职务的，应当书面说明理由。被解除职务的人员有权向股东会、中国证监会及相关派出机构陈述意见。

第六十四条 经理层人员应当符合法律、行政法规和中国证监会规定的条件，取得中国证监会核准的任职资格。

第六十五条 经理层人员应当熟悉相关法律、行政法规及中国证监会的监管要求，依法合规、勤勉、审慎地行使职权，促进基金财产的高效运作，为基金份额持有人谋求最大利益。

第六十六条 经理层人员应当维护公司的统一性和完整性，在其职权范围内对公司经营活动进行独立、自主决策，不受他人干预，不得将其经营管理权让渡给股东或者其他机构和人员。

经理层人员应当构建公司自身的企业文化，保持公司内部机构和人员责任体系、报告路径的清晰、完整，不得违反规定的报告路径，防止在内部责任体系、报告路径和内部员工之间出现隔裂情况。

第六十七条 经理层人员应当按照公司章程、制度和业务流程的规定开展工作，不得越权干预投资、研究、交易等具体业务活动，不得利用职务之便向股东、本人及他人进行利益输送。

第六十八条 经理层人员应当公平对待所有股东，不得接受任何股东及其实际控制人超越股东会、董事会的指示，不得偏向于任何一方股东。

第六十九条 经理层人员应当公平对待公司管理的不同基金财产和客户资产，不得在不同基金财产之间、基金财产与委托资产之间进行利益输送。

第七十条 经理层人员对于股东虚假出资、抽逃或者变相抽逃出资、以任何形式占有或者转移公司资产等行为以及为股东提供融资或者担保等不当要求，应当予以抵制，并立即向中国证监会及相关派出机构报告。

第七十一条 总经理负责公司日常经营管理工作。

总经理应当认真执行董事会决议，定期向董事会报告公司的经营情况、财务状况、风险状况、业务创新等情况。

第七十二条 总经理应当支持督察长和监察稽核部门的工作，不得阻挠、妨碍上述人员和部门的检查、监督等活动。

第七十三条 公司应当按照保护基金份额持有人利益的原则，建立紧急应变制度，处理公司遭遇突发事件等非常时期的业务，并对总经理不能履行职责或者缺位时总经理职责的履行作出规定。

公司章程应当对紧急应变制度作出原则规定。

第七十四条 经理层可下设投资决策委员会、风险控制委员会等专门委员会。设立专门委员会的，公司应当对专门委员会的职责、人员组成、议事规则、决策程序等作出明确规定。

第六章 督察长

第七十五条 公司应当设立督察长，负责监督检查基金和公司运作的合法合规情况及公司内部风险控制情况，行使法律、行政法规及中国证监会和公司章程规定的职权。

第七十六条 公司章程应当明确规定督察长的提名、任免程序、权利义务、任期等内容。

督察长在任期届满前，无正当理由的，公司不得解除其职务。公司在督察长任期届满前解除其职务的，应当按照规定报告中国证监会及相关派出机构。被解除职务的督察长有权向股东会、中国证监会及相关派出机构陈述意见。

第七十七条 督察长应当具备法律、行政法规和中国证监会规定的任职条件，具有丰富的专业知识、良好的品行和职业操守记录，遵守有关行为规范。

第七十八条 督察长履行职责，应当坚持原则、独立客观，以保护基金份额持有人利益为根本出发点，公平对待全体投资人。

第七十九条 公司应当制定保障督察长独立、有效履行职责的具体规定。

第七章 关联交易

第八十条 公司应当按照法律、行政法规和中国证监会的规定规范关联交易，禁止从事不正当关联交易，确保基金份额持有人和公司利益不受侵害。

第八十一条 公司董事会在审议重大关联交易事项时，可以聘请中介机构就重大关联交易的公允性和合法性出具意见。

第八十二条 公司董事会就关联交易事项进行表决时，有利害关系的董事应当回避。

第八十三条 公司应当定期和不定期对关联交易事项、关联人士、禁止从事的关联交易等进行检查。

第八十四条 公司的股东、实际控制人、董事、监事、经理层人员不得利用其关联关系损害基金份额持有人和公司的利益。

第八章 激励约束机制

第八十五条 公司应当建立公正、透明的经理层人员、督察长和其他员工绩效评价的标准和程序，并可以根据基金行业的特点建立股权激励等长效激励约束机制。

公司对员工的绩效评价结果应当成为确定其薪酬以及其他激励方式的依据。

第八十六条 公司应当与经理层人员签订聘任合同，明确双方权利义务关系。聘任合同应当至少包括任期、任期目标、双方的权利义务、绩效评价、薪酬待遇、奖惩事项及方式、解聘条件、违约责任等内容。

第八十七条 经理层人员和督察长的绩效评价、离任审计或者审查由董事会负责，并应当充分听取监事会或者执行监事的意见。

第九章 附则

第八十八条 本准则适用于根据《证券投资基金法》设立的公司。公司应当根据本准则及公司实际情况完善治理结构。

第八十九条 本准则是评判公司是否具有良好公司治理的主要标准。公司治理不符合本准则要求的，应当向中国证监会作出书面说明；无正当理由的，中国证监会可以认定公司治理不健全，根据有关法律、行政法规和中国证监会的规定采取相应行政监管措施。

第九十条 本准则所称经理层人员，是指公司的总经理、副总经理、其他实际履行总经理和副总经理职责以及公司章程规定的其他人员。

第九十一条 本准则所称关联交易，包括基金财产投资中的关联交易和公司投资中的关联交易。

第九十二条 本准则自发布之日起施行。

关于发布《证券投资基金管理公司督察长管理规定》的通知

证监基金字[2006]85号

各基金管理公司：

为提高证券投资基金及基金管理公司的合法合规运作水平，加强公司内部控制，促进督察长有效履行职责，切实保障基金份额持有人的合法权益，我会制定了《证券投资基金管理公司督察长管理规定》，现予以发布，请遵照执行。

中国证券监督管理委员会
二〇〇六年五月八日

证券投资基金管理公司督察长管理规定

第一章 总则

第一条 为了提高证券投资基金(以下简称基金)及基金管理公司(以下简称公司)的合法合规运作水平，加强公司内部风险控制，促进督察长有效履行职责，切实保障基金份额持有人的合法权益，根据证券投资基金法律法规，制定本规定。

第二条 督察长是监督检查基金和公司运作的合法合规情况及公司内部风险控制情况的高级管理人员。

督察长履行职责，应当以保护基金份额持有人利益为根本出发点，公平对待全体投资人，在公司、股东的利益与基金份额持有人利益发生冲突时，优先保障基金份额持有人的利益。

第三条 督察长开展工作，应当坚持原则、忠于职守、专业诚信、勤勉尽责。

第四条 公司应当建立健全相关制度，提供必要的条件，确保督察长独立、有效地履行职责。

第五条 中国证监会及相关派出机构依法对督察长进行监督管理。

第二章 督察长职责

第六条 督察长负责组织指导公司监察稽核工作。督察长履行职责的范围，应当涵盖基金及公司运作的所有业务环节。

第七条 督察长履行职责，应当重点关注下列事项：

（一）基金销售是否遵守法律法规、基金合同和招募说明书的规定，是否存在误导、欺诈投资人和不正当竞争等违法违规行为；

（二）基金投资是否符合法律法规和基金合同的规定，是否遵守公司制定的投资业务流程等相关制度，是否存在内幕交易、操纵市场等违法行为以及不正当关联交易、利益输送和不公平对待不同投资人的行为；

（三）基金及公司的信息披露是否真实、准确、完整、及时，是否存在虚假记载、误导性陈述或者重大遗漏等问题；

（四）基金运营是否安全，信息技术系统运行是否稳定，客户资料和交易数据是否做到备份和有效保存，是否出现延时交易、数据遗失等情况；

（五）公司资产是否安全完整，是否出现被抽逃、挪用、违规担保、冻结等情况。

督察长发现基金和公司运作中有违法违规行为的，应当及时予以制止，重大问题应当报告中国证监会及相关派出机构。

第八条 督察长监督检查公司内部风险控制情况，应当重点关注下列事项：

（一）公司是否按照法律法规和中国证监会的规定制定和修改各项业务规章制度及业务操作流程；

（二）公司是否对各项业务制定和实施相应的风险控制制度；

（三）公司员工是否严格有效执行公司规章制度。

第九条 督察长应当对公司推出新产品、开展新业务的合法合规性问题提出意见。

第十条 督察长应当关注员工的合规与风险意识，促进公司内部风险控制水平的提高及合规文化的形成。

第十一条 督察长应当指导、督促公司妥善处理投资人的重大投诉，保护投资人的合法权益。

第十二条 督察长应当定期或者不定期向全体董事报送工作报告，并在董事会及董事会下设的相关专门委员会定期会议上报告基金及公司运作的合法合规情况及公司内部风险控制情况。

第十三条 督察长应当积极配合中国证监会及其派出机构的监管工作。

第十四条 督察长享有充分的知情权和独立的调查权。督察长根据履行职责的需要，有权参加或者列席公司董事会以及公司业务、投资决策、风险管理等相关会议，有权调阅公司相关文件、档案。

第十五条 督察长发现基金及公司运作中存在问题时，应当及时告知公司总经理和相关业务负责人，提出处理意见和整改建议，并监督整改措施的制定和落实；公司总经理对存在问题不整改或者整改未达到要求的，督察长应当向公司董事会、中国证监会及相关派出机构报告。

第十六条 发现下列情形之一的，督察长应当及时向公司董事会、中国证监会及相关派出机构报告：

（一）基金及公司发生违法违规行为；

（二）基金及公司存在重大经营风险或者隐患；

（三）督察长依法认为需要报告的其他情形；

（四）中国证监会规定的其他情形。

对上述情形，督察长应当密切跟踪后续整改措施，并将处理情况向公司董事会、中国证监会及相关派出机构报告。

第三章 督察长执业素质和行为规范

第十七条 督察长应当具备有关法律法规规定的任职条件，并有3年以上监察稽核、风险管理或者证券、法律、会计、审计等方面的业务工作经历，诚实信用，具有良好的品行和职业操守记录。

第十八条 督察长履行职责应当保持充分的独立性，对基金及公司运作的合法合规情况以及公司内部风险控制情况作出独立、客观、公正的判断。

督察长不得屈从于任何股东、董事、高级管理人员的压力或者受其他机构和个人的不当影响，对于侵害基金份额持有人利益的指令或者授意应当予以拒绝，并及时向中国证监会及相关派出机构报告。

第十九条 督察长在履行监督检查职责时，应当以身作则，遵守法律法规、公司制度和相关业务程序。

第二十条 督察长履行职责时，对与督察长本人有利益冲突的事项应当回避。

第二十一条 督察长应当以应有的职业谨慎、职业敏感和专业素养，及时发现并关注基金及公司运作中存在的问题和风险隐患。

第二十二条 督察长开展工作应当认真负责，保留工作底稿和工作记录，出具的报告应当事实清楚、依据充分、建议合理。

第二十三条 督察长应当严格遵守保密制度，对在履行职责中掌握的非公开信息负有保密义务，不得违反法律法规及公司规定向其他机构、人员泄漏非公开信息，或者利用非公开信息为自己或者他人进行证券投资活动。

第二十四条 督察长应当加强学习，熟悉与基金业务有关的法律法规、监管政策和业务知识，努力钻研业务，不断提高自身素养和专业技能。

第二十五条 督察长不得有下列行为：

（一）擅离职守，无故不履行职责；

（二）违反规定授权他人代为履行职责；

（三）兼任可能影响其独立性的职务或者从事可能影响其独立性的活动；

（四）对基金及公司运作中存在的违法违规行为或者重大风险隐患隐瞒不报或者作出虚假报告；

（五）利用履行职责之便谋取私利；

（六）滥用职权，干预基金及公司的正常经营运作；

（七）其他损害基金份额持有人或者公司利益的行为。

第四章 监督管理

第二十六条 督察长由总经理提名，董事会聘任，并应当经全体独立董事同意。

公司应当在公司章程中明确规定督察长的任职条件、提名方式、任期、聘任及解聘程序、权利义务等。

第二十七条 董事会选聘督察长，应当对拟任人选进行尽职调查，充分了解其工作背景、遵规守法情况、诚信记录、从业资格、业务素质及工作能力等，确保其符合规定的任职条件。

公司应当在董事会召开前向全体董事提供督察长拟任人选的详细资料，保证董事在投票时对拟任人选有足够了解。

第二十八条 董事会选聘督察长，应当将其是否胜任工作作为主要判断标准。董事会认为拟任人选不能胜任的，应当坚持原则，不得屈从于股东和其他任何外部压力。

第二十九条 董事会应当明确向督察长了解公司相关情况、安排工作的程序以及督察长的报告路径。董事会或者董事会下设的相关专门委员会应当定期或者不定期听取督察长的报告。

公司股东、董事不得违反公司规定的程序，越过董事会直接向督察长下达指令或者干涉督察长工作。

第三十条 董事会应当建立和完善督察长考核制度。董事会对督察长的考核，应当以基金及公司的合规运作情况及内部风险控制情况为主要标准。

督察长的薪酬由董事会决定，考核结果应当作为董事会确定督察长的薪酬及其他激励方式的依据。督察长认为考核结果明显有失公允的，可以向中国证监会及相关派出机构申述。

第三十一条 公司应当制定相应制度，配备必要的监察稽核人员及办公设施，为督察长履行职责创造良好的工作环境，并保证督察长顺利开展工作。

第三十二条 公司应当保证督察长工作的独立性，不得要求督察长从事基金销售、投资、运营、行政管理等与其履行职责相冲突的工作。

第三十三条 公司总经理、其他高级管理人员、各部门应当支持和配合督察长的工作，不得以涉及商业秘密或者其他理由限制、阻挠督察长履行职责。

第三十四条 督察长提出辞职的，应当提前1个月向公司董事会提出申请。督察长在辞职申请获得公司批准后方可离职。在辞职申请获得批准之前，督察长不得自行停止履行职责。

公司拟免除督察长职务的，应当尽快确定拟任人选。董事会批准免除督察长职务时，应当同时确定拟任人选或者代行职责人选，并按照有关规定履行相应程序。

第三十五条 督察长任期届满前，公司不得无故免除督察长的职务。

公司在督察长任期届满前拟免除其职务的，应当在相关董事会召开前10日将解聘理由及督察长履行职责情况书面报告中国证监会相关派出机构。

第三十六条 中国证监会及相关派出机构支持督察长依据相关法律法规的规定履行职责，对公司股东、董事和经理层限制、阻挠督察长正常开展工作的，将视情况进行调查和处理。

第三十七条 中国证监会不定期组织督察长进行相关法律法规及业务知识的培训和考试，并将培训情况及考试成绩记入公司及督察长监管档案。

督察长连续两次考试成绩不合格的，中国证监会可以建议公司董事会免除其职务。

第三十八条 中国证监会及相关派出机构关注督察长履行职责的情况。

对于督察长业务素质低、难以胜任督察长职责，或者存在听命于某一股东或者董事、违反公司规定程序越过董事会直接向股东报告工作等丧失独立性情况，或者本规定第二十五条规定行为的，中国证监会将根据情况采取监管谈话、记入诚信档案、出具警示函、暂停履行职务、认定为不适宜担任相关职务者等行政监管措施。

第三十九条 督察长违反有关法律法规及中国证监会规定的，中国证监会依法给予行政处罚或者采取相应行政监管措施。

第五章 附则

第四十条 本规定自发布之日起施行。

关于规范基金管理公司设立及股权处置有关问题的通知

证监基金字[2006]84号

各基金管理公司、各基金管理公司股东及相关机构：

为进一步规范基金管理公司股东行为，加强对基金管理公司设立及股权处置的监管，保证股权转让有序进行，鼓励有实力、讲诚信、负责任、有长期投资理念的机构参股基金管理公司，维护基金行业的健康稳定发展，保护基金份额持有人的合法权益，根据《公司法》、《证券投资基金法》和《证券投资基金管理公司管理办法》等法律、行政法规、规章的规定，现就基金管理公司设立及股权处置有关问题通知如下：

一、基金管理公司设立及股权处置，应当遵守《公司法》、《证券投资基金法》、《证券投资基金管理公司管理办法》等法律、行政法规、规章的规定，并符合公司章程的要求。基金管理公司及相关当事人应当按照《证券投资基金管理公司管理办法》及本通知的规定履行法律程序。

二、任何机构设立基金管理公司或受让基金管理公司股权，应当对基金行业发展状况、基金管理公司制度安排及监管要求、受让公司真实财务状况和经营状况等进行认真了解，按照其决策程序审慎决策。

三、基金管理公司股权转让期间，董事会和管理层应当依法履行职责，恪尽职守，对股权转让期间风险防范做出安排，保证公司正常经营，基金份额持有人利益不受损害。

四、持有基金管理公司股权未满1年的股东，不得将所持股权出让。

五、股东持有的基金管理公司股权被出质、被人民法院采取财产保全或者执行措施期间，证监会不受理其设立基金管理公司或受让基金管理公司股权的申请。

六、出让基金管理公司股权未满3年的机构，证监会不受理其设立基金管理公司或受让基金管理公司股权的申请。

持有两家以上基金管理公司股权的机构，增持其中1家基金管理公司股权，同时退出持有的其他基金管理公司股权的，不受此限制。

七、基金管理公司股东的实际控制人发生变化的，该股东应当在10个工作日内报告证监会。

八、基金管理公司股东不得为其他机构代持基金管理公司的股权，不得委托其他机构代持基金管理公司的股权。股东及其实际控制人不得以任何形式占用基金管理公司资产。

九、证监会在审核基金管理公司股权转让申请过程中，可以就股权转让是否有利于公司长期稳定经营、保护基金份额持有人利益等征询独立董事意见。

十、证监会在审核基金管理公司设立及股权转让等申请事项过程中，可以根据审慎监管原则，要求股东及其实际控制人就有关事项作出承诺。

十一、基金管理公司股东及其实际控制人违反承诺，证监会可以采取下列措施：

（一）向社会公示其违反承诺的情况；

（二）将该股东及其实际控制人、有关责任人记入诚信档案；

（三）证监会规定的其他监管措施。

十二、为基金管理公司设立和股权转让提供服务的律师事务所和会计师事务所应当勤勉尽责，遵守法律、行政法规、规章和职业操守，认真进行调查核实。

律师事务所出具的法律意见书和会计师事务所出具的审计报告和对内部控制制度出具的评价意见，必须包括法律、行政法规、规章所要求的内容，真实、准确、完整反映情况。证监会可以要求相关律师事务所和会计师事务所提供工作底稿。

对于严重失职，没有尽到勤勉义务的律师事务所或会计师事务所，证监会将依据有关规定采取监管措施。

十三、任何机构设立基金管理公司，除《管理办法》及《关于实施〈证券投资基金管理公司管理办法〉若干问题的通知》（证监基金字[2004]147号）规定的材料外，还需提交该机构按照其自身决策程序同意参股基金管理公司的决定。

十四、基金管理公司股权转让，除《管理办法》及《关于实施〈证券投资基金管理公司管理办法〉若干问题的通知》（证监基金字[2004]147号）规定的材料外，还需提交以下材料：

（一）出让方关于出让股权的说明，至少包括出让基金管理公司股权的原因，对受让方参股目的、诚信状况等的了解情况；

（二）受让方按照其自身决策程序同意受让基金管理公司股权的决定；

（三）受让方出具的参股基金管理公司报告书，至少包括以下内容：

1．受让基金管理公司股权的目的；

2．对基金行业发展状况、基金管理公司制度安排及监管要求、基金管理公司股东权利和义务的了解情况说明；

3．对拟受让的基金管理公司了解情况说明；

4．拟持有基金管理公司股权的期限安排；

5．受让方拟成为主要股东的，应说明其对基金管理公司发展战略方面的考虑；

（四）董事会通过的自股权转让协议经股东会批准之日起至获得证监会批准期间公司经营运作的安排方案；

（五）证监会根据审慎原则要求提供的其他材料。

十五、基金管理公司主要股东被采取责令停业整顿、指定托管、接管或撤销等监管措施，或进入破产、清算程序，基金管理公司董事、高级管理人员、股东及有关各方应当遵循以下要求：

（一）公司全体董事应当依法认真履行职责，恪尽职守，维护公司稳定运行，维护基金份额持有人利益不受损害；

（二）公司全体高级管理人员应当严格按照法律、行政法规、规章和公司各项业务规则、程序的要求，切实加强对基金营销、投资、交易、运营等业务的管理，切实做好员工队伍的稳定工作，保持公司稳定经营和独立运作，确保基金运作合法合规，不得有任何利益输送等损害基金份额持有人利益的行为；

（三）公司主要负责人应当及时向托管组、整顿工作组、清算组、法院等有关方面说明法律、行政法规、规章对基金管理公司股权处置的相关规定；

（四）公司董事会和管理层应当制定相应应急预案，对公司可能遇到的风险进行评估并确定应对措施；

（五）公司股东会或董事会讨论股权处置或高级管理人员变更等可能影响公司经营的重大事项，应当在相关会议召开前5个工作日书面报告证监会及公司经营所在地证监局；

（六）托管组、清算组等代表基金管理公司股东的机构在对基金管理公司股权进行处置之前，应当认真履行股东职责和诚信义务，不得干预公司正常运行，损害基金份额持有人利益。在制定股权处置方案过程中，应征询证监会的意见。

十六、本通知自发布之日起实施，《关于规范基金管理公司股东出资转让有关事项的通知》（证监基金字[2002]102号）同时废止。

中国证券监督管理委员会

二〇〇六年五月八日

关于基金管理公司向特定对象提供投资咨询服务有关问题的通知

基金部通知[2006]8号

为了更好地发挥基金管理公司专家理财的作用，引导和培育投资者形成科学投资理念，适当扩大基金管理公司的经营范围，现就基金管理公司向特定对象提供投资咨询服务有关问题通知如下：

一、基金管理公司不需报经我会审批，可以直接向合格境外机构投资者、境内保险公司及其他依法设立运作的机构等特定对象提供投资咨询服务。

二、基金管理公司向特定对象提供投资咨询服务，应当遵守下列规定：

（一）守法合规，诚实信用，谨慎勤勉，自觉维护基金行业的形象；

（二）配备专门的专业人员，建立健全业务隔离等内控制度，将投资咨询业务与基金投资管理等业务相分离，确保公平对待各类客户，防范利益输送行为；

（三）以基金管理公司的名义与特定对象签订投资咨询服务协议，在签订协议后2个工作日内将协议报我部和公司经营所在地证监局备案，并在季度监察稽核报告中作出详细说明；

（四）向特定对象所提供的咨询资料，自提供之日起保存5年。

三、基金管理公司向特定对象提供投资咨询服务，不得有下列行为：

（一）侵害基金份额持有人和其他客户的合法权益；

（二）承诺投资收益；

（三）与投资咨询客户约定分享投资收益或者分担投资损失；

（四）通过广告等公开方式招揽投资咨询客户；

（五）代理投资咨询客户从事证券投资。

四、基金管理公司向特定对象提供投资咨询服务，违反法律、行政法规和我会相关规定的，我会及相关派出机构可以责令该基金管理公司整改，暂停办理相关业务；对直接负责的主管人员和其他直接责任人员，可以采取监管谈话、出具警示函、记入诚信档案、暂停履行职务、认定为不适宜担任相关职务者等行政监管措施。

五、本通知自发布之日起施行。

中国证监会基金监管部

二〇〇六年二月二十三日

关于2005年度证券投资基金和基金管理公司年报编制及审计工作有关事项的通知

各基金管理公司、会计师事务所：

为做好2005年度证券投资基金(以下简称“基金”)和基金管理公司年度报告的编制及报送工作，进一步提高会计信息质量，发挥会计师事务所的审计监督功能，现就有关事项通知如下：

一、各基金管理公司应认真学习有关文件，严格执行《金融企业会计制度》等相关文件的规定，真实、公允地反映基金及公司财务状况和经营成果，及时准确编制2005年度基金及公司的年度报告。

二、各基金管理公司可以参照社保基金投资管理人有关规定，按当年收取的基金管理费的20%提取风险准备金。

三、各基金管理公司应积极配合主审会计师事务所，按期完成基金及公司2005年度报告的审计工作，并于2006年4月15日前将经审计的基金及公司年度报告及审计报告的书面文件及电子文档(Excel或Word文件)分别报送中国证监会基金部、会计部及公司经营所在地证监局。

四、各基金管理公司应在公司年度报告的基础上认真填报基金管理公司财务统计报备表(报备表随后通过电子邮件方式发给各公司)。公司应于2006年4月15日前将经审阅的财务统计报备表的书面文件及电子文档(Excel或Word文件)分别报送中国证监会基金部、会计部及公司经营所在地证监局。

五、基金管理公司应于基金年度报告披露后的两个工作日内，将基金年度报告的正文、电子文档(Excel或Word文件)及摘要各一份分别报送中国证监会基金部、会计部及公司经营所在地证监局，电子版请同时通过基金文档传输系统“收文发文”目录下的“2005年基金年度报告”报送。

六、本年度内依法注册成立(以工商登记注册日期为准)的基金管理公司均应按正常要求编制全套会计报表及财务统计报备表，并应由会计师事务所进行审计。

七、会计师事务所应保持独立性，严格按照执业标准进行专业判断，出具客观公正的审计意见。在审计过程中，会计师事务所应深入理解现行证券投资基金法律法规，对照有关规定及公司章程、基金合同等，对与报表科目相关的各环节及业务流程，特别是销售、投资交易、会计核算、税收、信息披露等方面行为的合规性予以特别关注。

各会计师事务所在执业过程中，应与相关监管机构保持密切沟通。若发现审计范围受限或其他重大疑难问题，应及时向基金部、会计部反映。对于在审计过程中发现的违法违规及其他重大问题，应及时以“致监管当局函”或其他方式，向中国证监会基金部、会计部及公司经营所在地证监局书面报告。

八、会计师事务所应对与公司主要业务环节相关的内部控制情况进行核查，出具内控评价报告。会计师的核查范围应至少包括营销、投资、研究、交易、运营、财务等环节。核查应制定相应的工作程序，进行必要的符合性和实质性测试。报告应分别针对公司营销、投资、研究、交易、运营、财务等业务环节内控制度的健全、有效性进行评价，还应包括发现的问题、对公司的影响、提出的整改建议等内容。

内控评价报告应全面、真实、客观地反映发现的问题，不得避重就轻或者隐瞒不报。内控报告中包含的问题应不仅限于金额超出审计重要性水平的问题，同时还应包含尽管金额尚未超出重要性水平但性质较为严重的问题。

九、各会计师事务所应于4月15日前，分别按基金管理公司或基金审计项目以书面形式向基金部、会计部报告如下事项：审计收费情况、内控评审报告收费情况、各项审计项目负责合伙人、具体经办经理、参与项目的事务所其他员工姓名及每人该审计项目所用小时数。对从事基金行业年报审计和内部控制评价的总体情况，各会计师事务所应于在4月15日向基金部、会计部提交书面总结报告，其内容包括年报审计以及内控评价的总体情况、发现的现存会计、税收以及披露问题汇总、相关建议等。

十、中国证监会将对基金及公司2005年度报告的编制及审计尽责情况进行核查，基金或公司的会计信息存在重大遗漏、误导性陈述或者是虚假记载的，或会计师事务所存在审计不尽责情况的，中国证监会将要求公司另行聘请会计师事务所进行专项复审，并根据有关规定对相关公司、会计师事务所及相关责任人进行严肃处理。

中国证券监督管理委员会

二〇〇六年二月二十三日

关于发布《证券投资基金管理公司监察稽核报告内容与格式指引(试行)》的通知

证监基金字[2005]175号

各基金管理公司：

为加强基金管理公司监察稽核工作，提高公司合法合规运作水平，根据《证券投资基金管理公司管理办法》(以下简称《办法》)及其他有关规定，现发布《证券投资基金管理公司监察稽核报告内容与格式指引(试行)》(以下简称《指引》)，并将有关问题通知如下：

一、公司应当高度重视监察稽核工作，严格按照《办法》和《指引》的要求，对照监察稽核项目表，认真做好监察稽核工作，出具监察稽核报告。鼓励各公司根据实际运作情况，增加监察稽核内容。

二、公司应当确保监察稽核报告真实、准确、完整地反映公司治理和内部控制情况。监察稽核要有完整的工作底稿，监察稽核报告要有充分的事实依据。

三、公司各部门应当根据监察稽核项目表认真进行自查。督察长应组织监察稽核部门进行复核，并出具督察长评估报告。

四、督察长可以根据监察稽核计划确定每季度的监察稽核重点，并在季度监察稽核报告中予以说明。投资、销售、后台运营等重要业务环节必须每季度进行核查。

五、公司应当自每季度结束之日起15日内将季度监察稽核报告提交公司全体董事审阅，同时以电子文件形式抄报公司经营所在地中国证监会派出机构；自每年度结束之日起30日内将年度监察稽核报告提交公司全体董事审阅，同时以电子文件形式抄报公司经营所在地中国证监会派出机构。

六、公司董事应当认真审阅监察稽核报告，了解公司运作情况，对合规性作出客观、公正的独立判断，在收到季度监察稽核报告和年度监察稽核报告之日起15日内将书面意见反馈给公司，公司应妥善保存董事的书面意见备查。

七、公司董事会应当高度重视公司的合规运作，在董事会定期会议上安排督察长报告公司监察稽核情况。

八、公司应当采取有效措施，支持督察长和监察稽核部门独立开展工作。

九、督察长及相关责任人在监察稽核工作中应当谨慎勤勉、恪尽职守，维护公司经营运作的合法合规，防范和化解风险。对督察长及相关责任人严重失职、发现问题隐匿不报或者编造虚假评估报告的，中国证监会将按相关法律法规采取相应措施。

中国证券监督管理委员会
二〇〇五年十月二十五日

证券投资基金管理公司监察稽核报告内容与格式指引(试行)

一、监察稽核报告的纸张、封面。

(一)纸张

应采用幅面为209毫米×295毫米规格的纸张(相当于A4纸张规格)。

(二)封面

封面应标有“××基金管理公司××××年第×季度监察稽核报告”或者“××基金管理公司××××年度监察稽核报告”字样，并标明报送日期、联系人姓名及联系方式。

二、监察稽核报告内容及有关说明

(一)声明

由总经理签字的以下声明：“××基金管理有限公司总经理于××××年××月××日阅读本报告，并知晓本报告内容。”

(二)督察长评估报告

督察长评估报告由督察长出具，应至少包括以下主要内容：

1．公司在本报告期内发生的重大事项，包括但不限于：

(1) 主要人员变动：公司高管人员及基金经理有无变动，上述人员有无发生不能正常履行职责的情况；

(2) 公司股东情况：公司股东有无变更以及有无重大违法违规事项被披露；公司股东有无被监管机构或司法机关调查或者正处于整改期间；公司股东有无违规处分其出资行为(如在公司注册登记后抽逃或变相抽逃注册资本；以资金信托、股权托管、质押、秘密协议等方式私下转让出资)；公司股权有无被司法冻结或被采取其他强制司法措施；公司股东有无转让公司股权的意向。

(3) 诉讼仲裁情况：公司有无发生诉讼、仲裁，案件所涉及的主要争议以及诉讼、仲裁的进展情况；

(4) 行政处罚情况：公司有无发生因违规行为受到其他行政机关行政处罚的情况；

(5)公司组织结构的重大变化，高级管理人员分管工作的变化；

(6) 公司基本管理制度有无增减和修订；

(7) 督察长根据自身职责认为需要向董事会报告的其他重大事项。

2．本报告期内完成的监察稽核主要工作

(1) 有重点地列示本报告期内所进行的主要监察稽核工作；

(2) 详尽说明本报告期内发现的主要问题，以及公司相关整改措施的制定和落实情况等。

3．上期监察稽核报告发现问题的改进情况

对上一期监察稽核报告所列示问题的整改情况进行说明。已进行整改的，说明整改效果。未进行整改或正在进行之中的，说明原因及预计完成时间。

4．对有关媒体报道与负面舆论情况的说明

说明本报告期内在市场上或公共媒体中是否出现可能对公司日常经营或基金份额价格产生重大影响的消息，若存在上述情况，应说明公司知悉后采取的相应措施。

5．督察长认为需要说明的其他情况。

(三)季度监察稽核项目表(见附表1)

(四)公司本季度的基本情况统计表(见附表2)

(五)公司年度监察稽核报告由督察长出具评估报告，至少包括以下内容

1．本年度公司内部控制情况评价。

2．本年度监察稽核工作的总结。

3．下一年度监察稽核工作的计划安排。

附表一：基金管理公司季度监察稽核项目表（略）

附表二：基金管理公司基本情况统计表

填表日期

公司名称		注册地址		设立时间	
注册资本		办公地址			
管理资产总规模(亿份)		封闭式基金规模			
		开放式基金规模		其中：货币市场基金规模	
		企业年金规模			
		社会保障基金规模			
		其他资产规模			

股东情况	股东名称	出资比例	注册资本	注册登记号	注册地址	详细办公地址	联系人及电话	法定代表人	总经理

董事会成员		姓名	国籍	任职时间	委派单位或来自单位	专业(金融／法律／财务／其他)	兼职情况	联系电话
	董事							
	独立董事							

监事会成员	姓名	国籍	任职时间	委派单位或来自单位	专业(金融／法律／财务／其他)	兼职情况	联系电话

高管人员		姓名	性别	年龄	国籍	最高学历、学位	任职时间	原任职单位(或岗位)及职务	是否曾在海外学习、工作。如有，请说明时间	分管部门
	董事长									
	总经理									
	副总经理									
	督察长									

基金经理	姓名	管理基金名称	性别	年龄	国籍	最高学历、学位	任职时间	原任职单位(或岗位)及职务	是否曾在海外学习、工作。如有，请说明时间。

分公司及办事处	名称	主要负责人	设立时间	员工人数	详细办公地址	联系电话

固有资金投资	银行存款	国债	封闭式基金		开放式基金		买入返售证券	大额可转让存单	政策性金融债券	中央银行票据	其他
			总份额	本公司管理的份额	总份额	本公司管理的份额					

员工持有基金情况	投资人数	封闭式基金			开放式基金			
		投资人数	总份额	本公司管理的份额	投资人数	总份额	本公司管理的份额	其中:货币市场基金份额

员工违规处罚	姓名	任职部门	职务	处罚类型	处罚部门		处罚时间及原因
					公司内部	公司外部	

公司违规处罚	处罚类型	处罚部门	处罚时间及原因

员工变动情况	员工总数	本季新进员工数	本季员工离职人数

备注：1.公司首次填报本表时应将全部内容填写完整，以后填报时，应将与上季度内容发生变动的部分以加黑斜体显示。

2.本表内容以每季度最后一个工作日的数据为准。

关于基金管理公司运用固有资金进行基金投资有关事项的通知

证监基金字[2005]96号

各基金管理公司：

为了规范基金管理公司运用固有资金进行基金投资的行为，保护基金份额持有人的合法权益，根据《证券投资基金法》、《证券投资基金管理公司管理办法》的规定，现就基金管理公司运用固有资金进行基金投资的有关事项通知如下：

一、基金管理公司运用固有资金进行基金投资，应当遵守法律、行政法规和中国证监会的相关规定，并依照公司章程规定履行相应程序。

二、基金管理公司运用固有资金进行基金投资，应当遵循谨慎、稳健的原则，加强对固有资金的流动性管理，保持公司的正常运营，不得对外融资和向其他机构拆借资金，不得从事其他不正当关联交易和利益输送行为，不得损害基金份额持有人的合法权益。

基金管理公司运用固有资金，不得投资于交易型开放式指数基金(ETF)。

三、基金管理公司净资产在5000万元以上的，方可运用固有资金进行基金投资，且其持有的基金份额总金额不得超过该公司净资产的60%。

四、基金管理公司运用固有资金投资封闭式基金的，其持有该基金份额的比例不得超过该基金总份额的10%，且持有的基金份额在基金合同终止前不得出售。确因资产流动性问题严重影响公司正常经营的，可以出售其购买的封闭式基金，但需经董事会批准，并向中国证监会报告。

基金管理公司运用固有资金投资封闭式基金的，应当在相关基金季度报告中将所持有份额及变化等情况予以披露；持有该基金份额的比例超过该基金总份额的5%时，应当在两个交易日内将相关情况登载在中国证监会指定报刊和本公司网站上；此后持有该基金份额的比例每增加2%时，应当在两个交易日内将相关情况予以公开披露。

五、基金管理公司运用固有资金投资本公司管理的开放式基金的，应当遵循公开、公平的原则，遵守基金合同、招募说明书等的约定，并遵守下列规定：

（一）通过代销机构进行投资，不进行盘后交易，投资上市开放式基金(LOF)只以认购、申购或者赎回的方式进行；

（二）持有基金份额的期限不少于六个月；持有该基金份额的比例不超过该基金总份额的10%，因其他基金份额持有人赎回致使公司持有该基金份额的比例提高的，不受此限制。

（三）按照基金合同、招募说明书的约定费率进行认购、申购和赎回，不享有比其他投资人更优惠的费率；

（四）认购基金份额的，在基金合同生效公告中载明所认购的基金份额、认购日期、适用费率等情况；

（五）申购基金份额的，至少提前两个交易日将拟投资品种、投资日期、拟申购金额、适用费率等情况登载在中国证监会指定报刊和本公司网站上，并在前述期限内向中国证监会及公司所在地中国证监会派出机构备案；

（六）赎回基金份额的，至少提前两个交易日将拟赎回品种、赎回日期、赎回份额、适用费率等情况登载在中国证监会指定报刊和本公司网站上，并在前述期限内向中国证监会及公司所在地中国证监会派出机构备案。

基金管理公司在发布申购、赎回公告后，应当及时、准确地按照公告载明事项履行交易义务。

六、基金管理公司运用固有资金投资其他公司管理的开放式基金后，应当在两个交易日内将所投资品种、投资日期、购买份额、适用费率等情况登载在中国证监会指定报刊和本公司网站上。

七、基金管理公司运用固有资金投资本公司管理的基金的，不能作为基金份额持有人向基金份额持有人大会提出议案，对涉及本公司利益的表决事项应当回避。

八、基金管理公司应当制定运用固有资金进行基金投资的内部控制制度，对投资决策、执行、信息披露等事项作出规定，报中国证监会及相关派出机构备案。

基金管理公司在本通知发布前已经运用固有资金进行基金投资，其比例不符合本通知规定的，应当及时进行修正；投资本公司管理的开放式基金份额的，应当披露相关信息。

九、基金管理公司违反本通知规定的，中国证监会根据《证券投资基金管理公司管理办法》，可以对相关基金管理公司及其直接负责的主管人员和其他直接责任人员采取行政监管措施。

中国证券监督管理委员会

二〇〇五年六月八日

商业银行设立基金管理公司试点管理办法

[2005]第4号

为落实《国务院关于推进资本市场改革开放和稳定发展的若干意见》(国发[2004]3号)，促进金融市场协调发展，鼓励金融创新，保证商业银行设立基金管理公司试点工作顺利进行，中国人民银行、中国银行业监督管理委员会和中国证券监督管理委员会制定了《商业银行设立基金管理公司试点管理办法》，现予公布。

中国人民银行
中国银行业监督管理委员会
中国证券监督管理委员会
二〇〇五年二月二十日

第一章 总 则

第一条 为落实《国务院关于推进资本市场改革开放和稳定发展的若干意见》(国发[2004]3号)，保证商业银行设立基金管理公司试点工作顺利进行，根据《中华人民共和国公司法》、《中华人民共和国证券投资基金法》、《中华人民共和国中国人民银行法》、《中华人民共和国银行业监督管理法》以及《中华人民共和国商业银行法》等法律法规，制定本办法。

第二条 本办法所称商业银行，是指在中华人民共和国境内经中国银行业监督管理委员会(以下简称中国银监会)批准设立的国有商业银行和股份制商业银行。

第三条 本办法所称基金管理公司，是指在中华人民共和国境内由商业银行直接出资作为主要股东、经中国证券监督管理委员会(以下简称中国证监会)批准设立、从事基金管理业务的企业法人。

第四条 商业银行设立的基金管理公司，按照《中华人民共和国证券投资基金法》规定的业务范围募集和管理基金。试点初期，既可以募集和管理货币市场基金和债券型基金，投资固定收益类证券，也可以募集和管理其它类型的基金。

第五条 中国人民银行会同中国银监会和中国证监会，负责商业银行设立基金管理公司的综合协调工作。

第二章 申请审批程序

第六条 申请投资基金管理公司的商业银行，应按照中国银监会的有关规定报送材料，在试点期间应同时抄报中国人民银行。中国银监会从商业银行总体风险监管的角度，审查商业银行投资基金管理公司的资格，并依法出具商业银行可以对外投资的监管意见。

第七条 经中国银监会出具同意投资基金管理公司监管意见的商业银行，应按照《证券投资基金管理公司管理办法》等有关法律法规，向中国证监会报送申请设立基金管理公司的有关材料，中国证监会依法进行审批。

商业银行申请设立基金管理公司的有关材料在试点期间应同时抄报中国人民银行。

第八条 鼓励商业银行采取股权多元化方式设立基金管理公司。

第九条 除本办法规定的条款外，商业银行设立的基金管理公司的条件及股东资格，按照《证券投资基金管理公司管理办法》的有关规定执行。

第三章 风险控制

第十条 商业银行设立的基金管理公司，应建立良好的公司治理结构。商业银行应当严格按照“法人分业”的原则，与其出资设立的基金管理公司之间建立有效的风险隔离制度，报中国银监会备案。

第十一条 商业银行仅以出资额对所设立的基金管理公司承担有限责任，并通过基金管理公司的股东会依法行使股东权利，不得越过股东会、董事会干预公司的经营管理。

第十二条 商业银行与其设立的基金管理公司不得违反国家规定相互提供客户信息资料，业务往来不得损害客户的正当合法权益。

第十三条 商业银行设立的基金管理公司的工作人员必须与商业银行脱离工资和劳动合同关系，不得相互兼职。基金管理公司的高级管理人员应当符合《证券投资基金行业高级管理人员任职管理办法》的有关规定。

第十四条 商业银行设立的基金管理公司所管理的

基金资产不得用于购买其股东发行和承销期内承销的有价证券。

第十五条 商业银行为基金管理公司管理的基金提供融资支持，应按照国家有关规定执行。

第十六条 商业银行不得担任其设立的基金管理公司所管理的基金的托管人。

第十七条 商业银行可以代理销售其设立的基金管理公司发行的基金，但在代销基金时，不得在销售期安排、服务费率标准、参与基金产品开发等方面，提供优于非关联第三方同类交易的条件，不得歧视其他代销基金，不得有不正当销售行为和不正当竞争行为。

第十八条 商业银行与其设立的基金管理公司在银行间债券市场上不得以优于非关联第三方同类交易的条件进行交易。

第十九条 商业银行与其设立的基金管理公司之间的关联交易实施细则，由中国银监会和中国证监会共同制定。

商业银行设立的基金管理公司和设立基金管理公司的商业银行应分别按照中国证监会和中国银监会的有关规定进行信息披露。

第四章 监督管理

第二十条 商业银行设立的基金管理公司所募集的基金种类，由中国证监会核准。

第二十一条 中国银监会对设立基金管理公司的商业银行制定相关风险监管指标计算标准，并实施并表监管。

第二十二条 中国证监会依法对商业银行设立的基金管理公司及其募集和管理的基金实施监督管理，保证基金财产的合法运用和基金份额持有人的合法权益不受侵犯。

第二十三条 中国人民银行对商业银行设立的基金管理公司进入全国银行间债券市场依法进行备案和监管。

第二十四条 商业银行设立的基金管理公司和设立基金管理公司的商业银行应分别按照中国证监会和中国银监会的有关规定报送材料，在试点期间同时抄报中国人民银行。

第二十五条 中国人民银行、中国银监会和中国证监会对商业银行设立的基金管理公司在依法实施监管过程中，要及时相互通报有关信息，建立监管信息共享制度。

第五章 附 则

第二十六条 商业银行收购基金管理公司参照本办法执行。

第二十七条 中国人民银行、中国银监会和中国证监会共同选定试点银行，并根据试点情况和市场发展需要，共同商定试点工作安排。

第二十八条 本办法由中国人民银行、中国银监会和中国证监会共同解释。

第二十九条 本办法自2005年2月20日起施行。

关于基金托管银行

目 录

证券投资基金托管资格管理办法

现发布《证券投资基金托管资格管理办法》，自2005年1月1日起施行。

中国证券监督管理委员会主席：尚福林

中国银行业监督管理委员会主席：刘明康

二〇〇四年十一月二十九日

第一条　为了规范证券投资基金托管资格管理，维护证券投资基金托管业务竞争秩序，保护投资人及相关当事人合法权益，促进证券投资基金健康发展，根据《证券投资基金法》、《银行业监督管理法》及其他相关法律、行政法规，制定本办法。

第二条　商业银行从事证券投资基金（以下简称基金）托管业务，应当经中国证券监督管理委员会（以下简称中国证监会）和中国银行业监督管理委员会（以下简称中国银监会）核准，依法取得基金托管资格。

未取得基金托管资格的商业银行，不得从事基金托管业务。

第三条　申请基金托管资格的商业银行（以下简称申请人），应当具备下列条件：

（一）最近3个会计年度的年末净资产均不低于20亿元人民币，资本充足率符合监管部门的有关规定；

（二）设有专门的基金托管部门，并与其他业务部门保持独立；

（三）基金托管部门拟任高级管理人员符合法定条件，拟从事基金清算、核算、投资监督、信息披露、内部稽核监控等业务的执业人员不少于5人，并具有基金从业资格；

（四）有安全保管基金财产的条件；

（五）有安全高效的清算、交割系统；

（六）基金托管部门有满足营业需要的固定场所、配备独立的安全监控系统；

（七）基金托管部门配备独立的托管业务技术系统，包括网络系统、应用系统、安全防护系统、数据备份系统；

（八）有完善的内部稽核监控制度和风险控制制度；

（九）最近3年无重大违法违规记录；

（十）法律、行政法规规定的和经国务院批准的中国证监会、中国银监会规定的其他条件。

第四条　申请人应当具备安全保管基金财产的下列条件和能力：

（一）有从事基金托管业务的设备与设施；

（二）为每只基金单独建账，保持基金资产的完整与独立；

（三）将所托管的基金资产与自有资产严格分开保管；

（四）依法监督基金管理人的投资运作；

（五）依法执行基金管理人的指令，处分、分配基金资产；

（六）依法复核、审查基金管理人计算的基金资产净值、基金份额净值和申购、赎回价格；

（七）妥善保管基金托管业务活动的记录、账册、报表等相关资料；

（八）有健全的托管业务制度。

第五条 申请人应当具有健全的清算、交割业务制度，清算、交割系统应当符合下列规定：

（一）系统内证券交易结算资金在两小时内汇划到账；

（二）从交易所安全接受交易数据；

（三）与基金管理人、基金注册登记机构、证券登记结算机构等相关业务机构的系统安全对接；

（四）依法执行基金管理人的投资指令，及时办理清算、交割事宜。

第六条 申请人的基金托管营业场所、安全防范设施、与基金托管业务有关的其他设施和相关制度，应当符合下列规定：

（一）基金托管部门的营业场所相对独立，配备门禁系统；

（二）接触到基金交易数据的业务岗位有单独的办公房间，无关人员不能随意进入；

（三）有完善的基金交易数据保密制度；

（四）有安全的基金托管业务数据备份系统；

（五）有基金托管业务的应急处理方案，具备应急处理能力。

第七条 申请人应当向中国证监会报送下列申请材料，同时抄报中国银监会：

（一）申请书；

（二）具有证券业务资格的会计师事务所出具的净资产和资本充足率专项验资报告；

（三）设立专门基金托管部门的证明文件；

（四）内部机构设置和岗位职责规定；

（五）基金托管部门拟任高级管理人员和执业人员基本情况，包括拟任高级管理人员任职资格申请材料，拟任执业人员名单、履历、基金从业资格证明复印件、专业培训及岗位配备情况；

（六）关于安全保管基金财产有关条件的报告；

（七）关于基金清算、交割系统的运行测试报告；

（八）办公场所平面图、安全监控系统设计方案和安装调试情况报告；

（九）基金托管业务备份系统设计方案和应急处理方案、应急处理能力测试报告；

（十）相关业务规章制度，包括业务管理、操作规程、基金会计核算、基金清算管理、信息披露、内部稽核监控、内控与风险管理、信息系统管理、保密与档案管理、重大可疑情况报告、应急处理及其他履行基金托管人职责所需的规章制度；

（十一）开办基金托管业务的商业计划书；

（十二）中国证监会、中国银监会规定的其他材料。

第八条 中国证监会应当自收到申请材料之日起5个工作日内作出是否受理的决定。申请材料齐全、符合法定形式的，向申请人出具书面受理凭证；申请材料不齐全或者不符合法定形式的，应当一次告知申请人需要补正的全部内容。

第九条 中国证监会应当自受理申请材料之日起20个工作日内作出行政许可决定。中国证监会作出予以核准决定的，应当会签中国银监会；作出不予核准决定的，应当说明理由并告知申请人，行政许可程序终止。

中国银监会应当自收到会签件之日起20个工作日内，作出行政许可决定。中国银监会作出予以核准决定的，中国证监会和中国银监会共同签发批准文件，并由中国证监会颁发基金托管业务许可证；中国银监会作出不予核准决定的，应当说明理由并告知申请人，行政许可程序终止。

第十条 中国证监会、中国银监会在作出核准决定前，应当联合对商业银行拟设立基金托管部门的筹建情况进行现场核查。

现场核查应当由两名以上的工作人员进行。

现场核查的时间不计算在前条规定的期限内。

第十一条 取得基金托管业务资格的商业银行为基金托管人。

基金托管人应当及时申请基金托管部门高级管理人员任职资格和执业人员的执业资格，并办理相应的任职手续。

第十二条 基金托管人应当守法经营，诚实信用，恪尽职守，勤勉尽责，切实履行法定和约定的职责。

第十三条 基金托管人应当依法采取措施，确保基金托管和代销业务相互独立，切实保障基金财产的完整与独立。

第十四条 基金托管人应当加强与其他基金托管人之间的沟通和交流，不得进行不正当竞争，不得垄断市场。

第十五条 申请人隐瞒有关情况或者提供虚假申请材料的，中国证监会、中国银监会不予受理或者不予行政许可，并给予警告，申请人在一年内不得再次申请基金托管资格。

申请人以欺骗、贿赂等不正当手段取得基金托管资格的，中国证监会商中国银监会撤销基金托管资格，处以警告、罚款，由中国证监会注销基金托管业务许可证；中国银监会可以区别不同情形，责令申请人对直接负责的主管人员和其他直接责任人员给予纪律处分，或者对其给予警告、罚款，或者禁止其一定期限直至终身从事银行业工作；申请人在3年内不得再次申请基金托管资格；涉嫌犯罪的，依法移送司法机关，追究刑事责任。

第十六条 中国证监会、中国银监会依法对商业银行基金托管业务活动进行监督管理。

第十七条 基金托管人出现不符合本办法第三条至第六条规定条件的情形的，应当立即向中国证监会和中国银监会报告，并在规定期限内改正。

未及时报告的，中国证监会、中国银监会责令改正，对直接负责的主管人员和其他直接责任人员给予警告，并处罚款；中国银监会可以依法责令基金托管人对直接负责的主管人员和其他直接责任人员给予纪律处分；情节严重的，中国证监会可以并处暂停或者吊销基金业高级管理人员任职资格或者基金从业资格，中国银监会可以并处禁止一定期限直至终身从事银行业工作。

第十八条 基金托管人出现不符合本办法第三条至第六条规定条件的情形，未在规定期限内改正的，中国证监会商中国银监会暂停或者吊销基金托管资格，由中国证监会注销基金托管业务许可证；对直接负责的主管人员和其他直接责任人员，中国证监会商中国银监会给予罚款，中国证监会可以并处暂停或者吊销基金业高级管理人员任职资格或者基金从业资格，中国银监会可以并处禁止一定期限直至终身从事银行业工作；涉嫌犯罪的，依法移送司法机关，追究刑事责任。

第十九条 本办法适用于境内中资商业银行，不适用于外资商业银行。

第二十条 本办法自2005年1月1日起施行。

关于发布《证券投资基金信息披露内容与格式准则第7号》的通知

证监基金字[2005]203号

各基金管理公司、基金托管银行：

为适应证券投资基金市场发展的需要，现发布《证券投资基金信息披露内容与格式准则第7号》，自发布之日起施行。中国证券监督管理委员会1997年12月18日发布的《证券投资基金管理暂行办法》实施准则第二号《证券投资基金托管协议的内容与格式(试行)》(证监基字[1997]3号)同时废止。

中国证券监督管理委员会

二〇〇五年十二月二十一日

证券投资基金信息披露内容与格式准则第7号《托管协议的内容与格式》

第一章 总则

第一条 为保护基金份额持有人的合法权益，进一步明确基金管理人和基金托管人之间的权利义务，根据《中华人民共和国证券投资基金法》(以下简称《基金法》)、《证券投资基金信息披露管理办法》(以下简称《信息披露办法》)、《证券投资基金运作管理办法》(以下简称《运作办法》)及其他有关规定，制定本准则。

第二条 凡在中华人民共和国境内申请募集证券投

资基金(以下简称基金)，基金管理人和基金托管人应依据基金合同并按照本准则的要求订立基金托管协议。

第三条 基金托管协议当事人应当遵循平等自愿、诚实信用、充分保护投资者合法权益的原则订立基金托管协议。

第四条 基金托管协议不得含有虚假的内容或误导性陈述，不得遗漏本准则规定的内容，并应符合本准则规定的格式。

第五条 在不违反《基金法》、本准则以及其他法律法规的前提下，基金托管协议当事人可以根据实际情况约定本准则规定内容之外的事项。

本准则某些具体要求对当事人确不适用的，当事人双方协商一致并经中国证券监督管理委员会(以下简称中国证监会)同意后，可对相应内容做出合理调整和变动。

第六条 凡对基金托管协议当事人权利、义务有重大影响的事项，无论本准则是否做出规定，当事人均应在基金托管协议中订明。

第二章 基金托管协议封面和目录

第七条 基金托管协议封面应标有“××证券投资基金托管协议”的字样。

封面下端应标明基金管理人、基金托管人名称的全称。报送中国证监会审核的基金托管协议，必须标有“草案”显著字样。

第八条 基金托管协议目录应当自首页开始排印。目录应当列明各个具体标题及相应的页码。

第三章 基金托管协议正文

第一节 基金托管协议当事人

第九条 列明基金托管协议当事人的名称、住所、法定代表人、成立时间、批准设立机关及批准设立文号、组织形式、注册资本、存续期间等。

第二节 基金托管协议的依据、目的和原则

第十条 载明订立基金托管协议的依据、目的和原则。

（一）订立基金托管协议的依据是《基金法》、基金合同及其他有关规定。

（二）订立基金托管协议的目的是明确基金托管人与基金管理人之间在基金财产的保管、投资运作、净值计算、收益分配、信息披露及相互监督等相关事宜中的权利义务及职责，确保基金财产的安全，保护基金份额持有人的合法权益。

（三）订立基金托管协议的原则是平等自愿、诚实信用。

第三节 基金托管人对基金管理人的业务监督和核查

第十一条 订明基金托管人如何对基金管理人的投资行为行使监督权，包括但不限于：

（一）基金托管人根据有关法律法规的规定及基金合同的约定，对基金投资范围、投资对象进行监督的内容、标准和程序。

如基金合同明确约定基金的投资风格(如主要投资于大盘股票、基础行业股票、可转债或跟踪指数等)或证券选择标准，基金托管人应据以建立相关技术系统，对基金实际投资是否符合合同的相关约定进行监督，对存在疑义的事项进行核查。

（二）基金托管人根据有关法律法规的规定及基金合同的约定，对基金投融资比例进行监督的内容、标准和程序。监督内容包括但不限于：基金合同约定的基金投资资产配置比例、单一投资类别比例限制、融资限制、股票申购限制、基金投资比例符合法规规定及基金合同约定的时间要求、法规允许的基金投资比例调整期限等。

（三）基金托管人根据有关法律法规的规定及基金合同的约定，对基金投资禁止行为进行监督的内容、标准和程序。

基金托管协议应订明协议当事人为配合对关联投资限制实施监督所采取的措施。例如，根据法律法规有关基金禁止从事的关联交易的规定，基金管理人和基金托管人应相互提供与本机构有控股关系的股东或与本机构有其他重大利害关系的公司名单。

（四）托管协议当事人为控制基金参与银行间债券市场的信用风险，由基金托管人根据有关法律法规的规定及基金合同的约定，对基金管理人参与银行间债券市场进行监督的内容、标准和程序。

控制银行间债券市场信用风险的方式包括但不限于交易对手的资信控制和交易方式(如见券付款、见款付券)的控制等。

（五）基金托管人根据有关法律法规的规定及基金合同的约定，对基金管理人选择存款银行进行监督的内容、标准和程序。

基金投资银行存款的，其基金管理人应根据法律法规的规定及基金合同的约定，确定符合条件的所有存款银行的名单，并及时提供给基金托管人，基金托管人应据以对基金投资银行存款的交易对手是否符合有关规定进行监督。

（六）基金托管人根据法律法规的规定及基金合

同的约定，对基金投资其他方面进行监督的内容、标准和程序。

第十二条 订明基金托管人应根据有关法律法规的规定及基金合同的约定，对基金资产净值计算、基金份额净值计算、应收资金到账、基金费用开支及收入确定、基金收益分配、相关信息披露、基金宣传推介材料中登载基金业绩表现数据等进行监督和核查。

第十三条 订明基金托管人发现基金管理人的投资指令或实际投资运作违反《基金法》、基金合同、基金托管协议及其他有关规定时的处理方式和程序。

订明基金管理人应积极配合和协助基金托管人的监督和核查，包括但不限于在规定时间内答复基金托管人并改正，就基金托管人的疑义进行解释或举证，对基金托管人按照法规要求需向中国证监会报送基金监督报告的，基金管理人应积极配合提供相关数据资料和制度等。

第四节　基金管理人对基金托管人的业务核查

第十四条 订明基金管理人对基金托管人履行托管职责情况进行核查，核查事项包括但不限于基金托管人安全保管基金财产、开设基金财产的资金账户和证券账户、复核基金管理人计算的基金资产净值和基金份额净值、根据管理人指令办理清算交收、相关信息披露和监督基金投资运作等行为。

第十五条 订明基金管理人发现基金托管人擅自挪用基金财产、未对基金财产实行分账管理、未执行或无故延迟执行基金管理人资金划拨指令、泄露基金投资信息等违反《基金法》、基金合同、基金托管协议及其他有关规定时的处理方式和程序。

订明基金托管人应积极配合基金管理人的核查行为，包括但不限于：提交相关资料以供基金管理人核查托管财产的完整性和真实性，在规定时间内答复基金管理人并改正。

第五节　基金财产的保管

第十六条 订明基金财产保管的原则，包括但不限于：

（一）基金财产应独立于基金管理人、基金托管人的固有财产。

（二）基金托管人应安全保管基金财产。

（三）基金托管人按照规定开设基金财产的资金账户和证券账户。

（四）基金托管人对所托管的不同基金财产分别设置账户，确保基金财产的完整与独立。

第十七条 订明基金募集期限届满，募集的基金份额总额、基金募集金额、基金份额持有人人数符合《基金法》、《运作办法》等有关规定后，基金管理人聘请法定验资机构验资的有关事项。

第十八条 订明基金的银行存款账户的开立和管理的有关事项。

对于基金因进行定期存款投资等活动而开立账户的，应订明托管协议当事人在开立和管理此类账户中的职责。

第十九条 订明基金的证券交收账户和资金交收账户的开立和管理的有关事项，以及基金托管人因办理基金的清算交收而在中国证券登记结算机构开立证券交收账户和资金交收账户的有关事项。

第二十条 订明债券托管账户的开立和管理的有关事项。

第二十一条 订明基金实物证券、银行存款定期存单等有价凭证保管的有关事项。

第二十二条 订明与基金财产有关的重大合同保管的有关事项，包括但不限于基金管理人和基金托管人各自应保管的合同、合同寄送时间和寄送方式、保管方式和保管期限等。

第六节　指令的发送、确认及执行

第二十三条 订明基金管理人在运用基金财产时向基金托管人发送资金划拨及其他款项收付指令，基金托管人执行基金管理人的投资指令、办理基金名下的资金往来等有关事项，包括但不限于：

（一）基金管理人对发送指令人员的书面授权。

（二）指令的内容。

（三）指令的发送、确认及执行的时间和程序。

（四）基金管理人发送错误指令的情形和处理程序。

（五）基金托管人依照法律法规暂缓、拒绝执行指令的情形和处理程序。

（六）基金托管人未按照基金管理人指令执行的处理方法。

（七）更换被授权人员的程序

第七节　交易及清算交收安排

第二十四条 订明有关基金交易的事项，包括但不限于基金管理人选择代理证券买卖的证券经营机构的标准和程序。

基金管理人应及时将基金专用席位号、佣金费率等基本信息以及变更情况通知基金托管人。

第二十五条 订明有关基金清算交收的事项，包括但不限于：

（一）基金投资证券后的清算交收安排。例如，确定基金管理人和基金托管人在基金清算和交收中的责任；确定基金出现超买或者超卖的责任认定及处理程序；确定基金无法按时支付证券清算款的责任认定及处理程序等。

基金管理人应保证基金托管人在执行基金管理人发送的划款指令时，基金银行账户或资金交收账户上有充足的资金。基金的资金头寸不足时，基金托管人有权拒绝基金管理人发送的划款指令。基金管理人在发送划款指令时应充分考虑基金托管人的划款处理时间。在基金资金头寸充足的情况下，基金托管人对基金管理人符合法律法规、基金合同、基金托管协议的指令不得拖延或拒绝执行。

（二）基金管理人与基金托管人进行资金、证券账目、交易记录的核对。

（三）申购、赎回、转换开放式基金的资金清算和数据传递的时间、程序及托管协议当事人的责任界定。例如，基金管理人将申购资金划到托管账户的期限以及未能如期划款的处理程序；基金托管人划付赎回款项的期限以及未能如期划款的处理程序。

基金管理人应将每个开放日的申购、赎回、转换开放式基金的数据传送给基金托管人。基金管理人应对传递的申购、赎回、转换开放式基金的数据真实性负责。基金托管人应及时查收申购资金的到账情况并根据基金管理人指令及时划付赎回款项。

第八节　基金资产净值计算和会计核算

第二十六条　订明有关基金资产净值及基金份额净值的计算与复核事项，包括但不限于：

（一）当相关法规或基金合同规定的估值方法不能客观反映基金财产公允价值时，基金管理人与托管人商定估值方法的情形和处理程序。

（二）基金管理人、基金托管人发现基金估值违反基金合同订明的估值方法、程序以及相关法律法规的规定或者未能充分维护基金份额持有人利益时的处理方式和程序。

（三）基金估值出现差错时的处理程序，以及托管协议当事人相关责任的界定。

（四）基金资产净值、基金份额净值的计算、复核的时间和程序。

（五）基金管理人和基金托管人在基金资产净值计算方法上意见不一致且协商不成时的处理原则和程序。

第二十七条　订明基金会计核算事宜，包括但不限于：

（一）基金账册的建立。

（二）会计数据和财务指标的核对。

（三）基金定期报告的编制和复核。

第九节　基金收益分配

第二十八条　订明基金收益分配方案的制订、复核、公告及实施程序。

第十节　基金信息披露

第二十九条　订明除按《基金法》、基金合同、《信息披露办法》及其他有关规定进行信息披露外，基金管理人和基金托管人对基金运作中产生的信息以及从对方获得的业务信息应予保密。

第三十条　订明基金管理人和基金托管人在基金信息披露中的职责及信息披露程序。

对于因不可抗力等原因导致基金信息的暂停或延迟披露的(如暂停披露基金资产净值和基金份额净值)，基金管理人和基金托管人可事先订明该类例外披露的情形及原因。

第十一节　基金费用

第三十一条　订明基金托管人对从基金财产中列支的各类费用进行复核及支付的原则和程序，以及该类费用列支违反《基金法》、基金合同、《运作办法》及其他有关规定时的处理方式。

第十二节　基金份额持有人名册的保管

第三十二条　订明基金份额持有人名册的内容、保管责任、交接时间和方式、保管方式和保管期限等事项，基金份额持有人名册的内容包括但不限于持有人的名称和持有的基金份额。

开放式基金的管理人应定期或不定期向基金托管人提供基金份额持有人名册。开放式基金的托管协议至少应订明基金管理人定期提供持有人名册的频率或不定期提供持有人名册的情形，以及基金托管人无法妥善保存持有人名册所应承担的责任。

第十三节　基金有关文件档案的保存

第三十三条　订明基金管理人、基金托管人按各自职责完整保存原始凭证、记账凭证、基金账册、交易记录和重要合同等，并确定保存期限及保密义务。例如，基金管理人应保存基金财产管理业务活动的记录、账册、报表和其他相关资料，基金托管人应保存基金托管业务活动的记录、账册、报表和其他相关资料。

第十四节　基金管理人和基金托管人的更换

第三十四条　订明基金管理人职责终止后，新基金管理人接受基金管理业务前，基金托管人的相关职责。

第三十五条 订明基金托管人职责终止后，新基金托管人接受基金财产和基金托管业务前，基金管理人的相关职责。

第十五节 禁止行为

第三十六条 订明基金托管协议当事人禁止从事的行为，包括但不限于：

（一）《基金法》第二十条、第三十一条禁止的行为。

（二）托管协议当事人不得用基金财产从事《基金法》第五十九条禁止的投资或活动。

（三）除根据基金管理人的指令或基金合同另有规定外，基金托管人不得动用或处分基金财产。

（四）基金管理人、基金托管人的高级管理人员和其他从业人员不得相互兼职。

（五）法律法规和基金合同禁止的其他行为。

第十六节 基金托管协议的变更、终止与基金财产的清算

第三十七条 订明基金托管协议变更和终止的有关事宜，包括但不限于：

（一）基金托管协议的变更程序。

基金托管协议的变更应当报中国证监会核准。

（二）基金托管协议终止出现的情形。

第三十八条 订明基金财产的清算程序，以及托管协议当事人在基金财产清算过程中的权利义务。

第十七节 违约责任

第三十九条 托管协议当事人应根据《基金法》，就违约责任方的认定、违约赔偿、具体责任划分等事项进行约定，包括但不限于：

（一）托管协议当事人不履行本协议或履行本协议不符合约定的，应当承担违约责任。

（二）因托管协议当事人违约给基金财产或者基金份额持有人造成损害的，应当分别对各自的行为依法承担赔偿责任，因共同行为给基金财产或者基金份额持有人造成损害的，应当承担连带赔偿责任。

（三）托管协议当事人违反托管协议，给另一方当事人造成损失的，应承担赔偿责任。

第十八节 争议解决方式

第四十条 订明托管协议当事人发生纠纷时，可以通过协商或者调解解决。托管协议当事人不愿通过协商、调解解决或者协商、调解不成的，可以根据基金托管协议中的仲裁条款或者事后达成的书面仲裁协议向仲裁机构申请仲裁。基金托管协议中未订立仲裁条款，事后又没有达成书面仲裁协议的，可以向人民法院起诉。

第十九节 基金托管协议的效力

第四十一条 订明基金托管协议的效力，包括但不限于：

（一）基金管理人在向中国证监会申请发售基金份额时提交的基金托管协议草案，应经托管协议当事人双方盖章以及双方法定代表人或授权代表签字，协议当事人双方根据中国证监会的意见修改托管协议草案。托管协议以中国证监会核准的文本为正式文本。

（二）基金托管协议自基金合同成立之日起成立，自基金合同生效之日起生效。基金托管协议的有效期自其生效之日起至该基金财产清算结果报中国证监会批准并公告之日止。

（三）基金托管协议自生效之日对托管协议当事人具有同等的法律约束力

（四）基金托管协议正本一式××份，除上报有关监管机构一式××份外，基金管理人和基金托管人分别持有××份，每份具有同等的法律效力。

第二十节 基金托管协议的签订

第四十二条 基金管理人和基金托管人认可基金托管协议后，应在基金托管协议上盖章，由各自的法定代表人或授权代表签字，并注明基金托管协议的签订地点和签订日期。

第四章 附 则

第四十三条 本准则自公布之日起实施。中国证监会发布的《证券投资基金管理暂行办法实施准则第二号〈证券投资基金托管协议的内容与格式(试行)〉》(证监基字[1997]3号)同时废止。

关于发布《托管银行监督基金运作情况报告的内容与格式指引(试行)》的通知

各基金托管部：

为加强基金托管银行监督基金投资运作的职责，提高基金合法合规运作水平，根据有关法律法规的规定，现发布《托管银行监督基金运作情况报告的内容与格式指引(试行)》(以下简称《指引》)，现将有关问题通知如下：

一、基金托管部应高度重视基金投资运作监督工作，严格按照《指引》的要求，认真做好监督工作，出具托管银行监督基金运作情况报告(以下简称监督报告)。

二、基金托管部应确保监督报告真实、准确、完整地反映基金投资运作情况。监督报告应有充分的事实依据。

三、鼓励基金托管部根据实际情况，增加报告内容。对法律法规、基金合同调整或新增基金投资运作方面规定的，各基金托管部应在相关报告事项中调整或增加报告内容。

四、基金托管部应当加强监督意识，强化监控手段，增加对基金证券投资交易监督的人员和技术系统配备。当所托管基金出现异常交易行为时，各基金托管部应当针对不同情况采取电话提示、书面警示、书面报告我部等处理方式。

五、基金托管部应分别于每季终了后10个工作日内、每年终了后30个工作日内向我部报送监督报告(2006年第一季度监督报告可于季度终了后15个工作日内报送)，报告应当采用电子文本和书面报告两种形式。电子文本请通过基金文档传输系统“收文发文”目录下的“托管银行监督基金运作情况报告”报送。

六、基金托管部出具的监督报告，将作为我部、派出机构以及证券交易所检查基金定期报告披露情况的重要依据。

七、基金托管部相关业务人员在基金工作中应当谨慎勤勉、恪尽职守。对监督业务人员及相关责任人严重失职、发现问题隐匿不报的，我部将按相关法律法规采取相应措施。

八、本通知自发布之日起实施，各基金托管部不需再按《关于报送定期报告和不定期报告及备案材料的通知》(基金部[2001]57号)向我部报送托管银行监督基金运作情况双月报。

中国证监会基金监管部
二〇〇六年四月三日

托管银行监督基金运作情况报告的内容与格式指引(试行)

一、报告的纸张和封面

(一)纸张

应采用幅面为209毫米×295毫米规格的纸张(相当于A4纸张规格)。

(二)封面

封面应标有“××银行××××年第×季度(××××年度)监督基金运作情况报告”字样，封面下端应应标明报送日期、联系人姓名及联系方式。

二、报告首页的声明

由托管银行的基金托管部门负责人签字的以下声明：“××银行基金托管部门的总经理(或主持工作的副总)于××××年××月××日阅读本报告，并知晓本报告内容。”

三、报告正文的内容与格式

报告正文列示报告期内托管的所有基金投资运作遵

规守信的整体情况、本托管银行在监督过程中采取的措施、基金管理公司的反馈情况等内容，报告事项包括但不限于以下方面。

（一）基金运作状况

按以下内容和格式列示本银行托管的所有基金在本报告期内投资运作的总体状况。

序号	基金公司	基金名称	运作状况（正常／关注）	关注（若有）的主要原因（存在法律禁止的投资行为／违反投资范围限制／违反投资运作比例限制／违反交易对手范围限制／货币市场基金的组合平均剩余期限不合规／出现异常交易／存在需提请关注的事项等）
1		××基金		
2		××基金		
……				

（二）禁止投资行为

说明报告期内托管的所有基金财产是否用于《证券投资基金法》第59条所禁止的投资或活动。对违反法律规定而运用基金财产的情况，应按以下内容和格式列示。

序号	基金公司	基金名称	基金财产用于法律禁止的投资或活动（承销证券／向他人贷款或者提供担保／从事承担无限责任的投资／违规买卖其他基金份额／向其管理人、托管人出资或者买卖其管理人、托管人发行的股票或者债券／买卖与其管理人、托管人有控股关系的股东或者与其管理人、托管人有其他重大利害关系的公司发行的证券或者承销期内承销的证券等）	托管银行采取措施	基金公司反馈及更正情况
1		××基金			
2		××基金			
……					

（三）投资范围

说明报告期内托管的所有基金的投资范围是否遵规守约，是否存在法律法规、基金合同禁止的投资品种，投资品种的期限和信用级别是否符合法律法规、基金合同的约定，实际投资是否符合基金合同已明确约定的投资风格（如主要投资于大盘股票、基础行业股票、可转债或跟踪指数等）或证券选择标准。对投资范围、投资品种、投资风格不符合法律法规、基金合同约定的基金，应按以下内容和格式列示。

序号	基金公司	基金名称	投资范围不遵规守约的具体情况（存在法律法规、基金合同禁止的投资品种／投资品种的期限和信用级别不符合法律法规、基金合同的约定／实际投资不符合基金合同已明确约定的投资风格等）	托管银行采取措施	基金公司反馈及更正情况
1		××基金			
2		××基金			
……					

（四）投资运作比例

说明报告期内托管的所有基金的投资运作比例是否遵规守约。对投资运作比例不符合法律法规规定和基金合同约定的基金（因证券市场波动、基金规模变动等基金公司之外的因素致使基金投资比例不符合规定，且基金在相关法规规定的交易日内调整的，不属于此种情况），应按以下内容和格式列示。

序号	基金公司	基金名称	投资运作比例不符合法律法规规定、基金合同约定的具体情况	托管银行采取措施	基金公司反馈及更正情况
1		××基金			
2		××基金			
……					

托管银行监督的基金投资运作比例包括但不限于以下方面：

1.单只基金的资产配置比例（在建仓期内，基金投资股票或债券的比例可以低于基金合同规定的比例下限，但不能超过基金合同规定的比例上限）；

2.单只基金持有的现金或到期日在1年内的政府债占基金资产净值的比例；

3.名称显示投资方向的基金，其持有的属投资方向的非现金资产的比例；

4.单只基金持有1家上市公司股票的市值占基金资产净值的比例（完全按照有关指数的构成比例进行投资的基金除外）；

5.本行托管的同一基金公司管理的基金持有1家公司发行的证券占该证券的比例（包括持有同一权证占该权证的比例）（完全按照有关指数的构成比例进行投资的基金除外）；

6.参与股票发行申购的单只基金所申报的金额占基金总资产的比例，单只基金所申报的股票数量占拟发行股票公司本次发行股票总量的比例；

7.单只基金在银行间市场进行债券回购的资金余额占基金资产净值的比例；

8.单只基金在任何交易日买入权证的总金额占上一交易日基金资产净值的比例，单只基金持有的全部权证市值占基金资产净值的比例；

9.单只基金通过一家券商席位的股票年交易量占基金的股票年交易总量的比例（纯债券基金、基金合同中约定股票投资比例在基金资产总值20%以内的债券基金除外）（适用于监督基金运作情况年度报告）；

10.货币市场基金存放在具有基金托管资格的同一商业银行的存款占基金资产净值的比例，货币市场基金存放在不具有基金托管资格的同一商业银行的存款占基金资产净值的比例，货币市场基金投资同一公司发行的短期融资券及短期企业债占基金资产净值的比例，货币市场基金投资的定期存款占基金资产净值的比例，货币市场基金持有的剩余期限不超过397天但剩余存续期超过397天的浮动利率债券的摊余成本占当日基金资产净值的比例，货币市场基金债券正回购的资金余额占基金资产净值的比例；

11.中短债基金持有的剩余期限在397天以内的债券、现金、剩余期限在14天以内的回购余额占基金资产净值的比例，中短债基金持有的除国债、政策性金融债以外的其他债券的规模占该债券发行总量的比例，中短债基金持有同一公司发行的债券、短期融资券等合计占基金资产净值的比例（本条适用于基金合同中已约定以上投资比例的中短债基金）。

（五）交易对手信用风险

说明报告期内托管的所有基金在控制交易对手信用风险方面是否符合法律法规规定、基金合同约定，是否按照托管协议约定的方式进行控制。对交易对手信用风险的控制不遵规守约的，应按以下内容和格式列示。

序号	基金公司	基金名称	交易对手信用风险的控制不遵规守约的具体情况（交易对手的选择不符合相关约定/与交易对手的交易量不符合相关约定/未采用约定的交易方式等）	托管银行采取措施	基金公司反馈及更正情况
1		××基金			
2		××基金			
……					

（六）货币市场基金和中短债基金运作的特有事项

说明报告期内托管的所有货币市场基金的投资组合平均剩余期限、中短债基金的组合久期是否符合法律法规规定、基金合同约定，货币市场基金和中短债基金的偏离度绝对值是否曾在0.5%以上，是否按规定进行披露和调整。对存在以上情况的货币市场基金和中短债基金，应按以下内容和格式列示。

序号	基金公司	基金名称	货币市场基金和中短债基金运作需关注的特有事项（组合平均剩余期限或组合久期不合规/偏离度绝对值×年×月×日在0.5%以上）	托管银行采取措施	基金公司反馈及更正情况
1		××基金			
2		××基金			
……					

（七）异常或需提请关注的交易或事项

说明报告期内托管的所有基金是否存在其他异常或需提请关注的交易或事项。如存在，应按以下内容和格式列示。

序号	基金公司	基金名称	其他异常或需提请关注的具体交易或事项	托管银行采取措施	基金公司反馈及更正情况
1		××基金			
2		××基金			
……					

异常或需提请关注的交易或事项包括但不限于以下方面：

1.单只开放式基金发生巨额赎回；

2.基金份额净值计价错误达基金份额净值的0.5%；

3.报告期内货币市场基金偏离度在0.25-0.5%的次数；

4.“回购交易异常”，包括回购交易量异常和回购利率异常。回购交易量异常指与同一交易对手的所有未到期回购交易金额累计超过基金资产净值的10%，或交易对手资信较差；回购利率异常指回购利率偏离同期“影子定价”收益率30bp以上（1年期或以下品种）；

5.现券交易中的“交易价格严重脱离市场价格”，指根据交易价格推算出的收益率偏离同期“影子定价”收益率30bp以上（剩余期限为397天或以下债券，期限为1年或以下央票）或50bp以上（剩余期限为397天以上债券，期限为1年以上央票）；

6.“同日反向交易”指当天买卖同一债券品种且价格相同的交易、当天做利率相同的正逆回购交易等；

7.清算交收不及时，在截止最后清算时间，出现场内交易透支或场外交易因基金头寸不足而无法按时履约。

（八）其他问题或建议

1.列示报告期内基金投资运作中存在未能遵规守信的其他情况，或存在损害基金份额持有人利益的其他行为。

2.就改进托管银行监督工作提出意见和建议，或向监管部门提出其他政策建议。

四、报告附件

将与上述报告事项相关的、已发送给基金管理公司的提示函（复印件）以及基金管理公司的回函以书面形式报送我部，作为季度报告的附件，同时按以下格式列出提示函清单。

序号	基金公司	基金名称	提示时间	提示事由	公司是否回函
1		××基金			
2		××基金			
		……			

● 关于基金投资运作

目 录

关于证券投资基金投资资产支持证券有关事项的通知

证监基金字[2006]93号

各基金管理公司、基金托管银行：

为规范证券投资基金投资于资产支持证券的行为，保护基金份额持有人的利益，根据《证券投资基金法》、《证券投资基金运作管理办法》及其他有关规定，现将证券投资基金投资资产支持证券的有关事项通知如下：

一、本通知所称资产支持证券，是指符合中国人民银行、中国银行业监督管理委员会发布的《信贷资产证券化试点管理办法》规定的信贷资产支持证券和中国证券监督管理委员会（以下简称“中国证监会”）批准的企业资产支持证券类品种。

二、证券投资基金投资的资产支持证券必须在全国银行间债券交易市场或证券交易所交易。

三、基金管理人应当根据本公司的投资管理能力、风险管理水平以及资产支持证券的风险特征，确定所管理的证券投资基金是否投资资产支持证券以及投资的具体品种和规模。

四、证券投资基金在投资资产支持证券之前，基金管理人应当充分识别和评估可能面临的信用风险、利率风险、流动性风险、提前偿付风险、操作风险和法律风险，建立相应的风险评估流程，并制订相应的投资审批程序和风险控制制度。

五、基金管理人应当将公司对资产支持证券的风险管理纳入其总体的风险管理体系。

六、基金管理人拟投资资产支持证券的，应当遵守有关法律法规，符合基金合同的有关约定，将资产支持证券的投资方案和风险控制措施报中国证监会备案并公告。

七、单只证券投资基金持有的同一（指同一信用级别）资产支持证券的比例，不得超过该资产支持证券规模的10%。

八、单只证券投资基金投资于同一原始权益人的各类资产支持证券的比例，不得超过该基金资产净值的10%。

九、同一基金管理人管理的全部证券投资基金投资于同一原始权益人的各类资产支持证券，不得超过其各类资产支持证券合计规模的10%。

十、单只证券投资基金持有的全部资产支持证券，其市值不得超过该基金资产净值的20%，中国证监会规定的特殊品种除外。

十一、因市场波动、基金规模变动等基金管理人之外的因素致使证券投资基金投资资产支持证券不符合第八条、第十条规定的比例，基金管理人应当在10交易日内调整完毕。

十二、货币市场基金可投资于剩余期限在397天以内（含397天）的资产支持证券。债券基金、股票基金、混合基金等其他类别的基金投资于资产支持证券的期限，依照中国证监会的相关规定和基金合同中的约定执行。

浮动利率资产支持证券的剩余期限以计算日至下一个利率调整日的实际剩余天数计算。

十三、证券投资基金投资的资产支持证券须具有评级资质的资信评级机构进行持续信用评级。

货币市场基金投资的资产支持证券的信用评级，应不低于国内信用评级机构评定的AAA级或相当于AAA级的信用级别。其他类别的证券投资基金投资于资产支持证券，根据基金合同制订相应的证券信用级别限制，若基金合同未订明相应的证券信用级别限制，应投资于信用级别评级为BBB以上（含BBB）的资产支持证券。

证券投资基金持有资产支持证券期间，如果其信用等级下降、不再符合投资标准，应在评级报告发布之日起3个月内予以全部卖出。

十四、证券投资基金投资资产支持证券应当按照公允原则进行估值，其中货币市场基金或中国证监会规定的其他类别基金可采用摊余成本法估值。

十五、中国证监会或经中国证监会认可的机构可召集基金管理公司成立资产支持证券估值小组，确定资产支持证券的估值方法、剩余期限和久期计算方法等事项，或者委托独立的第三方机构对资产支持证券进行报价。在成立估值小组或委托独立第三方机构对资产支持证券报价之前，基金管理人拟投资资产支持证券的，应当与基金托管人协商确定资产支持证券的估值方法。

十六、基金管理人应当依法披露其所管理的证券投资基金投资资产支持证券的情况，并保证所披露信息的真实性、准确性和完整性，不得有虚假记载、误导性陈述和重大遗漏。

十七、基金管理人应在基金年报及半年报中披露其持有的资产支持证券总额、资产支持证券市值占基金净资产的比例和报告期内所有的资产支持证券明细。

十八、基金管理人应在基金季度报告中披露其持有的资产支持证券总额、资产支持证券市值占基金净资产的比例和报告期末按市值占基金净资产比例大小排序的前10名资产支持证券明细。

十九、本通知自发布之日起施行。

中国证券监督管理委员会
二〇〇六年五月十四日

关于股权分置改革中证券投资基金投资权证有关问题的通知

证监基金字[2005]138号

各基金管理公司、基金托管银行：

上市公司股权分置改革试点工作启动以来，部分上市公司推出了派送权证的方案。作为一种证券品种，权证有其自身的运行特点。对于证券投资基金(以下简称“基金”)投资权证的问题，应当在试点的基础上逐步开展，待积累一定经验以后，再根据市场情况作进一步规定。目前，为规范基金的投资运作，保护基金份额持有人的合法权益，根据《证券投资基金法》、《证券投资基金运作管理办法》及其他有关规定，现将股权分置改革中基金管理人运用基金财产投资权证试点的有关问题通知如下：

一、基金可以持有在股权分置改革中被动获得的权证,并可以根据证券交易所的有关规定卖出该部分权证或行权。

二、基金可以主动投资于在股权分置改革中发行的权证。

三、基金管理人拟根据本通知第二条的规定运用基金财产投资权证的，应当遵照有关法律法规，符合基金合同的有关约定,并将权证投资方案报告中国证监会并公告。权证投资方案应当列明基金投资权证的比例限制、投资策略、信息披露方式、风险控制措施等，并充分揭示相关投资风险。

四、基金管理人运用基金财产进行权证投资，不得有下列情形：

（一）一只基金在任何交易日买入权证的总金额，超过上一交易日基金资产净值的千分之五。

（二）一只基金持有的全部权证，其市值超过基金资产净值的百分之三。

（三）同一基金管理人管理的全部基金持有的同一权证，超过该权证的百分之十。

中国证监会另有规定的，不受前款第(一)、(二)、(三)项规定的比例限制。

五、基金管理人应当根据基金的投资策略和风险收益特征，制定切实可行的权证投资方案，并可以在本通知第四条允许的比例范围之内约定该基金投资权证的具体比例。

六、因证券市场波动、基金规模变动、股权分置改革中支付对价等基金管理人之外的因素致使基金投资不符合本通知第四条第(二)、(三)项及基金合同或基金权证投资方案约定的投资比例的，基金管理人应当在十个交易日之内调整完毕。

七、基金管理人运用基金财产进行权证投资时，不得通过内幕信息获得不当利益，不得操纵权证价格或标的证券价格，不得利用权证投资进行利益输送。

八、基金管理人、基金托管人应当认真履行诚实信用、谨慎勤勉义务，建立健全权证投资管理制度，并专门针对权证投资制定有效的风险控制措施，切实保护基金份额持有人的合法权益。

中国证券监督管理委员会
二〇〇五年八月十五日

关于进一步完善证券投资基金募集申请审核程序有关问题的通知

证监基金字[2005]101号

各基金管理公司、基金托管银行：

为进一步完善证券投资基金（以下简称“基金”）募集申请审核程序，提高审核效率和质量，促进基金市场健康、规范发展，根据《证券投资基金法》、《证券投资基金运作管理办法》、《证券投资基金专业咨询委员会管理暂行办法》（证监基金字[2003]13号）和《中国证券监督管理委员会行政许可实施程序规定（试行）》（以下简称《程序规定》），现就进一步完善基金募集申请审核程序的有关问题通知如下：

一、中国证监会受理基金募集申请后，根据拟募集基金的有关具体情况决定是否组织基金专家评审会对基金募集申请进行评审。

对提交基金专家评审会的基金募集申请，评审专家重点就基金的投资管理、风险控制等方面进行评审，独立发表评审意见，供中国证监会参考。

二、行为规范、投资研究能力强、市场评价良好的基金管理公司提交的基金募集申请，不提交基金专家评审会评审，但下列情形除外：

（一）基金管理公司设立、运作未满一年的；

（二）基金产品设计有较大创新的；

（三）基金产品设计有待进一步完善，需要参考基金专家评审会评审意见的；

（四）中国证监会根据审慎监管原则认为应当提交基金专家评审会评审的其他情形。

三、基金产品设计有较大创新的，中国证监会优先安排基金专家评审会评审和申报材料审核等工作。基金产品有重大创新的，基金募集申请获中国证监会核准后，其他基金管理公司在中国证监会规定的期限内不得复制、模仿。

四、基金募集申请经审核发现存在基金设计方案粗糙、投资操作思路不清或风险控制措施不完善的，根据《程序规定》第二十四、二十五条规定的程序，责令提交基金募集申请的基金管理公司进行重大修改，已提交基金专家评审会评审的，还应当根据修改后的具体情况决定是否提交基金专家评审会重新评审。

五、修改后重新提交基金专家评审会评审的基金募集申请，仍存在上述问题的，中国证监会不予核准，并根据其具体情况采取有关行政监管措施。

六、为基金募集申请出具法律意见书、提供法律服务的律师和律师事务所应当遵守有关规定，切实履行职责，对相关材料和事实进行核查和验证，保证所出具文件的真实性、准确性和完整性。

七、本通知自发布之日起实施。

中国证券监督管理委员会

二〇〇五年六月十六日

关于发布《证券投资基金信息披露编报规则第5号〈货币市场基金信息披露特别规定〉》的通知

证监基金字[2005]42号

各基金管理公司、基金托管银行：

为进一步规范货币市场基金的信息披露行为，更好保护基金份额持有人的合法权益，根据《证券投资基金法》、《证券投资基金信息披露管理办法》等有关法律法规，我们制定了《证券投资基金信息披露编报规则第5号〈货币市场基金信息披露特别规定〉》，现予发布，请遵照执行，自2005年4月1日起施行。

中国证券监督管理委员会

二〇〇五年三月二十五日

证券投资基金信息披露编报规则第5号《货币市场基金信息披露特别规定》

第一条 为保护证券投资基金份额持有人合法权益，进一步规范货币市场基金的信息披露，根据《证券投资基金法》、《证券投资基金信息披露管理办法》、《货币市场基金管理暂行规定》等有关规定，特制订本规则。

第二条 货币市场基金在编制基金收益公告、临时报告、定期报告等信息披露文件时，除遵循中国证券监督管理委员会(以下简称中国证监会)信息披露的一般规定外，还应遵循本规则的要求。

第三条 货币市场基金收益公告的内容包括但不限于：每万份基金净收益和7日年化收益率。披露7日年化收益率时，应标注基金收益分配是按日结转份额还是按月结转份额。

货币市场基金的基金合同生效后，基金管理人应于开始办理基金份额申购或者赎回当日，在中国证监会指定的全国性报刊(以下简称指定报刊)和基金管理人网站上披露截止前一日的基金资产净值、基金合同生效至前一日期间的每万份基金净收益、前一日的7日年化收益率。

货币市场基金应至少于每个开放日的次日在指定报刊和管理人网站上披露开放日每万份基金净收益和7日年化收益率。若遇法定节假日，应于节假日结束后第二个自然日，披露节假日期间的每万份基金净收益、节假日最后一日的7日年化收益率，以及节假日后首个开放日的每万份基金净收益和7日年化收益率。

日每万份基金净收益＝当日基金净收益/当日基金份额总额×10000；

期间每万份基金净收益＝$\sum_{w=1}^{n}(r_w/S_w)\times 10000$；其中，$r_1$为期间首日基金净收益，$S_1$为期间首日基金份额总额，$r_w$为第w日基金净收益，$S_w$为第w日基金份额总额，$r_n$为期间最后一日基金净收益，$S_n$为期间最后一日基金份额总额。

按日结转份额的7日年化收益率＝$\{[\prod_{i=1}^{7}(1+\frac{R_i}{10000})]^{\frac{365}{7}}-1\}\times 100\%$；按月结转份额的7日年化收益率＝$[(\sum_{i=1}^{7}R_i/7)\times 365/10000]\times 100\%$；其中，$R_i$为最近第i个自然日(包括计算当日)的每万份基金净收益。

除基金合同另有规定外，每万份基金净收益应保留至小数点后第4位，7日年化收益率保留至小数点后第3位。

第四条 当“影子定价”与“摊余成本法”确定的基金资产净值的偏离度的绝对值达到或者超过0.5%时，基金管理人应当在事件发生之日起两日内就此事项进行临时报告，至少披露发生日期、偏离度、原因及处理方法，并参照如下内容和格式在基金年度报告和半年度报告的重大事件揭示中进行披露：

项 目	发生日期	偏离度	披露报刊	披露日期
报告期内偏离度的绝对值在0.5%(含)以上				

本条款中，“摊余成本法”、“影子定价”及“偏离度”的涵义参见《关于货币市场基金投资等相关问题的通知》。

第五条 在基金年度报告、半年度报告中，货币市场基金至少应披露以下财务指标和数据：本期净收益、期末基金资产净值、期末基金份额净值、本期净值收益率、累计净值收益率。在披露本期净值收益率和累计净值收益率时，应标注基金收益分配是按日结转份额还是按月结转份额。在基金季度报告中，至少应披露基金本期净收益、期末基金资产净值等财务指标和数据。

按日结转份额的本期(或累计)净值收益率＝$\{[\prod_{i=1}^{n}(1+R_i/10000)]-1\}\times 100\%$；其中，$R_1$为期初(或基金合同生效日)的每万份基金净收益，$R_i$为日每万份基金净收益，$R_n$为报告期末的每万份基金净收益。

按月结转份额的本期(或累计)净值收益率＝$\{[\prod_{m=1}^{l}(1+R_m/10000)]-1\}\times 100\%$；其中，$R_1$为报告期起始至首次转份额期间(或基金合同生效后首月)的每万份基金净收益，R_m为第m−1次转份额至第m次转份额期间的每万份基金净收益，R_l为报告期最后一次转份额至期末的每万份基金净收益。

其他有关指标的计算应参照《证券投资基金信息披露编报规则第1号〈主要财务指标的计算及披露〉》。

第六条 货币市场基金的净值表现应参照以下格式披露：

（一）历史各时间段收益率与同期业绩比较基准收益率比较

阶段	基金净值收益率①	基金净值收益率标准差②	比较基准收益率③	比较基准收益率标准差④	①-③	②-④
过去×个月						
过去×年						
自基金合同生效起至今						

基金净值收益率的计算参照本规则第五条。上述指标均以百分数形式表示，并保留至小数点后第4位。

（二）自基金合同生效以来基金累计净值收益率与业绩比较基准收益率历史走势对比

基金累计净值收益率的计算参照本规则第五条。

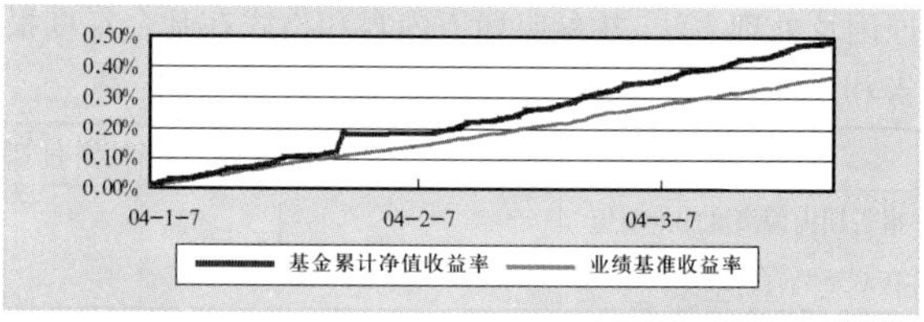

第七条 货币市场基金的投资组合报告应参照以下内容和格式披露：

（一）报告期末基金资产组合

资产组合	金额(元)	占基金总资产的比例(%)
债券投资		
买入返售证券 其中：买断式回购的买入返售证券		
银行存款和清算备付金合计		
其他资产		
合　计		

（二）报告期债券回购融资情况

序号	项　目	金额(元)	占基金资产净值的比例(%)
1	报告期内债券回购融资余额		
	其中：买断式回购融资		
2	报告期末债券回购融资余额		
	其中：买断式回购融资		

上表中，报告期内债券回购融资余额应取报告期内每日融资余额的合计数，报告期内债券回购融资余额占基金资产净值比例应取报告期内每日融资余额占基金资产净值比例的简单平均值。

若报告期内货币市场基金债券正回购的资金余额超过基金资产净值的20%，还应作如下说明：

序号	发生日期	融资余额占基金资产净值的比例(%)	原因	调整期

（三）基金投资组合平均剩余期限

1、投资组合平均剩余期限基本情况

项　目	天　数
报告期末投资组合平均剩余期限	
报告期内投资组合平均剩余期限最高值	
报告期内投资组合平均剩余期限最低值	

投资组合的平均剩余期限应保留至整数位，小数点后四舍五入，其计算公式参照《关于货币市场基金投资等相关问题的通知》。

若报告期内投资组合平均剩余期限违规超过180天，还应作如下说明：

序号	发生日期	平均剩余期限(天)	原因	调整期

2、期末投资组合平均剩余期限分布比例

序号	平均剩余期限	各期限资产占基金资产净值的比例(%)	各期限负债占基金资产净值的比例(%)
1	30天以内		
2	30天(含)-60天		
3	60天(含)-90天		
4	90天(含)-180天		
5	180天(含)-397天(含)		
	合　计		

若报告期末货币市场基金持有剩余期限小于397天但剩余存续期超过397天的浮动利率债券，还应参照以下格式在上表相应栏目下标注：

序号	平均剩余期限	各期限资产占基金资产净值的比例(%)	各期限负债占基金资产净值的比例(%)
	××天以内		
	其中：剩余存续期超过397天的浮动利率债		

剩余存续期的涵义参见《关于货币市场基金投资等相关问题的通知》。

（四）报告期末债券投资组合

1.按债券品种分类的债券投资组合

序号	债券品种	成本(元)	占基金资产净值的比例(%)
1	国家债券		
2	金融债券		
	其中：政策性金融债		
3	央行票据		
4	企业债券		
5	其他		
	合　计		
剩余存续期超过397天的浮动利率债券			

上表中，附息债券的成本包括债券面值和折溢价，贴现式债券的成本包括债券投资成本和内在应收利息。

2.基金投资前十名债券明细

序号	债券名称	债券数量(张)		成本(元)	占基金资产净值的比例(%)
		自有投资	买断式回购		
1					
2					
3					
4					
5					
6					
7					
8					
9					
10					

上表中，“债券数量”中的“自有投资”和“买断式回购”指自有的债券投资和通过债券买断式回购业务买入的债券卖出后的余额。

（五）“影子定价”与“摊余成本法”确定的基金资产净值的偏离

项　目	偏离情况
报告期内偏离度的绝对值在0.25%(含)-0.5%间的次数	
报告期内偏离度的最高值	
报告期内偏离度的最低值	
报告期内每个工作日偏离度的绝对值的简单平均值	

（六）投资组合报告附注

1.基金计价方法说明。

2.若本报告期内货币市场基金持有剩余期限小于397天但剩余存续期超过397天的浮动利率债券，应声明本报告期内是否存在该类浮动利率债券的摊余成本超过当日基金资产净值的20%的情况。

3.本报告期内需说明的证券投资决策程序。

4.其他资产的构成

序号	其他资产	金额(元)
1	交易保证金	
2	应收证券清算款	
3	应收利息	
4	应收申购款	
5	其他应收款	
6	待摊费用	
7	其他	
合　计		

第八条　本规则自2005年4月1日起施行。

关于货币市场基金投资等相关问题的通知

证监基金字[2005]41号

各基金管理公司、基金托管银行：

为进一步规范货币市场基金的投资运作，更好保护基金份额持有人的合法权益，根据《证券投资基金法》、《货币市场基金管理暂行规定》等有关法律法规，现将货币市场基金投资等相关问题通知如下：

一、货币市场基金投资组合平均剩余期限的计算公式为：

$$\frac{\sum \text{投资于金融工具产生的资产} \times \text{剩余期限} - \sum \text{投资于金融工具产生的负债} \times \text{剩余期限} + \text{债券正回购} \times \text{剩余期限}}{\text{投资于金融工具产生的资产} - \text{投资于金融工具产生的负债} + \text{债券正回购}}$$

具体计算方法参见附件1。

二、货币市场基金投资组合的平均剩余期限在每个交易日均不得超过180天。

三、货币市场基金不得与基金管理人的股东进行交易，不得通过交易上的安排人为降低投资组合的平均剩余期限的真实天数。

四、除发生巨额赎回的情形外，货币市场基金的投资组合中，债券正回购的资金余额在每个交易日均不得超过基金资产净值的20%。

因发生巨额赎回致使货币市场基金债券正回购的资金余额超过基金资产净值20%的，基金管理人应当在5个交易日内进行调整。

五、货币市场基金持有的剩余期限不超过397天但剩余存续期超过397天的浮动利率债券的摊余成本总计不得超过当日基金资产净值的20%。

货币市场基金不得投资于以定期存款利率为基准利率的浮动利率债券。

六、买断式回购融入基础债券的剩余期限不得超过397天。

七、货币市场基金可以采用“摊余成本法”对持有的投资组合进行会计核算。

货币市场基金应采用合理的风险控制手段，如“影子定价”，对“摊余成本法”计算的基金资产净值的公允性进行评估。当“影子定价”确定的基金资产净值与“摊余成本法”计算的基金资产净值的偏离度的绝对值达到或超过0.25%时，基金管理人应根据风险控制的需要调整组合，其中，对于偏离度的绝对值达到或超过0.5%的情形，基金管理人应编制并披露临时报告。“影子定价”的处理流程和计算公式参见附件2。

八、为解决货币市场基金影子定价过程中新出现的问题，基金业界可自发成立货币市场基金影子定价工作小组。

货币市场基金影子定价工作小组成立后，小组成员及其议事程序应报备中国证监会；在日常运作中，小组有关决策应及时报备中国证监会。

九、货币市场基金在收入确认方面应按以下原则处理：

（一）债券差价收入应于实现时确认，不得进行摊销处理。

（二）对于债券手续费返还收入，应按权责发生制原则，视为折溢价计入债券成本，并在债券剩余存续期内摊销。

十、当日申购的基金份额自下一个工作日起享有基金的分配权益；当日赎回的基金份额自下一个工作日起不享有基金的分配权益。

十一、本通知有关词语解释如下：

（一）剩余存续期等于计算日距债券兑付日的天数。

（二）“摊余成本法”是指计价对象以买入成本列示，按照票面利率或协议利率并考虑其买入时的溢价和折价，在剩余存续期内平均摊销，每日计提损益。

（三）“影子定价”与“摊余成本法”确定的基金资产净值的偏离度$=\frac{NAV_s-NAV_a}{NAV_a}$，其中，$NAV_s$为“影子定价”确定的基金资产净值，$NAV_a$为“摊余成本法”确定的基金资产净值。

（四）债券手续费返还收入包括但不限于债券承揽费和发行手续费等。

十二、本通知自2005年4月1日起施行。

附件：1.投资组合平均剩余期限计算方法

2.“影子定价”的处理流程和计算公式

中国证券监督管理委员会

二〇〇五年三月二十五日

附件一：投资组合平均剩余期限计算方法

一、计算公式

$$\frac{\sum 投资于金融工具产生的资产\times 剩余期限-\sum 投资于金融工具产生的负债\times 剩余期限+债券正回购\times 剩余期限}{投资于金融工具产生的资产-投资于金融工具产生的负债+债券正回购}$$

其中：投资于金融工具产生的资产包括现金类资产(含银行存款、清算备付金、交易保证金、证券清算款、买断式回购履约金)、一年以内(含一年)的银行定期存款、大额存单、剩余期限在397天以内(含397天)的债券、期限在一年以内(含一年)的逆回购、期限在一年以内(含一年)的中央银行票据、买断式回购产生的待回购债券、中国证监会、中国人民银行认可的其他具有良好流动性的货币市场工具。

投资于金融工具产生的负债包括期限在一年以内(含一年)的正回购、买断式回购产生的待返售债券等。

采用“摊余成本法”计算的附息债券成本包括债券的面值和折溢价；贴现式债券成本包括债券投资成本和内在应收利息。

二、各类资产和负债剩余期限的确定

（一）银行存款、清算备付金、交易保证金的剩余期限为0天；证券清算款的剩余期限以计算日至交收日的剩余交易日天数计算；买断式回购履约金的剩余期限以计算日至协议到期日的实际剩余天数计算。

（二）一年以内(含一年)银行定期存款、大额存单的剩余期限以计算日至协议到期日的实际剩余天数计算。

（三）组合中债券的剩余期限是指计算日至债券到期日为止所剩余的天数，以下情况除外：

允许投资的浮动利率债券的剩余期限以计算日至下一个利率调整日的实际剩余天数计算。

（四）回购（包括正回购和逆回购）的剩余期限以计算日至回购协议到期日的实际剩余天数计算。

（五）中央银行票据的剩余期限以计算日至中央银行票据到期日的实际剩余天数计算。

（六）买断式回购产生的待回购债券的剩余期限为该基础债券的剩余期限。

（七）买断式回购产生的待返售债券的剩余期限以计算日至回购协议到期日的实际剩余天数计算。

附件二："影子定价"的处理流程和计算公式

一、"影子定价"的处理流程

（一）收益率采集基础

货币市场基金从中国外汇交易中心管理的中国货币网(www.chinamoney.com.cn)上采集双边报价信息，以此为基础估算市场公允收益率。

（二）定价品种的分类

将定价品种分为国债、央行票据和政策性金融债、其他允许投资的金融工具三类。货币市场基金影子定价工作小组每季度确定当期最活跃的成交类别作为下一季度的估值基准类别，并确定三类定价品种之间的收益率折溢价标准，一并作为下一季度的估值基准。

（三）估值基准类别的剩余存续期分类

1．剩余存续期小于等于 3 个月；

2．剩余存续期大于 3 个月，小于等于 6 个月；

3．剩余存续期大于 6 个月，小于等于 9 个月；

4．剩余存续期大于 9 个月，小于等于 397 天。

（四）数据采集

1．寻找估值基准类别券种的双边报价信息

每个工作日 16：45 分后，从中国货币网采集双边报价的收益率信息。双边报价收益率保留至小数点后第 4 位，第 5 位四舍五入。

2．其他信息

其他信息如债券面值、票面年利息、每年的利息支付频率、债券剩余存续期等。

（五）确定各期限段公允收益率基准

1．以双边报价中估值基准类别各券种的买入收益率和卖出收益率的简单平均值，作为该券种的收益率标准。收益率标准保留至小数点后第4位，第5位四舍五入。

2．如有多个双边报价商对同一品种提出报价，以最低的买入收益率和最高的卖出收益率的简单平均值，作为该券种的收益率标准。

3．根据估值基准券类别剩余存续期的划分原则，计算各期限段中所有券种收益率标准的简单平均值，作为该期限段品种的市场公允收益率标准。

4．若当日某期限段券种没有双边报价信息，则以上一日该期限段券种的公允收益率标准作为当日该期限段券种的公允收益率标准。

（六）确定其他类别品种的公允收益率标准

根据基准券类别中各期限段品种的公允收益率标准，以及其他品种与基准券类别之间的收益率折溢价标准，确定其他类别品种各期限段的公允收益率标准。

（七）浮动利率债券的公允收益率标准，由影子定价工作小组根据基准利率以及有效利差的实际变动情况具体确定。

（八）确定基金的"影子价格"

1．参照本附件第二项"全价估算公式"，分别计算当日货币市场基金持有各券种的"影子价格"。

2．将各券种的"影子价格"导入估值表中，计算"影子定价"确定的基金资产净值。

二、全价估算公式

（一）持有券种在计算日至到期日之间的付息次数为 1 的，采用以下公式，计算各券种的影子价格。

$$PV=\frac{M+(C/f)}{1+y\frac{D}{365}}$$

其中：PV 为各券种的影子价格；M 为债券面值；C 为债券票面年利息；f 为债券每年的利息支付频率；D 为从计算日至债券到期日的剩余天数；y 为估算的市场收益率。

（二）持有券种在计算日至到期日之间的付息次数大于 1 的，采用以下公式计算各券种的影子价格。

$$PV=\frac{C_1/f}{(1+y/f)^{w}}+\frac{C_2/f}{(1+y/f)^{w+1}}+\dots+\frac{C_n/f}{(1+y/f)^{w+n-1}}+\frac{M}{(1+y/f)^{w+n-1}}$$

其中，PV 为各券种的影子价格；y 为估算的市场收益率；C_1 为本期票息；C_2 为下一期开始的票息，对于固定利息债券 $C_2=C_1$；f 为债券每年的利息支付频率；n 为剩余的付息次数，$n-1$ 即为剩余的付息周期数；D 为计算日距最近一次付息日的天数；w 等于 D/当前付息周期的实际天数，等于 D/(上一个付息日－下一个付息日)；M 为债券面值。

关于货币市场基金投资短期融资券有关问题的通知

各基金管理公司、基金托管银行：

为进一步规范货币市场基金的投资运作，促进货币市场基金健康发展，根据《证券投资基金法》、《证券投资基金运作管理办法》、《货币市场基金管理暂行规定》等有关法律法规，现将货币市场基金投资短期融资券有关问题通知如下：

一、货币市场基金投资的短期融资券的信用评级，应不低于以下标准：

（一）国内信用评级机构评定的A－1级或相当于A－1级的短期信用级别；

（二）根据有关规定予以豁免信用评级的短期融资券，其发行人最近三年的信用评级和跟踪评级具备下列条件之一：

1．国内信用评级机构评定的AAA级或相当于AAA级的长期信用级别；

2．国际信用评级机构评定的低于中国主权评级一个级别的信用级别(例如，若中国主权评级为A－级，则低于中国主权评级一个级别的为BBB+级)。

同一发行人同时具有国内信用评级和国际信用评级的，以国内信用级别为准。

二、货币市场基金投资于同一公司发行的短期融资券及短期企业债券的比例，合计不得超过基金资产净值的百分之十。因市场波动、基金规模变动等基金管理人之外的因素致使基金投资不符合上述比例的，基金管理人应当在十个交易日内调整完毕。

三、货币市场基金持有短期融资券期间，如果其信用等级下降、不再符合投资标准，应在评级报告发布之日起二十个交易日内予以全部减持。

四、本通知自发布之日起施行。

中国证券监督管理委员会

二〇〇五年九月二十二日

关于货币市场基金投资银行存款有关问题的通知

证监基金字[2005]190号

各基金管理公司、基金托管银行：

为进一步规范货币市场基金的投资运作，促进货币市场基金健康发展，根据《证券投资基金法》、《证券投资基金运作管理办法》、《货币市场基金管理暂行规定》等法律法规，现将货币市场基金投资银行存款有关问题通知如下：

一、货币市场基金可以投资于现金、通知存款、1年以内(含1年)的存款。

二、货币市场基金的存款银行应当是具有证券投资基金托管人资格、证券投资基金代销业务资格或合格境外机构投资者托管人资格的商业银行。

三、货币市场基金投资于定期存款的比例，不得超过基金资产净值的30%。

四、货币市场基金投资银行存款时，应当与存款银行总行或其授权分行签订总体合作协议，并将资金存放于存款银行总行或其授权分行指定的分支机构。

五、货币市场基金投资银行存款时，应当与存款银行签订具体存款协议，明确存款的类型、期限、利率、金额、账号、对账方式、支取方式、账户管理等细则。为防范特殊情况下的流动性风险，定期存款协议中应当约定提前支取条款。

六、基金管理人、基金托管人应当与存款银行建立定期对账机制，确保货币市场基金银行存款业务账目及核算的真实、准确。

七、基金管理人与基金托管人应根据本通知及相关规定，就货币市场基金银行存款业务签订书面协议，明确双方在相关协议签署、账户开设与管理、投资指令传达与执行、资金划拨、账目核对、到期兑付、文件保管以及存款证实书的开立、传递、保管等流程中的权利、义务和职责，以确保基金资产的安全，保护基金份额持有人的合法权益。

八、基金管理人应加强对货币市场基金存款银行的评估与研究，建立健全银行存款的业务流程、岗位职责、风险控制措施和监察稽核制度，切实防范有关风险

九、基金托管人应加强对货币市场基金银行存款业务的监督与核查，严格审查、复核相关协议、账户资料、投资指令、存款证实书等有关文件，切实履行托管职责。

十、基金管理人与基金托管人在开展货币市场基金存款业务时，应严格遵守《证券投资基金法》、《证券投资基金运作管理办法》、《货币市场基金管理暂行规定》等有关法律法规，以及国家有关账户管理、利率管理、支付结算等的各项规定。

十一、本通知自发布之日起施行。

中国证券监督管理委员会

二〇〇五年十一月二十一日

● 关于基金交易及登记结算

目 录

关于发布《通过上海证券交易所办理开放式基金相关业务操作指引》的通知

各会员单位、各结算单位、各基金管理公司：

为了规范通过上海证券交易所办理开放式基金的相关业务，上海证券交易所和中国证券登记结算有限责任公司制定了《通过上海证券交易所办理开放式基金相关业务操作指引》，现予发布，自发布之日起实施。

上海证券交易所
中国证券登记结算有限责任公司
二〇〇五年七月二十七日

通过上海证券交易所办理开放式基金相关业务操作指引

第一章 总 则

一、为进一步明确通过上海证券交易所(以下简称“上证所”)办理开放式基金认购、申购、赎回、转托管等业务流程和具体要求，依据上证所《开放式基金认购、申购、赎回业务办理规则(试行)》、中国证券登记结算有限责任公司(以下简称“中国结算公司”)《开放式基金通过上海证券交易所认购、申购与赎回登记结算业务实施细则》，上证所和中国结算公司制定本指引。

二、通过上证所办理开放式基金认购、申购与赎回(以下简称“上证所场内认购、申购与赎回”)，是在现有的通过基金管理人及其代销机构办理认购、申购与赎回(以下简称“场外认购、申购与赎回”)之外，为投资者新推出的开放式基金业务办理渠道。

三、由中国证监会核准的具有开放式基金代销资格，并经上证所及中国结算公司认可的上证所会员(以下简称“有资格的上证所会员”)，可通过上证所开放式基金销售系统(以下简称“上证所场内系统”)从事自营或代理投资者办理开放式基金的上证所场内认购、申购与赎回等业务。

四、投资者通过上证所场内系统认购、申购与赎回基金份额的，应根据《上海证券交易所全面指定交易制度试行办法》的规定，指定有资格的上证所会员代为办理。

五、场内系统与上证所以外基金管理人及其代销机构的开放式基金柜台销售系统(以下简称“场外系统”)相互独立、并行运作。投资者可选择通过场内系统或场外系统申购、赎回基金份额。

第二章　基金简称、代码和账户管理

一、 基金简称和代码

上证所根据基金管理人申请，为通过上证所场内系统发售、申购、赎回的开放式基金提供简称和代码。基金管理人及其代销机构、基金托管人应使用与本所相同的基金简称和代码。

基金简称不超过4个汉字或8个字符，应能同时标识基金管理人和基金产品。

基金代码由6位阿拉伯数字构成，其结构为5##***，其中，##标识申报类型，***标识基金产品序号。具体地，519***标识基金挂牌代码和申购赎回代码；521***标识认购代码；522***标识跨市场转托管代码；523***标识设置基金分红方式代码。

二、 账户管理

（一）上证所场内认购、申购与赎回的账户管理

投资者办理上证所场内认购、申购与赎回，应使用上海人民币普通股票账户或证券投资基金账户(以下简称“上海证券账户”)。

已有上海证券账户的，可直接办理上证所场内认购、申购与赎回。

尚无上海证券账户的，可通过中国结算公司开户代理机构开立账户。

（二）场外认购、申购与赎回的账户管理

投资者办理场外认购、申购、赎回，应使用中国结算公司上海开放式基金账户。

已有上海证券账户的，可通过场外基金管理人或代销机构将其注册成为上海开放式基金账户。

尚无上海证券账户的，可通过场外基金管理人或代销机构直接申请账户注册，中国结算公司将为其配发上海证券投资基金账户，同时将该账户注册成为上海开放式基金账户。

成功注册了上海开放式基金账户后，投资者可在原办理账户注册或账户注册确认的基金管理人或代销机构处直接办理场外认购、申购与赎回；如拟通过其他的代销机构办理场外认购、申购与赎回，则须先持上海开放式基金账户通过其办理账户注册确认。

第三章　基金份额的认购

一、 基金份额的认购时间与认购场所

基金募集期内，上证所接收认购申报的时间为每个交易日的撮合交易时间(9:30至11:30，13:00至15:00)和大宗交易时间(15:00至15:30)。

二、 认购价格及认购费用

基金募集期内，上证所在每个交易日的交易时间，在行情发布系统中的“最新价”栏目揭示每份基金份额的面值。

基金管理人可按认购金额分段设置认购费率，认购费率由基金管理人在《基金招募说明书》中约定。

中国结算公司开放式基金登记结算系统(TA系统)依据管理人给定的认购费率，按内扣法或外扣法计算投资者认购所得基金份额。具体份额计算公式参见基金管理人公告的基金募集文件

三、 认购申报要素

认购申报的证券代码为521***，采用“金额认购”方式，投资者以认购金额填报数量申请，买卖方向只能为买。

最低认购金额由基金管理公司确定并公告。在最低认购金额基础上，累加认购申报金额为100元或其整数倍，但单笔申报最高不得超过99,999,900元。

在同一认购日可进行多次认购申报，申报指令可以更改或撤销，但认购申报已被受理除外。

四、 认购资金利息处理

上证所场内认购资金在基金募集期形成的利息折算成基金份额，归投资者所有，利息折算的基金份额数额以中国结算公司的记录为准。认购利息折算的基金份额精确到整数位，小数部分舍去归基金资产。

五、 认购处理流程

（一）基金募集期内，上证所场内认购处理流程

1．T日，投资者通过有资格的上证所会员申报认购开放式基金。当日收市后，上证所将该日来自不同席位的认购申报数据发送给中国结算公司TA系统，同时将当日认购明细申请回执数据发送给相应的上证所有资格会员的席位。

2．T日，中国结算公司对当日上证所场内及场外认购数据一并进行处理，生成认购待确认数据传送基金管

理人。

对于该日来自不同席位的认购申报数据，中国结算公司根据当日交易席位与结算参与人的对应关系，确定资金清算路径，以及各席位分别适用的认购代理费率。

3. T+1日，中国结算公司根据基金管理人传送的认购确认数据，生成认购交易回报数据，并发送给上证所，上证所将认购交易回报数据分别发送给相应的有资格的上证所会员的席位。

该日，中国结算公司根据T日确定的资金清算路径，对上证所场内认购数据进行资金清算，按席位生成资金清算结果明细，发送相关结算参与人，通知其及时划拨应付款项。

4. T+2日，各结算参与人通过其在中国结算公司开立的开放式基金结算备付金账户完成上证所场内认购的资金交收，全部认购款上缴中国结算公司开放式基金募集专户。

认购资金交收遵循“先满足申购赎回资金交收，后满足认购资金交收”的原则。T+2日日终，若结算参与人资金交收违约，则中国结算公司与交收资金不足的结算参与人联系，通知其于T+3日11:00之前提供无效认购明细表。

5. T+3日，中国结算公司按照结算参与人提供的无效认购明细表对上证所场内、场外认购数据统一进行无效处理；结算参与人不按时提供无效认购明细表的，中国结算公司按上证所场内、场外认购数据申报时间的顺序，由后向前统一进行无效处理。

基金募集期内的每一认购日均按上述流程滚动处理。

（二）基金募集结束时，按以下流程处理：

1. N日，基金募集最后一个认购日。N日收市后，上证所对基金认购代码作次日停牌处理。

2. N+1日，停止基金认购申报，当日收市后，上证所对基金认购代码作次日摘牌处理。

3. N+2日(N+2日出现认购资金不足的，则顺延至N+3日)，中国结算公司将基金募集期内全部有效的上证所场内、场外的认购数据发送基金管理人做最终确认。

4. N+3日(N+2日出现认购资金不足的，则顺延至N+4日)，中国结算公司根据基金管理人的最终认购确认数据完成基金募集结束处理，并将上证所场内认购基金份额确认结果发送上证所。上证所将场内认购基金份额确认结果发送相应的有资格的上证所会员的席位。

5. N+4日(N+2日出现认购资金不足的，则顺延至N+5日)，中国结算公司将基金募集资金由基金认购专户划出，由基金管理人或基金托管人将其划入基金募集验资户。

同日，中国结算公司将不足一份基金份额部分的认购资金零头返还给结算参与人，再由结算参与人将其返还给投资者。

（三）基金管理人须于基金合同生效后三个工作日内，到中国结算公司办理上证所场内、场外基金份额的募集登记手续。中国结算公司自受理登记申请之日起两个工作日内完成基金份额登记，出具《基金份额登记确认书》交基金管理人。

（四）投资者通过上证所场内系统认购所得的基金份额由中国结算公司TA系统登记在投资者上海证券账户内，托管在该投资者上海证券账户指定交易所属的上证所会员处。

（五）基金募集期内，所有投资者的认购资金将被冻结。中国结算公司将所冻结资金利息在中国人民银行规定的结息日的下一个工作日划付到该基金结算备付金账户；如基金募集期跨越季度结息日，则相应利息分两次划付。

第四章 基金份额的申购与赎回

一、基金份额的申购、赎回时间与场所

上证所在每个交易日的撮合交易时间（9:30至11:30，13:00至15:00）内，接受基金份额申购、赎回的申报。

上证所在申购赎回时间，在行情发布系统中的“最新价”栏目揭示前一交易日每百份基金份额净值。

基金管理人可以依据有关法律、法规、行政规章的规定，提前1个工作日，以书面形式向上证所申请暂停基金份额的申购或赎回。暂停期结束后，可以向本所申请重新开放基金份额申购或赎回。

二、申购、赎回申报要素

申购、赎回的证券代码为519***，采用“金额申购”、“份额赎回”原则，即以申购金额填报数量申请，以赎回份额填报数量申请。“申购”对应“买入”，“赎回”对应“卖出”。申购、赎回的成交价格按当日基金份额净值确定。由于申报价格栏不能空白，故约定始终都填写为“1元”。

最低申购金额及赎回份额由基金管理人确定并公告。在最低申购金额的基础上，累加申购金额为100元或其整数倍，但最高不能超过99,999,900元；单笔赎回的基金份额为整数份，但最高不能超过99,999,999份。

同一交易日可进行多次申购或赎回申报，申报指令可以更改或撤销，但申报已被受理除外。

上证所对申购、赎回申报申请直接转发给中国结

算公司，并由中国结算公司负责校验。投资者申购(赎回)后所得的基金份额(赎回金额)，由中国结算公司予以确认。

三、申购、赎回处理流程

（一）上证所场内申购、赎回申报处理流程

1．T日，投资者通过有资格的上证所会员营业部提交开放式基金申购、赎回申报。T日收市后，上证所将当日来自不同席位的申购、赎回申报数据发送给中国结算公司，同时将相关申报明细回执数据发送给有资格的上证所会员席位。

2．T日，结算参与人应自行计算当日上海、深圳证券交易所场内及场外净申购金额：

T日净申购金额=(T日上海、深圳交易所场内及场外申购金额－申购代理费)−(T−N+2日上海、深圳交易所场内及场外赎回金额－赎回手续费＋赎回代理费)，其中N为基金管理人规定的赎回交收周期，且N ≥ 2。

若净申购金额超过中国结算公司规定额度(目前净申购额度暂定为5000万)，则应于T+1日11:30前主动向中国结算公司提供合格结算担保品，担保品原则上为结算备付金。

未能按时足额提供结算担保品的净申购金额部分，由中国结算公司按该结算参与人申购申请的提交时间顺序，由后向前，对无结算担保品的申购申请做无效拉单处理。

3．T日日终，中国结算公司依据基金管理人传送的当日单位份额净值，对当日上证场内、场外申购、赎回数据一并进行处理，生成申购、赎回交易待确认数据传送基金管理人。

4．T＋1日，中国结算公司TA系统根据基金管理人传送的申购、赎回确认数据，并经申购拉单处理后，完成有效申购、赎回基金份额过户登记，记增、记减投资者上海证券账户基金份额，并将申购(赎回)确认数据发送给上证所，上证所将该数据分别发送给相应的有资格的上证所会员的席位。

5．T+2日起，投资者可在提交申报的上证所会员营业部处查询到申购、赎回处理结果和申购所得基金份额。

（二）上证所场内申购、赎回资金结算流程

1．C日(清算日)，中国结算公司对结算参与人C−1日上海、深圳交易所场内及场外申购，以及C−N+1日（N为基金管理人规定的赎回交收周期，且N ≥ 2）赎回合并清算，轧差出资金净额，并将相关明细到席位的资金清算结果通知结算参与人。

2．C+1日(交收日)，结算参与人根据中国结算公司资金清算结果，通过其在中国结算公司开立的开放式基金结算备付金账户完成申购、赎回的相关资金交收。对于上证所场内申购业务，结算参与人向中国结算公司上缴扣除不足一份基金份额部分的申购资金零头之后的实际申购资金。

第五章　基金份额的转托管

投资者可将基金份额在上证所场内不同会员营业部之间进行转指定，也可在上证所场内系统和场外系统之间进行跨市场转托管。

在开放式基金开放申购、赎回后，投资者可以申请办理，但存在质押、冻结或其他特殊情形可能影响份额持有人权益的基金份额，不能申请转托管。

一、基金份额在上证所场内不同会员营业部之间进行转指定处理流程

在上证所系统内进行基金份额转托管的，按照《上海证券交易所全面指定交易制度试行办法》中有关规定办理。

二、跨市场转托管申报要素

跨市场转托管的证券代码为522***，“转出”对应“卖出”，“转入”对应“买入”。

对于转出，价格栏填写转入方的销售人代码，范围1−999元。

转托管数量的下限为1份，最高不能超过99,999,999份。

三、基金份额在上证所场内系统和场外系统之间进行转托管处理流程

（一）账户规定

该类转托管只限于在场内上海证券账户和以其为基础在场外系统注册的上海开放式基金账户之间进行。

（二）将上证所场内基金份额转托管至场外系统业务处理流程：

1．投资者申请将基金份额转出上证所场内系统的，应确保按照中国结算公司《开放式基金登记结算业务指南》相关规定，已在场外基金管理人或其代销机构处成功办理开放式基金账户注册或开放式基金账户注册确认(具体可参见第二章第二节账户相关内容)，并获知该基金管理人或代销机构代码(该代码为六位阿拉伯数字，首位数字为6)。

2．T日，投资者持有效身份证明文件和上海证券账户卡到转出方上证所会员营业部提交转托管申请。转出方上证所会员营业部应按照上证所相关数据接口规范要求申报转托管，必须注明转入方基金管理人或其代销机构代码、证券账户号码、基金代码和转托管数量。上证所将转托管申请数据发送给中国结算公司TA系统。

3．T日日终，中国结算公司TA系统处理转托管申报。对于合格转托管申报数据，记减投资者上海证券账户基金份额，同时相应记增开放式基金账户基金份额；对于不合格转托管申报数据，注明失败原因并反馈转出方上证所会员营业部。

4．T+1日，中国结算公司将成功及失败转托管处理结果反馈给上证所，上证所将其发送给有资格的转出方上证所会员席位。

同日，中国结算公司将成功转托管处理结果发送场外转入方基金管理人或其代销机构。

5．T+2日起，投资者可在场外转入方基金管理人或其代销机构处查询到该转托管转入基金份额。

（三）将场外系统基金份额转托管至上证所场内系统业务处理流程：

1．投资者申请将基金份额转入场内系统的，应持有效身份证件到拟转入的有资格的上证所会员营业部办理指定交易，已办理指定交易的除外。

2．T日，投资者在场外转出方基金管理人或其代销机构处提出基金份额转托管申请。场外转出方基金管理人或其代销机构应按照中国结算公司相关数据接口规范要求申报转托管，必须注明转入方(上证所)代码、开放式基金账户号码、基金代码和转托管数量，其中转托管数量应该为整数份。

3．T日日终，中国结算公司TA系统处理转托管申报。对于合格转托管申报数据，记减投资者上海开放式基金账户基金份额，同时相应记增上海证券账户基金份额；对于不合格转托管申报数据，注明失败原因反馈转出方基金管理人或其代销机构。

4．T+1日，中国结算公司将成功及失败转托管处理结果反馈给场外转出方基金管理人或其代销机构。

同日，中国结算公司将成功转托管处理结果发送上证所，上证所将其发送给有资格的转入方上证所会员席位。

5．T+2日起，投资者可在场内指定交易所属有资格的上证所会员处查询到该转托管转入基金份额。

（四）由于转托管导致上海证券账户或开放式基金账户内的基金份额低于基金管理人规定的单个账户最低持有限额时，中国结算公司TA系统将对账户内剩余基金份额做强制赎回处理。

第六章　基金权益分派

一、 基金权益分派方式申报

设置基金分红方式的申报证券代码为523***，买卖方向只能为“买”，不能为“卖”；“价格”填写基金分红方式代码，其中100元为红利转投，101元为现金分红；申报数量为1。

二、 基金权益分派办理流程

（一）基金管理人应于权益分派公告前两个工作日，预先向上证所和中国结算公司提交权益分派申请。

（二）权益登记日(R日)之前(不含R日)，投资者可进行基金权益分派方式申报。多次申报的，以最后一次申报为准。

（三）基金管理人应于R日19:00前将最终确定的分红比例方案通知中国结算公司。如在规定时点后修改分红比例方案的，应重新确定权益登记日。

（四）R+1日，中国结算公司将红利再投资基金份额登记在投资者上海证券账户内，并将红利再投资份额到账回报发送上证所。上证所将该回报分别发送给相应的有资格的上证所会员席位。

同日，中国结算公司计算投资者应得现金红利，并将基金权益分派划款金额通知基金管理人。

（五）R+2日12:00前，基金管理人或基金托管人将现金红利划入中国结算公司指定账户。现金红利款足额到账后，中国结算公司于次一工作日将现金红利划入结算参与人结算备付金账户，由结算参与人将其及时派发给投资者。

如现金红利款未能足额到账，则中国结算公司推迟现金红利派发，直到现金红利款足额到账后的次一工作日派发。

关于发布《上海证券交易所开放式基金认购、申购、赎回业务办理规则(试行)的通知

各会员单位、各基金管理公司：

为了规范通过上海证券交易所办理开放式基金的相关业务，我所制定了《上海证券交易所开放式基金认购、申购、赎回业务办理规则(试行)》，现予发布，自发布之日起实施。

上海证券交易所

二〇〇五年七月十四日

上海证券交易所开放式基金认购、申购、赎回业务办理规则(试行)

第一条 为了促进证券投资基金业的发展，规范开放式基金通过上海证券交易所(以下简称“本所”)交易系统认购、申购、赎回和转托管的行为，根据《证券投资基金法》、《证券投资基金销售管理办法》等相关法律、法规、规章和本所章程的规定，制定本规则。

第二条 基金管理人拟通过本所交易系统办理开放式基金认购、申购、赎回和转托管的，应当向本所提出申请。

第三条 由中国证监会核准具有开放式基金代销资格，经本所及中国证券登记结算有限责任公司(以下简称“中国结算”)认可的本所会员(以下简称“本所会员”)可参与通过本所交易系统办理开放式基金认购、申购、赎回和转托管业务。

第四条 持有中国结算上海分公司开立的普通股票账户或者证券投资基金账户(以下简称“上海证券账户”)的投资者可委托其指定交易的本所会员在本所交易时间内办理基金份额的认购、申购、赎回和转托管。

第五条 投资者认购开放式基金采用“金额认购”方式，即以金额填报认购申请。

投资者按“1元”认购价格申报，每笔认购金额必须是100元或其整数倍。

第六条 本所在基金管理人披露的基金开放日办理基金份额的申购、赎回业务。

本所通过行情发布系统中的“最新价”揭示开放式基金前一交易日每百份基金份额净值。

第七条 投资者申购、赎回开放式基金采用“金额申购”、“份额赎回”方式，即以金额填报申购申请，以份额填报赎回申请。

投资者按“1元”申购、赎回价格申报，每笔申购金额必须是100元或其整数倍，每笔赎回量必须是整数份额。

第八条 投资者申购时应得基金份额或者赎回时应得金额由中国结算根据基金管理人设定的申购、赎回费率，按投资者申购、赎回申请当日的基金份额净值计算。

第九条 应基金管理人申请，或本所认为必要，在符合有关规定的情形下，本所可以暂停、终止基金份额的申购、赎回。

第十条 本所交易系统可以为投资者提供转托管相关服务。投资者办理基金份额转托管业务须持有中国结算开放式基金TA账户。

第十一条 通过本所交易系统认购、申购、赎回的开放式基金的信息披露由基金管理人负责。基金管理人应将其公开披露信息及时送达本所。

第十二条 基金份额的登记、托管、结算由中国结算办理。

第十三条 本所根据相关规则收取服务费用。

第十四条 基金的认购费率、申购费率、赎回费率由基金管理人设定，并在《基金招募说明书》中披露。

第十五条 本所通过交易系统为基金管理人提供基金认购、申购、赎回、转托管的技术服务，维护该系统的安全运行。因不可抗力、意外事件或者本所不能控制的其他原因造成的问题，本所不承担任何责任。基金的投资风险由投资者自行负责，本所不对投资者的收益或者损失承担任何责任。

第十六条 本规则下列用语的含义是：

认购：在开放式基金募集期内，投资者通过本所交易系统购买基金份额的行为。

申购：在开放式基金开放日，投资者通过本所交易系统购买基金份额的行为。

赎回：在开放式基金开放日，投资者通过本所交易系统向基金管理人卖出基金份额收回投资的行为。

中国结算开放式基金TA账户：指中国结算为投资者注册的对应于上海证券账户的证券投资基金账户。

第十七条 本规则自发布之日起施行。

深圳证券交易所交易型开放式指数基金业务实施细则

第一章 总 则

第一条 为规范交易型开放式指数基金在深圳证券交易所(以下简称本所)的业务运作，根据《证券投资基金法》及其他有关法律、行政法规、部门规章的规定，制定本细则。

第二条 本细则所称交易型开放式指数基金(以下简称交易型指数基金)，是指经依法募集的，以跟踪特定证券指数为目标的开放式基金，其基金份额用组合证券进行申购、赎回，并在本所上市交易。

第三条 交易型指数基金的基金份额(以下简称基金份额)在本所的发售、申购、赎回和交易，适用本细则；本细则未作规定的，适用本所其他规定。

第四条 在本所上市的基金份额，其登记、托管和结算由本所指定的证券登记结算机构(以下简称证券登记结算机构)办理。

第二章 基金份额的发售

第五条 基金管理人可以通过本所或其他渠道发售基金份额。通过本所发售基金份额的，基金管理人须向本所提交发售申请，并获本所确认。

第六条 基金份额通过本所发售的，投资者应当使用在证券登记结算机构开立的证券账户，按照基金合同、基金招募说明书、基金份额发售公告的规定，通过具有基金代销业务资格的本所会员进行认购申报。

第七条 基金合同和招募说明书中，应当明确基金份额各种认购方式和投资者认购基金份额所应支付的对价种类。

第八条 基金份额通过本所发售的，具有基金代销业务资格的本所会员接受投资者认购申报时，应当要求投资者按规定足额交付认购所应支付的对价种类。

投资者以证券认购基金份额的，本所按照基金合同和基金招募说明书的规定，确认其是否拥有对应的足额证券。无足额证券的，其认购申报全部无效。

投资者以现金认购基金份额的，接受认购委托的本所会员应即时冻结投资者用于认购的资金，并不得挪用。

第九条 基金份额通过本所之外的其他渠道发售的，投资者按基金合同、基金招募说明书、基金份额发售公告的规定进行认购。

第三章 基金份额申购、赎回、交易与权益分派

第十条 基金管理人拟通过本所办理基金份额申购、赎回的，须向本所提交办理申购、赎回业务申请。

第十一条 基金份额通过本所申购、赎回的，基金管理人应当从具有基金代销业务资格的本所会员中选择代办基金份额申购与赎回业务的证券公司（以下简称代办证券公司)，报本所认可。

基金管理人应与选定的代办证券公司签订代办委托协议，明确双方权利义务。

第十二条 投资者通过本所申购、赎回基金份额的，应当通过代办证券公司进行申报。

投资者买卖在本所上市的基金份额的，应当通过本所会员进行申报。

第十三条 基金份额的申购、赎回的申报时间为《深圳证券交易所交易规则》中有关交易时间规定的连续竞价时间和收盘集合竞价时间。

第十四条 基金份额的申购、赎回，按基金合同规定的最小申购、赎回单位或其整数倍进行申报。

第十五条 基金份额应当用组合证券进行申购、赎回，基金合同和招募说明书另有规定的除外。

第十六条 通过本所申购、赎回基金份额的申报指令不得撤销，申报指令应当包括证券账号、基金代码、业务类别、买卖方向（申购为买方、赎回为卖方)、数量等内容，并按本所规定的格式传送。

第十七条 投资者申购基金份额的，应当拥有对应的足额组合证券及替代现金；投资者赎回基金份额的，应当拥有对应的足额基金份额。

第十八条 代办证券公司应向首次进行基金份额申购、赎回的投资者全面介绍相关业务规则，充分揭示可能产生的风险，并要求其签署风险揭示书。风险揭示书的格式文本由基金管理人制定。

第十九条 代办证券公司接受投资者申购、赎回委托时：

（一）应核实投资者拥有足额的组合证券、资金或基金份额；

（二）不得将投资者的资金挪作他用；

对违反前款规定的代办证券公司，基金管理人可在报本所认可后终止其基金份额申购、赎回委托业务。

第二十条 本所根据基金合同和基金招募说明书的

规定，按照基金管理人提供的申购、赎回基本要素清单(以下简称申购赎回清单)和现金替代方法，对符合要求的申购、赎回申报予以确认。

经本所确认的申购、赎回结果，相关各方应当履行清算交收义务。对不履行清算交收义务的，由证券登记结算机构按其业务规定处理。

第二十一条 在交易时间出现下列情形之一的，本所暂停接受基金份额的申购、赎回申报：

（一）因异常情况无法进行申购、赎回；

（二）临时停市；

（三）基金管理人开市前未公布申购赎回清单；

（四）基金管理人根据基金合同、基金招募说明书的约定申请暂停申购、赎回；

（五）本所认定的其他特殊情况。

本所暂停接受基金份额的申购、赎回申报，基金管理人应当予以公告。

第一款规定的情形消除的，基金管理人应当向本所提出恢复接受基金份额申购、赎回申报的申请，本所同意恢复的，基金管理人应当予以公告。

第二十二条 买卖、申购、赎回基金份额时，应遵守下列规定：

（一）当日申购的基金份额，同日可以卖出，但不得赎回；

（二）当日买入的基金份额，同日可以赎回，但不得卖出；

（三）当日赎回的证券，同日可以卖出，但不得用于申购基金份额；

（四）当日买入的证券，同日可以用于申购基金份额；

（五）本所规定的其他要求。

第二十三条 本所根据市场需要，可以调整基金份额申购、赎回、交易的方式、内容和时间等事项。

第二十四条 交易型指数基金发生权益分派的，在权益登记日进行除权(息)处理。

第二十五条 交易型指数基金在本所的交易费用收取标准比照封闭式基金的有关规定执行。交易型指数基金在本所的申购、赎回费用收取标准由本所另行规定。

第四章 信息传递与披露

第二十六条 每日开市前基金管理人应向本所、证券登记结算机构提供基金的申购赎回清单，并通过本所指定的信息发布渠道予以公告。申购赎回清单应包括下列内容：

（一）最小申购、赎回单位对应的各组合证券名称、证券代码及数量；

（二）可以现金替代的各组合证券种类及现金替代保证金率；

（三）必须用现金替代的各组合证券种类及替代金额；

（四）最小申购、赎回单位中的预估现金部分；

（五）前一交易日的基金份额净值；

（六）前一交易日的现金差额；

（七）本所要求提供的其他信息。

当日发布的申购赎回清单，当日不得修改。

第二十七条 本所于交易日通过行情发布系统揭示基金管理人提供的前一交易日基金份额净值，本所对其提供的基金份额净值的准确性不承担责任。

第二十八条 在交易时间内，本所根据基金管理人提供的基金份额参考净值计算方式或参考净值数据，即时发布基金份额参考净值。基金份额参考净值供投资者交易、申购、赎回基金份额时参考，本所对基金份额参考净值的准确性不承担责任。

基金管理人规定基金份额参考净值计算方式，经本所认可后予以公告；基金管理人修改基金份额参考净值计算方式，应当经本所认可后及时公告。

第二十九条 基金管理人规定组合证券的现金替代方式，经本所认可后予以公告；基金管理人修改组合证券的现金替代方式，应当经本所认可后及时公告。

第五章 罚 则

第三十条 基金管理人、基金托管人、本所会员违反本细则规定的，本所责令改正，并视情节轻重采取以下纪律处分措施：

（一）内部批评；

（二）公开谴责；

本所在采取前款纪律处分措施时，可同时报告中国证监会。

本所会员违反本细则规定的，本所可暂停其通过本所办理的交易型指数基金的部分或全部业务，限制其在自营或经纪业务中买入交易型指数基金。

本所会员严重违反证券登记结算机构结算规则，根据证券登记结算机构的提请，本所可暂停其通过本所办理的交易型指数基金的部分或全部业务，限制其在自营或经纪业务中买入交易型指数基金。

第六章 附 则

第三十一条 本细则由本所负责解释。

第三十二条 本细则下列用语具有如下含义：

（一）组合证券：指交易型指数基金跟踪特定证券指数所投资的一篮子证券。

（二）现金替代：指申购、赎回过程中，投资者按基金合同和基金招募说明书的规定，可以用一定数量的现金对申购赎回清单所列证券进行替代。

（三）现金替代保证金：指投资者申购基金份额过程中进行现金替代时，用以保证其按基金管理人规定补足被替代证券所应交纳的现金。

（四）现金替代保证金率：指现金替代保证金金额与被替代证券市值之间的比例。被替代证券市值的计算方式由基金管理人规定并公布。

（五）预估现金部分：指由基金管理人计算并在T日申购赎回清单中公布的当日现金差额预估值。

（六）异常情况：指不可抗力、意外事故、技术故障及本所不能控制的其他情况。

第三十三条 本细则自发布之日起施行。

关于发布《深圳证券交易所开放式基金申购、赎回业务实施细则》的通知

各会员单位、基金管理公司：

《深圳证券交易所开放式基金申购赎回业务实施细则》已经中国证券监督管理委员会批准，现予发布，自发布之日起实施。

特此通知

深圳证券交易所

二〇〇五年七月十三日

深圳证券交易所开放式基金申购、赎回业务实施细则

第一条 为规范开放式基金的基金份额(以下简称基金份额)在深圳证券交易所(以下简称本所)的申购、赎回业务，根据《中华人民共和国证券投资基金法》及其他有关法律、法规、规章及本所业务规则的规定，制定本细则。

第二条 基金份额通过本所申购、赎回的，适用本细则；本细则未做规定的，适用本所其他规定。

第三条 本细则所称的申购、赎回，是指本所会员接受投资者委托向本所交易系统申报的基金份额的申购、赎回。

第四条 基金管理人申请基金份额通过本所申购、赎回的，须获本所同意并与本所签订服务协议。

第五条 具有中国证券监督管理委员会(以下简称中国证监会)认定的基金代销业务资格且符合本所有关风险控制要求的本所会员可以代为办理申购业务。

具有中国证监会认定的基金代销业务资格的本所会员可以代为办理赎回业务。

基金合同和招募说明书另有规定的除外。

第六条 本所接受基金份额申购、赎回申报的时间为每个交易日9:15至11:30、13:00至15:00。

申购、赎回申报可以在交易当日15:00前撤销。

第七条 投资者申购、赎回基金份额应当使用中国证券登记结算有限责任公司(以下简称中国结算)深圳分公司开立的人民币普通股票账户或证券投资基金账户。

第八条 基金份额的申购以金额申报，申报单位为一元人民币；赎回以份额申报，申报单位为一份基金份额。

基金份额的申购、赎回委托数量应当符合基金合同和招募说明书中载明的申购、赎回数额限定。

第九条 基金份额申购、赎回费率在基金合同和招募说明书中予以载明。

本所可在申购、赎回费中按比例收取一定费用，具体收费标准另行规定。

第十条 基金管理人负责基金份额申购、赎回结果的确认。

基金份额申购、赎回的登记结算按照中国结算的有关规定办理。

第十一条 出现下列情形之一的，本所可以暂停接受基金份额的申购、赎回申报：

（一）因异常情况无法进行申购、赎回；

异常情况指不可抗力、意外事故、技术故障及非本所能够控制的其他异常情况。

（二）基金管理人根据基金合同和招募说明书的规定向本所申请暂停申购、赎回；

（三）本所认定的其他特殊情况。

上述第(二)项情形消除的，基金管理人应当向本所提出恢复基金份额申购、赎回的申请。

第十二条 本所可视情况调整基金份额申购、赎回的方式和申报时间等事项。

第十三条 本细则由本所负责解释。

第十四条 本细则自发布之日起施行。

中国证券登记结算有限责任公司关于深圳证券交易所上市的交易型开放式指数基金登记结算业务实施细则

第一章 总 则

第一条 为规范深圳证券交易所交易型开放式指数基金的登记结算业务，明确当事人之间的权利义务关系，防范结算风险，根据相关法律、法规和中国证券登记结算有限责任公司(以下简称“本公司”)有关业务规则，制定本细则。

第二条 本细则所称交易型开放式指数基金，是指经依法募集的，以跟踪特定证券指数为目标的开放式基金，其基金份额用组合证券进行申购及赎回，并在深圳证券交易所上市交易。

第三条 交易型开放式指数基金的基金份额(以下简称“基金份额”)申购及赎回涉及的登记结算业务由基金管理人委托本公司代为办理。

第四条 本细则适用于在深圳证券交易所发行、上市的交易型开放式指数基金的登记、结算业务，本细则没有规定的，适用本公司其他有关业务规则。

第五条 基金管理人应当就基金份额的认购、交易、申购及赎回中涉及的登记、托管与结算事宜与本公司签订有关协议，明确各方权利义务及具体操作流程。

第六条 参与基金份额申购及赎回的结算参与人应当与本公司签订有关协议，明确各方权利义务及具体操作流程。

第二章 账户管理

第七条 深圳证券账户(A股账户)适用于基金份额的现金认购、组合证券认购、交易、申购及赎回。

深圳证券投资基金账户仅适用于基金份额的现金认购和交易。

第八条 结算参与人使用其证券交收账户完成基金份额和组合证券的交收，使用其结算备付金账户完成基金份额的认购、交易、申购及赎回的资金交收。

第九条 本公司在组织多边交收活动中，使用证券集中交收账户和资金集中交收账户完成与结算参与人之间的证券和资金的划付。

本公司使用专用清偿账户，存放结算参与人交收违约时暂未交付而扣划的证券和资金

第十条 本公司开立交易型开放式指数基金证券认购专户(以下简称“证券认购专户”)，在基金份额发售期间，保管投资者提交的用于认购的组合证券。

本公司开立交易型开放式指数基金资金认购专户(以下简称“资金认购专户”)，在基金份额发售期间，保管投资者提交的用于认购的资金。

第三章 基金份额认购

第十一条 投资者用现金在认购日(以下简称N日)通过网上认购基金份额的，本公司于N日进行资金清算，于N+1日将认购资金划入资金认购专户，并于N+1日向结算参与人下发有效认购记录。结算参与人的结算备付金账户余额不足的，本公司根据时间优先原则，对不足部分的认购申报于N+2日做无效处理。

第十二条 投资者用组合证券认购基金份额的，本公司根据网上、网下不同方式，分别按照深圳证券交易所提供的和基金管理人确认的认购数据，将用于认购的组合证券划入证券认购专户。

组合证券自认购日至划入证券认购专户前产生的孳息归属认购投资者本人所有，本公司不将其做认购处理。

第十三条 组合证券划入证券认购专户前，遇有强制执行、质押或非交易过户的，认购无效。

第十四条 基金份额募集期限届满，本公司根据基金管理人和基金托管人的申请，于认购截止日后的第四个交易日，将实际收到的有效认购资金从认购资金专户划入基金托管人的结算备付金账户。

本公司按企业活期存款利率和实际冻结天数计算有效认购资金冻结期间的利息，在银行结息后划入基金托管人的结算备付金账户。

第十五条 基金份额募集不能满足基金设立条件，基金管理人承担返还认购资金和组合证券及孳息的责任，本公司协助基金管理人完成相关资金和证券的退还工作。

第四章 登记托管

第十六条 基金份额募集结束后，基金管理人根据深圳证券交易所提供的认购数据和其他有效认购数据，到本公司办理基金份额的初始登记。本公司将基

金份额明细登记在投资者证券账户中的同时，将证券认购专户中的组合证券及其孳息划入以交易型开放式指数基金名义持有的证券账户。

第十七条 本公司根据基金管理人的申请，办理基金份额上市前的份额标准化数据转换的变更登记。

投资者通过托管证券公司，向深圳证券交易所进行基金份额的交易、申购及赎回申报。本公司根据深圳证券交易所的相关数据，和本公司的交收结果办理基金份额和相应组合证券的变更登记。

第十八条 基金份额的持有记录查询、非交易过户、质押、司法协助等业务参照封闭式证券投资基金同类业务办理。

第十九条 本公司根据基金管理人的申请办理投资者分红派息业务。基金管理人必须在规定时间内，将现金红利及手续费划入本公司指定账户。

第五章 清算交收

第二十条 本公司作为共同对手方，依据“货银对付”的原则，对基金份额二级市场交易提供清算交收服务。

第二十一条 基金份额交易、申购及赎回的证券和资金的最终交收时点为T+1日16：00。

第二十二条 每个交易日(以下简称T日)收市后，本公司根据深圳证券交易所实时传送的T日基金份额交易、申购及赎回数据，和基金管理人向本公司报送的T−1日基金份额申购及赎回的现金差额数据，进行证券和资金清算，并将清算结果发送结算参与人和基金管理人。

第二十三条 本公司合并计算所有最终交收时点为T+1日16：00，以“货银对付”为交收原则的证券交易的资金净额，并根据该净额进行资金交收。

结算参与人应当保证其结算备付金账户在最终交收时点有足额资金完成交收。

第二十四条 对于未完成交收的净付出基金份额，本公司不办理对该部分基金份额的司法冻结、质押、非交易过户和转托管。

第二十五条 结算参与人履行证券和资金交收义务的，本公司根据清算结果，通过资金集中交收账户和结算参与人结算备付金账户之间的资金划付，办理本公司和结算参与人之间的资金交收业务；通过证券集中交收账户和结算参与人证券交收账户之间的证券划付，办理本公司和结算参与人之间的证券交收业务，并根据结算参与人的委托，办理结算参与人证券交收账户与投资者证券账户之间的证券划付。

第二十六条 本公司在组合证券交收时点，根据清算结果，办理组合证券在申购方或赎回方与基金管理人之间的交收。组合证券作为A股，遵从A股交收规定。

第二十七条 结算参与人结算备付金账户内可用资金在最终交收时点不小于其应付净额的，本公司根据清算结果，办理基金份额和资金的交收。

结算参与人结算备付金账户内可用资金在最终交收时点小于其应付净额的，不足部分为违约交收金额，本公司在该结算参与人应收取的基金份额中确定待处分证券，将其划入专用清偿账户，并照常办理其他基金份额和资金的交收。

第二十八条 本公司根据结算参与人的申报确定待处分证券，结算参与人未申报或申报的证券价值低于待处分证券价值上限的，本公司再按照相关顺序确定待处分证券。

待处分证券价值上限＝MIN｛(违约交收金额－专用清偿账户内待处分证券价值−T日质押式融资回购净应付款)，所有最终交收时点为T+1日16：00“货银对付”的证券交易的净应付款｝

如无其他规定，证券价值按T+1日收盘价计算。

第六章 风险管理

第二十九条 结算参与人应当取得本公司基金份额交易结算资格，未取得该资格的结算参与人必须由取得资格的结算参与人代理基金份额交易的结算业务。

参加基金份额申购及赎回的结算参与人必须通过本公司资格审核。

第三十条 依据风险共担的原则，结算参与人应当按本公司规定缴纳结算互保基金和最低结算备付金。

第三十一条 本公司为交易型开放式指数基金代办证券公司(以下简称“代办证券公司”)设立申购赎回交收履约保证金账户。交易型开放式指数基金申购赎回交收履约保证金的初始缴纳金额为200万元人民币。本公司每月月初调整各代办证券公司申购赎回交收履约保证金最低限额，但不低于初始缴纳金额。

申购赎回交收履约保证金最低限额＝(上月日均基金份额申购金额＋上月日均基金份额赎回金额)×10%。

申购赎回金额均按申购赎回当日的基金份额净值计算。

第三十二条 代办证券公司必须在交易型开放式指数基金申购赎回交收履约保证金账户缴存不低于最低限额的交收履约保证金，用于担保该代办证券公司申购赎回交收违约风险。

代办证券公司提交的申购赎回交收履约保证金

低于最低限额的，本公司有权从其结算备付金账户中扣划。

第三十三条 结算参与人在最终交收时点，未能足额履行资金交收义务的，本公司有权采取以下措施：

（一）暂停办理该结算参与人基金份额交易的结算业务，并提请深圳证券交易所于次一交易日起限制其基金份额交易(对于合格境外机构投资者指定的结算参与人结算备付金透支的，由深圳证券交易所进而通知相应的证券公司停止受理相关合格境外机构投资者的基金份额交易委托和申购及赎回委托)，直至取消该结算参与人的基金份额交易资格。违约结算参与人为申购及赎回代办证券公司的，还可以通知基金管理人立即暂停其基金份额申购和赎回业务。

（二）每日按照违约交收金额的千分之一计收违约金。

第三十四条 结算参与人在最终交收时点，未能足额履行证券交收义务的，本公司将对应卖空资金划入专用清偿账户，并有权采取以下措施：

（一）要求结算参与人及时补购卖空证券；

（二）动用卖空资金代为补入相应证券。资金不足的，本公司有权继续追偿；

（三）没收卖空所得；

（四）按卖空金额的千分之一收取卖空违约金。

第三十五条 本公司自T+2日起处分专用清偿账户中的待处分证券，所得资金用于弥补结算参与人的违约交收金额，处分所得不足的，本公司有权继续追偿，包括扣划T日赎回的相关组合证券。

第三十六条 结算参与人补足违约交收金额，可向本公司申请恢复办理基金份额结算业务。

第三十七条 本公司将对结算参与人的基金交易、申购及赎回进行实时监控，一旦发现结算参与人可能发生违约交收风险，本公司将立即警示该结算参与人，在必要时提请深圳证券交易所采取相应的限制措施，并上报证监会备案。

第三十八条 本公司有权对结算风险较大的结算参与人调整最低结算备付金缴存比例、要求其提供结算信用担保或结算抵押品，或暂停该结算参与人基金份额交易、申购及赎回结算资格等风险管理措施。

第七章 附 则

第三十九条 本公司按协议和相关规定向基金管理人和结算参与人收取相关登记结算业务费用。

第四十条 因地震、台风、水灾、火灾、战争及其他不可抗力因素，以及不可预测或无法控制的系统故障、设备故障、通信故障、停电等突发事故给有关当事人造成损失的，本公司不承担责任。

第四十一条 本细则下列用语的涵义：

（一）登记，是指证券登记结算机构为证券发行人建立和维护证券持有人名册的行为。

（二）结算，指清算和交收。

（三）清算，是指证券登记结算机构以结算参与人为单位，按照确定的原则计算出每个结算参与人的证券和资金的应收应付数额的行为。

（四）交收，是指结算参与人按照证券登记结算机构确定的清算结果，通过转移证券和资金终止相关债权债务关系的行为。

（五）结算参与人，是指经证券登记结算机构审核同意，取得参与人资格的证券公司、托管银行及其它合格机构。

（六）共同对手方，指对证券交易而言，同时作为所有买方的卖方和作为所有卖方的买方的主体。

（七）货银对付，是指在证券登记结算机构的组织管理下，结算参与人所进行的证券交收和资金交收同时完成，且不可撤销。

本细则其他用语之涵义从《深圳证券交易所交易型开放式指数基金业务实施细则》的规定。

第四十二条 本细则由本公司负责修订和解释。

第四十三条 本细则自公布之日起开始实施。

中国证券登记结算有限责任公司

二〇〇五年七月二十七日

关于发布中国证券登记结算有限责任公司《开放式基金通过上海证券交易所场内认购、申购与赎回登记结算业务实施细则》与《开放式基金通过深圳证券交易所场内申购赎回登记结算业务实施细则》的通知

各证券公司、基金管理公司：

中国证券登记结算有限责任公司《开放式基金通过上海证券交易所场内认购、申购与赎回登记结算业务实施细则》与《开放式基金通过深圳证券交易所场内申购赎回登记结算业务实施细则》已经中国证监会核准，现予发布，并自发布之日起实施。

中国证券登记结算有限责任公司

二〇〇五年七月二十六日

开放式基金通过上海证券交易所场内认购、申购与赎回登记结算业务实施细则

第一章　总 则

1.1 为了规范开放式基金的基金份额(以下简称基金份额)通过上海证券交易所场内认购、申购与赎回(以下简称上证所场内认购、申购与赎回)的登记结算业务，根据《中华人民共和国证券投资基金法》及其他有关法律、法规、规章和中国证券登记结算有限责任公司(以下简称本公司)有关规定，制订本实施细则。

1.2 本实施细则所称上证所场内认购、申购与赎回，是指证券经营机构接受投资人委托，向上证所系统申报的认购、申购与赎回。

1.3 上证所场内认购、申购与赎回登记结算业务适用本实施细则。本实施细则未规定的，适用本公司其他有关规定。

1.4 本公司可根据本实施细则，制定相关登记结算业务指引和业务流程，规范相关各方的业务关系。

第二章　账户管理

2.1 投资人须使用本公司上海人民币普通股票账户或证券投资基金账户(以下简称上海证券账户)办理上证所场内认购、申购与赎回。

2.2 上海证券账户开立、注销、合并及证券账户资料变更等业务，按照本公司《证券账户管理规则》办理。

2.3 投资人注销上海证券账户时，应在确认证券账户中没有基金份额和在途基金份额后，方可办理注销业务。

第三章　登记托管

3.1 基金管理人在开展上证所场内认购、申购与赎回业务前，应与本公司签订登记结算服务协议。

3.2 通过上证所场内及场外基金管理人及其代销机构发售基金份额的，基金管理人应在基金合同生效后的规定期限内，在本公司开放式基金登记结算系统(以下简称TA系统)办理上证所场内、场外已募集基金份额的初始登记手续。

3.3 上证所场内申购、赎回涉及的基金份额变更登记，以及上海证券账户中基金份额的非交易过户、司法协助等业务通过TA系统办理。

3.4 上证所场内认购、申购与赎回开放式基金的初始登记、变更登记及相关账户资料等数据，统一由本公司TA系统发送给基金管理人。

3.5 投资人通过上证所场内证券经营机构办理认购、申购的，其基金份额登记在投资人上海证券账户

内，托管到该场内证券经营机构处。

投资人原始基金份额因权益分派产生的基金份额，自动托管到该原始基金份额权益登记日所托管的场内证券经营机构处。

3.6 托管于某一上证所场内证券经营机构处的基金份额，投资人只能委托该场内证券经营机构申报赎回。

如拟委托其他场内证券经营机构赎回，投资人须按上证所有关规定办理变更指定交易手续；如拟委托场外基金管理人或其代销机构赎回，须按以下第四章要求办理基金份额的转托管。

3.7 上证所场内证券经营机构有责任保证投资人基金份额托管数据资料的真实、准确、完整，确保投资人基金资产的安全，并负有保密义务。

第四章　转托管

4.1 投资人可将上证所场内基金份额申请转托管至场外基金管理人或其代销机构处，也可将场外基金份额申请转托管至上证所场内证券经营机构处。

该类转托管只限于在上证所场内证券账户和场外以其为基础注册的开放式基金账户之间进行。

4.2 上证所场内基金份额转托管至场外基金管理人或其代销机构处流程：

（一）投资人在办理转托管手续前，应确保按照本公司《开放式基金登记结算业务指南》相关规定，已在场外转入方基金管理人或其代销机构处成功办理开放式基金账户注册或开放式基金账户注册确认；

（二）投资人在上证所场内转出证券经营机构处提出基金份额转托管申请，注明转入方基金管理人或其代销机构代码、证券账户号码、基金代码和转托管数量；

（三）本公司TA系统受理转托管申报，记减投资人证券账户基金份额，同时相应增加开放式基金账户基金份额；

（四）投资人自申请日起两个工作日后，可在场外转入方基金管理人或其代销机构处查询到该转托管转入基金份额。

4.3 场外基金份额转托管至上证所场内证券经营机构处流程：

（一）投资人在场外基金管理人或其代销机构处提出基金份额转托管申请，注明转入方(上证所)代码、开放式基金账户号码、基金代码和转托管数量，其中转托管数量应该为整数份；

（二）本公司TA系统受理转托管申报，记减投资人开放式基金账户基金份额，同时相应增加证券账户基金份额；

（三）投资人自申请日起两个工作日后，可在上证所场内指定交易所属证券经营机构处查询到该转托管转入基金份额。

第五章　上证所场内认购、申购与赎回

5.1 上证所场内认购处理流程：

（一）T日，投资人通过证券经营机构向上证所系统申报基金认购申请，认购以金额申报；

（二）T日日终，上证所将日间全部场内认购申报数据传送本公司；

（三）T日日终，本公司对当日上证所场内及场外认购数据一并进行处理，生成认购交易待确认数据传送基金管理人；

（四）T+1日，本公司根据基金管理人传送的认购确认数据，生成认购交易回报数据传送上证所；

（五）T+1日日终，上证所将认购交易回报数据发送相关证券经营机构席位。

基金募集期内的每个认购日均按上述流程滚动处理，基金募集结束时按以下流程处理：

（一）N日，基金发售终止日(最后一个发售日)；

（二）N+2日(N+2日出现认购资金不足时，则顺延至N+3日)，本公司将基金募集期内全部有效的上证所场内、场外认购数据发送基金管理人做最终确认；

（三）N+3日(N+2日出现认购资金不足时，则顺延至N+4日)，本公司根据基金管理人的最终认购确认数据完成基金募集结束处理，并将认购确认结果传送上证所和基金管理人；

（四）N+3日(N+2日出现认购资金不足时，则顺延至N+4日)日终，上证所将认购基金份额确认结果发送相关证券经营机构席位；

（五）N+4日(N+2日出现认购资金不足时，则顺延至N+5日)，本公司将基金募集资金由基金认购专户划出，由基金管理人或基金托管人将其划入基金募集验资户。

5.2 上证所场内申购与赎回处理流程：

（一）T日，投资人通过证券经营机构向上证所系统申报基金申购与赎回申请，申购以金额申报，赎回以份额申报；

（二）T日日终，上证所将日间全部场内申购与赎回申报数据传送本公司；

（三）T日日终，本公司依据基金管理人传送的当日基金份额净值，对当日上证所场内、场外申购与赎回数据一并进行处理，生成申购与赎回交易待确认数据传送基金管理人；

（四）T+1日，本公司根据基金管理人传送的申

购与赎回确认数据，进行申购与赎回基金份额的登记过户，生成申购与赎回交易回报数据传送上证所；

（五）T+1 日日终，上证所将申购与赎回交易回报数据发送相关证券经营机构席位。

5.3 上证所场内认购、申购所得基金份额应为整数份，不足一份基金份额部分的认购、申购资金零头由证券经营机构返还给投资人。

第六章　权益分派

6.1 投资人在权益登记日(R 日)之前(不含 R 日)，可以通过指定交易所属证券经营机构，进行基金权益分派方式(红利再投资或现金红利)申报。

6.2 基金管理人应于权益分派公告前，预先向本公司提交权益分派申请。

基金管理人应于 R 日规定时点前，将最终确定的分红比例方案通知本公司。如在规定时点后修改分红比例方案的，应重新确定权益登记日。

6.3 本公司TA 系统按照《开放式基金登记结算业务指南》相关规定，办理上证所场内、场外基金份额的权益分派。

第七章　资金结算

7.1 本公司对参与证券交易所场内及场外认购、申购与赎回等业务的结算参与人采取统一多边资金净额结算方式，通过其在本公司开立的开放式基金结算备付金账户完成相关资金交收。

7.2 本公司根据相关业务规则的规定，可对证券交易所场内、场外认购、申购与赎回采用其他资金结算方式。

7.3 对于证券经营机构以交易席位上报的上证所场内认购、申购与赎回申报，本公司根据申请当日的交易席位与结算参与人的对应关系，确定申请当日的资金清算路径，以及相关交易席位认购、申购与赎回适用的代理费率。

在清算日和交收日，本公司按申请当日的资金清算路径来进行相关资金的清算和交收。

7.4 对于通过证券交易所场内及场外进行的基金认购，其资金交收遵循“先满足申购赎回资金交收，后满足认购资金交收”的原则。

结算参与人出现认购资金不足时，本公司按照结算参与人提供的无效认购明细对交易所场内、场外认购数据统一进行无效处理；结算参与人不按时提供无效认购明细的，本公司按交易所场内、场外认购数据申报时间先后的逆序，对交易所场内、场外认购数据统一进行无效处理。

7.5 上证所场内认购、申购与赎回资金结算流程：

（一）T 日，证券经营机构向上证所申报基金认购、申购与赎回申请；

（二）T+1 日，本公司TA 系统对T 日交易所(上海和深圳证券交易所)场内及场外认购、申购，以及T−N+2日(N 为基金管理人规定的赎回交收周期，N≥2)赎回申报数据进行合并，轧差出资金清算净额，并将相关明细到席位的资金清算结果通知结算参与人；

（三）T+2 日，结算参与人根据资金清算结果，通过在本公司开立的开放式基金结算备付金账户完成相关资金交收。

对申购业务，T+2 日结算参与人向本公司上缴扣除不足一份基金份额部分的申购资金零头之后的实际申购资金。

对认购业务，T+2 日结算参与人应将全额认购资金上缴本公司；N+4 日(N+2 日出现认购资金不足时，则顺延至N+5 日)，本公司将不足一份基金份额部分的认购资金零头返还给证券经营机构，再由证券经营机构将其返还给投资人。

第八章　风险管理

8.1 为了控制资金结算风险，本公司会同上证所对上证所场内认购、申购与赎回实行参与人资格管理。拟参与上证所场内认购、申购与赎回业务的证券经营机构，须事先取得相关参与人资格认定。有关参与人资格认定管理办法另行制定。

8.2 申请办理上证所场内认购、申购与赎回业务的证券经营机构必须具备中国证券监督管理委员会认定的基金代销业务资格。

8.3 证券经营机构出现下列情形之一的，本公司会同上证所可拒绝上述参与人资格申请，暂停或取消已取得的参与人资格：

（一）被相关部门列为高风险证券经营机构的；

（二）本公司认定为高风险结算参与人的；

（三）交易所和本公司认定的其他情形。

8.4 本公司对券商类结算参与人当日净申购金额实行额度控制。结算参与人当日净申购金额计算方法如下：

T 日净申购金额＝(T 日交易所场内及场外申购金额−申购代理费)−(T−N+2日交易所场内及场外赎回金额－赎回手续费＋赎回代理费)，其中N 为基金管理人规定的赎回交收周期，且N ≥2。

结算参与人净申购金额超过本公司规定额度的，本公司将于申购申报次一工作日日初通知其超额净申购金额。结算参与人须于申购申报次一工作日 11:30 之前，向其开放式基金结算备付金户划入相当于超额部分100%的担保资金(该部分资金不用于当日资金交收)。未能足额提供担保资金的，结算参与人应于申购申报次一工作日11:30之前向本公司指定无效申购，否则本公司按申购提交时间顺序，由后向前，对相当于超额部分金额的申购申请做无效处理。

本公司对券商类结算参与人单日净申购金额额度暂定为5000万元。本公司可根据券商类结算参与人资金交收总体风险情况，对该额度进行调整，并向券商类结算参与人公布。

本公司可根据结算参与人风险情况，相机采取其他结算担保品管理措施。

8.5 如券商类结算参与人出现资金交收违约，本公司可对其采取以下措施：

（一）对结算参与人发生的违约金额，按中国人民银行及本公司有关规定计收利息和交收违约金。

（二）暂停相关风险结算参与人申购类业务、转托管转出、限制撤消相关指定交易，直至经其申报的赎回累计资金足以抵补其透支金额。

（三）暂停其资金结算资格，由其他结算参与人代为与本公司进行结算或由其与相关基金直接进行资金结算。

（四）对于结算参与人的违约事件在业务不良记录中予以登记，作为评估风险程度、确定重点监控对象的依据。

8.6 如相关券商类结算参与人出现资金交收违约，在向其追讨未果的情况下，本公司将首先动用结算参与人缴存的结算保证金予以弥补，就不足部分，本公司可要求相关基金分摊。分摊原则如下：

根据该结算参与人相关资金清算数据，确定与其存在双边净申购关系的基金，然后从相关基金的结算备付金户中扣减按下列公式计算的金额(无论该基金结算备付金户余额是否为正，都按此执行)：

单只基金扣减金额＝失责结算参与人交收透支总金额×（该结算参与人对该基金的双边净申购金额/该结算参与人对各相关基金双边净申购总金额）

在进行分摊处理前，基金管理人要求本公司对指定账户内基金份额做强制赎回处理的，如赎回款足以弥补基金应分摊金额，则本公司不再要求相关基金分摊；如赎回款不足以弥补基金应分摊金额，本公司就尚未弥补的差额部分继续要求相关基金分摊。

如相关结算参与人日后偿还其部分或全部透支金额，则本公司按下列公式计算的金额，对相关基金进行退还：

单只基金退还金额＝失责结算参与人透支偿还金额×(该结算参与人对该基金的双边净申购金额/该结算参与人对各相关基金双边净申购总金额)

基金管理人可就已向其分摊且尚未得到偿还的部分，向有关违约券商进行追索。

8.7 如相关基金类结算参与人资金交收出现违约，本公司可对其采取以下措施：

（一）对结算参与人发生的违约金额，按中国人民银行及本公司有关规定计收利息和交收违约金。

（二）如连续2个交易日结算备付金账户透支，则本公司将相关情况报告证监会。在必要情况下，本公司可暂停为该基金提供资金结算服务，直至其补足相关透支金额，由此引发的责任由基金管理人承担。

8.8 本公司可对结算参与人业务开展情况进行定期或不定期抽查，并可要求其定期向本公司提供财务报表。

8.9 本公司对结算参与人上证所场内认购、申购与赎回业务申报情况每日进行监控，如出现业务申报异常情况，本公司可要求结算参与人对其业务申报合理性进行说明。

8.10 对证券公司、信托公司、保险公司、基金公司、社会保障类公司和合格境外机构投资者等特殊法人机构资金交收违约，本公司可比照本章券商类结算参与人相关规定处理。

第九章　附则

9.1 交易型开放式指数基金(ETF)登记结算业务按照本公司《交易型开放式指数基金登记结算业务实施细则》办理。

9.2 因地震、台风、水灾、火灾、战争及其他不可抗力因素，以及不可预测或无法控制的系统故障、设备故障、通信故障、停电等突发事故给有关当事人造成损失的，本公司不承担责任。

9.3 本实施细则由本公司负责修订和解释。

9.4 本实施细则自发布之日起施行。

开放式基金通过深圳证券交易所场内申购、赎回登记结算业务实施细则

第一章 总 则

1.1 为了规范开放式基金的基金份额(以下简称基金份额)通过深圳证券交易所场内申购、赎回(以下简称深交所场内申购、赎回)的登记结算业务，根据《中华人民共和国证券投资基金法》及其他有关法律、法规、规章和中国证券登记结算有限责任公司(以下简称本公司)有关规定，制订本实施细则。

1.2 本实施细则所称深交所场内申购、赎回，是指证券经营机构接受投资人委托，向深交所交易系统申报的申购、赎回。

1.3 开放式基金(含上市开放式基金)的深交所场内申购、赎回登记结算业务适用本实施细则。本实施细则未规定的，适用本公司其他有关规定。

1.4 本公司可根据本实施细则，制定相关登记结算业务指引和业务流程，规范相关各方的业务关系。

第二章 账户管理

2.1 投资人须使用本公司深圳人民币普通股票账户或证券投资基金账户(以下简称深圳证券账户)办理深交所场内申购、赎回。

2.2 深圳证券账户开立、注销、合并及证券账户资料变更等业务，按照本公司《证券账户管理规则》办理。

2.3 投资人注销深圳证券账户时，应在确认证券账户中没有基金份额和在途基金份额后，方可办理注销业务。

第三章 登记托管

3.1 基金管理人在开展深交所场内申购、赎回业务前，应与本公司签订登记结算服务协议。

3.2 对于深交所场内申购、赎回，由本公司深圳分公司证券登记结算系统(以下简称深圳证券登记系统)在投资人深圳证券账户中完成基金份额的变更登记。

3.3 深交所场内认购涉及的基金份额初始登记，以及深圳证券账户中基金份额的非交易过户、司法协助及基金权益分派等业务，按照本公司《上市开放式基金登记结算业务实施细则》办理。

3.4 深交所场内申购、赎回的基金份额变更登记及相关账户资料等数据，统一由本公司开放式基金登记结算系统(以下简称TA系统)发送给基金管理人。

3.5 投资人通过深交所场内证券经营机构办理申购的，其基金份额登记在投资人深圳证券账户内，托管到该场内证券经营机构处。

3.6 托管于某一深交所场内证券经营机构处的基金份额，投资人只能委托该场内证券经营机构申报赎回。

如拟委托其他场内经营机构赎回，投资人须按本公司有关规定办理基金份额系统内转托管；如拟委托场外基金管理人或其代销机构赎回，须按本公司《上市开放式基金登记结算业务实施细则》，办理基金份额跨系统转托管。

3.7 深交所场内证券经营机构有责任保证投资人基金份额托管数据资料的真实、准确、完整，确保投资人基金资产的安全，并负有保密义务。

第四章 深交所场内申购、赎回

4.1 深交所场内申购、赎回处理流程：

(一) T日，投资人通过证券经营机构向深交所交易系统申报基金申购、赎回申请，申购以金额申报，赎回以份额申报；

(二) T日日终，深交所将日间全部场内申购、赎回申报数据传送本公司；

(三) T日日终，本公司依据基金管理人传送的当日基金份额净值，对当日深交所场内及场外申购、赎回数据一并进行处理，生成申购、赎回交易待确认数据传送基金管理人；

(四) T+1日，本公司根据基金管理人传送的申购、赎回确认数据，进行深交所场内申购、赎回的基金份额登记过户处理，并生成深交所场内申购、赎回交易回报数据发送相关证券经营机构席位。

4.2 深交所场内申购所得基金份额应为整数份，不足一份基金份额部分的申购资金零头由证券经营机构返还给投资人。

第五章 资金结算

5.1 本公司对参与证券交易所场内及场外申购、

赎回业务的结算参与人采取统一多边资金净额结算方式，通过其在本公司开立的开放式基金结算备付金账户完成相关资金交收。

5.2 本公司根据相关业务规则的规定，可对证券交易所场内、场外申购、赎回采用其他资金结算方式。

5.3 对于证券经营机构以交易席位上报的深交所场内申购、赎回申报，本公司根据申请当日的交易席位与结算参与人的对应关系，确定申请当日的资金清算路径，以及相关交易席位申购、赎回适用的代理费率。

在清算日和交收日，本公司按申请当日的资金清算路径来进行相关资金的清算和交收。

5.4 深交所场内申购、赎回资金结算流程：

（一）T 日，证券经营机构向深交所申报基金申购、赎回申请；

（二）T+1 日，本公司 TA 系统对 T 日交易所(上海和深圳证券交易所)场内及场外申购，以及 T−N+2 日(N 为基金管理人规定的赎回交收周期，N ≥ 2)赎回申报数据进行合并，轧差出资金清算净额，并将相关明细到席位的资金清算结果通知结算参与人；

（三）T+2 日，结算参与人根据资金清算结果，通过在本公司开立的开放式基金结算备付金账户完成相关资金交收。

对申购业务，T+2 日结算参与人向本公司上缴扣除不足一份基金份额部分的申购资金零头之后的实际申购资金。

第六章 风险管理

6.1 为了控制资金结算风险，本公司会同深交所对深交所场内申购、赎回实行参与人资格管理。拟参与深交所场内申购、赎回业务的证券经营机构，须事先取得相关参与人资格认定。有关参与人资格认定管理办法另行制定。

6.2 申请办理深交所场内申购、赎回业务的证券经营机构必须具备中国证券监督管理委员会认定的基金代销业务资格。

6.3 证券经营机构出现下列情形之一的，本公司会同深交所可拒绝上述参与人资格申请，暂停或取消已取得的参与人资格：

（一）被相关部门列为高风险证券经营机构的；

（二）本公司认定为高风险结算参与人的；

（三）交易所和本公司认定的其他情形。

6.4 本公司对券商类结算参与人当日净申购金额实行额度控制。结算参与人当日净申购金额计算方法如下：

T 日净申购金额＝(T 日交易所场内及场外申购金额−申购代理费)−(T−N+2日交易所场内及场外赎回金额－赎回手续费＋赎回代理费)，其中 N 为基金管理人规定的赎回交收周期，且 N ≥ 2。

结算参与人净申购金额超过本公司规定额度的，本公司将于申购申报次一工作日日初通知其超额净申购金额。结算参与人须于申购申报次一工作日 11:30 之前，向其开放式基金结算备付金户划入相当于超额部分 100% 的担保资金(该部分资金不用于当日资金交收)。未能足额提供担保资金的，结算参与人应于申购申报次一工作日 11:30 之前向本公司指定无效申购，否则本公司按申购提交时间顺序，由后向前，对相当于超额部分金额的申购申请做无效处理。

本公司对券商类结算参与人单日净申购金额额度暂定为 5000 万元。本公司可根据券商类结算参与人资金交收总体风险情况，对该额度进行调整，并向券商类结算参与人公布。

本公司可根据结算参与人风险情况，相机采取其他结算担保品管理措施。

6.5 如券商类结算参与人出现资金交收违约，本公司可对其采取以下措施：

（一）对结算参与人发生的违约金额，按中国人民银行及本公司有关规定计收利息和交收违约金。

（二）暂停相关风险结算参与人申购类业务、转托管转出，直至经其申报的赎回累计资金足以抵补其透支金额。

（三）暂停其资金结算资格，由其他结算参与人代为与本公司进行结算或由其与相关基金直接进行资金结算。

（四）对于结算参与人的违约事件在业务不良记录中予以登记，作为评估风险程度、确定重点监控对象的依据。

6.6 如相关券商类结算参与人出现资金交收违约，在向其追讨未果的情况下，本公司将首先动用结算参与人缴存的结算保证金予以弥补，就不足部分，本公司可要求相关基金分摊。分摊原则如下：

根据该结算参与人相关资金清算数据，确定与其存在双边净申购关系的基金，然后从相关基金的结算备付金户中扣减按下列公式计算的金额(无论该基金结算备付金户余额是否为正，都按此执行)：

单只基金扣减金额＝失责结算参与人交收透支总金额×（该结算参与人对该基金的双边净申购金额／该结算参与人对各相关基金双边净申购总金额）

在进行分摊处理前，基金管理人可委托本公司对指定账户内的基金份额做强制赎回处理。如赎回款足以弥补基金应分摊金额的，本公司不再要求相关基金分摊；如赎回款不足以弥补基金应分摊金额的，本公司就尚未弥补的差额部分继续要求相关基金分摊。

如相关结算参与人日后偿还其部分或全部透支金额，则本公司按下列公式计算的金额，对相关基金进行退还：

单只基金退还金额＝失责结算参与人透支偿还金额×（该结算参与人对该基金的双边净申购金额／该结算参与人对各相关基金双边净申购总金额）

基金管理人可就已向其分摊且尚未得到偿还的部分，向有关违约券商进行追索。

6.7 如相关基金类结算参与人资金交收出现违约，本公司可对其采取以下措施：

（一）对结算参与人发生的违约金额，按中国人民银行及本公司有关规定计收利息和交收违约金。

（二）如连续 2 个交易日结算备付金账户透支，则本公司将相关情况报告证监会。在必要情况下，本公司可暂停为该基金提供资金结算服务，直至其补足相关透支金额，由此引发的责任由基金管理人承担。

6.8 本公司可对结算参与人业务开展情况进行定期或不定期抽查，并可要求其定期向本公司提供财务报表。

6.9 本公司对结算参与人深交所场内申购与赎回业务申报情况每日进行监控，如出现业务申报异常情况，本公司可要求结算参与人对其业务申报合理性进行说明。

6.10 对证券公司、信托公司、保险公司、基金公司、社会保障类公司和合格境外机构投资者等特殊法人机构资金交收违约，本公司可比照本章券商类结算参与人相关规定处理。

第七章 附 则

7.1 因地震、台风、水灾、火灾、战争及其他不可抗力因素，以及不可预测或无法控制的系统故障、设备故障、通信故障、停电等突发事故给有关当事人造成损失的，本公司不承担责任。

7.2 本实施细则由本公司负责修订和解释。

7.3 本实施细则自发布之日起施行。

中国证券登记结算有限责任公司

二〇〇五年七月二十六日

● 关于企业年金

目 录

中华人民共和国劳动和社会保障部令

第24号

《企业年金基金管理机构资格认定暂行办法》已于2004年12月24日经劳动和社会保障部第9次部务会议通过，现予公布，自2005年3月1日起施行。

部长　郑斯林

二〇〇四年十二月三十一日

企业年金基金管理机构资格认定暂行办法

第一条 为规范企业年金基金管理机构资格认定工作，根据《中华人民共和国行政许可法》、《国务院对确需保留的行政审批项目设定行政许可的决定》和国家有关规定，制定本办法。

第二条 本办法所称企业年金基金管理机构，是指从事企业年金基金管理业务的法人受托机构、账户管理人、托管人和投资管理人等补充养老保险经办机构。

第三条 从事企业年金基金管理业务的机构，必须根据本办法规定的程序，取得相应的企业年金基金管理资格。

劳动保障部负责企业年金基金管理机构资格认定。

第四条 申请企业年金基金管理资格的机构（以下简称申请人）应当按照本办法附件规定的内容与格式，向劳动保障部提出书面申请。

第五条 法人受托机构应当具备下列条件：

（一）经国家金融监管部门批准，在中国境内注册；

（二）注册资本不少于1亿元人民币，且在任何时候都维持不少于1.5亿元人民币的净资产；

（三）具有完善的法人治理结构；

（四）取得企业年金基金从业资格的专职人员达到规定人数；

（五）具有符合要求的营业场所、安全防范设施和与企业年金基金受托管理业务有关的其他设施；

（六）具有完善的内部稽核监控制度和风险控制制度；

（七）近3年没有重大违法违规行为；

（八）国家规定的其他条件。

第六条 账户管理人应当具备下列条件：

（一）经国家有关部门批准，在中国境内注册的独立法人；

（二）注册资本不少于5000万元人民币；

（三）具有完善的法人治理结构；

（四）取得企业年金基金从业资格的专职人员达到规定人数；

（五）具有相应的企业年金基金账户管理信息系统；

（六）具有符合要求的营业场所、安全防范设施和与企业年金基金账户管理业务有关的其他设施；

（七）具有完善的内部稽核监控制度和风险控制制度；

（八）国家规定的其他条件。

本条第(五)项规定的企业年金基金账户管理信息系

统规范，由劳动保障部另行制定。

第七条 托管人应当具备下列条件：

（一）经国家金融监管部门批准，在中国境内注册的独立法人；

（二）净资产不少于50亿元人民币；

（三）取得企业年金基金从业资格的专职人员达到规定人数；

（四）具有保管企业年金基金财产的条件；

（五）具有安全高效的清算、交割系统；

（六）具有符合要求的营业场所、安全防范设施和与企业年金基金托管业务有关的其他设施；

（七）具有完善的内部稽核监控制度和风险控制制度；

（八）国家规定的其他条件。

商业银行担任托管人，应当设有专门的基金托管部门。

第八条 投资管理人应当具备下列条件：

（一）经国家金融监管部门批准，在中国境内注册，具有受托投资管理、基金管理或者资产管理资格的独立法人；

（二）综合类证券公司注册资本不少于10亿元人民币，且在任何时候都维持不少于10亿元人民币的净资产；基金管理公司、信托投资公司、保险资产管理公司或者其他专业投资机构注册资本不少于1亿元人民币，且在任何时候都维持不少于1亿元人民币的净资产；

（三）具有完善的法人治理结构；

（四）取得企业年金基金从业资格的专职人员达到规定人数；

（五）具有符合要求的营业场所、安全防范设施和与企业年金基金投资管理业务有关的其他设施；

（六）具有完善的内部稽核监控制度和风险控制制度；

（七）近3年没有重大违法违规行为；

（八）国家规定的其他条件。

第九条 劳动保障部对申请人提出的申请，应当根据下列情况分别作出处理：

（一）申请材料存在可以当场更正错误的，应当允许申请人当场更正；

（二）申请材料不齐全或者不符合法定形式的，应当场或者在5个工作日内一次告知申请人需要补正的全部内容。逾期不告知的，自收到申请材料之日起即为受理；

（三）申请材料齐全、符合法定形式，或者申请人按照要求提交全部补正申请材料的，劳动保障部应当受理申请人申请。

劳动保障部受理或者不受理申请人申请，应当出具加盖劳动保障部专用印章和注明日期的书面凭证。

正在接受司法机关或者有关监管机关立案调查的机构，在被调查期间，劳动保障部不受理其申请。

第十条 劳动保障部受理申请人申请后，应当组建专家评审委员会对申请材料进行评审。评审委员会专家按照专业范围从专家库中随机抽取产生。专家库由有关部门代表和社会专业人士组成。

专家评审委员会对申请人申请材料按照分期分类的原则进行评审，所需时间由劳动保障部书面告知申请人。

第十一条 劳动保障部认为必要时应当指派2名以上工作人员，根据申请人申请材料对申请人进行现场检查。

第十二条 劳动保障部根据专家评审委员会评审结果及现场检查情况，会商中国银监会、中国证监会、中国保监会后，认定企业年金基金管理机构资格，并于认定之日起10个工作日内，向申请人颁发《企业年金基金管理资格证书》。证书制式由劳动保障部统一印制。

对于未取得企业年金基金管理资格的申请人，由劳动保障部书面通知，说明理由并告知申请人享有依法申请行政复议或者提起行政诉讼的权利。

第十三条 劳动保障部会同中国银监会、中国证监会、中国保监会，在全国性报刊上公告取得企业年金基金管理资格的机构。

第十四条 企业年金基金管理机构的资格证书有效期为3年，期限届满前3个月应当向劳动保障部提出延续申请。

第十五条 有下列情形之一的，劳动保障部应当办理企业年金基金管理机构资格的注销手续：

（一）企业年金基金管理机构资格有效期届满未延续的；

（二）企业年金基金管理机构依法解散、被依法撤销、被依法宣告破产或者被依法接管的；

（三）企业年金基金管理机构资格被依法撤销的；

（四）国家规定的应当注销企业年金基金管理机构资格的其他情形。

劳动保障部办理企业年金基金管理机构资格的注销手续后，会同中国银监会、中国证监会、中国保监会，在全国性报刊上公告。

第十六条 申请人隐瞒有关情况或者提供虚假材料的，劳动保障部不予受理或者不予认定企业年金基金管理机构资格，并给予警告；申请人1年内不得再次申请企业年金基金管理机构资格。

第十七条 申请人采用贿赂、欺诈等不正当手段取得企业年金基金管理机构资格的，劳动保障部会商中国银监会、中国证监会、中国保监会后取消其资格；申请人3年内不得再次申请企业年金基金管理机构资格；构成犯罪的，移交司法机关依法追究刑事责任。

第十八条 劳动保障部建立健全企业年金基金监管制度，定期或者不定期对有关机构企业年金基金管理运营情况进行监督检查。

第十九条 本办法自2005年3月1日起施行。

附件：企业年金基金管理机构资格申请材料内容与格式

一、申请材料目录与内容

（一）资格申请表

按劳动保障部统一编制的资格申请表填写（可从劳动保障部网站www.molss.gov.cn下载）。

（二）资源配置说明

1．企业年金基金管理专用场所安全说明；

2．企业年金基金管理相关设备和系统说明；

3．企业年金基金账户管理信息系统流程、系统测试报告（仅适用账户管理人资格申请人）；

4．公司高级管理人员、企业年金基金管理专业人员配置情况及人员简历。

（三）管理制度和流程

1．基本制度

(1) 公司章程；

(2) 公司治理结构及组织结构说明，若申请多项资格须对各项业务独立性做出说明；

(3) 企业年金稽核和风险控制制度；

(4) 企业年金管理专职人员行为规范；

(5) 企业年金管理业务岗位设置及岗位职责；

(6) 企业年金管理业务记录及档案管理制度；

(7) 危机事件报告制度和处理流程。

2．法人受托机构资格申请人补充材料

(1) 选择、监督、评估、更换账户管理人、托管人、投资管理人及其他中介机构的制度和流程；

(2) 战略资产配置及投资决策制度和流程。

3．账户管理人资格申请人补充材料

(1) 账户管理组织架构；

(2) 账户管理业务制度和流程；

(3) 客户服务制度和流程。

4．托管人资格申请人补充材料

(1) 资金清算、支付能力及电子化水平等基本情况概述，确保资金清算安全、快捷的制度及措施；

(2) 交易数据及财务数据管理制度；

(3) 基金托管业务职责、权限和业务分工；

(4) 投资管理风险评估程序、风险预警制度及投资运营监控系统。

5．投资管理人资格申请人补充材料

(1) 企业年金基金投资与风险管理制度；

(2) 企业年金基金财产独立运作和管理制度；

(3) 企业年金基金投资管理风险准备金制度。

（四）申请人自律承诺书

(1) 承诺申请材料真实、准确、完整；

(2) 承诺取得资格后，将严格遵守有关法律法规，诚信合法、勤勉尽责地从事企业年金基金管理业务。

（五）相关证明材料

1．国家工商行政管理部门颁发的企业法人营业执照(副本)复印件；

2．国家业务监管部门出具的业务许可证(副本)复印件；

3．国家业务监管部门出具的同意函原件(限于法人受托机构或者投资管理人资格申请人)；

4．国家业务监管部门出具的托管业务备案受理证明材料原件(限于托管人资格申请人)；

5．会计师事务所出具的申请人近3年财务无保留意见审计报告；

6．律师事务所就申请人独立法人、公司章程等材料真实性出具的法律意见书。

以上证明材料为复印件的均须加盖公司公章。

（六）业务可行性报告

二、纸张、封面及份数

（一）纸张

采用A4规格纸张，并用245毫米×315毫米规格的硬皮夹子装订。

（二）封面和侧面

1．封面标注："企业年金基金管理机构——×××(如法人受托机构、账户管理人、托管人或者投资管理人)资格申请材料"、申请公司名称、申请日期等；

2．侧面标注："×××公司企业年金基金管理机构×××资格申请材料"。

（三）字体和页码

除固定格式外，其余材料标题字体为四号仿宋，正文内容字体为小四号仿宋，1.5倍行距。主要材料应当双面印刷，页码置于每页下端居中，字符大小为五号。按内容分章节安排页码顺序，例如：1－4、2－26、3−58或者1－4－1、3－1－2、3－4−21……，章节之间应当有分隔页。

（四）份数

申请材料可以邮寄或通过劳动保障部网站申报。首次报送一式十二份，其中一份为原件。

关于企业年金方案和基金管理合同备案有关问题的通知

劳社部发[2005]35号

各省、自治区、直辖市劳动和社会保障厅(局)：

为贯彻落实《企业年金试行办法》、《企业年金基金管理试行办法》，建立和规范企业年金制度，现对企业年金方案和基金管理合同备案有关问题通知如下：

一、企业年金方案和基金管理合同备案的报送

(一)企业建立企业年金，应根据《企业年金试行办法》、《企业年金基金管理试行办法》及国家有关规定，结合自身的经济状况和发展战略拟订企业年金方案草案，并由集体协商双方首席代表签字后，形成拟报备案的企业年金方案。

(二)企业应将企业年金方案报送所在社会保险统筹地区县以上地方人民政府劳动保障行政部门备案。其中中央企业的企业年金方案，由集团公司统一建立的报送劳动保障部备案，并抄送子公司所在社会保险统筹地区劳动保障行政部门；由子公司单独建立的报送所在社会保险统筹地区县以上地方人民政府劳动保障行政部门备案。

(三)企业可以按企业年金方案的规定，代表集体协商双方作为委托人，或由企业及其职工作为委托人，与法人受托机构或企业年金理事会签订受托管理合同。

(四)受托管理合同签定后，受托人应将受托管理合同及与账户管理人、托管人和投资管理人签定的委托管理合同报送劳动保障行政部门备案。其中：委托人为中央企业集团公司的，报送劳动保障部备案，并抄送子公司所在省或计划单列市劳动保障行政部门；委托人为其他企业的(包括中央企业子公司)，报送企业年金方案备案所在地省级或计划单列市劳动保障行政部门备案。

(五)集合企业年金计划应报送劳动保障行政部门备案，具体办法另行制定。

(六)法人受托机构兼任账户管理人或投资管理人的，有关委托管理合同的内容可包括在受托管理合同中，并按第(四)款规定的办法报送劳动保障行政部门备案。

二、企业年金方案和基金管理合同备案的材料

(一)企业年金方案备案所需材料。

1.《关于××公司企业年金方案备案的函》。

2.企业年金方案。报送文本一式六份，其中一份为原件。

3.集体协商双方通过企业年金方案草案的决议。

4.企业年金方案重要条款的说明。

5.企业本年度和上一年度依法参加基本养老保险并按时足额缴费的证明。

(二)企业年金基金管理合同备案所需材料。

1.《关于××公司企业年金基金管理合同备案的函》。

2.××公司企业年金计划受托管理合同和委托管理合同。

3.劳动保障行政部门出具的《关于××公司企业年金方案备案的复函》。

4.法人受托机构、账户管理人、托管人和投资管理人资格证书复印件；理事会章程，理事会组成人员名单及其简历等。

三、企业年金方案和基金管理合同备案的受理

企业年金方案是经企业与职工民主协商建立的专项集体合同，应当自双方首席代表签字之日起10日内，由企业代表集体协商双方将企业年金方案文本报送劳动保障行政部门备案。劳动保障行政部门主要审查企业年金方案是否符合《企业年金试行办法》、《企业年金基金管理试行办法》及其他国家有关规定。劳动保障行政部门应在收到符合规定的企业年金方案文本15日内，向企业出具《关于××公司企业年金方案备案的复函》。企业年金方案经集体协商后作出调整的，企业应自变化发生之日起10日内重新履行备案程序。

企业年金基金管理合同签订之日起10日内，由受托人将企业年金基金管理合同文本报送劳动保障行政部门备案。劳动保障行政部门于收到符合规定的企业年金基金管理合同备案文本之日起15日内，向备案受托人出具《关于××公司企业年金计划确认函》，给予企业年金计划登记号。企业年金计划登记号为12位数字代码，前6位为GB/T2260—1999中华人民共和国行政区划代码规定的企业所在地行政区划代码，后6位为本省级劳动保障行政部门通过备案的顺序号。在执行过程中，企业年金基金管理合同主体条款有调整或基金管理合同发生变更，受托人应自变化发生之日起15日内重新履行备案程序。

四、企业年金方案和基金管理合同备案的监管

企业年金是我国多层次养老保险体系的重要组成部分。符合建立企业年金条件的企业，要本着积极稳妥、量力而行的原则，按照《企业年金试行办法》、《企业年金基金管理试行办法》的规定，建立规范的企业年金制度，做好企业年金方案和基金管理合同的备案工作。原来已建立补充养老保险的企业，要对原有的方案和基金管理合同，按国家规定进行修订并补办备案手续。对违反有关规定的，劳动保障行政部门予以查处。

劳动保障行政部门要加强对企业年金方案和基金管理合同备案的监督管理。受理企业年金方案和基金管理合同备案的劳动保障行政部门，要认真填写《企业年金方案和基金管理合同备案情况登记表》；省级和计划单列市劳动保障行政部门，要认真做好数据汇总工作，根据企业年金方案和基金管理合同备案情况，填写《企业年金方案和基金管理合同备案情况统计表》，于每季度结束10日内报送劳动保障部养老保险司和基金监督司。

本通知自发布之日起实施。与本通知不一致的以本通知为准。

劳动和社会保障部

二〇〇五年十二月十九日

关于印发《企业年金基金管理运作流程》、《企业年金基金账户管理信息系统规范》和《企业年金基金管理机构资格认定专家评审规则》的通知

各省、自治区、直辖市劳动和社会保障厅(局):

为加强企业年金基金管理，规范企业年金市场运作，保障企业年金基金财产安全，促进企业年金健康发展，根据《企业年金试行办法》、《企业年金基金管理试行办法》和《企业年金基金管理机构资格认定暂行办法》，我部制定了《企业年金基金管理运作流程》、《企业年金基金账户管理信息系统规范》和《企业年金基金管理机构资格认定专家评审规则》。现印发你们，请认真组织实施。

劳动和社会保障部

二〇〇四年十二月三十一日

企业年金基金管理运作流程

一、为加强企业年金基金管理，规范企业年金基金运作程序，根据《企业年金试行办法》、《企业年金基金管理试行办法》和有关法律法规，制定本流程。

二、本流程适用于企业年金计划的委托人及从事企业年金基金管理的受托人、账户管理人、托管人和投资管理人。

本流程所称受托管理合同是指委托人与受托人签订的合同，账户管理合同是指受托人与账户管理人签订的合同，托管合同是指受托人与托管人签订的合同，投资管理合同是指受托人与投资管理人签订的合同。

三、委托人应按受托管理合同规定，将企业年金计划信息、企业账户信息和个人账户信息提交受托人，受托人确认后提交账户管理人。

委托人也可按受托管理合同规定，将企业账户信息和个人账户信息提交受托人委托的账户管理人，账户管理人对提交信息的真实性、合法性和完整性进行审核，审核无误后通知受托人。

四、账户管理人应为企业年金基金建立独立的企业账户和个人账户，并及时记录企业年金计划信息、企业账户信息和个人账户信息。

五、企业年金计划信息、企业账户信息或个人账户信息变更时，委托人应按受托管理合同规定，将变更信息提交受托人，受托人确认后提交账户管理人。

企业账户信息或个人账户信息变更时，委托人也可按受托管理合同规定，将变更信息提交受托人委托的账户管理人，账户管理人对变更信息的真实性、合法性和完整性进行审核，审核无误后通知受托人。

账户管理人应按变更信息调整账户记录。

六、账户管理人应按账户管理合同规定，在企业年金计划规定缴费日前，根据企业年金计划及委托人提供的缴费信息，生成缴费账单，提交委托人和受托人确认。

受托人应向托管人发送缴费收账通知。

七、托管人应为托管的每个企业年金计划分别开设受托财产托管账户，用于企业年金基金的归集和支付。

委托人应在计划规定缴费日，将企业缴费和个人缴费划入托管人开设的受托财产托管账户，并通知受托人和账户管理人。

八、托管人应按缴费收账通知核对实收缴费金额。核对一致时，托管人将缴费资金到账情况通知受托人和账户管理人，账户管理人将缴费信息记入企业账户和个人账户。核对不一致，实收缴费金额多于缴费收账通知的应收缴费时，托管人应通知受托人，根据受托人指令进行超额缴费处理，并将处理结果通知受托人和账户管理人;实收缴费金额少于缴费收账通知的应收缴费时，托管人应通知受托人，受托人通知委托人补缴。

九、托管人应为托管的企业年金基金分别开设资金账户和证券账户，并负责所托管企业年金基金的资

金清算与交收。

托管人应为所托管企业年金基金的投资管理人分别开设投资管理风险准备金账户，专项用于弥补企业年金基金的投资亏损。

十、受托人、托管人和投资管理人应就指令下达、确认和执行等程序达成一致。受托人和投资管理人应将发送指令的人员和权限通知托管人。

十一、受托人应将企业年金基金的投资分配指令通知托管人和投资管理人。

托管人应对受托人投资分配指令的真实性、合法性和完整性进行审核，及时将受托财产托管账户资金划入相应投资组合的资金账户，并将资金到账情况通知受托人和投资管理人。

十二、受托人调整投资管理人的投资额度时，应提前将调整方案通知托管人和投资管理人。

托管人接到受托人划款指令后，应对指令的真实性、合法性和完整性进行审核，审核无误后及时划拨资金，并将资金划拨情况通知受托人和投资管理人。

十三、托管人和投资管理人应分别及时从证券交易所和中国证券登记结算公司等机构获得企业年金基金证券交易结算数据。托管人和投资管理人核对无误后，托管人及时与中国证券登记结算公司办理企业年金基金的资金清算与交收。

托管人和投资管理人按照全国银行间债券市场有关规定，办理企业年金基金投资银行间债券市场的债券买卖、回购业务和资金清算等事宜。

十四、托管人和投资管理人应分别为企业年金基金投资组合独立建账、独立核算，并参照《证券投资基金会计核算办法》等规定，分别完成企业年金基金投资组合的会计核算与估值。托管人应复核、审查投资管理人计算的投资组合净值。

托管人负责企业年金基金的会计核算，每个工作日对企业年金基金进行估值，并按托管合同规定，及时将企业年金基金财产净值、净值增长率或份额净值等会计核算结果发送受托人和账户管理人。

十五、托管人和投资管理人应分别及时编制和核对企业年金基金投资组合的资产负债表、损益表、净值变动表及附注等会计报表，并由托管人报送受托人。

托管人应及时编制企业年金基金财产的资产负债表、损益表、净值变动表及附注等会计报表，并报送受托人。

投资管理人应定期出具企业年金基金投资组合的投资业绩和风险评估等投资管理报告，并报送受托人。

十六、托管人应按照《企业年金基金管理试行办法》、托管合同及有关法律法规，对企业年金基金投资范围、投资比例、会计核算与估值、费用计提与支付以及收益分配等事项进行监督。

因证券市场波动、上市公司合并等客观因素造成的投资管理不符合《企业年金基金管理试行办法》规定比例或投资管理合同约定比例的，托管人应及时通知投资管理人并报告受托人，投资管理人应在合理期限内进行调整。

十七、账户管理人应按《企业年金基金管理试行办法》及账户管理合同的规定，分配企业年金基金的投资收益。

采取金额计量方式时，账户管理人应按托管人提供的收益分配日的企业年金基金财产净值和净值增长率及企业账户与个人账户期初余额，计算本期投资收益，并足额记入企业账户和个人账户。

采取份额计量方式时，账户管理人应记录托管人提供的收益分配日的企业年金基金份额净值。

十八、托管人接到受托人下达的费用支付指令、投资管理人下达的交易指令后，应对指令的真实性、合法性和完整性进行审核，审核无误后予以执行。

十九、职工退休、死亡、出境定居需要支付企业年金待遇时，委托人应向受托人提交申请，受托人通知账户管理人。账户管理人计算个人账户权益，生成个人账户权益支付表，发送委托人和受托人确认。

受托人确认后向托管人下达待遇支付指令，并通知账户管理人。托管人按待遇支付指令办理资金划转手续，并将资金划转结果通知受托人和账户管理人。账户管理人应扣减个人账户权益，当个人账户权益余额为零时，办理个人账户销户手续并通知受托人。

受托人将资金划转结果通知委托人。

二十、职工离开本企业转入新的企业年金计划时，委托人根据有关合同规定应向受托人提交个人账户转移申请，受托人确认后通知账户管理人。账户管理人计算个人账户权益，生成个人账户转移报告，发送委托人和受托人确认。

受托人确认后向托管人下达资金转移指令，并通知账户管理人。托管人按资金转移指令办理资金划转手续，并将资金划转结果通知受托人和账户管理人。账户管理人应办理个人账户转移手续，并通知受托人。

受托人将资金划转结果通知委托人。

二十一、职工离开本企业，不能转入新企业年金计划的，账户管理人可将其转入保留账户并进行单独管理。

企业年金基金账户管理信息系统规范

1.主要依据

《企业年金试行办法》

《企业年金基金管理试行办法》

《企业年金基金管理机构资格认定暂行办法》

2.适用范围

企业年金基金账户管理信息系统（以下简称“系统”），是用于企业年金计划（以下简称“计划”）及计划受益人权益账户管理，提供账户管理服务的信息系统。

本规范规定了企业年金基金账户管理信息系统必须具备的基本功能、运行环境以及风险控制能力。

本规范适用于企业年金基金账户管理人与委托人、受益人、受托人、托管人、投资管理人以及有关监管部门之间的信息交换。

本规范适用于监管部门对企业年金基金账户管理业务的监督和企业年金基金账户管理信息系统的评定。

本规范适用于企业年金基金账户管理信息系统的建设和使用。

3.引用文件

下列文件的条款，经过本规范的引用成为本规范的条款。所有标注日期引用文件的修改单（不包括勘误的内容）或修改版均不适用于本规范。不标注日期引用文件的最新版本适用于本规范。

GB/T2887-2000《电子计算机场地通用规范》

GB9361-1988《计算站场地安全要求》

CECS72：97《建筑与建筑群综合布线系统工程设计规范》

4.术语和定义

4.1 缴费规则

主要指企业年金计划对企业和职工缴费水平、缴费周期及缴费方式的规定。

4.2 正常缴费

主要指根据缴费规则计算并缴纳企业年金基金的缴费。

4.3 特殊缴费

主要指企业年金计划约定的其他缴费。

4.4 支付规则

主要指企业年金计划对待遇支付方式及归属条件等的规定。

4.5 投资计划

主要指选择多种投资工具和品种，对不同工具设定相应的投资比例，进行组合投资。

4.6 归属权益

主要指职工符合企业年金计划规定的归属条件时，确定该职工企业年金个人账户中企业缴费及投资收益应当取得的权益。

4.7 未归属权益

主要指职工离开本企业时，职工企业年金个人账户中企业缴费及投资收益未归属的权益。

4.8 保留账户

主要指职工离开本企业或计划终止要求账户管理人继续管理其个人账户时，为记录这些职工的缴费、待遇支付及投资收益等信息专门设立的个人账户。

4.9 退休账户

主要指职工退休选择定期领取企业年金待遇时，为记录其待遇支付及投资收益等信息专门设立的个人账户。

5.系统功能

5.1 系统处理业务信息

5.1.1 主要业务信息

企业年金计划信息主要包括缴费规则、支付规则和投资计划等信息。

企业账户信息主要包括企业基本信息，缴费、支付、投资收益、权益余额和未归属权益等信息。

个人账户信息主要包括个人基本信息，缴费、支付、投资收益和权益余额等信息。

统计信息主要包括企业信息、人员信息，缴费、支付、投资收益、企业年金计划变动和企业年金计划执行等信息。

5.1.2 信息处理要求

系统应当支持企业年金计划、企业账户和个人账户等信息的变更，并保留变更记录。

系统应当满足企业年金基金账户管理大批量业务数据处理的要求，具备大批量数据交换时高效灵活的处理能力。

系统应当提供数据的手工录入、批量导入等多种输入方式。

系统应当提供多种数据接口和输出方式。

系统应当具备灵活处理各种报表的能力。

5.2 业务处理功能

5.2.1 计划登记

系统应当支持企业年金计划的登记，主要包括计划类别、缴费规则、支付规则、投资计划、收益分配周期和未归属权益处理方案等内容。

系统应当记录企业年金计划受托人、账户管理人、托管人和投资管理人的管理信息。

系统应当支持企业年金计划设定多种缴费规则、支付规则，并支持不同职工享有不同待遇。

系统可支持企业为所属企业设立不同的企业年金计划及规则。

系统可设定费用规则，并可根据费用规则计算账户管理费。

5.2.2 企业账户建立

系统应当设立企业账户，记录企业基本信息及企业年金计划权益信息。

企业基本信息至少应当包括企业编码、企业名称、组织机构代码、通讯地址、联系人姓名及电话。

企业年金计划权益信息至少应当包括缴费基数、缴费、支付、投资收益、权益余额等总括信息及未归属权益信息。

5.2.3 个人账户建立

系统应当为每个加入企业年金计划的职工单独设立个人账户，记录个人基本信息及个人权益信息。

个人基本信息至少应当包括企业年金计划编码、职工编号、姓名、性别、出生日期、公民身份号码、通讯地址、联系电话、传真、电子邮件、参加工作日期、参加计划日期、缴费基数及投资计划。

个人权益信息至少应当包括缴费、支付、投资收益、权益余额等信息。

个人账户应当分别记录企业缴费及投资收益、职工个人缴费及投资收益等信息。

系统应当支持个人账户记录正常、中止、定期领取和销户等账户状态信息。

系统应当区分企业缴费及投资收益、职工个人缴费及投资收益的税优部分和非税优部分。

系统应能生成个人参加企业年金计划的证明。个人计划证明至少包括企业年金计划编码、受托人、账户管理人、职工编号、姓名、公民身份号码、参加计划日期、登记日期。

5.2.4 缴费处理

系统应能根据缴费规则计算企业和职工缴费，并生成缴费账单。缴费账单至少包括企业年金计划编码、企业编码、企业名称、缴费账单编号、缴费周期、上期缴费金额(包括企业和个人缴费)、本期变动金额(包括企业和个人缴费)、本期缴费金额(包括企业和个人缴费)、上期缴费人数、本期变动人数、本期缴费人数。

系统应能支持多种缴费计算方法，至少包括工资比例法、定额法。

系统应能支持多种缴费周期，至少包括月、季、半年、全年和一次性缴费。

系统应能通过有关接口接收缴费明细数据。

系统应能接收实际到账数据，并与缴费账单数据进行匹配。能够跟踪未匹配缴费，并对未匹配缴费进行重新匹配。

实际到账金额高于缴费账单金额时，系统可把实际到账金额分成两部分，一部分为应缴费总额，将缴费作为已匹配处理；另一部分可为企业超额缴费，用于抵消企业未来缴费。

系统应能区分企业缴费和个人缴费，并能区分正常缴费和特殊缴费。

系统应能跟踪、提示逾期未缴情况。

系统应能根据投资计划，计算分到各类投资账户的金额。

5.2.5 支付处理

系统应当支持职工退休、死亡和出境定居等支付处理，并记录支付原因。

系统应当根据不同支付规则，计算受益人实际应当享受的权益，将未归属权益划入企业账户。

系统应当支持生成个人账户权益支付表。个人账户权益支付表内容至少包括企业年金计划编码、受托人、账户管理人、职工编号、姓名、性别、公民身份号码、参加计划日期、退出计划日期、退出原因、上年度账户余额、本年度缴费、本年度收益、账户余额、归属权益、未归属权益、实际支付金额。

系统应当支持一次或定期领取企业年金待遇。

系统应当按未归属权益处理方案处理未归属权益，未归属权益可用于抵消企业未来缴费或分给计划成员等。

5.2.6 个人账户转移

系统应能支持企业或企业年金计划变更造成的个人账户信息的转移。

系统应能将个人账户信息（包括余额信息）转移至保留账户或退休账户。

系统应能处理涉及企业年金基金财产买卖的转移和不涉及企业年金基金财产买卖的转移。若转移前后企业年金基金财产没有买卖，个人账户余额应当没有变动；若有企业年金基金财产买卖，系统应当结清个人账户余额并记录企业年金基金财产变动信息。

系统应能追踪本系统内的个人账户转移前的个人账户信息。

系统应能生成个人账户转移报告。个人账户转移报告内容至少包括企业年金计划编码、转出/入受托人、转出/入账户管理人、职工编号、姓名、公民身份号码、参加计划日期、结算日期、上年度账户余额、本年度缴费、本年度收益、账户余额、归属权益、未归属权益、实际转移金额。

5.2.7 投资转换

系统可支持投资转换。

系统应能根据受托人的电子或书面投资转换指令，计算转出、转入企业年金基金财产的投资金额,并记录有关信息。

系统应能汇总所有转出、转入指令，计算每个企业年金计划当日总的转出、转入金额。

系统应能在指定日期完成转出、转入处理。

系统应能生成投资转换报告。投资转换报告内容至少包括企业年金计划编码、受托人、账户管理人、企业编码、转出投资账户代码、转出投资份额或金额、转出日期、转入投资账户代码、转入投资份额或金额、转入日期。

系统可根据新的投资比例处理未来缴费的投资。

5.2.8 收益分配

系统应当支持按金额计量或按份额计量的企业年金基金收益分配。

系统应当支持按周进行收益分配，也可支持按日进行收益分配。

采用金额计量时，系统应当在收益分配日，根据企业年金基金财产净值和净值增长率及企业账户和个人账户期初余额，计算本期投资收益，并记入企业账户和个人账户。

采用份额计量时，系统应当在收益分配日，记录当日企业年金基金份额净值。

系统应当保留企业年金基金历史收益记录及企业年金基金财产净值记录。

5.2.9 计划变动

系统应能根据缴费、支付、投资转换等生成企业年金计划变动汇总。

系统应能计算企业年金基金财产总和，并与托管人托管的企业年金基金财产核对。

5.2.10 计划转移或终止

系统应当支持更换账户管理人的计划转移，并按规定的数据接口要求，导入或导出企业年金计划信息及相关账户信息。

系统应当支持生成计划转移报告。计划转移报告内容至少包括企业年金计划编码、转出／入受托人、转出／入账户管理人、企业编码、计划建立日期、计划登记日期、转移日期、上年度账户余额、本年度缴费、本年度支付、转移日期企业年金基金财产余额、实际转移金额、计划成员个人账户转移明细。

系统应能处理转入的计划信息及该计划内账户信息，并核对托管人提供的企业年金基金财产数据。

企业年金计划转出后，系统执行销户处理，自动记录账户转移日期，并按法规要求保存有关信息。

企业年金计划终止，系统应当支持生成计划终止报告。计划终止报告内容至少包括企业年金计划编码、受托人、账户管理人、企业名称、计划建立日期、计划登记日期、终止日期、上年度账户余额、本年度缴费（包括企业和个人缴费)、本年度支付、终止日期企业年金基金财产余额、计划成员个人账户权益明细。

5.3 账户信息披露

5.3.1 报表管理

系统应能生成服务报表、内部管理报表和监管报表等报表。

服务报表内容至少包括个人计划证明、缴费账单、个人权益支付表、个人账户转移报告、计划转移报告、计划终止报告、投资转换报告、个人及企业季度／年度报告、企业年金计划变动报告。

个人季度/年度报告内容至少包括期初余额、本期缴费、本期支付、投资变更、投资收益、期末余额。

企业季度／年度报告内容至少包括期初余额、本期缴费、本期支付、投资变更、投资收益／亏损、期末余额、期初账户数、期末账户数、管理费支出。

企业年金计划变动报告内容至少包括投资账户代码、交易日期、交易类别（买入、卖出)、交易份额（或交易金额)。

系统应能根据法规及监管部门要求，结合自身特点生成内部管理报表，用于账户管理人日常管理和业务统计。

系统应当根据法规及监管部门要求生成监管报表。

5.3.2 查询

系统应能及时更新数据，提供安全、有效、便捷的查询。

查询信息至少包括企业年金计划信息、企业账户信息、个人账户信息及统计信息。

系统应当设立多级授权，严格控制查询权限，保守账户信息秘密。

系统应当支持查询结果打印。

系统可通过互联网、电话自动语音应答、传真、电子邮件和短信等不同方式，提供至少一年以内账户信息等查询服务。

5.4 数据接口

系统可提供电子数据接口，实现企业年金计划信息、企业账户信息、个人账户信息、缴费信息和投资信息在账户管理人与委托人、不同专业管理机构和监管部门之间的交换。

5.4.1 账户管理人与委托人之间的电子数据接口至少包括：

个人账户信息：企业年金计划编码、企业编码、职工编号、姓名、性别、出生日期、公民身份号码、联系电话、传真、电子邮件、通讯地址、参加工作日期、参加计划日期、工资(可选)、相关收入(可选)、缴费基数、投资计划、税务代码(可选)、缴费规则生效日期、支付规则生效日期和投资计划生效日期。

缴费信息：企业年金计划编码、企业编码、职工编号、缴费类型、企业缴费、个人缴费、缴费起始日期和缴费结束日期。

5.4.2 账户管理人与托管人之间的电子数据接口至少包括：

缴费信息：企业年金计划编码、企业编码、缴费账单编号、缴费日期、缴费到账日期、缴费金额、匹配状态(准备、未匹配、已匹配)、匹配日期、缴费类型。

交易信息：投资账户代码、交易份额(或交易金额)、交易类别(买入、卖出)、交易日期。

计划信息：企业年金计划编码、企业年金计划名称、企业年金基金财产净值、净值增长率或企业年金基金份额净值、投资账户代码、投资账户名称、投资账户基金财产净值、投资账户基金财产净值增长率或份额净值、计算日期。

5.4.3 账户管理人之间的电子数据接口至少包括：

转出／入的受托人编码、转出／入的账户管理人编码、企业年金计划编码、企业编码、职工编号、姓名、公民身份号码、企业转出／入权益余额、个人转出／入权益余额、转出／入日期。

5.4.4账户管理人与受托人之间的电子数据接口应能包括以上内容。

6. 系统运行环境

6.1 硬件平台

6.1.1 计算机机房

计算机机房建设应当符合国标GB/T2887-2000《电子计算机场地通用规范》和GB9361-1988《计算站场地安全要求》。供电系统应当采用双路供电，不间断电源设备应能持续供电4小时以上，确保关键业务处理。

6.1.2 计算机设备

系统主机最低应当采用高可用性、高扩展性的小型机或同等级别的计算机，具有容错特性，运用双机、集群等容错技术。

系统主机可用性达到99.9%以上，每年平均非正常停机时间小于6小时。

系统应当采用专用高扩展性存储系统，存储容量支持TB数量级。

6.1.3 局域网络

机房布线系统设计可参照CECS72：97《建筑与建筑群综合布线系统工程设计规范》。

主机网络端口速度应当达到千兆。

运行企业年金基金账户管理信息系统的网络，应能与其它内部网络实现逻辑隔离，并通过防火墙与互联网隔离。

6.2 软件平台

系统主机操作系统至少达到C2级（含C2级）安全级别，不易受病毒感染和侵害，具备完善的身份认证、访问控制、安全审计、故障恢复功能。

系统应当采用大型关系型数据库软件，支持企业级海量数据访问。

6.3 数据管理

为保证企业年金业务数据安全，应当配备安全可靠的备份设备，可将数据备份到不同介质。

备份介质可采用硬盘、光盘和磁带等，至少应当有两种不同存储介质的数据备份。

备份数据应当异地保存。备份数据保管地点应当具有防火、防热、防潮、防尘、防磁和防盗设施。

系统应当具有灾难恢复计划，业务恢复时间应在灾后48小时之内。

7. 风险控制

7.1 系统功能风险控制

7.1.1 权限控制

系统应当具备完善的权限控制功能，通过用户操作口令、多层操作权限设置和应用功能管理等保证系统操作的安全。

7.1.2 数据检查及验证

录入关键业务数据和系统参数应当经过复核才能正式提交系统处理。系统提供二次录入和目视审验两种复核方式。

对手工录入数据以及批量导入系统数据，应能根据配置规则进一步验证数据，对错误数据系统应能及时提示与预警。

对错误数据，应能提供差错处理功能，跟踪管理并纠正错误数据。

7.2 运行环境风险控制

7.2.1 网络安全

应当配备防火墙设备，防范非法探测和入侵，安装防病毒软件防范计算机病毒。

应当对互联网等非可信传输途径传递的数据进行加密和验证。

可配备入侵检测设备、软件等，主动防范入侵风险。

7.2.2 系统备份

应当具有完善的备份策略和手段，提供历史数据备查。

应当采用双机热备方式或集群方式，保证系统崩溃时能够快速恢复。

应当具有完善的远程灾备方案，满足企业年金系统的高可用性要求。

7.2.3 冗余设备

主机设备应当有足够的备品备件，网络设备应当具有冗余备份。

企业年金基金管理机构资格认定专家评审规则

一、为规范企业年金基金管理机构资格认定专家评审工作，保证资格认定的公平、公正、公开，制定本规则。

二、劳动保障部按以下步骤公开选聘评审专家：

（一）邀请行业协会、金融监管部门或行政管理部门推荐评审专家，鼓励个人自愿报名；

（二）审核推荐或报名专家的专业能力和职业声誉；

（三）会同有关部门和机构，按照择优原则确定评审专家，建立专家库，并在劳动保障部网站上公示。

三、评审专家专业范围包括社会保障、法律、金融、财务会计、公司治理、风险管理、信息技术等方面。

四、评审专家应当符合下列条件：

（一）坚持原则，公正廉洁，忠于职守，严格遵守法律法规；

（二）熟悉国家有关法律、行政法规和规章；

（三）精通所从事行业的专业知识，在所从事领域享有较高声誉；

（四）未从事与评审事项有利益关系的工作；

（五）没有重大违法违纪记录；

（六）劳动保障部认为需要符合的其他条件。

五、专家库专家人数48人。由有关部门或机构推荐产生43人，其中：劳动保障部3人，财政部2人，全国总工会2人，中国银监会2人，中国证监会2人，中国保监会2人，中国注册会计师协会5人，中华全国律师协会5人，中国银行业协会5人，中国证券业协会5人，中国保险业协会5人，社会保障专家5人，个人自愿报名5人。

评审专家每届任期2年，可以连任，但连续任期最长不超过2届。

任何单位或个人对评审专家持有异议的，可书面向劳动保障部提出更换建议。

六、劳动保障部对评审专家颁发“企业年金基金管理机构资格认定评审专家”聘书。

七、评审专家接受聘任后，应当书面承诺遵守有关规定和纪律，认真履行职责，接受劳动保障部和有关机构的监督。

八、劳动保障部根据评审需要，选择不同专业的专家，分类建立受托人、账户管理人、托管人、投资管理人评审委，每期每类参加评审委的专家不得少于9人。劳动保障部选择专家及建立评审委时，应接受有关机构的监督。

评审委应当要求评审专家集中审阅申请人申请材料。

九、评审委从每期评审专家中推选一名负责人，负责组织协调事项，召集并主持评审会议。

十、评审采取投票制。评审专家以个人身份参加评审会议，独立发表评审意见，不受任何单位和个人干涉。

十一、评审委完成评审当日，应当将会议记录、专家评审意见及工作底稿交劳动保障部留存。

十二、劳动保障部对评审过程和结果进行监督检查，可要求评审专家对有关事项做出解释和说明。

十三、评审专家应当严格遵守以下规定：

（一）勤勉尽责、客观公正；

（二）严格保密评审结果；

（三）保守申请人商业秘密；

（四）不得透露本人和其他专家参加评审工作的情况；

（五）不得利用评审得到的非公开信息，为本人、他人或任何机构谋取利益；

（六）不得接受申请人或有关人员的馈赠；

（七）不得就评审事项与利益关系单位或人员接触；

（八）不得诱导其他评审专家表决。

十四、评审专家应当向劳动保障部举报任何以不正当手段，对其施加影响的申请人及其他相关单位和个人。

十五、评审专家评审时，有下列情形之一的，应当主动提出回避：

（一）评审专家或亲属为申请人高级管理人员的；

（二）评审专家或亲属为申请人独立董事或顾问的；

（三）其他可能影响评审专家公正履行职责的。

十六、前款所称亲属是指评审专家的配偶、父母、子女、兄弟姐妹，以及评审专家配偶的父母、评审专家子女的配偶、评审专家兄弟姐妹的配偶。

十七、评审专家有下列情形之一的，应当予以解聘：

（一）严重渎职、违反法律法规和评审纪律的；

（二）未按有关规定勤勉尽责、客观公正评审的；

（三）2次以上无故不参加评审委会议的；

（四）本人提出辞职申请的。

十八、解聘评审专家后，劳动保障部应当及时选聘新的评审专家。

十九、劳动保障部建立专家评审工作监督机制，接受举报并对有关人员违法违纪行为进行处理。

第三章 自律性规范

目 录

上海证券交易所证券投资基金上市规则

（2004 年修订）

第一章 总 则

第一条 为规范证券投资基金的上市和信息披露活动，保护投资人及相关当事人的合法权益，维护证券市场秩序，根据《证券投资基金法》、《证券投资基金信息披露管理办法》、《证券投资基金运作管理办法》、《证券交易所管理办法》等法律、行政法规、部门规章，制定本规则。

第二条 封闭式基金、交易型开放式指数基金及其他基金的份额在本所上市(以下简称基金上市)，适用本规则。

第三条 本所依据有关法律、行政法规、规章和本规则，对基金上市和信息披露活动进行自律管理。

第二章 基金上市

第四条 基金在本所上市，应符合下列条件：

（一）经中国证监会核准发售且基金合同生效；

（二）基金合同期限五年以上；

（三）基金募集金额不低于二亿元人民币；

（四）基金份额持有人不少于一千人；

（五）有经核准的基金管理人和基金托管人；

（六）本所要求的其他条件。

第五条 基金在本所上市，基金管理人应向本所提交下列文件和资料：

（一）上市申请书；

（二）经中国证监会审定的基金募集申请材料及核准文件；

（三）上市交易公告书；

（四）基金简称及交易代码的申请；

（五）有证券业务资格的会计师事务所出具的募集基金验资报告；

（六）本所一至二名会员出具的上市推荐书；

（七）基金份额已全部托管的证明文件；

（八）基金管理人联系方式及该基金的基金经理的姓名和联系方式、信息披露负责人及经办人的姓名和联系方式；

（九）基金管理人、基金托管人就基金上市之后履行管理人、托管人职责的承诺；

（十）基金管理人保证所提交文件和资料真实、准确和完整的承诺；

（十一）本所要求的其他文件。

交易型开放式指数基金上市的，除了提交上述文件和资料外，还应向本所提供代办基金份额申购、赎回的证券公司名单及委托协议。

第六条 本所对符合上市条件并经核准上市的基金，自收到第五条规定的文件之日起三十个工作日内安排基金上市。

第七条 基金上市前，基金管理人应与本所签定上市协议书。

第八条 基金获准在本所上市的，基金管理人应在基金上市日前三个工作日，公开披露基金上市交易公告书。交易型开放式指数基金的上市交易公告书另需明确提示基金份额申购、赎回、交易的业务流程。

第九条 在本所上市的基金，应按本所规定缴纳上市费用。

第三章 持续信息报露

第十条 基金在本所上市后，基金信息披露义务人(以下简称信息披露义务人)应当按照有关法律、行政法规、规章及本规则的相关规定，及时公开披露与基金有关的重大信息。

第十一条 信息披露义务人包括基金管理人、基金托管人、召集基金份额持有人大会的基金份额持有人及其他法律、法规、规章和本所业务规则规定的自然人、法人和其他组织。

第十二条 上市基金应公开披露的信息包括定期报告和临时报告。

定期报告包括基金年度报告、基金半年度报告、基金季度报告、基金资产净值和基金份额净值报告以及更新的招募说明书；法律、法规、规章及本所业务规则规定披露的其他报告，为临时报告。

第十三条 基金管理人应当每周至少公告一次封闭式基金的资产净值和份额净值。

交易型开放式指数基金资产净值和份额净值的公告方法，由本所另行规定。

基金管理人应当公告半年度和年度最后一个交易日的基金资产净值、基金份额净值及基金份额累计净值，公告时间为上述最后一个交易日的次日。

第十四条 基金管理人应当在每年结束起九十日内，公开披露基金年度报告正文及摘要。基金年度报告的财务会计报告应当经过审计。

第十五条 基金管理人应当在上半年结束之日起六十日内，公开披露基金半年度报告正文及摘要。

第十六条 基金管理人应当在每个季度结束之日起十五个工作日内，公开披露基金季度报告。

第十七条 基金合同生效不足两个月的，基金管理人可以不编制、披露当期季度报告、半年度报告或者年度报告。

第十八条 交易型开放式指数基金的基金合同生效后，基金管理人应当在每六个月结束之日起四十五日内，公开披露更新的招募说明书正文及摘要。

第十九条 发生与基金相关的重大事件，有关信息披露义务人应当在两个工作日内编制临时报告书，予以公告。

前款所称重大事件，是指可能对基金份额持有人权益或者基金份额的价格产生重大影响的下列事件：

（一）基金份额持有人大会的召开及决议；

（二）提前终止基金合同；

（三）基金扩募；

（四）延长基金合同期限；

（五）转换基金运作方式；

（六）更换基金管理人、基金托管人；

（七）基金管理人、基金托管人的法定名称、住所发生变更；

（八）基金管理人股东及其出资比例发生变更；

（九）基金募集期延长；

（十）基金管理人的董事长、总经理及其他高级管理人员、基金经理和基金托管人基金托管部门负责人发生变动；

（十一）基金管理人的董事在一年内变更超过百分之五十；

（十二）基金管理人、基金托管人基金托管部门的主要业务人员在一年内变动超过百分之三十；

（十三）涉及基金管理人、基金财产、基金托管业务的诉讼；

（十四）基金管理人、基金托管人受到监管部门的调查；

（十五）基金管理人及其董事、总经理及其他高级管理人员、基金经理受到严重行政处罚，基金托管人及其基金托管部门负责人受到严重行政处罚；

（十六）重大关联交易事项；

（十七）基金收益分配事项；

（十八）管理费、托管费等费用计提标准、计提方式和费率发生变更；

（十九）基金份额净值计价错误达基金份额净值百分之零点五；

（二十）基金改聘会计师事务所；

（二十一）变更基金份额发售机构；

（二十二）基金更换注册登记机构；

（二十三）基金开始办理申购、赎回；

（二十四）基金申购、赎回费率及其收费方式发生变更；

（二十五）基金发生巨额赎回并延期支付；

（二十六）基金连续发生巨额赎回并暂停接受赎回申请；

（二十七）基金暂停接受申购、赎回申请后重新接受申购、赎回；

（二十八）中国证监会及本所规定的其他事项。

分配基金年度收益的，其实施公告的发布时间，应不早于基金年报的披露时间。

上述第(二十三)至(二十七)项规定，不适用于封闭式基金。

第二十条 召开基金份额持有人大会的，召集人应当至少提前三十日公告基金份额持有人大会的召开时间、会议形式、审议事项、议事程序和表决方式等事项。

基金份额持有人依法自行召集持有人大会，基金管理人、基金托管人对基金份额持有人大会决定的事项不依法履行信息披露义务的，召集人应当履行相关信息披露义务。

第二十一条 在基金合同期限内，任何公共媒体中出现的或者在市场上流传的消息可能对基金份额价格产生误导性影响或者引起较大波动的，相关信息披露义务人知悉后应当立即将有关情况报告本所，并对该消息进行公开说明或者澄清。

第四章 信息披露事务管理

第二十二条 信息披露义务人应将拟公开披露的定期报告和临时报告，在第一时间报送本所。

本所对定期报告实行事前登记、事后审核；对临时报告实行事先审核，本所另有规定除外。

第二十三条 本所根据有关法律、法规、规章和本规则的规定，对公开披露的基金信息进行形式审核，对其内容的真实性不承担责任。

第二十四条 信息披露义务人应保证所披露基金信息的真实性、准确性和完整性，不得有虚假记载、误导性陈述或重大遗漏。

第二十五条 信息披露义务人公开披露基金信息，应当符合中国证监会相关基金信息披露内容与格式准则的规定；特定基金信息披露事项和特殊基金品种的信息披露，应当符合中国证监会相关编报规则的规定。

第二十六条 基金托管人应当按照相关法律、法规、规章和基金合同的约定，对基金管理人编制的基金资产净值、基金份额净值、基金份额申购赎回价格、基金定期报告和定期更新的招募说明书等公开披露的相关基金信息进行复核、审查，并向基金管理人出具书面文件或者盖章确认。

第二十七条 基金管理人、基金托管人应指定专人负责管理信息披露事务，办理与本所及投资人之间的有关事宜。

第二十八条 基金信息披露义务人应当在规定时间内，将应予披露的基金信息通过其互联网网站(以下简称网站)及中国证监会指定的全国性报刊(以下简称指定报刊)披露，并保证投资人能够按照基金合同约定的时间和方式查阅或者复制公开披露的信息资料。

基金管理人、基金托管人应当在指定报刊中至少选中一种披露信息的报纸，并至少维持一年不变。

第二十九条 信息披露义务人除依法在指定报刊及网站上披露信息外，还可以根据需要同时或随后在其他公共媒体披露该信息，但不同媒体上披露同一信息的内容应当一致。

第三十条 信息披露义务人不得以新闻发布或记者答问等形式代替公开信息披露。

第五章 停牌与复牌

第三十一条 出现下列之一的情况，基金管理人应当向本所申请对基金的交易予以例行停牌及复牌：

（一）于交易日公布收益分配决议或公布实施收益分配的，该基金的交易当日上午停牌，下午复牌；

（二）现场方式召开基金份额持有人大会的，如会议时间与本所交易时间有重叠，该基金的交易自持有人大会召开当日起停牌，至持有人大会决议公布当日下午复牌(如持有人大会决议公布日为非交易日，则公布后第一个交易日即复牌)；

（三）基金管理人认为应当申请停牌的其他情形。

第三十二条 出现下列之一的情况，本所可以对基金的交易实施临时停牌及复牌：

（一）任何公共媒体出现或者在市场上流传可能对基金交易价格产生误导性影响或者引起较大波动的消息，本所可以对该基金的交易实施临时停牌，至相关信息披露义务人对该消息作出公开说明或澄清公告当日下午复牌(如公告日为非交易日，公告后第一个交易日即复牌)；

（二）交易出现异常波动的，本所可以对该基金的交易实施临时停牌，至相关信息披露义务人作出公告当日下午复牌；

（三）在交易期间因出现异常情况或停市而暂停接受交易型开放式指数基金的申购、赎回申报的，交易型开放式指数基金的交易同时停牌，至恢复申购、赎回申报时复牌；

（四）中国证监会认为应当停牌、复牌的情形。

第三十三条 基金临时报告在交易日公布的，相关信息披露义务人应向本所申请对该基金的交易实施停牌，本所有权根据情况决定是否停牌，停牌时间为公告日的上午。

第三十四条 基金管理人及其他信息披露义务人在基金运作和基金信息披露方面违反有关法律、法规、规章及本所业务规则的规定，性质严重，被有关部门调查的，本所可对被所涉基金的交易实施停牌，待有关处理决定公告后另行决定复牌时间。

第六章 终止上市

第三十五条 基金上市期间出现下列情况之一时，本所将终止其上市：

（一）不再具备本规则第四条规定的上市条件；

（二）基金合同期限届满未获准续期的；

（三）基金份额持有人大会决定提前终止上市；

（四）基金合同约定的终止上市的其他情形；

（五）本所认为应当终止上市的其他情形。

第三十六条 基金管理人应当在收到本所终止基金上市的决定之日起二个交易日内，在指定报刊和网站上登载《基金终止上市公告》。

《基金终止上市公告》应当包括以下内容：

（一）终止上市基金的种类、简称、交易代码及终止上市日期；

（二）有关基金终止上市决定的主要内容；

（三）终止上市后基金登记、转让、管理事宜；

（四）中国证监会和本所要求的其他内容。

第七章 惩戒措施

第三十七条 基金管理人、基金托管人违反本规则规定的，本所可以责令其改正，并视情节轻重给予下列惩戒：

（一）内部通报批评；

（二）在指定报刊和本所网站上公开谴责。

基金管理人、基金托管人违反本规则规定，情节严重的，本所可报告中国证监会。

第三十八条 基金管理人、基金托管人的信息披露负责人违反本规则规定的，本所可以责令其改正，并视情节轻重给予下列惩戒：

（一）内部通报批评；

（二）在指定报刊和本所网站上公开谴责。

信息披露负责人违反本规则规定，情节严重的，本所可以建议更换，并报中国证监会。

第八章 附则

第三十九条 本规则经本所理事会讨论通过，并报中国证监会核准后施行。修改时亦同。

深圳证券交易所证券投资基金上市规则

（2005年修订）

第一章 总 则

第一条 为规范证券投资基金上市和信息披露行为，保护投资者的合法权益，维护证券市场秩序，根据《证券投资基金法》、《证券投资基金信息披露管理办法》、《证券投资基金运作管理办法》等法律、行政法规、部门规章，制定本规则。

第二条 本规则所称基金指封闭式基金、上市开放式基金、交易型开放式指数基金及其他证券投资基金。

第三条 基金在深圳证券交易所（以下简称本所）上市，应当遵守本规则的规定；本规则未做规定的，适用本所其他规定。

第四条 本所依据有关法律、行政法规、部门规章和本规则对基金上市和信息披露等活动进行监管。

第二章 上 市

第五条 基金在本所上市，应当符合下列条件：

（一）经中国证券监督管理委员会(以下简称“中国证监会”)核准募集且基金合同生效；

（二）基金合同期限为五年以上；

（三）基金募集金额不低于二亿元人民币；

（四）基金份额持有人不少于一千人；

（五）本所规定的其他条件。

第六条 基金管理人申请基金在本所上市，应向本所提供下列文件：

（一）上市申请书；

（二）中国证监会核准基金募集的文件；

（三）基金合同；

（四）基金招募说明书；

（五）基金托管协议；

（六）经具有从事证券相关业务资格的会计师事务所出具的基金最近三年的财务报告(新募集基金除外)；

（七）中国证监会对基金备案的确认文件；

（八）上市交易公告书；

（九）基金份额已全部托管的证明文件；

（十）基金管理人联系方式及该基金的基金经理的姓名和联系方式、信息披露负责人及经办人的姓名和联系方式；

（十一）本所要求的其它文件。

基金管理人申请交易型开放式指数基金在本所上市的，除了提交上述文件和资料外，还应向本所提供代办基金份额申购、赎回的证券公司名单及代办委托协议。

第七条 基金符合上市条件的，本所向基金管理人出具《上市通知书》，并与基金管理人签订上市协议。

第八条 《上市交易公告书》披露的有关事宜按照中国证监会发布的《证券投资基金信息披露内容与格式准则第1号—〈上市交易公告书的内容与格式〉》办理。

第九条 基金在本所上市，基金管理人应当按下列标准向本所缴纳上市费用：

（一）上市初费：3万元人民币；

（二）上市月费：5000元人民币；自上市当月开始计算，按年预缴。

第三章　持续信息披露

第十条　基金在本所上市后，基金信息披露义务人(以下简称信息披露义务人)应当按照《证券投资基金法》、中国证监会发布的《证券投资基金信息披露管理办法》、《证券投资基金信息披露内容与格式准则》、《证券投资基金信息披露编报规则》及本规则的相关规定，及时、公平地披露所有对基金交易价格可能产生较大影响的信息。

第十一条　信息披露义务人包括基金管理人、基金托管人、召集基金份额持有人大会的基金份额持有人及其他法律、法规、规章和本所业务规则规定的自然人、法人和其他组织。

第十二条　信息披露义务人应保证基金披露信息的真实性、准确性和完整性，不得有虚假记载、误导性陈述或重大遗漏。

第十三条　基金应公开披露的信息包括定期报告和临时报告，信息披露义务人披露信息前，应当按照本所要求在第一时间将公告文稿和相关备查文件报送本所。

第十四条　本所对基金公开披露的信息进行形式审查，对其内容的真实性和准确性不承担责任。

本所对定期报告实行事前登记、事后审核；对临时报告实行事先审核，本所另有规定的除外。

第十五条　基金管理人、基金托管人应当建立健全信息披露管理制度，指定信息披露负责人管理信息披露事务，办理与本所之间的信息披露事宜。

第四章　停牌与复牌

第十六条　基金出现下列情形之一时，基金管理人应当向本所申请对其例行停牌及复牌：

（一）于交易日公布收益分配公告或者预告的，该基金自当日上午开市起停牌一小时，上午十点三十分复牌。

（二）以现场方式召开基金份额持有人大会，会议时间为本所交易时间的，该基金自持有人大会召开当日起停牌，直至公布持有人大会决议当日上午十点三十分复牌(如持有人大会决议公布日为非交易日，则公布后首个交易日开市时复牌)。

第十七条　基金于交易日披露临时报告，基金管理人应当向本所申请该基金停牌，本所根据情况决定是否停牌及停、复牌时间。

第十八条　在交易时间内，基金管理人申请暂停接受上市开放式基金赎回申报的，应当同时向本所申请该基金停牌，本所根据情况决定是否停牌和停、复牌时间；

在交易时间内，基金管理人如申请暂停接受交易型开放式指数基金申购、赎回申报的，应当同时向本所申请该基金停牌，本所根据情况决定是否停牌和停、复牌时间。

第十九条　基金出现下列情形之一时，本所可对其予以停牌及复牌：

（一）在任何公共媒体出现的或者在市场上流传的消息，可能对基金的交易价格产生误导性影响或者引起较大波动的，本所可对该基金实施停牌，直至相关信息披露义务人披露相关公告的当日上午十点三十分复牌；

（二）信息披露不充分、不完整或者可能误导公众，信息披露义务人不按照本所要求作出修改的，本所可对该基金实施停牌，直至相关信息披露义务人披露补充或者更正公告的当日上午十点三十分复牌；

（三）延迟公布年度报告或者半年度报告的，本所可对该基金实施停牌，直至该年度报告或者半年度报告公告当日上午十点三十分复牌(如果公告日为非交易日，则于公告后首先个交易日开市时复牌)；

（四）基金管理人在基金运作和信息披露方面违反国家有关法律、行政法规、部门规章及本所业务规则的规定，情节严重，被有关部门调查，可能对基金交易价格引起较大波动的，本所可对该基金实施停牌，待有关处理决定公告后另行决定复牌时间；

（五）在交易时间内因出现异常情况、临时停市而暂停接受交易型开放式指数基金的申购、赎回申报的，本所对交易型开放式指数基金同时实施停牌，至恢复接受申购、赎回申报时复牌；

（六）在交易时间内因出现异常情况而暂停接受上市开放式基金的赎回申报的，本所对上市开放式基金同时实施停牌，至恢复接受赎回申报时复牌；

（七）本所认定的其他情形。

第二十条　本章未有明确规定的，基金管理人可以以本所认为合理的理由向本所申请对基金停牌与复牌。

第五章　暂停与终止上市

第二十一条　基金上市期间出现下列情形之一的，本所决定其暂停上市：

（一）不再具备本规则第五条规定的上市条件；

（二）违反法律、行政法规，中国证监会决定暂停其上市；

（三）严重违反本规则的；

（四）本所认为应当暂停上市的其他情形。

第二十二条 前条所述情形消除后，基金管理人可向本所提出恢复上市申请；经本所核准后，可恢复该基金上市。

第二十三条 基金出现下列情形之一的，本所决定其终止上市：

（一）自暂停上市之日起半年内未能消除暂停上市原因的；

（二）基金合同期限届满未获准续期的；

（三）基金份额持有人大会决定提前终止上市；

（四）基金合同约定的终止上市的其他情形；

（五）本所认为应当终止上市的其他情形。

第六章 罚 则

第二十四条 基金管理人、基金托管人违反本规则规定的，本所可以责令其改正，并视情节轻重给予下列处分：

（一）内部通报批评；

（二）在指定报刊和本所网站上公开谴责。

基金管理人、基金托管人违反本规则规定，情节严重的，本所可报告中国证监会。

第二十五条 基金管理人、基金托管人的信息披露负责人违反本规则规定的，本所可以责令其改正，并视情节轻重给予下列处分：

（一）内部通报批评；

（二）在指定报刊和本所网站上公开谴责。

信息披露负责人违反本规则规定，情节严重的，本所可以建议更换，并报中国证监会。

第七章 附 则

第二十六条 本规则由本所负责解释。

第二十七条 本规则经本所理事会通过，报中国证监会批准后生效，修改时亦同。

第二十八条 本规则自公布之日起施行。

证券从业人员诚信信息管理暂行办法

第一条 为推进证券业诚信体系建设，增强证券从业人员诚信观念，提高证券业公信力，促进证券市场健康发展，根据中国证券业协会三届二次理事会通过的《关于加快推进证券业诚信建设的决议》，制定本办法。

第二条 本办法所称证券从业人员，是指被中国证监会依法批准的证券从业机构正式聘用或与其签订劳务协议的人员。

第三条 本办法所称诚信信息，是指证券从业人员在执业活动中遵纪守法、履约守信的情况和对评价其诚信状况有影响的其他信息。

第四条 协会建立证券从业人员诚信信息管理系统，对证券从业人员诚信信息进行日常管理。

第五条 诚信信息的收集、记录和使用，遵循真实、准确、公正、客观的原则。

第六条 证券从业人员诚信信息记录的内容包括：基本信息、奖励信息、警示信息、处罚处分信息。

第七条 基本信息包括：姓名、性别、出生日期、出生地、国籍、身份证或护照编号、居住地址及联系电话、从业机构、职务或工作岗位、工作地址及联系电话、执业注册记录、教育经历、工作经历、证券从业经历。

第八条 奖励信息包括：受到中国证监会、中国证券业协会、上海、深圳证券交易所、地方证券业协会、所在机构及其他有关部门和组织表彰、奖励的情况，包括表彰单位、表彰内容、荣誉称号或奖励等级、表彰时间。

第九条 警示信息包括：受到中国证监会谈话提醒、拒绝中国证监会或其派出机构的检查或调查、在执业注册或变更过程中隐瞒或编造有关情况、无正当理由不参加持续培训或执业证书年检、被投诉、违反所在机构内部管理制度。

其中投诉信息记录的内容包括：被投诉者和投诉者基本情况、投诉事实、调查核实情况、处理结果。无明显事实根据的匿名投诉不予记录。经调查不属实的投诉不予记录。

第十条 处罚处分信息包括：违反国家法律、行政法规、部门规章、自律规则所受的刑事、民事、行政处罚和纪律处分。包括做出处罚处分决定的机构、处罚处分原因、处罚处分类别、期限、生效时间。除刑事、民事处罚外，行政处罚和纪律处分主要包括：

（一）受到中国证监会的处罚，包括警告、没收非法所得、罚款、暂停执业资格、吊销执业资格；

（二）受到协会的处分，包括书面批评、通报批评、公开谴责；

（三）受到其他境内外金融监管机构或执法部门的处罚；

（四）受到其他境内外自律组织的处分。

第十一条 诚信信息的来源

（一）中国证监会及其派出机构传送的文件；

（二）协会与上海、深圳证券交易所、地方证券业协会建立的信息交换渠道；

（三）证券从业机构经由协会执业注册系统报备；

（四）有关媒体，经证实后予以记录；

（五）投诉，经核实后予以记录；

（六）其他合法途径。

第十二条 诚信信息的用途

（一）作为中国证监会对有关人员进行任职资格审核的依据；

（二）作为境外证券监管机构对有关人员进行胜任能力考核的依据；

（三）作为境内外其他金融监管机构对有关人员进行任职资格审核的参考；

（四）作为国家司法机关、有关部门或组织依法履行职责的参考；

（五）作为协会审核证券业执业注册或变更申请的依据；

（六）作为协会推荐有关人选或组织行业评比的依据；

（七）作为证券从业机构招聘人员的参考；

（八）作为证券从业机构客户选择专业服务人士的参考；

（九）其他合法用途。

第十三条 协会对证券从业人员诚信信息实行分级管理，并提供查询服务。

（一）证券从业人员诚信信息库向中国证监会开放；

（二）国家司法机关经由中国证监会或直接向协会查询有关人员信息；

（三）与中国签订监管合作备忘录的境外证券监管机构经由中国证监会查询有关人员信息；

（四）境内其他金融监管机构、有关部门和组织经由中国证监会或直接向协会查询有关人员的信息；

（五）证券从业机构可查询本机构人员的信息。在招聘曾经在其他证券类机构任职的人员时，可向协会申请查询其信息；

（六）协会在其网站定期公布受到处罚处分的证券从业人员名单。

第十四条 协会提供信息查询服务时，将根据查询人的性质收取适当的费用。

第十五条 协会对诚信信息的查询情况进行记录。记录的内容包括信息查询人、查询对象、查询事由、查询时间等。

第十六条 诚信信息的保存。诚信信息由当前记录库和历史记录组成。当前记录的保存期限为：

（一）基本信息长期保存；

（二）奖励信息、警示信息、处罚处分信息设定5年的当前保存期。

超过当前保存期的信息转入历史记录库，历史记录库中的信息原则上不再提供查询服务。

第十七条 协会对收到的记载证券从业人员诚信信息的书面材料予以保存。

第十八条 协会工作人员有下列行为之一的，应追究其责任：

（一）擅自修改证券从业人员诚信信息；

（二）擅自向他人提供证券从业人员诚信信息；

（三）超范围使用证券从业人员诚信信息。

第十九条 对涉及商业秘密、个人隐私及其他需要保密的信息，协会工作人员和其他知情者负有保密义务，并承担相应的保密责任。

第二十条 本办法由中国证券业协会负责解释。

第二十一条 本办法经协会三届四次理事会讨论通过，自2005年5月1日起施行。

附　录 Appendix

附录一　2005年基金大事记

一月份 JANUARY

2005-01-01

《证券投资基金托管资格管理办法》正式实施。

2005-01-04

我国首只区域型股票基金——宝盈泛沿海区域增长股票证券投资基金正式发行，该基金管理人为宝盈基金管理有限公司，托管人为中国工商银行。

易方达基金管理公司旗下首只货币市场基金正式发行，该基金托管人为中国银行。这是2005年国内募集的首只货币市场基金。

2005-01-06

中国工商银行联合申万巴黎、南方、广发、华安、国联安、融通6家基金公司在北京正式启动“基金定投”业务，这是首次由银行联合基金管理公司共同推出的全国范围的基金理财计划。

2005-01-12

经中国证监会证监基金字[2005]5号文批准，汇添富基金管理有限公司正式获准设立。这是2005年获准设立的的首家基金管理公司。

2005-01-20

我国首只借鉴阿尔法增强技术的基金——景顺长城鼎益股票型证券投资基金在深圳证券交易所上网发售。自此，深交所的上市开放基金增加到5只。

我国首只LOF——南方积极配置基金上市交易满月，进入正常的二级市场交易，表明首次引入的主交易商制度取得了初步成功。

2005-01-23

36家基金公司参与华电国际A股询价，公布的网下累计投标询价配售结果统计，共有58只证券投资基金获得配售，共获配14857.8亿股，占据网下配售总量的52.2%。这是我国基金管理公司首次对新股定价行使话语权。

2005-01-25

博时基金管理公司与日本日兴资产管理有限公司正式签署《研究协议》，为日兴即将在日本发行的黄河A股基金提供研究支持服务。该基金是日本首只以合格境外机构投资者QFII形式进入中国市场的A股开放式基金。

2005-01-31

在国内首次引入基金份额分级制度的银华货币市场基金合同正式生效。自1月17日至1月25日，银华货币市场基金在7个交易日内成功募集了5.91亿份基金份额，有效认购户数为7618户，创近期开放式基金最短发行期记录。该基金托管人为交通银行。

二月份 FEBRUARY

2005-02-02

鹏华基金管理公司面向社会各界公开征寻基金服务质量监督员，标志着我国基金客服质量监督制首次正式运作。

银华基金管理有限公司在业内率先通过ISO9001质量管理体系认证。

2005-02-04

劳动和社会保障部发布第24号部令，公布并于2005年3月1日起施行《企业年金基金管理机构资格认定暂行办法》。同时下发了《企业年金基金管理运作流程》、《企业年金基金账户管理信息系统规范》和《企业年金基金管理机构资格认定专家评审规则》四个配套文件。

2005-02-17

全国银行间同业拆借中心日前评出上年度优秀交易成员，南方、招商、华安、华夏、博时、长信、长盛、泰信、鹏华和海富通10家基金管理公司榜上有名。

2005-02-20

中国人民银行、中国银监会和中国证监会联合颁布实施《商业银行设立基金管理公司试点管理办法》，标志着我国商业银行设立基金管理公司试点工作进入了实质性操作阶段。

2005-02-21

我国首只风险预算基金——泰达荷银风险预算混合型基金正式发行，该基金托管人为交通银行。

2005-02-22

我国第二只LOF——博时主题行业基金在深圳证券交易所上市交易。

博时主题行业股票基金在深圳证券交易所成功上市，基金简称“博时主题”，基金代码160505。这是在深圳证券交易所上市交易的第二只LOF。

2005-02-23

国务院任命庄心一为中国证券监督管理委员会副主席。

我国首只ETF产品——上证50ETF在上海证券交易所正式挂牌上市，标志着融合投资、交易和短线操作为一体的全新指数投资工具终于登陆中国证券市场。

华夏银行股份有限公司获得证券投资基金托管业务资格，成为第四家获得基金托管资格的上市银行。这也是《证券投资基金托管资格管理办法》颁布后首家获得基金托管资格的商业银行。

三月份 MARCH

2005-03-01

包括《企业年金基金管理机构资格认定暂行办法》在内的关于企业年金入市的四项相关法规正式实施，标志着企业年金的市场运作正式启动。

2005-03-03

上海证券交易所信息网络有限公司与国联基金管理公司签订“上证红利指数使用许可协议”，国联成为我国首家使用上证红利指数的基金管理公司。

2005-03-05

中国人民银行行长周小川进一步明确，商业银行设立基金管理公司运作的合规资金除了可投资固定收益类证券之外，还可以直接入市投资股票，央行会提高商业银行设立基金管理公司运作透明度的要求。

2005-03-09
嘉实基金管理有限公司与德意志资产管理公司共同宣布成立合资基金管理公司，并举行签约仪式，这是继富国基金管理有限公司与蒙特利尔银行牵手之后，老十家基金公司的再一次跨国联姻。

2005-03-10
我国首只指数LOF基金——融通巨潮100指数基金正式发行，该基金托管人为中国工商银行。

2005-03-18
中国证监会公布开放式基金代销名单，15家银行和64家券商榜上有名。公布的名单中，闽发、汉唐证券等3家券商被暂停基金代销资格。

2005-03-19
深圳证券交易所举行第七届会员单位与基金公司优秀研究成果表彰大会。

2005-03-21
中国工商银行、农业银行、中国银行、建设银行、交通银行全面下调基金同业存款利率，由1.62%下调至0.99%。

中国银行基金托管部更名为托管及投资者服务部。

2005-03-23
中国证监会下发通知，要求各基金管理公司每周一将上周每个交易日的基金申购赎回情况上报证监会基金部。

我国首份开放式基金经理综合排名出炉，共有44位基金经理入选。

2005-03-25
中国证监会副主席桂敏杰中国金融学会第七次代表大会暨2005年学术年会上表示："证监会正在积极研究保险公司建立基金公司的可能性，同时我们在推动银行设立基金公司的进程。"

中国证券业协会发布《证券从业人员诚信信息管理暂行办法》，自2005年5月1日起施行。

2005-03-28
中国证监会发布《关于货币市场基金投资等相关问题的通知》和《货币市场基金信息披露特别规定》。新规定自4月1日起施行。

2005-03-28
全国社保基金理事会理事长项怀诚表示："社保基金投资风险政策保持不变，今年股票投资比例将增加至总资产的20%左右，其中，国内股票投资比例由现在的11%增至15%左右。"

2005-03-31
37家基金管理公司管理的153只基金2004年基金年报公布完毕。

和讯公司正式推出我国首家开放式基金指数体系及每日排行榜。

保险资金投资基金规模达到798亿，比上月末减少62.74亿。这是今年以来保险公司投资基金首度下降，同时也创下了6个月以来的最大跌幅。

四月份 APRIL

2005-04-01
货币市场基金运行开始执行新规则。

2005-04-04
我国首只ETF——上证50ETF荣获2005年全球ETF大奖中的"亚太地区最佳产品创新奖"。

中国银河证券基金研究中心推出《中国基金业绩年度统计分析报告》。

2005-04-07
经国务院批准，中国人民银行、中国银监会和中国证监会共同确定中国工商银行、中国建设银行和交通银行三家银行成为首批直接投资设立基金管理公司的试点银行。

2005-04-08
由上海和深圳两家交易所联合编制的沪深300指数正式公布，这是我国首只通过交易所发布的涵盖两个交易所上市公司的统一指数，嘉实与大成成为首批获准使用沪深300指数的基金管理公司。

南方现金增利基金发布公告，宣布其净值与"影子定价"的偏离度超过0.5%。这是继4月1日货币市场基金新规则实施后，首次有基金就"影子定价"偏离度进行公告。

2005-04-11
我国首家注册在广西地区的中外合资基金公司——国海富兰克林基金管理有限公司在南宁举行开业庆典暨产品首发仪式。

2005-04-13
晨星(中国)2004年度基金经理奖揭晓。

2005-04-15
"巨潮公用事业指数使用授权协议暨天同公用事业行业基金托管、销售协议签约仪式"在上海举行，万家基金管理公司获得了使用巨潮公用事业指数的正式授权，万家公用事业行业基金成为我国首只公用事业类行业基金。

2005-04-20
劳动和社会保障部下发《关于申请企业年金基金管理机构资格有关事项的通告》和《关于推荐企业年金基金管理机构资格认定评审专家的通告》，对机构申请管理资格的事项和评审专家推荐事项进行了确定。

2005-04-21
招商证券基金宝在招商证券各营业部及招商银行各网点正式开始发售，这是《证券公司客户资产管理业务试行办法》实施以来，中国证监会批准的国内首只FOF产品。

2005-04-26
中国人民银行金融市场司副司长沈炳熙透露，中国工商银行、中国建设银行和交通银行等三家试点银行设立基金管理公司的各项审批工作力争在今年9月底前完成，第一只基金有望在年内发行。

中国农业银行托管业务部总经理张军洲在上海公布与农行合作的基金管理公司的六项指标。

2005-04-28
中国工商银行成为三家试点银行中首家获准设立基金管理公司的商业银行。

招商银行、中信实业银行、中国光大银行和上海浦东发展银行在北京共同签署了"基金代理业务合作框架协议"。将在基金代理销售等业务领域建立全面合作关系，提升各银行在基金代理业务方面的整体竞争实力。

2005-04-29
我国首只与上证所签订上证红利指数使用协议的基金产品——国联分红增利混合型基金正式发售，该基金托管人为中国农业银行。

2005-04-31
保险资金投资基金规模达到890.29亿元，创下历史新高。

五月份 MAY

2005-05-08
劳动和社会保障部基金监督司发布《关于受理企业年金基金管理机构资格申请材料有关事项的补充通知》，明确了年金基金管理机构资格申请的时间和受理地点。

2005-05-12
中国人民银行与华夏基金管理公司共同宣布，华夏基金管理公司独家中选亚债中国基金管理人。

2005-05-13
兴业银行股份有限公司获得证券投资基金托管业务资格。至此，我国拥有基金托管资格的商业银行增至12家。

2005-05-20
中国证券业协会组织15家基金管理公司负责人在北京召开股权分置改革试点工作座谈会。

2005-05-23
广发证券等10家券商正式组成了南方高增长基金的承销团，担当起基金在场内重点代销渠道的工作，创下了基金承销团的代销新模式。

六月份 JUNE

2005-06-02
长信利息收益基金规模超过100亿，成为中国农业银行托管的首只规模突破百亿的证券投资基金。

2005-06-03
上海地区基金管理公司督察长联席会议制度建立大会暨第一次联席会议在上海举行。

2005-06-05
第29次基金业联席会议在北京召开。中国证监会主席尚福林在会上表示，中国将制定相应措施，加快改革进程。基金管理公司要充分认识股改对基金行业长远稳定发展产生的积极影响。

2005-06-06
经中国证监会证监基金字[2005]93号文批准，我国首家由国有商业银行发起的基金管理机构——工银瑞信基金管理有限公司正式设立。

全国社保基金理事会公布第一批委托评估情况：南方、博时、华夏、鹏华、长盛和嘉实六家管理人均继续保留社保基金管理人的资格；对5个股票投资组合和6个债券投资组合续签合同；一个股票投资组合终止合同，不再续签。

2005-06-08
经中国证监会、商务部和国务院国资委批准，瑞士银行股份有限公司(UBS AG)受让中融基金公司股东国家开发投资公司持有的4%的出资和国投电力公司持有的45%的出资。转让完成后，国投弘泰信托投资有限公司持股51%，瑞士银行股份有限公司(UBS AG)持股49%，公司成为国内首家外资持股达到49%的合资基金公司，同时更名为：国投瑞银基金管理有限公司。

2005-06-09
中国证监会发布《关于基金管理公司运用固有资金进行基金投资有关事项的通知》，允许基金管理公司将其固有资金投资于证券投资基金。

2005-06-15
中国证监会基金部组织召开关于货币市场基金的会议，来自基金公司、托管银行等机构的50多人参加了会议。

2005-06-16
中国证监会下发《关于进一步完善证券投资基金募集申请审核程序有关问题的通知》。

2005-06-17
中国证监会下发《关于就进一步完善开放式基金销售费用收取方式及其他有关问题的通知》征求意见稿。

2005-06-20
中国证监会下发《基金管理公司督察长管理规定》(征求意见稿)和《基金管理公司投资管理人员管理暂行规定》(讨论稿)。

2005-06-21
兴业基金管理公司运用固有资金申购旗下兴业可转债基金3000万元，这是自中国证监会发布《关于基金管理公司运用固有资金进行基金投资有关事项的通知》以来，首家基金管理公司正式运用固有资金投资旗下开放式基金。

全国社保理事会对第一批社保投资管理人的两年任期考核已于6月初结束，考核排名第一、第二的鹏华和博时两家基金管理公司分别被追加资金4.5亿元和3亿元。

2005-06-24
财政部和国家税务总局发出补充通知，对此前下发的个人所得税股息红利所得减免税政策有关执行口径问题进行明确。该政策下发之日后，证券投资基金的股息红利所得也享受减免税政策。

2005-06-27
中国人民银行金融市场司副司长沈炳熙在首届中国债券市场论坛上透露，今年7月有望推出第一只由商业银行基金管理公司发行的基金产品。

七月份 JULY

2005-07-01
上海、深圳证券交易所首次调整沪深300指数样本股，本次共调整14只样本股。这是我国首只以沪深300指数为标的的指数基金。

2005-07-05
我国首家由国有商业银行发起设立的基金管理机构——工银瑞信基金管理有限公司在北京举行隆重的开业典礼及揭牌仪式，宣告公司正式成立。

2005-07-11
证券时报基金评价体系(SFR)正式对外发布。这是我国首家由财经媒体作为独立第三方推出的基金评价方案。

2005-07-12
中国证券业协会第二届证券投资基金业委员会第一次会议在北京召开，顺利完成了委员会的换届工作。中国证券业协会会长庄心一、副会长黄湘平、副会长兼秘书长聂庆平出席了会议。

2005-07-13
上海证券交易所、中国证券登记结算公司与银华基金管理公司共同召开新闻发布会，正式宣布推出上证所开放式基金场内认(申)购、赎回系统-“上证基金通”，银华核心价值优选股票型基金成为首只利用该创新网络募集的开放式基金。

南方高增长基金合同正式生效，首募基金份额12.77亿元，创下近期股票基金发行规模新高。

沪深证交所分别发布证券交易所开放式基金认购、申购、赎回业务办理的实施规则。

深圳证券交易所发布《深圳证券交易所开放式基金申购赎回业务实施细则》。

2005-07-15
景顺长城基金管理公司旗下恒丰债券基金转型为货币市场基金，这是我国基金业首次产品转型。

2005-07-18
我国首只手续费全免的债券基金——博时稳定价值债券投资基金正式发行，这是停发一年多后债券基金的首次发行；同时该基金也是我国首只业绩基准为两年期定期存款税后收益率的基金，基金托管人为中国建设银行。

2005-07-20
2005年基金二季度投资组合全部披露完毕。

2005-07-25
中国证监会近日下发《2005年第二季度监察稽核项目表》，为基金公司每季度向证监会上报监察稽核报告定制了新的模板。

2005-07-26
工银瑞信核心价值股票型证券投资基金正式发行，这是首只由商业银行发起设立的基金管理公司推出的证券投资基金，基金托管人为中国银行。

2005-07-26
上证50ETF基金总份额达到100.13亿份，首次突破百亿大关。同时，该基金也成为中国工商银行托管的第三只份额过百亿的证券投资基金。

2005-07-27
中国证券登记结算公司发布实施《开放式基金通过上海证券交易所场内认购、申购与赎回登记结算业务实施细则》、《开放式基金通过深圳证券交易所场内申购赎回登记结算业务实施细则》，规范开放式基金在证券交易所的认购、申购与赎回的登记结算业务。同时与上海证交所联合发布实施《通过上海证券交易所办理开放式基金相关业务操作指引》。

2005-07-29
中国证监会下发《关于货币市场基金投资银行存款有关问题的通知》征求意见稿和《关于货币市场基金投资短期融资券有关问题的通知》征求意见稿。

2005-07-31
保险资金投资基金规模首次突破1000亿元大关，达到1036.85亿元。

八月份 AUGUST

2005-08-01
上海证券交易所举行“上证基金通”上线仪式，银华核心价值优选基金同时宣布正式挂牌“上证基金通”，成为我国首只通过上证所“上证基金通”网络募集的开放式基金。

2005-08-02
劳动和社会保障部发布《关于公布第一批企业年金基金管理机构的通告》，第一批共认定37家企业年金基金管理机构，其中博时、华夏、南方、富国、银华、易方达、嘉实、招商、海富通9家基金管理公司入围企业年金基金投资管理人资格；工商银行、交通银行、光大银行和招商银行成为同时获得企业年金基金账户管理人和托管人资格的国内商业银行。

2005-08-05
中国银行日前与马钢企业年金理事会签署《马钢企业年金基金托管协议》。

2005-08-08
中国证监会召集华安、海富通、博时、南方、嘉实、华夏等9家基金公司投资总监及监察部人士在北京召开会议，商讨基金投资权证的各项事宜。

我国首只资源类行业基金(LOF)——巨田资源优选混合型证券投资基金正式发售，这也是深圳证券交易所开放式基金场内申购赎回业务实施后发行的首只LOF。

2005-08-09
深圳证券交易所公布并开始实施《上市开放式基金(LOF)业务指引》修订稿。

2005-08-10
深圳证券交易所就开放式基金场内申购、赎回业务有关情况答记者问。

2005-08-12
交银施罗德基金管理有限公司在上海宣告正式成立，成为我国首家上市银行持股的合资基金公司，这也是由商业银行发起设立的第二家基金管理公司。

2005-08-16
中国证监会发布《关于股权分置改革中证券投资基金投资权证有关问题的通知》。

全国社保基金新闻发言人李克平透露，社保基金直接投资ETF和A股获得国务院和有关部门特批。

深圳证券交易所场内申购赎回业务正式启动，融通巨潮100指数基金(LOF)和天同公用事业行业基金(LOF)两只基金率先开通这一业务。

2005-08-20
长盛基金管理有限公司联合经济观察报，在重庆举办首届“中国长江基金论坛”。

2005-08-26
交银施罗德精选股票基金正式发行，这是我国第二只银行系基金。该基金托管人为中国农业银行。

2005-08-29
42家基金管理公司旗下181只基金2005年半年报全部披露完毕。

2005-08-30

第30次基金联席会议在北京举行，这是股改期间的第二次基金联席会议。中国证监会副主席桂敏杰、基金部主任孙杰出席会议。

2005-08-31

我国首只银行系基金——工银瑞信核心价值股票型证券投资基金合同正式生效，首募基金份额43.45亿元，有效认购户数144717户，刷新当前股票型基金募集规模新高。

九月份 SEPTEMBER

2005-09-02

深圳地区督察长联席会议在深圳成立并举行了第一次会议，这是继上海地区基金公司成立督察长联席会议以后出现的第二个督察长行业自律组织。

2005-09-05

深圳证券交易所正式开通非LOF基金场内申购赎回业务，首批获得开通该业务的基金是鹏华中国50基金和鹏华普天收益基金。

2005-09-06

中国保监会在北京召集部分基金管理公司或其控股股东召开座谈会，就草拟的《保险机构投资者交易对手标准》进行沟通和交流。

2005-09-07

中银国际基金管理公司旗下中银中国基金(LOF)日前开通深交所场内申购、赎回业务，并率先实行6折申购费率的优惠，成为我国首只在LOF场内申购实现优惠费率的基金。

2005-09-08

中国证监会基金监管部主任孙杰在社保理事会5周年研讨会上表示，需要进一步对基金公司的股东进行约束，通过与有关部委建立沟通机制和信息交换，及时了解大股东的不当行为，当出现问题时与其交涉解决，以确保基金公司的独立运作不受干扰，也使基金持有人的利益最大化。

2005-09-13

中国证监会近日下发《托管协议的内容与格式》征求意见第三稿。

2005-09-19

我国首只趋势基金——兴业趋势投资混合型证券投资基金(LOF)开始在深交所上网发售。该基金托管人为兴业银行，这也是兴业银行托管的首只证券投资基金。

易方达月月收益中短期债券基金宣告正式成立，该基金首募规模达114.57亿元，创下了自2004年下半年以来基金首发新纪录。

申万巴黎基金管理公司董事长姜国芳荣获第二届“蒙代尔世界经理人成就奖”，这是我国基金管理公司经理人首次获此殊荣。

2005-09-21

申万巴黎新动力股票型证券投资基金正式发行，该基金是我国首只未提交基金专家评审会评审即进入募集申请审核程序的开放式基金，也是首只以天相成长100指数为主要参照对象来编制业绩比较基准的基金产品，该基金托管人为中国工商银行。

2005-09-23

中国证监会基金监管部副主任洪磊在“中国与亚洲新兴市场投资经验研讨会”上透露，证券投资基金管理公司治理准则、证券投资基金托管协议内容格式准则两规范性文件将在年内出台，中国基金业的规范化运行程度将进一步提高。

上海证券交易所与深圳证券交易所共同发起设立的中证指数有限公司在上海举行揭牌仪式。成立仪式上，中证指数公司分别与嘉实、大成、华安、南方、友邦华泰、国联安、华宝兴业、申万巴黎、天同等9家基金管理公司签订指数授权使用、指数订制等协议。

2005-09-28

由商业银行为主发起成立的第三家银行系基金公司建信基金管理有限责任公司在北京开业。至此，我国首批获准试点的三家银行系基金公司全部开业。

2005-09-29

中国证监会、财政部、人民银行对外发布《证券投资者保护基金管理办法》。同日，中国证券投资者保护基金有限责任公司正式挂牌开业。

2005-09-29

交银施罗德精选股票基金合同正式生效，首募基金份额48.75亿份，刷新了当前股票型基金募集规模新高。

2005-09-30

由中信信托投资有限责任公司和英国保诚集团等合资组建的信诚基金管理有限公司获得中国证监会的开业批准，标志着国内金融业首个横跨保险和基金两大领域的合资品牌诞生，这也是今年拿到开业牌照的第三家合资基金公司。

十月份 OCTOBER

2005-10-10

中国证监会发出通知，对货币市场基金投资短期融资券行为作出进一步规范。通知要求，货币市场基金投资于同一公司发行的短期融资券及短期企业债券的比例，合计不得超过基金资产净值的10%。

万家180指数基金首次推出上海证券交易所“上证基金通”优惠活动，这是基金公司依托“上证基金通”平台首次开展的基金优惠销售活动。

2005-10-11

上投摩根阿尔法基金合同正式生效，首募规模7.67亿份。该基金采取“两周的闪电发行”，创下了国内股票基金发行时间最短的记录。

2005-10-18

经中国证监会证监基金字[2005]172号文批准，汇丰晋信基金管理有限公司获准设立，注册地在上海市，注册资本2亿元，成为我国目前非银行系基金公司中注册资本最大的基金公司。

2005-10-19

中国证监会基金部副主任祁斌在中国资本市场论坛上表示：“现在我们对基金市场基本的结论是，它处在有效竞争的状态。”

2005-10-21

我国首只限时限量的基金产品——中信红利精选股票型基金正式发售，该基金首发募集额限量5亿份，基金托管人为中国建设银行。

2005-10-26
晨星(中国)在深圳首度发布“晨星中国基金指数系列”中的7只指数，分别为晨星开放式、股票型、配置型、债券型、封闭式、大规模封闭式和小规模封闭式基金指数。

2005-10-28
基金三季报投资组合报告披露完毕，货币市场基金整体出现净申购，权证首度出现在基金投资组合中。

十一月份 NOVEMBER

2005-11-04
我国基金业首个基金投资理事会——南方高增长基金第一届投资理事会在深圳正式召开。把基金业绩的评议权、运作的监督权、分红的建议权，一定程度上交给以持有人为主要成员的投资理事会，这在我国基金业尚属首次。

2005-11-10
中国证监会下发《证券投资基金管理公司监察稽核报告内容与格式指引(试行)》通知。

泰达荷银货币市场基金正式成立。该基金10个工作日内共募集46.43亿份基金份额，有效认购户数为32976户，创下本年度以来货币市场基金首发规模第一。该基金管理人为交通银行。

2005-11-15
国泰基金管理有限公司被批准为上海市机关档案管理二级单位，成为我国基金行业首家获得国家档案管理评级达标的基金管理公司。

2005-11-17
招商优质成长股票基金合同正式生效。这是中信银行托管的首只证券投资基金。

2005-11-21
中国证监会发布《关于货币市场基金投资银行存款有关问题的通知》。规定货币市场基金可以投资于现金、通知存款、1年以内(含1年)的存款，其中投资于定期存款的比例，不得超过基金资产净值的30%。

2005-11-22
我国首只核心卫星式基金——天治核心成长股票型证券投资基金(LOF)正式发行，基金托管人为交通银行。

2005-11-28
我国证券投资基金资产总规模达到5008.2亿份，首次突破5000亿份，基金管理公司数量达到52家。

2005-11-29
上海证券交易所新一代交易系统明年上线，20家基金管理公司和证券公司被确认为“新一代交易系统先锋会员”。

十二月份 DECEMBER

2005-12-01
建信恒久价值股票型基金合同正式生效。该基金自11月7日起公开募集，截至11月25日结束，共募集基金份额62.02亿份，成为本年度发行时间最短、首募规模最大的股票型基金。

经中国证监会证监基金字[2005]192号文批准，由重庆国际信托投资公司、重庆路桥股份公司、中国新纪元有限公司和华夏建通科技开发股份公司共同发起设立的益民基金管理公司正式设立，成为本年度设立的第八家基金管理公司。

2005-12-02
第四届中国证券投资基金国际论坛在深圳召开，中国证监会主席尚福林出席并发表讲话。

2005-12-05
由南方基金和中信银行联手推出的基金联名信用卡在北京举行首发仪式，“中信南方基金联名卡”的出现，使得我国货币市场基金首次具有支付功能，这是我国货币市场基金和信用卡发展史上的一次重大变革。

2005-12-08
中国证监会下发通知，基金份额持有人大会决定事项的审批申请材料须包括申请报告、持有人大会决议、公证书(仅适用于通讯表决方式)、律师出具的法律意见书以及证监会规定的其他材料等内容。

2005-12-11
中国证监会基金部主任孙杰在“养老金投资与监管研讨会”上表示，针对当前机构投资者发展中面临的一些阶段性问题，证监会将从三方面在监管上加以完善，以支持养老制度改革的顺利推进。

2005-12-12
兴业银行托管的首只货币市场基金——长盛货币市场基金合同正式生效，募集份额36.02亿份。这也是兴业银行自今年4月份获得基金托管资格以来托管的第二只证券投资基金。

2005-12-14
在三爱富召开股东大会对股改方案表决会上，银华、博时和华夏三家基金公司全部投反对票。由此，三爱富成为股改以来首家被基金机构主流资金联手否决的上市公司。

2005-12-16
在2005中国国际金融论坛上，我国基金法专家王连洲对保护基金持有人的权益提出十条建议。

2005-12-21
中国证监会发布并实施《证券投资基金信息披露内容与格式准则第7号<托管协议的内容与格式>》，此前于1997年发布的有关文件同时宣布废止。

2005-12-27
我国首只实现易支付服务的货币基金——融通易支付货币基金正式发行，基金托管人为中国民生银行。

由南方基金管理公司和中证指数公司联合推出的“中证南方小康产业指数”编制方案正式公布，南方基金将据此指数开发相应的ETF产品。由此，该指数成为我国首只订制用以ETF产品开发的指数。

劳动和社会保障部启动年金方案和基金管理合同备案工作，标志着企业年金市场化运营自此进入实质操作阶段。

2005-12-31
南方基金公司管理基金资产管理规模达到536.77亿元人民币，成为我国唯一一家基金管理规模最大超过五百亿元的基金管理公司。

附录二　2005年基金行政许可摘要

一、2005年获准设立基金管理公司的行政许可

2005年1月12日，经中国证监会证监基金字[2005]5号文批准，由东方证券股份有限公司、文汇新民联合报业集团、东航金戎控股有限责任公司共同发起设立的汇添富基金管理有限公司正式获准设立。公司注册地在上海市，注册资本为1亿元人民币。

2005年6月4日，经中国证监会证监基金字[2005]93号文批准，由中国工商银行、瑞士信贷第一波士顿(Credit Suisse First Boston)和中国远洋运输(集团)总公司共同发起设立的工银瑞信基金管理有限公司正式获准设立。公司注册地在北京市，注册资本为2亿元人民币。

2005年7月25日，经中国证监会证监基金字[2005]128号文批准，由交通银行股份有限公司、施罗德投资管理有限公司(Schroder Investment Management Limited)和中国国际海运集装箱(集团)股份有限公司共同发起设立的交银施罗德基金管理有限公司正式获准设立。公司注册地在上海市，注册资本为2亿元人民币。

2005年8月19日，经中国证监会证监基金字[2005]142号文批准，由中信信托投资有限责任公司、英国保诚集团股份有限公司、中新苏州工业园区创业投资有限公司和苏州高新区经济发展集团总公司共同发起设立的信诚基金管理有限公司正式获准设立。公司注册地在上海市，注册资本为1亿元人民币。

2005年9月9日，经中国证监会证监基金字[2005]158号文批准，由中国建设银行股份有限公司、信安金融服务公司(Principal Financial Services,Inc.)和中国华电集团公司共同发起设立的建信基金管理有限责任公司正式获准设立。公司注册地在北京市，注册资本为2亿元人民币。

2005年9月19日，经中国证监会证监基金字[2005]160号文批准，由华龙证券有限责任公司、华电财务有限公司和济南钢铁集团总公司共同发起设立的华商基金管理有限公司正式获准设立。公司注册地在北京市，注册资本为1亿元人民币。

2005年10月18日，经中国证监会证监基金字[2005]172号文批准，由山西信托投资有限责任公司和汇丰投资管理(英国)有限公司共同发起设立的汇丰晋信基金管理有限公司正式获准设立。公司注册地在上海市，注册资本为2亿元人民币。

2005年12月1日，经中国证监会证监基金字[2005]192号文批准，由重庆国际信托投资有限公司、重庆路桥股份有限公司、中国新纪元有限公司和华夏建通科技开发股份有限公司共同发起设立的益民基金管理有限公司正式获准设立。公司注册地在重庆市，注册资本1亿元人民币。

二、2005年获准证券投资基金托管资格的行政许可

2005年2月23日，经中国证监会证监基金字[2005]25号文批准，获准华夏银行股份有限公司证券投资基金托管资格。

2005年4月26日，经中国证监会证监基金字[2005]74号文批准，获准兴业银行股份有限公司证券投资基金托管资格。

三、2005年获准开放式基金代销业务资格的行政许可

2005年1月10日，经中国证监会证监基金字[2005]3号文批准，获准上海银行开办开放式证券投资基金代销业务资格。

2005年1月12日，经中国证监会证监基金字[2005]8号文批准，获准广发华福证券有限责任公司开办开放式证券投资基金代销业务资格。

2005年1月24日，经中国证监会证监基金字[2005]12号文批准，上海众和基金销售有限公司获准设立，并同时获准开放式证券投资基金代销业务资格。

2005年2月5日，经中国证监会证监基金字[2005]16号文批准，获准世纪证券有限责任公司开办开放式证券投资基金代销业务资格。

2005年2月22日，经中国证监会证监基金字[2005]24号文批准，获准德邦证券有限责任公司开办开放式证券投资基金代销业务资格。

2005年3月16日，经中国证监会证监基金字[2005]37号文批准，获准第一创业证券有限责任公司开办开放式证券投资基金代销业务资格。

2005年3月24日，经中国证监会证监基金字[2005]43号文批准，获准信泰证券有限责任公司开办开放式证券投资基金代销业务资格。

2005年4月13日，经中国证监会证监基金字[2005]53号文批准，获准江南证券有限责任公司开办开放式证券投资基金代销业务资格。

2005年4月18日，经中国证监会证监基金字[2005]58号文批准，获准金元证券有限责任公司开办开放式证券投资基金代销业务资格。

2005年4月22日，经中国证监会证监基金字[2005]62号文批准，获准西部证券有限责任公司开办开放式证券投资基金代销业务资格。

2005年7月1日，经中国证监会证监基金字[2005]112号文批准，获准广东发展银行开办开放式证券投资基金代销业务资格。

2005年12月27日，经中国证监会证监基金字[2005]207号文批准，获准中信建投证券有限责任公司开办开放式证券投资基金代销业务资格。

四、2005年获准募集证券投资基金的行政许可

2005年1月11日，经中国证监会证监基金字[2005]4号文批准，银华货币市场证券投资基金获准募集。基金管理人为银华基金管理有限公司，基金托管人为交通银行。

2005年1月12日，经中国证监会证监基金字[2005]7号文批准，景顺长城鼎益股票型开放式证券投资基金获准募集。基金管理人为景顺长城基金管理有限公司，基金托管人为中国银行股份有限公司。

2005年1月19日，经中国证监会证监基金字[2005]9号文批准，德盛安心成长混合型开放式证券投资基金获准募集。基金管理人为国联安基金管理有限公司，基金托管人为中国工商银行股份有限公司。

2005年2月4日，经中国证监会证监基金字[2005]15号文批准，上投摩根货币市场证券投资基金获准募集。基金管理人为上投摩根富林明基金管理有限公司，基金托管人为中国建设银行股份有限公司。

2005年2月6日，经中国证券会证监基金字[2005]18号文批准，融通巨潮100指数证券投资基金获准募集。基金管理人为融通基金管理有限公司，基金托管人为中国工商银行股份有限公司。

2005年2月6日，经中国证券会证监基金字[2005]19号文批准，友邦华泰盛世中国股票型开放式证券投资基金获准募集。基金管理人为友邦华泰基金管理有限公司，基金托管人为中国银行股份有限公司。

2005年2月6日，经中国证监会证监基金字[2005]20号文批准，富国天瑞强势地区精选混合型开放式证券投资基金获准募集。基金管理人为富国基金管理有限公司，基金托管人为中国农业银行。

2005年2月18日，经中国证监会证监基金字[2005]23号文批准，华宝兴业现金宝货币市场证券投资基金获准募集。基金管理人为华宝兴业基金管理有限公司，基金托管人为中国建设银行。

2005年2月23日，经中国证监会证监基金字[2005]26号文批准，鹏华货币市场证券投资基金获准募集。基金管理人为鹏华基金管理有限公司，基金托管人为中国农业银行。

2005年3月3日，经中国证监会证监基金字[2005]29号文批准，嘉实货币市场证券投资基金获准募集。基金管理人为嘉实基金管理有限公司，基金托管人为中国银行。

2005年3月16日，经中国证监会证监基金字[2005]36号文批准，富兰克林国海中国收益证券投资基金获准募集。基金管理人为富兰克林基金管理有限公司，基金托管人为中国工商银行。

2005年3月18日，经中国证监会证监基金字[2005]38号文批准，中信现金优势货币市场证券投资基金获准募集。基金管理人为中信基金管理有限责任公司，基金托管人为招商银行股份有限公司。

2005年4月12日，经中国证监会证监基金字[2005]52号文批准，长城货币市场证券投资基金获准募集。基金管理人为长城基金管理有限公司，基金托管人为华夏银行。

2005年4月18日，经中国证监会证监基金字[2005]60号文批准，广发货币市场基金获准募集。基金管理人为广发基金管理有限公司，基金托管人为中国工商银行。

2005年4月25日，经中国证监会证监基金字[2005]65号文批准，中银国际货币市场证券投资基金获准募集。基金管理人为中银国际基金管理有限公司，基金托管人为中国工商银行。

2005年4月25日，经中国证监会证监基金字[2005]66号文批准，国泰货币市场证券投资基金获准募集。基金管理人为国泰基金管理有限公司，基金托管人为中国农业银行。

2005年4月25日，经中国证监会证监基金字[2005]67号文批准，国联分红增利混合型开放式证券投资基金获准募集。基金管理人为国联基金管理有限公司，基金托管人为中国农业银行。

2005年4月25日，经中国证监会证监基金字[2005]68号文批准，华夏红利混合型开放式证券投资基金获准募集。基金管理人为华夏基金管理有限公司，基金托管人为中国建设银行股份有限公司。

2005年4月25日，经中国证监会证监基金字[2005]69号文批准，光大保德信货币市场证券投资基金获准募集。基金管理人为光大保德信基金管理有限公司，基金托管人为招商银行股份有限公司。

2005年5月9日，经中国证监会证监基金字[2005]78号文批准，大成货币市场证券投资基金获准募集。基金管理人为大成基金管理有限公司，基金托管人为中国光大银行。

2005年5月9日，经中国证监会证监基金字[2005]79号文批准，巨田资源优选混合型证券投资基金获准募集。基金管理人为巨田基金管理有限公司，基金托管人为中国光大银行股份有限公司。

2005年5月13日，经中国证监会证监基金字[2005]82号文批准，南方高增长股票型开放式证券投资基金获准募集。基金管理人为南方基金管理有限公司，基金托管人为中国银行股份有限公司。

2005年5月16日，经中国证监会证监基金字[2005]83号文批准，天同公用事业行业股票型开放式证券投资基金获准募集。基金管理人为天同基金管理有限公司，基金托管人为交通银行股份有限公司。

2005年5月17日，经中国证监会证监基金字[2005]85号文批准，海富通股票证券投资基金获准募集。基金管理人为海富通基金管理有限公司，基金托管人为中国银行。

2005年6月20日，经中国证监会证监基金字[2005]103号文批准，嘉实沪深300指数证券投资基金获准募集。基金管理人为嘉实基金管理有限公司，基金托管人为中国银行股份有限公司。

2005年6月20日，经中国证监会证监基金字[2005]104号文批准，天弘精选混合型证券投资基金获准募集。基金管理人为天弘基金管理有限公司，基金托管人为中国工商银行股份有限公司。

2005年6月20日，经中国证监会证监基金字[2005]105号文批准，汇添富优势精选混合型证券投资基金获准募集。基金管理人为汇添富基金管理有限公司，基金托管人为中国工商银行。

2005年7月4日，经中国证监会证监基金字[2005]115号文批准，新世纪优选分红混合型证券投资基金获准募集。基金管理人为新世纪基金管理有限公司，基金托管人为中国农业银行。

2005年7月4日，经中国证监会证监基金字[2005]116号文批准，博时稳定价值债券投资基金获准募集。基金管理人为博时基金管理有限公司，基金托管人为中国建设银行股份有限公司。

2005年7月4日，经中国证监会证监基金字[2005]117号文批准，银华核心价值优选股票型证券投资基金获准募集。基金管理人为银华基金管理有限公司，基金托管人为中国建设银行股份有限公司。

2005年7月11日，经中国证监会证监基金字[2005]123号文批准，工银瑞信核心价值股票型证券投资基金获准募集。基金管理人为工银瑞信基金管理有限公司，基金托管人为中国银行股份有限公司。

2005年7月29日，经中国证监会证监基金字[2005]130号文批准，易方达月月收益中短期债券投资基金获准募集。基金管理人为易方达基金管理有限公司，基金托管人为中国银行股份有限公司。

2005年8月3日，经中国证监会证监基金字[2005]134号文批准，天治核心成长股票型证券投资基金获准募集。基金管理人为天治基金管理有限公司，基金托管人为交通银行股份有限公司。

2005年8月8日，经中国证监会证监基金字[2005]137号文批准，招商优质成长股票型证券投资基金获准募集。基金管理人为招商基金管理有限公司，基金托管人为中信实业银行。

2005年8月17日，经中国证监会证监基金字[2005]140号文批准，交银施罗德精选股票证券投资基金获准募集。基金管理人为交银施罗德基金管理有限公司，基金托管人为中国农业银行。

2005年8月19日，经中国证监会证监基金字[2005]143号文批准，富国天惠精选成长混合型证券投资基金获准募集。基金管理人为富国基金管理有限公司，基金托管人为中国工商银行。

2005年9月7日，经中国证监会证监基金字[2005]153号文批准，东方精选混合型开放式证券投资基金获准募集。基金管理人为东方基金管理有限责任公司，基金托管人为中国建设银行(经证监基金字[2005]186号文批准，托管人更换为中国民生银行)。

2005年9月7日，经中国证监会证监基金字[2005]154号文批准，诺安股票证券投资基金获准募集。基金管理人为诺安基金管理有限公司，基金托管人为中国工商银行。

2005年9月7日，经中国证监会证监基金字[2005]155号文批准，上投摩根阿尔法股票型证券投资基金获准募集。基金管理人为上投摩根富林明基金管理有限公司，基金托管人为中国建设银行。

2005年9月7日，经中国证监会证监基金字[2005]156号文批准，兴业趋势投资混合型证券投资基金(LOF)获准募集。基金管理人为兴业基金管理有限公司，基金托管人为兴业银行股份有限公司。

2005年9月8日，经中国证监会证监基金字[2005]159号文批准，申万巴黎新动力股票型证券投资基金获准募集。基金管理人为申万巴黎基金管理有限公司，基金托管人为中国工商银行。

2005年9月21日，经中国证监会证监基金字[2005]161号文批准，湘财荷银货币市场基金获准募集。基金管理人为湘财荷银基金管理有限公司，基金托管人为中国农业银行。

2005年9月21日，经中国证监会证监基金字[2005]162号文批准，华宝兴业动力组合股票型证券投资基金获准募集。基金管理人为华宝兴业基金管理有限公司，基金托管人为中国银行。

2005年10月12日，经中国证监会证监基金字[2005]168号文批准，长信金利趋势价值股票型证券投资基金获准募集。基金管理人为长信基金管理有限公司，基金托管人为上海浦东发展银行股份有限公司。

2005年10月13日，经中国证监会证监基金字[2005]171号文批准，中信红利精选股票型证券投资基金获准募集。基金管理人为中信基金管理有限责任公司，基金托管人为中国建设银行股份有限公司。

2005年10月25日，经中国证监会证监基金字[2005]176号文批准，长盛货币市场基金获准募集。基金管理人为长盛基金管理有限公司，基金托管人为兴业银行。

2005年10月27日，经中国证监会证监基金字[2005]178号文批准，建信恒久价值股票型证券投资基金获准募集。基金管理人为建信基金管理有限责任公司，基金托管人为中信实业银行。

2005年10月27日，经中国证监会证监基金字[2005]179号文批准，景顺长城资源垄断股票型证券投资基金(LOF)获准募集。基金管理人为景顺长城基金管理有限公司，基金托管人为中国农业银行。

2005年11月1日，经中国证券会证监基金字[2005]180号文批准，广发聚丰股票型证券投资基金获准募集。基金管理人为广发基金管理有限公司，基金托管人为中国工商银行股份有限公司。

2005年11月17日，经中国证监会证监基金字[2005]188号文批准，德盛精选股票证券投资基金获准募集。基金管理人为国联安基金管理有限公司，基金托管人为华夏银行股份有限公司。

2005年12月8日，经中国证监会证监基金字[2005]195号文批准，融通易支付货币市场证券投资基金获准募集。基金管理人为融通基金管理有限公司，基金托管人为中国民生银行。

2005年12月13日，经中国证监会证监基金字[2005]197号文批准，中银国际持续增长股票型证券投资基金获准募集。基金管理人为中银国际基金管理有限公司，基金托管人为中国工商银行。

2005年12月21日，经中国证监会证监基金字[2005]204号文批准，交银施罗德货币市场证券投资基金获准募集。基金管理人为交银施罗德基金管理有限公司，基金托管人为中国农业银行。

2005年12月21日，经中国证监会证监基金字[2005]206号文批准，光大保德信红利股票型证券投资基金获准募集。基金管理人为光大保德信基金管理有限公司，基金托管人为兴业银行股份有限公司。

五、2005年获准设立基金管理公司分支机构的行政许可

2005年1月4日，经中国证监会证监基金字[2005]1号文批准，同意华宝兴业基金管理有限公司在北京设立分公司。分公司名称为：华宝兴业基金管理有限公司北京分公司；地址为：北京市东城区建国门内大街19号中纺大厦1004—1005室。

2005年2月24日，经中国证监会证监基金字[2005]27号文批准，同意嘉实基金管理有限公司在北京设立分公司。分公司名称为：嘉实基金管理有限公司北京分公司；地址为：北京市建国门北大街8号华润大厦8层。

2005年3月8日，经中国证监会证监基金字[2005]32号文批准，同意巨田基金管理有限公司在北京设立分公司。分公司名称为：巨田基金管理有限公司北京分公司；地址为：北京市朝阳区东三环北路15号恒安大厦13层。

2005年3月24日，经中国证监会证监基金字[2005]40号文批准，同意天弘基金管理有限公司在北京设立分公司。分公司名称为：天弘基金管理有限公司北京分公司；地址为：北京市海淀区复兴路47号天行建商务大厦1702室。

2005年3月29日，经中国证监会证监基金字[2005]46号文批准，同意新世纪基金管理有限公司在北京设立分公司。分公司名称为：新世纪基金管理有限公司北京分公司；地址为：北京市海淀区三里河路49号钓鱼台大酒店沁园春。

2005年4月15日，经中国证监会证监基金字[2005]57号文批准，同意国海富兰克林基金管理有限公司在上海设立分公司。分公司名称为：国海富兰克林基金管理有限公司上海分公司；地址为：上海浦东富城路99号震旦国际大楼18楼。

2005年4月22日，经中国证监会证监基金字[2005]63号文批准，同意融通基金管理有限公司在上海设立分公司。分公司名称为：融通基金管理有限公司上海分公司；地址为：上海市浦东新区浦东南路588号浦发大厦27层I、J单元。

2005年4月22日，经中国证监会证监基金字[2005]64号文批准，同意华夏基金管理有限公司在北京设立分公司。分公司名称为：华夏基金管理有限公司北京分公司；地址为：北京市西城区金融大街33号通泰大厦B座8层。

2005年7月22日，经中国证监会证监基金字[2005]126号文批准，同意易方达基金管理有限公司在南京、成都各设立一家分公司。设立在南京的分公司名称为：易方达基金管理有限公司南京分公司；地址为：江苏省南京市中山南路49号南京商茂世纪广场15层D2座。设立在成都的分公司名称为：易方达基金管理有限公司成都分公司；地址为：四川省成都市顺城大街308号7楼L2单元。

2005年8月25日，经中国证监会证监基金字[2005]145号文批准，同意广发基金管理有限公司在上海设立分公司。分公司名称为：广发基金管理有限公司上海分公司；地址为：上海市浦东南路528号上海证券大厦北塔17楼。

2005年12月14日，经中国证监会证监基金字[2005]199号文批准，同意景顺长城基金管理有限公司在北京设立分公司。分公司名称为：景顺长城基金管理有限公司北京分公司；地址为：北京市西城区金融大街7号英蓝国际金融中心大厦9楼。

六、2005年获准股权变化、增加注册资本的基金管理公司的行政许可

2005年2月5日，经中国证监会证监基金字[2005]17号文批准，同意烟台张裕葡萄酿酒股份有限公司受让天同基金管理有限公司股东天同证券有限责任公司的出资。转让后，天同基金管理有限公司股东及出资比例为：天同证券有限责任公司40%、上海久事公司20%、湖南湘泉集团有限公司20%、张裕葡萄酿酒股份有限公司20%。

2005年2月6日，经中国证监会证监基金字[2005]21号文批准，同意荷银投资管理(亚洲)有限公司受让湘财荷银基金管理有限公司外方股东荷兰银行有限公司的出资。转让后，湘财荷银基金管理有限公司股东及出资比例为：湘财证券有限责任公司67%、荷银投资管理(亚洲)有限公司33%。

2005年3月29日，经中国证监会证监基金字[2005]45号文批准，同意瑞士银行股份有限公司(UBS AG)受让中融基金管理有限公司股东国家开发投资公司、国投电力公司的出资。转让后，公司股东及出资比例为：国投弘泰信托投资有限公司51%，瑞士银行股份有限公司(UBS AG) 49%。同时公司更名为：国投瑞银基金管理有限公司。

2005年4月25日，经中国证监会证监基金字[2005]70号文批准，同意广发基金管理有限公司增资扩股。增资扩股后，公司注册资本为1.2亿元人民币，股东出资比例为：广发证券股份有限公司48.33%，广州科技风险投资有限公司18.33%，香江投资有限公司16.67%，烽火通信科技股份有限公司16.67%。

2005年4月25日，经中国证监会证监基金字[2005]71号文批准，同意景顺资产管理有限公司、长城证券有限责任公司受让景顺长城基金管理有限公司股东大连实德集团有限公司、开滦(集团)有限责任公司的出资。转让后，景顺长城基金管理有限公司股东及出资比例为：景顺资产管理有限公司49%、长城证券有限责任公司49%、大连实德集团有限公司1%、开滦(集团)有限责任公司1%。

2005年4月25日，经中国证监会证监基金字[2005]73号文批准，同意嘉实基金管理有限公司股东出资转让事项。转让后，公司股东及出资比例为：中诚信托投资有限责任公司48%、立信投资有限责任公司32.5%、德意志资产管理(亚洲)有限公司19.5%。

2005年5月17日，经中国证监会证监基金字[2005]84号文批准，同意大成基金管理有限公司股东出资转让事项。转让后，公司股东及出资比例为：中泰信托投资有限责任公司48%、光大证券有限责任公司25%、中国银河证券有限责任公司25%、广东证券股份有限公司2%。

2005年6月1日，经中国证监会证监基金字[2005]90号文批准，同意广东美的电器股份有限公司、广州市广永国有资产经营有限公司受让易方达基金管理有限公司股东广东证券股份有限公司的出资。转让后，易方达基金管理有限公司股东及出资比例为：广东粤财信托投资有限公司25%、广发证券股份有限公司25%、广东美的电器股份有限公司25%、重庆国际信托投资有限公司16.67%、广州市广永国有资产经营有限公司8.33%。

2005年6月13日，经中国证监会证监基金字[2005]98号文批准，同意上投摩根富林明基金管理有限公司变更股东出资比例，由摩根富林明资产管理(英国)有限公司受让上海国际信托投资有限公司16%的出资。变更后，公司股东及出资比例为：上海国际信托投资有限公司51%、摩根富林明资产管理(英国)有限公司49%。

2005年8月18日，经中国证监会证监基金字[2005]141号文批准，同意华泰证券有限责任公司、AIG Global Investment Corp.受让友邦华泰基金管理有限公司股东苏州高新技术产业股份有限公司、江苏交通控股有限公司、国华能源投资有限公司的出资。转让完成后，友邦华泰基金管理有限公司股东及出资比例为：华泰证券有限责任公司49%、AIG Global Investment Corp. 49%、苏州高新技术产业股份有限公司2%。

2005年9月5日，经中国证监会证监基金字[2005]151号文批准，同意光大保德信基金管理有限公司将注册资本由10000万元变更为16000万元人民币，光大证券股份有限公司增加出资4020万元人民币，保德信投资管理有限公司增加出资与1980万元人民币等值的美元。公司变更注册资本后，光大证券股份有限公司出资为10720万元人民币，占注册资本的67%；保德信投资管理有限公司出资为与5280万元人民币等值的美元，占注册资本的33%。

2005年10月12日，经中国证监会证监基金字[2005]167号文批准，同意第一创业有限责任公司受让银华基金管理有限公司股东北京首都创业集团有限公司的出资。转让完成后，银华基金管理有限公司股东及出资比例为：西南证券有限责任公司29%、第一创业证券有限公司29%；南方证券股份有限公司21%、东北证券有限责任公司21%。

2005年10月13日，经中国证监会证监基金字[2005]169号文批准，同意深圳市北融信投资发展有限公司受让鹏华基金管理有限公司股东安信信托投资股份有限公司的出资。转让后，鹏华基金管理有限公司股东及出资比例为：国信证券有限责任公司50%；深圳市北融信投资发展有限公司16.68%；方正证券有限责任公司16.66%；安徽国元信托投资有限责任公司16.66%。

2005年10月28日，经中国证监会证监基金字[2005]177号文批准，同意坦伯顿国际股份有限公司受让国海富兰克林基金管理有限公司股东国海证券有限责任公司的出资。转让完成后，国海富兰克林基金管理有限公司股东及出资比例为：国海证券有限责任公司51%、坦伯顿国际股份有限公司49%。

2005年11月2日，经中国证监会证监基金字[2005]181号文批准，同意景顺长城基金管理有限公司变更注册资本。变更注册资本后，公司注册资本为1.3亿元人民币，出资比例为：景顺资产管理有限公司49%，长城证券有限责任公司49%，大连实德集团有限公司1%，开滦（集团）有限责任公司1%。

2005年12月7日，经中国证监会证监基金字[2005]194号文批准，同意海富通基金管理有限公司股东富通基金管理公司增持股权，公司注册资本由10000万元变更为15000万元人民币。变更股东出资比例并增加注册资本后，海通证券股份有限公司出资为7650万元人民币，占注册资本的51%；富通基金管理公司出资为与7350万元人民币等值的外汇现金，占注册资本的49%。

2005年12月21日，经中国证监会证监基金字[2005]201号文批准，同意南方基金管理有限公司变更注册资本。变更注册资本后，公司注册资本为1.5亿元人民币；同意深圳市机场(集团)有限公司受让公司股东深圳市机场股份有限公司的出资。转让后，南方基金管理有限公司股东及出资比例为：华泰证券有限责任公司45%；深圳市机场(集团)有限公司30%；厦门国际信托投资有限公司15%、兴业证券股份有限公司10%。

七、2005年颁发的基金法规文件

2005年2月20日，中国人民银行、中国银监会和中国证监会公告[2005]第4号颁布《商业银行设立基金管理公司试点管理办法》。

2005年3月25日，经中国证监会证监基金字[2005]41号文批准，发布《关于货币市场基金投资等相关问题的通知》。

2005年3月25日，经中国证监会证监基金字[2005]42号文批准，发布《证券投资基金信息披露编报规则第5号<货币市场基金信息披露特别规定>的通知》。

2005年6月8日，经中国证监会证监基金字[2005]96号文批准，发布《关于基金管理公司运用固有资金进行基金投资有关事项的通知》。

2005年6月16日，经中国证监会证监基金字[2005]101号文批准，发布《关于进一步完善证券投资基金募集申请审核程序有关问题的通知》。

2005年8月15日，经中国证监会证监基金字[2005]138号文批准，发布《关于股权分置改革中证券投资基金投资权证有关问题的通知》

2005年9月22日，经中国证监会批准，发布《关于货币市场基金投资短期融资券有关问题的通知》。

2005年10月25日，经中国证监会证监基金字[2005]175号文批准，发布《证券投资基金管理公司监察稽核报告内容与格式指引(试行)的通知》。

2005年11月21日，经中国证监会证监基金字[2005]190号文批准，发布《关于货币市场基金投资银行存款有关问题的通知》。

2005年12月21日，经中国证监会证监基金字[2005]203号文批准，发布《关于发布《证券投资基金信息披露内容与格式准则第7号<托管协议的内容与格式>的通知》。

附录三　投资者教育

ETF

ETF是交易所交易基金(ExchangeTradedFund)的简称，也称交易型开放式指数基金。

ETF是一种特殊的开放式基金，既吸收了封闭式基金可以当日实时交易的优点，投资者可以像买卖封闭式基金或者股票一样，在二级市场买卖ETF份额；同时，ETF也具备了开放式基金可自由申购赎回的优点，投资者可以如买卖开放式基金一样，向基金管理公司申购或赎回ETF份额。

ETF与封闭式基金、开放式基金的本质区别在于：

1.ETF的交易方式与一般的开放式基金不同。它可以在证券交易所上市交易，如同买卖股票一般简单。

2.ETF的申购赎回机制与一般的开放式基金不同。其申购赎回必须以一篮子股票（或有少量现金）换取基金份额或者以基金份额换回一篮子股票（或有少量现金）。由于存在这种特殊的实物申购赎回机制，投资者可以在ETF二级市场的交易价格与基金单位净值之间存在差价时进行套利交易。

3.ETF的价格表现与一般的封闭式基金不同。实物申购赎回机制引起的套利交易，保证了ETF的市场价格与其基金单位净值基本趋于一致，从而避免了封闭式基金普遍存在的折价问题。

LOF基金

LOF基金，英文全称是“ListedOpen-EndedFund”，汉语称为“上市型开放式基金”。也就是上市型开放式基金发行结束后，投资者既可以在指定网点申购与赎回基金份额，也可以在交易所买卖该基金。不过投资者如果是在指定网点申购的基金份额，想要上网抛出，须办理一定的转托管手续；同样，如果是在交易所网上买进的基金份额，想要在指定网点赎回，也要办理一定的转托管手续。

LOF提供的是一个交易平台，基金公司可以基于这一平台进行封闭式基金转开放、开放式基金上市交易等等，但是不具备指数期货的特性。

复制基金

复制基金是英文Clone Fund的意译，又可直译为克隆基金。

复制基金在国外非常普遍，主要可分为两种形式：一种是通过衍生产品来复制目标基金的市场表现，另一种是投资策略复制。

前者主要使用在由于监管等种种原因不能直接投资目标基金的情况下，如加拿大投资者的退休金有不能投资海外基金的限制，加拿大的投资者如想更多地拥有标普500指数基金，那么，他可以通过投资标普500指数的复制基金而绕开限制。

后者主要使用在对本公司成功基金产品的复制上，当一只基金相当成功——规模大、净值高时，为了更好地保护投资者的利益，便于基金管理人管理和运作，国外基金管理公司往往对该基金进行复制。这一类复制基金一般是由同一基金管理人管理，具有相同的投资方向、投资目标、投资政策、投资策略、风险偏好、运作方式等，具有相似的业绩表现。

复制基金的意义在于通过金融创新，创造性地解决投资者的困难，满足其投资需求。在第一种形式下，复制基金的意义是相当明显的。在第二种形式下，复制基金的意义在于给投资者一个明确的预期——一个完全一样的已有成功运作经验的新发基金。同时，复制基金也将加速基金产品的优胜劣汰，具有持续优良业绩回报的基金产品可以通过复制的途径来创造规模，有利于培育基金长期投资的理念。

FOF

FOF，英文全称是“Fund of Funds”，国内称为“基金中的基金”。基金中的基金是以其他证券投资基金为投资对象的基金，其投资组合由各种各样的基金组成。基金投资者的投资是两个层次的专家经营和两个层次的风险分散，但相应地，也在两个层次上对基金投资者收取管理费用和销售费用，投资者的投资成本也较高。

FOF是结合基金产品创新和销售渠道创新的基金品种。它凭借专业的投资机构和科学的基金分析及评价系统，能更有效地从品种繁多、获利能力参差不齐的基金中找出优势品种，最大限度地帮助投资者规避风险，获取收益。

上证基金通

“上证基金通”是上海证券交易所开发的开放式基金销售系统，可为开放式基金的认购、申购、赎回等相关业务提供高效、自动、一体化的技术支持。有了上证基金通，投资者就可以像买卖股票一样买卖所有在上证所挂牌的开放式基金，通过有资格的券商的任何一家营业部认购、申购、赎回上证所挂牌的开放式基金。这就省去了多次开户、多次奔波的繁琐，并可以更便捷、更充分地查询开放式基金信息，使基金投资轻松、高效。

投资者只需持有上海人民币普通股票账户或证券投资基金账户(以下简称“上海证券账户”)即可办理场内认购、申购与赎回开放式基金业务。已有上海证券账户的，可直接办理上证所场内认购、申购与赎回。还没有上海证券账户的投资者，通过有资格的上证所会员开立上海证券账户后就可以认购、申购、赎回上证所挂牌的开放式基金。在基金募集期间，投资者可在上证所交易日的竞价时间(上午9：30至11：30，下午13：00至15：00)和大宗交易时间(下午15：00至15：30)进行申报；在基金申购、赎回开放日，投资者可在竞价时间段进行申购、赎回申报。

另外，由于上证基金通具有营销费用低廉、专业化服务及统一的交易信息平台等优势，基金公司会对通过上证基金通购买基金的投资者提供一些优惠。

封闭式基金折价率

当封闭式基金在二级市场上的交易价格低于实际净值时，这种情况称为“折价”。

折价率＝(单位份额净值－单位市价)／单位份额净值

根据此公式，折价率大于0(即净值大于市价)时为折价，折价率小于0(即净值小于市价)时为溢价。除了投资目标和管理水平外，折价率是评估封闭式基金的一个重要因素。国外解决封闭式基金大幅度折价的方法有：封闭转开放、基金提前清算、基金要约收购、基金单位回购、基金管理分配等。

货币市场基金七日年化收益率与日万份净收益有何区别

反映货币市场基金收益率高低有两个最常用的指标：一是七日年化收益率，另一个是日万份净收益。

所谓七日年化收益率，是货币市场基金最近7日的平均收益水平，进行年化以后得出的数据。比如某货币市场基金当天显示的七日年化收益率是2%，并且假设该货币市场基金今后一年的收益情况都维持前7日的水准不变，那么您持有一年的话，就可得到2%的整体收益。当然，货币市场基金的每日收益情况都会随着基金经理的操作和货币市场利率的波动而不断变化，因此实际当中不太可能出现基金收益持续一年不变的情况。因此，七日年化收益率只能当作一个短期指标来看，不能代表一只货币市场基金的实际年收益。

日万份净收益则是直接反映货币市场基金当天的实际收益。比如某货币市场基金当天显示的日万份净收益是0.78元，也就是说，假设您持该货币市场基金1万份，那么今天您得到的净收益就是0.78元。货币市场基金每天的日万份净收益也会随着基金经理的操作和货币市场利率的波动而不断变化。某一天的日万份净收益较高或较低，并不能代表该货币市场基金最近一段时间的收益表现。投资者在计算自己持有的货币市场基金实际收益时，可以把持有期的日万份净收益叠加起来，得到的结果与真实收入最接近，相对7日年化收益率来讲更直观、更准确。

投资组合管理

投资组合管理是指投资管理人按照资产选择理论与投资组合理论对资产进行多元化管理，以实现分散风险、提高效率的投资目的。基金经理一方面可以通过组合投资的方法来减少系统风险，另一方面可以通过各种风险管理措施来对基金投资的系统风险进行对冲，从而有效降低投资风险。而中小投资者由于资金量和专业知识方面的欠缺，很难做到组合投资。因此，从这一点来说，基金非常适合平时工作繁忙，又不具备相关金融投资知识的中小投资者进行家庭理财。

在设计投资组合时，基金管理人一般依据下列原则：在风险一定的条件下，保证组合收益的最大化；在一定的收益条件下，保证组合风险的最小化。

具体来说，需要考虑以下几个方面的问题：

第一，进行证券品种的选择，即进行微观预测，也就是进行证券投资分析，主要是预测证券的价格走势以及波动情况。

第二，进行投资时机的选择，即宏观预测，预测和比较各种不同类型的证券的价格走势和波动情况。例如，预测普通股相对于公司债券等固定收益证券的价格波动。

第三，多元化，即依据一定的现实条件，组建一个风险最小的资产组合。

投资者如何选择基金的分红方式

基金在取得投资收益后，一般有两种方式分配给基金投资者，即现金分红或红利再投资。

投资者选择现金分红，红利将于分红实施日从基金托管账户向投资者的指定银行存款账户划出。而红利再投资则是基金管理公司向投资者提供的，直接将所获红利再投资于该基金的服务，相当于上市公司以股票股利形式分配收益。如果投资者暂时不需要现金，而想直接再投资，就可以选择红利再投资方式，在这种情况下，分红资金将转成相应的基金份额并记入您的账户，一般免收再投资的费用。

实际上，这两种分红方式在分红时实际分得的收益是完全相等的。这部分收益原来就是基金单位净值的一部分。因此，投资者实际上拿到的是自己账面上的资产，这也就是分红当天(除权日)基金单位净值下跌的原因。

由于封闭式基金一般在存续期内不再发行新的基金单位，因此，封闭式基金的收益分配只能采用现金分红的形式。

如何应对基金的“波动”表现

投资者买基金的根本目的应该是长期持有基金并从中获利，而在基金的实际投资中往往适得其反，其中一个重要原因，是投资者不注意观察和未能掌握基金的“波动”情况。正如股票投资一样，市场是否会变盘，都有一定预兆，基金投资也不例外，当基金的基本面发生变化时，常常会引起基金净值的变动和业绩的增减，从而对基金投资者的收益产生影响。笔者认为，掌握基金的“波动”表现，还需要投资者从以下四个方面进行判断。

首先，基金经理更替。一只基金运作业绩的好坏，很大程度上与基金的基金经理密不可分。对于股票型基金来说，稳健型的基金经理、保守型的基金经理与激进型的基金经理在操作风格上有很大不同。因此，基金经理的更替，势必会影响到基金的业绩表现。同样，当基金经理运作一只基金业绩到达一个阶段性峰值时，此时的基金经理更替，更应当引起投资者的注意。该基金的业绩能不能继续增长，将是考察一位基金经理运作能力的关键。另外，对于多次跳槽的基金经理，也应当进行重点关注。

其次，基金的股票周转率。基金的股票周转率是指基金的购买量和售出量的最小值与基金的净资产之比。当一只基金的股票周转率为100%时，说明其周期为1年，当一只基金的股票周转率为50%时，其周转周期为2年，同样，当股票周转率为200%时，其周转的周期为6个月。但为了增加股票的利差收入，基金管理人会进行多次交易，从而使基金的股票周转率达到300%甚至于更高，从而加大交易成本，引起基金净值的“波动”。因此，合理的股票周转率，对基金产品的稳健操作是非常重要的。通常意义上来讲，60%的股票周转率可以作为基金股票周转率的正常标尺。

第三，突发的基金分红。一只基金只要保持业绩稳定，其分红也是相对稳定的。当一只基金出现突发的分红潮时，应当认真分析基金的业绩情况和基金所处的运行环境。由于基金频繁分红，并不利于基金的成长，也不利于基金管理人的利益。当出现巨额分红时，投资者应当观察基金的申购和赎回情况，并进行份额的观察，了解其分红的目的是否是为了应对基金的赎回。

最后，基金的净值。一只基金是不是具有良好的成长性，基金净值是不是能保持持续的稳定增长非常重要。由于基金配置资产的不同，而受基础市场影响也不尽相同。但判断基金管理人运作基金的能力和水平，只看基金是否跟踪基础市场变化是远远不够的。而当基础市场上涨时，其资产配置品种的增长幅度是否能够强于基础市场的增长幅度，而当基础市场下跌时，其净值又是否低于基础市场的下跌幅度。唯有此，才能真正的分辨出基金的良好成长性。因此，对基金的净值增长作出合理的判断，基础市场的变化是必须要考虑的因素。 （阮文华）

封转开过程中基金持有人应做好哪些准备

封闭式基金何去何从，最关心这个问题的恐怕就是基金持有人。在采用“封转开”过程中，需要基金持有人做好以下四个方面的准备：首先，投资理念应进行及时的调整和转变。封闭式基金采取的是类似于股票的交易方式，这对于操作封闭式基金的投资者来说，已经习以为常。而转为开放式基金后，交易方式将发生重大改变。除非不转为LOF、ETF等交易型基金，封闭式基金长期以来的场内连续竞价交易将转变为场外的申购、赎回交易，动态的适时行情将消除，投资者的市场交易氛围将趋淡。一直的投资风格和习惯将由此而被打破。跟随证券市场投资气氛而动，采取“高抛低吸”的操作手法将不再灵验。这些都需要封闭式基金持有人正视和面对，并积极进行投资理念和投资策略的调整。

其次，适应“封转开”后的市场环境。实施“封转开”，只是基金的运作形式和交易模式发生了变化，但基金本身的运作状况并不随之发生根本性的变化，对基金运作业绩的影响也有限。因此，担心“封转开”后基金的业绩发生根本性变化也大可不必。反而重要的是，投资者应当从过去封闭式基金的市场环境中走出来，走进场外的交易环境，并尽快适应这种环境。

第三，购买目前正在发行和运作的开放式基金，为“封转开”做投资预热和铺垫。对于没有涉足或对开放式基金不熟知的投资者，特别是对开放式基金的交易流程一知半解或模糊不清的投资者，应尽快进行投资和购买开放式基金的学习、研究和演练，从而做好迎接“封转开”实战的心理准备，避免到期投资时的手足无措。

最后，选择渠道商也是封闭式基金持有人亟待面对的问题。假定实行“封转开”，封闭式基金的交易方式将由场内市场转为场外市场。原来分布券商营业部的封闭式基金持有人，将面临新的交易渠道的选择问题。由于目前还有众多的券商不具备开放式基金代销资格，还有券商没有与管理封闭式基金的基金管理人签订开放式基金的代销协议，这就会迫使投资者进行渠道的被动性选择。对于习惯于在券商营业部进行封闭式基金投资和交易的投资者，就应当及时根据“封转开”的实施进度和相关的流程安排，进行客户手续的转移工作。

深圳证券交易所详解ETF业务

深交所于2006年2月13日发布了《深圳证券交易所交易型开放式指数基金业务实施细则》，目前，深交所有关交易型开放式指数基金(以下简称“ETF”)的业务和技术准备工作已就绪。针对ETF产品开发，深交所有关负责人回答了记者的提问。

问：深交所ETF业务运作有哪些主要特色？

答：我所ETF在业务运作上，一方面遵循国际通行做法，采取实物申购、赎回模式，另一方面结合国内市场环境，通过灵活的交易制度安排，提供了有效的套利机制。如当日申购的基金份额可当日卖出、当日买入的基金份额可当日赎回、当日赎回的证券可当日卖出、当日买入的证券可在当日用于申购基金份额。

深交所ETF运作参照了国内现行ETF运作模式，同时又有以下特点：

1. ETF份额的网上现金认购可多日连续进行。

2. 同只ETF在深交所的发售、上市交易、申购、赎回等所有业务采用同一基金代码和简称。

3. ETF分派现金红利时，在权益登记日(R日)当日进行除息处理。

问：投资者如何参与深交所ETF交易？

答：第一，投资者参与深交所ETF交易应持有深圳证券账户。投资者进行现金认购和二级市场买卖ETF份额，可使用深圳A股账户或深圳证券投资基金账户；投资者进行实物认购和申购、赎回ETF份额，必须使用深圳A股账户。

第二，基金募集期内，投资者可在具有基金代销资格的各会员单位证券营业部通过深交所交易系统以现金方式认购ETF份额。同时还可进行网下现金认购和网下实物认购。

第三，基金上市并开放申购赎回后，投资者可在各会员单位证券营业部通过交易系统买卖ETF份额；同时，可在基金管理人指定的代办证券公司营业部通过交易系统申购、赎回ETF份额。

问：深交所首只ETF拟采用哪个指数作为标的？

答：我所经充分论证并认真听取基金管理人及其他市场各方的意见后，决定首选深证100指数作为标的推出ETF产品。

第一，深证100指数对深圳A股市场代表性强。深证100指数在深市各成份股指数中流通市值最大，约1900亿元，占整个深圳A股市场流通市值的53%，还包含10只中小板股票。深证100指数走势与深证A股指数走势高度相关，近两年走势相关系数高达0.98。

第二，深证100指数成份股票数量适中，流动性较好，适合开发ETF。深证100指数成份股含100只股票，2005年度成交金额近5500亿元，日平均换手率达到1.24%。

第三，深证100指数成份股成长性较强，具有较好的投资价值。2004年深证100指数样本股公司平均每股收益0.402元，是同期深市A股市场平均水平的1.5倍，税后利润增长率34.57%，是同期深市A股市场的4.6倍，2005年前三季度，深证100指数样本公司累计盈利占深圳市场的98.89%。目前深证100指数成份股平均市盈率约13倍，市净率约1.7倍，具有较高的投资价值。

第三，指数编制方法公开透明、客观科学。深证100指数编制方案完全向市场公开，选样指标全部是量化的客观指标，指数调整周期每年2次，时间固定，具有较高的透明度。每次调整成份股变更比例不超过10%，从近几年指数历次调整情况来看，除极个别情况外，每次调整成份股变更数量通常在2至4只，指数成份股结构相对稳定。

问：投资深交所ETF产品应注意哪些事项？

答：第一，投资者在投资ETF产品之前应当仔细阅读我所ETF业务相关规则及产品介绍，熟悉ETF业务运作模式。

第二，ETF作为以跟踪某一特定指数的基金，其基金净值与市场价格将受基础证券市场价格变动及其他市场因素的综合影响而波动，投资者应注意市场风险，谨慎决策。首次参与ETF一级市场申购、赎回的投资者应按其代办证券公司要求签署风险揭示书。

第三，ETF的二级市场交易价格与基金份额净值基本保持一致，当ETF市价高于(低于)基金份额，参考净值幅度较大时，投资者不宜追涨(杀跌)，以免以不合理的价格买进(卖出)ETF而遭受损失。

深圳证券交易所就开放式基金场内申购赎回业务答记者问

近期两只上市开放式基金嘉实沪深300指数基金(代码160706)、巨田资源优选混合型基金(代码163302)在深交所挂牌发售，由于深交所各开放式基金场内申购、赎回业务将陆续开通，该两只基金认购的份额上市后可以直接选择二级市场买入、卖出或申购、赎回任何一种流通方式，业务运作与普通开放式基金不同，上市开放式基金的交易方式也有新的变化。

深交所有关负责人针对开放式基金场内申购、赎回业务回答了记者提问。

一、深交所为什么要推出开放式基金场内申购、赎回业务？深交所基金销售与交易平台主要提供哪些服务？

答：开放式基金场内申购、赎回是指证券公司在交易时间内接受投资者委托通过深交所交易系统申报的申购、赎回。目前已有100多只开放式基金在深交所挂牌揭示净值，10只开放式基金通过深交所交易系统发行。在上市开放式基金运作基础上，深交所借助交易系统网络优势推出场内申购、赎回业务，在交易系统内即完整地涵盖了基金销售与交易各个业务环节，建立起深交所基金销售与交易服务平台，为基金业务发展提供增值服务：

1. 建立深交所基金发行交易、申购赎回及登记结算一条龙服务体系，使投资者通过一个深圳证券帐户即可办理不同基金的各项业务，有助于解决目前投资者跨银行、跨券商操作的不便以及重复开户等问题。

2. 进一步增加基金销售与交易渠道，具有基金代销业务资格的证券公司均可参与场内发售业务，所有深交所会员单位均可参与二级市场交易。同时通过基金份额净值即时揭示、行情显示、交易系统业务公告等信息披露增强基金透明度，扩大市场知名度；还为基金持续营销提供便利。

3.完善上市开放式基金(LOF)功能，使投资者不仅可以通过交易系统办理开放式基金的认购和交易，也可直接办理申购、赎回。

4.建立深交所与基金管理公司、证券公司、机构投资者基金业务协同推进机制，把基金市场参与者纳入统一服务体系，整合各自资源优势形成合力，共同培育基金市场，推动基金产品创新。

二、开放式基金场内申购、赎回开通后，上市开放式基金业务有哪些新的特点？

答：1.投资者可通过两种方式参与上市开放式基金场内业务：一是通过交易系统以电子撮合方式买卖基金份额，与股票买卖操作程序一致；二是通过交易系统办理申购、赎回，按当日收市后的基金份额净值成交。投资者可以在二级市场买卖与申购、赎回两种参与方式之间自由转换与选择，无需办理跨系统转托管手续。

2.投资者托管在深交所场内(深圳证券帐户中)的基金份额，无论是认购、申购还是买入方式获得的基金份额均可以直接选择卖出或者赎回任何一种方式兑现。具体地说，(1)基金募集期间认购的基金份额，在基金上市后，可以在二级市场以电子撮合价交易，也可选择以当日的基金份额净值赎回；(2)T日在深交所申购(按基金份额净值成交)的基金份额，T+2日可以在深交所卖出或者赎回；(3)T日买入(电子撮合价成交)的基金份额，T+1日可以在深交所卖出或者赎回。

3.消除折价现象。由于投资者托管在场内的份额可以直接选择卖出和赎回两种方式，市场运作效率大大提高，上市开放式基金的二级市场交易价格将与基金份额净值趋于一致。

4.流动性大为增强。由于增加了场内申购、赎回业务功能，上市开放式基金在二级市场交易不畅时，可立即通过交易系统办理申购、赎回，确保了基金份额的流动性。

三、开放式基金场内申购、赎回开通后，投资者参与上市开放式基金业务有何好处？

答：1.参与方式更为灵活。投资者托管在场内的基金份额(深圳证券帐户中的基金份额)可以任意选择卖出或赎回两种退出方式，交易时间内投资者可以关注市场行情变化，以电子撮合价卖出基金份额，若未能以期望价格卖出，投资者也可在收市前以当日的基金份额净值进行赎回。需要注意的是投资者T日卖出基金份额后的资金T+1日即可到帐(T日也可做回转交易)，而赎回资金T+2日到帐。

2.操作更为方便快捷。投资者只需使用一个深圳证券帐户在一个证券营业部即可办理所有上市开放式基金的认购、买卖和申购、赎回等各项业务。投资者可以直接通过深交所会员单位的柜台、电话、网上交易等各种方式申报，比现行场外柜台操作简单。

3.投资选择更为丰富。由于场内交易费用低廉、结算效率高，投资者可以通过卖出、买入的方式实现同一基金公司管理的基金甚至不同基金公司管理的基金之间的转换，为投资者提供了更多选择。

四、投资者在选择二级市场买入、卖出和申购、赎回两种参与方式时应特别注意哪些问题？

答：要注意三个问题：

1.上市开放式基金二级市场交易价格随行情即时变化，申购、赎回则以当日收市的基金份额净值成交，二者成交方式不同。

2.二级市场买卖费用(成交额3‰以内)与申购费用(申购金额1.5%左右)、赎回费用(赎回金额0.5%左右)存在差异，体现在两种方式的成交价格会有所差异，投资者可以根据当日市场行情、基金净值的变化及成本差异决定选择买卖或者申购、赎回两种不同方式。

3.二级市场买卖价格与基金份额净值会趋于一致，投资者通过柜台、电话或网上进行委托操作时，应特别注意买卖与申购、赎回两种委托方式的区别和选择。

五、投资者通过场外认购、申购的上市开放式基金份额是否可享受场内的便利？

答：投资者通过场外认购、申购的基金份额托管在场外，可通过办理跨系统转托管手续转至场内，即可享受场内挂牌交易和赎回的双重便利。

六、投资者办理开放式基金场内申购、赎回应注意哪些具体规定？

答：投资者可在交易时间内使用深圳证券账户通过证券营业部进行基金份额的申购、赎回申报，投资者办理场内申购、赎回时应注意以下具体规定：

1.申购以金额申报，申报单位为一元人民币；赎回以份额申报，申报单位为单位基金份额。

2.申购、赎回申报的数额限定遵循基金招募说明书的规定。

3.申购、赎回申报在当日交易时间内可撤单。

4.投资者参与场内申购、赎回需缴纳申购费、赎回费，申购和赎回费率由基金管理人在基金招募说明书中载明。

附录四　基金索引

基金管理人索引

一、以下索引采用主题标题方法编制，对正文部分条目以主题词进行标引；
二、基金管理人索引按成立年度排列，同年度的按成立先后顺序排列；
三、每条索引引用阿拉伯数码标注所在页码。

基金托管人索引

一、以下索引采用主题标题方法编制，对正文部分条目以主题词进行标引；
二、基金托管人索引按获准基金托管资格时间排列，同年度的按先后顺序排列；
三、每条索引引用阿拉伯数码标注所在页码。

2002 年

2003 年

2004 年

2005 年

开放式证券投资基金索引

一、以下索引采用主题标题方法编制，对正文部分条目以主题词进行标引；
二、开放式基金产品索引按基金类型排列，同类型的按设立先后顺序排列；
三、每条索引引用阿拉伯数码标注所在页码。

股票型基金

办公地址	邮政编码	联系电话	联系传真	公司网址	电子邮箱
省深圳市深南大道 4013 号兴业银行大厦 19–20 层	518043	0755–83026688	0755–83026677	www.lionfund.com.cn	services@lionfund.com.cn
市淮海中路 300 号香港新世界大厦 40 层	200021	021–63353535	021–63353858	www.swbnpp.com	service@swbnpp.com
市陆家嘴东路 166 号中国保险大厦 34 层	200120	021–68419966	021–68419525	www.glfund.com	service@glfund.com
市浦东南路 588 号浦发大厦 14 层	200120	021–68886996	021–68887997	www.hffund.com	hf@hffund.com
市延安东路 222 号外滩中心 46–47 层	200002	021–33074700	021–63351152	www.epf.com.cn	tracywang@epf.com.cn
市浦东富城路 99 号震旦国际大厦 20 楼	200120	021–38794999	021–68881130	www.51fund.com	services@jpmf–sitico.com
市海淀区中关村东路 99 号	100080	010–82621888	010–62531199	www.orient–fund.com	services@orient–fund.com
市浦东新区银城中路 200 号中银大厦 45 楼	200120	021–38834999	021–68872488	www.bociim.com	webmaster@bociim.com
市浦东新区源深路 279 号	200120	021–50509888	021–50509884	www.scfund.com.cn	services@scfund.com.cn
市河西区马场道 59 号天津国际经济贸易中心 A 座 16 层	300203	022–83310208	022–83865569	www.thfund.com.cn	service@tffund.com.cn
市浦东陆家嘴富城路 99 号震旦国际大厦 18 层	200120	021–68880980	021–68880981	www.ftsfund.com	service@ftsfund.com
市浦东新区世纪大道 88 号金茂大厦 40 楼	200121	021–50472222	021–50478668	www.aig–huatai.com	customer@aig–huatai.com
市渝中区邹容路 68 号大都会商厦 32 层	400010	023–63710818	023–63713073	www.ncfund.com.cn	service@ncfund.com.cn
市富城路 99 号震旦国际大楼 21 楼	200120	021–28932888	021–28932998	www.htffund.com	service@htffund.com
市东城区朝内大街 188 号鸿安国际商务大厦	100010	010–85159333	010–85159158	www.icbccs.com.cn	customerservice@icbccs.com.cn
市银城中路 188 号交银金融大厦	200120	021–61055023	021–61055054	www.jysld.com	services@jysld.com
市西城区金融大街 7 号英蓝国际金融中心十六层	100038	010–66228888	010–66228889	www.ccbfund.cn	—
市浦东陆家嘴东路 166 号中国保险大厦 8 层	200120	021–68649788	021–58822888	www.citicprufunds.com.cn	—
市浦东新区富城路 99 号震旦大厦 35 楼	200120	021–38789898	021–38789899	www.hsbcjt.cn	services@hsbcjt.cn
市宣武区宣武门外大街 6 号庄胜广场中央写字楼南翼 13A	100053	010–63105556	010–63100588	www.ymfund.com	ymhr@ymfund.com

公地址	联系电话	联系传真	公司网址	电子邮箱
内大街 55 号	010–66106912	010–66106904	www.icbc.com.cn	webmaster@icbc.com.cn
北路 100 号金玉大厦 6 层	010–68424199	010–68424181	www.custody.abchina.com	95599bj@abchina.com
兴门内大街 1 号	010–66594912	010–66594853	www.boc.cn	ibank@bank–of–china.com
闹市口大街 1 号院 1 号楼(100032–33)	010–67597114	010–66275830	www.ccb.com	—
路 188 号	021–58781234	021–58408842	www.bankcomm.com	95559@bankcomm.com
复兴门外大街 6 号光大大厦	010–68560675	010–68560661	www.cebbank.com	—
道 7088 号招商银行大厦	0755–83195262	0755–83195201	www.cmbchina.com	cmb@cmbchina.com
浦东南路 588 号浦发大厦 7 楼	021–61614500	021–68881831	www.spdb.com.cn	wur2@spdb.com.cn
复兴门内大街 2 号	010–58560758	010–58560794	www.cmbc.com.cn	service@cmbc.com.cn
朝阳门北大街 8 号富华大厦 C 座	010–65546655	010–65542373	www.citicib.com.cn	citicsj@citicib.com.cn
建国门内大街 22 号	010–85238667	010–85238680	www.hxb.com.cn	webmaster@hxb.com.cn
湖东路 154 号	0591–87839338	0591–87845504	www.cib.com.cn	irm@cib.com.cn

附录五　机构

基金管理公司基本情况一览表

基金公司	法人代表	总经理	注册资本(万元)	成立日期	注册地址	
国泰	陈勇胜	李春平	11000	1998-03-05	上海市浦东新区世纪大道1600号浦项商务广场31楼	上海市黄浦区延安东
南方	吴万善	高良玉	15000	1998-03-06	广东省深圳市福田区深南大道4009号投资大厦7楼	广东省深圳市福田区
华夏	凌新源	范勇宏	13800	1998-04-09	北京市顺义区天竺空港工业区A区	北京市西城区金融大
华安	王成明	韩方河	15000	1998-06-04	上海市浦东新区浦东南路360号新上海国际大厦38楼	上海市浦东新区浦东南
博时	吴雄伟	肖　风	10000	1998-07-13	广东省深圳市福田区深南大道7088号招商银行大厦29层	广东省深圳市福田区
鹏华	孙　枫	孙煜扬	15000	1998-12-22	深圳中心区益田路与福华三路交汇处深圳国际商会中心43层	深圳中心区益田路与
嘉实	王忠民	赵学军	10000	1999-03-25	上海浦东新区富城路999号震旦国际大厦1702室	北京市建国门北大街8
长盛	凤良志	陈礼华	10000	1999-03-26	广东省深圳市福田区华福路航都大厦13C	北京市海淀区北太平
大成	胡学光	于　华	10000	1999-04-12	广东省深圳市福田区深南大道7088号招商银行大厦32层	广东省深圳市福田区
富国	陈　敏	李建国	12000	1999-04-13	上海市黄浦区广东路689号海通证券大厦13、14层	上海市黄浦区广东路6
易方达	梁　棠	叶俊英	12000	2001-04-17	广东省珠海市情侣南路428号九州港大厦	广东省广州市体育西
宝盈	李建生	陆金海	10000	2001-05-18	广东省深圳市福田区深圳特区报业大厦15层	广东省深圳市福田区
融通	孟立坤	吕秋梅	12500	2001-05-22	广东省深圳市南山区华侨城汉唐大厦13、14层	广东省深圳市南山区
银华	彭　越		10000	2001-05-28	广东省深圳市深南大道6008号报业大厦19层	广东省深圳市深南大
长城	杨光裕	关林戈	10000	2001-12-27	广东省深圳市福田区深南中路2066号华能大厦25层	广东省深圳市福田区
国投瑞银	施洪祥	万朝领	10000	2002-06-13	广东省深圳市福田区深南大道4009号投资大厦3层	广东省深圳市福田区
银河	刘澎湃	谭庆中	10000	2002-06-14	上海市虹口区东大名路908号金岸大厦3层	上海市虹口区东大名
泰达荷银	章嘉玉	林伟萌	10000	2002-06-06	上海市武威路789号	北京市西三环北路11
万家	柳亚男	张　健	10000	2002-08-23	上海市浦东新区源深路273号	上海市浦东新区源深
金鹰	谭思马	詹松茂	10000	2002-12-25	广东省珠海市吉大九洲大道东段商业银行大厦7楼	广东省广州市沿江中
招商	牛冠兴	成保良	16000	2002-12-27	广东省深圳市深南大道7088号招商银行大厦28层	广东省深圳市深南大
华宝兴业	郑安国	裴长江	10000	2003-03-07	上海市浦东新区世纪大道88号金茂大厦48层	上海市浦东新区世纪
巨田	王一楠	许　明	10000	2003-03-14	广东省深圳市福田区滨河大道5020号证券大厦4层	广东省深圳市福田区
海富通	邵国有	田仁灿	15000	2003-04-01	上海市浦东新区世纪大道88号金茂大厦37层	上海市浦东新区世纪
国联安	符学东	先　江	10000	2003-04-03	上海市浦东新区世纪大道88号金茂大厦46楼	上海市浦东新区世纪
长信	田　丹	叶　烨	10000	2003-04-28	上海市浦东新区世纪大道1600号浦项商务广场16层	上海市黄浦区汉口路1
泰信	朱崇利	高清海	10000	2003-05-08	上海市浦东新区银城中路200号中银大厦42层	上海市浦东新区银城
天治	赵玉彪	祖　煜	10000	2003-05-27	上海市延平路83号	上海市复兴西路159
景顺长城	徐　英	梁华栋	13000	2003-06-12	广东省深圳市深南中路1093号中信城市广场中信大厦16层	广东省深圳市深南中
广发	马庆泉	林传辉	12000	2003-08-05	广东省珠海市凤凰北路19号农行商业大厦1208室	广东省广州市天河区
兴业	郑苏芬	杨　东	9800	2003-09-30	上海市黄浦区金陵东路368号	上海市浦东新区张杨
中信	王东明	吕　涛	10000	2003-10-15	广东省深圳市笋岗路12号中民时代广场B座33层	北京市朝阳区裕民路1

联系名录

办公地址	邮政编码	联系电话	联系传真	公司网址	电子邮箱
700 号港泰广场 23 楼	200001	021-23060288	021-23060266	www.gtfund.com	service@gtfund.com
南大道 4009 号投资大厦 7 楼	518048	0755-82912000	0755-82912948	www.southernfund.com	service@southernfund.com
33 号通泰大厦 B 座 8 层	100032	010-88066688	010-88066566	www.chinaamc.com	chinaamc@chinaamc.com
360 号新上海国际大厦 38 楼	200120	021-58881111	021-58406138	www.huaan.com.cn	fengying@huaan.com.cn
南大道 7088 号招商银行大厦 29 层	518040	0755-83169999	0755-83195140	www.boshi.com.cn	service@boshi.com.cn
华三路交汇处深圳国际商会中心 43 层	518048	0755-82021222	0755-82021112	www.phfund.com.cn	service@mail.phfund.com.cn
号华润大厦 8 层	100005	010-65188866	010-65185678	www.jsfund.cn	service@jsfund.cn
路 18 号北京城建大厦 A 座 20-22 层	100088	010-82255818	010-82255988	www.csfunds.com.cn	yejs@csfunds.com.cn
南大道 7088 号招商银行大厦 32 层	518040	0755-83183388	0755-83199588	www.dcfund.com.cn	callcenter@dcfund.com.cn
9 号海通证券大厦 13、14 层	200001	021-63410666	021-63410600	www.fullgoal.com.cn	public@fullgoal.com.cn
189 号城建大厦 27、28 楼	510620	020-38797888	020-38799488	www.efunds.com.cn	service@efunds.com.cn
圳特区报业大厦 15 层	518034	0755-83276688	0755-83515599	www.byfunds.com	public@byfunds.com
侨城汉唐大厦 13、14 层	518053	0755-26948666	0755-26935005	www.rtfund.com	service@mail.rtfund.com
6008 号报业大厦 19 层	518034	0755-83516888	0755-83516968	www.yhfund.com.cn	service@yhfund.com.cn
南中路 2066 号华能大厦 25 层	518031	0755-83662688	0755-83662600	www.ccfund.com.cn	support@ccfund.com.cn
南大道 4009 号投资大厦 3 层	518048	0755-82904140	0755-82904048	www.ubssdic.com	service@ubssdic.com
908 号金岸大厦 3 层	200082	021-65956688	021-65958005	www.galaxyasset.com	callcenter@galaxyasset.com
海通时代商务中心 C.I 座	100089	010-88518989	010-68721958	www.aateda.com	irm@aateda.com
273 号	200135	021-68644577	021-68531888	www.wjasset.com	callcenter@ttasset.com
298 号江湾商业中心 22 楼	510100	020-83282855	020-83282856	www.gefund.com.cn	investor@gefund.com.cn
7088 号招商银行大厦 28 层	518040	0755-83196666	0755-83196405	www.cmfchina.com	cmf@cmfchina.com
道 88 号金茂大厦 48 层	200121	021-50499588	021-50499688	www.fsfund.com	fsf@fsfund.com
河大道 5020 号证券大厦 4 层	518033	0755-82993636	0755-82990911	www.jtfund.com	jutian@jtfund.com
道 88 号金茂大厦 37 层	200121	021-68604999	021-58781634	www.hftfund.com	info@hftfund.com
道 88 号金茂大厦 46 楼	200121	021-50478080	021-50478920	www.gtja-allianz.com	customer.service@gtja-allianz.com
0 号 3-4 层	200002	021-63212222	021-63217686	www.cxfund.com.cn	service@cxfund.com.cn
路 200 号中银大厦 42 层	200120	021-50372168	021-50372197	www.ftfund.com	service@ftfund.com
	200031	021-64371155	021-64377166	www.chinanature.com.cn	marketing@chinanature.com.cn
1093 号中信城市广场中信大厦 16 层	518031	0755-82370388	0755-25987356	www.invescogreatwall.com	investor@invescogreatwall.com
育西路 57 号红盾大厦 14-15 层	510620	020-83936666	020-85586632	www.gffunds.com.cn	services@gffunds.com.cn
500 号时代广场 20 层	200122	021-58368998	021-58368858	www.xyfunds.com.cn	service@xyfunds.com.cn
号中国国际科技会展中心 A 座 8 层	100029	010-82028888	010-82253396	www.citicfunds.com	service@citicfunds.com

基金公司	法人代表	总经理	注册资本(万元)	成立日期	注册地址	
诺安	刘德树	姜永凯	11000	2003-12-09	广东省深圳市深南大道4013号兴业银行大厦19-20层	广东
申万巴黎	姜国芳	唐熹明	10000	2004-01-15	上海市淮海中路300号香港新世界大厦40层	上海
国联	华伟荣	雷建辉	10000	2004-03-18	上海市陆家嘴东路166号中国保险大厦34层	上海
华富	姚怀然	周志德	12000	2004-04-19	上海市浦东南路588号浦发大厦14层	上海
光大保德信	林昌	傅德修	16000	2004-04-22	上海市延安东路222号外滩中心46-47层	上海
上投摩根	周有道	王鸿嫔	15000	2004-05-12	上海市浦东富城路99号震旦国际大厦20楼	上海
东方	李维雄	程　红	10000	2004-06-11	北京市海淀区中关村东路99号	北京
中银国际	平　岳	陈　儒	10000	2004-08-12	上海市浦东新区银城中路200号中银大厦45楼	上海
东吴	吴永敏	徐建平	10000	2004-09-02	上海市浦东新区源深路279号	上海
天弘	李宗唐	楚义芳	10000	2004-11-08	天津市河西区马场道59号天津国际经济贸易中心A座16层	天津
国海富兰克林	张雅锋	林伟杰	10000	2004-11-15	广西南宁市琅东滨湖路46号	上海
友邦华泰	齐　亮	陈国杰	10000	2004-11-18	上海市浦东新区世纪大道88号金茂大厦40楼	上海
新世纪	蒋　钢	孙枝来	10000	2004-12-09	重庆市渝中区邹容路68号大都会商厦32层	重庆
汇添富	桂水发	林利军	10000	2005-02-03	上海市黄浦区大沽路288号6幢538室	上海
工银瑞信	杨凯生	郭特华	20000	2005-06-21	北京市东城区朝内大街188号鸿安国际商务大厦	北京
交银施罗德	谢红兵	雷贤达	20000	2005-08-04	上海市银城中路188号交银金融大厦	上海
建信	江先周	孙志晨	20000	2005-09-19	北京市西城区金融大街19号富凯大厦	北京
信诚	杨明辉	石志成	10000	2005-09-30	上海市浦东陆家嘴东路166号中国保险大厦8层	上海
汇丰晋信	杨小勇	李选进	20000	2005-11-16	上海市浦东新区富城路99号震旦大厦35楼	上海
益民	翁振杰	刘义鹏	10000	2005-12-12	重庆市江北区建新南路16号	北京

基金托管银行基本情况一览表

基金托管银行	注册资本(亿元)	法人代表	托管部负责人	获得基金托管资格时间	办
中国工商银行股份有限公司	2480	姜建清	周月秋	1998-02-24	北京市复兴门
中国农业银行	1338.65	杨明生	张军洲	1998-09-25	北京市西三环
中国银行股份有限公司	2179.42	肖　钢	秦立儒	1998-07-07	北京西城区复
中国建设银行股份有限公司	1942.3025	郭树清	罗中涛	1998-03-18	北京市西城区
交通银行股份有限公司	390.7	蒋超良	阮　红	1998-07-03	上海市银城中
中国光大银行股份有限公司	82.17	王明权	陈昌宏	2002-10-23	北京市西城区
招商银行股份有限公司	122.79	秦　晓	夏博辉	2002-11-06	深圳市深南大
上海浦东发展银行股份有限公司	39.15	金　运	刘长江	2003-09-10	上海浦东新区
中国民生银行股份有限公司	22.5	经叔平	严骏伟	2004-07-09	北京市西城区
中信银行	17.790474	陈小宪	张向东	2004-08-18	北京市东城区
华夏银行股份有限公司	42	刘海燕	徐黎鹰	2005-02-23	北京市东城区
兴业银行股份有限公司	39.99	高建平	霍建生	2005-04-26	福建省福州市

封闭式证券投资基金索引

一、以下索引采用主题标题方法编制，对正文部分条目以主题词进行标引；
二、封闭式基金产品索引按成立年度排列，同年度的按成立先后顺序排列；
三、每条索引引用阿拉伯数码标注所在页码。

1998 年

1999 年

2000 年

2001 年

2002 年

混合型基金

偏债型基金

债券型基金

指数型基金

货币市场基金

基金销售机构

基金管理公司直销中心

国泰基金管理有限公司

上海理财中心

地址：上海市延安东路 700 号港泰广场 23 楼

电话：4008-888-688　　传真：021-23060366

北京理财中心

地址：北京市海淀区中关村南大街 1 号友谊宾馆贵宾楼一层

电话：010-68498552/68498575　　传真：010-68498182

公司电子交易平台

国泰电子交易网站：www.gtfund.com

国泰电子交易热线：021-23060367

南方基金管理有限公司

深圳总部

地址：广东省深圳市福田中心区深南大道 4009 号投资大厦七楼

电话：0755-82912592　　传真：0755-82913232

北京分公司

地址：北京西城区金融大街 19 号富凯大厦 17 层 B1702 室

电话：010-66573399　　传真：010-66573868

上海分公司

地址：上海市浦东南路 528 号上海证券大厦南塔 19 楼 1901 室

电话：021-68817000　　传真：021-68817654

南部理财中心

地址：广东省深圳市福田中心区深南大道 4009 号投资大厦七楼

电话：0755-82912917　　传真：0755-82913232

客服电话：400-889-8899

华夏基金管理有限公司

北京金融街投资理财中心

地址：北京市西城区金融大街 33 号通泰大厦 B 座一层

电话：010-88087228/7/6　　传真：010-88087225

北京海淀投资理财中心

地址：北京市海淀区中关村南大街 11 号光大国信大厦一层

电话：010-68458998/68458698/68458718

传真：010-68458598

北京科学院南路投资理财中心

地址：北京市海淀区中关村科学院南路新科祥园甲 3 号

电话：010-82523197/98/99　　传真：010-82523196

北京朝阳投资理财中心

地址：北京市朝阳区东三环中路 39 号建外 SOHO B 座 0104

电话：010-58693528/16/26　　传真：010-58693508

北京东中街投资理财中心

地址：北京市东城区东中街 29 号东环广场 B 座一层

电话：010-64185181/82/83

传真：010-64185180

上海投资理财中心

地址：上海市陆家嘴环路 1233 号汇亚大厦 3002-3003 室

电话：021-58772855/58772877/58772899

传真：021-58772008

深圳投资理财中心

地址：深圳市福田区福华一路中央商务大厦 26 层

电话：0755-82033033

传真：0755-82031949

广州天河理财中心

地址：广州市天河区天河北路 569 号芳草园首层

电话：020-38460001

传真：020-38461077

华安基金管理有限公司

上海投资理财中心

地址：上海浦东新区浦东南路 360 号新上海国际大厦 2 楼

电话：021-68863400　　传真：021-68863223

北京投资理财中心

地址：北京市西城区金融街 23 号平安大厦 106 室

电话：010-66219999　　传真：010-66214060

公司电子交易平台

华安电子交易网站：www.huaan.com.cn

华安电子交易热线：021-68604666

博时基金管理有限公司

深圳总公司

地址：深圳市福田区深南大道 7088 号招商银行大厦 29 层

电话：0755-83169999　　传真：0755-83195190

客服电话：95105568

北京分公司

地址：北京建国门内大街 18 号恒基中心 1 座 23 层

电话：010-65187055　　传真：010-65187032

客服电话：010-65171155

上海分公司

地址：上海市黄浦区中山南路 28 号久事大厦 25 层

电话：021-33024909 传真：021-63305180

鹏华基金管理有限公司

深圳直销中心
地址：深圳市中心区益田路与福华三路交汇处深圳国际商会中心43层
电话：0755–82021233　　传真：0755–82021155

北京分公司
北京市海淀区三里河路13号中国建筑文化中心北塔楼10层
电话：010–88082426　　传真：010–88082018

上海分公司
上海市陆家嘴环路958号华能联和大厦3010室
电话：021–58825962　　传真：021–68866470

长盛基金管理有限公司

北京直销中心
地址：北京市海淀区北太平庄路18号城建大厦A座21层
电话：010–82255818转263/288
传真：010–82255981/82255982
客服电话：400–888–2666　010–62350088

上海直销中心
地址：上海浦东新区世纪大道1600号浦项广场2014室
电话：021–50580120/50580122　　传真：021–50580121

嘉实基金管理有限公司

北京直销中心
地址：北京市建国门北大街8号华润大厦8层
电话：010–65188866　　传真：010–65180017

上海直销中心
地址：上海市浦东新区富城路99号震旦国际大厦1702室
电话：021–38789658　　传真：021–68880023

深圳直销中心
地址：深圳市深南东路5047号发展银行大厦附楼二楼
电话：0755–25870686　　传真：0755–25870663

西南直销中心
地址：成都市人民中路2段35号中银大厦29层2911–2912
电话：028–86402796　　传真：028–86402799

大成基金管理有限公司

深圳投资理财中心
地址：深圳市福田区深南大道7088号招商银行大厦32层
电话：0755–83195090/5236　　传真：0755–83195091
客服电话:400–888–5558

北京投资理财中心
地址：北京朝阳区朝阳门外大街16号中国人寿大厦1201室
电话：010–85252345/85252346　　传真：010–85252272/2273

上海投资理财中心
地址：上海市广东路689号海通证券大厦19楼12–07单元
电话：021–63513925/63513926　　传真：021–63513928

富国基金管理有限公司

上海投资理财中心
地址：上海市黄浦区广东路689号海通证券大厦13、14层
电话：021–63410666转880　　传真：021–63410899

北京投资理财中心
地址：北京市海淀区西直门北大街60号首钢国际大厦9009室
电话：010–82292390　　传真：010–82292350

公司客户服务中心
地址：上海市黄浦区广东路689号海通证券大厦13、14层
电话：95105686　021–53594678　　传真：021–63410899

易方达基金管理有限公司

直销中心
地址：广州市体育西路189号城建大厦27楼
电话：020–38797023　　传真：020–38797032
客服电话:40088–18088　020–83918088

北京分公司
地址：北京市金融大街19号富凯大厦B1703室
电话：010–66574367　　传真：010–66574377

上海分公司
地址：上海世纪大道88号金茂大厦2307
电话：021–50476668　　传真：021–50476667

宝盈基金管理有限公司

直销中心
地址：深圳市深南大道6008号深圳特区报业大厦15层
电话：0755–83276688　　传真：0755–83515599
客服电话：0755–83276688

融通基金管理有限公司

深圳理财中心
地址：深圳市南山区华侨城汉唐大厦13、14层
电话：0755–26948040　　传真：0755–26935005
客服电话：0755–26948088

北京分公司
地址：北京金融大街35号国际企业大厦C座1241–1243室
电话：010–88091528　　传真：010–88091635

上海分公司
地址：上海市浦东南路588号浦发大厦27层I、J单元
电话：021–58402858
传真：021–58402858转333

银华基金管理有限公司

深圳总公司
地址：深圳市深南大道6008号报业大厦19层
电话：0755–83515002　　传真：0755–83515082

北京分公司
地址：东城区东长安街1号东方广场东方经贸城中二办公楼10楼2–8室
电话：010–58163069
传真：010–58163027

上海分公司
地址：上海世纪大道1600号浦项商务广场5层511室
电话：021–50588801
传真：021–50588055

长城基金管理有限公司

深圳直销中心

地址：深圳市深南中路2066号华能大厦西区9层

电话：0755-83774614

传真：0755-83662635

客服电话：400-8868-666　0755-83680399

北京直销中心

地址：北京市西城区金融大街35号国际企业大厦C1738

电话：010-88091157　传真：010-88091075

上海直销中心

地址：上海浦东世纪大道1500号东方大厦3018室

电话：021-68407679　传真：021-68407684

国投瑞银基金管理有限公司

直销中心

地址：深圳市福田区深南大道4009号投资大厦三楼

电话：0755-82904140/82904124

传真：0755-82904048/82904056

客服电话:0755-83160000

银河基金管理有限公司

公司直销中心

地址：上海市东大名路908号金岸大厦三楼

电话：021-65956688

传真：021-65956615

客服电话：800-820-0860　021-35104688

北京分公司

地址：北京西单民丰胡同31号中水大厦211室

电话：010-88067037　传真：010-88067038

广州分公司

地址：广州解放中路306号中曦大厦四楼

电话：020-83176255　传真：020-83176112

哈尔滨分公司

地址：哈尔滨市南岗区花园街310号恒运大厦四层

电话：0451-53902200　传真：0451-53633280

南京分公司

地址：南京市洪武路396号6楼609-615室

电话：025-84412529　传真：025-84523725

泰达荷银基金管理有限公司

北京理财中心

地址：北京市海淀区西三环北路11号海通时代商务中心B．I座

电话：010-88517979

传真：010-68721947/68721948

万家基金管理有限公司

直销中心

地址：上海市浦东源深路273号

电话：021-68644577

传真：021-68531888

客服电话：021-68644599

金鹰基金管理有限公司

直销中心

地址：广东省广州市沿江中路298号江湾商业中心22层

电话：020-83282950

传真：020-83282856

客服电话：020-83936180

招商基金管理有限公司

深圳直销中心

地址：深圳市深南大道7088号招商银行大厦28楼

电话：400-887-9555　0755-83196358 / 83196359

传真：0755-83196360

华北总部

地址：北京市金融大街27号投资广场B座2104室

电话：010-66211612　传真：010-66211613

华东总部

地址：上海市浦东南路588号浦发大厦22层1单元

电话：021-68889916　传真：021-58796616

华南总部

电话：0755-83073151

机构业务拓展部

电话：010-88087239/33

基金易－招商基金电子商务平台

交易网站：direct.cmfchina.com

华宝兴业基金管理有限公司

上海直销中心

地址：上海市世纪大道88号金茂大厦48层

电话：021-50499588

传真：021-50499688

客服电话：021-38784747

巨田基金管理有限公司

深圳直销中心

地址：深圳市福田区滨河大道5020号证券大厦4层

电话：0755-82990365 / 82993636转8608

传真：0755-82990631

客服电话：400-8888-668　0755-82990391

北京分公司直销中心

地址：北京市海淀区中关村南大街1号友谊宾馆雅园64841房间

电话：010-68719599　传真：010-68498316

上海直销中心

地址：上海市宁夏路358号2号楼268室

电话：021-52362123　传真：021-52362103

国联安基金管理有限公司

直销中心

地址：上海市浦东新区世纪大道88号金茂大厦46层

电话：021-50478080

传真：021-50470829

客服电话：021-38784766

海富通基金管理有限公司

直销中心

地址：上海浦东新区世纪大道88号金茂大厦37层

电话：021-68604999　传真：021-58781634

客服电话：4008840099

长信基金管理有限责任公司

直销中心

地址：上海市黄浦区汉口路130号3、4楼

电话：021-63217535　传真：021-63236866

客服电话：021-33074848

泰信基金管理有限公司

上海理财中心

地址：上海市浦东新区银城中路200号中银大厦42F

电话：021-50372149 / 50372168转626

传真：021-50372269

客服电话：021-38784566

北京理财中心

地址：北京市西城区(金融街)广成街4号306室

电话：010-66215978　传真：010-66215968

天治基金管理有限公司

直销中心

地址：上海市徐汇区复兴西路159号

电话：021-64718300　传真：021-64375409

客服电话：021-34064800

景顺长城基金管理有限公司

直销中心

地址：深圳市深南中路1093号中信城市广场中信大厦16层

电话：0755-82370388转285　传真：0755-25987239

客服电话：0755-82370688

广发基金管理有限公司

广州分公司

地址：广州市体育西路57号广东红盾大厦14楼

电话：020-85586601　传真：020-85586639

客服电话：95105828　020-83936999

北京分公司

地址：北京市西城区月坛北街2号月坛大厦18层

电话：010-68083077　传真：010-68083351

上海分公司

地址：上海市浦东南路528号上海证券大厦北塔17层

电话：021-68828545　传真：021-68690214

兴业基金管理有限公司

直销中心

地址：上海浦东张杨路500号时代广场20楼

电话：021-58368886　传真：021-58368869

客服电话：021-38714536

中信基金管理有限责任公司

直销中心

地址：北京朝阳区裕民路12号中国国际科技会展中心A座8层

电话：010-82253398

传真：010-82253378

客服电话：010-82251898

诺安基金管理有限公司

深圳直销中心

地址：深圳市深南大道4013号兴业银行大厦19层

电话：0755-83026888　传真：0755-83026677

客服电话：400-888-8998

北京直销中心

地址：北京市朝阳区光华路甲14号1603室

电话：010-65863688　传真：010-65861788

上海直销中心

地址：上海市新华路543号新华大厦二楼

电话：021-62820945　传真：021-62820131

申万巴黎基金管理有限公司

直销中心

地址：上海市淮海中路300号香港新世界大厦40层

电话：021-63353535　传真：021-63353858

客服电话：021-962299

国联基金管理有限公司

直销中心

地址：上海市浦东新区陆家嘴东路166号中国保险大厦34层

电话：021-68419966　传真：021-68419525

客服电话：021-38789788

华富基金管理有限公司

直销中心

地址：上海市浦东南路588号浦发大厦14层

电话：021-38834699　传真：021-68887997

光大保德信基金管理有限公司

上海投资理财中心

地址:上海市延安东路222号外滩中心46层

电话：021-63352934/63352937　传真：021-63350429

客服电话：021-53524620

上投摩根基金管理有限公司

摩根理财中心

地址：上海市浦东新区富城路99号震旦国际大楼20楼

电话：021-38794999转1508

传真：021-68881190

客服电话：400-889-4888　021-38794888

北京分公司

地址：北京市建国门北大街8号华润大厦2503B室

电话：010-65172266转5003

传真：010-65179122

东方基金管理有限责任公司

直销中心

地址：北京市海淀区中关村东路 99 号

电话：010−82621888

传真：010−62532299

客服电话：010−82621190

中银国际基金管理有限公司

直销中心

地址：上海市浦东新区银城中路 200 号中银大厦 45 楼

电话：021−38834999　传真：021−68872488

客服电话：400−888−5566　021−38834788

东吴基金管理有限公司

直销中心

地址：上海市浦东新区源深路 279 号

电话：021−50509666　传真：021−50509884

客服电话：021−50509666

天弘基金管理有限公司

天津总部

地址：天津市河西区马场道59号天津国际经济贸易中心A座16层

电话：022−83310988　传真：022−83865580

北京分公司

地址：北京市海淀区复兴路 47 号天行建商务大厦 1702 室

电话：010−51922386　传真：010−51922398

国海富兰克林基金管理有限公司

直销中心

地址：上海浦东新区富城路 99 号震旦国际大楼 18 楼

电话：021−68880980　传真：021−6887 0708

客服电话：021−38789555

友邦华泰基金管理有限公司

直销中心

地址：上海市浦东新区世纪大道 88 号金茂大厦 40 楼

电话：021−50472222　传真：021−50479918

客服电话：400−888−0001　021−38784638

新世纪基金管理有限公司

北京直销中心

地址：北京市海淀区三里河路 49 号钓鱼台大酒店沁园春

电话：010−58873456　传真：010−58873455

客服电话：010−58503322

汇添富基金管理有限公司

直销中心

地址：上海市富城路 99 号震旦国际大楼 21 楼

电话：021−28932888　传真：021−28932998

客服电话：021−28932999

工银瑞信基金管理有限公司

直销中心

地址：北京市东城区朝内大街 188 号鸿安国际商务大厦

电话：010−65179888　传真：010−85159100

客服电话：400−811−9999

交银施罗德基金管理有限公司

直销中心

地址：上海市浦东银城中路 188 号交银金融大厦

电话：021−61055023　传真：021−61055054

客服电话：021−61055000

建信基金管理有限责任公司

直销中心

地址：北京市西城区金融大街 7 号英蓝国际金融中心 16 层

电话：010−66228888　传真：010−66228001

客服电话：010−66228000

信诚基金管理有限公司

上海直销中心

地址：上海市浦东新区陆家嘴东路 166 号中国保险大厦 8 层

电话：021−68649788　传真：021−58826695

客服电话：021−51085168

益民基金管理有限公司

北京直销中心

地址：北京宣武区宣外大街 6 号庄胜广场中央办公楼南翼 13A

电话：010−63105556　传真：010−63100608

客服电话：010−63105559

重庆直销中心

地址：重庆市渝中区上清寺路 110 号

电话：023−89035833

汇丰晋信基金管理有限公司

投资理财中心

地址：上海市浦东新区富城路 99 号震旦大厦 35 楼

电话：021−38789898 转 6609　传真：021−68881922

客服电话：021−38789998

基金代销机构—商业银行

中国工商银行股份有限公司

地址：北京西城区复兴门内大街 55 号

电话：010−66107900　传真：010−66107914

客服电话：95588　银行网址：www.icbc.com.cn

中国农业银行

地址：北京市海淀区复兴路甲 23 号

电话：010−68424548　传真：010−68424493

客服电话：95599　银行网址：www.abchina.com

中国银行股份有限公司
地址：北京西城区复兴门内大街1号
电话：010-66594911　　传真：010-66594853
客服电话：95566
银行网址：www.bank-of-china.com

中国建设银行股份有限公司
地址：北京市西城区金融大街25号
电话：010-67598410　　传真：010-67598409
客服电话：95533
银行网址：www.ccb.cn

交通银行股份有限公司
地址：上海市银城中路188号
电话：021-58781234　　传真：021-58408842
客服电话：95559
银行网址：www.bankcomm.com

兴业银行股份有限公司
地址：福州市湖东路154号
电话：0591-87839338　　传真：0591-87845504
客服电话：95561
银行网址：www.cib.com.cn

深圳发展银行股份有限公司
地址：深圳市深南东路5047号深圳发展银行大厦
电话：0755-82088888　　传真：0755-82080714
客服电话：95501
银行网址：www.sdb.com.cn

招商银行股份有限公司
地址：深圳市深南大道7088号招商银行大厦
电话：0755-83198888　　传真：0755-83195061
客服电话：95555
银行网址：www.cmbchina.com

中国民生银行股份有限公司
地址：北京西城区复兴门内大街2号
电话：010-58560666　　传真：010-58560794
客服电话：95568
银行网址：www.cmbc.com.cn

中信银行
地址：北京市东城区朝阳门北大街8号富华大厦C座
电话：010-65544256　　传真：010-65541281
客服电话：95558
银行网址：www.ecitic.com

中国光大银行股份有限公司
地址：北京市西城区复兴门外大街6号光大大厦
电话：010-68098000　　传真：010-68561260
客服电话：95595
银行网址：www.cebbank.com

上海浦东发展银行股份有限公司
地址：上海市中山东一路12号
电话：021-68886829　　传真：021-68881870
客服电话：95528
银行网址：www.spdb.com.cn

北京银行股份有限公司
地址：北京市西城区复兴门内大街156号国际金融大厦D座
电话：010-66426466　　传真：010-66426495
客服电话：96169
银行网址：www.bankofbeijing.com.cn

华夏银行股份有限公司
地址：北京东城区建国门内大街22号
电话：010-85238961　　传真：010-85239626
客服电话：95577
银行网址：www.hxb.com.cn

上海银行股份有限公司
地址：上海市中山东二路585号
电话：021-63370888　　传真：021-63370777
客服电话：021-962888
银行网址：www.bankofshanghai.com.cn

广发银行股份有限公司
地址：广州市农林下路83号广发银行大厦
电话：020-38323704　　传真：020-87311780
客服电话：95508
银行网址：www.gdb.com.cn

基金代销机构—证券公司

国泰君安证券股份有限公司
地址：上海市延平路135号
电话：021-62580818　　传真：021-62569400
客服电话：400-8888-666　　公司网址：www.gtja.com

申银万国证券股份有限公司
地址：上海市常熟路171号
电话：021-54033888　　传真：021-54038844
客服电话：021-962505　　公司网址：www.sw2000.com.cn

中国银河证券有限责任公司
地址：北京市西城区金融大街35号国际企业大厦C座
电话：010-66568587/66568587　　传真：010-66568536
客服电话：010-68016655　　公司网址：www.chinastock.com.cn

中国国际金融有限公司
地址：北京市建国门外大街1号国贸大厦2座28层
电话：010-65051166　　传真：010-65057597
公司网址：www.cicc.com.cn

招商证券股份有限公司
地址：深圳福田区益田路江苏大厦 38–45 层
电话：0755–82943511　传真：0755–82943237
客服电话：400–8888–111
公司网址：www.cmbchina.com

海通证券股份有限公司
地址：上海市淮海中路 98 号
电话：021–53594566　传真：021–53858549
客服电话：021–962503　公司网址：www.htsec.com

联合证券有限责任公司
地址：深圳深南东路 5047 号深圳发展银行大厦 10、24、25 层
电话：0755–82492000　传真：0755–82492062
客服电话：25125666　公司网址：www.lhzq.com

中信建投证券有限责任公司
地址：北京市朝阳门内大街 188 号
电话：010–65183888　传真：010–65182261
客服电话：400–8888–108　公司网址：www.csc108.com

广发证券股份有限公司
地址：广东广州天河北路大都会广场 36、38、41 和 42 楼
电话：020–87555888　传真：020–87557985
公司网址：www.gf.com.cn

中信证券股份有限公司
地址：北京市朝阳区新源南路 6 号京城大厦 3 层
电话：010–84588888　传真：010–84865567
客服电话：010–84588266
公司网址：www.ecitic.com

中银国际证券有限责任公司
地址：上海市浦东新区银城中路 200 号中银大厦 39F
电话：021–68604866　传真：021–58888291
公司网址：www.bocichina.com

光大证券股份有限公司
地址：上海市浦东南路 528 号上海证券大厦南塔 15 楼
电话：021–68816000　传真：021–68815009
客服电话：021–68823685
公司网址：www.ebscn.com

国信证券有限责任公司
地址：深圳市红岭中路 1012 号国信证券大厦
电话：0755–82130833　传真：0755–82133302
客服电话：800–810–8868
公司网址：www.guosen.com.cn

长城证券有限责任公司
地址：深圳市福田区深南大道 6008 号特区报业大厦
电话：0755–83516094　传真：0755–83516199
客服电话：0755–82288968
公司网址：www.cc168.com.cn

兴业证券股份有限公司
地址：上海市陆家嘴东路 166 号中保大厦
电话：021–68419974
传真：021–68419867
公司网址：www.xyzq.com.cn

平安证券有限责任公司
地址：深圳八卦岭三路平安大厦 3 楼
电话：0755–82450826　传真：0755–82400862
客服电话：95511
公司网址：www.pa18.com

东方证券股份有限公司
地址：上海市浦东大道 720 号 20 楼
电话：021–62476600　传真：021–50366868
客服电话：021–962506
公司网址：www.dfzq.com.cn

华泰证券有限责任公司
地址：江苏省南京市中山东路 90 号华泰证券大厦
电话：025–84457777　传真：025–84579879
客服电话：025–84579897
公司网址：www.htsc.com.cn

湘财证券有限责任公司
地址：上海市浦东银城东路 139 号华能联合大厦 18 楼
电话：021–68634518　传真：021–50543470
公司网址：www.xcsc.com

国元证券有限责任公司
地址：合肥市寿春路 179 号
电话：0551–2634400　传真：0551–2645109
客服电话：96888　公司网址：www.gyzq.com.cn

中信万通证券有限责任公司
地址：青岛市市南区东海西路 28 号
电话：0532–85022026　传真：0532–85022026
客服电话：0532–96577　公司网址：www.zxwt.com.cn

东吴证券有限责任公司
地址：江苏苏州市石路爱河桥路 28 号
电话：0512–65581136　传真：0512–65588021
客服电话：0512–96288　公司网址：www.dwjq.com.cn

长江证券有限责任公司
地址：武汉市新华路特 8 号
电话：027–65799560　传真：027–85481532
客服电话：4008–888–999
公司网址：www.cz318.com.cn

东北证券有限责任公司
地址：长春市自由大路 1138 号
电话：0431–5096710　传真：0431–5680032
客服电话：0431–5096733　公司网站：www.nesc.cn

华安证券有限责任公司
地址：安徽省合肥市长江中路 357 号
电话：0551−5161671　传真：0551−5161672
公司网址：www.hazq.com

宏源证券股份有限公司
地址：北京海淀区西直门北大街甲 43 号金运大厦 B 座 6 层
电话：010−62267799 转 6416　传真：010−62294470
客服电话：010−62267799 转 6789
公司网址：www.ehongyuan.com.cn

渤海证券有限责任公司
地址：天津市河西区宾水道 3 号
电话：022−28451883　传真：022−28451615
客服电话：022−28455588　公司网址：www.ewww.com.cn

南京证券有限责任公司
地址：江苏省南京市大钟亭 8 号
电话：025−83367888　传真：025−83364032
客服电话：025−83613112　公司网址：www.njzq.com.cn

上海证券有限责任公司
地址：上海市临平北路 19 号
电话：021−65087006　传真：021−65213164
客服电话：962518　公司网址：www.962518.com

北京证券有限责任公司
地址：北京市海淀区车公庄西路乙 19 号华通大厦 B 座 10−16 层
电话：010−68431166　传真：010−88018657
公司网址：www.bjzq.com.cn

西南证券有限责任公司
地址：重庆市渝中区临江支路 2 号合景国际大厦 A 幢
电话：023−63786633　传真：023−63786001
公司网址：www.swsc.com.cn

国都证券有限责任公司
地址：北京市东城区安外大街安贞大厦 3 层
电话：010−64482828　传真：010−64482080
客服电话：800−810−8809　公司网址：www.guodu.com

金元证券有限责任公司
地址：深圳市深南大道 4001 号时代金融中心 17 层
电话：0755−83025695　传真：0755−83025625
客服电话：0755−83025695　公司网址：www.jyzq.cn

民生证券有限责任公司
地址：北京市朝阳区朝阳门外大街 16 号中国人寿大厦
电话：010−85252626　传真：010−85252629
公司网址：www.mszq.com

天同证券有限责任公司
地址：山东省济南市泉城路 180 号
电话：0531−85689888　传真：0531−86029668
公司网址：www.ttstock.com.cn

广发华福证券有限责任公司
地址：福州五四路 157 号新天地大厦 8 层
电话：0591−87278701　传真：0591−87841150
客服电话：0591−87383333　公司网址：www.gfhfzq.com.cn

齐鲁证券有限公司
地址：山东省济南市经十路 128 号
电话：0531−82024184　传真：0531−82024197
客服电话：0531−82024147
公司网址：www.qlzq.com.cn

泰阳证券有限责任公司
地址：湖南省长沙市建湘路 479 号
电话：0731−2934657　传真：0731−2934655
客服电话：0731−2277999　公司网址：www.sunsc.com.cn

国盛证券有限责任公司
地址：江西省南昌市永叔路 15 号信达大厦 10−13 楼
电话：0791−6289771　传真：0791−6281441
客服电话：0791−6272572
公司网址：www.gsstock.com

世纪证券有限责任公司
地址：深圳深南大道 7088 号招商银行大厦 40−42 层
电话：0755−83199599　传真：0755−83199545
客服电话：0755−83199511　公司网址：www.csco.com.cn

国联证券有限责任公司
地址：无锡市县前东街 8 号 6 楼、7 楼
电话：0510−82830800　传真：0510−82831589
客服电话：0510−82588168　公司网址：www.glsc.com.cn

华西证券有限责任公司
地址：深圳市深南大道 4001 号时代金融中心 18 楼
电话：0755−83025430　传真：0755−83025991
客服电话：4008−888−818
公司网址：www.hx168.com.cn

西北证券有限责任公司
地址：银川市民族北街 1 号
电话：0951−6024716　传真：0951−6024646
客服电话：0951−6024716
公司网址：www.nws.com.cn

江南证券有限责任公司
地址：江西省南昌市象山北路 208 号
电话：0755−83325909　传真：0755−83366612
客服电话：0755−83325909　公司网址：www.scstock.com

华林证券有限责任公司
地址：深圳市福田区振华路 21 号航天立业大厦 3 楼
电话：0755−83749409　传真：0755−83749248
客服电话：0755−83782169
公司网址：www.chinalions.com

恒泰证券有限责任公司
地址：内蒙古呼和浩特市新城区东风路 111 号
电话：0471-6980744　传真：0471-4930707
客服电话：4971519　公司网址：www.cnht.com.cn

信泰证券有限责任公司
地址：南京市长江路 88 号
电话：025-84784782　传真：025-84784741
客服电话：025-84784782
公司网址：www.thope.com

东海证券有限责任公司
地址：上海市浦东新区东方路 989 号中达广场 13 楼
电话：021-50588876　传真：021-50585608
客服电话：010-86525005 / 021-62196752
公司网址：www.longone.com.cn

财富证券有限责任公司
地址：长沙市芙蓉中路二段 80 号顺天国际财富中心 26 层
电话：0731-4403343　传真：0731-4403399
公司网址：www.cfzq.com

金通证券股份有限公司
地址：杭州市凤起路 108 号
电话：0571-85783737　传真：0571-85783771
客服电话：0571-96598　公司网址：www.bigsun.com.cn

第一创业证券有限责任公司
地址：深圳罗湖区笋岗路 12 号中民时代广场 B 座 25 层
电话：0755-25832455　传真：0755-25831718
客服电话：4008-881-888　0755-25832493
公司网址：www.firstcapital.com.cn

山西证券有限责任公司
地址：山西省太原市府西街 69 号山西国贸中心东塔楼
电话：0351-8686888　传真：0351-8686918
客服电话：0351-8686868　公司网址：www.i618.com.cn

天和证券经纪有限公司
地址：杭州市孝女路 2-2 号
电话：0571-87925137　传真：0571-87922522
客服电话：0571-96336
公司网址：www.thsec.com

广州证券有限责任公司
地址：广州市先烈中路 69 号主楼 2 楼
电话：020-87320991　传真：020-87325036
客服电话：961303　公司网址：www.gzs.com.cn

东莞证券有限责任公司
地址：广东省东莞市莞城区可园南路 1 号金源中心 30 楼
电话：0769-22119351　传真：0769-22119423
客服电话：0769-961130
公司网址：www.dgzq.com.cn

第一证券有限公司
地址：珠海拱北情侣南路 259 号日华商业广场 A 区四楼
电话：0756-8283173 / 8283280　传真：0756-8283180
公司网址：www.dyzq.com

国海证券有限责任公司
地址：广西南宁市滨湖路 46 号国海大厦
电话：0771-5539059　传真：0751-5539100
客服电话：400-8888-100
公司网址：www.ghzq.com.cn

西部证券股份有限公司
地址：西安市东新街 232 号信托大厦 16 层
电话：029-87406132　传真：029-87406172
公司网址：www.westsecu.com.cn

万联证券有限责任公司
地址：广州市东风东路 836 号东骏广场三座 34 楼
电话：020-87691111　传真：020-87691530
公司网址：www.wlzq.com.cn

中原证券股份有限公司
地址：河南省郑州市经三路 15 号广汇国贸大厦 11 楼
电话：0371-65585610　传真：0371-65585118
客服电话：0371-967218　公司网址：www.ccnew.com

华龙证券有限责任公司
地址：甘肃省兰州市静宁路 308 号
电话：0931-4890619　传真：0931-4890118
公司网址：www.hlzqgs.com

德邦证券有限责任公司
地址：上海浦东南路 588 号浦发大厦 26 层
电话：021-68590808　传真：021-68596077
客服电话：021-68590808 转 8120
公司网址：www.tebon.com.cn

天相投资顾问有限公司
地址：北京市朝阳区幸福村中路锦绣园 D 座
电话：010-84533151 转 822/802　传真：010-84533438
公司网址：www.txsec.com

大同证券经纪有限责任公司
地址：山西省太原市青年路 8 号
电话：0351-4192813　传真：0351-4192803
公司网址：www.dtsbc.com.cn

【媒体介绍】

中国证券投资基金国际论坛独家全方位直播媒体

全景网

2005年，中国证券投资基金国际论坛已经连续成功举办了四届，这一年度盛会正在基金业界发挥她积极的影响和举足轻重的作用；而全景网作为惟一的全方位直播支持媒体屡次为之增光添彩，得到了主办方充分的肯定和业界广泛的好评。

历次盛会的直播，深圳证券信息公司及旗下全景网以一流的人才组成专业的团队为会议提供视频、图片、文字等即时传播服务，并在会前大力宣传，会后深入报道，等等表现充分显示出全景网的优势与实力。全景网在证券基金资讯方面权威、专业、独有的传播服务在业界享有声誉。

股东资源优势 跨媒体财经平台

深圳证券信息有限公司是深圳证券交易所下属的专业证券信息服务公司，深圳证券信息有限公司下辖全景网、巨潮资讯网、大型财经证券电视节目《交易日》和财经月刊《新财富》杂志等，是一个大型的跨媒体财经平台。

全景网是一家大型权威财经证券网站，全景网以提供投资者关系服务见长，网上路演、网上交流会、股权分置改革等服务闻名于证券业界。

权威专业创新 全景网基金频道

全景网基金频道是全景网的核心频道之一，基于独有的资源优势，为基金业界以及广大投资者提供资讯服务和交流平台，以权威快速的数据、及时专业的资讯、全面创新的服务，构成了具有核心竞争力的主要特征，该频道也是目前国内一流的独立基金资讯类网站。

“全景网基金净值宝”和“巨潮基金天天评价系统”是基于数据源头而独立开发的、目前国内最权威性、及时性、专业性的基金净值及评价数据服务系统。全景网基金频道下属的十多个栏目每天及时为网民提供权威主流财经媒体丰富的新闻资讯，同时发布来自全景独家原创及数十家基金公司和研发机构的评论、策略、分析报告等，而且国内闻名的大型证券财经节目《交易日》也为频道的访问者提供免费的基金视频资讯。全景网专栏专区、全景基金论坛、全景财经博客以及全景网基金互动专区等等，更加丰富了全景网基金频道，使之成为基金机构与个人投资者展示与交流的重要网路平台与桥梁。

联系方式

网络实名：全景网
网络域名：www.p5w.net
联系电话：0755-83991223 / 83990163
客服邮箱：service@p5w.net / fund@p5w.net

点击财富
链接成功
http://finance.sina.com.cn
sina 财经纵横
新闻
证券
理财
外汇
银行
保险
登陆新浪财经频道，享受快捷、高质的理财服务。
收获更多商业咨讯，听取独到专业意见！
有新浪财经，当然轻松理财，享受生活！
sina 新浪财经

北京青年报
BEIJING YOUTH DAILY

25岁，我们正当年

1981年7月3日，第三次复刊的《北京青年报》呱呱落地。

婴儿的生命总是弱小的，一如复刊之初的《北京青年报》。当时的她，以木板房里孕育的艰苦奋斗精神和敢为天下先的豪情，搏击在北京报业市场。

婴儿的活力又是无限的，一如25年之后的《北京青年报》。她以25岁的青年之躯，发展壮大为下辖十报四刊两网的现代传媒集团。

25个冬去春来，一连串跳跃的数字，记录了《北京青年报》跳跃式的发展轨迹：

——从复刊时的4开4版，到后来的对开8版，对开16版，对开3
版，到现在的日均50版；

——从最初的发行几千份，到突破10万，突破20万，突破30万，
现在的日均五六十万份，订阅量北京第一；

——从最初的市场试水，扭亏为盈，到广告收入连续多年稳居全国

一报纸前三位。

——从一张北京团市委的机关报，到发展成为拥有十报四刊两网、多家企业实体，同时拥有自身完善的报刊发行和物流配送网络的新型媒体产业集团。

——从不断探索体制创新，到成为中央确定的全国 35 个文化体制改革试点单位之一，再到以"内地传媒第一股"的形象登陆香港证券市场。

凝结老中青三代报人的心血，承载数百万京城读者的厚望，站在生命的第 25 个年头，《北京青年报》脱去了初涉世事的青涩，迎来了成熟稳健的年华。

25 岁，我们正当年。

一个依托《北京青年报》的优势资源，横向形成系列报刊群，纵向形成上下游产业链，稳步推进跨媒体、跨地区、跨行业发展的现代传媒集团，正期待和您携手并肩，走向更光明的愿景！

■新闻热线：(010)65902020 ■发行热线：(010)67756666 ■网址：www.ynet.com www.qianlong.com

《證券市場紅周刊》
WEEKLY ON STOCKS

《证券市场红周刊》由中国证券市场研究设计中心（联办）主办，创刊于1997年1月，是中国证监会指定披露上市公司信息的惟一刊物，为证券界最权威的刊物，其发行量曾达到每周100万份，为中国阅读率排名第一的周刊（国家统计局1998、1999、2000年全国媒体调查结果）。目前在同类证券周刊中拥有超过60%的市场占有率。

权威背景

由成立于1989年3月的中国证券市场研究设计中心（简称联办，SEEC）主办；隶属于香港上市传媒集团——财讯传媒SEEC（0205.HK），集团旗下拥有多家权威财经、证券、管理类媒体及行业媒体。

《红周刊》定位

秉承"实用高于一切"理念，走"影响机构投资者，服务个人投资者"路线，受众群体包括基金、保险、QFII、券商等机构投资者和全国7000万个人投资者。

《红周刊》特色

〇独立、客观、理性、不盲从、不偏激；
〇视读者利益为第一生命，始终不渝保护投资者利益；
〇追求不断的创新进取，证券资讯新、快、翔实；
〇 对证券市场中长期趋势历次都有较准确的预见；
〇证券财经类媒体独特的封面宣传形式，视觉的冲击力能为企业带来更有效的推介效果。

实用高于一切！

播出时间： 周一至周五

12:30 ～ 13:00　14:35 ～ 15:05

18:35 ～ 19:05　8:35 ～ 9:05

BTV 5 财经频道

电话 010-62111068　E-mail:zhengquanzhibo@163.com

地址：北京市海淀区皂君庙甲 2 号北京电视台《天下财经》　邮编：100098

编委风采 HighLight

王连洲

全国人大财经委证券投资基金法起草工作组 首任组长

中国信托业协会 首席顾问

《中国证券投资基金年鉴》编委会主任

中国工商银行资产托管部
总经理 周月秋

经济学博士。从事金融工作20年，其中金融教育7年，金融研究3年，银行服务10年。目前担任工商银行资产托管部总经理、工商银行年金理事会副主席、工商银行博士后工作站指导教师和中央财经大学硕士研究生指导教师。中国金融学会会员、中国证券业协会基金专业委员会委员。

1993年获得博士学位后加入工商银行，1994年在工商银行资金计划部任副处长，1997年任工商银行合肥市分行副行长，1998年任工商银行资金营运部处长，2000年任工商银行资金营运部副总经理，2002年任工商银行证券投资基金托管部副总经理(主持工作)，2003年任工商银行资产托管部总经理。

中国银行托管及投资者服务部
总经理 秦立儒

1978年毕业于北京外贸学院，同年2月进入中国银行总行，在中国银行工作已有28年之久。秦立儒加入中国银行之后，先后在总行财会部、中国银行伦敦分行、卢森堡分行从事资金交易工作；1987年10月起历任总行资金部副处长、处长；1991年5月起历任中国银行纽约分行资金部经理、纽约分行总经理助理、副总经理；1995年11月任中国银行总行资金部副总经理，主管全球资金交易；1997年9月任广东省银行香港分行(香港中银集团)总经理；1999年6月任香港中银集团外汇中心总经理兼中国银行香港分行副总经理；2002年7月任中国银行(香港)有限公司资金部总经理；2004年4月至2005年5月任中国银行股份有限公司全球金融市场部总经理；现任中国银行托管及投资者服务部总经理。

杜书明

中国银河证券基金研究评价中心 主任

《中国证券投资基金年鉴》执行主编

中国农业银行托管业务部
总经理 张军洲

博士、高级经济师。曾任中国农业银行信托投资公司总经理助理、副总经理，农行总行法律事务部副总经理、总经理，现任中国农业银行托管业务部总经理。

中国农业银行个人业务部
总经理 朱卫国

中共党员，华中理工大学工商管理硕士。1991年至1995年在中国农业银行信用合作管理部担任副总经理；1995年至1998年在中国农业银行财务会计部担任副总经理；1998年至2003年在中国农业银行信用卡部担任总经理，2003年至今在中国农业银行个人业务部担任总经理。

交通银行资产托管部
总经理 阮红

复旦大学企业管理专业博士研究生学历，高级经济师。具有近二十年银行金融从业经验，在银行经营管理方面具有丰富的理论与实践经验。

曾任交通银行调研部副主任科员、交通银行办公室秘书处主任科员、交通银行办公室综合处副处长兼宣传处副处长、交通银行办公室综合处处长、交通银行海外机构管理部副总经理、总经理、交通银行上海分行副行长、党委委员，2006年1月至今任交通银行资产托管部总经理。

兴业银行资产托管部
总经理 霍建生

毕业于厦门大学经济学专业，学士学位。曾任福建南平市经委生产计划科干部、福建南平市工商银行副行长、福建南平市工商银行代行长、福建南平市工商银行行长、兴业银行证券业务部经理助理、兴业银行三明办事处副主任、兴业银行三明分行副行长、兴业银行审计室副总经理、兴业银行计划资金部副总经理、兴业银行计划资金部总经理、兴业银行办公室总经理、兴业银行上海分行党委副书记、副行长(主持工作)、兴业银行信息科技部上海科技研发中心主任等职，2003年2月在兴业银行研究规划部担任总经理，2005年7月起任兴业银行资产托管部总经理。

中国工商银行个人金融业务部
副总经理 史其禄

1982年毕业于中央财政金融学院金融系；1995年获四川财经大学工商管理硕士学位。

自1984年到中国工商银行工作以来，先后在信贷业务、国际业务等部门工作并担任了一系列高级职务，曾任中国工商银行新加坡分行行长、中国工商银行伦敦代表处首席代表。史其禄先生在到中国工商银行工作前任职于中国人民银行总行储蓄局。自2004年以来担任中国工商银行个人金融业务部副总经理。

中国建设银行个人金融部
副总经理 马梅琴

经济学学士，高级经济师。现任中国建设银行总行个人金融业务部副总经理，分管证券业务处、业务处理中心及全行个人客户经理(大堂经理)管理、培训工作。在证券投资基金管理、黄金业务管理、业务系统开发、客户经理管理及客户服务等方面有丰富的从业经验。

深圳发展银行副行长 刘宝瑞

高级经济师，中共党员，研究生。1974年8月～1981年4月中国人民银行、中国农业银行宝坻支行任会计、信贷员、综合员；1981年5月～1987年12月中国农业银行天津分行人事处任干部、副处长；1988年1月～1997年3月中国农业银行天津分行国际业务部任副总经理、总经理，兼天津港保税区分行行长；1997年3月～1998年8月中国农业银行天津分行资金计划处任处长；1998年8月～2000年3月深圳发展银行总行行长室任总行行长助理、党委委员；2000年3月至今深圳发展银行总行行长室任总行副行长、党委委员。主要社会兼职：南开大学硕士研究生导师、中国金融学会常务理事、中国银联监事会监事。

博时基金管理有限公司
董事长 吴雄伟

理学博士。历任金信信托投资股份有限公司(原金华信托)总经理办公室主任、研究发展中心主任、总经理助理、基金管理总部总经理、公司副总经理，现任博时基金管理有限公司董事长。

南方基金管理有限公司
总经理 高良玉

经济学硕士，经济师。历任中国证监会发行部副处长、南方基金管理有限公司副总经理，现任南方基金管理有限公司总经理。

华夏基金管理有限公司
总经理 范勇宏

博士。曾任华夏证券股份有限公司总裁助理、华北业务总监、华夏证券股份有限公司北京东四营业部总经理、中国建设银行总行干部。现任华夏基金管理有限公司副董事长、总经理。

国泰基金管理有限公司
总经理 李春平

硕士、EMBA，13年证券从业经历。1993年起历任国泰证券公司行政管理部经理、延平路证券营业部总经理，1999年任国泰君安证券股份有限公司总裁助理，1999年10月起任国泰基金管理有限公司总经理。

鹏华基金管理有限公司
总裁 孙煜扬

经济学博士，法学硕士。历任贵州省政府经济体制改革委员会主任科员、深圳市委政策研究室副处长、深圳证券结算公司常务副总经理、深圳证券交易所首任行政总监、香港深业(集团)有限公司助理总经理、香港深业控股有限公司(上市公司)副总经理、中国高新技术产业投资管理有限公司董事长兼行政总裁，现任鹏华基金管理有限公司总裁。

富国基金管理有限公司
总经理 李建国

中共党员，经济学博士，经济师。历任河南省证券公司总经理；海通证券有限公司副总经理。现任富国基金管理有限公司总经理。

广发基金管理有限公司
董事长 马庆泉

博士，教授，研究员，中国人民大学博士生导师，第三届中国证券业协会副会长，中国证券业协会基金业委员会主任委员。

历任中央党校研究室主任、副教授、教授，广发证券副总裁、常务副总裁、副董事长、总裁，嘉实基金管理有限公司董事长，第二届中国证券业协会秘书长等职务。现任广发基金管理有限公司董事长。

广发基金管理有限公司
总经理 林传辉

大学本科学历，曾任广发证券投资银行总部北京业务总部总经理、投资银行总部副总经理兼投资银行上海业务总部副总经理、投资银行部常务副总经理。现任广发基金管理有限公司总经理。

华宝兴业基金管理有限公司
总经理 裴长江

硕士，经济师。曾任上海万国证券公司闸北营业部经理助理、经理，申银万国证券股份有限公司浙江管理总部副总经理，申银万国证券股份有限公司经纪总部副总经理，华宝信托投资有限责任公司投资总监。现任华宝兴业基金管理有限公司总经理。

长盛基金管理有限公司
总经理 陈礼华

硕士，高级经济师。曾历任国务院财务税收物价大检查办公室、财政部国债司和国债金融司主任科员，华泰财产保险股份有限公司投资部研发处负责人、经理，南方基金管理有限公司总经理助理兼投资总监、投资交易总监，长盛基金管理有限公司副总经理等职。现任长盛基金管理有限公司总经理。

申万巴黎基金管理有限公司
董事长 姜国芳

工商管理学硕士，高级经济师，现任申万巴黎基金管理有限公司董事长。1976年2月参加工作，1977年12月加入中国共产党，历任中国人民银行、中国工商银行上海分行科长、处长、上海申银证券有限公司董事、执行副总裁、申银万国证券股份有限公司执行副总裁兼申银万国(香港)集团有限公司副董事长兼总经理、申银万国(香港)有限公司董事长等职。有着20年金融从业经历，长期在金融第一线工作，有着丰富的银行、证券、基金业管理经验和广泛的人脉关系，对中国金融业的国际化有着深刻的理解。

银华基金管理有限公司
董事长 彭越

研究生学历。曾任职最高人民检察院，银华基金管理有限公司副总经理。现任银华基金管理有限公司董事长。

工银瑞信基金管理有限公司
总经理 郭特华

毕业于中国人民银行研究生部，获经济学博士学位。

拥有16年金融从业经历，7年基金从业经验，历任中国工商银行资金计划部、资产托管部处长、副总经理。现任工银瑞信基金管理有限公司董事、总经理。

交银施罗德基金管理有限公司
董事长 谢红兵

大学学历，历任交通银行上海分行杨浦支行副行长、营业处处长兼房地产信贷部经理、静安支行行长、杨浦支行行长、总行基金托管部副总经理(主持工作)、总经理等职务。现任交银施罗德基金管理有限公司董事长。

交银施罗德基金管理有限公司
总经理 雷贤达

毕业于英国伦敦经济政治学院，从事投资管理逾20年。香港资深亚洲市场基金经理，期间管理的宝源亚洲基金和香港基金业绩卓越，多次荣获业绩大奖。曾任施罗德宝源投资管理(香港)有限公司副主席。同时兼任加拿大证券学会及香港证券专业学会荣誉院士、香港联合交易所理事会理事、上市委员会委员、香港证监会属下多个不同类别委员会委员。现任交银施罗德基金管理有限公司总经理。

天治基金管理有限公司
总经理 祖煜

硕士。历任原上海万国证券公司国际业务部高级项目经理、安徽省证券公司国际业务部负责人、广发证券股份有限公司国际业务部副总经理、广发中外合资基金筹备负责人、天治基金管理有限公司副总经理，现任天治基金管理有限公司总经理。

中银国际基金管理有限公司
执行总裁 陈儒

经济学博士、南开大学博士后，高级经济师、国务院政府特殊津贴专家。曾参与深交所筹建。历任深圳投资基金管理公司董事长兼执行总裁，中国银行总行基金托管部总经理，中银国际控股董事总经理，中银国际英国保诚资产管理公司董事，中银国际证券副执行总裁、董事总经理。现任中银国际基金管理有限公司执行总裁。

海富通基金管理有限公司
总经理 田仁灿

工商管理学硕士。历任法国金融租赁Euroequipement S.A.公司总裁助理、富通银行区域经理、大中华地区主管、富通基金管理亚洲有限公司投资经理、业务发展部总经理、首席执行官。2003年至今任海富通基金管理有限公司董事、总经理。

建信基金管理有限责任公司
董事长 江先周

1986年获财政部财政科学研究所经济学硕士学位。1993年获英国Heriot-Watt大学商学院国际银行金融学硕士学位。历任中国建设银行行长办公室副处长，中国建设银行国际业务部处长，中国建设银行行长办公室副主任，中国建设银行国际业务部副总经理，中国建设银行基金托管部总经理，中国建设银行基金托管部总经理兼机构业务部总经理，中国建设银行基金托管部总经理。现任建信基金管理有限责任公司董事长。

万家基金管理有限公司
代总经理 张健

管理学硕士。1988年至1992年于中国工商银行总行科技部、资金计划部工作；1992年至1993年，就职于北京证券登记结算公司，担任业务部负责人；1993至2002年，就职于中国工商银行总行存款证券处、基金托管部，先后任部门经理、副处长、处长等职。2002年3月至今，就职于万家基金管理有限公司，先后担任公司运营总监、财务总监、副总经理等职。2005年7月起担任万家基金管理有限公司代总经理。

东吴基金管理有限公司
总经理 徐建平

大学，会计师，中共党员。历任张家港市财政局科长兼市房改办副主任，苏州证券有限责任公司张家港杨舍证券营业部总经理、公司总裁助理兼资产管理总部总经理，东吴证券有限责任公司副总裁。现任东吴基金管理有限公司总经理。

上投摩根基金管理有限公司
总经理 王鸿嫔

历任怡富投资信托股份有限公司电子商务部副总经理，怡富投资顾问股份有限公司总经理。现任上投摩根基金管理有限公司总经理。

华安基金管理有限公司
总经理 韩方河

研究生学历，高级经济师。历任上海市物价局政策研究处处长，上海市物价研究所所长，上海国际信托投资公司证券投资信托部总经理，现任华安基金管理有限公司董事、总经理。

嘉实基金管理有限公司
总经理 赵学军

中共党员，经济学博士。先后在天津通信广播公司电视设计所任助理工程师、外经贸部中国仪器进出口总公司任经济师、北京商品交易所任信息处长、天津纺织原材料交易所任总裁及法定代表人、商鼎期货经纪有限公司任副总经理兼上海营业部总经理、北京证券有限公司任基金部经理助理、阜成路营业部总经理助理。1998年9月至2000年10月任大成基金管理有限公司助理总经理、副总经理。2000年10月至今任嘉实基金管理有限公司总经理。

泰信基金管理有限公司
总经理 高清海

经济学博士；曾任新加坡鲁信(亚洲)投资公司董事、济南百灵信息科技有限公司董事、山东省国际信托公司投资银行业务部经理。现任泰信基金管理有限公司总经理。

中信万通证券有限责任公司
董事长 史洁民

大专文化程度，高级经济师，中共党员，青岛市人民代表大会代表。现任中信万通证券有限责任公司董事长。

招商证券股份有限公司
总裁 杨鶤

助理研究员、高级经济师、基金从业资格。1979年9月－1983年7月中国人民大学国际金融学学士；1999年3月－2001年5月中欧国际工商学院工商管理学硕士。1991年6月－1994年3月任招商银行证券部总经理；1994年3月－1998年12月任中大投资管理公司常务副总经理；1999年1月－2001年10月任长盛基金管理公司副总经理；2000年6月－2002年8月任中大投资基金公司总经理；2002年8月－2003年12月任中信基金管理公司总经理；2003年12月至今招商证券股份有限公司总裁。

通力律师事务所
管理合伙人 韩炯

1992年毕业于华东政法学院，获法学士学位，后在复旦大学法学院国际法研究生班进修，曾执业于上海一家著名的律师事务所。1997年至1998年赴法国一家著名的律师事务所进修。1998年作为创始合伙人参与创办了通力律师事务所。具有从事证券法律业务资格。2005年1月至今担任中国证券监督管理委员会第七届、第八届股票发行审核委员会委员，2005年6月被劳动与社会保障部聘为首届企业年金基金管理机构评审委员会委员。

天元律师事务所
合伙人 朱小辉

毕业于北京大学法学院，获法学学士和法学硕士学位。1999年7月至12月，参加美国律师协会组织的国际法律交流计划，在Baker &McKenzie律师事务所芝加哥办公室实习。

1994年加入天元律师事务所。在执业期间，主要从事收购与兼并、公司重组、外商直接投资、风险投资、基金和其他业务。

著有《资产收购》一书（法律出版社2004年出版）。担任北京律师协会律师事务所管理指导委员会委员。

国浩律师集团(北京)事务所
管理合伙人 黄伟民

博士研究生，劳动和社会保障部企业年金管理资格评审专家，北京市律协证券专业委员会委员。

主要从事公司、证券、基金等资本市场领域的法律事务。

在基金领域，担任多家基金管理公司的常年及专项法律顾问。